麦英豪　(1929.3~2016.11)

麦英豪文集

（上）

文物出版社

图书在版编目（CIP）数据

麦英豪文集 / 麦英豪著 ; 广州市文化广电新闻出版局 , 广州市文物博物馆学会编 ; 全洪主编 . -- 北京 ：文物出版社 , 2018.12

ISBN 978-7-5010-6084-9

Ⅰ . ①麦… Ⅱ . ①麦… ②广… ③广… ④全… Ⅲ . ①汉墓—墓葬（考古）—广州—文集 Ⅳ . ① K878.84-53

中国版本图书馆 CIP 数据核字 (2018) 第 298189 号

麦英豪文集

作　　者：麦英豪

编　　者：广州市文化广电新闻出版局　广州市文物博物馆学会

主　　编：全　洪

责任编辑：高梦甜　彭家宇

封面设计：王雪静

责任印制：张　丽

出版发行：文物出版社

地　　址：北京市东直门内北小街 2 号楼

邮　　编：100007

网　　址：http://www.wenwu.com

邮　　箱：web@wenwu.com

经　　销：新华书店

印　　刷：北京京都六环印刷厂

开　　本：889mm×1194mm　1/16

印　　张：49.25

版　　次：2018 年 12 月第 1 版

印　　次：2018 年 12 月第 1 次印刷

书　　号：ISBN 978-7-5010-6084-9

定　　价：320.00 元（上、下）

Collection of Mai Yinghao's Works

(I)

Cultural Relics Press

图版一　秦"十四年属邦"铜戈（1962年出土）

通长26、援长16.3厘米

战国

发现地点：广州市区庄螺岗西汉墓

图版二　秦造船遗址一号船台（1975年发掘）

发现地点：广州市中山四路

图版三　秦造船遗址并列三座船台（2004年发掘）

发现地点：广州市中山四路

西汉南越王博物馆是保护和展示南越文王墓原址及其出土文物的大型遗址博物馆。博物馆以古墓为中心，依山而建，将综合陈列大楼、古墓保护区、主题陈列楼等有机联系在一起，建筑面积约17400平方米，是岭南现代建筑的辉煌代表。

图版四　西汉南越王博物馆正门

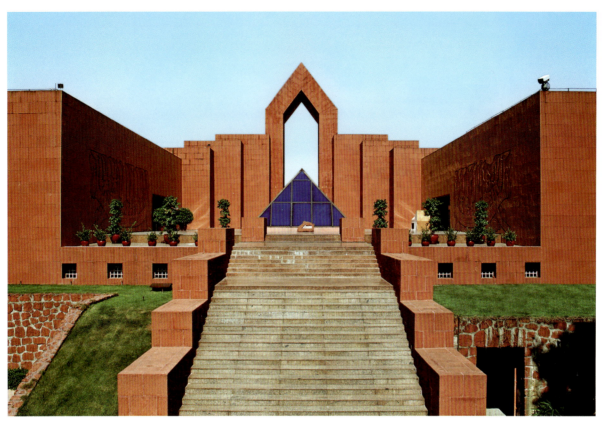

图版五　西汉南越王博物馆主体陈列楼

图版六　西汉南越王博物馆墓室保护棚

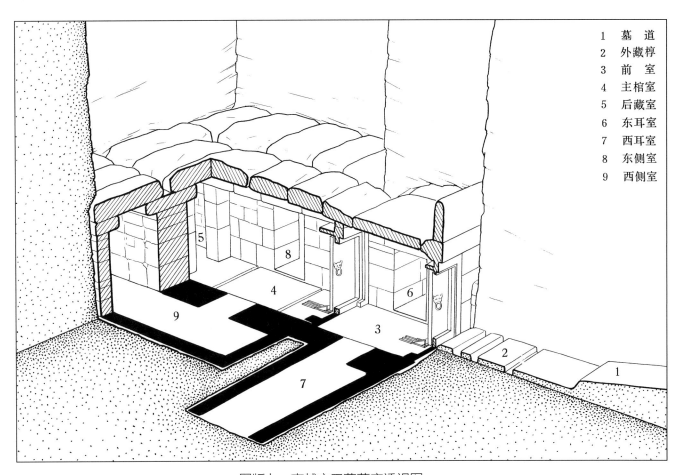

1　墓　道
2　外藏椁
3　前　室
4　主棺室
5　后藏室
6　东耳室
7　西耳室
8　东侧室
9　西侧室

图版七　南越文王墓墓室透视图

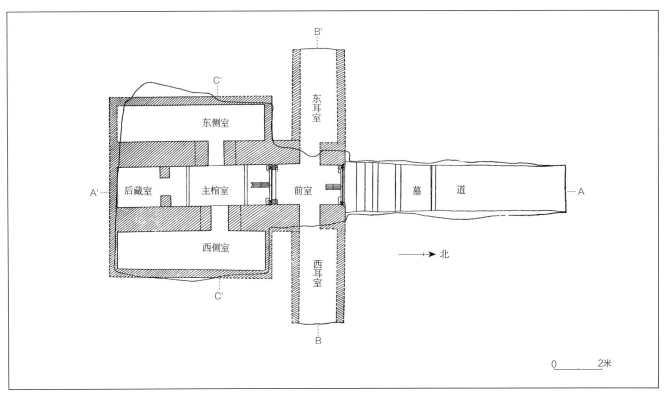

图版八　南越文王墓墓室平面图

图版九　南越文王墓前室发掘现场

图版一〇　南越文王墓前室壁画发掘现场

图版一一　"文帝行玺"金印

长3.1、宽3、通高1.8厘米

西汉

图版一二　"帝印"玉印

长、宽各2.3、高1.7厘米

西汉

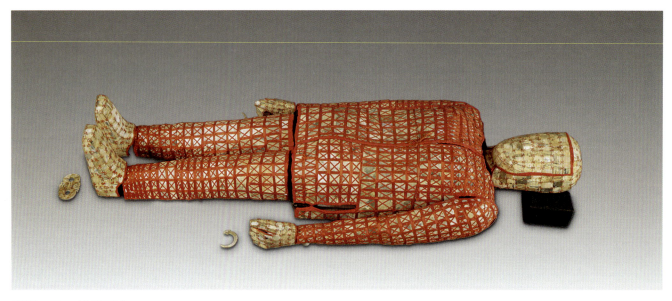

图版一三　丝缕玉衣

全长1.73米、肩宽44厘米

西汉

图版一四 "长乐宫器"陶瓮

口径28、腹径46.5、底径23.5、高53厘米

西汉

图版一五 战船纹铜提筒

高40.7、口径34至35.5、底径33～33.5厘米

西汉

图版一六 "蕃禺"铜鼎

通高20.7、口径18、腹径20.6厘米

西汉

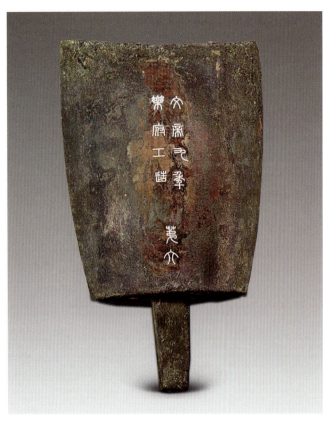

图版一七 "文帝九年乐府工造"句鑃

通高43.1、壁厚2.1厘米，重17.3公斤

西汉

图版一八 铜熏炉

高16.4、座足宽9厘米

西汉

图版一九 波斯银盒

通高12.1、盖径14.3、腹径14.8、口径13厘米

西汉

图版二〇　透雕龙凤纹重环玉佩（D62）

直径10.6、厚0.5厘米

西汉

图版二一　玉兽首衔玉璧（D156）

通长16.7、宽13.8、厚0.7、璧径8.8、厚0.5厘米

西汉

图版二二　玉璧（D49）

直径28、内径6.2、厚0.6厘米

西汉

图版二三　玉舞人（C137）

高3.5、宽3.5、厚1厘米

西汉

图版二四 墓主人组玉佩

长约60厘米

西汉

图版二五　玉角杯（D44）

通长18.4、口径5.8～6.7、壁厚0.2～0.3厘米

西汉

图版二六　漆木屏风（复制件）

高1.8米、正面宽3米、两侧翼障各宽1米

西汉

图版二七　漆木屏风铜蛇纹托座（D9-5）

西汉

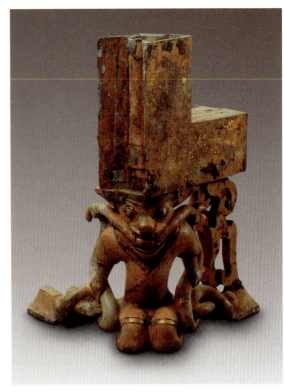

图版二八　漆木屏风铜人操蛇托座（D19-2）

通高31.5、横长15.8、俑高16.2厘米

西汉

南越王宫博物馆是一座依托于南越国-南汉国宫署遗址建设而成的遗址博物馆。博物馆占地面积约三万平方米，由南越国宫苑曲流石渠保护主楼、南越国宫殿展示区、南汉国宫殿展示区、历代水井展示区及陈列楼等部分组成，展示了自秦统一岭南以来，南越国、南汉国宫殿宫苑和历代衙署建筑遗迹及遗物等文化遗存。

图版二九　南越王宫博物馆主入口

图版三〇　南越王宫博物馆俯视图

图版三一　南越王宫博物馆遗址保护主楼夜景

图版三二　广州市中山四路南越国石构水池发掘工地（1995年）

图版三三　南越国石构水池池壁凿刻"蕃"字

图版三四　南越国石构水池遗址冰裂纹池壁

图版三五　南越国石构水池遗址中倒塌的叠石柱

图版三六　南越国宫苑遗址出土八角形石望柱

残高61、柱径12.8厘米

图版三七　南越宫苑遗址出土铁门枢轴

图版三八　南越国宫苑曲流石渠遗址出土八角形石柱

图版三九　南越国宫苑石构水池和曲流石渠遗址鸟瞰图

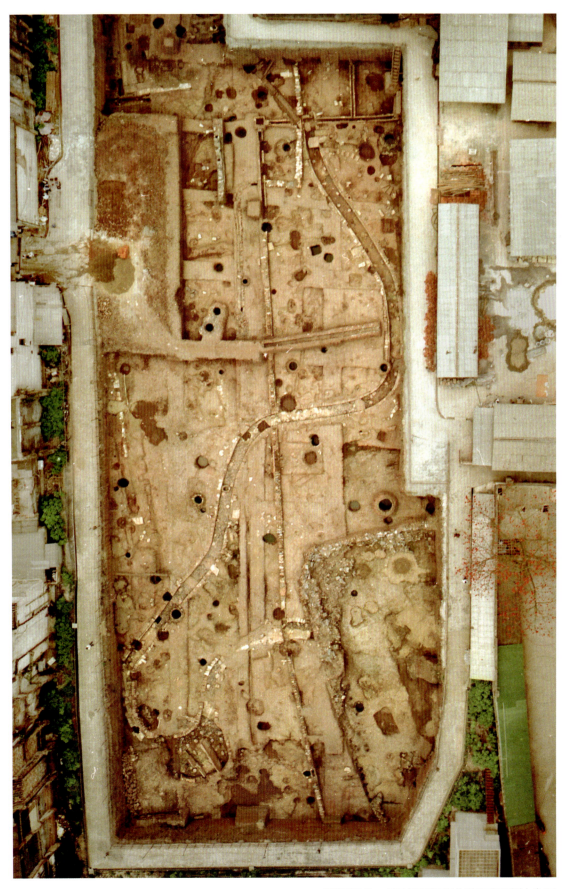

图版四〇　南越国宫苑曲流石渠遗址全景

图版四一　南越国宫苑曲流石渠弯月池

图版四二　南越国宫苑曲流石渠（局部）

图版四三　南越王宫一号宫殿遗址发掘现场（2000年）

图版四四　南越王宫一号宫殿廊道东侧散水及明渠遗迹

南越王宫二号宫殿遗址位于一号宫殿遗址西南，目前仅揭露东北一角。在宫殿瓦砾堆积中发现一件戳印"华音宫"铭款的陶器残盖。

图版四五　南越王宫二号宫殿遗址

图版四六　南越王宫二号宫殿散水遗迹

图版四七　南越王宫二号宫殿遗址"华音宫"铭款陶器盖出土情形

印面长2.8厘米

图版四八　南越王宫遗址出土印花小方砖

边长36.5、厚4.0厘米

西汉

图版四九　南越王宫"万岁"瓦当

直径16.6、当厚1.2厘米

西汉

图版五〇　南越国食水砖井（1996年）

图版五一　出土南越木简的渗水井（2004年）

图版五二　整理后的部分南越木简

图版五三　南越国木构水闸遗址（2000年发掘）

发现地点：广州市北京路光明广场

图版五四　南越国木构水闸遗址前的东汉遗迹

发现地点：广州市北京路光明广场

图版五五　广州东汉穹窿顶砖室墓

图版五六　香港李郑屋汉墓穹顶内视图

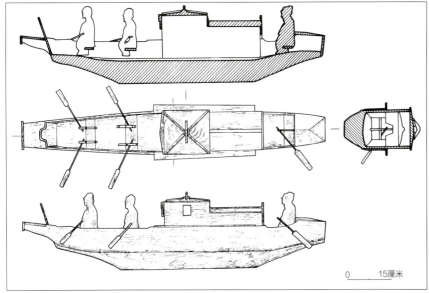

图版五七　广州汉墓出土西汉中期木船模型

长80.1、通高20.4、宽14.2厘米

图版五八　广州汉墓出土东汉陶船模型

长54、宽15.5、高16厘米

图版五九　广州市恒福路银行疗养院出土西汉串珠

2001年出土

长约60厘米

图版六〇　广州市先烈南路大宝岗出土西汉胡人托灯陶俑

1999年出土

通高22.8厘米

图版六一　广州市登峰路横枝岗出土西汉罗马玻璃碗

1954年出土

口径10.6、高4厘米

图版六二　广州汉墓出土陶文拓片

图版六三　汉代陶器纹饰

2002年，在广州市儿童公园内（现南越王宫博物馆），发现了南汉国宫殿基址等重要遗迹，出土大量砖瓦建筑材料和生活用器等。

图版六四　南汉王宫遗址出土黄釉鸱吻
残长75、残宽37、残高79、壁厚2~3厘米

图版六五　南汉王宫遗址出土黄釉莲花纹铺地砖
边长37、厚4厘米

图版六六　南汉王宫二号宫殿庭院出土蝴蝶纹砖场景

图版六七　南汉王宫遗址出土雕16狮柱础石（局部）
边长112、高56、覆盆底直径60厘米

图版六八　南汉王宫二号宫殿遗址台基砖石包边

图版六九　南汉国康陵发掘全景

图版七〇　南汉国康陵陵坛

图版七一　南汉国康陵地宫哀册文碑

图版七二　南汉国德陵发掘现场

图版七三　南汉国德陵墓道祭奠箱

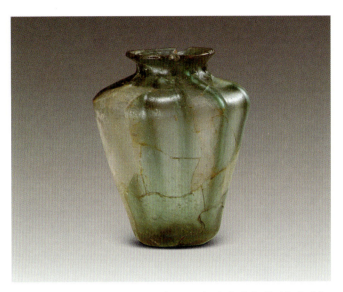

图版七四　南汉国康陵出土伊斯兰玻璃瓶

高12.2厘米

图版七五　南汉国康陵出土陶制水果模型

图版七六　南汉国德陵出土青瓷器物

图版七七　威尼斯银币

直径1.3～1.9厘米

广州东山姚家岗明代太监韦眷墓出土

1964年

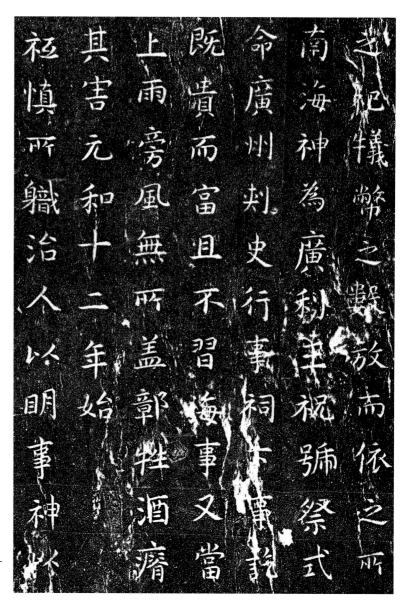

图版七八　唐·韩愈《南海神广利王庙碑》拓片
局部

图版七九　南海神庙明代码头遗址石砌埠头发掘全景（2005年）

图版八〇　南海神庙清代庙前海道码头遗址

图版八一　南海神庙"海不扬波"牌坊

图版八二　广州西村窑产品

图版八三　西村窑青釉划花盏

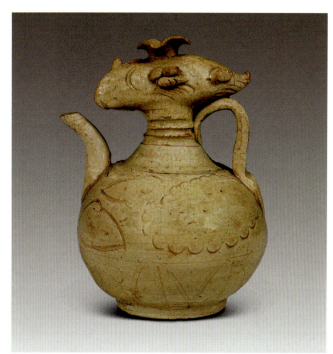

图版八四　西村窑青釉凤首壶

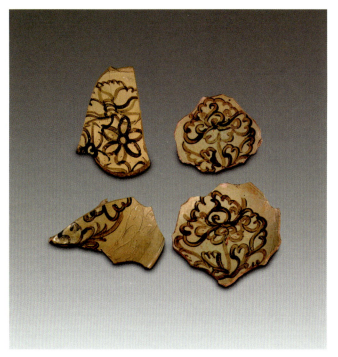

图版八五　西村窑褐彩残片

图版八六　西村窑褐彩折枝花盆

图版八七 长治窑白地黑褐彩鸟纹虎形瓷枕
长13.4、宽35.4、高8.4厘米
金
西汉南越王博物馆藏

图版八八 定窑褐地剔牡丹花纹擎荷娃娃
瓷枕
长18.5、宽22.5、高17厘米
金
西汉南越王博物馆藏

图版八九 河北磁州窑白地黑花"枕赋"
铭长方形瓷枕
长42、宽15.7、高14.4厘米
金
西汉南越王博物馆藏

编辑说明

    麦英豪先生自1952年9月进入广州市文物管理委员会，从事考古和文物保护工作逾60年，经手发掘古墓葬近千座，编写、发表大量考古发掘简报，合作撰写《广州汉墓》和《西汉南越王墓》等考古发掘报告专刊，主编《广州文物志》、《广州秦汉考古三大发现》，与人合著《西汉南越国寻踪》、《岭南之光——南越王墓考古大发现》、《南越文王墓》等科普读物。除了考古、文物方面的研究、介绍文章外，麦先生还撰写了一批关于考古遗址、文物建筑的保护与利用的论文。关于广州地区考古学文化谱系、断代分期等理论性意见已见诸《广州汉墓》和《西汉南越王墓》等发掘报告的各章节以及发掘简报，本《文集》以论文为主。

    在编辑过程当中有一些技术上的问题是需要交待的。

    一、本文集共收录麦英豪先生论文78篇，约75万字。依文章内容大体可以分为五类：一是学术论文，二是文物纵谈，三是文物保护与历史文化名城，四是怀念师友文，五是书序及记事、谈访等。文章以写作或发表时间先后编排，体现作者学术发展轨迹、对事物认识的过程，从中可窥见作者思考学术问题的线索、脉络以及不同时期的兴趣点。

    二、部分文章刊载于广东省和广州市主办的内部刊物，其中部分经补充修改后发表于正式出版的刊物。本《文集》主要选择正式发表的，若干载于内部刊物而内容无大改动的文章则不再收入，以免重复。比如分上、下两期刊于《羊城今古》1989年第6期和1990年第1期《古广州的若干史实问题》是《广州城始建年代及其他》作一些补充修订，由刊物编辑改名，本文集便不再收录；又如《二千年前的广州——广州地区秦汉考古发现与研究》，先载于《广东文物》1996年第2期，后来据新的考古资料改写为《广州地区的两汉文明——广州秦汉考古发现与研究》，刊于《广东文物》2000年，因此只录后者。此外，有一些文章是为配合国外展览或与境外出版机构合作撰写的文稿，以外文出版的，本《文集》不再翻回中文收录。

    三、由于作者专注于岭南地区秦汉考古，又多以南越国遗存为重点，因此文章中的插图多有重复，本书选辑部分能够反映作者表述意图的图片，以免重复。原文中的插图号予以保留，方便读者核查。

    四、各篇因发表于不同刊物，原注释格式多样，今予以统一。

五、原出版物存在一些错别字，有以下几种情形：

1.有的字当时书写时用别体字，铅字排版时未改，今依常用字库字校改，如"珠玑"，《广州汉墓》有时作"珠璣"。一些异体字，如"笄石"，旧时写法有木字旁，今改为"枡"字。"马廄"改为"厩"字。人名也有用繁体字，如"明人鄺露《赤雅》"，今回改为"邝"。有的论文是在港台发表，其中一些字，依现行汉字改过，如"布疋"，今改"布匹"。

2.有明显排印致误的也予改正，有误字，如"圆圈"，误作"园圈"；还有"善驾丹（舟）"等；有衍字，如"中山县有碗窑逞窑"，系"中山县有碗迳窑"之误；有脱字，如"不对称式钺"，误作"对称式钺"，今校正加"不"字；有明显笔误的，如"龙生岗43号东汉木椁墓"，误作53号，今予改正。

3.有若干将古代纪年写成阿拉伯数字的，回改。

4.有在排版时遗漏标点符号，双引号、书名号等等，今补上。

5.有的注释有误，如《广州城始建年代及其他》注释有若干处错简，与正文不对应，此次校对改正。

6.有的是输入时手误，亦予以更正。

由于麦英豪先生的一些文章刊发于省、市的内部刊物，图书馆和各文博单位都没有集齐，因此还存在遗漏。已收集的文字也仍有不少错误，编者未能一一改正，敬请读者批评指正。

序 一

陈建华

　　广州市文化广电新闻出版局和广州市文物博物馆学会将麦英豪先生的学术论文整理汇编成《麦英豪文集》，陆志强同志嘱我写几句话。这本 75 万字的文集，是麦先生著述的大部分，字里行间，凝聚了麦先生数十年献身于广州文化遗产保护事业的心血，饱含了他对广州这片土地、这座城市的拳拳之心。

　　我和麦先生是三十多年的"忘年之交"，我至今还清楚地记得三十多年前我陪同谢非同志去参观南越王墓出土文物时的情形，麦先生的精彩介绍让我第一次近距离接触文物，他是我在文化遗产领域的老师。麦先生也是我在文化遗产保护工作中的"战友"。1998 年我到从化工作后，就注意开展文物调查和保护工作，后来在广州又组织了广州大学城文物调查、全市第四次文物普查、全市文化遗产普查、第一次可移动文物普查及编纂《广州大典》等工作，麦先生都给予鼎力支持和无私指导。

　　麦先生是广州现代考古事业的主要开拓者。从 1953 年起，他和同事长年奔波在广州的基建工地，抢救和保护了大量地下文物，他主持或指导发掘的南越国宫署遗址、南越王墓和南越国木构水闸遗址、南汉二陵、北京路千年古道等重要考古遗址在全国产生了重要影响。麦先生是一位执着的考古"工匠"。2003 年广州大学城建设前期，麦先生亲力亲为，带领广州文物考古人员赴小谷围岛的每一个村落、每一座山岗进行调查，调查结束后立即编写调查报告，并提出保护意见。大学城工程建设期间，年逾古稀的麦先生跟年轻考古人员一样顶着烈日酷暑、迎着台风豪雨，奋战在考古工地。南汉德陵发掘期间，有一次麦先生因高温天气，加上过于劳累，在考古现场中暑。德陵器物箱出土近两百件器物，麦先生在现场指挥发掘清理工作，并坚持在现场值班看守。这种对考古的执著精神令现场所有人感动。

　　麦先生勤于整理研究，著述等身，他主持编著的《广州汉墓》《西汉南越王墓》成为中国考古学的经典报告。他和同事用考古材料为我们部分复原了古代广州生动的历史画卷：迟至距今四、五千年前，已有人类在今天的增城、从化和南沙等地生活；自秦统一岭南建蕃禺城至今 2200 余年，广州城以今天的北京路、中山四路为中心持续发展；南越国作为西汉的一个诸侯王国，促进了广州以至岭南地区跨越式大发展；五代十国之一的南汉政权，是广州城市发展和海外贸易的又一个重要阶段……丰富的考古遗存，实证广州是岭南文化的中心地，也是海上丝绸之路东端长盛不衰的重要港口和商业都会。

麦先生不只是文化遗产的发掘者，也是文化遗产的守卫者。他在长期的田野考古工作中，十分注重对考古遗产的保护，敢于、善于向省市领导提出保护建议。历届广州市委市政府都十分重视文化遗产保护工作，采纳麦先生等专家的建议，做了大量工作：南越王墓在原址保护并建立博物馆，成为全国文物保护的一个经典范例；南越国宫署遗址的保护成为全国现代城市核心区大遗址保护的一种成功模式；南越国木构水闸遗址在现代商业广场内部保护并展示，赋于现代化高楼独特的历史品味；北京路千年古道在原址展示，与现代商业步行街交相辉映；南汉二陵博物馆即将建成，将成为广州大学城的靓丽历史文化景观。此外，在麦先生的倡导下，还有多处城墙遗址、古墓葬实施了原址保护。这些重要考古遗产，是古代广州发展的见证，是现代广州重要的历史文化坐标。

这些原址保护展示的考古遗产以及收藏于博物馆的各类文物、分布在都市和乡间的文物建筑，共同组成了广州的历史文化遗产。它们让广州这座古城的记忆变得鲜活而清晰，提升了广州市民的乡土历史文化认知和本土"文化自信"，也让中外游客深切感受到广州的悠久历史和文化底蕴。这些历史文化遗产，是现代化广州的文化基石，是广州的重要文化软实力，为广州强化国家重要中心城市地位、建设21世纪海上丝绸之路提供了丰厚的滋养和强大的历史文化支撑。

习近平总书记指出：历史文化是城市的灵魂，要像爱惜自己的生命一样保护好城市历史文化遗产。麦先生将抢救和保护广州文化遗产，守护广州的历史文化灵魂作为他毕生追求的事业，用实际行动诠释了一位考古学家的职业素养，一名共产党员的责任担当。

文化遗产保护工作没有终点。四年前，我应麦先生之约在为《广州考古六十年》所作的序言中指出，广州地区还有大量的考古遗存深埋地下，先民留给我们的文化遗产还需要考古工作者去进一步发现、抢救和保护。四年来，我们欣喜地看到，广州考古新发现层出不穷，流溪河流域的考古调查取得重大收获，广州市第一人民医院宋明城墙、越秀北路宋代城墙、北京路清代古船等重要考古遗产得到保护，让广州的历史更加丰满，文化底蕴更加深厚。

以麦英豪先生为代表的老一辈文博工作者开创了广州文化遗产保护事业的一段辉煌。我希望广州的年轻文博工作者，继承麦英豪等老一辈文博人的优良传统，学习他们不畏艰辛、开拓进取的宝贵精神，学习他们忠于职守、爱岗敬业的高尚品质，不忘初心，砥砺奋进，把广州文化遗产保护事业推向又一个高峰。

是为序。

2018 年 6 月 20 日

序 二

陆志强

　　20 世纪中国知名考古学家、广州文博界的泰斗麦英豪先生离开我们快一年了。广州文博界的同志将麦先生的学术论文收集整理，出版《麦英豪文集》，一来表达对麦先生的纪念，二来供后辈学习参考，这是广州文博界的一件大事。

　　我和麦先生真正认识将近 10 年，但我对他闻名已久。我是地道的广州"土著"居民，从小就生活在广州老城区，长大以后也主要在老城区工作，对广州有一种浓厚的乡土历史文化情结。我毕业参加工作那年适逢麦先生主持发掘南越王墓，这是轰动全国的大发现，新闻媒体争相报道。20 世纪 90 年代麦先生主持发掘南越国宫署遗址，就在我的工作单位附近。通过媒体报道，我知晓了麦先生的大名。2009 年我受命担任新组建的市文化广电新闻出版局局长，成为广州文化遗产保护部门的主管，得以跟麦先生正式认识并一起参与文化遗产保护工作。在市文物管理委员会和历史文化名城保护委员会全体会议上，在广州的博物馆和重要考古遗址现场，总能见到麦先生的身影，总能听到他声如洪钟的发言。工作中的麦先生不怒自威，工作之余的麦先生则风趣幽默，丝毫没有大学者的架子，让后辈感觉特别亲切。

　　麦先生开创了广州的现代考古事业。广州是首批国家历史文化名城，是我国重要的中心城市、国际商贸中心和综合交通枢纽。公元前 214 年，秦始皇统一岭南建番禺城，是广州城建史的开篇。秦汉时期的番禺是史学大家司马迁笔下的全国九大都会之一。由于远离中原政治中心，史家关注有限，关于古代广州的历史记载不多。要全面探索古代广州历史，需要科学的考古发掘和研究。1952 年，麦英豪、黎金等几位年轻同志加入广州市文物管理委员会考古组，配合城市建设在广州古城近郊的各个工地抢救发掘古遗址、古墓葬，揭开了广州现代考古发掘与研究工作的序幕。从 1953 年参加中央考古训练班算起，直到生命的最后一刻，麦先生在广州考古和文化遗产保护战线上工作了整整 65 年！ 65 年间，麦先生主持或指导了广州地区几乎所有的重要考古发现，南越国宫署遗址、南越文王墓、南越国木构水闸遗址、北京路千年古道、南汉二陵、广州西村窑等在国内外产生了重要影响。麦先生还十分注重对考古遗产的保护，根据他和诸位专家的建议，广州市人民政府将南越王墓、南越国宫署遗址在城市中心区原址保护并建博物馆，将南越国木构水闸遗址在商业广场内部保护展示，将北京路千年古道在商业步行街原址保护展示，对南汉二陵实施原址保护并建设南汉二陵博物馆。正是以麦先生为代表的广州考古人的努力，广州的城市考古和考古遗产保护受到国家文物局领导和专家组的肯定和全国同行的关注，原故宫博物院院长、原中国考古学会理事长、著名考古学家张忠培先生称赞广州的城市考古是"全国城市考古的一面旗帜"。2013 年，麦先生被评为"20 世纪中国知名考古学家"，这是中国考古学界对麦先生的肯定，是麦先生的荣誉，也是广州文博界的光荣。

麦先生勤于研究，治学严谨。上世纪 50～80 年代，在十分艰苦的条件下，麦先生和同事一边忙于抢救性考古发掘，一边整理考古资料，发表了大量考古报告和简报，他主持编著的《广州汉墓》《西汉南越王墓》在考古学界影响深远。他充分利用考古资料研究古代广州历史，这本《麦英豪文集》就是他学术研究成果的集中体现，记录了麦先生执着于广州文化遗产保护与研究的心路历程，承载了他对广州这座生他养他的历史文化古城的赤诚之心。

麦先生不只是专注于广州文化遗产的保护和研究，他还十分关心广州文化遗产保护队伍建设和人才培养工作，经常向市领导和组织提出建议，许多中青年文博人员都得到麦先生无私的帮助和教诲。麦先生对广州文博队伍的稳步发展壮大功不可没。

麦先生还是广州文化遗产的优秀宣传代言人，他利用各种机会宣传广州的文化遗产。在接待国家领导人和重要嘉宾参观南越王墓、南越国宫署遗址时，麦先生如数家珍，用文物讲述广州故事，他饱含深情的专业级讲解常令领导和嘉宾印象深刻，让听众回味无穷。麦先生以他高尚的人格魅力为广州文博界赢得广泛赞誉，赢得诸多海内外友人的关注和支持。

大师已去，风范长存。麦先生把毕生精力奉献给广州的文化遗产保护事业，他不仅留下了丰富的学术成果，更为我们留下了丰厚的精神遗产。广州的文博工作者，要以麦先生为榜样，奋发向上，把广州的文化遗产保护好、传承好、利用好，助力广州在 21 世纪海上丝绸之路谱写人类文明的辉煌新篇章。

谨以上述言语，表达对麦先生的敬意和怀念。

2018 年 6 月 20 日

目 录

上

下

我们对推论广州小北古墓及出土青花瓷坛年代问题的意见

自从本刊一九五五年十期发表了《广州小北宋墓简报》之后，引起傅扬（《关于广州古墓青花瓷坛时代问题的商榷》，本刊一九五六年六期）、王志敏（《广州小北古墓的青花瓷坛不是宋器》，本刊一九五六年十期）、黄文宽（《广州小北宋墓简报补充说明》，本刊一九五七年一期）几位先生的争论。争论的中心问题是：广州小北古墓出土的青花瓷坛是不是宋器？这个争论是值得重视的。我们认为：要解决青花瓷坛的年代问题，首先要看这些墓葬是否宋墓，如果是，那么就可以肯定（在没有扰乱情况下）这些青花瓷器是宋代或更早的；如果不是宋墓而是明代的墓，那么这些青瓷器就有明代所制或比明代早的两种可能。因此，我们对论证墓葬年代问题提出如下的参考资料：

关于墓葬的年代问题，黄文宽先生认为它是"明代以前的墓葬"；但我们根据所得的资料来推断这些墓葬的年代，与黄先生的论证不合。现在提出下列各点，就正于考古专家。

一、关于小北古墓的建筑形制问题。作者（指黄先生，以下同）在论证该两墓年代的时候，肯定它是早期的，与后期的不同。主要根据是：券顶的结砌方法，后期是用三块或五块大小相同的等腰梯形砖结砌，两旁两块有预制成的缺口，与墓壁接榫承托券拱。小北古墓的砖大小不一，没有缺口砖，而用削角砖或外移一砖来承券，认为这种方法，比较简单原始，因而肯定它是早期的。这里作者并没有明确的说明，早晚两期的年代含义，但从所列举的第一点末段和第二、三两点论据来看，所说的晚期是指明代而言，早期当然是明以前了。所以作者再次肯定小北古墓不是明的，而是在"绍圣年间下葬"的北宋墓。不过，我们根据文管会一九五三年以来的发掘统计，和小北第一、二两号墓建筑形制相同的，还有十座（内两座有碑志），按其建筑形制、墓砖的特征、葬制类同等方面，都可以确定为明墓。这十座明墓券顶结构均系横列砌成，每一横列，有的用五、六块等腰梯形砖砌成，有的还用七块至十块，砖的大小亦非一律。发券方法有各种不同的式样：有用削角砖承券；有的还把两壁最上一块平砖外移，或把最上一块削角砖和第二块平砖外移，以托券顶。北郊瑶台第一号墓券顶就是用七块梯形砖横跨于两壁间而成（图一），在结砌方法上更为简单原始了。由此可知，结券的用砖多少，发券方法的略有异同，并不能作为早晚年代的论定。作者引用广州东郊石东乡朱冈第一号明万历十三年砖墓的券顶结构方法为证（见黄文图二），就是因为它和小北古墓的发券方法不同，和作者认为是晚期的论证吻合而已。其实该墓不过是广州有纪年的明墓中之一例，而且年代还属晚明。一九五三年我们在东郊龙生冈清理的第四号墓，就是明代中叶嘉靖元年的，其建筑式样与墓砖的颜色、制作特征，和小北古墓相同，我们是不能据一以概全的。

二、关于墓室的高度与宽度的比例问题。作者认为：小北古墓"高度与宽度相等，与一般明墓高度小于宽度成扁形的不同。"我们从发掘中知道，广州发现的明墓，有砖构的，有壁用砖砌、项用红砂岩石块复盖的，有全墓用灰沙筑成的，有灰沙与砖合构的各种不同建筑用材；在建筑形制上有单室、双室平列和三室平列之分，这些都不过是随丧家的地位、财力和好尚而定，并无一定的法式的。一九五五年我们在华侨新村发掘的第九号明墓就是高度大于宽度（略近方形），而不是"成扁形"。而年代还要早一些的河南简家冈第五号元至正二十四年砖墓则反如作者所说的"成扁形"[1]。所以墓室建筑的稍高一点或微矮一些，是不能作为年代早晚的论据的。

三、作者说：小北古墓"室内前后有土台作放置随葬物之用，亦与一般明墓显有差别"。关于这问题，根据小北古墓清理时区泽、黎金两同志在现场的观察，墓内砖壁与棺外四周所余之空间用沙土填实，后因棺木腐朽，一部份沙土随着渗入棺内，所以清理时沙土是高低不一的。这并不是特为放置随葬物之用而建筑的"土台"，其作用不外是疏水和防止墓内积水把棺具浮移。这种做法，在一些明墓中也是相同的；而且没有随葬物的明墓，棺外四周也同样填实，更可为明证。至于《广州小北宋墓简报》说"墓内积土黑色"，把很明显的人为填实的做法，说成是自然渗积的现象，那就与事实不符了。不可能随葬的陶、瓷坛子是等到墓内已渗积有五十厘米的积土之后才放入的。

四、作者说："小北墓葬的墓志用青砖，形式和大小与唐代相同，亦侧立室内"。这可能是作者记忆错误。小北古墓的墓志原是红黄色的，为墓内泥土渍染，出土时成灰黄色，并不是青砖。而且墓志的形式和大小都与唐代的不同。我们试列举一些资料，就可以清楚的比较出来。

广州的初唐墓，至目前为止，还没有发现过墓志，在中、晚唐墓内，有天祐三年王涣青石墓志一合。青砖则有：东郊龙生冈第三十二号墓出土的唐太和七年王氏墓志一方，志砖青灰色，34×34×5厘米。志铭刻制，出土时贴竖于墓室内中部的右壁下；北郊横枝冈第十号墓出土唐元和二年范全节墓志一方，砖青灰色，出土时斜置于墓内前面的左壁处，志铭刻制，34×34×5厘米；北郊建设新村第一号墓出土唐大中十二年姚潭墓志一方，砖青灰色，36×36×5厘米，正面刻志题，志铭刻在背面。就从这三个砖志的形式、大小、志铭的制作方法来看，找不出它和小北古墓的志砖相同之点。简报说："第一号墓志竖立在南壁之下，作合掌式，……砖制墓志二块，每块的长宽度成二十六公分正方形，厚三公分，可能是写的。""（第二号墓）合掌式的砖制墓志二块，斜立在墓底，……各成二十公分见方，厚各三公分，字迹已全脱，与一号墓墓志情况相同。"这很清楚是和广州明墓中发现的砖制墓志相同的（都是二块，作合掌式竖放，它的大小不超过三十厘米，每块厚三厘米）。

在墓志的放置上，作者以小北墓志侧立于室内与唐代相同，而"明代墓志一般是用碑石或红色炼泥砖，多数是平放在墓室外前端的顶部"这一差别，作为根据，以说明小北古墓确早于明代。但实际情况明代墓志的放置位置，并不是完全一律，有的放在墓室顶上的一端，有的放在墓外和墓后壁相贴，至于"侧立室内"的，华侨新村第九号墓就是这样（墓志红黄色，炼泥砖，长宽二十八厘米，每块厚三厘米，题书，首行有"大明"二字，其余字迹模糊）。但无论是用碑石刻成或砖制写成的墓志，都是两块作合掌式竖立，而不是"平放"。

此外，在《广州小北宋墓简报》的结论中说："用等腰梯形砖结砌券的小型墓葬，大都均无随葬器物，间中发现钱币，多是宋和明代的年号。在墓外和填土中曾经发现有宋代的墓碣和明代的墓志铭，所以我们假定广州到了宋代以后的砖室墓已经发生了变化，它的形式已和唐代以前的完全不同，这两座宋墓的发现给予了实证。"这里要说明的是：在一九五六年以前，我们在广州市郊的清理工作中，无论是发掘或采集的实物，都没有宋代的墓碣发现过。文管会几年来发掘的材料中，所有属于这类形制的墓葬，无论墓外或填土中都无墓碣发现的纪录。因此作者所说可能是偶然记忆错误。

五、关于葬制问题。作者拿有纪年文字的明代砖墓作比较，认为这些墓中都无随葬品，小北古墓各有陶瓷坛子，还保留唐以前的风俗习惯。广州发现的明墓多数都没有随葬品，这是事实。不过，亦不能一概而论，有些明墓也是有器物随葬的。如上述的十座明墓，其中西村后冈第十三号墓有铜镜一面、黄釉小罐四个随葬；河南怡乐村第一号双室合葬墓中发现有铜镜两面和陶盆、陶罐各一个；北郊瑶台第一号墓内也有五个黑釉小罐出土；东郊茶亭第一号明正德二年方献夫母墓，墓上排列五个黑釉带盖的小罐，这是有纪年文字而又有随葬物的一座明墓。要从全面来研究问题，而不能仅据三座有纪年文字的墓葬下结论。

以下试提出我们对小北古墓年代问题的意见：

由一九五三年以来，广州市文物管理委员会在广州市郊发掘了五百多座古墓葬，其中以两汉和六朝年间的最多，唐墓和明墓比较少，宋、元时期的墓葬更少。今年一月间我们在河南简家冈工地才发现了南宋咸淳二年和元代至正二十四年的墓葬各一座，这是广州市第一次发现有纪年文字可据的宋、元墓葬。但是咸淳一年墓还是一座火葬墓，地下没有墓室建筑；因此，有关宋墓的建筑形制及其遗物等，目前还没有足够的可靠的资料参考。

就明墓而论，广州明墓多数都没有随葬品，正如作者所说，我们现在还未能从比较随葬物上排比出先后来。但这并不是绝对不可能把明墓和明以前的墓葬区分开来。根据几年来发掘中所掌握的资料，除了随葬遗物方面外，我们还可以根据墓的建筑形制、建筑用材的特征以及葬制等方面，作全面的综合排比，而断定它的相对年代。

到目前为止，广州发现的砖墓，最早到东汉时期。由东汉至六朝的砖墓，券拱都是用刀砖、斧形砖与平砖结砌而成；唐墓仅用刀砖与平砖砌券；元代以后券拱就用等腰梯形砖砌成。砖的形制也各具时代的特征，如：东汉墓砖以青灰色者居多，砖的大小是 38×19×5 或 40×20×6 厘米之间，多数是素面无纹饰，间有花纹的多数仅压印在扁平的两面；晋墓砖亦青灰色，但比东汉砖为小，大约是 38×18×4.5 厘米之间，其特征是砖侧（朝墓内的一面）和两横端侧面印各种几何形花纹或纪年等文字，扁平面印斜方格纹或方格纹；南朝墓的砖大小与晋砖相近，但以红色或红黄色的占多数，扁平面印斜方格纹，侧面绝大多数是素面的；初唐墓的砖与南朝砖相类，但稍狭一些；中、晚唐墓的砖都是青灰色和灰黑色的，无花纹，煅度较低，砖的大小是 30×14×1.5 或 32×16×2 厘米之间；元墓碑也是青灰色，成等腰梯形，上边宽 14、下边宽 10、厚 3.5～4 厘米，平砖是 26×14×4 厘米（以至正二十四年墓为例）；明代墓砖则与元砖不同，明砖均为红色而略带微黄，比元砖为大，且较厚，砖质匀细，模制规整，煅度高，硬度大，其大小约为上边宽 18、下边宽 12、厚 6 厘米之间，平砖 24×16×6 厘米之间（以嘉靖元年墓为例），在制作技术上比以前各时期的砖都更为规整。由此我们可以看出各时期砖墓所用的砖料，都因时代不同而各具有不同的特点。小北古墓的砖，第一号墓“是红色粘土模制，练泥细匀，烧度高，硬度大，砖长 24 公分，宽 16 公分，厚 6 公分。”第二号墓“砖的尺度、烧度、色泽与 1 墓同”（见简报）。从小北古墓所用的砖料和元墓砖比较，无论砖质、色泽、大小都没有丝毫相似之点，反而和广州发现的明墓的砖相同，尤其是与嘉靖元年墓和华侨新村第九号明墓的砖更为接近，从墓砖来看，小北古墓不是明代以前的墓葬已极明显。小北古墓券顶跨于左右两壁间，作横列式结砌，因而前后两端较狭的砖壁必定要比左右两壁为高，才可以把券顶前后两端所形成的空洞封闭着。第二号墓的前后壁上面几层砖是逐层收窄成梯级形，在其他明墓中也有同样的形式。而且广州所发现的明墓，除了全墓都是用灰沙构筑成的之外，无论全墓是砖构的，四壁是砖墙顶用石板复盖的，或周壁用灰沙筑成，墓顶用砖结砌的，或者全墓用砖构成，外面再以一层灰沙包裹的，其底部都无铺砖，和明以前的墓葬不同；在这一点上，小北古墓亦无例外。至于棺外填沙土，墓志竖立于室内，在广州明墓正是有相同的情况。

两墓所出的铜钱，都是北宋年间的，而没有南宋和元、明的，若果简单的来看这现象，当然很容易得出宋的结论。但在实际发掘中，晚期墓出早期钱币已是常见；广州马黄水冈第五号宋墓就只有唐“开元通宝”钱而没有一枚宋钱[2]，此其一例。因此，仅以钱币为据，是不能作为推断年代的决定证据。

综上所述，我们认为小北第一、二号墓就是明代的墓葬，不可能是“绍圣年间下葬”的北宋墓。

我们推断小北出土有青花瓷坛的古墓是明代墓葬（至少也不能确定为宋墓，尤其不能肯定为北宋墓），那么，这几件青花瓷坛的年代就有：是明代器物，或比明代更早一个时期的器物的两种可能了。断定瓷坛的年代，我们认为要注意"青花瓷坛中的一个盖子有'宋己酉'的年款"的问题了。据《简报》认为："'宋己'二字楷书，'酉'字是今草字体，其余的两个作似花纹似文字的形体。"（简报图版四）我们是身经发现者，原来这件东西出土后大家都没有注意到"字款"的，后来有一两位同志发现了说是"宋己酉□□"，究竟是字非字，至今同志们还争论不休。即使确是"宋己酉"三字，也不能如黄先生所说"在纪年文例上是没有问题的"，而正如黄先生在同一文中所说，宋字除宋朝外，还可以作为宋国、宋州、宋姓之用。假如就是宋姓的在己酉年制，不是也可以说得通吗？谁又知古代姓宋的不能取名为己酉呢？因此，像这样"义可多歧"的"字款"，也不能作为肯定年代的论证，最多也不过可作点旁证而已。

因此，我们认为要解决这几件青花瓷坛的年代问题，目前就只有从瓷器的本身来研究了。几位先生的文章有关谈瓷数据和意见，都是值得参考的；但还只做到从瓷器的花式、形制等"特征"来推论，这是不够的。黄文宽先生说："小北所出青花瓷坛是不是宋代的制品我个人期待着国内陶瓷专家正确论断。"我们赞成黄先生的意见，目前还未能下结论时，希望陶瓷专家对这问题认真争鸣，以求找到一个正确的论断。

注释：

[1] 见《广州河南简家冈宋、元墓发掘简报》，即将在本刊发表。

[2] 见《广州东山马黄水冈宋墓清理简报》，《考古通讯》1957 年 2 期。

原载《文物参考资料》1957 年第 5 期，署名麦英豪、黎金、区泽。

关于广州石马村南汉墓的年代与墓主问题

一

1954年初，在广州市区东北面相距约20公里的石马村发现了一座五代南汉年间的砖室墓，出土的陶瓷器约200件，内有30余件系青瓷罐，其中4件夹耳有盖的青瓷罐造型别致，极为罕见（图一）。这墓的材料已发表于《考古》1964年第6期。当时由于资料所限，《简报》只能根据这批青瓷的造型特点和广州地区所发现过的东汉至唐代砖室墓的形制与规模进行比较，认为"这墓的年代以南汉为近似""颇有可能是南汉贵族、大臣或宦官的墓葬"。所以，关于这座墓的确凿年代和墓主到底是谁，一直未能得到确证。

最近，我们根据郊区龙眼洞学校郭纪勇老师来信的反映，谓该墓发现人曾在一块墓砖上发现刻有南汉纪年，我们立即到石马村调查。墓砖已碎裂，只保存半块，砖文三行，是划写的，仅存部分为"乾和十六年四（？）……""兴宁军节（？）……""好也"（图二），字作行书体，且有隶意，字划的边缘微凸起，是砖坯未干时划写的。我们还捡得半块划写一"张"字的。此外，该村另一社员扩建房子时，在屋后挖土深约1米处发现一座石雕立象，位置正是这座砖墓的南面100米左右。石象系灰黑色石灰岩，两面对刻，均半浮雕式，长1.80、高1.10、厚0.35米。一面剥蚀仅辨象形，另一面较好。此石象与《简报》中提到的一对石人、石马和墓口封门所用的几块大石板，属同一类石质，无疑是同一墓的遗物。

二

这块纪年字砖的发现，不但确证了墓葬及所出青瓷的年代，使这批青瓷成为广东地区五代瓷器断代的重要依据；同时对考证这座墓的墓主是谁，也得到了直接的佐证。五代南汉从刘龑据广州立国起到刘鋹大宝十四年二月降宋止，前后四个皇帝共55年（917～971年）。"乾和"是南汉第三个皇帝刘晟的年号。乾和十六年即公元958年，刘晟死于此年。《旧五代史·刘晟传》："周显德五年（958年）秋八月，晟以疾卒。……庙号中宗，陵曰昭陵。"《五代史·南汉世家》也说："卜葬域于城北，运甓为圹，晟亲临视之。是秋卒，年三十九。"《十国春秋》和《南汉春秋》所记大致相同而更具体，云"卜葬域"的时间是"乾和十六年春二月"，地点是"兴王府城北"。砖文第一行"乾和十六年四"的四字已残损，但字形尚可辨认，应为四月无疑，因这墓在清理时已发现过一些划写文字的砖，其中一块划有"六月十三日张匡玖"的字样。这样，同一墓中就有四月和六月烧制的砖，表明墓是在乾和十六年春夏间建造的（有可能延续到是年的秋季），这与上述记载的"春二月卜葬域""是秋卒"的时间上下限都相吻合；而"运甓为圹"正说明了刘晟的墓正是一座砖室墓。所以石马村这座墓的建造年份、月份和墓的类型都与史籍所载刘晟的昭陵是相一致的。这是纪年铭砖所提供的直接证据。

　　还有，南汉四个皇帝，在广州近郊的只有二墓，即在北亭洲的刘龑的康陵和城东北的刘晟的昭陵，刘玢在位不及二年即被其弟刘晟所杀，有无建陵？文献无征。刘鋹（后主）降宋，封南越王。其墓在韶州治北六里的狮子岗。康陵早在明崇祯九年秋已被发现了，《番禺县志》卷二十四所载颇详（清人郝玉麟《广东通志》记此事为崇祯十五年），该墓的砖室建筑至今尚存。唯昭陵虽见诸记载，然一直未得到实证。石马村这座砖室墓坐落的方位与史籍所述昭陵的所在位置也是相符的。南宋人方信孺《南海百咏》陵山条序云："刘氏墓在郡东北二十里，漫山皆荔子树，龟趺石兽俱存。"现在石马村一带仍遍植果树，若从石马村沿广汕（广州至汕头）公路往东有 10 公里之遥，就是广州市郊盛产荔枝、青梅等水果而闻名的罗岗。方信孺到过这里"摩挲断碑"，疑为懿陵，当时他只能认定这是刘氏墓，但搞不清楚这墓主是谁。又，《南汉春秋》："昭陵山在会城东北，旧通志载中宗陵寝在焉，故名。山南有石人石马各一，今尚存云。"《大清一统志》卷三百三十九《广州府·山川》条还有如下一段："博大山在番禺东北四十里（按清代番禺县署在今市中心靠东边），下有铜鼎溪，今湮。其东有昭陵山，南汉陵寝在焉。"（按石马村是清代才开村的，皆客家人移居来此，博大山与铜鼎溪在史籍与故老传闻中都已无从确考）。以上记载，关于南汉昭陵的方位，都说是在会城的东北面，与石马村这座墓的位置正同。方信孺说在郡东北二十里，《大清一统志》说在番禺县东北四十里。广州是广东路治所在，也是番禺县治所在，方氏所记的里程可能属测距疏误，而应以后说为可信。这次发现的石象，应属墓前列置的"龟趺石兽"之一。唐封演《封氏闻见记》卷六羊虎条云："秦汉以来，帝王陵前有石麒麟、石辟邪、石象、石马之属；人臣墓前有石羊、石虎、石人、石柱之属，皆以表饰坟墓如生前之象仪卫耳。"石象是秦汉以来及唐的陵前所有，这是陵园的制度。这墓已发现有石人、石象、石马（因墓前南面坡地已全部辟为果园场，有否别的石雕湮没地下，已不便钻探），也是南汉陵墓应有的制度。综上所述，石马村的砖室墓就是南汉刘晟的墓，应无疑问了。至于《简报》提出作为南汉的陵寝，不会简陋得像这样子的问题，这个疑窦大概指的主要是对墓葬的建筑规模和随葬的遗物这两方面来说的。当然，若以南唐二陵和四川成都王建墓与之相比，确有大巫与小巫之别。但石马村墓的规模全长（内计）11.64 米，尤其是三层券拱，结构牢固，又采用石灰岩的大石板封门等情况，这在广东境内至今所发现的南朝到宋代的墓葬中都未曾见过，1960 年在广东韶关发掘的唐代尚书左丞相张九龄墓[1]，不论墓制的规模或墓室结构的牢固程度也不及这座墓。1972 年 6 月间，我们到北亭（今名略一洲字）调查刘龑的残砖墓（康陵）[2]。该墓五层券拱，内长约 12 米，分前室、过道和后室三个部分。后室稍宽，平面近方形；过道在两室之间；前室稍窄而长，宽约 2.8 米。在前室两边券墙下各排列 9 个呈凸字形的壁龛（石马村墓前室仅有一个单耳室，无壁龛，但前室两侧有器物箱，亦相当于壁龛的作用）。这墓的墓门也是采用灰黑色的石灰岩大石板横砌封堵的，最上的一块石板已被拆出移至墓前左侧，长 3.04、宽 0.96、厚 0.15 米，下面的石板尚嵌封在墓门口处。这墓的结构规模与石马村墓相类，两墓可互为参证。至于这墓所出遗物是否与墓主身分不相称的问题，我们认为首先要肯定一点，即这墓是经过历次盗扰破坏的。《南海百咏》谓"昔有发其墓者，其中以铁铸之"，看来，早在南宋以前就被盗过。南汉刘氏四帝都是奢靡荒淫的统治者，他们的墓中不但应有哀册等物，而且还会有奇珍异宝随葬，但墓既多次遭盗劫，虽有亦难得保存。即便如此，在幸存的前室东侧一纵列砖砌器物箱中，还藏有陶瓷器近 200件之多，假如西侧的器物箱不被破坏，器物不散失的话，那末，仅这两侧器物箱中列支的陶瓷器，为数已经不少了。

三

砖文第二行只存"兴宁军节"四字，"节"字已残损，从书体并结合文义推之，应是"节"字，即"兴年军节度"。五代十国的军事、政治建制大都是承唐之旧，而且"十国抚有一隅，竞相夸侈，大抵国内多设节度，周编诸州，以示幅员之广"[3]。南汉盛时有州六十三，旋失交州，实有六十二州[4]。据《十国春秋·藩镇表》所列，南汉有祯州节度使和清海（广州）、建武（邕州）、宁远（容州，一作宁武）、静海（交州，亦作安南）四军节度，而无兴宁军之号。概因"五代乱世，文字不完"，所以这个砖文的发现，亦可补一缺漏。

还有，这墓所出的一批青瓷，大都认为具有地区特色，定为广东所产似无疑问；而且它的制作精工，造型别致，施釉均匀等特点，应为南汉官窑所特制。但是，除了 1973 年初在广州大北门外流花桥工地又出土一件之外（出于一座被严重破坏仅存几块砖的残砖墓中），至今在广州地区及广东境内所发现的古窑址和唐、宋墓中，就再没有见过了。因而，对于它的具体烧造地点问题，还有待今后的调查发现才能解决。

注释：

[1]《唐张九龄墓发掘简报》,《文物》1961 年 6 期。

[2]《番禺县续志·金石一》, 对北亭洲的康陵疑为传闻。我们认为该墓的形制规模都与石马村墓相类, 其墓砖与广州晚唐墓常用的素面薄砖又相一致, 这墓绝无疑问是南汉时期的, 上述方块所述不会全出穿凿。

[3]《十国春秋·藩镇表》序。

[4] 此据《中华二千年史》的统计, 若《南汉春秋》所载只有四十九州。

原载《考古》1975 年第 1 期。

秦始皇统一岭南地区的历史作用

秦始皇是我国封建社会初期新兴地主阶级杰出的政治代表。他在公元前238年亲政以后，坚定地执行一条顺应社会历史发展潮流的统一路线，励行法治，用统一战争结束了战国末年诸侯割据称雄的混战局面。跟着又挥兵北却匈奴，南平岭南，在我国历史上建立起第一个统一的多民族的专制主义中央集权封建国家。秦始皇是统一中国的第一人，也是统一和开发岭南，促进以广州为中心的两广地区社会历史发展的第一人。

本文试图从建国以来两广地区的一些重要考古发现，结合有关的文献史料来正确认识秦始皇统一岭南的重要历史作用，批判卖国贼林彪攻击秦始皇的恶罪用心，这对于深入"批林批孔"是有一定的现实意义的。

一

两广位于我国南岭山脉之南，自汉以来就有岭南的称谓。解放后大量的考古发现，使我们对这地区在远古时期的历史发展进程及秦始皇进军岭南之前的形势有个大概的认识。

到目前为止，两广境内发现的最早的人类遗迹遗骸，是1958年5月在广东曲江县马坝乡狮子岩洞穴遗址中发现的第四纪更新世中期的人类头骨化石；在人类发展史上属于古人阶段[1]。这个发现证明远在二三十万年前，"马坝人"就在岭南地区劳动生息、世代繁衍，谱写下本地区远古历史发展的篇章。及至新石器时代晚期、或更晚的文化时期，以"印纹陶"为特征的遗址，仅在广东境内就已经发现了七百余处[2]，这类遗址的文化性质和江苏、浙江、福建、台湾等地的印纹陶文化一样，同属于我国东南沿海印纹陶文化系统。值得注意的是，在广东东部地区的印纹陶文化遗址中还较多地出土仿中原青铜兵器形式的石戈、石矛、石剑等，显示出这里很早就与中原地区有了文化上的联系；陶器的花纹装饰普遍出现云雷纹、夔纹或乳钉纹等仿自中原商周青铜器的纹样，有的还与青铜兵器、工具等共存[3]，考古发现完全证实了这个时期已经进入青铜文化阶段。但直到战国年间，这里的社会发展大抵仍处在氏族社会的末期阶段，他们的社会组织是氏族部落和军事部落联盟。在社会发展的里程上，远比中原为落后。在两广地区建国以来所发现的春秋战国遗址和墓葬中都出土了不少青铜器，但迄今还没有发现铁器，说明当时这个地区还是处于青铜器时代。

岭南地区与中原文化之间逐步走向融合，早在春秋战国年间已开始，这从上述出土的青铜器及其分布地点也明显地反映出来。1962 年广东清远东周墓中出土了一批青铜器 [4]，1971 年广西恭城也发现了成批东周青铜器 [5]。两地虽然一在广州以北，一处都庞岭之南，但两者在器形组合上是非常接近的。都包括有烹饪器、酒器、食器、乐器、兵器及工具等。在广东德庆的一座战国墓中，出土青铜器 15 件，其中兵器及工具竟占了 13 件之多 [6]。两广境内各地点发现的青铜器亦以工具和兵器为常见。这些青铜器中的乐器、酒器、食器及大部分兵器的形制，基本上和中原的相同，花纹装饰主要也是仿中原商周青铜器的云雷纹、虺纹、窃曲纹、饕餮纹、羽状纹等图案纹饰，显示出岭南与中原经济文化的进一步密切，但也有浓厚的地方特点。如恭城出土的铜尊，铸有蛇斗青蛙图像，1974 年广东信宜出土的铜盉，以盘蛇形作为盖纽的装饰等，表现出南方的生活气息；特别是靴形、扇形的斧和顶部铸出人头或兽头形象的长方筒形器，亦为中原地区所未见。岭南人民在吸收中原青铜文化的过程中，创造了独具异彩的南方青铜文化。

再从青铜器出土地点来看：在广东境内的，沿韩江流域有揭阳、潮安、五华，东江流域有龙川、河源、惠阳、广州以至香港，北江流域有翁源、清远和四会，西江流域有德庆和肇庆、南部到达信宜。在广西境内的，湘水和漓水上游有全州和兴安，桂江上游有桂林、荔浦、恭城、平乐以至梧州，贺江上游有钟山和贺县，邕江至郁江间有南宁、宾阳、横县，钦江流域的灵山和钦州两地也有发现 [7]（图一）。铜器出土地点的分布，也反映了当时岭南地区与中原文化上的交往基本上是沿着韩江、东江、北江、西江及其上游河道而来，这几条主要河道恰恰就是以后秦始皇统一岭南进军所沿的路线。

在秦统一岭南以前，中原先进的经济文化在这地区已产生强烈的影响，岭南和中原的关系日益密切，统一已成为历史发展的必然趋势；另一方面，岭南各部落之间，在部落首领的统治下，相互劫掠，攻战不休，生产发展迟缓，人民受到很大的痛苦。结束政治上的混乱，改变经济文化上的落后状态，早日和中原地区连结为一体，已是当时岭南各族人民的迫切愿望。

二

据文献记载，最早统一岭南的是我国封建社会初期两位著名法家人物——吴起和秦始皇。战国初期吴起辅佐楚悼王变法期间，曾发兵"南平百越" [8]，这时楚的势力已到达两广。吴起治楚的时间很短，悼王一死，他就被楚国贵族奴隶主射杀了。因此，吴起在岭南的法治如何，文献无征。到战国末年，秦始皇兼并六国后，跟着发兵统一了岭南地区。1962 年在广州市郊发现了一把刻有秦始皇纪年的青铜戈，这是秦统一岭南的一件重要历史物证[9]。这把铜戈的内部凿刻有"十四年属邦工□□戟丞□□□"铭文，字划细如发丝，由于使用过程中的磨蚀和长期入土受土质的酸性侵蚀，有五个字已磨蚀不清了[10]（图二）。戈铭的"十四年"就是秦始皇十四年，即公元前233年，距今已有二千二百多年了。这是建国以来岭南地区首次发现的有秦始皇纪年的文物。这把铜戈铸于秦灭六国之前十二年，而铸地又是在秦境（戈铭有"属邦"一词，为秦封君），它在岭南的广州被发现，正好表明它与秦统一岭南这一重大历史事件的直接关联（本书图版一）。

秦始皇二十六年平灭六国之后，就开始经略原来"臣服于楚"的岭南地区。《史记·秦始皇本纪》载：秦始皇"三十三年，发诸尝逋亡人、赘婿、贾人略取陆梁地，为桂林、象郡、南海，以适遣戍。"事实上统一岭南的战役是不可能在一年之内完成的，司马迁写《秦始皇本纪》这一段时，只是把进军岭南的全过程归纳到战事结束的那一年作个概述而已。事实上统一岭南之役是打了多年的。同书《主父偃传》载：秦"使尉佗屠睢将楼船之士南攻百越，使监禄凿渠运粮"[11]。此外，比《史记》约早三十年的《淮南子》的记述更为详细。使我们大体知道：当年秦始皇派尉（秦官名，为军事长官）屠睢统帅"楼船之士"和犯了罪的官吏、亡犯、商人等共五十万众，分五路开进岭南。其中两路从湘桂接境处的越城岭和萌渚岭入广西，另三路入广东。进入广东的有一路是从余干（今江西余干）集结，过福建，跨逾由闽通粤必经之地的揭阳岭，占领了岭南东部即今粤东一带，由此沿东江可达广州；另一路由南野（今江西南康）过大庾岭梅关，进入岭南的北部即今南雄境，再沿浈水入北江可直抵广州；又一路由湖南郴县、宜章县之间的骑田岭推进，过岭后顺武水入北江顺流而下广州。当时行军岭南是极其困难的。由于横亘在湘、桂、赣、粤间的南岭山脉阻隔，山高岭峻，岭峰一般都在海拔一千米以上，秦统一岭南以前，南北通行只有山岭中峡谷隘口间的小道，秦军南下必须把这些小道开凿加宽成"新道"，以供士卒和粮草辎重的通行。进入广西境的交通就更为不便，又"使监（秦官名）禄开凿灵渠而通粮道"，才保证了秦军源源不断的给养供应。战斗也是很激烈的。因为岭南部族首领为了维护他们统治的利益，搞分裂割据，反对统一，他们凭借河川险峻，树高林密的地理条件负隅顽抗，使得秦军"三年不解甲弛弩"[12]。但统一已是大势所趋，秦始皇三十三年统一岭南之战就胜利结束了。由此可见，这次战役由于交通不便等原因，持续达三、四年之久。不难想象，广州出土的这把秦戈，应为当日进军岭南的秦军将士使用的武器，后来又伴随其主人而埋到坟墓里。

秦始皇统一岭南的战争绝不是为了"利越之犀角象齿翡翠珠玑"。正如列宁指出："战争的性质（反动战争或是革命战争）不取决于是谁进攻，'敌人'在谁的国境内，而取决于哪一个阶级进行战争，这个战争是哪一种政治的继续。"（《无产阶级革命和叛徒考茨基》）秦对岭南的用兵是统一六国战争的延续，是新兴地主阶级与部落联盟首领之间统一与分裂的斗争，是先进与落后矛盾的斗争。因而是进步性质的战争。当然，统一岭南之役，必然给秦军士卒和岭南人民不可避免地带来一定的伤亡，付出了一定的代价，但正如列宁在《社会主义与战争》一文中所指出的，"历史上常常有这样的战争，它们虽然像一切战争一样不可避免地带来种种惨祸、暴行、灾难和痛苦，但是它们仍然是进步的战争，也就是说，它们有利于人类的发展，有助于破坏特别有害的和反动的制度"。秦对岭南用兵的结果，建立了郡县，使岭南地区成为我国统一国家的不可分割的部分。原来比较落后的两广很快就跨进封建社会的历史进程，在政治、经济、文化等方面得以较快地赶上先进的中原地区。这些是符合岭南人民的根本利益的。

秦始皇作为新兴地主阶级的总代表，在他即位掌权的时候，正是七雄对峙，"诸侯力政……兵革不休，士民罢敝"的诸侯国混战时期，又是儒法两条路线斗争最激烈的关键时刻。秦始皇坚定地遵循法家路线，为了实现统一全中国的大业，他根据"以战去战，虽战可也"的法家思想，从公元前 230 年起，发动了长达十六年之久的统一战争，终于平定六国，并统一了岭南地区，建立起一个幅员辽阔的统一的国家，自春秋战国以来第一次出现了"黔首大安"的新的政治局面。秦始皇为祖国的统一，历史的进步做出了重大的贡献。

三

秦统一以前，两广地区虽然与中原有了文化上的密切联系，但由于南岭山脉等自然条件的障隔，阻碍了岭南人民与中原人民之间有更多的交往。春秋战国时期，中原地区已由奴隶社会进入封建制，而岭南的社会发展还是处在从原始社会向奴隶社会过渡的阶段。这是历史发展的不平衡性。秦始皇向岭南进军，为开发岭南打开了通道。首先是推动了岭南社会的飞跃前进，改变了这个地区在历史发展上的后进状态。秦开的新道，不仅在当时南北交通建设上是盛况空前的，在以后的两千年中仍然是北往南来的重要通衢；在湘水与漓水上游开凿成功的灵渠，把长江水系与珠江水系接贯起来，沟通了两广与中原的水路交通。

随着秦军的南下，新道凿辟成功，中原地区人民大量南移。统一岭南后，秦始皇把五军留戍岭南，第二年（前 213 年）又迁徙了一部分中原人民和犯了罪的官吏、刑徒等"与越民杂处"，从事开发和加强南疆的屯守。秦始皇向岭南大量移民，对于促进中原移民和当地人民之间的融合，加速岭南社会的发展，是有重大意义的。中原人民的南迁，带来了中原地区先进的牛耕农业和各种手工业生产技术知识，尤其是铁农具、铁工具的大量南输，对开发山林、提高农业生产更有重要的作用。恩格斯在《家庭、私有制和国家的起源》这本著作中指出："铁使更大面积的农田耕作，开垦广阔的森林地区，成为可能；它给手工业工人提供了一种其坚固和锐利非石头或当时所知道的其他金属所能抵挡的工具。"考古发现又帮助我们了解到这个时期岭南的农业、手工业生产以及经济生活获得迅速发展的一些概况。就拿广州地区来说，所发现的秦汉时期墓葬，出土的铁器，除了较多的兵器外，还有铁臿、铁镰、铁斧、铁凿等农业和手工业工具，铁釜、铁剪、铁带钩、铁镊等已应用在日常生活中。墓中的椁室是采伐大量杉、梓等木材构筑而成，木作技艺已相当精巧。制陶业的发展尤为显著，陶胎质坚硬，火候很高，很多都挂有透明的玻璃釉，已接近原始瓷器的阶段。

两广面临南海，因受海洋气团控制，湿度大，雨量多，适宜作物生长，具备了发展农业生产的有利条件。自秦统一以后，确立了封建土地所有制，加上中原先进的农耕技术和铁农具、工具的输入，使这些有利条件得到有效的发挥，农业生产出现了飞跃的发展。这一点从广州地区发现的秦汉墓葬也可得到证明。在秦汉墓中保存下来的，有小米、高粱、稻谷等粮食种子，梅、李、橄榄、酸枣、花椒等水果和调味香料。这有力的说明：秦开发岭南，对岭南地区农业、手工业生产以及生产关系都带来了一场伟大的变革。由于当地人民和中原移民的共同劳动创造，使原来"刀耕火种"的原始耕作迅速地进入铁犁牛耕的水田农作阶段。原来被部落首领奴役的土著居民，随着郡县制的建立，成了封建土地所有制下的个体农民。自秦以后，以广州为中心的岭南地区不断地得到发展，成为我国南方重要的鱼米之乡。

四

战国时期，各国铸币种类繁杂，货币形态与价值标准很不一致，严重地妨碍各地区间的商品交流和扩大经济联系。秦灭六国后，出现了空前的统一政治局面，政治上的统一必然要求有一个经济上的统一作为它的基础。在这一新形势下，秦始皇制定了统一的货币政策，铸行"半两"铜钱，每枚重十二铢，日常的一切交易都使用半两钱。在两广发现的秦或汉初墓葬，除了发现秦半两或秦半两与汉初半两同出外，从未见六国货币。这和长沙及北方同时期的墓葬，原六国的铸币与半两钱常有同出的情况截然不同。这绝不会是一个偶然的现象，它正反映出这样一个史实：秦统一岭南以前，岭南的社会经济活动，仍是处于以物易物或实物货币的经济状态，尚未进入铸币经济的阶段。同时又表明，当时岭南地区还很闭塞，与邻近地区还很少交往。

秦始皇制定统一的度量衡及货币改革制度推行全国，对于促进各地区的生产发展、经济交流、扫除六国旧贵族的经济残余力量，以巩固封建制和统一的政治局面，是有着重大的政治意义和深远的历史影响的。两广是新置郡县的地方，完全流通法定的新币，更属理所当然的事。这样更有利于与中原各地的经济交流，在政治、经济和文化生活等方面可以较快地取得和中原地区大体一致的水平，跟上全国社会发展的步伐。

自秦始皇统一岭南后，两广地方历史进入一个划时代的飞速发展的新阶段。广州是岭南的中心，秦时称为番禺，是南海郡治的所在地。1953 年初，在广州市西村石头岗发现的一座秦墓中，出土一个椭圆形漆盒。盖面正中烙印有"蕃禺"二字（图三）。"蕃禺"即《史记·南越列传》中所称的"番禺"（蕃番同音相假）。印文字体正是秦始皇统一文字后推行的小篆体。这是秦在广州地区设置郡县的重要历史物证。

广州和贵县是秦时南海郡与桂林郡的治所。解放后，两地都发现了大量的秦汉墓葬，墓型及所出器物是基本一致的[13]。考古发现说明了这两地自成为治所以后，人口突增，城市经济迅速发展，尤其是广州地区更为显著。《史记·货殖列传》列举了秦汉时期全国著名的都会有十九个，番禺是其中之一。当时南方特产的犀角、象牙、翡翠、珠玑和葛布等都汇集到这里，商贾往北转运，同时带回中原地区的各种物品。广州发现的秦和汉初的墓葬，所出铁器及铜镜等与长沙地区发现的相同，直到汉武帝时期实行盐铁官营，两广地区都没有设置铁官，只有番禺和苍梧设置盐官。由于当时两广地区还未有采矿和冶炼铁器的基础，所以当时这个地区所需的铁农具和铁工具，以及耕作运输用的牲畜，都要从中原及湖南经由秦开的新道运来。

上述的考古发现及有关文献记载都反映了：秦始皇在岭南设置郡县后，广州迅速发展成为南方一大都会，随着北往南来的经济、文化交流日益频繁，广州的地位也日益重要，不仅是岭南地区的中心，而且成为我国南方对外贸易的一个重要港市。汉武帝时，中国的航船已从徐闻、合浦启航驶向南洋各地，与海外发展友好往来，以后两千多年一直都是南方大港的广州，就是从这个历史基础上逐步扩大起来的。

秦始皇对岭南的统一和开发，促进了我国各族人民的融合和社会的进步。自秦统一后，两广地区在政治经济文化等方面都发生重大的变革，较快地跟上全国先进地区历史发展的进程，这是秦始皇法家路线在完成全国统一大业中的又一重大胜利。国家的统一，民族的团结，这是历史发展的主流，是人民的意愿。秦始皇正是顺应了这个潮流而取得统一大业的胜利的。可是，历史上一切孔孟之徒都站在反动的立场上咬牙切齿大骂秦始皇的统一事业是"破人国家，灭人社稷，绝人后世。"[14] 叛徒卖国贼林彪和苏修社会帝国主义者也抓住这点大做文章，不但给秦始皇加上"穷兵黩武"的罪名，还扣上一顶"暴君"的帽子，攻击秦始皇实行新兴地主阶级专政是"暴政"，借以诬蔑我们巩固无产阶级专政和加强社会主义法制是"执秦始皇之法"。这正说明林彪与苏修一伙是反对革新、反对暴力革命、反对无产阶级专政的叛徒。

岭南地区在秦以后曾出现过两次较大的割据分裂局面，一是秦末汉初拥兵割据的赵佗，另一是五代十国时期的刘䶮。他们倒行逆施，妄图把两广地区从统一的中国分割出去，据广州作伪都，建立割据的小朝廷，但这只是漫长的历史潮流中的一点迥澜罢了，他们只不过苟延了短短的几十年，就被统一的历史洪流所淹没。当代最大的分裂主义者林彪，当他的"克己复礼"阴谋败露后，也妄图南窜广州，搞个所谓"南北朝"，实行封建割据，建立林家父子的法西斯王朝。但时代不同了。今天，统一是人心、党心、党员之心所向。正如毛主席指明的："凡属倒退行为，结果都和主持者的原来的愿望相反。古今中外，没有例外。"叛徒卖国贼林彪逆历史潮流而动，搞阴谋，闹分裂，妄图破坏祖国的统一，其失败比历史上的赵佗、刘龚来得更快、更彻底，落得个遗臭万年的可耻下场。这就是历史对一切分裂者的严正判决！

注释：

[1] 广东省文化局：《广东发现第四纪更新世中期人类头骨化石》，《文物》1959 年 1 期；广东省博物馆：《广东马坝人类及其他动物化石地点调查简报》，《古脊椎动物与古人类》1 卷 2 期，1959 年。

[2][3] 参阅《广东中部低地区新石器时代遗存》《广东海南岛原始文化遗址》，均见《考古学报》1960 年 2 期；《广东南路地区原始文化遗址》《广东北部山地区新石器时代遗存》《广东东部地区新石器时代逸存》，分载《考古》1961 年 11 期、12 期；《广东西江两岸地区古文化遗址的调查》，《考古》1965 年 9 期。

[4] 广东省文物管理委员会：《广东清远的东周墓葬》，《考古》1964 年 3 期。

[5] 广西壮族自治区博物馆：《广西恭城县出土的青铜器》，《考古》1973 年 1 期。

[6] 广东省博物馆：《广东德庆发现战国墓》，《考古》1973 年 9 期。

[7] 《介绍广东近年发现的几件青铜器》，《考古》1961 年 11 期。按：灵山与钦州已划归广西辖属。

[8] 《史记·孙子吴起列传》。

[9] 广州市文物管理委员会：《广州东郊罗岗秦墓发掘简报》，《考古》1962 年 8 期。

[10] 此戈的形制、文例、字体与长沙左家塘秦墓出土的"四年相邦吕不韦戈"类同。又《金文从考》中收录的一件秦戈，内部刻铭文，一面刻"五年相邦吕不韦造，诏吏图，丞戠，工寅"，另一面刻"属邦"二字。广州铜戈中的"戠"与五年戈的"戠"当是同一个人，只是名字排在"丞"的前头，大概在秦始皇十四年时其职位已提升了。

[11] 此段引文中尉佗的佗字当是衍文。《汉书·严助传》和《严安传》中都有与此大致相同的记载，都没有把佗与屠睢并提。佗将卒以戍越是在屠睢战死以后的事。

[12] 这段叙述详见《淮南子·人间训》。

[13] 广西省文物管理委员会：《广西贵县汉墓的清理》，《考古学报》1957 年 1 期；《广西贵县新牛岭第三号西汉墓葬》，《文物参考资料》1957 年 2 期；黎金：《广州的两汉墓葬》，《文物》1961 年 2 期。

[14] 《史记·张耳陈余列传》。

原载《考古》1975 年第 4 期，署名梁国光、麦英豪。

广州汉墓反映的若干问题

这批汉墓是广州地区比较有代表性的、比较系统的、自成序列的考古资料。在以上的资料报道和分期断代的基础上，我们就这批资料所反映的几个比较特殊的问题加以探讨，作为本书的结语。这几个问题是：南越人与南越王国；两汉时期广州的水上交通与海外通商贸易；汉代广州的干栏建筑；几个特殊现象与广州历史发展的关系。

一、南越人与南越王国

在第七章（《广州汉墓》，编者注）中已指出，西汉前期墓有的死者族属应为"南越"人。古代越人主要分布于我国东南沿海一带，支族众多，统称"百越"。居住岭南地区的越人是"百越"的一部分。有时又统称"杨越"[1]。有关秦汉以前岭南越人的社会历史情况，文献无征。解放后，两广地区发现大量古代文化遗存[2]，揭示了他们在这个地区各历史阶段的活动足迹。这批西汉前期墓资料，也为南越的历史补充了一页。

西汉前期墓所出的铜提筒、Ⅳ型铜壶、异型铜鼎等，造型及纹饰确与中原文化不同、尤其提筒及壶上的装饰纹带与越人铜鼓的花纹相一致，毫无疑问这是秦汉时期岭南越人的土著文化遗存。但这类铜器出土的数量太少，器形的种类也不多，如果仅就铜器来说，远不能反映南越人的文化面貌的。出土的陶器则很有代表性。西汉前期的除了鼎、壶、钫为一组的中原文化的器形之外，其余的大都是属于具有浓厚地区色彩的器形；纹饰方面则以刻划纹、几何印纹为特点。它与岭南古代的"印纹陶"有着一脉相承的关系。

就现有资料来看，从新石器晚期开始出现的印纹陶，往后发展一直延续到汉代，不同的阶段具有不同的特点。根据广东境内已发掘的遗址、墓葬的材料分析，广东地区几何印纹陶的发展，大致可划分为四个阶段（每阶段中择其最具代表性的纹样为例）。最早出现的是曲折纹陶，曲江马坝石峡遗址下文化层可为代表[3]。第二阶段是夔纹陶，石峡遗址的上文化层为代表[4]，年代相当西周晚至春秋期间，有的可能延到战国初年。这阶段的印纹，有的纹样明显是仿中原商周青铜器而来。第三阶段是米字纹陶，以增城西瓜岭、始兴白石坪战国中、晚期的两处遗址为代表 [5]，这阶段已基本不见石器，有铁器共存，表明已进入铁器时代。所出的瓮、罐类器形，均以拍印米字纹为主，方格纹为次。见于第二阶段的云雷纹、席纹等到这个时期仍有少量遗留，而且弦纹、刻划纹和篦形纹更有显著的增加。米字纹陶遗存的分布更广，就目前所见，除两广外，福建、江西、湖南等省都有较多的发现，其下限有的可能到秦汉间。第四阶段是以方格纹带几何图形戳印为特征的印纹陶，这批西汉早期墓的陶器可为代表。这阶段的印纹陶和秦汉以前的有别。以前的通常是一器中拍印单一的纹样，或一器的上半与下半各自拍印单一纹样。汉陶印纹的特点是有主纹和地纹相组合。它以各种几何图形的图案作为主纹，用方格纹作地纹相衬。这种做法也许是受中原"汉式"铜器花纹装饰手法的影响（例如战国的铜镜就常以涡纹作地纹以衬托主纹），可以认为这是汉、越文化融合在陶器花纹中的反映。至于这阶段的刻划纹和篦纹，则是直接上承第三阶段而有所发展，主要是纹样较多，而且施制也较精工。

上述四个阶段的印纹陶遗存，在发展演进的序列上，各阶段之间仍有某些缺环。就是同一时期，不同地区又存在一定的差别，情况是比较复杂的。但总体来看，各阶段的年代先后及其发展关系则是一脉相承的。

广西平乐银山岭墓群出土的陶器 [6]，与广州这批西汉初年的陶器比较，无论器形、纹饰作风以及记号都是类同的，甚至胎质、硬度、制法、煅烧、火候等方面也是一致的。所异的是：银山岭所出五件瓮，有二件拍印米字纹，但瓮、罐中不见戳印纹样；还有，I、II 型的鼎不见于广州汉墓；广州出的瓮罐以戳印纹样为主（占 66%），米字纹极少。从总的观察，广州陶器较精致，器型变化较多，而银山岭陶器制作稍粗，器形也较简单。这应是同一时期不同地区之间，在制陶工艺上的细小差异。

银山岭位于湘桂走廊要冲，该墓地应属西瓯越。《淮南子·人间训》：秦"以卒凿渠而通粮道，以与越人战，杀西瓯君译吁宋。"指的就是这一地区。广州与银山岭两地出土陶器所反映的一致性，也表明南越与西瓯越在文化面貌上的共同性。

秦统一岭南以后，把南下的五军留戍岭南，翌年（秦始皇三十四年）再迁徙一批中原汉人（其中包括犯了罪的官吏、刑徒等）与越人"杂处"，从事岭南的开发与屯守 [7]。大批的中原人民南移，给这个地区带来了先进的汉文化与生产技术，对促进汉、越人民的融合，加速岭南的开发，有着重大意义。在广州、平乐、增城等地发现的战国到汉初的遗址和墓葬表明，秦统一岭南以前，这个地区已经使用铁器，制陶和青铜冶铸都已达到较高水平，经济文化亦有相当发展，为统一以后的汉、越"杂处"奠下了基础。秦二世时，南海尉赵佗乘中原农民大起义的战乱时机，据三郡，自建南越国。从政治上看，赵佗与汉廷中央的关系是表面"愿长为藩臣"，背后则搞"居国窃如故号" [8] 的封建割据。但赵越政权在处理汉、越共处这一问题上也实行了一些有利于促进民族团结、融合的政策。一是在王国中任用原越人的首领，有的还委以高位。

如越人吕嘉为南越相，相三王。其次是尊重越人的风俗习惯，提倡南下的汉人"同其风俗"，赵佗本人也"魋结箕踞"[9]，表示与越同俗。在丧葬礼俗上，两广发现的汉墓也有反映。南越和西瓯都保留着本族的俗习，南下的汉人也用越人的器物随葬。第三是实行汉、越两族互婚。赵佗四世孙婴齐娶越女为妻。吕嘉的"宗族官仕为长吏者七十余人，男尽尚王女，女尽嫁王子兄弟宗室，及苍梧秦王有连"。[10]统治阶层尚且互婚，王国中的两族人民通婚则会更为普遍。

汉、越人民在经历了达百年之久的"杂处"和共同开拓岭南的斗争中，民族和文化日益融合，岭南地区社会历史的发展进入了一个划时代的新阶段。发掘资料证明，土地肥沃的珠江三角洲很快被开发，番禺成为一个河港兼海港、商贾北往南来的岭南都会；苍梧郡治的梧州和郁林郡治的贵县，都是当时的重要城邑；面向南中国海的合浦、徐闻，又是对外交通的重要港口。到汉武帝时期，岭南地区经济文化的发展已较快地跟上全国的历史步伐。南越人与汉人的融汇，随着历史的发展，逐渐形成了以广州为中心的广州方言地区。

《史记·南越列传》和《汉书·南粤传》记南越王国颇详，这批汉墓资料又为两传补添了新的内容。例如赵佗政权的百官建制问题，这期墓中发现的陶文有四种官职未见于两传，即："居室"、"长秋居室"、"食官"和"常御"。前三者与《汉书·百官表》同，独"常御"不见于文献记载，古代常尚通假，"常御"即"尚御"，这从近年在山西发现西汉初年的"常方半"（尚方半）铜精量可证。[11]汉少府属官有尚方、御府[12]，"常御"，实为赵越政权中少府所属尚方、御府的合称，是职掌王室服饰、车驾、用具、玩好的机构。

这批西汉前期墓应为南越王国官吏的墓葬。第Ⅲ型前后分室的墓规模较大，随葬遗物亦多，出有"辛偃"（墓 1175）、"李嘉"（墓 1180）铜印。此型墓的死者似为南越王国的高级官吏及其亲眷。但为数最多的是属于Ⅰ、Ⅱ两型的中小墓，死者似为王国中的一般中小官吏。例如，墓 1010 出有刻文"食官第一"的陶鼎。按皇后、太后、公主的属官均有食官[13]，诸侯王国的王后亦有食官[14]。《汉旧仪》"食官令秩六百石，丞一人。"墓 1010 的死者疑即食官令。墓 1070 出"梁奋"印，墓 1148 出"得之"印，死者身份似亦相当。

史汉两传对南越王国的经济及官工业很少涉及，这批西汉前期墓资料则有所反映。南越王国前期，赵佗虽号称"身定百邑之地，东西南北数千里，带甲百万有余"，[15]事实上，岭南在秦统一以前，经济文化的发展还远落后于中原等地。南越立国后，铁器和牲口仍由中原供应，南越前期墓，一般规模不大，随葬器物不多。正与当时"新造未集"[16]的创始阶段相符合。到文、景以后，经过六、七十年的开发经营，反映在墓葬方面，不但规模较前期宏大，随葬遗物也丰富多了。

秦汉时期，官府手工业产品主要是供宫廷和贵族消费的，南越王国亦不例外。文献记载，赵佗时在合浦的铜山有冶铜手工业[17]。广州东山曾发现过当时的许多带字残瓦[18]，在广州秦汉造船工场遗址上层发现大型印花铺地砖、带字绳纹瓦和"万岁"瓦当[19]，证明南越时广州已有规模很大的官府砖瓦业。墓1134出土的漆盘有朱漆书"龙中"铭文，墓1097出的漆奁有"蕃禺"烙印，广西贵县罗泊湾一号墓还出土大批烙印"布山"戳记的漆耳杯和刻有"布"、"蕃"铭文的铜器[20]。"龙中"有谓是供大内的用器[21]。番禺秦汉时都属南海郡，《汉书·地理志》载，南海郡领县六，首县番禺，为南海郡治，又是南越国的都城。贵县在秦时属桂林郡，汉武帝平南越后改称郁林郡，领县十二，布山居首，为郡治所在。今贵县在汉布山县境内，约在当时的郡治西南。以上的考古发现说明，南越的官工业主要也是设在都城与郡县所在地的。

还有一个值得注意的现象是，两广地区与楚毗邻，秦汉以前早有交往，但楚国的货币在两广境内未曾发现。两广的西汉前期墓，出土的钱币只见秦汉的半两钱，这和长沙及中原各地同时期的墓，经常发现原六国的铸币与半两钱（包括泥版的冥钱）同出的情况截然不同。这一现象也许可以说明：秦统一以前，岭南与楚及中原虽早有往来，但当地的社会经济活动尚处在以物易物或实物货币的经济状态。秦汉时期，南越境内通行当时全国使用的铸币，南越割据政权也没有颁行自己独立的铸币。

"楚越之地，地广人稀"[22]。秦汉之际，岭南人口确实不会很多，从西汉前期墓分布的范围亦可推知当时番禺的"赵佗城"是不大的。西汉中期以后，墓地分布愈来愈远，表明人口日增，城区不断扩大。《汉书·地理志》载，西汉末年，"南海郡户万九千六百一十三，口九万四千二百五十三。"比合浦郡、郁林郡稍多，但不及苍梧郡，这个统计数字的可靠程度看来是值得怀疑的。从文献记载看，也是有问题的，因为自武帝改置九郡后，南海郡辖六县，郡治仍在番禺。早在秦统一岭南时已有"一军处番禺之都"（十万人）[23]。秦始皇三十四年又徙置一批汉人到岭南，随后赵佗还上书"求女无夫家者"，"再南徙万五千人"[24]。自秦军留戍、一再徙民直到南越王国消灭以后，前后经历二百多年，南海郡又未发生重大变乱，人口反而减少到不足十万之数，这恐怕是不符合事实的。

二、两汉时期的广州水上交通与海外通商贸易

广州位于东、西、北三江汇集的出口处，沿珠江顺流而下约六十里到达出海口（今虎门外）。自秦汉以来，这里一直是我国岭南地区一个重要的河港兼海港。

这批汉墓共发现航船模型七件，连同后来在广州西村黑山汉墓出土的四件[25]，还有邻近的佛山澜石东汉墓出土一件[26]，合共十二件。如此众多的陶、木船模型集中出现在广州汉墓中，无疑是当时岭南地区造船与航运交通发达、商业贸易繁荣的反映。

出土的木船模型表明，当时航行于珠江的船舶已有多种类型，以适应不同用途的需要。如澜石东汉墓出土的陶船，附于水田旁边，船内仅有前后两道坐板，无舱篷设置，当是农耕运输用的小艇。东郊红花岗出土的陶船，身短而宽，设备简单，司篙者全在舱篷上操作，应

是在一般浅窄河道上行驶的货艇。墓 2050 出土的木船，中辟两舱，后有尾舱，设置比较完备，船上五个木俑端坐，作划行状，这是一般交通用船。结构最为完备的是墓 5080 出土的陶船。船上已有部分甲板，从舱位的配置，十多个俑的分布位置，以及俑高与船体的比例等方面可以看出，这是一艘比较大型的可作客货混载的内河航船。墓 2060 和墓 4013 出土的两件大型木船模型，虽然船体散乱，部件朽腐不全，但可确定为"楼船"之属。墓 4013 出土的一件，经初步斗合，长 1.3、中部宽约 0.15 米。船上建重楼，有十桨一橹，部分船板仍存彩画。从这里可以约略看到"秦汉楼船"的雄伟身影。通过对这些陶、木船模型的观察，我们还可以看到汉代船舶设备的一些情况。例如推进的楫、桨、橹，操掌航向的尾舵，停泊定位的爪锚，都可从这些船模中见到。舵的发明是造船技术上的重大进步。船上建楼与船后设舵，两者在我国造船史上的出现，比欧洲要早一千二百年至一千三百年。风帆虽然在这些陶、木船模型中未见，但在当时肯定已有帆的设备的[27]，出土时或因朽没而未见。

公元前 2 世纪时，广州已拥有相当规模的造船能力和先进的技术水平，这是 1974 年在广州市区内发现的秦汉造船工场遗址中得到证实的。随后，又在这个工场的西面和东南面各距几百米的地方发现两处造船遗址，其中一处已确知是东汉时期的。秦汉时广州已具备这样大规模的造船基地，这不但为内河航运交通的发展奠定坚实的基础，也为后来汉武帝时期大规模的海外通商贸易提供了可靠的保证。

广州汉墓出土的铜镜、玉饰、铁兵器、铁工具等和长沙战国、汉初墓所出的相同，贵县、梧州的汉墓出土物，情况亦同。推定这些东西可能都是经由长沙运到岭南的。《盐铁论》记载，北方商人把蜀郡货物运到南海交换珠玑、犀、象等珍物，汉武帝平南越，"除边关"北方竟出现了"民间厌橘柚"的事，可见当时南北交通是畅通的。

番禺成为我国官方与南洋诸国通商贸易的海港，是汉武帝平南越以后的事。实际上，我国南海的海上贸易比《汉书·地理志》所载的要早得多。《史记·货殖列传》载："番禺亦其一都会也，珠玑、犀、玳瑁、果布之凑。"比《史记》成书约早三十年的《淮南子·人间训》已提到，秦始皇"又利越之犀角、象齿、翡翠、珠玑。"这些特产多数在南越可以找到，但犀牛产自东南亚、印度和非洲。印度的犀牛运到中国，见诸文献记载最早的是西汉元帝时期[28]。广州西汉前期墓出有象牙和犀角模型，墓 1134 的一件漆扁壶，两面都以朱漆绘一犀牛，也许更早一些岭南已有生犀输入也说不定。南越与楚相邻，早在战国时期这些珍兽有的很可能又从越地输往楚国[29]。当然，上述的物产仍有从陆路而来的可能，不能都说尽是从海路输入。但有一点是可以肯定的，即在汉武帝派遣译长率领的一支大型船队，穿逾浩瀚的南海远航南亚诸国之前，民间的海上贸易早已为这一壮举开辟了航线。否则，是绝不会突然而去的。

据《汉书·地理志》记载，西汉政府的船队先后到达东南亚一带的都元国、邑卢没国、谌离国、夫甘都卢国、黄支国，黄支以南还有已程不国，这是汉使所到最远的地方。记载还说明这些国家"自武帝以来皆献见"。船队的回程是从黄支国经皮宗，然后返抵日南郡界。汉使的船队带去黄金和织物等，以交换异国的明珠、璧琉璃、奇石异物回来。上述的古地名已有不少中外学者作过考证，其范围大致在马来亚、苏门答腊至缅甸南部，黄支一般认为在印度半岛的南部，已程不或以为是今之斯里兰卡。大概从武帝时起我国与南亚诸国的海上交通贸易日趋活跃，特别是王莽到安帝期间，通西域的陆路交通经常受阻而改从海道，更促进了南方海上航行的发展。那时岭南七郡的贡献转运亦改从海道，由番禺沿海岸北上闽浙而入长江，番禺和东冶（今福建闽侯）成为当时南方的两大转运口岸[30]。

对南亚诸国的海路贸易，在广州汉墓中比较突出的反映是，自西汉中期以后的墓有较多的串珠出土。这些串珠包括玛瑙、鸡血石、石榴石、煤精、水晶、硬玉、琥珀和玻璃等不同的质料（本书图版五九）。还有迭嵌眼圈式玻璃珠、蓝色玻璃碗、绿色玻璃带钩和璧（还有黄白色的），其中带钩、璧等是我国传统的礼用器，其他的则与中国传统的工艺品迥异，应与海外贸易有关。出土的玻璃珠中，西汉后期的一个样品（3019：58），东汉前期的三个样品（4013：丙15）经过化验，所含元素中的铅、钡成分是微量或者没有，这与我国古代玻璃经由中外有关单位化验所得的共同结论是属于低温铅钡玻璃系统截然不同，反之，与西方的古代玻璃相类[31]，还有，广州汉墓和广西贵县汉墓都出琥珀的雕饰和串珠[32]，我国琥珀产地有当时永昌郡的哀牢夷和海外的大秦国等地，今天缅甸北部也有出产。但云南石寨山和李家山两处汉墓群都不见有琥珀出土，所以广州、贵县的琥珀串饰不会来自云南。两地同为郡治所在，水路交通方便，这些琥珀饰品的来源亦应与当时海外贸易有关。此外，广州西汉后期墓中出土的两颗玉红石髓珠（图版四：1；九〇：3），有药物蚀花的线纹，与云南石寨山M13所出的一颗类同，据夏鼐先生研究，属于这种以直线纹为主的蚀花石珠的分布情况，西边是罗马时代的埃及，南边到达印度南部，东北面到我国新疆。云南有不少地方产玛瑙石，所以石寨山出土的为本地所制或输入品，尚难断言[33]。广州所出的我们认为正如琥珀饰品一样，恐怕不会来自云南，应为海外输入，而且还有可能就是从印度南部的黄支国输来[34]。

熏炉是广州汉墓最常见的随葬器物之一，共出一百一十二件（其中铜的十二件，陶的一百件）。西汉中期以后出土渐多，东汉时尤为普遍。熏炉是燃熏香料的，它的普遍出土，一方面反映出汉代统治阶级燃熏香料已成为他们奢糜生活的必需品，另一方面又引起我们探讨香料的来源与当时海路贸易的问题。上引《史记》和《汉书》的记载提到，番禺又是"果布之凑"。按韦昭的注释，"果布"解作岭南的果品与葛布，这未免近于望文生义。据一些中外学者的研究认为，"果布"即龙脑香，是马来语呼龙脑香为"果布婆律"的音译[35]。虽然，香料在我国海南岛等地可以找到，但主要的产地是东南亚一带。直到宋明时期，珠宝、犀角、象牙、玳瑁及各种香料，我国还要从这些地区大量输入。1974年福建泉州发掘的一条海船，出土大量香料木和药物，仅香料木（未完全脱水）就有四千七百多斤，已判定"这条海船的航线是东南亚诸国及至波斯湾一带"[36]。所以熏炉在广州汉墓中普遍出现，表明那时燃熏的香料早已从海外舶来。

尤为引人注目的是，广州西汉中期到东汉后期墓所出一种托灯的陶塑俑和侍俑。这种俑的形象有异于汉人，亦不同于一般的侍俑。托灯的俑有男性也有女性；侍俑均女性，站立作捧物状。这两种陶俑的形象都是头较短，深目高鼻，两颧高，宽鼻厚唇，下颌较为突出，身材不太高，从刻划的胡子与胸毛来看，再生毛发达，有谓这与印度尼西亚的土著居民——"原始马来族"接近（本书图版六〇）。这些俑的服饰特点是缠头、绾髻、上身裸露或披纱，侍俑下体著长裙如纱笼，亦与印度尼西亚一些岛上土著民族的风习相似。但从深目高鼻这一体形特征来看，他们似乎更有可能来自西亚或非洲的东岸。这种陶俑大概即东汉杨孚《异物志》所称的"瓮人"[37]。公元前2世纪前后，已有不少印度人移至印尼，他们与当地部族首领结合，在沿海一些地方建立起奴隶制王国，有些土著居民被奴隶主当作商品往外贩卖。《汉书·地理志》载，中国往南海的船队，回程航线是由黄支经皮宗的[38]。这些"奴隶"可能是中国船队带回，也有可能由印度商人贩运而来。他们被贩运到中国后，成了当时贵家豪族的家内"奴隶"。这种陶俑在广西的贵县和梧州亦有发现[39]。贵县与梧州同为珠江上游主航线上的重要城市，特别是梧州扼处桂、浔二江的交汇点，东汉时为交州的州治所在，地理位置与广州差不多。上述两地汉墓出土这种外国人形象的陶俑，亦非偶然。

汉代的海上交通的发展，在南亚诸国亦留下了汉文化的遗物。仅从我们所接触到的一些考古资料看，除一般的五铢铜钱外，在苏门答腊、爪哇和加里曼丹的一些古墓中出土有中国汉代陶器。其中在苏门答腊出土的一件陶鼎，底部有西汉元帝初元四年的纪年铭文[40]；加里曼丹出土的一件印圆圈纹陶魁[41]，与广州西汉后期到东汉前期出土的同类器形极为类似。

必须指出的是，自汉及明，在封建专制政权控制下的官营海外贸易，完全是为统治者及其集团利益服务的，主要作为发展封建地主自身经济和供应他们腐朽生活需求的一种手段。封建统治者已不满足于可供其玩好和享用的国内产品，而倾心于"异域之珍"；他们不仅在政治上压迫、经济上剥削本国的劳动者，还要奴役远从海道而来的一些外国贫苦人民。上述广州汉墓出土的有关海外贸易的实物，正好说明了这一点。

三、广州汉代的"干栏"建筑及其他

广州汉墓的构筑和所出的屋、城堡、仓、困、井、灶模型器物，有它的地方特点，尤以"干栏"式结构的最具特色。

西汉早期的Ⅱ、Ⅲ型木椁墓中，有的椁室分上、下两层，到西汉中期更为普遍，延续到东汉初年，简化为"假二层"，但棺室前半仍然是分作上下两层的。棺具置上层，下层作器物室。显然，这是按照当时生人的居处并仿照干栏特点及使用方式运用于椁室的建筑布局上。

另一种是前后分室，即椁室内分出前堂和后室两部分，这无疑又是仿照生人堂屋在前、寝室居后的布局设计的。砖室墓始见于东汉初年，先是小型砖墓，从平面布局看，是沿袭第Ⅲ型4式木椁墓而来，且有砖、木合构的出现，表明墓室建筑由木椁到砖室的过渡。盛行于西汉时的那种椁室设计已不复存在。以后，墓室呈圆锥形穹顶，结构形式是下方上圆从四角向内逐层收减成圆锥形，也许具有天圆地方的含意。它在建筑形式上与洛阳烧沟等地汉墓"四面合顶"的结砌手法不同，又和广州晋墓四面呈券形合拢的结构不一样[42]，除广州、佛山、贵县外，近邻的湖南、江西、福建也未见过。其来源关系，有待研究。

最能直接说明干栏建筑的是陶屋模型。陶屋与仓（囷）、井、灶成组出现，是在西汉中期。最先出现的陶屋模型是干栏Ⅰ型，平面是横长方形，悬山式两坡上盖，下为方形基座（圈栏）。干栏Ⅱ型见于西汉后期和东汉前期，最大的变化是上层楼居平面呈曲尺形，原来Ⅰ型中位于堂屋内的厕所被移置于堂屋后侧伸展的一小间即廊屋内。把住房与厕所分隔开。下面的基座仍作方形。干栏Ⅱ型到东汉后期消失。Ⅲ型陶屋的平面仍为曲尺形，它与干栏Ⅱ型比较，只取消了底层的圈栏，在后面廊屋（厕所）处两角间加一堵矮墙围绕成后院，以代圈栏，廊屋与后院有敞门通连。可以认为，Ⅲ型陶屋是由干栏式楼居到平房的变革。它已不见于西汉后期，而普遍见于东汉的前后两期，由此可以看出其演变关系。Ⅴ型陶屋为倒置的三合院式，它是在Ⅲ型曲尺式的基础上，在堂尾后面伸展出左右对称的两间廊屋（一作厕所，一作羊圈），当中连以矮墙为后院，亦作圈栏。这型陶屋仅见于东汉后期，无疑是由Ⅱ型曲尺式发展而来的。Ⅴ型的陶屋结构匀称，布局合理，使用方便，因而一直延续至今，现在广州东北郊一些农家还可见到这种型式的宅院。Ⅳ型陶屋属楼阁式，这是在平房基础上发展起来的高层建筑，在年代上与Ⅲ型曲尺式和Ⅴ型三合式并存。还有五件城堡模型亦同出于东汉后期。值得注意的是，Ⅲ至Ⅴ型陶屋和城堡已全属汉式的建筑，这些结构复杂（与干栏比较而言）、形式多样的建筑集中出现在东汉时期，表明当时广州地区建筑技术已相当发达。东汉后期出现陶城堡模型，正反映出东汉末年土地愈来愈集中于大封建地主、官僚手上，阶级矛盾日益尖锐。豪强地主势力日益增长，他们拥有坞堡和私部曲已成合法的存在。

广州汉墓所出的仓、囷模型，同为干栏式结构，下面有四或六根柱子支撑，使地台高离地面，以利于干燥防潮。两者形制虽异，但同属贮存粮食的专用建筑[43]。仓、囷始见于西汉中期墓，其中Ⅰ型1式的仓出现最早，Ⅰ型2式的在仓房前面加了一道横廊（便于谷物装卸和通风防潮），它出现于西汉晚期，应是前者的发展。Ⅱ型1、2式的仓，东汉后期才出现。主要特点是前坡作重檐，显示仓房加高，进深加大。囷分两型，均作伞形顶，区别只在于Ⅱ型的在伞形顶上有一圈凸棱。两型同时出现，无早晚关系。

据考古发现及文献资料的记载，古代干栏建筑盛行于我国江南、岭南及西南的水乡或山区丘陵地带[44]。湖北圻春毛家咀已发现西周的干栏实例[45]。云贵川一带的汉墓亦发现不少干栏式陶屋[46][47]。广西贵县汉墓出土的干栏式陶屋与广州的雷同[48]。干栏式的仓、囷在广西[49]、湖北[50]、湖南[51]的汉墓中也有发现。《旧唐书·南平僚传》："人并楼居，登梯而上，号为干栏。"明人邝露《赤雅》说得更具体，就是"缉茅索绹，伐木驾楹，人楼其上，牛、羊、犬、豕畜其下。"由于干栏建筑适应高温多雨潮湿的丘陵及山地的自然环境，在今广西、云南的山区，干栏住宅还普遍可见，如西双版纳傣族的"竹楼"和桂北壮族的"麻栏"，都很有代表性。

广州出土的干栏陶屋，与上述文献记载和今日云、桂地区的实例对比，干栏建筑的三个基本特点（木或竹构、人楼居、下养禽畜）相同。这些陶屋的基座，四周围墙刻划有柱、枋线纹，或作菱格镂空等，表示围墙是有木柱枋为骨架的土墙，或板墙，或木柱竹编的篱笆墙，后面墙根开窦洞，表明底层是养禽畜的圈栏。上层的结构在前后檐墙和两侧山墙间都划出柱、枋、拱的线纹，或呈菱格形，可以看出支承上盖的梁架结构和"汉式"建筑相类。但墙壁似乎还是用篱竹编结或者是编竹夹泥墙。至于屋顶部分显然不是"编竹苦茅为两重"，而是两坡的瓦盖了。它所反映的正是广州地区古代传统的干栏，汲取了汉式建筑的部分因素而形成的，是西汉时期广州地区住宅的主要式样。

广州地理和气候条件适宜于林木生长，本地区古代木材资源丰富，所以广州汉墓木椁墓多，延续的时间又长。出土的住宅与粮仓模型，普遍采用干栏式结构，既有与当地自然环境相适应的需要，又有建筑材料可就地取用的有利条件。

在南越国前期，广州已有砖瓦手工业。过去，在市区东山曾发现过大量南越时期的残瓦。近年，在市区内发现的秦汉造船工场遗址，在上层的地层（西汉初年）中出有大型的印花铺地砖，这种砖只砌在一条石板走道两侧作为镶边用，所以当时建筑用砖可能还局限于南越宫廷方面，尚未普遍到一般的住宅。东汉时，砖成为一般建筑用材。东汉初年，大墓仍用构筑木椁，小墓则全是砖室了。在广州的东汉墓中，现有"永元九年甘溪造"和"甘溪灶九年造"等砖铭。甘溪是至今沿用的水名，在广州市东北面。甘溪在汉代是水名，亦为地名，而且还用作制砖窑场的名字，说明当时砖瓦业的生产已具相当大的规模。如果在住宅建筑上采取复瓦盖房、用砖铺地，就可以解决地面湿润的防潮要求的。干栏式的住宅在东汉前期已接近淘汰，这个更替过程除了主要是受汉式建筑的强烈影响外，砖、瓦已较为普遍使用也是一个不可忽视的因素。

下面附带淡谈井、灶模型。广州汉墓出土的陶井模型，有两个显著特点：一是井栏高，多数有井亭，这是适应广州多暴雨和保护食水清洁卫生的需要；二是井栏上没有井架和辘轳等汲水的设施（至今广东农村的食水井亦一样），大概因本地区地下水位高，凿井数尺即可，不用半机械的汲水设备，也不会过于费力之故。陶灶都是长列式，二至三釜、锅成纵行排列，使热能得到较合理的利用。这种灶型和各地同期墓出土的没有很大差分。值得注意的是，东汉后期出现的Ⅳ型灶，在炉膛两侧附设水缸，做饭后即有温水供用，表明当时人们已重视热能的充分利用。

四、几个特殊现象与广州历史发展的关系

在这批汉墓资料中，有几个比较特殊的现象，与广州地区古代社会历史的发展直接关联。

（一）西汉前期墓和西汉中期墓在墓型及随葬器物上有较大的差别，前后变化是很明显的。西汉前期，广州是南越王国的都城所在，墓主有的是王国朝官，或贵戚之属。汉武帝平南越以后，广州为南海郡治所[52]，墓主的身份等级最高也不过是地方郡守、郡尉。由于前后所处的政治历史条件不同，所以到西汉中期，不再出现如西汉前期第Ⅲ型 2、3 式那种较大规模的墓，随葬器物亦不若前者品类的丰富，这是很自然的。西汉中期墓的另一特点是墓型结构趋于一致。竖穴木椁墓都带斜坡墓道，椁室较普遍作上、下两层，西汉前期坑底铺小石或有腰坑的墓这时已完全消失。随葬品的变化在陶器上反映得更为明显：硬陶占绝对的多数，釉陶增多，纹饰趋向简朴；以鼎、盒、壶、钫为一组的"礼制"器物显著减少；具有浓厚地方特色的一些器形，如瓿、三足罐、三足盒等几乎绝迹，代之而起的是炫耀封建地主阶级财富地位的屋、仓、囷、井、灶等模型明器。这些现象从一个侧面反映出汉、越人民经过南越王国阶段的相互"杂处"之后，已完全融合。反映在文化面貌上与中原等地亦基本一致了。

（二）在西汉中期以后的墓中，半两钱已绝迹；新莽到东汉后期的墓只出五铢钱和新莽铸行的大泉五十、货泉、布泉（布泉仅见于个别东汉晚期墓）。新莽铸行的其他许多钱币未见。这种情况与中原等地同时期墓有明显的不同。《汉书·武帝纪》记载，元狩五年发行五铢钱，七年以后灭南越王国。汉武帝把钱币的铸造和发行权统一到中央，而且明令禁止非法定的钱币流通。所以，在南越国灭亡后，广州地区完全通行新币是理所必然。王莽复古改制，币制花样百出，品种繁多，由于通货急剧贬值而动辄更易，朝颁夕废，也许这些新币在发行之后，尚未流布到来，就已停止使用了。王莽末年，中原地区爆发大规模农民起义，岭南的封建官吏闭境自守，南北暂时隔绝，建武五年始与中原恢复往还[53]；建武十六年东汉政府又铸行五铢钱，这也许是莽钱在广州发现较少有些根本未见的另一个原因。

（三）广州位于珠江三角洲北缘。土壤的碱质较少，肥力足，雨量多，气候温和，农业生产的自然条件十分优越。据《史记·南越列传》的记载，广州地区秦汉时已用牛耕。广州汉墓所出陶牛的塑型特点全属黄牛，未见水牛。也许当时的牛耕是以黄牛为主的。出土的各型陶屋，人居与畜圈合在一起，厕所都和圈栏相通连，说明当时已普遍使用厩肥。墓中发现的粮食作物和果品，经鉴定有小米、高粱和稻谷，还有梅、李、橄榄、酸枣、花椒等水果和调味香料，西汉中期以后的墓，有仓、囷模型随葬的相当普遍，陶塑的牛、羊、鸡、鸭、鹅、猪等亦常见。这些出土的实物及各种模型，汇成一幅汉代广州农业生产的兴旺景象。但在某些方面比之中原地区仍然落后一步。例如，在谷物加工方而，中原等地的汉墓，自武帝

以后，经常发现圆形回转式磨盘与践碓模型。广州（还包括佛山、增城、韶关的汉墓）、贵县[54]、南昌[55]则未见。广州汉墓出土的粮食加工工具只有臼和杵。在陶屋模型内塑造的谷物加工情景仍被束缚在持杵对臼而舂，扬箕以簸的沉重劳动中，直到东汉晚期，还未见有任何变革。可确定为农具的铁锄刃，西汉前期墓所出的到东汉后期墓的，器形大小没有多大区别。

（四）有关铁器的出土问题。在这批汉墓中，西汉前期墓出土铁器较多，西汉中期以后的墓铁器数量大减，出现了一个反常的现象。这五期墓所出铜、铁兵器及生产工具数量的多寡，可从下表中比较出来。

表1　　　　　　　　　　　　　　　汉墓铁器出土情况表

数量＼分期		西汉前期	前期总计	西汉中期	西汉后期	东汉前期	东汉后期	后期总计
铜	兵器	36	37	9	5	12	18	46
	工具	1		2				
铁	兵器	23	39	1		2	7	12
	工具	16				1	1	

上表把汉武帝灭南越国之前即西汉前期，及以后到东汉末年划分作两个阶段来看，前后两段所出铁器的数量是极为悬殊的。前段的时间只有一〇八年，在一八二座墓中，出土铁器有一五六个号件，其中兵器（铁铤铜镞除外，以下同）及生产工具三十九件；后段共三三〇年，二二七座墓，出土铁器一一〇个号件，兵器及生产工具只有十二件，等于前段的十分之三。反之，后段出土的铜兵器和铜工具则比前段多。当然，生产工具不一定放入墓中随葬，兵器就不同，各地发现的自商周以来至两汉时期的墓，有兵器随葬的已是普遍现象。如果单从兵器的出土数量来看，这批汉墓属前段的铁兵器多，后段则甚少。铜兵器与铁兵器的比例，前段约为3：2；后段大于4：1，后段的铜兵器反而占绝对多数。如以矛剑为例：前段铁制的和铜制的大约相等。后段所出十三支矛，全属铜制；后段共出剑二十三把，共中铜剑十九把，铁剑仅四把，铜剑几为铁剑的四倍。这是一个极为反常的现象。因为从中原等地的考古发掘证明：战国时期，兵器仍以铜制为主，只有北燕和南楚稍异。当时的冶铁业一般多是冶铸农具和少数手工业工具；锻制的铁兵器还不并遍。汉初，铁制的长剑、长矛和环首大刀经常与铜剑、铜矛铜弩机共出，说明铁制兵器已逐渐取代铜兵器而占居主要地位[56]。广州西汉前期墓，除了不见铁环首大刀外，与中原等地的情况基本相同。武帝以后，中原地区汉墓出土铜铁兵器的相互消长就极为明显，即主要兵器及生产工具已改用铁制，铁兵器的种类较前增多，

器形一般也加重加大。就是当时西南边陲的滇池地区亦不例外，如晋宁石寨山西汉中、后期的墓已有不少铁兵器和铜铁合铸的兵器发现[57]。广州的情况恰恰相反。下面我们选取邻近省区及洛阳地区的一些汉墓材料（年代在武帝以后的）与广州同期的汉墓作一比较（表1）。

从表1可以看出，同属南海郡的广州、佛山和桂阳郡的韶关都是原来南越地区，汉墓中出土铁器都很少。而原瓯骆地区中的郁林郡治贵县和合浦郡徐闻的东汉墓，铁兵器远比西汉墓为多。岭北的长沙地区仅据1960年以前统计，在发掘的百余座西汉后期墓中，铁兵器有增加趋向，常见铁长剑、环首刀等；东汉墓二百座左右，铁器大量出土，铁剑最长达1.14米，铁刀最长达1.285米[58]。但江西南昌汉墓的情况又与广州类同。

广州西汉中期以后的墓，铁兵器不但种类大减，数量也少。广州为岭南重镇，汉墓中出土铜、铁兵器的反常现象原因何在？反映了什么问题？

广州地区目前出土最早的铁器是战国时期，在始兴县白石坪战国晚期遗址中发现铁斧、铁锄刃各一件[58]，比较多是这批西汉前期的墓。我们认为这些铁器主要来自中原等地。据《史记·南越列传》载，吕后时禁南越关市铁器。《汉书·西南夷两粤朝鲜传》载："毋予蛮夷外粤金铁田器；马、牛、羊，即予，予牡，毋予牝。"如果当时南越王国在开发岭南中所需的铁农工具和耕畜等毋需仰给中原，赵佗当不会三次上书，后又发兵威边以求解禁的。在广州西汉前期墓中所见的铜、铁兵器和铁刮刀、锄刃等，形制大小都与长沙战国、西汉初年墓所出的相同，而且还有较多的"楚式镜"发现。我们认为这些铁工具及铜、铁兵器等（包括增城战国遗址所出的）大抵都是秦统一岭南前后到南越国期间经由楚地输入的。

表2　　　　　　　　　　各地汉墓（武帝至东汉末）所出铜铁器数量比较表

地名	墓数	铜器		铁器		资料出处	备注
		兵器	工具	兵器	工具		
广州	227	44	2	10	2	《广州汉墓》	
佛山	9（东汉）					《考古》1964年9期，448页	铜器只有镜，五铢钱，不见铁器
韶关	12（西汉后期2，东汉10）	3				《考古》1961年8期，435页；广东省博物馆发掘资料	
贵县	129（西汉中晚期25，东汉104）	29		30	8	《考古学报》1957年1期，155页	
徐闻	51（东汉）			1	7	《考古》1977年4期，268页	
长沙	43（西汉中晚期34，东汉9）	3		25	1	《考古学报》1957年4期，33页	

续表

地名	墓数	铜器		铁器		资料出处	备注
		兵器	工具	兵器	工具		
湘乡	24（西汉中晚期）	1		23		《考古》1966 年 5 期，243 页	铁兵有剑 2，矛 1、刀 20，刀长 12.5～80 厘米，当中应有削，无法析出
南昌	13（西汉中期）	9		1	2	《考古学报》1976 年 2 期，171 页	
宜昌	37（西汉中晚期 20，东汉 7）	4		3		《考古学报》1976 年 2 期，115 页	
洛阳烧沟	225	25		145	29	《洛阳烧沟汉墓》，科学出版社，1959 年	
洛阳西郊	217	8		111	5	《考古学报》1963 年 2 期，1 页	铁兵器中有削约 80 多件，无法析出 原报告有铁刀 204 把，长 32 厘米以下的 2 件改称削，除外

说明：本表只收制铁兵（镞除外）和工具（削除外），其他未收

汉武帝实行冶铁、煮盐、铸钱三业官营，出铁的郡国设铁官，产盐的地方设盐官，"郡不出铁者，置小铁官"。当时实行盐铁专卖，统治是异常严格的。两广境内只有南海郡番禺和苍梧郡高要设有盐官，没有铁官及小铁官设置。表明广州地区直到汉武帝时仍未有较具规模的冶铁业（但不排除有翻铸故铁的小手工业）存在。东汉时期恐怕还是这样。直到三国两晋时期，广州才"大开鼓铸"，建立起自己的冶铁业[59]。

这批西汉中期至东汉末年墓出土的铁器骤减，特别是铜兵器比铁兵器还占绝对的多数（如把东汉墓所出的一些形制简小的铜矛、戟视为明器除外，铜兵器仍占多数），当然不会是一个偶然现象。除了前段属于南越割据政权时期，后段为郡县，前后两段的政治军事情况不同之外，本地区没有建立一定的冶铁业基础，应是个很重要的原因。但是，问题又回过来，既然南越国时期铁器已由中原输入，武帝平南越后，连关市之禁也不存在，铁器更可大量输来。而且广州又是南越割据政权的政治、军事中心，地理位置重要，汉平南越后，必然要从各个方而对这地区加强统治的，尤其地方驻防力量更会加强。就以武器一项来说，按理当时是不会舍坚韧而犀利的铁兵器不用反而要用青铜武器的。这种现象，不独西汉中期如此，自武帝以后终三百三十年，仍基本如是，那就更难解释了。在这里，我们把这个问题提出来，以便就教于识者。

注释：

[1]《史记·货殖列传》："九疑、苍梧以南至儋耳者，与江南大俗同，而杨越多焉。"同书《南越列传》："秦时已并天下，略定杨越，置桂林、南海、象郡。"

[2] 广西地区目前已发现古代文化遗址、文化遗存九百余处，见《建国以来广西文物考古工作的主要收获》，《文物》1978 年 9 期。广东境内发现的古文化遗存，据广东省博物馆调查发掘资料统计也在九百处左右。

[3]《广东曲江石峡墓葬发掘简报》，《文物》1978 年 7 期。

[4] 同 [3]。

[5]《广东增城、始兴的战国遗址》，《考古》1964 年 3 期。

[6]《平乐银山岭战国墓》，《考古学报》1978 年 2 期。最近，我们得到广西博物馆同志们的帮助，有机会直观察这批墓葬的部分器物，我们认为，原报告推定的年代（战国中、晚期）偏早了，似应定为西汉早期。

[7]《史记·秦始皇本纪》。

[8]《史记·陆贾列传》。《汉书·陆贾传》同。

[9]《史记·南越列传》。

[10]《史记·南越列传》。

[11] 张领：《检选古文物秦汉二器考释》，《山西大学学报》（社会科学版）1979 年 1 期。

[12]《汉书百官公卿表》上，少府条，颜师古注："尚方主禁器，御府主天子衣服也"。

[13]《汉书·百官公卿表》上，孙星衍校集《汉官仪》卷上，中华书局《四部备要》本。

[14]《汉书·梁平王襄传》："李太后亦私与食官长及郎尹霸等奸乱"。

[15]《汉书·南粤传》。

[16]《史记·陆贾列传》。

[17]《太平寰宇记》卷一五八"春州铜陵县"条："铜山，昔越王赵佗于此山铸铜。"按《旧唐书·地理志》，铜陵县汉属合浦郡，"界内有铜山"。

[18]《南越朝残瓦考》，《考古学杂志》创刊号，广州黄花考古学会，1932 年。

[19]《广州秦汉遗船工场迁址试掘》，《文物》1977 年 4 期。

[20]《广西贵县罗泊湾一号墓发掘简报》，《文物》1978 年 9 期。

[21] 河北满城刘胜墓漆耳杯有"御褚龙中杯一，卅七年十月赵献"铭文。马王堆一号墓遗册第 185 ~ 186 简文"漆髹画龚中幸酒杯十五"，龚中与龙中意同，意谓供大内用。

[22]《史记·货殖列传》。

[23]《淮南子·人间训》。

[24]《史记·淮南王列传》。

[25] 黑山汉墓二座，1971 年发掘。一座是东汉永元十六年砖墓，出土陶船一件，另一座是西汉初年木椁墓，出木船三件，均残，资料存我馆（编者注：广州市博物馆），未发表。

[26]《广东佛山市郊澜石东汉墓发掘报告》,《考古》1964 年 9 期。

[27]《释名·释船第二十三》:"帆,泛也。随风张幔曰帆,使舟疾,汛汛然也。"

[28]《汉书·平帝纪》:"元始二年春,黄支国献犀牛";同书《王莽传》:"黄支自三万里贡生犀"。

[29]《战国策·楚策》三:"张仪之楚,……张子曰:王无求于晋国乎?王曰:黄金、珠玑、犀象出于楚,寡人无求于晋国。"珠玑、犀象非楚所产,当来自岭南。长沙马王堆一号汉墓出有木象牙、木犀角,似亦可作为一个旁证。见《长沙马王堆一号汉墓》,图一〇五,文物出版社,1973 年。

[30]《后汉书·郑弘传》:"旧交趾七郡贡献传运,皆从东冶,汛海而至,风波艰险,沉溺相系。"

[31] 干福熹等:《我国古代玻璃的起源问题》,《硅酸盐学报》第六卷一、二期,1976 年;杨伯达:《关于我国古代玻璃史研究的几个问题》,《文物》1976 年 5 期。

[32] 黄增庆:《广西贵县汉墓的清理》,《考古学报》1957 年 1 期,161 页。在贵县的二十五座西汉墓中出五一十七颗,东汉墓一〇四座出一四一颗,分红褐两色。广州西汉中、晚期墓只出五颗,东汉墓出二十五颗,亦分红褐两色。

[33] 夏鼐:《我国出土的蚀花的肉红石髓珠》,《考古》1974 年 6 期。

[34]《汉书·地理志》关于远航南亚诸国的记载,中西学者曾作过不少研究和讨论,其中以日人藤田丰八和法国费琅二人的主张较一致,认为黄支国即建志补罗,在印度南郊,冯承钧赞同此说,范文澜的《中国通史简编》亦采是说。章巽《我国古代的海上交通》一书,更明确指出,就在今马德拉斯略南之康耶弗伦(Kāncipura 今 Conjereram)地方。已程不国,据近人考证即斯里兰卡,与"黄支之南有已程不国"的方位相符。

[35] 马来语呼龙脑为"果布婆律"(Kapur-Barus)。《梁书·海南诸国传》说狼牙修国在环海中,产"婆律香"。"婆律"为马来语称龙脑香下半 Barus 之音译,"果布"为上半 Kapur 的音译。"果布"、"婆津"或称"果布婆律",都是指龙脑香,由龙脑树提炼而成,亦叫冰片或梅片,为高级香料,可入药。盛产于苏门答腊、马来半岛、婆罗洲等地。参阅韩槐准:《龙脑香考》,《南洋学报》第二卷第一辑。

[36]《泉州湾宋代海船发掘简报》,《泉州港的地理变迁与宋元时期的海外交通》,《文物》1975 年 10 期。

[37] 胡肇椿等:《广州出土的汉代黑奴俑》,《中山大学学报》(社会科学)1961 年 2 期。

[38] 日人藤田氏和法人费琅均认为皮宗即马来半岛西南沿岸之 Pisang 岛。见藤田丰八:《东西交通史の研究南海篇》,费琅著,冯承钧译:《昆仑及南海古代航行考》。章巽确指"即马来半岛西南端的甘蕉岛(Pulaw PiSan),见《我国古代的海上交通》,中华书局,1957 年。

[39] 贵县出土的见《考古学报》1957 年 1 期,157 页,图版壹,10。梧州出土的见梧州市博物馆藏品,我们曾在该馆见到三件,均为体形肥胖的,属东汉时期。

[40] 葛儿敦(R. Heine Geldern):《史前荷属东印度研究》,纽约:东南亚学会出版,1945 年,147 页。《苏门答腊的考古美术》作者同上。

[41] 韩槐准:《南洋遗留的中国古外销陶瓷》图版壹,新加坡青年书局,1960 年版。

[42] 见《广州沙河镇狮子岗晋墓》,《考古》1961 年 5 期,图版贰。

[43]《考工记·匠人》郑注:"圆曰囷,方曰仓。"《说文》"仓,谷藏也。"西安东郊洪庆村东汉墓出绿釉圆形蹄足

的陶囷三件，盖上分别墨书"白米囷"、"小麦囷"、"禾粟囷"，见《考古》1963 年 4 期，227 页。

[44] 干栏建筑在较晚的文献中始见记载，如《魏书》《北史》等，到明代时期则记述较多。

[45]《湖北圻春毛家咀西周木构建筑》，《考古》1962 年 1 期。

[46]《云南晋宁石寨山古墓群发掘报告》图版伍拾贰～伍拾伍。

[47]《成都天迥山崖墓清理记》，《考古学报》1958 年 1 期。

[48]《广西贵县汉墓的清理》，《考古学报》1957 年 1 期。

[49] 同 [48]。

[50]《宜昌前坪战国两汉墓》，《考古学报》1976 年 2 期。

[51] 高主喜：《淡湖南出土的东汉建筑》，《考古》1959 年 11 期。

[52]《广东通志·古迹略》城址条载"汉平南越，改筑番禺县城于郡南六十里，为南海郡治，号佗故城。后建安十五年，步骘为交州刺史，以越城就圮，乃廓番山之北为番禺城，后又迁州治于北，自是不改。"《读史方舆纪要》所记亦同。按"郡南六十里"，从方位看，约当今之番禺县城的市桥镇或沙湾公社一带，但该处至今未见有西汉中期墓及其他遗址发现。从这批墓葬的分布情况看，汉南海郡治应仍在今广州，所谓移治所"于郡南六十里"之说，实属可疑。

[53]《后汉书·任延传》："王莽末，交趾诸郡闭境自守。"又同书《光武帝纪》：建武五年十二月"交趾牧邓让率七郡太守遣使来贡。"注引应劭《汉官仪》："七郡谓南海、苍梧、郁林、合浦，交趾、九真、日南，并属交州。"

[54]《广西贵县汉墓的清理》，《考古学报》1957 年 1 期。

[55]《南昌东郊西汉墓》，《考古学报》1976 年 2 期。

[56]《新中国考古的收获》，78 页，文物出版社，1961 年。

[57]《云南晋宁石寨山古墓群发掘报告》，文物出版社，1958 年。

[58] 高至喜：《湖南古代墓葬概况》，《文物》1960 年 3 期。

[59] 详参《晋书》的《庚翼传》《陶璜传》《滕修传》。

本文原为《广州汉墓》(文物出版社，1981 年) 结语，编入本书时改为今题。

西村窑与宋代广州的对外贸易

广州西村窑发现于 1952 年。这里原是一处规模较大的专门烧制外销瓷的民间窑场，西临增埗河，现为西村自来水厂所隔。遗址已大部分被破坏，或垦作耕地，或建房舍，发掘时仅存堆积之处，其中以土名叫"皇帝岗"的堆积为最大。1956 年秋，广州市文物管理委员会配合基建工程对窑址进行了清理发掘，随后选了部分出土标本，编印了《广州西村古窑址》的小册子。近几年来，我省文物工作者在西沙群岛又发现一批典型的西村窑产品。由此，这处不见于史载的西村窑引起了学者的注意。另外，在马来西亚、菲律宾、印度尼西亚及日本等国，亦有西村窑器发现，有的地方传世量可观，这就更引起中外学者对西村窑的注视和研究。香港中文大学副校长、前英国剑桥大学教授、著名的考古学家郑德坤先生在广州全面地考察了西村窑标本后说，以前遗留在海外的中国外销瓷，有一些本是西村窑的产品，却被误认为是其他窑器。他表示，亲眼看了西村窑各种各类的标本后，将会改变过去他对海外遗留的一些外销瓷的看法。

去年，我们将发掘中采集的大批西村窑标本，进行系统的分类整理，并编写成《广州西村窑发掘报告》（未刊稿）。下面我们就西村窑器的特色和西村窑的兴废与宋代广州外贸的关系作一初步的探讨。

一、广州西村窑器的特色

宋代是我国瓷器发展的高峰，各地相继出现不少名窑。在东南沿海的广东、福建一带，许多烧造外销瓷的窑场有如雨后春笋般兴起。广州是宋代最早设立市舶司和当时最大的对外贸易口岸。广州西村窑就是在外销急需的形势下，应运而生，它的产品受陕西铜川耀州窑、景德镇影青瓷的影响较大。

（一）西村窑器的品类

西村窑是一个民间窑场，它的销售对象是海外民间大众，其器物品类繁多，几乎涉及到日常生活用器的各个方面。有碗、茶盏、碟、洗、盆、盂、杯、小瓶、大小执壶、凤头壶、军持、罐、盒、水盂、唾壶、注子、净瓶、灯、熏炉、烛台、炉、枕等日常用具二十余种；还有雀食盅、埙、狗、马、碾轮、漏斗等杂器十余种。一个窑场同时生产几十种产品，这在宋窑中是较典型的。其次在造型设计上型款繁多，同一类型的器物具有多种多样的款式。仅就碗的型式来说，分有十二型：有撇口、敞口、外口、敛口；唇部有圆唇、凸唇、反唇等；碗底有平底、圆底、高圈足、矮圈足、卧足之分；器身又有大小、高矮之别，形成了西村窑器多型多款的特色（本书图版八二）。

（二）西村窑器的胎骨与釉色

西村窑的胎骨大体可划分为两大类：一是粗瓷，数量最多，质地较粗，呈灰白色，火候在1200℃~1250℃左右；二是精瓷，胎骨外腻洁白，完全瓷化，扣之发声清脆，火候约1300℃，属这类的占数不多，俱为影青瓷。

从出土的器物观察，西村窑器的制法可分为轮制、模制和手制三种。若和耀瓷、景德镇瓷比较，它的制作稍嫌粗糙一些。

西村窑的釉色可概纳为三大类：即青釉（包括影青）、黑酱釉和绿釉。青釉器是最主要的，也最丰富多采，呈色沉浅浓淡不同，有深青、艾青、浅青、灰青、天青、青白、翠绿、米黄等，基调是灰青、浅青色，凡呈黄色的其胎与釉均未烧熟。酱釉的釉色大体分为三种：一是乌黑色，二是酱褐色，三是甜酱色。绿釉器占数很少，俱为低温釉器。在同一器物上施用两色釉的只有酱釉青唇茶盏、碗和一个调色碟。

西村窑多采用"浸渍法"施釉。施釉时用手倒提圈足把坯身放入釉药中蘸染，所以圈足和外腹底往往露胎，这是西村窑施釉方面的一个特点。

（三）西村器的装饰特点

西村窑装饰方法有刻划花、印花、彩绘、点彩和镂刻等多种。

刻划装饰被广泛地使用在多类器物上。线条刚劲有力，纹样有简有繁，除了一个瓷枕在荷叶当中刻划一尾游鱼之外，其余尽是花卉。有条纹、菊瓣纹、莲瓣纹、折枝缠枝花纹、叶纹、云纹等。以缠枝花纹较为复杂，也较工整。一些随意刻划的草叶、流云等纹饰，显得气韵流畅，活泼清新。还有两种刻划纹的构图颇具特色：一是由缠枝状的线条、圆圈、指甲纹组成的云朵状纹饰；另一是中心刻花草纹，周壁刻双层或三层的四至七瓣花纹。这两种纹样，构图新颖，线条舒畅自如，繁而不乱，是刻花器物中较有代表性的装饰。从一些刻花装饰手法看，西村窑也受景德镇的影响（本书图版八三）。

最引人注目的是西村窑器中大盆的彩绘装饰，分为釉上彩与釉下彩两种。彩绘落笔挺拔有力，构图自由奔放，在盆里仅淋漓几笔就勾画出一朵大菊大叶，作风豪放；有的在大盆内底，以娴熟快速的笔调，绘出枝繁叶茂的大牡丹，外周再饰以刻划的缠枝花纹。彩绘与刻划纹结合，形成一种多层次的装饰效果，这些都显具浓烈的民间艺术风韵（本书图版八五、八六）。

点彩也是西村窑器中运用较多的一种装饰。以黑酱釉彩点饰在器物的唇沿或肩际，多见于高身杯、小罐、小瓶等小件的器物上。

西村窑的青釉印花器也不少，无疑是仿耀州窑的一种产品。器形有碗、茶盏、碟、盆四种。一般都是内底印一朵团菊，周壁印缠枝菊，纹样与耀州窑的相同。耀瓷的印纹多种多样，但西村窑仿耀瓷的印花器，主要是缠枝菊纹。

近年来，广东境内调查发现宋代窑址也不少，如潮州笔架山窑、南海官窑等，其产品与西村窑比较，不少器物的造型与装饰手法基本雷同，这是时代的共同点。但瓷质方面潮州笔架山窑比西村窑为精良，南海官窑则更粗劣些，这是受瓷土原料就地取材所决定的。这里需特别指出的是，西村窑器中刻划加彩绘的装饰手法，唯西村窑所独有；仿耀瓷产品在广东宋窑中还见于惠州窑，但比西村窑器为劣。

西村窑的影青瓷，可以说是它的代表作。瓷土经过精练淘洗，胎骨细腻洁白。器内壁多刻划有各种缠枝花卉、流云等纹饰，胎薄釉匀，晶莹透澈，微微闪青，差不多接近白瓷的颜色。其细密和洁白的程度，可与景德镇同时代的影青媲美。

二、西村窑的兴废与宋代广州外贸兴衰的关系

（一）西村窑的年代

西村窑不见于地方史志的记载，遗址本身又没有纪年文字的材料发现，因而对它的年代，主要依靠堆积的地层关系和出土物的造型、纹饰特点等分析比较来推断。

皇帝岗堆积下面发现有晚唐墓。由此可断定，在这片墓地被辟作窑场时，距晚唐已有一段较长时间，否则这些墓地是不会允许被破坏的，这是第一。第二，广州地区曾出土一批有五代南汉国乾和十六年（957年）的陶瓷器，造型上有地方特色。但在西村窑的全部标本中，却没有与上述五代陶瓷相类似的产品发现。第三，在堆积中发掘出来的绝大多数器物，在造型纹饰上都具有北宋特点。以上说明，西村窑的年代上限不会早到五代年间。

在西村窑堆积中发现有十多个明代初年火葬的骨灰罐，说明到明初，这里已成了当地人埋葬亲属的墓地。在皇帝岗堆积表面有一层由红黄色山岗土与废瓷、窑具等混杂而成的"硬壳"，把废瓷品、窑具、龙窑残址覆盖着。从出土所有标本看，还没有发现南宋时期的器物。因而，其下限也不会晚到南宋。

中国古陶瓷研究会会长、故宫博物院古陶瓷研究专家冯先铭同志在西村窑正在清理发掘

时，曾到现场考察，他后来著文认为："从全部出土标本看，都具有宋代风格，没有发现比宋代早的器物，因此西村窑是一处北宋时期的窑址。"[1]

（二）窑场兴废与外贸兴衰的关系

宋代广州经济相当繁荣，对外贸易十分发达，促进了当地外销陶瓷生产的发展。宋太祖在开宝四年（971年）二月消灭南汉政权，取得广州，同年六月就在广州设立第一个市舶司。稍后在杭州、明州亦设立市舶司。宋代朱彧《萍州可谈》卷二云："崇宁初，三路各置提举市舶司。三方唯广州最甚。"另据宋人毕仲衍的《中书备对》记载，北宋神宗熙宁十年（1077年）外国贸易之统计："三州市舶司（所收）乳香三十五万四千四百四十九斤。其内明州所收惟四千七百三十九斤，杭州所收惟六百三十七斤，而广州所收者则有三十四万八千六百七十三斤。是虽三处置司，实只广州最盛也。"[2] 这里所说的，虽然只提及进口的乳香以广州为最，但也可窥见当时广州口岸之繁盛。

北宋时期，广州口岸繁盛的原因是多方面的。

第一，广州是华南地区政治、经济、文化中心，有优越的地理环境和悠久的与海外通商的历史。三国时期的交州刺史步骘，曾盛赞广州是"负山带海，博敞渺目，高则桑土，下则沃衍……睹巨海之浩茫，观原薮之殷阜，……诚海岛膏腴之地。"[3] 广州是古代越族聚居之地，越民通水性，善驾舟，民间与海外往来起源很早。到秦汉时期，更有官商与东南亚各地进行贸易往来，开创了广州对外贸易之先河。魏晋以降，北方战争连绵，烽烟未息，而岭南则较安定，北方人民不少相继迁徙南方，与当地人民一起开发岭南，使岭南经济生产发展较快。在广州发现的晋墓，墓砖中有："永嘉世，天下荒，余广州，皆平康"；"永嘉中，天下灾，但江南，皆康平"，"永嘉七年癸酉皆宜价市"等铭文，反映出当时岭南地区政治，经济相对稳定的情况。到唐宋时期，广州对外贸易更为活跃。

第二，广州地区有较为发达的制船业。广州濒临南海，早在秦汉时期就有比较发达的造船业。1975年，在广州发现一处规模宏大的秦汉造船工场遗址[4]。据计算，这个船场可造长三十余米、宽八米，载重量达五六十吨的木船。到了北宋时期，这里的造船业就更为发达，停泊在广州港口的海舶可载重二千斛，乘几百人。这时期指南针已被用于海上测定航行方向。造船业的发展和航海技术的进步，在促进广州对外贸易的发展中起一定的作用。

第三，北宋政府对外贸的重视。宋朝平定岭南后，即在广州发展对外贸易。据《宋史》载："岭南平后，交趾岁入贡，通关市。并海商人遂浮舶贩易外国物。"[5] 为了扩展对外贸易，宋政府还派遣使臣到东南亚各地做招引工作。《宋会要辑稿》载，太宗"雍熙四年（987年）五月，遣内侍八人，赍敕书金帛分四纲，各往海南诸蕃国，勾召进奉，博买香药、犀牙、真珠、龙脑，每纲赍空名诏书，于所至处赐之。"[6]北宋政府如此迫切发展海外贸易，必然会使当时最重要的贸易港口广州的经济得到进一步的加强和发展。

第四，北宋政府为增加税收收入，加强了对市舶贸易的控制。为了加强对市舶司的管理，熙宁九年，有人建议"罢明州、杭州市舶司，只就广州市舶司一处抽解"，宋政府为此修定"广州市舶条"。据陈瓘《先君行述》记载："熙宁中，始变市舶法，往复必使东诣广，不者没其货。"[7]根据新法，到海外贸易的海舶，应先到广州市舶司呈报，经检查才得出海。回国时，又要先到广州市舶司"抽解"，否则就要没收其货。新法对明、杭、泉等州有一定影响，各地贸易急剧下降。各地的外贸商品集中广州出口，路途遥远，河道又有礁石浅滩之险，无形中将加重成本负担。同时，从泉、明等州出海，本可当年往返，而绕道广州，则耽误许多时间，"今远诣广，必两驻冬，阅三年而后返"。[8]新市舶法厚此薄彼，由此可见北宋政府对广州是格外重视的。但新法过于高度集中，实不利于发展全国的对外贸易，所以几年后又进行修改。虽如此，新市舶法对刺激广州外销瓷的生产和发展也起着一定的推动作用。

宋初统一后，采取许多措施恢复和发展生产，促进对外贸易的发展。瓷器，是当时主要的外贸产品之一。为了适应外销的大量需要，各地名瓷都纷纷运到广州出口，广州对外贸易称盛一时，宋政府从中得到大量收入，许多商人亦获厚利。但是，瓷器质脆易碎，从岭北以至中原各地运来广州，数量有限且增加负担，因此，在广州就地发展外销瓷生产，就成了十分自然而又有利的事情了。据《萍州可谈》记载，宋代汇集在广州载货南航的我国海舶"深阔各数十丈，商人分占贮货，人得数尺许，下以贮物，夜卧其上。货多陶器，大小相套，无少隙地。"这些大小相套的陶器，显然指的是海运外销的日用陶瓷。

随着北宋时期外贸的大量需求，它有力地刺激了广州本地的瓷业生产，一个仿造各地名窑产品的工场——广州西村窑就在这种形势下应运而生，发达兴旺起来了。同时，外贸的大量需求还形成以广州为中心的珠江三角洲陶瓷业的蓬勃发展。据解放后近三十年的调查发现，在广州附近的佛山有石湾窑、奇石窑，南海县有官窑，三水县有洞口窑，番禺县有沙边窑，中山县有碗迳窑，高鹤有大岗山窑等等，离广州稍远还有惠州东平窑，潮州笔架山窑，阳江县石湾窑等等；另外在梅县、湛江、韶关、肇庆、惠阳、汕头等地区亦发现有一定规模的宋代窑址，这些众多的陶瓷窑场形成了宋代广东瓷业的生产网。广东各地瓷窑一时兴旺，实与广州在北宋前期占居全国对外贸易重心地位长达一个世纪之久的经济条件和历史因素有极大的关联。这些窑场都是民办的手工业生产，是为适应外销而出现而且得到蓬勃发展的，所以各窑间均互有影响和联系。如果撇开各地原料、胎质、釉色，光从造型、装饰手法来看，西村窑与笔架山窑，东平窑及许多广东宋窑的碗、茶盏、小瓶、持壶等常见器物，骤视之下，有些是较难分辨的。又如南海官窑的酱褐色釉彩绘菊纹青釉大盆，与西村窑同类大盆的装饰风格极为相似。这就说明西村窑和广州邻近的其他宋窑一样，既有全国性的时代特点，又有本地区的地方特色。

宋室南渡以后，全国政治经济中心移到临安，对外贸易的重心也由广州移至泉州等港口。泉州继广州之后，成为我国对外贸易的一大港口。许多中外商人都竞相跑到泉州，连原来长期居住在广州专营香料致富的外商如蒲氏家族也迁到泉州，广州称盛一时的地位逐渐被泉州夺去了。这样，就给广东地区瓷业生产带来严重的影响。

还须指出的是，宋代手工业已出现强烈的竞争。邻近京都临安的闽、浙等地，烧瓷历史悠久，技术熟练，产品精美。随着港口的重心转移到泉州，更刺激这些地区瓷业的大发展，成为我国宋代以来几百年间，外销瓷的主要产地。建窑和龙泉窑就在这个时期夺得盛名。广州西村窑仿烧名窑的产品，论工艺与质地都是较为粗简的，这是它先天不足的弱点；加上原料、燃料都仰赖于外地运来，成本必然增高，在港口重点转移他处之后，西村窑是无法与闽、浙等地的瓷窑相竞争而必然要走向消亡的。

外输重心的转移不仅是西村窑场的兴废所系，就是窑址范围更大的佛山奇石窑、潮州笔架山窑等地也是如此。广东地区解放后发现不少北宋窑址，它们多在南宋时期停止生产，其消亡的重要原因，均与南宋时期外输重心转移，泉州夺广州之盛有极大关系。

三、余论

西村窑不见于文献记载，其产品在过往亦未为人所知，这个窑的产品在国内很少传世，连残片也绝少发现，可见其产品主要是供外销的。近几年来，在南海的西沙群岛及东南亚各地都有西村窑器出土或完整的器物传世。

1974 和 1975 年，广东省文物工作者，先后两次在西沙群岛进行考古调查发掘 [9]。在甘泉岛发现了一处唐宋遗址，出土一批瓷器，其中有几十件可以确认是西村窑的产品。计有碗、盆、粉盒、罐、瓶、壶等日常生活用品，这些器物可能是当时雷州半岛或海南岛居民从大陆移居西沙时带去的，也可能是当时我国外贸船队航经西沙群岛避风，增添淡水时给岛上渔民留下的。

仅据我们目前所接触到的一些零星材料得知，西村窑器还散见于东南亚一些博物馆和私人收藏中。印度尼西亚雅加达普萨博物馆展出的中国古瓷中，有两件是西村窑典型的彩绘花纹大盆：一条饰以酱釉彩绘菊花和枝叶，落笔粗犷豪放；另一件内底绘牡丹花，周壁刻划缠枝草叶纹。此外，在韩槐准《南洋遗留的中国古代外销瓷》一书中，有一件凤头执壶，是在印尼南西里伯岛之 Maros 发现的，保存较好，其凤头造型和西村窑出土的一致。在马来西亚沙捞越，亦发现很多属于广州西村窑产品（本书图版八四）。

1979 年香港举办的"东南亚瓷与中国出口瓷"展览，其中有鸟形盖盒，宽沿刻花盆、小口反唇罐等都是西村窑器。据说这是在菲律宾的布土安出土的。另据有关报道："过去几年在布土安地方发掘到的瓷器差不多包括中国方面报告（按即《广州西村古窑址》）中西村窑器的所有类型……，这些瓷器的发现证实了在北宋时期，中（国）菲律宾的贸易远比以前想象中频繁得多。"[10]

陶瓷作为中国所特有的产品，通过海外贸易，大量销售到东南亚各地。南洋一带土著居民，在唐宋之时，"饮食以葵叶为碗，不旋匕筋，掬而食之"，"无器皿，以竹编贝多叶为器，食毕则弃之"。[11]中国陶瓷的输入，很快赢得当地居民的喜爱和使用。这些美观耐用的中国陶瓷器取代了当地粗糙的竹木树叶用具。西村窑和闽、浙一带生产外销瓷的窑场都烧制大量瓷盆，正是适应南洋各地土著居民吃"抓饭"风习的需要，"国人……用盘满盛其饭，浇酥油汤汁，以手撮入口而食"[12]，"宴会时皆以大盆盛姜黄色而富于香味之饭肴，置于敷在地上之席中……以手撮入口而食之"[13]。在南洋遗留的中国古瓷以大盆为多，应是这个原因。

唐宋时期，随着中国与东南亚人民的友好往来和文化交流的发展，中国传统的陶瓷工艺和烧造技术也逐步传到海外。据报道，在柬埔寨发现一座荔枝山遗址，出土一个小口窄颈反唇罐，与西村窑中的同类罐非常相似，很多荔枝山窑器都带有西村窑的特色，国外有的鉴藏家认为："这发现加强了如下的看法：这便是在高棉荔枝山本有来自中国的陶工，虽然他们的出现可能为时很短，或者影响并不深远。"[14]这说明宋代时柬埔寨已学习中国制瓷技术，并直接受到广州西村窑的影响。

综上所述，我们可以看到，广州西村窑是北宋时期一个生产外销瓷的窑场，虽然它的存在只有一百余年，但它的影响和意义却是深远的。广州是我们伟大祖国的南大门，自秦汉以来两千多年，一直是我国对外贸易的重要港口。西村窑的发现，在广州的对外贸易史上，写下新的篇章。今天，我们高兴地看到，在东南亚一带频频发现广州西村窑的制品，它们是源远流长的中国与东南亚人民友好往来的历史见证。这种传统的友好关系和贸易往来，必将随着历史前进的步伐，得到进一步巩固和日益发展。

注释：

[1] 冯先铭：《三十年来我国陶瓷考古的收获》，《故宫博物院院刊》1980 年 1 期。

[2] 转引自桑原骘藏《中国与阿剌伯海上交通史》中《北宋初期之三大贸易港》。按三司所收累加，此总数短四百斤。

[3] 见《水经注·浪水篇》。

[4] 《广州秦汉造船工场遗址试掘》，《文物》1977 年 4 期。

[5] 《宋史·张逊传》。

[6] 《宋会要辑稿·市舶司》。

[7]《永乐大典》卷三一四一"陈"字门。

[8] 同注 [7]。

[9]《西沙文物》，文物出版社，1974 年，广东省西沙群岛第二次文物调查简报，《文物》1976 年 8 期。

[10] 叶义：《南中国瓷器》，《东南亚瓷与中国出口瓷》，香港东方陶瓷学会，1979 年。

[11] 冯承钧：《诸蕃志校注》卷上，登流眉国、苏吉丹、渤泥国条。

[12] 马欢：《瀛涯胜览》，爪哇国条。

[13] 韩槐准：《南洋遗留的中国古代外销瓷》。

[14] 同注 [10]。

原载《广州研究》1982 年第 1 期，又见《开放时代》1982 年第 1 期，署名麦英豪、黄淼章。

汉代的番禺

——广州秦汉考古举要

广州，古称番禺。三国吴黄武五年（226 年）始分交州为交、广二州，广州由此得名。从古番禺到今天的广州，经历了两千多年的历史发展，这一地区一直成为我国南方的政治、经济、文化中心。

从秦始皇统一岭南开始，番禺在史籍上才有较多的提及，主要见诸史、汉《南越传》中，其他的记载还是比较零散的。新中国成立后，随着大规模建设的开展，广州市郊发现了许多汉墓，还有一些重要遗址，出土大批历史文物，为研究广州古代史提供了实物资料。本文试图通过这些考古发现，结合有关文献记载，对汉代番禺历史文化的某些侧面，作一概略的描述。

一、最早的番禺城

广州建城始于何时？旧志记载最早的有所谓楚庭与南武城两说。前者说的是西周夷王八年（前 887 年），楚子熊渠伐扬越，南海事楚，有楚庭（或作亭）；后者说的是战国后期周赧王时，楚灭越（前 314 年之后）[1]，越人子孙避入始兴，散于岭外（或说越人公师隅为越相）修南武城 [2]。这两说因其年代较早，常被征引作为广州建城已有二千八百多年的史料根据。其实在阮元的《广东通志》中早已指出这两条旧志资料不可靠 [3]，清光绪四年重修的《广州府志》对此更断言是"向壁虚造，不足为据"。

城市的兴起是建立在农业、手工业的发展和社会分工扩大的基础上。据目前考古材料所知，在广州市区及近郊还未发现过秦时期的城址。如果说西周或战国时期，广州已经作为一个城市的面貌出现，是超越历史发展的。秦平南越，在岭南地区推行郡县制，番禺开始置县，属南海郡。番禺一名始于何时，有谓《山海经》中有"贲禺"一词，贲禺即番禺 [4]，确否，可存一说。不过最迟在汉初成书的《淮南子》《史记》中，已多处提到番禺。秦时首任南海尉的任嚣认为"番禺负山险，阻南海，东西数千里"，地理位置及形势均好，就把郡治设在番禺城。有州郡则有城池，任嚣修筑的番禺城（后来又被称为任嚣城），可以认为是广州古代最早的城市。赵佗建南越国，以番禺城作都城，因此，番禺城既是南海郡的郡治，又是王国的都城，成了三位一体，番禺的地位日益重要。

关于汉代的番禺城坐落位置，直接的文献史料不多，除了《史记·南越列传》有"番禺负山险阻，南海东西数千里"[5]这一条之外，同书《西南夷列传》载，唐蒙在南越食到四川产的枸酱，"问所从来，曰：'道西北牂柯，牂柯江广数里，出番禺城下。'"又同书《南越列传》记武帝元鼎六年楼船将军杨仆攻南越事：先陷寻陕，破石门，顺流而下直抵番禺；建德、吕嘉皆城守。楼船从东南，伏波从西北攻城，"楼船攻败越人，纵火烧城。"表明番禺城址位于石门东南，珠江之滨。东汉末年，步骘为交州刺史，他来到南海，见到尉佗旧治处，"负山带海，博敞渺目"[6]（汉代的珠江河面宽阔，致使步骘有负山带"海"感觉），是膏腴之地，决定把州治迁到番禺来。上述几条史料说明，番禺城的位置，就在石门的增埗河东南面，面临珠江，背倚越秀、白云二山，这处地方即今天的广州市所在。考古发现材料更能给我们提供进一步考查研究的依据。最近三十年来，在广州市区及近郊先后发掘了近八百座汉墓，这些汉墓的分布情况，对于探索早期城垣的位置，城市的发展，也是一个可靠而有用的材料。广州市中心地区的地形，北为越秀山所阻，南有珠江河之隔，成一东西狭长地带。在这里若以今天北京路以东，仓边路以西为中心，就目前所知，西汉早期墓的分布在这个中心地区西边最近点是解放北路广东迎宾馆，东边是烈士陵园的红花岗，东西相距约2公里。这个中心区即汉初的番禺城所在，其最近的红花岗和解放北路作为葬地，在当日应是附郭之野。上述的中心区就是北宋初年的子城——广州城所在。后来，在子城东增筑东城，发现了一座土城，据说是赵佗的故城，周回十里，似较可信[7]。1973年在越华路与广仁路交界处发现了一段呈南北走向的砖城基址。经考证是宋代子城的西城墙，由此，宋城的座落，找到了一点准确的坐标。令人高兴的是，1975年在中山四路儿童公园及其东邻的市文化局内，今地表5米以下发现了秦汉的造船遗址，在船台遗址上层揭出了一段作工极其讲究的南越王国宫署的砖石走道（图一），走道上留有曾经大火烧毁的迹象，可与《南越列传》中关于杨仆攻入番禺城"纵火烧城"的记载相印证。1976年又在这个船台遗址西面相距约500米处（即今中山五路北京服装店位置）发现一处东汉造船遗址，这个遗址也是在今地表五米以下，同样是建造在灰黑色的河滩淤积层之上的。这两处发现，不但可以证实南越国都城的坐落位置；而且还告诉我们，从古番禺到今天的广州，城区中心一直没有变动，只是日渐扩展。前代的被后代的打破与压叠。这一代一代的古迹与遗物，都掩埋在今天的城区之下，是不容易被发现的。

二、王国都城与南海郡治

番禺自秦平南越置县，经历两汉四百余年，先后经过初置郡县，王国都城，又回复为郡县的三个阶段。这期间，政治情况变化很大，这一点在考古上亦有所反映。

（一）初郡阶段 （始皇三十三年秦置南海郡至秦二世三年秦王朝灭亡）

秦汉以来，百越族的一支南越族居处在今广东境内，主要从事农业生产，他们的社会结构已进入"各有君长"[8]的阶段。有的学者根据《史记·吴起列传》有"南平百越"一语，推而广之，断为战国初年楚的政治统治势力已到达今天的两广境内，岭南的越人已"臣服于楚"。《吴起列传》的"南平百越"事，不能记入吴起的账上[9]。公元前222年又有王翦"南征百越之君"的事[10]。无论"南平百越"也好，"南征百越"也好，"百越"只是越族的统称，问题的关键在"南"字，这个"南"是否往南伸展很远，已包括岭南在内呢？其实《史记·王翦列传》及同书《始皇本纪》二十五年所载王翦降越君事[11]指的是荆江南地的百越（即原来吴越的江浙之地），无论从事件、人物与地理位置都与岭南无涉。至于《后汉书·南蛮列传》："吴起相悼王，南并蛮越，遂有洞庭苍梧。"这个苍梧的地理位置应为"舜崩于苍梧之野"的九嶷，为当日楚之南境，与汉武帝元鼎六年置的苍梧郡（治广信，即今广西之梧州）无关。若从考古方面考察，秦汉以来，岭南地区受楚文化的影响很深，这是事实，但受影响与政治上的直接统治是两回事。在岭南地区直到今天还未发现过一座楚墓。就以最容易发现的贸易媒介物——货币来说，楚的金币、铜币，甚至墓中随葬用的泥质楚币也未有见过，这不能解释为一般的偶然的现象，应视为当时楚的政治势力还未有深入到岭南地区。

番禺在秦统一岭南后，社会历史发展进入一个关键的转折时期。对这个地方的发展有两点是至关重要的：一是被选定为南海郡的郡治。这里地理位置的重要，从秦王朝开始，番禺一直不失为岭南地区的政治中心和南方的最大都会。1952年，广州石头岗秦墓出土一件盖面烙印"蕃禺"二字的漆盒，就是这个初郡阶段的历史物证。岭南在秦时划分为三郡，到汉武帝时扩大为九郡，番禺在岭南诸郡中的位置与作用能历久不衰，是有它特殊的政治、地理等条件的。二是大批中原汉人"落籍"番禺。这是番禺赢得很快发展的一个重要原因。秦平南越是调动了五十万"楼船之士"为五军，分五条路线逾岭后由水路开进岭南的。虽然对其中某条路线的具体地点，学者们一直存有不同的意见，但三军入广东，两军入广西似没有疑问。从湘桂接境处进入广西的两军与西瓯越遭遇，初时秦军损兵折将，战斗打得十分激烈，相持数年之久；入广东的三军，并没有遇到很大的抵抗，特别是《淮南子·人间训》说："一军处番禺之都"，似乎一下子就直插珠江三角洲的战略要地——番禺，这里扼守东、西、北三江汇流的要冲。战事结束，五军戍边既是巩卫边疆的需要，同时也是开发这个地方的需要。处番禺之都的一军，就地在番禺留戍，是顺理成章的，何况它还是郡治的要地哩。1975年在广州市区中心发现的秦代造船工场遗址（本书图版二），出土许多三棱铜镞，还有兵器残件，船场的工匠无疑的主要来自秦军。1962年广州螺岗秦墓出土"十四年属邦"戈（图二，本书图版一），还有1974年广西平乐银山岭4号墓出土的"江鱼"戈和同墓地采集的"羼陵"矛，都是典型的秦国兵器，这二戈一矛应是秦统一岭南战争的遗物。尤为有趣的是，浮雕动物纹样的鎏金铜牌饰，是典型的战国至秦汉年间匈奴族的文物，这种铜牌已先后三次出于广州的秦汉墓中[12]，也许可以说明在"南平百越"的秦军将士中，也有"北却匈奴"的猛将，这些战利品随着主人南征而留在遥远边郡的番禺。

（二）王国都城　（南越国建立至汉武帝元鼎六年南越国灭亡）

秦末，任嚣病死，赵佗为南海尉。在农民大起义的风暴中，赵佗绝新道，杀秦吏，并击了桂林、象郡，自立为南越武王，建南越国，都番禺。这个阶段的时间相当长，共九十多年，在番禺古代史上是一个十分重要的时期。在考古上对王国都城亦有较多的反映。比如上面已提到的造船遗址上层揭出的一段砖石走道，这是第一次发现南越王宫建筑的遗存。应为赵佗自号南越武帝，乘黄屋左纛时期的宫署遗迹。走道上出有涂朱的"万岁"瓦当（本书图版四九），打印"公""官""卢"等文字戳印的绳纹筒瓦、板瓦，砖质窗棂，涂朱、绿色的砖雕脊饰等建筑残件（本书图版四八）。南越王的宫殿虽然尚未发现，从地形考察，可能位于砖石走道的东北端，即清代城隍庙或其附近处。其次是发现了多处南越王国官吏的墓群，主要分布在东北郊和西北郊，位于城区东北面的有华侨新村、淘金坑、二望岗、动物园麻鹰岗等地点，这些墓群的发现与番禺作为王国都城的地位是相一致的。它有如下一些特点：第一是墓群所在往往是十数座至百数十座同时期墓分布在一起，西汉中期以至东汉年间的墓很少掺杂在内；第二是大墓、中小墓各有分区，大墓比较分散，几座大墓同位于一个岗头的甚少，华侨新村、淘金坑两处均以中小型墓为主，应属王国中的中小官吏的墓葬。二望岗、流花桥、柳园岗几处几乎尽是小墓，大部分只有一、二件，多者或十来件陶器随葬，墓主人大概只是一般小吏，有的可能是平民。墓中出土的印章都是私章而无官印。如"梁奋""臣奋""得之""臣之""赵望之""臣望之""臣辛"等（图三），随葬的陶器常常打印有官署的戳印，如"居室"（图四）、"长秋居室"、"食官"、"大厨"、"常御"等（图五，本书图版六二）。从这些陶文结合《南越列传》所记，证明南越王国的百官制度是仿效汉廷的；第三是《南越列传》载，赵佗魋结箕踞，与越人杂处。墓葬中亦反映出汉越民族与文化的融合共存关系。至今还未发现南越人的专门墓地，只是有少数带腰坑的墓，随葬器物尽属地方特色的器形，墓主就为南越人。但在更多的墓中是中原汉文化与当地文化的器物同出，这些墓的主人除汉人外，亦应有南越人；第四是，南越国前期之墓，一般规模不大，随葬物不多，这和当时"新造未集"的创始阶段是符合的。到文、景以后，经过六、七十年的开发经营，墓的规模大，随葬器物也丰富多了。

南越立国初期与汉廷的关系是微妙的，到吕后时，因对南越实行生产资料的禁运，引起双方的关系十分紧张，赵佗"发兵威边"，汉廷派隆虑侯周灶回击。马王堆第三号墓出土一张《驻军图》反映了当时汉越经过兵刃相接之后的紧张关系。该图在长沙国南部边境绘有"周都尉军"、"徐都尉军"、"司马得军"等几支大军的分布情况，联系汉文帝赐赵佗书中提到赵佗曾通过周灶向汉廷提出"请罢长沙两将军"的事。图上的"周都尉军"可能不是周灶，更不会是文帝书中所说"朕以王书罢将军博阳侯"的周聚[13]。

（三）复为郡县 （汉武帝元鼎六年至东汉末年）

南越国灭亡，汉朝中央政府对岭南的统治加强了。《汉书·武帝纪》："（元鼎）六年十月，得吕嘉首，遂定越地，以为南海、苍梧、郁林、合浦、交趾、九真、日南、珠崖、儋耳郡"，番禺又回复为汉廷的郡县。大概在武帝以前，有关番禺的文献史料还是比较多的，在平南越至三国吴这一段，史志中就很少见到有关番禺的资料了。据《广东通志》载，"汉平南越，改筑番禺县城于郡南六十里，为南海郡治。"三国吴交州刺史步骘把州治从苍梧郡的广信"移治番禺，筑立城郭"。依此说来，南海郡的政治中心有三百二十八年南移六十里去了，照方位计算，相当于今天番禺县政府所在的市桥镇或其临近的沙湾镇这个地方。这条材料是否可信是有待研究的。第一，所谓"改筑番禺县城于郡南六十里"，是甚么地方？没有说明白，在两汉的史籍上也未见记载。若以今广州为中心，其周围六十里之外，还没有一处曾作过三百余年郡治的县城遗址及西汉中期以后的墓群发现。今番禺县的市桥、沙湾地方，据当地族谱所载，是到宋代才开发的。第二，汉平南越时"纵火烧城"，是整个番禺城烧光，还是只烧了赵氏王室的一些宫室？汉平南越后这个地方用来干甚么，荒废了三百年吗？第三，从近三十年的考古发现考查，情况也并非如此。广州发现的西汉中期墓比之当时临近郡县的要多。当然，广州发掘的汉墓仍以南越王国时期的为多，但西汉中期（即南越国灭亡后）墓也不少，也有一些规模较大的墓发现。这些西汉中期的大墓论规模虽不及南越国后期的大，随葬器物也不若以前的丰富，我们认为这是因为同一地点前后所处的政治历史条件不同所致。前者为都城，墓主有的是朝官，有的是贵戚之属；后者回复为郡县，墓主身份等级最高也不过是地方郡守、郡尉而已。广州两汉五期墓葬的埋葬时间相衔接，并无突然衰落或中断的情况存在。因而可以认为汉平南越以后，番禺仍是南海郡的治所，"郡治南移"之说难以置信。

还有一个值得注意的考古现象是，广州的西汉晚期墓和东汉初年墓，无论墓的形制、规模、出土的大部分随葬器物几乎没有什么差别，有的确实难以划分。这个情况与当日番禺的政治形势是非常相一致的。西汉后期，阶级矛盾日益尖锐，到王莽末年各地人民起义的烽火蔓延，北方广大地区兵燹连年，人民流离失所。这个时期岭南地区交趾诸郡实行闭境自守，南北暂时隔绝，至建武时，岑彭与邓让书后，始通贡献[14]。西汉末年岭南闭关自守，避免了战火的破坏，地方官吏也逃避了人民起义的惩处，没有受到什么打击，所以他们死后，同样是厚葬成风。因此，广州西汉后期墓与东汉初年墓基本一致的现象实非偶然。

东汉政权是在南阳豪强集团的基础上建立起来的，经东汉一朝，豪强势力日益发展，土地不断集中，阶级矛盾尖锐，农民起义时有发生，地方豪右纷纷拥兵割据，到东汉末年已处于不可收拾的境地。广州东汉建初以后的大砖墓往往有城堡模型随葬，说明远离中原的边陲地区，强宗豪右拥兵割据的现象同样存在。

三、汉代番禺的物质文化

番禺在汉代是边远的郡县，秦汉以前经济、文化的发展远比中原落后。自秦统一以后，中原汉人大批南移，戍边开发，汉越民族和文化取得较快的融合，本地区有优良的地理环境和丰富的自然资源，有汉一代这里很少有战事发生，社会比较安定。这些都为岭南农业生产的发展，手工业与商业交通贸易的繁荣创造了条件。经过两汉四百年的经营，社会经济以前所未有的速度发展，创造出较高的物质文明，较快地赶上全国发展的步伐。这方面在广州汉墓考古亦可得见一二。

（一）刀耕火种到铁犁牛耕

在广州远郊已发现多处先秦的古文化遗址，从出土的各种石器工具及印纹陶器来看，当时的农业生产仍处在"刀耕火种"的原始耕作阶段。秦统一岭南后，南越地区已有铁农具与牛耕，这是毫无疑问的。但作为农业生产资料的"金、铁田器、马、牛、羊"，主要仰给于中原。《史记·南越列传》已有明确的记载。水牛，是珠江三角洲水田犁耕的主要耕畜，在广东新石器时期至汉代的遗址中都有发现，但广州汉墓出土的陶牛全属黄牛（图六），也许当日的耕牛就是从北方输入的黄牛。铁农具在广州汉墓发现尚少，就整个广东地区而言，亦大致相同。始兴战国遗址出过铁锸一件[15]，广州汉墓出过几件铁锸[16]，其他农具未见，表明当时番禺的铁农具确实珍贵。广西贵县罗泊湾一号西汉初年墓出土木质《东阳田器志》，还有一块木牍，记载着锄、锸等农具百数十件，这是墓中陪葬农器的一份象征性清单，但也反映出大量铁农具已在农业生产中使用的史实。

曾经在洛阳做过议郎晚年回到家乡（广州南郊河南）归隐的东汉人杨孚，写了一本《异物志》，记载岭南当时有"夏冬又熟，农者一岁再种"的双季稻[21]。广州和佛山的澜石东汉后期墓都出土有田埂整齐的水田模型，尤其是澜石汉墓的水田附艇模型，塑出收割，一人犁耕、施肥、插秧等田间劳动，描绘了珠江三角洲水稻耕作中"双夏"（夏收夏种）的繁忙景象。

当日番禺的农业生产已十分重视施肥，这一点从广州汉墓出土的陶屋得到说明。出土的陶屋毫无例外的在屋内设有厕所，还辟出一个地方来饲养禽畜。后院通常作猪栏，屋后的一侧或两侧有个小间用作厕所或羊圈（图七）。家禽家畜实行圈养，屋内设厕所，反映出当时十分注重积累人粪尿与厩肥以肥田，增加作物的产量。

墓中出土的农作物种实，作为主粮的有稻、黍，在一座东汉初年墓出土的一件釉陶提筒，盖有墨书"藏酒十石令兴寿至三百岁"的题书（图八），器内盛着半筒高粱，说明当时已用高粱酿酒。其他蔬果之类，出土有橄榄、梅、酸枣、人面子和花椒等。据载：汉武帝"平百越为园圃"[18]，贵县罗泊湾一号西汉初年墓还出土有芋、黄瓜、甜瓜、木瓜、葫芦、以及花椒、金银花，还有西瓜、桃、李、桔子、橄榄、梅、人面子等多种水果。贵县在汉代称布山县，是郁林郡治。上述的农产品在汉代番禺境内亦应有出产，因为两地的地理环境与气候条件是相当的。岭南佳果荔枝、龙眼在西汉时就已经传到长安；东汉时，这些都是经常进贡的珍品了[19]。虽然广州汉墓中未见荔枝出土，而广西合浦堂排2号汉墓出土的一件铜锅内，盛着荔枝，其果皮果核都保存完整[20]。两广自来就是荔枝的主要产地。今日广东的佳荔主要出自东莞、增城和从化，这三个县在汉代同为番禺辖境。除此之外，据《齐民要术》所引古书记载，广东在南朝以前已有橘柚、甘蔗、芭蕉、椰子、槟榔、杨桃、杨梅等果木，可以说明当日农产品丰盛的情况。广东为水果之乡，实在由来已久。

汉墓中常常有储藏粮食的仓、囷模型出土（图九），形式都是一座长方形或圆形的"高脚屋"，这种干栏式结构利于通风防潮，是适宜南方潮湿多雨的自然条件的。仓、囷的普遍出现，也是农业生产发展，粮食增多的反映。

自武帝以后，中原等地汉墓经常发现圆形回转石磨与践碓模型，番禺未见有出土过。广州汉墓出土的陶屋，屋内作加工粮食的陶俑都是持杵对臼而舂，扬箕而簸（图一〇）。佛山、增城、韶关以至广西贵县、梧州、平乐等地汉墓所见亦同。由此证明整个岭南地区粮食加工的落后状况，直到东汉末年仍未改变。

（二）陶冶及其他

农业和手工业生产是封建社会经济的两个主要部门。汉代番禺的手工业也和农业一样已具有一定的生产水平，制陶、冶铸、丝织、漆器、晒盐、造船等已是当时的主要生产门类。

1. 制陶

广州汉墓出土的陶器，大体上可以划分为两大类：一类是专为随葬而制的明器，如鼎、盒、壶、钫，这是一套仿铜器（或漆器）以象征礼制的明器，还有偶人车马及房屋、粮仓、井、灶、家禽家畜等陶塑模型；另一类是日常生活用器，器形多样，举凡人们日常生活用具都基本齐备，从中也可见到汉人的生活习尚。

广州汉陶是继承前代的制陶工艺传统而来，经过两汉四百年的发展，形成了具有自己特点的一个陶系。其特点主要呈现在胎质、施釉、纹饰、器形四个方面。广州汉陶以灰白胎的硬陶为主，经过重烧试验，火候在1200℃左右（图辅展2、3）。凡挂釉的陶器都是高温的玻璃质釉，低温铅釉器未见。早期的釉层很薄，呈色不稳定，有黄褐、黑褐等色。到东汉年间的施釉较厚，釉层均匀，出土时多呈青黄色，经过一段时期的氧化，逐渐变为黄褐色（图展品43-51）。以方格纹为地纹，以各种几何图形戳印为主纹的拍打印纹是广州汉代印纹陶的主要装饰特点，刻划纹也很普遍。各种联罐（图展40-42）、提筒、匏壶（图展44）、豆式熏炉（图展86、87）以及拍打印纹的瓮（图展品59）、罐（图展品51）等都是颇具地方特色的器形。就目前所见的材料来说，这个陶系其影响所及主要是岭南地区，但邻近的湖南长沙、衡阳、资兴以至福建崇安汉城都有这类陶器出土。

汉代制陶业的另一主要内容是烧造砖瓦等建筑材料。汉瓦在广州也出土不少，有板瓦、筒瓦，形体大而质坚，印绳纹。还有瓦当（图展品99）。砖的出现很早，南越宫署走道的大型铺地砖，长宽七十厘米见方，形体厚重。砖面印几何图案花纹（图展品100）。这在全国同时期的宫殿遗址中（包括秦汉）是较少见到的[25]。但砖的普遍使用，在广州地区要到东汉时期，主要用于砌筑墓室。民居第宅还是版筑土墙，要不，则用于铺地以隔潮湿。

出土的墓砖印有"甘溪灶九年造"（永元九年墓）和"永元十六年东冶桥北陈次华灶"的铭文（图展品98），可知当时的砖窑除官工业外，还有私人工场。但汉代的陶窑和制陶作坊在广州境内还未有发现过。

2. 冶铸

汉代，番禺是否已有冶铸业存在，答案也许可以肯定，但规模不会很大。汉墓中出土的铜器，分兵器和日常用器两类。兵器的形制与中原等地的雷同，没有地方特点，是由北方传来或当地铸造难以一一判明。日常用器中的鼎、釜、壶、钫、熏炉、提筒、碗、盆、案等器形，其中的提筒全为南越式的，鼎、壶、熏炉亦有部分是南越式的（图展品8、9、54），这些可以肯定属当地所铸，其余的大概都是来自中原（图56-58）。《太平寰宇记》载，合浦郡有铜山，赵佗在此铸铜，确否，要有实物出土才能证实。

汉代在全国产铁的郡县设铁官，南海郡不产铁，没有铁官，当时番禺不会有大规模的冶铁业存在。广州汉墓出土的铁器，多数是南越国时期的，而且以兵器为主，还有少数如凿、斧、臿、削等工具。大都与长沙战国至汉代墓中所出的无异，这些铁器大概与"金铁田器"一样，是从中原或楚地输来。据史籍记载，到晋代，广州才大开鼓铸[21]，是可信的。

3. 其他手工业

秦汉时期，番禺已有制漆业，石头岗秦墓出土漆盒上有"蕃禺"烙印可为实证。广西贵县出土的漆器亦有"布山"烙印，表明南越王国时期，各郡治所都有自己的制漆手工业。

番禺位处珠江三角洲河网地带，水运交通方便，加上越人善作舟，因而造船技术发达较早。广州汉墓出土船模较多，绝非偶然。形式多样。有适合在浅窄河涌划行的货艇，有作交通用的渡船，有可以行驶于江河湖泊上作客货兼载的航船。船上已有锚、舵等较完善的装置出现（图辅展 4），足见当日造船技术已相当进步。

广州地临南海，海产资源丰富。汉朝中央政府在番禺设盐官[22]，专门管理征收盐税的事。九龙李郑屋村发现的汉墓，有番禺铭文[23]（图 15），说明番禺在秦汉时期辖境远及海陲，有海盐生产，与史文相合。

广州汉墓中有时亦得见一些丝绢的残块，有的铜镜出土时往往有丝织物的残迹附着，原来当是用丝绢包裹着的。《汉书·地理志》载，海南岛已有种桑养蚕[24]，想来当日番禺境内也可能有丝织品生产。

（三）番禺一都会

农业和手工业的发展，促使商业和交通运输事业的相应发展。自从汉武帝统一南越及西南夷以后，岭南地区与北方的交往日益频繁，正如《史记·货殖列传》所说："汉兴，海内为一，开关梁，驰山泽之禁，是以富商大贾周流天下，交易之物莫不通，其得所欲……"。番禺位于珠江下游，是东、西、北三江的汇合处，水路四通八达，不但在郡内到处通行，而且沿江而走可通邻近许多郡县。东南为珠江出海口，对外交通贸易占有优越条件。《汉书·地理志》载："（番禺）处近海，多犀、象、毒冒、珠玑、银、铜、果、布之凑，中国往商贾者多取富焉。"当时番禺是全国十九个著名都会之一。《史记·西南夷列传》提到，"南越以财物役属夜郎"。又说，建元间番阳令唐蒙在南越食到蜀枸酱，知道是由夜郎经牂柯河转运而来，可知番禺和远在西南的夜郎也有商业往来的关系。番禺的陆路交通，虽然有秦时修建的新道，经过五岭的谷口，可通往邻近地区。但在古代交通工具条件的限制下，尤其在河网地带，利用舟船的水运显然比陆运要方便得多。一船之载较之一车可多至几十倍。有此优胜条件，对于繁忙的商业运输起非常大的作用。广州汉墓出土船模特多，用牛车、马车随葬的很少，也反映了当时水运交通的发达。在番禺集散的大宗特产由此北运中原，大批铁器、耕畜等开发岭南所需的生产物资从北方南下。广州汉墓出土的铜镜有"汉有善铜出丹阳"和"宜贾市"等铭文（图 80），说明由北方运来的货物中，还有一部分是人们日常的生活用品。《盐铁论》提到，汉武帝平南越，北方出现民间厌橘柚的事[25]，可见当时南北通商贸易的兴旺。

番禺与中原内地的交通除上述水陆路线之外，还有从海路前往的。《后汉书·郑宏传》说，"旧交趾七郡贡献转运，皆从东冶泛海而至"，即由番禺沿海岸线北上，经东冶（今福州）转入浙江溯长江而上。后来由于海行风浪大，不常用。

番禺成为我国官方与南洋诸国通商贸易的海港，是在武帝平南越以后的事，这是属于见诸文献记载的明确事实了。《汉书·地理志》中关于汉使船队从徐闻、合浦等地出发，是记述离开大汉帝国大陆的海岸线驶向浩瀚的南中国海而言，主要经营地点应该是在番禺。当时船队带黄金、丝绸前往，买明珠、璧琉璃等奇石异物回来，供汉廷贵族们享用。番禺历来是海外奇珍的集散地。《淮南子·人间训》说："秦始皇又利越之犀角象齿。"可见远在秦统一岭南之前，南越与邻近的海外地区早就有了贸易往还之事。到了汉代，番禺的海外贸易更有进一步的发展。从广州两汉墓出土熏炉、琉璃、琥珀珠饰特别多而普遍，还有象牙、犀角模型以及外国人模样的奴佣等考古发现更可得到证实（图88～90）。

（四）"甚有文理"

在古代，岭南被视为蛮夷之地，赵佗上汉文帝书的开头也自称"蛮夷大长"。从目前所见的考古材料来看，到春秋战国时期，岭南的历史进程比中原落后。《汉书·高帝纪》说："粤人之俗，好相攻击。前时秦徙中县之民南方三郡，使与百粤杂处，会天下诛秦，南海尉佗居南方长治之，甚有文理，……粤人相攻击之俗益止。"所谓"粤人之俗，好相攻击"，正好说明秦汉以前南越社会仍较落后，还未有完全脱离野蛮阶段的影响，即因掠夺俘虏而经常发生战争。事实上，秦统一岭南后，这个地区的社会历史发展进入了一个新的阶段。赵佗积极推行汉、越杂处的民族政策。他魋结箕踞，以示尊重越人的风俗习惯，还提倡汉、越民族及文化的融合，加速番禺社会历史发展的进程，使之较快地与全国取得大体一致。这一点在广州汉墓考古资料中亦有反映。

1. 汉、越文化的融会发展

广州西汉前期墓出土器物所反映的文化面貌，是汉、越两种文化的器物共存，其中以中原的汉文化为主体，其次是本地区的南越文化。比较能够反映南越文化面貌的，是出土的大批南越式陶器和少量铜器。所谓南越式陶器，其特点主要在于造型与纹饰。出土的印纹瓮、罐和三足罐，各种联罐、三足盒、瓿、提筒等陶器的造型完全不同于中原北方等地。陶器的纹饰分两种：一种是拍打的几何印纹，即以各种几何图形的戳印图案作为主纹，用方格纹为地纹相衬（图30），这种做法也许是前代印纹陶传统的延续，同时汲取中原"汉式"铜器中传统的以主、地纹结合的装饰手法而来，可以认为是汉、越文化融汇在陶器花纹上的反映；另一种是刻划纹，纹样以蓖纹、绚纹为常见（图29），这类刻划纹在广东增城、始兴的战国遗址中已很普遍，但广州南越式陶器的刻划纹施制更为精工（本书图版六三）。南越式铜器主要器形有盘口直足鼎、扁圆腹镂空圈足壶，直身提筒等几种，其造型及纹饰也不见于中原地区，尤其是提筒和铜壶上的雷纹、编制纹等纹带，和越人铜鼓的花纹相一致（图展品54）。但南越人还未有自己的文字，因为在古代越人的印纹陶以至汉初的大量印纹瓮、罐，仅见到一些结体简单的刻划符号，这种符号可能是陶工们习用的一种数码或代表某种含义的记号而已。武帝元鼎六年南越国消亡，岭南又回复为汉帝国的郡县，南越式的铜器和陶器就基本绝迹了。这个现象从一个侧面反映出汉、越人民及其文化经过南越王国近一百年的"杂处"，到西汉中期就基本融合了。从广州西汉中期至东汉末年这一段汉墓的出土器物，完全反映出岭南地区的文化面貌与中原等地已趋于大体一致。

汉人受道家的影响很深，讲长生之术，迷信谶讳。广州两汉墓都发现破镜随葬，可见"来世重圆"的意愿早已存在了。东汉墓出土铜镜铭文常见的多属长生"不知老"、"宜子孙"、"辟不详"等一类吉祥语。纹饰亦以四灵、羽人、怪兽等为主。漆器花纹多属云气纹（图展品52），也有神仙、辟邪等图象。这些与江南及中原等地所见的铜镜和漆器纹饰风格完全相同。

汉墓中砚台的出土较普遍，早期的砚台均为天然河卵石块所制，附有研石，这是汉砚的最原始的式样（图展品74）。还有黛砚、黛墨、铜镜一类美容化妆用具同出（图展品75~79）。汉代印章出土不少，就质类言，有铜、玉、玛瑙等。以铜质为多见，铜印均铸出，玉印和玛瑙印是凿刻的。印文均小篆体，字画方正，疏密适中，布白均匀，刀法刚劲有力，艺术价值颇高（图展品72、73）。

至于造型生动逼真的歌舞俑和乐俑（图六展品64、65），不但使我们仿佛在欣赏汉代的歌舞艺术，而且知道了汉代豪门"妖童美妾，填乎绮室。倡讴伎乐，列乎深堂"的奢靡生活也同样在边郡的番禺出现。

2. 丧葬习俗上的反映

已发现的西汉前期墓，同样存在汉越"杂处"的情形。有少数的墓，底铺小石，或有腰坑，器物的地方色彩极浓，但无礼器。这些墓的主人应为南越人。广西平乐银山岭发现了西瓯越人的墓群，墓型及随葬物的特点与广州南越人的墓相一致，表明他们在葬制上还保留着自己的习俗。其余大多数的墓与湖南楚墓形制非常相似。随葬品中以鼎、盒、壶为一套的象征性礼器尚保留。西汉中期以后，夫妇同穴合葬流行，椁室也仿照圣人的居处布局而分出前堂后室和上下两层；表示财富经济地位的仓廪、房屋、奴婢、车马等模型全套搬入墓中。西汉后期的木椁墓结构更为复杂，到东汉砖墓出现，东汉晚期多大型砖室墓，而且出现了圆锥形穹窿顶的新形式（图六8、10、14）。还有一种多棺室的砖墓，很可能是一个家族中的多人分室合葬。自西汉后期以来，墓中随葬物更加多样，除了模型明器更为普遍外，与海外交通贸易有关的串珠、熏炉，作为外国人形象的奴佣等等，都反映出汉代的厚葬风气在岭南地区亦无例外。

3. 建筑艺术上的反映

广州汉墓从西汉中期开始普遍用模型器物随葬，出土的各种陶屋等模型，有它一个完整的发展序列和体系。最先出现的房子是干栏式，平、立面的结构布局都比较简单，都是横长方形，悬山式两坡上盖，可简称之为"一"字干栏。到西汉后期，在"一"字干栏的基础上发展为曲尺干栏，即在后面的一侧处伸展出一个小间，作为厕所，平面呈曲尺形，屋顶出现两条瓦脊，一横一纵相接（图六展品91）。这两种干栏的下部毫无例外地都有矮墙围成一匝，墙角开窦洞，表示用作饲养禽畜的圈栏，即所谓"人栖其上，牛、羊、犬、豕、畜其下"。

岭南古代多森林、木材丰富，古代越人居处的房子都是用竹、木架构而成的"高脚屋"，因为人们居处部分高离地面，所以又称"巢居"，下面用来圈养牲畜。这种独特的建筑到公元5世纪时文献上才见有记载，称为"干栏"。上述两种干栏式陶屋的上盖已不是竹、木、茅草，而是铺瓦的顶盖，从刻划的纹道显示，结构上已用梁架、斗拱、窗棂，还有铺首门环装饰。这种建筑显然是在本地区古代的传统干栏的基础上，汲取了汉式建筑的部分因素而形成的。它适应了岭南高温、潮湿、多雨的自然环境，因而流行的时间颇长。到东汉，番禺地区的建筑艺术出现了一个重大的突破，除了"曲尺干栏"继续存在之外，新出现了一种曲尺式和三合式的平房与多层的楼阁（图六，展品92～95）。前者无疑是由干栏演进而来，它利用屋后的一部份连起而成后院，用来饲养禽畜，取代了干栏结构的底层。楼阁式则是在平房的基础上发展起来的多层建筑，无论结构和平、立面的布局都要复杂得多。联系到广州砖室墓到东汉初年才出现，东汉后期普遍流行，砖是重要的建筑材料，它的使用促使平房建筑与楼阁建筑的兴起。虽然，房子承重的骨架还是汉式的木柱梁架结构。关键是住宅建筑采取用阶砖铺地，复瓦盖房，就可以解决地面湿润的防潮要求。楼阁式多层建筑的出现，代表了当时建筑技术所达到的水平。这种建筑的布局都有明显的中轴线，依循着均衡对称的原则，整体组合，高低参错，显示出以木构架结构和对称布局为主要特征的中国古建筑的独特体系，在岭南地区最迟在东汉已经形成。

建筑艺术的成就是一个地区一个时代经济文化发展水平的综合反映，广州汉墓出土的大批屋、仓、囷、井、灶等陶制建筑模型明器，从文化艺术角度来说，也是同样体现了以汉文化为主体又带有浓厚地方色彩的广州地区两汉文明。

注释：

[1] 楚灭越之年有多说，此据中山国一号墓出土铁足大铜鼎的铭文有"（越）克并之至于今"一语，考证越国之灭亡在公元前314年之后（见《文物》1979年1期，46页）。

[2]《番禺县志》："番禺故城，《通历》：'周夷王八年楚子熊渠伐扬越，自是南海事楚，有楚亭（亦作庭）'。旧《图经》：'广州城始筑自越人公师隅，号曰南武'。《吴越春秋》：'阖闾子孙避越岭外，筑西（南）武城。后楚灭越，越王子孙避入始兴，令师隅修筑故南武城'。"

[3] 阮元：《广东通志》卷二一六《古迹略》番禺城条引自顾祖禹《方舆纪要》，文与前《番禺县志》同，后又一段按语说："顾氏之说本诸戴、黄二志所引《通历》，乃唐马总所著。熊渠伐扬事见《史记·楚世家》，其文云：'熊渠兴兵伐庸、扬粤，至于鄂。……'乃江上楚蛮之地，未必是今粤东也。《通历》世无足本，不可考矣。《图经》所云公师隅事，《吴越春秋》《越绝书》皆无此文，他书亦无佐证，疑以存疑，录之备考。"

[4]《山海经》第十《海内南经》云："桂林八树在贲禺东。"《水经》浪水条："番禺，《山海经》谓贲禺者也。"

[5] 见《史记·南越列传》，此句向有两种不同的句读。

[6]《水经注》浪水条。

[7] 方信孺:《南海百咏》。

[8] 古代百越及西南夷等少数民族各有君长,如《淮南子·人间训》"杀西呕君译吁宋"、《史记·王翦列传》"因南征百越之君"、《汉书·惠帝纪》"立闽越君摇为东海王"、《史记·西南夷列传》"西南夷君长以什数"等。

[9]《史记·吴起列传》:"于是南平百越;北并陈蔡,却三晋,西伐秦,诸侯患楚之强。"《史记·蔡泽列传》也有"南收扬越,北并陈蔡"一语。这是追述吴起相楚之前发生过的大事,到吴起相楚时,更厉行改革,以致"诸侯患楚之强"。考吴起于公元前 381 年被杀,楚平百越事早在西周夷王时,"楚子熊渠发扬越,至于鄂。"公元前 479 楚灭陈,公元前 447 年灭楚,却三晋事在公元前 391 年。上述事件均发生在吴起事楚之前。

[10]《史记·王翦传》:"竟平荆地为郡县。因南征百越之君。"

[11]《史记·始皇本纪》:"二十五年……王翦遂定荆江南地,降越君,置会稽郡。"

[12]《广州汉墓》上册,148 页。

[13]《汉书·高惠高后文功臣表》第四。

[14]《后汉书·任延传》:"王莽末,交趾诸郡闭境拒守。至建武时,岑彭与邓让书后,始通贡献。"同书《光武帝纪》:"建武五年十二月,交趾牧邓让率七郡太守遣使奉贡。"

[15]《广东增城·始兴的战国遗址》,《考古》1964 年 3 期。

[16]《广州汉墓》上册,483～484 页。

[17]《广西贵县罗泊湾一号墓发掘简报》,《文物》1978 年 9 期。

[18]《盐铁论·未通篇》。

[19]《后汉书·和帝纪》:"元兴元年,旧南海献龙眼、荔枝,十里一置,五里一候,奔腾险阻,死者继路。"

[20]《广西合浦堂排汉墓发掘简报》,《文物资料丛刊》4 期。

[21]《晋书》卷七三《庾亮传》:"时东土多赋役,百姓乃从海道入广州,刺史邓岳大开鼓铸,诸夷因此知造兵器。"

[22]《汉书·地理志》:"番禺,尉佗都,有盐官。"

[23] 饶宗颐:《李郑屋村古墓砖文考释》,《史语所集刊》第三十九本上册。

[24]《汉书·地理志》:"儋耳、珠崖郡。男子耕农,种禾稻麻;女子桑蚕织绩。"

[25] 同 [18]。

原载《穗港汉墓出土文物》,香港,1983 年,署名麦英豪、黎金。

广州象岗南越王墓墓主、葬制、人殉诸问题刍议

1983 年 10 月，在广州市解放北路西侧的象岗山上，发掘了一座有彩绘的大型石室墓。经考证，确认是西汉初年岭南地区赵氏南越国的第二代王墓。墓中出土了一千余件（套）随葬器物，其中青铜器超过半数，次为玉器、铁器，还有金银珠宝、原支大象牙、丝织品、漆木器等，琳琅满目，品类繁多，堪称汉越文物的荟萃。这批实物史料对研究广州早期社会的历史发展，有重大的科学价值。该墓发掘工作已告结束，室内工作正在进行，主要情况在已发表的《西汉南越王墓发掘初步报告》中已有较详细的披露[1]。我们作为参与该墓发掘及资料整理的工作者，拟就该墓的墓主、葬制、人殉诸问题，作初步探讨。

一、墓主是赵佗之孙还是赵佗之子

墓主身上随葬印玺八枚。最大的一枚是龙纽金印，边长 3.1 厘米，重 148.5 克，阴刻篆文"文帝行玺"四字，有边栏十字格（本书图版一一）。这是我国考古史上第一枚出土的汉代帝印。其余的还有"泰子"龟纽金印一枚，"泰子"覆斗纽玉印一枚，"赵眜"覆斗纽玉印一枚，"帝印"螭虎纽玉印一枚（本书图版一二）。还有三枚同为覆斗纽玉印，均素面无文字。西耳室出有"眜"字封泥。东耳室出八件一套的铜铙，每件都有篆文刻铭，文曰："文帝九年乐府工造"，"第一"至"第八"（本书图版一七）。这些都是确定墓主身份及其入葬年代的重要依据。据《史记》、《汉书》南越传载，南越国传五世九十三年而亡。汉武帝灭南越国是在元鼎六年（前 111 年），由此上推九十三年，即汉高祖三年（前 204 年），为赵佗在南越立国之年。兹依《史记》、《汉书》的南越传记载，表列南越五主的世系并扼要说明如下：

第一代南越王赵佗，在位六十七年。吕后时自"尊号为南越武帝"，至建元四年卒。佗

孙赵胡继位第二代王，登位三年，"闽越王郢兴兵南击边邑"。"后十余岁，胡实病甚，太子婴齐请归。胡薨，谥曰文王。"第二代王在位当不少于十六年。第三代王"婴齐嗣位，即藏其先武帝、文帝玺"，至元鼎四年卒，谥曰明王，在位不过十年。第四代王赵兴继位，越相吕嘉反，南越内讧，赵兴和第五代王赵建德前后相继只有三年，均死于战乱中。

在赵佗之后的南越各主中，既僭号称帝，而在位年数又超过出土铜铙刻铭之"文帝九年"的，只有第二代南越王。现在"赵眜"印与"文帝"玺同出，证明第二代南越王是赵眜。但与《史记》、《汉书》本传载：赵佗传位给孙赵胡，即赵胡是第二代南越王所记不合。到底墓主"赵眜"是赵佗之孙还是赵佗之子？吕思勉先生曾认为佗不可能享年一百二十余岁，《史记》言南越王五世，则佗之子亦当为王，盖佗卒子继，失其年号故不记。"[2] 他把"南越五世"作父子相传为一世解，变成南越五世六主了。我们认为，赵佗子在《史记》、《汉书》本传中没有记载，可能是早殁了。赵眜身上的两枚"泰子"印，应该本是赵佗之子的，佗子殁后，归由赵眜接掌。如果佗子确曾立为王，《史记》、《汉书》不可能只字不提。《史记》、《汉书》误"眜"为"胡"，可能是所据档案有误，或为传抄之误。应据印文改正，还其本来面目。

至于赵佗年寿问题，关键的年数有两个：一是《汉书》本传载，汉文帝元年，赵佗报汉文帝书中说："老夫处粤四十九年，于今抱孙焉"；二是赵佗第一次入越的年份。如果从汉文帝元年上推四十九年，赵佗早在秦始皇二十年（前227年）就入越了。但这是绝对不可能的事。因为直到这一年，秦仅灭了一个韩国，下距统一六国还有六年之久。秦汉间的篆隶草写，"三十"为一横三竖（卅），"四十"为一横四竖（卌）；"处粤四十九年"或为"三十九年"之笔误。秦始皇二十六年统一六国后，先用兵闽越，置闽中郡，然后向岭南进军。从哪一年开始？没有确切的记载。《史记·主父偃传》、《汉书·严助传》载：秦军第一次入越时，遭到越人顽强抵抗，秦军"三年不解甲弛弩"。尉屠睢被杀，"秦乃使尉佗将卒以戍越"。始皇三十三年赵佗随任嚣第二次入越，是年统一了岭南。若以"处粤三十九年"为准，往上推，正是始皇二十九年（前218年）。如果推定是年为秦第一次向岭南进军，则前后两次进兵的间距约有五年。这期间正好是"三年不解甲弛弩"的战斗岁月，时间与史实都比较吻合。我们假定赵佗第一次从军入越之时正是年方二十的青年，到《史记·南越列传》所记的"建元四年卒"，享年实为一百有一岁。佗的卒年无误，可反证第二代王是赵佗之孙赵眜无疑了。

二、南越王墓与帝陵

象岗是一座海拔不足五十米的小石山。南越王墓的构筑，是劈开石山纵深二十米，凿出一个平面如"凸"字形的竖穴，前端两侧再加掏洞以建造耳室。全墓用红砂岩石砌筑，分前后两部分，共七个墓室。前部为前室和东、西耳室；后部正中是主棺室和后藏室，两侧为东、西侧室（本书图版七、八）。前室顶部及四壁均有彩绘云纹图案，装饰富丽，象征墓主生前的宴乐厅堂，室中置帷帐、车具（本书图版九、一〇）。东耳室是礼、乐、宴饮用器藏所，置编钟、编磬及大型酒器。西耳室置青铜礼器、各种铜、陶生活用具、兵器、甲胄、铁工具、车马帷帐、金银珠宝、象牙、漆木器及丝织品、五色药石、治简工具与砚石丸墨等等，数达四、五百件，是全墓储藏器物最多、最丰富的一个库藏。墓主棺停置于后部主室正中，墓主身着丝缀玉衣。后藏室储放着膳食用具和珍馐。东侧室为姬妾藏所，西侧室为从死的庖丁厨役之室。全墓的构筑、随葬品陈置是仿照生人前朝（堂）后寝（室）居处布局设计的。

据《史记·南越列传》载，南越第一主赵佗自尊号为"南越武帝"，"乘黄屋左纛，称制与中国侔"。又《汉书》本传载，南越第二主亦僭称文帝。南越二主生前僭制，死后是否亦僭用大丧（天子死）之葬制？南越王墓是否可视为"按天子葬制"而营建的帝陵？

下面仅就目前所能了解到的汉代天子诸侯葬制与南越王墓制作一简要的比较。

第一，陵墓的构筑和墓内结构、葬具。

两汉帝陵未经正式发掘，无从直接了解。就目前地面所见，绝大部分帝陵沿袭战国及秦代累土为坟的形式，筑起高大的封土堆，称为"方上"。唯汉文帝别出心裁，"因山为藏，不复起坟"。另据考古发掘所见，汉初诸侯王仍沿袭旧式的穿土为圹的墓圹形式。武帝时，出现了在山崖内开凿巨大的横穴式洞室作墓圹，模仿生人居室布局的新形式。这当是对文帝陵山的仿效。

关于墓内结构和葬具，史料说明，"梓宫、便房、黄肠题凑者，天子之制。"文献记载结合考古发现，表明汉初诸侯王墓与皇帝地宫的形制大抵相类，主要包括正藏椁和外藏椁两大部分。正藏椁包括梓宫（墓主棺椁）、后寝（棺房）和便房（前室）。至于"黄肠题凑"则是皇帝及得到恩许的皇族与重臣才可享用的一种特殊的墓室结构形式。

赵眜墓的结构形制与中原同时期的诸侯王墓是相一致的。但赵眜墓的基室建筑实际坑位面积只有100m²，仅相当于中山靖王刘胜墓（502m²）的五分之一，连长沙国王后曹㛎的墓（128m²）也比它大得多。这无论从墓主作为外藩封国之王，或僭称"文帝"的身份来说，似乎都很不相称。这是什么原因？我们认为这是和南越国当时的社会历史和经济发展程度紧密相关的。在汉初，岭南地区要比中原落后，处于广种薄收的落后生产方式阶段中，生活水平很低。汉兴七十三年，经过秦代留戍岭南的五十万大军和南越人民的共同辛勤劳动，到武帝时，岭南地区社会经济才有了飞跃发展。解放后广州近郊发现的南越王国时期的墓群亦反映了这一史实。南越王国前期，墓的规模一般较小，随葬器物也少。大墓绝少发现。规模较大、随葬器物丰富的大墓，几乎都出于南越王国的后期——即汉文、景以后到武帝元鼎六年南越灭亡这一个时期。象岗赵眜墓与中原王侯墓相比虽显得过小，而在当时的南越境内就并不算小，相反，却是一项巨大的工程。不说墓中大量的随葬品，仅凿山采石之工，耗费何止万夫！到目前为止，在岭南地区已发现的汉墓中，这是营造工程最艰巨、规模最大、出土遗物最丰富的一座汉墓。在全国来说，也是目前已知的年代最早的一座有彩绘装饰的石室墓。我们认为，象岗汉墓的形制、规模与赵眜称帝的身份还是相符合的。

第二，殓服。

汉初天子所用殓服不详。据考古发掘所见，汉初的诸侯王，用的是多层衣衾包裹（如马王堆 M1、M2）。文、景至武帝时期，高级贵族的殓服出现了新形式——玉衣。1980 年发掘的山东临沂刘疵墓（比赵眜墓约早二十余年），墓主身着金缕玉片编缀而成的头套、面罩、手套和脚套。这件玉衣比之东周墓中以玉片覆于死者头、面部的玉质殓服雏形进了一步，可称为玉衣的成形阶段。满城窦绾死于汉武帝元狩至太初年间，比赵眜墓约迟十年，所用殓服是一袭完整的金缕玉衣。此后，玉衣继续流行，至东汉乃成定制。《后汉书·仪礼志》载，皇帝死后用金缕玉衣，诸侯王、列侯始封、贵人、公主死后用银缕玉衣，大贵人、长公主死后用铜缕玉衣。

赵眜卒年介于刘疵与窦绾之间，所用殓服是一套丝缀玉衣。显然，赵眜用玉衣为殓服，正是采用了中原高级贵族新兴的葬仪。但赵眜玉衣制作较特殊，头罩、双手、双足是用长方形或方形等小而薄的玉片，四角钻孔用丝线编缀而成；其余两个袖筒，上身胸腹及下身两裤筒共五个部分，只用长方形或方形小玉石片粘贴在麻布上，石片上再覆以素绢（本书图版一三）。这种全套玉衣都用丝缀及粘贴的制法为中原所不见。河北满城的中山国靖王刘胜夫妇以诸侯王的身份享用金缕玉衣，可能是由皇帝特赐，或者是因为当时玉衣初行，制度等级不严，金缕玉衣并未成为皇帝至尊专用的殓服。赵眜继位为南越王是得到汉中央政府承认的，如玉衣系汉廷所赐，当与刘胜同，用金缕；即使按严格的等级制，也当用银缕。而赵眜所用却是丝缀玉衣。因此，这袭丝缀玉衣可能是南越国工匠自制的。

作这一判断，还有一点可为佐证。入殓于赵眜墓中的玉器，包括器皿和各种佩饰，制作十分精美，器型、纹饰绝大部分与中原战国、西汉初年的玉器相同。玉质虽有待鉴定，但岭南从未见有此类汉玉出产。所以，这批玉器可能来自中原。而赵眜玉衣的玉片，质劣工粗，与刘胜夫妇的玉衣实在不能相比。即使比之同墓的玉器，也显得过于粗糙。所以，判定这套玉衣是南越国工匠们依样画葫芦的制作，也许是合乎实际的。

第三，葬习。

岭南地区的考古发现表明，秦汉期间南越与西瓯人的墓多为土塘带腰坑，坑中埋一陶器以瘗殉物，用作压胜。这是当地少数族的一种葬习。赵眜的棺椁之下无腰坑，其殓服、葬具、葬习均与汉制同。

已发掘的诸侯王墓如北京大葆台 M1、满城中山靖王墓、长沙象鼻山长沙国王墓等，王后与王墓相距不远，有的并排，但未见有异穴合葬的。南越王墓所见亦同。墓内东侧室共四枚夫人印玺，其中"右夫人玺"是龟纽金印。《汉书·外戚传》："汉兴，因秦之称号……适（嫡）称皇后，妾皆称夫人。"古人尚右，右夫人当为从死的诸妾之首。赵眜皇后的墓未见；依中原诸侯王墓类比，当亦在附近。

要而言之，赵眜墓具有如下特点：构筑石室墓更替传统的土坑木椁墓；用一棺一椁取代过去多重棺椁的旧礼制；以玉衣殓装改变旧葬仪中以多层衣衾包裹尸体的形式。这三点恰与中原的中山靖王刘胜墓一致。足见赵眜使用的墓形葬制，正是当时西汉皇朝高级贵族新兴的葬制。据《史记》、《汉书》的南越传所载的南越国百官制度，对比解放后广州地区发现的南越时期墓中出土的宫室、宫署陶文以及本墓所见的"长乐宫器"、"泰官"、"私官"等陶文和封泥，都表明南越国的政治建制是仿效汉廷的。但是由于历史环境的局限，赵眜墓的墓室构筑、丧葬制度在采用汉族礼制的同时，也带有自身的特点，如竖穴加洞室的构筑，丝缀玉衣。与中原汉族帝王丧葬制比较，可视为在同一性中又带有若干特殊性。

三、关于赵眜墓中的人殉问题

发掘过程中在墓室内外发现至少有十四个殉人。这些殉人分置在墓道、墓门外藏椁、前室、东耳室及东、西侧室。骨殖腐朽严重，保存不好。其中九具尸体保留部分残骸，五具没有或几乎没有残骸遗存。各殉人的性别及身份经初步鉴定，应为男性的4人（分别为侍卫、门亭长、景巷令、乐伎）；应为女性的至少10人（有"右夫人"、"左夫人"、"泰夫人"，"□夫人"及一些庖厨隶役，其中一名是6岁以下的儿童）。

赵眜墓的人殉，在汉代考古中是一个颇为特殊的现象。已发掘的中原诸侯王墓未见殉人；两汉诸帝陵因尚未发掘，有无人殉，不明；《史记》、《汉书》亦无记载。汉代封建统治者是否已不用人殉？南越王墓的人殉又说明了什么？

根据考古发掘资料，人殉与人祭均出现于原始社会末期。商代时此风臻于极盛，大小奴隶主几乎无不用人殉。周代已减少。战国时，中原的大、中型墓仍继续有殉人发现，但比之商周是日趋下降了。汉以后则罕见（但史籍上仍有三国、唐代妃妾殉葬的记载。至明代，太祖以下五代仍有用人殉，终封建社会二千年而殉人之风未泯）。

殉人葬俗是奴隶社会中盛行的野蛮的陋习，但进入封建社会以后，随着生产力的提高，劳动者作为"人"的价值也随之提高。因此，封建国家在法律上承认奴婢作为"人"的社会地位，不允许地主阶级一般成员随意杀害他们，也不能随意用人殉葬。西汉时就有诸侯王因擅令奴婢从死而获罪除国的记载[3]。这是秦以后一般诸侯王以下的墓罕见殉人的原因。

但是，封建等级制度规定君主拥有至高无上的权力。作为全国人口的所有者——帝王，当然可以用人殉葬，或者把它作为一种殊宠赐给臣下[4]。殉人葬制逐渐成为专制君主的一种政治特权和等级特权。这是封建社会中殉人葬俗继续偶见于帝陵、或皇帝特许的高官墓葬的政治原因。

中国封建社会的正统理论和宗教是儒教。儒教主张"君要臣死，臣不得不死"，"父要子亡，子不得不亡"。一句话，主张人与人之间的不平等和下等级对上等级的无条件忠顺和服从。对于被统治者、从属者来说，最后而且最好的尽忠办法，当然是把他们最宝贵的、而且是仅有的东西——生命，也奉给主人。史籍中常有帝王、贵族的妃嫔、家奴"自请从死"的记载，就是这种儒家伦理观念与封建宗法观念交叉融汇的产物。

从现存迹象看，南越王墓的殉人大多数是死后入埋的，而且都有随葬品。其中有的器物相当精美。这些殉者是墓主的妃妾、近幸、仆役，而并非生产奴隶。殉葬的表现形式与封建社会殉人葬俗的一般特点相吻合。上面已经提到，封建社会中用人殉是中央帝王的一种政治和社会等级特权，南越王墓的殉人，亦应作如是观。

最后，还须指出两点：第一，在赵眜墓的殉人中，有六人是可以确知用铜镜覆面的。其余的人骸因为骨殖腐朽已无从分辨了。这种用铜镜覆面的葬习，目前还未见于其他地区。这是南越人特有的一种葬习，还是具有某种宗教意识？尚待研究。第二，在"右夫人玺"金印之旁，还有一枚"赵蓝"二字的象牙章。这无疑是右夫人的名章，与墓主同姓。赵氏王室倡导汉越通婚，越相吕嘉"男尽尚王女，女尽嫁王子兄弟宗室。"这位右夫人"赵蓝"很可能是越女从夫姓者。考右夫人名号，在《史记》《汉书》中仅见于西域的乌孙族。赵氏南越国自称蛮夷，故后宫亦有此建制。

注释：

[1]《西汉南越王墓发掘初步报告》，《考古》1984 年 3 期。

[2] 吕思勉：《秦汉史》上，125 页，上海古籍出版社，1982 年。

[3]《汉书·赵敬肃王传》。

[4]《汉书·霍光金日磾传》。

原载《广州研究》1984 年第 4 期，署名麦英豪、吕烈丹。

两广地区与中原出土秦汉铸币比较研究

　　我们在广州地区从事考古发掘过程中，发现古代的货币在广州出土的情况有一个很特殊的现象，即先秦时期与秦汉阶段的情况是截然划分的；同时，在秦汉遗址和墓葬中，秦汉铸币的出土又有另一种颇为特殊的现象存在，很值得注意。对比已发表的广东境内的考古资料，又进而查对了广西境内已发表的考古资料，发现在两广地区古代货币的出土情况与广州地区的正相类同。换言之，整个岭南地区的情况也是如此，这就值得研究了。我们认为古代货币在一个地区的出土情况如何，不会是一种孤立的存在，应当把它看成是当时当地社会生产经济发展状况的某个侧面的反映。下面我们把有关这方面的材料和它所反映出来的一些现象，提出我们的看法，作为一点浅议，以供研究岭南地区古代经济史、钱币史的参考。

一

　　从考古发现得知，岭南地区有人类活动的历史比中原等地并不晚多少。旧石器时代已发现有广东的"马坝人"和广西的"柳江人"。后来的社会历史发展进程就比之中原地区缓慢了，这是历史发展的不平衡。从货币史的角度来看，也无例外。中原地区很早就进入了货币经济时期。著名的殷墟"妇好"墓出土海贝近七千枚，这是海贝作为我国最早的实物货币的一个很好实证。1953 年，河南安阳大司空村商墓发现 3 枚无文铜贝；1971 年，在山西保德林遮峪村商墓又出土 109 枚 [1]，可以认为这是我国考古发掘中出土年代最早的一批青铜铸币。它是由实物货币向金属货币过渡的一种形态。春秋年间开始，直到战国时期，在中原地区流行刀币、布币和环钱，南方的楚地有形似贝币的所谓鬼脸钱，战国时出现了印子金——郢爰金版。仅长沙地区已有一百多座楚墓出土了砝码，少数墓内还出天平，这是当时楚国用它称黄金货币的证明 [2]。但是，岭南地区不见有先秦货币发现，这对研究广东古代货币史来说，是值得注意的一个问题。岭南的两广地区何时进入金属铸币的阶段？我们试从考古发现方面提出答案。解放三十多年来在两广地区发现大批秦汉以前的史迹遗物。据广东省博物馆统计，在广东地区已发现这时期的遗址约三百处。如曲江石峡遗址上文化层等十九处地方，出土或采集到五十件青铜器。在始兴白石坪一个战国晚期窑址中还发现了两件广东最早的铁工具。更重要的是清远三坑发现的两座春秋晚至战国早期墓，随葬物以青铜器为主，一号墓出青铜器二十多件，二号墓出青铜器三十九件，其后在德庆、肇庆、四会、广宁、怀集、佛岗，龙川、罗定、龙门、揭阳、佛山等地都发现了出青铜器的墓葬[3]。在这众多的遗址及墓中却从未见有先秦货币同出。广西地区如桂北的恭城、灌阳，中南部的忻城、武鸣、横县等地都发现了殷末周初至春秋时期的青铜器[4]。到目前为止，广西全境也未见有先秦的货币。值得注意的是，这些青铜器的分布地点，基本上集中在湘桂接壤地区，西江上游的古牂柯江两岸和广东的北江和东江。这些都是古代岭南各少数民族通往楚地和西南地区水路交通方便的地方。已发现的先秦青铜器，其造型纹饰除少数器物为中原地区所未见，属于当地特色的青铜制品外，大部分与中原所见的相同。表现岭南与中原特别是楚地早已有了往来。有往来就会有交换，但是，当时这种交换只是一种以物易物的方式在进行。对比了先秦时期两广地区的生产发展远比中原落后，当地土著居民的日常交往、经济生活大概仍处于原始的物物交换状态，远未进入货币经济的阶段。这是分折了上述两广所见先秦遗址、遗物的总情况后而得出的一个结论。

二

两广出土秦汉铸币的情况。秦始皇三十三年统一了岭南地区，中原先进的生产技术，生产工具也随着大量汉人的南移而带到岭南地区来，促进了本地生产的发展和社会的进步。秦始皇统一六国后，在全国实行统一度量衡和货币的政策。规定内方外圆的半两钱为全国流通的货币，废止了春秋战国时期的各种旧币。《汉书·食货声》："秦并天下币为二等，黄金以镒为名，上币。铜钱质如周钱，又曰半两，重如其文。"秦的货币统一政策，促进了各地的经济发展和相互交流。考古材料表明，两广正是在这个时期开始有金属铸币流通。解放后两广地区发现了大批秦汉墓葬，还有一些重要遗址，如广东的广州、广宁，广西的平乐等地都发现了秦末汉初即南越国时期的墓群。武帝灭南越以后至王莽时期及到整个东汉阶段，包括当时重要的港口番禺（今广州）、贵县、徐闻、合浦，还有广东北部的重镇韶关市都有汉墓发现。大都有铸币出土。在这些秦汉考古材料中，我们选取一部分已发表的、有代表性的材料逐条列举；同时选取湖南、江西、洛阳汉墓材料为代表，以资对比。从这些资料的对比中，实有助于了解岭南在秦汉这个重要的历史阶段中，它的生产和社会经济发展状况的某个侧面。

（一）广州地区秦汉遗址、墓葬出土的铸币

广州，秦汉时称番禺。汉初赵佗据岭南建南越国，都番禺，汉武帝元鼎六年灭南越国，分其地为九郡，番禺为南海郡的治所；而且一直是岭南的政治、经济、文化中心。《史记·货殖列传》列举当时全国有著名都会十九个，其中"番禺亦其一都会也，珠玑、犀，毒瑁、果

布之凑。"自 1953 年以来，这里发现的汉墓群及秦汉遗址都有金属铸币出土。

1. 秦汉遗址 [5]

1974 年底，在广州市区中山四路发现了一处秦汉时期的造船工场遗址。压在造船台上的堆积第 8 层和第 7 层属西汉文化层，在第 8 层中共发现 9 枚半两钱，其中 3 枚是四铢半两，6 枚为秦至汉初的半两。第 7 层揭出一段南越国宫殿的走道，在这层中出土 4 枚半两钱，除 1 枚为四铢半两外，其余 3 枚是秦汉半两钱。值得注意的是，试掘的整个西汉文化层，除半两钱外，无其他铸币发现。

2. 广州汉墓群 [6]

1953 年至 1960 年，在广州市郊发掘 409 座汉墓。按年代分期属：

南越王国时期墓共 182 座，其中 6 座墓出秦汉半两钱，仅出 1 枚的有 2 座，其余最少的出 13 枚，最多出 120 枚。

西汉中期墓 64 座。其中只有 2 座墓出五铢钱，最多的一墓出 38 枚。

西汉后期墓 32 座。其中 15 座墓出钱币，分有五铢和大泉五十两种，最多的一墓所出不过百钱。

东汉前期墓 41 座，有 22 座墓出钱币，分有五铢、大泉五十和货泉三种，少的一墓仅出 1 枚，多的出 120 枚。

东汉后期墓 90 座。有 20 座墓出钱币，总数约千枚，分有五铢、大泉五十、货泉和布泉四种。布泉仅有 6 枚，同出于一座墓中。

3. 淘金坑和柳园岗南越国墓群 [7]

1973 年初在市区东北面的淘金坑发现了一个汉墓群，发掘 22 座墓。都是中、小型墓。其中 20 座属南越国时期的中小官吏，2 座属西汉中期，出土有陶、铜、铁、玉、石、琉璃等器物一批，但无一枚铸币发现。

1982 年在广州西村柳园岗发掘 44 座汉墓。其中 5 座土坑墓和 38 座竖穴木椁墓，同属南越王国时期，仅 1 座是西汉晚期的。这批汉墓出土物近 700 件，但未见有铜钱及其他货币随葬[8]。

4. 第二代南越王墓 [9]

1983 年夏秋间发掘的象岗南越王墓，出土随葬物达一千余件（套），其中铜器就有五百余件，为两广地区已发现的汉墓中规模最大，出土物最丰富的一座。但墓中不见一枚铜钱，也无其他金属铸币发现。

（二）广东其他地区秦汉墓出土铸币

1. 铜鼓岗秦汉墓群 [10]

墓群位于北江支流绥江东岸的广宁县铜鼓岗，是一处秦末汉初西瓯人的墓地。1977 年在这里清理发掘 22 座竖穴土坑墓。有三分之二的墓被破坏扰乱过，出土和收集到的青铜器共 295 件，陶器 39 件。在青铜器中有剑、铍、矛、钺等兵器，工具以箕刀、削等为主，但没有任何金属铸币发现。这个墓地无论墓葬形制，出土器物及年代特征都与广西平乐银山岭墓群类同。

2. 韶关汉墓群[11]

韶关位于广东北部，浈武二水汇入北部的第一要冲，自古以来就是湖南楚地入粤的重镇。1966 年在武水西河地区清理发掘 11 座汉墓，其中 2 座是西汉晚期木椁墓。出土铜、陶、铁器一批，未见金属铸币。另 9 座是东汉砖室墓，有 3 座出钱币，都是五铢钱，少的仅一枚，最多的 20 ~ 40 枚。除五铢钱外，未见其他铸币。

3. 徐闻汉墓群[12]

徐闻在汉代是我国南方海上交通的一个重要港口。1974 年春，在徐闻南琼州海峡岸边发掘东汉砖基 51 座。墓葬的规模不大，随葬物比较简单。陶器只有 103 件，器型、纹饰与广州佛山等地同时期的相同，可与海外交通相联系的各种质料珠饰共 308 粒，分出于 23 座墓中。五铢钱只见 10 枚，分别出自 3 座墓。其中一墓 5 枚，一墓 4 枚，一墓仅见 1 枚。锈蚀严重，仅识钱文。

（三）广西地区秦汉墓出土的铸币

在广西发现的秦汉墓，其中分布密集成群，年代划一，材料又较有典型性的，有平乐银山岭、贵县和合浦的发现。

1. 银山岭秦汉墓群[13]

平乐县的银山岭位于五岭山脉都庞岭的南面，地处古代跨越五岭山脉重要通道的湘桂走廊东侧。1974 年广西壮族自治区文物工作队在这里发现了一个分布密集的古墓群，在已发掘的 166 座墓中，除晋墓 1 座之外，其余的 123 座属于秦末汉初年间，即南越王国时期的墓群（原报告定为战国中、晚期，偏早了），22 座属西汉中期至东汉年间。这批南越国时期的墓，规模不大，但很有特色，墓底多数挖有"腰坑"，汉文化形式的陶器一件未见，铜、铁器中几乎尽是兵器和工具，男的随葬兵器，女的随葬陶纺轮。墓主应为西瓯（瓯越）人，是屯戍的兵士及其家属。值得注意的是，在 123 座南越国时期墓中，瘗钱极少，仅一墓中发现半两钱五枚。从钱文、钱型上看，应为秦半两（原报告说是文帝四铢半两，不确）。还有 32 座西汉中至东汉后期墓，其中仅三墓有钱币随葬。

2. 贵县汉墓群[14]

贵县在 1954 年和 1978 年进行过两次较大规模的考古发掘工作。1954 年发掘两汉墓 129 座，其中西汉墓 25 座，出土五铢钱 325 枚；东汉木椁墓 98 座，砖室墓 6 座。出土铸币 2190

枚，大部分属东汉五铢钱，有少数是大泉五十和货泉钱。

1978 年又在贵县北部发掘汉墓 19 座，年代由西汉中至东汉晚。在这批墓中，约半数（8 座）都发现有五铢钱陪葬，朽坏特甚，数量不详。

3. 合浦西汉墓 [15]

合浦与徐闻是我国汉代以来远航南海的港口，汉武帝元鼎六年置合浦郡、郡治在合浦。这里有许多汉墓，在今县城郊外，还可见到许多如丘的汉墓封土堆，惜多已被盗。1971 年望牛岭发掘的一座西汉晚期大型木椁墓。在主棺具位置内，发现较多串珠饰品，五铢钱约 200 枚，按《烧沟汉墓》分型标准，分属武帝至元帝年间，还有金饼二件（一重 247 克，一重 249 克）。

（四）两广比邻地区汉墓出土铸币

1. 湖南长沙沙湖桥汉墓 [16]

1956 年在长沙市北郊沙湖桥发掘古墓 107 座。属西汉中晚期的有 34 座，其中 25 座墓出土的钱币，都是用泥印制的冥币，有"半两""五铢"，还出泥金饼（11 座墓），或出仿战国"郢爰"金版模样的印字泥块（4 座墓），每块印成四格或九格不等，格中印有"金"字或"两"字。属东汉时期的墓 9 座，其中 4 座出铜钱，大量是五铢钱，还有少数"货泉"和"大泉五十"钱。

2. 湖南资兴东汉墓 [17]

湖南的郴县位处湖南入广东的要冲，资兴就在郴县的东部。1978 年湖南省博物馆等在这里发掘古墓 586 座。出土文物一万二千余件。其中东汉墓 107 座，材料已发表。

在这批东汉墓中，有半数的墓（59 座）用铜钱随葬，共出 2920 枚。其中四铢"半两"1 枚，各种形式的"五铢"1809 枚，"大泉五十"118 枚，"货泉"96 枚，"大布黄千"4 枚，"货布"5 枚，其余残碎不明。据发掘报告称："每墓最少出数枚，最多的三百余枚。铜钱主要放在人骨架的两侧及头、脚等部位。个别放在陶罐中。有的散放，有的用棕绳、麻绳、绢条等穿成串，有的用麻绳把钱编成长条。"

3. 长沙马王堆一号汉墓 [18]

1972 年发掘的马王堆一号汉墓，出土一具距今二千一百年的软尸和保存完好的棺椁，大批精美的丝织品，漆木器而闻名中外。该墓随葬的铜器仅有一面铜镜，瘗埋的大量货币全是泥质冥币，竹简中称作"土金"。计有：泥郢称三百余块，盛于一个竹笥中。每块印三格，格内阳文纵书"郢称"二字，象征战国的金板。约有 40 篓。每篓盛 2500 枚。竹简称为"土钱"。

4. 江西南昌西汉墓 [19]

江西在汉代属豫章郡，领南昌等十八个县。江西境内发现的西汉墓不多，1973 年在南昌西郊发现西汉中期的一个家族墓地。已发掘 13 座墓，出土陶器、铜器等二百多件，其中只有 2 座墓出钱币，一墓出 20 枚，另一墓出 9 枚，同属《烧沟》I 型的五铢钱。

（五）中原地区汉墓出土铸币

1. 洛阳烧沟汉墓 [20]

1953 年在洛阳邙山南坡的烧沟发掘 225 座汉墓。年代由西汉中期到东汉。在这批墓中，约有 3/4 的墓出钱币（共 162 座），共出土铜钱 11242 枚，铁钱 1 枚，铅钱 1 枚。每墓所放的钱多寡不一。最多的一墓出 1914 枚，少的仅 1 枚，一般为 10 ~ 50 枚。这批钱币归纳为四种：

半两钱，共 1629 枚。据考定除 1 枚秦半两外，余为吕后的八铢半两，最大量的是文帝四铢半两。

五铢钱共 8430 枚。共分五型，包括武帝元狩五年起始铸的五铢钱，有不少是磨郭五铢。还有少量（8 枚）"延环钱"。东汉末灵帝中平三年（186 年）铸的"四出文钱"在两座墓中共出 16 枚。

新莽钱七种，共 1181 枚。计为：大泉五十钱 265 枚；错刀 1 枚；小泉直一 1 枚；大布黄千 16 枚；货布 1 枚；货泉 296 枚；布泉 1 枚。

杂钱 2 枚。一为铁钱，无钱文，一为仿"大泉五十"铁钱。

2. 洛阳西郊汉墓群 [21]

1957 ~ 1958 年考古研究所洛阳发掘队在洛阳西郊的金谷园村和七里河村发掘 400 余座古墓。两汉墓有 217 座，年代与烧沟汉墓同，由西汉中至东汉末年。其中百分之八十的墓（179座）出钱币。共计约一万五千枚，其中五铢钱 10436 枚，新莽钱 4000 余枚。

3. 满城一、二号汉墓 [22]

1968 年发掘的河北满城陵山一、二号墓是汉初中山国靖王刘胜、王后窦绾的陵墓。这两座墓未被盗过，出土数量大、品类多，极为难得。

陵山一号墓瘗钱有五铢钱 2316 枚，半两钱 1 枚，金饼 40 枚。分放在墓中两个地方：一在中室，共 2040 枚，成堆放置，全为五铢钱；一在主棺室内棺床前，有四铢半两 1 枚，五铢钱 277 枚，还有金饼 40 枚，呈不规则圆形。

陵山二号墓瘗钱共 1891 枚，其中仅 1 枚是四铢半两，出于主棺室外，其余全是五铢钱，还有 29 枚金饼，同出于中室。

上面介绍的以两广地区为主的一些秦汉墓出土铸币材料，有几个现象是引人注目的。首先，在两广地区发现的秦末汉初墓葬，极少或有的整个墓群甚至不见一枚铸币随葬，包括模子印制的冥币泥钱也未见过。其次，每个时期的墓所出钱币都比较划一。比如汉武帝以前的墓，只出半两钱，未见有原楚地的鬼面钱和金版，也包括模印的泥金版；西汉中期的墓只出五铢钱，半两钱绝迹了。这种现象有别于中原的洛阳，甚至比邻的湖南资兴。半两钱在洛阳烧沟及西郊金谷园的东汉墓中仍大量存在，有时比五铢钱还多，资兴的东汉墓也有半两钱发现。还有一点是，新莽铸币在两广的新莽至东汉墓中出土不多，而且品类也很少，仅见四种。这些现象当与岭南地区的社会经济发展当有联系。

三

两广地区秦汉墓中出土钱币所反映的一些较为特殊的现象，到底说明了哪些问题。在下面我们试提出几点初步意见，以供参考。

首先要说明的，是墓葬材料的局限性问题。我们的题目是谈两广地区出土秦汉铸币，所谓出土，主要指墓中的随葬钱币。墓葬材料有很大的局限性，因为：（1）墓葬是人们有意识为死者安排的，不完全反映客观的实际存在。埋葬作为一种礼俗意识，总是保守的，是落后于客观存在的。（2）两广土质带酸性，而且潮湿多雨，金属货币一般都保存不好，这就会直接影响资料的完整性。（3）在上列的材料中，只有随葬钱币的墓数，和每墓出土钱币的大致数量这样两个数据，至于钱币的种类，型式等更具体的内容，有的因保存不好，无法知道，有的报道太简单或过于笼统，无以分析。从研究资料的角度要求是不完整的。同时墓主放入墓中的瘗藏，也不完全足以反映社会的生产及人们经济生活的。在分析问题时，这些情况是要认真考虑的。

第二，随着秦对岭南的统一，岭南也开始流通金属货币。上述船台遗址共发现 13 枚半两钱，同出于西汉初年的文化层中，其中有若干枚是贴着船台滑板上出土的，应与造船台同时，即秦遣"一军处番禺之都"的时候。广州西村石头岗第一号墓出土一个漆盒，盖上烙有"蕃禺"二字印记，同出有 1 枚秦半两钱，该墓断为南越国的初年。这是岭南自秦统一以后步入货币阶段的物证。但必须指出的是，秦派五军统一岭南，三十三年置南海等三郡，五军留戍岭南，他们主要分处在城邑及交通要道的地方，这是岭南最先开发的地区，而金属铸币也是最先在这些地方流布的。我们可以在解放后三十多年来在两广的考古调查发掘所见，南越国时期的墓群都是坐落在当日的重要城邑与交通孔道或要塞地方，就是一个证明。

第三，南越国时期正是岭南历史上第一次大开发的时期。整个社会的生产和经济都取得很大发展。岭南地区在秦统一以后进入了一个新的开发时期。岭南僻处一隅，赵佗以接任南海尉的身份，绝秦开新道，拥兵割据，自立为南越武王，中原的楚汉相争战火未有波及南疆。这对岭南的开发和建设来说，赢得了一个有利的时机。此后，南越国的生产发展和军事实力都得到了加强。

经过了南越王国近一个世纪的统治，在汉越人民和睦"杂处"共同开发下，使原来远比中原落后的岭南地区，农业、手工业生产都得到了空前的大发展。先谈冶铸。自第三代南越王墓发现之后，因出土有越式的大铁鼎，还有内范未去的青铜烤炉和大批越式铜鼎等实物，证实南越国自己能够铸造青铜器和锻铸铁器。铁农具、工具的较普遍地用于生产领域，对岭南的开发有着决定性的意义。铁锄、铁耜等起土农具进入农业生产领域，改变了原来"刀耕火种"的原始耕作方式。铁工具的使用，对手工业来说，比之木、石工具甚至少量青铜工具，无疑是优胜得多的。当然，汉初岭南的铜、铁器生产还是有限的，史载岭南开发所需的"金铁田器"及种畜"马牛羊"，俱仰赖于中原。

手工业中的漆器及丝织品在南越墓中是经常发现的，但保存不好。可以证实当时本地区已有制漆和丝织的手工业生产了，因为在番禺及桂林郡治的布山都发现了烙印当地地名的正官官署印记的漆器。《汉书·地理志》载，西汉时海南岛已经种桑养蚕，本地应有丝织生产。制陶和砖瓦业在南越国的手工业中属于相当发达的一个部门，遗留下来的实物材料也特别丰富。

农业和手工业的发展，促使商业和交通运输业的相应发展。南越所需的各种生产资料，从陆路是经由楚地逾岭运来，四川的铁器，甚至调味的枸酱，通过水路从牂柯江转入西江直下番禺，这是见诸《史记》《汉书》记载的。南越国的墓群出土烧香的熏炉比较多，暗示了在南越的统治阶级中熏香已成了一种风尚。第二代南越王墓中发现了长达 1.2 米左右的原支大象牙共 5 支，还有一个漆盒装着 20 多克的乳香。香料盛产于南洋，乳香主产于红海两岸，都是来自海外的商品。这些发现说明南越国已和海外一些地区有了贸易往来。汉武帝平南越后能够派遣一支大型船队远航东南亚各国，应是在南越国时已奠下基础。

以上列举了岭南地区生产已大大发展的一个方面。另一方面这种生产是否有的已具有商品的性质呢？答案只能是否定的。南越国的各种手工业生产是由工官控制的，产品主要是供给统治者享用，而不是作交换为目标的一般的简单商品生产，质与量都不可能很大。可以说商品经济在南越的生产部门仍未出现或者始于萌芽阶段。近年的发现证明，秦统一以前的半两钱也很杂，大小轻重不一。汉代初年的半两更为杂乱，除一般所称八铢，四铢的吕后、文帝半两钱之外，其他的品类还多。当时，除中央政府铸钱外，郡国亦铸，民间盗铸，十分混乱。但南越国内铸币流通量少，更未有颁行自己独立的铸币。观之广西平乐、广东广宁都发现了南越墓群，两地已发掘 145 座墓，几乎都不用货币随葬。番禺是南越国都城所在，已发现 3 个墓群，共发掘 286 座墓，有钱币随葬的仅 5 座墓。尤其引人注目的是，在第二代南越王墓中，仅随葬的青铜器有五百多件，却没有一枚货币随葬，这比之同时期的马王堆一号墓和满城陵山一、二号墓都出土大量货币或冥币的情况，显得极为悬殊。这个现象正是反映了当时在南越境内货币的流通量是极其有限的。南越与中原内地以至西南地区的贸易交往，基本上仍是处于以物易物的方式进行，用岭南的特产换取自己所需的生产资料。海上贸易的方式就更无例外了。

影响南越国经济发展的除了当地原来的基础太薄弱，开发所需的生产资料受制于人这一点外，压在它身上的庞大军事负担也是一个重要原因。南越国的北面和东面受长沙国与闽粤的威胁，南临海，无缓冲余地，西面与比自己更落后一些的西南相邻，要保卫自己的割据政权，就要经常维持着一支庞大的军队，赵佗自称"带甲百万"，算是自夸之词，折半计算也有五十万众。以区区的南越地及有限的人力资源承担这样大的军事重压，可以想见南越的工农业生产者中，少壮男丁能有几何？广州发现的南越官吏墓群，早期的都是中小墓为主，随葬器物不多，少数较大的墓，随葬器物丰富，年代都属后期。在广州发掘的 182 座南越时期墓，出土铜、铁兵器 59 件，平均每墓出 0.32 件，同一地点发掘的武帝至东汉末年墓 227 座，出铜铁兵器 54 件，平均每墓出 0.23 件。前者的时间为 108 年，后者长达 330 年。但前者出土的武器比后者还多，也反映了南越当时确实存在沉重军事负担的情势。

第四，汉武帝于元鼎六年（前 111 年）灭南粤。据《汉书·食货志》载："番禺以西至闽南者置初郡十七（笔者按，原南越地由三郡分置为九郡），以其故俗治，无赋税。"在两广发现的南越时期墓，有相当一部分是墓底有"腰坑"的，只出带地方特色的陶器和少量青铜器，墓主应属当地的土著族人即南越人与西瓯人。凡属这类的墓都不见用货币随葬。这个现象或许有助于说明由于南越商品经济尚未出现，所以在当地少数族的统治阶层人物中，作为一种特殊商品的货币，并未曾被他们视作"货宝"。汉平南越之后，关市之禁已不存在，据《盐铁论》载，当时北方出现了民间吃厌了南方出产的橘柚，可见南北通商贸易的兴旺。但商贾往来还局限在郡治及交通要道的地方，少数族人主要散处于僻远山区，他们的生产基本上是一种自然经济的状态，加上"初郡又时时小反"，所以汉政府对他们实行了"无赋税"的羁縻政策。

南越灭后，在岭南发现的西汉中期至王莽时期的墓，再不见有半两钱出土，这一点与中原等地同时期墓迥异。元狩五年汉政府实行盐铁专卖，"悉禁郡国毋铸钱，专令上林三官铸。钱既多，而令天下非三官钱不得行。请郡国前所铸钱皆废销之"。湖南长沙等地西汉墓经常发现泥半两钱和泥金板，这是旧礼俗意识的保存。洛阳的西汉墓，出土钱币以五铢钱为主，但半两钱仍有发现。由于半两钱具有自身的金属价值，而当代有一些前代的货币流传，是很合乎常理的。但岭南的西汉墓，到了武帝时期只见五铢钱，半两钱绝迹了。这是什么原因？大概岭南属汉政府初置的郡县，汉武帝的货币政策，"非三官钱不得行"的禁令，在这个地方得到比较彻底的推行。

王莽执政后，从公元 7 年到 14 年改了三次币制（笔者按，第三次的年份有二说：据《汉书·食货志》载是天凤元年，即公元 14 年，另据《汉书·王莽传》载是地皇元年，即公元 20 年）。在他登皇帝位之后即行第二次改革，颁行了金货、银货、龟货、贝货、泉货、布币等共六类二十八种货币，但两广的汉墓中仅见大泉五十、货泉、布泉、货布四种，且数量也不多，布、刀等仿古铸币绝无发现。这个情况当与王莽托古改制，朝令夕改有关，有的货币颁行之后还未流布到岭南来就已经废止无用了。

第五，如果我们把两广发现的秦汉墓划分为三段，即南越国时期为第一段，武帝平南越后至王莽年间为第二段，东汉属第三段。在这三段墓中，随葬钱币的墓数，和钱币总量都是逐段增加的；而且品类比较单纯，连中原甚至长沙、资兴等地都常有发现的西汉铁半两钱，王莽铁大泉五十钱，东汉铁五铢钱，还有其他的杂钱，延环钱等都未见于两广的汉墓中[23]。以广州地区为例，属第一段的墓，有钱币随葬的仅占 2%、第二段增至 18%，第三段激增到32%。这一比较，除了反映出瘗钱的风气日见浓厚，汉代厚葬之风有增无已，这一点南陲的两广并无例外。另一方面，也可视为这是两汉时期岭南的经济得到逐步发展的一种反映。当然，愈往后，随葬钱币愈见增多的情况，与东汉末年社会动荡，经济紊乱，货币急剧贬值的状况也是相关的。

注释：

[1]《古钱》，《文物》1981 年 2 期。

[2]《三十年来湖南考古工作》，《文物考古工作三十年》，313 页。

[3]《广东考古结硕果，岭南历史开新篇》，《文物考古工作三十年》，329 页。

[4]《三十年来广西文物考古工作的主要收获》，《文物考古工作三十年》，341～342 页。

[5]《广州秦汉造船工场遗址试掘》，《文物》1977 年 4 期。

[6]《广州汉墓》上册，文物出版社，1981 年。

[7]《广州淘金坑西汉墓》，《考古学报》1974 年 1 期。

[8]《广州瑶台柳园岗西汉墓群发掘纪要》，《穗港汉墓出土文物》，香港，1983 年。

[9]《西汉南越王墓发掘初步报告》，《考古》1984 年 3 期。

[10]《广宁铜鼓岗战国墓》，《考古学集刊》1 期。按：此墓群的墓形及出土陶、铜器物都与广西平乐银山岭南越国时期墓群相一致，墓葬性质与年代亦相当。

[11]《广东韶关西汉墓发掘》，《考古学集刊》1 期。

[12]《广东徐闻东汉墓》，《考古》1977 年 4 期。

[13]《平乐银山岭战国墓》，《考古学报》1973 年 2 期；《平乐银山岭汉墓》，《考古学报》1978 年 4 期。按上述两篇报告对银山岭墓群的年代推断偏早了。此称 110 座战国墓和汉墓中列为一期的 13 座墓，无论墓形及出土物都是一致的，所出陶器与广州西汉初年墓所见的全同，这些墓的年代同属南越国王国时期。其中 M27 出秦半两钱（原报告定为汉文帝四铢半两，不确）更为断代提供证据。其余的 32 座，由西汉中期至东汉，有个别的断代亦欠准。

[14]《广西贵县汉墓清理》，《考古学报》1957 年 1 期，《广西贵县北郊汉墓》，《考古》1985 年 3 期。

[15]《广西合浦西汉木椁墓》，《考古》1927 年 5 期。

[16]《长沙沙湖桥一带古墓发掘报告》,《考古学报》1957 年 4 期。

[17]《湖南资兴东汉墓》,《考古学报》1984 年 1 期。

[18]《长沙马王堆一号汉墓》,126 页,文物出版社,1973 年。

[19]《南昌市郊西汉墓》,《考古学报》1976 年 2 期。

[20]《洛阳烧沟汉墓》,科学出版社,1959 年。

[21]《洛阳西郊汉墓发掘报告》,《考古学报》1963 年 2 期。

[22]《满城汉墓发掘报告》上册,文物出版社,1980 年。

[23]《西汉铁钱考》,《湖南考古辑刊》第二集,1984 年。

原载《首届年会理论讨论会钱币论文集》(又称《广东首届年会论文集》),中国钱币学会广东分会编《广东金融》增刊,1986 年印刷;另刊于《广东钱币学会论文集》,1986 年 1 期;又见《广州文博》1986 年第 1、2 期合刊,题为《两广地区出土秦汉铸币浅谈》,署名麦英豪、黄淼章。

广州象岗南越王墓墓主考

　　1983 年 10 月，在广州市解放北路的象岗山上发现了一座西汉前期的石室墓。出土有各种质类的随葬物一千余件（套），为岭南地区发现规模最大、出土随葬品最丰富的一座较大型的汉墓。

　　这墓发现时已露出一小部分墓顶的大石板，由于工地负责人邓钦友同志的重视，下令停止施工，并及时通知广州市文物管理委员会派人赶赴现场调查处理，因而墓室结构及墓内情况得以保存完好；加上这墓又未遭盗扰，极为难得。根据墓主身上发现的一枚龙纽"文帝行玺"金印，确认这是西汉南越国王的陵墓。

　　墓中出土器物的年代特征，与《广州汉墓》（文物出版社，1981 年）中发表的西汉前期南越王国时期墓群所出的器物是一致的，年代明确。墓中出土各种质料的印章共 23 枚，在墓主身上的印章就有九枚：其中一枚为龙纽"文帝行玺"金印，一枚龟纽"泰子"金印，一枚螭虎纽"帝印"玉印，一枚覆斗纽"赵眜"玉印，还有二枚青白玉印，二枚绿松石印，同属覆斗纽无文字的白版印。所出的三套青铜乐器，除一套五件的甬钟，一套十四件的纽钟外，还有岭南第一次发现的吴越乐器——句鑃，八件一套，每件钲部处都刻有"文帝九年乐府工造"铭文，而且由大而小逐个刻上"第一"至"第八"的编号。这些都是表明墓主人身份、世系的实物证据。发掘结束，出土资料经过初步清理后，在《考古》上发表了一个初步报告 [1]，其后还发表了一些宣传报道文章，也谈到了这墓的墓主问题 [2]，认定这是西汉南越国的第二代王，即赵佗之孙赵眜的陵墓。其后，有人提出："墓主即赵佗之子"，《史记》《汉书》本传中"佗孙胡为南越（粤）王"错了两字，应改为"佗子眜为南越（粤）王" [3]。因为在墓主身上随葬的九枚印章中，有金、玉"泰子"印各一枚，而伴出的墓主玉质私章是"赵眜"，二者都与《史记》《汉书》南越传记载南越国第二代王是赵佗之孙，名字叫赵胡不相符合。

　　到底这墓的墓主是南越国的第几代王？看来还有讨论的必要。本文拟在我们过去所提出的论据的基础上，结合后来整理工作中的一些新发展，从四个方面再进行分析。

一、从南越王国的世系分析

《史记》《汉书》中的南越传都说，南越国五世九十三岁而亡。其世系是：

一主赵佗在楚汉逐鹿中原时，绝秦新道，拥兵据有岭南三郡，建南越国，都番禺（今广州），自号南越武王。到吕后时又"自尊号为南越武帝"，至建元四年卒。佗立国于汉高帝四年，其在位时间长达 67 年。

二主赵眜（胡），佗孙，于建元四年（前 137 年）嗣立，在位十余年病死，谥文王。

三主婴齐，赵眜（胡）之子，即位后为了表示对汉廷中央的臣服，"即藏其先武帝、文帝玺"（《史记》本传脱"文帝"二字），在位时间只有八、九年。死于元鼎四年（前 113 年）。谥明王。

四主赵兴，婴齐之子，即位不久被丞相吕嘉所杀。

五主赵建德，婴齐入长安宿卫之前越妻所生的"长男"。元鼎六年南越国亡，建德与丞相吕嘉逃入海，同被俘杀。四、五两主在位的时间合起来前后才三年。

上述象岗南越王墓出土资料可与世系简表对号入座的有三：一是南越五主的在位年数。出土句鑃有"文帝九年"刻铭，五主中在位年数超过九年的只有一主赵佗和二主赵眜（胡），由此可以判定墓主非佗即眜（胡）了；二是从僭制称号上查对。墓主身上出"文帝行玺"金印，还有"文帝九年"刻铭见于同墓的器物中，墓主在位时僭号称"文帝"这是确凿无疑的。本此，足以断定墓主不是赵佗而是佗的继位人；《汉书》南越本传载，三主婴齐嗣位后即"藏其先武帝、文帝玺"，所以此墓的主人非二主赵眜（胡）莫属了；三是南越五主中有可能在番禺（今广州）建陵的有几？第四、五两主都可排除，只有一、二、三主有可能建陵墓。根据上述墓主的在位时间与僭制称号两者对号的结果，象岗南越王墓的墓主就只能是南越二主赵眜（胡）了。

《史记》《汉书》两处记载了赵佗的孙，但对赵佗之子无只字提及。赵佗有几个儿子，叫什么名字，有没有继承过王位？倒成了一个悬案。四十年前，我国史学界前辈吕思勉先生曾提出"佗子亦尝为王"的问题 [4]。日本人泷川资言在《史记会注考证》本传中更说"史、汉皆不书佗子，盖外藩事略"之故。吕先生把《史记》本传篇末"自尉佗初王后，五世九十三岁而国亡焉"一句中"后"字的句读往前移，变成了"自尉佗初王，后五世九十三岁而国亡焉"。这一来，南越国的国祚就不是五世五主，而是六世六主了。其实，这一移动只是为了合乎"佗子亦尝为王"说的需要。因为这一句在班氏的《汉书》中是写作"自尉佗王凡五世九十三岁而亡"。《史记》的"后"字属衍文，班固把它删去了。但在五世之前特意加入一个"凡"字，它的含义和《史记·陈涉世家》："陈胜王凡六月"，意思是一样的，同作"总共"或"一共"解。看来早在一千九百年前，班氏已经看到因断句不同会得出不同的解释，特意在这里删去一字，增补一字，使这一句总括南越国世系、国祚年数的记述文字，就是不加句读，也不致有歧义产生。

墓主身上有二枚"泰子"印随葬，同出的私章又与史、汉本传所载的佗孙的名字不符。到底墓主是佗子还是佗孙？上文提到《史记》《汉书》都不提佗子事，赵佗之子曾否为王？南越灭后，过了五、六百年，即公元三至五世纪期间，才有一些传闻记述说到赵佗之子的事。主要见于《水经注》引《交州外域记》（已佚）和《太平寰宇记》引《南越志》（已佚），说的是赵佗、赵始与交阯安阳王的故事[5]。故事说赵佗攻安阳王，安阳王有神人皋通，治神弩，一发杀越三百人（《南越志》说杀万人）。赵佗知不可战，遣太子赵始诈降。安阳王有女眉珠与赵始私通，始盗毁神弩，安阳王败亡入海。故事描写的战事发生时间，当在建元四年（佗卒）之前。故事的人物、地点及情节都描述得很具体，生动。不过，这仅是一个神话传说，而不是信史。在这里我们仅指出一点就清楚了。《交州外域记》及《南越志》都说安阳王是蜀王子，据近人考证，秦灭巴蜀之年是秦惠文王前元九年（前329年）[6]。秦灭蜀，蜀王子"将兵三万"逃跑南下，攻交阯。那时的蜀王子就算是二十岁左右的弱冠之年，这年下距秦始皇三十三年统一岭南（前214年），足有115年之隔，这时的蜀王子已是135岁高龄了。到赵佗"击并桂林、象郡"（又隔11年）时，蜀王子应是一位146岁超高龄的安阳王了（就是按旧说的秦灭蜀之年推算，也有一百三十岁以上）[7]。他的女儿眉珠岂不是一位近百岁的老太婆？怎有可能与佗子胡混呢。赵始未必有其人，所记其事纯属传说，至为明显。

二、从赵佗的寿考上分析

"佗子亦尝为王"说主要是对赵佗的长寿产生了怀疑而引起的。《史记》本传"至建元四年卒"下，《史记集解》引徐广曰："皇甫谧曰：越王赵佗以建元四年卒，尔时汉兴七十年，佗盖百岁矣"。吕思勉先生的"佗子亦尝为王"说，其理由主要是：

（一）据《汉书》载，赵佗报汉文帝书中有"老夫处粤四十九年，于今抱孙焉"一语，佗报文帝书是在汉文帝元年陆贾再次出使南越时的事，由是年到建元四年已有四十三年，加上赵佗当龙川令时的年龄最低限度也有二十岁了，把三个数字加起来（20＋49＋43＝112），佗死之时足有一百一十二岁。因此，吕先生认为："佗果至百十余岁，安得汉人绝无齿及？知佗必不卒于建元四年。"

（二）《史记》本传记赵佗"至建元四年卒"，但《汉书》本传无"卒"字。吕先生一方面认为"《史记》盖本无卒字，如（皇甫）谧者臆补之也"；另方面他又说："佗卒子继之年不可知，其子卒而胡继，则在建元四年。以事理推之，未始不可补'佗卒子继立'五字"。

（三）《史记》本传篇末"自尉佗初王，后五世九十三岁而国亡焉"，由孙胡至建德只有四世，吕先生把句读断在后字之前，则"佗子亦尝为王"说恰好符合"后五世"之数。

　　其实，这些理由是欠准的。关于第（三）点的"后"字问题，已如上述。下面主要分析赵佗的长寿问题。赵佗报文帝书中的"老夫处粤四十九年"，实为三十九年之误。从时间上推算，汉文帝元年上推四十九年为秦王政二十年，其时秦仅灭了一个韩国，统一六国的战事拉开不久，距灭楚尚有四年，赵佗绝不可能早在这个时期就率秦军南下，跨强楚踰五岭而进入岭南的。按文帝元年上推三十九年，正是秦始皇二十九年（或三十）年，这个年数与史载秦军入越"三年不解甲驰弩"，至三十三年统一岭南，在时间上是完全吻合的。再从字形上看，秦汉简牍三十与四十只是一横三竖和一横四竖之分，"卅"多一竖就变成"卌"了。这应属后来传抄之误。依此推算，佗的年寿实有一百又二岁（20 ＋ 39 ＋ 43 ＝ 102），佗的长寿是肯定的。其次，由于对赵佗的长寿产生了怀疑，导致对《史记》"至建元四年卒"的"卒"字也有佗卒和佗子卒两种不同的理解。我们细审《汉书》本传在"建元四年"之后把"卒"字删去，恐怕不是随便的一字删减。《礼记·曲礼下》："天子死曰崩，诸侯死曰薨，大夫死曰卒。"《史记》中除了记皇帝、太后之死用"崩"、"薨"这二个专用名词外，"卒"字确是很常用的，不像后来的《汉书》规定得那么严格。赵佗在汉高祖十一年已受封为南越王，其后代世袭这个封号。《史记》记佗死用"卒"字，但记赵眜（胡）的死却称"胡薨，谥为文王"。记三主婴齐死也称"婴齐薨，谥为明王"。《汉书》把表示佗死的"卒"字略去，保持了同一传文中用词的一致，又合乎古礼的称谓。"卒"字虽去，但上下文连续，亦隐示了赵佗死于是年。我们再把《史记》本传关于赵佗同意"愿长为藩臣，奉贡职"之后的一段记述抄录出来："陆贾还报，孝文帝大说，遂至孝景时，称臣，使人朝请。然南越（《汉书》删"南越"二字）其居国窃如故号名，其使天子，称王朝命如诸侯。至建元四年卒。"简洁的几句只有四十八个字，就把由文帝元年至景帝期间前后三十九年当中发生的"使人朝请"及佗卒两件大事交代清楚了。这一段叙述对事件发展的先后关系，时间上的前后紧接，确是一气呵成的。"至建元四年卒"用承上连下的"至"字作时间上由某一时间到某一时间的连接词语，上下文连读当中并无间断缺漏之外。证之上文遂至孝景时的"至"字，与此亦同。赵佗活到汉武帝即位后才死，这个"卒"字是记佗死于是年，这是无庸置疑的。就算退一步来说，假定赵佗只活到孝景时，起码也是九十八岁高龄了。景帝末下距建元四年，也不过四年之隔。墓中出土有"文帝九年"铭的乐器，可以肯定墓主的在位年数必在九年以上。所以，"佗子亦尝为王"，从时间上看，是无论何如也插不进去的。

三、从南越的僭制上查考

　　仅从赵佗年寿上作分析，只能得出"佗子亦尝为王"的结论，仍未能证实出土的墓主私章"赵眜"就是《史记》、《汉书》本传所载的佗孙"赵胡"。《史记》本传所载了赵胡死后汉廷中央给他赐谥曰文王，胡生前是否僭称"文帝"，本传却没有明确的记载。质言之，《史记》本传所载的佗孙胡有没有僭越称帝的史实？又，《汉书》载婴齐即位"即藏其先武帝、文帝玺"中的"文帝"能否确指就是赵眜（胡）呢？答案是肯定的。《史记·西南夷列传》载，建元六年（前135年）番阳令唐蒙出使南越后回到长安，上书汉武帝说："南越王黄屋左纛，地东西万余里，名为外臣，实一州之主也。"这段记载确证了第二代南越王继位之后，和他的先帝赵佗一样，其居国也是僭制称帝号的。南越五主，只有一主赵佗，二主赵眜（胡）僭称"武帝""文帝"，假如"佗子亦尝为王"，理当同样僭号称帝。但婴齐即位后藏的先帝玺只有"武帝""文帝"这两代的帝玺，而不是藏三代的帝玺。这一点也反证"文帝行玺"的主人赵眜，就是史、汉所载的佗孙赵胡。史、汉误眜为胡，由此可还其本来面目了。

四、从墓主的生卒年岁上推算

《史记》《汉书》本传所记有关赵眜（胡）的史事，可以大体上推算出他的生卒年岁。赵眜（胡）于建元四年继位为南越王，其时他有多大岁数？绝对准确的数字是没有的，但从本传中可找出几个最低限度的数字以作比较：赵眜（胡）即位三年（建元六年）"遣太子婴齐入宿卫"，婴齐在长安时又取邯郸樛氏女，生子兴。而婴齐未入宿卫之前已取越女为妻，生长男建德。我们试以最低的婚龄和生育年龄为计算的标准[8]，作三个假定：第一假定，婴齐15岁取越女为妻，那么，入宿卫之年起码已是16岁了（即建元六年）；第二个假定，婴齐入宿卫之年，刚好又是长男建德出生之年；第三个假定，依此类比，赵眜起码也是16岁才生婴齐。由此推算，赵眜即位时的年龄是不会小于29岁（16＋16－3＝29）的。本传又载，后十余岁，赵眜（胡）病死。这个"后十余岁"小算可有十二三年，大算可有十八九年，今按13年计，再加上眜即位三年其子婴齐才入宿卫，则赵眜死时（约当元狩元年）应是一个29（即位年龄）＋16（在位年数）＝45岁以上的中年人。虽然以上三个假定都是最低限度的数值，但墓主的年岁不大，这一点是可以肯定的。因为有一个直接得自墓主身上的数据与之吻合。墓主一棺一椁，位于后室正中，棺椁已朽，只存一些灰痕，但墓主身穿的玉衣殓服及纳入棺中的随身葬物都没有多大移动。发掘时玉衣是整取的，运回室内才进行精心清理。在玉衣内发现有墓主的骨殖保存，但多已朽腐如粉。从所存的一部分颅盖骨看，颅骨缝尚清楚可认，还有下颚骨中保存的几枚牙齿，磨损程度不深。据此鉴认，其年龄约在35～45岁之间。根据骨架推定墓主的最高年岁，这也是判定墓主所属世系的一个极为重要的依据。

或说，建元四年是赵佗之子的死年，《史记》所载"佗孙胡为南越王"，错了两个字，应改为"佗子眜为南越王"。这说能不能成立呢？按照上面的推算，赵眜即位时起码已是29岁，他的生年相当汉文帝十五年。汉文帝元年赵佗已自称"老夫"，（《礼记·曲礼》："大夫七十而致事……，自称曰老夫。"）到文帝十五年，赵佗最少已是一位 74 岁的老人了，这年生赵昧，是超乎常理的。墓主是赵佗之孙又如何？从以上的分析来看，这是完全可以肯定的。汉文帝元年赵佗报文帝书中有"于今抱孙焉"一句自述。这个"孙"假定是佗的长孙，又假定这"长孙"恰好正是汉文帝元年出生的。那么，由文帝元年到建元四年已有 43 年之隔。换言之，如果是长孙，当他继承佗的王位时，已是一位 43 岁以上的中年人了。再加上第二代王的在位年数不少于 16 年，这位"长孙"死时应是一位接近耳顺（59 岁以上）的老人了。这个年龄和玉衣中所见骨殖的年龄相距太远了。基于以上的分析，我们可以得出结论：墓主是南越国的第二代王，赵昧为赵佗之孙，但不是赵佗的长孙。连长孙都不是，何况是儿子呢。

至于墓主名章和两枚"泰子"印的问题，由于"赵昧"名章是和"文帝行玺"伴出的，墓中又有"昧"字封泥发现，这就确证第二代南越王的名字是"昧"而不是"胡"。《史记》《汉书》因何误昧为胡？或曰：所据档案有误。这一说似乎于理欠通。因为建元六年闽粤来攻，昧（胡）上书汉廷；昧（胡）薨，必然有书报到汉廷，汉中央才有赐谥"文王"的；何况昧（胡）生前汉廷中央派了庄助、唐蒙风谕南越，有汉使直接往来。因此，有赵昧名字的档案文书在汉廷中央绝对不会连一份也没有，这个名字是不容易弄错的。或又曰，乃传抄之误。这是一种推测，但也不是全无根据的瞎猜。如众所周知的，马王堆二号墓出土"利苍"印章，与《史记》所记第一代轪侯的名字同，但《汉书》写作"黎朱苍"，显然是传抄之误。不过，误昧为胡已属肯定的事实。要问因何致误，那是无法考究清楚的事了。

放在赵昧身上随葬的一枚"泰子"金印，一枚"泰子"玉印，无疑这是赵佗之子的遗物。为什么会同出于孙子赵昧的身上？我们认为佗之子可能早殁了，他的"泰子"印玺归由其子昧来接掌，正如三主婴齐嗣立时亦接掌了其先武帝、文帝玺一样。发掘证明，昧死，婴齐把其父生前所用印玺，包括僭称的"文帝行玺"、"帝印"及备用的白版印全都随葬了。南越国的两枚传国玺——武帝、文帝玺是经由婴齐之手藏起来的，现在知道，文帝玺随同主人瘗藏了（南越若效汉初皇帝三玺的制度，尚有二玺未见），武帝玺怎个藏法，有待于今后的继续发现来回答了。

注释：

[1]《西汉南越王墓发掘初步报告》，《考古》1984 年 3 期。

[2]《古代·南越王国文化四室库》，《人民中国》1985 年 2 期；《广州象岗越王墓墓主、葬制、人殉诸问题刍议》，《广州研究》1984 年 4 期。

[3] 张荣芳：《南越王墓解开了千古之谜》，《历史大观园》1985 年创刊号。

[4]《吕思勉读史扎记》上册，620 页；吕思勉：《秦汉史》第七节《武帝事·四夷五》。

[5]《水经注》卷三七，叶榆河条：《交州外域记》曰："交趾昔未有郡县之时，土地有雒田，其田从潮水上下，民

垦食其田，因名为雒民。设雒王、雒侯主诸郡县，县多为雒将，雒将铜印青绶。后蜀王子将兵三万来讨雒王雒侯，服诸雒将，蜀王子因称为安阳王。后南越尉佗举众攻安阳王，安阳王有神人，名皋通，下辅佐安阳王，治神弩一张，一发杀三百人（《南越志》云：'一放杀越军万人，三放杀三万人'。）南越王知不可战，却军往武宁县。越遣太子名始，降安阳王，称臣事之。安阳王不知通神人，遇之无道，通使去语王曰：'能持此弩王天下，不能持此弩者亡天下'。通去。安阳王有女名眉珠，见始端正，珠与始交通。始问珠，令取父弩视之，始见弩便盗以锯，截弩讫，便逃归报（南）越王。南越进兵攻之，安阳王发弩，弩折遂败，安阳王下船迳出于海。"《太平寰宇记》卷一七〇，岭南道十四，交趾县，安阳王故城条引《南越志》所记，故事梗概基本相同，但稍略。

[6]《四川船棺葬发掘报告》，82页，文物出版社，1960年。

[7]《史记·秦本纪》《六国年表》载，秦惠文王后元九年（前316年）派司马错伐蜀，蜀灭亡。

[8] 汉人有十五、六岁婚娶的例：《汉书·武五子传》"戾太子据，元狩元年立为皇太子，年七岁矣……。元鼎四年，纳史良娣"。（元鼎四年戾太子结婚时，年仅十六岁）；《后汉书·灵帝纪》"建宁四年四月癸丑，立贵人宋氏为皇后"。（灵帝于建宁元年即位，年十二，立皇后时年仅十五岁）；《后汉书·献帝纪》"兴平二年夏四月甲午，立贵人伏氏为皇后"。（献帝九岁即位，越六年立皇后，时年亦十五岁）。又，《后汉书·任延传》"骆越之民无嫁娶礼法，延乃移书属县，各使男年二十至五十，女年十五至四十，皆认年龄相配"。

该文曾刊于内部刊物《广州文博》1986年第1、2期合刊，略作修改后载于《考古与文物》1986年第6期，署名麦英豪、黎金。

象岗南越王墓刍议

　　1983 年秋，在广州市解放北路的象岗山上发现了一座西汉南越国第二代南越王的陵墓，由广州市文物管理委员会、广东省博物馆、中国社会科学院考古研究所联合组成发掘队进行发掘。这座墓保存完好，墓中出土随葬器物一千余件（套），其数量、品类之多，堪称目前岭南所见汉墓之最。由于该墓是一个室内空间高达二米多的空穴，且多次积水，随葬的漆木等器几乎朽坏殆尽，大批丝织品也全部炭化了。出土的近五百件青铜器和一批铁兵器、铁工具锈蚀十分严重，器物的修复、保护工作量很大，整理工作颇费时日。下面仅就发掘所见和已整理的部分器物，试谈两点初步的认识。

一、关于墓葬形制与墓主

　　南越王墓是一座石室墓，构筑在海拔 49.71 米的象岗山腹心深处[1]。墓坑采用竖穴与掏洞相结合的形式，从山顶处开凿出一个平面如"凸"字形的竖穴，南北长 10.85 米，深 20 米，坑底近平。在竖穴的前端再往两侧掏洞，各凿出一个长 4.3 米的长方形洞室，墓道在南面，斜坡形。墓室分前、后两部分，共七室。前部三室，即前室和东西两耳室，室内高 2.1 米，后部四室，各室内高 2.3 米，主室居中，两边的东、西侧室与主室平行，主室之后为后藏室。各室均用琢磨平整的红砂岩石块砌筑石墙，其上以厚重的大石板平铺作盖。盖石朝墓内一面琢凿平整，其余各面未作第二步加工。墓室内的前部和后部分设两重石门隔闭。各室地面铺有木板，已朽。前部的东西两耳室和后部的东西两侧室及后藏室均有通道，与前室和主室通连。各室在通道口处又装设木门。这种多耳室，多侧室的结构布局是模仿墓主生前的前朝后寝的居处方式设计的，俨然如一座地下宫殿。

　　墓主位于后室正中，一棺一椁，只存一些灰痕。墓主身着丝缀玉衣，头枕以珍珠作芯的丝枕，两手握璜，玉衣上下及衣里盖垫三十余块大玉璧；胸前佩带金、玉、琉璃等多种质料的串珠与组玉佩饰；身上置印玺八枚，其中"文帝行玺"和"泰子"金印各一枚，阴刻"赵眜"、"泰子"、"帝印"等玉印五枚，另一枚是绿松石印。腰间配铁剑十把，其中五把是玉具剑。

棺椁两头还有精美玉雕饰件、玉器皿、大银盒等，足部还叠置陶璧一百三十六块。主室西侧陈设大批铜、铁兵器，东侧竖大型漆木屏风一座，还有朱雀、铺首、游龙形的组合支灯。东西两侧室是墓主姬妾及仆役的藏所。西侧室殉葬四位夫人，除雕镂精美的玉饰外，还发现"右夫人玺"金印一枚，和"左夫人""泰夫人""□夫人"金铜印三枚。有一枚"赵蓝"象牙印与"右夫人玺"同出，右夫人与墓主同姓，西侧室是庖厨侍役的藏所，发现七个殉人。他们仅有六山纹铜镜、镶玉铜杯、陶罐、陶璧等少量器物随葬，都无棺。室中还有大量牺牲的骨骼，有"泰官"、"厨丞"封泥同出。后藏室中堆置上百件大型铜、铁炊具及铜、陶容器，器内多有禽畜、海产等残留，还出有多枚"泰官"封泥。前部三室象征前堂及车马库藏。前室四壁及顶部绘画朱墨两色卷云纹图案，装饰华丽。室中置车具，一殉人，随葬有玉璧、铜镜及白文"景巷令印"的鱼纽铜印。汉宫官有"永巷令"[1]，景永通假，殉人应为宦者。东耳室主要陈放礼乐器及酒器。乐器有铜编钟二套；铜句鑃一套八件，分别刻有"文帝九年乐府工造""第一"至"第八"的铭文，还有两套石编磬。室中有一殉人，当为乐师。西耳室是储放随葬器物数量最大，品类最多的一个库房，有青铜礼器，陶、铜生活用具，铜、铁兵器与工具、车马帷帐，玉石金银饰品、漆木器、丝织衣物、五色药石、原支大象牙等等，叠置三四层，数达五百多件。墓道近墓门处构筑一座木椁，椁内十七个大陶瓮成曲尺形排列，有的陶瓮肩部打有"长乐宫器"的戳印，东侧有一殉人，漆木棺及尸骨全朽，有铜牌饰及铁带钩随葬。墓道起斜坡处还有一殉人，随葬品除陶器外还有铜镜、带钩等。

就墓室形制而言，象岗南越王墓是岭南地区目前考古发掘所见年代最早、规模最大、也是首次发现的一座西汉前期有彩绘图案装饰的石室墓。众所周知，中国古代墓葬的形制，到汉代出现了一个划时代的变化。汉初，中原一带流行洞室墓，空心砖墓。西汉中晚期又出现了砖室墓。石室墓也是一种新兴的形式，始于西汉中、晚期而盛于东汉。这种模仿现实生活中房屋的设计，用砖或石料建造的墓室，反映了汉代人"器用如生人""事死如事生"的意识。1981年洛阳发现过一座西汉中期的石椁墓，有石板墓门，被目为中原地区所见石墓年代最早的一例[3]。而两广地区，解放以来发现了大批汉墓，其中属西汉前期即南越国时期的均为土坑木椁墓，石室墓只见到象岗这一例。该墓比洛阳的石椁墓规制更严整，而且年代也较早一些，开中原石室墓的先河，对于了解汉代墓葬形制在全国范围内的变化，不失为一个重要的材料。

赵氏南越国第一、二两代王都僭号称帝，他们死后是否也僭用"大丧"的葬制？换言之，象岗这座石室墓是否"按天子葬制"而营建帝陵呢？

如所周知，骊山始皇陵和西安、洛阳的汉陵是中国封建社会最具规模，而年代又最早的帝陵。秦汉帝陵均未发掘，仅就地面勘查所知，这些帝陵的形制有两种：一种是除地下的棺椁墓室构筑外，地面还有陵园。主体是高大的坟丘，还有寝庙、原殿、便殿等附属建筑，四周再绕以夯土筑成的垣墙。西安的十一座西汉帝陵，其中十座均属此类。另一种是"依山为藏"的崖墓。如文帝的霸陵，"因其山，不起坟"；经勘查，地面无坟丘，也无任何附属建筑的遗迹[4]。赵眜墓建在象岗的岗顶以下，劈山为藏，以形制论，当是对霸陵的仿效；该墓的地表因基建推土早已夷平，原来有无地面建筑，已无法判明。据《番禺县志》引《南越志》载，三国时，孙权曾派军队在今越秀山（即现在发现的赵眜墓周围）寻掘赵佗的墓，终不可得[5]。其时上距南越王国只有三百多年，说明那时地表已无痕迹可寻了。这或许有助于说明南越赵氏的陵墓是建造得极其隐秘的。

秦始皇陵和两汉帝陵地下的墓室建筑尚不清楚。据《汉旧仪》略载前汉诸帝寿陵及《汉书·霍光传》所载都说："梓宫、便房，黄肠题凑者，天子之制。"文献记载结合考古发现表明，汉初诸侯王墓与皇帝陵墓的墓室形制大抵相类。北京大葆台发掘的西汉燕王墓是一座大型木椁墓，河北满城陵山中山靖王刘胜墓是一座大型崖墓，这是西汉两种王陵形制的代表。虽然两者建造用材与结构形式有异，但都同样包括有正藏椁和外藏椁两部分。正藏椁位于墓室中轴线上，包括梓宫（入殓墓主的棺椁）、后寝（棺房）和便房（前室）。外藏椁主要是指迴廊或旁室而言。至于"黄肠题凑"则是皇帝及得到恩许的皇族与重臣才可享用的一种特殊的墓室结构形式。

下面列举几座年代上与南越国相当的诸侯王墓与象岗南越王墓作一比较。

从表 1 可以看出，赵眜墓的结构形制与中原地区同时期的诸侯王墓是相一致的。但赵眜墓的墓室建筑实际面积只有 100 平方米，仅相当于中山靖王墓的五分之一，连长沙国王后曹㜲的墓也比它大得多[6]。按赵眜藩国之王及其僭制的身份，似嫌过小。如何解释这一现象？我们认为要从两方面来分析。一方面，这是与当时岭南地区的社会历史与经济发展水平紧密相关的。虽然，岭南地区自秦始皇三十三年归入秦帝国版图，至汉武帝建元四年终赵佗之世，留戍秦军与当地土著居民杂处，经七十七年的辛勤开发，社会经济有了飞跃发展；但南越国毕竟还是一个僻处汉帝国南陲的地方割据政权，经济实力及发展水平要比中原落后。赵眜墓及其随葬器物所显示的规模与气势，都远逊于中山靖王刘胜墓，正是当时这种经济实况的反映。

表 1 西汉诸侯王墓形制表

墓号	墓制	正藏椁			外藏椁	室总面积	墓主与年代	资料出处
		前室	后室	梓宫				
长沙象鼻山 M1	穿土为圹、黄肠题凑	前居	棺房	三重棺	内、外迴廊	380m²	长沙国恭王或靖王（文、景时期）	《考古学报》1981.01
长沙陡壁山 M1	同上				迴廊	128m²	长沙国靖王之后（文、景时期）	《文物》1979.03
北京大葆台 M1	同上			五重棺	内迴廊一、外迴廊二，	418m²	燕刺王旦（昭帝元凤元年）	《文物》1977.06

墓号	墓制	正藏椁			外藏椁	室总面积	墓主与年代	资料出处
		前室	后室	梓宫				
广州象岗山 M2	凿山为藏，竖穴加洞室	前室	后室	一棺一椁	东西耳室，东西侧室、后藏室、墓道木椁	99m²	南越文帝赵眜（武帝元狩年间）	《考古》1984.03
河北满城陵山 M1	凿山为藏，洞室				左、右耳室，外迴廊	502m²	中山国靖王刘胜（武帝元鼎四年）	《满城汉墓发掘报告》
山东九龙山 M3	同上				东西车马室、东西耳室，东西前后侧室。	247m²	鲁孝王刘庆忌（宣帝时期）	《文物》1972.05

另一方面，从墓室建造的总体工程来看，赵眜墓的墓室建造面积虽只有 100 平方米，但开凿竖穴加上两洞室的总石方已超过 3300 立方米（此按坑壁垂直计算，事实上坑壁必有斜度，即上口大于坑底，因此墓穴的总容积还应大些）。而刘胜墓墓洞开凿的总石方是 2700 立方米。可见赵眜墓的实际开凿建造工程并不小，它和赵眜据有岭南称帝的身份是相当的。

玉衣是汉代高级贵族的殓服。赵眜亦著玉衣殓服，但其玉衣制作较特殊，玉衣的头罩、手套和鞋子是由四角钻孔的小玉片以丝线编缀而成，其余上身的前后片、两袖筒、两裤筒都是把玉石片粘贴在麻布衬里上。赵眜玉衣可能是南越国工匠仿中原制度制作的。

汉初，高级贵族如天子诸侯王等都盛行夫妇分室合葬。已发掘的诸侯王墓如北京大葆台燕王墓，满城中山靖王墓，长沙象鼻山长沙国王墓等，王后墓与王墓均相距不远，有的并排，未见有同穴合葬的。赵眜墓亦同。赵眜用一棺一椁，与中山靖王的棺椁制度相当。本来，秦汉间居处岭南的南越人和西瓯人有自己的特殊葬习。他们往往在土坑木椁墓底下挖一个"腰坑"，坑中埋一件陶器以瘗殉物，用作压胜。广西贵县罗泊湾第一、二号墓（推断为西瓯君夫妇墓）木椁之下都有腰坑，埋入殉人 [7]。赵眜墓却并未沿用此种葬习。墓中发现的十四个殉人，埋葬方式有别。看来，赵氏王朝提倡尊重越人风俗，与越人通婚，但在丧葬礼仪上则力求仿效汉制而不以蛮夷自居。

以上根据墓葬的建筑形制、殓服、葬式等方面考查，都与汉初高级贵族的葬制类同；墓中又有"文帝行玺"、"帝印"等僭制物品随葬，可以认为赵眜墓是按大丧葬制而营造的帝陵。

南越国四主赵兴和五主赵建德在位期间很短，均死于内讧的战乱中，他们不会有陵墓营造。三主婴齐的墓据载已为孙权所挖 [8]。二主的墓今在象岗发现。剩下的唯有一主赵佗的墓未知所在。秦汉以来，帝陵一般都是远离都城的。赵眜墓则不然，它坐落在南越都会——番禺城近郊的越秀山范围内。象岗是越秀山最西边的一个小岗，有了赵眜墓的确实位置，便为今后探寻第一代南越王赵佗的墓，提供了重要线索。

上文提到墓主身上发现"文帝行玺"金印和"泰子"印二枚，还有刻有"文帝九年"铭的句鑃。这个"文帝"可断言绝不是汉文帝。因为汉初的"文帝"是刘恒死后的谥号，在汉武帝建元六年以前，帝王的纪年只有年数，不冠帝号或其他年号。这在建元以前的铜器、兵器刻铭中极为常见。南越赵氏一、二主生前各以武、文为号。僭越称帝，出土的帝印与乐器上的纪年刻铭，都与《史记》《汉书》本传载南越二主赵胡的僭号、在位年数吻合。可以认定墓主就是赵佗之孙，第二代南越王。墓主身上发现的名章是"赵眜"，与本传所记佗孙是赵胡不合。《史记》《汉书》误眜为胡，可据此改正。至于赵佗之子在《史记》《汉书》本传中无载，可能是早殁了。赵眜身上的二枚"泰子"印，本是佗子的，因早殁，归由赵眜接掌。

二、关于南越王墓与南越王国

第二代南越王墓的发现，证实了南越国一主赵佗、二主赵眜都僭越称帝。史载南越立国 93 年，其中一主和二主在位年数起码有 83 年。这两主在位时间占南越立国年数的百分之九十。毋庸置疑，南越国是汉初一个地方割据政权，又是岭南地区历史上第一个封建王朝。汉初，"高祖定天下，功臣异姓而王者八国"（《汉书·韩彭卢吴传赞》）。到了高帝十一年，这些异姓王除了长沙王吴芮之外，其余均已先后被剪除了。南越国是高帝十一年才被汉廷中央承认的。为什么刘邦在这时还要封这个异姓王呢？当中实有政治、军事、地理等诸因素存在。赵佗是在继任嚣为南海尉后，乘反秦的农民大起义爆发之机，派兵击并桂林、象郡，建立南越国，定都番禺，并自号南越武王。这里是岭外蛮夷之地，"负山险，阻南海"，给赵佗立国以天然障隔的地理条件。加上当时的西汉王朝刚从长期战乱中建立起来，面临着土地荒芜、人口锐减、经济凋蔽的严重局面，与民休息恢复国力成为汉廷中央的首要任务，对来自北面的匈奴侵扰，已疲于应付；赵佗割据岭外，更加鞭长莫及了。事实上汉中央当时面对一北一南的两股威胁势力，只得采取忍让与承认的对策，何况南越的立国还未至于给汉廷的中央集权带来直接的威胁，反之，还可使赵佗"和集百越，毋为南边患害"，故刘邦遣使南下，承认南越国为外藩诸侯。赵佗在位时，虽"称臣，使人朝请"，但实际上则"居国窃如故号名"[9]。象岗南越王墓出土"文帝行玺"金印，螭虎纽"帝印"玉印，和刻在银器上的"乘舆"铭文等，表明赵眜也和赵佗一样，对汉廷称"藩臣"，在岭南辖境内则关起门来称王称帝，实行"内外有别"的政策。

南越国是开发岭南的第一个王朝。赵佗何年立国，史无确指；如果按南越立国 93 年推算，当在高帝四年。但如果以秦始皇二十八年发五军平南越，赵佗于是年随军入越起算，则赵氏在南越之年足有 108 年之久。秦汉以前岭南的社会发展远比中原落后，经过赵氏政权近一个世纪的统治，在大批南下汉人与当地越人共同开发经营下，南越的社会发展进入了一个新的历史时期。政治、经济、文化等方面都有长足的进步。《史记》和《汉书》的南越传等对这段历史的记叙，大都偏重于越国的政治斗争与王位更替，有关南越的经济、文化状况则极少涉及。象岗南越王墓的发现，无疑能为这些方面的研究提供一批新鲜的实物资料。当然，在这之前还有解放以来在广州和广西的平乐[10]、贵县[11]先后发现的南越国时期墓群。其中广州的华侨新村[12]、淘金坑[13]，柳园岗[14]等处的南越国中小官吏墓群较具典型；这些墓葬材料也从多方面丰富和充实了我们对本地区这一阶段之物质文化史的认识。

首先，就政治上来说，南越国的封建政制是承秦之旧，亦仿汉廷的。《史记》《汉书》本传所记南越国的官职名称，除了丞相、内史、中尉、御史等与汉廷一样之外，桂林郡有监御史（郡监为秦制，汉省），就是一例。在上述已发掘的南越国官吏和象岗的南越王墓都发现一些有关宫室、官署的陶文、刻铭和封泥，如"乘舆""私官""泰官""厨丞""食官"及"长秋居室"等。《汉书·百官公卿表》："将行，秦官，景帝中六年更名大长秋"。南越国有"长秋居室"，说明它的百官建制亦效汉廷。贵县罗泊湾二号墓还出有"夫人"玉印和"家啬夫"封泥；象岗南越王墓又出有"文帝行玺""帝印""左夫人""右夫人""景（永）巷令"等官印，还有"长乐宫"陶文，南越王国确是"百官宫观，僭于天子"。《汉书》本传载："胡（应为眛）薨，谥曰文王。婴齐嗣立，即藏其先武帝、文帝玺。"广州地区已发掘上千座汉墓，尚未见到一枚官印，有的都是私章[15]。因为官印是不用来随葬的。长沙等地汉墓中有官印出土，如马王堆二号墓的"长沙丞相"等，是专为陪葬而仿制的明器[16]。赵眛身上随葬印玺21枚，包括官印、私章和备用的白版印；质料有金、玉和绿松石三种，这在考古发掘中是罕见的。上引《汉书》载婴齐即位后，立即把其父的"文帝玺"藏起来。发掘证明，藏的不仅是文帝玺，实际上把赵眛生前用过的（包括备用的）各种印玺全都拿去陪葬了，表示不再僭越称帝。因为当其时已是武帝时期，汉廷中央正随时准备派兵征讨南越，汉、越间的政治、军事、经济形势和赵佗、赵眛统治岭南时期已大不一样了。

总体来说，南越国的政治建制及思想文化方面的典章礼乐、丧葬习俗等均仿效汉廷。

农业和手工业生产是当时岭南社会经济发展的两大支柱，促进这两个生产部门有较大发展的关键，一是生产技术的改进，二是铁生产工具的广泛使用。广东何时才较普遍的使用铁器？如果仅就目前所见的考古材料来说，广东境内发现的秦以前墓葬尚未见有任何铁器出土，仅在粤北始兴县一处战国窑址中发现了铁斧、铁锸各一件，这算是广东目前发现最早的铁器，也是最早的铁制生产工具[17]。但铁器发现的地点仅限于粤北这一个点，数量又仅得二件，这与广东境内三十多年来在考古调查发掘中所见的先秦遗址与墓葬的数量和分布之多、广相比较，不能不使人认为，始兴地近南楚，这里发现的两件铁工具应属于从楚地因某种原因偶然流入的。当时铁工具在广东境内还未占有多少位置。否则，始兴的铁器能够保存，而北江、西江等地发现的先秦墓葬，及其他地方的一些遗址，为什么一点不见铁器（包括铁工具和铁兵器）的痕迹？

秦平南越后，在岭南设置郡县，中原的先进生产技术与铁工具传入岭南。《史记》《汉书》本传有明确记载，吕后时，禁南越关市金铁田器、马、牛、羊，予牡毋予牝。《史记·货殖列传》载，从山东迁到四川的程郑，在临邛冶铁，运销南越。我们曾把 1953～1960 年在广州发掘的 182 座南越王国时期墓葬出土的铜铁兵器和工具作了统计，铜兵器和铁兵器在数量上是 3∶2，铜工具仅见 1 件，铁工具则有 16 件 [18]。可以说，秦汉时期，铁器在广东境内已普遍使用了。但当时的铁器得之不易，还是比较珍贵的，否则，赵佗绝不致于因吕后禁止金铁田器输南越而三次上书谢罪；最后还诉诸武力以求解禁的。这一点，也可以从南越王墓中发现的情况得到说明。这墓所出大批兵器，几乎全是铁制；赵眛随身陪葬的长剑十把，都是铁剑；棺椁右侧又堆置成捆的铁剑、铁矛、铁戟和大量的铁铤。在西耳室一个大漆木箱中放有包括各种不同用途的小木作工具七十余件，除三件铜锯外，其余全是铁制。象岗南越王墓出土铁工具、铁兵器之多，与广州已发掘的南越国大小官吏墓所见极为悬殊，正好说明铁兵器与铁工具在当时是珍贵的，因它比铜兵器、铜工具要坚硬而犀利得多，所以得到最高统治者的珍视，死后还要大批纳入墓中随葬。

汉代，产铁的郡县设铁官。南海郡只有盐官，没有铁官。当时番禺是否已有冶铸生产？过去因材料所限，一直未能取得肯定的答案。这次墓中出土的大量铁兵器、工具、越式大型铁鼎、各种规格的越式铜鼎、提筒、鍪以及刻有"文帝九年乐府工造"铭文的铜句鑃等青铜器，可以肯定为本地所铸；还有大型的青铜烤炉，炉的内范还未清除，证明是铸成后未经使用即拿来随葬的。可以认为南越国不但有自己的青铜冶铸业，铁器生产的锻铸技术亦已掌握。因而，金属工具在农业和各种手工业生产中已较普遍地使用了。当然，由于南越境内缺乏铁矿，未有由矿石提炼的冶铁生产，但利用旧铁锻铸的生产肯定已有了。

墓中出土几件象征性的石斧，又有少量起土的铁农具，大批盛装粮食果品的陶瓷缸，盛酒浆的大提筒以及壶、钫，还有牛、猪牺牲及各种禽鸟、鱼、鳖、介贝的大量瘗藏，正是农业生产已经由原始的刀耕火种进入使用铁农具耕作，农、牧、渔业生产都取得长足发展的真实反映。但是，从考古发现来看，西汉初年，岭南的铁制农业工具种类仍然不多，广州地区所见（包括南越王墓在内）只有耒（锄与耒如果木柄已朽，有时不好区分）和镰两种；广西罗泊湾一号墓出土的"东阳田器志"记有耒、锄、钪三种。中原地区汉代常见的农耕工具如铲、镢，特别是翻土的犁铧和松土的齿耙等先进工具，在岭南还未有发现。武帝以后的岭南汉墓中，以陶牛陪葬较普遍，佛山澜石东汉墓出土的水田模型，塑有犁头及犁耕的纹道 [19]。看来本地区使用铁犁牛耕还是稍晚的事情。

手工业方面，制陶、砖瓦以及制漆手工业的进步，不限于都城内王国的工官，南海郡治番禺和桂林郡治布山同样存有这类手工业生产的工场作坊，这些已为两广境内的南越王国时期的遗址与墓葬中出土的实物所证明，于此不再详述。《汉书·地理志》载，海南岛已有种桑养蚕。番禺的气温高，湿度大，有利于缫丝纺织。这次在南越王墓中发现的丝织品及衣物数量是很大的，惜已全部炭化。更为引人注目的是，墓中出土的铜、铁、玉石等器，几乎无一不用丝绢包裹，可以想见当时用绢数量之惊人。不难推想，当时南越境内已有较具规模的丝织生产。

广州面临南海，有利于海外通商贸易的发展。南越王墓随葬品中，就有几枚原支的大象牙，墓主及其姬妾随身佩带的各种质料串珠，主产地在红海的香料，造型及纹饰同属波斯风格的贮药大银盒等，可以断定有些应从海外输来。《汉书·地理志》载，武帝元鼎六年灭南越后，派出大型船队与南亚诸国通商往还。考古发现证明，番禺海路通商还应更早。

必须指出，南越与中原内地通商，文化交往，除了吕后时"禁关市"有过短暂的隔绝外，一直是频繁的。但无论是海外贸易，或与中原的贸易，均仍停留在以物易物的实物交换阶段。因为南越国没有自己的铸币，货币经济很不发达。在第二代南越王墓中不见一枚铜钱，广州和广西贵县、平乐的南越国时期墓也绝少有瘗钱，都反映这一历史的真实。

最后，还要谈谈南越国都城番禺的历史问题。汉代番禺即今之广州城，其城市兴起颇早。广州西村石头岗一号秦墓出土一件漆盒，盒盖上有"蕃禺"二字烙印（《广州汉墓》图版五），是番禺为秦县的最早物证。汉时，番禺为南越国都城，又是南越国因袭秦郡县制所设南海郡的郡治。为什么叫"蕃禺"？最早的解释见于5世纪中叶沈怀远的《南越志》："番禺县有番、禺二山，因以为名[20]。"6世纪初郦道元《水经·浪水注》："县名番禺，偶谓番山之禺也。"其实因山得名之说出现较晚，而且哪个是番山，哪个是禺山，自唐（《元和郡县图志》卷34番禺县条）、宋（《太平寰宇记》卷157·5南海县条）以来，一直众议纷纭，疑莫能解。象岗南越王墓出土有中原式铜鼎和越式铜鼎，两者都有刻铭。例如在一件中原式鼎的盖上刻有"蕃禺 少内"，腹上刻"蕃 少内 一斗二升少半"的铭文；另一件越式鼎，在盘口的内唇上刻"少内 蕃一斗一升"的铭文（本书图版一六）。广西贵县罗泊湾一号墓出土的一件中原式鼎（1:32），腹上刻"蕃 二斗二升"的铭文，等等。就目前所见，南越国时期的铭刻，"蕃"均从草头，大抵到东汉以后才简写作"番禺"的[21]。这就给我们一个新的启示：案"蕃"与"番"通。《周礼·秋官·大行人》："九州之外，谓之番国"，后世称外国曰番国，番人，意亦同此。禺，犹言区域。《管子·侈靡篇》："王者上事，霸者生功，言重本，是为十禺。"尹知章注："禺，犹区也。十禺谓十里之地，每里为一禺，故曰十禺。"由此说来，"蕃禺"得名之本义实与番山、禺山毫无关系（汉时有蕃县，在今山东滕县，与此无涉），而"岭外蕃国蛮夷之地"才是"蕃禺"命名的最初本义。这对研究广州城市的兴起及其历史发展具有重要意义。

南越王墓的出土资料目前正在整理中。在这里我们只就发掘和初步整理过程中所见，提出一点初步的、概略的看法。事实上，对它的重要意义的认识，还有待于随着这批资料整理工作的进展而逐步深化。

注释：

[1] 广州象岗汉墓发掘队：《西汉南越王墓发掘初步报告》，《考古》1984 年 3 期。

[2]《汉书·百官公卿表》："少府，属官有……永巷、内者、宦者八宦令丞。"又，应劭《汉官仪》记长公主宦属有"永巷长令"，《续汉书·百官志（四）》记中宫宦有"永巷令"。

[3] 洛阳文物队：《洛阳西汉石椁墓》，《考古》1984 年 9 期。

[4] 黄展岳：《中国西安洛阳汉唐陵墓的调查与发掘》，《考古》1981 年 6 期。

[5][8]《番禺县志·古蹟》赵佗墓条，引《南越志》"孙权时闻佗墓多以宝为殉，乃发卒数千人寻掘其冢，竟不可得。次掘婴齐墓，得玉玺、金印、铜剑之属而佗墓卒无知者。"

[6] 长沙市文物局文物组：《长沙咸家湖西汉曹𡟤墓》，《文物》1979 年 3 期。

[7] 广西壮族自治区文物队：《广西贵县罗泊湾一号墓发掘简报》，《文物》1978 年 9 期；《广西贵县罗泊湾二号墓》，《考古》1982 年 4 期。

[9]《史记·南越列传》。

[10] 广西壮族自治区文物工作队：《平乐银山岭战国墓》，《考古学报》1978 年 2 期；《平乐银山岭汉墓》，《考古学报》1978 年 4 期。

[11] 广西壮族自治区文物工作队：《广西贵县汉墓的清理》，《考古学报》1957 年 1 期。

[12] 麦英豪：《广州华侨新村西汉墓》，《考古学报》1958 年 2 期。

[13] 广州市文物管理处：《广州淘金坑西汉墓》，《考古学报》1974 年 1 期。

[14] 黄淼章：《广州瑶台柳园岗西汉墓群发掘记要》，《穗港汉墓出土文物》，香港，1983 年。

[15] 广州市文物管理委员会、广州博物馆：《广州汉墓》，文物出版社，1981 年。

[16] 湖南省博物馆等：《马王堆二、三号墓发掘简报》，《文物》1974 年 7 期。

[17]《广东始兴白石坪战国遗址》，《考古》1963 年 4 期。

[18]《广州汉墓》上册，483 页。

[19] 广东省文物管理委员会：《广东佛山市郊澜石东汉墓发掘报告》，《考古》1964 年 9 期。

[20]《南越志》原书已佚，此见《初学记》引。

[21] "蕃"通"番"。《春秋左传》闵公元年"其必蕃昌"；东汉光和六年《白石神君碑》作"番昌"（见《金石索》石索）。

原载《人类学论文选集》，中山大学人类学系编，中山大学出版社，1986 年，署名麦英豪、吕烈丹。

象岗南越王墓反映的诸问题

1983 年秋，在广州市解放北路越秀公园西侧的象岗发现了一座大型石室墓，出土一枚龙纽"文帝行玺"金印，确认这是西汉初年建都番禺（今广州）的南越国第二代国君的陵墓。发掘结束后，出土的大批珍贵文物经初步整理，编写了《西汉南越王墓发掘初步报告》[1]，及时公布了这次发掘的概况和收获，揭示了一些具有重要科学研究价值的稀世文物，特别是不少在中原地区也属罕见的文物在岭南发现，引起了国内外学者的注意和兴趣，因而这次发掘被誉为近年来中国五大考古发现之一 [2]。当然，象岗南越王墓的发现，为我们研究岭南地区的早期开发史，南越国的政治、经济、科学文化等方面提供了一批极为重要的新材料。要研究的课题是很多的，本文只在上述《初步报告》的基础上，结合建国以来两广地区发现的南越王国时期的墓葬，遗址等材料，就南越国的政治、经济、文化等有关问题，补充一点粗浅的意见以就教于识者。

一、南越王国的辖地与政制问题

公元前 214 年秦统一岭南，设置郡县，自此，岭南地区社会的发展进入了一个新的历史阶段。秦亡，赵佗据有岭南三郡，自建南越国。南越国是岭南地区历史上第一个封建藩国，又是广州城市发展史上第一个都城的开始。因此，有关南越国史的课题，已有不少学者作过研究 [3]。由于《史记》《汉书》的南越（粤）传的记述偏重在政治方面，而有关当时社会的经济、文化等状况则几无涉及，这给研究工作带来很大的局限。因此，要对这段历史进行较系统和全面的研究，实有赖于更多的地下考古资料的发现。

南越立国传五世，九十三年，当时它实际统辖的范围究竟有多大？这个似乎是不成问题的问题。因为在《史记·南越列传》中记载得很清楚，赵佗建南越国是在"秦已破灭，佗即击并桂林、象郡，自立为南越武王"，表明南越国的疆域据有原秦在岭南所置三郡的范围。证之《汉书·高帝纪》：高祖一十一年五月，"诏曰：粤人之俗，好相攻击。前时秦徙中县之民南方三郡（如淳曰：秦始皇略取陆梁地以为桂林，象郡，南海郡，故曰三郡。），使与百粤杂处，会天下诛秦，南海尉佗居南方长治之，甚有文理，中县之人以故不耗减，粤人相攻击之俗益止，俱赖其力，今立佗为南粤王"是一致的，而且《史记》本传还点明，南越的北界"与长沙接境"，即与汉高祖五年封的吴芮长沙国毗邻。但《汉书·高帝纪》中还有两条与此相矛盾的记载：一是高祖五年，"诏曰：故衡山王吴芮与子二人，兄子一人，徙百粤之兵，以佐诸侯，诛暴秦，有大功，诸侯立以为王。项羽侵夺之地，谓之番君。其以长沙、豫章、象郡、桂林、南海立番君为长沙王。"二是高祖十二年，"诏曰：南武侯织亦粤之世也，立以为南海王。"[4] 前者，高祖五年，正是高祖灭项羽，初即帝位之时，其时岭南三郡正处在赵佗严密军事控制之下，汉高祖却把这不属于汉朝的土地封与吴芮，实属滑稽；后者，又是在汉高祖派陆贾出使南越，"与剖符通使"之后，刚刚派人承认了独立于汉廷的南越政权的存在，又何来翌年又把南越国都城所在的南海郡改封与南武侯织的事呢？对此，虽然史家早有定论，都认为这是"遥封"。到底五年、十二年这两次诏令是实封还是虚封，史实如何？今天可以根据考古发现材料所反映的南越国当日实际控有范围进行验证，也许可以比较确切的回答这个问题。建国以来两广境内不少地方发现了西汉初年（即南越国时期）的墓葬，数量约达千座；遗址则比较少，其中最重要的是 1975 年在广州市区内发现的秦汉造船工场遗址。据不完全统计，西汉墓在广西境内除了多见于桂林、梧州、玉林、钦州地区外，另外在南宁地区的横县，百色地区的西林县，河池地区的都安县，柳州地区的鹿寨、柳城等县都有发现[5]。在广东境内已发现西汉时期墓约有七百多座，半数集中在广州市。其余的在顺德县沙富、曲江县马坝、南海县盐步、佛山市澜石、龙川县佗城、陵水县军屯坡和连县的城郊[6] 等地都有这时期的墓发现[7]。今之广州在秦汉时称番禺，是南越国的都城，又是南海郡治的所在。在广州发现的两汉墓分布密集，经正式发掘的有七百余座，共分五期，第一期即西汉前期，年代包括秦统一岭南到南越王国的灭亡止（前 214～前 111 年），前后长达 103 年。这个时期的墓已发掘三百多座，遍布于当日南越王国都城的郊野，在今天市区内解放中路的广东迎宾馆和广州起义烈士陵园等处也有这个时期的墓发现，说明当日都城的范围是不大的。在广州华侨新村、淘金坑、柳园岗等几处南越王国时期的墓群中，既有王国的高级官员，但更多的是中、小官吏的墓。广西平乐银山岭发现的一处秦末汉初墓群，墓葬分布密集，年代划一，已发掘 123 座。这批墓从结构形制和出土器物看，都极具特色，墓主人为西瓯族人，属军屯的武士。平乐的地理形势很重要，它扼处湘桂走廊，楚越交界的要冲，是岭南出入中原内地的孔道之一。这里又是漓水流入桂江，由此再往下到梧州注入西江干流，可直抵番禺城下。平乐古属西瓯族地，估计这是一处南越初年绝秦新道以后，以当地土著民族为主体的屯戍吏卒的葬地。当时，单个的大墓除象岗南越王墓属南海郡外，还有广东肇庆北岭发现的大型木椁墓。肇庆秦汉时属桂林郡，该墓的规模巨大，劫余的器物也十分精美，反映出墓主是一个地位颇高的统治者[8]。此外，还有广西贵县罗泊湾一、二号两座大型木椁墓，这两座墓的墓主估计是西瓯君夫妇。贵县，秦汉时称布山，为桂林郡治所在。总体来说，南越时期的墓在三郡中都有发现，但重要的墓群多集中在王国都城、郡县所在及内河交通和踰岭通往中原的险关要道上。根据以上墓葬分布的情形，可以说明当日南越国的实控疆域就是原秦时在岭南所置三郡的范围。

在个别的具体的地名方面，这时期墓葬中也发现了可释疑解难的一些材料。1953年广州石头岗一号墓属秦末或南越国初年，出土的一个长圆形漆盒，盖上有烙印"蕃禺"二字，这是考古发掘中第一次发现南越的地名。1976年发掘的罗泊湾一号大墓，在出上的一件汉式铜鼎（M1：32号）中发现，盖上刻有"布""析"，腹外壁一侧刻"一斗九升"，腹下壁一侧刻"布"、另一侧刻"蕃二斗二升""析二斗大半升"等篆文[9]。"布""析""蕃"都是地名，"蕃"，既可作蕃县解，故地在今山东滕县[10]，亦可视为"蕃禺"的简称。那么，这件铜鼎是来自鲁地，或是南越境内的蕃禺？这次在南越王墓出土铜器中有新的发现，正好回答了这个问题。

象岗南越王墓出土了一大批越式的和中原汉式的铜鼎，其中有若干件在鼎盖、鼎腹壁或鼎的盘口内沿处刻有铭文。最引人注目的是，有一件中原汉式铜鼎，盖上刻"蕃禺少内"，但鼎腹壁处刻"蕃少内一斗二升少半"。另一件越式鼎在口部宽沿上刻"少内蕃一斗一升"。还有一些中原汉式铜鼎及一件铜匜也仅刻一"蕃"字。本此，贵县罗泊湾一号墓出土有"蕃"字刻铭的铜鼎可确认是出于南越的蕃禺了。"布"是布山的简称，同墓所出有多例可证。《汉书·地理志下》："郁林郡，县十二，布山居首。"旧说布山是武帝灭南越后分南越地为九郡时始置的县，今据罗泊湾一号墓的发掘，证实布山为秦置，汉承秦旧而已。"析"，楚邑，一名白羽，《左传·昭·十八》："冬，楚子使王子胜迁许于析，实白羽"（杜注："于《传》时，白羽改为析"。盖以《经》言白羽，则白羽为旧名，析则作《传》时名）。及汉，为弘农郡属县。《汉书·地理志上》：弘农郡，武帝元鼎四年置。……一县十一。析，地在今河南西峡县。此铜鼎有三地名的刻铭，显然是分先后三次刻成的。最先是"析"的刻铭。在武帝元鼎六年灭南越国以前，此鼎已入南越，由南越国少府所属蕃禺工官加刻标记并再次测定容量。此鼎何时传到布山并为西瓯君所有？联系到南越赵佗称帝之前夕，以"财物赂遗"西瓯君及其"役属"，此鼎有可能就是这个时候由赵佗"赂遗"给西瓯君的[11]。鼎入西瓯之后，又加刻了布山工官的标记，并再一次测定容量。有趣的是，同一件鼎，最先在析地测定为"二斗大半升"，即二斗又六三三合。到蕃禺测定为"二斗二升"。最后到布山的测定是"一斗九升"。该鼎容量实测为4100毫升。三者以布山的"量"为大，析次之，蕃禺的最小。三地的一升合今为：

布山：$4100 \div 190 = 215.8$ 毫升

析：$4100 \div 206.3 = 198.7$ 毫升

蕃禺：$4100 \div 220 = 186.3$ 毫升

从空间来说，蕃禺与布山同在南越国境内；从时间来看，此鼎在南越的流传时间绝不会超出南越国存在的期间。换言之，此鼎从蕃禺到布山的时间先后相距不会太远，两地每升的容量相差竟多达 29.5 毫升。这个现象有两种可能：一是当时两地的容量大小实际存在这种差异（按出土量器的平均数，秦一升合今 200 毫升，楚 218 毫升；汉一升合今 188～200 毫升）；二是两地测量时所据的刻度不同，比如以齐平鼎的口沿计或以口沿以下某一点为准，就大不一样了。

秦始皇统一岭南后，在岭南地区推行郡县制，分置桂林、象、南海三郡，郡下设县，当日三郡之下共分设多少县？这个问题无法得到确切的回答。目前仅知南海郡有番禺、龙川两县，桂林郡有四会、布山两县 [12]，象郡有象林县，共五县。今次象岗南越王墓所见铭文中属于地名的，仅见"蕃禺"一名，未有其他新的发现。蕃禺是秦置的县，沿用至今，这个名字始见于《淮南子》和《史记》。为什么叫蕃禺？据考证，最早的解释见于《初学记》引五世纪沈怀远《南越志》说"番禺有番禺二山，固以为名。"此外，还有"番山之隅"等多种不同的解释，真是众说纷纭，莫衷一是。今从广州、贵县两地发现铜器上的刻铭得到证明："蕃禺"在南越国时期是简称作"蕃"的（到东汉时去草头写作"番"，见东汉灵帝光和六年《白石神君碑》和广州东汉后期墓中的"番禺丞"砖铭和香港九龙李郑屋村东汉砖墓的"番禺"砖铭）。如果此地是因番、禺二山得名，仅一"蕃"字是不能代表二山的名字的。比如，福建是由福州和建州各取一字得来，其简称曰"闽"，因秦时在此设闽中郡；又如安徽是以安庆和徽州二地的首字命名，"皖"是它的简称，因境内西部有皖山（天柱山）而得名的。番禺二山名的出现较晚，当属后来的附会，所以番禺因山取名说可以否定。那么，"蕃禺"又当作何解释呢？我们知道秦汉以前，都把在中原地区华夏族四邻的少数民族聚居地，统称为夷、戎蛮、狄之地的。赵佗也处处把岭南称作"蛮夷"，如他指责吕后禁南越关市铁器是"别异蛮夷"，对汉使陆贾说他自己"居蛮夷中久"，在回报汉文帝书的开头就自称"蛮夷大长"。《汉书》中也不乏例证，如"蛮夷外粤"（《汉书·南粤传》），"秦既称帝……内锄雄俊，外攘胡粤"（《汉书·异姓诸侯王表》），"汉兴之初……诸侯比境，周币三垂，外接胡越"（《汉书·诸侯王表》），真是处处"见外"。这也反映了当时人对五岭以南这一片有待开发的大地的一种传统观念与看法。按"蕃"与"藩"、"番"通，"九州之外，谓之蕃国"，后世称中国以外的国家曰番国，外国人曰番人，意亦同此。禺作区域解。那末，"岭南蕃国蛮夷之地"也许这才是"蕃（番）禺"得名的最初本义。我们认为，在未有其他的发现以前，对越王墓这个"蕃"字刻铭的解释，使何谓"蕃禺"这一千年聚讼，一朝冰释了。

南越国的百官建制，据《史记》《汉书》本传载，南越在国中设郡县，置监守，封侯王；朝中设丞相、内史、中尉、太傅、校尉司马等官职，一如汉朝。在南越王墓及广州贵县两地南越王国时期墓中发现的印玺、封泥、铜器和银器上的刻铭，陶器上的戳印等文字，不少属于有关南越的百官建制、宫室名称和工官设置等内容的，计有：右夫人、左夫人、大夫人、□夫人，私官、食官、景（永）巷令、居室、常御和泰官、厨丞、少内等内廷及少府所属的官职称号，还有长秋居室和长乐宫器两种陶文，布山和蕃禺两种王国或郡县的工官标记。我们拿这些与《汉书·百官表》相对，南越国与当时的诸侯王国一样，"宫室百官同制京师"，确实是"群卿大夫都官如汉朝"。赵佗原是汉人，秦始皇统一岭南时，"佗卒将以戍越"，赵佗在秦亡后自建南越国，承秦之旧，慕效汉朝，这是很合乎情理的事。

二、铁器在岭南的出现及其推广问题

先秦时期，岭南地区与中原比较，社会的发展是缓慢的，生产是落后的。比如，马坝石峡和佛山河岩两处新石器晚期遗址也发现较大的墓群，但以后，这种成片的墓地再未见有出现；两广境内截至目前为止，还未发现过先秦的城市遗址和聚居成片的村落遗址，这一点很值得我们的注意。恐怕不能以考古人员的调查脚印还未踏到那些地方作解释。秦统一以后，岭南地区进入一个飞速发展的历程，这一点已为文献记载及大量的考古发现所说明了的。再从本地区政治、经济、文化发展面貌作前后对比。统一前岭南亦已步入青铜文化阶段，但还不很发达；统一后进入铁器时代，开始了全面开发的新阶段。南越立国存在近一个世纪之久，这一阶段正是以今广州为中心的岭南地区政治、经济、文化全面发展的时期。单就经济、文化来说，当时南越国发展的水平如何？与中原地区相比较差距有多大？过去由于这方面的文献史料十分缺乏，很难得出切合实际的估计。自从广州、贵县、平乐等地南越王国时期墓群的相继发现，出土了大批各种文物，通过对这些实物资料的研究，人们对这个时期经济文化的面貌才有一个初步的但又是比较具体的认识。象岗南越王墓的发现，反映当时冶铜、铸铁、制陶、丝织、漆木竹、玉石等农业、手工业生产发展状况的器物大批出土，确实给予这个"初步认识"充实了许多新的内容，同时也提出了有待探索的一些课题。

岭南自秦统一以后，岭南地区得以较快的全面的开发，有两个至关重要的因素：一是统一岭南的士卒就地留戍，大批中原汉人的南来，给这里带来了中原先进的生产知识和生产技术，这是人的因素；另一是铁器由中原大量南输，这是物的因素。正如恩格斯所说："铁已在为人类服务，它是在历史上起过革命作用的各种原料中最后的和最重要的一种原料。""铁使更大面积的农田耕作，开垦广阔的森林地区，成为可能；它给手工业工人提供了一种极其坚固锐利非石头或当时所知道的其他金属所能抵挡的金属工具。"冶铁的发明及铁工具进入生产领域所起的重要作用是无庸置疑的。所以弄清楚岭南在统一之前和统一以后金属器具（青铜与铁）在社会生产和生活中所占的位置、作用及其普遍程度如何，无异于掌握了打开揭示当日经济发展大门的锁钥。

相当于中原春秋战国时期的岭南地区已进入青铜时代，这是基于在广东境内的饶平、揭阳、惠来、龙川、龙门、增城、惠阳、广州、清远、佛岗、曲江、佛山、肇庆、德庆、信宜、罗定、四会、怀集、香港，广西境内的兴安、灌阳、恭城、贺县、荔浦、柳江、象州、平南、宾阳、横县、田东、靖西等三十多个县市发现了这个时期的墓葬或有零星的青铜器出土，比较集中发现的地点是在桂江（上游为漓江）、西江、北江及东江的沿岸。其中发掘资料比较齐备的只有清远、罗定、四会、德庆、广宁、恭城、田东、宾阳这八个地方发掘的 37座墓葬，出土青铜约 900 件，陶器 100 多件，还有少量玉石饰件等。在青铜器中主要是武器，还有刮刀、篾刀等小型的工具，容器占数很少。青铜器是珍贵的金属，在农业和手工业生产领域中是不可能大量使用的。总体来说，当日岭南的火耕水耨的农业生产，靠的主要还是木、石工具。虽然，广东始兴白石坪的战国窑址发现有铁斧、铁锸各一件，这是岭南地区出土铁器中年代最早的标本。但无论从出土地点或数量上看，实在太少了。到秦统一以后，两广境内才有较多的铁器出土。下面我们选取一些较有代表性的、资料比较齐全的两广秦汉墓葬、遗址的铁器出土资料与毗邻地区的湖南、江西、福建及中原地区的洛阳、河北的铁器出土情况，作一比较，也许会有助于说明一些问题。

（一）两广地区典型墓葬、遗址铁器出土情况

1. 始兴白石坪战国窑址 [13]

遗址在白石坪山上，残存约 30 平方米，有一废窑坑和大量几何印纹硬陶残器。堆积分两层，在第二层中除大量几何纹硬陶器外，还有板瓦、筒瓦和半瓦当，红烧土、釉团、窑砖块等。铁斧一件长 14.3、宽 6、上厚 3.5 厘米和一件凹形弧刃的铁锄同出在这一层中。从遗址所出印纹硬陶看来，时代约当战国的中晚期。这是广东境内截至目前为止发现年代最早的，出土层位清楚的两件战国铁器。

2. 广州市秦汉造船工场遗址 [14]

遗址位于广州市中山四路广州市文化局及西邻的儿童公园内，经试掘探明，遗址在地表下 5 米处，有三个平行排列的造船台和木料加工场地。在第 1 号造船台滑板下的枕木间出有造船专用的铁工具锛、凿、挣凿共 3 件，还有方、圆两种铁钉 7 枚。压在造船台之上的第 8、7 层是西汉初年的文化层，第 8 层中还发现铁削残段 3，铁镢 1 及器形不明的残铁块 2 件。值得注意的是除船台中发现 3 件造船铁工具（此种工具今天的小木船厂中仍普遍使用）外，遗址内所出铜器只有箭镞和秦半两钱及汉初的八铢、四铢半两钱，不见有青铜的工具出土。

3. 广州华侨新村等处的南越墓群 [15]

1953～1960 年在广州市东、西、北郊的石头岗、流花桥、二望岗、麻鹰岗、华侨新村的玉子岗、竹园岗和蚬壳岗等处都发现了南越墓群，其中分布最密集、年代划一的是华侨新村的墓群。这批墓葬共 182 座，资料都经系统的整理。出土铁器 156 个号件，属生产工具的有镰和锄刃共 6 件，其他工具有斧、凿、刮刀共 10 件，其余的是剑、矛等武器和日用器具。铜器 324 个号件，其中武器 39 件（剑 7、短剑 6、戈 6、矛 11、弩机 6、镞 3），工具只有锛 1、削 4 件，其余为生活用器。

在这几批墓群中的华侨新村、麻鹰岗有几座较大型的木椁墓，从出土印玺得知，墓主当属王国的高级官吏。

4. 广州淘金坑和柳园岗的南越墓群 [16]

1973 年在配合淘金坑兴建白云宾馆的平土过程中，发掘了汉至晋、明古墓 42 座，其中属南越国时期的有 20 座，出土铁器 15 个号件，其中属工具的有 7 件（斧 1、剪 1、削 5）；武器有矛 2 件；其余均为镢、带钩等用器。铜器有 39 件，其中武器 12（矛 2、镞 10），其余尽属生活用器。这批墓规模较小，墓主当为南越王国的中小官吏。

1982 年在广州西村柳园岗广州铁路客技站工地发掘 48 座古墓，其中有 5 座土坑墓，38 座木椁墓，同属南越国时期。出土器物近 700 件，除大部分陶器外，铜器也有矛、鼎、瓿、壶、盆、勺、镜共 10 件，铁器未见。

5. 象岗南越王墓 [17]

石室墓内分前后两部分，共七室。前部有前室和东、西耳室；后部分有主棺室、后藏室和东西侧室。每室都有铁器随葬，共 219 个号件，其中以作器用库藏的西侧室，作御厨库藏的后藏室和墓主棺椁所在的主棺室为最多。

铁器的种类多样，包括农业工具中的锄、臿、镰刀；劈竹和加工竹篾的弯刀、劈刀、刮刀和木作工具的斧、锛、锥、凿锤、铲刀、刻刀、锉刀及削刀；武器有剑、戟、矛、铍、环首刀、服刀、镞铤等（镞铤 2 个号件约 160 多根）；其他有鼎、三足架、镢、杵、链、叉、钩、衔、镳、针（约 500 枚）、码钉等，还有残器 38 个号件。这是两广发现汉墓中出土铁器最多，品类最丰富的一例。

6. 广西平乐银山岭墓群 [18]

银山岭位处五岭山脉都庞岭南侧，岭的西北麓是一个分布密集的古墓群区，面积有二万平方米。1974 年在这里发掘古墓 165 座，其中的 123 座是南越国时期的（原报告定为战国中、晚期，根据出土陶器判明，确是偏早了）。墓葬规摸不大，但颇具特色，有 15 座的墓底铺河卵石，99 座有腰坑，随葬品较简单，一般都是实用兵器、生产工具和生活用具。铁器共 205 件，其中武器 4 件（剑 1、矛 3）、工具 103 件（斧 13、锛 6、凿 5、刮刀 62、刀 8、削 4）；农业工具有锄 96 件；还有鼎、环各 1。这批铁器分出 95 座墓中。铜器共 136 件（编者注：应为 301 件），其中兵器有 263 件（剑 46、矛 39、铖 8、镞 170）；工具 38 件（斧 7、斤 4、凿 2、刮刀 15、钻头 1、削 9）。

7. 贵县罗泊湾一号墓 [19]

这是一座有封土堆的大型木椁墓。室内分前、中、后三部分，每部分隔成 3～6 室，椁室后端底下还挖有 2 个器物坑，中部底下挖出 7 个殉人坑，掩埋木棺 7 具。墓早被盗，劫余器物基本上是出于 2 个器物坑中。

铁器 20 余件，其中锄 1 件，出填土中；兵器有剑 2、镞 3，未名器 1，其他有削 1，锅 1，锅架 3。重要的是有一块《东阳田器志》木牍，正面写有："铣一百二十招，插五十三，钮一百一十六。"背面写有："插卌八具，钮一百廿具，铣十五具"等字，表示随葬田器的数量是很大的。铜器有二百余件，除各种容器等之外，武器有剑 3、镞 43 件。

（二）毗邻地区战国~汉墓铁器出土情况

1. 湖南资兴战国、东汉墓 [20]

在南岭山脉骑田岭北的郴县，是湖南入粤的要冲，资兴县就在其东邻。1978 年在资兴旧市发掘古墓 586 座，出土文物 12000 余件，其中战国墓 80 座，东汉墓 107 座，资料均已发表。

80 座战国墓出土随葬物 478 件，其中陶器 236 件，铁器 32 件，铜器 177 件，其他 33 件。铁器几乎全属工具，分有：农业工具 17 件（锄 16，耜 1）；其他工具 13 件（锛 1、凿 1、刮刀 2、夯锤 2、削 7）；还有残器 2 件。铜器中的武器有 76 件（编者注：应为 79 件）（剑 33，矛 30，戈 16），工具 17 件（斧 3，锛 2，刮刀 3，削 9）。

107 座东汉墓出土随葬器物 5873 件，其中铁器 428 件。内有兵器 133 件（矛 29、戟 1、剑 13、刀 53、环首刀 35、匕首 2）；工具 170 件（斧 3、钻 1、刀 71，环首刀 95）；农具仅见锸 1 件，余为日常用器。铜器 114 件，全为生活用器，铜兵器、铜工具均不见。

2. 长沙沙湖桥汉墓 [21]

沙湖桥古墓区在长沙市北郊，1956 年在这里发掘古墓 107 座，其中西汉墓 34 座，东汉墓 9 座，在 34 座西汉墓中，出土器物 697 件，其中铁器 27 件，农具有耜 1，武器有剑 4、刀 10，其他有鱼钩、勾、灯各 1，残器 9。铜器占 59 件，除弩机 3 件外，其余全为生活用器。在 9 座东汉墓出土的 140 件器物中，铁器 19 件，有釜 5，三足架 1、刀 11、钎 2。铁器分出于 6 座墓中。铜器占 6 件，全为生活用器。

3. 江西南昌西汉墓 [22]

江西在汉代属豫章郡，领南昌等十八个县。江西境内汉墓发现不多，1973 年在南昌西郊发现一处西汉中期的家族墓地，已发掘 13 座，同为土坑竖穴木椁墓。出土器物 200 多件，其中铁器 15 件，武器有剑 1、镞 11，其他有釜、灯等分出于 2 座墓中。还有铜器 53 件，其中武器占 10 件（剑 3，短剑 2，矛 3，镞 1）（编者注：另有铜弩机 1 件，共计 10 件）。

4. 福建崇安汉城遗址 [23]

福建崇安县位处闽北山区。在县城南 35 公里处的城村汉城是我国南方发现规模最大，保存遗迹遗物最丰富的一座汉代城址。自 1958 年发现以来，经过多次探掘，古城建筑在三组山岗和高坪上，平面近方形，南北长约 860、东西宽约 550 米，面积约 48 万平方米。城内已揭出大型建筑组群，城外还发现同时代的居住遗址，冶铁遗址、制陶作坊及二处葬区。据《探掘简报》称，城区内出土物除大量陶器、瓦当等之外，铁器也不少，主要是生产工具、兵器和杂器，分有锸、臿、五齿耙、镰、斧、凿、锤、削、刀、矛、剑、钺、钩、环、钉等。铜器很少，只有镞、弩机零件及一些鎏金器足残件。

（三）中原地区汉墓出土铁器情况

1. 洛阳烧沟汉墓 [24]

1953 年洛阳邙山南坡的烧沟发掘西汉中期到东汉的墓葬 225 座，资料完整。其中有 128 座墓有铁器出土，总数达 246 件。其中农业生产工具 16 件（犁 1、锄 1、锸 1、铲 10、镰 3）；工具 12（斧 4、锛 6、锤 2）；武器 154 件（剑 33、矛 5、刀 116）；其他如剪刀、炉、釜、灯、镜等共 73 件。铜器有 454 号件，其中武器 26 件（矛 1、刀 7、弩机 17、镞 1），无工具，其余为金属生活用器。

2. 河北满城一、二号汉墓 [25]

满城陵山一、二号汉墓是西汉中山国靖王刘胜、王后窦绾的陵墓，时代与象岗南越王墓同。这 2 座墓出土器物种类多，数量大，保存得较为完整。汉代诸侯王墓多数被盗扰，这二墓保存完好，极为难得。

一号墓出土铁器 133 件，其中工具有 67 件（斧 1、锛 1、凿 16、锸 15、锯 3、锤 1、锉 1、削 29），武器 44 件（编者注：应为 35 件/组，镞算作一组）（分有剑 5、匕首 1、刀 1、戟 2、矛 1、链 2、殳 1、弓敝 20、镞 371、铠甲 1），余为杂器。铜器 314 号件，其中兵器 43 件（剑 3、匕首 1、戈 2、弩机 37），其余全为各种容器和日常生活用具。

二号墓出土铁器 107 号件，属农业生产工具的有 48 件（犁铧 1、铲 7、二齿耙 1、锸 2、三齿耙 1、锄、锸、耙范 6），其他工具 56 件（錾 1、锯条 3、锤 1、锸 2、削 49），余为暖炉、灯、权、尺等生活用器。铜器 171 个号件，武器占 5 件（剑 2、弩机 2、镞 18），余为生活用器，无青铜工具。

表 1　　　　　　　　　　　　　　铁器出土情况比较

时期	地点	发掘墓数	出铁器墓数	出铁器墓群所占比例（%）	铁器分类					资料出处
					总件号	农具	工具	武器	其他	
战国	广东始兴白石坪窑址				2	1	1			注 [13]
秦汉	广州造船工场遗址				10		3		7	注 [14]
西汉前期	广州汉墓群	182	51	28	156	6	10	24	116	注 [15]
西汉前期	广州淘金坑墓群	20	9	45	15		7	2	6	注 [16]

时期	地点	发掘墓数	出铁器墓数	出铁器墓群所占比例（%）	铁器分类					资料出处
					总件号	农具	工具	武器	其他	
西汉前期	广州柳园岗墓群	43								注[16]
西汉前期	象岗南越王墓	1	1	100	219	7	98	34	80	注[17]
西汉前期	广西平乐银山岭墓群	123	97	79	205	96	103	4	2	注[18]
西汉前期	广西贵县罗泊湾一号墓	1	1	100	20	1	3	4	12	注[19]
战国	湖南资兴旧市墓群	80	23	29	32	17	13		2	注[20]
东汉	湖南资兴旧市墓群	107	93	87	428	1	170	133	124	注[20]
西汉	湖南长沙沙湖桥墓群	31	14	41	27	1		14	12	注[21]
西汉	江西南昌墓群	13	2	15	5			2	3	注[23]
西汉前期	福建崇安汉城遗址					√	√	√	√	注[23]
西汉	洛阳烧沟墓群	225	128	57	246	16	12	145	73	注[24]
西汉	河北满城陵山一、二墓	2	2	100	240	48	121	44	27	注[25]

说明：1. 每墓出土的箭镞不论数量多少，均以1个件号计。

2. 有的削属于刀，有的为工具，在此均按工具统计。

根据以上列举的材料，下面几点先提出来讨论一下。

第一，关于铁在两广地区的出现问题。铁器在我国的出现一致认为是在春秋时期，有的学者根据考古发现有少量属于春秋末期的铁器（约十件）都出在楚国南部，即今湖南长沙与常德之间，因而认为："开始冶铁和使用铁器的时间推定在春秋后半叶，即公元前六七世纪间；并且认为，最早冶炼和使用铁器的地区很可能是在楚国。春秋中叶以后，铁器处于初期阶段。"[26] 铁器的比较普遍使用和推广是在战国时期。湖南资兴旧市靠近广东粤北地区，在这里发掘80座战国墓，有1/4多的墓发现铁器，属农业生产的锄、臿共17件，还有锛、凿、刮刀、削、夯锤共13件，其他2件，合计达32件之数。但同一墓群中所出铜工具只有斧、锛、刮刀和削共17件。铁工具几为铜工具的2倍。这一情况表明当日南楚地区，在农业和手工业生产领域中，铁工具已占主导地位。位处江西中部的临川和新干两县发现的战国遗址也有较多的锄、斧等铁工具发现[27]。但僻处五岭之南的两广地区铁器的普遍使用和推广要比岭北的湖南晚了一个阶段，这是合乎当日的历史发展真实的。三十多年来这个地区的考古发现也证明了这一点。仅以广东的青铜时期的文化遗存为例，据统计，以夔纹、云雷纹陶器为主要特征的春秋时期遗址、墓葬已近二百处，绝无铁器共存。另一类以米字纹、刻划纹陶器为主要特征的战国时期遗址、墓葬已达百处之多，只在始兴白石坪窑址的地层中发现二件铁器，另在曲江、增城的相类同遗存中也发现铁器（因属地面采集，不作根据）[28]，其他的都无铁器，更未见到一处冶铁遗址或与矿冶有关的遗存，这种现象，绝非偶然[28]。当然，在秦统一以前，岭南与岭北早已存在经济文化的交往，特别是与楚接境的地方，关系尤为密切。但由于横亘在湘、桂、赣、粤间的南岭山脉阻隔，山高岭峻，岭峰一般都在一千米以上，恶劣的自然地理环境，给南北交往带来困难，交流也大受局限。秦军统一岭南时进入两粤的五条路线，肯定也是原来南北交通的主要通道。秦军把这些小道开凿加宽成为"新道"，这为统一后岭北人员与物资的大量南来，创造了条件。始兴发现的二件铁器，从地理位置看，与楚有关，因为这里位处粤北，它的北面紧接南雄，从这里过大庾岭梅关就直抵南野（今江西南康，战国时今江西境全属楚的版图）。往西沿浈水而下到达韶关，这里是古来蹂骑田岭进入南楚的又一要道。再从这二件铁器的形式看，亦与湖南长沙战国墓和江西临川所出的类同。因此，我认为，始兴白石坪出土的战国铁器是由楚地输来，这是岭南境内铁器出现之始。当时正处于开始阶段，所以在数量上不会很多，其流布的范围也不会很大。

第二，从表1可清楚地看出，岭南自秦统一以后，铁器才有大量出现。首先，从推广的范围来看。象岗南越王墓和满城中山靖王及其后的二座墓，出土的铁器无论数量和种类上都显得特别多，这除了三墓都未遭盗扰，保存得好有直接关系之外，同时也显示了三墓的主人身份特别的高，所以随葬物也显得特别的丰厚。如果认为这几个墓同属太特殊的例子，个别不足以概全。那么，从岭南的范围来看，情况又如何？表1所列广州秦汉造船遗址、福建的崇安汉城遗址以及两广境内西汉初年即南越国时期的墓葬，都有较多的铁器出土。再从这时期出土铁器的品类与功能考查。除武器而外，在农业生产工具中，最普遍的是锄和臿；工具方面较常见的有斧、锛、凿、刮刀、削刀几种。已不限于工具和武器，还有不少铁制的器皿已挤入人们日常生活用品的行列之中，比如炊具中的釜、三足架，一般用器的灯、剪、锥及美容服饰用的镜、镊和带钩等等。这种情形与岭北及中原地区比较，已没有"阶段"性的差异了。但是，还要看到的另一点是，铁器，在当日岭南特殊的政治、地理环境下，还是一种珍贵而稀罕的金属。开发岭南需要它，装备成卒需要它，吕后看准了这一点，实施对南越的金、铁田器禁运，这等于卡了岭南经济发展的脖子，迫使赵佗三次向汉廷上书谢罪以求解禁。在上面我们说到岭南在秦统一以后铁器才大量发现。这个"大量"是与战国时期相比较而言，其实它绝不像陶器那样，几乎在每处遗址每个墓葬都可以得到。相反，如表1所表述的广州柳园岗墓群，共发掘43座墓，虽然多属小型的墓，但亦有棺椁保存完好，漆、木、陶、铜的随葬物过百件的中型墓，在整个墓群中竟无一件铁器（甚至残迹）出土，这和当日铁器实属难得是不无关系的。

南越国时期遗址、墓葬出土铜、铁工具的比例，与铜、铁兵器的比例是大不相同的。从表2的统计中可以看出，在农业和手工业工具中，铁器已占有绝对的优势，这种优势在岭北地区尤为明显。但在武器方面，情况就不一样了。在岭北及中原地区，到了汉代，铁制的长剑、长矛和环首大刀经常与铜剑、铜矛、铜弩机同出，铁制兵器已逐渐取代青铜兵器而占居主要地位。在岭南，还不是这样，铁制兵器与铜兵器的比例，大概是2与3之比，即青铜武器在数量上比铁武器多。为什么会存在这种差异呢？我以为当与秦平岭南这一重大的史事相关联。原来六国的兵器主要还是以铜制为主，只有北燕和南楚稍异。当时的冶铁业一般多是锻铸农具和少数手工业工具，锻制的铁兵器还不普遍，这一点从西安秦始皇陵侧的兵马俑坑的发掘，青铜兵器占有绝对优势，就是最好的说明。秦统一六国后，收天下之兵，聚之咸阳。当时恐怕不会把收来的兵器全部都用来铸了钟镶和十二个金人的，因为北却匈奴，南平百越的两大战场，正需要大量的武器来补充。秦统一岭南后，五军就地留戍，将士们所用的武器当然也随之留在岭南了。由于青铜武器断折损毁后还可回炉重铸使用，加上当时岭南还未有冶铁业的基础，要就地解决把戍卒的武器更新为坚韧犀利的铁兵器，实在是不可能的事。所以，此时此地存在青铜兵器比铁兵器尤多，我看大概就是这个原因。

表2   出土铜铁器数量比较

时期	地点	出土件号			农工具			武器		
		铁	铜	%	铁	铜	%	铁	铜	%
西汉前期	广州汉墓群	156	222	48	16	5	320	24	37	65
西汉前期	广州淘金坑墓群	15			7	1	700	2	3	57
西汉前期	广州柳园岗墓群								1	
西汉前期	象岗南越王墓	219	√		105	3	3500	34	22	155
西汉前期	广西平乐银山岭墓群	205	136	150	199	38	524	4	94	4
西汉前期	广西贵县罗泊湾一号墓	20	160	13	4			4	4	100
西汉	湖南长沙沙湖桥墓群	27	59	46	2			14	3	466
西汉	江西南昌墓群	5	53	9				2	10	20
西汉前期	福建崇安汉城遗址				√			√	√	
西汉	洛阳烧沟墓群	246	454	54	28			145	26	558
西汉	河北满城陵山一、二墓	240	485	49	169			44	49	90

第三，关于岭南何时开始有铁犁牛耕的问题。据《汉书·南粤传》关于吕后下令禁南越关市金铁田器，马牛羊的记载，过去我曾认为南越国期间岭南已有铁犁牛耕了。但从建国以来所发现的考古资料来看，这个结论似乎与事实不尽相符。因为在岭南境内至今还未见有属于南越国时期的铁犁铧、铁耙出土。根据以上的综述和表1所列铁工具在岭南的出土情况，

有二批是最大的：一是平乐银山岭的 123 座墓所出，共有 196 个号件；二是象岗南越王墓出有 105 个号件。这二者，无论在数量上或器形的种类上都是最多的，反映了这个时期铁农、工具的概貌。值得注意的是，在铁工具中有斧、锛、凿、铲、锤、锥、削刀、刻刀、劈刀、刮刀、刨刀和圆的、扁的、方的不同形状的钢锉，可以说工具的种类已相当齐备了。但农业工具则比较简单，只有锄、臿二种，用于翻土、除草和起土挖沟，还有收割用的镰刀。银山岭墓群和象岗南越王墓中的铁农具和铁工具，是有意识为死者置备的随葬品而埋入墓中的，如果当时牛耕已普遍存在，恐怕不会连一件铁犁铧或一件铁齿耙都不见遗留。连贵县罗泊湾一号墓的"东阳田器志"中也不见有犁耙。但与之同时的满城陵山一、二号墓则截然不同，既有铁犁铧、二齿及三齿的铁耙，还有一批耙锄、锨的铸范同出。这批铁器是开凿墓室时使用过的一部分铁工具，遗弃于墓门前的堆积之中，有的铸范出自墓中，则是作为垫置器物用的，这种现象正反映出当日中原地区使用铁农工具的广泛程度。虽然，广西的汉墓也发现有铁犁，广州和佛山的汉墓也出土水田模型，明显的划有犁耕和耙田的纹道，但这些墓的年代已属东汉时期。鉴于在墓葬中的出现往往会比现实存在的要晚一些，即所谓意识落后于存在，因此，岭南地区的铁犁牛耕，大概是在南越国灭后，汉廷扩大了这个地区的郡县建置，加强了对南疆的统治之后才逐步的推广开来。

第四，关于岭南冶铸手工业出现的年代问题。早在春秋战国时期，岭南地区已有青铜冶铸业存在，这是毫无疑问的，两广所出土的这一时期的青铜器，大体上可以区分为二大类：一类是属于中原文化系统的，所占数量不多，如编钟、铎、鉴、尊、盉及武器中的戈、剑和环首削刀等，这些与两湖、安徽及中原地区的战国墓所出的类同；另一类是具有地方色彩的青铜器，数量比前者为多，如广西恭城出土的蛇纹尊，还有越式鼎，铜鼓、提筒、扁茎短剑，靴形钺等容器、武器和工具，这些都不见于荆楚及中原地区，当属于本地文化系统特有的青铜器。岭南冶铸铁器的出现比之青铜器的出现要晚得多。虽然本地区战国时已有铁器出土，但来源于楚，并非本地所铸。至于秦汉墓葬遗址中出土的铁农工具等，又因器形简单，加上南方潮湿，铁器容易锈蚀腐碎，不少出土的标本只能仅辨其形，特征不够明显。有的很难判明属当地所铸还是从外地输来。过去有学者对广东境内出土的铁器作过综合分析，认为当地在秦、西汉时期已经普遍地应用铁器，但尚未建立起自己的冶铁业，铁器大多是从北方输入的[29]。南越王墓出土的大批铁器，为这个结论提供了有力的实物证明。在该墓出土的铁器中有两点是最能说明问题的：一是出土一件越式大型铁鼎，该鼎高 48.5、腹径 47.5 厘米，重 26.5 公斤，器形为小口、直唇、圆腹、圜底，三直足，肩处附二个环耳，全器铸出。像这种造型的鼎，亦见于本墓所出的陶鼎中。过去，在华侨新村等多处南越墓群中也有与此造型类同的陶鼎发现。由此可以肯定当时本地区已有铸铁生产。但铸铁业的出现不等于冶炼已经存在了。因为本地欠缺铁矿资源，从《山海经》和《汉书·地理志》记载当时全国的产铁地点和铁官的设置，岭南都没有。虽然铁和青铜在生产程序上是相接近的，但技术上冶铁要比冶铜困难得多。据现代冶炼资料显示：纯铁的全部熔化温度是 1537℃。当铁中的含碳量为 43% 时，全熔温度也达 1146℃，这比之青铜（约 800℃）或纯铜（约 1083℃）是要高得多的。由于熔点高，炼炉的容积不可能很大，铸件的体积就受到限制了。长沙楚墓出土的一件铸铁鼎，残高 21、口径 23、深 26 厘米，重 3.25 公斤 [30]。南越王墓出土的大鼎比这个楚鼎，虽然在年代上晚一段，但在重量上则要大出八倍。反映了岭南当时的熔铸技术是不低的。二是出土的斧、锛铲等全属锻打而成。这类工具在中原地区的战国时期，多数是采用锻打制作的，到了汉代，由于韧性铸铁的产生，就全用铸铁制造了。批量的生产比逐件锻打的生产，在产量上是有很大的提高的。南越当时已能铸造像大铁鼎这样复杂的器件，按理是更容易采用范铸斧、锛等工具器件的。为什么循旧不改，仍用锻制？看来，还是基于本地矿藏资源欠缺这一原因。因为锻打可收旧利废，使用故铁进行加工改制。铸冶就不行，它是非有铁矿石作原料不可的。

三、南越国的丝织和制漆问题

汉代丝织生产有两大基地，一在齐，一在蜀，即今之山东和四川，由中央政府中少府的东西织室直接掌管，生产规模很大，一年耗几千万，民间的丝帛生产散布各地。当时岭南是否已有丝织业存在？由于缺少文献记载，也无实物证明，一直以来无法得出肯定或否定的结论。从《汉书·南粤传》记载汉越交往中有一条史料说到，汉文帝元年陆贾第二次出使南越，带了文帝赐赠给赵佗的礼物有：上褚五十衣，中褚三十衣，下褚二十衣。刚好一百件整。赵佗回报文帝的礼物有：白璧一双，翠鸟十，犀角十，紫贝五百，桂蠹一器，生翠四十双，孔雀二双。一望而知赵佗选送的尽是当地最高级的名特产品，有些还是历来统治者如楚王、秦始皇帝所追求的、为帝都所无的奢侈珍玩。那么，汉文帝赐赠给赵佗的一百件包括大小厚薄不同，分有三种规格的丝绵衣物，也应当属于南越地所无，起码也是极为难得的高级织物。加上陆贾已是第二次南来，对南越的情况有所熟识，选送什么，一定是经过考虑的。绝不会是随意而定。如此说来，似乎可以认为：南越国在赵佗统治期间，还未有丝织生产。虽然，在两广发现的南越国时期遗址、墓葬中，常常有一些丝织品的残片出土，但一来数量少，二来都已炭化了，一触即碎，无从确认这些织物是当地所产抑由岭北输来。象岗南越王墓发现了大批丝织物，还出土有一套彩色套印花纹在丝绢上的工具，对了解当日丝织手工业生产情况提供了最重要的实物标本。

象岗南越王墓随葬丝织物数量之多，确实惊人，墓内的随葬品，小至一把铁削，一块玉剑饰，大至一个铜鼎，成捆兵器，几乎无不使用丝绢包扎捆缠，有几个铜熏炉还是用绣花绢、绒圈锦这类高级的织物来包裹的，使用丝织物之糜费程度似乎比现代人使用包装纸尤甚。另外在西耳室发现叠置成堆的丝绢都是整匹随葬。全部织物可惜都已炭化了，已毫无强度，触手即成粉末。可幸的是，加固后在放大镜下织物的组织结构尚清晰可认，印染的花纹图案也看得清楚。经过初步的观察，这些织物的品种，有平纹的绢，方孔的纱，斜纹的绮，组织复杂的锦、罗、绉纱，还有刺绣，在铜镜、玉璧等器件上，还发现有用手工编织的绶带、罗带和组带等多种编织物。有一种超细绢，其经纬密度竟达到每平方厘米 300 根经线 × 100 根纬线，用肉眼看好像是一张平滑无纹的纸一样，在 10 倍以上的放大镜下才观察得清楚。此外，还有提花锦、绒圈锦等高级织物发现。总的来说，这墓所出的丝织品的品类大体上与马王堆一号墓所见的无异。在这批丝织物中见到的练染颜色，则以朱绢、朱罗为最多，还有云母绢、漆纱和黑油绢。用朱色涂染丝织物在汉初是受人喜爱的高贵衣料，但朱砂是一种不易研碎的物质，如果用辗压方法研碎，就失却其鲜红的色泽，只有互相碰撞使其逐渐变细，才不致失却原色；而且朱砂不易溶解于一般的溶液，只溶于"王水"，当时是怎样解决把朱砂染料均匀分布牢固的黏附在织物上，用的是什么黏合，看来还是一个谜。因为这个难题就是在现代的印染工业中还未能完全解决得好。马王堆一号墓还出土有两件成幅的泥金银印花纱，花纹单位的外形为菱形，每个单位由三个印版组成，其中两个印版一大一小，均由细曲线纹组成火焰形纹样，印出银灰色或银白色。另一印板由小点组成重叠的人字形纹，印出金色或朱红色的小圆点，套叠在菱形的花纹单位之中 [31]。经研究，这种纹饰可能是用凸板印的，但无工具发现给予证明。事出凑巧，我们在整理南越王墓出土物中，有几片残铜片，去锈后拼复起来，竟是大小两件青铜印花凸板，大的一块约为 58 毫米 × 40 毫米，另一块更小。两块的纹样构图组合起来，与上述马王堆的泥金银印花纱十分相似，但纹样单位要比马王堆的大一些。另外，在已炭化织物中也有这种纹样的印花罗发现。印花工具与成品同出一墓中，尤为难得。我国在织物上印花和彩绘起源于秦汉以前，但从未见有早期的实物发现，马王堆出土的泥金银印花纱被认为是目前世界上最早的彩色套印织物，那末，南越王墓的发现更为这些实物提供了套印的工具证明。这二件青铜印花凸版，似乎还可以说，是目前世界纺织史上最早的一套彩色套印工具，在科学技术史和印染工艺研究上都有重要的意义。还有，罗泊湾一号墓出有纬刀十余把，最长的 53 厘米，短的 18.4 厘米，条形、背平、直刃，两端微翘，这是织布时打纬所用的工具。出土的这些印染织布工具表明，南越国确有自己的丝织生产。当时的丝织作坊也和制陶、冶铜、铸铁、制漆等手工业一样，都由王国的工官管理，用大量刑徒进行生产。

广州南越国时期墓出土的漆器中，发现有烙印"蕃禺"二字的工官标记，罗泊湾一号墓出土大批漆耳杯、有十余件杯底烙印"布山"二字，字外有方框。另外有烙印"市府草"，"市府□"的则无方框。这表明在南越国境内的都城重邑是设有工官的，主造各种器具。其中有"布山"烙印的为当地所产，另一些有"市府草"、"市府□"的漆耳杯，在江陵凤凰山八号墓和马王堆一号墓中都有发现，烙印的外围同样无方框。漆器上烙有这种标记的应为西汉初年成都市府作坊制造。布山位在西江主航道上，水道直通巴蜀。南越国与巴蜀有贸易往来，见诸《汉书·西南夷传》载，唐蒙在南越食到四川出产的枸酱，是经牂柯江而来。"市府草"耳杯的出土，则是两地贸易往来的物证了。可惜象岗南越王墓的漆木器物都腐朽无遗，看不到有更新鲜的材料。三十多年来，在广州地区发现的南越国期间木椁墓中，如三元里马鹏棚岗、西村石头岗、东山农林下路、先烈路区庄等处都发现过大批漆器，属工官标记的仅见"蕃禺"一例，烙"布山"的在贵县罗泊湾一墓中就有大量出土，但作为当日王国都城的番禺，却从未见到有"布山"铭文的器物。相反，罗泊湾一号墓则出有"蕃禺"标记的器物。两地考古发现所见到的这个现象，是否暗示了：政治上赵佗有给西瓯"赂遗"的需要，而西瓯君只有履行"役使"的义务，而不用向赵佗进纳方物。

在象岗南越王墓中还发现有来自海外的舶来品。在西耳室中有原支的大象牙五枚，成堆的叠置一起，已全朽裂，经研究确认为非洲象齿；又在一个小圆漆盒中盛有26克酷似乳香的树脂类物质，经化验，所含主要成分已无法测定；同时还出一个圆形作突瓣式纹的银盒，无论从造型看，从纹饰看都与中国传统器物迥异，但与伊朗古苏撒城（今舒什特尔）出土的刻有波斯薛西斯王名字（前5世纪）的金银器类同。这件银盒可以认定是来自海外的舶来品。广州面临南海，是中国最早与南亚诸国交通往来的海港，有舶来品出土，不足为奇。但与此器大抵类同的在云南石寨山墓群，和最近发掘的山东淄博西汉齐王大墓随葬器物中亦出有一件银盒与此类似，只是稍粗糙一些。石寨山出的是铜盒，证明在当地铸制。这三者的年代相当，既然是广州的舶来品，怎么会在西南的云南，北方的山东，同时出现这样类似之物？这是个涉及海外交通史的问题，尚待探研。

四、南越五主的墓地问题

象岗南越王墓的发现，否定了"佗子亦尝为王"的假说。南越五主，越佗是开国之君。据《史记》《汉书》本传记载，赵佗"至建元四年卒"（《汉书》本传无"卒"字）。建元四年即公元前137年。我们推定秦始皇是在始皇二十八年派五军统一岭南的。赵佗是将领之一，是年（即前219年）下距佗的卒年已有82年整了，假定赵佗入越之年是20岁，也活了102岁了。前人对佗的长寿曾提出怀疑。吕思勉先生以《汉书》本传"至建元四年佗孙胡为南越王"，与《史记》相较，年字之下夺"卒"字，据而提出赵佗之子亦曾为王。建元四年是佗子卒，其孙胡继位为第三代王之年。象岗大墓发掘后，因墓主身上随葬有"赵眜"私章，名字与《史记》《汉书》本传所记第二代王赵胡不同。该墓的墓主是谁，由此引起一场争论：有认为赵眛是佗子的，应改为"佗子眛为南越（粤）王"；有认为是赵胡之兄或弟的；亦有认为南越文帝是赵胡，所以"赵眛"玉印非墓主私章，而是赵胡把其早殁的兄或弟的私印也随葬了，等等。笔者曾有专文讨论这个问题，从出土的印玺、南越国世系，赵佗年寿，南越的僭制，墓主年岁及墓中出土的有关器物相对照，共六个方面进行论证[32]，其中有三条重要的出土证据：一是有"眛"字封泥同出；二是墓主遗骸经鉴定年龄在 35～45 岁之间；三是"文帝行玺"金印，铜句鑃上的"文帝九年"刻铭与"赵眛"名章同出，又与《汉书》所记三主婴齐嗣立，即藏其先武帝、文帝玺相吻合，得以确认墓主赵眛是佗的次孙，为僭号"文帝"的第二代王。

　　南越五主除四主赵兴被丞相吕嘉所杀，五主赵建德与吕嘉同被汉兵俘杀外，其余的一、二、三主的墓都应在番禺（今广州）。据晋人王范《交广春秋》和沈怀远的《南越志》载：南越各主的墓是非常隐秘的。三国时，孙权派几千兵卒到广州在今越秀山一带寻掘赵氏陵墓，只找到赵婴齐的墓，"得玉璧、金印、铜剑之属"。1983 年 5 月，即发现象岗南越王墓的前一个月，我们在西村车辆段宿舍工地清理了一座大型木椁墓，该墓坑长 13 米，宽 8 米，全部填河沙。木椁朽余最底的一层，周壁及椁底用同样粗大而长的木枋铺砌，底板有髹漆痕。墓已于早期被严重盗掘过，偌大的墓只余两件小陶器，连破陶片也不见一块。但在中后部的盗洞位置处，发现精美玉器十多件，出土位置高低不一，显系盗掘时所遗下的。这座墓是广州所见南越国时期规模最大的一座木椁墓，盗掘得如此干净，劫余的玉舞人，玉璜、玉璧、玉具剑饰的造型雕工和象岗南越王墓所见的一样，而玉质还要晶莹一些。过去，在广州发现的南越国时期大墓中还未见过如此精美的玉佩饰出土。鉴于满城中山靖王后窦绾墓和长沙马王堆一号墓的墓主同是女性，都无铜铁宝剑随葬，此墓有劫余的大型玉剑饰遗留，可以推定墓主是男性。因此，这墓很有可能就是被孙权派兵所掘过的南越第三代王赵婴齐的墓。

　　秦始皇陵在骊山下，距帝都咸阳较远，汉初的十一个帝陵也离长安城颇远，以后唐、宋、明、清的帝陵都是远离京城的。从 20 世纪 50 年代起，我们根据这个规律，在广州远郊调查中着意找寻赵氏几代的王陵。现在看来象岗就在当日的番禺城外，近在咫尺。如上述西村车辆段被严重盗掘过的大墓确实是赵婴齐墓的话，其方位则在赵眛墓的西边了。那么，南越五主就只剩下一主赵佗的墓尚未发现。赵佗墓在那里？也是近在咫尺的附郭之野吗？从排列的方位来看，似应在赵眛墓之东。因为象岗是越秀山最靠西边的一个小石岗，岗的西边就是有名的芝兰湖，再无岗阜相连了。据史志载，该湖在唐代还是个避风港。到明时才逐渐淤塞成菜田。佗墓如在象岗之东，就只有越秀山了。在越秀山距离不远就有比象岗还要高些，还要大些的土石山岗，佗墓确有可能深藏于此。这是一种推测，对否？有待以后验证了。不过，赵眛在位约十六年，其陵墓及宝藏已有如此的规模，赵佗在位六十七年，又是南越鼎盛之时，可以想见佗墓的规模当更可观。我们相信，随着两个文明建设事业的发展，文物考古知识的普及，赵佗墓发现之日，也会和赵眜墓发现时一样，严格地保护好现场，为进行科学发掘，俾更多的南国异宝，在研究上无减它的科学性的光辉。

注释：

[1]《西汉南越王墓发掘初步报告》，《考古》1984 年 3 期。

[2] 近年中国考古五大发现：1. 金牛山猿人化石；2. 红山文化祭祀遗址；3. 商代早期城址——河南偃师商城；4. 第二代南越王墓；5. 湖北江陵出土汉代早期竹简。见《人民日报》1985 年 3 月 11 日新华社电文。

[3] 如清梁廷楠《南越五主传》；近人曾一民《广州赵佗故城考》，载台湾《中国历史学会史学集刊》第一期；张荣芳《略论汉初的南越国》，载《秦汉史论丛》第一辑，1981 年。

[4]《汉书·地理志·会稽郡》娄县注："有南武城，阖闾所起以侯越。"南武侯织可能初封于此，后改封南海王。

[5]《三十年来广西文物的主要收获》，《文物考古工作三十年》，343 页。

[6] 笔者 1982 年到连县调查，在县文化馆见到城郊建氮肥厂平土时发现南越时期墓出土的许多文物，其中陶瓿、陶瓷、陶罐和一些越式鼎等，与广州华侨新村南越墓群所出的相同。连县即长沙国的桂阳，为南越国与长沙国交界地。

[7]《广东考古结硕果，岭南历史开新篇》，《文物考古工作三十年》，331 页。

[8]《广东肇庆市北岭松山古墓发掘简报》，《文物》1974 年 11 期。

[9]《广西贵县罗泊湾一号墓发掘简报》，《文物》1978 年 9 期。

[10]《集韵》：蕃，县名，在鲁。或作鄱、番。

[11]《史记·南越列传》："佗因此以兵威边，财物赂遗闽越、西瓯、骆，役属焉。"役属即臣属戍边之意。《诗·王风·君子于役》："君子于役，不知其期。"《国语·晋一》"弃政而役。"注"役，服戎役也。"也指服戎役戍守边疆之人，即士卒。本文上述广西平乐银山岭发现西瓯人屯戍的基地，也许与西瓯为南越"役属"有关。

[12]《读史方舆纪要》广东肇庆府条："四会县，府北一百三十里，秦置，属桂林郡，汉属南海郡。"

[13]《广东始兴白石坪战国遗址》，《考古》1963 年 4 期。

[14]《广州秦汉造船工场遗址试掘》，《文物》1977 年 4 期。

[15]《广州汉墓》第二章，文物出版社，1981 年。

[16]《广州淘金坑的西汉墓》，《考古学报》1974 年 1 期；《广州瑶台柳园岗西汉墓群发掘纪要》，《穗港汉出土文物》，香港中文大学文学馆，1983 年。

[17] 同 [1]。

[18]《平乐银山岭战国墓》，《考古学报》1978 年 2 期；《平乐银山岭汉墓》，《考古学报》1978 年 4 期。

[19] 同 [9]。

[20]《湖南资兴旧市战国墓》，《考古学报》1983 年 1 期；《湖南年资兴东汉墓》，《考古学报》1984 年 1 期。

[21]《长沙沙湖桥一带古墓发掘报告》，《考古学报》1957 年 4 期。

[22]《南昌市郊西汉墓》，《考古学报》1976 年 2 期。

[23]《崇安城村汉城探掘简报》,《文物》1985 年 11 期。

[24]《洛阳烧沟汉墓》,科学出版社,1959 年。

[25]《满城汉墓发掘报告》,文物出版社,1980 年。

[26] 黄展岳:《试论楚国铁器》,《湖南考古集刊》第 2 集,1984 年。

[27]《江西考古三十年》,《文物考古工作三十年》,244 页。

[28] 同 [7]。

[29] 杨式挺:《关于广东早期铁器的若干问题》,《考古》1977 年 2 期。

[30]《长沙新发现春秋晚期的钢剑和铁器》,《文物》1978 年 10 期。

[31]《长沙马王堆一号汉墓》上集,56 页,文物出版社,1973 年。

[32]《广州象岗南越王墓墓主考》,《广州文博》1986 年 1、2 期合刊。

原载《岭南文史》1987 年第 2 期。

汉代番禺的水上交通与考古发现

一、番禺在岭南的史地位置

广州古称番禺，到三国吴时，黄武五年（226年）"是岁分交州，置广州，俄复旧。"（《三国志·吴书·吴主传第二》）才有广州的名字。秦汉以前这个地区的社会历史发展，由于文献无征，不得而详。公元前219年秦始皇派五军统一岭南，置桂林、象、南海三郡，岭南地区正式归入秦帝国版图。《淮南子·人间训》有"一军处番禺之都"，《史记·南越列传》有"番禺负山险，阻南海，东西数千里"，而"岭南"一词亦已见于《史记·货殖列传》中。这是自秦统一后有关岭南史志见于文献的最早记录。秦统一岭南的战役进行了五年，统军的将领主要有三：一是尉屠睢，被越人杀死；二是任嚣，在统一岭南后任南海尉，南海郡治在番禺，就在这个时候番禺开始作为一郡的首府；三是赵佗。秦亡，任嚣病死，佗继任南海尉事，随即发兵击并桂林、象郡，自建南越国，都番禺，于是番禺成为整个岭南地区的政治、经济、文化中心。查考番禺自任嚣设南海郡治至汉武帝元鼎六年（前111年）灭南越国止，前后达103年，番禺作为岭南重邑的历史地位无改。顾祖禹《读史方舆纪要》广州城条有谓"汉平南越，改筑番禺县城于郡南六十里，为南海郡治。"到三国吴时，交州刺史步骘于建安二十二年（217年）把州治从苍梧郡的广信（今梧州）"移治番禺，筑立城郭"。依此说来，从汉平南越之后至建安二十二年州治迁番禺之前，南海郡的政治中心有328年不在今广州城这个地方了。顾祖禹之说不知所据何自？按郡南六十里即今番禺县市桥至沙湾一带，这里是南宋以后才开村的，有的史地学者曾到此地作实地调查，不仅在市桥、沙湾一带，就是今广州城郊之外，其四周六十里的范围内都未曾有作过番禺县城达三百多年的遗迹及汉墓群等发现。反之，在广州的近郊从西汉早期到东汉末年的墓群都有发现，当中并无断缺。事实说明，汉平南越后，番禺仍为南海郡的治所，"汉番禺城南迁"一说纯属讹传。

从地理位置看，番禺位于岭南的东南方，处肥沃的珠江三角洲北部边缘。从水道交通来说，番禺扼据广东三条主要河流（东江、北江和西江）总汇入海的要冲，因而它既是广东内河航运的中枢，又是我国南方一个最大的河港兼海港。三江中的东江和北江，干流各长约

500 公里，西江干流最长，达两千余公里，沿西江上溯可达广西、云南、贵州。在广西境，当日的苍梧、贵县是西江航道上的重要城邑，又是仅次于番禺的一个河港。汉代，三江的航运实以西江为最盛。又据近代地理学者的研究认为，广州古代是个海岸河口城市，从历史地貌学上看：（1）古代珠江是条潮汐汊道。目前西江可上溯到肇庆平原，北江可上溯到芦苞下的黄塘，东江可到园洲，流溪河可到江村。在古代会更加深入。有准确记载，宋代广州受咸水入侵严重。（2）蚝壳（牡蛎）在市区沿珠江北岸分布很广，挖地常有发现，泥蚶在中山四路的秦汉造船工场遗址下有大批发现，属咸水生长贝类，泥层中发现有孔虫，鉴定属海相地层，表示河口性质。（3）今天珠江河底多为潮汐冲刷而成的海相细砂沉积，与河相以粉沙，泥沙等悬浮物沉积不同。目前流往广州市区的珠江前航道，古代江面宽阔，宋代仍称"小海"，江面宽 1.5 公里、往东的黄埔就叫"大海"了。到元代，番禺逐渐由海港转变为河港，及清，珠江才改称"省河"。转为河港的重要原因，主要是因西江、北江及其汊流汇入珠江，大量沙泥淤积在江中，心滩、边滩不断产生，把河口外移到黄埔以东了 [1]。

二、水上交通的考古发现

如上所述，广州位于水道纵横、江河交汇的珠江三角洲边缘，古来就是一个河港兼海港的岭南都会，建国以来，秦汉时期的水上交通考古材料的发现，要数广州地区最为丰富，计有二处造船遗址；有汉墓中出土的各种船模；还有一批与海外交通有关的出土器物。

（一）造船工场遗址

1. 中山四路秦汉造船工场遗址

这是 1975 年发现的一处规模较大的造船工场，遗址深埋在今地表下 5 米，经钻探及试掘得知，工场中心平行排列三个造船台，船台长度在 88 米以上，船台的南边揭出一部分木料加工场地，有"弯木地牛"结构。已作部分揭开的第 1、2 号两个船台，同是由枕木、滑板和木墩组成，接近水平式的船台。其结构是：由宽 0.70、厚 0.15 米的长木板（每块长 6 至 9 米不等）分两行平行铺设，下面用枕木垫承，组成一条下水滑道。在每行滑板上竖置两两相对的木墩，在木墩架板造船，滑板下垫枕木的作用在于扩大受压面，保持受压均匀，避免局部下沉。第 1 号船台两行滑板的中心间距 1.8 米，2 号船台为 2.8 米，第 3 号船台被建筑物所压，未揭开。按船台滑道的宽距计算，1 号船台可造船体宽 3.6~5.4 米，2 号船台可造船体宽 5.6~8.4 米。换言之，这里可建造宽 6~8 米，长 20~30 米，载重可达数十吨的大木船。

造船台的木料经鉴定：木墩用格木，滑板用香樟，大枕木用杉木，小枕木用樟，按照各个部位的功能不同而选用不同的木材。在滑道的两侧及木料加工场地遗有造船劈下的大量小木片，经鉴定有格木、樟木和杉木，同为造船的优质材料。

在第 1 号船台的枕木间发现几件造船的铁工具，有锛、凿和船板捻缝的专用工具——挣凿，还有木垂球和少量不同类型的铁钉。此外，在第 1、2 号两船台之间有大片的成层成堆的海沙，这一现象有可能是当时已经采用有如今天粤东一带土船厂所习用的"斩包下水"法的遗留。从试掘所见，这个造船遗址有几点是值得注意的。

一是，根据已部分揭开的第 1、2 号船台的结构来看，滑板与枕木不作任何固定，这样，两行滑板的中心间距可宽可窄；第 1 号船台和第 2 号船台之间的两行滑板又可以组成为一个间距更宽的造船台，换言之，两个平行并列的船台可以组合成三个船台使用。

二是，从滑板上木墩的排列情况看，这里建造的是平底的木板船，每对木墩的间距大概与船体内的肋骨或隔水舱的间距相应。这种把船台与滑板下水相结合的结构，在现今广东的西江、北江和东江的土船厂中仍普遍可见，但远未及这处遗址所显示的规模。

三是，造船台建造在含有大量浮游类型有孔虫（Plantonic Foraminfera）的灰黑色黏土海相沉积层上，又在第 1、2 号船台间发现生长于咸水中的泥蚶，一堆堆完整的个体散布在黏土层中，表明船台所在原是一处浅海滩。这里南距今珠江前航道已有 1500 米，在船台遗址层特别是木料加工场地上，散落大量造船时砍劈下来的木片，木片切口处的斧、锛、凿、锯痕清楚可认。除木片外，还有大量的炭粒、炭屑，有的地方炭屑、木片压叠成堆，这是一个很特殊的现象。笔者曾到广州近郊一些小船厂调查，据老工人介绍，木板船的船壳木板都要在工场用火烤弯定型，凡经用火烤过表层的木板，除了定型外，还有防腐的作用。工场中遍地都是砍劈下来的木片，都处炭屑成堆，这种现象只有木船厂才有。这一点对论证这个遗址的性质十分重要。

船台中出有秦半两铜钱，西汉初年的八铢、四铢半两铜钱，所见的陶器都是西汉初或较早的。船台枕木取样作 ^{14}C 测定，距今 2190 ± 90 年（前 240 ± 90 年）。^{14}C 的测定与遗物的年代相当。秦平南越是岭南古代史上一件最大的史事，遗址中发现青铜箭镞较多，我们认为这个造船工场是在秦统一岭南"一军处番禺之都"后修建的一个造船基地，为这场"三年不解甲弛弩"的统一战争修造水运急需的船只。

2. 中山五路东汉造船遗址

遗址在中山五路北京服装店内，东距中山四路秦汉造船工场遗址约 500 米。1977 年 4 月该店在室内西边挖掘深坑，修建地下防空洞，在距地表 4.7 米发现了造船的遗址，暴露的面积很小，在长 21、宽 1.5 米的钢筋混凝土沉箱内，露出木墩 4 个，木桩 4 根，残板 8 块。木墩有方有圆，均上稍敛而下广，残高约 0.5 米，底径约 0.3 米，有倒下的，有竖置的。这 2 对木墩的中心间距约 1 米，木墩下无滑板、枕木组成的滑道，而是直接置于黏土层上，墩下有薄木板垫承（今东江、北江的土船厂多用厚木板做的滑道，把木墩和木枋叠成井字架，置河滩泥层上造船。下水时用草包装沙，在船的头尾处累叠成堆，承托着船底，堆面再叠放上二块木板，然后从两块板缝处打入楔形木，使船体托起离开木墩或井架，就可以将墩、架卸去。最后把前后两堆装沙的草袋，一齐逐层割开，扒去袋中沙土，船体慢慢降下置泥滩上，再在坡滩上泼水，以利滑动，这时就可用人力硬把木船推入水中了，这就是"斩包下水"法）。

遗址的黏土层上留有许多小木片、炭屑，同一层位所出的还有绳纹、布纹瓦及方格纹瓷罐等陶片，依此判断这个工场的年代为东汉时期。

（二）汉墓中出土的各种船模

在广州发现的两汉墓中常有船模出土，其中有 4 座西汉前期（即南越国时期）墓发现木船模型，2 座西汉中期墓出木船模型，还有 6 座东汉年间的木椁墓和砖室墓有木船或陶船模型发现，加上邻近广州的佛山市澜石的一座东汉墓出土的水田附小艇，总计已发现 15 例船模资料，分述如下：

1. 彩画楼船

资料（1） 农林下路 M 3 木椁墓的西汉初年彩画楼船模

1986 年 10 月，在东山区农林下路铁路职工宿舍工地发现一座保存比较好的西汉初年木椁墓。椁内正中置棺具，四周用柱、板、枋组成二至三层的器物架，贴靠椁壁，架中置陶、漆、木器。在右侧器物架的底层放有 1 件彩绘木船，惜已朽坏。船底由一整段木凿成，长 86 厘米，已断裂为三段，边沿亦残朽。舷板残余 2 块，残长 62 厘米，有小钉孔。船上前段 12 个木俑（高 6~7 厘米）分列两行，每行 6 个，为划桨的水手。两行木俑中间置木桨 9 支，长 29 厘米，大桨（橹）1 支，长 51.5 厘米。船体后部分作二层，已塌朽。下层未见结构木板，上层有楼板一块，其上压着 2 块四阿顶的舱盖板，还有架舱的柱子，舱室壁板等残件，这些木板大多留有彩绘图案装饰。惜因椁内曾较长期干涸，木质干裂变形，后又积水浸泡，木板多数裂变朽坏，又无拼接的榫卯、钉孔等可作依据，无法复原。

资料（2） 东郊龙生岗 M43 木椁墓的东汉彩绘楼船模

1953 年 11 月，在先烈路黄花岗南面的龙生岗发掘了 1 座东汉初年的大型多室木椁墓。该墓后部分为上下二层，下层作器物室，上层又纵隔为左、右两个棺室。右棺室被盗，连棺室铺底板也被翻起，原置于器物室内的一只木船模型被破坏了，拖了上来，压在底板下。这只木船的底部已不存，有 2 块舷板各残长 1 米。还有船舱盖板 2 块，木桨 10 支，大桨（橹）1 支，彩绘木俑 4 个。还有一些残缺不全的小块木板。其中不少船板有黄、蓝、粉、朱、墨五色相间彩绘的图案纹或兽纹。这件木船仅拼复出一个船楼的舱室，其余残朽太甚，未能复原。

2. 内河交通船

资料（3）　西村皇帝岗 M1 木椁墓的西汉木船模（本书图版五七）

该墓是 1956 年发掘西村窑遗址时发掘的。椁室的后半分上下二层，下层为器物室，置大批陶器和木船、木仓、木井等木器；前室有木车和木屋。其中的木质车、仓、屋等均已散乱朽坏。木船 1 件，在器物室前贴靠椁壁下为渗积的淤泥所埋，位置未移动。木船通长 80.4、通高 20.4、宽 14.2 厘米。船底水平部分长 34 厘米。底板系由一块整木凿出，前后翘起。船的中部有两个舱室，前舱方形，高起，有四阿式上盖；后舱长方形，两坡上盖。船头船尾的露天部分都无甲板。在前部横架木板二块作坐凳，4 个木俑分坐两边，各持短木桨 1 根；尾部在尾舱之前有一俑坐板凳上，持一桨作舵用。这件木船模出土时船底木质朽软如泥，出土后即用原椁室的木材复制，在广州西汉墓出土的木船模中以此为最完整。

资料（4）　西村冷藏库 M1 木椁墓西汉中期的木船模

西村冷藏库 M1 是一座西汉中期分上、下两层的多室木椁墓，早被盗过，木船 1 件置下层器物室的左侧边箱内。木船由薄板组成。船底的薄板残存一段，长 44、宽 16 厘米。两侧的舷板，其一残存 117，另一残长 95 厘米。船舱的顶盖板 4 块（可知船上有 4 个舱室），其中 2 块为近方形的四阿顶，一大一小（长 18～20、宽 13～19 厘米），一块为长方形的四阿顶（长 16、宽 14.4 厘米）。这三块似属船身中部的舱室。还有一块作长方形三面坡（长 12.5、宽 10 厘米），依资料（3）例，似属尾舱。还有木柱 4 根，当是舱室的四个角柱。木俑 3 个，木桨 3 根。可惜船板构件残朽较甚，散乱不全，未能复原。

3. 客货两用船

资料（5）　先烈路十九路军坟场 M3 砖室墓的东汉陶船模（本书图版五八）

该墓 1955 年发现，出土船模 1 件，陶质坚致，灰白胎，通长 54、中宽 15.5、通高 16 厘米。船体长条形，首尾狭，中部较宽，底平。船内分前、中、后三个舱室：前舱低矮宽阔，篷顶作拱形；中舱稍高，成方形，上有圆形微凸的篷顶，后舱即舵楼，狭而高，两坡篷盖，右侧连厕所。船尾还有一间矮小的尾楼。船头两边各置三个桨架，船舱横架梁担八根，两舷有司篙的走道。船首系锚，船尾设舵。舱内残存陶俑 6 个，状态各异，不属划桨的水手，应为乘客。根据结构和长宽的比例来看，原长可达 20 米左右，届航行于内河的中型客货混合船。

4. 内河货船

资料（6）　红花岗砖室墓的东汉陶船模

1954 年在红花岗发掘一座东汉残砖墓（不列号），在前室出土 1 件陶船模，胎质红色，松软残碎。修复后形制尚完整。船模长 42、高 17 厘米，结构较简。船身短而宽，首尾狭，中部宽广，平底。两舷上横架"梁担"八根，每根两端竖立柱以承篙。舱盖为拱形的篷顶，当中向两侧卸开，露出篷顶的骨架。四俑分立篷盖之上，作撑篙的姿态。船体内作通舱不分格。这个船模的结构形制，在20世纪50年代以前广东内河运输的"货艇"大体如是，舵工也是站立在篷顶上撑篙掌橹的。

5. 农田小艇

资料（7）　佛山市澜石 M14 砖室墓的东汉陶小艇

1962年出土。小艇附在一块陶水田模型旁边。水田分为六格，有陶俑6，表现犁田、施肥、插秧、收割等各种劳动情状。田埂之旁靠一小艇、长21、宽7、通高6.8厘米。首尾翘起，当中置二块横坐板，把艇身中间隔成一个小舱，舱中置一小竹篮。水田与小艇相距仅2厘米，有一块跳板连接，表示小艇靠泊在河涌上。珠江三角洲河网中的水田耕作，运载种、肥，收割粮食，使用轻便灵活的小艇最为便捷，今天，这种情景仍不乏见。

6. 其他船模资料（西汉初年 5 件，东汉 3 件）

资料（8）　黄花岗 M3 木椁墓的西汉初年木船模

1956年在东郊黄花岗七十二烈士墓墓道对面的龙颈岗发掘一座南越国前期的木椁墓，出土一批有"高乐"二字铭文的彩绘漆盘等，还有木船模一件，只存船身残段，残长91厘米，船底及两舷板系由一整段木挖空而成，中宽两头狭，中间宽13，高8厘米。

资料（9）　西村克山 M7 木椁墓的西汉初年木船模

1972年出土。木船模置椁的两侧壁下，右侧的仅存船底残板，中宽，首尾收窄，残长96厘米。左侧的是几块残船板，其中有二块是两件船底的残板，可知这墓原来有3件船模随葬，同出的有陶器、铜剑，铜素镜和木俑、木马等。

资料（10）　北郊柳园岗 M17 木椁墓的西汉初年木船模

1982年出土。该墓随葬有大批漆、木器物，漂移各处，残朽特甚。木船模只见几块船舱的残板，带红、黑色彩绘的小木俑和几根残木桨，散落在椁底的周围。

资料（11）　北郊桂花岗 M2 砖室墓的东汉后期陶船模

该墓1955年发现，已遭严重盗掘破坏，出土物只有屋、仓、车、船等陶器的残片。其中陶船模仅见残底一段，红黄色胎，残长14，残宽10厘米。

资料（12）　西村克山 M1 砖室墓的东汉陶船模

1972年在克山发现一座多棺室的大型砖墓，墓砖侧面印有"永元十六年三月作东冶桥北陈次华灶"十六字。墓早已遭盗扰严重破坏，所余器物如屋、仓、灶、车、船、城堡等无一件完整，其中陶船模残存船底一段，灰白胎硬陶，形制与资料（5）类同。

资料（13）　黄埔石化厂砖室墓的东汉陶船模

1975年出土。墓被严重破坏，仅余一些残陶片，有陶船底部残片2块，形制与资料（5）同。

（三）汉墓出土有关海外交通的器物

1. 象牙、犀角与串珠

《史记·货殖列传》和《汉书·地理志》都提到，番禺是一个犀、象、珠玑、果布等岭南特产的集散地。象岗南越王墓出土原支大象牙 5 根，每根长 120 ~ 126 厘米，从形态特征及大小比例看，与现生非洲象较接近，而与现生亚洲象的区别较明显。广州汉墓还出有木质或陶质的象牙、犀角模型明器。这是统治者力求死后还要拥有这些海外奇珍的一种意识反映。至于各种质料的珠饰品在广州的西汉早期墓中虽已有出土，但为数尚少，到西汉中期以后，特别是西汉后期和东汉年间的墓，除了被盗精光者外，几乎都有玻璃，玛瑙等质料的串珠出土。在出土的玻璃珠中有西汉后期的一个样品和东汉早期的三个样品作过分析化验，所含元素中的铅、钡成分是微量或者没有，这与中国古玻璃属低温铅钡玻璃系统不同，反之与西方古代玻璃系统相接近[2]。1954 年在北郊横枝岗 M1 木椁墓出土的 3 个西汉中期的深蓝色玻璃碗（本书图版六一），经建筑材料研究院作同位素 X 射线荧光分析，确定属钠钙玻璃系统。三个碗的大小形状相同，模制成型，呈紫蓝色半透明，含有气泡，内壁润滑光洁，无锈，外壁发乌，经过打磨，口沿下的阴线纹磨出，但磨得不很规整。这种作风很像地中海南岸的罗马玻璃中心公元前一世纪产品，很有可能这是我国出土最早的罗马玻璃器皿[3]。还有，广州西汉晚期墓还出土有一种用药物蚀花的玉红石髓珠，东汉墓出有琥珀串珠，这些亦有可能是由印度南部的黄支国输来。

2. 熏炉与银盒

在广州的西汉早期墓中，约有 1/8 的墓用熏炉随葬，西汉中期以后就更普遍了。中原地区到武帝以后熏炉才有较多地出现，而且都是博山式的熏炉。广州汉墓出土的熏炉除数量多之外，无论是青铜的，或陶塑的在造型上最大的特点是全属盖豆式熏炉，气孔作几何图形镂空。象岗南越王墓还出有四个方形炉身并连一起的四连体熏炉。如所周知，燃熏用的香料其主产地在南洋地区，因此，广州汉墓中熏炉的普遍出现当与海外通商有关。乳香的主产地在红海沿岸，北宋熙宁十年的一年中乳香进口三十五万斤，直到今天亦全赖舶来。南越王墓出土的一个小圆盒中盛有二十余克树脂类物品，酷似乳香，惜因全部氧化，未能测定。另外，在南越王墓墓主的棺、椁"足箱"内，置有银盒一（本书图版一九），该盒的盖与身是锤鎒成突瓣式对称花纹，其造型纹饰都与中国古代器物的传统风格迥异。但与伊朗古苏撒城（今舒什特尔）出土的刻有波斯薛西斯王（Xerxes I，前 486 ~ 前 465 年）名字的金银器风格类同，可以认为这是来自西亚的舶来品。

3. 外国人形象的陶俑、木俑

广州的西汉中期到东汉后期墓中有一种托灯的陶塑俑和侍俑，其形象有异于汉人，托灯的俑有男性也有女性；侍俑均女性。这类俑的形象都是头较短，深目高鼻，两颧特高，宽鼻厚唇，下颌较为突出，身材不高，从刻划的胡子及胸毛来看，再生毛发达。这种俑头顶托灯或一手举灯，香港中文大学文物馆藏有木雕的，据称早年出自广州近郊的汉墓中，西江的梧州、贵县汉墓中亦有发现。从深目高鼻厚唇的特征来看，他们有可能是来自西亚或非洲的东岸，被贩运到中国后，成了贵家大族的家内"奴隶"，并被塑成灯座形伴随主人埋进墓里。

三、问题讨论

番禺古都会是什么时候形成的？《史记》《汉书》都提到"番禺亦一都会也"，这个"都会"是否很早就已出现？比《史记》成书约早三十年的《淮南子》还提到，秦始皇"又利越之犀角、象齿、翡翠、珠玑。"比这还要早的《战国策·楚策三》有"张仪之楚，……张子曰，王无求于晋国乎？王曰：黄金、珠玑、犀、象出于楚，寡人无求于晋国。"珠玑、犀、象非楚所产，当来自岭南。南越与楚毗邻，早在战国时期这类特产已从越地输往楚国。本此，可否认为番禺古都会的形成比秦统一岭南要早？答案恐怕只能是否定的。诚然，楚越接境，早有交往，这一点是无庸置疑的。但从考古学角度考查，有个现象引人注目：楚、越两地在货币的出现方面截然不同。楚国的金属铸币比较发达，出现也早，除鬼脸钱外，战国时已出现了印子金——郢爰金版，仅长沙地区已有一百多座楚墓出了砝码，少数墓内还有天平，这是当时楚国用它称黄金货币的证明。但是岭南地区至今未见有一枚先秦时期的金属货币（包括楚币）发现。比如，广东地区出土有先秦时期青铜器的遗址和墓葬已不算少，据统计，属这个阶段的遗址约有三百处，如曲江石峡遗址上文化层等十九处地点，出土或采集到五十件青铜器；清远三坑发现两座春秋晚至战国早期的墓葬，出土青铜器共五十多件，又在德庆、肇庆、四会、广宁、怀集、佛冈、增城、龙门、罗定，龙川、揭阳等地都发现出有先秦时期青铜器的墓葬或遗址，但都无一枚铸币共存。广西桂北的恭城、灌阳，中南部的忻城、武鸣、横县等地都有出土先秦青铜器的遗址与墓葬，但至今广西全境也未见有先秦的货币出土。上述两广发现先秦青铜器的分布点，基本上集中在湘桂接壤地区，西江上游的古牂柯江两岸及广东的北江和东江。换言之，这些地点都是古代岭南各少数族人通往楚地和西南地区水陆交通比较方便的地方。这些地点出土的青铜器，大体上可区分为两大类：一类是本地文化系统特有的青铜器，如铜鼓、提筒、靴形钺等；另一类是属于岭北荆楚和中原地区汉文化系统的，如编钟、鉴、尊、盉及武器中的戈、剑、环首刀等。表明岭南在秦统一之前与中原特别是楚地早有往来。有往来就会有交换，这些非本地区文化系统特有的青铜器和文献记载提到的犀、象、珠玑等越地的特产品，都是当时的主要交换物品。这种交换的进行，只是一种比较原始的物物交换的形态，作为交易媒介的金属铸币远未有进入本地区的历史舞台。证之岭南地区至今未发现有春秋战国时期的村落遗址，更不用说城市遗址了，所以当时岭南是不会有"都会"存在的。至于"番禺一都会"，更不可能早在秦统一以前已形成，因为建国以来三十多年，在广州近郊远郊的考古调查发掘中，至今也无一座属于战国年间的墓葬发现，同样是一个最有力的证明。

或说，秦统一岭南期间，番禺已是岭南一都会，因为在《淮南子·人间训》说到秦平南越中五军的入越路线，其中有"一军处番禺之都"的记载。这个"都"和《史记·货殖列传》中的"番禺亦一都会也"的"都会"，应如何理解？"番禺"一名始于秦。《淮南子》大约成书于汉武帝初年，其时，汉兴已七十年，南越立国建都番禺大约也有七十年，显然《淮南子》中的"都"，是用了当时习称的都城名字记述此地以前发生的大事。事实上，作为一个都城就算是科学发达的今天也不可能于朝夕间出现的。司马迁编写《史记》是在汉武帝太初元年之后才开始的，其时赵氏的南越国早已为武帝所灭了。南越立国93年，如果上推到秦始皇三十三年统一岭南算起，到《史记》开始编写之年，相隔已有110年整了，在南下的五军与当地族人共同开发下，岭南地区政治、经济、文化都得到迅速的发展，番禺在《史记·货殖列传》中被列入当时全国十九个著名的商业都会之中，这是因为它独具了优越的地理和政治条件。

在汉代海外贸易中，番禺、徐闻、合浦与日南哪个是我国南方最早的港口？《汉书·地理志》载，汉武帝平南越之后，派遣一支大型的商船队远航东南亚各国，船队自日南、合浦、徐闻出发，穿过浩瀚的南海，一直远航到已程不国（今锡兰）。《梁书·南游诸国传》载："自汉武帝平南越后，置日南郡，其徼外诸国皆朝贡。"《旧唐书·地理志》也说：南海诸国"自武帝以来，朝贡必由交阯之路。"据这些汉唐史料所载当时海上活动的港口，日南、交阯、徐闻、合浦都说到了，就是没有涉及"岭南一都会"的番禺，这个问题，不少学者已提出过解释，我认为还可以从考古学所见的资料方面作补充。

番禺是我国南方最早的一个与海外通商往来的港市。秦平南越以前，番禺是否已从海路与南亚诸国有通商往来，目前尚无充分材料可以说明。到南越国时期，番禺与海外已有贸易往来，从上述第二代南越王墓出土的熏炉、银盒，以及南越国时期墓群中有较多的熏炉等考古资料的新发现，给我们提供了重要的物证。合浦郡与日南郡都是汉平南越后于武帝元鼎六年开的。合浦郡辖徐闻、合浦等五县，西汉时郡治在徐闻，东汉移治合浦。当日筹组远航南亚的船队，港口基地应当是番禺，因为这里曾作为南越国都城近一个世纪之久。建成一支远航船队是要具备雄厚的财力、人力、物力等物质条件和具有造船的技术力量、物资给养、船员配备等等因素构成，刚设置的郡县承担这样的重任，是不可能的事。但为什么《汉书·地理志》只提日南、徐闻、合浦这三个地点？汉代船舶还只能沿着大陆岸边行驶，有的学者认为，当日这支船队驶离这三个地点之后，开始离开大陆国境线，驶向南海。所以就把这三个地点作为计算航线、航程的起点[4]。这个论点我们认为是合乎情理，合乎这三个地点的历史发展的实际的。因为，徐闻、合浦至今还未见有一定规模的西汉中期墓葬与遗址发现过（按理还应有南越国时期的）；合浦只见西汉晚期墓，徐闻连一座西汉墓也未见，已发掘的墓群，规模小、遗物简，而且年代同属东汉中晚期。这个现象正好反映了上述三地点的历史发展进程比之番禺要晚这一历史真实。

注释：

[1] 曾昭璇：《从历史地貌学看广州城发展问题》,《历史地理》第四辑。

[2]《广州汉墓》, 292、353 页, 文物出版社, 1982 年。

[3] 安家瑶：《中国的早期玻璃器皿》,《考古学报》1984 年 4 期。

[4] 周连宽、张荣芳：《汉代我国与东南亚国家的海上交通和贸易关系》,《文史》第九辑。

原载《广州文博》1987 年第 4 期；又载于《广州外贸两千年》, 广州文化出版社, 1989 年。

广州城始建年代及其他

广州，秦汉期间称番禺，东汉时属交趾郡，三国吴黄武五年（226年）"分交州，置广州"，合浦以北属广州，辖南海、苍梧、郁林、合浦四郡，广州由是得名。

本文依据考古发现材料结合有关史籍记载，就广州城市何时兴起、番禺得名的由来、最早的番禺城座落位置、汉代番禺城在海外交通史上的地位等问题，谈谈我的意见。

一、广州的地理位置与早期的民居聚落

广州位于广东省中部低地．珠江三角洲北缘，城区背倚越秀山和白云山，珠江前航道在市区横过。城区地势东北高西南低，东北多丘陵山地，由白云山至越秀山岗峦起伏相连；西北部属低矮的丘陵地；西南部属珠江三角洲冲积平原。在地理位置上，广州正好位于北回归线的南缘，气候温和多雨，受海洋性气候的影响，年平均气温20～22℃，没有气候上的冬季，夏季长达半年之久。年降雨量在1600毫米以上，植物可终年生长，四季常青，自然地理环境十分优越。据考古发现，珠江三角洲一带很早已有人类活动。如南海西樵山发现的新石器时代遗址，出土大量打制石器、细石器。表明这是一处新石器早期的石器制作工场。与广州邻近的佛山市，为三角洲最富庶地区之一，这里已发现不少重要的古文化遗存。如在佛山近郊的河宕发现了较典型的贝丘遗址，从出土大量印纹陶及猪狗骨分析，当时的经济生活以捕捞、渔猎为主[1]。广州远郊和近郊也发现一些早期的民居聚落。在距市区20～30公里的远郊，东有暹岗遗址，出丰富的印纹陶，磨光石器已很少，有青铜兵器共存，年代可能已属春秋时期[2]。东北面有属新石器晚期的飞鹅岭遗址，出土了相当数量的磨制的双肩石斧，据分析，当时的经济生活以原始的锄耕农业为主[3]。市区北面沿广从公路由磨刀坑到太和一段，公路两侧有多处山岗遗址，印纹陶丰富，石器极少，大约与暹岗遗址的年代相当[4]。近郊的有新市葵涌贝丘遗址，此遗址距市区约7公里，坐落在一个高出四周稻田约20米的山岗西坡和北坡上。遗物以印纹软陶和磨制的双肩石斧为代表，年代较早。据鉴定，堆积的贝壳是生活在淡水中的蚬蚌和生活在咸淡水交汇处的螺蛳的遗骸[5]。考古工作者在市郊发掘的西汉

早期墓墓穴的填沙中亦发现有磨制的双肩石斧。今中山大学校园内外也多次发现双肩石斧[6]。表明新石器时代晚期，今市区内已有民居聚落。但在市区或近郊属于春秋战国年间的遗址遗物，至今仍未发现过，这是广州地区考古研究上的一大缺环。

属汉代的遗址，市区内已发现两处：一是珠江前航道北岸的秦汉造船工场遗址，和压在这遗址上层的南越王国时期的宫署走道遗存[7]；另一是市区东面中山医学院内马棚岗发现的民居遗存。可惜建筑遗迹已荡然无存，但这里发掘的几座西汉中期墓，填土中含大量汉初的绳纹板瓦、筒瓦及戳印纹瓮、罐残片，有许多大型网坠，还有石辗轮和砥石[8]，墓地南面是防疫站大楼，该处建筑挖地基时曾发现过古码头遗址（图一，10、11）。汉初，这里可能是个渔村。此外，在市中心登峰路的建筑工地发现地表下约 3.5 米全是文化层。史志记载该地点是汉初赵佗城所在（图一，14）。大概从古番禺到今日之广州，城区中心一直未变，历代的民居、宫署与城廓等古迹遗物层层叠压，深埋在今天的市区下面，不易发现。

二、广州城的兴起

（一）前人考订评议

秦汉以前，广州的历史发展文献无征。秦统一岭南以后，南海郡治番禺的史事，始见于《淮南子》《史记》《汉书》等同时代文献中。但多偏重于政治事件，至于经济、文化尤其是城市发展方面的情况极少涉及，现在我们能看到的有关广州早期城市兴建的史志材料基本上属于晋以后的追述或转引。在这些材料中，至关重要的时、地、人物等具体内容，往往又是记载互异，众说纷纭。比如，广州早期城市的名字，有楚庭、五羊城、穗城、仙城、任嚣城、赵佗城、番禺城、越城等许多别称。广州城始建于何时？有说始于距今二千八百年前的西周时期；有说兴于秦汉之际即公元前 3 世纪，等等，前后相差五六百年，分歧很大，实有必要作一些梳理工作。

有关广州城的兴起的记载，归纳起来主要有四说：

1. 西周说

唐马总《通历》："周夷王八年，楚子熊渠伐杨越，自是南海事楚，有楚亭"（转引自顾祖禹《读史方舆纪要》广州城条；阮元《广州通志》所载同）。周夷王时是公元前 9 世纪中叶，夷王八年约当公元前 862 年。按这说，顾祖禹和阮元均相信距今二千八百四十余年前的广州是叫"楚亭"的。考"楚亭"这个词不见于先秦文献，也不见于两汉史籍中，最早出现于晋顾微（一说渊）的《广州记》："昔高固为楚相，五羊衔穗于楚庭。"这"楚庭"是个什么性质的东西？有三种不同的解释：（1）礼仪性建筑。屈大均在《广东新语·宫语》是这样说的："南海臣服于楚，作楚庭"，因"地为楚有，故筑庭以朝楚"。（2）作衙署解。如《广州记》：

"五羊衔谷于楚庭，故图其象为瑞。"无论属礼仪性建筑或衙署，都意味着城市早已存在了。（3）作都城解，见明黄佐《广东通志》："开楚庭，曰南武（城）"；清乾隆《南海县志》也说："五仙乘五羊衔谷于楚庭，遂称五羊城。"大抵到了明、清时期，楚庭、南武、五羊城已经视同一体，被视为广州最早的城市。

广州城始于西周，可信吗？《通历》所说的熊渠伐杨越事，见《史记·楚世家》："当夷王时，王室微，诸侯或不朝，相伐。熊渠甚得江汉间民和，乃兴兵伐庸、扬越，至于鄂……皆在江上楚蛮之地。"周夷王时属西周中期，这时楚的势力远远未到今湖南境。本来《史记》原文已说得很清楚，熊渠进兵伐杨越，只到鄂地（今湖北东南的鄂城县），表明楚这次对外扩张所占领的地方"皆在江上楚蛮之地"，不超出今湖北的南部。至于"扬越"一词，《史记》往往泛指古代百越所处之地，如"略定扬越"（《南越列传》），"而扬越多焉"（《货殖列传》），"佗能集扬越以保南蕃"（《太史公自序》），同是"扬州之南，越也"的泛指。至于"南海"一词，更容易引起误解，其具体地望随时间不同而异。在先秦的文献中，如《书·禹贡》："导黑水，至于三危，入于南海。"三危山在甘肃境，黑水流入到那处的南海？所以这个"南海"的确凿地望就不得其详了。《诗·江汉》："于疆于理，至于南海。"这是周宣王命召穆公打平了淮南的淮夷少数族后的一章赞美诗。长江、汉水流入今东海，从地望及方位来说，这个"南海"无疑是指今东海而言的。到春秋战国时，已确指今渤海为北海。如《孟子·梁惠王》"挟泰山以超北海"。又《左传·僖公四年》：齐侯伐楚，楚子与师言曰："君处北海，寡人处南海，风马牛不相及也。"有北海就有南海，今东海位于渤海之南，遂称"南海"。至于今天说的广东面临南海的南海在时间上是比较晚的。它是到秦汉以后，在今东海的方位有了确指之后才有的一个地理概念，所以，"伐扬越"事，无论从时间和地点看都与岭南的越人毫不相干。《通历》不问时间、地点和事件的具体内容，仅凭"扬越"一词，就把"江上楚蛮"的扬越，硬搬到岭南来，这未免张冠李戴了。又，还需指出的一点是，熊渠伐扬越事，《史记》并无具体指出在夷王哪一年，《通历》确指"夷王八年"或有所据。今本《竹书纪年》："夷王七年……冬，雨雹大如砺。楚子熊渠伐庸，至于鄂"（古本《纪年》无此条）。今本《纪年》是明以后伪托，其言或本自《通历》。

2.春秋说

屈大均《广东新语·宫语》："周惠王赐楚子熊恽胙，命之曰：'镇尔南方夷越之乱'，于是南海臣服于楚，作楚庭焉。"这个"南海"也是泛指居处于江淮的夷越来说的。这一点有考古发现可证。近三十年来，在湖南地区已发掘两千余座楚墓，但至今未见有春秋早期的楚墓（湖南春秋早期的墓葬已在湘乡、湘潭、衡阳等地有发现，但不是楚墓）[9]。这就表明春秋前期楚的势力仍未到达湖南境。楚成王熊恽在位时（前671～前626年）已是春秋中期的后段了。原先，楚成王的父亲楚文王（熊赞）把原在湖北南境枝江的一个小国——罗国，赶到洞庭湖东（今湖南平江县的罗城）[10]，到成王初年，平定了楚南境发生的夷越之乱。这时楚的势力才伸展到洞庭湖以南的长沙境，影响及于湘水、资水中下游一带。这一点也在考古发现中得到确证。解放后，湖南境内发现的一百余座早期楚墓，年代属春秋中期，主要集中于长沙，在衡阳、常德、湘乡、益阳等地仅有少量发现[11]。屈大均把南方夷越与岭南的南越等同了，所以就附会出"南海臣服于楚，作楚庭"的事来。

3. 战国说

持此说的史籍记载较多，又分为战国楚庭说和战国南武城说二种。

战国楚庭说。目前所见最早的记载是晋裴渊《广州记》。南朝《交州记》，北宋《太平寰宇记》、明郭棐《广东通志》与黄佐《广东通志》及清乾隆《南海县志》和《楚庭稗珠》等都主这说。说的是六国时（或说周时，或说楚威王时）南海人高固为楚相，五羊衔谷萃于楚庭，故图其象为瑞，称五羊城（个别还与南武城并提）。时间上虽有三种提法，但同属战国时期。此说的史事依据当本自《史记·越王勾践世家》所载：楚威王兴兵伐越，杀越王无疆，"而越以此散，诸族子争立，或为王，或为君，滨于江南海上，服朝于楚"。事在威王六年（前334年）。按越王无疆系东越君王，所谓"江南海上"，从大范围来说，地域包括两湖及江浙这一带。事件的地点，人物均在岭北，与岭南的百越毫不相干。

战国南武城说。《方舆纪要》引旧《图经》："广州州城始筑自越人公师隅，号曰南武。《吴越春秋》：'阖闾子孙避越岭外，筑南武城。'后楚灭越，越王子孙避入始兴。令师隅修吴故南武城是也。"这条史料属多重间接引述，《吴越春秋》是东汉赵晔著，如果是信史，则"南武城"的资料出处，远比见于《广州记》的"楚庭"要早多了。但材料本身牵涉的时间、地点、方位、人物、国族、史事等相互矛盾处很多。比如：南武城是吴王阖闾所筑，用来监视越人的，城址在吴越边境的会稽郡娄县，《汉书·地理志》和《越绝书》都有明确记载[12]。上引文把阖闾筑南武城监越，改为"阖闾子孙避越岭外"而筑南武城，把原在会稽娄县的城，移植到岭南的始兴（按：今始兴地名出现较晚。汉为桂阳郡，吴甘露元年始以桂阳南郡为始兴郡，领阳山、始兴、中宿、斜阶四县，何来《吴越春秋》中有"始兴"出现？）。把时、地、人物都搞乱了。到明欧大任《百越先贤志》记述公师隅筑南武城事，把阖闾子孙避越岭外这段穿凿之言删掉了，但又另补了一段公师隅因比拟越王无疆初避楚居东武，有怪石浮来压地，名东武山，因度南海筑南武城的奇谈。这同是对《史记》楚威王杀越王无疆史事的穿凿。清阮元《广东通志》对此特别指出："《图经》所云公师隅事，《吴越春秋》《越绝书》皆无此文，他书亦无佐证"，认为不可信。

以上有关"楚庭"及"南武城"的记载中，有高固和公师隅二人，作为广州建城最早的人物而出现。高固，不见于《史记》及先秦史籍。他是什么时候人？有说周夷王时，有说周惠王时，有说楚威王时，较早的如《广州记》《交州记》则笼统说是六国时楚相。楚国本无相，战国时各国先后设相。楚仍称令尹不变。或许这是后人用中原官名来说楚的官制。高固在明以前的典籍中只与楚庭相关联，到了清代，又进一步说他增筑南武城了。说的同是一个南武城，同属"六国时"，有说是高固增筑，有说是公师隅始筑。记述如此紊乱离奇，其史料价值不免令人置疑。至于公师隅，古本《竹书纪年》有魏襄王七年（前312年）越王使公师隅出使魏国通好的记载，说明战国时实有其人，而且地位不低。但包括《淮南子》《史记》等早期文献在内，都未有只字提及公师隅逾岭筑南武城事。战国时，"吴起相悼王，南并蛮越，遂有洞庭、苍梧"（《后汉书·南蛮列传》）。到始皇二十四年灭楚，翌年（前222年）"王翦遂定荆江南地；降越君，置会稽郡"（《史记·秦本纪》）。由吴起时的楚国到王翦时的秦国其南界还在岭北，仍未逾岭进入今广东境，又怎么可能早在这之前一百多年已有越相公师隅度南海筑城之事？全属虚构，至为明显。

4. 秦汉说

此说见诸《淮南子》《史记》等同时期的文献，且有考古发现地下材料为证，确凿可信。早期文献中称番禺城，其后又有任嚣城、赵佗城、越城等别名，这些别称只见于后代的方志。《读史方舆纪要》广州城条概纳得比较清楚："秦以任嚣为南海尉……既乃入治番山禺，因楚亭之旧，其治在今城东三百步，俗谓之任嚣城。及赵佗代嚣，益广嚣所筑城，亦在今治东，今谓之赵佗城。"无疑，这些别称都是因人因事而来的。至于越城，因此地原为南越境，乃属概称。

番禺城的得名，当是以南海郡治番禺而来。为什么叫番禺？主要有二说：一是"番禺县有番、禺二山，因以为名"（见《初学记》引《南越志》，这是现存史籍中最早的记载）。二是"交州治中合浦姚文式同云：何以名为番禺？答曰：南海郡，昔在今州城中，与番禺县连接。今入城东南偏，有水坑陵，城倚其上，闻此郡人名之为番山，县名番禺。傥谓番山之禺也"（《水经注·浪水》条）。至于番禺二山的具体位置（还有番禺三山说），则有番北禺南，番南禺北和番东禺西等不同说法。众议纷纭，疑莫能解。番禺二山说也许是在古番禺县名出现之后，把县名分拆附会于城内的二处小山岗而产生的。

秦始皇三十三年统一岭南置三郡，番禺是南海郡的郡治，番禺一名最早见于《淮南子·人间训》"一军处番禺之都"。1953年广州西村石头岗一号秦墓出土漆盒，盒盖上有烙印"蕃禺"二字，这是考古发掘见到的最早物证[13]。1983年发现的第二代南越王墓，出土有一批越式和中原式铜鼎，其中有若干件在器盖和器身分别刻有铭文，其中一件中原式鼎的盖上刻："蕃禺少内"，鼎腹上刻"蕃少内一斗二升少半"。另一件盘口的越式鼎，在唇沿上刻"少内蕃一斗一升"。在中原式鼎及铜匜中亦有仅刻一"蕃"字的。广西贵县罗泊湾一号墓（南越国时期）出的中原式铜鼎（M：32），腹上有"蕃二斗二升"的刻铭[14]。这些铭文证明，番禺的番，原先都带草头的。"藩"与"蕃"通，蕃昌，在东汉灵帝光和六年（183年）《白石神君碑》写作"番昌"，广州东汉后期的砖室墓，墓砖上有"番禺丞"的印文，香港九龙李郑屋村东汉后期墓的墓砖上亦有"番禺"铭文。可见到东汉时蕃字已去草头，都写作"番"了[15]。广州和广西贵县的南越国时期墓，出土铜器的刻铭还证明，"番禺"在汉初是简称作"蕃"的。如果"番禺"一名是得自城内的番山和禺山而来，则不可能得出"蕃"的简称，因为仅一"蕃"字是不能代表二山的。所以番禺之名源于二山说可以否定。至于"番山之隅"说，应是由番禺二山说演变而来。那么，番禺又当作何解释呢？按蕃同番，《周礼·秋官·大行人》："九州之外，谓之蕃国。"后世称外国人曰番，意亦同此。禺，犹言区域。《管子·侈靡》："王者上事，霸者生功，言重本，是为十禺。"尹知章注："禺，犹区也。十禺，谓十里之地。每里为一禺，故曰十禺。"由此说来，"岭外蕃国蛮夷之地"也许正是"蕃禺"命名的最初本义。

根据以上引证的史籍材料和梳理的结果，可以认为："楚庭"一名从最早见于《广州记》，以后几乎无不与五羊五仙的传说相关联。很清楚，"楚庭"是因五羊五仙的神话故事，加上对楚伐越之事误衍而生；随着这个神话传说的建祠立祀（北宋时），之后"楚庭"一名就逐渐让位于"羊城"之称了。至于"南武城"虽不必说是前人的有意穿凿，但完全可以说是本自《史记》楚、越史事的附会。因此，我们的结论是：岭南最早兴起的城市，当为秦汉时期的番禺城。

（二）考古发现的初步研究

本文开头已提过，在广州市区内至今还未发现早于秦汉时期的遗迹与遗物。民国初年拆城改筑马路时，传闻发现有"南武城砖"和"越王宫砖"，其后还有好事者为文考释[16]，但未见实物，也无拓本可认。而且自名某城某宫的砖，与西安秦汉遗址所见，广州发现的秦汉造船工场遗址上层的南越宫署走道中所出的铺地印花大阶砖，福建崇安汉城宫署遗址所见印花阶砖等都截然不同。秦汉城垣都为版筑，何来城砖？当为伪托无疑。由于番禺城的城垣及与城有直接关联的遗物也未发现，因而番禺城的具体坐落位置未能确指。据《史记·南越列传》记载汉平南越之战："元鼎六年冬，楼船将军先陷寻陕，破石门至番禺。建德、嘉等皆城守[17]。""楼船居东南面，伏波居西北面。会暮，楼船攻败越人，纵火烧城。""吕嘉、建德……船西去"。今广州市区西北有小北江，自石门沿增埗河顺流南下抵广州西村，应是汉伏波将军为营攻城处；由此入白鹅潭往东南为珠江前航道，即今海珠桥附近，应是楼船将军发起攻城之地，吕嘉、建德西去之船，大抵就是由白鹅潭往西的一条古河道，经盐埗、佛山，折向西北注入三水西南而溯西江主流，依水道位置推定，当日的番禺城就在现今的广州城区之内（图二）。

东汉末年，步骘为交州刺史，他到南海，见到尉佗旧治处，"负山带海"（背为越秀山，汉时珠江前航道河面宽阔，直到今天，广州人通过前航道还叫"过海"）。宋初，广州有子城与东城，北宋皇祐四年（1052 年）侬智高攻广州，十九年后在子城之西增筑西城以保护蕃商，遂有宋代三城之称，即子城居中，左、右分别为东城与西城。《宋会要辑稿》方域九载："本州子城东有古旧城一所，现存与今东城基址连接。"据《南海县志》卷八："州之东旧有赵佗城古迹，颓垣废垒而已。余（靖）襄公诗云：'千载犹存古越城'者，即其地也。"所以，找到可以确定子城或东城的地下材料，就有助于对古番禺城具体位置的推定。1973 年在市区中心越华路与广仁路交界处发现一段呈南北走向的城基遗址，经考证是宋代的子城西墙[18]。由此，宋城的座落，找到了一个准确的座标（图一、1）。

1976 年又在子城西墙往东南约 300 米处，即中山四路儿童公园与广州市文化局院子内（这里比马路高出约 3 米，如一土岗，叫禺山），在地下 5 米发现一个规模巨大的秦汉造船工场遗址，证明该遗址所在原是一处河滩地。在造船遗址上面还揭出一段南越宫署的走道，走道中间铺上白石板，两旁夹砌 70×70 厘米见方的印花大阶砖，走道上残留"万岁"瓦当，和打印"公""官"等字的板瓦、筒瓦及许多木炭余烬[19]。这些遗迹现象正好与上述"楼船攻败越人，纵火烧城"的记载相互印证。1976 年在秦汉造船遗址之西相距约 300 米，在地表下 5 米深处，又发现一处东汉造船遗址，船台的木墩用东汉陶罐片及墓砖垫承（图一、4）。这又是确定佗城（番禺城）位置的一条重要界线。换言之，当日番禺城的西界不会越过这里（图一、2）。

番禺城的南界。据 1974 年调查，在上述造船工场遗址之南约 300 米，即广州市第一工人文化宫大礼堂东侧，凿水井时于井下 4 米发现与上述造船遗址相同的滑板与枕木，其下也是河滩淤积层（图一、3）。1984 年春，在文德北路文化大楼工地（位于第一工人文化宫与造船遗址之间），在地表下约 4 米即可见到河滩淤积泥，在一些基础孔中还挖出一残木板。当日番禺城南墙的界线应从这个地点稍往北移（图一、6）。

北界是一个长期未能解答的难题。1984 年冬，在东风路省政府东邻的广东省环境保护观测站建筑工地（位于造船遗址北面，相距约 400 米），在约 2000 平方米的地基下（东西宽约 80、南北宽约 25 米，距地表深 5.3 米），露出成片的灰黑色粗沙层，有的地方厚达 2 米，沙层上是一层厚约 1.3 米的黑色淤积黏土。贴近沙层的下半只有少量贝壳，上半含大量贝壳及汉瓦，唐宋陶瓷片等。这层黏土淤积层之下为河滩，淤积层的形成年代应在唐宋时期（图一、5）。据此，也可判定，宋代子城的北界当在今日东风路以南，番禺城的北界应与子城的北界相近。

关于汉番禺城的东界，宋《南海百咏》任嚣城条引《番禺杂志》称："今城东二百步，小城也。始嚣所理，后呼为东城，今为盐仓，即旧番禺县也。为越城，周十里。"按宋代盐仓即今之旧仓巷（图一、7）往东至中山四路芳草街，所谓东城就在这个范围之内。因为芳草街往东一点就是越秀路，这是明清时期扩大的广州城的东城地所在。

近三十年来，在广州近邻已发掘几百座汉墓。经过分析比较，墓葬分布离城区的远近与年代早晚相关联。西汉早期的墓，离城较近，西汉中期以后，距离城区渐远，这种现象反映了随着人口的渐增，城区的扩大，葬地就愈来愈远了。试举西汉早期的分布为例，若以今日的中山四路旧仓巷为中心，在这中心点以西最近点是解放北路广东迎宾馆（更近的点是人民公园有晋南朝墓）（图一、9、13），东边最近点是烈士陵园的红花岗，东西直线相距不足两公里（图 1、8），这个中心应是秦汉时的番禺城所在。红花岗、人民公园已是葬地，在当时应是附郭之野。赵佗城只是个小城，周十里，似较可信。

三、汉番禺城未有南迁

在比较晚的史志记载中，有两种汉平南越后番禺城曾一度南迁的说法。

顾祖禹《读史方舆纪要》广州城条："汉平南越，改筑番禺县城于郡南六十里，为南海郡治，今龙湾古庙之间是也。号佗故城曰越城。后汉建安十五年步骘为交州刺史，以越城就圮，乃廓番山之北为番禺城，后又迁州治于此，自是不改。"顾说交州刺史步骘于建安二十二年（217年）把州治从苍梧郡广信（今梧州）移治番禺，当本自《水经注·浪水》条来。至于南海郡治南迁六十里于改筑的番禺县城内，此说未见于《读史方舆纪要》之前的史籍记载，不知所据何自。如依顾说，则南海郡的政治中心有328年不在今广州城了。按照郡南六十里的方位推算，南迁地点相当今日番禺县县城市桥镇的位置。笔者曾二次到当地调查，在市桥和相邻的沙湾这一带，正是笔者老家毗邻的村镇，这一带为珠江三角洲较晚形成的冲积地，当地族谱记载是宋代才开村的。这里未见一座汉墓，也没有汉代遗物发现，甚至宋以前的墓葬也未见。但在广州近邻，由西汉前期到东汉末年的汉墓分布以及年代衔接都无间断或突然衰落的现象出现。这种延续不断的情况，为当时岭南地区各郡县的治地（如贵县、梧州、合浦等）所无。因此，汉平南越后，番禺（今广州市）应仍为南海郡治所，"番禺南迁说"纯属误传。

《羊城古钞》番禺条载：汉平南越后，"筑番禺县城于郡南五十里，西接牂柯江，迁为刺史治，治广信，即今之封川县也。"此说有两点明显的错误。一是方位不对。封川县不在南海郡治之南，而是郡西。二是距离大误，番禺至封川何止50里？必须指出，《羊城古钞》这条材料明显是从《广东通志》所载，交州刺史步骘于建安二十二年把州治从广信迁到番禺这一史事望文生义地杜撰出来的。

表1　　　　　　　　　　广州古城兴起史料简表

古城名称	古城纪略		转引出处	说明	
	史志年代	事略		建城年代说	附注
楚庭	晋顾微《广州记》	广州厅事梁上，画五羊象；又作五谷囊，随象悬之。云昔高固为楚相，五羊衔谷萃于楚庭，故图其像为瑞。六国时广州属楚。	元陶宗仪辑	战国	《汉唐地理书钞》辑晋裴渊《广州记》同。

古城名称	古城纪略		转引出处	说明	
	史志年代	事略		建城年代说	附注
楚庭	南朝姚文成《交州记》或《广州记》	六国时，广州属楚，高固为楚相，五羊衔谷至其庭，以为瑞，因以五羊名其地。	《广州城坊志》卷一	战国	
	唐马总《通历》	周夷王八年，楚子熊渠伐杨越，自是南海事楚，有楚亭。	顾祖禹《读史方舆纪要》广州城条。	西周	阮元《广东通志》古迹一，城址一所记同。
	北宋《太平寰宇记》	周时南海有五仙人衣五色衣骑五色羊来集楚庭……	《羊城古钞》古迹条	战国	
	南宋政和三年《广州重修五仙祠记》	而城以五羊得名，所从来远……然所传时代不一，或以谓由汉赵佗时，或以谓吴滕脩时，或以谓晋郭璞迁城时，说虽不一，要其大致则同。	阮元《广东通志·金石略十二》著录。	秦汉	《广州城坊志》引北宋钱易《南部新书》亦谓五羊城得名在滕脩为广州刺史时事。
	明黄佐《广东通志》	先是越王子孙臣服于楚，逾岭而南，止于斯，开楚庭，曰南武。威王时（前339~前329年），有五羊衔谷之祥，佗因筑五羊城，周南海郡，几十里。	黄志《政事志》公署条。	战国	明郭斐《广东通志》卷三："粤服楚，有楚庭，即今郡城"。同书卷七"开楚庭，曰南武"所记与黄志同。
	清初《方舆纪要》	南海人高固为楚威王相，时有五羊衔谷萃于楚亭，遂增筑南武城，周十里，号五羊城。		战国	楚威王（前339~前329年）。
	清初《广东新语·宫语》	"越宫室始于楚庭。"周惠王祚命威王后，"南海臣服于楚，作楚庭"，"地为楚有，故筑庭以朝楚"。		春秋	周惠王（前676~前652年）。
	清乾隆《南海县志》	南海人高固相楚时有五仙乘羊啣谷穗于楚庭，遂称五羊城。		战国	
南武城	唐《图经》	广州城始筑自越人公师隅，号曰南武。《吴越春秋》"阖间子孙避越岭外，筑南武城，后楚灭越，越王子孙避入始兴，令师隅筑南武城"。	《方舆纪要》广州城条	战国	阮元《广东通志·古迹略》按语云：《图经》所云公师隅事，《吴越春秋》、《越绝书》皆无此文，他书亦无佐证。

古城名称	古城纪略		转引出处	说明	
	史志年代	事略		建城年代说	附注
南武城	明黄佐《广东通志》	广州城始筑自越人公师隅，号曰南武，后经任嚣赵佗增筑之，在郡东，周十里。	黄志《舆地志三》第十五城池坊都条。	战国	明郭斐《广东通志·郡县志》九，流寓："（公师隅）乃往相度南海，将依山筑南武城拟之（东武山），而越王不果迁。"
	清初《广东新语》	初，赧王时，越人公师隅为越相，度南海，时越王无疆为楚所败，其子孙遁处江南海上，相争为王。隅以无疆初避楚，居东武，有怪石浮来，镇压其地，名东武山，固于南海，依山筑南武城以拟之，越王不果迁。	《广东新语·宫语》楚语条。	战国	周赧王（前314～前258年）。
番禺城	西汉《淮南子·人间训》	一军处番禺之都。		秦汉	
	西汉《史记·西南夷列传》	南越食蒙蜀枸酱，蒙问所从来，曰道西北牂柯江广数里，出番禺城下。		西汉	《汉书·西南夷两粤朝鲜传》同。
	北宋郑熊《番禺杂志》	今城东二百步，小城也。始嚣所理，后呼东城，今为盐仓。即旧番禺县也，为越城，周十里。	宋《南海百咏》任嚣城条。	秦汉	
	清《读史方舆纪要》	汉平南越，改筑番禺县于郡南六十里，为南海郡治。今龙湾古庙之间是也。		西汉	
	清《羊城古钞》	武帝元鼎六年定南越，筑番禺城于郡南五十里，西接牂柯江，迁为刺史治，治广信，即今之封川县地。	《羊城古钞》番禺条。	西汉	

四、番禺在汉代海外交通中的历史地位

汉平南越后，为了开拓海上交通，发展与南洋诸国的通商往来，汉武帝派遣一支大型的商船队远航东南亚各国。据《汉书·地理志》载，船队自日南、合浦、徐闻出发，穿过浩

瀚的南海，一直远航到已程不国（今锡兰）。《梁书·海南诸国传》载："自汉武帝平南越后，置日南郡，其徼外诸国旨朝贡。"《旧唐书·地理志》也说：南海诸国"自汉武以来，朝贡必由交趾之路"。值得注意的是，这些汉唐史料里所列举的中外在南海活动的古代中国港口只有日南、交趾、徐闻、合浦，并没有提及号称"岭南一都会"的番禺。下面我们试从番禺的地理位置与考古学资料就番禺在汉代海外交通中的历史地位提出一点初步意见。

首先，从地理位置看。番禺城位于广东三条主要河流（东江、北江和西江）总汇的要冲之地，既是广东境内河运中心，又是我国南方最大的河港兼海港（图二）。三江是古代的内河航道，其中的东江和北江，干流各长约 500 公里，西江干流长 2000 多公里，沿西江上溯可达广西、云南、贵州，当日的苍梧、贵县是西江航道上的重要城邑，又是仅次于番禺的河港，当日的内河航运实以西江为盛，如武帝时唐蒙在番禺城吃到四川的枸酱，临邛的程郑铁器能沿牂柯江入西江而运销番禺，这是见诸《史记》所载的史实。又据近代地理学者的研究认为，广州古代是个海岸河口城市。从历史地貌学上看：（1）古代珠江是条潮汐汊道，从潮汐情况来看，西江可上溯到肇庆平原；北江可上溯到黄塘；东江可溯及圆洲；流溪河可达江村以上。宋代，广州受咸水入侵严重。（2）蚝壳（蚝属咸水生长的贝类）在市区沿珠江北岸分布很广，挖地也常有发现；泥蚶，在秦汉造船遗址下（鉴定属海相地层）及稍南的大南路、大德路都有大量发现，表明此地的河口性质。（3）今天珠江河底多为潮汐冲刷而成的海相细砂沉积。与河相以粉砂、泥砂等悬浮物沉积不同。现在流经广州市区的珠江前航道，古代江面宽阔，直到宋时仍称"小海"，江面宽 1.5 公里，往东的黄埔就称为"大海"了。

据研究，元代以后番禺逐渐由海港转变为河港城市。到清代，珠江已改称为"省河"了。转成河港的重要原因，是由于西江、北江及其汊流汇入珠江，大量沙泥淤积在江中，心滩、边滩不断产生，把河口外移到黄埔以东[20]。

秦平南越以前，番禺是否已从海路与南亚诸国有通商往来，目前似不遑作出结论。但有一点是可以肯定的，即南越国时期的番禺已经与南亚各国有民间的海上贸易往来。这虽然在典籍上还未能找到明确的根据，但考古发现给我们提供了物证。有一种烧香用的熏炉，形似盖豆，铜制或陶制。据统计，广州地区有八分之一的西汉前期墓用这种熏炉随葬，西汉中期以后的墓就更普遍了。燃烧的香料主产于南亚各地，番禺当时所用香料应自海上通商得来。更为重要的是，最近在第二代南越王墓中出土的一个漆卮里面还装有 20 多克乳香。这种乳香产于红海和南亚地区，有活血、行气、止痛的功效。南越王墓乳香的出土表明，早在西汉初年广州已从海外输入货物了。据记载，北宋神宗熙宁十年"三州市舶司（所收）乳香三十五万四千四百四十九斤。……其内广州所收者则有三十四万八千六百七十三斤"[21]。

合浦郡是汉平南越后设置的，辖徐闻、合浦等五县，西汉时郡治设在徐闻，东汉移治合浦。合浦与交趾比邻，"依山临海"，由南流江经北流江可达西江航道。至于徐闻的地理位置就远不及合浦与番禺，但为何在史籍中往往都把徐闻与合浦连称？其原因是"徐闻偏于雷州半岛南端，附近自然环境较差，无内河可行驶，陆路也甚困难。汉代，徐闻所以能够成为一个海港，主要原因在于当时的海上航线行经这里"。事实上，由于"汉代船舶还只能沿着大陆岸边行驶，番禺、合浦间的航船一定要穿越琼州海峡，徐闻正是必经之地"[22]。谈到这里，就联系到一个港口基地问题。汉平南越后筹组远航南亚的船队，当时的港口基地当在番禺。我们知道组织一支大型船队远航，要具备雄厚的财力、人力、物力等物质条件，如造船技术力量，物资给养、船员配备等等。在当时，只有作为南越国都城的番禺具备这些条件，日南、徐闻、合浦都是刚设置的郡县，要在这里就地筹组远航船队，是缺乏历史的和物质的基础的。考古学资料表明，徐闻、合浦至今还未见到有一定规模的西汉中期（按理还应有西汉初年的）墓群与遗址，合浦只见西汉晚期墓；徐闻发现的墓群，不但墓的规模很小，随葬物简单，而且年代同属东汉年间，这个情况，也是一个很有力的旁证。有的学者认为，当日这支船队驶离徐闻、合浦、日南之后，开始离开大陆国境线驶向浩瀚的南海，所以就把这三个地点作为计算航线、航程的起点[23]，我们认为这是合乎情理，合乎这个地方的历史发展实际的。至于有人据《汉书·地理志》的记载认为，日南是岭南最早的港市，这个论点据史籍记载与考古发现都应予否定。因为番禺在汉初已是岭南著名的都会，而日南则是武帝平南越以后才见诸记载的一个港口。

《淮南子·人间训》记载秦平南越的五军入越路线，其中有"一军处番禺之都"，这是否意味着在秦统一岭南以前，番禺已是岭南的一个都会？答案是否定的，因为一不见于任何先秦史籍的记载，二又无任何地下发现的遗迹遗物可以证明。《淮南子》大约成书于汉武帝初年，是时，汉兴已七十多年，南越王国建都番禺的时间亦同，显然这是用当时的都城名字叙记以前发生的事。自秦平南越以后，以番禺为中心的岭南地区的社会历史发展进入了一个新的阶段，经过南越国时期汉越人民共同的开发经营，物质文化得到迅速发展。《史记·货殖列传》把番禺列入全国十九个著名的商业都会，番禺成为当时岭南唯一的一个"珠玑、犀、玳瑁、果布"等土特产集散的商业城市。武帝平南越后，关市之设已不存在，南北流通更加称便，因而出现了富豪大家吃厌了远从岭南运来的橘柚，按《汉书·地理志》载："（番禺）处近海，多犀、象、玳瑁、珠玑、银、铜、果布之凑"，除了《史记》所列的土特产外，多了银、铜两种矿产。同书还特别指出"中国往商贾者多取富焉"，汉代的番禺已经成为我国南方最早的一个海外贸易港市。

注释：

[1] 朱非素：《广东新石器时代考古若干问题的探讨》，《广东出土先秦文物》，香港，1984 年。

[2] 《广州郊区暹岗古遗址调查》，《文物资料丛刊》1 期。

[3] 《广州东郊飞鹅岭新石器时代遗址调查试掘报告》，《中山大学学报》自然科学版，1959 年 4 期。

[4] 《广州市东北郊发现的古遗址简记》，《广东历史资料》1959 年 1 期。

[5] 陈伟汉、黄兆强：《广州新市葵涌贝丘遗址试掘》，《广州文博通讯》1983 年 2 期。

[6] 骆宝善：《广州中山大学东北区内发现石斧》，《考古通讯》1955 年 5 期；《广州中山大学多次发现有肩石斧》，《文物参考资料》1955 年 11 期。

[7]、[19] 广州市文物管理处等：《广州秦汉造船工场遗址试掘》，《文物》1977 年 4 期。

[8]、[13]《广州汉墓》，文物出版社，1981 年。

[9]、[11]《三十年来湖南文物考古工作》，312 页，《文物考古工作三十年》，文物出版牡，1979 年；高志喜：《试论湖南楚墓的分期与年代》，《中国考古学会第一次年会论文集》，文物出版社，1980 年。

[10] 杨伯峻：《春秋左传注》桓公十二年传注；《汉书·地理志》长沙国条罗县应劭注。

[12]《汉书·地理志》会稽郡·娄县注："有南武城，阖闾所起以候越"；《越绝书·记吴地传》："娄北（？）武城，阖闾所以候外越也"。

[14] 广西壮族自治区文物工作队：《广西贵县罗泊湾一号墓发掘简报》，《文物》1978 年 9 期。

[15] 屈志仁：《李郑屋汉墓》，香港，1970 年。

[16] 温廷敬：《广州城砖考释》，《国立中山大学文史学研究所月刊》第二卷第三、四期合刊，1934 年。

[17]《史记·南越列传》，中华书局标点本，1959 年。

[18] 黎金：《广州发现宋代城基遗址》，《文物资料丛刊》8 期，文物出版杜，1983 年。

[20] 曾昭璇：《从历史地貌学看广州城发展问题》（油印稿）。

[21] 转引自桑原骘藏《中国阿剌伯海上交通史》中《北宋初期之三大贸易港》。

[22] 何纪生：《广东徐闻东汉墓》，《考古》1977 年 4 期。

[23] 周连宽、张荣芳等：《汉代我国与东南亚国家的海上交通和贸易关系》，《文史》第九辑。

原载《中国考古学会第五次年会论文集 1985》，文物出版社，1988 年；曾以《广州城始建年代考》为题载于《广州文博》1986 年第 3 期。

从南越墓看南越国

南越王国从赵佗僭越称帝到汉武帝元鼎六年灭亡，共传五主九十三年（前203～前111年）。强盛时，疆土拥有现在的中国广东、广西和越南北部。关于它的历史，《史记》和《汉书》的南越（粤）列传都有专门记载，但偏重于王位的更迭和统治阶级内部的政治斗争，对于南越王国的社会经济和文化，很少涉及。后人对它的研究，基本上也局限在文献史料方面。解放初期，在南越王国的都城番禺（今广州），发掘了这个时期的墓182座[1]，初步揭示了南越王国的社会面貌[1]。20世纪70年代又在广州淘金坑发掘南越墓22座[2]，在柳园岗发掘南越墓43座[3]，在广州市区发掘属于秦汉之际的造船工场遗址一处[4]，在肇庆松山发掘南越墓一座[5]。1983年发掘的第二代南越王墓尤为重要[6]。墓室中的器藏，如同一座文化宝库，它为研究南越王国提供了最直接的形象资料。在广西壮族自治区，有1974年发掘的平乐银山岭南越西瓯戍卒墓123座[7]，贵县罗泊湾一、二号墓[8]，贺县河东高寨、金钟南越墓6座[9]。此外，广东的曲江、南海和广西的梧州、柳州等地，也有零星发现[10]。这些都为探索南越王国的社会提供了重要的资料。本文试图利用这批资料，结合有关的文献史料，就南越王国的政权建制、生产水平和社会结构三个问题，发表一点粗浅的看法。

一、南越王国的政权建制问题

赵佗是秦始皇略定扬越时的秦军将领，秦置桂林、南海、象郡时为南海龙川县令。秦二世覆灭时，赵佗趁机击并桂林、象郡，自立为南越武王。汉高祖定天下后，承认既成事实，于十一年遣陆贾至岭南，册封赵佗为南越王，"与剖符通使，和集百越[11]。"高后时，因禁绝南越关市铁器，激怒赵佗，佗自尊号为南越武帝，发兵攻打长沙边邑，击败汉朝的征讨部队，借助战胜的军威，役属闽越、西瓯、骆，扩地"东西万余里。乘黄屋左纛，称制，与中国侔。"从此称霸南疆，成为汉朝南方的一大患。虽然自汉文帝以后，双方关系尚称平稳，南越表面上"愿长为藩臣"，但"其居国窃如故号名"，与汉朝关系始终若即若离，直至灭亡。

这是探讨南越政权建制时首先要考虑到的基本历史事实。

其实，决定这个政权的有两个重要因素：一个是汉人的影响，另一个是"从越俗"。赵佗是北方汉人，随同他留戍岭南的还有南下的 50 万大军（在战争中，当然会有一部分死亡）；始皇三十四年，再徙置一批汉人到岭南[12]；随后，赵佗还上书"求女无夫家者三万人"，"秦皇帝可其万五千人"[13]。这数十万汉人对南越政权有举足轻重的作用。但是赵佗及其继承者尊重越人的风俗习惯，赵佗"椎结箕踞"，以"蛮夷"自居，提倡南下的汉人"同其风俗"，互通婚配，任用原越人的首领，有的还委以高位，如任用越人吕嘉为南越相，相三王。这些措施对南越政权也有巨大影响。

南越王国建国的基本历史事实和上述两个重要因素，决定南越政权同汉朝中央的关系具有诸侯王和外藩的两重性。表现在政权建制上，也具有两重色彩：既有汉朝诸侯王的建制，又有超越诸侯王的建制；既有慕效汉朝，不甘自外的心理，而又处处以外藩自居，与汉朝抗衡。这种两重性，虽然随汉越关系的好坏而时有变化，但从赵佗僭越称帝到吕嘉叛乱灭亡，始终没有发生根本性的变化。

从赵佗反秦自守，到接受汉高祖封号前后，他的情况与当时的多数异性诸侯王一样，并没有什么区别。所不同的是，许多异姓王很快被诛灭，而赵佗竟置不诛。吴楚之乱以后，诸侯王的直接统治权完全被剥夺，王国朝廷的高级官吏改由中央任命，"诸侯惟得衣食税租"[14]，不与政事。而赵佗照样设郡、县，置监、守，封侯、王；其朝廷百官如丞相、内史、中尉、太傅、校尉、司马等等，都同汉中央一样，丝毫不受触动。南越王墓和其他南越时期墓的发掘资料，进一步证实南越王国使用汉字，佩戴汉式印章，通行汉朝统一铸造的钱币；宫室名号、工官设置、度量衡制度，也都仿效汉朝。下面举例说明。

（1）南越王墓和广州、贵县两地南越国时期墓出土的封泥、铭刻、烙印、陶文，属于中官和少府属官的有"私官"、"私府"、"食官"、"泰官"（图一、5）、"厨丞"、"大厨"、"常御（图一、4）"、"居室（图一、1）"、"长秋居室"（图一、2）、"景（永）巷令"和"少内"等职官。除"常御"存在不同解释[15]以外，其他均见于《汉书·百官公卿表》。"乘舆"这一指汉廷御物的专用语，也在南越王墓出土的一件银洗上得到反映。

南越王墓还多处发现戳印"长乐宫器"（图一、3）的陶文（本书图版十四）。此"长乐宫"，似与上述的"长秋居室"同例，指长乐宫居室令署所有。汉长乐宫和长秋宫居室令署的陶器，不可能远运南越，只能理解为南越国的宫室名称和宫室官署建制都是模仿汉朝的。

（2）标志市府（管理市井的官署）制作的铜器、漆器为数甚多，大多发现在南越王墓和罗泊湾一号墓，少数发现于广州南越时期墓。发现最多的是"蕃""蕃禺"，有的在"蕃禺"下面加刻"少内"二字（图一、6），表明它们是南海郡市府经营的手工业作坊所制作，归王国少府属下的少内官署保管使用。罗泊湾一号墓的铜器铭刻和漆器烙印大多标志"布""布山"

字样，表明南越国桂林郡市府也有制作铜器和漆器的手工业作坊。

上述戳印"食官""厨""常御""居室""长秋居室"和"长乐宫器"等带有宫官标志的陶器，应属南越王国主管陶冶的官署所制作，亦归上述官署所使用。根据西汉长安城出土的陶文研究，西汉主管陶业的官署主要是宗正属官都司空令，其次是少府属官左右司空[16]。南越王国当亦有这类官署的设置。

（3）南越王墓随葬有多件琴、瑟，以及成套的编钟、编磬、句鑃。器形与中原所出全同。在八件句鑃铭刻"文帝九年乐府工造"，并分别刻"第一"至"第八"编码（图二），说明南越王国设置乐府，推行汉朝的礼乐制度。演奏的音律乐章，可能也是从中央移植来的。

（4）南越王墓和罗泊湾一号墓的铜器上，有许多标志容量和重量的铭刻。量衡单位称斤、两、斗、升；经实测，南越王国的一斤约合 250 克，1 升约合 200 毫升，与汉制同。罗泊湾一号墓出土的竹简、木牍记有长度单位寸、尺、丈。出土木尺两件，一件已朽，另一件完整，正面有十等分刻度，正中刻交叉十字。尺长 23 厘米，亦与汉制同。

（5）已发掘的南越国时期的墓葬，墓制与长沙汉初墓同，基本上都是采用战国时期楚国流行的长方形竖穴土坑木椁墓。从出土的墨书竹签和封泥匣文字判断，王室和高级贵族的随葬品，也都是由王室的泰官或封君的家啬夫经手检验，然后缄封入葬的。

南越王墓和罗泊湾一号墓的构筑比较复杂，仍然可以看出楚墓遗制。南越王墓构筑在象岗山腹心深处，从外形看，似是摹仿霸陵"依山为陵"的建制；但它采用大揭顶深挖墓圹，在距岗顶深 20 米的土圹中以大石板砌造墓室，南辟墓道，墓室内分七室，中间是主棺室，周围有前室、东西耳室、东西侧室和后藏室，显然是从楚制椁室设置头箱、足箱、左右边箱的形制演化来的。南越王墓墓主身着玉衣，则是直接仿效汉朝的丧葬制度。罗泊湾一号墓是有封土、有斜坡墓道的长方形竖穴木椁墓，椁室内的布局与寿县李三孤堆楚王墓[17]相同，都是椁室中部设一个主棺室，棺室周围设八个边箱；比信阳长台关楚墓[18]、江陵天星观楚墓[19]多两个边箱。此外，罗泊湾一号墓还在椁室前端增设前堂，椁室底下增设殉人坑、器物坑，又在墓道东侧设车马坑。前堂之制，仿似自汉黄肠题凑的前室或甬道；殉人坑、器物坑和车马坑，则是沿袭中原殷周高级贵族墓的制度。

但是，南越王国既然僭越称帝，以外藩自居，反映在政权建制上必然会有与一般诸侯王不同的一些做法。以考古资料而言，最明显的是不用汉朝颁赐的玺印，而用自立的帝号印，死后又以帝号印入葬。这种十分罕见的做法，充分暴露了这个割据政权的僭越行为。

随葬富有地方特色的器物，除了表明各地的历史文化传统或地理环境有所不同外，有的可以是统治思想或某种制度的不同反映。例如平乐银山岭的西瓯人墓葬和广州柳园岗的本地南越人墓葬，一般随葬具有地方特色的青铜器和印纹硬陶器，例如瓮、罐、提筒、釜形鼎、盘口鼎、镂空圈足壶、三足盒、联罐、匏壶等。南下汉人除了随葬中原地区或原楚地汉墓中常见的鼎、盒、壶、钫一套象征性的礼器外，还随葬有本地色彩的器物，高贵如南越王，墓中也随葬有许多精美贵重的南越式青铜器和陶器。这反映南越统治者重视民族关系，实行了有利于民族团结和文化融合的政策。汉高祖在册封赵佗为南越王的诏书中称许他"居南方长治之，甚有文理，中县人以故不耗减，粤人相攻击之俗益止，俱赖其力。"[20] 这一评价是中肯的。又如罗泊湾一号墓随葬木瑟、木腔皮鼓等中原形式的乐器，还随葬铜鼓、铜锣、竹笛等本族乐器，既表明文化传统有别，似亦说明在礼乐制度方面有所不同。

南越国与周围不同种姓和异族部落的关系，也可以利用考古资料作一些补充说明。据《史记·南越列传》记载，赵佗僭越称帝后，"以兵威边，财物赂遗闽越、西瓯、骆，役属焉。"然终南越之世，西瓯、骆越从未反叛。罗泊湾一、二号墓构筑规模仅稍逊于南越王墓，较其他同时期墓要大得多，墓中随葬品也丰富得多，有"夫人"玉印和"家啬夫"封泥，又有人殉和车马坑，墓主似非郡守所可及，改定为南越册封的西瓯君长，似较合理。"家啬夫"一名，仅见于战国秦汉时期，是为王侯管家的家吏。罗泊湾二号墓出"家啬夫"封泥，表明南越政权还把中原官制推及于种姓封君。如推论不误，则可说明，南越王对待境内不同种姓的首领，基本上是宽容的。

又据《史记·西南夷列传》记载，在汉武帝开通西南夷以前，南越曾"以财物役属夜郎，西至同师"。传世有"越归义青蛉长"铜印，款式与汉印同。有学者考定：此印为南越颁赐青蛉君长者[21]，其说甚是。青蛉蛮在今云南大姚、姚安一带，距南越番禺相去数千里。南越以"蛮夷大长老夫"自居，对南方诸异族部落采用汉朝对待外藩首领的办法，赐以绶印，授以官爵，赂以财物，互通盟好，受到西南夷各部族的信赖和依靠。

二、南越王国的社会生产

广州和两广各地的南越墓中，出土的青铜器、铁器、陶器、漆木器、丝织衣物以及玉石器，数以千万计，通过对这批遗物的研究，可以对南越王国的生产发展水平有个基本认识。

（一）冶铸业

大约在两周之际，岭南地区开始使用青铜器，并学会原始的铸铜技术，生产的青铜器大多数是斧钺类工具和短剑、矛、镞等武器，除个别制作较精外，铸造大多粗糙，形体薄小，显示独特的南越文化风格的青铜器不多，标志独特的铸造工艺水平的重器更少。虽然先秦越人较早学会炼铜技术，但青铜冶铸技术并没有在生产上或社会结构上引起重大变革。战国中期以后，楚国势力进逼岭南，五岭通道开始打通，大约也在这个时期，岭南才开始拥有自己的冶铜业，同外界有了较多的接触，青铜冶铸业也得到较快的进展。

秦平岭南以后，本地区的青铜冶铸业又有进一步发展。南越王墓出土的五百多件青铜器和罗泊湾一号墓出土的二百多件青铜器，是南越国青铜冶铸技术最高水平的标志。这时，在中原内地，由于铁器和漆器的大量使用，青铜器已逐渐屈居次要地位。但在这两座南越国最高统治者的墓中，青铜器仍占主要地位。南越王墓出土的青铜器，以乐器、酒器、炊器和服饰用器中的铜镜、熏炉最具特色。置东耳室的三套青铜乐器，有纽钟一套 14 件，甬钟一套 5 件，句鑃一套 8 件。酒器有壶、钫、瓿、提筒等，都是大型器。提筒共 9 件，大小有序，纹饰与铜鼓的花纹相同（图三）。炊器中最具特色的是鼎、鎏和烤炉。共出大小铜鼎 37 件，分属具有中原汉文化、南方楚文化和当地越文化特点的三个类型。在越式鼎中，又分有三种不同的式样。一部分铜鼎还刻有“蕃禺”和标志容量、重量的铭文。出自后藏室的两个长方形烤炉，大小各一，堆放在炉上的各种烤炙配件齐全，有悬炉的铁链、烤肉的铁钎和长叉。大烤炉底部还装有四个铁轮，便于移动。出土时，两件烤炉内仍塞满黄泥范，表明它们是刚刚铸出便成了随葬品的。熏炉有铜、陶两种，其中铜熏炉 11 件，炉身分单体和四连体两种，通体镂空。此外，还有铜镜 39 面，多属楚式镜，其中有六山纹镜、彩绘人物画像镜、带托镜，为考古发掘中所罕见。这批青铜器，多数属于南越王国赵氏宫廷中的专用品，由南越王国工官在本地铸造，有一部分楚式器、汉式器，则可能是汉廷赐予或从内地购置的。罗泊湾一号墓出土的青铜器，也具有浓厚的地方特色，乐器有铜鼓 2 面，铜锣 1 面，纽式钟和筒形钟 3 件。铜鼓分胴、腰、足三部分，鼓面中心有太阳纹十二芒，胴部以羽人划船纹为主纹，腰部有八组羽人舞蹈纹，器形纹饰均与云南晋宁石寨山滇墓所出相同。炊器有楚式鼎、越式鼎，共 5 件。酒器有器形相同、大小递减的提筒 4 件。又有壶、钫、扁壶、弹形壶、鐎壶、九枝灯、镜、带钩等多种容器和服饰用器。还有彩绘人物山水画像的铜壶、铜盆、筒形器。有铜鼓改制的三足案，带有冲压辐射线的铜盘等等。这些青铜器，多为南越国西瓯君府中的专用品，由桂林郡市府制铜作坊铸作。部分汉式器和滇式器则可能是通过贸易由外地输入的。

上述两墓的青铜器，显示了南越国青铜冶铸所能达到的最高技术水平，不能看作是南越国青铜冶铸业的一般情况。从已发掘的南越国时期墓出土的青铜器看，即便是王国的官员也很难拥有这样豪华的青铜器。一般南越墓很少随葬青铜器（平乐银山岭南越墓，似为西瓯戍卒墓地，随葬较多的铜兵器和铜工具，情况特殊，另当别论）。本地区冶炼出来的铜材能否满足铸造需求，似乎也是个问题。《汉书·南粤传》记赵佗上汉文帝书中曾埋怨汉廷禁绝“外粤金铁田器”，金，即铜，表明南越的铜材和铜制生产工具，至少有一部分还要依靠中原内地的供应。

岭南使用铁器为时较晚，始兴白石坪战国晚期窑址中发现一件铁舌、一件铁斧，是岭南地区迄今已知的出土铁器中年代最早的标本[22]。始兴地处大庾岭南麓，浈水之滨，位居沟通岭北岭南的要冲。这两件铁器，应是楚人进逼岭南后流入。估计流入的数量不多，流布范围也不大。秦平百越后，铁器才大量在岭南出现。下列几批可以作为代表：南越王墓出土219件，罗泊湾一号墓出土20件，广州秦汉造船工场遗址出土10件，广州182座南越墓中有51座出土铁器156件，平乐银山岭123座南越墓中有97座出土铁器205件。出土铁器的品类有农具、手工业工具、武器和日常用的炊具、杂器。最常见的农具是锄、臿；手工业工具是斧，锛、凿、刮刀、削刀；武器是剑、矛、戟和铁铤铜镞；炊具杂器有鼎、釜、三足架和镊、锥等。其中以南越王墓出土的数以百计的铁武器，成箱修治竹简和木作细工的铁工具，以及造型巨大的越式铁鼎最典型。从出土的铁器数量和品类看，南越王国使用铁器已经比较普遍，而且掌握了锻铸铁器的技术。铁器的广泛使用，使砍伐林莽，开垦荒地，兴修水利，深耕细作都可以有较大规模的发展，是促进农业生产及整个社会物质文明的一个重要物质条件。但应该看到，南越王国的铁器是在特定的历史条件下出现的，即秦末汉初用兵岭南，数十万北方军民从岭南带来的。南越国虽然已经掌握锻铸技术，但是否有自己较具规范的冶铁业，目前仍无法论定。赵佗与汉廷交恶的一个主要原因是吕后"禁南越关市铁器"，说明南越所需铁器仍主要依靠中原供应，或者要从中原输入铁材，然后在本地加工锻铸。《山海经》(编者按：当为《盐铁论》)和《汉书·地理志》记载当时全国的产铁地点和铁官设置，岭南是个空白点，这说明当地铁矿资源缺乏，到汉武帝时这里还没有建立较具规模的冶铁业。根据《晋书》中《庾亮传》《陶璜传》和《滕修传》的记载，广州"大开鼓铸"，建立自己的冶铁业的时间，应在三国南朝时期[23]。岭南的其他地方，即使在南越国时期就出现零星的冶铁业，对南越国整个社会经济的发展也不会有多大影响。

另一方面还应看到，所谓"使用铁器比较普遍"，是同战国时期比较而言的。南越国同时期的一部分墓葬并没有发现铁器，例如广州柳园岗墓群，虽然多为小型墓，但亦有棺椁保存完好、各种质料制作的随葬器物超过百件的中型墓，在整个墓群中竟无一件铁器。肇庆松山的大型木椁墓以及贺县的南越国时期墓，也都没有铁器随葬。这都说明南越国的铁器使用是有限的。我们曾对南越墓出土的铜铁兵器略加统计，发现铁兵器与青铜兵器的出土数量比例大约是2:3，这种现象，似亦反映南越国铁材还是比较缺乏的。

（二）农业

南越墓出土的许多农具、粮食作物和有关模型器，是研究南越国农业的重要实物资料。南越国灭亡之后才兴起的随葬模型器习俗，其出土文物也可作为南越国农业研究的参考资料。

南越国时期的遗址和墓葬中，没有发现可以确认为青铜农具的遗物。出土的农具，刃部皆铁制，主要有两种。一种是臿，直装木柄，下端木叶前端包嵌刃口比较平直的凹形铁刃。臿主要用于挖坑（或挖沟）起土。锄用于中耕除草、间苗、松土、点种，也用于挖坑（或挖沟）起土，是古代南方农业生产中的"万能工具"。岭南地区农村至今仍广泛使用。臿和锄的铁刃宽度一般在10厘米或稍大一点；宽度少于10厘米以下的刃口，大约是短柄的手锄或斧、锛。贵县西汉后期墓出土的全铁制的方直裤式锄和半环圆刃式锄[24]，在南越国时期恐怕还没有出现。

罗泊湾一号墓出土一件自题为《东阳田器志》的木牍，可以帮助了解南越国的农具来源及使用情况。"田器"是汉人称农业生产工具的习惯用语。"田器志"就是墓中随葬农具的登记单。"东阳"是地名，春秋时鲁地、晋地、齐地皆有东阳。这里似指秦置东阳县。秦末陈婴为东阳令史，率众二万人参加项梁起义，即此。故址在今安徽天长县西北[25]。牍文开列的农器名称和数量已部分漫漶不清，残存可辨的有"人梠卅""梠五十三""鉏一百二十二""梠卅八其（具）"、"鉏一百廿具"、"铣十五具"。梠即臿、锸，鉏即锄。铣，《说文解字》释为"锸属"，当是与臿近似的起土农器。由此可以帮助说明，南越国的农器是从中原内地引进的，锄是南越国农业生产中的主要农器[26]。

收割作物可能已用铁镰。广州南越墓（M1117）出土一件带有齿刃的弓形镰，柄圆筒形，较短，圆銎透底，以安木柄，通长17厘米[27]。这种形式的铁镰，可能也用于砍伐灌木、草莽。

南越国是否使用牛耕，史文无征。在南越国时期的遗址或墓中也没有发现铁犁铁铧（包括较原始的V形铁铧冠）及有关牛耕的遗物。《东阳田器志》是一份从中原内地引进农具的清单，牍文可辨认的全是臿、锄、铣，不见标志牛耕的犁铧和齿耙。水牛至今仍是珠江三角洲水田犁耕的主要畜力，在广东新石器时代和汉代遗址中都有水牛骸骨出土，但没有发现可供说明先秦或南越时期岭南有用水牛犁田的任何迹象。岭南目前已知的最早铁犁铧发现于贺县莲圹的东汉墓中，铧断面三角形，底面平，正面隆起，中空，以容犁头，这是当时已用犁耕的实例[28]。据《后汉书·任延传》，"九真俗以涉猎为业，不知牛耕。"建武初，任延任九真郡太守，"乃令铸作田器，教之垦辟"。如果这段记载可以理解为东汉初牛耕已在九真郡推行，则岭南地区的铁犁牛耕，大概是在南越国灭亡之后，汉廷扩大这个地区的郡县建置，加强对南疆的统治之后才逐步推广的。

出土的粮食作物主要是稻谷、粟、黍、豆，大麻籽也有零星发现。除了大、小麦可能尚未种植以外，其他"五谷"已经齐备了。在当时已经垦辟的地带，已过着主要以吃稻米为生的安定生活。岭南是我国野生稻的主要分布区之一，目前已知时代最早的岭南栽培稻发现于石峡新石器时代遗址中，经鉴定有籼型稻、粳型稻，而以籼型稻为主[29]。南越墓出土的炭化稻谷，与石峡所出籽粒相同，同属于我国现在栽培稻的O. S. L. 种，仅籽粒长宽比石峡所出稍大。广州一座东汉初期墓（M4013）出土的一件釉陶提筒，筒内盛高粱，器盖上墨书"藏酒十石，令兴寿至三百岁"十一字[30]。高粱是北方干旱作物，何时开始人工栽培，尚未定论。

如果鉴定属实，似可说明当时已知用高粱酿酒。假定高粱又是本地所产，这在中国农业史上则是一件大事。

此外，罗泊湾一号墓还有人工栽培的芋、葫芦、黄瓜等出土。

西汉晚期，岭南地区开始流行表现农家生活的模型器和陶塑品随葬，鉴于墓中随葬品的出现，往往比现实存在晚出，由此逆推，南越国的农业生产已经十分重视施肥，掌握水利灌溉技术。虽然目前我们还无法估计当时的作物产量，也无法判断当时是否有"双季稻"，但从重视"水""肥"而言，作物产量恐怕不会很低。在岭南西汉晚期墓中，还常见储藏粮食的仓、囷模型器出土，均作干栏式建筑。这种构筑，利于通风防潮，适应南方潮湿多雨的自然环境。仓、囷的普遍出现，也是农业发展、粮食增多的反映。

人工栽培的瓜果，品类很多，见于南越时期及稍后汉墓中就有梅、杨梅、酸枣、橄榄、乌榄、柑橘、桃、李、荔枝、人面子、甜瓜、木瓜，等等。《盐铁论·未通》云，"孝武皇帝，平百越以为圃（原作'囿'，据清张敦仁《考证》改'圃'）"，可见岭南瓜果之盛。尤其是荔枝、龙眼，西汉时已传到长安，东汉时，便成为进贡的珍品了 [31]。

（三）制陶业、丝织业、漆器制造业

南越国的制陶业是岭南新石器时代几何印纹制陶工艺的继承和发展。在岭南新石器时代遗址中，就有许多制作精美的印纹硬陶出土。东周时期，几何形印纹硬陶达到了鼎盛阶段，形成独具地方特色的一个陶系，及至南越国时期仍盛行不衰。主要器形是瓮、罐、联罐、鼎、壶、盒、钫、瓿、甑、杯、盏等。纹饰为拍印的方格纹，其上再拍印或刻划各种几何形图案，造型匀称精美。以灰白胎为主，火候高、硬度大，多数摩斯（Friedrich Mohs）硬度为 3 ~ 5，有的达 6。经重烧实验，火候在 1200℃左右。釉层很薄，呈黄褐色，属高温玻璃质釉 [32]。此外，还有泥质软陶和夹砂粗陶。根据目前掌握的材料，这个陶系主要流行于南越国境内，并影响邻近地区。当时属于长沙国的长沙、衡阳、资兴西汉墓中，以及福建崇安闽越国城址中都有这类陶器出土，其制陶工艺似受南越国的影响。

南越国制陶业的另一个主要内容是烧造砖瓦等建筑材料。广州发现的南越官署遗址中，有板瓦、筒瓦、瓦当、铺地砖，形体硕大，质地坚硬。南越官署走道特大方形铺地砖，每边长达 70 ~ 95 厘米，砖面印几何图案花纹，与秦汉宫殿用瓦相比，并不逊色 [33]。当亦为王国司陶官署所监制。

南越国的丝织业是 1983 年发掘南越王墓以后才得到认定的。在过去发掘的南越国时期墓中，常有一些丝织品的残片出土，限于数量少，炭化残碎严重，无从确认是当地所产亦由岭北输入。南越王墓的发掘终于揭开了这个谜。墓中随葬的丝织物，数量之多并不亚于马王堆墓。大小器物几乎全用丝绢包扎捆缠，有几个铜熏炉还用绣花绢、绒圈锦这类高级织物包

裹，靡费惊人。西耳室发现整匹叠置成堆的丝绢，虽然全部炭化，毫无强度，但经细心检验加固，在放大镜下，织物的组织结构尚清晰可认，印染的花纹图案也看得清楚。经初步观察，其中有平纹绢、方孔纱、斜纹绮、刺绣，以及组织复杂的锦、罗、绉纱。在铜镜、玉璧上，还发现手工编织的绶带、罗带和组带等多种编织物。有一种超细绢，其经纬密度竟达到每平方厘米 300 根经线×100 根纬线，在 10 倍以上的放大镜下才观察得清楚。此外，还有提花锦、绒圈锦等高级织物。见到的练染颜色，则以朱绢、朱罗为最多，还有云母绢、漆纱和黑油绢。尤其难得的是，在西耳室叠置丝绢的附近，发现了两件青铜铸造的印花凸版，纹样与马王堆一号汉墓出土的金银色印花纱图案非常近似[34]。这显然是两地文化交流的结果之一。马王堆一号汉墓出土的金银色印花纱，被认为是目前世界上最早的彩色套印织物，南越王墓印花凸版的发现，为这批彩色套印织物提供了套印工具的实证。可以认为，它是目前世界纺织史上最早的一套彩色套印工具，在中国纺织技术史和印染工艺研究中都有重要价值。罗泊湾一号墓也有不少丝织残片出土，还发现一套包括纬刀、绞线棒、工字形器等在内的纺织工具。这充分说明南越王国有自己的纺织业，织造技术也是比较发达的。它和制陶、冶铜、炼铁、制漆等手工业一样，都由王国的工官管理生产。

至于丝织原料，估计大部分应是本地生产。《汉书·地理志》载，儋耳、珠崖"女子桑蚕织绩"，远处海岛之地尚且如此，作为南越政治经济中心的番禺及各郡治所，当不会呈现空白。汉代丝织品的主要产地在齐、蜀、襄邑，南越墓中的高级丝绢，有一部分由中原输入，也是可能的。

南越国的漆器制造业，也是近年考古的新认识。广州南越墓出土的漆器，数量不少，但多腐朽，器形可辨的仅耳杯、奁、盒、盘、案等。M1097 出的一件漆奁上发现有"蕃禺"烙印[35]，表明广州南越墓出土的漆器，大都是南海郡番禺市府经营的漆器作坊制造的。罗泊湾一号墓出土漆器是南越墓中保存较好的一批，共有残片八百余片（件），器形可辨的有耳杯、盘、盆、奁、豆、盂、盒、案、提筒、妆奁盆等。在木棺、革鼓、拐杖、皮甲以及刀剑的革鞘上也髹漆绘画。漆画以几何形花纹为主，如波浪纹、点纹、鸟头纹、卷云纹、菱形纹、雷纹、B 形纹、星云纹、栉纹、云凤纹、变形龙纹等，与马王堆漆器略有区别。烙印文字有"布山""市府草""市府□"，分别发现于不同的漆器上。"布山"烙印见于十多件耳杯的外底部，字外加方框，表明它们是布山市府经营的漆器作坊制造的。发现"市府草""市府□"烙印各数片。有的烙在耳杯外底部，也有烙在器形不明的漆片上，字外不加方框。这种形式的烙印，在江陵凤凰山八号墓和长沙马王堆一号墓都有发现。所不同的是，凤凰山和马王堆漆器上的"市府"烙印与"成市"烙印并见于同一漆器上，故推定出自成都市府作坊。罗泊湾一号墓漆器未见"成市"烙印，但"市府"二字字形近似，外围均无方框，所以，这部分漆器也有可能同属成都市府产品，亦由外地输入。

（四）交通与贸易

越人习于行舟，水上交通比陆上交通发达。在南越国稍后的西汉墓中，经常有木船模型出土。木船的种类很多，有适合在浅窄河流划行的货艇，有作交通用的渡船，有行驶于江河湖泊上的航船。船上已有锚、舵等较为完善的装置，足见当时造船技术相当进步。1976年发掘的广州秦汉造船工场遗址，揭示了秦汉之际我国造船业的宏大规模和高超的工艺技术水平。在船场的中心部位发现三个平行并列的造船台，船台滑道长88米以上。根据对船台结构的研究，认为这里主要生产平底船，吃水较浅，适合内河和沿海航行。由船台滑道的宽距估算，这里可建造宽6.8米、长20～30米，载重数十吨的大型木船。如果判断不误，即可肯定南越初期在番禺已建立起能够成批生产内河船只和沿海船只的造船基地。

番禺是南越国的都城，地理条件优越，早在西汉时期就成为当时全国十九个著名的都会之一，同时又是海外贸易的集散地。《淮南子·人间训》说，秦始皇"又利越之犀角、象齿、翡翠、珠玑"。《汉书·地理志》也说，番禺"近处海，多犀、象、毒冒、珠玑、银、铜、果、布之凑，中国往商贾者多取富焉"[36]。从这些记载中，我们可以推定远在秦始皇统一岭南以前，南越与邻近的海外地区就有贸易往来。南越时期墓中，经常发现熏炉、犀角、象牙模型、琥珀珠饰等物，我们曾提出犀角、象齿、熏炉所需的香木料，以及一部分琥珀，有可能是从海外输入的看法[37]。南越王墓的出土资料，又为这个问题提供了研究线索。在西耳室中发现原支大象牙5枚，成堆叠置，经研究，确认为非洲象齿。在一个圆漆盒中，发现盛有26克酷似乳香的树脂类物质，可惜所含主要成分已无法测定。在墓主足端的成堆陶璧中，发现一个圆形银盒，通体压出蒜瓣式纹（图四）。从造型和纹饰看，都与中国传统器物迥异。这些迹象，似均与海外贸易有关，有待进一步探研。虽然目前对这些问题还无法作出结论，但有一点是可以肯定的，即汉武帝平南越后，随着出现汉朝的大批船队远航东南亚诸国，"市明珠、璧流离、奇石异物，赍黄金杂缯而往"[38]。如此大规模的官方远洋活动，如果不是南越国时期奠定了造船业与航海的基础，那是不可能实现的。

在内陆交通方面，南越赵氏政权十分重视与汉朝的关市贸易，充分利用秦军统一岭南时开辟的"新道"。南越建国初期，开发岭南所需的"金铁田器马牛羊"等生产物资大量南下，吕后"禁粤关市铁器"后，赵佗曾连续三次派出内史藩、中尉高、御史平等使者出使汉廷，请求恢复关市。可见南越要求与中原关市贸易的殷切心情。南越国墓中随葬中原器物的数量和种类越来越多，也说明了这一点。有些器物上还铭刻中原的地名。如罗泊湾一号墓的铜鼎上刻"析"字，铜钫上刻"羍"字，可知它们分别来自河南西峡和陕西武功。在一件记录随葬品的木牍《从器志》上，记有"中土瓴甋""中土食物五笥"，说明连中原的陶器和食物也输入岭南。南越的翡翠、毒冒、珠玑、佳果等南方土特产也经由水陆路线或海路远销中原内地。《盐铁论·未通》提到汉武帝平南越，北方出现"民间厌橘柚"，可见当时南北通商贸易的兴盛。《汉书·食货志下》引述赵佗实行"故俗治，无赋税"政策，这对加强同内地的商业贸易，开发岭南地区经济是有利的。

南越与巴蜀、西南夷也有商业往来。《史记·西南夷列传》提到"南越以财务役属夜郎，西至同师"。又说，武帝初年，番阳令唐蒙出使南越，"南越食蒙蜀枸酱"，知道是由夜郎经牂柯江转运而来。汉平南越时，驰义侯率巴蜀罪人、夜郎兵东下，也走"下牂柯江"这条路。广西贵县、田东、柳州、容县、浦北等地都发现有滇文化遗物，如石寨山型的铜鼓，錾纽钟，柳叶形短剑，内缘突棱的玉环，周缘带花牙的玉玦，以及铜水牯牛，都有可能是从滇地输入的[39]。

三、南越王国的社会结构问题

在探讨南越王国的社会结构以前，有必要对先秦时期岭南地区的社会面貌先作一历史的回顾。

根据我们的考察，本地区的青铜文化大约形成于春秋时期或稍早，战国中期以后，在楚国势力进逼岭南，受楚文化的强烈影响之下，才得到较大的发展。秦统一岭南前后，本地区开始使用铁器，从而进入铁器时代。截至目前，岭南地区没有发现先秦文字，没有发现城市遗址，没有发现成片的村落遗址，能够真实反映岭南先秦青铜文化的东西并不多，代表铸造工艺水平的大型器很少。除制陶业比较发达以外，农器和手工业工具多半停留在石器、木器、骨蚌器阶段。先秦越人虽然较早学会炼铜术，但进展缓慢，全是长方形的竖穴土坑墓，没有墓道，没有封土，墓坑大小区别不大。从随葬器物看，基本上可以反映墓主的性别差异，但看不出有显著的贫富分化，也看不出有标示特殊身份的器物，当然也无从判断墓中死者的身份。看来岭南在先秦时期并未最后脱离原始社会的范畴[40]。

秦始皇略定岭南以后，数十万中原军民迁徙岭南，与越人"杂处"，带来先进的文化和先进的生产技术，为岭南地区的开发准备了前提条件。由于秦朝迅速灭亡，岭南地区的开发，只有在南越国时期才得到实现。这是我们对南越王国建立以前的岭南社会的一个基本认识。

南越王国存在的 93 年间，整个岭南地区发生了重大变化。社会经济迅速发展，与中原先进地区的差距已经大大缩短。赵佗及其继承者们，在促进民族团结，开发岭南，发展岭南的经济文化方面，是有历史功绩的。这些在本文第一、二节中已作了论述。

但是，南越国毕竟是一个僻处于汉朝南陲的地方割据政权，本地区发展农牧业的"金铁田器，马牛羊"需仰赖于中原，经济实力和所能达到的发展水平毕竟受到较大的限制。第二代南越王墓及其随葬器物所显示的规模和气势，都远逊于同时代的中山靖王刘胜墓、曲阜九龙山鲁王墓、徐州北洞山楚王墓，正是当时这种经济实力的反映。

还应指出的是，在社会经济基础低下建立起来的南越王国，不免要留有旧基础的痕迹，或部分承袭旧制度，出于历史的原因，还要付出沉重的军事负担等等。考古资料所能反映的，至少有下面这些问题。

（一）社会发展不平衡

根据已知的材料，南越墓有半数以上集中在广州（番禺），其他发现于北江沿岸的曲江，西江沿岸的肇庆、梧州（苍梧），郁江沿岸的桂平（桂林）、贵县（布山），桂江流域的贺县、平乐，总共大约 10 个地点。这说明都城、郡县所在地，河网交错的平原地区已得到充分开发，人烟稠密，经济繁荣，文化也不低，政治机构的设置与汉朝无别。社会经济文化的发展水平，与中原内地相比较，并不逊色。但是，除此之外，我们便知道得甚少，说明南越赵氏政权对岭南的开发是很不平衡的。可以设想，当时岭南的东部、东北部、西部、西北部等广大地区还是一片篁竹草莽之地。根据考古调查，左江流域不但不见几何印纹陶和青铜器，连汉墓也没有发现[41]，遗留下来的还是石器，骨蚌器和简单的青铜器，其社会面貌也就可想而知了。

同时还应注意到，已发掘的南越王墓大部分是南越各级官吏或其他统治阶级的墓葬。这些墓中的随葬器物，一般反映的是统治阶级的生活习俗及所代表的上层社会概貌，不能代表土著越人和一般南下汉人的真实情况。银山岭墓地是一处西瓯人的戍卒墓地，反映的是一处特殊的屯戍生活，他们同一般的南越人或土著越人，也还有一些区别。由此我们认为，南越时期，岭南经济文化的开发，虽比秦时有了长足的发展，但是，这种开发尚处于初期阶段。

（二）商品经济很微弱

两广地区与楚毗邻，秦汉以前已有交往，但楚国的钱币，在两广境内未曾发现。中原和长沙的西汉早期墓中，经常发现原六国的铸币和半两钱（包括泥版冥钱）同出，而南越国墓中则未见过。这一现象也许可以说明：秦统一以前，岭南的社会经济活动尚处在以物易物或实物货币的经济状态。南越王国统治时期，没有颁行自己独立的钱币，使用秦汉钱币也不多。在已发掘的三百多座南越时期墓中，只有广州六座墓随葬半两钱[42]，罗泊湾二号墓发现一枚楚国金饼[43]（流入岭南后，可能不是作为流通货币使用的），高贵如南越王墓和贵县罗泊湾一号墓，都没有发现钱币随葬，而同时期的汉朝诸侯王、列侯墓，随葬钱币大都成千上万。由此，我们对南越国的商品经济是否存在不能不产生怀疑。看来王国境内的物资交换和王国与中原内地的关市贸易，基本上都停留在以物易物的阶段；王国与海外的贸易，也采用以物易物的交换方式，钱币流通量不发达。

（三）沉重的军事负担

这点可分兵员和武器两方面来估计。

《汉书·南越传》载，赵佗自称"带甲百万有余"。同书《严助传》说，"越甲卒不下数十万"。假定赵佗有自夸成分，打个五折（即五十万），大致是符合实际的。南越国的人口，史文缺佚。据《汉书·地理志》西汉元始二年统计，南海、郁林、苍梧、交趾、合浦、九真、日南七郡（缺儋耳、珠崖二郡），总户二十一万多，人口一百三十七万多。上溯一百多年的南越国时期，人口恐不及此数，假定此数为南越国人口数，其中甲卒占五十万，看来南越的成丁男子全部要去当兵打仗，生产只能由妇女承担，其劳动财富剩余，也就可想而知了。

南越王国拥有各种金属武器，数量多，质量好，在随葬器物中占有很大比例。但武器多，并不是真实反映社会生产高水平的标志。往往有这样的情况：由于周围敌对势力的长期威胁，拥有武器成了小国的生命线，沉重的军事开支，紧张的军事生活，导致生产破坏，百业凋零。这样的实例，在现代仍屡见不鲜。南越王国的北境，有长期与其为敌的汉朝支持的长沙国；东边有彪悍好斗的闽越；西境有横亘千里的西南夷；南临大海，难有退路；同境内又有西瓯、骆越诸种姓。这就是南越王国大量输入武器、大量制造武器的原因。其俗"好相攻击"，也需要武器自相残杀。虽然我们无法了解南越王国的军事开支占国民经济收入的比例，但可以肯定，武器的生产，兵员军饷的消耗，削弱社会财富的累积，延缓社会经济的发展。

（四）较多地保留殷周时期的野蛮制度

《史记》《汉书》都说第三代南越王"婴齐尚乐擅杀生自恣，惧入见要用汉法"。其妻樛氏，"多从人，行至长安，卖以为僮仆。"简短数语，透露了南越王国施行残酷的刑罚制度，恣意杀戮无辜，掠卖奴隶，还较多地保留中原殷周时期的统治方式。

殉葬制度在西汉已被禁止，已发掘的汉诸侯王、列侯墓已不见用人殉葬。南越国宫室百官同汉朝，唯独殉葬制不依"汉法"。南越王墓有四个夫人殉死，十人殉葬；罗泊湾一号墓有二姬妾殉死，七人殉葬；罗泊湾二号墓有一人殉葬。这又从一个方面说明南越王国上层统治者，不愿意废弃曾盛行于殷周时代的野蛮的殉葬制度。

通过对南越考古资料的分析研究后，我们再来看看司马迁、班固当时是怎样看待南越国的。《史记》把南越、东越、朝鲜、西南夷四传并列，《汉书》把四者合并在一篇列传里，说明在两位大史学家的眼里，这四个地区的情况基本相似，社会发展水平大体相当。两位大史学家又都对战国秦汉时期楚越江南之地的生产生活状况作过精辟而又翔实的描写。《史记·货殖列传》："楚越之地，地广人希，饭稻羹鱼，或火耕而水耨，果隋蠃蛤，不待贾而足，地势饶食，无饥馑之患，以故呰窳偷生，无积聚而多贫。是故江淮以南，无饿冻之人，亦无千金之家。"《汉书·地理志》略同。南越国地处楚越之南，王国统治阶级和一部分南下汉人，其经济文化生活与中原内地阶层的人比较，几乎不存在差异，但对广大的汉越人民，特别是越人来说，他们的劳动生活情景，是与司马迁、班固的描述相符合的。

注释:

[1] 这批资料，后来全部收入《广州汉墓》第二章（该书 23～183 页），文物出版社，1981 年。

[2]《广州淘金坑的西汉墓》，《考古学报》1974 年 1 期。

[3] 黄淼章:《广州瑶台柳园岗西汉墓群发掘记要》，载《穗港汉墓出土文物》，香港，1983 年。

[4]《广州秦汉造船工场遗址试掘》，《文物》1977 年 4 期。

[5]《广东肇庆市北岭松山古墓发掘简报》，《文物》1974 年 11 期。原报告定为战国墓，经研究改定为南越时期墓，详见黄展岳:《论两广出土的先秦青铜器》，《考古学报》1986 年 4 期。

[6]《西汉南越王墓发掘初步报告》，《考古》1984 年 3 期。以下提到南越王墓出土资料，均见此文，但有资料是在此文发表后的修整过程中发现的，恕不一一注明。

[7]《平乐银山岭战国墓》，《考古学报》1978 年 2 期；又《平乐银山岭汉墓》，《考古学报》1978 年 4 期。原报告定战国墓 110 座经研究改定为南越时期墓，详见《论两广出土的先秦青铜器》。汉墓 45 座，其中属南越时期的 13 座。这 123 座墓，从年代和出土物的性质分析，可能是秦末汉初抗击秦兵的西瓯戍卒墓。详见《新中国的考古发现和研究》，438 页，文物出版社，1984 年。

[8]《广西贵县罗泊湾一号墓发掘简报》，《文物》1978 年 9 期；又《广西贵县罗泊湾二号汉墓》，《考古》1982 年 4 期。

[9]《广西贺县河东高寨西汉墓》，《文物资料丛刊》（四），文物出版社，1981 年。又《广西贺县金钟一号汉墓》，《考古》1986 年 3 期。

[10]《文物考古工作三十年》，331、343 页，文物出版社，1979 年。

[11]《史记·南越列传》，《汉书·南粤传》。以下引文未注出处者，均见此二传。

[12]《史记·秦始皇本纪》。

[13]《史记·淮南衡山列传》。

[14]《汉书·高五王传》末赞文。

[15] "常御"不见于文献记载。古代常、尚、长通假，它可能是少府属官尚方、御府的合称（见《广州汉墓》，473 页），也可能是中官长御（见《汉书·戾太子传》《元后传》《王莽传中》）。

[16] 陈直:《两汉经济史料论丛》，170 页，陕西人民出版社，1958 年。

[17] 郭德维:《关于寿县楚王墓椁室形制复原问题》，《江汉考古》1982 年 1 期，39 页。

[18]《信阳楚墓》，16 页，文物出版社，1986 年。

[19]《江陵天星观 1 号楚墓》,《考古学报》1982 年 1 期,71 页。

[20]《汉书·高帝本纪》。

[21] 蒙默:《试论汉代"越山"的"越"》,百越民族史研究会第四次年会论文,1984 年。

[22]《广东始兴白石坪山战国遗址》,《考古》1963 年 4 期,17 页。

[23] 杨式挺:《关于广东早期铁器的若干问题》,《考古》1977 年 2 期,105 页。

[24]《广西贵县汉墓的清理》,《考古学报》1957 年 1 期。

[25] 参阅《辞源》"东阳"条。

[26]《广西贵县罗泊湾一号汉墓发掘简报》,《文物》1978 年 9 期,32 页,图版肆;并参阅蒋廷瑜《广西汉代农业考古概述》,《农业考古》1981 年 2 期,61 页。

[27]《广州汉墓》,163 页。

[28] 蒋廷瑜:《广西汉代农业考古概述》,《农业考古》1981 年 2 期,61 页。

[29] 杨式挺:《谈谈石峡发现的栽培稻遗迹》,《文物》1978 年 7 期,24 ~ 26 页。

[30]《广州汉墓》,323 页。

[31]《三辅黄图》:"元鼎六年破南越,起扶荔宫。"自注:"宫以荔枝得名。"说明当时岭南已种植荔枝,故武帝移植关中。《后汉书·和帝纪》:"元兴元年,旧南海献龙眼荔枝,十里一置,五里一候,奔腾阻险,死者继路。"

[32] 麦英豪、黎金:《汉代的番禺》,载《穗港汉墓出土文物》,香港,1983 年。

[33]《广州秦汉造船工场遗址试掘》,《文物》1977 年 4 期。

[34] 吕烈丹:《南越王墓出土的青铜印花凸版》,《考古》1989 年 2 期。马王堆一号汉墓出土的金银色印花纱见《长沙马王堆一号汉墓》上册,56 页,图四七、左;下册,图版一一七,文物出版社,1973 年。

[35]《广州汉墓》,175 页。

[36]《广西贵县罗泊湾一号墓发掘简报》,《文物》1978 年 9 期。漆器的器形、花纹,承蓝日同志函告。

[37]《广州汉墓》,475 ~ 479 页。

[38]《汉书·地理志》。

[39] 黄展岳:《论两广出土的先秦青铜器》,《考古学报》1986 年 4 期,427、428 页。

[40] 同上,423 ~ 426 页。

[41] 蒋廷瑜:《左江崖画的考古学研究》,《广西文物》1986 年 2 期,32 页。

[42]《广州汉墓》,157 页。

[43]《广西贵县罗泊湾二号汉墓》,《考古》1982 年 4 期。

原载《庆祝苏秉琦考古五十五年论文集》,文物出版社,1989 年,署名黄展岳、麦英豪。

南越王墓出土屏风的复原

屏风，在以往发掘的战国、两汉墓中都曾出土过，但多属模型明器，仅在个别墓中出有少数铜质的屏风构件。象岗南越王墓主室中出土的一座漆木大屏风，是首次发现的西汉年间的实用屏风，至为重要。发现时屏风的髹漆木胎大部分已朽坏，复原工作除依据出土状况以确定其基本形态之外，更主要的是屏风上各部分的铜构件。这些构件在去锈以后多数都发现刻有数字编码，有的还有不同的榫卯套合关系，这给复原工作提供了准确可靠的依据。现将屏风的出土情况及复原结果，分述如下。

一、出土情况

屏风放在棺椁左侧即贴靠主棺室东墙下，把进入东侧室的通道堵住了。屏风的各转角处都用铜构件包护，因漆木胎朽坏，构件坠落在墙根处，由南而北分成 4 堆，长 3 米。南北堆各 2 件，上下叠压着；中间两堆，一堆在东侧室过道口的南侧，一堆在北侧，各 3 件，同属于屏风中部的托座及左右翼障的上下包角构件。构件之上还压有朽木、漆皮及室顶石缝中渗落下来的灰黄土。屏风上装饰的铜泡钉洒落满地。深为惋惜的是，东墙头段落的枋石，刚好落在屏风的中部，几件铜构件受砸残破变形。另外，在东墙根北端转角处堆放青铜构件 7 件，记有蟠龙托座 1 对，朱雀 1 对，双面兽首 3 件和一些被砍凿下来的构件残段。在复原过程中得知，这是一座实用的双面屏风，结构均衡对称，中间开双扇屏门，左右两侧各有一页可以折叠起来的翼障。屏门的顶部及翼障下面都有鎏金的铜铸雕饰。入葬时，把两侧的翼障折合起来，铜雕饰全部卸下，托座中伸出的支撑部分都砍断，然后集中堆放在室内东北的转角处。不难看出，屏风是先于棺椁放入室中的，如果在室内原样张开陈设起来，一是高度不够（朱雀顶饰有雉羽等，超过室顶高度），二是占用了室内少半的位置，棺椁无法进入，因而要尽量减小屏风的体积。

复原工作是先从个别铜构件的去锈入手的。初时，我们把 1 对朱雀、1 对蟠龙托座和 3 件双面兽首形饰的头顶上各竖有圆管形插座误认作支灯，于是作出这些铜构件原是分属于屏风和支灯两件不同器物的设想复原方案，发掘后写出的"初步报告"及后来的个别文物图录中也采用了"支灯"一词，当全部铜构件去锈之后，才弄清楚以前设想复原中所谓"支灯"，实为屏风的顶饰与托座。

为了叙述方便，先把各个铜构件的编号、名称、出土位置表列如下（表1）。

表1　　　　　　　　　　　　　　屏风铜构件名称及出土位置表

编号	构件名称	出土位置
D19-1	右上角折叠构件	东墙根南端
D19-2	右下角折叠构件	东墙根南端
D19-3	右托座构件	东侧室过道口南侧
D19-4	右翼障上下包角构件（2件）	东侧室过道口南侧
D19-5	左托座构件	东侧室过道口北侧
D19-6	左翼障上下包角构件（2件）	东侧室过道口
D19-7	屏门残板	东侧室过道口
D19-8	上门轴包角构件（2件）	东侧室过道口
D19-9	边框木条残件	东侧室过道口
D19-10	左上角折叠构件	东墙根北端
D19-11	左下角折叠构件	东墙根北端
D12、13、17、42	泡钉等	东墙根一带
D105	朱雀顶饰（2件）	东墙根北端转角处
D106	蟠龙托座（2件）	东墙根北端转角处
D162	双面兽首顶饰	东墙根北端转角处

二、构件形态

上述全部铜构件和7件铜铸雕饰，锈蚀严重，锈层很厚，出土时多呈翠绿色，去锈后原有的鎏金已部分脱落。有的器件在鎏金的底色上加有黑褐色漆绘线纹，勾勒出器件的轮廓或鳞纹及涂画铺首的眼珠等。铜托座经电子探针分析，其成分为：铜69.62%，锡29.58%，锌0.35%，铁0.45%。屏风的木胎朽坏，仅存少许残板。构架中的横、竖木枋，凡装纳入铜构件中的一段，多数都能保存，有的还完整如新。铜构件出土后在浸泡去锈处理之前，我们先把装纳在构件中的木枋残段取出，这时又发现在多数铜构件的里壁都凿有数字记号，应是便于横、竖木枋的组装作记号用的。取出的枋木经试验不作脱水加固等处理，只在室温条件下阴干，没有干裂变形。

（一）右上角折叠构件 1 件（D19-1），横长 16、竖高 15.5 厘米。由两个曲尺形的扁长方套筒连接组成一页，每个曲尺形的套筒大小相同，向下垂直的一侧用转轴连接，构成一个固定页和一个活动页，与现今一般的活页结构类似。属于屏风背壁结构的为固定页，这页的顶部近转角处有一个圆锥形榫突起，榫的基部处还有一个横向的贯钉小孔（朱雀顶饰安装在这里）。活动页可作 90 度展开，成为屏风右翼障的上转角构件。这两页横向的套筒里壁分别凿有"廿三""廿四"的数码。竖向的固定页在里壁凿有"廿二"，但活动页处因残损一块，所凿数字不明。构件外表的鎏金大部分保存，套入构件内的 4 根木枋也很完整，其中 2 根属屏风背面顶上的横枋，另 2 根为竖枋。套入构件内的一段木枋，四面都按铜构件胎壁的厚度削薄 2～3 毫米，使木枋套入之后，外露部分与构件的表面齐平（图版一二五，5）。

（二）左上角折叠构件 1 件（D19-10）。大小及结构形式均与 D19-1 的相同，只是曲尺形的走向相反，还有顶部用来装纳朱雀顶饰的尖锥形凸榫不在固定页处，而在活动页上，而且尖榫也较粗大，贯钉的孔也宽大些，呈锥形，孔内还留有竹钉残段。构件表面的鎏金保存较好，纳入长方筒中的横、竖木枋保存如新，外露部分还有一段朽余。由是得知，露在铜构件外的枋木，三木胎表面贴上麻布，然后抹灰髹漆。麻布、漆皮还有残留。装纳入构件内的一段枋木，则裹以较粗的麻纤维，再贯竹钉，使之套合紧固。构件里壁刻有数码，活动页横向的刻"五"，竖向的刻"七"；固定页横向的刻"六"，竖向的为枋石砸破一块，刻字不存，若依以上顺序，应为"八"字（图二四五、二四六；图版二二六）。

（三）右下角折叠构件 1 件（D19-2）。通高 31.5、横长 15.8 厘米。结构分上下两部分：上半部如与之相对应的右上角折叠构件的倒置，大小及结构形式相同；下半部以跪坐的力士俑为主体。俑高 16.2 厘米，面朝转角处，两眼瞪圆，眼珠外突，鼻短而高，口衔一条两头蛇，四个獠牙把蛇身啮紧。俑体矮胖，圆膀宽肩突胸，上身着短袖左衽长衣，下体穿露膝短裤。跣足，五趾裸露，足弓较矮，足底宽平，呈现出明显的平足形态。跪坐，两手各操一蛇，微向后伸，两腿也各夹一蛇，四蛇相互绞缠，向左右延伸，再外连接一组垂向的透雕云纹，底有一覆斗形座与之相连，组成一个平面为曲尺形的着地支点（本书图版二八）。活动页的垂向透雕云纹与覆斗形底座是分离的，当翼障作 90 度展开之后，成为屏风翼障下面一个撑地的支点。下葬时，这部分已砍断。器件锈蚀严重，去锈后，鎏金几全脱失，但力士俑的双腕和每条蛇的颈部还保存一圈褐色的漆绘链饰。另外，构件里壁刻凿有数字记号，横向的固定页刻"十七"，活动页刻"十八"，竖向的活动页刻"廿"，固定页因器壁缺损而不明（图版二二五）。

（四）左下角折叠构件 1 件（D19-11）。大小式样都与 D19-2 的一件相同，唯构件中各个部分的走向相反。器件锈蚀严重，原有的鎏金已大部分剥落，上部构件仅固定页刻有数码，在竖向的套管里壁刻"十"，横向的里壁刻"十二"。套入器件内的横枋、竖枋还有一段朽余。左侧的翼障撑地支点已砍断，放在东墙根北角处（图二四七、二四八；彩版二八；图版二二四）。

（五）右翼障上下包角构件 2 件（D19-4）。其中 1 包角构件，均被落下的枅石砸碎，大小形状与下述 D19-6 件为上包角构件，另 1 件为下的全同，可复原。仅下包角构件竖向的里壁刻有"四"字，横向的刻"十"字。

（六）左翼障上下包角构件 2 件（D19-6）。其中一为上包角构件，由两个扁长方套筒连成曲尺形，内有木枋朽余，外表鎏金，保存尚好。横、竖侧壁处还有一段框条紧贴着。构件横长 16.2、竖长 15.7 厘米（图二四九，1；图版二二七，1）。另一为下包角构件，主体亦呈曲尺形，但下部连出一组透雕卷云纹饰。在竖向套筒里壁刻有"二"字，横向的刻"一"字，内有木枋朽余。卷云纹饰是分铸然后接合的，纹饰当中有个很特殊的榫头向下伸出，用来和下面的蟠龙托座相连接。榫头呈漏斗形，其下凸出的一段直榫，为短圆柱体，外面套上一个连接圆箍，把突出于圆箍中间的一小段榫头打成平头，使其周边外突形成钮柱，这样圆箍套在榫外可以转动而不会脱离。然后再将圆箍焊接到蟠龙托座的龙体后部，使托座与屏风连成一体。出土时，D19-6 的一件连接圆箍从托座中砍凿下来，龙体后部只留下四个焊接点；D19-4 的一件短柱状直榫的平头被砍断，与连接圆箍脱开，留在蟠龙托座上的连接圆箍，一道道被砍的斧凿痕，清楚可见（图二四九，2、二五〇；图版二二七，1～4）。

（七）右托座构件 1 件（D19-3）。构件为大石所砸，部分已残碎，可复原，大小形状均与 D19-5 的一件全同。

（八）左托座构件 1 件（D19-5）。整体由两部分组成：一是由三个扁长方形套筒连成一个如"之"字形的主体，套筒内有木枋朽余；一是由三条蛇组成的一个支托。外表鎏金，保存尚好。主体部分有两个扁长方筒，同为横向，一在上，一在下，各套入打横的底枋，承托屏风的壁板和中门。构件一端的下方连着一个如"亚"字形的小础，是分铸的。这个小础与支托中的 2 个斜撑形成水平着地。竖向的扁长方筒，套入竖枕以嵌纳屏风的壁板和中门，支托部分位于构件的一侧，也是分铸的。正面 1 蛇、背面 2 蛇共 3 条蛇相互绞缠，在右上角和左上角各有一组卷云纹带饰系于蛇身，外向的一组呈飘扬状态，内向的一组仅做出索结，带饰部分隐去了。又在绞缠的蛇体正中两面各连接着一个斜撑着地，这样，这组构件就有三点着地，成为屏风中部的一个承重的托座（本书图版二七）。出土时，右托座和左托座共 4 个斜撑都已砍断，与构件分离，堆置在东墙北端转角处（图二五一；图版二二八，1、2）。

（九）门轴包角构件 4 件（D19-8）。为两扇中门的上下四个包角构件，形状大小全同，外表鎏金，为两个扁长方套筒连成的曲尺状，长的一侧呈圆边，一端出轴头，以便门扇的启合转动。属于下门轴包角的 2 件，分别与 D19-3 和 D19-5 的左、右托座构件锈结在一起，未能分离，其中与 D19-5 锈结一起的保存完整，与 D19-3 锈结一起的被落下的大石砸碎变形。上门轴包角的 2 件，随着屏门漆木胎的朽坏而坠落，出土时位于东侧室过道口的两侧处。左边上门轴包角，圆柱形轴头已折断。但筒内还有木枋和少许门扇的木板残留，木枋与门板的接榫方式清楚可辨。门轴和门板上各留一个饰泡钉的小孔，右边上门轴包角的构件保存完整，门轴上与一块扁长方形的铜门斗锈结在一起，这给屏门上部的结构复原提供了根据。构件纵长 9.7、横长 8.5、轴头直径 0.9 厘米。

还有铜门斗 2 件，为扁长形，当中有圆形轴孔，以纳门轴，轴孔两边各贯一枚长钉。显然，这两个铜门斗是直接钉嵌在屏风顶的横枋上的（图二五二；图版二二八，3、4）。

（一〇）屏门木板 6 块（D19-7）。俱为残板，出土时零乱的堆压在铜构件上。最大的一块残长 80、最宽处 14、最厚处 1.6 厘米，似为屏门的壁板。此板的周边及表面无榫口、钉孔等痕迹。其余 5 块为长短不一的残板，厚约 0.5 厘米，有的边缘处还连着一枚泡钉，其中一块尚存少许朱色的漆皮。这些残板出土位置约当屏风的中门，似为中间两扇门板的朽余。

（一一）边框木条（D19-9）。屏风的铜构件出土时许多还连着边框木条，这些木条都紧贴在构件朝里的侧面，横断面呈"凹"字形，高 2.2、宽 2.2 厘米，当中为直槽形凹下，槽口的宽、深均为 0.8 厘米，这是用来嵌纳屏风壁板用的。边框两面髹朱漆，各饰鎏金泡钉，每隔 8～10 厘米饰泡钉 1 枚，互对，但位置稍微错开，避免钉孔相叠。此外，在屏风出土位置处还有一些同样的边框木条，残朽较甚，长短不一，髹漆全脱，仔细检视，这些边框的凹槽两侧还可见泡钉的小孔，凹槽底处也有钉孔，由此证明这些边框木条除了用胶漆粘固之外，紧贴在木框上的还须加竹钉固牢（图二五三，1；图版二二七，6）。

（一二）泡钉 658 枚（D12，D17）。沿东墙根的屏风位置处有大量鎏金铜泡钉散落满地，尤以东侧室过道口及两边近墓主棺椁处为多，锈蚀严重，有的一触即碎。采集到可数的有 658 枚，另有 11 枚是带象牙托的（下详）。这批泡钉统一为圆冒形，钉舌与圆冒同铸，呈圆锥体，长 1.2～1.4 厘米。冒分大小二种，一种冒径 1、高 0.5 厘米；另一种冒径 1.2、高 1.2 厘米（图二五三，3、4；图版二二九，3-4）。

（一三）带托泡钉 12 枚（D42）。鎏金的圆冒下有一个用象牙雕成的四叶形托垫，可能是钉在屏风两扇中门四角的装饰。铜泡径 1.2、象牙托垫长宽 3、厚 0.2 厘米（图二五三，2）。

（一四）象牙片 10 片（D13）。沿东墙根出土屏风构件的地方发现一些象牙薄片，多已残碎，已采集可数的约 10 片。状似篾片，宽 0.7～1、厚 0.2 厘米，长短不一，最长的一片 4 厘米。一面打磨光平，底全为锯切痕。在同出的屏风边框木条中，在凹槽内贴着一片象牙片，由此得知屏风的壁板插入边框凹槽内，若有空隙，容易松动，就用这些象牙薄片填塞，使之紧固。

（一五）双面兽首顶饰 3 件（D162-1～3）。每件大小形状基本相同，两面的造型一致。正中为兽面，呈横的卵圆形，双目圆突，鼻宽而高，鼻梁分成两截，直贯额顶，张口露齿，上髭中分两边，呈"一"字形，末端圆卷上翘。头顶出双角。额顶正中伸出一根圆管形插座，两眉和双耳向外伸展成相互绞缠的卷云纹样，终端处各伸出一根圆管形插座。通体鎏金，顶上双角、眉毛、卷云纹均用黑漆勾勒轮廓线，上下两线条中间再绘双线的鳞状纹样，多已脱落。颊下有长形槽，中空透底，槽内泥范已尽除。兽面的下颚两侧，各向下伸出一个曲尺形插榫，以固插在屏风顶的横枋上。这3件顶饰的管形插座都有顺序的编码，刻在管口的筒壁上，每管一字，由左及右顺排，其中：D162-1的刻"一""二""三"；D162-2的刻"五""六""七"；D162-3的刻"九""十""十一"（图二五四；图版二二九，1、2）。

（一六）朱雀顶饰2件（D105）。昂首展翅，伫立在一个方座之上。通体鎏金，仅存斑点，自颈以下及双翅遍刻鳞片状羽饰。方座四面饰有火焰形纹，底座有圆銎，呈锥状凹入。其中D105-1的銎径较宽大，方座左侧有一个横向的贯钉小孔，D105-2的銎径略小，方座右侧亦有贯钉小孔。朱雀足后突出短距，显示雄性。头上竖一个管状的插座，管口外壁刻有数码，D105-1的刻"四"字，D105-2的刻"八"字。尾巴开口，呈双页的扇形，原来插有雉鸟的尾羽，已朽落，倒在与之相距0.8米外撑头端的一个鎏金铜铺首上，该铺首的一面有雉羽残存，可见原插的雉羽是很长的；在开口的尾巴内残留5~8条羽根，呈扇状排列。朱雀的腹下有一个箭头状槽口，从槽口可看到腹内的泥范还未全掏出来。大小以D105-1为例，通高26.4、双翅距24.5厘米（图二五五；彩版二九，1）。

（一七）蟠龙托座2件（D106）。原有鎏金，几已尽脱。龙昂首曲体盘尾，四足踩在一个由两条蛇组成的支座之上。支座为双蛇合体，两蛇头聚合到后部的正中，同拱一个矩形的支座后足。蛇身分向两边外旋，各卷缠一只青蛙，再向前延伸到正中会合，形成一个U形触地。蛙张口暴目，双肢前伸力图挣脱。龙四肢微下蹲，作起步之状，双耳后掠，额顶连出一个管形插座，张口瞠目，一蛙蹲在龙口内，蛙体半露，伸出两前肢攫住龙口的两缘，好像逃脱了恶蛇的侵袭，得到龙的保护，状态安稳，与支座被蛇缠身的两蛙绝然不同。龙的脊鳍处套一小圆环，脊后与翼障下包角的一个连接圆箍焊接，下葬时被砍断分开。龙的前爪处还有刻字，D106-1的在左前爪之前刻"右"字，D106-2的在右前爪之前刻"左"字。无疑这是两龙托座分属屏风左右两冀障之下的位置编码。大小以D106-1为例，通高33.5、通长27.8厘米（图二五六；彩版二九，2；图版二三○）。

三、修整复原

（一）复原依据

一是出土位置。坠落在东墙脚下的铜构件由北而南排列长达3米，形成4堆，等分为三个开间，每开间刚好1米。屏风的原宽度可依此确定。南北两堆构件中属于上转角的构件，出土时都倒压在下转角构件之上，表明屏风朽塌倒地后，构件的上下位置未乱。位于当中的构件被墙头掉下的大石块所砸，有的器件受损，但仍分两堆倒塌在原位置处。说明屏风随葬时是把两边的翼障折叠起来的。由于组成屏风主要构架的横、竖木枋都朽塌，原来高度已不可知，但有一点是可以肯定的，即既然屏风是靠贴着东墙放置的，墙头有枅石伸出，这就决定了它不会超过从棺室的底板到枅石的底线 1.85 ~ 1.90 米的高度，这是一个极限数据。由于汉代的实用屏风未见有出土实例可与之比较，我们参考马王堆一号汉墓出土竹简中有简一枚（简 217）[1]，简文："木五菜（彩）画并（屏）风一长五尺高三尺"，它说明了屏风的长（宽）与高之比为 5:3。依此，这座屏风的高度可按 1.80 米复原（顶饰除外），这个高度与东墙的净高也相符合。

二是构件的造型与数字记号。上述屏风的主体构件共 12 件，每边 6 件，左右对称。如每边的翼障、上下转角、中间的托座、中门的上下门轴包角等，每件的造型与结构都按它所在屏风的部位不同而设计，换言之，根据每件铜构件自身的造型结构特点，可以推知它在屏风上的相应位置。加上分属两边的 6 件构件中，各有 3 件在构件的里壁刻有数字记号（被大石所砸的以及有残损不全的，是否刻记数字已不清楚），位于左边的 3 件已知有"一、二、五、六、七、囗（八）、九、十、十二"共 7 个数码。右边的有"四、十、十七、十八、廿、囗囗（廿一）、廿二、廿三、廿四"共 8 个数码（图二五七）。由左而右基本是顺序的，仅右翼障下包角的刻码稍异。总的说来，器件所刻数字的顺序与其出土位置的排列相符。此外，蟠龙托座 2 件分别刻有"左""右"方位的记号，龙身上还有榫臼与左右翼障下包角相对合接焊，复原定位准确有据；属于顶饰的 5 件，其中两件朱雀的定位有一个可靠的依据，即底座下面各有一个大小不同的锥状凹卯，与位于屏风两转角处的左、右上角折叠构件顶部的一大一小尖锥状凸榫套合，即左边（D105-1）的大卯孔套合左边的粗榫，右边（D105-2）的小卯孔套合右边的细榫，加上竹钉横贯，不会脱落。由此再检对管状套座上刻记的数字，刻有"四"字记号的朱雀适在左，刻有"八"字的居右，顺序亦相符合。两件朱雀顶饰定位后，其余 3 件铺首顶饰的定位跟着解决。其中刻"一、二、三"记号的一件当位于刻有"四"字记号的朱雀之前，即可定位在左翼障顶上；刻"九、十、十一"记号的一件按顺序应当跟在刻有"八"字记号的朱雀之后，即定位在右翼障顶上；余下刻有"五、六、七"记号的一件，无疑是处于左右两朱雀等距的正中，即在屏风中门的顶上。

三是有一部分木枋、壁板、门板、边框木条以及泡钉等朽余，这些残朽标本对屏风的框架结构、壁板、髹漆装饰等的复原提供了实物依据，有了这些，使屏风的整体复原成为可能。

（二）复原结果

在铜构件清理、整理去锈之后，再将全部器件以及朽木残件等逐一测绘，刻有记号的另施拓墨，在此基础上参照铜构件的出土位置、造型结构特点，结合器件上数字记号的排列顺序等，进行了多次的分析排比，绘制出一个基本复原图。全貌为：

屏风的整体平面呈"∏"形（图二五八）。底座至顶部横枕高1.80米，正面横宽3米，等分三间，每间宽1米，左右两次间是固定的屏壁（图二五九），正中的明间为屏门。屏门两扇，上下四个门轴用曲尺形的铜包角构件包护（本书图版二六）。上轴有一个钉入顶部横枋的铜门斗咬合，下轴直接插在铜托座构件的轴孔中，由于托座本身造出门限和门框，确定了两扇屏门只可向后启合（图二六〇）。屏风左右两侧各有折叠铜构件连接翼障。两扇翼障均可作90度展开或摺合，张开平面呈"∏"形，摺合则成"☐"形。根据出土时两翼障的上下包角铜构件都倒落在屏风中间的两托座构件之旁，这一现象既可表明下葬时两翼障是摺合起来的；同时还可证明两翼障的宽度，是与左右次间等宽的，即各宽均为1米。刻有"左""右"定位记号的蟠龙托座分别置于两翼障下，与翼障的下包角构件有榫臼焊接连成一体（图二六〇）。

屏风顶上两侧转角处各立一只鎏金的铜朱雀，首朝前，作振翅欲飞状。朱雀尾端插有长近1米的雉鸟尾羽6~8根。还有3件鎏金的双面铜兽首高踞在两翼障与屏门的顶上，组成一列异常壮丽的顶饰。

屏风的横木枋、竖木枋、屏壁、屏门的正背两面均髹黑漆，12个边框的木条两面髹朱漆，并饰有鎏金的铜泡钉。每颗泡钉间距平均以9厘米计，正背两面的12个边框共饰泡钉608枚。

以上是这座屏风的基本复原图，还有以下四点未得解决：一是彩画问题。原来屏风的两面当有彩画，出土时屏风位置中所见朽余的残漆皮大多数是黑色的，只有少许在黑漆地上用红白二色描绘卷云纹，采集到的标本都是碎如指甲大小的残片。这座屏风两面共12面竖幅都可施彩画，但绘画的内容已无法复原。二是当中的两扇屏门尚欠门环或铺首，因无实物或别的遗痕可据，如何推拉启合尚难确定。三是屏风上装饰的鎏金泡钉，除朽坏无从确数者外，共收集到可数的有658枚。复原后两面共12片竖幅的边框上，泡钉的总数为608枚，这比出土时能够收集起来的枚数还要少。多出的部分或可说明除边框外，当中两扇屏门或屏壁上也许都饰有鎏金的铜泡。四是5件屏风顶饰和2件蟠龙托座，头上都带一根管状插座，管筒是插羽饰用的，或作他用，未见遗痕保留，不能确认。

室内陈设作为挡风或遮蔽的用具，古代称"扆"，《书·顾命》："狄设黼扆缀衣。"孔传："扆，屏风，画为斧文，置户牖间。"《论衡·书虚》："户牖之间曰扆，南面之坐位也。负扆南向坐，扆在后也。"屏风一词到西汉初年已很通行，除见诸马王堆一号墓出土的"遣策"外，《史记》《汉书》中亦多见，如《史记·孟尝君传》："孟尝君待客坐语，而屏风后尝有侍史，主记君所与客语。"这说明了屏风的功能不仅如《释名》所说的"屏风，言可以屏障风也"，它还具有分隔空间的作用，便于人们同处于一个平面上同时活动而互不干扰，即所谓"屏风所以障风，亦所以隔形，古者扆之遗像"[2]。后来又有屏扆、屏帐、屏障、屏嶂等别称。在考古发掘中早期的屏风比较罕见，从已发表的材料来看，仅见有湖北江陵天星观一号墓出土5件漆屏座，屏板上有透雕双龙的（1件），有透雕4龙的（4件），大小相近，同在黑漆地上施红、黄、金三色彩绘。因其宽仅48.8、高12.8厘米，显为明器[3]。望山一号墓出土的彩绘木雕漆屏，屏壁通体透雕鹿、凤、雀和小蛇，屏座浮雕大蟒、小蛇、青蛙，雕工卓绝。该屏在黑漆地上用红、绿、金、银等色施彩绘，宽51.8、通高15厘米，亦为明器[4]。以上两墓同属战国中期。马王堆一号汉墓所出漆木屏风，屏板两面各旋彩画，但形体小，制作粗糙，当为明器无疑[5]。此外，河北平山中山国王罾墓出土动物造型的金银错铜器座[6]，河北满城汉墓一号墓出有一批青铜器具构件，内有推滑构件、合页构件、门轴、折叠构件等[7]，可能同属屏风的铜构件，如果推测不误，这两墓所出当为实用的屏风，惜已无法复原。因此，本墓出土的这座折叠式屏风应为我国目前考古发掘中首次发现的实用围屏。它不仅规模较大，而且结构复杂奇巧，装饰异常华丽。《盐铁论·散不足篇》中"一杯桊用百人之力，一屏风就万人之功"，虽或有点夸大，但也说明屏风的珍贵。这座屏风及同墓所出的铜器、玉石金银等器，着实地反映出南越王生活享用的奢靡豪华。

注释：

[1] 湖南省博物馆、中国社会科学院考古研究所：《长沙马王堆一号汉墓》，147 页，文物出版社，1973 年。

[2] 清·刘承幹：《南唐书补注》。

[3] 湖北省荆州地区博物馆：《江陵天星观一号楚墓》，《考古学报》1982 年 1 期。

[4] 湖北省文化局文物工作队：《湖北江陵三座楚墓出土大批重要文物》，《文物》1966 年 5 期。

[5] 同 [2] 上册，93 页。

[6] 河北省文物管理处：《河北省平山县战国时期中山国墓葬发掘简报》，《文物》1979 年 1 期。

[7] 中国社会科学院考古研究所、河北省文物管理处：《满城汉墓发掘报告》上册，93～95 页，文物出版社，1980 年。

原载《西汉南越王墓》上册，附录一一，文物出版社，1991 年，署名麦英豪、全洪、冼锦祥。

汉玉大观

——象岗南越王墓出土玉器概述

1983 年在广州解放北路象岗发现的西汉初年南越国第二代王赵眜墓是岭南地区发现的规模最大，出土陪葬品最丰富的汉墓，又是中国境内迄今发现年代较早的一座绘画石室墓。出土的遗物分有：铜、铁、金、银、铅、陶、玉、石、水晶、玛瑙、绿松石、玻璃、煤精、墨丸、丝、麻、竹、木、漆、皮革、象牙、骨、角、中草药物、药饼、药丸、五色药石、封泥、竹木牌签以及家禽、家畜、水产等动物遗骸和植物种实等，品类繁多，其中以铜、铁、陶和玉四者所占数量最大。出土的玉器达二百余件，不仅数量大，品类也多，其中以七十一块玉璧、十一套组玉佩、五十八件玉具剑饰和多件玉制容器最为精彩。墓主"玉殡葬"用玉之多和身穿的"丝缕玉衣"，在汉代考古中仍属仅见。本文仅就该墓的发掘、墓葬的形制、玉器的出土及其主要特色等方面作一概述，以供研究、鉴赏者参考。

一、南越王墓的发现和发掘

南越王墓位于象岗山上。象岗屹立在广州市越秀区解放北路越秀公园的西侧。明初，广州扩展城垣，凿象岗，建大北门，把象岗从越秀山"切"开来，当中的大北路（今解放北路）成为市区通向城北的主要通衢。象岗西边原是广州古代两大湖泊之一的芝兰湖，唐时仍是一处良好的避风塘（图三）。到 20 世纪 70 年代，象岗东麓、南麓已是屋宇店肆林立，北麓又削平以建中国大酒店，岗的西麓已耸起一幢幢的高层公寓。80 年代初，象岗只剩下顶部如一个屹立的孤堆。1983 年广东省政府基建处，又把岗顶削低 17 米，平整出一块约 5000 平方米的地皮，计划建四栋公寓楼宇。当北面第一栋公寓楼开挖基础时，挖到了这墓的顶盖石而被发现了。中国社会科学院副院长、考古研究所名誉所长夏鼐先生提议，由广州市文物管理委员会、中国社会科学院考古研究所和广东省博物馆三个单位联合组成象岗汉墓发掘队，主持这墓的发掘工作（图版 3、4）。是年 8 月 25 日动工，至 10 月 6 日结束，历时 43 天。

象岗是一座海拔为 49.71 米的小石岗，岩体为风化的石英砂岩。南越王墓深埋在岗顶之下 20 米深处，凿山为藏，墓坑平面如"凸"字形，南北向，南北长 10.85 米，前端再向左

（东）、右（西）两边打横掏洞，建造东、西两个耳室，南面有斜坡墓道。墓室建在竖穴底部，共用七百五十多块红砂岩大石砌墙，24块大石板做盖顶。墓内分为前后两部分，共七室，由两道石门隔开。室内用木板铺地，尚见板灰痕。前部正中为前室，左右两侧为东西耳室。后部主棺室居中，为墓主的棺椁所在，左右两个侧室与主棺室平行，墓主的姬妾与仆役埋葬在这里。主棺室的后部为后藏室（图四）。经岩石学鉴定造墓所用石材主要来自两个地方：其中前后两道石门以及门框、门楣石和前室的整块顶盖石（5.5平方米）同属次花岗岩，采自今小北下塘的飞鹅岭；其余砌墙及做顶盖石板的红砂岩和小量泥板岩来自距今广州市区20里的番禺县莲花山古采石场。

南越王墓建筑平面只有100平方米，规模不大，但开凿竖穴墓坑的工程却很艰巨。宽大的墓坑是从石英岩的岗顶向下开凿的，深达20米，前端再向左右两侧掏洞以建造耳室。墓坑连同南面的斜坡墓道合计，开挖的土石方量超过3000立方米。这项石方工程比之河北满城中山靖王刘胜墓开凿墓室的石方工程量（2700立方米）还要大；其次，造墓所用石材全要从外地运来。当日营建这座王陵耗费的人力，物力之巨，可以想见！

发掘结果显示，墓室内外共有殉人十五具。墓门外殉二人，一在石门口的外藏椁内（椁内右侧放大陶瓮、铜车饰和仪仗等随葬物，殉人位于左侧），一在斜坡墓道上。殉人骨架全朽，只余铜带钩、铜镜和陶器等少许随葬物，其余的十三具分别在前室，东耳室，东、西侧室。

二、墓内各室的玉器出土情况

墓中前后两部分共七室，除后藏室为储藏各种禽、畜、海产以及粮、果等食品和百余件陶、铜容器和炊具的"御厨"之室外，其余的六个室都有玉器出土。

前室 平面狭长如"日"字形，南北长3.1、东西宽1.84、高2.14米（均内计，以下同），墓门（第一道石门）在南面，北面是主棺室的石门（第二道石门）。室内顶部，左右两墙壁，前后石门及石门楣上都绘有朱墨二色的流云纹图案作装饰（图版1）。室内右（西）边置漆木车模型一具，已朽，只存鎏金的铜、铁车件散落地上。一殉人埋放左（东）边，骨架和漆木棺材都朽坏了，只存一些板灰和骨渣。棺位南北两头各有一件铁器，为刮刀和环首刀。当中排列着由三璧、二环、二璜和一个鎏金的铜环组成的组玉佩饰，各器件基本纵列成行，南北相距0.9米，穿结的组带已朽无痕。北端的三璧（A49、A52、A1）由小而大顺排，在第二、第三两璧之间，置一鎏金小铜环；三璧之下为二璜（A4、A5），大小相同，与二环（A2、A3）相叠，两环大小各异，小环（A2）在北，大环（A3）在南，同压在两璜之上。另外，在这串组玉佩旁边有铜镜一面和铜印一枚。铜印鱼纽，阴刻篆文"景巷令印"四字。景巷令即永巷令。汉廷中央后宫有永巷令，为少府詹事属官，均以宫中宦者充任。这殉人身佩"景巷令印"当为执掌南越国王室家事的宦者。其旁有漆、木车模型，也许又为南越王的御者。从出土位置判断，上述的组玉佩饰原是覆盖在殉者身上的（图版164）。

东耳室　位于前室东侧，平面长方形，前有一段短狭的通道与前室相通。通长5.24、宽1.75、高1.83米。此室是放置宴乐用器的藏所。三套青铜编乐沿着室内北壁至东端墙成曲尺形排列：一套为纽钟，14件；一套甬钟，5件；一套句鑃，8件。靠近纽钟处贴地排列两套石编磬，一套8件，另一套10件。还有漆木瑟琴的残件。在第一套8件的石编磬旁边发现一具殉人残骨，有头骨和肢骨，已经漂移，经鉴定为一青年，可能是一位乐伎。此室出土玉器不多，分见于三处：一是12枚六博棋子，由青玉和白色水晶制成，各6枚，散落在室内东部青铜酒器和六博局残件的周围（图版166）。二是一串组玉佩饰，位于殉人遗骸之前，有佩、璧、璜各一件，大致上排列成一直线，另有一个玉环和一件鎏金的龟形小铜带钩位于玉璜旁，与璜横距约0.3米（或因墓内积水漂移，玉环位置已有移动）。这四件玉饰的形体小，作工也稍粗，当为殉人所有的佩饰。小铜带钩是悬挂这串佩饰所用。三是在六博局残件的附近有玉环二件，大小各一（图版168）。这二环也可能为殉人所有，因出土位置与上述的组玉佩相距颇远，两者没有共存关系。

西耳室　位于前室西侧，与东耳室成左右相对。结构大小及平面形状均与东耳室同。西耳室是储放各种用器、药品与珍玩的库藏，随葬物呈多层堆放状态，几无立足之地，考古人员要趴在临时用木板架起来的工作平台上俯身进行清理工作。放在最上层的是丝织品，估计有百匹以上，排列在室内东部至过道处的有壶、鼎、鍪、烤炉、提筒等七十多件铜器，其下压着许多陶器，还有成箱的陶网坠（共620枚）、成箱的墨丸（约4383丸），两个装有上百件铁工具的工具箱及五支原支非洲象牙；还有成束成捆的铁箭杆、铜箭镞和车饰都放在室内底层；各种珍玩和药物等则堆放在室的中部。玉器也出在中部，分见于五处。一在中部靠北墙处有一个漆盒，放在器物的上层，内装四十三件玉剑饰。漆盒已朽，盒内的玉剑饰散开，但散落的范围不大，约为0.7×0.4米，从高低位置来看，大致散落成三层。玉剑饰出土时粘满鲜红色的朱砂，肉眼也可见到经纬的织物痕，可知随葬时是逐件用朱染的丝绢包裹后再装入漆盒的。二是四件玉环，同出在上述盛玉剑饰的漆盒旁。其三是在中部靠南墙处有三块玉璧和一个玉环，还有五块玻璃璧相互叠置在一起，其旁还有七套嵌玻璃的铜牌饰，错金铭文铜虎节、铜镜、阳燧、熏炉、臼杵及五色药石、中草药物等。四是在靠北墙处放着两个长方形漆木箱，里面盛的主要是马饰，其中一箱内放有三块玉璧。五是一个圆雕玉舞人和一枚绿松石印，还有蜻蜓眼玻璃珠、木骰子、象牙算筹等同在一个铁工具之旁（图五）。

观察西耳室遗物出土时的相互压叠及玉器的出土情形，有两点是比较清楚的：第一，室中原来可能设有木架，随葬物是分层放存的，木架朽坏后，架上的器物也随着倾倒，所以显得器物的出土位置有相互错叠和杂乱无章的现象。比如一个漆绘人物画像铜镜（直径41厘米），竟被压在装有七十余件铁工具的箱子之下，其旁还散落有雕刻精美的圆雕玉舞人和绿松石印等物。而作为帝王的信物，代表帝王命令的错金铭文铜虎节，却与几块银锭、铜杵臼等混同一起，玉璧与铜马饰竟合装在一箱中。如此等等都反映出西耳室确是一处"百物杂陈"的库房，没有严格的分类包装和放存地点的划分。第二是，室内还有"帝印"二字和墓主名字的"眛"字封泥与随葬物品共存，表明室内有一部分墓主心爱之物生前已亲自缄封入库，死后又再瘗藏的。

主棺室 位于墓室后部当中处，为墓主的棺椁所在，墓中最重要的玉器出于此室（图版2）。内长 4.84、宽 1.84、高 2.3 米。墓主的棺椁置室内正中，已朽，仅见部分板灰痕。东边有一座漆木大屏风，贴墙放置，西边靠西墙下全是兵器，有剑、矛、戟等铁兵器 13 件和铜戈 1 把。南面除了留出两扇石门启闭转动的位置外，已无可放器物的多少空余。北面，即外椁前头，有三盆横列，一个造型奇特的承盘高足玉杯居正中，左（东）侧是一个鎏金铜釦大漆盆，右（西）侧为一深腹大铜盆（图版126）。这三盆并列于棺椁前头，或有特殊的含义。北面通往后藏室的门道两边各竖一把铁矛，有拱卫之意。

室内东西两石墙上挑出的枋石，因重压产生剪力作用而断折，分裂成五块坠下，都打在棺椁及漆木屏风上。屏风被砸坏了，但内棺和外椁两头的许多玉器仍基本保存完好，只是位置稍有偏移。说明当墓室顶上的巨石掉落时，棺椁仍未朽塌，随葬的大量玉器幸得保存。

根据棺椁所留部分灰痕推知，棺椁的侧壁是紧贴的，但前后两端则留出较大的空余，形成一个外椁的"头箱"和一个"足箱"。椁盖面的四角处各置一块大玉璧（D16、D190、D30、D114）。椁盖上原来还放有成捆的铜镞、弓弩、铅弹丸和铜车饰等物，已散落于棺椁周围。

为了叙述方便，棺椁内玉器等物的出土情形，依发掘时由上而下逐层清理的顺序介绍。

内棺中的玉器等遗物：

墓主身穿的"丝缕玉衣"已塌下压至扁平，而且向南移位约 0.3 米，双鞋伸入外椁的"足箱"内。整套玉衣片几乎是平贴在墓室底部的原岩地表上，当中仅有薄薄的层板灰相隔。出土时玉衣的各部分基本可认，分由头套、面罩、上衣身、左右袖筒、双手套、左右裤筒和双鞋。玉衣的前头，平放着三件精美的玉饰：一为铺首衔璧（D156），位于头套之前；一为虎头金钩玉龙（D93），在右肩前；一为透雕凤纹牌形饰（D158），在左肩之前（图版33）。双鞋之下还踏着一件双连璧（D186）。面罩上盖有"幎目"，是用一块丝绢上缝缀八块椎花的杏形金片做成。幎目下面还有两件雕镂精美的玉饰，一璧（D157）一环（D62），压在面罩上的左右两边。

在玉衣的胸腹位置处，覆盖着许多精美的玉饰件，计分四层：

第一层是九枚印玺。分盛于三个小漆盒中，每盒盛三枚。漆盒已朽，有残漆皮。第一盒位于上胸处，两枚为玉印，均无文字，一枚为龙纽"文帝行玺"金印。第二个盒装的三枚，位于胸腹间,一为"泰子"金印,一为"泰子"玉印,一为无文字玉印。第三盒的三枚位于腹部,一为"帝印"玉印,一为"赵眜"玉印(西耳室出有"眜"字封泥,这枚"赵眜"玉印可确认是墓主的名章),一为无字的绿松石印。从出土位置来看,漆盒朽后,印玺都有移位,第一盒的三枚移动较大。其余两盒各印基本上是挨近的。

第二层是一串组玉佩饰。覆盖在胸腹间,由玉璧、玉璜、玉人和金珠、玉珠、玻璃珠、煤精珠共 32 件组成,总长 0.6 米(图版 52)。

第三层为组玉璧。由六块大璧和四块小璧组成,覆盖在腹部位置处。玉衣两手靠拢,同压在组玉璧上,两个手套各握一枚龙形的玉觿(图版 12~14)。

第四层是珠襦。位在上胸部位,长宽尺度已不明。所谓"珠襦",倒像一块"珠巾",即在一块丝织物上分上下两段缝缀不同的饰件。上半缝缀的是一串串的浅蓝色玻璃小珠(钙化严重,触之即碎),仅少数尚可见到横列成串,余均散乱;下半是三条横列纹带,每条纹带用玻璃贝、焊珠金花泡、素面的金泡、银泡等缝缀在织物上,构成多个菱形图案。《汉旧仪》说:"珠襦以珠为襦,如铠状,连缀之,以黄金为缕。"《西京杂记》也说:"汉帝送死皆珠襦玉匣,形如铠甲,连以金缕。"由此看来,墓中出土的宝物只是象征性的一块"珠巾",并不是一件如短袄状的完整珠襦,因为玉衣的背面并无玻璃串珠等物发现。

此外,还有四件鞢形玉饰,一件在头套附近,三件压在组玉璧之下,这四件玉饰都贴靠着玉衣的玉片,可能是单独做装饰用的,与其上的四层玉饰为组合关系。

贴着玉衣的背面从头套至腿间还有五块大玉璧纵列成行(图版 29)。玉璧上粘有朱红色的棺漆残片,表明下葬时先在内棺底处铺上五块玉璧,头部位置还垫上一个丝囊珍珠枕,最后把包裹着遗骸的玉衣装殓入棺的。珍珠枕已朽,从遗痕看,枕长约 30、宽约 10 厘米,高度不详。

揭去上面的玉衣片露出墓主的遗骸,骨殖只剩骨渣且多已呈粉状。根据残留的一些头骨、下颌骨和部分牙齿鉴定,墓主为男性,年龄在 35~45 岁之间。遗骸上排列十四块玉璧(图版 19)。其中头套处有二块,夹于两耳间。其余的十二块,分成三行排列,正中一行下面的一块最小,是透雕三龙璧(D50-13),压在阴部的位置上(图版 27),另二行分列在两肋之间。此外,在清理玉衣及盖、垫在其内外的玉璧过程中,还观察到一个颇为特殊的现象:玉衣的上衣身玉片,对角粘贴的丝带和用丝带捆边的一面都朝里,贴在麻布衬里的一面则朝外,这个现象或可说明,墓主入殓时上衣身是反穿的。另外,在玉衣片上,除了上述反穿的上衣身玉片尚见残留的自身粘贴的丝带外,连同贴身的十四块玉璧都未见有任何墓主身穿的织物遗痕,表明墓主入殓时是赤身穿着玉衣的。这种赤身入殓,使尸体直接与玉衣片和贴身的玉璧直接接触的做法,与汉人认为玉可以防止尸体不腐的迷信观念正相符合。

玉衣两侧的腰际间有十把铁剑,位于右边的五把,有一把是玉具剑(D70)。在左边的五把，其中的四把为玉具剑（D89、D90、D141、D143）。这批玉具剑的玉剑饰除了夹在剑把上的玉剑格位置不动外，其余的剑首、剑璏和剑珌都已脱落了，多数都堕落在原位置的旁边。

在内棺两侧的前、中、后位置处分置三璜、三璧，左侧的是三块玉璜（D161、D167、D184），右侧的是三块玉璧（D180、D27、D191），一璧一璜，左右对称（图版93）。

外椁"头箱"中的玉器等遗物：

棺椁的两侧壁板是紧贴的，但内棺头前留有 0.5×1 米的空余，形成外椁的"头箱"。内棺后部约有 0.4×1 米的空余，为外椁的"足箱"。在"头箱"内平置两个大漆盒：左边的漆奁内装占卜用的龟板，右边的漆奁满盛珍珠，其上再叠置七块青玉大璧，最上的一璧直径 33.4 厘米（本书图版二二）。两件漆奁都已朽坏，珍珠散落满地，放在奁上的玉璧斜向棺里倾倒。在这两件漆奁之后（北面），放着一批精致的玉器，计有：青白玉角杯，镶玉盖杯，青白玉盖盒各一件，青白玉带钩三件，镶嵌宝石银带钩一件，金丝网嵌绿松石铜带钩一件，还有滑石耳杯一对。七件玉璧都有丝带痕，其余的玉器件等原来每件都用丝绢裹缠。

外椁"足箱"中的玉器等物：

"足箱"里有陶璧一百三十九块，玉璧两块，分叠成四摞，当中放上一个锤花银盒，盒内装的药丸尚有半盒保存，药丸都已黏结成块了。"足箱"中的陶璧与玉璧共一百四十一块，混合堆放，显然都是当作玉璧随葬的（图六）。

东侧室　位于主棺室东侧，有过道通连。室中埋葬四位夫人，各有印玺随葬，身份清楚。出土玉器以殉人随身佩带的组玉佩最为突出，可复原的计有 7 组。其他的随葬物还有铜镜十四面，铜带钩十一枚，银带钩二枚，铜熏炉五件；此外还有一些铜器及陶器一批，漆木器则已全朽（图七）。

此室内长 6.95、宽 1.61、高 2.24 米。东墙头上有两块枋石断裂坠下，砸毁了一些随葬物；同时，墓内有过多次的积水长期浸渍，室内随葬器物多已漂浮移位，显得比较零乱，殉人的棺具也有浮移，贴身随葬的组玉佩饰的移位也比较严重。

"右夫人"的随葬玉器："右夫人"棺具位在室内北部的西边，棺木已朽，有部分棺漆残留。在棺位置的北面发现一颗龟纽阴刻"右夫人玺"四字篆文的金印，往南相距约 0.2 米，有一串组玉佩饰（编为 A 组），排列成行。佩饰由一件连体双龙玉佩（E149-3）领头，在往南长约 0.5 米的一直线上，共排列九件玉饰和"蜻蜓眼"玻璃珠一粒，圆形和扁菱形金珠十粒。这串配饰似为直接悬挂在"右夫人"身上的，从出土情况看，位置无大变动。紧靠这串组玉佩之旁，发现一颗象牙名章，阴刻"赵蓝"二字，还有无字的玉印 2、绿松石印 1。在这串组玉佩的后面，还有嵌蓝色平板玻璃的牌饰和铜带钩各一件。此外，在 A 组的组玉佩西侧，有玉环、玉璜、玉管各二件，玉舞人一件，相叠一起。这串组玉佩（编为 B 组）原来就是叠置放在棺内的，因为其旁（西边）有髹红漆的残棺板朽余。

四位夫人的身份以"右夫人"为高，她的随葬物也应较其他夫人的要丰富。参照墓主人的情况相比较，墓主拥有的玉器最多，除了棺内放置有大批玉器外，外椁的"头箱"和"足箱"也放有精美的玉制品。西耳室是墓主人的"百物杂陈"库藏，在这室内还有绘画铜镜，带托铜镜及成盒的玉剑饰等。所以，"右夫人"棺位置的前头，即室内北端还堆置着大批器物，漂移比较严重，这些应属"右夫人"的随葬品。除了铜、陶等器物外，还有两组组玉佩饰，其中编为 F 组的有一璜三璧，编为 G 组的有一璧、一佩、三璜。

"左夫人"的随葬玉器："左夫人"遗骸位在墓室南部靠西墙下，尚存部分残骨，可辨的有脊椎骨、肋骨，脚跖骨和数枚牙齿。一面铜镜压在头部位置上，两个小玉璧附在蹠骨的左旁。棺内的主要随葬物已往北漂移，一颗鎏金阴刻"左夫人印"四字篆文的铜印和一串组玉佩饰（编为 C 组）与压在遗骸颈部的铜镜相距约 0.6 米，可见这组随葬物的移位较大。在铜镜和 C 组组玉佩之间还有羊纹的铜牌饰一块和铜带钩一件，也应属棺内遗物。

"□（部）夫人"的随葬玉器：位于室的北部靠东边，与"右夫人"的棺位置成左右相对。从东墙头上断裂坠下的一块枋石，掉落到棺位置旁，砸坏了一些铜、陶器物。棺内器物因漂浮而有移位。例如在一枚鎏金龟纽阴刻"□（部）夫人印"四字的铜印旁有几件玉佩饰，还有两面铜镜和一件铜带钩。玉佩件有璧、舞人、璜各一件、觽两件，参考其出土位置，作了设想复原（编为 E 组）。

"泰夫人"的随葬玉器："泰夫人"棺位置打斜排列在"右夫人"与"左夫人"两棺位置当中。在棺位置内有两面铜镜夹着阴刻"泰夫人印"四字篆文的鎏金铜印，一件铜带钩，旁边还有由玦、佩、璧、璜各一件玉饰组成的组玉佩（编为 D 组）。其前还有一对龙形玉佩。在龙佩与组玉佩饰之间并列着两面铜镜。从室内器物出土现象来看，以"泰夫人"棺位置的遗物漂动最为严重。

西侧室 位于主棺室的西侧，结构形制及平面大小均与东侧室同。室内埋葬墓主的庖厨隶役和猪、牛、羊三牲。室内南部五个殉人都无棺木，斜躺在地板上，呈相互平行式排列；北部两个殉人，发现的部分遗骨与三牲的骨殖相混。室内出有铜、铁、陶、金、银、玉、石、漆器和封泥等随葬物共一百二十五件。其中玉器十二件，多属殉人的佩饰。下面由南而北把各殉人及其随葬的玉器等情况简述如下：

殉人一（编号 RV）：遗骸残存部分头骨、牙齿、椎骨、股骨等。经鉴定死者年龄约 20 岁，脸上覆盖一面铜镜，还有兽纹玉饰（F64）在两殉人之间。

殉人二（编号 RVI）：从残存遗骨来看，似为一少年，其头足方向与第一位殉人互易，斜躺其旁。遗物仅发现一小片金饰件，位于头部，无玉饰发现。

殉人三（编号 RVII）：遗骸的保存较好，经鉴定殉者为一年龄约 40 岁的女性。除面部覆一面铜镜外，还有玉卮（F18）一件，小玉环一，小玉璜两件，无字小玉印一件，还有铜、陶熏炉各一件。在此室的殉人中，以这位殉人的随葬物最多。

殉人四（编号RⅧ）：殉人的头部为墙头上断落的枋石所砸，覆盖在脸上的铜镜及头骨均残碎。据残骨鉴定，死者为30～35岁的壮年。随葬物有铜镜两面，还有陶璧六块（寓意为玉璧），带钩一件和玻璃珠一颗，同出在下肢位置处。

殉人五（编号RⅨ）：据遗骸鉴定，殉者为一青壮年。未见玉饰器件。

第六、七位殉人（编号RX、RⅪ）：前者是在清理北部的三牲遗骨和随葬器物时，在一面铜镜下发现，仅见到几枚牙齿，经鉴定，殉者是一个20余岁的青年。后者则在另两面铜镜下发现，有一枚臼齿，鉴定为20岁的青年。在墓室北部的小件随葬物还有铜镜两面，铜带钩两件，玉环、玉璧、玉鼻塞各一件，玉璜三和玻璃珠两粒。这些遗物也许与这两殉人有关。

三、南越王墓出土玉器简析

近四十年来，我国各地发现数以万计的汉墓，出土了大批极有研究价值的玉器。这些玉器主要出自少数的诸侯王墓和高级贵族的大墓中，广州南越王墓发现的这批玉器，尤为引人注目。参照考古学惯用的名称，南越王墓出土的玉器可分为：玉衣、鼻塞、觿、璧、璜、环、组玉佩、舞人、各种佩饰件、玉具剑饰、带钩、印章、六博子、铜框镶玉卮、铜框镶玉盖杯、角形杯、盒和铜承盘高足玉杯等十九种共244件。这座墓出土玉器数量之多，品种之广以及墓中保存状况之好是汉代考古发现中前所未有的。

南越王墓的玉器和同时期的一些大墓中出土的玉器一样，其造型、纹饰、碾琢与镶嵌等工艺都是在承袭前代传统的基础上而有较大的发展，南越王墓的玉器还有它自身的一些特色。这批玉器从器形以及出土的层位情况来看，大致可以划分为礼仪用玉、丧葬用玉、装饰用玉和器用之玉四大类，当然，每类中的某种器形是含有多种不同的使用功能的。

礼仪用玉。先秦时期的礼仪玉器即所谓"六瑞""六器"，到了汉代，从文献记载和考古发掘所见，已有四种消失了，只余下璧和圭两种[1]。璧在西汉墓中还较常见，圭只出于个别墓中[2]。南越王墓没有出圭，只有璧一种，共出七十一件。按其纹饰造型不同，可分为五型：（一）璧面纹饰三区，内外缘的两区刻龙（或龙凤）纹，中区为蒲格涡纹或谷纹（图版97、119）；（二）璧面纹饰二区，外区刻龙纹，内区为蒲格涡纹或涡纹（图版32、123）；（三）璧面纹饰一区刻蒲纹或涡纹（图版173、176）；（四）璧面的内部镂空一圈，当中浮雕三龙头相连，如内外套环形状（图版27）；（五）由两个三型的璧并连（图版39）。这五型玉璧依其出土的层位与组合关系，可分别归入礼仪用玉、丧葬用玉和装饰用玉的三类之中。但璧的纹饰和功用之间还不存在有必然的关系。

用"价值连城"来比喻其身值高贵的玉璧，到汉代仍然是高级显贵们相互馈赠和皇帝赐

葬的最高贵礼品 [3]。史上有名的鸿门宴故事，当刘邦脱险逃离项营后，张良向项羽献上白璧一双 [4]。南越国第一代王赵佗，在回报汉文帝的礼品清单中，第一项礼品也是"白璧一双" [5]。可见玉璧在当时仍为最高档次的礼品。主棺室棺椁的"头箱"内有大璧七块，"足箱"中有玉璧两块和陶璧一百三十九块，还有四耳室有六块玉璧（该室是为墓主人置备各种用器与珍玩的库藏），这些都是为墓主人置备的礼仪用物。

第二类是丧葬用玉。夏鼐先生给"葬玉"下过一个定义："'葬玉'是指那些专门为保存尸体而制造的随葬玉。"又说"葬玉一名'保存（尸体）玉'" [6]。本此，南越王墓出土的玉器中属于葬玉类的有：玉衣、玉握（觿）、玉鼻塞和玉璧四种。南越王赵昧的殓服用"丝缕玉衣"，关于这袭玉衣本书已有专文论述，这里从略。

南越王的玉握是一对造型各异的龙形玉觿（图版 12～14）。觿，因其末端呈尖爪状，说是解结的用具。在考古发掘中多为佩饰，东侧室□夫人的组玉佩（E 组）就有一对双面镂空的龙形玉觿（图版 149），但作为葬玉用是少见的。《释名·释丧制》："握，以物著尸手中，使之握也。"握的是什么"物"？有学者指出，洛阳中州路的一些东周墓的骨架手部或腹部常有两片石像，呈双双对对，应称为"瑝"，就是握 [7]。江陵马山一号楚墓死者双手中的握，却是"一件卷成长条状的绢团" [8]，而满城汉墓中山靖王刘胜及其妻窦绾都手握玉璜 [9]，江苏邗江姚庄 101 号西汉墓男棺内出土木握两件，一为高短棒形，一为橄榄形 [10]。山东巨野红土山西汉昌邑王刘髆则握一对白玉豚 [11]，而南越王用玉觿。由此看来，握的用物，实无定制。

南越王墓中作为葬玉用的璧，主要是给尸体作多层的铺垫。赵昧入殓时是裸体穿着玉衣的，在裹合玉衣之前，在遗体内贴身铺盖十四块玉璧，玉衣之下即在内棺底处纵铺五块大玉璧。这十九块玉璧无疑都是为了保存尸体而随葬的玉器。上述的刘髆墓比赵昧墓要晚 33 年，他的尸体上也置璧十七件，尸下垫璧十件，环一件。古人迷信玉可以保存尸体不腐，故以玉入殓。汉代以前也不乏例。如洛阳中州路战国墓死者脸上覆有缀玉的面幕，身上穿缀玉的衣服，这是玉衣的雏形。山东曲阜鲁城发掘的乙组墓，有两座战国中晚期的大墓保存完好。其中 M52 的："死者身上从头至足放一层玉璧，身下垫一层玉璧"，共十八块 [12]。另一 M58 的"死者身上、身下各置一层玉璧，共十六块，因骨架腐朽，已不能确定身上、身下各放多少" [13]。还有，与南越王赵昧同时的中山靖王刘胜的玉衣内"连前胸和后背共置玉璧十八块"、"在前胸部位放十三块"，"垫在背后的有五块"；二号墓窦绾的玉衣"内十五块，前胸置十一块"，"背后四块玉璧上下排成一行" [14]。由此看来，由缀玉衣服发展为完整的玉衣，又用玉璧在尸体作上铺下垫，这种"玉殓葬"在高层贵族中流行的葬习，由战国伊始，到汉代发展到高峰，当时僻处南陲的南越国贵族也无例外。

古丧礼以珠玉贝米之类纳于死者口中称饭含 [15]，也是一种防尸朽腐的措施 [16]。考古发掘所见，商墓中常见死者口含蝉，春秋墓含玉石，战国及汉墓中死者口含玉蝉。在南越王赵眛遗骸的口部，发现了珍珠一团，珠团外粘有丝绢残痕，表明赵眛死后是按天子的葬制含珠如礼的[17]。南越王用珍珠团塞口，和他生前僭号称帝是相符的。汉代高级贵族还用特制的一种玉九窍塞，以填塞死者体上眼、耳、鼻、口、肛门、生殖器的九个窍孔，以防止精气外泄，此即考古学上所称的眼盖、耳塞、鼻塞、口塞、肛阴塞和生殖器盖六种玉器。我们在南越王的遗骸中未见有这种填塞窍孔用的玉器，却从西侧室的殉人与三牲骨殖堆处发现一粒玉鼻塞，原来或是一对。至于粒玉鼻塞是哪个殉者用的，实难确定。

第三类是装饰用玉。在出土玉器中装饰玉占的数量最大，品类也多，因为是作装饰之用，所以器件的造型设计和雕镂纹样都极为精美。南越王墓出土的装饰玉无论数量和制作质量都以组玉佩和玉剑饰最为突出。

组玉佩（本书图版二四），共十一套。其中有三套是依照出土时各器件的排列情形作出复原的。覆盖在墓主人玉衣上的一套，由 32 个器件组成，由璧、璜、佩、人形饰（翁仲）、珠、环等 16 件为主件，以蓝色、绿色的玻璃珠、黑色的煤精珠、金黄色的金珠共 16 件相间，形成一串色彩斑斓，大小有别，轻重有序的华贵佩饰（图版 52）。在这套组玉佩饰前头还有鎏金铜带钩（D183）一件，可能是供悬挂这套佩饰之用。

前室景（永）巷令的一套组玉佩由三璧二环二璜，当中有一鎏金铜环相间组成，纵列成串，长达 90 厘米（图版 165）。细审这套组玉佩各器件的出土情形，无大的变动，基本保持原来的位置。

右夫人棺位置处的两套组玉佩，其中 A 组的一套，各饰件基本上保持原位，只有一颗金珠离位颇远，其余的佩、环、璧、璜共九件玉饰和玻璃珠 1、金珠 10，穿系的丝线虽朽，从出土的位置看，仍排列成一直线。另一套（B 组）有环、璜、管各两件，舞人一件相叠在 A 组左上侧。这套可作两种方案设想复原：按器件由小而大的排列，则二环在上，二璜在下，中以玉舞人相间，下垂两管，如图版 138，这是一种复原方案；如果与上述 A 组佩饰和墓主人的组玉佩相参对，在两璜之间都有小饰件隔开，所以这串组玉佩饰的两个玉管也可排于两璜之间，如图版解说中的拓本所示。

最近，在三门峡上村岭虢国墓地 M2001 号西周墓出土的一套大型组玉佩饰，以璜为主，配以玛瑙、玻璃珠组成，由头覆盖及下膝处，是目前已知大型组玉佩饰年代最早的一例[18]。春秋战国墓中，大型组玉佩已较常见，尤其战国墓的组玉佩往往由多种玉器件组成。汉初，继承了战国的传统而有发展。据不完全统计，经过清理发掘的西汉时期诸侯王及高级贵族的大墓，包括广州的南越王墓在内，只有四座墓未遭盗劫。正因为汉代的大墓几乎全被盗扰过。墓中偶尔幸存几件组玉器件，都系劫余之物，原来整套组玉佩饰的各个组合件是怎个样的，实在无法得知。正是由于这种残缺不全的情况，导致一些学者也产生"汉代的组玉佩已经简化，佩玉的品种没有战国时那么多"的误解[19]。

玉具剑饰。墓主人身上佩剑十把，其中五把为玉具剑，所附的玉剑饰共十五件。另外，在西耳室的一个漆盒中盛有玉剑饰四十三件（分有：剑首 10、剑格 16、剑璏 9、剑珌 8 件），两者合计达五十八件。一座墓出土如此大批玉剑饰的实为汉墓中首见，就是考古发掘的历代墓葬也是罕有的例子。剑上用玉作装饰，据最近考古的新发现得知，以三门峡上村岭虢国墓地 M2001 的西周晚期墓出土一把铜柄铁剑为最早，该剑茎末纳有一块青玉剑首 [20]。属于战国早期的曾侯乙墓，出土的编钟架上有多个铜人、立柱，铜人均腰挂短剑，剑鞘上携出一个有銎孔的凸起物，这是目前我们见到的最早出现于剑鞘上的剑璏了 [21]。另外，江苏六合县程桥第 2 号春秋晚期墓出土一把铜剑，嵌有玉剑首和玉剑格各一件 [22]，这可说是玉具剑的雏形。玉具剑一词始见于《史记》和《汉书》[23]。关于这四种玉剑饰的名称，学者们有不同的意见 [24]。我们在编写《西汉南越王墓》（发掘报告）和本书中仍采用考古发掘报告中较常用的首、格、璏、珌的称谓，至于其他的名目，不打算在这里详加讨论了。

根据考古发掘材料可以断定，一柄长剑附有四件玉剑饰的始于汉代，汉画像石的人物佩剑中也常见有这种剑饰。可见这是当时较为流行的一种定制。但是，有些剑不一定四种玉剑饰俱备。南越王赵眜身佩的五把玉具剑，四种齐备的只有两把；有一把（D141）只有剑璏、剑格各一件，另一把（D90）则有剑首、剑格各一件，还有一把（D89）颇特殊，有剑首、剑璏和剑珌各一件，但剑格并非玉制，而是用硬质木料制，已朽，尚存部分木质可认。西耳室所出的 43 件玉剑饰，我们参照出土时漆盒朽后剑饰散落的高低层位，依照每件剑饰的玉质、器形大小以及纹饰特点等相互对比，按首、格、璏、珌四件为一组（套）共分有八组，余下还有剑璏一、剑首二、剑格八，共十一件不成套。这批剑饰仅少数可见使用痕迹，多数还是崭新的，无疑这是墓主生前的心爱之物。我们注意到西耳室出有"帝印"和"眜"字封泥，可以认为，这批玉剑饰是在墓主生前由主人亲自缄封入库，死后再瘞藏的。

璜、环、玦和璧出现都很早，新石器时期已有。璜在战国和汉墓中最为常见，造型、纹饰都极富变化。璜、环与玉人是组玉佩中的重要组成器件。南越王墓中凡有玉器随葬的墓室都出璜和环。环有十三件，其中九件属组玉佩的组件。璜共三十三件，属于组玉佩组件的占二十三件之多。另外在墓主内棺两侧的前、中、后位置处分置三璜三璧，这些璜、璧则属丧葬礼制的用玉了。

玦，在河姆渡文化已有发现。所谓璧缺一口者为玦，所以考古发掘所见的玦，几乎都是圆形的。玦初为耳饰。汉代，无分男女都用为佩饰，《史记》有范增三举佩玦示项王的记载 [25]。南越王墓东侧室的"泰夫人"组玉佩（D 组）领头的玉饰是一件方玦。该玦体为一块厚仅 2 毫米的薄玉版，有墨绿色斑块，四边平直，四角呈尖钩状。玦的两面打磨平整，光亮如镜。广州南越国时期墓曾发现过水晶圆玦 [26]，方玦是罕见的，只是在广西平乐南越国时期的西瓯越人墓中出两件，均素面，其一扁圆角方形 [27]。

秦汉王朝对乐舞艺术很重视，朝廷设有乐府。汉高祖叫戚夫人跳楚舞（长袖细腰），他还站在一旁亲自伴唱楚歌。所以汉代帝王的夫人姬妾不少是能歌善舞者[28]。全国各地发现的一些规模较大的诸侯王及高级贵族墓，经常见有"长袖舞"的玉人出土。南越王墓的主棺室、西耳室和东侧室共出玉雕小人十件。大致分为男性翁仲与女性舞伎两种。墓主身上佩带的一套组玉佩有四个翁仲，这些小玉人，用极为简拙的手法刻出五官和衣纹，两袖在前面对合，形态如一老翁。右夫人的组玉佩（B组）上有一个扁平的舞人，头簪花饰，腰悬环、璜的佩玉，体态轻盈，呈七十度倾斜状，在甩袖踏足而舞（图版141、142）。出西耳室的三个玉舞人代表三种舞蹈：一个是双人舞（C258），一个是沐猴舞（C259），二者的玉质侵蚀太甚，线纹已不甚清晰。还有一个是圆雕的单人长袖舞（本书图版二三），舞者作"翘袖折腰"状，曲体呈S形，一袖后甩，另一长袖上扬至头顶，袖口下垂，服饰华丽，舞姿优美（图版234、235）。舞人有一纵穿小圆孔，由顶及底，用绳贯穿可以佩系。

南越王墓出土的装饰玉中，许多是造型各异的，为了归类方便，凡属可作悬佩用的统名曰佩，其前再冠以简单的形容词，以为区别。有四件装饰玉出自墓主人头顶前，造型奇特，雕镂精美，是罕见的工艺美术珍品。其一是兽首衔璧（D156），置头前正中，主纹是浮雕的兽面（铺首），方环形的高鼻，内衔一璧，璧可上下翻动。璧与兽面由一整玉雕成，兽面左侧附一螭虎，右侧无，侧缘光平，可知原来就是作不对称布局的（图版34，本书图版二一）。其二为一条玉龙与一个虎头的金带钩相套合（D93），组成一幅龙争虎斗的情景，是一件构思独特的佩饰。玉龙是由一整块玉石雕成曲体呈S形的蟠龙，后来近尾处断折，特铸一虎头的金带钩与之扣配，虎头下面铸出一个扁长方銎，把玉龙断折的尾段从銎口中套入，断口两侧各钻有三个小孔，用丝线连缀（图版37），这件佩饰，出土时置墓主右肩上。其三是置墓主左肩上的凤纹牌形饰（D158），下部亦断折不全，特制两个小金襻套接复原（图版35）。其四是一件龙凤纹重环佩（D62），原盖在玉衣头部的面罩左边，已滑脱在一旁，内环为一游龙居中，一凤在外环，居侧相视，这是一件雕镂精细、布局新颖、构图完美的艺术佳作（图版40、41，本书图版二〇）。此外，在"泰夫人"棺位置处出土的一对龙佩（E32、E33），器形厚重硕大（图版154）。这类龙形佩战国常见，如随县曾侯乙墓，平山县中山国墓和信阳楚墓等都有出土[29]。南越王墓的一对造型与信阳楚墓的基本相同，但雕工则稍嫌粗放一些。

还有一种韘形佩，共七件。其中有五件出墓主的玉衣上，为一串"组玉璧"覆压着，另两件出于东侧室。这种配饰在西汉墓是较常见的，但称谓不一，有的称韘[30]，有的叫心形佩，还有称作鸡心佩的。其实它的形状与古代射箭钩弦用的玉韘（又名射玦）类似，应是由韘发展而来，只是两侧（或一侧）或顶端有突出的透雕纹饰，多作云纹或凤鸟纹（图版64~67）。有的韘形佩的形体比较宽大，如广州华侨新邨"李嘉墓"（南越国时期）出土的一件，长8.5、中宽6.5厘米[31]。也有器形修长的，如在本墓右夫人棺位置中出土的一件，通长11厘米，像这样宽大、修长的器形，根本不可能穿在拇指上作钩弦发射的工具使用。夏鼐先生曾断言："它是佩玉，是无可疑。"[32] 从发掘所见来看，此言极是。

第四类为日常生活用器之玉，这类又可分为日用杂器和日用容器两部分。日用杂器有印章、带钩和六博棋子三种。南越王墓出土印章分有：金、铜、玉、绿松石、水晶、玛瑙和象牙七类共二十三枚。玉印有九枚。其中六枚无文字，有文字的三枚都为墓主贴身的随葬物。一为阴刻篆文"赵眜"（D33）二字，覆斗（又称盝顶）纽。这印是墓主名章，西耳室出有"眜"字封泥两块，可为佐证。二为阴刻篆文"帝印"（D34）二字，螭虎纽。西耳室亦出有"帝印"封泥，但文字的结体有别，可知当时钤用的"帝印"最少有两枚。所谓秦以前民无尊卑，皆得称鉨（玺）。秦始皇统一六国后，以天子独称玺，臣下称印，汉武帝时始有称章。南越王墓所出"文帝行玺"和"右夫人玺"二纹金印也称玺，但这枚"帝印"既标示了最高职位的"帝"，却不用玺而称"印"，确实打破了印章学中关于古印方面的等级常规。三为阴刻篆文"泰子"（D80）二字，覆斗纽，此印与一枚龟纽"泰子"金印同出。它与"泰子"金印和上述二枚的最大不同点是无边栏无格界，文字的结体布白也称异。据《史记》《汉书》的南越传载，南越国第一代王赵佗寿过百岁，于汉武帝建元四年（前 137 年）卒。由赵眜（本传称胡，当为汉名，眜或为越名）继位。佗子在史汉等文献中从无提及。赵眜是佗的次孙，所以本墓所出"泰子"玉印和"泰子"金印都应为佗子为太子时的官印，未及继位而早殁了。这两纹"泰子"印由其子眜接掌。据《汉书》本传的记载得知，眜死后，其子婴齐在操办眜丧事时，"即藏其先武帝、文帝玺"。换句话说是把其父生前所用的官私印玺都"藏"入棺内随葬了[33]。除了象岗南越王墓出土多枚官印之外，过去，在广州地区发现的南越国墓群连同西汉中期至东汉年间的墓，所出各种质料的印章都是名章，如"赵安""李嘉""辛偃""臣偃"等[34]。都无官印发现过（包括作明器的陪葬物也未见），只有广西发现的南越国时期墓曾出过两枚玉质的官印（"夫人"和"左夫人印"）[35]。这一现象或可说明南越国的百官建制仿效汉廷，但百官的印信是不能用于随葬的，只有南越王室及南越的诸侯王例外。因为南越一主赵佗生前自立帝号，称南越武帝，二主赵眜效法其祖自称文帝。因而这两枚南越帝玺与秦汉皇帝的信玺是传国玺要代代下传的性质完全不同。南越帝玺不作传国玺用，新主即位要自铸信玺，从"文帝行玺"的发现得到说明。

带钩，共三十六件，分出于墓内的五室和墓道中，有铜钩二十四件，银钩七件，金钩一件，玉钩四件。这批带钩以四件玉钩形体最大，造型美，做工精，而且保存状况也是最好的。四件带钩均出自墓主棺椁的"头箱"中，同为龙虎（或双龙）合体钩。其中的一件龙虎并体钩（D45），玉色青白，质地莹润，造型奇特，虎在钩首，龙居钩尾，两体并连，龙张巨口，虎举利爪共夺一个圆环。全器构图简洁，式样新颖，前所未见（图版 113 、114）。其余的三件一为龙虎合体八节带钩（D152），长 19.5 厘米，钩首龙头，钩尾虎头，分八节，中间贯一根铁柱连成拱形，两躯体高浮雕呈云纹状卷缠（图版 116～118）。另 2 件为窄长条形双龙钩（D151-1、2），首尾均为龙首，纹饰简洁多了（图版 115）。像钩体如此硕大，纹样繁缛，雕琢精美的青玉带钩近年也发现过多起，如山东曲阜鲁城战国早期墓出土一件九节玉钩[36]，河南泌阳秦始皇三十七年墓出土一件十节钩[37] 和河北定县东汉中期墓出土的一件窄长条形双龙钩[38]，三者的造型与上述的三件类同，大小也相接近，仅纹样的繁简稍异。把它们排列起来，可以看到：这种豪华钩饰流行的时间颇长，由战国直到东汉年间；另一方面，在雕琢工艺上无异于给我们画出了由简而繁，再复简洁这样的一段发展的轨迹。

博戏，在汉代颇为流行，一局十二棋，六黑六白，两人相博。全国各地的汉墓亦常有漆的或陶的六博局发现。本墓东耳室出嵌鎏金铜框镶金花的漆博局，惜已朽，有六博子十二枚，其中六枚用白色水晶制，六枚用墨绿色碧玉制，同为扁长方形（图版 167）。本墓东侧室也出有六博局，十二枚棋子均象牙制成，染作六红六黑。广州的东汉墓出有青釉的陶六博棋子，形与上述的全同[39]。本墓所出玉制的六博棋子尚属首见。

另一部分是日用容器。汉代玉制的容器为数极少，就目前已发表的考古材料得知，全国各地汉墓数以万计，出土可供实用的玉制容器除南越王墓外，仅见过三杯一盘[40]。本墓的主棺室和西侧室出土玉制容器共五件，其中置于墓主棺椁"头箱"中的有三件：一高青白玉角形杯，全杯用一整玉雕成，仿犀角形状（图版 102～105，本书图版二五），另一为盒，盖与身相合呈圆球状，器的内外都施纹饰，雕琢精细（图版 106～109），还有一件是铜框镶玉盖杯，杯体是一个鎏金的铜框架铸出，上部开直条形窗八道，窗框边铸出槽口，嵌入长条形玉片，近底处开窗五道，嵌入心形玉片，器盖是在铸出的一个铜图框中镶入一片凸起纹的玉板，工艺精巧，造型新颖（图版 110～112）。还有一个玉卮，出东侧室殉人（RⅧ）旁，制作工艺与盖杯同，卮体为一个九棱筒形的铜框架，镶玉片，底部和单耳鋬也是玉质的。盖为漆木胎，镶有小玉饰（图版 160～163）。还有一件承盘高足杯，这件容器结构很奇特，它是由金、银、铜、木、玉五种不同材质制作的器件组合而成。由于这墓未遭盗掘，发现时又未受任何扰动，墓内情况保持原样。这件结构奇特的高足玉杯出土时仍保持着它由多个器件组合而成的状态，极为难得（图版 127～129）。玉杯的主体外面套有一个三瓣形的杯托，杯与托各用整玉雕成（杯的座足另行接合），下面用一个三龙托架把玉杯举起。托架是用三种金属器件钩成的。龙头是金铸的，龙身是银的，龙体下部插入一个圆圈座内，圈座是青铜铸制的。三龙均张口各衔着玉杯托的一片小瓣。托架平放在一个三蹄足的铜盘上面。这样，玉杯座足下面形成悬空，又在盘的中心置一木块，使之垫平。整个器件以玉杯为主体，居正中，由三龙衔托，呈腾升之状。构思如此奇幻的一件容器，可以断言它的使用当有别于一般，必会有它的特殊功用。我们注意到墓主棺椁的"足箱"中出土的银盒，盒内尚存药丸半盒。西耳室的陶瓿内放有药饼，室中还发现成堆的中草药物和五色药石（硫磺、铅砂、硃砂、雄黄、紫水晶），还有一对捣药的臼杵与五色药石在一起，这个现象或与两方面的情况有关。一是据史、汉本传记载，第二代南越王称病，拒赴长安向汉廷皇帝朝请，"后十余岁，胡（眜）实病甚，太子婴齐请归"。墓主身前多病，故死后用大量药物陪葬；另一方面秦汉时期统治阶级有服药求神仙的习尚，秦始皇和汉武帝都求助于方士得到长生不老药。据《史记·武帝本纪》载，武帝于元鼎二年（前115年）建"柏梁台"，上置承露盘，"铜盘玉杯以承云表之露，以露和玉屑服之，以求仙道"。置南越王棺椁前头的这个承盘高足杯，可能就是赵眜生前用来承受云表之露，以服食五色药石以求长生的一件特殊用器。虽然，第二代南越王早在汉武帝作承露盘之前七年就死去了，但不排除这种迷信道具在南越国就早已有之的，不一定由武帝创始。假若这种分析和推论不错，则这件承盘高足杯就是考古发掘中首次出土的"承露盘"。

上述的五件玉制容器，无疑是汉玉中一次重大发现。因为玉制容器在汉代是十分珍贵的，诸侯王的印仅用黄金铸造，皇帝的玺印才用玉刻制。《史记·项羽本纪》："项伯入见沛公，沛公奉卮酒为寿"，这时的沛公（刘邦）已为灭秦一方面军的主帅，但他用以盛酒敬客的卮还不是玉卮。只是到了长安定都之后，"未央宫成……高祖奉玉卮，起为太上皇寿"（《史记·高祖本纪》），这时才有用玉卮的排场。可见，玉卮为皇帝所有，而且是在国家大典时使用的。南越一主、二主都僭号称帝，五件精美的玉制容器同出于南越二主的墓中，这与墓主人的身份正相符合。

这批汉玉有18个样品经过鉴定，其中属玉衣片标本10个，其余的均为玉器件，有出于主棺室的角形杯（D44）、盒（D46）、透雕龙凤涡纹璧（D77为组玉佩器件之一）、璧三块（D16、D190置墓主椁盖上，D50-13覆盖墓主遗骸阴部处）和右夫人G组组玉佩中的一件小璧（E104）以及西侧室殉人（RXI）佩玉中的一件小璧（F92）。经过矿物成分的测检分析，结果是：除1片玉衣片为假玉（可能为云母石英岩）外，其余全为软玉（真玉）；未发现硬玉翡翠及叶蛇纹石信宜玉（详见《南越王墓玉器》有关这批玉器的岩矿鉴定文）。至于这些玉石的产地来源，因不同于国内已知的玉石产地所出，如新疆和阗玉等，认为有可能是广东曲江所产，文献失记了。这是鉴定者的一种推论意见，是很值得重视的。但我仍觉得，本墓出土的二百四十四件玉器中，按统计玉衣片虽然是由2291片玉片组成，但仍作一件统计的，所以经鉴定的实际上只是九种器形。虽然这已包括了礼仪玉、葬玉、装饰玉和器用玉四类俱全，但事实上还有二百三十五件未经科学鉴定，哪怕是有经验者的目鉴也好。比如五十三件精美的玉剑饰仅就表面来看，玉质、玉色差异较大，是很不一致的，因而这批南越王墓玉器的产地问题，尚有待全面的鉴认。

考古发掘至今还未见有汉代的玉器制作工场发现，汉代包括汉以前的治玉工具更无出土过，所以有关汉及其以前的玉器制作问题，只能根据器件上所留的加工遗痕结合后代的琢玉方法选行分析推论。从这批汉玉的遗痕看，当日的治玉技术，分有：

切　个别的玉璧表面有关切坯料的割切痕，有几片玉衣片直锯痕迹十分清楚，锯缝只有0.5毫米。

钻　有管钻和杆钻两种遗痕。最大的一件玉璧（D49）直径 9 厘米的内孔和直径 33.4 厘米的外缘都留有一圈圈平行状的线纹。角形杯（D44）的杯内底部留有多个错叠的较大的管钻痕。杯后的圆雕卷云纹镂空位置处亦有较大的管钻痕迹；还有玉珌纳鞘的銎孔，经常可以看到留有排列整齐的管钻小孔，如图版 222。组玉佩饰上用以穿系的小孔，应是用杆钻加工的。

刻　过去认为玉石坚硬，非一般金属工具所能雕刻。在墓主棺椁的"头箱"中出的一块玉璧（D54），外缘处留有一片未经抛光，留下白色的刻划痕迹十分清楚（图版 124）。其中有不少细长的"跑刀"线痕，这是刀刻用力失控而滑刀的结果。同样的如满城汉墓一号墓出土玉人，底面有铭文十字[41]，安徽亳县凤凰台一号东汉晚期墓出土两件玉刚卯，一件有铭文三十四字，另一件有三十六字[42]。这些铭文应是用刻刀刻写的。商代的甲骨文是刀刻的，甲骨材料也是十分坚硬的。当然，有的璧上的圆涡纹，还有图版 97 的一块玉璧内区有三只凤鸟的躯体曲蜷如云纹状，这些图卷的线条是由一小段一小段接上的，似是由砣子碾磨的结果。

凿　图版 63 的"赵眜"和"帝印"两颗印玺的印文最具典型，文道的凹沟平直，字画起笔与收笔呈方角，排列齐平，应是由窄刃的工具凿刻的。

抛光　制成的器件都经打磨抛光，无论大平面的玉璧和窄小的镂空，穿孔内壁都打磨平滑，如图版 113 的龙虎并体带钩，整体各个部位都打磨得光洁发亮。又如图版 188 的玉剑格，双面镂空的凤鸟，无论平直的或圆转的内壁，甚至钩形的利啄都经精心修治，一丝不苟。两者都不留丝毫的雕琢痕。

改制　有少数器物是用旧料改制的。在玉衣片中有部分是利用残璧、边角料、残破器皿改切成片的。头套顶部的小璧由旧料改用。图版 177、178 的璜（C149-1）和图版 206 的璲（C147-31）用旧料改制至为明显。前者是从一个环中割切而成，后者则由一珌改制。

镶嵌工艺　本墓出土的一件铜框镶玉卮和一件铜镶玉盖杯（见图版 110、160），还有广州西郊南越国早期墓出土的镶玉漆敦[43]，代表了南越国制玉工艺与金属和漆木细工相结合所达到的高度水平。错金嵌玉的工艺战国时已很发达，精美的嵌玉铜带钩和铁带钩已多次发现，汉代在铁剑上镶嵌玉饰尤为普遍，但以玉为主体，运用镶嵌工艺制成的容器，首先发现于南越王墓中，这种镶玉制品之稀罕难得，除了制作工艺难度极大之外，还与使用者的等极地位有关。

在南越王墓出土的玉器中，玉衣片没有专门刻制花纹作装饰，因为有钻孔的玉片都用朱染的丝缕编缀，其余的玉片对角也贴出图案，还有朱带捆边，已具有强烈的色彩效果。除六博棋、鼻塞和组玉佩中的小珠子为素面无纹之外，其余的都施有简、繁不同的纹饰。有些纹样常见施于某种器形，换言之，器形与纹饰之间尚存在着某些必然的配属关系。这批玉器纹饰的琢刻分有线刻（包括游丝、阴线、阳线）、浮雕、高浮雕、圆雕和双面雕镂空等，连用其中的一种或多种技法施于器物的表面，琢制出丰富多姿的图样。依纹样的构图和施制方法不同，可分为几何纹和动物纹两大类。

一、几何纹类。这类还可剖分为单一线纹和组合线纹两种。

单一线纹的分有：

弦纹　最常见于玉璧的内外沿处，多数是刻一道阴线，有的沿着线纹一侧加工打磨成凸起的斜棱，作为图纹的边框界限，或作勾边，使器形轮廓显得宽平。

宽带纹　由两条弦纹突出，有的当中打磨成圆弧面，作为两区（匝）纹饰当中的间隔。图版45的玉璧和图版106盒盖上就有这类纹样。

绚纹　玉璧上多用为两区纹样的间隔，偶或作为边饰。在宽带纹上刻以密排的平行斜线组成。有的玉环作为装饰主纹，如图版165组玉佩中的双环。广州南越国时期的陶器，多以绚纹为饰，有附加堆式的，多为刻划的，有作间隔用，有时也作为主纹，且多呈"8"字形纹缠，与玉器上的绚纹稍异。

斜网格纹　作为一种纹样的填充，出现不多。图版184的剑首顶心一个菱形框内和图版119龙头额顶上的三角形框内都填有这种纹样。

云纹　在几何图纹中，云纹与涡纹容易混称。在玉器中几乎所有器形都有云纹为饰，是使用最广泛的纹样。有作为主纹单独使用的如图版13的觹、图版168的环、图版169的方形佩。与龙（包括双龙、螭虎）配合的则是主纹的烘托、补白。如图版74的剑首，正中用凸起的一团云彩托出边缘的两条矫健游龙，正在云间穿行。图版80、81的高浮雕螭虎（龙），周围都是浅浮雕的朵朵浮云，把整个空间布满。最令人注目的是，图版102~105的角形杯，本来主纹是双龙，设计者有意把它缩小，而且线刻的一个小龙安排在杯的口缘下着地处的不显眼地方，躯体由浅浮雕至高浮雕，到杯的末尾即角尖处转为镂空圆雕手法，雕出一片很厚的回环圆卷的云层，使绕着杯身卷缠的龙躯渐次从这片翻动的云层中穿了出来。在云与龙的组配上，这是最突破常规的。

涡纹　多见于小璧上。如图版9头套顶部的涡云；由逐一小段连接成，可能是用砣子一工具碾刻的，在西汉前期的大块玉璧上都是篦格涡纹，绝少见有仅刻涡纹为饰的。

游丝纹　在兽面的胡须，龙的胡须，鞢形佩上的云纹图案都是由细如游丝的线纹构成，特别是图版108的盒盖视面刻两双凤兽，线纹特别纤细，而且纹样婉转，线条流畅，还未清楚当时是用什么工具刻划出来的。但有一点似可肯定，用圆饼状的砣子工具是不可能琢刻出来的。

组合线纹的分有：

蒲纹　为战国以来玉器上特有的一种纹样。从图版88的璧面看出，它是由斜向井字形四条平行直线的上下方再加两条平行的直线，构成排列有序的六角形网眼，每个网眼中都形成一个六角形的扁平点。在汉代的玉璧中，清一色的蒲纹璧较少得见。

蒲格涡纹　在蒲纹网眼的六角形扁平点上，刻上涡纹，如图版47、176（C251-2璧）。

这种纹样在汉璧中最常见。

谷纹、蒲格谷纹　加工乳钉状的谷纹比蒲纹要多一道工序。图版171是一块未完工的谷纹璧的半成品，这璧面满布排列整齐的扁圆小点，圆点外周还有管钻的圆圈痕，这些圆圈又被纵横错叠的直线纹所打破。由此可了解到：加工这类凸起的乳钉状谷纹，先要用管钻出"谷坯"，再按蒲纹的网格线纹研磨。管钻的圆圈磨平之后，谷纹也就加工完成了。由于研磨线痕的深浅不同，产生两种不同的成果：一种如图版24、34的谷纹，把网格磨平，或隐约可见而不明显，另一是网格线纹清晰的，即蒲格谷纹；有一种蒲纹璧，因网格线纹排列比较密，网眼中形成一个凸起的多棱粒点，如图版21、23这种我们也作谷纹璧看，虽然它没有先用管钻切出"谷坯"再行加工，而且纹样也不同于乳钉状谷粒的肥厚尖圆。

凸起涡纹　即带"芽"的谷纹，在春秋战国时期的玉器中已很流行，到汉代，更是璧、环、璜及剑饰等最常见的纹样。如图版27、42的两璧和图版168的环和图版177的璜等皆是。在这里还要顺带说明一点，过去有的考古发掘报告甚至是一些研究玉器的专书对这类凸起涡纹，有称涡纹的，有称谷纹的，还有称卧蚕纹的，甚至在同一书中前后的称谓也不一致。有鉴于此，我们在整理南越王墓玉器的纹饰分类中，依照纹饰的实际定为：凡称谷纹的都是凸起而不带"芽"的，这类纹样分三种，即谷纹、蒲格谷纹和勾连谷纹；根据涡纹有平有凸，分为涡纹、凸起涡纹、蒲格涡纹和勾连涡纹四种。

勾连涡纹、勾连谷纹　图版53的龙凤涡纹璧和图版86的剑璲同是用直线把二至三个谷纹或凸起的涡纹连起来为一组，再把各组串连起来形成有规则的呈纵或横式的排列，这种纹样在佩饰和剑饰中最常见。但由战国到汉代的玉璧中则绝少见到用勾连纹为饰的。南越王墓的玉璧却有两块特例：图版22的一块勾连谷纹璧，用两根弧线把三个谷点连起来，但不连底线，横成一个"品"字形的谷纹组，错向排列，构图特别；图版95的璧，内区蒲格谷纹，外区勾连谷纹，在汉璧纹饰中可说是一个特例。

勾连雷纹　图版223的剑格最为典型，具有楚漆器图案的作风。

花瓣纹　这批玉器的纹饰以花为题材的共有八件，分花蕾和花瓣纹两种。花瓣纹中有两瓣的，如图版150的F组组玉佩中一个玉璧（E97），横出二瓣纹；还有图版106玉盒的上腹部刻有一组盛开的花朵，上下两片宽阔的花瓣，中间有小圆圈的花蕊，两侧还勾出花萼。有三瓣和四瓣的。如图版129的瓣形杯托和高足杯座足枝部的浅浮雕四垂瓣纹。有五瓣的，如图版208的剑首（C147-25），内区浅浮雕一朵五瓣的花纹；图版87的剑首（D90-2）顶心凸起的花朵也是浅浮雕五瓣纹；还有图版110镶玉盖杯，杯腹下部嵌有五片花瓣形玉片。有八瓣的见于上述图版106玉盒的盖顶正中，作花蕾形的有两件，一为凤纹形饰左侧垂悬的璎珞，最下的一件为花苞形饰，苞的外轮廓勾勒得特别清楚，但两片萼叶已上卷，以示含苞待放，见图版35；另一件为左夫人组玉佩（C组）的主要玉饰件，见图版144器形为镂空一朵倒悬的花蕾，瓣片已微张开。花萼处屹着一只翘起长尾的凤鸟，仅与花梗齐，用这种极度夸张的手法以对比出花蕾的宏大。考古发掘所见，汉代以前的玉器纹饰还未见有植物纹样出现，汉墓中也仅见过两例，一是满城汉墓一号墓出土的铜瑟枘，顶部用白玉片嵌出如花瓣形，还有二号墓出土的组玉佩中有一件花蕾形的器件[44]。陕西咸阳马泉一座西汉晚期墓棺内出土一粒长仅 1.8 厘米的花蕾形玉饰[45]。另外，北京故宫博物院藏存世古玉中也有一件浮雕五瓣纹剑首[46]，纹饰及大小都与上述本墓出土的一件雷同。南越王墓这批带有植物纹样的玉器分见于装饰玉和生活器用玉的各种器形之中，它的特点是全以花为构图的主题，有把花蕾作为器件的主体造型，而瓣数不同的各种花朵，有作为主体用的，有作为主纹用的，有作为分区纹饰的一部分用，有在多组纹样中起间隔作用，也有作为空间的补白。花朵构图灵活，位置安排得宜，与一般以线纹为主组成的图案装饰迥然有别。至于这类花瓣纹玉器少见甚至不见于中原等地区，而比较集中的出于南越王墓中，是否与时代和地域文化等因素有关，有待另文再作进一步的分析探研。

二、动物纹类。又可分为以平面线纹刻划的图案化动物和用浮雕、高浮雕、圆雕和镂空双面雕琢刻的写实型动物纹两种，后者可视为这批玉器中雕琢最精美的一部分。

兽面纹　又称铺首纹。剑珌和剑格常以浅浮雕点面作为主纹装饰，都是图案化的构图。图版 34 的浮雕铺首，雕琢精细，图像完美，还用镂空的技法以显出铺首的立体效果。

龙（双龙）纹　饰于玉璧外（内）区的都是图案化的龙纹，有繁有简，但躯体都向两侧分开，纹又称为双体龙纹，亦称为双龙纹的[47]。因龙头的图形类似点面，所以还有称作铺首纹或饕餮纹的[48]。图版 37、40、42、53、134 的璧、环和佩，都有独立的龙纹，三璧正中都是双面雕的游龙的图形，这五条龙的龙头都是长头长吻，有角，这是区别于其他动物的一个主要特点。

虎纹　图版 113、116 同是龙虎连体的带钩，虎头都作宽面短头，与龙首造型有明显分别。

螭虎纹　在这批玉器中的具体形象是介乎龙虎之间，为一只虎头龙身的动物。在玉具剑的首、格、璏、珌四件剑饰上，都有浮雕或高浮雕的螭虎作为主饰。图版 72 的剑璏，正面高浮雕四只动物，螭虎位于中间，其余的三只在两侧。螭虎的躯体用"穿壁隐躯"的手法处理，螭虎好像穿过墙壁，有一部分躯体没到墙壁（或地面）的背面去，视觉上螭虎仍有很长的身躯似的。在满城一号汉墓出土的玉剑饰中，有玉珌一件与此相类[49]。看来，我国著名的赵州安济桥隋代石栏板上的双龙穿壁石雕，无疑是继承汉代传统的技法而来[50]。

尖嘴兽纹　在高浮雕的玉剑饰中，有一只常与螭虎在一起而身躯较小的动物，其形象为尖嘴狭腮，两足，似狐似狼。有短身的，亦有长躯的。图版 193 的剑珌，一螭虎位处上方，正向蜷曲在一隅的尖嘴兽逼进，气氛显得紧张。而图版 194 反映的情形却相反，该玉剑首的正面浮雕二螭虎与一尖嘴兽，各伸爪抓住一条飘带，相互嬉戏。但图版 140 的双面雕龙兽纹环，图中二只尖嘴兽，身躯都特别长，盘曲环绕与龙体无异，而且还有翼。在汉玉中出现的这种动物可以统称之为神兽，尖嘴是其主要特征，至于躯体部分则可随构图需要而有所变化的。

熊纹　这种动物形象在同墓出土的博山型铜瑟柄上有较多的出现，玉器则仅见于图版198的玉珌上，一只高浮雕的螭虎向前奔腾，已探身到背面去了。另一只浅浮雕的小熊手拽螭尾，还用嘴衔着吃力的往后拉，形象逗人。

猴纹　只见于图版77的剑璏上面。广州南越国墓还出有立体的玉猴，作装饰用[51]。

犀纹　图版54、55的犀形璜，突出吻部的角及粗大的身躯和短尾。前后蹄均三趾。但耳后加了既粗又弯的水牛长角。短尾下面还拖有粗卷的龙尾，集现实生活中可以见到的犀、水牛和想象的龙于一体。犀的图形还见于广州南越国时期墓出土的漆器绘画上[52]。

牛纹　在玉器纹饰中牛的形象用作主纹的几乎不见。图版121的玉璧，刻有四个小牛头，无躯体，特长的双角向上弯卷。这四个牛纹只是作为四组双体龙纹的间隔。

凤纹　在璧、佩等装饰用玉中，凤纹的出现是比较多的。凤，这种古代传说中的神兽，为四灵之一，它的形象，按《说文》的描述："鸿前、麟后，蛇头鱼尾，鹳颡鸳思，龙文虎背，燕颔鸡喙，五色具备。"按《尔雅·释鸟》，郭璞注："鸡头、蛇头、燕颔、龟背、鱼尾。五彩色，高六尺许"，这比《说文》形容的要简明多了。但从这批玉器刻画的凤纹来看，其原型是取鹦鹉为头，以雄鸡的彩羽为尾，如图版53、135、188的尾羽较短，图版35、41的尾羽特长，用作图案空间的补白，而躯体也随图形所在位置不同而有变化。

南越王墓出土玉器较多的以龙凤纹为饰。凡属龙凤纹配合出现的，龙必居中，凤或双凤都处附属的位置。至于有称为鹦鹉纹的或变形鸟纹的应是凤纹的演化。

以上把南越王墓六个墓室中玉器的出土情况以及这批玉器的器形、纹饰、雕琢工艺及其功用等作了一个较为详细的概述。下面再从已发表的汉墓材料，分别列为两个比较表，表1的四座西汉墓同是诸侯王级的、同属汉武帝初年的、历史上又未盗过的，仅就其所出玉器的类型、数量作一比较，这或有助于我们认识南越王墓玉器在中国玉器史的研究，特别是汉玉研究所处的地位和作用。从表中我们可以看出，除去作为棺饰的玉片和墓主身着的玉衣这两个特殊的品种外，其他随葬的玉器仅从数字上简单对比，无论数量上和器形的品类上，都以南越王墓出土的为多。此外，还要指出两点：一是南越王墓玉器中最精美的部分几乎都集中在墓主身上，棺椁内外的各组玉器其出土层位是清楚的，组合关系是明显的，这两条能给予研究工作提供可靠的出土依据；二是出土的数量大，品类多，做工精美，在考古中是前所未见的，玉器中写实的动物纹样多，其中高浮雕的和镂空双面雕的动物纹数量多，做工精绝，代表了汉代玉器艺术的高峰。南越王墓这批玉器，不啻为汉玉之大观。

表2主要选用了一些墓群的材料作对比，分为前后两段。前段为南越国时期，选取了当日南越国辖境内三个墓群的资料作比校。广州在秦汉年间既是南海郡治所在，又是南越王国的都城，广宁在西江支流上，广西平乐扼处湘桂走廊的要冲，三地的墓群除广州发现的一些

表 1　　四座西汉墓出土玉器比较表

墓号	墓主	墓主卒年	葬玉					礼仪、装饰玉									容器及用具							镶嵌器					备注
			棺饰片	玉衣	九窍塞	琀	握玉	璧	圭	环	璜	舞人·玉人	组玉佩	佩及其他	玉具剑饰	马	角形杯	高足杯	盒	带钩	印	笄	六博子	枕	瑟枘	卮	盖杯	其他	
巨野红土山西汉墓	昌邑哀王刘髆	后元二年（前 87 年）			5	1	猪 2	28	1					2	6	1				1	1								
满城汉墓二号墓	刘胜妻窦绾	太初元年（前 104 年）	192	金缕 1	9	1	璜 2	18 (26)												2				1					括号内为棺饰
满城汉墓一号墓	中山靖王刘胜	元鼎四年（前 113 年）		金缕 1	9		璜 2	25												3	4	1		1	3			29	
象岗南越文帝王墓	南越文帝赵眜	元符元年（前 122 年）		丝缕 1	1		觽 2	56 (15)		12 (20)	4 (9)	4 (6)	11	14	58		1	1		4	9		6	1		1	1		括号内为组玉佩组件

较大型墓葬有少数玉器出土外，其他的则绝少用玉器随葬（平乐墓群的四十件全为玉玦，分出于十五座墓中，他种玉饰件不见）。后段即南越国灭亡后的西汉中期至东汉末年，除了选取两广地区的汉墓群资料外，还选取了邻近地区的湖南资兴和长沙，江西的南昌，还有中原地区的洛阳烧沟等地的汉墓材料。表二的统计数字告诉我们，武帝以后的汉墓，不但岭南地区，连南方的湘、赣及中原的洛阳也很少有玉器随葬，尤其礼仪用玉的璧和佩剑上的玉剑饰更为罕见。这两段的玉器出土情况对比说明，汉代的玉器使用已为统治阶级中最高层的诸侯王等少数贵胄所垄断，而表一中的四座墓所出玉器就更充分说明西汉初年是中国玉器发展上进入最高峰的时期，武帝以后这种发展势头就日见衰减了。

南越王墓出土的这批玉器，其造型纹饰与中原地区汉文化系统基本一致，但有楚文化的因素存在。至于某些纹样如璧上的作为间隔用特别图案，花瓣纹的较多出现，还有一些器物的造型突破了传统的对称平衡的布局方式等等，这些虽然在中原等地出土玉器中还未见到，但仍未可遽定这就是越式玉器的，不过像丝缕玉衣和一些加工尚未完成的器件已用来随葬，则可视为这是南越国有自己的玉器制作工艺的物证。墓中出玉剑饰多达五十八件，无论从数量和雕刻工艺上看都是惊人的。南越一主赵佗自夸："身定百邑之地，东西南北数千里，带甲百万有余。"[54] 这墓主人身佩铁剑（经鉴定为低碳钢）十把，还有大批铜、铁兵器随葬，这正是南越一主的尚武精神在第二代王身上的遗存。这批玉器的年代其下限断在汉武帝元狩年间，这是毫无疑问的，但上限是否可以早到战国？换言之，这批玉器全为南越国时期所制，亦有相当部分是前代的遗物？由于汉初上距战国不远，而且工艺制作上还有个传统继承的存在，所以战国墓出土的玉器和西汉初年出土的玉器，有许多实在不容易划分，这在考古发掘中是屡有所见的。

表2   部分汉墓出土玉器比较表

年代	地点	发掘墓数	出玉器墓		出土玉器				资料出处
			座数	占 %	璧	剑饰	其他	合计	
秦～南越	广州郊区	245	42	17	34	11	51	96	注 [26][53]
	广东广宁	22							注 [54]
	广西平乐	123	15	12			40	40	注 [55]
西汉中期～东汉	广州郊区	227	6	2.6	2		9	11	注 [26]
	广东韶关	11							注 [56]
	广东徐闻	51							注 [57]
	广西平乐	32	2	6			2	2	注 [58]
	广西贵县	148	4	2.7			4	4	注 [59]

续表

年代	地点	发掘墓数	出玉器墓		出土玉器				资料出处
			座数	占 %	璧	剑饰	其他	合计	
西汉中期~东汉	江西南昌	13	1	7.7	1	1		2	注 [60]
	湖南长沙	43	2	4.7			2	2	注 [61]
	湖南资兴	107	3	2.8			24	25	注 [62]
	洛阳烧沟	442	10	2.3		5	11	16	注 [63]

注释：

[1]《周礼·春官·大宗伯》所载的"六瑞"为：镇圭、桓圭、信圭、躬圭、谷璧、蒲璧。"六器"为：苍璧、黄琮、青圭、赤璋、白琥、玄璜；《汉书·文帝纪》："（十四年）春，诏曰：朕获执牺牲圭币以事上帝宗庙，十四年于今。……其增广诸祀坛场圭币。"

[2] 中国社会科学院考古研究所、河北省文物管理处：《满城汉墓发掘报告》上册，137 页，图九五·6 ~ 8，文物出版社，1980 年。

[3]《汉书·霍光传》："光薨……赐……璧、珠玑、玉衣。"

[4]《史记·项羽本纪》："谨使臣良奉白璧一双，再拜献大王足下，……项王则受璧置之坐上。"

[5]《汉书·西南夷两粤朝鲜传》："谨北面因使者献白璧一双，翠鸟千，犀角十，紫贝五百，桂蠹一器，生翠四十双，孔雀二双。"

[6] 夏鼐：《汉代的玉器》，《考古学报》1983 年 2 期。

[7] 贾峨：《关于河南出土东周玉器的几个问题》，《文物》1983 年 4 期。

[8] 湖北省荆江地区博物馆：《江陵马山一号楚墓》图版一三·1，文物出版社，1985 年。

[9] 同 [2]，上册，图九五·1、2；图一九九·6、7。

[10] 扬州博物馆：《江苏邗江姚庄 101 号西汉墓》，《文物》1988 年 2 期。

[11] 山东省菏泽地区汉墓发掘小组：《巨野红土山西汉墓》，《考古学报》1983 年 4 期。

[12] 山东省文物考古研究所等：《曲阜鲁国故城》，128 页，图八〇，齐鲁书社，1982 年。

[13] 同 [12]，131 页，图八二。

[14] 同 [2]，上册，37、245 ~ 246 页。

[15]《周礼·天官·玉府》："大丧共含玉。"《春秋·文五年》："王使荣叔归含，且赗"，注"珠玉曰含，含口实"。

[16]《汉书·杨王孙传》："裹以带帛，隔以棺椁，支体络束，口含玉石，欲化不得。"

[17]《公羊传·文五年》："含者何，口实也。"注："缘生以事死，不虚其口，天子以珠，诸侯以玉，大夫以璧，士以贝，春秋之制也。"；《后汉书·礼仪志下》："登遐，饭含珠玉如礼。"注引《汉旧仪》："帝崩，唅以珠。"

[18]《虢国墓地再次出土大量珍贵文物》，载《中国文物报》1991 年 1 月 6 日第一版。

[19] 同 [6]。

[20] 同 [18]。

[21] 湖北省博物馆:《曾侯乙墓》,上册,77~84 页,文物出版社,1989 年。

[22] 南京博物院:《江苏六合程桥二号东周墓》,《考古》1974 年 2 期,图版五·2。

[23]《史记·田叔列传》:"有诏募衡(青)将军为郎,将军取舍人中富给者,令具鞍马、绛衣、玉具剑,欲入奏之";《汉书·匈奴传》:"(呼韩邪)单于正月朝天子于甘泉宫……赐以冠带衣裳,黄金玺,整綟绶,玉具剑,佩刀……"。

[24] 那志良:《玉剑饰命名之探讨》,《故宫季刊》5 卷 3 期(1971 年,台北);周南泉《玉具剑饰物考释》,《考古与文物》1982 年 6 期;高至喜:《谈谈剑饰名称问题》,《考古与文物》1987 年 5 期。

[25]《史记·项羽本纪》:"范增数目项王,举所佩玉玦以示之者三,项王默然不应。"

[26] 广州市文物管理委员会、广州市博物馆:《广州汉墓》下册,图版四一·3,文物出版社,1981 年。

[27] 广西壮族自治区文物工作队:《平乐银山岭战国墓》,《考古学报》1975 年 2 期,243 页。

[28] 葛洪:《西京杂记》卷一:"高帝,戚夫人善鼓击筑……夫人善为翘袖折腰之舞";《汉书·外戚传》:"孝成赵皇后……学歌舞,号曰飞燕";《后汉书·皇后纪》:"因令唐姬起舞,姬抗袖而歌……"。

[29] 同 [21],下册,图版一五七·3;《河北省平山县战国时期中山国墓葬发掘简报》,《文物》1979 年 1 期,图版七·3;河南文物研究所:《信阳楚墓》,图版六三·4,文物出版社,1986 年。

[30] 同 [26],166、170 页。

[31] 同 [26],166、170 页。

[32] 同 [6]。

[33] 麦英豪、黎金:《广州象岗南越王墓主考》,《广州文博》1986 年 1、2 期合刊。

[34] 同 [26],171 页。

[35] 广西壮族自治区博物馆:《广西贵县罗泊湾汉墓》上册,110 页,文物出版社,1988 年;广西壮族自治区文物工作队等:《广西贺县金钟一号汉墓》,《考古》1986 年 3 期。

[36] 同 [12],171 页,图版壹零叁·3。

[37] 驻马店地区文管会、泌阳县文教局:《河南泌阳秦墓》,《文物》1980 年 9 期。

[38] 河北省文化局文物工作队:《河北定县北庄汉墓发掘报告》,《考古学报》1964 年 2 期,148 页。

[39] 同 [26],下册,图版一四三·5。

[40] 广西贵县罗泊湾一号墓(西汉初年)出土一件勾连谷纹的高足杯,见《广西贵县罗泊湾汉墓》彩版八;陕西咸阳马泉西汉晚期墓出素身高足杯一件,见《陕西咸阳马泉西汉墓》,《考古》1979 年 2 期,134 页,图四·11;广州汉墓 M1180(南越国时期)出土筒形素身高足杯一件,见《广州汉墓》上册,172 页;河南密县东汉晚期墓出土侈口方唇平底盘一件,见《密县后土郭汉雷像石墓发掘报告》,《华夏考古》1987 年 2 期,147 页,图四〇·3。

[41] 同 [2],下册,图版一。四·1、2。

[42] 亳县博物馆:《亳县凤凰台一号汉墓清理简报》,《考古》1974 年 3 期。

[43] 同 [26]，下册，图版四五·2。

[44] 同 [3]，92 页，图六二·3；图版二一四。

[45] 咸阳市博物馆：《陕西咸阳马泉西汉墓》，《考古》1979 年 2 期，134 页，图一二·1。

[46] 故宫博物院编：《古玉精萃》图版 33 上，上海人民美术出版社，1987 年。

[47] 同 [2]，上册，133 页。

[48] 同 [26]，上册，169 页；《中国玉雕》图 105，香港艺术馆，1983 年。

[49] 同 [2]，上册，104 页，图七〇·4。

[50]《文物参考资料》1956 年 3 期，18 页；封面。

[51] 同 [26]，171 页；图版四三·6。

[52] 同 [26]，下册，图版四五·1。

[53] 广州市文物管理处：《广州淘金坑西汉墓》，《考古学报》1974 年 1 期；黄淼章：《广州瑶台柳园岗西汉墓群发掘纪要》，《穗港汉墓出土文物》，香港中文大学文物馆，1983 年。

[54] 广东省博物馆：《广宁铜鼓岗战国墓》，《考古学集刊》1 期。

[55] 广西壮族自治区文物工作队：《平乐银山岭战国墓》，《考古学报》1978 年 2 期 "按：原报告把这批墓推定为战国中、晚期，偏早了，应为秦末汉初，即南越国时期；至于广宁铜鼓岗墓群的墓型及出土铜、陶器都与银山岭的这批墓相一致，两者的性质及年代亦应相当。"

[56] 杨豪：《广东韶关西汉墓发掘》，《考古学集刊》1 期。

[57] 广东省博物馆：《广东徐闻东汉墓》，《考古》1977 年 4 期。

[58] 广西壮族自治区文物工作队：《平乐银山岭汉墓》，《考古学报》1978 年 4 期。

[59] 广西省文物管理委员会：《广西贵县汉墓清理》，《考古学报》1957 年 1 期；广西壮族自治区文物工作队：《广西贵县北郊汉墓》，《考古》1985 年 3 期。

[60] 江西省博物馆：《南昌市郊西汉墓》，《考古学报》1976 年 2 期。

[61] 李正光等：《长沙沙湖桥一带古墓发掘报告》，《考古学报》1957 年 4 期。

[62] 湖南省博物馆：《湖南资兴东汉墓》，《考古学报》1984 年 1 期。

[63] 洛阳区考古发掘队：《洛阳烧沟汉墓》，科学出版社，1959 年；中国科学院考古研究所洛阳发掘队：《洛阳西郊汉墓发掘报告》，《考古学报》1963 年 2 期。

[64] 同 [5]。

原载《南越王墓玉器》，香港，两木出版社，1991 年。

西汉南越王墓随葬遗物的诸文化因素

麦英豪，广东番禺人，1929 年出生，1951 年广州大学教育系肄业，1953 年参加"全国第二届考古工作人员训练班"。1957 年至 1987 年任广州博物馆副馆长、馆长。后任广州市文物管理委员会副主任、研究员，兼任广州博物馆名誉馆长、中国考古学会理事。著有《广州汉墓》（合著，1981 年）、《广州市文物志》（主编，1990 年）、《西汉南越王墓玉器》（1991 年）及学术论文数十篇。

一、前言

南越国是岭南地区历史上第一个封建割据政权。史载，南越立国九十三年，传五世。南越的四世和五世在位仅三年，又是被杀的，他们死后都不会有陵，三世赵婴齐的墓据说已被三国时吴孙权派兵挖掘了[1]，唯有一世赵佗和二世即赵眜两人的墓未为人知。1983 年 6 月，市区内的象岗建筑工地工人们在挖墙基时掘到一座大墓。经勘查并报经中央文物主管部门批准进行发掘，证实是南越国第二代王赵眜的陵墓。发掘后，墓室原状保护，并就地建立西汉南越王墓博物馆，于此展览墓中的出土文物。与此同时，《西汉南越王墓》的田野考古报告集和《南越王墓玉器》（收入墓中出土的全部玉器的图集）也在 1991 年出版，有便于研究。当然，要深入研究的课题是很多的，本文只就墓中随葬物的诸文化因素问题，提出一点浅见，以就教于识者。

二、墓中各室的遗物分布情形

南越王墓是座大型石室墓，深埋于象岗山顶之下二十米深处，由七百五十多块红色砂岩大石横筑而成。分前后两部分，分七室（图一）。随葬器物在墓内各室的布置有序且各有侧重。

主棺室 室中置墓主一棺一椁。漆木棺椁已朽，墓主身穿的丝缕玉衣亦朽塌贴地，经过仔细地分层揭取，弄清楚了墓主人"玉殓葬"的用玉情况。关于这墓玉器的出土情况，在《南越王墓玉器》图集中有详细介绍[2]，于此不赘。

东侧室　室中埋葬从死的四位夫人。位置呈两两相对排列。四位夫人各自拥有除了随身佩带的印玺和组玉佩之外，还有铜器和陶器。此墓中唯一的汉式陶器有鼎、盒、壶三件一组，出于左夫人的棺位旁。

西侧室　发现七个殉人，女性，她们是墓主从殉的仆役。殉人都用一面铜镜覆面，这是一种很特殊的葬俗。她们的随葬物除铜镜外，还有几件铜器、陶器和小件玉饰。

后藏室　面积只有 3.6 平方米，堆叠着铜、铁、陶器等一百三十多件炊器和储容器，是为墓主御厨器具及食物的库藏之所。

西耳室　室内堆满随葬物，叠压二、三层，各种丝织物成匹成卷的堆放在上层，惜已全炭化了。其他的有铜、陶、铁、玉、石、金、银、玛瑙以及原支的象牙五支，还有乳香、羚羊角、中草药、五色药石及两套捣药杵臼同在一起；陶器全为越式的器形，共三十四件。此室百物杂陈，无疑是墓主的御用器物库藏。

前室　象征墓主生前的朝堂。室中西边置漆木车模型一具。东边置殉人的木棺。出有"景巷令印"铜印一枚。由此得知殉人是个宦官[3]。

东耳室　这是墓主的宴乐用器藏所。沿室内北墙根排列着纽钟、甬钟和句鑃共三套汉越两式的青铜编乐，还有两套石编磬。后部堆置酒器、乐器，还有博局、琴、瑟、车饰和瓿、匏壶等越式陶器二十件。特异的是，在这个宴乐之室内还有铜兵器和铁农具共存。贴靠北墙下有三把铜戈，靠南墙下有锄、臿、镢共五件铁农具，两者位置正对。这样的陈置形式，也许具有宴乐不忘武备与皇帝"规耕"劝农的寓意。

外藏椁与墓道　墓门外的外藏椁和墓道上各有一殉人，各有陶器等随葬，这两个殉人应属墓主的卫侍。

三、各种文化因素遗物例举

纵观南越王墓出土的随葬器物，无论是铜器、铁器、玉石器都以汉文化占主导地位；次为当地的南越文化；此外还出有北边草原地区的匈奴文化，西南地区的巴蜀和骆越文化，以及来自海外异域的文化遗物。这些遗物的年代，其下限当可断在南越二世的卒年，约当汉元狩元年（前 122 年），其上限如全部的陶器以及部分铜、铁、玉器应是与南越二世同时之物外，尚有一部分应属前代的遗留，比如具有较明显的秦、楚、巴蜀等文化特点的器物即是。这些前代的器物遗留下来，在当代的社会生活中仍通行使用，这是很自然的事。下面主要把汉文化以外的其他文化因素遗物作举例说明。

（一）南越文化遗物

1. 陶器

南越国时期的陶器是上承先秦时期本地区印纹陶的工艺传统而有较大的变化发展。南越王墓的各部分除前室外，都有陶器随葬。汉式陶器只有鼎、盒、壶各一件出在左夫人棺位旁，其余的瓮、罐、双耳罐、瓿、提筒、匏壶、小盒、三足盒、鼎和熏炉等（图二、三），全属南越文化的器形。这批陶器的造型、纹饰、胎质、制作和煅烧火候诸方面都与过去在广州发现的南越国时期墓出土的完全一致 [4]。

2. 铜器

岭南的两广地区大约在春秋年间已进入青铜文化时期，这从两广发现的先秦文化遗址和墓葬所出的兵器和工具如扁茎无格（或有窄格）短剑、直纽矛，不对称式钺、扇形钺、双肩钺、刮刀、人首柱形器以及三撇足的"越式鼎"等南方百越文化所特有的器物可以说明。到了南越国时期，青铜铸造就较为发达了，除了普遍采用范铸法铸造铜器外，出土的漆木大屏风铜构件是用失蜡法铸造的，技术较复杂，而精密度也较高。在铜器中最有代表性的器形有句鑃、熏炉和鼎。

句鑃 一套八件。造型相同，大小次减。筒体一面有阴文篆书"文帝九年乐府工造"，文分二行，其下还有"第一"至"第八"的编号（图四）。南越二主赵眜僭称"文帝"，铭文的"文帝九年"是赵眜即位的第九年（前 129 年），由南越国"乐府"的工师监造。句鑃是东南沿海古吴越的燕享乐器，盛行于春秋晚期至战国年间，多出于下游的徐、楚、吴、越等地，其组合数目有一、二、七、八、十一件不等 [5]。到西汉时，句鑃无疑是仿吴越的古乐器而铸造的，它既有绝对纪年，又编有序号，在句鑃中尚属仅见。南越王的宴乐室钟磬齐列，明显是仿效汉廷宫中备列钟磬的礼乐制度，但值得注意的是，墓中出的不仅有汉文化的编乐，还有越文化的编乐并存。这也是当日汉越"杂处"的一种反映。

熏炉 广州汉墓有熏炉随葬的较为普遍。铜熏炉分有炉体圆形与方形两种，陶熏炉全为圆炉体，它们的共同点是炉盖的气孔无例外的都作几何圆形镂空（图五），这与中原等地的汉式熏炉盖形多为博山式截然不同，这是越汉两式熏炉最明显的区别。南越王墓出土的十一件铜熏炉中，有五件系四个方形的炉身，连成"田"字形排列的四连体熏炉（图六，本书图版一八），独具特色。

鼎 本墓出土铜鼎有楚式鼎一件，汉式鼎十八件，越式鼎十七件。越式鼎造型的主要特点是：平底，三直足扁圆形外撇，分敛口或盘形口两种，越式鼎都无盖，原来当用木盖。后藏室所出一对盘口鼎，通耳高 56 厘米、口径 52 厘米，为所见越式鼎中形体最大的（图七）。还有三件的双附耳为绞索形（图八），与江西贵溪崖墓 [6]、广东广宁铜鼓岗 M13 [7]、罗定背夫

M1[8] 的先秦墓所出形态相类，显示了它的渊源关系。

3. 铁器

墓中共出铁器二百三十四个号件（针约五百枚，除外），包括炊具、兵器、工具、农具以及铜炊器和烧烤器的附件等各种器形，其中以鼎和刮刀最具南越的特色。

铁鼎　出于后藏室，身如一扁圆罐状，敛口，矮直唇，三足如柱形外撇，双环耳附于肩际。高 48 厘米，重 26.5 公斤（图九）。这是岭南地区发现南越国时期的铁器中最大的一件铸件。这鼎的造型有别于汉式和楚式的鼎，但在广州地区南越国时期墓发现的越式陶鼎，以及本墓西耳室、东侧室和后藏室亦有与此铁鼎造型类同的陶鼎同出，可互为参对。

刮刀　墓中共出十八件，分有直刃式和弯刃式两种（图十）。其共同点是刃部仅占刀长的五分之二，刀身横断面微呈弧形内凹，柄部夹木片（或竹片），用藤条捆缠。一般长 18 厘米，刃部长 7 厘米，宽 2 厘米。这类刮刀系加工竹篾用的工具，故有称为"篾刀"的。这种刮刀在广东石峡遗址的上文化层和香港东湾遗址[9]发现的同为青铜制，年代较早，约当春秋年间。广东四会的战国墓也出铜刮刀[10]。盛产竹子的湖南[11]、湖北[12]的楚墓也有铜或铁的刮刀发现。这种工具在两广地区的南越国时期墓中就更为常见[13]，如广西平乐银山岭墓群出铜刮刀十五件，铁刮刀五十九件之多。

（二）匈奴文化遗物

铜牌饰　分别出自墓主人玉衣两侧的佩剑旁边、东侧室从殉的两位夫人、墓门外的两位殉人及西耳室中。式样同为长方形，鎏金的穗状纹边框。框心的装饰纹样有作一龙缠二龟的，有两羊相偎倚的（图十一·1、2），还有框心内嵌以整块蓝色平板玻璃的（图十一·3）。这种数量最多，有十一对共二十二件。前者的龙龟纹和羊纹牌饰与宁夏西汉匈奴墓地所出的相同[14]。前此，广州的南越国时期墓群发现的三对[15]都与铜镜在一起。广西平乐银山岭墓群也有发现。但嵌蓝色玻璃的牌饰是首次发现，这显然是在前者的框心图纹都以兽纹为主饰的基础上，改嵌以最新的材料，在装饰上更显得名贵豪华。

羊头纹杏形金叶　共八片。原系缝缀在"幎目"上的饰物，出土时覆盖在墓主的玉衣面罩上。大小纹样相同，用金薄片锤鍱成形，主题为两个大弯角的羊头侧面（图十二）。用金薄片锤鍱出各种动物纹样作装饰，也是匈奴文化的一个重要特色，在内蒙古有多次发现[16]。

（三）骆越文化遗物

铜提筒　这是骆越人青铜时代最具代表性的器物之一。南越王墓共出九件：最大的一件高 50 厘米，口径 46.5 厘米，出自东耳室，最小的一件高 29 厘米，口径 25 厘米，出自后藏室。还有陶提筒两件，出西耳室（图十三）。铜提筒的器身铸出多周几何图形的纹带，与铜鼓上的图形相类。最特别的一件在筒身中部刻划四艘战船，四船纹的图形大同小异，首尾翘起，船首立一海鹘（斑鸠），下悬一具首级。船体上靠前处立一桅，桅杆上悬建鼓，靠后处设一栅台。无桨楫，但船后设一巨橹，一人两足叉开，在着力摆橹前进。船体划出多道直线纹，分为五、六格，以示舱室，有一舱内满载着铜鼓。四船纹上各刻出六人，其一为俘虏，裸体，另五人为执兵器的武士，分布于船上各处（图十四）。四船朝一个方向前进，所刻划的情景：武士各有职司，个个耀武扬威，他们载回了斩杀的敌人首级，押解着俘虏，还有缴获而来的一批重器——铜鼓（塞满船舱，还拿来作坐凳用），击鼓扬帆（图十五）。画图显示出他们打了胜仗凯旋（本书图版一五）。

岭南的两广以及云南和越南出土的铜鼓、铜提筒数量不少，但器身刻划船纹的却不多，有人作过粗略的统计，仅占百分之一或二。至于船纹画面所反映的内容则不尽相同，如竞渡、祭祀等场面的，纹样构图都较简单。在船纹提筒中刻划场面的宏大及船体结构的完备则要数南越王墓出土的这件，还有越南陶盛和越溪发现的各一件[17]最具代表性。

（四）海外文化遗物

银盒　出于墓主棺椁的"足箱"中。盖与身饰以蒜子形凸纹，锤鍱而成，子口合盖处錾刻一周穗状纹带，并有极薄的鎏金（图十六）。银盒的造型与纹饰工艺都与中国传统器具的风格迥异，但和西亚的波斯帝国时期（前550～前330年）的金银器相类。如刻有波斯薛西斯王（Xerxes）名字的金钵和阿塔薛西斯一世名字（Arta Xerxes I，前464～前425年）的银盘都是这类蒜子形的纹样[18]。这个银盒应是来自海外的舶来品。这银盒传入中国之后，盖面及底都加刻了铭文，随后又依据中国器物造型的传统特点加以改造，在盒盖上焊接纽饰，在盒底处加接圈足。在改造时有的铭文被遮盖或刮掉了。

焊珠金花泡　墓主玉衣上出三十二枚，系珠襦上的饰物。另外，西耳室出两枚，东侧室出五枚。泡体作半球形，直径1.1厘米，高0.5厘米。泡面用金丝和小金珠焊接出九组排列对称的立体图纹（图十七）。以高超精细焊珠工艺加工而成的饰物，最早出现于两河流域（前四千年），巴基斯坦出土的多面金球，可早到公元前3至2世纪。在中国则晚至东汉年间才在广州、长沙和江苏甘泉的东汉墓有零星发现。南越王墓出土的这批金花泡，与银盒一样同是自海外输来。

象牙　西耳室出五支原支的象牙，原用木箱盛着，已朽。象牙已呈片状风化，牙形粗壮，每支长度在120厘米以上，与纤细型的亚洲象比较有明显区别，经鉴认为非洲象牙。

乳香　原盛于一个漆盒内，已朽，只剩少许残漆片。重21.22克。经测试确定为树脂类。经与现代乳香和松香作红外光谱分析对比，出土标本与松香截然不同，但不含酯基，与现代乳香亦有异。其原因可能入墓瘗藏两千余年，有的成分已分解了。

（五）楚文化遗物

铜鼎　这是广州汉墓中仅见的一件楚式铜鼎，出自西耳室，通耳高42厘米。这鼎最明显的特点在三直足呈多棱的柱形，上饰兽面纹，下呈蹄形（图十八）。这种鼎在湖北江陵[19]和湖南长沙[20]的楚墓最为常见。

错金铭文铜虎节　出自西耳室，器长19厘米，高11.6厘米（图十九）。虎形，作蹲踞欲跃状，两面贴金箔片，显示斑纹，正面错金铭文"王命二车徒"五字。1957年安徽发现"鄂君启节"，错金铭文有"王命二"的文例[21]；1946年长沙发现铜龙节[22]，传世亦有"王命传"铜虎节[23]。龙节的铭文正面为"王命二传赁"，背面为"一椁饮之"。传世虎节仅一面刻有"王命二传赁"的铭文。此三者都是楚器。南越王墓出土的虎节与之对比，文例、字体结构以至虎节的器形均同，似为上节，下节不存。

六山纹铜镜　南越王墓内的殉人多有铜镜随葬。墓主人的镜则放存在西耳室，共六面，在墓中所出三十九面铜镜中，墓主人的用镜，无论镜型之大，纹饰之精，都是最上乘的。其余的镜多属楚文化的镜型，其中有素镜、山字纹镜、菱花纹镜、缠绕式龙凤纹镜、连弧龙纹镜、涡纹镜等，这类镜型在楚墓中常见，特别是山字纹镜在湖南楚墓出土的铜镜中约占70%～80%。这面六山纹镜（图二十）出自西侧室，这室发现七个殉人均用铜镜随葬，镜下有殉者的一些牙齿保存，知为殓埋时用铜镜覆面。这面六山镜也压有殉人的牙齿。

在发掘品中，四山镜最多，五山镜次之，三山镜只见传世品，六山镜在传世品中有两面，一藏中国历史博物馆[23]，一藏上海博物馆[24]。属考古发掘的出土品则仅此一面。

（六）秦文化遗物

铜蒜头壶　仅后藏室出一件。以前在广州发现的南越国时期墓亦有发现[25]，但不常见，而且南越国以后就消失了。蒜头壶和茧形壶同为典型的秦器。湖北云梦的秦汉墓[26]、四川越西和涪陵黄溪的西汉初年墓亦有出土[27]，有的学者指出，这是秦并巴蜀后流入巴蜀的秦器[28]。广州发现的似无例外。

四叶形龙凤纹铜镜两面　均为内向连弧纹缘，当中以宽带纹绕成十字如四叶形，把纹样分隔出内外两区，外区四组龙纹，内区四组凤纹（图二十一）。此二镜一为右夫人、一为泰夫人的随葬物。这类型镜的龙凤构图比之楚镜中的缠绕式龙凤纹要显得更为清晰而突出。1985年底，笔者在陕西参加秦公一号大墓发掘方案的讨论会时，曾到凤翔文物陈列室参观，见到该地先秦墓出土的铜镜有与此型镜的纹样及大小都近同的标本，由是认识其为秦文化的器物。

（七）巴蜀文化遗物

铜鍪 共出十六件，分见于墓内三室。全系绞索纹的双环耳，附于肩腹间，两耳一大一小，有分别明显的，亦有差异不大的。后藏室出的十一件，形体较大，并有铁三足架与之配套（图二十二）。出土时铜鍪内有青蚌、龟足、花龟、贝壳和家猪、家鸡的遗骸残留。西耳室出的四件器体很小，还有九个小铜鼎同出，明显系作明器用于随葬的。

铜鍪的大批发现，最先是 1954 年，在四川巴县的冬笋坝和昭化县的宝轮院发掘的一批船棺葬墓，几乎每墓都用铜鍪随葬，其次为铜釜、铜甑。其后的发掘资料也表明，巴蜀地区的各个墓地几乎都有铜鍪与釜、甑共出。既普遍，而数量也多。因其出现的时间早（战国中期或更早些），而且一直延续至西汉初年，有的还改用铁铸，有的学者认为铜鍪是巴蜀文化中较具典型的器物，各地所出乃秦攻拔巴蜀（前 316 年）之后，随秦人携往各地的[29]。此说是根据大量考古资料进行分析比较后得出的结论，是可信的。又，湖北云梦秦汉墓出土的铜器中，既有秦的蒜头壶，又有单耳鍪、双耳鍪[30]，与巴蜀所出相同，可为左证。

在广州发现的西汉前期（相当南越国时期）墓葬，有铜鍪随葬的也较多，数量上则仅次于铜鼎，但到西汉中期就完全消失了。广州所出铜鍪全属一大一小的双环耳鍪，巴蜀地区早期墓所出的单环耳鍪，在两广地区至今未见。这或可说明广州地区出现的这种巴蜀文化器物是由平南越的秦军带到番禺来（即今广州），其后又在当地铸制。

四、初步探讨

岭南地区自马坝人之后，生息在南越大地的古百越族人，由于独特的地理自然条件，创造出具有鲜明特点的地域文化——岭南百越文化。古百越人在农耕中培育出水稻，并以稻谷作为主粮，这为以后南方的高产水稻耕作作出了贡献。古百越人创造的印纹陶也是岭南百越文化中最具特色的部分。约当春秋战国年间青铜冶铸已在岭南出现了，但发展缓慢，以夔纹、云雷纹图样为特征的印纹硬陶成了这个陶系发展进入高峰时期。秦对岭南的统一，南越王国主宰了岭南历史发展的舞台，由于赵佗实行尊重南越人的风俗习惯、倡导汉越通婚、委任越人首领出任王国的高官要职等有利于民族和睦的政策，岭南大地进入了一个越、汉民族，南越文化与汉文化大融汇的新阶段，南越大地有了近百年的安定局面，有利于社会、文化的发展。岭南的南越文化虽已处在深度、广度都要强大兴盛和先进得多的汉文化包围之中，不但未被消融，还得到保留与发展。比如此时的广州、平乐等地都有较多的越人腰坑墓发现，而印纹硬陶转向了以几何戳印和剌刻纹为主要特色，制作上向更为精工的方面发展，这给日后的南方陶艺奠下良好基础。南越王墓随葬物的多种文化因素并存，可以认为这是赵佗在岭南推行开放的、活跃的民族和睦政策在文化上的一种体现，一墓中存在如此复杂多样的文化内涵，不正是当日文化上具有的多元性和兼容性特点的反映吗！

象岗南越王墓的发现，以及四十年来南越国时期遗址与墓葬的考古新发现，都为这新阶段的历史研究提供了大批新鲜的材料，同时也提出了一些值得探讨的新问题。比如：

（一）关于南越的冶铸问题

据《史记》《汉书》南越传载，吕后时汉越交恶，吕后为了扼杀南越国经济的发展，钳制其势力的扩张，下令禁止向南越输出金铁田器马牛羊。汉武帝时实行盐、铁、铸钱三大官营，在全国产铁的地方设铁官，产盐的地区设盐官，两汉时番禺设有盐官而无铁官，因此，一般都认为汉代岭南地区尚未有冶铁手工业存在。铁对开发岭南大地的作用是至为重要的。但先秦时期的铁器在岭南地区绝少发现，究竟岭南何时才较普遍的使用铁器？本地区的冶铸业始于何时？从考古资料来看，有两个发现是重要的，或许有助于说明一些问题。一是南越王墓的发现，二是两广地区发掘的西汉初年墓葬材料。南越王墓出土的越式大铁鼎，重达 26.5 公斤，经检验系采用泥范法生铁铸造而成，从器的造型看属于当地越式陶鼎的器形，为他地所未见，当不会是以外地输入的，应是南越国的工官铸造，为本地区首次发现的大型铸件。仅从该鼎体积之大，可以说明当日的熔铸技术已是不低的了。墓中还出大批铜铁兵器（弩机、箭簇除外），剑有十六把，其中十五把是铁剑，有的经过化验是用中碳钢坯料锻制的，还有戟、矛等铁兵器十一件。铜兵器有剑一把，为典型的筒状柄带喇叭首的战国式剑，还有铜戈四件，铜矛一件。以数量上看，铁兵器二十六件，铜兵器六件，铁兵器为铜兵器的 4.5 倍。这个数字可否认为已显示出当日南越国武器装备的质量实况呢？不是的。因为广州地区发现的南越国时期墓群，出土的铜兵约占 60%，铁兵仅占 40% 左右。广西平乐银山岭的 123 座西汉初年墓（原报告定为战国墓，从出土器物特别是陶器的全体来看，应属南越王国的初年）[31]，出铜兵器九十八件，铁兵器只有四件，铜、铁之比，几达 25 倍。为什么会出现这种截然相反的现象？看来，只有一点可解释的，南越王赵眜身为一国之君，他当然懂得铁兵器要比铜兵器坚韧而犀利得多，把当时最先进的武器用于自身配备那是很自然的事。另一方面，还要联系当时的越汉关系来看，南越立国后，时刻都面对着来自北方的汉廷的强大威胁，国中要有"带甲百万"（赵佗对陆贾语，当有夸大成分）的常备武装，这对僻处一隅的南越小国来说，维持如此庞大的武装力量，负担是够沉重的。赵眜身旁置钢剑十把，棺椁右侧尽是成捆成束的武器如矛、戟、剑、弩机（共十五件）和大批铜箭镞、铅弹丸等。用如此大批武器随葬，不正是当时南越国政治军事形势的一种反映吗？南越王墓出土的铁工具也相当多，其中农业工具有锄、臿、镢和镰刀 4 种，手工业工具有斧、锛、锤、凿、削、劈刀、刮刀、锉刀等合共一百二十件。铜工具仅有锯三件、锥一件。广西平乐银山岭西汉初年墓群出土的铜铁器，其中以工具占数最多，铁工具包括斧、锛、锄（畬）、凿、刮刀、削六种共一百九十一件，而铜工具也不少，有斧、凿、刮刀、削四种共三十八件。从上述出土工具的数字可以说明当日南越大地生产领域铁工具已占主位。但有两点还须注意：一是在南越国时期已经铸出越式大鼎，但在整个岭南大地至今仍未见有铁铸犁铧出现；二是南越王墓出土的铁工具，全是锻制的，没有铁铸件。从抽样检验，还发现有的器件是用故铁进行加工的。本来，中原大地战国时的铁工具主要是锻造加工；到汉代，由于韧性铸铁的发明，多数工具都已采用铸铁制造了。铸制可以批量生产，成本也降低，在技术上是一大进步。南越国当时既然能铸出大型的铁鼎，为何在工具生产上仍因循着高成本低产量的旧法而不改呢？看来，当地缺乏铁矿资源是最主要的原因，至此，我们可以得出如下的初步结论：越式大铁鼎在南越王墓出土，加上两广的南越国时期墓群有较多的铁农工具发现，表明冶铸已在王国都城的番禺出现了，而且熔铸技术和规模都不低；但因缺乏矿源，铁器的制作仍停留在锻制阶段，也限制了犁铧齿耙的铸制，故农业生产还未有出现利用畜力的铁犁牛耕。

在岭南，青铜冶铸比铁器要早得多。南越大地最迟到春秋时期已有原始的青铜冶铸业了，从出土的先秦时期青铜器来看，独具南越特色的器件不多，其中较有地方特色的炊器如三撇足越式鼎和一些小型兵器如剑、短剑以及斧、钺等，这些虽不见于中原，但在江南的楚地也有发现[32]。先秦时期的越式器种类少，纹饰简，缺乏大型器件，发展是缓慢的。秦平南越以后，特别是南越国时期，铸铜业才有了较大的发展，南越王墓出土的五百余件青铜器就是一个最有力的说明。这批铜器除了占数量较多的鼎、壶、钫、锅、盆、鉴、匜、勺以及车马饰等汉文化的器形是来自中原者外，南越自铸的铜器也不少，如分体合铸的熏炉、烤炉、越式鼎，用失蜡法铸的力士操蛇屏风托座等，造型、纹饰都十分精致，还有大型器件如八件一套的句鑃，铭文自身说明系由南越工官监制，还有十四件一套的纽钟，五件一套的甬钟，虽系仿自中原汉文化的造型，但两铣角内敛的特点为中原所不见，应为南越国工官所铸。至于兽纹和龙龟纹的牌饰，为北方草原地区匈奴族人的遗物，应系秦平南越时的秦军带来。同时说明，当日南下的秦军确有一部分是参加过"北却匈奴"的将士。《汉书》南越传载，越与汉交恶时佗以"财物赂遗闽粤、西瓯骆、役属焉"[33]。南越王墓出土的铜提筒九件，其造型、纹饰、器耳构造与铸造特点均相类同，为典型的骆越器物。广州南越国时期的大墓也偶有铜提筒发现，但仿铜的陶提筒则较常见，西汉中期以后，不论墓的大小都较为普遍了，到东汉几乎每墓皆有，但在造型上已逐渐演变成双耳直身罐[34]。南越王墓出土的这批提筒当是从南越的属地——骆越得来。

（二）越楚关系问题

越地与楚毗邻，因有五岭横亘，成了越与楚的一道天然障隔。战国时，楚系南方的一大强国。论者有谓岭南大地很早就归入楚国政治势力的范围，其根据有谓西周时"自是南海事楚，有楚亭"[35]；有说春秋时"南海臣服于楚，作楚庭焉"[36]；有说战国时楚将吴起"南平百越"[37]。这些论据都欠推敲：因为古时"南海"的名称，所指因时而异，两周时所称南海即今天的东海[38]。秦始皇统一六国后还把今之东海称作南海[39]。吴起"南平百越"时的"南"，还是未过五岭的[40]，就是到了始皇二十四年王翦灭楚时，秦的统治南界仍限于岭北[41]。证之考古发现，两广地区至今仍未发现过一座楚墓，连楚地中最常出的楚币如金郢爰、蚁鼻钱（包括随葬的冥钱）也一个未见，所以在秦军过岭之前，岭南实非楚有。由是说明，南越王墓出土的铜虎节、六山铜镜等各式楚镜，还有楚式铜鼎等是在秦平南越以后由岭北而来——通过馈赠、交换，以至战争的掠夺（越汉交恶时赵佗曾"败长沙数县而还"），当然也不排除有些是南越工官的仿造品。因为秦平南越的五军，他们都是来自岭北各地的劳动者，当中不乏铸铜、冶铁、雕玉、制漆等各业的能工巧匠，更可能有来自楚地的匠人。如所出的全部玉器，基本属汉文化系统，但可以判定有些还是在当地制作的（如加工尚未完成就用于随葬的几块大玉璧等）。南越王赵眜身穿的玉衣，从形式到穿用的礼制都是汉文化的，但可以肯定这绝非来自汉廷赐予，应是南越国的玉器工匠所制。出自西耳室的四十三件玉具剑饰，有一个玉剑格（编号 C147-35）突破了惯用的兽首纹（或变形兽首）饰，两面都刻以楚漆器风格的勾连纹样。总的来看，岭南大地的越人很早就与楚有文化上的接触和物物交换的往来，但并未有政治上的统属关系。

（三）南越国的海上交通问题

南越王墓出有银盒、原支非洲象牙、焊珠金花泡以及乳香等一些来自海外的器物。同时，还出有铜熏炉十一件，陶熏炉两件。熏炉燃烧的香料主产于东南亚地区，也是从海外输来。所有这些来自异域的器物，对于研究秦汉时期的海上交通问题无疑是新发现的、极为有用的一批实物资料。但这些物品是从原产地直接运到番禺的？还是经由某地间接输入？看来，这个问题目前仍未能得出肯定的答案。我们先以两次平南越战役的史实看看，秦始皇平南越的五军用的是楼船之士（即水军），踰岭后，分东、西、北三面循水道而下，似乎最先攻入番禺。汉武帝平南越也是用楼船之士，同样是经水道灭南越。由此看来，秦皇汉武对岭南水路的交通早已有十分的了解。又，《汉书·地理志》载，汉武帝平南越后，汉廷派出大型的船队远航南亚诸国，要熟悉到达南亚的水道情况，要选定合适的航行线路，要对所到国有必要的了解，还要配备译员等等，这些都不是灭南越后短时期内可以完成的。不难设想，这条南海的水上交通线路是在南越国时期已经开辟了的。上述的银盒等舶来品经由海路来到番禺，是极有可能的事。但是，南越国时期的海上交通文献无载，武帝时的汉使南行，《汉书·地理志》说的是"自日南障塞徐闻合浦"入海，未有提及番禺。此后南中国与南亚的海上往来，文献上常常提到的有日南而未涉及番禺港市，所以也不排除银盒、象牙、香料等物是在日南进港的，与上文提到的骆越文化的铜提筒一样，即可以从陆路或者沿着海岸线北行而到达番禺。

近些年来，随着文化的升温，国内国外有不少研究者把注意力转移到岭南大文化的研究上来。要探寻岭南文化的源流，要深入剖析岭南文化的内涵与特点，从南方地区已发现的众多百越文化遗存中，从南越王赵眜墓丰富多彩的随葬遗物中进行认真的、精心细致的再发掘实在很有必要。

注释：

[1]《南海百咏》引宋·沈怀远《广州记》："孙权时，闻佗墓多以异宝为殉，乃发卒数千人寻掘其冢，竟不可得。次掘婴齐墓，得玉玺、金印、铜剑之属。"

[2] 林业强编：《南越王墓玉器》，香港：两木出版社，1991 年。

[3] 汉承秦制，南越赵氏王国的百官建制亦仿效汉廷。汉官制有"永巷令"，为詹事属官，管理皇室家事，用宦人出任，汉无"景巷令"，景永同音通假，此即汉廷的"永巷令"。由是得知前室殉人为南越宫中的宦者。

[4] 中国社会科学院、广州市文物管理委员会、广州市博物馆编：《广州汉墓》上、下册，北京：文物出版社，1981 年。

[5] 出单个的有湖北荆门包山第 2 号战国墓，此可参湖南省荆山铁路考古队包山墓地整理小组：《荆门市包山楚墓发掘简报》，《文物》1988 年 5 期，1 ~ 14 页；出二件且有铭文自名"句鑃"的有"其次句鑃"，见《商周彝器通考》图 936 和浙江绍兴市狗头山出土的"配儿句鑃"，此可参沙孟海《配儿钩包含鑃考释》，《考古》1983 年 4 期，340 ~ 342 页；出七件的在江苏武进淹城内城河；出十一件的为青瓷烧制，出绍兴战国墓，同参马承源：《中国青铜器》（上海：上海古籍出版社，1988 年），291 页。

[6]《文物》1980 年 11 期，图版壹，4。

[7] 广东省博物馆：《广东广宁县铜鼓岗战国墓》，《考古学集刊》1 集（1981 年 11 月），111 ~ 119 页。

[8] 广东省博物馆、罗定县文化局：《广东罗定背夫山战国墓》，《考古》1986 年 3 期，210 ~ 220 页。

[9] 陈公哲：《香港考古发掘》，《考古学报》1957 年 4 期，1 ~ 16 页。

[10] 广东省博物馆：《广东四会鸟旦山战国墓》，《考古》1975 年 2 期，102 ~ 108 页。

[11] 湖南省博物馆：《长沙楚墓》，《考古学报》1959 年 1 期，41 ~ 60 页。

[12] 湖北省文化局文物工作队：《湖北江陵三座楚墓出土大批重要文物》，《文物》1966 年 5 期，33 ~ 55 页。

[13] 参 [4]；另又参广西壮族自治区文物工作队：《平乐银山岭战国墓》，《考古学报》1978 年 2 期，211 ~ 258 页。

[14] 中国社会科学院考古所宁夏考古组：《宁夏同心倒墩子匈奴墓地》，《考古学报》1988 年 3 期，333 ~ 356 页。

[15] 同 [4]。

[16] 伊克昭盟文物工作站：《内蒙古东胜市碾房发现金银器窖藏》，《考古》1991 年 5 期，405 ~ 408 页及 389 页；田广金：《近年来内蒙古地区的匈奴考古》，《考古学报》1983 年 1 期，7 ~ 24 页。

[17] 黎文兰等著，梁志明译：《越南青铜时代的第一批遗迹》，中国古代铜鼓研究会，1982年。

[18]《世界考古学大系》第11卷，东京：平凡社，1963年。

[19] 荆州博物馆：《江陵雨台山楚墓》，北京：文物出版社，1984年，图版五六，1；郭德维：《江陵楚墓论述》，《考古学报》1982年2期，图版肆，2。

[20] 同[11]。

[21] 殷涤非等：《寿县出土的"鄂君启金节"》，《文物参考数据》1958年4期，8~11页。

[22] 流火：《铜龙节》，《文物》1960年8、9合期，81页。

[23] 唐兰：《王命传考》，《国学季刊》6卷4号。

[24] 孔祥星等：《中国古代铜镜》，北京：文物出版社，1984年，图版八，3。

[25] 同[4]。

[26] 云梦睡虎地秦墓编写组：《云梦睡虎地秦墓》，北京：文物出版社，1981年，图版二八，1；湖北省博物馆：《1978年云梦秦汉墓发掘报告》，《考古学报》1986年4期，479~525页。

[27] 四川省文物管理委员会、涪陵县文化馆：《四川涪陵西汉土坑发掘简报》，《考古》1984年4期，338~344页；四川凉山彝族自治州博物馆、越西县文化馆：《四川越西华阳村发现蜀文物》，《文物资料丛刊》7辑（1983年2月），24~27页。

[28] 叶小燕：《试论巴蜀文化的铜器》，《中国考古学研究》（二），科学出版社，1986年。

[29] 同[28]。

[30] 湖北省博物馆：《1978年云梦秦汉墓发掘报告》，参[26]。

[31] 参[13]。另参广西壮族自治区文物工作队：《广西平乐银山岭汉墓》，《考古学报》1978年4期，467~495页。

[32] 何纪生等：《古代越族的青铜文化》，《湖南考古辑刊》3辑（1986年6月），215~239页。

[33] 颜师古注《汉书》曰："西瓯即骆越也。言西者，以别东瓯也。"见班固：《汉书》（北京：中华书局，1962年）卷95（《列传》65）《西南夷两粤朝鲜传》注[五]，3849页。（编者按：此注《列传》65衍一列字。）

[34] 同[4]。

[35] 顾祖禹：《读史方舆纪要》引唐马总《通历》："周夷王八年，楚伐扬越，自是南海事楚，有楚亭。"见卷10《广东二》，《广州城》条，台北：新兴书局，1956年，4165页。

[36] 屈大均："周惠王赐楚子熊恽胙，命之曰：'镇尔南方夷越之乱'于是南海臣服于楚，作楚庭焉。"见《广东新语》（北京：中华书局，1985年）卷17，《宫语》，《楚庭》条，460页。

[37] 司马迁："楚悼王素闻起贤，至则相楚。……于是南平百越。"见《史记》（北京：中华书局，1985年）卷65（《列传》5）《孙子吴起列传》，2168页。

[38]《诗经·大雅·江汉》："于疆于理，至于南海"，高亨《诗经今注》（上海：上海古籍出版社，1982年），462页，指的是今东海；《孟子》："挟泰山以超北海"，杨伯峻《孟子译注》（香港：中华书局，1984年），15页。其时已确指今勃海为北海。《左传·僖公四年》："齐侯以诸侯之师侵蔡。蔡溃，遂伐楚。楚子使与师言曰："君处北海，寡人处南

海，风马牛不相及也……"，杨伯峻译注《春秋左传注》（北京：中华书局，1983 年），288～289 页。东海在勃海之南，所以这"南海"指的也是今之东海而言。

[39]《史记》卷 6（《本纪》6）《秦始皇本纪》："三十七年……上会稽，祭大禹，望于南海。" 260 页。

[40] 范晔：《后汉书》（北京：中华书局，1965 年）卷 86（《列传》76）《西南夷南蛮列传》："及吴起相悼王，南并蛮越，遂有洞庭、苍梧（按即九疑山，今湖南宁远县南）"，2831 页。

[41]《史记》卷 6（《本纪》6）《秦始皇本纪》："二十五年……王翦遂定荆江南地，降越君，界会稽郡"，234 页。

On the Various Cultural Factors of Burial Articles Unearthed from the Tomb of the King of Southern Yue

In Autumn 1983, the tomb of Zhao Mo, the Second King of Southern Yue Kingdom, of early Western Han period was excavated in Xianggang, Guangzhou. The large quantity and great variety of burial objects unearthed belonged to different cultures. Burial objects were found in the main funeral chamber where Zhao Mo's coffin was kept, the west storage chamber, the chamber where four wives and seven slaves were buried alive, the banquet room and the kitchen. Funeral objects of Han culture dominated, followed by Yue culture. There were also objects of Chu, Xiongnu, Bashu, Luoyue and a variety of overseas cultures. This fact that objects of different cultures coexisted in one single tomb indirectly reflected the fact that Panyu (now Guangzhou) was once the centre of development in the vast area of Lingnan.

After the conquered of Southern Yue by the Qin emperor, Lingnan area entered an era when Yue and Han cultures were mixed together. Zhao Tuo, the First King of Southern Yue, promoted the policy of "tribes living in harmony". The kingdom enjoyed almost one hundred years of stability which facilitated the social and cultural development of the area.

The different cultural sources of the artefacts could be traced. Three points are raised as follows for preliminary discussion.

1. The casting industry of Southern Yue

The large Yue style iron Ding unearthed from the tomb revealed that Southern Yue Kingdom was well developed at that time and casting industry did exist. However, the large amount of iron tools unearthed were all produced by hammering technique, with some made of processed iron. Since there was insufficient iron mines within the kingdom at that time, iron production was far behind that of northern China.

2. Relationship of Yue and Chu

Quite a number of the burial artefacts were remains of Chu culture. They should be acquired through gift-taking, goods-exchanging or plundering during wars after Qin army conquered Lingnan. Exchange of culture and goods between Yue and Chu did exist before Qin and Han period, however, the political boundary of Chu had never extended to Lingnan.

3. The overseas transportation of Southern Yue

Foreign valuables such as Persian silver box and African ivory tusks were unearthed from the tomb. These goods were probably imported to Panyu directly by sea. However, it is possible that goods were just imported to Rinan harbour and then transported to Panyu by land.

In order to explore the origins of Lingnan culture, it is necessary to analyze its characteristics and pay attention to the Pre-Qin cultural remains found in South China. An in-depth study of the artefacts unearthed from the tomb of the King of Southern Yue is essential.

原载《岭南古越族文化论文集》, 香港市政局出版，1993 年。

考古发现与广州古代史

现代田野考古在 20 世纪的 20 年代出现于中国的北方，到 30 年代就进入广州了 [1]。古物的出土比这还要早，其中轰动一时的是 1916 年（民国五年）东山龟岗发现西汉初年木椁墓，椁板上刻有甫五、甫六、甫七等数字，在中国现代考古学上有一个学术名词——几何印纹陶，就是从该墓出土有拍打几何图形印纹的陶器而来的。但当时在广州真正搞田野考古发掘的人很少，发掘的规模和次数也极其有限 [2]。1951 年广州市文物管理委员会成立，由此，广州地区有了专责的文物保护和发掘机构，从 1953 年初开始，我们在广州近郊配合基本建设工程开展了比较大规模的发掘工作。一开始，在西村石头岗 1 号（秦）墓出土的一件漆器就发现了烙有"蕃禺"二字的印记，这是广州最早的名字。到了三十年后的 1983 年，在象岗发现南越王墓，引起各方的瞩目，该墓出土的铜器有九件刻有（或漆书）"蕃禺""蕃"字的铭文。这期间还在先烈路沙河顶一座东汉小砖墓中发现印有"番禺丞"的墓砖，香港九龙李郑屋村的东汉墓也出土印着"番禺大吉"的砖文 [3]。由"蕃禺"到"番禺"的名字在近年的考古发掘中四次出土，无疑这是广州地区古来人文鼎盛的一个反映。这些年在市郊发现的原始社会至春秋战国年间的文化遗址，市区内试掘的秦汉造船工场，已发掘的由秦到明代的古墓逾千座，还有北宋的城墙基址，外销瓷窑址等众多的遗迹、遗物，使我们对这个岭南古都会在古代历史发展的许多方面有了一个比较具体的了解。

一

新石器晚期的文化遗存 秦汉以前，广州属百越之区，有关这一段的历史情况文献无证，又缺少考古资料可以说明。自 1956 年起，我们在广州市东面、北面的远郊和近郊先后发现了多处先秦的文化遗存，其中较为重要的有三处。首先发现的是远郊龙洞附近的飞鹅岭山岗遗址，这里包含有早晚两期的遗址，从调查试掘中得知，遗址包括飞鹅岭及其周围十多个大小山岗。属于早段的只有东北面地势较高的青山岗和菱塘岗两地点，表土下的文化层厚约 50 厘米，出土的磨光石器有双肩石斧、石凿、石锛、石环等。陶器以夹砂粗陶、泥质印纹软陶为主，未见夔纹陶出现。这两地点的年代为新石器晚期，其经济生活主要是锄耕农业。飞鹅岭等其余山岗水土流失严重，遗物尽露。在地面采集到大量夔纹陶和数量不少的磨光石斧、石锛、石凿、石镞等，但未见有米字纹陶出现。其年代要比青山岗晚，下限在战国以前，约当中原的春秋年间。还有一处新石器晚期的遗存是1982年发现的新市葵涌贝丘遗址，地属广州近郊。发现时，遗址已大部分被毁。经试掘，表土下的文化层最厚处0.52米。出土有磨制双肩石斧、石锛、网坠等，陶器有釜、盆、罐、钵、鼎、豆等，多属泥质陶，少量夹砂陶拍印几何图形纹，不见夔纹。在大量的蚬、蚌、螺、蛳等贝壳中还杂有龟甲、野猪、豪猪等残骨。

春秋战国年间的遗物　暹岗古文化遗存位于市东北郊暹岗大岭南面土名苏元山的三个小土岗上。1965年当地农民在岗上挖洞种竹，发现了五件青铜器，后经调查，三个小山岗上遍地都是泥质印纹硬陶片。器形以瓮、罐类为多，纹样丰富多样，有大量夔纹陶，未见米字纹陶，石器小而又少，只发现锛、斧、箭镞几件。因水土流失严重，已无文化层[4]。这里发现的五件青铜器，应为墓中的随葬物，墓的情况已不可知。这五件铜器除了一对鹿角形饰件外，其他的三件：一为直柄小刀（削），通长17.2厘米，近脊处一面铸出一长列云雷纹，另一面平素；另一为长29.4厘米的宽叶短剑（匕首），柄作扁圆体，分成两节，格微凸起，呈一字形，宽叶的前段急收成锋，后段无脊，铸出几何图形花纹。与这柄短剑类同的，在越南清江的东山、建安的象山和香港大屿山石壁都有发现。暹岗出土的这三件青铜利器，其器形与纹饰都可说是中原文化与当地土著文化相结合的产物，应为本地区铸制。三件铜器的纹饰，在遗址中同出的印纹陶上也有类同的图纹。铜戈的造型较早，相当中原春秋早期器，但遗址出土的印纹陶中有羽状纹和勾连雷纹，这类纹样在战国楚镜中是最常见的。所以，暹岗古文化遗存的年代可推定在春秋晚至战国初年。这是广州市郊出土年代较早属本地区自铸的青铜器。还有广从公路广州路段沿线的一些小山岗上也发现类似的遗存，出土物较少，这里不一一列举。上述这些出土材料，虽然作为广州先秦历史中的某一页，仍嫌材料单薄，内涵尚简。但须知古人留下来的东西是有限的留下来，又得以保存的就更加有限了。所以这一页自有它的分量，从某个角度而言，也可说是广州古代文明史的曙光。

二

就目前的考古发现来看，今两广境内还未见有秦汉以前的城邑，甚至较具规模的民居聚落也很少发现，表明先秦时期岭南社会经济发展是缓慢的。到了秦汉时期，岭南正式归入秦帝国和汉帝国的版图，此时社会经济的发展进入一个飞跃阶段。岭南最早的城市——番禺城正是在这期间出现的。广州地区秦汉以后成为岭南的中心，考古发现也以秦汉时期的为多，内容丰富重要，有的发现确具"三史"的功能[5]。

秦统一岭南战争的遗址与遗物　　秦始皇发动的统一岭南的战争，在广州出土了有关这一重大史事的物证。1962年，在广州区庄螺岗一座木椁墓中出土一把铜戈，保存很完整。铜戈内部凿刻有"十四年属邦工□（师）戢丞□□□"等字的铭文，字画细如发丝。这戈经长期使用的磨损，加上入土二千余年的侵蚀，有五个字的字画不显，尚幸关键的字还清楚可辨。"十四年"当为秦王政的纪年。因为从戈的形式，铭文体例，字画结构等都与长沙秦墓发现的"四年相邦吕不韦戈"和传世的"五年吕不韦戈"相同。戈铭中的"属邦"不避汉高祖讳，表明它是西汉以前的遗物。战国时期尤其是秦国在器具制作上盛行物勒工名的做法，这戈铭中的"戢"字是工师的名字，这个名字还见于"五年相邦吕不韦"戈[6]和"八年相邦吕不韦"戈[7]，两戈中戢的官职都是"丞"，十四年戈比八年戈隔了六年，已升了官，位居工师了。这把"十四年属邦"戈是岭南地区出土青铜器中唯一刻有秦王政纪年的兵器，它在广州发现应是秦平南越时被秦军带来的。秦始皇在那年发兵经略岭南，史无明载，但二十六年统一六国后才平闽越，置闽中郡，所以派五军南平百越的事，最快也要到二十八年才开始的。文献上最早记载平南越史事的首推《淮南子·人间训》："乃使尉（屠）睢发卒五十万为五军，一军塞镡城之岭，一军守九嶷之塞，一军处番禺之都，一军守南野之界，一军结余干之水。"[8]按照现在的地理位置考查，当时的五军实际上是分东、中、西三线进入岭南的。中线一军，东线和西线各二军。其中西线的两军是从湘桂接境处的越城岭和萌渚岭入广西。中线和东线的进入广东。东线的一军在余干（今江西余干）集结，过福建，跨逾由闽通粤必经之地揭阳岭，占领了岭南东部即今粤东一带，由此沿东江可达广州；另一军由南野（今江西南康）过大庾岭梅关，进入广东北部的南雄，然后沿浈水入北江直抵广州；中线的一军由湖南郴县、宜章县之间的骑田岭推进，过岭后顺武水入北江，顺流而下广州。"十四年属邦"戈无疑是中线"一军处番禺之都"的遗物。至于东线和西线的秦军的遗物也在江西和广西发现。1976年在江西遂川出土一把刻有秦王政纪年的铜戈[9]，戈的内部刻凿有"廿二年临汾守暉库係工歓造"十二字，同出的还有一把铜矛和上百枚铜箭镞。遂川位于赣、湘、粤交界处，其南面就是"一军守南野之界"的南康，跨过大庾岭就进入广东境了。广西发现的为秦军的墓地。1974年在广西平乐银山岭发现一处古墓群，除一座西晋墓外，其余的为秦到东汉年间。属于秦到南越国时期的墓132座，所出陶器与广州同时期墓的相一致。一般的墓都有实用的如铜戈、铜矛、铜镞等兵器和铁凹口锄、铜或铁的刮刀等生产工具随葬，出土的一把"江鱼"铜戈和一支"屠陵"铜矛，都是典型的秦兵器[10]。这批墓还有个特点是出兵器的墓不见陶纺轮，反之，出陶纺轮的墓都无兵器随葬，表明死者一为军人，一为随军的妇女。平乐地属西瓯，位于湘桂走廊要冲，此地正当"守九嶷之塞"的秦军从湘入桂的路线上。因此，从地理位置、墓葬年代以及出土随葬物中多兵器多工具的特点都足以说明，这个墓群应为留戍西瓯的秦军后来又成为南越国驻边守军的墓地。

战国时主要作战的兵种已分有骑兵、步兵、战车兵，还有称为"楼船之士"的水军是先在南方水网地区的荆楚吴越发展起来。"平地用车骑，山阻用材官，水泉用楼船"[11]，因地理和自然条件不同而需用不同的兵种。岭南多丘陵山地，道路崎岖，河川隔断。所以，秦始皇在统一岭南的战役中，主要用"楼船之士"。[12]无论输送兵员，载运粮草，战船成了当日最急需的军事装备。1974年在广州市区内的中山四路发现一处规模宏大的秦代造船工场遗址[13]。从1975年的试掘和钻探得知，遗址深埋在地表下5米处，南距今珠江北岸已有1300米。造船场址有一部分被直接压在南越王赵佗割据称帝时建造的大型宫署遗迹的下面。在400平方米的试掘范围内已揭出一部分船台和木料加工场地。场址选建在当日的海滩上，为一片灰黑色黏土层（经鉴定，含有孔虫，属海相沉积层）。造船场平行排列三个造船台，呈东北—西南走向，已揭开1、2号船台的一部分，结构保存相当完好。从钻探得知船台长在88米以上，南边是一片木料加工场地。另外，在1号船台还出土有铁凿、铁锛、铁挣凿、木垂球和砺石等造船工具。船台是由两行平行的大木板组成滑道（板宽70、厚15厘米），下面用大小两种枕木垫承，俨然如现今的铁路轨道一样。滑板上竖置架承船体的木墩，两两相对，间距不等，构成一个造船台。1号船台中宽1.8米，2号船台居中，宽2.8米，3号船台未揭开。从两行滑板的间距推算，两个船台可分别建造船身宽5~8米，长20~30米，载重量25~30吨的木船。由于船台的滑板、枕木、木墩之间不用钉也没有榫卯固定，所以滑道的中宽和木墩的间距可随需要而调整，还可建造比上述规格还要大的木船。至于船台的绝对年代，除地层关系外，在船台上出土的年代最晚的是汉文帝四铢半两铜钱，船台枕木经碳14测定为2190±90（即前240±90年）。因此，断定这个造船遗址属秦平南越的年间是符合的。这处造船工场遗址所揭示的情况对研究我国古代造船史和科技史等方面，其重要意义实不亚于南越王墓在广州的发现。当然，发掘遗址与墓葬大不相同，珠光宝玉都在墓中藏，而遗址，尤其是制造业的工场遗址一般是不可能有美术精品发现的。

试掘所见有几点特别引人注目：

第一，我国境内至今还未见有秦及两汉的实用木板船发现，所见的仅是器物上刻划的图纹及汉墓出土的木船模或陶船模而已。这处造船工场规模宏大，年代久远，是迄今我国考古发掘中仅见的一个造船遗址。它的发现使我们切实地认识到二千多年前中国的造船业已具有巨大的规模和相当先进的生产技术。

第二，船台构造和木材选用都显示出它的先进性和合理性。海滩淤泥湿软，用枕木承垫滑道，可扩大受压面积，保持受压均匀，避免局部下沉，使整个船台取得平稳，符合造船要求。船台各部分结构不作固定处理，间距的宽窄可随需要而调整。这样，既可在每个船台上分别建造大小不同的船只，也可以几个台成批建造统一规格的船只，较大的船还可以拼台建造。这样的构造原理，与今天肇庆西江造船厂和广州近郊的小船厂基本一样，只不过有的用水泥墩代木墩，铺两行钢轨作滑道这样的区别而已[14]。船台木料经鉴定，木墩用格木，滑板用香樟，大小枕木用樟木和杉木，这完全是根据材质所具有的质坚纹密，抗弯力强，耐磨防虫和质轻富有弹性而不易折断等不同特点而选用的。反映出当日造船工匠对材质的认识已积累丰富的经验。尔后唐宋时期的广船、福船闻名海内外，其实早在秦汉年间已奠下基础。

第三，船台上尤其在木料加工场地上发现许多劈下的木片，还有大量炭屑，有的地方散落成片成层，这是造木船工场特有的现象。今天，在广州近郊的木船厂还可见到：各种船板都要在现场修削，所以随处有散落的小木片遗留；船体外壳的木板用火烘烤定型，经火烤过的木板表面，还具有特强的防腐功能。在第1、2号船台间淤泥层上发现大量细砂，厚处达12厘米，这可能与泉州、汕头一些木船厂"斩包"下水的方法类同。由此可见，中国的一些传统手艺沿袭两千年仍无大改。

第四，秦时分三线五军入越，从《淮南子·人间训》的记述来看，其中的中线"一军处番禺之都"最为顺利，一下子就占领了控三江总汇入海要冲的番禺，东线的二军似乎也未遭到多大的抵抗，战争进行得最激烈的是西线。虽然初时凿通了灵渠，深入瓯骆地，还杀了西瓯越的首领译吁宋。但越人凭借崇山峻岭，千沟万壑的地形，利用丛莽的掩护大败秦兵，使秦军损兵折将，"三年不解甲驰弩"。就岭南的交通条件来看，当日秦军的粮草输送，兵员的补充调动，以水路船运最为快捷有效。这处造船工场无疑是"秦乃使尉佗将卒以戍越"时修建，为这场统一战争而赶造战船。船台中的滑板和大枕木仍保持棱角整齐，表明船场的使用时间不会很长，大概当战争结束之后就再没有在此造船了。秦汉时期凡属重要的手工业部门都是官营的，还大量使用刑徒和士卒进行生产，这个船场更不例外，因为，船台及木料加工场地上都发现较多的三棱铜镞等情况亦可说明。

《淮南子》成书比《史记》约早30年，从《人间训》中记述的秦军入越情况看，与《史记·主父偃传》所载相比较，在主要史实上是完全相同的，对某些情节的记述尤为具体。诚然，《淮南子》不属史书，但秦始皇发动的统一岭南的战争，距这两书完稿的时间仅相隔"汉兴七十年"，在当时来说，还属于近现代史的大事，所记当不会有大误。而今有上述遂川、平乐、广州三地发现的史迹、遗物，尤可得到印证。

南越王墓的重大发现　秦的国祚很短，广州入秦的时间尤短。秦亡，赵佗据岭南三郡建南越国。传五世九十三年。据《史记》和《汉书》的南越传所载，一世赵佗，在位67年，至汉武帝建元四年卒。二世为佗孙赵胡，在位16年。南越二世的陵墓于1983年6月在广州越秀公园西面的象岗发现了，因墓中出有龙纽"文帝行玺"金印得以确认。这座墓深埋在象岗腹心深处，仿效汉文帝霸陵的凿山为陵，不起坟的做法。象岗是一座海拔49.71米的风化石英沙岩山岗，墓坑从岗顶最高峰处开凿，平面如"凸"字形，深20米。前端从两侧打横掘洞构筑耳室，再前为狭长的斜坡墓道。墓坑中用750多块红砂岩大石构筑成一座东西宽12.5、南北长10.85米，平面100平方米的地下玄宫。仿照前朝后寝布局，分为前后两部分，设两道石板门隔开。前部3室，前室居中，东西两个耳室在掘洞中建造；后部4室，停放墓主的棺椁的主室居中，左右后三边有东、西侧室和后藏室。各室都有过道相通，墓底铺地板，顶部共用24块大石板铺盖。前室的顶盖石最大，整石5平方米，重逾两吨。全墓发现十五个殉人，分见于墓门外、前室、东耳室及后部的两个侧室内。墓门前用大木构筑外藏椁，椁内左侧埋一殉人，其身份约当门亭长，右边放十七个大陶瓮和铜车马器、仪仗饰。前端的斜坡墓道上有一殉人，有陶器、铜器随葬。从出土的随葬器物来看，墓内前后七室各具独自的功能。前室顶部及周壁都施朱墨两色的卷云纹，装饰华丽，象征主人的朝堂。室中西边置漆木车模型，东边有一殉人及漆木棺的灰痕，殉者有组玉佩和铜镜随葬，还出一颗鱼纽"景巷令印"的铜印，由此得知殉人为宦官兼御者。东耳室是宴乐藏所，室内沿北墙根下排列青铜纽钟十四件一套，甬钟五件一套，还有铜句鑃八件一套。每个句鑃正面刻有"文帝九年乐府工造"两行八字，并由大而小分别刻有"第一"至"第八"的编码。青铜纽钟前顺次排列两套石编磬，一套八件，另一套十件。室中还有提筒、壶、钫等大型鎏金铜酒器，漆木胎贴金花饰片的六博盘和十二个用青玉和水晶做的六博棋子。还有琴瑟等乐器。在石磬之前，发现几块殉人的颅骨残片，因墓中多次积水，器物浮移，殉者的其他骨殖也散乱了。据颅骨鉴定为一青年，可能是个乐伎。

西耳室随葬物品类繁多，是个各种珍宝、用器的库藏。包括青铜礼、乐器，陶、铜生活用具，车马器，皮铁甲胄，玉饰金银饰物，原支象牙，五色药石，漆木、竹器，以及丝织品等，大小总计约四千件。多数器物由竹笥或麻包或草袋或漆木箱盛放，加上麻绳、藤条等捆扎、缄封。但损坏严重，外盛器具仅见残迹。例如一个漆木箱盛着四千多粒小墨丸与二套石砚在一起；弓弩发射用小铅弹、陶网坠各有五六百颗，分放两个竹笥中；两个漆箱分别盛有锥、锛、削、斧、锯、铲、锉、凿、劈刀、刻刀、削刀和镰刀等上百件的铁工具；一个漆盒内盛有四十三件玉具剑饰，其中不少有圆雕高浮雕龙虎纹，在出土的汉代玉剑饰中实为罕见的精品。还有圆雕玉舞人、玉璧、玻璃璧、平板玻璃牌饰、错金铭文铜虎节、绘画铜镜（二面，其中一面直径41.5厘米，在已知的汉代圆形铜镜中，可能以此为最大。镜中有一组的画面较清晰，有四人正在观赏两个武士的斗剑表演）。还有一面嵌金银绿松石的带托铜镜，镜面含铜80.42%，锡31.20%，铅7.19%，光洁度高但质坚易脆。而镜托含铜锡较低，分别为40.43%、0.72%和56.55%，质较柔软，不易断裂。两者用胶漆粘合，用刚柔相合的办法组成一个器用，在当时来说是很先进的，在考古发掘中也属首次发现。

墓主一棺一椁，置后部正中的主室内，已朽，棺椁的左边，竖置一架漆木大屏风，右边放着成捆成扎的铜、铁兵器。墓主身穿丝缕玉衣。玉衣的上下及里面共放有三十九块玉璧：在玉衣面上的胸腹部有一套组玉璧，由六块大璧四块小璧用丝带编联而成。玉衣下还垫有五块大璧，即铺在棺具的底板上。玉衣里面贴身铺盖十四块玉璧，其中两块夹于两耳处，三块较大的纵列胸腹间，一块透雕三龙小璧压在阴部的位置，其余的八块分列两侧，玉衣面罩上盖着两块透雕龙纹玉璧，其上还覆盖一块瞑目，这是在一块丝绢上缀有八片锤鍱成对称羊头纹图案的杏形薄金片作装饰的面幕。头顶及双肩上方各放有一块精美的透雕玉饰，双脚下方有一块双连玉璧。玉衣的胸腹位置处发现有珠襦的残留，其上还有一串组玉佩饰，经复原，长 60 厘米，由玉璧、玉璜、玉人以及金、玉、琉璃等小珠配串起来。在这串组玉佩饰之上放有九枚印玺，三枚为一组，各用一个漆盒盛着，漆盒已朽。玉衣两侧的腰间置铁剑，每侧五把，共十把。其中玉具剑五把，有一把长 1.46 米，为目前发掘出土最长的汉剑。在两侧的铁剑旁分置四对铜牌饰，左右各一块成对，其中三对为嵌蓝色平板玻璃牌饰，一对为鎏金的龟龙纹牌饰。内棺的两侧分置玉璧和玉璜，左边的三块玉璧和右边的三块玉璜同位于棺侧的前、中、后处，一璧一璜相对，外椁的四角上各放置一块大玉璧。外椁比内椁要长，两端都有一段空位，形成"头箱"和"足箱"。足箱内有一百三十九块仿玉的陶璧和两块青白玉璧擦成四堆，当中放着一个银盒，盒内还有半盒药丸残留。头箱内放的都是精美的玉器：一个满藏珍珠的漆盒上，叠放七块大玉璧，放在上面的一块直径 34 厘米，为发掘出土玉璧中最大的一块。还有青白玉角杯，嵌玉盖杯，玉盒，七节玉带钩，龙虎合体玉带钩，龙纹玉钩和卜甲等物。另外，棺椁的前头平置一件承盘高足玉杯。由玉、金、银、铜、木五种不同质材组合成，造型奇特，制作精巧。秦汉时期统治阶级中有服食药石求升仙的习尚，由此，联系到足箱中出土的银盒，盒内放存有药丸，西耳室陶瓿中也出有药饼，还有中草药和成堆的五色药石与捣练药散的铜杵臼共存，据此，推测这个承盘高足杯可能是墓主生前服食五色药石以求长生的特殊用器[15]。

根据已发表的材料统计，在我国的两汉墓中出土玉衣包括仅存玉衣片的计有 34 座墓，其中完整的西汉玉衣有四套，东汉玉衣有七套，分有金缕、银缕和鎏金铜缕，南越王墓的"丝缕玉衣"是第一次发现。在已发现完整的玉衣中，又以这套玉衣的年代为最早。据考证，第二代南越王死于元狩元年，即公元前 122 年，所以它比满城汉墓刘胜的金缕玉衣要早出 10 年。经过修整复原，全套玉衣由 2291 片玉片编缀而成，长 1.73 米。其中头套面罩、两手、两鞋共五个部分的玉片琢磨光洁，都是四角钻孔，用丝线编联，内衬绢帛，而上身及两袖筒和两裤筒的玉片都是四边用朱色丝带粘贴，再对角贴成菱形的网格纹样。底用麻布衬里，这玉片大多用废旧玉片或边角料切成，厚薄不一。全套玉衣无论造型和玉片加工都显示出早期的草创样式。玉衣是整取的，在室内修整复原中发现，玉衣内的墓主遗骸多数已成粉，但整个骨架形态还可以辨认，从仅存的残顶骨、颅骨、下颌残骨及几枚牙齿鉴定，墓主为男性，年龄在 30～45 岁之间。汉人迷信玉石能使尸体保持不腐，第二代南越王除以玉衣作葬服外，还用许多璧、各种佩玉，还有珠襦，形成多层位，配置于玉衣里外、上下周围。用葬玉数量之多，这在汉代高级贵族墓中，就目前所见以此为最。

东侧室是姬妾的藏所，这里埋葬四位夫人，她们都有漆木棺材，各有印玺、铜镜、组玉佩等随葬。出"右夫人玺"龟纽金印的还有"赵蓝"象牙印和无字的穿带玉印、绿松石印三枚同出。其他三位为"泰（大）夫人""左夫人""□夫人"，都是鎏金龟纽铜印。本室所出组玉佩可以复原的有七套，以右夫人棺位置中出的二套最为精彩。古人尚右，以右为尊，右夫人应是诸妃之首。

西侧室发现七个殉人，都无棺木，其中五个殉人位于室中南部，斜躺在地板上，排列成行，骨殖已成粉状。另两个殉人只存部分牙齿和残骨，与成堆的猪、牛、羊祭牲的兽骨混在一起，这种情形，或许与墓中多次积水浮移有关。各殉人都有少置随葬物，其中最珍罕的是一面六山铜镜和一个铜框镶玉卮。室中发现"泰官"和"厨丞之印"封泥多枚，殉者身份可能是墓主的庖厨隶役。

在主棺室之后有两条贴墙石柱，把室的北端分隔出一个不到四平方米的小间，为后藏室。这里堆置着大小铜铁炊器，陶、铜容器，其中铜器五十三件，有越式的鼎、鍪和烤炉、煎炉，还有提筒和鉴等大型铜容器。陶器五十六件，以瓮、罐为多，还有铁器、银器和滑石器，又发现"泰官"封泥多枚。在炊器和容器内尚存许多海产及家禽家畜的残骸。有趣的是发现有不少于二百只个体的禾花雀，还有河虾。后藏室无疑是一个墓主的御厨库藏。

墓主身上出九枚印章，一为龙纽"文帝行玺"金印，一为龟纽"泰子"金印，一为覆斗纽"泰子"玉印，一为覆斗纽"赵眜"玉印，一为螭虎纽"帝印"玉印，其余的有覆斗纽玉印三枚，绿松石印一枚，俱无文字。"赵眜"玉印当为墓主的名章，因西耳室有"眜"字封泥二块同出。"文帝行玺"金印也与铜句鑃上的"文帝九年"铭一起发现，这个"文帝"与《汉书·南粤传》所载"婴齐嗣立，即藏其先武帝，文帝玺"中的南越文帝吻合，可以确认墓主即为第二代南越王。但《史记》《汉书》本传所记，"佗孙胡为南越王"。显然，南越二世的名字叫"赵胡"与出土名章的"赵眜"不相符合。对此，有认为是错简或后人传抄之误。亦有学者提出眜应读曼，胡樠（曼）同义异称，把眜读作"曼"（胡），看作他的私名。《史记》《汉书》称佗之孙曰胡，是习惯称其字，出土印章作眜则用其名耳[16]。我们认为此说未能成立。因为《史记》《汉书》本传称佗孙为胡是称他的名而不是字[17]，这是清楚不过的。至于史载和出土实物不符的问题，有待研究。

墨丸也属第一次发现，在古墨中这是数量最大的一批汉墨出土，还有三套石砚和纸同出。文房四宝中的笔估计墓中可能也有随葬，因墓内的有机物质如木、竹、丝织物等经过两千多年后几已全朽，甚至连痕迹也不存在了。这墓发现的纸，经鉴定，有持否定意见的，认为是用来隔垫器物的一些植物纤维。有持肯定意见的，还提出可名曰象岗纸。意见分歧如此之大，看来主要是对早期纸的定义持有的标准不同。

　　墓中出土铜器的种类、数量都很多，从反映的文化面貌来看，有属于中原地区汉文化的器形，有楚式铜器，有当地的越式铜器，还有西北地区匈奴族人的牌饰，四种文化的遗物共存于一墓中。过去，广州发现的南越国时期墓也出土有这种铜牌饰。这类牌饰在广州出土，应与秦统一岭南战争有关。查考秦始皇统一六国后，还进行了两场较大的战事——北却匈奴、南平百越，或许可以说明在当日南平百越的五路秦军中，也调集有经历过"北却匈奴"的将士，这些铜牌饰就是经由他们带来的。

　　出于后藏室的铜鼎共十九件，分属汉式和越式两个类型，有些鼎上刻有"蕃禺"及重量、容量的铭文，有的在盖上、腹部各刻"蕃"字，或各刻"蕃禺"，或盖上刻"蕃禺"而腹部刻"蕃"字的，也有漆书"蕃三斗"的，西耳室出的一件铜匜也刻"蕃三斗"，两行三字。蕃禺为秦置南海郡属县，是南海郡治的所在，南越国时期又是南越国的都城。刻铭中的"蕃禺"无疑为蕃禺工官的刻记。"蕃"显然是"蕃禺"的简称，蕃与藩、番通，蕃字到东汉去草头为番，番禺一词意为"岭外蕃国南蛮之地"。这一发现改正了《南越志》："番禺县有番、禺二山，因以为名"的误传[18]。

　　象岗南越王墓还出土一些与岭南古代海外交通有关的器物。例如，西耳室出土的原支大象牙，分为三支二支两层相叠一起，残长 1.2 米，经鉴定为非洲象牙。在一个漆厄中残存二十余克乳香，经用红外线光谱与今乳香作对比鉴别，出土乳香有些成分已分解不存。一件铜提筒，腹中刻有四只战船纹，岭南地区（包括西南）发现的铜鼓、铜提筒的船纹图形中以此最为繁复。四船所描绘纹样大同小异，内容相同，从船上的装备、人物动态以及斩获首房的情况来看，似是描绘一只大型的作战楼船在战争结束后凯旋的威武场景。船的前后有大海龟、海鱼、海鸟，船体明显地绘出上层甲板，船内分舱，隔成五舱或六舱，舱内满载战利品，有一船前舱内装的全是铜鼓。船上有人物六个，五人头戴羽冠（或皮弁），下着羽裙，一人站立在船头处，一手持弓，一手持箭（或一手持钺，一手侧提一个短发的首级），船尾一人在掌橹。船中二人一在前，以铜鼓为凳，身后佩有短剑，面对建鼓和金钟，一盾牌靠于鼓柱下。在后一人，双脚微蹲，左手牵住一个反剪双手的俘房的短发，右手执短剑作正动手斩杀状。船身偏后处一人站在高台上，左手拿钺，右手倒提一个首级正在朝前张望之态。另外，四船还在船首处系一首级。可以认为这是目前考古发现中规模最大和最完备的一只海船图形。出于棺椁"足箱"中的一个银盒，从造型纹饰以及口沿中极薄的一圈鎏金等工艺特点来看，与中国传统的器物风格迥异，和波斯帝国时期（前 550～前 330 年）的遗物相类。如出于伊朗古苏撒城（今舒什特尔）刻有波斯薛西斯王（Xerxes）名字的金钵和阿塔薛西斯王（Arta Xerxes）名字的银盘都是这类蒜子形的纹样。这个银盒传入中国后，器盖及底部都加刻了汉字的铭文。其后，还按照汉代最通行的盒型，加以改造，即在盖面焊上三个银锭形小榫，以套入兽（熊或羊）纽，底部也焊有凸榫，以接上一个铜圈足。这是目前已知广州地区发现年代最早的一件海外舶来品。

总而言之，象岗南越王墓是岭南发现规模最大，出土随葬器物最丰富，也是全国出现最早的一座彩画石室墓。加上历史上未遭盗掘，发现时又未被扰乱，墓主人在《史记》《汉书》中都有传记，年代准确，是中国汉代考古中又一次重大的发现。墓中出土的大量文物对研究岭南地区古代历史以及广州早期城市历史的发展都具有重要的意义。

两汉墓葬的发掘与编年　广州的考古发掘以两汉墓葬为重点。三十年来已发掘的汉墓约六百座。其中自 1953～1960 年发掘的 409 座汉墓资料经过系统的整理研究，编成《广州汉墓》（上下册）的田野考古专刊，这个研究成果为岭南地区汉代考古建立了一杆可靠的年代标尺，并为研究这地区汉代社会历史的发展提供了极为难得的第一手实物材料。

从调查发掘中得知，在今日广州市区内东边的红花岗到西边的解放北路迎宾馆内都有西汉早期墓发现。加上象岗南越王墓、中山四路的秦汉造船遗址和南越的宫署遗迹这几个点，成为推论汉初番禺城坐落的准确坐标。据宋人记载，汉初的赵佗城（番禺城）规模很小，仅"周回十里"，今市区中心的旧仓巷（宋代的盐仓所在）至德政北路之间为当日的城区中心所在，以此勘对上述几个考古发现的坐标，宋人之说，较为可信。南越王国时期的墓，分布在西郊、北郊和东北郊高低起伏的山岗之上，往往成群发现，如东北面的华侨新村、先烈路的上、下二望岗和动物园麻鹰岗，北面的淘金坑、流花桥，西边的石头岗、柳园岗等地点都有这时期的墓群，但南郊的河南至今仍未见有南越国时期墓发现，实与当时宽阔的珠江河面阻隔有关。到西汉中期以后，墓葬的分布范围愈见偏远，这和番禺城人口增加，城区日渐扩展有紧密的关联。

广州汉墓的年代分期，墓型与器物类型等资料都比较完整，能自成系列。汉墓的年代上限跨到秦军入越之年，下限至东汉末年，当中划分为五期，即西汉分前、中、后三期，东汉分前后二期。西汉前期即南越王国时期，根据考古发现结合文献资料确定前期的上限跨到秦始皇二十八年。秦的国祚只有 15 年。《史记·南越列传》载，秦时赵佗及其戍卒"与越杂处十三岁"。秦亡于二世三年（前 207 年），由此上推十三年，即为始皇二十八年，这一年应是"一军处番禺之都"的秦军入越之年。西汉前期墓的下限延续至南越国消亡，即西汉元鼎六年（前 111 年），这时在中原地区已属于西汉中期了。广州的西汉前期墓前后延续 109 年，这是根据汉初有南越王国这一特定历史条件而确定的。在这期墓中发现的货币，仅见秦半两和汉初的八铢、四铢半两铜钱。1973 年在市区东北面发掘的淘金坑 16 号墓，出土的一件印纹陶瓮上打印有"长秋居室"四篆文的方戳印，据此考定，这墓的绝对年限确定在景、武间的三十三年当中（前 144～前 111 年）[19]。本此，广州的西汉前期墓还可再划分为早晚两段。这两段的划分，其重要意义还在于使我们看到南越国时期前后两个阶段社会经济发展的区别。

汉平南越之年定为西汉中期墓葬的上限，下限断在元、成年间。五铢铜钱（包括陶器上的"五朱"钱文戳印）和日光镜、昭明镜的出现是这期墓最具年代特征的器物。这期墓的分布以东郊和西郊较为密集，其规模以中型为主，如南越国后期的分室大墓在这期已不再出现，这当与前后的政治地位截然不同有绝对的关系。前者为王国都城，墓主为一国中的高级贵族，汉平南越后番禺回复到郡县治所的地位，墓主的身份充其量是郡守、郡尉而已。被誉为地理名著的《读史方舆纪要》有一条纪述：汉平南越后改筑番禺县城于郡南六十里，为南海郡治。直到建安二十二年（217 年）才回复交州治所[20]。换言之，自秦以后成为岭南一大都会又是南海郡治的番禺县城有 328 年不在今广州城里。顾说确实给广州名城史的研究带来一个令人困惑的问题。交州的州治从广信移治番禺，当本自《水经·浪水条》而来，但武帝平南越后，南海郡治南移六十里之说，不见于清代以前的任何史志，不知顾祖禹是根据什么来说的。但从考古发现进行验证，就得出完全否定的结论。我们到今广州城南六十里进行实地勘查，地点相当番禺县的市桥和沙湾，这里是宋代才开村的，根本不存在曾为古郡治的可能。同时，再从两汉墓的分布及年代衔接上来看，广州发现秦汉至东汉末年的墓，当中并无断缺或突然衰落的现象存在，所以汉代的番禺城未有南迁。

西汉晚期墓的分布以南郊为多，往往是几座墓相邻一起，聚族而葬，墓型、规模大小，以及随葬器物都基本类同。这期出土器物以四神规矩镜、减字昭明镜、王莽时期货币最具年代特征。东汉初年的墓有的与西汉晚期墓在墓制以及随葬器物上实不容易划分，而且完全不见如中原等地因战乱频仍而出现明显衰落的情况。这个考古现象反映出当日岭南七郡闭境自守，南北断绝往来，直到东汉初年才恢复往还，由于保境安民，社会经济未受破坏的历史因由。

东汉墓划分为前后两期，后期的以砖室墓为多，墓砖上常有纪年铭文如建初、永元以至建宁等年号发现，年代比较明确。

广州汉墓分有土坑墓、木椁墓、砖木合构墓和砖室墓四种墓型。土坑墓一般是规模小、随葬物简，有棺无椁。这型墓主要见于西汉前期，西汉中期仅个别存在。木椁墓很普遍，而且延续时间很长，终两汉四百余年而无断。这是由于岭南丘陵地，原始森林多，取材容易之故。南越国前期的木椁墓受楚文化影响至为明显，一棺一椁，长方形竖坑无墓道，亦有带墓道的，出土的楚式铜镜、漆器等与长沙战国至汉初墓几无两样，尤其是长沙等地战国墓多有玉璧随葬，汉初墓则改用滑石璧代替，当时的番禺，南越王国时期的墓用玉璧，西汉中期则改由滑石璧取代。大概盛行于楚地的风尚传到岭南是要晚一点的。南越国前期还有一种在椁底下挖有腰坑，内埋一个大陶瓮，或在椁底铺垫一层小石子的，这种木椁墓全出南越的陶器铜器，墓主应为土著的南越人。南越国后期的木椁墓在结构上已具本地居处建筑的干栏特点，即椁内分上下二层，大型的木椁墓上下两层，前后分室，这种形制一直流行到东汉末年。砖木合构墓数量很少，出现于东汉前期。周壁用砖墙，木板封门，底板及椁盖用大木。砖室墓在广州出现较晚，东汉初年始见一种单室的小型券砖墓，到了东汉后期，一种结构新颖作下方上圆，呈圆锥形凸顶的大型砖墓流行起来，直到东汉末年就消失了。

南越王墓随葬器物品类之多，数量之大，质量之高在岭南来说是破天荒的，在全国汉代考古中也不多见。广州两汉墓出土的器物总的来说也是比较丰富的，而且很有地方特点。先从陶器来说，广州汉陶属于高火候的泥质硬陶；西汉早期的陶器已挂有青黄色的高温玻璃釉，低温铅釉未见；纹饰方面在继承前代印纹陶传统的基础上，发展成一种以方格纹为地纹，以各种几何图形的戳印为主纹的拍打印纹装饰，这时的刻划纹也很普遍；各种联罐、提筒、匏壶、豆式熏炉、三足盒、三足罐、罐、瓮等则是具有浓厚地方特色和年代特征的器形。以上四点形成了具有自己特点的一个广州汉陶体系。这个陶系以广州为中心遍及岭南地区近邻的长沙、衡阳、资兴以至闽北的崇安汉城也有属于这个陶系的器物出土。陶器是最能反映文化面貌的，随着年代早晚不同，在陶器上出现的变化也大。广州的西汉中期墓不但带腰坑的墓型绝迹，而且上述地方特色的各种联罐等陶器也同时消失了。这是汉平南越后，以番禺为中心的岭南地区与中原地区社会文化发展已渐趋一致，南越人已融汇于汉人之中这样一个划时代性的真实反映。

汉代铜器在人们日常生活中占有的重要地位已被漆器取代，但铜镜则一枝独秀且有新的发展。广州西汉前期墓中发现的铜镜有全素镜，有铭文镜，凡有纹饰的都属于"战国式"的，尤以楚的蟠螭纹镜为多见，亦有秦镜和齐镜出土。这些年代较早的铜镜可视为秦汉年同随着汉人的南移，经由楚地输来。始见于武帝时期的昭明镜、日光镜，在广州的东汉墓中仍常有出土，但已演变为减字昭明镜了。有趣的是早在西汉初年广州已出现用破镜随葬的风习[21]。又在一座东汉初年夫妇先后下葬的合葬墓中，女棺是先入葬的，保存完好，棺头放有一个大漆盒，内装两套盛化装品的小漆奁，还有木梳篦和规矩四神纹的破铜镜半块。后来合葬的左棺（男）可惜早年已被盗光，否则，这两个半块的破镜今日又可重圆[22]。

考古发现的古代货币作为判定地层或墓葬年代上限，无疑是重要的根据。广州西汉前期墓有钱币随葬的仅占百分之二，而且都是秦汉的铜半两钱，连随葬器物特别丰富的象岗南越王墓亦竟无一枚货币出土，这当不会是一个偶然的现象，而应视为货币经济在南越王国是十分微弱的，当时与中原内地和西南夷的贸易往来仍处于以物易物的方式。汉初，容许郡国自铸钱，南越国本不受此限，但亦没有铸制自己的货币流通。还有两个较为特殊的现象：一是西汉中期及其以后的墓即武帝平南越以后，墓中就不再有半两钱出现了，这一点与中原等地不同，如洛阳，武帝及其以后的墓出土的钱币以五铢钱为主，但半两钱并未绝迹，长沙的西汉中期墓还有泥半两钱、泥金版的冥钱发现，广州地区出现的这种特殊现象大概由于汉武帝的货币政策"非三官钱不得行"的禁令，在岭南第一都会的番禺得到比较彻底的推行；二是王莽执政后，从公元 7 年到 14 年前后仅八年（另说十四年）就进行了三次大的币制改动，在他即皇帝位后即行第三次币改，颁行了金货、银货、龟货、贝货、泉货、布币等共六类二十八种，品类之多，改动之频繁亘古未有。广州西汉晚期墓已有王莽货币出现了，东汉墓中亦有出土，但迄今为止所出的莽钱仅限于大泉五十、货泉、布泉、货布四种，其他不见。这个情况当与王莽托古改制、朝令夕改有关。也许当年有的货币颁行之后还未流布到岭南就已废止停用了。

上文已提到西汉早期墓有匈奴牌饰出土。20 世纪 50 年代有三座墓共出土三对[23]，都是双羊纹的鎏金铜牌饰。1983 年象岗南越王墓又发现十六对，其中双羊纹的三对，龙龟纹的两对，嵌蓝色平板玻璃的十一对。双羊纹的图样为一雌一雄，身首交缠作卧状，相互偎依，也许具有牧畜兴旺的寓意。龙龟纹的为一条矫健的游龙回环缠绕着两只上下互向的乌龟。龙龟在古代属于四灵，为神灵之物，当有长寿的寓意。这种以各种动物纹样为特征的牌饰是我国北方匈奴文化的遗物，常见于内蒙古、宁夏等地的匈奴墓中[24]，在我国南方只见于广州和广西平乐银山岭西汉早期的墓[25]。两广汉墓出土的这些匈奴艺术品，也是来自北方，即秦平南越时由南下的秦军带来。1983 年和 1985 年在宁夏同心县倒墩子村发掘的一处匈奴墓群出土了大批各种动物纹样的铜牌饰，其中就有双羊纹和龙龟纹的，而且大小纹样都与两广所出的相同，当然，倒墩子村匈奴墓群出土的铜牌饰，有些明显已受汉文化影响，战国及秦汉年间汉匈频繁接触，这种影响是必然的。两广西汉早期墓的铜牌饰，由于有了倒墩子的实物对比，其来由可得确认了。但嵌蓝色平板玻璃的，除广州外，别地未见。这种牌饰我们认为应是仿匈奴牌饰而来，是南越王国中最高层贵族所特有的佩饰物。

有关秦汉时期番禺的水上交通与海路贸易的文献记载，只有《史记·货殖列传》所说："番禺亦其一都会也，珠玑、犀、玳瑁、果布之凑。"《汉书·地理志》又说得具体一点：番禺"处近海，多犀、象、玳瑁、珠玑、银、铜、果布之凑，中国往商贾者，多取富焉。番禺一都会也。"《史记》《汉书》所记有两点很重要：其一是番禺在当日已成为岭南一都会；其二是此地"处近海"，有当地的特产和海外舶来品。广州汉墓的考古发现可为以上两条文献记载相互印证并作补充。越人善作舟，所以秦始皇平南越要用楼船之士，"粤欲与汉用船战逐"，当汉武帝平南越时同样"因南方楼船士二十余万人击粤"（《汉书·食货志》下），反映出南越地区造船业的发达。广州是迄今有秦汉时期造船遗址发现的唯一地点，除前述 1975 年在市内中山四路发现一处规模宏大的造船遗址外，1977 年又在中山五路发现一处东汉年间的造船遗存，其规模要简小些[27]。最近，又有新的发现，即在中山四路的造船遗址西北相距约 500 米处，距地表下 5 米发现了一段（仅露出长约 15 米）江岸边的码头木桩板遗迹，可惜这两个地点楼宇栉比，受条件所限未能试掘。汉代的航船至今仍未见有实物出土，但作为随葬明器的船模则在湖北江陵、湖南长沙还有广州等地的两汉墓中都有发现，尤以广州汉墓的发现为多。据统计，广州汉墓出土有十四件木质或陶质的船模，其中属西汉的有八件，属东汉的有六件。这批船模分有彩画木楼船二件（一为南越国初年的，一为东汉初年），有内河的交通船（西汉中期的木船），有客货两用船（东汉的陶船），有用撑篙往来于内河浅水的货船（东汉陶船）。因为墓被盗扰，或因木质朽腐，有十一件船模（包括二件彩画楼船）未能复原。

南越王墓出土与海外交通有关的文物除上文介绍来自西亚的银盒外，还有五根长 120～126 厘米的原支大象牙和 26 克乳香。经鉴定，象牙的形态特征与大小比例和现生的非洲象较接近，但与现生的亚洲象有较明显的区别。出土乳香与现代乳香经红外光谱作对比测定，出土乳香有的成分已分解了。还有一种陶塑或木雕的胡俑，常见于较大型的汉墓中，这种俑的面目形象有异于汉人。俑的头较短、深目、宽鼻、厚唇，下颔较突，再生毛发达，有男性也有女性，头上顶着灯盘，盘膝或箕踞而坐。这种俑形可能取自西亚或非洲东岸来的劳苦人民，他（她）们经由海路被贩运到中国来，成了贵家大族的家奴。主人死后还要被塑成灯座埋入墓中。至于熏炉，在岭南汉墓中是普遍发现的。南越王墓出土熏炉十三件，有铜的十一件，陶的二件。这批熏炉除了最常见的盖豆式单体熏炉外，还有四个大小相同的炉身相连一起的四连体熏炉。众所周知，燃熏香料的主产地在南洋，这种器用在岭南发现的普遍和出土数量之多正好说明随着岭南海上交通贸易的发展，香料比较容易得来，因而室内熏香遂形成为本地区贵族生活中一种奢靡的时尚。还有值得注意的是，南越王墓出土有丝缕玉衣，在玉衣的上胸处有珠襦残存，其上有三条装饰带，带上由金、银、泡、蓝色玻璃贝等饰物缝缀成一组组的菱形图案，十分别致。在每组菱形图案中作为主饰的焊珠金泡，制作工艺特别精湛。泡的直径只有 1.1 厘米，呈半球形，球面用金丝焊接成圆形、心形、堆珠形、辫索形等多种立体图样。泡面的图纹是用细如头发丝的金丝搓拧成索形的金线，又用索身金丝剪成粒状小珠，分别焊接到泡面上，在二十倍的显微镜下可清楚地看到焊点，做工十分精细。由此使我们联想到 20 世纪 50 年代曾在广州一座东汉初年墓出土有一个十二面菱形金球，每个菱角上都焊上堆珠，同出的两块长 2.1、宽 0.5 厘米的薄金片，上面用小珠焊出一串立体的葡萄[27]。另外，在长沙[28]、江苏和湖北三处的东汉—晋墓中有稀量的多面焊珠金球发现。这类特种金工艺饰物源出西方，在古希腊的遗址有出土。南越王墓出土的这批焊珠工艺品，在中国境内是属于年代较早的标本，很有可能与银盒、原支象牙等同是由海外输来。

三

晋—明墓葬的发掘　从田野考古发现所见，汉代推行所谓以孝治天下，因而厚葬成风。但自汉代以后仅就广州地区来看丧葬风习为之一变。墓葬的规模小了，随葬器物也简而少了。汉墓中最常见的一套鼎、盒、壶、钫和屋、仓、囷、井、灶以及陶俑、陶塑禽畜等模拟人们日常居处生活所需的物品，在晋、南朝墓中几乎绝迹。广州的晋、南朝墓都是砖室墓，以中小型的单券拱墓为主，只有个别是大型的多室墓。晋墓砖上多数印有几何图案花纹，而且常在朝里一侧印有纪年铭文，属西晋初年的仅发现太熙元年（290 年）一座墓例，其余有纪年的为西晋末的永兴、永嘉、建兴和东晋的大兴、太宁、咸和、升平等，也有印吉语和制砖者的名字的，如"子孙千亿皆寿万年""永嘉六年壬申皆寿百年""永嘉六年壬申宜子保孙""永嘉六年壬申富且寿考""永嘉五年陈仰所造""永嘉六年壬申陈仲恕制作砖"等。广州在三国时属孙吴的辖地，僻处南陲，远离中原，兵燹之灾较少，在出土的晋墓砖中就有"永嘉世九州荒余吴土盛且康""永嘉世天下荒余广州皆平康"一类属于讴歌升平的吉语发现，这多少也反映了自汉末以来地主豪强逐鹿中原给岭北广大民众带来了长期的战乱之苦，广州包括岭南地区社会相对稳定，经济也得到发展的历史事实。晋墓中还有"永嘉七年癸酉皆宜价市"类似今天的"一本万利，客似云来"等吉语的出现，正是反映了番禺自秦汉以来已成为岭南一都会，对内陆和与海外的贸易文化交往比较频繁。由于商业贸易发达，地方财富收入大增，在广州任职的封建官吏枉法贪污往往成为巨富。所以晋代有条民谣"广州刺史但经城门一过，便得三千万也"[29]。广州发现的晋墓，就算是中小型的墓往往也会有金指环、金镯等贵重的饰物发现，这种现象也可为上述砖铭与民谣作补注的。

南朝砖墓多数是双重券拱，内层作"龙骨"状衬券，前壁砌出窗棂，后壁嵌假柱，这已成为广州南朝砖墓的最大的特点。在晋、南朝墓中出土的青釉陶器，都是半陶瓷质的。出土后，釉层容易脱落，表明胎质尚未到达完全瓷化的阶段。器形多为杯、碟、碗、罐等，熏炉和模型器的灶还有个别发现。广州汉陶的胎、釉、纹饰、器形所具有的特点，到晋代就突然消失了，为什么会出现这种突变，有待探研。

广州发现的唐墓多是小型砖室墓。晚唐的砖墓常有志砖或志石发现，所见年号有元和、大和、大中，已属晚唐偏后了。1954 年在越秀山发现的天祐三年王涣墓，出土一合志石，志文 1704 字，这是广州迄今仅见的一合大型唐墓志。这墓志的发现解决了晚唐史上两个有关记载的错误[30]。王涣是太原人，死后，因唐末战乱，未能归葬故里。志文称"先以适止海壖，未遑归北，遂于尉他朝台之侧，设权窆之仪，将欲俟其通宁，归祔伊雒"。广州绝少有较大的唐墓发现，看来与古代为官者死后都要归祔原籍有关。同时，志铭还称："番山之左，越井之下，以卜以筮，可封可树"，证明今之越秀山，唐时是称为番山的。由于古番禺的得名有说是因境内有番、禺二山而来，因而出现了把今中山四路南北两边各一小丘视作番山、禺山的，并由此引起番北禺南，或番南禺北，还有番东禺西，番西禺东等不同说法的争论。而今有了王涣墓志的出土，还有象岗南越王墓"蕃禺"铜鼎刻铭的发现，番禺二山的坐落和得名的误传得到解决。

1954 年在北郊发现一座大中十一年（857 年）墓，出土一对属邢窑系统的白瓷碗。1956 年在动物园发现东汉建初元年墓，该墓的墓道被一座唐代砖墓打破了，这座唐墓又被严重破坏过，仅剩墓室的一角，在这里竟出土了一件属于端石的箕形砚[31]，成为广东境内出土年代最早的一方端砚。唐《国史补》说"内丘白瓷瓯（即邢州白瓷碗），端溪紫石砚，天下无贵贱，皆用之"，虽然碗与砚两者都在广州发现了，但确属罕见，所谓"天下无贵贱，皆用之"，当为文人的夸张之词，当日的真实恐非如是。五代时，广州为南汉的国都，称兴王府。南汉刘氏传四世，共五十五年。南汉只有一主和三主有陵，一主刘䶮的康陵在番禺北亭乡，早在明末已经发现了。我们作过调查，该陵为一座砖室墓，五层砖券拱，大石板封门，至今尚存。三主刘晟的昭陵在市东北郊萝岗的石马村，1954 年发现，已遭严重盗掘毁坏，仅前端掩埋在墓室底下的左右侧器物箱保存原样，出土青瓷和灰陶罐一百多件，其中四件夹耳青釉瓷罐属青瓷中的珍品。这种青釉瓷罐在湖南和广州火车站附近都发现过一件，但窑址何在，至今未明。

　　广州绝少发现宋元墓葬，这当和宋代以来盛行火葬有关。在东山发现的明弘治八年（1495 年）太监韦眷墓，结构坚牢，规模也大，墓分墓道、甬道、前室、棺室四个部分。墓室全长 7.44 米，用红砂岩大石砌筑，石墙厚逾 1 米，外面再包三隅的砖墙，顶部五层石券，其上还用铁砂掺黄土或石灰、砂、黄土分层夯打，共十七层。棺室设两扇石门关闭，前室全部用红砂岩条石塞满，具有特别防盗的用意。发现时得知，原来墓早已被盗掘了，五层石券被凿开一个大洞，前室的填塞条石也有部分被撬开，石门大开，连大石板砌成的棺床也拆毁了。据《明史》等记载，韦眷是"总镇两广内官监"，在成化、弘治年间曾任广东市舶司的监督。这是个肥缺，他与中外商人勾结，又勒索外商大发横财，故墓虽被严重盗扰，但还有剩余的三枚外国银币发现，其中两枚是孟加拉银币，一枚是威尼斯银币[32]。另一座明工部尚书戴缙夫妇合葬墓，也在韦眷墓的附近，出土大批丝织品，戴缙身穿的棉织衣物和鞋袜等都保存完好。戴缙的尸体为软尸，经解剖发现肠道中有华枝睾（中华分枝睾吸虫），由此说明早在明代，生活在珠江三角洲的人们，已有嗜食"鱼生"的习惯了。

　　宋城基与宋窑的发现　广州最早的城是番禺城，这是见诸《史记》《汉书》记载的。唐城还说是在越城（即汉番禺城）的基础上修筑的。广州在宋以前的城都是版筑的土城，北宋熙宁元年（1068 年）始改筑子城（今城区中心）为砖城，并更筑东城。五年后又创筑西城，主要是为了保护城西边新发展起来的商业区，特别是阿拉伯人聚居的番坊（今光塔路一带）。东城，子城和西城并列，这就是广州的宋代三城。而今地面上全无三城的遗迹可寻，有些城墙走向和坐落已模糊难辨了。1972 年在越华路西段挖出了一段呈南北走向的内外包砖的城墙基，宽 6.6 米。在城基上的砖印有"水军修城砖""广州水军修城砖""番禺县"等文字戳印。根据《宋会要辑稿》的记载，广州修城在有宋一代不少于十四次。民国初年拆城开马路时发现一批打印有南宋纪年戳印的城砖，与今次出土的城砖同，但北宋的城砖都无纪年。越华路发现的城基正是北宋子城的西墙，也是当日子城和西城的界墙。这为研究宋以前的广州古城确立了第一个可靠的坐标。

西村窑址是 1952 年发现的，1956 年进行了清理。这处窑址不见于史志记载。发现的一座龙窑建在一个土名皇帝岗的废瓷堆积上，残长 36.8 米。堆积中出土的瓷器分粗瓷和精瓷两类，以碗、盆、杯、碟等日常生活用器为主，有四十多种器形。产品中有的明显是仿国内名窑，其最具特色的是一种周边刻花，盆心绘酱褐色釉菊纹或牡丹纹的青白釉大盆。西村窑是北宋年间的一处民间窑场，它是随着唐代以来广州海路贸易迅猛发展的需要而专门生产外销瓷器，所以，西村窑的产品在国内绝少有出土，但东南亚国家则有较多的发现[33]。

广州三十年的考古发掘取得丰硕成果，出土的大批文物对于了解广州的过去，认识广州的今天，规划广州的未来发展都是极为珍贵的实物资料。但我们深感不足的是，大量的考古资料，只经初步的整理，许多研究课题还未有进一步的开展，特别是在这三十多年的考古调查发掘中有三个重要的缺环尚待填补：一是汉墓成群，但先秦的墓葬一个未见；二是有纪年的三国时期墓未见，已发现的两晋墓与汉墓截然分野，当中缺了启承的关系；三是唐宋时大批阿拉伯人留居广州，但至今未发现他们的墓葬，甚至连与阿拉伯有关的文物（如阿拉伯文字的墓碑、铸币等）也一个未见。这是广州考古的三个未解之谜。我们期望着在科学技术日益发展的今天，在不久的未来将会求得答案。

注释：

[1][2] 其主要标志是 1931 年（民国二十年）"黄花考古学院"在广州成立，该院的《考古学杂志》（创刊号民国二十一年一月出版，仅出一期）发表有胡肇椿《广州市西郊大刀山晋墓发掘报告》。

[3] 屈志仁：《李郑屋汉墓》，香港博物馆，1970 年。

[4]《广州市文物志》，岭南美术出版社，1990 年。

[5] 范文澜在《保护历史文物的意义》一文中指出地下发掘对历史研究至少有三种特殊贡献。第一是创史，第二是补史，第三是证史。载《文物参考资料》1954 年 4 期。

[6]《三代吉金文存》20、28、2。

[7] 李仲操：《八年吕不韦戈考》，《文物》1979 年 12 期。

[8] 我们认为，五十万军的数字可能夸大了一倍，因为当时没有必要（指对付越人而言）也不可能调动如此庞大的军力远征岭南。假如出征的军队五十万，还要加上后勤补给人员，这数字就更为庞大。事实上，秦平南越后五军留戍岭南。《史记·淮南衡山列传》记述赵佗上书秦始皇"求女无夫家者三万人，以为士卒衣补，秦皇帝可其万五千人"。这万五千人实际上是与留戍士卒在当地结合小家庭。留戍任务除了拱卫秦帝国的南陲外，更重要的是留在岭南地区从事生产开发。赵佗向秦始皇提出"求女无夫家者"的数字仅三万人，也可反证秦平南越的五军当不会在五十万之众。证之《汉书·武帝纪》："元鼎五年四月，南越王相吕嘉反，杀汉使者及其王、王太后，……遣伏波将军路博德出桂阳……皆将罪人，江淮以南，楼船十万人，越驰义侯遗别将巴蜀罪人，发夜郎兵，下牂柯江，咸会番禺。……驰义侯遗兵未

及下，上便令征西南夷，平之。"实际上，汉平南越时仅用十万人，而《汉书·食货志》则说："南粤反……南方楼船士二十余万人击粤"，数字明显大了一倍。

[9] 江西省博物馆等：《记江西遂川出土的几件秦代铜兵器》，《文物》1978 年 1 期。

[10] 广西壮族自治区文物工作队：《平乐银山岭战国墓》，《考古学报》1978 年 2 期。

[11]《后汉书·光武帝纪》注引《汉官仪》。

[12]《史记·严安传》：秦 "又使尉屠睢将楼船之士南攻百越，使监禄凿渠运粮，深入越，越人遁逃"。

[13]《广州秦汉造船工场遗址试掘》，《文物》1977 年 4 期。

[14] 试掘结束后，我们邀请广州几家大船厂的工程技术人员、广州和肇庆的木船厂老工人，还有历史、考古及上海交通大学造船系的教授等到发掘现场考查和座谈。因为这是首次发现造船遗址，所以对它的性质估计、推断有多种意见。归纳起来主要有三说：1. 是水坑遗迹说。根据《三国志·吴志》记载珠江每遇秋咸，要引白云山的山泉入城供居民饮用。2. 建筑遗存说。有认为属干栏建筑的残存。更有认为这是赵佗朝汉台的离宫别苑，因为有一条砖石走道压在船台之上。3. 造船遗址说。虽然在每对木墩上未见有横架的木枋垫承船底，当日如何在墩上造船，未明。但遗址中所见的结构及各种迹象与今天造船原理吻合。我们赞同造船遗址说，同时还认为水坑说，不但结构上不可能作引水用，与遗址的年代更不相符，建筑基础说是对船台结构的误解。因为一要稳，二要固，这是建筑基础的基本要求，从河姆渡遗址发现的干栏遗存直到今日珠江沿岸的栅居木屋——棚寮，其柱桩无不打入土层中，以求柱子稳固。船台结构不作固定处理与干栏的基础截然相反，而且遗址中所见其他迹象亦与建筑无涉。

[15] 此器由三条金头银身的龙共衔一个三瓣玉杯托，以举玉杯，有升天的寓意。或许与汉武帝时的 "铜盘玉杯以承云表之露，以露和玉屑服之，以求仙道" 的承露盘功用相当。但在铜盘的平沿去锈后，未发现铭文，未可遽定。

[16] 饶宗颐：《南越王墓墓主及相关问题》，《明报月刊》21 卷 4 期。

[17]《史记》《汉书》的南越传载，汉武帝派庄助往见南越王赵胡，赵胡谓助曰："国新被寇，使者行矣，胡方日夜装入见天子。"这个 "胡" 是他称自己的名。因为古来自称只用名，称呼别人时为了表示尊重，略去姓名，称其字，即所谓 "名以正体，字以表德"（《颜氏家训·风操篇》）。如孔子自称曰 "丘"，他人则称其字曰 "仲尼"。汉高祖称张良曰 "子房"，而张良自称曰 "良"。又如《出师表》中的 "臣亮言"，《陈情表》中的 "臣密言" 也是一样。这种礼习直到近代相沿无改。

[18] 麦英豪：《广州城始建年代及其他》，《中国考古学会第五次年会论文集》，1985 年；又《古广州的若干史实问题》上，《羊城今古》1989 年 6 期。

[19]《广州淘金坑的西汉墓》，《考古学报》1974 年 1 期。

[20] 顾祖禹：《读史方舆纪要·广州城》条载："汉平南越，改筑番禺县城于郡南六十里，为南海郡治，今龙湾古坝间是也。号佗故城曰越城。后建安十五年步骘为交州刺史，以越城就圮，乃廓番山之北为番禺城，后又迁州治于此，自是不改。"

[21] 参见《广州汉墓》上册，153 页。

[22] 同 [21]，301、343 页。

[23] 同 [21]，148 页。

[24] 乌恩：《中国北方青铜透雕带饰》，《考古学报》1983 年 1 期。

[25]《广西平乐银山岭汉墓》，《考古学报》1978 年 4 期。

[26] 参阅《广州市文物志》，51 页。

[27]《广州汉墓》下册，图版四，8、9。

[28]《长沙五里牌古墓清理简报》，《文物》1960 年 3 期。

[29]《南齐书》卷 32《王琨传》。

[30]《广州市文物志》，125 页。

[31] 刘演良：《端溪砚》图 3，文物出版社 1988 年。

[32]《广州东山明太监韦眷墓清理简报》，《考古》1977 年 4 期。

[33]《广州西村窑》，香港中文大学中国文化研究所中国考古艺术中心，1987 年。

原载《羊城文物博物研究——广州文博工作四十年文选（一）》，广州市文化局、广州市文博学会编，广东人民出版社，1993 年；后又载于《文物考古论丛——敏求精舍三十周年纪念论文集》，香港敏求精舍编，香港，两木出版社，1995 年。署名麦英豪、黎金。

广州地区秦汉考古的发现与收获

广州，秦汉时称番禺，秦始皇三十三年（前214年）统一岭南后为南海郡的首县（现知南海郡下有番禺、龙川、博罗、四会、揭阳共5县），又是南海郡的治所。秦亡，原秦将赵佗据有岭南地建南越国，以番禺为都城，共93年。广州的名字是在公元226年才出现的。大概自秦以来它一直是岭南的政治、经济、文化中心，又是海路交通贸易、文化交流的重要港市。

一、广州地区秦汉考古的四大发现

现代田野考古在20世纪30年代进入广州，当时曾发掘过几座汉晋墓葬。大型古墓的发现还要早些，1916年在广州东山的龟岗，建民居挖地基时发现一座南越国时期的木椁墓，因椁板上刻有数码编号而轰动一时。可惜当时还未有考古学方法进行清理发掘，全墓情况及出土器物的资料未完整地记录下来，当时曾误断为南越文王胡冢（即南越国第二代王的墓）[1]。广州地区考古学的黄金时代是在中华人民共和国成立以后出现的，从1953年初以来，考古发掘连年不断（"十年动乱"期间或有中断）。文物考古工作者在配合各项基本建设工程的动土施工中，在市区和近郊、远郊发现了多处重要的古代遗址和大批古墓葬。20世纪50年代广州的考古工作与西安、洛阳、南京等被列为全国八个"考古发掘的重要据点"之一[2]。广州的秦汉考古则以秦代造船遗址、南越国官署遗址、象岗第二代南越王墓（我们概称为"广州考古的秦汉三宝"）和两汉墓群的发现为重要，分别简述如下：

（一）秦代造船工场遗址

位于今市区中心的中山四路西段，南距珠江前航道的天字码头1300米。1975年试掘400平方米，揭开1、2号两个造船台的一部分和南面紧贴船台的一片木料加工场地。遗址深埋在地表5米以下。1994年进行了第二次局部发掘，在遗址的中心位置打横剖开，把三个造船台都揭出一段，对三个木质的船台结构基本探明（本书图版三）。

这处造船工场是赵佗称帝后废弃的，1号船台的枕木经 ^{14}C 测定，距今 2190 ± 90 年。造船工场是建造在河滩沉积的灰黑色黏土层上（含有浮游类海洋生物，初步鉴定为海相沉积层），三个木质的造船台平行排列，船台的结构原理与今天铁路的轨道无异。船台东端有"横阵"结构，表明已到尽头，往西延伸至今马路之下，估计长度超过百米。1号船台在南，南边紧贴着造船木料的加工场地，2号船台居中，3号船台在北边，结构相同，均由枕木、滑板与木墩三个部分组成，两行滑板平行放置在枕木上组成滑道，滑板宽 60 ~ 70、厚 15 ~ 17 厘米，两行滑板上分置一对对的木墩，墩高 0.9 米，在木墩上造船。每对木墩的纵向间距不等，可能是与船上的肋骨相应有关。经鉴定，木墩为材质坚重的格木，以利于承托船体；两行滑板因贴着湿泥，选用耐腐蚀的樟木；枕木的作用在于扩大受压面积，因而采用质轻富于弹性的杉木。船台的三个不同部件选取材质性能不同的木材组成，以适应不同功能的要求，表明当时对木材特性的鉴认已有很高水平。值得注意的是，1、3号船台滑板上的每对木墩都是平置的，与滑板无固定的结构，个别木墩下还加垫一两块小薄板使木墩平稳。唯独2号船台上的每个木墩，其平底的中间都有一个小圆凸榫，插入滑板面的小圆卯眼中，木墩的位置得以固定。因为3个造船台的每对木墩横向都成一直线，显然，位居中间的第2号船台就是个定位台了。因为船体建成下水之时，要先将下面支承的木墩卸去，使船体平置在两行滑板上，才可推入水中。若再次造船，1、3号船台每对木墩的纵向间距，可依照2号台来定位。

由此表明，当时这个造船工场是按规格成批建造船只的。1、3号船台两行滑板的中宽为 1.8 米，2号船台的中宽为 2.4 米，据此宽距推算，这处工场可建造船身宽 3 ~ 8 米，载重 25 ~ 30 吨的平底木板船。此外，由于船台的两行滑板与下面垫承的枕木之间既不用钉，也无榫卯作固定，所以两行滑板的宽距可随需要移动；而且3个船台是平行排列的，其中的1、2号船台和2、3号船台还可以并台造船。换言之，3个船台用并台的办法可以起到5个船台的功用。因而这处造船工场还可以建造小一些的或更大一点的木船，以适应内河和沿海岸航行的不同需要 [3]。造船遗址的发现，使我们看到秦汉时期的番禺（今广州）已拥有相当规模的造船能力和相当高的技术水平，为中国古代造船史和航运史的研究提供了头等重要的新资料。

（二）南越国官署遗址

位于中山四路忠佑大街，西距秦代造船遗址约 40 米。1995 年下半年发现，已揭开遗址的一小部分，面积 400 平方米，为一个呈斗形的水池状石构建筑（本书图版三二）。水池的西、南两边池壁都作斜坡形，仅露出长 20 米，往前延伸多长，未明。因其上有 5 ~ 8 层的楼房压着，无法钻探。南面的斜坡形池壁已露出部分整片是用砂岩石板精心铺砌，由南向北倾斜，坡度约 15 度，坡面斜长 11 米；西面的池壁其大小及用石板铺砌的方式与南壁全同，都是选取 5 ~ 15 厘米灰白色的砂岩石板作冰裂纹斗合斜铺，两边池壁斜坡的交角相接处砌出一条直线，砌作精工（本书图版三四）。此外，南面池壁的铺石板之下埋有一条木质的渠管，也许是给池中注水用的设施。池壁上端还有三块残石板，但宽度已不可知了。池的底呈水平状，全铺河卵石和碎石，池中的东北角还揭露出一根大型的石柱遗构，是用灰白色砂岩大石板叠砌成，已向西南方向倒塌（本书图版三五）。据此推测，池中原有大型的构筑物，未被揭开。

压在池壁上的地层中出有大批绳纹的板瓦、筒瓦，还有云纹和"万岁"瓦当、印花铺地砖、八棱石柱、八棱石栏杆、陶质窗棂等陶、石建筑构件，还有铸铁的门枢轴、铁斧、铁凿、错金铁剑和鎏金的半两铜钱等器物。

在南面和西面池壁的铺石板中都发现有石刻文字，有"蕃""阅""赀""皖"等字，同为秦隶，字径约 30 厘米，在西池壁处还有"□□北诸郎"五字，竖行，刻在多块石板上，说明这些石刻文字是在池壁铺砌之后才刻上的。这是岭南发现年代最早的石刻文字。另外，在出土的板瓦、筒瓦中还有打上"公""官"等单个字的戳印；还有一块印花铺地残砖，在一角处打印有"左官帑單"四字。发掘后，已在遗址四周钻探 4.6 万平方米，初步推测这个池状建筑遗址的面积约有 4000 平方米，可能是南越国官署内一个与蓄水有关的大型石构遗存[4]。

考古发掘所见，中国秦汉及其以前的建筑，主要是夯土台基上的木构架结构，这处大型的石构建筑遗存尚属首次发现，遗址规模大，又处闹市中心，十分重要。查考古番禺自秦始皇在岭南置郡县，后来又作南越国都城，遗址所在的地点应为番禺城的中心所在。其后经历两千多年，随着人口的日增，城区亦日渐扩展，物换星移，城市的变化太大了，但此处作为城区的中心迄今无改。由此上溯，历朝的宫宇、衙署、寺院、民居宅第已被层层地叠压在今日的现代都市之下。自宋以来，人们对番禺的得名和任嚣、赵佗时的番禺城坐落位置已做过不少考证工作，但意见纷纭，莫衷一是，主要原因在于缺少可信的地下物证。南越王墓出土的铜器中有 9 件有"蕃"或"蕃禺"的铭文，这是历史物证，它为番禺的命名取得了一个合理的解释[5]。今遗址中发现一个斗大的"蕃"字铭文，这就是番禺的简称，也是二千年前番禺城坐落位置的历史标记。这次发现被评为 1995 年全国十大考古发现之一[6]。

（三）象岗南越王墓

1983 年发现。陵墓构筑在象岗的腹心深处。穴道从岗顶开凿，为深 20 米的竖穴，前端向两边掏洞构筑耳室，再前（南）为斜坡墓道。石构的墓室由 750 多块大石，主要是红色的砂岩石砌筑而成，仿照墓主生前的前堂后寝的格局布置，结构紧密，布局对称。石室南北长 10.85 米，东西最宽 12.5 米，分前后两部分，共七室，由两道石门分隔开。前部三室，后部四室，各室有门道互通。七室的分布为：前部正中的前室，象征墓主人生前的宴乐厅堂，室中四壁和顶部都绘有朱墨两色的云纹图案，装饰华丽。东耳室是宴乐器用的藏所。西耳室用作贮存礼乐器、兵器、车马器、生活用器及珍玩等的库藏。后部居中为主棺室，室中安放墓主的棺椁，墓主身穿丝缕玉衣，随身陪葬印玺九枚（墓主身份因有印玺，得到确认）。东侧室殉葬四位夫人（妃妾），各有印玺随葬，身份清楚。西侧室埋有七个殉葬的庖厨隶役，她们都无棺木，室中还置猪牛祭牲。主棺室的北面是贮放御膳珍馐及一百多件炊具与容器的库房。墓门外有一座木构的外藏椁，椁内和前端的斜坡墓道上各有一个殉人，属墓主的守门卫士。

墓中除 15 个殉人外，出土的各种随葬珍品一千多件（套），其中以青铜器和玉器最为精彩。南越王墓的发现，对研究秦汉期间岭南地区的开发、城市的物质文明、南越国的历史等方面都有着极为重要的价值。发掘后，已在原地建立博物馆[7]。

（四）两汉墓群

广州近郊岗峦起伏，这些大小岗峦往往就是秦汉以来的古代墓葬区。从 20 世纪 50 年代开始，在广州清理发掘了大批古墓，其中以两汉墓为多，出土文物也最为丰富。仅据 1953～1960 年的统计，两汉墓的分布有 82 个地点。在今天的市区也有南越国时期的墓发现，若以最新发现的南越国宫署遗址为中心点，东西两墓地相距仅 2.25 公里，可见当日南越国都城——番禺城的规模不大，据宋人的记述是"周回十里"，较为可信。广州汉墓的年代可划分为五期：即西汉前期、西汉中期、西汉后期、东汉前期、东汉后期。西汉前期相当于南越国阶段，我们依照广州历史发展的实际情况，把两汉前期上限定在秦始皇二十八年（前 219 年）发兵统一岭南之年起，下限至汉武帝元鼎六年（前 111 年）灭南越国之年止，上下延续 109 年，我们称之为"南越国时期"。这阶段的墓据"长秋居室"陶文的发现，还可划分为南越国早期和南越国晚期两段[8]。

南越国的墓主要分布在东北郊的华侨新村、淘金坑、今动物园的麻鹰岗，北郊的马棚岗，西郊的西村石头岗、王圣堂的柳园岗等处，往往是三五座或三四十座，分布在山岗的岗腰以上，既有大墓，亦有中小官吏的墓和平民的小墓。只有南郊河南至今未见有这时期的墓群发现，或因当时宽阔的珠江河面阻隔有关。南越国早期的墓，在墓形与出土文物方面都可以看到楚文化因素的存在，但有一种木椁墓，椁底铺小石，棺位置下有一个埋大陶瓮的腰坑，随葬的铜、陶器物全为地方的器形，没有汉文化的器物共存，这些墓的墓主也许就是当地越人的部族首领当了南越国高官的，但在已发现的南越国时期墓群中，还未见有单独的越人墓地。

在中原大地，到东汉时木椁墓已消失了，但在广州地区一直流行到东汉末年。在木椁墓中，椁室作上下二层，上层置棺具，下层放置随葬器物。这种分室分层结构的木椁墓，在南越国时期已有出现，西汉中期盛行，存在三四百年。它无疑是仿照生人居处的干栏建筑而来，颇具地方特点。东汉初年广州才有砖室墓出现，大型的砖墓多为圆锥形凸顶与券顶相结合，亦有横前堂的横直券顶结合。墓砖上常有刻写或模印的纪年文字，年代明确。广州汉墓出土的陶器，形成了独特的地方体系，多式多样的陶屋等模型，又是研究汉代岭南建筑最可贵的资料 [9]。这些丰富多彩的出土文物，无异于一本实物的史书，它帮助我们得以较为形象地、可信地了解过去，认识此时此地的社会历史发展，这就是出土文物最重要的价值所在。

二、两千年前广州地区的物质文明

先秦时期，岭南大地远比中原落后，社会经济发展是缓慢的。就目前已发现的考古材料来看，今两广境内还未发现有秦汉以前的城邑，甚至稍具规模的民居聚落也很少见到。到了秦汉年间，岭南归入秦帝国和汉帝国的版图，社会经济与文化的发展进入一个新的阶段。被《史记》和《汉书》称为"岭南一都会"的番禺（今广州），成了岭南的政治、经济、文化中心和海路交通贸易的重要港口。过去，人们要想了解两千年前广州这段历史的概貌，有赖于司马迁在《史记》中写下的一篇《南越列传》和班固在《汉书》中对前传作了重要补充的《南粤传》。但《史记》《汉书》中的两传所记的主要是赵氏南越国的兴亡史事，着重记述它在政治上与汉朝中央政府的关系，至于当时本地区的经济、文化以及民情风俗等则很少涉及。近四十年来广州两汉墓的大批发现，秦代造船台与南越宫署遗址的发掘，特别是象岗南越王墓的发现，揭开了岭南地区的文化宝库。如此丰富的各类遗物的出土，重要的遗迹被揭开，为我们研究两千年前广州（番禺）以及岭南大地的物质文明的发展提供了最直接的材料。下面仅就农业、主要手工业等方面的考古发现作一概述。

（一）农业

广州是古代土著的南越人聚居的中心。在百越族中，南越人的农业生产较为发达，但在秦统一岭南之前，仍处在"刀耕火种"的原始耕作阶段。秦平南越后，50 万秦军留戍，他们与本地的越人共同开发岭南。铁农具铁工具以及马牛羊等家畜从中原输来，这对岭南的社会生产是破天荒的大事。岭南的汉墓，特别是西汉前期的墓有大批铁器发现，绝非偶然，是对这段历史的真实反映。广州的南越王墓出土铁工具、铁农具和兵器等 246 件 [10]，与之同时的广西贵县罗泊湾一号墓出土铁器 25 件 [11]，平乐银山岭墓群出土铁器 206 件 [12]，还有广州汉墓出土的一批铁器。总的来看，数量之多，品类之广确属空前，表明铁器在南越国的农业、手工业等重要生产部门已较为普遍地使用了，但铁农具的种类还不多，只见有浅耕起土的锄、锸，还有镰刀。虽然水牛在西汉遗址中已有发现，但还未能肯定已用于农业耕作，因为先进的铁犁牛耕如铁犁铧、齿耙等深耕农具，还未见于南越国时期的墓葬与遗址中，大概在武帝灭南越以后，牛耕才被较普遍地推广到岭南。

已发现的粮食作物，以稻谷为多见，还有黍、粟、大麻籽和高粱。属蔬果类的，已见有橄榄、梅、李、桃、橘子、酸枣、红枣、人面子、花椒、金银花、西瓜、葫芦和荔枝。到了今天，这些仍为岭南所产蔬果的主要品类。

广州和广西贵县的西汉中期以后的墓，较普遍的有屋、仓、囷、井、灶五种陶塑的模型明器随葬。最先出现的是平面横长方形的干栏式陶屋，上层楼居设有厕所，其后的曲尺形、三合式、楼阁式陶屋，还把人居与畜圈合在一起。厕所与圈栏相通连的结构，颇能说明当日已普遍使用厩肥，这对于改土与提高产量方面都有着重要作用。仓与囷同是高脚屋式的干栏结构，贮粮的仓室下面用木柱支承，使地台高离地面，这是符合南方多雨、地势卑湿的自然条件的需求的。陶屋中塑有持杵对臼而春，扬箕以簸的陶俑，但脚碓加工粮食似乎尚未被推广到岭南。广州一座东汉初年墓出土的陶提筒，尚存半筒高粱，盖里有墨书"藏酒十石令兴寿至三百岁"十一字，表明当日已用高粱酿酒；与此同时，墓中往往有成群陶塑的猪、狗、牛、羊、鸡、鹅、鸭等家畜家禽出现。这种仓廪丰盈、五谷丰登、禽畜兴旺的图景，正是从一个侧面对当日农业生产比之以前有很大发展的真实写照。

（二）主要手工业

农业与手工业是封建社会经济的两个主要部门。秦汉时重要的手工业都由政府官营，南越国当无例外。岭南地区的制陶业有着悠久的历史传统，其他门类的手工业也不乏有技艺出色的人才，因为在大批留戍的秦军中会有各方面的能工巧匠，他们带来了先进的中原汉文化和先进的生产技术，推动了岭南社会经济的发展。从考古发掘所见，当日广州地区的手工业门类已相当齐备，制陶、铸铜、冶铁、玻璃、纺织、制漆、玉石牙雕与金银制品等都有一定水平。

1. 制陶、铸铜、冶铁、玻璃铸制

秦汉年间，广州地区的制陶工艺在继承前代印纹陶传统的基础上有了更大的发展，经历两汉四百年，陶器的生产在器形、纹饰、火候、施釉、制作等方面形成了一个独特的广州汉陶体系，带有浓厚的地方特色。纹饰方面主要是几何图形戳印纹和刻划精工的组合纹；有各种瓮、罐、瓿、联罐（分有二、三、四、五联的）、小盒、熏炉等越式的器型；陶胎质地致密，呈灰白色；火候在摄氏 1000 度左右；陶器较普遍地挂上一层高温的玻璃质青釉。广州汉陶的这些特点，影响及于广西、湖南、福建等邻近地区，南越国宫署遗址出土有多种印花铺地砖，规格特大，为 70×70×15 厘米，砖质坚密，火候也高。同出的云纹和"万岁"瓦当、绳纹的板瓦、筒瓦以及陶质的窗棂，这类建筑用材，也为当时制陶业的一个重要品类。

在广州东郊的遥岗，相当春秋战国年间的一处遗址出土有越式的青铜短剑、戈、小刀等五件青铜器，器形和纹饰方面都有地方特点，应为本地铸制的，这是广州发现年代最早的青铜实物[13]。南越王墓出土的随葬品中以铜、陶、铁、玉四类为大宗，其中铜器的数量居首。

如鼎共 36 件，分属中原汉文化的、南方楚文化的和当地越文化特点的三个类型。一对越式大铜鼎，大小 3 个成系列的烤炉，8 件一套的句鑃，14 件一套的纽钟，5 件一套的甬钟，11 件越式熏炉等，这些铜器无论造型和铸制技术上都有自己的特色，有异于中原，应为本地所铸，可以认为南越国在青铜铸造方面已初具规模。

汉代，广州地区是否已有冶铁生产？从南越王墓出土的一个越式大铁鼎（重 26.5 公斤）和南越国宫署遗址中出土的一件铸铁的木门枢轴套件可以得到肯定的答案。同墓出土的铁农具、木作工具有 125 件之多，经部分取样化验，整件是用热锻加工和淬火处理，是逐件锻打制成的。当时的中原地区已用铸铁脱炭件，仅刃部锻打，而且采用叠铸法成批生产同一器件。南越这种落后的生产工艺在中原早已淘汰了。究其原因，不在于没有工匠和生产技术，主要是南越境内缺乏铁矿资源，对故铁与废料只得反复使用。汉武帝时把冶铁、煮盐和铸钱三业收归国有，并在全国产铁的郡县置铁官，南海郡不出铁，没有铁官，但番禺（今广州）处近海，产盐，设有盐官，从这一点也可说明南越国虽然已有冶铁手工业出现，但因资源短缺，不可能形成较具规模的生产水平，所需铁器主要还需仰给于中原。

玻璃的烧制同属高温生产的手工业。广州汉墓常有玻璃串珠出土，玻璃璧仅见于西汉早期的墓中。有三个串珠的样品经化验，其成分与中国的铅钡玻璃系统有别，而与西方的古玻璃接近。南越王墓出土的玻璃制品引起人们的注意，一是镶嵌在鎏金铜牌饰中的一批蓝色的平板玻璃，另一是蓝色的玻璃贝和玻璃串珠。经取样化验，含有大量铅（25%～33%）、钡（13%～22%）成分，属于中国古玻璃系统。这批特殊用途的玻璃制品应属南越国的工官监制，为本地所产。

2. 纺织与制漆

丝麻织物在广州的汉墓中不易保存。南越王墓出土的一千多件（套）随葬品中，铜器、铁器、玉石器等几乎是逐件用丝绢包裹，再放入竹笥、漆木盒、箱或麻袋等较大的容器中。还有为数不少的整匹丝绢，可惜已全部炭化，在高倍数的放大镜下可鉴认出有平纹绢、方孔纱、斜纹绮、刺绣以及组织复杂的锦、罗、绉纱和提花锦、绒圈锦等高等级织物。有一种超细绢的经纬密度为每平方厘米 33×80 根，这是目前已知汉代平纹绢中经纬密度最高的织物（满城汉墓发现的为 20×90 根）。墓中还出有两块青铜印花凸版，花纹的图样与马王堆一号墓出土的泥金印花纱的图案相类，但纹样的单位大一点。出土已炭化的丝物在高倍数的放大镜下可看到与印花凸版相同的图案，可以认为南越国也生产印花纱这类高档织物。这两块印花凸版是目前世界上发现最早的织物中彩色套印的工具，对古代印染工艺的研究有重要的科学价值。

南越王墓随葬漆木器不少，但已朽坏不存，仅一座漆木围屏得以复原。广州的西汉墓也有漆器随葬，也是仅在个别大墓中有少量的保存。其中如耳杯、盘等与马王堆汉墓所见，在器形上无异，但纹饰作风有别。还有一种描金图案的漆盘，在别地出土的汉代漆器中未见，特别是有的漆器还烙有南越的地名，无疑是南越国漆器作坊的产品。

3. 玉、牙雕刻与金银制品

南越王墓出土的玉器数量大，品类多，雕镂特别精工，从总体看来与中原各地所出的汉或战国年间的玉器无太大的区别。虽然有的器形如角杯、玉盒、承盘高足杯、龙虎合体带钩、铜框嵌玉杯与玉卮等，都为汉玉中的孤品，有的玉器上的纹饰图案为过去所未见，但不能据此而得出这些就是南越所制的结论。至于墓主身穿的"丝缕玉衣"，无疑是南越自制的。还有三块玉璧，刻划的花纹还未完成打磨抛光的工序（同墓出土的烤炉有两件的内范也未清除），这给予我们两点启示：一是当时操办南越王的丧葬事宜是有点仓促的，有的来不及加工完成的器物，或刚制作出来就用于随葬了；另一方面，似乎也可认定，在这批汉玉中，有的做工精美的器件如大玉璧等，不排除在南越的玉器工场中制作的可能。

古代越地虽不乏象齿，但象牙雕刻与金银制品同属稀有品，为一般汉墓所罕见。南越王墓出土五只非洲象牙，还有针刻填色图画的金釦牙卮，右夫人的"赵蓝"牙章，象牙算筹，六博子，镶嵌在剑鞘上的、屏风上的、六博局上的象牙饰物等为数不少。墓中出土的一批金、银制品，其中的"文帝行玺""泰子"和"右夫人玺"三枚金印，当不会是汉廷中央政府授予的，应为南越国自行铸制。至于一批焊珠金花泡、蒜瓣纹银盒则属于海外的舶来品[14]。因银盒上留有的后来焊接的附加物，墓中又出有作原料用的四块银锭，可以认为当时南越国都城内还有一个特种工艺品的加工作坊，专为王国宫廷制作高级珍玩与特需物品。

（三）水陆交通贸易

秦将赵佗据岭南建立南越国，以番禺为都城，《史记》与《汉书》同称之为岭南"一都会也"，迄今已逾二千多年而无改，而且城区日渐扩展，可见当日建城选址非常恰当。古番禺位处珠江下游，是东、西、北三江的汇流入海要冲，水路四通八达，可远达邻近的郡县，又腹地深广，其东南面为珠江的出海口，占有河港兼海港的地利条件，《史记》列举汉初全国有19个商贸发达的都会，番禺列在其中。《汉书·地理志》说："（番禺）处近海，多犀象、毒冒、珠玑、银铜、果布之凑，中国往商贾者多取富焉。"中国（指岭北各地）的商贾到番禺做买卖，经水路可以由珠江的东、西、北三江上游顺流而下，"咸汇番禺"；陆路则有秦时修筑的新道，经五岭的谷口，通往岭北的邻近地区。但在古代交通工具条件的限制下，位处河网地带的番禺，利用舟船运输显然比陆路方便得多。一船之载较之一车之载可多出几十倍。广州汉墓中牛车、马车随葬的绝少，但出土的木船模和陶船模多达15件，为全国之冠。这批船模的类型有：适合在一般浅窄弯多的河道上撑篙前进的小艇；有在宽阔河面上作交通用的渡船；有船首系锚，船尾设舵，中间分隔多个舱室的客货混载船；有附在水田旁边的农耕运输小艇；又有船上建重楼，设十桨一橹，船板施彩画，航行于江河与海上的大型"楼船"。南越王墓出土的一个铜提筒，腹部刻划四只海船，大同小异：船上三樯桅，有瞭望台（栅），船后架一张巨橹，船上的甲板与多个舱室的刻线十分清楚。船的前后有海龟、海鱼和海鸟。船上刻划五个羽冠羽裙执兵器武士，船上有被押解的俘虏，船头系首级，船上武士亦手提首级，船舱内装满铜鼓，还把铜鼓作为坐具。这似为一支打了胜仗的船队，大有斩获，正在鼓帆摇橹凯旋，这是岭南与西南地区目前所见的汉代船模以及铜鼓、铜提筒上刻划的船纹中规模最大，设备完善的一组海船图形。

番禺（今广州）历来是海外奇珍的集散地，《淮南子·人间训》说，秦始皇"又利越之犀角象齿"，说明岭南大地在秦军统一之前，越人与邻近的海外地区早有物品交换往还，南越王墓出土的非洲象齿，来自西亚的银盒与焊珠金花泡，还有乳香以及熏炉燃烧用的香料等同属从海路输入的舶来品。汉武帝灭南越后，分南越地为九郡，又派遣一支船队远航南亚各地，此时番禺的海外往还更有进一步的发展。广州西汉中期以后的墓较普遍有熏炉、串珠出土，特别是一种外国人形象的奴俑用作随葬，都反映了当时海上交通贸易的发达[15]。

三、人文鼎盛

物质文明与精神文明的发展是互为促进相辅相成的。岭南大地随着农业和各种手工业生产的发展，人们的物质生活和精神生活同样会有很大的变化，作为岭南都会的番禺，前后的发展变化就更为明显。从两广的考古发现来看，广东的南越人和广西的瓯越人都未创造出本民族的文字，自秦统一后，大批汉人南来，促进了汉越民族和文化的融会发展，文献记载与考古发现都可互为印证。

（一）汉、越民族与文化的融会

汉高祖十一年派陆贾出使南越，封赵佗为南越王的诏书中说到："越人之俗，好相攻击……南海尉佗居南方长治之，甚有文理……越人相攻击之俗益止。"[16]在秦统一以前，南越的社会生产落后，仍未完全脱离野蛮阶段，氏族间因争夺俘虏而经常发生战争。赵佗主越后，南下的秦军与当地越人共同开发岭南，推行汉越杂处政策：尊重越人的风俗习惯，任用越人的部族首领为南越高官，主张汉越通婚等许多有利于民族和睦的措施，促进了汉越民族与文化的融合，加快了以番禺为中心的岭南社会历史的发展历程。广州地区的考古发现亦可看出当日的"杂处"与融会的反映。在南越国的早期墓中，一套有许多鼎、盒、壶、钫的汉文化陶器与越式的陶器共存，铜器也是越式和汉式的同出。上文已提过，有少数墓只随葬越式的器物，在棺位下有"腰坑"，这些墓主应为越人。广西平乐银山岭的瓯越人墓随葬器物的文化特点亦与此同[17]。表明在"杂处"的初期，他们还保留了自己的丧葬习俗。在南越国后期尤其是西汉中期的墓中，这种现象完全消失了。表明这时汉越的民族与文化已融合在一起。广州汉墓出土最早的陶屋模型，平面呈一字形的越人干栏式，其后有汉文化的曲尺式、三合式和楼阁式出现。象岗南越王墓的随葬器物，除了主体的汉文化器形之外，还有越式的铜鼎、铁鼎、铜句鑃、熏炉等；有匈奴文化的牌饰和兽纹金箔片；有骆越的提筒；有楚文化的鼎、镜、虎节；有秦文化的蒜口壶、铜镜；有巴蜀文化的釜、甑与鍪；还有来自海外文化的银盘、焊珠金花泡等等。如此丰富多彩的遗物共存于一墓中，除了其来源会有多种原因外，仅从多种文化因素共存的现象看，就是对"杂处"融会的一个最好的说明。

（二）番禺都会，文化名城

番禺是秦始皇三十三年统一岭南时置的县，为什么命名"番禺"呢？在当时大概是指这属"蛮夷的居处地"的意思[18]。中国古代把华夏族周围的少数族人称为"东夷""西戎""南蛮""北狄"。孟子也把南方的楚人称为"南蛮𫘝舌之人"。后来，汉族以外被概称为"番人""番邦""番国"。汉初，赵佗在回报汉文帝的信中，第一句就自称"蛮夷大长"，他责备吕后"别异蛮夷"，看来在当时对被人称作蛮夷并无忌讳。番禺在秦汉时又简称作"蕃"（番），这个地名在秦汉考古中有 6 次出现：一是 1953 年广州西村秦墓出土的漆盒盖上有"蕃禺"二字烙印；二是南越王墓出土 36 件汉式和越式铜鼎中，有 7 件刻有或漆书"蕃禺"或"蕃"字的，另一铜壶和一铜匜也刻有"蕃禺"和"蕃"字；三是广西贵县罗泊湾一号南越墓的铜鼎刻"蕃"字；四是广州南越国宫署遗址石构建筑的石板上有"蕃"字刻铭；五是广州沙河一东汉砖墓的墓砖印有"番禺丞"阳文；六是香港九龙李郑屋村的东汉墓砖上印有"番禺治历""大吉番禺"的两种铭文[19]。番禺地名在岭南考古出现次数之多，覆盖空间之广，正是它在秦汉四百年的历史发展中人文鼎盛的反映，又是它作为岭南两千多年历史文化名城独有的历史标记。

以上所说的，是近 40 年来广州秦汉考古的几个重要发现和收获。这些考古成果已极大地丰富和扩展了人们对两千多年前广州地区的物质文明和精神文明发展历史的认识。

注释：

[1]《广东文物》，香港，1940 年。

[2]《新中国的考古收获》，科学出版社，1961 年。

[3]《广州秦代造船遗址第二次发掘》，《中国文物报》1994 年 11 月 15 日。

[4]《广州发现西汉南越国宫署遗址》，《中国文物报》1996 年 2 月 11 日。

[5]《广州城始建年代考》，《羊城文物博物研究》，广东人民出版社，1993 年。

[6][10]《九五全国十大考古发现》，《中国文物报》1996 年 2 月 18 日。

[7]《西汉南越王墓》，文物出版社，1991年。

[8]《广州淘金坑的西汉墓》，《考古学报》1974年1期。

[9]《广州汉墓》，文物出版社，1981年。

[11]《广西贵县罗泊湾汉墓》，文物出版社，1988年。

[12][17]《平乐银山岭战国墓》，《考古学报》1987年2期。

[13]《广州市文物志》，岭南美术出版社，1990年。

[14]《东汉魏晋墓葬中的多面金珠用途及其源流》，《考古与文物》1990年3期。

[15]《汉代的番禺》，《穗港汉墓出土文物》，香港，1983年。

[16]《汉书·高帝纪》。

[18]《广州城始建年代及其他》，《中国考古学会第五次年会论文集》，文物出版社，1988年。

[19]《李郑屋村汉墓》，香港中文大学文物馆。

原载《秦汉史论丛（第七辑）》，中国社会科学出版社，1998年。

广州秦造船遗址论稿专辑序论

秦造船遗址是 1974 年底发现的，报经批准进行试掘，因遗址的规模大，结构独特，前所未见，试掘后在发掘现场先后召开座谈、鉴研论证会逾 13 次，前后延续的时间长达 4 年，对其性质有了造船遗址的结论。其后 1994 年和 1997 年又对该遗址进行了两次局部性发掘，前后三次的发掘我们都有幸参与，极为难得。遗址发现至今已过去 27 年了，我们是从事田野考古发掘的，在实际操作中既要求自己必须动手，还要过细地观察和动脑思考，因而在发掘全过程中自己的所见、所录、所测绘的遗迹结构以及各种遗迹现象等至今还留有很深的印记。

近 30 年来，我们在配合广州城市建设工程进行的考古发掘中，取得了三项重大的发现：20 世纪 70 年代发现秦造船遗址；80 年代发现南越王墓；90 年代发现南越国宫署遗址，此三者被誉为广州秦汉考古三大发现，并已公布为第四批全国重点文物保护单位。三者中的南越王墓和南越国宫署遗址自发现以来都不断的有宣传报道，并出版专著，而且均已原地保护，作出展示，开放参观。但秦造船遗址因属大型木构遗存，由于目前我们对于如此大型的出土古木尚未能解决其脱水与防腐问题，只得把已清理出来的造船台采取掩埋保护，这样对它的宣传报道就相对的少了。遗址发现至今已逾四分之一个世纪，除了一部分文物考古专业人士外，估计很多人对它早已淡忘。到 2000 年即南越国宫署的宫苑遗迹向社会展示后，在报纸上连发了几篇对造船遗址质疑的文章，继而有人发起在广州召开"广州秦汉造船遗址真伪学术研讨会"，一时间"建筑基础"说"炒"得热乎乎的，这是怎么回事呢？事后我们得到一点了解，原来在"学术研讨"的背面，还大有文章哩。我们汇编这本专辑，用意在于把造船遗址三次发掘的考古资料及对其性质论证的材料汇集在一起，便于读者了解它自发现以来的一些历程；同时也将"船台说"与"建筑基础说"引发的所谓学术争议的前前后后，作为背景也好、情况也好，选录几篇作个读评，希望有助于读者评说。

一、严谨求实，科学研究应循之道

鉴研多年，性质论定　犹记得，造船遗址在市文化局大院球场因挖土工程发现后，不少人为之忙碌了多年，也曾热闹过一阵子。初时我们面对着这处深埋地下 5 米，构筑在淤泥层之上前所未见的一处大型的木质结构遗迹，其结构又颇像今天铁路的轨道，既感到陌生，也觉得困惑。这是古墓？不可能。是城墙基址？没有任何城墙基址的痕迹。到底是什么，惟有认真对待，多方求教。回顾自 1974 年底遗址被发现到 1977 年 7 月的《文物》月刊发表了试掘报告，当中相隔已有 4 个年头，在这期间我们采取了请进来，走出去的做法，对遗址进行鉴证研究。先后请来了有关专业和学科的专家学者，到发掘现场实地考查，并进行座谈的大小论证会议召开过 13 次之多。1976 年 3 月，我们邀请中国造船学会副理事长、上海交通大学杨槱教授（他是中国科学院技术科学部委员，现为中国科学院院士）到广州。他首先参观考察了广州近郊的木船厂和西江肇庆的黄岗船厂等三家较大的木船厂，并和船厂的领导、技术人员、老工人一同到广州。3 月 22 日，杨教授亲自主持第 13 次论证会，与会者一致认定这是造船遗址。造船遗址的定性是依据发掘遗迹作出分析，以及多次座谈鉴研，综合各专业、各学科的专家学者意见，还结合地方造船工艺的古老传统而得出的结论。与此同时，我们又分期分批安排参与发掘的有关人员走出去，走访了考古学界的前辈如苏秉琦、夏鼐等，广东建筑界的余清江、郑祖良、莫伯治、佘俊南、丁健达等著名工程师和徐俊鸣等地理、地质、文史方面的专家学者，向他们请教。考古工作者还到广州四家现代的大船厂、近郊的小木船厂，远及西江、东江、北江的木船厂作对比参观、学习，我们亲眼看到了大小造船厂的工场布局及基本设施情况，目睹了从造一只小木艇到建造用于出海打鱼的几十吨大木船的一些修造过程，填补了本来一无所知的造船知识。通过走出去请教，作实地考查对比学习，得益匪浅。

1975 年的试掘，只揭露了遗址的局部，我们还需要弄清楚这个遗址的规模与布局情况，于是在试掘的 1、2 号船台东西两头进行钻探，先以 1 号船台东端的"横阵"为基点向西延伸至 56 米处，横向布点钻探，得知共有 3 个平行排列的造船台；再延伸至 88 米，仍发现滑板（再往前有高层楼宇阻隔），据此估计造船台长逾百米（因广东西江的木船厂其船台与滑道长 140 余米）。由此看来，试掘的部分仅是已知遗址的很小范围而已。遗址的东头位于市文化局大院内，这里四周都有多层的楼房，有的还直接压在遗址上面，而遗址过半是在西邻的儿童公园内。如扩大发掘，要解决两个先决条件：一是在市文化局内和儿童公园内的许多楼房要拆迁，所需经费很大，拆迁住户的安置更不容易解决；二是如要发掘，势必将儿童公园拦腰截断。在当时这两点都是没有可能解决的。

1979 年，遗址发现已有 5 年了，当时实在无法对这样大型的木质遗存作脱水防腐处理，而出土的古木更不宜让其长期暴露，在征询各方面意见并报经国家文物局批准后，于 9 月实施了就地回填保存。这样，从考古发掘的角度来说，造船遗址的田野工作暂告一段落了。

再次发掘，喜获双收 1994 年，在改革开放大潮中的广州市文化局，从文化事业发展的需要，提出发挥文化局大院位处老城区闹市中心的优势，拟引进外资在此兴建以一幢48层大楼为主体的信德文化广场。此事关系到造船遗址今后如何保护的问题，当市文化局的建设方案提出后，经过了市的、省的论证，最后由国家文物局主持召开了专家论证会，取得了造船遗址要保护，文化广场要兴建的共识。即在"两重""两利"方针的原则下，同意在贴近1号船告南侧的造船木料加工场地位置处兴建信德文化广场的主楼，遗址的船台区则要在保护的基础上建设秦汉造船遗址博物馆，纳入文化广场的建设计划中。造船遗址博物馆的建馆方案是参照秦始皇兵马俑博物馆的做法，先建馆，再进行室内发掘的。所以就有了第二次，也属局部性的发掘。我们要在博物馆动工之前，从馆址的东、西、北三面墙基位置处先行开挖三条探沟（南面的墙基位置已在1975年试掘的范围内），这样，一可避免日后建馆动工时开挖墙基的破坏，二可以借此准确得知船台的布局情况。这次局部试掘的结果，在1号船台"横阵"以西40米处的西探沟，横向揭开3个造船台的一段，进一步确认了遗址的北边是船台区，南边是造船木料加工场地的整体布局。后来，我们在广东阳江市的江城造船厂，看到该厂区的布局，其造船木料加工场地也是位处船台区的一边，加工场地的面积相当大。

　　当信德文化广场48层主楼的基础工程即将动工之际，建设一方要求文物部门在这块4000多平方米的即将施工的地盘内进行考古发掘（即第1号船台遗址南侧的造船木料加工场地位置），发掘工期8个月，这是造船遗址内的第三次抢救性发掘，田野发掘从1997年7月～1998年2月，共布探方46个。这次发掘的意外收获是，大面积清理出南越国宫署的宫苑遗迹——全部用石料构筑的"曲流石渠"。这个人工园林水景遗址由东而西蜿蜒曲折长150米，覆压在下面的是造船木料加工场地。基于宫苑遗迹的保存完好和它的重要性而决定就地原状保护，所以不再往下继续清理。但曲流石渠尽头之西还有6个探方，我们选了北边的3个探方往下清理，当揭去红黄色的山岗回填土层后，下面露出遍地的小木片和炭屑的木料加工场地，同时还清理出一部分保存较好的"弯木地牛"遗迹和还有许多残板余木的储放木料的场地。这3个探方的隔梁和关键柱也决定原地保留，在现场的土层剖面可清楚看到：由上而下是南越国宫署的宫苑遗址层，覆盖造船遗址的红黄色山岗土层（也是宫署建筑的垫土层），再下是木料加工场地层。这三者的叠压关系清楚无误。第三次发掘再次把上下两个不同时代、不同性质的遗迹在发掘现场清晰地展现出来，真的可以说是喜获双收。有了第二次、第三次的发掘，进一步证明1976年第13次发掘现场鉴研会定性为造船遗址的结论是正确的。

　　这里还要顺带说明一下遗址的定名问题。当第一次试掘后，我们定名为"秦汉造船工场遗址"，主要考虑到秦的国祚只有15年，这个造船工场到西汉初年的南越国时不排除还在使用，所以把下限延到汉代。到第二次试掘后，西、北两条探沟都见到造船遗址上面覆盖着一层红黄色山岗土，其上也有零乱的印花大砖等发现，这表明南越国时造船工场已废弃不用，并被填没作宫署的建筑用地，因而在上报第四批全国重点文物保护单位的名单时，把"汉"

字和"工场"二字删去了。

保护的难题 第一次试掘后，根据专家学者的建议，我们曾拟订过一个整体发掘的计划，由于前面所说的多种原因而未能实现。到第三次发掘之后，宫苑遗迹就地原状保护，2000年初又在儿童公园试掘，清理出南越国的宫殿遗迹。市政府决定儿童公园迁建，以利于对南越国宫署遗址进行分期分区的全面发掘。当然，事情发展到今天，原来的楼宇拆迁与公园拦腰截断这两个问题已不存在了，但古木出土后的脱水和整个遗址的防水保护难题也就突显出来。如果今后扩大发掘的结果是，南越的宫殿或宫苑的遗迹压在3个造船台之上，南越遗迹要原地保护，当然就不可能再往下清理，秦船台就难于揭露出来；如果要展示造船台，则必需把压在上面的南越遗迹移开。这是熊掌与鱼不可兼得的难题之一。其次，无论是把3个造船台都露出来，还是仅保护南越宫殿遗迹，秦船台仍掩埋在地下保存，这两种做法对古木的保护仍是个问题。因为造船台原来深埋地下两千余年，第一、二次发掘所见，木质还是保存得较好的。究其原因：一是地下的地表水旺盛，水把木质遗迹封护了；二是船台上又有一层填埋的红黄色山岗土，土质较纯，其上共有厚达5米的土层压着，这就大大减缓了木材的氧化腐朽，一旦扩大发掘，虽然仅清理到宫殿遗址层为止，这时压在3个造船台上面的土层只剩下红黄色山岗土这样的一层垫土，与它发掘前上面有5米厚的土层深埋就完全不一样了；再加上发掘之后，遗址周边构筑有防水墙，把地表下的水层"切断"了，这样船台古木仍处于半干湿状态，虽然不是暴露在大气之中，仍是易氧化和滋生虫蚁霉菌，这是极不利于长久保存的。这正是摆在我们眼前，亟待研究解决的一个保护技术难题。

似"学术"，实非学术之争 遗址经过3次发掘，对其布局和所在地理环境已有一个基本了解：当日造船工场选址定位在南北两边是台地（灰黄色生土的小丘），当中有一条淤塞的河涌向西正对着珠江河汉的古西湖，呈T形连接。船台区的3座造船台就建造在河涌的泥滩上，其南侧的大片台地用作造船木料加工场地（再往南就靠近宽阔的珠江岸边了）。如果扩大发掘，当然可以把3个造船台都清理出来并进行展示，但因古木的脱水防腐问题未解决，从保护角度出发，仍旧掩埋在地下而鲜为人知。2000年4月，杨鸿勋先生在《中国文物报》发表《南越王宫殿辨——与"船台说"商榷》的长篇文章，对造船遗址罗列有22条质疑，大造"船台论可以休矣"的声势。拜读杨文，发现该文的致命要害是完全背离实事求是的科学研究准则。由于不尊重事实而导致歪曲事实，可称之为一篇"奇文"。因为杨文旨在"指鹿为马"，它说造船台是赵佗的干栏式宫殿因大火烧毁后而留下的基础，1975年试掘发现的一段砖石走道，就是后来又在其上建的宫殿遗迹，这种奇谈完全是奠基在肢解遗迹结构，搞乱遗址地层关系，臆断地层性质，虚构遗迹现象之上以自圆己说。由杨文挑起的似"学术"而非学术之争，造成了负面影响，首先是广州某报一位记者，他看到杨文后认为抓到"大料"

了，于是同年 6 月 22 日在该报《要闻版》中，在"中国建筑界船舶研究史地理学界顶尖高手将云集羊城"的大字眉题下，以"挑战广州秦代造船遗迹定论"为大标题，分别铺开"'文革'后期文物出土后工宣队拍板说是船台遗迹"；"番禺郡没有造大船能力"；"假如当初的南越王御花园旁地下不定为船台遗址广州可避免损失过亿元"等 5 个小栏目凑足了整版，开创了该报用全版面的"要闻"谈考古文物的先河。这版"要闻"除了耸人听闻的大小标题之外，文中大多是背离事实的道听途说，其中有些纯属常识性的问题也错得出奇，实在令人震惊！8 月 16 日《中国文物报》刊出了杨鸿勋的第二篇文章，文中一再叫喊"船台说可以休矣"。接着 8 月 30 日又有邓其生、席龙飞两先生的否定造船遗址的文章在《中国文物报》一起刊载。拜读之后，令人惊愕不止的是，这些主张造船台木结构遗迹是干栏宫殿的"建筑基础"的先生们，似乎用不着详细阅读、研究该遗址的发掘报告等系列材料，便可以我行我素地大发议论，这已经不属于不同看法的学术争鸣的范畴了。当时，我们还是好心地想，这个遗址的考古发掘情况和科学资料，已经先后发表了，已作了清楚的交代，就让他们自己炒作好了，参与这样的争论，实在是白费唇舌的。但我们也有点儿觉得，连续 4 篇否定造船遗址的文章先后登场，恐怕不会是巧合的……

在名义上由几个单位联合举办的"广州秦汉造船遗址真伪学术研讨会"果然于 12 月 8～9 日在广州举行，在舆论先导之后，对二十多年前的一场考古发掘要进行清算和审判了。把本来属于认识不同的严肃的学术之争，归结为真与伪，岂不是有点简单化和粗暴吗？请看看会议组织者们说的和做的是怎么回事：（一）这次会议早在 5 月已着手筹备，6 月发出组稿的征文通知，收集反对"船台说"的文稿；（二）征文通知中说："……近年，广州有关单位拟批准合资共建'造船遗址博物馆'，由于此事直接关联着国家的信誉，非同小可。因此，船史研究会决定会同广州的造船、建筑、地理、历史、博物馆以及广东省科学技术协会筹备至今年 10 月份开'秦汉造船工场遗址'问题学术研究会，邀请持各种观点的专家学者本着严谨的科学态度到会展开学术争鸣。"（三）当时应邀来广州主持第十三次遗址性质现场论证会的杨榗教授应约写了论文，重申他 24 年前确认这是造船遗址的定性结论。也许会议组筹者们看到他的文章后感到不合胃口，就不再与杨榗教授联系了。直到开会前夕，广州市文物考古研究所与杨榗院士取得联系，请教他今天对遗址的看法。杨院士告知考古所，他至今仍坚持原来确认是造船遗址的定性意见，并决定要来广州与会，由于会议开幕时间与工作安排有冲突，只能参加第二天的会议；（四）会议开幕当天，广州市考古所的几位同志都与会，并将杨院士要来广州将于第二天上午与会的信息转告了会议的主持人。这意外的信息打乱了他们的部署，临时变更会议的议程，将当天上午原定开幕后安排杨鸿勋先生的发言，改排在第二天杨榗院士发言之前。这样，第二天上午的会议，上半段是"两杨"发言，下半段是讨论会议纪要和总结。杨鸿勋先生的讲演竟用了一个多小时，似乎仍兴犹未尽，到杨榗院士发言，时间已无多了，他只能简单地说明一下自己一直以来对造船遗址定性的几个观点；（五）我们在广州的几位曾参与过造船遗址发掘的同志，直到11月中旬才接到筹备会发来的通知，这时方知真的有要开"真伪研讨会"这回事，但距离开会之日已不到一个月时间了，我们感到已被人家逼入"陷阱"，因为要写文章辩驳，实在已是时间无多的；（六）筹备组在10月27日还专门发了一封给中共广州市委、市政府主要负责人的长信，内称："广州秦汉造船工场遗址在国内外产生负面影响，每当我们看到这种错误定性的误导，令广州市规划建设失误，造成过千万，过千万的经济损失时，内心感到十分焦虑和不安……有的甚至称它为'学术史上的一大冤案'……我们觉得，不管是从学术争鸣的需要来说，还是从广州城市建设的需要，以及维护我市、我国的声誉，这个问题都到了非弄清它不可的时候了！……为此决定今年十二月上旬在广州组织和举办'广州秦汉造船工场遗址真伪研讨会'，贯彻党的'双百'方针：组织不同意见、观点专家学者共同来探讨这个重要问题，为市政府和城市规划建设决策，为我国申报世界文化遗产提供科学依据和真实材料。"说的多么冠冕堂皇！本来，对一个考古遗址有不同的看法，那是很正常的事，双方只要本着实事求是，尊重事实的科学态度，开展不同意见的学术争鸣，是有助于对遗址性质的认识及其重要意义的理解，会起到接近真理，认识真理的作用，是大有好处的。但正如我们在前文所指出的那些背后的做法，实在有违学术争鸣的宗旨，且大有"炒作"之嫌。在这一天半"真伪研讨"的指责、刁难中，"是非颠倒，黑白混淆"，严肃的学术氛围完全被破坏了，这是我们所始料不及的。

二、臆造出来的"建筑基础"说

造船遗址自发现以来对遗址的定性有三说：一是造船说，二是引水渠说，三是建筑基础说。造船说在本专辑"遗址性质论证"汇编的9篇文章中，从不同角度对其作出论定。简而言之：①造船工场是由船台区（有3个平行排列长逾百米造船台）和一大片造船木料加工场地（有烤木的"弯木地牛"设施）两部分组合而成，两者缺一不可，今天，珠江下游所见的木船厂仍是这个样；②船台的滑板上平置下大上小的木墩以架承船体，而今广东肇庆的黄岗船厂则用水泥造的矮墩，高0.9米；③第一次试掘在1、2号船台间的淤泥层上发现有沙层和沙堆，今日汕头的木船厂仍用"斩（沙）包下水"将船体卸下，可以引证；④木料加工场地特设的"弯木地牛"及遍地都是炭屑与小木片的现象，与今日广东的木船厂所见相同；⑤1号船台出土有铁锛、铁凿、铁挣凿、木垂球、磨石等工具，因有铁挣凿发现，这是一套造船工具无疑；⑥船场选址是在正对珠江古河汊的河涌滩地上，有便于造船木料的水运和船体下水的需要，今日珠江水系的木船厂选址，也无例外；⑦秦的造船工场遗址是被压在最底的一层，其上发现了汉武帝平南越，汉兵"纵火烧城"后的南越国宫署废墟，这是岭南地区秦汉年间"秦平南越"与"汉平南越"两件重大史事的历史见证。引水渠说因其所指年代及结构都与遗址的情况完全不符，可不置评。至于持建筑基础说的，有三篇文章是较有代表性的，本专辑"遗址性质论证"中的《广州秦代造船遗址考辨》已有辩驳。最近，杨鸿勋先生又在说什么"实际上'船台说'已经收回。发掘主持人麦英豪先生在中国社会科学院考古研究所成立50周年纪念座谈会上谈到广州秦汉考古收获时，已不再提占'广州秦汉考古三大发现'首位的造船工场了。"杨先生这样说未免太离谱了，我们主张"船台说"的论点是始终如一的，我们对造船遗址性质的认定也是坚定不移的，哪来什么"船台说已经收回"？其实，在考古所成立50周年前夕，麦英豪应《考古》编辑部笔谈的稿约，写了一篇短文，主要是回顾考古所和夏先生在帮助和促进广州考古工作完成《广州汉墓》（考古专刊）的出版，又合作组队发掘西汉南越王墓这两件大事上（载《考古》2000年7期）。由于秦造船遗址的三次发掘，考古所均未参与，又怎会在这短文中提及哩。对此，难免使人觉得杨先生真的有点"以小人之心，度君子之腹"的心态了。难怪他还有更令人费解的诳言："现在问题已经清楚，发掘者已经默认误断"（杨鸿勋：《宫殿考古通论》309页）。真是天大的笑话！在此，我们有必要再提三点意见：

第一，"建筑基础说"是臆造出来的，它与经过三次发掘之后所揭露出来的遗迹实际情况完全不符。因为凡持"建筑基础说"者，有一个相同的"特点"，就是他们对已发表的遗址发掘材料未做全面的了解，未对整体进行实事求是的分析研究。例如对遗址的地层关系，主要地层的内涵情况，遗迹是由船台区与木料加工场地两部分组成缺一不可的全貌及其结构特点等，都未能真正弄清、弄懂。对同一层位的主要遗迹与其他遗迹和遗物等关系也没有弄清楚，这又怎能对遗址的性质有个全面的认识而作出正确的判断呢？他们仅把第一次试掘清理出1号船台29米的一段和2号船台的一小部分，就误定为干栏宫殿建筑，还胡编、乱说这是因"火灾"烧后剩下的基础，又进而假想出是一座面宽14间（按杨鸿勋先生的设想为31.28米），进深5间的干栏宫殿，还绘了复原图，这岂不又是一个"盲人摸象"的新笑话吗！因为从发掘和钻探已经确认船台区3个平行排列的造船台长逾88米，杨先生仅截取其不到32米的一段，就作出宫殿的复原，那么，船台中还有延伸至56米至88米或百米以上更长的一大段同样的船台木质结构，又怎样解释？就以杨鸿勋、邓其生两位先生的所谓"南越王宫室复原图"而论，仅仅切割了船台区3个造船台前头的一小段就作复原，还有船台的后段和连着的大片木料加工场地都不管那么多了，都抛弃了。这样可以名之为从"建筑考古学"得出复原？事实上，他们完全歪曲了造船遗址的真相，凭自己的臆测，进行穿凿、附会和刻意篡改，背离了严谨求实的科学研究应循之道。诚然，考古学也好，建筑学也好，都是一门严谨的学科，容不得半点虚伪和粗暴相待的。

第二，持"建筑基础说"者，对造船遗址同一地层中的相关遗迹，如大片木料加工场地和各种遗迹遗物的出土现象等，或视而不见，或任意篡改，或随意解释。须知，对任何一个考古遗迹的论证，一定要实事求是，不可主观武断，更不能弄虚作假的。他们如上所述那样的研究并得出的结论，其可信程度和科学性就不言自明了。

第三，秦造船遗址是在南越国建立之后，把已废弃停用的造船工场填没了，作为扩建王宫及御花园的用地。第三次发掘清理出的宫苑遗址，正是叠压在造船木料加工场地之上；其后又在造船遗址西北面的儿童公园内试掘出 1 号宫殿的遗迹，其垫土层下则是灰黄色的生土台地。这些发现均已在先后发表的发掘报告、简报等报道中有详细的阐明，任何一位细心的读者只要检视一遍都会清楚。至于他们所谓船台滑板上平置的木墩原是干栏式宫殿的柱子，因一场火灾"烧不完"遗下的柱脚，更是百分之百的虚构。时至今日在秦造船遗址及其四周的多次发掘，已有许多重要发现：直接叠压在造船遗址上面的"南越国砖石走道"；1997 年发掘造船木料加工场地时，意外发现压在加工场地上面的"曲流石渠"等宫苑遗迹；1996 年、2000 年发掘的南越国砖井和宫殿遗址等，都出土不少大火烧过的瓦件、焦木等建筑构件，还有烧结成团的"半两"铜钱发现。这些都一再证明与《史记》《汉书》南越传所载，汉兵破南越，"纵火烧城"，南越宫署毁于一场大火的历史事实正相吻合。但这些南越国宫署火毁遗迹是在上部地层，秦造船工场遗址被覆压在下面，这完全是两个不同地层不同年代和不同性质的遗存，怎可以扯到一块儿并硬说成是一回事哩。最近，中国科学院院士郝柏林在《科学时报》撰文呼吁，中国科学界不仅要揭露伪科学，而且要努力识别伪科学。文章说，从事赝科学的人士不在真正的理论和实验上下功夫去证明自己的主张，却借助宣传和扩大影响；他们热衷于提出新名词甚至新科学，却未见把哪一门新科学推进到底，使之成为科学（转引自《羊城晚报》2002.4.13 第 B7 版）。联想到 1997 年杨先生在西安唐含元殿复原问题上的弄虚作假，而今又在秦造船遗址上歪曲真相，虚构惑众，这是为什么？实在令人费解！

最后，我们还想指出，持"建筑基础说"者，他们所虚构的"一场大火烧了干栏宫殿"，这是作为该说的重要支柱的。谎言被戳穿，支柱必然倒塌。如果仍坚持虚构的"火灾"谎言，拒不承认已经清楚了的考古发掘真实，我们绝不强人之难。但也得先讲明白，今后对那些"想当然"的事实错误的文章，我们再不打算置评了。因为考古发掘揭开的遗址结构及各种遗迹现象已清楚表明其造船遗址的性质，这是不争的客观事实。所谓"建筑基础"等说法是臆断的、虚构的（或借此炒作），所以根本不存在对遗址性质有不同认识或争议的问题。

该文原为《广州市文物考古所专刊之二——广州秦造船遗址论稿专辑》的序论，广州出版社，2001 年，现标题为编者所加，署名麦英豪、冯永驱。

关于广州考古发现南越国遗迹若干问题刍议

公元前 203 年，原秦将赵佗据有岭南三郡，建立南越王国，这是岭南历史上第一个独立的地方政权；南越以番禺（今广州）为都城，这又是谱写广州二千二百多年城市建设的第一章。《史记》《汉书》的南越（粤）传，是记述南越国传五主共 93 年的最早文献史籍。《史记·南越列传》全文只有 2408 字，《汉书·南粤传》稍详，增至 3002 字，由于两传主要记述南越与汉廷中央关系的政治大事，以及南越后期的内部权势斗争，其他方面的情况或因外藩事略，几无涉及。1916 年在广州东山的龟岗挖土建民宅时发现一座南越国时期的木椁墓，该墓的椁板上刻有编码数字，曾哄动一时，这是汉灭南越后相隔 2027 年之后首次发现南越的遗迹 [1]。到 20 世纪 50 年代以后，南越遗迹就不断有新的发现，先是随着市郊外各项建设工程的动土施工，在西郊和北郊、东郊等多个地点都发现有南越国墓群，1995 年以后更以南越国宫署遗址的发现为重要。在这里，有宫苑遗址、宫殿遗址等，还出土百余枚南越早期的木简 [2]。这些考古新发现，对研究南越国史、岭南的早期开发史、广州早期城市建设历史等方面都有重大价值。目前，广州的文物考古工作者正在对上述重要发现的考古资料进行整理和研究，正式的发掘报告，相信不日就可面世。下面仅就新发现的南越史迹中的几个问题，谈点个人的认识，并就教于识者。

一、关于南越都城与宫署

《汉书·地理志》：“南海郡……县六，番禺，尉佗都，有盐官。”这是南越国以番禺为都城的最早记载。番禺为南海郡的首县，“番禺负山险，阻南海，东西数千里”（《史记·南越列传》）。1955 年在香港九龙深水埗李郑屋村发现一座东汉墓，墓砖印有“番禺大治历”“番禺大吉”的铭文 [3]，表明东汉时今香港九龙也属番禺的辖境。正因其辖地广袤，作为南越都城的番禺城到底坐落在哪里？史籍中未见有清楚的说明，但从史、汉两传对汉武帝发兵平南越的纪述中可以找到一些线索：“楼船将军将精卒先陷寻陿，破石门，得越船粟。”楼船将军兵临南越，先攻陷的石门，正是南越都城西北面的一个要塞。石门位于西江与北江汇流的小北江处，距今广州市中心区约 14 公里；其次，“楼船居前，在番禺。建德、嘉皆城守”（《史记·南越列传》）；还有，汉使唐蒙在南越食到四川产的枸酱，"问所从来，曰：'道西北牂柯江广数里，出番禺城下'"（《史记·西南夷传》）。据此推算，番禺城的坐落地点大致已有个方位了。到宋代，方孝孺《南海百咏·任嚣城》条注引《番禺杂志》说，任嚣城（即南越的都城）只是个小城，位于宋代广州三城之一的东城处，"今为盐仓"（今中山四路西段的旧仓巷，宋时为盐仓）。此说在明清时期的方志中转相沿袭，大都认定"赵佗入治番山之隅……其署在东二百步，宋为盐仓"（图一，1）。自宋以来，对赵佗城的考证，都以盐仓为坐标，谓佗城在其东面，即宋代广州三城的东城位置上，这一点已为明清以来治广州史地的学者所认同。但直到今日，我们在宋代广州东城地段的考古挖掘中，最早的地层只到东汉，不见有南越国和西汉的遗迹遗物。任嚣城（赵佗城、番禺城）在哪里，一直难释。直到 1995 年在旧仓巷以西的城隍庙西侧，发现了南越国御苑遗址，继而又确认了南越都城与王城的位置，这个疑问得以解答。原来赵佗城不是在宋盐仓之东，而是在其西即宋代的广州子城位置上。孟子说："尽信书，则不如无书。"诚然。

2000 年发现南越都城——番禺城的城墙遗址，意义重大。这表明南越都城的定位已取得实证，但我们对此却有个认识的过程。在这里先把发现的情况作个说明，因为这是中国考古学上罕见的一处两千年前大型的水利工程遗存。遗址位于老城的西湖路和惠福路之间（图一，2），距今地表 4 米之下，其上叠压着东汉、晋、南朝等几个年代的文化层。这是一座南越国时期的排、汲水木构水闸遗址，保存基本完整（本书图版五三）。木闸呈南北向，闸口宽 5 米，南北长 35 米。闸口的南北两头均呈"八"字形敞开，当中的金口柱与最底一块闸板尚存。木闸北面的一段排、汲水渠道呈北高南低，表明闸内的水是由北向南排入珠江的。在渠底的黏土层上安设有四列横卧的木栏以阻水，借以减缓渠道中泥土的流失（图二）。木闸的南面有东汉的夯土城墙，与木闸的土堤紧贴。这段城墙在原水闸排水口位置的一段，采用一层原木一层土夯筑的做法，原木共三层，分为纵排一层，又横排一层的相互叠压（每层用大木和小木上百根，平行密排，当中还打入三行大木桩和几行小木柱以固定），其目的在于加强这段松软的城墙基础（本书图版五四）。用于填埋城基的大木，许多都有榫眼，在少数的大木上还见到刻有单个的秦隶文字，但不见有被火烧过的遗痕。2000 年 10 月 8 日，国家文物局专家组黄景略、徐苹芳、叶学明等 6 人来到发掘工地考察，叶学明认为这是南越国的水关遗址，发现重要。后来我们依照专家组的建议，在尚存约 1000 平方米的遗址范围内，进行了必要的结构解剖及探查工作。得知这座木闸是建在夯土墙基上，基坑宽约 8.3 米。由于木闸两边向东西延伸的夯土墙基，早在遗址发掘之前已被工地挖光了，其延伸多长，到哪里有拐角等，都有待今后在其邻近如有建设工程或可弄清楚的。遗址发掘后，原址原地保护，并公布为全国重点文物保护单位。

这处南越国的水利工程遗迹，到底是南越国都城的水关，或只是当日珠江北岸堤坝上的一座水闸？换言之就是要回答它到底是都城的南城墙，或是防洪的堤坝。在之前，我们一直囿于在中国北方发现的古城墙，其墙基宽都在 20 米上下，这个水闸的土墙，其宽度相差近倍，还是称"水闸遗址"较妥。直到今年，在南越国宫署遗址发掘中，发现了南越王宫的宫城墙，其位置在 1 号宫殿北面相距约 60 米处（图一，3）。距地表下 3 米许，夯土城墙以较纯的红黄土夯筑，呈东西走向，基坑宽 4.1 米，残留最高点有 1 米多。在夯土墙中还埋设有大型的陶质引水渠管，这段渠管呈北高南低，表明当日的用水是从城北引入宫中的。由于这段宫墙的发现，可以对比上述的木构水闸土墙，其宽已逾 8 米，比之宫墙的 4.1 米宽已增一倍了。与之同时的西汉未央宫的宫墙，宽 7~8 米，而西汉长安城的城墙，宽 12~16 米 [4]。由此看来长安的城墙与宫墙同样是都城的城墙要比宫墙宽出一倍。还有一个例证，1972 年我们在越华路的西段，发掘一段北宋的外包砖城墙（图一，4），这是广州宋城的子城与西城的界墙，墙基用三层红砂石砌筑，宽仅 6.6 米 [5]，由此得知，广州早期的城址因受原始地形所限，其规模不大，城墙也不宽厚。所以南越水闸遗址的夯土墙，实为南越都城临江的一段南城墙，木构水闸正是都城的一座水关——穿城壁以通城内外的闸门。至于闸口南面填埋的三层大木，因多数都有榫卯，又不见火烧痕，极有可能原是建构在南城墙上一座临江的城楼，在汉兵"纵火烧城"时幸存，其后才被拆毁的，到东汉扩建城墙时，这批旧木料倒不失为可用之材。

都城的城墙与宫城的宫墙都有了定位，这对其以后考古发掘的延伸与研究是极为有利的。若问南越都城的规模有多大，城区内的布局如何，宫城在都城的位置与布局又如何等问题，这在今天还未有取得可以对地下文化层的年代与内涵作出准确回答的探测仪器等手段之前，从目前市区内马路与里巷纵横，楼宇林立的实际情况来说，是无从探查得清楚的。但今后应注意对城区内每个发掘点的资料进行分析与积累，只要日积月累，求得部分答案或有可能。在南越国宫署遗址的发掘中，出土不少陶器和砖瓦等建材，在其上常见有打印宫殿、宫署名字的陶文印记，其中以少府与詹事的属官为多，这是说明赵氏南越国仿效秦汉政治建制的有力物证。南越国少府的属官，已见的有：

"居室"。在一些板瓦、筒瓦、陶瓮、陶罐上打印有"居室"陶文（图三，12），又在南越木简的 024、089、095 三简中也有"居室"的简文。

"常御"。在一件壶上打印有"常御三斗"戳印文；在一个小陶罐的盖与肩上分别打印有"常御""第六"，"第六""常御"的 4 个戳印文；还有在陶瓮、陶罐上打印"常御""常御一石"戳印的，或刻写"常御第廿""常御第十三"的陶文（图三，1~5）。"常御"在秦汉官制中不见有此名字。古常、长通假，或为"女长御比侍中"（《汉仪》）的"长御"；又，古常与尚亦通假，亦有可能是"尚方"与"御府"在南越国的合称。

"中府"。职掌宫内财物，"发中府钱，使相偿之"（《史记·田叔列传》）。南越御苑出土有"中府啬夫"封泥（图三，9），同出的还有成堆已烧熔的铜半两钱。

"工官"。汉称考工室，又分为左右考工室，主造武器、日用金属器及手工艺品，"召工官治车诸器，皆仰给大农"（《史记·平准书》）。在南越遗址出土的砖瓦中，常见有打印"工官"的印文。南越的工官亦分"左工官""右工官"，印文中还有"左官""右官"的，为省文（图三，6.7）。

属詹事的属官，已见的有：

"泰官"。秦汉均置，掌皇室膳食事宜。南越王墓出土多枚"泰官"封泥（图三，10），在南越099号木简的简文中亦有"泰官"。

"食官"。在一个陶鼎的腹部，刻有"食官第一"的陶文。

"中共厨"。"中共厨"三字戳印文打印在一陶器残片上（图三，8），出于南越宫署遗址，为"中府供厨"的省称。

"景巷令"。汉为永巷令。南越王墓前室的殉人随葬有"景巷令印"的鱼纽铜印。南越木简第0111号简的简文亦有"景巷令"。景、永同音通假，在南越可能因避讳，改永为景。

已发现的南越国宫殿名称有：长乐宫、长秋宫、未央宫和华音宫。分见于：

"长乐宫器"。南越王墓出土有3件陶瓮、1件陶鼎上打印"长乐宫器"的四字戳印（图三，14）。长乐宫为汉朝的第一座宫殿，高祖五年置长乐县，建长乐宫。南越亦仿效此名。

"长秋居室"。拍印在陶瓮肩上，淘金坑16号墓出土。长秋有二义：一为宫官名，"将行秦官，景帝中元六年（前144年）更名大长秋，或用中人，或用士人"（《汉书·百官表》）；汉甘泉宫有甘泉居室，则"长秋居室"应为宫官名（图三，13）；二为后宫名，"永平三年，有司奏立长秋宫（《后汉书·马皇后纪》李贤注"皇后所居宫也"）。

"未央"。在宫署遗址2号宫殿出土的一件陶罐残片上打印有"未央"二字戳印文。汉高祖七年迁都长安，建未央宫，为西汉皇朝政治中枢的地方。

"华音宫"。"华音宫"三字戳印打印在一件陶提筒的器盖上（本书图版四七）。2号宫殿遗址中出土（图三，11）。在秦汉的宫殿中不见有此宫名，应是南越的自名。"华音"有别于"长乐""万岁"等吉祥语，当中会有其不一般的寓意。赵佗原籍今河北正定人，弱冠时从军到岭南，后为南越开国之君，在位67年，他在岭南生活八十余年，活到汉武帝建元四年（前137年）去世，享寿百岁。在《史记》《汉书》两传记述赵佗一生的政治活动大事中，有两次接待汉朝特使陆贾的对话最为生动，又显得重要。第一次在高祖十一年，高祖使贾赐佗印为南越王。陆贾对赵佗先动之以情："足下中国人，亲戚昆弟坟墓在真定"（《史记·陆贾传》）。再晓之以理：从刘邦起家立国，到详述汉皇朝的强盛，并指出赵佗"以新造未集之越屈强于此"，再分析其利害关系。陆贾以强势的外交攻势，令这位傲慢的南越王大为折服，"留与饮数月。曰：'越中无足与语，至生来，令我日闻所不闻'。"赵佗身在南疆，心系北国，今次陆贾给他带来了华夏之音，喜悦之情，难以言表。也许，这正是赵佗以"华音"命宫名的寓意哩。

二、关于番禺城的南迁

据《史记·南越列传》载：元鼎六年（前 111 年）武帝发兵灭南越，"楼船居前，至番禺。建德、嘉皆城守……会暮，楼船攻败越人，纵火烧城。"作为南越国都的番禺城经营了近百年，却毁于汉兵的一场大火。南越灭后，汉分南越地为九郡，南海郡治仍在番禺。但此时作为郡治的番禺城是在南越的废墟上重建，或另迁新址？查考明清以前的文献史籍，未见有关这方面的记载，而清初顾祖禹《读史方舆纪要·广州城》条载："汉平南越，改筑番禺城于郡南六十里，为南海郡治，今龙湾古坝之间也。号佗故城曰越城。后汉建安十五年（210 年）步骘为交州刺史，以越城就圮，乃廓番山之北为番禺城，后又迁州治于此，自是不改。"这段短文虽只有 76 字，但在时间、地点及人物关系等方面都交待清楚了，它把广州早期长达三百余年的城建历史大事勾画出一个轮廓，言简意明。其他方志所载亦大抵如是，但简略些。无疑，毁于大火的南越都城，其遗迹、遗物一直是被深埋于地下 4～5 米，到 1975 年发掘秦造船遗址时，才发现叠压其上有一段南越国时期的砖石走道，揭开长 20 余米，做工考究，这是首次在今广州老城区中心发现南越国遗迹。砖石走道上覆盖有"万岁"瓦当等大量残瓦件，印花大砖，木炭屑，有的地方灰烬成层，很明显这是汉平南越，汉兵"纵火烧城"后的遗迹，可与史籍记载相印证。1985 年我写了《广州城始建年代及其他》的一篇文章，该文第三部分对顾祖禹说的番禺城南迁问题，从地理位置、考古发现等情况做出分析，认为"番禺城南迁说，纯属误传"[6]。现在看来，这个结论未能遽定，时间已过去 20 年，还要旧事重提，因为这期间又有不少新的重要的考古新发现。例如，自 1995 年以来南越宫署遗址的发掘，重要的发现有宫苑、宫殿（1、2 号）、食水砖井等遗迹，出土的砖瓦、焦木、灰烬、红烧土等，多有大火烧过的遗痕，尤其在曲流石渠西端的曲廊处，发现一堆秦汉半两铜钱，被大火熔了，黏结成块，有一枚"中府啬夫"四字的封泥同出，已烧至红褐色[7]，可见这场大火的炽烈程度了。南越宫城毁于一场大火的考古证据是十分明显的。但总的说来还是：一，番禺城南迁之说，在明清之前的地方史籍文献中，未有记载，不知所据何自；二，若依顾说，则两汉时的南海郡治已迁出今广州老城区，时间长达 328 年之久。换言之，南越灭后，南海郡的政治、经济、文化中心转移他处了；三，根据近五十多年在广州市郊勘查发掘的古墓葬情况来看，情况是相反的，在广州市郊两汉墓的分布是密集的，其中西汉早期（即南越国时期）墓有华侨新村、柳园岗、淘金坑等多个地点发现南越墓群，而南越灭后的西汉中期墓、西汉晚期墓和东汉墓，在年代上和墓葬的类型发展上前后是衔接的，当中没有因为治所易地、政治中心转移而突然中断衰落的任何迹象显示。只是南越灭后的西汉中期大墓与南越国后期的大墓相比较，是要逊色一些。究其原因，应与墓主人的身份等级前后不同有关。因为前者属王国的高官贵胄，后者的最高级别只到郡守而已。加上城市的政治地位也有差别，前者为王国都城，后者属于郡县的治所；四，郡南六十里的龙湾、古坝无考，按其方位及里程推算，当日的番禺城新址其落点应在今天番禺区的市桥镇和沙湾镇这个地方。这里属禺南区，是珠江三角洲较晚形成的冲积地，据族谱载，这一带到宋代才开村的。又，在1990年至2001年间，先后在市桥镇附近的5处山岗地发掘34座砖室墓，年代主要为东汉的中晚期（有永元五年、十五年和永初五年纪年的刻划文字砖）[8]，但不见有西汉墓。这里的发掘再次说明，自秦统一岭南以来的番禺城，随着人口日增，城区的扩展，墓地亦不断的向远郊延伸，到了东汉的永元、永初年间，墓葬区已延伸到"郡南六十里"，即今天的市桥镇附近了。此外，还有两个考古现象引起我们的注意：就在上述大面积揭露的南越国文化层的上面，不见有西汉中期和西汉晚期的遗迹，连陶器等遗物亦很少，因而在年代上出现断层；其次，广州地区发掘的汉代以来的食水井，其深度一般在10米上下，因其穿地较深，与它同时期的地面遗迹虽毁不存，但水井的下部都能保存下来。所以，在城市考古中，根据所发掘水井的数量与分布情况，亦可窥见该处人居的兴旺程度的。就以南越国宫署遗址的发掘为例，属南越时期的食水井，有土井、陶圈井和砖井三种类型，但没有西汉中、晚期的水井发现，而东汉早期的砖井有5个，东汉晚期的井多达10个。这个情况亦有助于说明毁于大火的南越宫城废墟，到东汉时又恢复生机。

总而言之，顾祖禹所说的"汉平南越，改筑番禺城于郡南六十里"，在这一带今天未见有番禺城址的任何遗迹遗物发现，而龙湾古坝两地亦无考。反之，在广州城郊发现的西汉中、晚期墓与之前的南越墓是衔接的，并没有因为郡治中心的转移，导致这期间的墓葬（墓群）突然中断或衰落的情况出现。本此，则汉南海郡治的番禺城又似乎未有南迁。它仍在今广州的老城区之内吗？但在原南越都城的范围内，至今又不见有西汉中期的城址遗迹发现。所以，南越灭后的汉南海郡治番禺城位在何方，还是个未解之谜。这是关乎研究和说明广州早期城建历史和郡治中心在南越国灭后长达三百多年的大事。这个谜团的破解，恐怕还要寄望于今后广州城市的考古新发现的。

三、关于蕃池和御苑的曲流石渠

重大的考古发现往往带有偶然性，象岗南越王墓（图一，5）和南越王宫的御苑遗址是这样，被叠压在御苑下面的秦造船遗址亦如是。南越宫署遗址的发掘至今已持续十个年头，其中发现御苑的蕃池和曲流石渠是最令我们出乎意料的。在汉灭南越，汉兵"纵火烧城"之后，南越王宫顿成废墟。御苑的蕃池和曲流石渠同在宫城内，同样也被这场大火所毁，其后又经历两千年人为的无意识的毁损（如在此兴建房子、埋设渠管、挖井等）。可是从今天发掘所见，余下的石构遗迹保存基本完整。在蕃池发掘后的第二年，曲流石渠的遗迹也发掘出来了，两者组成了南越的御苑，这是我国目前考古发现年代最早，保存较为完整的一处两千多年前的皇家园囿遗迹。虽然，在蕃池与曲流石渠当中，目前仍被一幢9层的楼房隔断，尚未连接起来，但从当前国家正在大力推动大遗址保护的新情势来看，这种状况相信不久的将来是会改变的。

蕃池是最先发现的。犹记得，在1995年7月22日，我和两位考古队员来到城隍庙西边的一个建筑工地调查，主要想看看这里的挖土情况。这里是准备盖一栋25层的楼房，地盘的四周早已构筑好连续墙，当中又用机械挖土4米，然后在这1800平方米的基坑内纵横排列68个桩井，每个桩井挖深至10米以下，直到基岩。其中西半边的桩井大多数已经挖到基岩了，东半边的正在开挖中。突然，我看到东北角那片桩井提升上来的土中有个瓦当模样，捡出来一看，果然是个"万岁"瓦当。接着，在其他桩井中也挖出瓦当，仅一会儿工夫，就捡到4个"万岁"瓦当，真令我们惊愕不已。难道这里有南越国的宫署遗址？考古人员很快进驻工地，从一排排的水泥桩井（两个桩井当中仅留出2.8米的空余）之间开展抢救性的发掘。在工地东北角的400平方米的范围内，发掘出一座呈仰斗状的大型石构蓄水池，西面的池口和南面池口各清理出长约20米的一段。池壁呈斜坡状，斜长11米，全用石板呈冰裂纹铺砌。在石板上发现有岭南最早的石刻文字，其中位于南壁靠东有一个斗大的"蕃"字（本书图版三三），靠西有一组刻有"债""睆""阅"等字，西壁有"□□北诸郎"等字。池底距现地表约有8米，全用卵石和乱石平铺。石池中散落不少板瓦、瓦当、印花大砖、八棱石栏杆、石门楣等建筑构件，还有铁门轴枢（本书图版三七）、鎏金半两铜钱、铁斧和一支稍残的木桨等。在石池的东北角，有一根叠石柱，用厚约20厘米的方块石板叠砌，已倒向西南。由于发掘位置的北面贴近一幢五层的楼房，东面已构筑连续墙，未能扩方发掘。到底这座石池有多大？我们沿着石池的西壁向北，沿南壁向东延伸到一个较大的范围内进行机械钻探，得知这座石池的面积约有4000平方米，已发掘的部分仅是该池的西南一角，其余大部分都被高层楼宇或民居平房压着，连广州城隍庙也在其中[9]。

我们联想到西汉未央宫遗址西南有沧池故址，现为一片东西400米，南北510米呈不规则圆形的洼地。《水经注·渭水》载："池在未央宫西，池中有渐台。"沧池是未央宫中的蓄水池。武帝建建章宫，凿太液池，池中筑渐台，起三山以象瀛洲、蓬莱、方丈三神山。秦始皇、汉武帝都渴望能从三神山中求得长生不老药。而象岗南越王墓亦出土有五色药石[10]（包括紫水晶、硫磺、赭石、绿松石，即所谓不死药），这座石池中是否也筑有渐台、崇三山？这个问题只有待日后的扩大发掘或可明确。不过，从今次的发掘所见，池底散落许多建筑构件，特别是有铁轴枢，还有叠石柱，可以肯定石池中是有一组建筑物的。广州出土的南越陶器有"长乐宫器""长秋居室"等陶文，这座石池是否也仿效汉宫命名？在事隔九年之后，我们从出土的南越木简中得到答案。南越宫署遗址 J264 渗井出土的木简（内有两枚简的简文有赵佗二十六年的纪年），其中第 026 号简的简文："□□距上莫蕃翟蒿蕃池□离吾都卑"共 13 字可认 [11]。简文的"蕃池"，可以明确两个问题：一，它正好与石池南壁上石刻的"蕃"字相印证，表明赵佗是用了都城番禺的地名为这座石池命名的。查考番禺这个地域名字始于秦，1953 年广州西村石头岗一号秦墓出土的漆套盒，盖面有"蕃禺"二字烙印 [12]。南越简第 091 号简亦有"蕃禺人"的简文。在南越王墓出土的铜器中，有 9 件的器身或盖上刻有"蕃禺"或"蕃"字的，共 13 例 [13]，足证"蕃"为"蕃禺"的简称。在汉代的文献中则以《淮南子·人间训》："一军处番禺之都"和《史记·南越列传》："且番禺负山险，阻南海，东西数千里"为早。又，从广州的考古发现所见，南越时，"蕃"字用于地域名的，都带草头，到东汉时就省去草头了 [14]。二，根据出土木简的纪年，这座石池的建造，下限不晚于赵佗立国后的二十六年。

　　发现御苑的曲流石渠更加是出乎我们所料，这次发掘亦可说是歪打正着的。原来在 1975 年第一次发掘的秦造船遗址，位处中山四路的广州市文化局大院内。到了 20 世纪 90 年代，这里成了老城区开发的黄金地段。市文化局大院这块地皮要开发了，计划要截取造船台区的一段，建为秦造船遗址博物馆，其南侧的大片造船木料加工场地的位置处（仅大院范围内就有 4000 平方米），用来兴建主楼 48 层的信德文化广场，并要求在 8 个月内完成这大面积的考古发掘任务，可能吗？因为广州老城区地下的历史文化层一般厚 5～6 米，就算平均以厚 5 米计，可以列一简单算式表示：（4000 平方米 × 5 米）÷（8 月 × 30 日）= 在这里每天要挖土方、出土方 83 立方米以上，这可能吗？这还算是考古发掘吗？当其时，在"文物要保护，文化建设要发展"的"两利双赢"理念贯彻之下，想到的办法只有弃卒保车了，即把地表以下 2 米属于宋代以后的地层舍弃了，用机械挖土，还要再清除 0.5 米的扰乱层，余下的一半进行正式发掘，只有这样才可能缩短发掘时间。其次，我们心中也有个数，因为从 1975 年发掘船台中得知，紧贴着第 1 号船台的造船木料加工场地，遗物是不多的，结构也相对简单，今次发掘估计在清理遗迹层的工作上不会太费时日的。正式发掘从 1997 年 7 月中旬启动，共布探方 46 个，实际发掘面积 3370 平方米，直到 1998 年 1 月结束（本书图版三九）。清理出长 150 米的曲流石渠，遗迹距地表约 4 米。其东头转向北还有约 30 米的一段，与蕃池南壁下的木质出水暗槽正对，但当中给一幢 9 层的公寓楼隔断了，还有一座石山堤岸的水池打破，该池的年代为五代南汉时期，大概又是南汉国的御苑遗迹。

　　石流曲渠的渠体基本保存完整。渠中筑有半月形石池（养龟鳖），有阻水的渠陂（涌现水波），有供龟鳖爬行进出的石板斜道，还有石板平桥与岸上的踏步。石渠由东而西蜿蜒曲折，到了西端尽头处，设有排水闸口，外与曲廊连接（本书图版四〇）。曲渠的流水是通过埋设在曲廊下面的木暗槽排入珠江，形成了曲渠之水其来也无影，其去也无踪。这个遗址堪称岭南第一园。发掘后，市政府决定信德文化广场停建，曲流石渠遗址是广州历史文化名城的重要史迹，要原址原地保护。至于叠压在石渠下的造船木料加工场地就不再揭露了，仅在曲廊以西的 3 个探方进行清理，到了木料加工场地的表层为止，发现有弯木地牛（烤烧造船木料的专用设施）和部分木料堆置场。这三个探方的木料加工场地上面，都覆盖着一层红黄色土，厚有 0.4 米左右，土质致密，夯过，遗物极少，与其上的东汉、晋南朝的文化层截然不同，显然是从他处移来的山岗土，是有意回填的。又在曲流石渠西接曲廊的侧面，也能看到廊道之下的垫土，就是这层回填的山岗土。由此，联系到自 1975 年以来对秦造船工场遗址的 4 次发掘所见，有两个很奇特的现象：一，在船台区及其南边的造船木料加工场地之上，整片的覆盖着一层红黄色山岗土，厚 0.7 ~ 0.9 米，这层土的遗物很少，但发现有秦汉的半两钱和汉文帝的四铢半两钱。叠压在这层回填土的上面有南越国的回廊、走道等建筑遗迹；二，在 1975 年的第一次，1994 年的第二次和 2004 年的第四次的发掘中，在船台区东端尽头处的一段，向西至 40 米的中段，都把船台横向揭开一段。令人感到惊异的是，在每座造船台的两行滑板之上，分别竖置矮木墩，都是两两相对，排列有序，但竟无东歪西倒的情况 [15]。这个现象说明了什么？它表明了南越王宫的御苑是分先后两期营建的。先有蕃池，其建造的时间，根据简文有（赵佗）二十六年的纪年，可以断定不会早于这年，即西汉文帝二年以前。陆贾第二次出使南越是在文帝元年（前 179 年），佗"乃大说贾，留与饮数月"（《汉书·陆贾传》）。也许当时要接待汉使陆贾，蕃池不失为最佳游园处。曲流石渠是后建的，位于蕃池的西南，相距不过 50 米。它的建造时间当在汉文帝五年（前 175 年）铸行四铢半两钱之后的若干年，但亦不会太晚 [16]。因为在陆贾回报文帝之后，汉越关系恢复和好，关市重开，南越与汉廷及岭北的交往增多，扩建御苑已是必然，而且只能在蕃池就近选址。发掘证明，这处人工水景园林，就是构建在早已停用多时的（在船台区的东头已有成层的生活垃圾积着）原为秦时造船工场的位置之上。要用这块地，首先要从他处运来山岗土，把造船工场填埋夯实了才可作为扩建用地的。发掘所见，造船台的整体结构保存完整，不因回填土覆盖而致受损和歪倒，何故？可以推想实与赵佗有关联。当日赵佗率秦军南征，也许他是在"一军处番禺之都"时，主持或参与这个造船工场的建造，以应战事的急需。现因扩建御苑用地的需要，而刻意填埋，将它悉心保护于地下的。真的是建造者赵佗，填埋覆盖者也是赵佗了。但何曾想到在两千多年后的今天，我们有机会对这个遗址进行多次的发掘，而且在每次发掘之后，都用厚层河沙对遗址原地原址原样的填埋，以期藏入地下，得以久存。在这一点上，或许我们想的和做的竟无意识地仿效了赵佗。

四、关于赵佗与南越诸王陵

由秦始皇创建的中国历史上第一个统一的中央集权的秦帝国，只存在 15 年就消亡了。

这个时候，以刘邦、项羽、赵佗三派反秦的政治势力为主要，各自拥军较劲。刘邦、项羽逐鹿中原，公元前 203 年刘邦打败了项羽，成了胜利者，到第二年正式建立起汉家王朝。僻处五岭以南，号称"带甲百万有余"的赵佗，击并岭南三郡，在刘邦还未登上皇帝宝座的前一年就建立了南越国，称南越武王。南越立国 93 年，传五主，于汉元鼎六年（前 111 年）为武帝所灭。

秦始皇三十三年（前 214 年）统一岭南，岭南大地由此归入秦帝国的版图，岭南的社会发展进入有文献记载的历史阶段。赵佗与南越国在岭南的早期开发史上，可以说是盘古初开天地，赵佗被后人称誉为开拓岭南的第一人。南越王国又是岭南历史上出现的第一个独立的地方政权。南越建都番禺，这是广州二千二百年城市建设历史的开端。今天，史学界对这段近一个世纪的岭南早期开发史，他们的看法又如何？下面是一部分有代表性的评述摘录：

"秦时真定（河北正定县）人赵佗为龙川县令，汉初割据南海、桂林、象郡称王，称雄岭南"（范文澜《中国通史简编》修订本第二编，1958 年）。

"龙川令赵佗驱逐了两广的秦令，自立为南越王……文景时，虽与中国保持和平，但仍然不降服汉代政府，俨然是南部中国的一个独立国家"（翦伯赞《秦汉史》第 141 页，北京大学出版社，1999 年第二版）。

"秦亡，赵佗自立为南粤武王。……高祖已定天下，于十一年（前 196 年）派陆贾通使南粤，立赵佗为南粤王，负责和辑百粤。吕后秉政……禁止中原铁器过关运入南粤，赵佗……于是自立为南粤武帝……黄屋称制，与汉廷抗礼……文帝即位，派太中大夫陆贾再次出使（南越）时，特意写了一篇态度诚恳、措词谦和的信。……文帝的诚意，换得赵佗的真正归向。……终文景之世，南粤一直是汉的藩属，南方边境长期保持安宁"（白寿彝总主编《中国通史》第四卷第 301 页，上海人民出版社，1995 年）。

下面是一部分辞书的评介摘录：

"汉初建立诸侯王国。秦亡，赵佗控制了桂林郡和象郡，并在汉高帝四年（前 203 年）自立为南越武王，建都番禺（今广东广州）。……十一年汉遣陆贾使南越，册封赵佗为南越王……吕后时，……关系恶化，赵佗自称南越武帝。……汉文帝即位，再次派陆贾出使南越，说服赵佗撤去帝号。当景帝时赵佗遣使朝请，表示臣服，但在国中仍用帝号"（《中国大百科全书·中国历史》第二卷，南越条，中国大百科全书出版社，1992 年）。

"南越，秦末赵佗建立，汉武帝元鼎六年（前 111 年）灭亡。《史记·南越列传》：'高后时，有司请禁南越关市铁器。'《汉书·两粤传》：'高后闻之大怒，削去南粤之籍，使使不通'"（《中国汉语大词典》一卷，南越条，第 899 页）。

"赵佗为真定（今河北正定）人，秦末，兼并桂林、南海和象三郡，建立南越国，汉初被封为南越王，受命'和辑百越'。元鼎六年冬，为武帝所灭"（《辞海·南越条》上卷，第

354 页，上海辞书出版社，1989 年第一版）。

从以上摘录的史学家和辞书中对赵佗与南越国的评议和评介来看，有两点是要害的：一，不降服汉代政府，俨然是南部中国的一个独立国家（翦伯赞语）；二，自立为南粤武帝，黄屋称制，与汉廷抗礼（白寿彝语）。照此看来，南越政权的性质属于大汉王朝下一个割据独立的王国，而赵佗的称帝竟成了与汉天子分庭抗礼的叛臣。普天之下莫非王土，率土之滨莫非王臣，这是封建王朝正统理念，上述的两个要害问题，正是基于此而得出来的结论。无疑，这是有违当时历史的客观真实的。因为，第一，大汉的刘氏政权是从反秦苛政中后来又击败项羽而得来的，赵佗的南越国也是在反秦的形势下，击并岭南三郡而建立起来的，而且它的立国时间还要比刘邦早出一年。南越国在灭亡之前，其 93 年所统辖的地域属于原来秦帝国的土地，并不是从大汉王朝中分割出来的疆域，不存在割据的问题。第二，汉高祖十一年派陆贾出使南越，封赵佗为南越王，"使和辑百越"，赵佗接受了汉朝的册封，这时南越才成为汉的藩属国。文帝元年给赵佗书中讲得更加清楚："服岭以南，王自治之。"如果改用现代语言来说，岭南大地就交由您赵佗管理了。这是高度的民族自治区，根本不存在割据独立的问题。第三，赵佗的称帝起因，完全是由汉家王朝的吕后对南粤实施禁关市铁器，削去南越封籍，使使不通，赵佗三次派使臣到汉廷上书谢过，请求解禁而不可得的情势下所逼出来的恶果。用赵佗的话来说："妄窃帝号，聊以自娱"，"自帝其国，非敢有害天下也"。事实上，终赵佗之世，他没有做出反汉之事。而且"至孝景帝时……其使天子，称王朝命如诸侯"。第四，南越立国 93 年，有九分之八的时间共四代王都是汉、越修好的，只有在吕后用事的八年和南越最后的三年丞相吕嘉反汉才出现汉越交恶。无论对汉王朝也好，对南越国也好，在秦亡之后，汉、越双方同是一个新政权的出现，对这个新政权的评价，主要的是看它出现之后对社会发展是促进了，还是倒退了。南越政权建立之后，在岭南社会历史的发展过程中，促进了生产的发展，社会的进步，人民生活得到改善。汉高祖对赵佗治越是这样评价的："粤人之俗，好相攻击……南海尉佗居南方长治之，甚有文理，中县人以故不耗减，粤人相攻击之俗益止，俱赖其力。"（《汉书·高帝纪》）。再从广州近五十年考古发现的南越文物史迹来看，更能充分地反映出这个地区的政治、经济、文化发展程度与中原大地同时期的发展水平已无多大的差距了。要知道这个进步是由先秦时期的南越人，在刀耕火种的原始农牧生产基础上而取得的，属于飞跃式的发展。我们本着从客观的历史事实出发对上述两个要害问题，作为具体问题，具体分析，提出了以上的驳议。

1983 年在广州解放北路象岗发掘了南越国第二代王赵眜（史汉均称胡）的陵墓之后，南越国的几代王陵在何处，一时间成了人们关注的话题。南越一主赵佗，死于武帝建元四年（前137 年），寿过百岁。第二代王赵眜在位约 16 年，他的墓正式发掘了。第三代王赵婴齐，在位不过 10 年，他的墓据《水经注》引晋人王范《交广春秋》记载，黄武五年（226 年）三国吴主孙权命交州从事吕瑜率领几千士卒，在今广州越秀山一带寻挖赵佗的墓，结果"凿山破石，费日损力，卒无所获"。但 5 世纪刘宋时沈怀远在《南越志》中说："孙权时闻佗墓多以异宝为殉，乃发卒数千人，寻掘其冢，竟不可得。次掘婴齐墓，得玉玺、金印、铜剑之属。" 1983 年 5 月发掘象岗南越王墓的前一个月，在广州西村凤凰岗清理了一座大型木椁墓，该墓坑口长 13.8、宽 5.7 米，斜坡墓道宽 3.2 米。木椁仅存底板和两侧的 3 块壁板，底板 24 块，全是宽厚均 0.44 米的大木（这是广州发现南越国时期木椁墓中特大型的墓例），墓坑内全部填沙。因墓早已被盗，仅残存几件小陶器，在约当椁室的中部处有个大的盗扰坑，发现玉器 22 件，位置凌乱，有璧、璜、环、蝉（死者的口含）、舞人、组玉佩饰和剑饰等，这批劫余的玉器，属青白玉，质坚，雕工精美，与象岗南越王墓所出的玉器毫无差异[17]。其中一件玉舞人，与传为二战前出土于洛阳金村战国墓的一件玉舞人（现藏美国华盛顿佛利尔博物馆）十分相似。所余的陶器和玉器都属于南越时期，而且有剑格、剑珌两件玉剑饰发现，墓主当为男性。从墓葬的规模和劫余的遗物来看，这墓的主人极有可能就是三国时被吕瑜所掘的婴齐之墓。当然，这是欠缺根据的。由于玉玺、金印等最能证明墓主人真实的物证大概早已落在吴主孙权手中，所以这墓的主人是谁，确实永成历史之谜。还有四主赵兴与五主赵建德合起来在位才 3 年。因同室操戈，兄弟阋墙，赵兴被丞相吕嘉所杀，而赵建德与吕嘉也在汉灭南越时被俘杀。这最后的两主当然不会在广州建墓的。1983 年发现的凤凰岗大墓就是赵婴齐的墓，这个推断如果无误，那么南越国五主的王陵，只剩下赵佗的墓尚未发现。象岗南越王墓的发掘，地面不留墓园痕迹，赵佗墓至今未见踪影。看来，南越王对自己身后的墓地保护，考虑周全。根据南越二主的墓在象岗发现，其西的凤凰岗大型木椁墓如确为三主婴齐墓的话，那么，南越一世的赵佗墓，按照方位排列，就应在象岗之东，即今赵秀山某座山岗之下。象岗的海拔 49.71 米，越秀山最高的山岗海拔有 70 米（即今孙中山纪念碑的岗头），佗墓选址于此，不是没有可能。当然，探寻佗墓一要靠考古实践，二要有科学论据。鉴于赵眜墓未被盗扰，保存完好，出土遗物丰富，被誉为打开岭南文物的宝库。赵佗在位长达 67 年，又是南越国的鼎盛阶段，其瘞藏当会更丰。但到今天，我们的文物保护手段还很不完备，已发现、发掘的大量文物正待加强保护，对于那些重要的古遗址、古墓葬还是让其留在原处，深藏于地下为宜。因为，在目前的条件下，原址原貌的就地保护，总比清理发掘出来再加保护，犹胜一等。

注释：

[1] 马小进：《西汉黄肠木刻考》，《广东文物·卷十》，1004 页，上海书店影印本，1990 年。

[2] 广州市文物考古研究所等：《南越国宫署遗址出土木简》，载《羊城文物考古发现与研究》（一），文物出版社，2005 年。

[3] 屈志仁:《李郑屋汉墓》,图版一,香港博物美术馆,1970 年。

[4] 刘庆柱:《汉长安城未央宫》上册第一节,中国大百科全书出版社,1996 年。

[5] 黎金:《广州发现宋代城墙基址》,《文物资料丛刊》(8),136～137 页,文物出版社,1983 年。

[6] 麦英豪:《广州城始建年代及其他》,《中国考古学会第五次年会论文集》,87 页,1988 年 3 月。

[7] 冯永驱等:《秦汉考古三大发现·南越国宫署御苑遗址》,图版二,132 页,广州出版社,1999 年 10 月。

[8] 冯永驱:《番禺汉墓·序言》,1 页,科学出版社,2006 年。

[9] 广州市文物考古研究所等:《广州南越国宫署遗址 1995～1997 年发掘简报》,《文物》2000 年 5 期。

[10] 参阅《西汉南越王墓》上册,14 页,文物出版社,1981 年。

[11] 同注 [2]。

[12]《广州汉墓》下册,图版四五,3。

[13] 同注 [10]。

[14] 同注 [8]。

[15] 广州市文物管理处等:《广州秦汉造船遗址试掘》,《文物》1977 年 4 期。

[16] 因为曲流石渠下面的垫土层即覆盖造船遗址的回填土层,出土有汉四铢半两铜钱可为上限。

[17] 陈伟汉:《广州西村凤凰岗西汉墓发掘简报》,《广州文物考古集》,文物出版社,1998 年。

原载《广东文物》2006 年第 2 期。

广州地区出土的汉代金器

  金、银、铜、铁、锡这五色的金属，今天人们称之为"五金"。黄金是贵重金属，它的排位居五金之首。可是，到五金商店是买不到黄金制品的。这是因为人们日常生活中，常把五金用为金属或铜铁等制品的统称了。金，在我国的先秦文献中，常指的是铜[1]，还有把青铜称为美金，铁称为恶金的[2]。秦汉以后，黄金（金）、白金（银）、赤金有了比较清楚的界限[3]。考古发现的金制品，以 1976 年甘肃省玉门火烧沟遗址的墓葬中出土的金耳环、金鼻环为早，距今约四千年，相当于夏代[4]，大概是目前已知年代最早的出土金饰品了。到商代，在商墓中常有金饰品发现，尤其令人注目的是，广汉三星堆祭祀坑出土的包金面罩和长 142 厘米的包金杖[5]，年代相当商代后期。其后，有湖北的曾侯乙墓出土的金盏、金漏勺、带盖金杯等，其造型与纹饰可谓精美绝伦[6]。岭南地区在先秦时期，虽有青铜器的铸造，但未有黄金制品。赵佗建立南越国，已是西汉早期，这期间考古发现的金器、金饰物品，则以南越国第二代王墓出土的，在品类和数量方面，都是最多的，而且就本地区来说，年代也算是较早的了。南越灭后，广州的两汉墓，金器的出土就十分的罕见。

  黄金色泽艳丽，且质软易于制作，但产量少，属于贵重金属，就算是一朝天子，一国君王，或富如以蜡代薪，作锦步障五十里的石崇，他们生活所用的金属器具中不见得都用黄金制作，这既不可能也是没有必要的。由于黄金具有耀眼的色泽，所谓金光灿灿，金碧辉煌，而价值又高昂，遂有用于装饰的鎏金、贴金等制品出现，虽无真金的质重，但亦显豪华。

  广州地区考古发现的两汉金器，有真金的和鎏金的仿金器物，本文从其使用功能分为器用、装饰与货币三类，择要概述如下。

一、器用类

有玺印、服饰与铸像、鎏金器具、错金银器具和镶金器具 5 种：

  1. 玺印 广州汉墓用金印（包括鎏金的）随葬的仅见于南越王墓。该墓出土玺印共 23 枚，其中金印有 3 枚、鎏金铜印 3 枚。

"文帝行玺" 金印　长 3.1 厘米、宽 3 厘米、台高 0.6 厘米，通纽高 1.18 厘米，重 148.5 克。方形，龙纽，印面有田字格，阴刻 "文帝行玺" 四字篆文。字画纹道很深，沟壁光平，沟底有鳞片状刀痕，是铸后用利凿加工所留。龙纽，曲体如 S 形，三趾，龙头伸向一角，鳞爪是铸后刻凿的（图一、1）。此印出土时位于墓主身穿玉衣的上胸部，与两枚无字玉印同放在一个小漆盒内（仅存部分漆皮）。这枚金印有两方面特别重要价值。首先，它是墓主贴身随葬的一件权力象征的信物，与《汉书·南粤传》（三主）"婴齐嗣立，即藏其先武帝文帝玺" 印证，可以确认墓主就是第二代南越王。这座墓属于南越国后期，它的绝对年代也可得确认了。自 1953 年以来在广州地区（包括原南越辖境的广西地区）已发现的南越国时期遗址与墓葬，在早晚的年代分期上就有了标尺。其次，这枚金玺根据印纽印泥遗痕和碰撞划伤的疤痕，可以判定其为实用器。今出土有 "文帝行玺" 传世有 "皇帝信玺" 的封泥[7]，印证《汉书·霍光传》"受皇帝信玺、行玺大行前，就次发玺不封" 的记载，表明汉初皇帝有三玺之说不疑[8]。中国第一枚皇帝玺肇始于秦始皇，后为汉高祖刘邦所得，成为汉朝的传国玺，到三国（或说唐）时，这枚皇帝玉玺就失传不见了。西汉 11 座帝陵都未曾发掘，所以这枚 "文帝行玺" 金印，虽属僭制，但汉承秦制，南越仿效汉朝的政治建制，认为 "文帝行玺" 是仿效秦汉帝玺而自铸的，似无疑问。

"泰子" 金印　长 2.6 厘米、宽 2.4 厘米、台高 0.5 厘米、通纽高 1.5 厘米，重 74.7 克。方形、龟纽，印文 "泰子" 二字篆文，有边栏和竖界。印面光平如镜，文道较深，沟槽底有鳞片状痕，印纽龟背上有由点线组成的鳞状纹，这是先铸后凿的留痕（图一，2）。此印与一枚 "泰子" 玉印同出于玉衣的胸腹间。古泰与太通，即太子。这两枚太子印是墓主贴身的随葬物，当然是墓主生前所拥有。那么，这墓的主人就是赵佗的太子了。但史、汉《南越（粤）传》载：赵佗 "至建元四年（前 137 年）卒。佗孙胡为南越王。" 显然又不是由赵佗之子继位的，这是怎么回事？赵佗在位 67 年，寿过百岁，其子早逝，继位的是他的次孙。因为，在汉文帝元年（前 179 年）时，赵佗对汉使陆贾说："老夫处越四十九年（应为三十九年之误），于今抱孙焉。" 假定这年是赵佗第一次 "抱孙"，到他去世时已相隔有 43 年了，再加上第二代南越王在位时间，不少于 16 年，相加起来这位长孙起码有 60 多岁了。根据墓主的遗骸鉴定，死者为男性，年龄 35～45 岁。因此，赵佗的继位者不可能是长孙，而应是次孙。那么，这两枚 "泰子" 印，是墓主生前自用的印信，还是其父辈的遗物？看来，两种可能都存在，因为立孙为太子，古有先例[9]，若从南越三主婴齐在操办其父（这墓主人）丧事时 "即藏其先武帝、文帝玺" 的情况来看，婴齐把其祖父辈的遗物也一起瘗藏了，也是有可能的。

"右夫人玺" 金印　长、宽 2.15 厘米、印台高 0.5 厘米、通高 1.5 厘米，重 65 克。方形，龟纽，铸后加刻凿，印文 "右夫人玺" 四字篆文（图一、3），还有 "赵蓝" 象牙印一枚与之同出。南越王墓主室之左是个东侧室，这里埋葬从殉的 4 位夫人，右夫人居首，金印，称玺。同出的"赵蓝"牙章，是她的私印，是越女从夫姓。

"左夫人印""泰夫人印""□夫人印" 同出于东侧室，均为鎏金铜印。长、宽 2.4 厘米、印台高 0.6 厘米、通高 1.7 厘米，3 印大小略有微差。龟纽，印文均四字，篆文，刻凿工整，有边栏和十字界格，其中以"左夫人印"的鎏金保存最好，其余 2 枚有腐蚀、损伤。古泰与大通，泰夫人即大夫人，位居左夫人之后（图一、4~6）。

汉代的官印，是为官者职位的凭证，离职或去世后要移交或上缴的，不得用来随葬，只能用明器代替。长沙马王堆二号"利苍"墓出土的"长沙丞相""轪侯之印" 2 枚鎏金龟纽铜印，同属明器[10]，就是明证。广州两汉墓（南越王墓除外）出土的印章，只见私印，连明器的官印也无发现。南越王墓出土 7 枚官印（另一枚"景巷令印"为龟纽铜印），都是实用物，"文帝行玺"虽不是南越的传国玺，其余 6 枚同属内廷官印，都用于随葬，这是特例。

2. **服饰与铸像** 主要举述带钩、牌饰和铜俑 3 种。作为服饰的牌饰，仅出于南越国时期的墓，年代的断限清楚。鎏金铜俑只见于个别南越墓中。带钩，在广州的两汉墓都有发现，南越王墓出土带钩共 36 件之多，主要是铜钩（有部分是鎏金的），次为玉钩，金钩仅见 3 件，造型各异，分述如下。

雁首金带钩 通高 1.9 厘米、纽扣径 2.3 厘米，重 29.3 克。出于南越王墓西耳室。钩首雁形，回首，长喙凸出体外，双翅膀合敛，眼睛用细线勾勒。钩身下面突出圆帽，内空。钩扣呈圆饼形，中有突柱，短圆，末端有叉口，插入钩身的圆帽中，稍加锤击，叉口分开，把圆饼形的钩扣固定住，但又可转动（图二、1）。

金钩扣玉龙佩 出于南越王墓玉衣头顶之前，钩长 5.9 厘米，最宽处 2.6 厘米，重 100 克。这是一件很奇特的佩饰，一个虎头的金钩，咬住一条玉龙的尾巴，骤看好像是一幅龙虎相斗的场景。金钩，铸成，表面打磨光洁，器背有部分未打磨。钩首和钩尾都呈虎头形，钩尾的虎头双眉上扬，额顶刻铸"王"字，腹部横穿一个长方銎孔（图二、2）。玉龙原已断为二，出土时上半分离，但尾部尚套在銎孔内。玉龙的断口两边各钻有 3 个小孔。说明在玉龙折断之后，又特制这个金钩，先把龙的尾部套入，再用丝线联缀复原。无疑，这是主人最心爱的一件佩饰。

鸭首金钩 出于北郊惠州坟场第 1182 号的南越晚期墓中。体扁长，钩首如鸭嘴，圆纽有柱。钩体背面凸起成两级，中间又形成凹槽形（图二、3）。纽径 2 厘米、通长 8.2 厘米，重 83.1 克。

鎏金铜带钩 这类鎏金的铜钩多为长约 4 厘米短体的挂物用钩，在广州的两汉墓中都有发现，但以南越王墓出土的为多，保存亦好。例如该墓出土的 4 件鎏金龟首带钩，钩首呈龟头形，回首，双眼突显，隆起的背甲饰回字形图纹。亦有呈鸭头形的（图二、4、5）。

鎏金铜牌饰 大小有差，长 7.7~10 厘米，宽 3.8~5 厘米。平面均为长方矩形，四周边框饰穗状纹样。中间分有镂空动物纹与嵌蓝色的平板玻璃两种。前者发现 8 对（南越王墓出土 5 对），牌饰中间的纹样均镂空，纹样为两羊互相盘错或一龙二龟相盘绕。嵌平板玻璃的有 11 对，全部出自南越王墓中（图三、1～3），这类兽纹牌饰最早产生于北方游牧民族地区[11]，今在广州出土，应是秦平南越时由南下秦军带来的遗物。嵌平板玻璃的牌饰，为南越国少府的工匠独创，于别地所无。

鎏金铜女俑　通高 24.5 厘米。1956 年出于广州动物园第 1175 号南越国后期的一座大型木椁墓，其位置是在棺具的足部。墓中还有"辛偃""臣偃"玉印同出。俑为女像，身着长服，两手按腹前，跪坐。头发中分于后，结扎为长髻，通体鎏金，因锈蚀多已剥落（图一、4）。秦始皇统一六国后，收天下之兵，铸金人十二，立于咸阳，就是把收缴来的青铜武器，改铸成 12 个大铜人，因此，这对铜俑亦可视为金俑的。

3. 鎏金器具　主要有水器的铫、匜，酒器的壶、温酒樽、卮、杯及车马饰的伞柄箍，盖弓冒等。

鎏金铜匜　在广州两汉墓中，仅出于南越国时期的墓，以后未见。南越王墓出土的 13 件铜匜，分有大小两种，大的 4 件，腹部两侧贴附铺首衔环。小的 9 件，均鎏金，去锈后金黄锃亮（图四、1）。匜，在古代盥洗时是舀水的用具，晋公子重耳"奉匜沃盥，既而挥之"[12]的匜就是这种器具。

鎏金铜铫　口径 20.8 厘米，高 7.5 厘米（以南越王墓出土的为例）。在广州的两汉墓中都有发现，但在西汉中期到东汉期间的多已改用陶制。铫，是一个窄唇沿圜底的盆。南越王墓出土的 9 件铜铫，通体内外鎏金。有趣的是其中有两件的底部，都有用未经鎏金的铜片修补破口，铜片周边用铆钉固牢（图四、2）。反过来观察破口参差不齐，是摔破了然后修补的。同墓出土的铜盆也有这个情形。当然，南越初期生产、生活需要的铜铁制品主要仰给中原，吕后时实行"别异蛮夷"政策，禁止向南越输出铜铁[13]，确实卡了赵佗的脖子，但到第二代南越王去世之时，已解禁六十多年了，这些破补的铜器还放入墓中随葬，反映出当日的岭南铜铁等生产、生活所必需的金属物资还是十分缺乏的。

鎏金铜温酒樽　两汉墓中都有发现，外表鎏金，但以陶制的为多见。这种直筒形附 3 个短足带盖的盛酒器，腹径在 20 厘米左右（图五、1、2）。宋代以来都把它误称作奁。1962 年山西右县出土的一件铜温酒樽，有西汉成帝河平三年（前 26 年）的纪年及自名温酒樽的刻铭，由此得以正名[14]。温酒是一种美酒的名称，长沙马王堆一号汉墓的遣册中有"温酒二资"的简文[15]，温即醖，酿也。温酒可能是经多次重酿的好酒。南越王墓不见温酒樽，大概已由随葬的 9 个贮酒大铜提筒取代了。

鎏金铜壶　出土的铜壶多已破碎，鎏金的亦仅存一些斑痕。南越王墓出土的一件，是保存最好的，盖亦破了。高 29 厘米、口径 11 厘米、腹径 20 厘米。壶内装枣，同墓出的几个较小铜壶亦装有枣。2004 年在南越宫署遗址的一口渗井中出土一批木简，有几枚简文记录了枣的产量，其中第 068 号简的简文为："壶枣一木第九十四　实九百八十六枚"（图六）[16]。反映出南越王室对枣的重视。壶是贮酒器具，今人亦以枣泡酒，谓可补血养颜。看来，岭南之人嗜补酒，其来古远。

鎏金铜框镶玉卮　卮属酒具，其器形与大小和今天人们日用的漱口盅相类。战国时期以漆卮为主，到汉代还有鎏金铜卮（图五，3），但以陶卮为常见。南越王墓出土的这件镶玉卮，口径 8.6 厘米，通高 14 厘米。在一个铸出的鎏金铜框中，嵌入 9 块长条形雕有谷纹的玉片组合成器身，一块圆玉片嵌入器底，再嵌入玉的鋬耳，盖子是木胎鬃漆的，上面分嵌 3 个弯月形玉饰（图七）。这件酒器，要由漆木工、金工、铸工、琢玉工等多工种分工制作而成，既为用器，又是一件珍稀的工艺精品。汉高祖九年，未央宫成，"高祖奉玉卮，起为太上皇寿"[17]。可见，玉卮是天子所用，因而在考古发掘中亦难得见。奇怪的是，这件玉卮没有放入墓主的棺椁内，而是放在该墓从殉 5 位仆役的西侧室，在其中一位 40 岁左右中年女仆役的身旁，同出的还有铜镜、铜熏炉、陶熏炉、玉环、玉璜和玉印（无字），表明这位女性在墓主的心目中不同一般。

鎏金铜框玉盖杯　出南越王棺椁"头箱"中。造型颇具现代感，上广下敛，喇叭形足，带盖。在鎏金铜框中嵌入玉片，分上下两截，上部的 8 片，长条形，下面 5 片为心形，盖面嵌入整块的螺纹青玉，其工艺特色与上述的玉卮无异。口径 7.2 厘米，高 14 厘米。

鎏金车马饰件　在广州汉墓中，南越国时期的大型墓常有发现，到西汉中期以后的墓，偶有零星的出土。在南越王墓西耳室有两个竹笥装着车马饰件，其中的伞柄箍、盖弓冒、当卢等全是铜胎的鎏金器。

4. 错金银器具　从考古发现和传世的实物来看，用黄金加工的错金工艺，比鎏金和镶嵌的金工艺要晚出。原为容庚先生藏的晋栾书缶有错金铭文 48 字[18]，属春秋中期，为目前所见最早的实例。南越王墓出土的错金银器为广州汉墓首见，主要有：

错金铭文铜虎节　长 19 厘米，最高 11.6 厘米，胎厚 1.2 厘米，铜胎（含锡 40% 强），铸成。蹲踞虎形，正面有错金"王命々车徒" 5 个字符，镶贴 27 片弯叶形金箔的斑纹，背面有 33 片，眼耳用细金片勾出，头部共有金箔 10 片（图八）。这是 1946 年在长沙发现错金铭文铜龙节后[19]，考古发掘首次出土的虎节。

错金银带托铜镜　由镜面与背托粘合成，又称为复合镜，直径 28.5 厘米。背托铸出呈凹形托盘（含铜 40.43%，铅 56.55%），用胶漆将镜面（含铜 60.42%，锡 31.20%）套合固牢，镜背错金、银、红铜并嵌绿松石组成复杂图案，9 枚鎏金的乳丁，分布有序，成了构图的基点。镜面含锡高，光洁坚硬，反光性强，但容易脆裂；镜背含铅高，质软，不易破碎，而且铸出图案的纹槽规整，利于错嵌。这种镜面刚坚镜背柔软，两相胶合的错金银铜镜，目前仅见二面[20]。

错金银铁矛、铜镦　矛为铁质，有鞘套合，锈蚀不能分开，后端连接错金银图案的铜筒，筒内尚存有积竹秘的朽余。通长 27.3 厘米。秘末的铜镦呈圆筒形，直径 2.6 厘米，长 14.1 厘米，镦的表面布满错金、银的流云纹图案，装饰华丽（图九）。错金银的兵器，在广州汉墓中，此为首见。

5. **镶金器具**　在器物的着眼处或关键部位用黄金镶嵌，以突显装饰效果，同时又是器件中的一个组成部分，这种镶金的器具，在南越王墓中出土多件，如：

金釦牙卮　卮为圆筒形，其上口、底座、盖唇以及一个连舌环形錾都是用黄金铸制成的，盖面的象牙平板上分立 3 个环形钩尾的立纽也用黄金制作，总重量 154.63 克。卮身是一个象牙筒，嵌在上口的金釦（直径 6.3 厘米）和金底座（直径 6.45 厘米）当中，牙筒厚约 3 厘米、残高 5.8 厘米，外表针刻线画，为 4 只独角兽，两只为一组，相背向，兽体上填染朱色和蓝色的分隔色块。盖面的牙板上亦有针刻图纹，当中是一个蒂形纹，盖里用单线刻划一凤纹，与长沙战国墓出土帛画上的凤纹相似（图一○）。这件金釦牙卮为汉代考古发掘出土文物中首见。鉴于卮身的底座没有嵌上象牙板，是空的，应为一件特种手工艺的观赏品，而不是作为实用的器具。出土时装在一个鎏金铜釦的漆卮内（漆卮朽，余下漆皮）。卮身的牙筒与盖面的牙板都已松散，但针刻画的填色鲜明。

金座漆杯　杯身为髹漆苎蔗胎，已朽，仅存残片。金座足的断面呈椭圆形，圈足，上部有 8 个锯齿形尖锋突起，以托杯体。座足高 6.4 厘米，重 130 克（图一一，1）。1986 年在东山农林下路第 3 号南越木椁墓出土有 4 件椭圆身的木胎漆杯，形与此同（资料未发表）。

承盘高足玉杯　出土时位于南越王棺椁的前头。全器由青玉高足杯、玉杯托架（3 条金头银身的龙共衔着一个花瓣形的杯托），铜承盘三个部分组合成，通高 17 厘米。玉杯托架的结构较复杂，3 条龙的金龙头和银身，互出榫卯套合，银质的龙体下端又与一个扁圆形的铜圈的 3 个錾套固合，再将花瓣形的玉杯托套入 3 龙的口中，组合成一座玉杯悬空的托架，平置于下面的铜盘平沿上面，铜盘中还放有一个木垫。玉杯与托架是可以分离的（图一一，2）。这件由金、银、铜、玉、木五种材质精工制作而成的器具，当有其特殊用途。联系到墓中出土一批五色药石（当时认为是长生不死药），有可能与秦皇汉武迷信方士，求仙人得不死药，服食求长生有关，如果推断不误，这是一件年代最早的，唯一的"承露盘"了[21]。

二、装饰类

分有装饰品和器物上的附饰两种。

1. **饰物**　有指环和串珠上的金珠、金球。

金指环　在广州两汉墓发现的金指环，有 2001 年在市区恒福路银行疗养院第 21 号西汉中晚期墓出土的指环为早，东汉的砖室墓因多已被盗，仅个别墓有幸存。可分为四型：

Ⅰ型　环体扁圆，平素无纹。1953年东郊龙生岗第43号东汉墓出土3枚，直径1.8厘米，其成分经过分析，含金量不高。

Ⅱ型　环体扁圆，平素，有菱形或椭圆形环面。

Ⅲ型　环体扁圆，平素，环面突起如一扁圆纽。

Ⅳ型　环体内平外圆，平素，环面突起如半球形，当中凹入如圆臼，内嵌一红色宝石，已碎。

金珠　分有扁圆形、菱形如算珠的，有长圆如纺锤状的，都与玛瑙、琉璃、珊瑚、玉石等质料的珠饰组合成串珠。

金球　仅发现2颗，同为十二面菱形的镂空焊珠金球。以龙生岗第43号东汉墓出土的一颗制作为精，每面正中都是一个圆形穿孔，每角都焊接突起的圆珠4颗。经分析，其成分为纯金。

金珰　广州东汉墓出土的耳珰有玉、玛瑙、琉璃的，以后者多见，金珰仅出于一残砖墓。圆形细腰，如喇叭筒形，用金箔制成，仅残存下半段。珰，古代为妇女耳饰，又称珥[22]，也有叫瑱的。

2.**附饰**　附加在器件上的金饰物，有漆器和衣物，许多都已残碎不全。

金羊　南越王棺椁的"头箱"内有个长方形宝盝顶的漆奁，内放卜甲。奁盖顶用4只小金羊作装饰，羊的造型作伏地翘首回望的姿态，四蹄伸开，卷尾，稚态撩人。羊体长1.3厘米，总重2.5克。

杏形金叶　共8片，出于南越王玉衣头罩上面的帩目，作为装饰物，叶片是用金箔锤鍱成形的，其图样很特别，为两个卷角的羊头相背，叶片的上下和左右两边都有一对小圆孔，用丝线联缀在帩目的织上，河北满城中山王墓也有相同的金叶片发现[23]，（图一二）。这种杏形金片与上述的鎏金铜牌饰的性质一样，同是北方草原地区游牧民族文化的遗物。叶片高4.6厘米、宽4.4厘米，重2.21～3.03克不等。

焊珠金泡　玉匣和珠襦在汉代是皇帝和诸侯王死后最高规格的殓服。玉匣即玉衣，有金缕、银缕、铜缕，还有丝缕的4种，在20世纪50年代以来的考古发掘中，这4种玉衣都有发现。珠襦，就是饰有各种珠宝的上身短衣，在考古发掘中还未见有出土完整的实物例证。在南越王赵眜身穿的丝缕玉衣中，有大量蓝色琉璃小珠，散落成片，有的已腐，不可胜数，应为珠襦。在珠襦上发现有由金、银、铜、琉璃等饰物组合成菱形的图案（图一三，1），每组图案的饰物有焊珠金花泡4、鎏金铜泡1、蓝色琉璃贝4、银泡6，共15枚构成。从多组图案的排列可以看出珠襦上有3条带饰。这些饰物中以焊珠金花泡最珍稀，工艺最精湛，共32枚，因其年代属西汉早期，又是国内考古发掘中发现最早的一批焊珠实物。焊珠金花泡直径1.1厘米，在圆泡上焊接9组堆珠纹、绞索纹的图案，泡的边沿也焊接绞索纹的绳边，在 20 倍的显微镜下，可以清晰地看到焊点。泡里焊有一条横梁，这是用来缝缀在织物上的。此外，在西耳室发现的 5 枚，东侧室的右夫人棺位置上亦发现 2 枚，但焊珠图案稍异（图一三，2）。

焊珠金片　东郊龙生岗第 43 号墓的左棺被盗，仅存一颗长 8 厘米的截子玛瑙珠和一些漆器残片。但在残漆片上发现有两小片金片，如一串葡萄状的串珠，还有流线状的地纹，工艺精微至极。这种焊珠金饰工艺最早始见于西亚地区。近年，在我国的合浦、长沙、扬州等东汉墓都有发现，但以广州南越王墓出土的为早。同属舶来品，当与秦汉以来南海的海路通商往来有关联。

三、货币类

有鎏金半两钱和鎏金铜饼两种。

鎏金半两铜钱　1995 年发掘南越国"蕃池"——大型石构水池，在斜坡池壁的石板面及池底都发现有秦汉年间的铜半两钱，多为八铢半两，但有几枚鎏金的四铢半两，十分罕见。秦汉年间没有用黄金铸半两钱，鎏金的半两钱也不作为流通的货币用，应是作赏赐用的。

鎏金铜饼　这是仿金饼的明器，专为随葬而制，出于广州南郊广州造纸厂第 3030 号西汉晚期木椁墓，位在棺内足部与铜五铢钱共存。圆饼形，中间凹入，底不平，鎏金，直径 6.9 厘米。

黄金是贵重金属，它不同于铜、铁等金属与人们日常的生产、生活息息相关，因而，在考古发掘中是十分罕见的（窖藏除外）。广州的汉代考古，出土黄金制品是少之又少的。虽然南越王墓是个例外，然而，从该墓出土器物中的黄金与货币总量来看，比之与其同时期的中山靖王刘胜及其妻窦绾墓，差异极大。刘胜墓随葬小金饼 40 枚（总重 719.4 克），铜钱 2317 枚。其妻窦绾墓随葬小金饼 29 枚（总重 438.15 克），铜钱 1891 枚 [24]。但在南越王墓中，金饼不见（鎏金明器也无），连一枚铜半两钱也没有。为什么如此悬殊？这是不能用操办其丧事之人忘记放入来解释的。因为广州发现的南越国时期的墓，也绝少发现有钱币随葬。例如，1961 年之前，我们在郊区发掘南越时期的墓 182 座，只有 6 墓出铜半两钱，少的仅出 1 枚，最多的有 20 枚，连长沙等地汉墓中常有出土的泥钱（冥币）也无发现。这个现象绝非偶然，它从一个侧面反映了南越王国在岭南存在近一个世纪之久，境内的商品生产和商品交易极不发达，连与中原地区的关市贸易恐怕也是以物易物的方式进行。在这方面还可以从广州发掘的南越遗址与墓葬中，终南越之世，都未见有一枚五铢铜钱发现，这又是一个很特殊的现象。因为，汉武帝元狩四年始铸五铢，禁行半两钱。过了 8 年之后，南越才被汉武帝所灭，按理当时随着与中原大地关市贸易往来，中原的五铢钱早已流入到南越境内的商品交易中来。

话又说回来了，上述的一些现象，还要从当时的历史背景来考察。南越国的建立是在先秦时期越人尚处于刀耕火种这样的原始农牧业经济基础上发展起来的，南越立国93年，其中有70%多的时间由赵佗掌政，他在国中推行尊重越人风习，倡导汉越人民通婚，对越人的首领委任王国高官等民族和谐政策，加上秦时南下的五路秦军留戍，与当地越人"杂处"，经过近一个世纪之久，在汉越人民共同努力开发之下，岭南地区的经济生活、社会进步都是飞跃式的发展，这一点就从整个岭南地区近半个世纪以来，在先秦时期的和南越国时期的考古发现都得到充分的证明。再如南越王墓中出土的一些金饰品，以及鎏金错金等器物，虽然不能认为都是南越所制，有的可能是前代的遗留，或从中原带入，但是"文帝行玺""泰子""右夫人玺"的金印，应是当地所铸，这是绝无疑问的。至于南越灭后，金器和金饰品在两汉的考古中更为罕见，这是由于本地区的政治地位转变所带来的必然结果。南越时的蕃禺（今广州）是王国都城，为国王与高官贵胄共聚之所，其后转为郡县，掌政者充其量只是郡守县令的级别而已。要知道，本文上述介绍的真金带钩、鎏金铜俑等，无一不是从南越国高级官吏的大墓中出土的。

注释：

[1]《书·舜典》："金作赎刑。"孔传："金，黄金。"孔颖达疏："此传黄金，《吕刑》黄铁，皆是今之铜也。"

[2]《国语·齐语》："美金以铸剑戟，试诸狗马；恶金以铸锄、夷、斤、斸，试诸壤土。"

[3]《史记·平准书》："金有三等，黄金为上，白金为中，赤金为下。"裴骃集解引《汉书音义》："白金银也，赤金，丹阳铜也。"

[4] 甘肃省博物馆：《甘肃省文物考古工作三十年》，《文物考古工作三十年（1949～1979）》，143页，文物出版社，1981年。

[5] 陈德安等：《三星堆》，四川人民出版社，1998年；日本东京国立博物馆：《中国国宝展》图版57、64，2000年。

[6] 湖北省博物馆：《曾侯乙墓》上册，390～399页，彩版一七、一八，文物出版社，1989年。

[7] 参阅《古封泥集成》第二卷22，上海书店出版社，1994年。

[8]《汉书·霍光传》："受皇帝信玺、行玺大行前，就次发玺不封。""孟康曰：汉初有三玺，天子之玺自佩，行玺、信玺在符节台。"

[9]《史记·秦本纪》："四十八年，文公太子卒，赐谥为竫公，竫公之子为太子，是文公孙也，五十年，文公卒，葬西山，竫公子立，是为宁公。"

[10]《长沙马王堆二、三号墓发掘简报》，《文物》1974年7期。

[11] 在宁夏、内蒙古的秦汉时期墓中常有牌饰出土，作革带饰物用，参见《考古学报》1988年3期，352页。

[12]《左传·僖公二十三年》："乃送（晋公子重耳）诸秦，秦伯纳五人，怀嬴与焉，泰匜沃盥，既而挥之，怒曰：'秦晋匹也，何以卑我！公子惧，降服而囚。'"杨伯峻注："匜音移，古人洗手洗面之具，用以盛水，古人洗盥，一人持匜，灌水于洗盥盟者之手以洗之，下有盘，以盛盥讫之水。"

[13]《汉书·南粤传》："高后自临用事……别异蛮夷，出令曰'毋予蛮夷外粤金铁田器，马牛羊即予，予牡，毋予牝'。"

[14] 郭勇：《山西省右玉县出土的西汉铜器》，《文物》1963 年 11 期。

[15] 参阅《长沙马王堆一号汉墓》上册，139、141 页。

[16]《南越国宫署遗址出土木简》，《羊城考古发现与研究》，文物出版杜，2005 年。

[17]《史记·高祖本纪》。

[18] 容庚、张维持：《殷周青铜器通论》（二六）缶类，61 页；参见《中国文物报》传世珍品录·错金栾书缶，1991 年 4 月 7 日。

[19] 流火：《铜龙节》，《文物》1960 年 8、9 期。

[20] 另一面是 1963 年山东临淄齐国故城出土，图案与此同，直径 29.8 厘米。参见《中国文物精华》第 85 图，文物出版社，1993 年。

[21] 秦皇汉武都迷信求神仙取得长生不老药。南越二主约死于汉元狩元年（前 122 年），7 年之后，汉武帝在长安的建章宫"又作柏梁铜柱，承露仙人掌之"（《汉书·郊祀志上》）。颜师古注："《三辅故事》云：建章宫承露盘高二十丈，大七围，以铜为之，上有仙人掌承露，和玉屑饮之。"

[22]《后汉书·舆服志下》："珥，耳珰垂珠也。"

[23]《满城汉墓发掘报告》上册，117 页，文物出版社，1980 年。

[24]《满城汉墓发掘报告》上册，文物出版社，1980 年。

原载《广东文博》2007 年第 1 期。

南越木简发现的联想

内容提要： 2004 年底于南越国宫署遗址中发现的木简，是一批南越国的重要文献。该批木简计百余枚，字数逾千，据考，属南越武帝赵佗早年之物，亦即南越国早期之简，时间上远早于《淮南子》《史记》，是目前南越国最早的出土文献，是难得的信史，填补了岭南无简的空白。该批木简内容广泛，诸如职官、管理、刑法、赋税、养殖、饮食及从军等均有反映，于研究南越国及岭南早期开发的历史有着相当的价值。本文于该批木简发现的背景、经过及意义作一简要的叙述，并就此前有关其释读之失误之处作以考辨。

一

重要的考古发现，往往带有偶然性，西汉南越国宫署遗址的南越宫苑遗迹中南越木简的出土，又增添了一个新例。

南越木简的发现，我们首先联想到它与岭南的古代史及广州的南越国考古发现的关系问题。从中国古代历史的发展历程来说，岭南地区的社会发展无疑要比中原大地晚一大步的。广州古称番禺，是岭南的中心地。自秦始皇发五军统一岭南之后，才进入有文字历史的发展阶段。仅就 20 世纪下半叶广州地区的考古发现所反映的情况来说，由秦至西汉初年的南越国时期，岭南的社会发展是飞跃式的。反映在政治上，南越国是在岭南历史上出现的第一个封建式地方政权。在经济上，农业生产突破了之前刀耕火种的原始方式，重要手工业的铸铜、冶铁引入中原的先进技术，特别是制陶业和建材业的发展，已赶上或超过同时的其他地区。在文化方面，作为记录语言的书写符号的汉字传入，汉文化的传播，对本地区的政治、经济、文化和民族团结等的全面发展，有着至为重要的作用。从最早和较全面的记述南越历史的《史记·南越列传》得知，在秦始皇统一六国后的一百年左右，在这期间岭南地区有过 3 件重大的历史事件发生：一是秦"发兵五十万为五军"统一岭南，置三郡，岭南正式归入秦帝国的版图；二是赵佗在汉高祖刘邦正式登基之前一年，击并岭南三郡，建立南越国，由此，岭南进入第一次大开发的阶段；三是汉武帝灭南越，分南越地为九郡（有说十郡的），岭南成了统一的大汉帝国的最南疆。这 3 件历史大事，在当日岭南中心地的番禺（今广州）都有考古遗迹保存。1975 年在广州老城中心区的珠江北面，发现了规模大、保存状况特好的秦造船工场遗址，这大概就是秦五军中"一军处番禺之都"的见证。1983 年在南越国都城的附郭之野，即今解放北路象岗，发现了第二代南越王赵眜（胡）的陵墓，墓主人是南越国后期的一位最高统治者。1995 年以来又在秦造船工场遗址之上及其周边处，发现南越国宫署遗址，已揭开南越王宫的御苑遗迹和 1、2 号宫殿等重要遗存。在这些遗迹中都有大火烧毁的遗痕，历历可认，这是汉灭南越的历史留痕。我们特为此编印了一本《广州秦汉考古三大发现》，借以反映三大史事与留下的三大遗迹。该书是以图照为主，文字说明为辅，力求史与物可相互印证。在岭南，在广东，较之岭北的文物大省来说，我们在广州从事田野考古和文物保护工作的同人，确实能以有三大发现而聊以自慰。岭南缺简无帛，在岭南发现的南越遗迹和南越墓葬中，至今仅有广西贵县（今贵港）罗泊湾一号墓出土自名《从器志》和《东阳田器志》两块有文字的木牍，而在广州保存完整的第二代南越王墓，仅见一块竹签，有墨书"金滕一□" 4 字，这是挂在器物上的牌签。还有一个陶钵，三个陶碗各有墨书"實祭肉" 3 字。合计只有 15 个墨书文字。两湖的楚墓出土大批竹简，而秦汉墓中又有云梦秦简，江陵张家山汉墓有汉简，长沙马王堆一、二号墓出土的简帛文书，都是令全球的考古学者、汉学者感到震惊的重大发现。在湖南，连古井也不寂寞，长沙走马楼古井出土三国吴简，里耶古井出土秦简，这些古井中动辄埋有若干万至十来万支的简，怎不令人羡慕！南越国宫署遗址的发掘，从 1995 年算起，已将有 10 个年头，在这里的古井亦已清理 300 余口，但都未见有竹、木简牍发现，难道古人真的不为我们留下一点简帛的墨迹文字？

2004 年底，南越国宫署遗址的考古人员在清理一口编号为 J264 的渗井（图一），由上向下一点点地掏，当深度已到井下 2 米左右时，发现有木简浮在淤泥层上，经小心的清理，共得 19 支，已隐约见到简文的墨迹（图二，本书图版五一）。

广州出土木简啦！这是盼望已久的发现。在之前已清理的南越井中，有陶圈井和砖井，但这口渗井的结构有点特异，它分上下两段，上段用扁平的扇形薄砖错缝平砌，共 15 层，下段由 6 个陶井圈相叠。井台早已毁了，井口东西两边各有入水口，连接排水明渠，北边有出水口，连接陶水管，无疑是宫苑地面的一口排水渗井。我们估计井下还会有简的，但面临最大的困难是，考古人员在井下已是无立足之地了（因已见到简了，两足再也不能踩踏到淤泥层上的了），怎样再往下掏？可否俯身朝下悬空发掘。不可能，因井的内径不足 1 米，操作困难，不仅清理工作人员太辛苦了，更需考虑的是，这样操作，木简是难免受损坏的。可否扩宽渗井的土圈，再分层拆卸井砖和陶井圈，做好拍照绘图记录，操作的空间扩大了，就可蹲在旁边进行细致的清理工作了。也不可能，这样一来，无异于把渗井毁了，因为再复原重砌，已非原样了。怎么办？这时联想起广州有一座清初的锦纶会馆木构建筑，整体移位、易地保护的成功做法可以借鉴，于是请来曾担负这座会馆移位工程的广州市鲁班建筑防水补强有限公司总经理李国雄（总工）并带领几位工程师和技术员，他们到现场考察之后，提出了一个"保简保井"的整体提取方案，经过可行性论证通过之后施工。主要是利用渗井两侧地面上没有重要遗迹又可动土的地方，紧贴渗井边开挖一个竖井，要比井稍大稍深些，作为整取的操作平台。探准发现 19 支木简的陶井圈，已是最底下的一个，这就好办了。他们只用简易的设备，就把底层的第一节陶井圈与木简一起整体的提升到地面上来 [1]，移入工作间再行细心地清理。之后，用河沙把挖空了的井底与竖井回填复原。实践是检验真理的唯一标准，南越木简从制定整体起取方案，到实施整取后的结果来看，保简保井的整取是成功的。这虽是一项小工程，但对田野考古和文物保护方面来说，又增添了一个可资借鉴的实例。

二

南越木简既是广州第一次发现，又是首次见到有地下出土的历史文献。木简既已从井下整体提取上来了，怎样清理？怎样保护？发掘单位从稳妥出发，邀请发现和清理长沙走马楼三国吴简，现为湖南长沙简牍博物馆的宋少华馆长专程到广州，和我们一起商议，由他提出如何清理及保护的意见。经过分层清理及清洗之后，有整简和残简一百多支。由于木简在井下的淤泥中浸渍两千多年，残朽相当严重，清理出若干支，跟着就清洗，马上拍照（包括红外线底片），以防其收缩或变形。从拍下的照片（稍放大一点）来看，有少数简的文字墨迹模糊难认，有的是断简、残简，无从对接，加上全部都是散简，原来就没有联结的任何痕迹，所以每支简与简之间无法编联。还有，有些简文的文义古奥，难于理解，这给释文和注释都带来困难。保存得较完整的七十余支简，文字基本上清晰可认（本书图版五二）。经初步整理和释读之后，发掘单位及时地发表了两篇文章，报道这一重要发现及其部分的重要内容。先是《南越国宫署出土木简》一文 [2]，发表有 9 支简文的照片。接着有《广州市南越国宫署遗址西汉木简发掘简报》[3]，随文发表 16 支简文的照片（包括上文已发表的 9 支简中的8 支简文）。还得到国内秦汉考古专家黄展岳先生的关爱，为将要出版的《南越木简》考古专刊撰写了《南越木简释文注释》，还有古文字专家郝本性先生的《南越木简考释》这两篇专文 [4]。有幸，这两篇专文，发掘单位都给我们拜读了，深受启迪。我们抱着认真学习，虚心求教的态度，根据简文照片对照上述的文章进行研读，觉得有若干简文的释文有误，而注释方面，有些还有值得商榷的地方。当然，要首先说明的是，我们的本业是田野考古发掘，古文字研究方面，对我们来说虽是门外汉，但要学习，才能不断地加深对岭南、对广州地区南越国考古发现的材料的理解和认识。我们深感这批南越木简是有关南越史研究的出土文献，是难得一见的信史材料。我们要把学习中的笔记，形成学习心得，以就教于识者。于是根据已发表的《广州市南越国宫署遗址西汉木简发掘简报》（以下简称《简报》）和《南越国宫署出土木简》（以下简称《出土木简》）的两文中，有 8 支简的释文和注释方面的相关问题，提出我们粗浅的看法，试为补释如下（依照《简报》一文的简文释注顺序）：

1. 简 067（图三，1）：

"□远我等击盈，已击，乃归南海□"

《简报》只对简文的"南海"一词作了详细解读，对其他方面的内容未有涉及。因而可商榷的有二：首先是，简文开头的"远"字为"还"字的误释。"还"字稍残损，但可辨认，其前没有缺字，这支简除"南海"之后缺一字外，简文属于基本完整的，但在它之前连接的另一支简文是什么，不明。"还"字下应加逗号或句号，可释读为："还。我等击盈，已击。乃归南海□"。

其次，简文中的"击盈"和"已击"，前一"击"字通"系"，作拘捕、囚禁解[5]，后一"击"字为本击字，即杀也[6]。这个拘捕起来叫盈的人，在同出的简 108 的"军时得入朝，盈及时就酒食，盈。"中的"盈"，可能为同一人，同一案例。这位叫"盈"的人既可入朝，又能及时就酒食，当非等闲之辈。简文大意是说：……还。我等已将盈拘禁起来，并已处置了他。现正返回南海（郡）途中。

2. 简 073（图三，2）：

"野雄鸡七，其六雌一雄，以四月辛丑属中官租纵。"

《简报》的注释："野雄鸡鸡名，不见于文献记载。"按同出的还有简 072 的一支，简文为"野雄鸡六。"野雄应是地名，在南越时出产良种鸡的地方，有如今天海南岛的文昌有"文昌鸡"，广东的清远有"清远鸡"等品牌，都是以产地冠名的。属，通嘱，嘱咐、嘱托的意思。这枚简文的大意是：中官（王室内的宦官机构）嘱托收取的租税四月辛丑日收得野雄鸡 7 只，其中有雌的 6 只，雄的 1 只。纵（经办人署名）。这支简文关系到南越国内的租税问题，史载，汉武帝灭南越后，"以其故俗治，无赋税"。今从出土的这两支简文来看，所谓"无赋税"，只是不交纳货币形式的租税，黎民百姓还是要贡纳实物徭赋的。近五十多年在两广地区考古发现南越的遗址和墓葬中，绝少有金属货币出土，就是第二代南越王墓中，也不见一枚铜钱，正好反映出当日南越境内金属货币还不通行，经济活动主要的还是以物易物的方式进行。

3. 简 084（图三，3）：

"诘庌，地唐唐，守苑行之不谨，鹿死腐。"

《简报》和《出土木简》两文对简文中的"庤"字和"地唐唐"三字的释读欠准，有可商榷的有二。其一，《简报》《出土木简》两文均释"庤"为人名，所以在后面用逗号断开。按，庤，即斥字，为摈斥，斥逐的意思，不是人名。诘，意为谴责。简文一开头诘斥连用，反映了事件的严重。诘庤谁？接着应该是受事者，即被诘斥之人，所以要将上面释文的诘庤二字之后的逗号删去，与地唐唐连读就通顺了。其二，《出土木简》对"地唐唐"的释读为"'唐唐'为广大貌，从简文的'地唐唐'看，南越国时期苑的范围必然很大"。而《简报》也说是："唐广大之貌。杨雄《甘泉赋》：'平原唐其垹曼兮'"。按，两文对"唐"字的解读，与简文的文义不符，有点风马牛的情况。其实，简文所记录的，只是查处守护（南越）宫苑之人的失职，以致鹿死，且腐之事。两文对"地唐"二字之后的重文，误解为只是"唐"一个字的重文，而"地唐"实为两人的名字。因在同出的简089有："……荅地五十"的简文可以说明"地"是人名的。又，二字重文的例，在同出的简111有："……有左问不邪＝已以对。"的简文，"不邪"是受讯问的人，应释读为："……有左问不邪，不邪已以对。"所以，简084的简文，应释读为"诘庤地唐，地唐守苑，行之不谨，鹿死，腐"。

4. 简090（图三，4）：

"高平曰枣一木，第卅三实□百，廿六枚。"

按，《简报》把简文第三字释为"曰"，即"高平曰枣"，并引申出：秦汉均有高平的地名，高平可能是人名；有可能曰枣为枣名，高平为地名，"高平曰枣"为来自"高平"的"曰枣"等几个不确定的注释，令读者无所适从。郝本性释"曰"为甘，甚是。甘是指枣的味，即甜枣，同出简文还有称"壶枣"的，"壶"，大也，是指枣的个体而言，即大枣。当然，"曰"字和"甘"字在秦汉简帛文书中，其字形结体相近，容易相混。我们从这支简文的照片观察，该字墨迹显示的笔顺，与马王堆的《老子》甲本中"以人俞甘洛（露）"和《合阴阳》中"盐甘甚也"的"甘"字的笔顺与字形都相同，但与同出简帛中的"曰"字有别。

同出的简103亦有"高平"，可以说明"高平"是地名无疑。高平这个地名从战国到秦、汉时期分见于多处，最近南越境的有高平苑，相传是闽越时东越王校猎之所，位置即今福建将乐县南[7]。简文反映南越国时对果木的培植十分重视，每棵果木有编号，每棵的果实收成有多少登记入账（簿）。在此，我们又想起1983年发现的第二代南越王墓中也发现枣，在东耳室出土的一个鎏金铜壶，和西耳室7个并排在一起的铜壶内都有枣。壶是贮酒器，这一发现表明南越国时宫廷中是用枣浸酒的。广东人喜欢用枣再加中药材泡酒，谓可补血、行气、养颜。看来，其渊源来自南越时。

5. 简091（图四，1）：

"□张成，故公主诞舍人，廿六年七月属将常使□□□蕃禺人。"

　　据《出土木简》与《简报》对这条简文的注释，可商榷的有三点。一是对"公主"的解释，两文均断言："在汉代，仅有皇帝之女能称为'公主'，'诸侯王女毋得称公主'。南越国不仅有公主，公主还有舍人，这与张家山汉简规定诸侯王女不得称为公主的法律相违背。"按，还有一条时间要早，又很重要的文献史料，在两文中均未提及，即汉高祖十二年诏："……而重臣之亲，或为列侯，皆令自置吏，得赋敛，女子公主（王先谦：《汉书补注》："在女子下，公主上当有'为'字，疑误。"）。"诏令还强调要"布告天下，使明知朕意。"这个诏令是汉高祖册封赵佗的第二年颁发的，看来，简文中的赵诞称"公主"，是遵照汉高祖"布告天下"的诏令行事，并未违规的。

　　其二，《简报》对简文"属"字的注释，是引《说文解字》：连也。按，简文在"属"字之前为日期，其下已断开了，注释没有说清楚"连也"，是连上文或下文的内容。属，通嘱。《玉篇·口部》："嘱，付嘱也。"有嘱托，交代，交办等意思。在这批木简中，"属"字分见于简073"……以四月辛丑属……"，简075"……四月辛丑属……"，简081"……廿六年七月属……"，简091"……廿六年七月属……"，简096"廿六年八月属……"共5例，"属"字均写在日期之后，应是把某年某月或某月某日交办的事情记下来的意思。

　　其三，《出土木简》把"将常使"注释为官名。《简报》说是"文献无载"。按，"将常使"解作官名，欠通。"常使"是南越的职官名，秦、汉的职官中有常侍。使、侍通，常使即秦、汉职官中的常侍，是皇帝的侍从近臣。同出的还有简095的"戊戌常使……"，简103的"癸丑常使……"可证。"将"字在常使之前，是个单词，有供养或率领等含义，但它在这简文中的意义未明，值得注意的是，简文的"常使□□□蕃禺人"，常使后面的字残损难认，应为其名字，并载明这位常使某是蕃禺人，即当地的越人也。史载，赵佗治越，尊重越人风习，倡导汉越通婚，委任越人首领为王国高官。这支简文说明，赵佗身边的侍从近臣也用越人。

　　6. 简097（图四，2）：

　　"弗得至，日夕时竖见典宪驱其所牧□"。

　　《简报》的"竖"为"望"字之误，"典宪"应为"典虔"之误。断句应在"弗得"之后，"至"字连下读。这支简的简文15字，只是全文当中的一段，在其前后连接的简已不可知。本简应释读为"弗得，至日夕时，望见典虔驱其所牧三（按，牧字之后的"三"字，右边稍残损，尚可确认）。"这支简的大意是记述（赵佗）在某次校猎（或某种活动）中无所得，到傍晚时分，看到那个叫虔的里典（按，相当后世的村长）正赶着放牧的三（只或群）牲口。

　　7. 简116（图四，3）：

　　"受不能□痛迺往二日中陛下"

　　《简报》对这支简的注释："陛下《说文解字》：'陛，升高阶也，'蔡邕《独断》：'汉天子正号曰皇帝，自称曰朕，臣民称之曰陛下'。"把两种不同的解释并提之后，没有说明简文的本意是指前者或后者。《出土木简》一文中倒是明确说："简文中的'陛下'、'公主'……又一次发现的可直接证明《史记》《汉书》关于南越王称帝内容的文物。"按，这支简文中的"陛下"作为"南越王称帝内容的文物"的"又一次发现"，恐难成立。这是一支完整的简，可释读为："受，不能□痛，逝往，二日中，陛下。"简文只是将人物（受）、因由（不能□痛）、动作（逝往）、时间（二日中）、地点所在（陛下）扼要的记录清楚。文意与臣民对皇帝的称呼无关，在这里不妨举述秦汉时"陛下"一词用于指地点位置和对人称谓的文例作比较就可明白："秦武阳奉地图匣，以次进至陛下。（《战国策·楚策三》）""臣请伏于陛下以伺候之，荧惑不徙，臣请死。（《吕氏春秋·制乐》）"这同是指陛阶而言。又，秦相李斯对秦始皇说："今陛下兴义兵，杀残贼，平定天下，海内为郡县，法令由统一，自古以来未尝有也，五帝所不及，（《史记·秦始皇本纪》）。"三国蜀丞相诸葛亮上表后主："愿陛下托臣以兴复之效，……陛下亦宜自谋，……臣不胜受恩感激。（《三国志·蜀志·前出师表》）"是臣民对其君主而言。可见，这简文的"陛下"一词是指陛阶无疑。

　　8. 简118（图四，4）：

　　"适令穿哭颈皮，置卷鬥其皮史福有可（何）。"

　　《简报》释"哭"实为"兕"之误，又疑"哭"为人名。注释中有3条过于简略："適令"，適，之也；"置"，赦也；"鬥"，遇也，同是据引《说文解字》的。读者如何从这"之也""赦也"、"遇也"6个字去理解简文本意？令人有理不清解不明之苦。郝本性先生注释"適令"为谪令，即责令，"兕"是野牛，"置卷斗其皮"可能是加工皮料的工序。还说，简文大意是记录刺杀野牛，取其皮待用，"史福有可"含意不明。

三

　　这批南越木简出土于南越的宫苑遗址中，是一批南越国的重要文献。这使我们联想起90年前广州最早发现南越文物的事件。时为1916年（民国五年），在广州东山龟岗挖地基建民宅，发现一座西汉初年的木椁墓，椁板上用斧凿刻写有甫五、甫六、甫廿等编号，曾轰动一时，认为是岭南发现最早的无名氏书迹，王国维也为之写跋，当时这座木椁墓还被研究者误认为是"南越文王胡冢"（按，真正的南越文王胡（眜）冢，在1983年发现于解放北路象岗）。这批南越木简字数逾千，可称得上是地下南越文献的一次重大出土。但这批简属于南越的哪个时期，是早期或晚期的？因为认准年代，是研究出土物的前提。在这批简中，有4支简是可据以确认其年代的，其中简081、091的两支简文有"廿六年七月"，简096有"廿六年八月"的纪年。这"廿六年"是指西汉王朝的亦为南越国的？查考南越立国 93 年，传五主，只有赵佗在位超过 26 年。西汉王朝由汉高祖刘邦到汉武帝的在位年数，只有武帝在位超过 26 年，但汉武帝登基始建年号（建元），而 3 支简文的纪年前都没有冠上年号，所以木简是西汉王朝的可能得以排除。这就是南越赵佗的纪年了。但赵佗在位 67 年，曾二次称王，其后称帝，怎计算为准？史载赵佗"至建元四年（前 137 年）卒。佗孙胡（眜）为南越王"。赵胡（眜）继位之年即以"文帝元年"为纪年（其墓中出土"文帝行玺"金印和有"文帝九年"刻铭的铜句鑃共出可证）。因"廿六年"之前也没有冠上称号。可以断定，"廿六年"当为南越立国的纪年，即赵佗元年。证之，汉高祖刘邦在西汉五年才正式登基称皇帝，但汉王朝立国是以刘邦接受秦王子婴出降之年为高祖元年，其理一也。还有简 017："王所□（赐）泰子。今案，齿十一岁高六尺一寸，身□无痕伤。"共 23 字。简文开头第一字称"王"，表明这简所书所记之事的时间，可以断定是在赵佗称帝（前 183 年）之前的。因而，这批南越简的年代，其上限在赵佗 21 年，或稍前若干年，下限在赵佗 26 年（前 178 年，即西汉文帝二年），或稍后数年。这批木简的时间跨度不少于 6 年，属于赵佗的早年。

　　如何理解这批南越简发现的意义及其在研究赵佗、南越国与岭南的早期开发的历史科学研究方面价值。正如在上面所指出的，由于简文年代久远，有的文义古奥难明，加上又是散简、残简、断简，简文难以联缀，短时间内尚难对这批简文作出全面的释读，以及理解它的全面内涵。就初步的认识而言，首先是，这批简的年代早，有准确的绝对年代。当然，文献早的比晚的重要，第一手的原始材料比之经过梳理并综合而成的材料更具价值。历史文献中记载有关南越历史的以《淮南子》和《史记》为早，这批简既是第一手的原始文献，又在时间上要比《淮南子》早出 50 多年，比《史记》早出 80 年左右。可以说是目前研究南越史最早的一批出土文献，是难得的信史。其次，简的内容较为广泛，包含有多方面的内容。据初步整理释读得知，属于政治方面的增加了一批南越政制的职官名录，如谭侯、泰子、公主、中官、舍人、常使、泰官、御府丞、御工令、景巷令、左北郎、近弩令、游卫特将、官奴、大奴、大鸡官等，这些都是有关南越文献史料中无载的。还有宫廷管理方面的出入籍，有果木培植、收成入账的简文（簿）和涉及造船手工业生产的简和从军、行军"东行者万余"的军事文档。刑法方面有爰书性质的审讯记录、有奏谳性质的案例等。特别是南越早期，似乎是以"笞"刑为主，未见别的刑名，赋税方面有实物税的简文，都为南越史增添了新的资料。在文化方面，秦统一岭南后，汉字、汉文化的传入对岭南社会的发展起着至关重要的作用，这批木简的发现，是最有力的说明。别的不用说，仅从简文的墨书文字本身，就是广东最早的无名书家留给我们的书法墨宝了。至于这批木简出土于南越宫苑遗址，简文内容主要是记录南越王宫的人、物、事等，这对于说明考古发现的南越国宫署遗址的历史真实性，更有着无可替代的作用。

注释：

[1] 详见《南越木简》附录，考古专刊稿，待发表。

[2] 广州市文物考古研究所等：《南越国宫署出土木简》，《羊城考古发现与研究（一）》，北京：文物出版社，2005年。

[3] 广州市文物考古研究所等：《广州市南越国宫署遗址西汉木简发掘简报》，《考古》2006年3期。

[4] 已收入《南越木简》考古专刊一稿中，待发表。

[5] 参见《睡虎地秦墓竹简·法律答问》："隶臣妾击（系）城旦春。"在这批简文中击通系的见有11例。

[6]《仪礼·少牢馈食礼》："司马刲羊，司土击豕。"郑玄注："刲，击皆谓杀之。"

[7]《中国历史地名大辞典》，937页，广州：广东教育出版社，1995年。

原载《广州文博（壹）》，文物出版社，2007年，署名麦英豪、黎金。

赵佗与南越国

——关于赵佗入越几个问题的思考

内容提要：本文在前人研究的基础上，通过对相关史料的辨析、考究，对以下四个问题进行了深入论述：一、赵佗在秦始皇哪年率军攻越；二、秦使任嚣、赵佗一起率军攻越吗；三、赵佗的称王称帝问题；四、关于赵佗的"后人评说"，纠正了一些史书对前朝史籍的误解，以及《南越国史》一书相关论述的不妥之处。经过史料的梳理、释读，进一步厘清了秦平南越和南越王赵佗一生所经历重大事件的史实，对赵佗开发岭南、对岭南人民做出的历史贡献做出公正的评价。

岭南地区自秦始皇三十三年（前214年）设置郡县之后，进入了有文献纪实的历史发展阶段。秦末汉初赵佗据有岭南地建立南越国，以番禺（即今广州）为都城，穗城由此成为岭南的政治、经济、文化中心。赵佗既是秦统一岭南的重要将领，又是南越国的创建者，在岭南早期历史人物中无疑是当居首位的功臣，在中国秦汉史上也是一位重要的历史人物。赵佗死后，司马迁在《史记》中为他立传，到三国以后，尤其自明清迄今，随着岭南的地位提升，对历史上的赵佗和南越国的评价不绝。但是，由于年代久远，信史有限，加上有的记载模糊不清而产生不同的理解，诸如有关秦始皇在哪年发兵平南越，监禄在何年开凿灵渠，赵佗是在秦始皇哪年率秦军攻越的，赵佗何时上书秦始皇求三万"无夫家女子"为士卒衣补，南海尉任嚣是与赵佗一起率军攻越的吗，还有赵佗称帝以及后人对其一生的或褒或贬等等，各家众说纷纭，莫衷一是。近日拜读张荣芳、黄淼章合著的《南越国史》（按：该书1995年初版，2008年修订本再版。这是目前所见研究南越国史，在搜罗、梳理史料并结合近几十年来岭南地区有关南越考古发现的材料进行系统研究的专著），并查对一些相关的史料，得到启发，对上述问题有所思考，并发现《南越国史》中某些论述有欠准确之处，拟了如下四题，略陈浅见，祈望得到读者指正。

一、赵佗在秦始皇哪年率军攻越

这个问题跟秦平南越始于何年等问题是相互关联的，准确地回答了赵佗入越之年，其他相关的问题也就有答案了。有关记述秦始皇发兵平南越史事的文献，目前所见以《淮南子·人间训》为早（虽然《淮南子》不入正史，但它成书比《史记》约早40年，上距秦平南越也不过八九十年，在当时来说所记述的属近代史事，而且在《史记·主父偃传》《汉书》的严安、严助传中都有引述，是可信的）。正史中有《史记》《汉书》的南越（粤）传及散见于《史记》《汉书》的纪、传、表、志中的相关记述。摘其主要的如下：

（一）《淮南子·人间训》

乃使尉屠睢发卒五十万，为五军：一军塞镡城之岭，一军处番禺之都，一军守南野之界，一军结余干之水，三年不解甲驰弩。使监禄（无以）转饷，又以卒凿渠而通粮道，以与越人战，杀西瓯君译吁宋。而越人皆入丛薄中，与禽兽处，不肯为秦虏。相置桀骏以为将，而夜攻秦人，大破之。杀尉屠睢，伏尸流血数十万。乃发谪戍以备之。

（二）《史记·秦始皇本纪》

三十三年，发诸尝捕亡人、赘婿、贾人，略取陆梁地，为桂林、象郡、南海，以适遣戍……三十四年适治狱吏不直者，筑长城及南越地。

（三）《史记·主父偃传》

又使尉（佗）屠睢将楼船之士南攻百越，使监禄凿渠运粮，深入越，越人遁逃。旷日持久，粮食乏绝，越人击之，秦兵大败。秦乃使尉佗将卒以戍越。

（四）《史记·淮南王传》

又使尉佗踰五岭攻百越，尉佗知中国劳极，止王不来，使人上书，求女无夫家者三万人，以为士卒衣补。秦皇帝可其万五千人。

（五）《汉书·严助传》

秦之时，尝使尉屠睢击越，又使监禄凿渠通道，越人逃入深山林丛，不可得攻。留军屯守空地，旷日（持）久，士卒劳倦，越出击之。秦兵大破，乃发适戍以备之。

（六）《汉书·严安传》

又使尉屠睢将楼船之士攻越，使监禄凿渠运粮，深入越地，越人遁逃。旷日持久，粮食乏绝，越人击之，秦兵大败。秦乃使尉佗将卒以戍越。

（七）《史记·南越列传》

南越王尉佗者，真定人也，姓赵氏。秦时已并天下，略定扬越，置桂林、南海、象郡，以谪徙民，与越杂处十三岁。佗，秦时用为南海龙川令。至二世时，南海尉任嚣病且死，……即被佗书，行南海尉事。……及孝文帝元年，……乃召贾以为太中大夫，往使。……陆贾至南越，王甚恐，为书谢，称曰：“蛮夷大长老夫臣佗，……自今以后，去帝制黄屋左纛。”……至建元四年卒。

（八）《汉书·南粤传》

南粤王赵佗，真定人也。秦并天下，略定扬粤，置桂林、南海、象郡，以谪徙民与越杂处。十三岁，至二世时，南海尉任嚣病且死，……文帝元年……上召贾为太中大夫，……赐佗书曰：“皇帝谨问南粤王，……服岭以南，王自治之。”……陆贾至，南粤王恐，……因为书称：“蛮夷大长老夫臣佗昧死再拜上书皇帝陛下：老夫故粤吏也，……老夫处粤四（实为三之误）十九年，于今抱孙焉。”……至武帝建元四年，佗孙胡为南粤王。

从以上顺次排列的八条主要文献史料来看，对于秦平南越的有关问题，可首先肯定的有以下几点：

第一，这场统一岭南的战争是紧接在统一六国之后进行的。这场战役用了多长时间？史料中对战争结束之年说得明确无误，但何年始发，未有明言（对此，本文力求析出可信的答案，详后）。总而言之，这是一场艰苦的、比之继秦亡后楚、汉逐鹿中原的战争，其时间还要长，这是可以肯定的。战役的前段打了三年，由于尉屠睢的盲目冒进（"深入越地"），以致"三年不解甲弛弩"，秦军惨败，连主帅屠睢也战死沙场。接着"乃使尉佗将卒以戍越"，战争转入第二阶段。赵佗吸取屠睢惨败的教训，采取稳扎稳打、步步为营的战略战术，直到始皇三十三年（前214年）这场平南越的战争才告结束。

　　第二，赵佗根本没有与屠睢一起率秦军攻越。上列（三）的《主父偃传》："乃使尉（佗）屠睢将楼船之士南攻百越"的"佗"（或"他"）字是衍文，有的学者囿于这个"佗"字而误认为赵佗与屠睢一起攻越。在明清以来的地方史志中，在当今个别史学家的论著中都有这样的误解。查对上述史料（一）原文"乃是尉屠睢发卒五十万，为五军"的"尉"字之下并无"佗"字。上列（五）、（六）的《汉书》严安传和严助传（晚于《主父偃传》约二百年），也无"佗"字，可见这"佗"字是衍文，这是毫无疑义的[1]。但《南越国史》却不认为"佗"字是衍文，在秦平南越的第二章中，在"屠睢、赵佗首次攻越"的小题下标明："公元前218年，秦'使尉（佗）屠睢将楼船之士南攻百越'。"查对这句引文或是从中华书局标点本《史记》的《主父偃传》引录的。本来，标点本《史记》在《点校后记》已有说明：有衍文，并不删去原字，只给加上一个圆括弧，用小一字号排。表明了编辑部已认定该字为衍文而加圆括弧的。《南越国史》把衍文"佗"字视为史实，得出"屠睢、赵佗首次攻越"，实在令人感到费解。为何出现如此欠准，也许是基于标点本中保留了"又使尉（佗）、屠睢"的一段注释：《索隐》案："尉，官也。佗，赵佗也。屠睢，人姓名'。"因为有这段释文而认为是对唐司马贞标注的认可，并信以为真。要知道《史记索隐》其价值虽在南朝刘宋裴骃的《史记集解》和唐张守节《史记正义》两家之上，但间有错引，议论颇有穿凿武断之处。当今亦有史学者指出：今本《史记》有《礼书》《乐书》，无《兵书》的篇目。《索隐》说"兵书亡，不补"，又说"此《律书》即《兵书》"的论断，实在很牵强。可叹司马贞作注之粗疏，而后人以讹传讹，更可为后人叹也（参见《史记注释》卷一，易孟醇：《史记版本考索》）。司马贞在标注尉屠睢攻越，对衍文"（佗）"字视而不见，也说明了他的粗疏。《南越国史》作者又因一时失察，未有发现司马贞标注之误而沿其误。这使我们想起史学家王利器教授苦口婆心的奉劝："奉告天下读《史记》者，须知三家注亦存在不少问题，幸勿掉以轻心也。"（王利器《评史记注释》）

　　第三，命史禄凿渠以通粮道，这在平南越中是一件头等重要的大事。在上列（一）、（三）、（五）、（六）的各条史料中，凡讲到屠睢攻南越的，必提史禄凿渠。由于史文没有说明凿渠始于何年，因而引来多种不同说法：比如全国重点文物保护单位"灵渠"的说明："命史禄于公元前223年至214年兴修。"（即秦始皇二十四年至三十三年）；另一提法："公元前221年～公元前214年，秦始皇令御史监禄督工修建。"（《中国大百科全书·文物博物》秦"灵渠"条）前者对启动之年主张在始皇二十四年，后者定为二十六年。当然，两说同属推理之言。我们以为二十六年或稍后一点启动是可能的，但二十四年说似乎过早了，难以认同。查考秦本纪，二十四年秦灭楚（之前的 6 年已灭韩、魏），不可能在灭楚的当年就立即分兵深入到湘桂边境的今兴安县进行凿渠工程，因为其时秦最急需的是集中力量攻灭赵、燕、齐，攻灭这三国打了两年，到二十六年才实现了我国历史上中央集权的封建大一统。《南越国史》对史禄凿渠的始年又拉得过后了。该书第二章在"史禄凿灵渠"的小题下：

秦始皇三十年（公元前 217 年），为了接通运往岭南的秦军的粮道，始皇命令史禄"以卒凿渠"。

上文已提到，该书著者是认定秦始皇二十九年（前 218 年）发兵攻南越的，照此说来凿渠工程岂不是拖到攻越之战已进行一年或一年多才着手？于理欠通。须知灵渠水道全长 34 公里，其中有两段共 4.5 公里全靠人力劈山凿石开挖，绝不可能在较短的时间内完成。如果秦始皇到了三十年之时才命令史禄"以卒凿渠"，那岂不是临渴掘井？常言道"三军未动，粮草先行"，给养问题不容忽视。按理凿渠工程在发兵之前早已启动了，最晚也得同步进行。

在本文开头摘录的文献史料中，有三条记叙的事件都有具体的年数至关重要：其（一）的"三年不解甲弛弩"的三年，是说尉屠睢率领秦军与越人鏖战，三年来未有过脱下战衣，放松弓弦，时刻处在紧张的战斗状态。其（八）的"老夫处粤三十九年，于今抱孙焉"。这是赵佗在汉文帝前元元年（前 179 年）上书皇帝讲述自己身世之事（《汉书》原文为"四十九年"，若按此上溯即秦王嬴政二十年，其时秦仅灭了韩国，赵佗绝不可能在秦发动灭六国之初就"将卒以戍越"的，所以"四十九年"实为"三十九年"之误。古文的"卌"与"卅"在传抄中是容易被错认的）。

赵佗是秦平南越的直接参与者，又是领军之人，"老夫处粤三十九年"是赵佗自己说的在越年数，当然最为可信，却被史家忽略了。这句话其实很清楚地确证了赵佗入越之年。因为从文帝元年上溯三十九年，就是秦始皇三十年（前 217 年），也就是"秦乃使尉佗将卒以戍越之年"了。加上屠睢"与越人战"的三年，即秦始皇二十八年（前 219 年），这就是秦发兵平南越的始年（按：古来计算年数不用周年算，而是从开始之年到末了之年，即前后合计）。从这年往下到秦二世三年（前 207 年，即秦亡之年），前后有了 13 年，正好同"与越杂处十三岁"之数吻合。其（七）的"秦时已并天下，略定扬越，置桂林、南海、象郡，以谪徙民，与越杂处十三岁"。史家对"十三岁"起止年份的判断不同，存在多种不同的解读（详下）。由于史文的"十三岁"没有明言起止之年，于是又有不同的理解。有的认为是从秦灭六国之年到秦二世元年，"总十三年耳"[2]。亦有认为由秦平南越的始皇三十三年到汉高祖五年登帝位之时，共十三年 [3]。看来这两说都有违史实。前者把秦发兵平南越的始年提前了两年，而后者则相反，把始发兵之年推后了六年，而下限却延到汉高祖五年，这是有违司马迁记述十三年的原意的。司马迁是在汉兴七十余年之后着手写《史记》的，秦二世三年（前207年）八月，秦子婴继位为秦王，十月"沛公（刘邦）兵遂先诸侯至霸上"，史迁就把沛公接受秦子婴出降之年定为"汉元年十月"[4]，表明他是站在大汉王朝的统一观和正统观立场上审事和着笔的。比如，《史记·南越列传》就是一个很好的实例。该传开头第一句"南越王尉佗者，真定人也"到"即被佗书，行南海尉事"共203字的一段，只是追述秦发兵平南越及其置郡县之后秦与越在"十三岁"中发生的政治事件。之后，才转入记述秦亡后的汉与南越的政治关系。其政治分野十分清晰，泾渭分明。

以上围绕秦平南越与赵佗戍越的两个"始年"问题的讨论，在于厘正史实。本来，对于确认某个事件的发生之年，早了或晚了一两年，是无关要旨的，在历史科学的研究上也无太大的关系。但对于牵涉面广的事件，说早了或晚了，与其相关联的人和事，就会出现相互抵牾，甚至是非难辨。比如秦平南越的始发之年就有多说，这是必须辨明的。如：

一说认为始于秦王嬴政二十五年（前222年）。清学者梁廷楠《南越五主传》："秦始皇二十五年，使屠睢将楼船攻越，佗佐之。"而仇巨川的《羊城古钞》说得更神乎："秦始皇二十五年，遣王翦南征百粤，略定陆梁地，以为南海、桂林、象郡。"两说均误：一是把《始皇本纪》二十五年王翦"定荆（即楚）江南地"、三十三年"略定陆梁地，置三郡"的两件时间不同、地理各异的事件扭结在一起，混为一谈；二是年份判断失准，以赵佗"老夫处粤三十九年"相校订，把发兵的始年提早了3年之多。为什么主张始发兵在二十五年？看来问题出在对"百粤（越）"一词的误解。

"百越"在先秦时是泛指分布于长江中下游以南，所谓"自交趾至会稽七八千里"的今苏、浙、闽、台、粤、桂沿海6省区的原越国居民和当地土著居民。到秦汉时，越民以地区划分有闽越、南越、西瓯越、雒越。每当碰上泛称为"百越（粤）"或"百越（粤）之地"这类词，就要把事件的时间与地望弄清楚，不能混淆。本来司马迁在《王翦传》后面有"太史公曰'王翦为秦将，夷六国'"，并无涉及南越的。查考史实，王翦、王贲父子同为秦始皇灭六国战争中的得力将军，却从未有踏足岭南。

另一说主张始于秦始皇二十六年（前221年）。如明郭棐（万历）《广东通志》和法国人鄂卢梭《秦代初平南越考》都认定在这年，同属推理之言。因为都不符"老夫处粤三十九年"和"与粤杂处十三岁"的年数。

还有一说主张始于秦始皇二十九年（前218年）。最先是越南陶维英在《越南古代史》主张这一说，接着《南越国史》更认为：从前214年秦统一岭南，设三郡而上推三年（据《淮南子·人间训》所说的秦军"三年不解甲弛弩"），为前217年，这一年，《史记·秦始皇本纪》明确记为"无事"，所以发动战争之年就只可能是前218年了。这个推断是符合逻辑的，并有史实作证的。

此说亦误。因"上推三年为前 217 年",推算不确。由于古来计算年数是前后合计的,应为公元前 216 年（即始皇三十三年至三十一年的三年）；其次,认为《始皇本纪》三十年"无事",所以发动战争之年只可能是公元前 218 年。这就有点牵强了。因为《始皇本纪》在统一六国之后的二十七年到三十二年的 6 年当中所记述的,都是始皇出巡（包括微行）活动,三十年"无事",是指无出巡的活动。而《本纪》二十九年（前 218 年）只记"始皇冬巡,至阳武博浪沙中,为盗所惊",也没有涉及平南越"发动战争"的内容。所以,不能因记"无事"就断定"只可能是"这一年。

二、秦使任嚣、赵佗一起率军攻越吗？

秦平南越置三郡,任嚣当上南海郡尉,赵佗为龙川县令,揭开了岭南早期开发的序幕,并为南越国的建立奠下政治基础（太史公曰"尉佗之王,本由任嚣"）[5]。有的史家认为,秦平南越转入第二阶段时,是秦使任嚣、赵佗率军攻越的。据《南越五主传·先主传》称：

（秦始皇）三十三年,更使任嚣与赵佗发诸尝逋亡及赘婿、贾人,略取陆梁地,为桂林、象郡、南海郡。

《广东大百科全书》是 1955 年出版的广东省地区性大型工具书,其中"任嚣"条写道：

在秦统一岭南的战争过程中,受秦始皇派遣,与赵佗率军增援。战争结束后,为南海郡尉,并节制岭南南海、象郡、桂林三郡,故称"东南一尉"。

而早出版一年的《广州大百科全书》,其中的"任嚣"条也说：

秦始皇二十五年（前 222 年）,秦首次进兵岭南失利后,任嚣、赵佗率军再入岭南。……于秦始皇三十三年（前 214 年）统一岭南。

在《南越国史》的"秦平南越"章中,还把《主父偃传》所说屠睢将卒攻越的话套在任嚣身上：

任嚣、赵佗再次攻越。秦始皇三十三年（前 214 年）,秦始皇命令任嚣、赵佗"将楼船之士南攻百越"。

以上摘录的 4 条材料，有属专著的，有属辞书的，都肯定是秦使任嚣、赵佗率军攻越，这个论点与《淮南子》《史记》《汉书》这些早期文献记载的秦平南越史实相校阅，就会发现许多疑点，令人迷惑不解。

第一，在两汉的早期文献中，任嚣与赵佗是一起出现的，仅限于《史记》《汉书》的南越（粤）传，在其他与平南越有关的文献史料中，则不再见有任嚣的出现（赵佗的名字及其活动事迹在《史记》中出现 10 次，在《汉书》中出现 16 次）。如果两人真的是一起受命攻越，在《史记》《汉书》中记述赵佗的生平史事，怎可能只说赵佗而遗漏了任嚣或把他撇开？

第二，《晋书·地理志》："秦使任嚣、赵佗攻越，略取陆梁地。"首先要指出的是，《晋书》对两汉文献来说属于后期文献史料。我们要问：《晋书》这个说法不见于两汉的文献史籍，《晋书》是否有出土的简帛文书等地下文献的记载为依据？并没有。再问，是否已在两汉文献中发现有新的证据？也没有。因此，可以断言：《晋书·地理志》这段话完全是臆断之言，不足为信。

第三，史载，秦对岭南有过三次移民。一次是在平定岭南的三十三年（前 214 年），征发各地逃亡罪犯、卖身奴隶和商贩去攻越，平南越后，他们留下戍守。另一次是在三十四年，贬谪不正直的司法官员去修长城或到岭南戍边[6]。以上两次移民有明确的年份，但未有说明移民有多少。再有一次是记录在《史记·淮南王传》中伍被与淮南王的对话，伍被说到赵佗上书秦始皇又使尉佗逾五岭攻百越，尉佗知中国劳苦，止王不来，使人上书"求女无夫家者三万人，以为士卒衣补，秦皇帝可其万五千人"[7]。这条史料很重要，最令人关注的是赵佗在什么时候又是在怎样的处境中上书的。伍被说的"尉佗知中国劳苦，止王不来"，把时间说错了，秦已破灭四年赵佗才据有岭南大地称南越武王，这时候秦始皇已死去七年了，至于《南越五主传》所说："居越六年，二世即位，佗上书求女无夫家者万五千人为士卒衣补。"[8]此说也不对。"秦皇帝可其万五千人"的这位秦皇帝不可能是秦二世。秦始皇三十七年死，死后举国骚动，二世元年七月，陈涉率先起义，秦王朝已处于风雨飘摇之中，秦二世自身难保，还会为南疆的士卒配置"万五千人"？鉴于此，可以断定佗的上书不会晚于三十七年（按：赵佗上书应在始皇三十年"秦乃使尉佗将卒以戍越"到三十三年平定南越这四年当中）。其次，如果任嚣与赵佗是一起受命攻越，赵佗是副职，又怎能背着或撇开任嚣而自己单独上书秦始皇？还有，假设上书是在平南越之后的事，始皇三十三年平南越，任嚣是首任的南海尉，赵佗只是龙川县令，南海郡中的一县令怎可能绕过南海尉而直接上书给秦皇帝？因而说任嚣与赵佗一起受命攻只是想当然的臆测。

第四，任嚣何许人也？有关他的年龄、籍贯、身世和治越八年的事迹都不清不楚。这到底是太史公写《南越列传》的遗漏，或是欠缺任嚣的档案资料而语焉不详？（按：南越传中记录任嚣语曰有百来字之多，极有可能是从南越国有关赵佗的材料中得来，而不是来自任嚣的历史材料）。我们不妨从《史记》《汉书》两越（粤）传考证，在记述南越国发生的一些重要事件，各有详略的不同，从中或可有所启发。

内容 字数	传文	任嚣语曰	文帝赐佗书	佗报文帝书
《史记》	2408	124	无	92
《汉书》	3002	81	382	441

《史记》记录任嚣病危临终的嘱语有 124 字，《汉书》把"语曰"这段的主要内容浓缩为 81 字（删去 43 字）；《汉书》录入汉文帝赐佗书 382 字，而《史记》只用 42 字作了概述而无录入。《史记》对赵佗上文帝书也只录入 92 字，但《汉书》则录入 441 字（可能属全文了）。《汉书》除了在字数上增加 349 字，重要的是增补了不少属于当时汉越关系方面的内容，其中"老夫处粤三十九年，于今抱孙焉"这句话尤为重要。众所周知，班固修《汉书》比之《史记》成书约晚 150 年，班固除了有太史公书可作蓝本外，还有西汉朝保存的南越国的档案材料可供参用。这或可说明在班固修《汉书》时，从西汉的文档中也没有得到任嚣的任何新材料。就以班固对文帝赐佗书和赵佗上文帝书的增补为例，只要有材料，定会补入新的内容。

第五，关于任嚣与赵佗的关系问题。先从职位上来看，秦统一六国后，分天下为三十六郡，郡置守、尉、监，县设令、长（万户以上为令，减万户为长）。史载，赵佗在始皇三十年（前 217 年）接过屠睢"秦兵大败"的摊子而奉命"将卒以戍越"，这阶段的战争前后达 4 年，终于"略定陆梁地"，置三郡。佗"用为南海龙川令"。论佗的战功，与秦发动平六国的战争中，王翦将军在秦王政时先后破赵、攻燕，定燕、赵、蓟诸地，仍未得封赏相比[9]，佗为龙川令的职位已不低了。但任嚣在平南越战争中完全未见有关他的战功记录，却委以南海尉，也或可说明是秦始皇的直接派遣。再从任、赵二人的真实关系来看。任为郡尉，佗是县令，共处有七、八年的上下级关系，任嚣在病危时对赵佗嘱语说出"郡中长老无足与言（《汉书》作"谋"）者，故召公告之"是合乎情理的。但是，假定确有任嚣与赵佗一起攻越这回事，平南越第二阶段的战争是由始皇三十年到三十三年才结束，用当今的话来说，在这前后 4 年期间，两人同是领军之人，又是在同一个战壕中的"战友"，可称得上是生死与共的最亲密的"战友"，任嚣怎会对这位"战友"讲出要令接任者倍感"知遇"之恩的话？这于情理不合，又与史实不符。

让我们再回到上列两本专著、两本辞书对任嚣与赵佗一起攻越都持肯定说法的问题上来，这论点或是有所本的，不会凭空臆造。版本或有两个来源：一是来自推理。秦对新置的南海郡，只派了尉职，郡守空置。尉，是辅佐郡守掌武职的郡中第二把手，南海尉任嚣掌治其郡，成了南海郡事实上的一把手，这样容易让人误解：任嚣既然是军事长官当然是率军攻南越的主帅了。二是，对《晋书·地理志》秦使任嚣、赵佗攻越之说深信不疑，虽知《史记》

成书之年离秦平南越只有一百多年，属于近代史事，但司马迁没有掌握到任嚣入越 8 年及其身世等相关材料，而《晋书》是唐时（七世纪中叶）由房玄龄监修的，去秦统一南越已有八九百年，可以断定房玄龄等修《晋书》时写这句话，只是推理，而非史实。

三、赵佗的称王称帝问题

赵佗是原赵国（即汉真定，为今河北正定）人，于秦始皇三十年（前 217 年）奉命率军攻越，假定赵佗这时已是 20 岁的弱冠之年（未到 20 岁亦可从军，如汉武帝时霍去病 18 岁随大将军卫青出征匈奴有功，封冠军侯）[10]。前后经过 4 年的战争，平定岭南。秦始皇三十三年（前 214 年），佗任龙川县令时，是 23 岁。其后 7 年，佗时年 30 岁，从南海尉任嚣手中接任南海尉职。又过 4 年，发兵统一岭南三郡，建立南越国，自称南越武王，这时佗已 34 岁，步入壮年。赵佗适于政治环境，是善于审时度势的政治家，一生中二次称王，其后自帝其国。他历经西汉的高祖、惠帝、吕后、文帝、景帝五朝，活到汉武帝建元四年（前 137 年）去世，寿过百岁。赵佗入越 81 年，在岭南历史名人中，堪称首位人杰。

（一）第一次称王：天下反秦，大势所趋。

政治背景：秦始皇三十七年（前 210 年），皇帝东巡会稽，病死沙丘[11]。二世元年七月陈涉在蕲（今安徽宿县南蕲县集）反秦起义，自立为楚王。一时间原六国的旧贵族势力并起，"燕、赵、齐、楚、韩、魏皆自立为王，自关以东大抵尽畔（叛）秦吏应诸侯"[12]，刘邦在沛立为沛公，项梁、项羽举兵会稽。《史记·南越传》载，南海尉任嚣病危，独召龙川县令赵佗到番禺，告以天下形势，并嘱托后事。语曰：

> 闻陈胜等作乱，秦为无道，天下苦之，项羽、刘季（刘邦）、陈胜、吴广等州郡各共兴兵聚众，虎争天下，中国扰乱，未知所安，豪杰畔（叛）秦相立。南海僻远，吾恐盗兵侵地至此，吾欲兴兵绝新道，自备，待诸侯变，会病甚。且番禺负山险，阻南海，东西数千里，颇有中国人相辅，此亦一州之主也，可以立国。郡中长吏无足与言者，故召公告之。

赵佗不负任嚣所望，分两步践行了任嚣对他的嘱托。第一步，立足南海郡，保境安民。在接任郡尉之后，立即对秦时所开新道的三个重要关口，即横浦关（今江西大余县至广东南雄大庾岭上的梅关）、阳山关（今广东阳山县东北的锣寨岭上）和湟溪关（今广东连县西北）发出通令："乱军（指反秦之军）快要打过来了，请立即切断通道，严把关卡！"接着，把秦时派来施行苛政的长吏除掉，换上执行自己命令的亲信代理，确保政令的统一。第二步，分兵出击，统一岭南，终结反秦。秦二世三年（前 207 年），赵高杀二世，立子婴为秦王，子婴计诛赵高，坐上秦王位仅 46 日。时刘邦军至霸上（今西安市东向鹿原北首），子婴捧传国玺出降。秦亡之后，全国的政治形势转到以刘邦与项羽为首的两大主力军逐鹿中原。《史记·南越列传》："秦已破灭，佗即击并桂林、象郡，自立为南越武王。"就这 19 个字概括了秦亡后赵佗以南海郡为基地，秣马厉兵，励精求治，历经四年统一了岭南，建立南越国，至此，天下反秦斗争最后在岭南宣告终结。

　　称王之后：赵佗原是秦将，又是秦派的长吏（即他自称"老夫故粤吏也"），目睹秦帝国在始皇死后就土崩瓦解，三年而亡，在于苛政。秦亡的历史教训对他来说当有深刻的认知。南越立国后，领土扩大了，国内的民族关系也复杂了（族群主要由原来的南越，增加了西瓯越和雒越），如何应对这个全新的局面？一方面他大力推动农牧业和手工业的生产，因"有中国人（秦平南越时留戍的士卒与三次移民）相辅"，他们把从中原地区带来的先进文化、生产技术知识在岭南推广，生产的发展肯定比当地原来"刀耕火种"的原始方式快得多。随着生产的发展，土著族群的定居生活有了保障而稳固下来，以前族群之间为了争夺生存条件而经常发生的争斗也消除了。另一方面是倡导民族和睦。赵佗"弃冠带"，"魋结箕踞"，以身作则从日常生活习尚方面与当地的族群取得融和，借以消除彼此间的隔阂。他的继位孙子南越文王，在王国生活中也用越音"眜"为名（汉语名赵胡，但在南越文王墓中只发现"赵眜"的玉印名章，还有"眜"字封泥，表明"胡"只是上书汉廷时用的汉名）。史载，南越第三代王赵婴齐娶越女为妻，而越人吕嘉"相三王，宗族官贵为长吏七十余人，男尽尚王女，女尽嫁王宗室子弟。"上层如此，南下的大军（中原人）与越人"杂处"就更不待言了。

（二）第二次称王：汉越和睦，利国利民。

　　政治环境：在赵佗建立南越国的第二年，刘邦击败项羽，登上皇帝位。史载："高帝已定天下，为中国劳苦，故释佗不诛。"从太史公的大汉王朝的统一观、正统观来看，岭南大地原为秦的领土，汉灭秦，当然也是大汉王朝的领地了，而赵佗据以立国，只因"为中国劳苦，故释佗不诛"。其实，大汉王朝是在秦始皇死后，经历了八年战乱才建立起来的，其时的中原大地田园荒芜，民生凋敝，"为中国劳苦"确是实情，因为刘邦在立国之初"自天子不能具纯驷，而将相或乘牛车"，"民无藏盖"（平民百姓穷困之极，家中连一件值钱的东西也没有）[14]。所以，汉朝廷在立国之初对赵佗不释也得释，想诛也诛不了。到汉高祖十一年（前196 年），即经过六年的与民休息，士卒解甲归田，大力发展生产，国力已得到一定的提升，即要着手解决匈奴对边郡的侵扰还有南越国的问题。汉对匈奴的出击，这时只能用"和亲"的办法，以缓解其侵扰。要到汉武帝时国力雄厚才可以进行大规模的征伐。对南越则改变之前不承认的方式为招抚的政策，鉴于汉初分封的异性诸侯王大都反叛朝廷而被诛灭国除，而赵佗的南越国毕竟未有威胁到朝廷的安危。南越与吴芮的长沙王国毗邻，相安无事，于是派陆贾持诏出使南越，诏曰：

> 越人之俗好相攻击。前时秦徙中县之民南方三郡，使与百越杂处。会天下诛秦，南海尉佗居南方长治之，甚有文理，中县之人以故不耗减，越人相攻击之俗益止，俱赖其力。今立佗为南越王。

刘邦的册封诏书颇有策略，对赵佗抢占先机据有岭南地建国的七年，仅以"会天下诛秦，南海尉佗居南方长治之"一句带过，而着重褒扬他"甚有文理，中县之人以故不耗减，越人相攻击之俗益止"的功绩，对此，赵佗当会欣然接受（彩版一），但赵佗在接见汉使陆贾的态度是先倨而后恭的。为什么要先倨？不甘示弱也。他夸口其国力"东西南北数千万里有余，带甲百万"，这是他倔强、高傲的性格显示。为何后恭？关键在于汉、越双方实力对比的悬殊。其时的南越国虽然已经营了 7 年，但从疆域的广大、人口的众多、农业手工业等方面的生产发展都不可能与拥有中原大地的大汉朝廷相匹敌。而且，接受册封成为汉王朝的藩属国之后，相互交往增加，关市畅通，这对南越的生产发展，国中的稳定，都是有益而无损的。

受封之后：汉高祖十二年去世，惠帝继位七年。赵佗在报文帝书中追述了这 8 年期间双方的关系：南越方面按时上贡岭南特产（"时内贡职"）；而汉惠帝给予赵佗更丰厚的赏赐（"赐老夫者甚厚"），说明汉越关系良好。

（三）自帝其国：逼上梁山，留下话柄。

政治原因：汉廷自吕后掌权之后，汉越交恶，终于逼出了赵佗称帝的第一幕。称帝问题在南越是重大政治事件，涉及南越两代王，而赵佗在身后亦遭非议。赵佗为何要称帝？我们不妨细读《史记》《汉书》的高太后（高后）纪，还有汉文帝与赵佗互致的书信，或可从中了解到一些历史的真相。

公元前 187 年（即刘邦即位后 16 年），高太后临朝称制，在位 8 年。高太后（吕雉）是一位双脸面的人物，她在刘邦生前"佐高祖定天下，所诛大臣皆吕后力"。刘邦生前虽已消除了异姓诸侯王的反叛，但对身后似有所觉，特与诸大臣盟誓："非刘氏而王，天下共击之。"高祖去世，汉朝的刘家天下就进入多事之秋。惠帝继位，吕太后把这个亲生儿子逼疯而死，然后"吕后称制"，"号令一出太后"。于是，吕后对内要篡（汉）权，急于为其外家的吕氏子侄封王封侯，抢居要职，连宫内的禁卫军——南北军，也交由吕禄、吕产两王掌握，图谋以吕代刘。对外要宣威，如何宣示？其时汉的国力还未足以应付匈奴，唯有对南越可以施压。于是下令国中"毋予蛮夷外粤金铁田器；牛、马、羊即予，予牡，毋予牝"。吕后的"别异蛮夷"是歧视少数民族政策，她把高祖时对南越的招抚政策全改变了。本来，赵佗治越最需要引进中原的铜铁制农耕工具、手工业工具和牲畜等以发展生产，稳定民生。吕后的突然禁运，无异卡了赵佗的脖子，置南越于死地。性情倨傲的南越王也只得低首下心一而再地三次派出使臣（内使藩、中尉高、御史平）到长安向吕后上书谢过，以求解禁。然而不但先后三批派到长安的使臣都被扣押，没有回音，而且还打探到自己家乡真定的父母冢已被毁，同族的赵氏昆弟也受株连。在吕后五年（前 183 年）春赵佗作出回应：效法吕后假皇帝之位称制临朝，他也在南越自称"南越武帝"，还按汉制乘黄屋左纛（皇帝专车的盖内贴黄色丝绢，车衡左边插有羽毛饰物），以相抗衡。

称帝之后：消息传到汉廷，"高后闻之大怒，削去南粤之籍，使使不通。"赵佗针对吕后废除汉越的宗主国关系，断绝一切往来，以牙还牙。但他很讲究策略，不把矛头对着汉廷，直斥吕后之非，却把北邻与汉廷关系良好的长沙国为替罪羊，借口说造成汉越今天的僵局，完全是长沙王在吕后面前对我毁谤的恶果。一面制造舆论，同时"发兵败长沙数县而还"。长沙王做了赵佗的替罪羊，汉廷必然要支持长沙国，回击南越，于是：

> 高后遣将军隆虑侯灶往击之。会暑湿，士卒大疫，兵不能踰岭。

就从"兵不能踰岭"这 5 字可以断定隆虑侯的军队只是驻在五岭之北，而五岭之南必然有南越国的军队布防御敌。按地理条件来说，时值盛夏，位于五岭之南的南越军队受到的暑湿，必然要比岭北的尤甚，却偏偏是驻在岭北的隆虑侯军队由于"会暑湿，士卒大疫"，以致"兵不能踰岭"。这是实情？令人怀疑。事隔一年多之后，这个疑点才破解。因为在汉文帝赐赵佗书中有一段很关键的话：

> 乃者闻王遣将军隆虑侯书，求亲昆弟，请罢长沙两将军。朕以王书罢将军博阳侯，亲昆弟在真定者，已遣使存问，修治先人冢。[15]

当其时汉越双方军队分别驻守在五岭的南北两侧，对峙的双方随时会开战，可是没有一点临战的气氛，因为两边的领军之人（赵佗与周灶）正在互通书信，而且赵佗在信中要求周灶罢免其麾下那"可恶"的长沙"两将军"，还拜托周灶帮他找寻在家乡真定的亲昆弟。就信的这些内容足以表明赵佗与周灶的关系很不一般，周灶又是为赵佗信赖的人。这样一来，"兵不能踰岭"的假局不就清楚了吗？查实周灶是随汉高祖起义，征战项羽的功臣，他对吕后分封诸吕为王，他们在朝中抢居要职，是看在眼里，心中有数的。当兵抵岭北，借口"会暑湿，士卒大疫",按兵不动（不与南越为敌），这个假局果然蒙过了吕后。没多时，文帝即位，随即纠正吕后对南越的错误政策。周灶当然会及时把赵佗给他的信转报文帝，于是：

> 诏丞相平举可使粤者，平言陆贾先帝时使粤。上召贾为太中大夫，谒者一人为副使。

就有了两位使者带上文帝的诏书，踏上了通往南越的旅途。

陆贾到南越见赵佗，任务是解决赵佗的称帝问题。文帝在赐佗书中只是婉转地指出：

> 王之号为帝，两帝并立，无一乘之使以通其道，是争也；争而不让，仁者不为也。

并劝诫赵佗去帝号。同时诚意地提出：

> 服领以南（五岭以南），王自治之……愿与王分弃前患，终今以来，通使如故。

赵佗为文帝的真心诚意所感动，向文帝作出"改号不敢为帝矣"的积极回应，还一再表白自己"老臣妄窃帝号，聊以自娱"，只是"自帝其国，不敢有害于天下也。"显然，前一句"聊以自娱"是为自己政治上的越轨行为辩护，后一句是真话，即我赵佗只是关起门来称皇帝。此后的 42 年，赵佗对汉"其使天子，称王朝命如诸侯"，但没有践行"改号不敢为帝矣"的承诺。后来汉廷对赵佗的"自帝其国"与对匈奴的犯边和对待吴楚七国之乱的态度是截然不同的。因为前者亦无碍于汉廷的国体，所以对南越既不责也不伐。后者是反侵略和镇压反叛问题，是关乎国家安危的大事。

此外，近年在南越御苑发现赵佗二十六年（即汉文帝二年）的一批木简，增添了一些新史料，其中亦有关于刑法和租税方面的内容，引人注目。比如：

> 072 简 "野雄鸡六"。
> 073 简 "野雄鸡七，其六雌一雄，以四月辛丑属，中官，租，纵。"
> 075 简 "四月辛丑属，中官，租，纵。"

史载，南越无赋税[16]。说的只是国中不以货币交纳赋税，实物租还是要交的。否则，王国中的大小官吏，还有王室的人众何来供给？上述简文的"野雄"，当属地名，出产良种鸡，有如今天的海南文昌鸡、广东的清远鸡、西湖龙井、金华火腿、南京板鸭等都冠以产地之名一样。倘若南越当日以户为单位，每户年纳六七只鸡（或其他实物），对比秦时的田赋、口赋二十倍于古（《汉书·食货志》），完全不算重负了。另外，还有刑法方面的简 8 枚，其中有爱书（审讯记录）的、谳书（案例）的，属于刑罚只有"笞"刑一种，不见别的刑名。与秦时的严刑酷法相比较，赵佗治越或可称得上是"政简刑清"的。

四、关于赵佗的"后人评说"

赵佗经历了秦始皇、秦二世、汉高祖、惠帝、吕后、文帝、景帝、武帝的 8 朝，到武帝建元四年（前 137 年）去世，在越逾 80 年，寿过百岁。他在报汉文帝书的开头自称"蛮夷大长老夫臣佗"，这绝对不是倚老卖老，因为只有他才够格称得上"蛮夷大长老夫"。在封建社会中赵佗是唯一的一位历经七朝的元老，他背井离乡，为岭南人民贡献了自己的一生，他的是非功过，留与后人评说。

赵佗去世之年（前 137 年），司马迁已 9 岁，汉灭南越国之年（前 111 年）已是 35 岁（另一说要晚 10 年，也有 25 岁了）。所以太史公的《史记·南越列传》可说是当代人写当代史。其后，有关赵佗及南越国的评论或专著上百近千，卷帙浩繁，可称得上是一个热门的历史话题。在这里我们仅从三个方面把后人对赵佗评价迥异的论述摘引几条作一比对。

（一）对赵佗的总体评价

历史上第一个，又是最早对赵佗作出总体肯定评价的是司马迁，他在《史记·太史公自序》说：

> 而佗能集杨越，以保南藩，纳贡职。

屈大均，番禺人，生于明崇祯三年，卒于清康熙三十五年（1630～1696 年）。有学者称他为反清复明的志士。在前人中屈大均属于对赵佗评价较多而且又是持完全否定态度的一位，从他在《广东新语》中对赵佗的评价来看，他对赵佗是鄙视的，而评价用语的尖刻近乎鞭挞。这反映出他思想上有着严重的大汉族主义的阴影。例如《广东新语·地语》"越"条：

> 梅鋗与无诸摇，皆起兵从楚灭秦，又从汉灭楚，有大功劳。顾佗倔强一隅，乘机僭窃，甘与冒顿分南劲北强以苦汉，斯诚勾践子孙之所深恶痛疾者也。……佗非其种族，故宜其弃冠带，反天性，甘与嬴国之王争雄长也。夫使南越之不得早为中邦，渐被圣化，至汉兴七十有余载，始入版图，佗诚越之罪人也。

今人对赵佗的评价，在《广东大百科全书》的"赵佗"条称：

> 南越王，南越国创始人。在位 67 年，执政期间，尊重越俗，实行和辑百越政策，推广中原先进文化和技术，基本保持了岭南地区的安定，增进了民族融合，促进了南越经济文化的发展。

（二）对两次称王，最后称帝的评论

有谓春秋史笔：一字之褒，荣于华衮；一字之贬，严于斧钺。司马迁对赵佗称帝用一个"窃"（指不当而受之）字来评判。《史记·南越列传》：

> 其居国窃如故号名。

陈寿的《三国志》成书于 3 世纪末，其中《吴书·陆瑁传》称：

> 昔尉佗叛逆，僭号称帝，于时天下乂安，百姓殷阜，带甲之数，粮食之积，可谓多矣，然汉文犹以远征不易，重兴师旅，告喻而已。

《广东新语·地语》"越"条则认为：

> 佗自称南越武王，已而又称武帝，生而自谥为武，以蛮夷大长之陋。

《广东新语·人语》"真越人"条更认为：

> 佗之自王，不以礼乐自治以治其民，仍然椎髻箕踞，为蛮中大长，与西瓯、骆、越之王为伍，使南越人九十余年不得被大汉教化，则佗之大罪也。

屈翁山还以寓贬于褒的手法，称赵佗为"真盗"。如《广东新语·事语》"四路下南越"条：

> 秦人皆以诸侯兵为盗，谓诸侯之客（按指庄客、彻户）亦曰盗。史迁据而书之。……嗟夫，能为始皇之盗者，豪杰也！书盗亦荣甚矣。如佗者，假秦王之土地甲兵以自王，乃真始皇之盗耳。

今人的评论，如丁毅华（华中师大教授）在《赵佗的功业·为人的心态》一文中称[17]：

> 赵佗于前 203 年称南越王。当时，南越国无疑是一个无所从属的割据政权。……吕后执政时，对南越施加压力，赵佗也以错误对应，称南越武帝。这的确是一个错误的行动，不利于国家的统一，应当予以批判。但对于赵佗的称帝，也应当有所分析。赵佗称帝的原因，主要是由于吕后对南越国的政策不适当所致。"别异蛮夷"就是一种民族歧视，"禁关市铁器"就是对边疆民族地区实行有损于其经济发展的政策。……从整体来说，他（赵佗）还不是一意孤行，倒行逆施的分裂主义者。

张荣芳（中山大学教授）在《略论汉初的"南越国"》《南越国史》中称：

> 赵佗的称帝，很大程度上是吕后"别异蛮夷"政策所致，与吕后对岭南地区的歧视、偏见有关。

> 在自己的王国里称帝号如故，这不能解释为两面派行为，而是南越王实行"自治"的一种形式。

（三）对赵佗的报文帝书

汉文帝赐赵佗书与赵佗报文帝书这两"书"，如套用当今的语言，是相互间及时的信息沟通，或可称对话。这两"书"很重要，为其后的文帝、景帝、武帝三朝的 42 年间汉越双方取得和解共处，打开了通道。屈大均在《广东新语·文语》"尉佗书"条则认为：

> 南越文章，以尉佗为始。所上汉文帝书，辞甚醇雅，其中国人（按指秦时向岭南的移民）代为之耶？抑出于南越人之手也。

丁毅华在《赵佗的功业·为人和心态》一文中指出：

> 这短短一封信，实在是一篇"绝妙好辞"。不必怀疑这是否出自赵佗手笔，可以肯定，除了赵佗，没人写得出来。

张荣芳在《南越国史》第五章"南越国与汉王朝的关系"中，更明确指出：

　　赵佗两次对汉俯首称臣（指接受汉高祖册封为南越王，对汉文帝"愿长为藩臣，奉贡职"），实为当时汉越实力对比的结果。也就是说，它是由当时双方的社会经济水平决定的，不能说是"文帝的恳切态度感动"的结果，更不是什么"君臣之间""以至诚"而"感应"的缘由，充其量最多可以理解为文帝不仅在诏书中客观而有点甘心地自降其天子声威，因而使赵佗觉得比较容易接受罢了。

　　下面让我们来个小结。以上讨论的四题，都是关乎南越王赵佗一生所经历事件的真相问题。一题中的"三年不解甲弛弩""与越杂处十三岁""老夫处粤三十九年"的三个年数十分重要，据此可以正确回答关于秦平南越的始发兵之年和赵佗受命将卒戍越的始年，这是最关键的证据。《主父偃传》中"乃使尉（佗）屠睢将楼船之士南攻百越"的"佗"字，只要查对两汉文献，其中早于该"传"的《淮南子》和晚于该"传"的《汉书》两严传中都没有"佗"字，显然这属衍文，已为中外学者所认同。第二题对《晋书·地理志》所载任嚣与赵佗一起攻越的说法提出质疑。这就以此说法不见于两汉史文、任嚣亦不知何许人也等五方面进行剖析，可以说明此说全不足信。而且《晋书》对西汉史籍来说属于后期史料，明显是对早期史实的误解。遗憾的是，由于《晋书》的误解，明清以来史学者未加明察，却以讹传讹，误导了后人。第三题认定赵佗第一次称王是天下反秦的大势所趋。而南越国的建立，又宣告天下反秦斗争在岭南的终结。赵佗第二次接受汉廷册封称王，则是以大局出发，有利于汉越的人民休养生息。至于后来被逼"自帝其国"，这是由于"双面人"吕后推行敌视少数民族政策，欲置南越于死地而产生的恶果。赵佗虽经先礼后兵等各种抗争，并没有把矛头对着汉廷，直斥吕后之非，只是找来长沙王作替罪羊。由是激发起吕后兴兵问罪，还出现了在五岭南北两边的汉越双方陈兵对峙的一幕。直到汉文帝元年在赐佗书中才揭开这个蒙住吕后的假局。汉廷对南越许以"服岭之南王自治之"的承诺，对南越的"自帝其国"既不责也不伐，因而自文帝以来汉越相安无事，南越与长沙国也是和睦共处的。最后的第四题，我们把对赵佗评说的主要观点作对比排列，这样赵佗一生的是非功过会更加清楚。

　　总之，综观中国五千年文明史，由古迄今，上自帝王将相，下及平民百姓，凡是做出了有益于人民的事情，人们是不会忘记他们的。今天，我们称"赵佗是开发岭南的第一功臣"，这是基于赵佗在岭南早期的开发对岭南人民做出重大历史贡献而作出的公正评价。

注释：

[1]《史记会注考证》亦指出："汉书严助严安传皆无佗字，此因下文尉佗戍越而误。"

[2] 王先谦《汉书补注》。

[3]《史记注释》中田久川注释《南越列传》：可能指秦始皇三十三年（前214年）平南越至汉高祖五年（前202年）

西汉王朝正式立国，"令亡民各自归家，复故爵田宅"。

[4]《史记·高祖本纪》。

[5]《史记·南越列传》。

[6]《史记·秦始皇本纪》。

[7]《史记·淮南王传》。

[8]《南越五主传·先主传》。

[9]《史记·王翦传》：始皇遣王翦将兵击楚，翦行，请美田宅、园地甚众，"曰：为大王将，有功终不得封侯。"

[10] 战国时，秦的始傅（傅籍，登记庶民服役的名册）年龄是 15 岁。汉景帝时改为 20 岁（《史记·景帝本纪》）。

[11] 同注 [6]。

[12] 同注 [6]。

[13] 同注 [5]。

[14]《史记·平准书》。

[15]《南越五主传》把文帝书中这个内容改写为"佗以家本真定，亲兄弟阻于干戈不得见，遗灶书，请罢长沙两将军兵，求还兄弟之在真定者，将与汉和。灶以佗书闻于朝。"其中的"亲兄弟阻于干戈不得见"明显不是事实。因为赵佗在吕后实施"别异蛮夷"之前的十多年间，汉越交好，互通往还，要见亲兄弟何难？为何要到了周灶的大军压境之日，才想起亲兄弟？还有"将与汉和"的四字，在《史记》《汉书》中的文帝书无此内容，明显是作者想当然的臆造。有不少学者在论著中（如《南越国史》）受其误导而引为史实。

[16]《汉书·食货志》："番禺以西至蜀南者置初郡十七，且以其故俗治，无赋税。"

[17]《秦汉史论丛》第七辑，北京：科学出版社，1998 年。

原载《广州文博（肆）》，文物出版社，2011 年，署名广州市文物博物馆学会"南越史研究小组"[①]。

[①] "南越史研究小组"成员：冯永驱、朱海仁、张强禄、易西兵（广州市文物考古研究所）；全洪、王文建（西汉南越王博物馆）；吴凌云、陈伟汉、李灶新（南越王宫博物馆）；麦英豪、程存洁、曾玲玲、王成兰（广州博物馆）。

广州西汉南越王墓及出土珍品小记

一

公元前 203 年，汉王刘邦中了项羽的暗箭而"伤胸扪足"，随后项羽不堪汉兵的夹击困扰，想以河南荥阳的鸿沟作"楚河汉界"，划地分治。就在这一年，镇守岭南的原秦将赵佗趁着刘、项双方中原逐鹿，正争斗得你死我活的时机，派兵切断了秦时开辟的中原通岭南新道，拥兵据有岭南三郡，建南越国，自称南越王。前 202 年刘邦打败项羽，二月于汜水之阳即皇帝位。当时面对赵佗割据岭南的现实，由于汉帝国刚刚建立，连年兵燹民生凋蔽，实在无力南征，只得承认这既成的事实了，遂于公元前 196 年（高祖十一年）派陆贾出使南越，诏封赵佗为南越王。到吕后掌政，禁绝与南越关市，想藉此扼杀南越的经济发展。赵佗迫得三次派使臣到长安谢罪，请求解禁，但未得允许。赵佗于是"乘黄屋左纛"，自尊号为南越武帝，与汉廷分庭抗礼，并出兵攻打长沙国，汉越关系一度出现紧张。到汉文帝时，陆贾二次南来，又复缓解。据《史记》《汉书》的记载，南越王国九十三年，传五世（主），到元鼎六年（前 111 年）为武帝所灭。

查考南越五主除四主赵兴被丞相吕嘉所杀，五主赵建德和吕嘉同被汉军俘杀外，其余的一、二、三主的墓都在番禺（今广州）。据《番禺县志》引晋人王范的《交广春秋》和五世纪刘宋人沈怀远的《南越志》所载：南越各主的墓是非常隐秘的。三国时，吴主孙权闻赵佗墓多埋异宝，派了几千兵卒到今广州的越秀山天井岗一带寻掘赵佗的陵墓，只找到三主赵婴齐的墓，"得玉璧、金印、铜剑之属"。按孙权距南越国只有三百多年，南越一主和二主的墓已不可得，由此表明南越各主的墓确实隐秘深藏。

1983 年 6 月，广州市内越秀公园西侧的象岗，在建筑平土时发现了一座石室大墓，据墓中出土有"文帝行玺"金印，得以确认这是南越国第二代王的陵墓。这座墓葬保存完好，是岭南发现规模最大、出土随葬器物最丰富的一座汉墓；同时，它又是目前国内已发现年代最早的一座彩画石室墓。

二

南越王墓秘藏在石英砂岩的象岗顶下 20 米深处，墓坑为竖穴加掏洞，墓室用七百五十多块大石砌筑成（石头是从广州以东 20 海里的莲花山采运而来）。南面有狭长的斜坡墓道，其后连接墓室，平面呈"士"字形。在墓门前有一个木构的外藏椁，椁内及斜坡墓道上各有一个殉人。墓室的建筑形制是仿照生人前朝后寝的居处布局而安排的。墓内分为前后两部分，各有一道石门隔开。前部三室，正中的前室象征朝堂，室顶及周壁都有朱、墨二色的卷云纹图案作装饰。室中西边置一辆车的模型，东边为殉人"景巷令"的棺具所在，殉者可能又为墓主的御者，车与棺具全朽。西耳室瘗藏铜铁陶等各种日用器具，各式珍玩，还有车马、甲胄等共五百余件（套），叠置二、三层，是个百物杂陈的仓库。东耳室为宴乐器用的藏所，三套青铜编乐沿着石墙根排列有序，还有二套石编磬、六博局、瑟和琴；青铜酒器都是器体较大的壶、钫、缶及提筒等。在编钟、编磬旁，有一青年殉人的残骸，殉者或为乐伎。后部四室象征主人的后宫和御厨。主棺室位居正中，置墓主的一棺一椁，东侧贴墙竖置一堵漆木大屏风，西侧沿棺椁旁边全放兵器，有剑、矛、戟等铁兵器和十五把铜弩机等。左右两边与主棺室平行的为东西两侧室，后面是后藏室，各有门道互通。东侧室埋葬四位夫人，因有"右夫人玺"金印和"左夫人印""泰夫人印""□夫人印"的鎏金铜印出土，身份明确。棺具均全朽，但在各夫人的棺位置处，都有组玉佩、铜镜、铜带钩等随葬品，尤以右夫人的陪葬物为多。西侧室有七个殉人，还有猪、牛、羊三牲，据室中出土有"厨丞之印"等封泥，殉人的身份实为墓主的庖厨隶役。后藏室象征墓主的御厨，室的平面不够 4 平方米，但堆叠着上百件铜、铁炊器，铜陶容器，如烤炉、鼎、鋈、釜甑、铁三足架等。器内尚遗有海产和家禽家畜的残骸。

三

南越王墓墓内七室和墓门前的外藏椁及斜坡墓道上都置有随葬器物，共一千多件（组）。当然，如果出土的墨丸以颗计，箭镞以枚算，陶网坠以个为单位等等，则出土器物的总数是过万件的。其实有的出土物如墨丸、珍珠等，确实无法准确清点的。出土器物依质类来分则有铜、铁、金、银、铅、陶、玉、石、水晶、玛瑙、玻璃、煤晶、墨丸、丝、麻、竹、木、漆、象牙、皮革、中草药物、封泥以及家禽家畜、水产等动物遗骸、植物种实等，其中的铜、铁、陶、玉四种所占数量最多。这墓的出土器物将要全部收入发掘报告中发表，在这里先选取若干较具历史、科学、艺术价值的珍品记述如下。

（一）"文帝行玺"金印

出墓主身上。在墓主的"丝缕玉衣"上的胸腹间，置九枚印章，分为三组，每组三枚，各有一个漆盒盛着，漆盒已朽，发掘时尚见一些朱色残漆皮。由上（胸际）而下（腹间）第一组的三枚为：覆斗纽玉印二枚，均无文字，其中一枚滑落玉衣下，另一枚在"文帝行玺"金印旁。第二组的三枚为：覆斗纽"泰子"玉印一，龟纽"泰子"金印一，覆斗纽无文字玉印一，这三枚印玺移位不大，相互间仅距1～3厘米。第三组的三枚为：覆斗纽"赵眜"玉印一，螭虎纽"帝印"玉印一，覆斗纽无文字绿松石印一。这组的三印相互紧靠，与第二组上下相距仅20厘米。墓主的玉衣之上覆盖有"珠襦"，珠襦之上再铺有一组长60厘米由多件透雕玉饰与金珠、玻璃珠、煤精珠、玉珠等共三十二件组成的组玉佩饰，盛印的漆盒是放在组玉佩饰之上的。这枚金印的印台长3.1、宽3、高0.6、通纽高1.8厘米，重148.5克。方形，龙纽，印面有田字界格，阴刻小篆"文帝行玺"四字，字体工整，刚健有力。四字的文道笔直，宽窄一致，而且字划的纹道很深，如一直沟，沟壁光平垂直，印文是先铸然后再加刻凿的。字划的沟槽底像鳞片一样，布满等距的一道道横线，这是用利凿加工刻凿过的痕迹。印纽为一蟠龙，曲绕成S形，三趾，龙首伸向一角，蟠然有生气。龙鳞及爪是铸后凿刻的。经电子探针（在印台部位）测定，含金量98%强。

由于"文帝行玺"金印是在墓主身上出土的，所以墓主人的身份清楚了，从而这座大墓的绝对年代也得到确认，这是十分重要的。此外，我认为它的发现对历史学、考古学研究也是不容忽视的。简言之，可有四点：

第一，《汉书·西南夷两粤朝鲜传》中有关南粤史事比之《史记·南越列传》所载，有了很大的补充，这些增补材料是可靠的。例如《史记·南越列传》：（三主）"婴齐代立，即藏其先武帝玺。"在《汉书》本传则为（三主）"婴齐嗣立，即藏其先武帝、文帝玺"。今出土有这枚金印。证明班氏增补"文帝"二字是正确的。他在编修《汉书》时参阅了大量国家档案材料，他的增补不但是有所本的，而且增补的内容还十分重要。例如《史记》的南越传所载赵佗上汉文帝书，仅有九十二个字，比较简略。但《汉书》本传则增补为四百四十一个字。有了班氏的增补，后人才得以知道那时汉越关系紧张情况的一些具体的内容；还有当时南越国周围一些少数民族的情况等。

第二，人们得以第一次看到皇帝印玺的庐山真面目。秦汉皇帝的传国玺早已失传，秦始皇陵和西安的十一座西汉帝陵都未发掘，所以就算是专为随葬用的明器的皇帝印玺也无发现过，只有晚清人辑录的《封泥考略》著录有一枚"皇帝信玺"（2.6厘米见方）封泥。汉承秦制，南越国也仿效秦汉的百官建制，这一点，从《史记》《汉书》本传的记载以及近四十年来在广州出土的南越国时期的印玺和陶文中也都足以说明。南越的一主、二主都仿效天子的至尊制度，"乘黄屋左纛"，因此，这枚"文帝行玺"金印虽属越轨的僭称，但它是仿效秦汉时的皇帝印而铸制的，似无疑异。

从目前已发表的材料得知，西汉的金印共出土四枚，南越王墓出三枚，另一枚为1956年云南晋宁石寨山6号墓出土的"滇王之印"。该印蛇纽，长宽2.4厘米，为汉武帝平南越后统一西南夷，于元封二年（前109年）赐给滇王的。而"文帝行玺"金印应是南越二主在建元四年（前137年）即位时铸制的，这比滇王金印要早二十九年。因此，从考古年代学上看，这枚"文帝行玺"金印是国内目前已发现的汉代金印中年代最早的一例。日本学者尾山胜先生对这枚金印作了专题研究，他从玺印的规格考查，认为这枚金印的规格（3.1厘米）超越了汉代方寸印（2.3~2.5厘米）的规模，大小差距较大。他推测这是南越国的方寸印，则南越的一尺实为31厘米，比汉尺要大[1]。广西罗泊湾一号墓正是南越国时期的，该墓出土的木尺、竹尺，一尺均为23厘米，与中原等地的汉尺同。又对该墓出土铜容器上有关容量、重量的刻铭进行折算，也与汉制同[2]。至于南越王墓出土铜器上容量、重量刻铭的折算也无例外。所以，仅据这枚金印的大小以推定南越国的尺度是欠准的。

第三，可与史书记载的皇帝用玺制度相印证。按皇帝用玺有三玺和六玺两说。《汉书·霍光传》：昌邑王"受皇帝信玺、行玺大行前，就次发玺不封"。孟康注："汉初有三玺，天子之玺自佩，行玺、信玺在符节台。"又东汉人卫宏的《汉旧仪》则说："皇帝六玺，皆白玉螭虎纽，文曰：皇帝行玺（按：为封国用），皇帝之玺（赐诸侯王书用），皇帝信玺（发兵用），天子行玺（召大臣用），天子之玺（册封外国用），天子信玺（事天地鬼神用）。"今出"文帝行玺"金印，传世有"皇帝信玺"封泥，文献记载，出土实物和传世品可互为印证。至于南越一主自称武帝，二主自称文帝，印文不用"皇帝行玺"而径用"文帝行玺"的自尊号，可以认为这是南越统治者着意为之的。

第四，既有仿效秦汉皇帝印式的做法，又有它自身的一些特点。依照《汉旧仪》的说法，皇帝的玺印"皆白玉螭虎纽"，又说；"秦以前，民皆以金玉为印，为其所好。自秦以来，惟天子之印称玺，又以玉，群臣莫敢用。"以此对比这枚龙纽金印，印文类同，但质材则用金而非玉，纽式亦作螭龙而不是螭虎。或可视为这枚皇帝印用金铸制又以龙为纽，也是南越王着意为之的。因为墓主身上亦有白玉螭虎纽的"帝印"玉印同出，所以不能说南越国不识有"白玉螭虎"之制。比如汉代高级贵族的殓服用玉衣，分有金缕、银缕和铜缕三种，但第二代南越王身穿的玉衣则用丝缕。同样，我们不能断言这是由于南越缺乏金、银、铜这些原材用来加工成金属缕是一样的道理。

这枚金印断非明器。因为印面沟槽内和印台周边都残留有红褐色的印泥痕，特别是龙纽的捉握部位显得特别光滑，是使用磨擦所致；印台周壁不少地方还留有碰撞的疤痕与划伤，这些迹象表明此印玺是墓主生前多次使用过的实用物。

（二）"帝印"玉印

青白玉，色乳白闪青，有光泽。长宽2.3、印台高0.8、通高1.8厘米。印台方形，螭虎纽，印面阴刻篆文"帝印"二字，有边栏和纵界，布白均匀，凿刻刚劲有力。印文的沟槽内尚粘有朱红色印泥。印台四边减地刻勾连雷纹，纽上的螭虎周围刻云纹相绕，腹下有穿孔，可系绶带。还有二枚"帝印"封泥，出西耳室中，封泥的"帝"字结体与此有异，可知墓主生前钤用的"帝印"最少也有二枚。所谓秦以前民无尊卑，皆得称鉨（玺），秦始皇统一六国后，以天子独称玺，臣下称印。汉武帝时始有印章之称。南越王墓所出的"文帝行玺""右夫人玺"二枚金印也称玺，其他的三位夫人的鎏金铜印、景巷令的铜印以及厨丞的封泥等都称印，唯独这枚"帝印"，既标示了最高身份的"帝"，却不称"玺"而用"印"称，确实打破了印章学中关于古印、古玺方面的等级常规的。

（三）"赵眜"玉印与"眜"字封泥

玉质黄白色透青，长宽2.3、通高1.7厘米。覆斗（又称盝顶）纽，印面阴刻篆文"赵眜"二字，有边栏和纵界。凿刻精工，布白匀称，印文内留有朱红色印泥。西耳室出有"眜"字封泥二块，为单字圆印，直径1.1厘米。其中一块盖二个"眜"字，另一块盖四个"眜"字，印文清晰。有此封泥，可证"赵眜"玉印确为墓主的名章。查考《史记》《汉书》本传所记都是说：建元四年（前137年）赵佗死，其孙胡为南越王。显然，南越二主的名字是叫"赵胡"的。这一来就出现了《史记》《汉书》本传所记南越二主的名字与墓中出土的名章不相符合的矛盾。这又怎样解释？对此，曾有过三种推测性的意见。

第一，认为是错简或传抄之误。这种情况在古籍中例子很多。如长沙马王堆二号墓出有墓主名章"利苍"玉印，《史记》所记第一代轪侯同，但《汉书》却误作"黎朱苍"，显系传抄之误。又如出土的《战国策》帛书"触龙言……"，在今本则误作"触詟说赵太后"。我认为如上述这种错误在《史记》《汉书》传文中出现的可能性似乎很少。因为"胡"的名字在《史记》本传八次出现，在《汉书》也有七次出现。正如上文提到的，《汉书》本传在"婴齐嗣立，即藏其先武帝、文帝玺"这短短的一段纪事中班氏即补上了颇为重要的"文帝"二字，因而可以说，《史记》《汉书》没有可能同在一段记述某人的史事中，主人公"胡"的名字先后出现有七八次之多，是全错的。

第二，有学者认为，眜、胡都不错，胡是他的字，眜是他的名，眜应读曼。胡眜（曼）同义异称，把眜读作"曼"（胡），看做他的私名。《史记》《汉书》本传称佗孙曰胡，是习惯称其字，出土印章作眜则用名耳[3]。这一说忽略了中国古来自称只用名，称呼别人为了表示尊重，略去姓名，仅称其字的礼习。即所谓"名以正体，字以表德"（《颜氏家训·风操篇》）。

如孔子自称曰"丘",他人则称其字曰"仲尼",直到今人张学良先生,"汉卿"是别人称他的字。回过头来再看看《史记》《汉书》本传的记载:第二代南越王初即位,发生了闽越出兵侵犯南越的事件,汉武帝出兵助南越,又派使臣庄助谕意南越王到长安向汉天子朝请,胡谓助曰:"国新被寇,使者行矣,胡方日夜装入见天子。"可见,《史记》《汉书》本传称佗孙曰"胡",是称他的名,而不是叫他的字,这是清楚不过的。因此,"胡"为字,"眜"是名一说未能成立。

第三,"胡"是华语的名,"眜"是南越方言的名。中国地域辽阔,方言土语多,古时一人有二名或多名的。如吴王光,又名阖闾(阖庐),吴王僚又叫州于。"阖闾"和"州于"都是吴越语音的名字。在其他名物上也有同一事物因语音不同而有不同称谓的。如著名的张良遇黄石公于圯上的故事,圯上老人的"圯"是东楚方言,华语为"桥上老人"。胡和眜是同一人的话,只因华语标音和地方语标音不同所致。我以为这个推论是比较合乎当日的史地情况的。可惜南越距今已二千二百年,当日的方言已无征,今天已很难取得确证了。

(四)"文帝九年"铜句鑃

一套八件,出西耳室。该室共出三套青铜编乐,从通向前室的过道口处沿着石墙根排列:第一套是纽钟,十四件;第二套是甬钟,五件;第三套是句鑃,八件。这套青铜句鑃八件的造型相同,大小次减。器形硕重,胎壁较厚,柄身合铸。柄为长方形实体,上宽下窄,舞面平整如橄榄形。筒体上大下小,口呈弧形,全器光素无纹,仅一面有铭文:"文帝九年乐府工造",阴文,小篆体,文分二行,其下每件均刻有编码,最大的一件"第一",最小的一件"第八"。"第一"的通高64厘米,重40公斤,"第八"的通高36.8厘米,重10.75公斤。

上文提到汉廷中央派陆贾第二次南来劝说赵佗归汉,于是遂有赵佗上汉文帝书之举。这套铜句鑃铭的"文帝九年"指的是汉文帝还是这墓的主人南越文帝呢?答案只有一个,绝对是南越文帝。因为自汉武帝首创"建元"的纪年年号之后,当代的帝王才有用年号纪年的,但在中国历史上的君主时代,帝王在生就以谥为号的,除了周文王、周武王之外(如著名的青铜"利簋"是周武王灭商纣之后第八天铸的,有铭文三十二字,第一句就是"武王征商"),只有南越一主赵佗不忌讳自号南越武帝,二主赵眜也自称文帝。句鑃上的"文帝九年"纪年无疑是赵眜(胡)自公元前137年(汉武帝建元四年)登基后的第九年铸制这套编乐的。"文帝九年"即汉武帝元光六年,为公元前129年。"乐府"是古代掌管音乐的官署,"工"是古代掌管百工的长官"工师"的简称。秦及汉惠帝时已设有"乐府令",到汉武帝时定郊祀礼,立乐府,掌管宫廷,巡行、祭祀所用的音乐,兼采民歌配以乐曲。由此表明南越国仿效秦汉制度也设有乐府的。

"句鑃"又名"钩鑃",一种打击乐器,形体小的可手持敲击,与钲同。形制似商周的铙,但铙的腔体宽短,句鑃体长,纵向的长度大于横宽,横截面呈椭圆形,口向上,顶有一柄或扁平或圆柱形。从传世和出土有铭文的句鑃，证明它是一种燕享的乐器。其组合的数目，有一、二、七、八、十一件不等。出单个的见于湖北荆门包山第 2 号战国墓，该墓的棺椁保存很好，未遭盗扰 [4]。出二件的，均有铭文，自铭 "钩鑃"，如清代中叶浙江武康县出的 "其次句鑃"，郭沫若考定为战国之器 [5]；还有 1977 年浙江绍兴市狗头山出的 "配儿钩鑃" [6]。出七件的在江苏武进淹城内城河，大小相次，可能是完整的一套 [7]。本墓所出八件是青铜句鑃中唯一既有绝对纪年，又有大小相次的自编序号。经测定，音质尚佳，可用以演奏。数量最多的绍兴战国墓所出为青瓷烧制的，共十一件，大小相次递减，为所见句鑃中组合数量最高的 [8]。

西耳室共出三套青铜编乐：从通前室的过道口处沿着石墙根排列，十四件的纽钟，五件的甬钟，八件句鑃。纽钟、甬钟均为中原汉文化的乐器，句鑃是东南沿海古吴越乐器，盛行于春秋晚期至战国年间，多出于长江下游的徐、楚、吴、越等地。代表两种文化的乐器同出一墓，共置一室，这个现象或可视为南越国时期的岭南地区，汉越民族 "杂处"，来自中原的汉文化与当地的土著文化并存融汇发展的一种反映。

（五）战船纹提筒

出西耳室。为圆筒形，子口，圈足，复耳，外耳呈桥形，上半已缺失。内耳为贯耳，孔内尚有穿藤的残段。外耳是用来系绳提取的，内耳是用来贯绳带（藤）以固盖的。这类有子口的提筒用木盖，已朽。底部向内收，形成圈足形。这件提筒的器身有四组纹带：近口沿处一组，近圈足二组，这三组纹带以勾连菱形纹为主，上下辅以弦纹、点纹和锯齿纹组合成。中部的一组战船纹，宽约 12 厘米。四只战船均铸刻阴纹，首尾相连绕成一圈。就目前所见传世的和出土的铜鼓及提筒上的船纹图样，以此最为复杂和完备。

船的形体与结构情况为：四船的形制大同小异，两船为一组，两组分别主要在于船舱的表现形式和船上个别人物的活动状态有不同。第一组的二只船中，有一船的船体刻划出六格（段），表示船内分有六个舱室。其中第二个舱室内，刻划四面大铜鼓。第四个舱室较短，内装一件如炊具形状的器皿。另一船纹在脱去锈层后，纹样已模糊不显。第二组的两船，分别刻出五舱和六舱，船身只有装饰线纹，舱内无勾勒出装载的物品。四船均首尾翘起，各竖有一杆小幔（副帆）和羽旌。船首立一鹘鸼（按《尔雅·释鸟》舍人注：鹘，"今之斑鸠"。又《海物异名记》："越人水战，有舟名海鹘，急流浴浪不溺"）。舷板前端即鹘鸼之下和船尾羽旌处各有一个圆眼形饰。船的前部立樯桅，后部建栅台（瞭望台）。台下有一个鼎状的大容器，其中的二船在台前或台后还有一件相类似的容器。船上无桨楫和水手，仅尾部设有一把弓状大橹。船的前后还有大海鸟、海鱼和海龟的图形。

船上的人物活动情况：每只船上有六人，均跣足，其中五人为执兵的武士，头戴高羽冠（或皮弁），腰围羽裙，并系有短剑。还有一个是俘虏。此外，四船的船头处均倒悬一具首级。

第一的两船，人物的动态与服饰相同，站在船头的一人，左手执弓，右手持箭，抬头向前眺望。在桅杆后面一人端坐于铜鼓上，腰际无羽裙，但挂短剑。左（或右）手执棒锤作击鼓状，右（或左）手按在一个鼎形器上。桅杆上悬楹鼓，下靠一个盾牌。瞭望台前有一人，右手持利剑，左手牵扯着一个俘虏的长发。俘虏裸体、双手反剪，踞坐在船板上。站在瞭望台上的武士，手持弓箭，翘首远眺。船尾一人两足叉开，一足踏船板上，一足踩在槽杆上，双手摇橹前进。第二组两船上的人物，有个别的与前稍异。如站在船头的武士，其中一人手执弓箭，另一船头的武士则一手持钺，一手倒提一具首级，站在瞭望台上的武士，头上戴皮弁。有手执弓箭的，或一手持钺，一手倒提一具首级的。

综合这四只战船图纹的异同，可得出以下的几点：第一，作为船上的推进工具，设有一橹三帆，表明这是一只大型的海船；第二，四船的风帆只勾勒出桅杆和帆下的一羽饰，桅上的风帆因为高出船体许多，故略而不表，这样可使船上人物活动的画面更大，有利于主题突出；第三,四只船同朝一个方向（右方）前进，船上羽旌、羽饰和人戴的高羽冠都迎风后扬，显示这些战船正在鼓帆，摆橹朝前疾进；第四，船上五个执兵武士的兵械有弓、箭、剑、斧、钺和盾牌；第五，船上载有首房和缴获而来的重器——铜鼓等物。把以上五点概纳起来，这些船纹的主题就看得更为清楚：打了胜仗，大有斩获，凯旋而归。近四十年来广州汉代考古已发现过一批陶的、木的航船模型，成为国内出土船模最多的一个地方。所出的船模虽然类型多样，但都是航行于内河的平底船。今次这四只船都是海船，且有樯桅风帆和橹的装备，是广州考古发掘中首次出土的海船资料，这对古代番禺港史的研究，有十分重要的意义。

如果联系到云南石寨山滇墓出土的铜贮贝器上的杀人祭铜柱的场面，对比这四只船纹，船头悬首级，船上武士手提首级，还有手持利剑对着俘虏等形象。船纹的主题是否有可能属于一种"祭江神的水上活动"呢？答案是否定的，因为：一、船上的武士剑拔弩张，只有战斗气氛，没有丝毫作祭祀活动的反映；二、船上也无作祭祀活动的任何道具；三、武士坐的是铜鼓，舱室内装载的是铜鼓，这些被古代少数民族视为重器的物品，从其在船上所处位置，解释为缴获的战利品是最恰切的。所以，与祭祀毫不相干。

从目前已发表的考古材料得知，提筒这种器形仅发现于我国南边的云南、广东、广西和越南的北部。在云南和两广地区发现战国至西汉初年的铜提筒有二十三件（不包括已发掘尚未发表的材料）。越南北方的陶盛等处出土十件提筒，河内历史博物馆还藏有二十件之多[9]。这些提筒纹饰都以几何图形的纹带为常见，船纹的很少。船纹提筒以广州南越王墓出土的这件和越南陶盛、越溪发现的各一件[10]最具代表性。广州的两汉墓都出提筒，流行的时间很长，但铜提筒则只见于南越国时期的墓中。关于提筒的用途，越南的学者称之为"缸"，作为大型的储物容器用，器内也发现过人的遗骨。云南发现的有作为藏货币用的贮贝器[11]。广州汉墓中出土的提筒都与饮食等器在一起，南越国时期墓出土的一件大型陶提筒，腹下近圈足处还有一段圆管形的"流"，类似今日的"茶缸"。另一座东汉初年墓出土的陶提筒，盖内有"藏酒十石，令兴寿至三百岁"的墨写隶书文字[12]。这都表明在广州发现的提筒都为藏酒的用器。

古代，中国的岭南、西南地区和越南北部同为百越民族的聚居地，提筒与铜鼓是这个地区最具地方文化色彩的大型铜器。有人作过统计，我国现存有一千四百多面铜鼓，其中有船纹的仅二十七面，仅占 0.2%；越南有"东山鼓"一百零五面，有船纹的十三面，仅占 1.2%[13]，这表明铜鼓中有船纹的也为数不多。有学者对这类船纹作过分类的研究，把这些船纹分为七种类型，即渔船、交通船、战船、祭祀船、竞渡船、游戏船和海船[14]，我以为依据船纹图象所反映的事物不同而作出的分类是切合实际的。当然，人们对同一事物会有多种不同的看法。比如，也有学者把这类战船的图纹，看作是"属于祭江神的水上活动"[15]，我认为这个看法考虑欠全，我的理由已如上述，不赘。

（六）"蕃禺"铜鼎

南越王墓出土铜鼎三十六件，分有战国楚式鼎一件，中原的汉式鼎十八件，其余的十七件均为越式鼎。在四件汉式鼎和二件越式鼎上刻有"蕃禺"或"蕃"等字铭文，还有一个铜壶肩部刻有"蕃禺三斗"，一个铜的腹下刻"蕃禺三斗"，这些铜鼎铭文对"蕃禺"的标记有全有简，下举三例：

例一，器盖和器腹同刻"蕃禺"的。如 G64 是一件汉式鼎，盖刻"蕃禺少内"，腹刻"蕃禺少内容一斗大半"。

例二，盖腹所刻稍异。如 G66 的一件汉式鼎，"蕃禺少内"，腹刻"蕃禺少内一斗二升少半"。

例三，盖腹均刻一"蕃"字。如 G53 汉式鼎，盖刻"蕃一斤九两少内"，腹刻"蕃容一斗一升"。还有在 G36 的越式鼎口沿处刻"蕃三斗"三字。

从以上列举得知，"蕃"即"蕃禺"的省称。蕃与番古通。蕃原先都有草头，大概到东汉时写作番的。蕃昌，在东汉灵帝光和六年（183 年）《白石神君碑》中作"番昌"。广州东汉砖墓的墓砖上有"番禺丞"的砖文，香港九龙李郑屋汉墓的墓砖上有"番禺大吉"的印文[16]，都是物证。查考番禺这个地名是岭南在秦统一以后最早见诸史籍记载的五个地名之一，见于文献的如《淮南子·人间训》中"一军处番禺之都"和《史记·南越列传》中"番禺负山险，阻南海，东西数千里"。上述鼎铭的"蕃禺"则是见于考古发掘的出土物证。为什么地名为番禺？主要有二说：一是"番禺县有番、禺二山，因以为名"（《初学记》引五世纪的《南越志》，这是见于史籍解释番禺得名的最早记载）；二是见于《水经·浪水注）"番山之禺"。二说都认为是从番禺二山或番山而得名的（今据"蕃禺"铜鼎的铭文，此说可予否定。因为番禺二山（还有番禺三山说）的坐落位置，历来众说纷纭，有番北禺南、番南禺北，还有番东禺西等不同的说法，莫衷一是。而且《南越志》的番禺二山之说是在秦置番禺县之后七百年才出现的，对比以上铜鼎刻铭中蕃禺这地名有省称"蕃"的标记，可以证明这一说法是后人把秦置的县名附会于县城内外的两个小山丘而来。理由是假若这个名字真的是由番山禺山的二山合称，是不可能同时出现仅用一"蕃"字作简称的。比如福建是福州、建州的合称，简称曰闽，因秦时在此置闽中郡。安徽是由安庆与徽州得名，简称曰皖，因境内有皖山（天柱山）而来。广州又称羊城，穗城，是由五羊衔穗的神话传说而来，那末，番禺又作何解？按蕃通藩、番，《周礼·秋官大行人》："九州之外，谓之蕃国"。蕃国即番国、番邦之意。后世还有把外国人叫作番人，粤人还把外来的东西冠上番字，如番茄、番茨、番瓜、番荔枝、番枧等。禺是区域的意思，《字补·部》："禺，区也"。《管子·侈靡篇》尹知章注："禺，犹也……每里为一禺"。所以，番禺一词意为"岭外藩国南蛮之地"，这大概才是秦时对蕃禺命名的本义。"蕃禺"铜鼎又是今广州城见诸《史记》"番禺"城（都会）记载最早的考古物证。

（七）错金文虎节

出西耳室。出土时全器用丝绢裹缠，锈蚀呈翠绿色。去锈后显出错金铭文和镶嵌金薄片的斑纹。长 19、高 11.6、最厚处 1.2 厘米。全器如一平板，铸成一只蹲踞正欲跃起的老虎，张口露齿，弓腰，尾上翘卷成"8"字形，气态威猛，前后足下铸出浅槽。头、足及转折之处和脸部的皱纹等都以粗线条勾出，层次清楚，斑毛和铭文是铸出凹槽，然后用较厚的相应图形的金片嵌入。正面错金铭文为"王命命车徒"五字，还镶嵌有斑纹的金片二十七片。背面无文字，仅嵌三十三片斑纹的金片。眼、耳另用细小的金片勾出。虎节的铜胎经电子探针分析，含锡占 40%，错金薄片含金量 97.58%。

《周礼·地官·掌节》："凡邦国之使节：山国用虎节，土国用人节，泽国用龙节，皆金（铜）也。"又《小行人》："达天下之六节，山国用虎节，土国用人节，泽国用龙节，皆以金（铜）为之；道路用旌节，门关用符节，都鄙用管节，皆以竹为之"。1957 年安徽寿县发现"鄂君启节"状如竹节 [17]。1946 年湖南发现铜龙节 [18]，正面铭文"王命命传赁"，背面为"一棓饮之"。传世有"王命传"铜虎节，铭文为"王命命传赁"五字，与发现的龙节同。错金铭文的虎节，目前仅见于南越王墓中出土的这一件，原来应是成对的，另一件还应有若干错金铭文，合起来成一句完整的王命的命词。若从器形、铭文与纹饰来看，器与楚文化有渊源，为战国时器。

（八）玉剑饰与"丝缕玉衣"

南越王赵眜身佩铁剑（经化验属低碳钢）十把，左右各五。其中有五把为玉具剑，附有玉剑饰共十五件。另外，在西耳室的一个漆盒装有四十三件玉剑饰（分有剑首十，剑格十六，剑王璏九，剑珌八件）。两者合计共五十八件。一墓出土如此大批的玉剑饰，在汉代的考古发掘中实为首见。

剑上饰玉，以三门峡的虢国墓地的西周晚期 M2001 号所出一把铜剑为最早，该柄铜剑的茎上纳一青铜剑首[19]。又，江苏六合县程桥第 2 号春秋晚期墓出的一把铜剑，饰有青玉剑首和剑格各一件[20]，可视为玉具剑的雏形。到战国早期的曾侯乙墓，在铜编钟架上的多个铜人立柱上，铜人均腰挂短剑，剑鞘上饰有长方条状带銎的突起物，这是目前见到最早的饰于鞘上的剑璏[21]。附有四件玉剑饰的长剑始于汉代，称玉具剑。而玉具剑一名也见于《史记》和《汉书》[22]。关于这四件玉剑饰的称谓，有的学者有不同的意见[23]，我们在编写《西汉南越王墓》（发掘报告专刊）以及本文中都按习惯采用考古发掘中较常用的剑首、格、璏、珌的称谓。虽然一剑四玉饰在汉代已成定制，但汉代的剑并不是每剑都附有四件玉饰的，就以南越王赵眜身佩的五把玉具剑为例：其中四件玉剑饰俱全的有二把；只有玉剑璏、玉剑格的一把；只有玉剑首、玉剑格的一把；还有一把较特殊，剑首、剑璏、剑珌都用青玉雕制，但剑格是硬木制作的，已朽坏，尚有木痕可认。下面举此为例说明：

剑（D89）为长身短茎式，通长 110.8、茎长 13.2 厘米。鞘与剑身锈蚀一起，鞘为竹胎，外缠丝带，髹漆。茎为铁芯上下夹木板，缠以丝緱，保存尚好，丝緱是用丝线编成的辫绳捆成两头高起，中间微凹的一段圆柱体。三件玉剑饰因铁剑锈朽而脱落，与剑体分离，但鞘上有明显的纳璏痕迹。

玉剑首（D89-1）。圆形。面径 6、底径 5.4、边厚 1.85 厘米。器形厚重，两面有纹饰。正面当中鼓起，饰四组涡纹，外沿有一对圆雕的螭龙，攀援于外壁上，龙头及一前爪攀至器表，躯体的大部仍悬于壁侧上。两龙背向，独角，双趾，长尾呈卷索形，矫健有力，背面纳茎处有一圈浅槽和斜穿孔。

王剑璏（D89-2）。扁长方形，中部微拱，两端下卷，銎孔偏靠一端。原已缺失一角。通长 11.5、宽 2.35、高 1.2 厘米。正面高浮雕两组兽纹，其中一组有一小猴手牵绳索，套住一只朝前突奔的尖嘴兽，有一段绳子已断，故图像不全，另一段缺失，仅见三处有兽的足趾和一段卷索形的兽尾，原物可能是一条螭龙，原已缺失的一角，断裂面已磨蚀平滑，表明此件为墓主生前佩挂的实用物。

玉珌（D89-3）。侧视呈不规则的梯形，通长 4.2、上宽 7.1、下宽 8.2、中厚 1.8 厘米。器形硕大厚重，一条高浮雕的螭龙，攀踞于珌的侧端，龙身跨越珌的两面：后半蜷曲于珌的一面；前半攀援到另一面去。龙首悬空，躯体矫健。珌的另一面还有浅浮雕的龙纹。两龙均有云气相衬托。珌底纳鞘的长方孔，有排列整齐的管钻痕迹，分三行，每行五钻。加工钻成一个纳鞘的小孔，要钻孔十五次，可见当日琢成一件剑饰费工之大。

南越王赵眜身穿的"丝缕玉衣"出土时已塌下压至扁平贴地，其下仅有很薄的一层棺椁板灰。玉衣之上还覆盖有由大小十块玉璧构成的组玉璧一串和由三十二件透雕玉饰件、玻璃珠、金珠等组成的组玉佩饰一套。为了保证玉衣复原的可靠有据，发掘时用整取方法，用木箱把玉衣整体装运回室内再分层揭取。经修整复原，这套玉衣是由头套（面罩）、衣身、左右袖筒、左右手套、左右裤筒及两鞋共十个部份组成。全长 1.73 米，共用 2291 片玉片组成，经选取十片玉片作玉质鉴定，有九片是真玉（软玉），一片是假玉（可能为云母石英岩）。其中的头套（面罩）、手套和鞋的玉片均在片角处钻孔，以朱色丝线连缀；其他部分的玉片都是粘贴在麻布的衬里上。玉片表面用朱红色窄丝带作交叉粘贴，再用朱色的宽丝带沿着边缘呈纵横粘连，构成一幅连续的网格状图形。

就目前已发表的材料统计，其中西汉年间完整的玉衣有四套，中山靖王刘胜及其妻窦绾的两套是"金缕玉衣"，分别为元鼎四年（前 113 年）和太初元年（前 104 年），另一套金缕玉衣为五凤三年（前 55 年）的[24]，南越王赵眜约死于元狩元年（前 122 年），比刘胜早死约十年，所以这袭"丝缕玉衣"在汉墓发现的完整玉衣中，属于年代最早的一套；同时"丝缕玉衣"未见于文献记载，对研究汉代玉衣的源流、制度等方面，无疑又是一项最新发现的材料。

秦汉时期是岭南地区历史发展的一个至为重要的时期。岭南第一个封建割据王朝——赵佗的南越国在这时建立。赵佗是真定（今河北）人，为赵国之后，赵氏在岭南的统治若从秦始皇二十八年（前 219 年）派五军逾五岭入越为上限，是年统帅屠睢为越人所杀，"秦乃使尉（赵）佗将卒以戍越"，下限到汉武帝元鼎六年（前 111 年）灭南越国止，前后长达一百零八年。自二主赵眜墓发现之后，南越五主就只剩下一主赵佗的墓尚未发现。赵佗是南越的开国之君，他实行民族和睦政策，倡导汉越人民通婚，还在国中委越人首领以丞相等高位。赵佗在位六十七年，这期间民族融合，国内安定，成为南越国最鼎盛的时期。可见赵佗墓的规模更为可观。但佗死后，其墓秘密营葬，不为人知。自三国孙权寻掘未得以后，佗墓在哪里一直为人们所关注。今有赵眜墓的发现，对今后探寻赵佗墓的所在，有了一个准确的座标。

注释：

[1] 尾山胜：《关于西汉南越王墓出土金印"文帝行玺"的考察》，《古代文化》36 卷 10 号，1984 年 10 月。

[2] 广西壮族自治区博物馆：《广西贵县罗泊湾汉墓》，94 页，文物出版社，1988 年。

[3] 饶宗颐：《南越王墓墓主及相关问题》，《明报月刊》21 卷 4 期。

[4] 河北省荆沙铁路考古队包山墓地整理小组：《荆门市包山楚墓发掘简报》，《文物》1988 年 5 期。

[5] 容庚：《商周彝器通考》图 936。

[6] 绍兴市文管会：《绍兴发现两件钩鑃》，《考古》1983 年 4 期。

[7] 转引自《中国青铜器》，291 页，上海古籍出版社，1988 年。

[8] 同 [7]。

[9] 黎文兰等：《越南青铜时代的第一批遗迹》，1963 年，梁志明译本，1982 年中国古代铜鼓研究会出版。

[10] 同 [9]，141 页，图Ⅸ–2，144 页，图Ⅹ。

[11] 昆明市文物管理委员会：《呈贡天子庙滇墓》，《考古学报》1985 年 4 期。

[12] 广州市文物管理委员会：《广州汉墓》，323 页，文物出版社，1981 年。

[13] 李伟卿：《铜鼓船纹》，《中国铜鼓研究会第二次学术讨论会论文集》，1986 年。

[14] 黄德荣等：《铜鼓船纹考》，《中国铜鼓研究会第二次学术讨论会论文集》，1986 年。

[15] 同 [13]。

[16] 屈志仁：《李郑屋汉墓》，香港，1970 年。

[17] 殷涤非、罗长铭：《寿春出土的"鄂君启金节"》，《文物参考资料》1958 年 4 期。

[18] 流火：《铜龙节》，《文物》1960 年 8、9 期。

[19]《虢国墓地再次出土大量珍贵文物》，《中国文物报》1991 年 1 月 6 日第一版。

[20] 南京博物院：《六合程桥二号东周墓》，《考古》1974 年 2 期。

[21] 河北省博物馆：《曾侯乙墓》上册，77～84 页，文物出版社，1989 年。

[22]《史记·田叔列传》："有诏募卫（青）将军为郎，将军取舍人中富给者，令具鞍马、绛衣、玉具剑，欲入奏之"；《汉书·匈奴传》："（呼韩邪）单于正月朝天子于甘泉宫……赐以冠带衣裳、黄金玺、盭绶、玉具剑、佩刀……"

[23] 那志良：《玉剑饰命名之探讨》，《故宫季刊》5 卷 3 期（1971 年台北）；周南泉：《玉剑具饰物考释》，《文物与考古》1982 年 6 期；高志喜：《谈谈剑饰名称问题》，《文物与考古》1987 年 5 期。

[24] 河北省文物研究所：《河北定县 40 号汉墓发掘简报》，《文物》1981 年 8 期。

原载台湾《中华文物学会》1991 年年刊，又见《广州文博》1991 年第 1 期。

神秘的南越王墓

——广州象岗西汉赵眜墓发掘记

羊城六月，骄阳似火。

轰隆隆的推土机声终于在广州市区北面越秀公园西侧的象岗山平静下来了。经过五百多个昼夜的数部推土机的推压，原来海拔49.7米的风化花岗岩石山——象岗已按设计图上的要求，只剩下海拔32米了，换句话说，象岗的山顶被拦腰斩去了上截，出现了一块五千多平方米的空地面。广东省的一些机关单位正准备在这里盖几幢宿舍大楼，建筑工人加班加点清理场地，挖掘大楼的基础墙坑。人们挖土担泥，装车堆石，象岗工地一片繁忙景象。

突然，"砰"的一声，一位民工的锄头碰到了硬物，震得虎口都发麻了，他低头一看，发现锄下露出一块大石。再向周围扩展，原来地下有许多巨大整齐的大石，连接成片，石与石之间有缝，塞满了黄土和碎石块。人们挖开一条石缝，下面黑洞洞的，似乎是一座地下建筑。工人们都感到十分诧异，因为这个地平面距离原山顶已有18米深了，怎么会冒出成片平整的人工砌筑的石块呢？刹时间，象岗工地围满了人，大家七嘴八舌，有人讲是防空洞，有人认为是当年日寇侵占广州时的地下军火库，也有人说是过去有钱人家挖的秘密窖藏。纷乱之中很块就有人找来了十字镐和铁钎，正准备撬开大石摸清下面的底细。这时，省政府基建工程人员闻讯来到现场，基建科邓钦友科长是一位业余文物爱好者，喜欢翻阅《文物》和《考古》杂志，具有田野考古的一些基本常识，他仔细观察现场后，怀疑下面是一座古墓。于是，他立即制止了民工冒失的行动，并马上打电话向广州市文物管理委员会报信。这样，现场得到了保护。

一切是那样的平凡而又富有传奇色彩，邓科长丝毫也没有料到，一座"失踪"了两千余年南越王国的陵墓正在他的脚下。1983年6月8日下午，邓钦友挂的这个普通的电话，揭开了发掘岭南地区最大、出土文物最丰富的第二代南越王墓的序幕……

一、羊城迷雾

在邓钦友向广州市文物管理委员会报告发现一座神秘古墓之前，让我们先来探视一下笼罩了广州两千余年的一个历史迷雾吧。

广州，是中国南方一座风光旖旎的城市，又是一座历史文化名城，她地处亚热带，得天独厚，自然环境十分优越，背靠白云山，滚滚的珠江前后航道横穿城市，奔流入海。水陆交通十分发达。广州境内河道纵横，土地肥沃，四季如春，终年常绿，像镶嵌在南海之滨的一颗明珠。据考古材料表明，远在四五千年前，广州的先民已在此生息、劳动，世代繁衍。那家喻户晓的五仙人骑五色羊降临在这个地方，给广州人送来五出谷穗的动人神话传说，给广州增添了"羊城""穗城"的美称。滔滔的珠江，葱茏的南岭，孕育了一个强悍的民族——南越族，勤劳的南越人民在这片富饶的土地上，谱写出广州地区远古历史的篇章。到了秦末汉初，南越出了一个传奇式的人物——赵佗。他成了岭南地区历史上叱咤风云的第一人。

根据《史记》和《汉书》中南越传的记载，赵佗是河北真定人。青年时代随秦军出征，英勇善战，在平定岭南的战役中屡立战功，声名显赫，被秦始皇授为新设立的岭南三郡中南海郡的龙川县令。秦朝末年，南海尉（郡的最高军事首脑）任嚣病重，由赵佗继任南海尉。佗乘中原陈胜、吴广起义，豪杰相继叛秦，楚汉相争，天下大乱之机，断绝了秦时开辟交通中原的新道，派兵设关据险扼守，还出兵吞并了桂林、象郡，拥兵自立，建南越国，定都番禺（今广州）。

赵佗据岭南立国。闭关自治，避开了中原战乱南侵，在境内实行了有利于岭南发展的"和集百越"的民族政策：提倡汉越杂处，尊重越人的风俗；任用越人首领为国的重臣，治理颇有成效。赵佗身为汉人，又推广中原地区先进的生产技术，使落后的岭南地区得到迅速开发，随着南越经济的发展，国力也逐渐强大起来。汉高祖十一年（前196年）派陆贾出使南越，封赵佗为南越王，并盛赞赵佗治理南越"甚有文理，中县人以故不耗减，粤人相攻击之俗益止，俱赖其力"。到吕后时（前187~前180年），实行别异蛮夷的政策，禁南越关市。赵佗发兵攻打北邻的长沙国，并自称南越武帝。汉文帝元年（前179年），陆贾再次出使南越，汉越恢复通好，佗虽表示去掉帝号，但在上汉文帝的书中却得意洋洋地说："老夫身定百邑之地，东西南北数千里，带甲百万有余。"虽然是夸大其词，但亦反映出南越当时确具有一定实力。南越国共传五世九十三年，元鼎六年（前111年）为汉武帝所灭。

岭南濒临南海，都城番禺又是岭南地区各种特产的集散地，珍宝充积。南越王在世搜罗许多奇珍异宝供自己享用，死后还要带入陵墓中随葬。虽然南越王生前称霸岭南，显赫一时。但南越毕竟只是一个地方割据政权，大汉王朝迫于政权初定，国力有限，鞭长莫及，一时无力南下，只得承认这个小朝廷，为的是以后寻机会消灭它。因为天无二日，国无二君，南越国始终是汉朝统一岭南进取西南的心腹大患。南越王赵佗大概也看到这一点，汉越有朝一日总会兵刃相见，所以他死后，不可能像始皇帝那样将自己的陵墓造得宏伟巨大，目标显著，他深恐将来给人盗掘甚至鞭尸三百。于是，他千方百计把自己的陵墓搞得十分隐秘，不为人知。据地方史志载，相传南越王"出殡时，多为疑冢，辒车从四门出，棺椁无定处，当时人莫知所在"。

赵佗殁后过了三百余年，已是三国时期，广州属吴国管辖。吴王孙权听古老传闻南越王陵墓中埋有许多珍宝，竟然不顾当时曹魏集团虎视眈眈窥测着东吴的险峻形势，还派出将军吕瑜带上几千步卒。千里迢迢来到广州，打着官家旗号，明火执仗地寻挖南越王的陵墓。他们挖地三尺，把今广州附近不少岗峦都刨了一遍。据晋人王范《交广春秋》和五世纪刘宋时沈怀远《南越志》载，当时只挖到第三代南越王赵婴齐的陵墓，"得玉璧、金印、铜剑之属"。这段记载是否确凿，已无法验证了。但史书却清楚地记载吕瑜未能找到墓葬规模更大、埋葬更为隐秘的第一、第二代南越王的陵墓。

随着历史的推移，南越王的陵墓，愈来愈为人所注目了。有不少人要步孙权的后尘，发着找寻南越王珍宝的美梦。好事者年复一年在广州大地寻觅，其结果仍免不了水中捞月一场空。反而遗留下不少传说，给南越王陵墓增添了神秘色彩。

到了民国五年（1916年），广东台山人黄葵石在广州东山龟岗买了一块地建住宅，挖地基时发现了一座大型西汉木椁墓，椁板上刻有"甫五""甫廿"等文字，轰动一时，被认为是"南越文王冢"，连著名学者王国维等也参与考证。遗憾的是，这只是推测，因为拿不出有力的物证，说明已发现了第二代南越王的陵墓。

20世纪50年代初，广州市文物管理委员会成立，在它的下面设有考古队，这是担负着配合广州市各项基本建设工程的动工施工开展田野考古调查发掘的专职机构。由此，田野科学发掘在广州蓬勃兴起，考古人员试图拨开这层历史迷雾，找寻南越王墓被列为考古队重点文物调查的对象。经过三十余年的努力，在广州市郊区华侨新村、二望岗、王圣堂等多处地点，发现了南越王国时期官吏的墓葬群，已发掘了几百座墓，获不少文物，为研究南越国史增添了极为珍贵的史料。可惜的是，它们都是南越王国臣民的墓葬，神秘的南越王陵墓仍然是未见踪影。

前几年，人体特异功能之风吹遍了神州大地，广州一位特异功能者，自愿用其神奇的功能，协助广州考古队查找南越王的陵墓，但终于不了了之。可以肯定地说，当时南越王是集中了国内最好的工匠和财力，为自己修建永久的寝宫的，他早已做好准备和在世之人打一场旷日持久的珍宝争夺战。

两千多年的岁月流逝了，神秘的南越王陵依旧深藏不露，留给人们的只是一道道幻影。

二、端倪始露

邓钦友怀疑象岗工地地下建筑是一座古墓，但因时间太晚，挂上电话时考古人员已经下班了。他非常焦急，担心现场遭到人为破坏，除了向派出所作了发现情况报告之外，还安排了六个人在工地值班。由于邓科长极其负责，现场得到了很好的保护。

6月9日上午，考古队接到邓科长的电话。考古队中有一条不成文的规定：有报必查。因此队员们素来对群众的举报线索都十分重视，虽然人们有时会将发现的事实夸大或根本搞错对象，但对每一条线索都要查个水落石出。这一次，没有料到，幸运之神正向我们招手。

当我们踏着泥泞的山路赶到象岗时，工地上已经熙熙攘攘围满了人。我们好不容易才挤进去，在看热闹的人群中找到了邓钦友。听完了发现情况介绍后，我们迅速在象岗的现场进行勘查，在已挖开的四条像个"山"字的墙坑中，都有大石板露出，覆盖在石板上的土是经过人工分层夯打的灰黄色沙质土，异常坚实，我们确定这是一座隐蔽很深的石室墓。它的上面已削去17.7米，此墓是构筑在象岗腹心深处，墓顶用大石覆盖。过去，我们在广州东山广州铁路局工地发现过明代太监韦眷的墓，是用石筑的，墓室规模较大，结构牢固。所以开始时，我们还认为这也是一座大型的明墓。

眼前最迫切的任务是尽快探明情况，以便配合基建工程，对发现的古墓作出清理或保护。我们决定立即动手，选定了两条石板接缝下手，将缝中的小石黄土一点点掏去，从缝隙中可以窥视下面是空洞洞的。由于地面的光线太强，虽有手电筒从缝中探照，但仍然什么也看不到。这时，围观的人愈来愈多，看来白天进行探查实在不便，经与工地办公室商定：暂把现场封存保护，待到晚上再继续探明。

太阳落山了，工地除值班人员外，其余的人都离开了，白天喧闹的工地又平静下来。已是晚上九时了，我（编者注：本文由麦英豪、黄淼章合著，"端倪始露"一节中，"我"指麦英豪）半蹲在地下，南面的一道石缝有一个三角形穿洞，最宽处有三十多厘米。我把强力手电筒伸到洞中照射，首先映入眼帘的，是西边石壁上朱墨彩绘的云气纹图画，东边石壁也有，多么酷似楚国漆器上的云气纹！随着手电筒光柱的移动，地下出现了随葬品。使我大吃一惊的是，有一件造型考究类似战国年间的大铜鼎。我有点不大相信自己的眼睛，这时，再也不顾身上穿的整洁衣服了，干脆全身趴在地上，头部尽量靠贴石缝，这样，视线扩大了，在铜鼎的旁边，还有三足小罐、罐等几件陶器，同是西汉初年南越国时期典型的越式器物。好家伙，这不是明墓，而是一座两千多年前的用红砂岩石构筑的石室大墓。

我站起身来，认真地检查已露出的几块墓顶巨石，每块长近3米，宽1米多，厚达0.5米左右，每件大石板重达两三吨。据我所知，汉初，在岭南地区这样大型的石室古墓过去还未有见过，同时，此墓构筑得异常严密，能拥有这么大的权力与财力修建此墓，其身份一定非凡。我摘下眼镜，用手帕擦了擦上面的汗水，好容易才平息了内心的激动。今晚同来的小黄、小陈、小冼三位考古队员一个个轮流"朝拜墓主"——不动声色地趴在地下，从缝隙中窥视墓室，铜器、陶器都慢慢映入了眼帘，队员们觉得像做梦一样，似乎不太相信眼前看见的景象是真的。

我们几个人很自然地凑近一块，每人就所见到的现象发表意见，交换看法。当然，这个发现勾起了我们的思绪，作为广州市的田野考古队员，我们对西安、洛阳等古都的同行十分羡慕，老祖宗的偏爱，给他们留下了众多的文化遗产，简直令人眼红；马王堆汉墓的发掘，随县曾侯乙墓的清理，更使我们望尘莫及；就是和我们一样被称为"南蛮"的广西，竟也有贵县罗泊湾一号大墓的发现，出土数以百计的铜器及竹、木等器，引起了国内考古界的瞩目。广州境内至今虽已挖了数以千计的汉墓，但大墓却不多，而且几乎都被盗过。三国时孙权垂涎而不可得的南越王陵墓，是广州考古的最大希望，但它又是那样神秘，那样不可捉摸。今天，一座南越王国时期的石室大墓，就在我们的脚下，它会不会就是我们踏破铁鞋无觅处的南越王陵墓呢？结论虽然是初步的，但大家的意见却是一致的：从广州已发现的南越王国时期墓群所见来判断，觉得这个估计有如俗话所说"孔子踢足球——虽不中，不远耳"。

根据天气预报，日内广州将有大雨至暴雨。现在墓顶部分已经暴露，如果有大量雨水灌入墓内，后果将不堪设想。必须马上采取应急措施。我走到工地办公室和邓科长及工地工程师商量如何解决，他们表示，工地有的是竹木、油毡，材料和人力都不成问题，现在就可以按你们要求动手设计，今晚通宵施工，到明天早上就可以盖起一个防雨大棚。说干就干，一座长10米、宽6米的防雨大棚施工草图，很快就在工程师的工作台上绘制出来了。

正当我们陶醉在发现了一座可能是南越王陵时，乐极生悲，一个使人冒汗的现象出现在眼前。再次趴在地下"朝拜墓主"的小陈从裂缝穿洞中引颈内望，突然发现手电筒光柱照射到石室南面有一道几寸厚的大石门，石门已被打开，有一扇向内倒塌了！小陈像从炙热的火炉旁一下子掉入了冰窟窿一样，不禁打了一个寒噤："不好了！这墓早已被光顾了！"随后，大家都察看到了在第一道石门之后有从墓道外卸入的泥土，呈坡状掩埋了半扇石门，而第二道石门虽然紧闭，但门上仅存一个青铜大铺首，另一扇不见大铺首了，仅存印痕，看来，历史上的盗墓者已经捷足先登了。我们刚刚兴奋至极的心一下子又像灌了水银一样沉重，难道结构如此坚实，掩埋得这样深邃的一座壁画石室墓也逃脱不了被盗的厄运？

三、初探冥宫

根据地面勘查得知，这座古墓分为前后两部分。在其交界处，有一块狭长三角形的盖板石断崩落。露出一道长2米、最宽0.3米的大缝。为了摸清古墓的情况，我们决定第二天晚上派人入墓室"探险"。

天慢慢地黑了，工地上的工人和看热闹的人都走了，只剩下我们几个考古队员，黑色的天幕笼罩着象岗，墓地上临时安装的几盏电灯发着昏暗的光，象岗沉浸在一片极其神秘的气氛中。我（编者注：本文为麦英豪、黄淼章合著，"初探冥宫"一节中"我"指黄淼章）作为第一个进入古墓探险的人，每当回想起当晚那种既紧张又亢奋的情景，至今仍历历在目：

我看了看表，已是九点五十分了，离预定下墓侦探的时刻只差十分钟。我束了束上衣，顺手拿起手电筒，拧拧开关，一道灯光刺目而出。旋即，我又将灯光灭了。同伴们都默不出声地看着我在准备工作。老麦拍了拍我的肩膀，轻声说"小心点！"又再一次嘱咐："千万注意记住安全第一。下去后记好文物分布的大致情况，为了保护墓内迹象，尽量做到进退均踩同一个脚印。闻到有不同气味或听到异响，迅速靠贴墙壁并往上撤。"我点了点头，极力使自己保持平静。但我感觉到握着手电筒的手在微微地颤动。这次夜探冥宫会是什么在等待着我呢？厚厚的石板将墓室上下的历史整整隔开了两千多年，下面藏着什么秘密呢？

石板下的墓室，阴沉沉、静悄悄，我好像感到一阵阵阴风从下面徐徐飘起，使人毛骨悚然，不禁令我想起一些民间传说：

中国古代帝王为了死后在地下能安寝不受侵扰，总是耗费巨大财富修筑自己的陵墓，在陵墓中设置陷阱、套绳、毒箭、飞刀等各种防御设施，有的陵墓中还刻下各种咒语，谁要胆敢惊动墓主的美梦，就会受到无情的惩罚。在《汉书》的《匈奴传》和《王莽传》中都有用诅咒之术厌伏人的记载。不但东方如此，西方也有。据外国记者报道，不少进入过埃及法老坟墓的人，都会遇到莫名其妙的灾难或得病暴死，人们把它归于陵寝内的厌胜。据说，厌胜也是埃及古代巫士的一种巫术，能诅咒制服人和物。1922 年，曾出巨资主持著名的古埃及第十八王朝国王图坦哈蒙（约前 1361～前 1352 年在位）王陵发掘的卡纳文勋爵，本来保养极好，身体十分健壮，却在主持王陵发掘开启仪式后突然生了一场急病而死去。当时，世界各国的报纸都认为这是古王陵内的厌胜为祟，卡纳文是中了法老幽灵的邪术。1977 年 7 月 14 日，现任的卡纳文勋爵在美国纽约接受电视采访时，曾十分郑重地表示："既不信也不能不信这件事。"同时又立即声明："哪怕给我一百万英磅，我也不愿意进入王陵谷的图坦哈蒙王陵！"因此，在国外，厌胜为祟之说和古代神秘的王陵一样传遍遐迩。

当然，一个考古工作者是不会相信这些近乎神话、荒诞无稽之说的。但作为两千多年前神秘古墓的探险者，我发现自己的心也在激烈地跳动。

十点整，一根长竹竿从裂缝中伸下了墓室。我身挎手电筒。在同伴陈伟汉的帮助下，沿着竹竿慢慢滑下墓室。顿时，一股腐朽而又潮湿的气味袭人而来，我骤感一阵阵阴冷，浑身麻酥酥的。我小心地选好落脚的地方，抬头一望，墓顶由一块大石覆盖，已呈断裂，有将近 10 厘米的错位，好像就要崩落似的。使幽暗的冥宫更显得阴森可怕。我惊魂未定，又被眼前的景象吸引住了：这座冥宫的石壁和墓顶都绘有云气图案，历千年仍色彩斑斓。原来我落脚的地方是墓的前室，东西两侧各有一个耳室，有过道相通。过道的顶石也有较大错位，已松动变化，看上去随时都有倒塌的可能，真吓人！

我轻步跨入东耳室，凭借手电筒的光柱，映入眼帘的是一块从室顶塌下的盖石，打横斜搁在耳室当中。室内有斑驳陆离的大铜壶、铜缸倒卧在一旁，还有铜提筒、铜钫等排列有序地放在一起。最令人惊异的是沿着石壁脚下一个个铜编钟、石编磬整齐地排列着，一根有彩绘的漆木钟巺架在编钟之上，仿佛墓主刚刚离去，那悠扬的钟乐声，依稀在室中回荡。东耳室后部因塌下的石块阻挡，看不清情况。从经验来看，我初步判断此墓下葬后还没有人在我之前涉足过，简言之，古墓没有被盗！这是一座千载难逢保存完整的西汉石室大墓。

我接着又小心翼翼地转向西耳室，发现过道处排满器物，根本不能进入室内。几十个小铜鼎，捆缚成束的铜勺和成堆的小陶罐、小陶鼎等等，有次序地排列着。西耳室内塞满器物，但表面有一层炭化物覆盖。这时，手电筒光也似乎在捉弄人，照在室内炭化物表层竟暗淡无光似的，远一点就看不清楚了。

前室的北面是第二道石门，有两扇彩绘的石门板，关闭得紧紧的，我从门缝中窥看一下，里面黑幽幽的，什么也看不到。

面对着东西耳室的许多宝藏，我疑似在梦幻之中。想不到自己成了这座封闭了二千余年古墓的第一位不速之客。我突然想起《天方夜谭》中阿里巴巴发现财宝时的神态，而现在我连"芝麻、芝麻、开门吧！"这句咒语都来不及说，就置身于一堆古代宝藏中，一时激动之情难以言状。墓上多次传来问话，探询地下的情况，我却惊愕得忘记了回答，兴奋、激动、惊奇交织在一起，使我忘记了自己置身在一个随时都可能有险情发生的古墓之中。

一秒、二秒、三秒……整整过了三十秒钟，还不见墓室下面的动静，等候在地面的老麦焦急了，又连连发问："下面的情况怎样？有什么随葬品？""有宝，大大的有！"激动之中，我竟说不出眼前许多随葬品的名称了，只是机械地回答着，这时才发现自己的音调有些异常。

墓顶裂缝中又传来老麦的话，要我带上一两件器物鉴定。我考虑了一下，决定拿不同质地的器物。我小心翼翼地从东耳室钟架上取下一个铜编钟，前室拿了一件大玉璧，还从西耳室过道口处取了一个陶罐的盖子，逐一记下了它们的位置。

就这样，作为两千多年后的第一位不请自来的客人，我在象岗古墓中停了约十分钟。同伴们七手八脚，把我从石缝中拉了上来，我还来不及擦掉身上的汗水，立即向老麦等汇报："只下到墓的前室，两边还有用大石砌筑的耳室，里面塞满了珍宝。看来，墓室未曾被盗过……"

四、红岩巨室

夜探冥宫的结果大大出乎我们的预料，前室石门已经打开，而古墓却未曾被盗，我们一时无法究明石门是如何打开的。墓葬是保存完好的这个信息激起了我们极大的热情。第三天，我们再作详细的地面勘查。这个石室汉墓构筑在象岗石山的腹心深处，从山顶劈开石山深20

米，凿出一个平面如"凸"字形的巨大竖穴，再在前端两侧掏洞，各凿出一个长方形耳室。总的来说，墓坑采用竖穴加掏洞的形式，再用红砂岩石块贴靠坑壁砌筑墓室。依照生人前朝后寝的布局，前部三室作为朝堂与库藏，墓主棺椁放在后部，即为寝宫。令我们感到诧异的是，西汉初期，全国包括广州地区都盛行土坑墓或木椁墓。有钱人或王侯贵族，则用大木在地下砌筑巨室，还用上多重棺椁。像著名的马王堆汉墓，就用了一椁四棺。而象岗这座汉墓却用红砂岩石块砌筑而不用当时通行的木椁。也许墓主生前已经意识到，广州地区高温多雨，气候忽干忽潮，用木筑椁，容易腐朽，同时也较易被盗。于是，别出心裁使用巨石砌筑，上面铺上数吨重的一块块大石板作盖，然后，层层夯土。这些夯土用黄土掺沙，夯打得异常结实，坚如石层，每层厚约 6～10 厘米不等。因发现时，山岗顶已被推掉了 17.7 米，所以这部分的状况不明，推测夯层一直到山顶，不封不树，不留痕迹，因此才得以隐蔽保存至今。

我们在地面用小铲把墓的坑边找出，坑位全长 10.85 米，前部最宽处约 12～13 米（因两个耳室是掏洞，发掘后正确数字是 12.50 米）。据初步推算，当时在象岗凿出一个深 20 米的巨大墓坑，总石方量超过了 3000 立方米。另外，还要从别处开采大量石块，这些巨石要从远处运来。在两千多年前，地处边陲的南越，其生产力是比较低下的，加上那时交通不便，又无机械，用简陋工具开采，全靠人力运输，每块重几吨的红砂岩巨石怎样搬到象岗山顶，再吊放下 20 米的深坑中，就是有了现代化起重设备的今天，也不算是件容易的事。可以想见，当日一墓之成，不知要耗费多少人力、物力，多少南越臣民为之付出了血汗和生命。

五、超级朝拜

象岗发现大型古墓的消息，使这座只能在广州历史地图上才找得到的小岗，一下子像阿里巴巴的山洞一样，吸引了不少专家学者和各级领导前来参观和"朝拜"。象岗顿时热闹起来，身价倍增。

本来，象岗在历史上曾有过光辉历史，也颇有点小名气。它位于越秀山的西沿，因形如大象而得名。岗脚西南面是古代广州三湖之一的芝兰湖所在，唐时是避风塘。唐朝刺史李翱在岗上建有余慕亭，五羊城的官宦贵胄，佳人才子常在此饮酒游乐、折柳赠别。到了宋元，象岗一带，古树参天，绿荫如盖，牧笛悠悠，樵歌阵阵，芝兰湖轻舸往来，碧绿的湖水倒映出象岗深邃的秀色，"象岭樵歌"闻名广州，成为明代羊城八景之一。芝兰湖到明代中期以后才淤塞，及清已被填平，今天这地方还叫兰湖里。

明朝洪武三年（1370 年），广州城向北扩展，把越秀山与象岗山相连的山坳凿平，在岗脚南面建大北门为广州城通北面的孔道，象岗也就成为广州城北的天然屏障。清朝初年，为了加强广州城防的力量，在象岗山顶筑拱极炮台，和北面桂花岗的保极炮台、东西观音山

（越秀山）的四方炮台呈三足鼎立，遥相呼相应，成为控制广州城北的要塞。

随着岁月的流逝，余慕亭早已难寻影踪，古芝兰湖的水干涸了，古炮台废弃后被掩埋在杂草丛生之中。"象岭樵歌"被人们遗忘了。现代都市的急剧发展使象岗成为楼宇林立的公寓区，水泥车道代替了昔日的石板蹬道，"石屎林"挤走了参天古木，人们再也不能在此发思古之幽情了。只有山上那几颗古老苍劲的木棉树，像不知疲倦的长者，还在风雨飘摇中向人们诉说着象岗的沧桑。

然而，历史往往喜欢作惊人之举。一夜之间，沉默的象岗又声名大噪。广东省、广州市的一些领导，获知发现大型古墓的消息，纷纷抽空到象岗了解情况。不少著名的专家学者以及在广州市的广东省文物考古界人士，也闻讯来到象岗，连续几个晚上，象岗工地灯火通明，出现了不少轿车和省市领导人的身影。

和国内许多古墓发现情况有所不同，象岗这座大墓的顶盖之间有接缝，从缝隙中可以窥见室内一些陪葬物。好奇心和探胜的心理使许多专家学者和领导人也放下了尊严，他们来到工地不久，就都非常乐意地趴在地下观察墓内的情景。这位墓主生前享受荣华富贵，但决没想到，死了两千多年后竟有许多高级人物到他的墓地"顶礼朝拜"哩。

中山大学著名古文字学家商承祚教授，也要从缝隙中窥探墓室，他幽默地对我们说："看来这次我也非得朝拜墓主不可了。"说罢，竟不顾八十高龄，趴在地上兴致勃勃地从石缝中窥视墓中的究竟。人类学家梁钊韬教授尤为高兴，他"虔诚"地伏在墓顶大石上"朝拜"了很长时间才站起来。梁老先生眉飞色舞的对我们说："从墓葬规模及部分陪葬品推测，墓主身份较高，很可能是南越王。我是研究民族学的，今天有机会'朝拜朝拜'一位岭南古代文化的开拓者，也是三生有幸。"

六、巧施烟幕

对于我们来说，发掘工作不像开运动会。体育比赛离不开观众，越多人观看和欢呼助威就越能使运动员兴奋，发挥潜力，使比赛出现高潮。相反，考古发掘需要冷静，许多迹象是在细心的发掘中才能观察到的，因此，发掘是不应受到外界干扰的。我们曾经在广州郊外马路旁发掘过古墓，好奇的群众把我们层层包围了，堵塞交通，分散精神，偶有新的一件随葬品露出，就会引起一阵轰动。更有甚者，好奇心重的观众，在一旁呐喊还感到不过瘾，还要到墓坑内动手才称心，强烈的干扰使我们的发掘工作难以专下心来。

为了保证象岗这座大型古墓的勘查和科学发掘，保障文物的安全，广东省和广州市的领导决定象岗工地建公寓的工程暂停，墓顶石缝回封，不经批准，不再揭开，同时，还决定派出武装民警，在工地四周警戒巡逻，待报中央批准后进行发掘。

领导和我们的担心并非多余的。事实上，古墓所在的象岗今日已属于广州闹市地区，这里有中国大酒店、东方宾馆、流花宾馆在近邻，中国出口商品交易会、广州外贸中心等又近在咫尺，整天行人不绝，车水马龙的解放北路就从象岗与越秀公园之间通过。这一段时间，工地上一连几个晚上有不少轿车光临，许多大干部、老专家教授模样的人物在工地指指点点，"象岗出宝了"的消息，不胫而走，很快就传开了。

一天晚上，我（编者注：本文由麦英豪、黄淼章合著，"巧施烟幕"一节中，"我"指黄淼章）到象岗山下一位朋友家中探访，正碰上他的一帮同学在座，其中有一位家住象岗的公寓楼。我的到来没有打断他的高声谈论，原来他正在介绍象岗发现古墓的情况，讲述着什么他亲眼看见一位如何魁梧威武的壮士只身进入墓内探险，还添油加醋地说墓中有毒箭、飞刀等布满各种机关，幸好锈结不灵了。这位仁兄又说，墓内的金银珍宝多着哩，拿一件就能和"老外"换几十万、几百万美元。他愈侃愈来劲，大伙听得津津有味，都要求这位仁兄领他们到象岗看看热闹，开开眼界。面对此情此景，我真有点进退维谷了。如果我把经过的实情直说，会给他难堪，大伙也要扫兴的。为了今后的工作，我只能守口如瓶，悄悄向主人告辞。当然，对只想凑凑热闹的市民百姓还好对付，碰到新闻记者就头痛了。假如让他们抢发了消息不但不利于我们的发掘工作，更不利于文物的安全保护，得想出一个对策才是。

事有凑巧，5月中下旬至6月初，我们在广州西村发掘了一座西汉早期的大型木椁墓，虽已早年被盗，但盗洞中仍留下二十余件精美的玉器，有玉舞人、璧、璜、虎、剑饰等。我们决定发一条消息，说"广州近日发现一座大型古墓，虽然早期被盗过，但仍出土几件精美的玉器，在广州汉代考古中尚属首见"云云。6月中旬，《羊城晚报》在显著位置刊登了这个考古报道，果然，消息刊登后，象岗山开始平静下来了。连几个报社的记者，两天前还多次打电话找考古队探听古墓的情况，看到《羊城晚报》的消息后，也不再有电话来了。甚至有一些省、市领导，到北京参加会议后回到广州，有人向他们汇报最近象岗有重要考古发现时，他们却十分奇怪的说："《羊城晚报》不是登了这座古墓早就被盗了吧？"没有料到，这条消息起了烟幕作用，真的给我们帮了一个大忙，使我们赢得了充裕的时间为发掘作准备。

七、赴京候命

经过三天的勘查，我们对这座古墓规模的大小、建筑式样以至墓葬的年代等都掌握到一定的材料。根据我国《文物保护法》第十九条关于"需要配合建设工程进行的考古发掘工作，应由省、自治区、直辖市文化行政管理部门在勘探工作的基础上提出发掘计划，报国家文化行政管理部门会同中国社会科学院审查，由国家文化行政管理部门批准"的规定，我们于6月11日给国家文物局发了电报，报告了古墓发现的简况。同时又立即拟订古墓发现、勘查及发掘计划的书面材料。

连日来，天气闷热，到12日下午，乌云压城，一场倾盆大雨足足下了两个多小时，象岗工地顿时成了泥水世界。由于墓地防雨大棚早已盖了起来，四周还加挖了排水沟，所以滴水都未进入墓地。我们十分感激基建工地对发掘工作的大力支持。如果不是他们星夜组织人马抢搭竹棚，让雨水灌满墓室，后果将不堪设想。

这天下午，国家文物局挂来长途电话：发现重要，但电报介绍情况欠详，请即派人来京面谈一切。广州市文化局决定派副局长饶志忠、广州博物馆馆长麦英豪二人赴京汇报情况。

我们二人于15日早上九时许到达国家文物局，这时，顾问谢辰生、副局长沈竹、文物处处长黄景略、文物出版社副社长高履芳、文物保护研究所所长蔡学昌和《文物》月刊编辑朱启新等早已在会议室等着，听了我们汇报古墓发现及勘查情况之后，大家又认真鉴定了从墓中取出的铜编钟和玉璧。沈竹副局长指出："勘查的材料相当详细了，这个发现很重要，看来墓主的规格很高，你们要组织好人力作科学的发掘，并与考古所联系，文物局一定大力支持。我们要派几个人到广州了解情况，协助工作，请黄景略和蔡学昌考虑一下，估计会出现一些什么技术难题，要先作好准备。"谢辰生顾问认为："你们估计墓主可能是赵佗之后的某代南越国王，我看不用着急，将来墓主一定会出来说话的。现在首先要将情况向夏鼐先生汇报，怎样组织发掘主要听他的意见办。"

15、16日我们两次到中国社会科学院考古研究所，因夏先生参加人大会议去了，是由王仲殊副所长等晚上去找到他的，并把夏的意见转告我们说："夏先生听到这个重大发现后很高兴，认为不下于马王堆和满城汉墓。他指示我们要从中国考古事业上来考虑这个问题，一定要把这座汉墓的发掘办好。考古所要尽量运用自己现有的技术水平，尽最大力量投入这项工作中去。考古所要参加发掘工作，而不是去作客，要跟广州的同行一道把这件事情办好，不要把它看成是额外负担，要看作是考古所义不容辞的责任。"夏先生还指出："如果考古所人力一时有困难，有的工作要停就停，要抽调人就抽，一定要把这墓的发掘做好。请通知广州的同志，赶快写个材料通过省报上来，由文物局和考古所会衔上报国务院，待批准之后进行正式发掘。考古所要选派人与地方的同志联合组织成发掘队，但队长要由地方的同志担任，考古所同志也可参加。发掘的出土文物考古所一件不要，为了保证质量，早日把发掘报告出版，考古所要派人参加编写报告，出版时考古所的名字要排在后头。"一段谈话感人肺腑，反映出夏先生对问题看得深，考虑周全，连一些细微之处也点到了，令人敬佩。特别令人高兴的是，考古所的学术重点是中原地区考古和新石器时代及夏文化学，他们的队伍只是在50年代初到了长沙，再不往南，以后一直在黄河流域发掘调查。这次终于越过五岭，首次把队伍拉到广州来，颇有点像当年赵佗在岭南推广中原地区先进的生产技术的味道。也是岭南地区考古史上的一件大事。我们欣喜交加，期待着考古所同行前来广州。

八、外围钻探

南国盛夏，太阳发出极大的淫威，四周被高楼团团围着的象岗山工地，更炙热得像一个火坑。

根据省市领导的指示，考古队在象岗设立了临时办公室。为了抓紧发掘前的准备工作，我们兵分三路：一路由饶志忠、麦英豪上京汇报，等候发掘证照的批准；一路由黄淼章、陈伟汉负责，清理墓道范围；另一路由冼乐、冼锦祥负责，在墓外周围几千平方米的工地钻探，以便确切了解有无其他附葬或陪葬坑，为正式动工发掘做好准备。

外围的钻探非常艰苦，象岗虽是一座风化石山，但土质十分坚硬，探铲碰到岩石，震得虎口发麻，几把探铲的刃口都"炒鱿鱼"（卷刃）或碰崩了，而探铲的铁管，又被太阳烤得发烫，才几天工夫，考古队员们操探铲的双手打起了血泡。这种铲又叫洛阳铲，据说是河南洛阳的盗墓者发明的一种犀利武器，前端用钢打成，呈半月形，后连铁杆与圆筒，再安上长木柄，两手握铲利用自重垂直往地下钻（打），把地下泥土逐筒带上来，一般能钻十来米深，这样，经验丰富的人便可根据钻上来的土质土色情况分出是遗址或墓葬。据说盗墓者根据将近钻到墓底的土质，还可以判定墓葬的年代属商周或汉唐云云。动铲前我们先将工地按南北方向纵一米横一米地划成网格。在每格的交点处钻一个孔，正所谓"天网恢恢，疏而不漏"，结果除建有房子的地方不能下钻铲情况不明外，墓的外圈没有发现其他墓或随葬坑的迹象，由此使我们联想起晋王范《交广二州春秋》中一句话，"越王有奉制称藩之节，死有秘奥神密之墓"。诚然，这块山头在当时全给墓主一人独占了。

墓道的清理一开始就碰上难题。我们首先在地表把墓道壁的坑口找出，量得现存水平长10.3 米，宽 2.1～2.6 米。墓道近墓门处填满了大石，小的数百斤，大的 1 吨左右。非常明显，这是象岗墓主苦心设计的一个防盗措施，这些层层叠压的大石确实起了保护墓室的作用，它使一般的盗墓者望石却步。就算是今天，没有机械也很难将这些填石起取出来。这个墓主一方面凿山为陵，以石为椁；一方面又用许多大石填塞墓道，还设置了二道石门封闭墓室，墓顶又用夯土填平，防盗措施可谓一绝。

象岗山上，一丝风都没有，工地上蒸发着一层层热浪。我们放下手镐，擦了擦满脸的汗水，从墓道走入工棚，拿起一盅凉开水狂饮。一股凉意沁入心扉。看着墓道的许多大石，像一只只拦路虎趴在那里，清理工作基本陷于停顿。大家聚集在工棚，商讨如何租用起重机把大石吊起，往下清理。

我们正在研究，突然，一阵急促的摩托车声传来，一个身穿绿制服的青年跨下车，高声叫考古队收电报，是北京方面来的加急电报，"广州文管会考古队墓道发掘立即停止"。我们一下子楞住了，什么原因，大家都猜不出一个所以然。

　　不少人也许还记得，50年代后期，北京发掘了一座地下宫殿——明代定陵，出土了许多前所未有的珍贵文物，引起了国内外的轰动，定陵地宫成为北京一个旅游热点。其后，举世瞩目的马王堆汉墓发掘、秦始皇陵兵马俑坑的发现，更激起了全国考古界的热情。于是，有人提出想挖明太祖朱元璋的孝陵，西安要求发掘武则天与唐高宗合葬的乾陵……作为考古工作者，谁不想有机会发掘几座帝王陵墓。但是中央规定，帝王陵墓不经国务院批准不能发掘。1982年，国家颁布了《中华人民共和国文物保护法》，更明确规定一切考古发掘都必须得到国家文化行政主管部门的批准。我们手上的这封加急电报，是否文化部不批准我们的发掘申请？

　　我们决定立即暂停墓道的清理，考古队员们聚在一起，揣测一番，大家的心中都有了一个问号。

九、壁垒森严

　　根据省市领导的指示，为了确保象岗古墓的安全和考古发掘不受干扰，公安部门派来了一批武装民警进驻工地，在工地周围设立警戒，荷枪实弹的武警二十四小时站岗放哨，禁止一切外来人员靠近工棚；广州市文化局保卫科长等一班保卫干部也在警戒线的内围轮流值班。一种空前的严肃、紧张的气氛笼罩着象岗。

　　天黑了，象岗四周大楼透射出的若明若暗的灯光，与天空星斗连在一起，闪闪烁烁地照着这块神秘的地方。昔日工地繁忙景象不见了，考古队接到北京的加急电报后也暂停了清理工作，这里呈现出少有的宁静。只有值班的武警战士，忠于职守，轻步地在临时工棚四周走动，似乎生怕因自己的脚步声惊扰了地下这安眠了两千多年的墓主的美梦。

　　7月1日晚，一辆乳白色的小旅行车，穿过黑色天幕缓缓开上了象岗。车上走出几个人，他们是今天专程从北京乘飞机到广州的，其中有国家文物局顾问谢辰生、文物处处长黄景略和李季，还有中国社会科学院考古研究所研究员黄展岳先生。

　　他们在我们的陪同下，走进了工棚，一面听我们的情况介绍，一面认真地考察现场。这批两千多公里外的京都来客也按我们不成文的规矩一个个趴在墓顶石上，从缝隙中间虔诚地"朝拜"墓主。接着，在工棚召集了考古人员的临时会议。谢辰生首先给我们介绍了北京方面向国务院申报的过程："国家文物局和考古所的领导和专家得悉广州有如此重要的考古发现感到十分高兴。鉴于此墓规模较大，有可能是南越王的陵墓，商定由文化部和中国社会科学院会衔报国务院审批。国务院副总理批准了我们的报告。鉴于科学发掘，首先要求尽可能的保护好发现的现场，以便拍纪录片等等的需要，所以来电要求广州暂停对墓道的清理。"

国家文物局决定：由中国社会科学院考古研究所、广州市文物管理委员会和广东省博物馆联合组成象岗汉墓发掘队。任命麦英豪为队长，黄展岳、杨式挺任副队长。文物局要求这次发掘做到两个安全：人的安全和文物安全。当然，人的安全是第一位，也要确保文物的安全。发掘队队员都是选派经验丰富的考古人员，有修复过金缕玉衣的老师傅，有修复保护铜器、漆器的专家，还有年轻的考古工作者和电影、电视等专业摄影师。广州市政府十分重视此次发掘，除了由公安部门派出武装民警保卫工地之外，还专门拨出一幢二层楼宇作临时的文物仓库，这里也有武警日夜值班守卫。同时，还指定由广州市文物管理委员会欧初主任担任发掘领导小组长，市政府特指派施振秘书长为领导小组的办公室主任。施秘书长为发掘制定了严格的纪律，下墓坑的考古人员都凭一种特别证件；墓内出土文物的运送要有三个武装民警和考古人员用专车押送入库，发掘期间，无关人员不得进入工地。这样四方支持，上下齐心，群贤毕集于象岗工地。一场岭南地区有史以来最令人瞩目的考古发掘的帷幕很快就要拉开了。

十、捷报频传

1983 年 8 月 25 日，一个岭南考古史上值得纪念的日子。象岗山上，阳光灿烂，一辆辆小轿车、小旅行车鱼贯驶上了象岗工地，许多省、市的领导抽空来到考古现场参加发掘动工仪式。来自各地的考古工作者，胸前佩戴着特别通行证，身材魁梧的考古所电影摄影师韩悦和助手，早就站在临时搭好的竹棚架上，摄影机的镜头对准了墓地，电视录像师吴继东和负责黑白、彩色照片拍摄的姜言忠师傅，也选好了最佳角度的位置。考古工作者在自己的日志上写下了这样一段话："经过二个多月的周密准备，我们终于盼到了对象岗古墓动手发掘的时刻了。二千多年来，由于墓主生前的刻意经营，他机关算尽独霸了这个山头，深藏异宝。今天，要用我们的双手去打开这个地下博物馆大门。结果如何。不仅广州人在拭目以待，全国的考古、历史学家都在等待着它的最后信息。"

依据勘查中了解到的情况，我们制定了发掘方案，整个发掘分作两个阶段进行：第一阶段是墓室的前部，包括墓道、前室和东、西耳室 4 个部分。着手的第一步是清理墓道，以便从墓门进入，先清理前室，然后腾出前室作活动余地，才可以进行东耳室的清理。据探查所知西耳室器物最多，留在第一阶段的最后进行，待第一阶段结束，总结经验教训之后，再行修订第二阶段的方案。一句话：稳打稳扎，分步实施。

发掘开挖的第一步是清理墓道填石，等待已久的起重机在发掘队长们的一声令下，吊起了墓道中一块块"拦路虎"，这些填石和砌筑墓室的大石一样，同属红砂岩石，但却未经第二步琢磨加工，全为顽石，很可能是当年专门运来填封墓道用的。这墓发掘后，我们曾专门访问了邓科长、工地工程师和推土机司机，都谈到在推象岗的最顶部时，发现许多红砂岩条石，应属清代的炮台的台基。再下，就在此古墓的位置，经常推出大大小小的顽石。由此看来，墓道近墓门处由下至上都有顽石填塞。

墓道的填石吊完了，填土也清掉了。我们十分欣喜地发现，由于墓道填石太大和太多，产生的巨大的压力竟将几寸厚的前室两扇石门顶开，其中西边一扇门和门轴已断，东边的石门框，半腰处被一块巨大的填石打碎了，那块大石仍压在碎裂的门框位置上。这样，我们得出结论：第一重墓门被打开，是由于墓道中回填石块的重力撞击所致。

在墓道的填石移去之后，下面发现了许多陪葬品，有铜器、漆器的残迹和 17 个大陶瓮呈曲尺形排列在西侧与北端。陶瓮只有一个是完整的，其余全给压破了。一个装有车饰铜盖弓帽的长方形木箱，搁在成排的陶瓮上。东侧埋一个殉人，棺材已腐朽了，随葬物只有 1 对鎏金的铜牌饰，其身份似为门亭长一类。显然，在这座石室的门外有一座"外藏椁"，是用大木构筑的。木板腐朽了，只留少许灰痕。接连外藏椁是斜坡形墓道，这里亦埋了一个殉人，棺材已朽，随葬的陶器、铜牌饰、铜带钩分放在两头。在墓门外发现了两个殉人，是出乎大家意料的事。

更令人感兴趣的是，在外藏椁内排列的 17 件大陶瓮中，有 3 件发现打印有"长乐宫器"四字的方形戳印。长乐宫本来是汉高祖打败项羽即皇帝位后在长安建的第一个宫殿。它是由原来秦的兴乐宫修整而成的。汉初，刘邦在此接见群臣和诸侯。大将韩信也是在长乐宫钟室为吕后所杀的。刘邦以后的皇帝移居未央宫，长乐宫称东宫，成为太后的居室。象岗古墓门口外藏椁中这批打印"长乐宫器"戳印的大陶瓮，属于几何印纹硬陶，为典型的南越式陶器，实与汉廷中央的长乐宫无关。但发现了长乐宫这个小戳印，表明象岗这位墓主的身份较高，同时，也说明"宫室百官同制京师"，南越王国诸事仿效汉廷。

前室的东西两壁，前后两重石门及顶部都绘有朱墨两色的卷云纹图案，可见原先的装饰十分华丽，这里象征主人生前的朝堂。室中西边置马车模型，东边置一棺具，髹朱漆，已朽，仍留板灰痕，一殉人仅存少许骨殖，有成组玉佩饰及铜镜等陪葬，还有 1 枚鱼纽铜印，印文是"景巷令印"四字。汉廷后宫有"永巷令"，景永通假，这位殉者当为墓主的御夫。

东耳室顶部有块盖石断裂掉落室中，因过道低而狭窄，石块过大运不出来。加上室内满布器物，实在无法进内操作。东西两耳室同是掏洞然后砌筑的，室顶为山岗的原石层。经过勘查，决定采用"开颅术"——在断石位置把东耳室顶部的石层凿穿，再用起重机把断裂陷落的盖石吊离。这个室最引人注目的是众多的酒乐器具。酒器都是大型的，有瓿、壶、钫、提筒等成双的排列在室内中后部。由于本室面积只有长 5.24 米、宽 1.75 米、高 1.83 米，许多铜器都相互套装，如大小相次的三个铜提筒相互套叠，中间还放有一个大铜钫。令人深感婉惜的是，室中掉落的顶盖板石正打在一件大型漆绘六博棋盘上，盘已全朽坏，剩下鎏金铜框边及四个镶象牙的鹰爪状座足和柿蒂形、菱形等嵌金饰片，六博棋子 12 个，6 个为水晶、6 个为青玉制作。漆木的瑟和琴只朽余瑟枘、琴轸等零件。其中 4 件一套的瑟枘，呈博山状，通体鎏金，以卷云纹为座，卷云上山峦矗立，一群龙、虎、犹、野猪、猴嬉戏于云海山峦间，瑟枘造型奇特，云山动物浑为一体，表现出高超的想象力。

在东耳室，还发现编乐五组。其中 14 件一套的铜纽钟，贴靠在北面石墙，挂在彩绘的漆木钟架上；其下的地板上顺列放置两套石编磬，一套 8 件，一套 10 件；5 件一套的铜甬钟放在室的中部；另有 8 件一套大型青铜句鑃，大小套叠在一起，置于室的后端墙下，这批青铜乐器保存基本完好，后来经北京有关音乐单位测试，音质清脆悦耳，每个钟均能发两个音。在纽钟、石磬旁，还发现一殉人的头盖残骨，还有一些肢骨已漂移了，其附近有少量玉器、铜镜等陪葬。殉者应为乐伎。墓主生前过着奢侈的钟鸣鼎食的生活，死后也不忘这种享乐，竟把大批青铜宴乐器，连同乐师一齐带入墓中。

十一、悬空发掘

第一阶段数西耳室发掘最为复杂和最扣人心弦。

西耳室是各种器用及珍宝的库藏。随葬品数量大、品数多，几层叠压在一起，从过道至室内全塞满器物，有的还滚到了前室。放在室中最上层的是丝织物，估计约有二百匹（在高倍的放大镜下，还可辨认出纱、绢、锦、绣等多种品类），但均已炭化，室内根本无立足之地，更不用说要进去几位队员一起工作了。怎么办呢？如果先将过道的器物清理后移去，再逐步向室内推进，步步为营，也是可以的，但这样一来，就无法取得一张西耳室随葬器物分布的全景照片，而且还容易弄乱器物之间互有的联系，万一不小心弄乱了，将会影响复原研究，导致不可挽回的损失！开始我们真有点似老鼠拉龟——无处下手了。

曾参加过马王堆汉墓发掘的考古所白荣金师傅，提出了一个不会弄乱室内器物堆积的悬空发掘方案被采纳了。老白指挥考古队员先在前室靠近过道处用几个沙包叠置成堆，上面平放一把长竹梯，一头伸入西耳室内，另一头由几个人压住，有如翘板模样。老白小心翼翼地沿竹梯爬入室内，在四个墙角处细心清理出一小块地方，各垫上几块砖头，形成四个砖柱，在柱头上横架木枋，枋上加盖木板，这样，塞满器物的西耳室出现了一个悬空的"二层楼"，考古队员趴在"木楼"上作俯身清理。

老白创造的这个悬空发掘解决了西耳室无法插足的难题。一开始我们趴在"楼"板上操作，还不觉什么，时间一长，两臂双膝都给粗糙的木板磨红了，赶快找来草席垫上，才稍微舒服一点。北方 9 月，已是凉秋，在广州正是"争秋夺暑"的大热天时，负责后勤的谭庆芝、苏桂芬送来两台电风扇，但很快大伙就发现这种清福实在难享。

羊城酷夏，气温已达到三十六七度，在密不透风的地下墓室，更加闷热。电影摄影师韩悦，早就光着膀子，扛着沉重的摄影机工作。在强烈的碘钨灯下，温度计的水银柱已突破四十度大关，风扇中送来的风也是灼热的，还杂夹一股难闻的霉味。考古队员虽然紧张、艰苦，但都充满了欢乐、兴奋之情。我们双眼瞪着随葬器物，手握平头铲或小竹签，一丝不苟地在清理器物，观察遗痕。由于头部向下，不多久，就大脑充血，汗流浃背了。尽管领导多次强调考古队员要注意身体，轮流休息，但人们一进入墓室，就像被磁铁吸住一样，不愿离开。因为这是一次千载难逢的机会，谁不想多看一些出土文物，何况是由自己的双手发掘出来的宝藏；探索奥秘的顽强精神，使我们战胜了炎热，忘记了休息。墓室的灯光，有时亮到深夜一两点钟，甚至通宵达旦。

象岗山上，表面一片静谧，但深埋在其腹心深处的古老陵墓中，保持了两千余年的深邃、阴森、寂静完全被考古队员的清理发掘及电影、电视摄影机的吱吱响声所代替。日本产的 Sony 彩电摄影机、Nikon 照相机、碘钨灯、闪光灯和古老的墓室、各种文物珍宝交织在一起，现代文明和古老文化就这样融合在这座地下冥宫，构成了我们象岗考古队颇为奇特的工作和生活。

西耳室随葬品数量颇多，质地多种多样。包括金银饰件、玉石珍玩、青铜礼器、甲胄弓镞、车马帷帐、五色药石、竹木漆器、石砚墨丸、丝绸衣物及原支大象牙等等。仅铜器就有鼎、壶、钫、瓿、鎏、盆、提筒、熏炉、铜镜、吊铃、牌饰、臼、杵和剑等，每件器物几乎都用丝织物包裹再放在竹笥中。有一个漆盒，里面盛有剑首、剑格、剑璏、剑珌等玉雕剑饰43件，多数刻龙虎纹，有的是圆雕，选料考究，器体硕大厚重，应是墓主生前的心爱之物。还有谷纹的玻璃璧、玉璧、玉环、玉舞人等。一件玉舞人虽然高不盈寸，刻工极细，头梳横出螺髻，身弯体曲，上穿长袖舞衣，长裙拽地，左手上扬，右手甩袖，作翘袖折腰舞姿，舞态极妍。过去发现的汉代玉舞人，均为平极状线雕，这件玉舞人是圆雕的，作跪姿，在汉代玉雕舞人中尚属首见，堪称一绝。

令考古人员尤感兴趣的是，西耳室还发现完整的实用铜杵，铁杵和铜臼共两套捣药工具。旁有成堆的辰砂、铅粒、紫水晶、硫磺、赭石和孔雀石等五色药石，还有中草药、药丸等。这使我们联想到秦始皇派方士徐福率数千童男童女乘船入海求长生不老药的故事，汉武帝也要服食甘露求神仙。"做了皇帝又想升仙"，这是当时某些最高统治者的一种痴望。墓主用大批药石随葬，看来，直至他到了阴间，还未忘亟求长生哩！

在墓室内清理操作，全靠36伏安全电压的灯泡照明，墓内分不出白天黑夜，几乎每天晚上都加班至深夜。东、西两耳室是齐头并进清理的。动手之前，都用电影、录像、照片等手段把墓中的原始状态纪录下来，在发掘中再随时拍摄、绘图，以记下每一件每一组重要文物的发现情况及出土位置。我们整天在墓中钻出钻入，难免衣冠不整，泥水沾衣，过度的劳累使不少人双眼布满血丝、面带倦容，而且身上总带有一股说不出的霉味。为此，我们还闹了一个小小的笑话插曲。

有天晚上，我们干得又困又饿，就稍稍洗刷，到山下一间酒楼吃夜宵。羊城饭店酒家，本以服务周到热情而著称于世。我们这班不速之客突登大雅之堂，酒楼中服务的先生小姐都投以异常眼光。在他（她）们眼中，这批人看上去不大像干苦力的，既不乏斯文又泥水沾衣，还有一股霉味汗酸袭人而来。我们坐了几分钟冷板凳，看到有送毛巾的服务员从旁而过，但不理睬我们，小陈实在忍不住了，点名要服务员送毛巾、夜宵来。一位穿着讲究的小姐很不情愿地走过来，瞪了我们一眼说："送毛巾是要钱的"。遭了白眼，谁叫你衣冠不整，只好相视一笑了之。

十二、夜闯后宫

东耳室的大型礼乐等器已全部起取完毕，发现凡有铜器压着的地方，都有铺地板的朽木保留，板厚 5 厘米，这个数字与前室所见铺地板的板灰痕厚度是一致的。西耳室的悬空作业亦已接近尾声，由于器物重叠，我们采取分层清理、分层起取器物的办法。到 9 月 10 日，西耳室清理工作即将结束。根据开始的计划安排，第一阶段工作完成后，总结休整几天，接着进行第二阶段即后部的清理。第二阶段是整个发掘的关键，因为墓主长眠在那里，温水泡茶慢慢浓，好戏还在后头。

第二道石门关得紧紧的，推不动，顶不起，我们考虑了三种办法：一是从正门进入，假如石门能顺利开启的话；二是揭顶。在后部选定一个合适的位置，把一部分墓顶盖石揭去，考古人员"从天而降"进入后室；三是挖地道，从前室向里挖一条地道通入后部，考古人员通过地道进去。但从前部三室的清理所见，墓室的红砂岩石多已风化松裂，如采用揭顶办法无法保证顶枋石不会碎裂甚至塌陷而直接影响室内文物的安全，也不利于将来墓室的原样保护。至于挖地道，进出都困难，大件的文物也不容易从地道运出，工程量也较大，更会危及墓室基础的稳固。因此，第二、第三种办法都是下策，唯一的上策是想方设法解决"开中门"的问题。

经过仔细的检查，我们发现石门和门框几乎是紧贴着的，不留缝隙。但石门槛不是整条石打成，当中有接缝。这启示了我们可以把这段石门槛拆卸，在此挖一小洞就可以进入后室摸清情况，寻求解决的对策。

9 月 10 日晚，我们在前室后部偏西处挖出一条坑道，从门槛下面穿过通入主室。为了尽量减少破坏面，坑道挖得非常窄，勉强容得下一个瘦个子爬行通过。我（编者注：本文为麦英豪、黄淼章合著，"夜闯后宫"一节中，"我"指黄淼章）和陈伟汉、李季三人接受了钻入主室探查的任务。

我们一个接一个仰躺在坑道中，两肘着地，用双脚跟撑地，一点一点朝里倒爬，慢慢地蹬过了石门，像《封神榜》里的土行孙一样从地下遁入了主室。

室内一团漆黑，手电筒在幽暗的墓室失去了原来的光亮，变得十分黯淡。这封闭了两千余年的主室，充满了潮湿腐朽的气味。我们发现，后部原来有四个室。主室居中，两侧连着东、西侧室。这三个室，在地面勘查时已经清楚了，但主室后部又砌有两石柱，分隔出一个方形的小室，可称为后藏室，这是今晚才发现的"新大陆"。同时，还弄清了墓内共有5个室的墓顶有"挑檐石"的结构。这5个室即前室和后部的4个室。室内凡纵向（南北向）的石墙，墙头上都加了1块宽厚的大石板，石板的一端伸出墙头约有0.5米，有如柱头上的杆木。这样一来室中左右（东西）两壁的墙头上各有石块挑出，状若屋檐下的出挑。墙头加上这块"出挑"的石板，可以减少室顶的净跨，使覆盖在上面的顶盖石缩短了承重结构的距离，有利于承受其上近20米厚夯土的重荷。至于前部的东、西两耳室，因为是掏洞的，室顶的盖石与掏洞的顶留有一点空余，顶盖石没有承重问题，因而这两室的墙头上都没有"挑檐石"的铺砌。

墓主的棺椁位于主室正中，早已腐朽，几个外椁上的大铜兽首跌落在原位置上。东西两壁的"挑檐石"大概由于墓顶的重压，都沿着墙头断开，掉到主室地下，数一下较大的有6块，小的碎石尤多，大的估计不下三四百斤重。这里是古墓的心脏，石头下面压有多少文物，实在令我心塞。在棺椁位置的上层，有两堆箭镞和一些铁兵器，下面还露出一些玉器和墓主的佩剑等。棺椁的位置四周，都有随葬物，但为了保持原状，我们只能看见表面的器物，"带眼不动手"。

后藏室内，堆叠着上百件铜铁器，一个大铁鼎倒置在地板上。两个大型越式铜鼎侧放着，其中一个被跌落的一块大石打中，鼎身仅有一点破裂而已，显示出这件青铜器坚硬程度较高。还有铜烤炉、铜鉴、铜盆和许多陶器等等，令我眼花缭乱。

东西两侧室空荡荡的，只见到几件陶器和一些锈蚀得十分严重的铜器，西侧室还有不少白色的小树根，大概这两个室的器物，还掩盖在泥土和石块下，等待重见天日。

我们从背面认真检查了第二道石门，门下装有顶门器，小李把翘起的二根顶门器按了下去，再推推门，纹丝不动。原来门轴上有铜环，装在石门楣中，下轴垫一铜臼，有门枕石承托，锈蚀严重已锈结在一起。门后面堆了不少随葬品。要保证石门完整地打开，还将是我们面临的一个问题。

十三、巧启石门

要保证两扇门的完整，又要把它打开。为了解开这道难题，考古队开了三次诸葛亮会，提出几种办法。我们首先在门下已挖开的小坑道中垫两块厚木板，再放上两个千斤顶，一点点加压试图把石门抬高移位，但是，套纳石门轴的门楣石是嵌在墓壁中的，石门纹丝不动。用机械去锈法处理，把钢针放在铜臼铜环与门轴间，用小槌敲打，也不起作用。有人提出用化学药水去铜锈，做了一点小试验，效果不佳，又考虑到药水会对石质起腐蚀作用，又未能采用。后来，有人提出，行行出状元，要请教打石师傅，也许会有办法。真是一言惊醒梦中人。我们赶忙去找广州市园林局石工队，该队主要由来自省内五华县的打石工组成，是个名闻省内外的石工专业队。该队陈队长带了一名助手赶到象岗，听了我们所提出条件和要求：不能损坏石门，但要打开石门。陈队长检查了石门正面，认为无懈可击，再从坑道钻入室内观察，过了一阵又爬出来，诡秘地笑笑："我有办法了，这石门可以打开，明早就动工。总之，按你们的要求办，至于用什么办法，这是技术保密，暂请诸君莫问。"

翌日清早，陈队长带来了三位石工师傅。他先公开了昨天的"技术保密"。他说，你们用"千斤顶"把它"高升"，失灵了，我就要用"下沉"的办法来解决，我昨天从背后观察到西边石门轴头有一道裂缝，我们只要把门枕石下面掏空，西扇石门就会失去基础自动下沉，这样就可以移开了。但只能打开这一扇门，东边的已锈死，暂不能打开了。他们说干就干，仅用了几个钟头的工夫，顽固浑厚的西扇石门，终于慢慢地下沉，在钢丝绳和油葫芦的辅助下，移放在墓道的一侧，关闭了二十一个世纪之久的石室大门，终于打开了；同时宣布第二阶段发掘的开始。

后部的清理工作，主室是关键，主室清理完成了，腾出通道和活动的空间。其余三室才可以进行。我们集中主要人力清理主室，首先在地面铺上若干块木板，在上面走动，避免双脚直接踩在地上，把器物踩坏。紧接着，移去两壁墙头掉下的挑檐石块，先从门口动手，然后往前推移。我们发现棺椁早已腐朽，有板灰痕迹。木椁长约3米、宽1米，椁板厚约10厘米。从一些残漆皮判明，椁内髹朱漆，另有一片巴掌大小的漆皮，黑漆地上施卷云纹彩绘，当是椁外的漆画。木椁外壁两侧各一对，前后端各一个，共六个铜兽首衔环，可以想象出当年这座木椁十分华丽。木棺灰痕紧套在椁板的灰痕内，棺长约1.85米，宽0.75米，内外髹朱漆，素地无纹。棺椁之间两头留有较大的空余，即头箱和脚箱，里面塞满了陪葬物。

当棺椁残痕和压在上面的碎石残土清理之后，一幅惊人的景象呈现在眼前：墓主身着玉衣，两侧腰间佩10把嵌玉的铁剑，两手合握，上压玉璧，玉衣的胸腹处盖垫几块大玉璧，直径在30厘米左右。还有许多金玉、玻璃等质料的串珠和组玉佩饰，已有流散，原来应是覆在玉衣上的饰物，玉衣的头罩上盖有一块"覆面"，是在一块丝绢上缀有8件锤压出杏桃形金片，金片当中锤鍱成左右对称的羊头纹样，边沿处有钉缀的小孔。另外，头罩顶部及左右两侧各置1件造型考究的精美玉雕，顶部的1件为铺首衔璧，右侧是龙凤透雕牌饰，左侧是1件虎头金钩衔一玉雕龙凤。头箱中放有不少珍宝：一个漆盒内盛满珍珠，盒上再叠置大玉璧 7 件，木胎的漆盒朽坏，珍珠散落满地，大型的玉、银、镶嵌绿松石的带钩共 5 件，玉盖盒 1 件，还有 1 件圆雕角形玉杯，是用整块青白玉雕成，形似犀角，器表镂刻三层纹样，有双线勾连雷纹和高浮雕卷云纹等，器物造型与纹饰浑为一体，天衣无缝，新颖别致，为汉代玉雕中首见。

在棺椁的头箱前，我们发现了一件奇特的陪葬品，正中是一个雕刻涡纹和卷云纹的高足玉杯，插在一个玉雕作三瓣状的杯托之中，再套入一个托架上。托架由三条金首银身的龙组成，三金龙各张口衔一瓣，将玉杯托起，下面以铜盘相承，铜盘中心加垫一块木垫，刚好承着高足玉杯的座足。一件器物用金、银、铜、玉、木五种不同的质料构成，整体设计又突出了三金龙拱玉杯的气势，更显出其高雅。据《史记》载，汉武帝太初元年（前 104 年）修建章宫，筑承露台，上置承露盘，用来承云表之清露，和以玉屑饮之，以求长生。这件放置在棺椁头端正中的器物，究其功用，或许是墓主用来祈求甘露，以服食延年的法物，似可称为承露盘。

在灯光的辉映下，主室陪葬的金银珍宝习习生辉，令我们考古队员眼花缭乱，目不暇接。

十四、赵眜玉印

墓主穿玉衣，腰佩玉具剑，棺椁内随葬如此丰富的珍宝，这使我们相信，此墓就是奥密神秘的南越王陵墓，但到底是哪一代王呢？《史记》《汉书》的《南越传》记载，南越国传五主，国祚共 93 年，各主在位年数是：

一主赵佗高祖四年（前 203 年）建南越国，自号南越武王。高祖十一年受汉廷封为南越王，吕后时禁南越关市，佗自称南越武帝。至汉武帝建元四年卒。在位 67 年（前 203～前 137 年）。

二主赵胡，佗孙，在位约 16 年（前 137～前 122 年）。汉延赐谥文王。

三主赵婴齐，胡子，曾入长安宿卫（实为南越国在汉廷的人质）。在位约十年（前 122～前 113 年）。

四主赵兴，婴齐次子，婴齐在长安宿卫时，娶邯郸樛氏女所生，汉元鼎四年即位，次年三月为越相吕嘉所杀。

五主赵建德，婴齐长子，越妻所生。元鼎五年即位，因叛汉，次年秋为汉武帝所灭，南越国除。

三主赵婴齐死后，南越相吕嘉反对附汉，南越内乱，四主赵兴，五主赵建德均死于战乱中，不可能修建陵墓，只有前三主即赵佗、赵胡、赵婴齐有可能在番禺建陵。那么，这三主中，谁是象岗墓主呢？

正当我们推测这位墓主是哪一代南越王时，一个重大发现吸引了考古队。

在玉衣上面约当腹部位置，发现了6枚印章，其中腹下部3枚，一为螭虎纽"帝印"二字的玉印；另一为绿松石印，无文字；还有一枚刻"赵眜"二字的覆斗纽玉印。这三印同放在一个小漆盒内，盒已朽，仅见一些残漆皮。在清理西耳室时，在43件玉剑饰出土位置的附近，发现有2块"眜"字封泥，所以可判定这枚"赵眜"玉印当为墓主名章无疑。另外3枚装在另一个漆盒中，盒亦朽，其中有龟纽"泰子"金印、覆斗纽"泰子"玉印和无文字的玉印各一枚。但这颗"赵眜"私章是与2枚"泰子"印和1枚"帝印"同出的，在《史记》《汉书》中都没有赵佗之子继位称帝的记载，既有"泰子"印和"帝印"同出，这个"赵眜"是僭称帝号的南越王无疑，但究竟是二主赵胡还是三主婴齐呢？

像斯芬克斯之谜一样，象岗墓主似乎蒙上一块面纱，故意使考古人员看不清其真面目。

"赵眜"私印在考古队引起了热烈议论。有人认为赵眜就是《史记》中未见记载的赵佗之子，根据之一是我国著名的史学家吕思勉先生对南越国史的考证，提出过《史记·南越列传》中赵佗"至建元四年卒"有脱简。因为赵佗是秦始皇平南越的将领，如活到建元四年（前137年），则他先后经历了秦二世、楚汉相争、汉高祖、惠帝、吕后、文帝、景帝至武帝这么长的一段历史期间，如此推算来，赵佗享年有一百一十余岁，佗寿太长了，赵佗之子亦尝为王，《史记》《汉书》本传不载，可能是"外藩事略"。所以"建元四年"应系赵佗之子的卒年，又是佗孙胡继位为南越王之年。因此，本传的"建元四年卒"之前，未尝不可补入"佗卒子继立"五字。这样一来，墓主赵眜就是赵佗之子了。因此可认为这个发现可补《史记》《汉书》的阙遗。

考古队大多数同志对这一说法表示怀疑。《史记》《汉书》中都明确有记载南越王国传五主，如再加赵佗之子，变为传六主了，于史不符。赵佗寿逾百岁，佗子早死，传位给孙，赵佗之子没有继承王位，因此，史书从略。

司马迁所写的《史书》记事下限至太初（前104年）而讫，此时是南越王国灭后七年。如果太史公生年推定在景帝中五年（前145年），赵佗卒时他是9岁，南越国灭时，他已是35岁的中年人了。可见司马迁在世的年代，和南越王国相差无几。因此，司马迁写《史记》时，实不可能出现把一代南越王都漏掉这么重大的疏误的。

十五、自报家门

9月22日，下午五时左右，一个戏剧性的高潮出现了。在玉衣上约当胸部偏右处，有一件金黄色的物件。考古队员细心地把一块朱色残漆剔开，轻轻拂去附着它的泥尘，一条造型奇巧的金色小蟠龙立在四方台上，豁然跃入眼帘，金光闪闪，耀人眼目。"啊！一枚龙纽金印！"一位队员禁不住内心的激动喊了出来。喊声不大，却惊动了在室内工作的人，因为汉代的铜印大家都见过不少了，但金印却非常罕见，特别是龙纽的金印在全国汉墓的出土品中却还没有发现过。可以预见，这枚金印将是解决墓主身份，揭开墓主之谜的关键。一位性急的队员按捺不住自己的心情，正想翻开印文看看。在场的队长（麦英豪）却下令："不要翻动金印，保持原位，快到下班时间了，待吃饭后回来拍了电影、录像、照片之后再翻动它不迟。"在场的副队长黄展岳也表示同意。谜，一时还留着不解。

晚餐很丰富，厨房特地为考古队准备了广东名菜——东江盐焗鸡和香而不腻的烧鹅。但大家都惦念着那颗金印，对晚餐都好像兴趣不浓似的，囫囵吞枣地吃完饭，就迫不及待地赶返发掘现场。韩悦肩扛电影摄影机，吴继东举起摄像枪，姜言忠的摄影机也选好了角度。首先进入的就是这几位摄影人员，可能心情紧张，除了"吱、吱、吱……"响的摄影机声之外，听不到其他的讲话声。正是此时无声胜有声。在耀眼的碘钨灯下，看得更清楚了，这枚金印斜放在右侧的一把玉具剑的剑柄上方，金光闪闪发亮，印纽的游龙躯体矫健，盘身昂首，似乎要离地而起，飞向考古学家的手中。从6月8日象岗古墓发现至9月22日，不觉过了一百多个日日夜夜。每个队员都在默默地盼望着能确切证明墓主身份的随葬品的出土，现在已摆在眼前，只要一翻开，这个谜就解了，但得等候他们把拍摄的记录工作先做完，时间却像凝结了似的。

好不容易电影、录像、拍照依次完毕，两鬓发白的黄展岳先生，手拿小毛笔再次轻轻地拂去金印的泥尘，细心地拿起金印放入手心，然后翻转过来，"文帝行玺"四字由右而左，从上而下读，刚健有力，布白均匀，带边栏，还有十字格，不失秦印之风。这名噪中外、绝世两千余年的镇墓之宝就这样重见天日。啊！一个重大古老的历史悬案解决了！

"文帝行玺"龙纽金印发现的消息，马上引起了工地全体考古队员雀跃欢呼，特别是我们广州的考古队员魂萦梦牵的多年夙愿实现了，南越王陵，终于由我们的双手完整地发掘出来了。象岗墓主就是南越文帝！赵眜就是《史记》中记载、汉朝赐谥的南越文王——自称南越武帝的第一代南越王赵佗的孙子。我们捧着"文帝行玺"金印，眼睛湿润了……一切都变得那么遥远和模糊，我们骤感时光倒逝，仿佛又回到了两千年前南越王国的时代……

"'文帝行玺'龙纽金印今晚出土……"这是深夜从广州拨到北京夏鼐先生家中的长途电话。夏先生既高兴又深表惋惜，他说："首先，我祝贺你们取得这个重要的发现！我昨天下午才离开广州工地回北京，只差一天，我没有眼福能亲自看到这枚'皇帝'印的出土，十分可惜啊。""我早说过，你们不用急，墓主是谁，他会出来讲话的。今晚墓主不是出来自报家门了吗！我深为你们取得这一重大发现而高兴，请代向考古队员们表示我的祝贺！"这是文物局谢辰生顾问在接长途电话时给广州象岗汉墓发掘队全体队员的回话。

这枚"文帝行玺"铸工精巧，纽式奇特，篆文工整，印文凿刻得刚劲有力。字划的文道如一条直沟，沟底像鳞片一样，分布一条条等距的小横划，证明是用利凿刻凿过的；四字的文通笔直，且宽窄一致，沟壁垂直，表明印文是先铸后凿的。当然，这枚皇帝玺是地道的南越产品，因为汉廷不承认南越称帝，所以绝不会由汉廷所颁。在西安渭水两岸的十一座西汉帝陵未有发掘，西汉皇帝玺无出土。秦始皇的受命玺在汉高祖还定三秦时，秦王子婴献玺为刘邦所得，以后称"传国玺"。据一般说法，世代相传，到五代十国时归后唐的末帝李从珂。后晋石敬瑭篡位，从珂携玺自焚，后不知所在。因此秦、汉帝玺人们无缘得见，而这"文帝行玺"确是目前见到的最大也是最早的一枚西汉时期南越帝印。

这个自号文帝的墓主，有关他的史事，在《史记》《汉书》的南越传中都有载，他是赵佗之孙。建元四年（前137年）佗卒，由他继位。就在这一年，东邻的闽越王郢派兵犯南越国边境，赵眜派人上书给汉武帝说："南越和闽越都是中国的藩臣，不应擅自攻击，现闽越派兵侵略南越，臣不敢擅自出兵，请求天子处理。"汉武帝赞赏他忠于藩臣的守职，只得派两将军讨伐闽越。事平，汉廷要求赵眜到长安入见天子，他听了臣下的劝说，生怕有去难回，但又要巩固汉廷对南越臣服的信赖，只得派太子婴齐入长安宿卫。大约在元狩元年（前122年）病死，太子婴齐请归，继立。

第二代南越是否称帝，《史记》《汉书》记载不同，《史记》只说赵佗僭称武帝。未明确提及第二代王有僭号的事。而《汉书》本传载："婴齐嗣立，即藏其先武帝、文帝玺。"谁是谁非，史家争论千年，莫衷一是。今以出土实物与记载相印证，说明班固修《汉书》时，除了有《史记》作蓝本外，还有国家档案的资料为增补的。

据东汉人的说法，天子的玺印是白玉蟠虎纽，南越王玺用黄金铸作蟠龙纽。龙，是至高无上的象征，给人以威严，恐怖和神秘感。南越王用龙作行玺之纽，这是其别出心裁之作。墓中发现的佩玉多数雕龙凤纹或龙虎合体等造型，显示其势位的显赫。

不过，《史记》《汉书》都记载第二代南越王叫赵胡，但出土的玉印却是赵眜，或曰"眜"是名，"胡"是字，《史书》《汉书》只书他的字，古人有这种习惯；亦有人说这或出于司马迁所据档案有错误，国外藩事略；或后人传抄致误。总之，"文帝行玺"金印、"帝印"玉印和"赵眜"玉印在墓主身上同出，这个"文帝"绝不可能是西汉文帝刘恒，只能是南越国第二代王，赵佗之孙赵眜。至于两枚"泰子"印，应是赵佗之子的，因佗长寿，佗子早殁，其"泰子"印亦由眜来接掌。

十六、请君出墓

尽管历史上各种显赫的人物都曾殚思竭虑地追求超越死亡，寻求长生不老之药，然而，"长生"只是一种渺茫的愿望，"不老"亦是虚无的目标，在事实面前，无一例外地以失败告终，因此，唯有经营地下冥宫，才能在阴间继续享用人间的荣华富贵。为了保护尸体的不朽，汉代天子和诸侯王死后，还要穿上用玉片联缀而成的殓服，这就是玉衣。视其身份不同而用金线、银线或铜线联缀玉片成衣，称为"金缕玉衣""银缕玉衣"和"铜缕玉衣"。

赵眜穿的玉衣和过去中原等地汉墓中出土的有所不同，它是由丝带编缀的，可称为"丝缀玉衣"。

玉器在古代被视为呈祥瑞、避邪恶的神物。古人认为玉得天地之灵，具有一种神秘的特质，可以寒尸，保护尸体不朽。南越王虽身穿玉衣，可惜并没有这种特殊功能，尸体还是化作了泥土（后来在室内整理玉衣时发现墓主的遗骸残留有下颌骨和顶盖骨，经鉴定，为一年龄 40~45 岁的中年男性）。

这件玉衣出土时，丝带早已腐朽，玉片散开，玉衣内外又有不少玉佩饰和玉璧，相互叠压着，稍动一片，就可能搞乱整套玉衣与佩饰的位置，影响复原，正所谓牵一发而动全身。玉衣在岭南汉墓中还属首次发现，它是南越王国工匠自制的，弥足珍贵。然而要将已有点散乱的玉衣片全部起取，又不乱原位，以便回到室内整理复原，这对我们来说，是一个难题。

白荣金师傅，是一位能工巧匠，闻名中外的满城汉墓的两套金缕玉衣就是他参与修复的，这次又轮到他再显身手了。

当初，我们看到的东西两边石墙头上断落掉下的大石块，有的正落在东侧的漆木大屏风上，有 4 块打在棺椁的正中，都担心棺内的随身陪葬器物大概凶多吉少，起码大部分被砸碎了，当石头移去，碎石、浮土清理之后，结果是出人意料的好。墓主身上的 8 枚印章 7 块玉璧，组玉佩饰件，两侧的玉具铁剑等，除了自然朽坏者外，绝大部分是完整的。玉衣的玉片被砸碎裂的也不多，表明了两侧的挑檐断落时，棺椁还未朽坏，因而大批珍贵的玉器得以较完好的保存。由于玉衣下面只有棺椁底板和主室的铺地板，木板朽后，玉衣片下面只有薄薄的一层棺板灰与墓坑的岩层石墓底相隔开。老白经过反复的观察研究，制定了一个整取玉衣的方案。预先削好一批细薄的长竹片，每根长约 1 米，宽 2~3 厘米。按照老白的指挥，我们分别蹲在已清理好的玉衣两侧，小心地将细长的薄竹片逐条的从玉衣底部与地面相间处横插进去，这样，整件玉衣好像放在一张竹床之上，然后又在竹片下面插入几块大的锌铁板，于是，玉衣连同它裹着的南越王赵眜的遗骸，整体置于薄铁板上了。接着，在外围套上一个大木箱，当中盖上几层柔软的棉纱纸把玉衣隔开，然后灌上一层厚的石膏。于是，已显散乱的玉衣就固定在木箱之中。钉上盖板后，把木箱连同下面插入的薄铁板一起翻转过来，揭去薄铁板和长竹片，整套玉衣就背朝天地揭起了。我们又按上述步骤铺上棉纸，灌注石膏。这一来等于在松散的玉衣上下加了一层硬壳。队员小冼笑着对老白说："真像一块巨大的'三明治'。白师傅，运回北京你的工作室慢慢地啃吧，够你吃一年的了。"老白也乐了。

就这样，曾经称帝不可一世的第二代南越王——象岗汉墓的主人，在白荣金师傅的指挥下又乖乖地躺进了特制的"木椁"中。不过，老白监制的这个"木椁"，实在是粗糙得很，比起当年第二代南越王下葬用的，镶有鎏金铺首外壁彩绘的木椁，简直不可同日而语。还要赵眜先生委屈一下的是，在他长眠了两千余年后，我们帮他翻了个身，由此他只能脸朝下地趴着，由几位考古人员抬着"请"出了他的冥宫。老白一边走一边谐趣地说："这是八十年代的'南越臣民'给老赵'倒出殡'了。赵老先生辛苦一段时间吧，运回北京考古研究所之后，我们会给你翻身的。"

十七、四位夫人

主室发掘告捷后，我们兵分三路，继续清理东、西侧室和后藏室。

东侧室与主室平行，呈南北向的长方形，当中有一过道与主棺室相通。我们发现室内有些零乱，墙脚处掉落的块块挑檐石，上面竟有1件陶罐端端正正地放着。随葬品怎会跑到后来断落的大石之上？经过详细的观察，发现此墓已多次进水，墓壁还存有几道水痕。象岗是一个风化花岗岩石山，广州地区，常有暴雨，雨水渗入后就不容易排去，有些陶罐等器内留有较大空间的容器就会容易漂浮起来，那件正置于掉落的大石之上的罐子，是大自然造成的奇景。

最先在东侧室南壁发现了殉人，发现了一些脊椎骨、牙齿等。室内的陪葬器物分布甚有规律，多数器物都较小，但很精致，几乎每一件铜镜旁边都有一套或几套组玉佩饰，还有铜器、陶器、六博棋子等。

令我们十分欣慰的是，在室内靠近石墙的东西南北几个正方位中，有三个方位分别发现了鎏金龟纽铜印三枚："左夫人印""泰夫人印"和"□夫人印"，从残存的迹象看，这些夫人都有棺木，但全朽了。9月27日中午，负责东侧室发掘的我（编者注：本文为麦英豪、黄淼章合著，"四位夫人"一节中，"我"指黄淼章）和古运泉向队长们汇报东侧室发掘情况后，队长们认为：东侧室的性质已经明确，应是南越王的姬妾藏所。出了"左夫人"，还会有"右夫人"。当然，这只是推测，希望好戏在后头。

是日下午，在东侧室中部靠西壁下，又发现了一组有金玉等质地的组玉佩饰，旁边还有多件玉雕饰叠在一起，这又是另一组玉佩。玉器的数量和镂雕的精美，暗示着这里埋的是一位尊贵的夫人。突然，古运泉的竹签触到了一件硬物，他轻轻地把上面的泥土剔去，一只金色的小龟呈现在眼前，用毛刷子拭去龟身下的余土，金龟下的四方印台亦显露出来，"寻常看不见，偶尔露峥嵘"，原来又是一枚龟纽金印！

我们抢先进行绘图、照相，才去通知韩悦、吴继东等来拍摄录像，他二人今天拍下的是南越王墓第三颗金印出土的镜头。古运泉轻轻地将金印翻了个身，"右夫人玺"四个工整的篆文蓦然在录像机的监视小屏幕中出现。没有欢呼，没有雀跃，东侧室一片沉静，掩埋了近二十一个世纪之久的中国第一枚"右夫人玺"金印就在这里出土了。包括"文帝行玺""泰子"金印，南越王墓竟出土了3枚金印，这在中国发掘的汉墓中还是第一次。

据《汉书·外戚传》载："汉兴，因秦称号，……嫡称皇后，妾皆称夫人。"南越国循汉制，东侧室四位夫人皆为王室宠妾。古以右为尊，故右夫人应居诸妾之首。其右夫人之印称"玺"，黄金精铸，其余三位夫人的皆称"印"，铜铸鎏金。在金印的附近，还出土一枚"赵蓝"二字的象牙章。这颗右夫人的名章表明她与南越王赵眜同姓。同姓不婚，周礼则焉。但亦有例外的，如：《左传》哀公十二年有鲁昭公娶吴子事（《论语·述而》陈词败言："君娶于吴，为同姓，谓之吴孟子"）。又如，1955年安徽蔡侯墓中出土一件著名铜器——吴王光（阖闾）鉴，铭文记载吴王光把女儿叔姬寺吁嫁给蔡侯之孙的事。本来吴、鲁、蔡三国同为姬姓，出于政治需要而同姓通婚。另一种解释说，南越国的赵佗开始就提倡汉越通婚，认为赵蓝本越女，是越女从夫姓。还有一种解释认为：赵蓝可能是一位汉女中的贵族，因为右夫人仅见于少数民族中。《汉书·西域传·乌孙国》："汉元封中，遣江都王建女细君为公主……乌孙昆莫以为右夫人。"当然，这种可能也不排除。令人慨叹的是，这四位姬妾或许生前与南越王一样，拥有许多金银珠宝，享不尽的荣华富贵，但到头来却逃脱不出当殉葬品的悲惨命运。

十八、庖厨牺牲

和东侧室平行相对的是西侧室。

此室石构情况保存得最好，除过道口上面有一小块挑檐石断落之外，周壁石墙和室顶的盖石都无断裂现象。我们在室内进行清理工作，心里总觉得比之在其他室内工作更有一种安全感似的。西侧室内的布置分南北两部分：南部有5个殉人，骨殖腐朽严重，松软如泥，轻轻的用小竹签把覆盖在这些骨灰上面的泥土、草木根拨去，人骨架的模样大致上可以看得出来。殉者都无棺材，仰身直肢，一具具的遗骸打斜平放在地板上。从保存较好的牙齿辨认，其中由南而北数第二位殉人是个青少年，依偎在第三位殉人旁边，他们也许有亲属关系。这5个殉人都有少量随葬物，较特异的是，在每具遗骸的头部都压有一面铜镜，寓意是什么？未明。有1殉人身长1.55米，除头部置六山纹铜镜1面之外，还有玉环、玉璜、玉珠、玉印（无文字）和1件玉卮。这件玉卮用多层丝绢包裹放在头侧。此外，室内还出有铜匜、铜卮、铜盆、铜勺、铜熏炉、铜镲及陶瓮、陶罐、陶璧、陶熏炉和漆盘、漆盒等几十件器物。还出了几块封泥，有一块出在一个陶罐内，篆文"厨丞之印"四字，表明这室的器物下葬时是由王室后宫中掌管皇后、太子膳食的厨丞官员检封的。同时此室殉人的身份似为御厨的隶役。室的北部有成堆动物遗骸，主要是猪和黄牛骨，却未见有牛的头骨与牙齿，只有少量猪颌骨和牙齿，还有少量鸡、鱼、龟甲的残骨发现。此室北部是放置祭牲物品的，但未有用全猪、全牛。令人惊奇的是，在这堆牲骨中发现有殉人的遗骨，比较零乱，可以确定属2人的个体，是否属人牲因墓内有过积水浮移，尚难确定。本来，用人殉葬是奴隶制时代的产物，天子、诸侯、贵族死了，往往用许多奴隶陪葬。这种惨绝人寰的殉葬制度一直延续到春秋战国年间。到了封建社会，由于认识到了人的价值，新兴的地主阶级一般不再用活人殉葬了。西汉初年就有诸侯王因强迫奴婢从死而获罪国除的记载。但是，汉朝的法令，对于边远的南越王国却起不了作用。虽然，南越王本身是汉人，并接受了汉廷中央的封号，王国中的高官建制也仿效汉廷，表明他是慕效汉朝而不甘长为"蛮夷"；但另一方面王国内还用残暴的黥、劓刑，《南越列传》中就有记载有"婴齐犹尚乐擅杀生自恣"。本来中原地区早已抛弃了的人殉，这里仍旧保留。就以本墓为例，除西侧室的 7 个殉人外，东耳室和前室各 1 殉人，东侧室殉 4 人，墓道殉 2 人，合共 15 殉人。殉者身份有姬妾、庖厨隶役、乐师、御者、门亭长等属。我们在发掘过程中留心考察，这墓未发现有二次下葬的任何迹象，因此，这 15 个殉人都是同时被赐死然后和赵眜一起入葬的。或许南越王还认为，能和他葬在一起是一种殊荣。不过，他（她）们当中是否真的有"自请从死而尽忠"的人，那将有待对此感兴趣者进行探讨了。

其实，早在 1976 年广西贵县罗泊湾一号大墓已发现有殉人。贵县在秦汉时称布县，为秦统一岭南后所置三郡之一的桂林郡治所在。"秦已灭，佗即击并桂林、象郡，自立为南越武王"（《史记·南越列传》），布山（今贵县）实为南越国辖境内的重邑。罗泊湾一号墓的椁室底层埋有 7 具殉人木棺，每具木棺内埋 1 人，遗骸都保存，其中 6 人的年龄在 16～25 岁间，均女性，可能是乐舞伎，年龄最小的一具为男孩，约 13 岁，可能是墓主的侍从。象岗与罗泊湾两座人殉墓的发现，表明了《汉书·严助传》中所说的"越人名为藩臣……不用天子之法度，非一日之积也"是真实的。

主室后部的藏室是一个储放珍馐食品的库房。后藏室在全墓 7 室中最小的，仅长 2、宽 1.8 米，面积还不到 4 平方米。室中层层堆叠着上百件大型炊具与容器。我们几乎是只要将其表面的少许泥土及腐朽物清理一下，就可以绘图、拍照、登记编号起取入库了。堆放在这里的随葬物不仅数量多，而且器形也较大。其中铜炊器有鼎 18 件，分汉式（即中原地区汉文化的器形，下同）和越式两种。最大的 2 件是越式鼎，身如锅形，平底、竖耳、三扁足微外撇，高 55，口径 51.7 厘米，侧置室中，有 1 件被断落的一块挑檐大石打中，腹部裂开一个口子，有微凹陷。此鼎承受五六百斤重大石从 2 米高处砸下，没被砸扁，也没全碎，足见铜胎的坚硬。还有大铜烤炉 2 件，釜 1 对，大小铜鍪十余件，都带铁三足架，还有蒜头壶、洗、灯、提筒等铜器。覆置于室门口的 1 个大铁鼎，敛口、直唇、身呈釜形，肩处有两个环耳，蹄形直足，高 48 厘米，重 26.2 公斤，铸出。这个铁鼎的造型与广州华侨新村等处南越墓群出土的越式陶鼎类同，由此肯定是当地所铸。说明南越国时期本地已有铸铁生产，这比之过去一直认为直到晋代广州始"大开鼓铸"的记载要提早五百年。

在后藏室的陶、铜炊器、容器中，有三十多件的器内存有动物遗骸，还有果品等残留。属水产品类的有青蚶、龟足、笠藤壶、鲤鱼、大黄鱼、广东鲂、硬骨鱼、花龟、水鱼、虾，还有山羊、黄牛、猪、鸡等禽畜，更有趣的是发现了超过 250 只已去掉头、爪的禾花雀（黄胸鹀）分别放在 3 个陶罐中，今日广东人喜欢的炸禾花雀，也是去掉两爪的，这道南粤名菜看来至少已有两千余年的历史了。

十九、室内"发掘"

10 月 6 日上午，我们从象岗南越王墓中运出了最后一件随葬品，历四十余天的野外发掘工作至此结束了。但从发掘的整体任务来说，这只是千里之行刚走出第一步，旷日持久的、更艰巨细致而繁复的工作接着就要开始。出土器物的清洗、去锈、粘合、修复、加固、脱水保护、记录、绘图、拍照等大量室内整理的技术性工作就要进行；编写发掘报告，进行专项鉴定、专题研究的工作也提到议事日程上来。考古工作人员把野外发掘看作是发掘的第一步——把文物发现出来，这是相当艰苦的工作；第二步属于室内"发掘"，开展整理研究，把出土文物的历史、科学、艺术价值研究得出结论来，这要比野外发掘第一步的任务更重、更复杂。当然，从劳动环境、条件来比，室内总会比野外舒服一点。

当象岗工地的野外作业结束，出土文物集中到临时借用的一幢二层楼房里。首先清点核对，然后分缓急进行清理。南越王墓出土的随葬物，不仅数量大，品类也多。铜器的编号有五百多件（套），铁器两百多件（号），一墓所出超过了近四十年来广州发现近千座汉墓出土的铜、铁器的总和；还有镂雕精美的各种玉器两百多件，金、银、铅、玻璃、漆、木、象牙、水晶、玛瑙、绿松石、珍珠、织物、药物等各种质类的器物一批，可谓琳琅满目、洋洋大观。但是，由于在墓中埋藏了二千一百多年，铜器大都有不同程度的锈蚀，表面长了一层厚厚的青绿色铜锈，有的斑驳陆离，有的仅存外表，胎质已变，一触就破；铁器的锈蚀更严重，多数仅存外形，已无铁质；不少玉器也钙化严重，有的松软易碎；这批器物在墓中放存两千多年，一旦转移到地上来，空气、干湿度、温度等都会影响到这批器物，改变了原来的平衡，某些质料如漆木器等更会引起急剧变化，需迅速作出保护处理。国家文物局文物保护科学技术研究所陆寿麟、李化元，广东省博物馆的许方强、莫鹏，广州博物馆的陈灿强等几位文物修复师傅汇集到整理工作室来，在他们的精心"护理"下，许多出土时看不清的，质地不明的，甚至连名字也叫不出来的一些器物，都一件件地露出它的本来面目。而且还不时有过去未曾出土过的，首次发现的，尚属罕见的东西在这里被"发掘"出来。下面择录几件"最新发现"向读者作个简介。

"这不会是西汉文帝吧？" 这是原中国社会科学院副院长兼考古研究所所长夏鼐教授看到青铜句鑃上揭出来的铭文后向我们提出的一句戏言。东耳室出土的 3 套青铜编乐，每件原来都用丝织物裹筹，锈蚀严重，裹在外面的织物倒变成一层厚厚的硬锈。其中 14 件一套的纽钟和5件一套的甬钟，钟体有突起的枚和纹饰，因此轮廓清楚可认，我们多么希望在钟体上发现铭文，这一来就身价百倍，当然，就是没有铭文，成套的编钟在岭南汉代考古中还是第一次发现，身价亦匪轻的。结果，两套编钟去了锈，并无铭文，这时我们的心里总有点"未尽善也"的惋惜感。余下的一套句鑃，8件，两两套叠放在东耳室的端墙下，锈结在一起，十分厚重，从外表看素身无纹，更不会有铭文的了，所以对这套句鑃不急于处理。过了一段时间，有一天许方强师傅在两个锈结的句鑃上试验一种高频震动器，检验机械除锈的效果。突然，有一块薄锈剥离了，许师傅高兴得叫了起来："老麦，快来看，有字！"他拿起震动器械沿着已脱落锈层的外围扩展，很快露出了两行篆文："帝九年府工造"每行3字。我真高兴万分，心里在想："帝九年"应是南越文帝九年（前129年），这已有"文帝行玺"金印和"帝印"玉印同出，可作互证；至于"府工造"的府应为王国的少府，由它属下的工官监造。这是一件有绝对纪年的铜器，它有助于制照墓主身份，十分重要。我正想把自己的看法说出来和几位师傅交换一下看法，"当"的一声，随着许师傅榔头的敲击（震动去锈时已发现锈结处有分离迹象），两个套叠一起的句鑃一下子脱开了，"啊，又有文字！"许师傅语音刚落，室内的几个人都围拢过来看新鲜。原来刚才露出的两行铭文，上面还有文字，连起来全文成了"文帝九年，乐府工造"两行8字，下面还有"第六"二字的编号。后来8个句鑃去锈处理，铭文相同，由大而小依次有"第一"至"第八"编码。

12月12日夏鼐先生到工作室看望我们，并了解这两个月来室内"发掘"的一些最新发现。夏先生是受英国李约瑟之托到香港主持"中国古代科技史国际学术讨论会"路经广州的。当他细细审视句鑃刚露出的铭文后笑着问我们："你们说，这不会是汉文帝吧？"一直跟在后边的小陈喃喃自语说："在君主时代的帝王，生以谥为号的除了周文王、周武王之外，只有赵佗不忌讳自号南越武帝，赵眜也自称文帝。至于西汉的文帝是刘恒死后的追谥。在中国历史上自汉武帝首创建元的纪年号之前，未见有用帝号纪年的例，先生，您说对吧？"夏先生点头微笑："对了，考试合格！"引得大家一阵哈哈大笑！

难道他是个当过木匠的皇帝？ 在西耳室整取回来的器物中有不少是铁器，如铁甲、马饰、箭杆、铁杵等等，副队长杨式挺正在聚精会神地进行纪录、绘图工作，原来他正在整理两个编号的两批铁器件。其中一个竹笥内装有削刀、刻刀、刮刀、弯刀、铲刀和锉刀共27件工具，仅锉刀就有8件，各种刻刀13件；另一个编号是漆木箱，里面也装满了铁工具，箱子的木胎已朽，只存漆皮和灰痕，约为50×50厘米呈圆角方形，外髹黑漆，里髹红漆，箱子里面装有锤（榔头）、凿、削刀、刮刀、刨刀、锥、铲、锛、锉9种共49件铁工具和3把铜锯，7把带骨鞘的服刀（拍髀）。这一箱一笥的治木、修竹工具，数量可观，品种也多，如铲有直柄、曲柄、平刃、曲刃之分；榔头有方锤、圆锤之别；刮刀（竹刀）有长、短、宽身、窄身、直刃、弯刃的不同；凿分平刃、窄刃，以适合于凿钻宽孔、窄孔、深孔、浅孔的不同需要；

锉刀共 9 把，有方锉、扁方锉、平锉和半圆锉 4 种，锉凿分直凿和斜凿，其中又有单面凿、双面凿、三面凿和四面凿的分别，凿纹密度由 5/cm 到 13/cm，以 9/cm 较多。这批铁工具经取样分析鉴定，除榔头内铸铁外，其他带刃的铁工具和锉刀是用低碳钢或熟铁与低碳钢合起来加热锻打而成，表面渗碳，以增强刃部的坚利。若从这批铁工具的制作方法来看，西汉初年在岭北广大地区锻打制作已属过时和落后的方法，因为战国以后中原等地已普遍采用铸造方法大批铸制农业和手工业等铁工具了。这墓主人身为一国之君，竟放入这样大批的竹、木作工具随葬，在当时来说，又不算是制作最先进的工具（比较中原地区而言），实在有点令人费解。难怪小陈提出：难道这墓的主人是当过木匠的皇帝？当然不是的，在这里确用得上具体问题作具体分析这句话来作答了。铁在当时的岭南实在太珍贵了，《史记》和《汉书》的南越传记载，当时开发岭南所需的"金（铜）、铁田器"主要来自中原，吕后时汉越交恶，铁被列为重点禁运物资。墓主死后贴身随葬十把铁剑，连当日手工业、农业生产上最需要而又不容易得到的铁器也大批带入墓中陪葬，不正反映出这些东西当时在本地区视同珍贵物品一样吧，这批工具舍先进的范铸方法不用，仍用锻制，看来实与本地铁矿资源欠缺有关。因为锻打可收旧利废，使用故铁进行加工改制，范铸就不行，它是非有矿石作原料不可的。

二千年前广州的文房二宝 在前室和西耳室发现了石砚和墨，可以说这是广州发现同出于一座汉墓中最早的文房二宝。出土的石砚由研石、砚台两件合成，同是选用河卵石制成。出于前室的有 2 套，研磨面仍残留墨迹，西耳室出 1 套，研磨面有朱砂。砚上的墨迹呈黑色、泛红，这种呈色与前室周壁及顶盖上的云纹图案中的黑色相一致，而同出的大批墨丸也是黑色发红的。墨丸出土时总重量有 876 克，原来是用 1 个木箱盛着，已朽，出土时已有散乱，且饱含水分，软如面团一样。在室内整理时，试用了几种方法进行脱水，效果较好的办法是装入敞口的玻璃瓶中，用玻璃盖着，瓶口露出一小部分，放在室温内让其慢慢阴干。这批墨丸都呈扁圆形如小纽扣状，中间微鼓起，底光平，大小 0.81～1.31 厘米。保存状况大致上是残、整各半，把几粒碎墨丸放在显微镜下观察，断面光亮，质地细洁异常。这批墨原来大约有多少丸，实在无法确数了。我们试用抽样方法作个测算，选出完整的一部分过秤，每次秤 100 克重，数得若干丸，分秤 3 次，求出 100 克重的平均丸数，再乘以出土墨丸的总重量，得出总数约为 4385 丸。这些西汉墨丸其原料是用松烟或动物油脂的烟，其胶合物是植物中的胶还是动物胶，尚待化验。

文献记载的墨丸出现较晚，明陶宗仪《缀耕录》卷二十九："上古无墨，竹挺点漆而书。中古方以石磨汁，或云是延安石液。至魏晋时，始有墨丸，乃漆烟、松煤夹和为之。所以晋人多用凹心砚者，欲磨墨贮沈（藩）耳。自后有螺子墨，六墨丸之遗制。"我国古墨的出土以 1975 年湖北江陵凤凰山 168 号西汉墓（文帝十三年）发现的墨年代较早，惜已全碎，只存 5 小块，其中有 1 块可拼合，如瓜子形，长 1.5、最宽 1.1、最窄 0.6 厘米，看来也是墨丸。

南越王墓出土的这批汉墨，器形完整，数量也多，在我国的考古发现中实为罕见。从墨丸的外形观察可以推知它的制作方法是：把烟灰末加上胶合物再和以水调成稀糊状。用滴珠办法一滴一丸地落在一块光平的木板上，阴干后即成。考古发掘出土的早期砚台都由研石与砚台组合成套，而且都是选用河卵石制成，这样仍具原始状态的墨砚，很适合与墨丸配合使用，即把数枚墨丸置砚台上，加几滴清水，执研石压着墨丸慢慢研磨到适度就可使用了。

世界最早织物印花凸版的发现 出自西耳室的大批织物（炭化）标本，在清理加固过程中，发现有两小块铜片，外表有丝织物包裹着，毫不引人注意。经过去锈处理后，为大小两块小铜器件，大的1块保存完好，全长5.7、宽4.1厘米，平面为一棵小树形，有旋曲的火焰形线纹凸起，背光平，中有一穿孔的小纽。小的1件，平面如三个呈瓣尖状相连，如"人"字形，全长3.4、最宽1.8厘米，背面只有一个穿孔的小纽。这两块小铜件都是铸出，线纹纤细，突起的面齐平，背面小纽系绳即可执握，明显是一种用于蘸色戳印花纹的工具。考古队员小吕突然想起在整理加固这些炭化织物标本时，翻阅过马王堆一号墓出土丝织物的报告作参考，其中有一种金银印花纱，其纹样构图和这两块小钢印板的图案十分相似，可以确认这是一套织物印花的凸版。马王堆出土的印花纹，经纺织史专家研究，认为是由一个定位纹版和两个主纹版依次套印而成，但印版是木刻的或金属铸出的？是凸版印出的还是雕版印出的？由于马王堆没有这种印花工具同出，未能定论。小吕马上对出土的炭化织物标本作出查对，果然发现有少量印花纱的线片，纹样呈白色的火焰形，与2块铜印的图样一致。还有朱红色的小圆点。经测量比较，图样的单位面积比马王堆的为大。马王堆金银印花纱的定位纹为3×3厘米，主纹为4.3×3.5厘米，套印成的图样为6×3.5厘米，这墓出土的定位纹版为3.4×1.8厘米，主纹版为5.7×4.1厘米，套印后的图样为8.1×4.1厘米（朱红色圆点纹无印版发现，可能是手工绘制的），其图样的单位面积比马王堆一号墓的约大三分之一。根据图样的组合可以推知，制作时手持印花凸版背面的穿绳小纽，蘸上调好的色浆，然后逐个像盖图章一样打印在素身的薄纱上，先打印定位纹，然后套印主纹，依次进行。约略计算，假定素纱幅宽是48厘米，在1米长的织物中，约可排列300个图样单位（每个图样单位面积为8.1×4.1厘米），每个图样单位打印2次，印制1米长的印花纱要打印600次，还要用手工绘上朱红色的圆点纹，足见其费工耗时之巨大！中国是世界上最早饲养家蚕和织造丝绸的国家，马王堆出土的金银色印花纱，被誉为世界上最早的彩色套印实物，那么，南越王墓发现的这2件公元前3世纪的青铜印花凸版，也可说是世界上最早的织物印花工具，它的发现对科技史和印染工艺史的研究都有重大意义。

一件来自西亚的舶来品 在墓主棺椁的"足箱"中出土1个造型很别致的银盒，里面装有半盒药丸，已变成黑色，粘结成团，经化验已全炭化。出土时外表有一层呈灰黑色的氧化银，处理之后银光熠熠，盒身上细如发丝的刻铭也清楚可见。这盒无论其造型或纹饰都与中国传统的器物风格迥异。盖身相合如扁球形，通高 12.1、腹径 14.8 厘米，重 572.6 克。盖顶中央漫圆微呈突起，压有四周凹弦纹。主纹饰在外周，为密排的凸瓣式相向的纹带，腹部主纹与此同，器腹深圆，底微上突，子口合盖。在腹、盖相合处各饰一条很窄的穗状纹带。纹带表面鎏金极薄，与通常所见汉代银器上的鎏金较厚相异。值得注意的是，这个银盒还依照汉代通行的铜（或陶）盒的造型特点作了改造，即在盖上加纽饰（三羊或三熊），器底附圈足。银盒的盖面有 3 个呈银锭形的纽座，是用银焊后加的，纽上分别刻有一、二、三的编码，这是按号套入动物纽饰用的。惜三纽已不存。器底后加的圈足是铜质的，咬合的方法很特别：铜圈足内填塞一块薄木板，板中有孔，银盒底正中处焊接一个近方形的银质凸榫，插入板孔中，借以固定。此盒的盖、底处都有刻写铭文；盖面的铭文在两个纽座旁边，一为"名曰百川一"，另一为"一斤四两右游一私官容三斗大半……"，半字之后为后加纽座时的银焊痕迹所遮盖。器底的铭文有部分已刮去，只存"之三""私官容""名曰"等断续不连。上述的第二、三两刻铭之下有杂乱的刀刮痕，清楚可见。

中国古代的银器制作并不发达，在考古发掘中汉代以前的银器皿很少发现。此盒出土后，夏鼐先生和北京大学考古学系宿白教授都十分注意，他们认为这银盒非中国所制，是西亚的产品。特别是与伊朗古苏撒城（今舒什特尔）出土的刻有波斯国王薛西斯（Xerxes I 前485～前465年）名字的银器纹饰风格一样。这是目前已知广州地区发现年代最早的一件海外舶来品。

一幅古越人海战归来的连环图卷　在东、西两耳室、后藏室和东侧室内共出土铜提筒 9 件，大小依次成一序列，这是一种装酒的大型容器。其中有 8 件的器身上饰有几何图形的纹带，有 1 件颇特殊，器身刻有连环图式的 4 只船纹，十分精彩。其身如圆筒，敞口、圈足平底，腹上部两侧各附 1 对复式耳（大耳在外，多作桥式，用来系绳提取，小耳在内，半环形，系小绳以固定器盖）。提筒多数用木盖，少数带铜盖。这种容器的造型与纹饰都有浓厚的地方特点，是古代岭南和西南地方少数民族的典型器物。这批铜提筒以东耳室所出的 3 件为大，相互套叠在一起，锈蚀粘结，好不容易才把它分离开来。套放在里面的一个高 40.7、腹径 36.8 厘米。从器口以下到近圈足处分有 4 匝纹带，近口沿及腹下部的二周都是几何图纹的窄纹带，腹中部的一匝为宽纹带，高约 12 厘米，共刻绘 4 只大海船，船头船尾都有大海龟、海鱼和海鸟。每只海船上描绘的内容大同小异，船上有人物 6 个，其中 5 人头戴长羽冠（或戴皮弁），穿羽裙，腰系短剑，动态大致相同而有少异。站在船头处 1 人，一手持弓，一手执箭（或一手执钺，一手倒提着一个短发的首级）。站在船尾处 1 人，双手扶橹。船的中部竖立 1 个大樋鼓，鼓上有长旌羽杆。站在船中部的 2 人，头上戴长羽冠。在前面的 1 人面对大鼓而坐，用铜鼓为凳，身后插着一把短剑，他一手执桴作击鼓状，另一手扶着一个像铜鼎模样的器物，似为击之可发金声的器具，即所谓击鼓前进，鸣金收兵，金鼓齐鸣。在此人之前还有 1 具盾牌，斜靠在大鼓之下的圆柱边。在后面的 1 人作站立姿势，双脚微下蹲似正在发力，他的左手正牵拉住一个裸身反剪双手的奴隶（俘虏）的短发，右手握短剑对着奴隶作斩刺之势。船身后部的高台上站 1 人，头戴皮弁（或戴长羽冠，有在冠上插了根令箭），左手执钺，右手倒提一个首级（或一手持弓，一手执箭），都作向前了望之状。另外，4 只大船的船头处都倒悬 1 具首级，船首、船尾羽旌高扬，过去，在我国的考古发掘中两次出土有战国时期水战图像的铜器，一是 1935 年河南汲县山彪镇一号墓出土两件水陆攻战纹鉴；另一是 1965 年四川成都百花潭出土水陆攻战纹壶，所描绘的同为水战情景。这个提筒的船纹，从船上人物的活动、装备等情形来看，则是一支大型作战船队，在交战中斩杀了许多敌人，不但取回了敌人的首级，还解押着一批俘虏（画面只能象征性表示），取得战争的重大胜利。画面描绘的是凯旋的情景。这幅战船图像，无论是船的规模、装备、人物的装束及动态都显示出这些越人越船的特色，刻画得具体逼真；尤其值得注意的是船上的推进用摇橹代替了划桨，表示这是在深海行驶的大船，即所谓艨艟巨舰。

当然，在室内"发掘"的过程中，会不断有新的难题产生，但亦会不断有新的发现冒出来。比如放置在墓主棺椁东侧的漆木屏风，出土时木框架已朽，又被坠落的挑檐大石砸坏了，结构一时未知明了，通过一段较长时间的整理拼对工作，终于弄清了它的基本结构。这座屏风原宽 3 米，高 1.8 米，中分为三格，每格 1 米，当中的一格设有双扇活动门扉，可以向后开启。两端还有一项可作九十度转动的翼障，可开可合，张开后横断面呈"一"形。另外，屏风的每个转角处都用鎏金的铜构件作包角，特别是两端转角的托座，铸出一个跪坐的操蛇神人，瞪目獠牙，跣足，口咬蛇，双足夹蛇，两手操蛇，整个构图呈现出一种恐怖的气氛，异常生动。又如，正在进行修整复原的玉衣，其头罩、双手、双脚的玉衣是四角钻孔用丝绳联缀的，其余部分都是贴在作衬底的麻布上。头罩下面发现丝囊珍珠枕、棺材底铺垫玉璧 5 块，玉衣里面贴身又盖、垫玉璧多块。照此来看，墓主的遗骸等用多种玉的制品层层包裹着，葬玉使用之多令人惊异！

二十、象岗未来

象岗，这个小地名本来在今天的广州市地图上是找不到它的。明代羊城八景之一的"象山（岗）樵歌"早已成为历史的陈迹，被人们遗忘了。随着现代城市的发展，它似乎失去了存在的价值。在象岗的北面，新建的五星级大酒店——中国大酒店几乎削掉了象岗的小半，其余三面沿岗麓以下一组组钢筋水泥建筑的公寓密布，几无空地。今天，由于引人入胜、扑朔迷离的南越王墓的发现，象岗成为岭南考古学上的胜地。出土的文物珍宝，引起了历史、考古、科技史学界的国内外许多人士的极大兴趣。发掘刚结束，广州市政府的领导即作出决定，就地筹建南越王墓博物馆。如今的象岗，岗顶削平后未建房子的空地只剩下 1.3 万平方米，成为新建博物馆的全部用地。建馆规划以墓室为中心，在其东面和北面建两组陈列室：一为综合陈列楼，将系统展示南越国的历史，也是岭南地区的早期开发史；一为主体陈列室，位于墓的北面，参照墓内分七室的布局。用红砂岩石砌筑 7 个陈列室，依出土情况，逐室作复原陈列，力图使观众得到一个历史的真实感——时光倒回到两千年前，展示当日南越大地的物质与精神文明的一斑。

过去，我们日夜盼望南越王墓早日发现，但又担心一旦真的发现了，极有可能遭到人为的扰乱破坏，发现者把墓中的随葬品都搬了出来，各种关系就再也无法弄清楚了；或者历史上早已被盗过，十室九空。可是事情的结果却出人意料的好：墓发现时未遭扰乱，现场保存良好；墓室埋藏隐秘，没有被盗，极为难得；墓主明确，在《史记》《汉书》中有传，年代清楚。这是广州的幸运，也是广州的骄傲。

经过多方努力，1987 年广州市政府拨出 1200 万元在象岗的东麓建综合陈列楼的工程开工了，1988 年 2 月建成，先在此展出墓中出土的一部分珍品。这座博物馆是由著名建筑设计师莫伯治先生设计的。综合楼的正面墙上，两幅高达 12 米、总宽 36 米的巨幅红砂岩石墙，是刻意选用与墓室类同的砂岩石块砌的，石墙上雕凿巨幅浮雕，主题突出反映本墓出土珍品包括汉、楚、越三种文化因素。大门的两侧为浮雕的主体，呈竖幅，高 10 米，左女右男两个越人手操巨蟒，脚踩顽石，头顶星星和月亮，这是从主室出土漆木大屏风中"操蛇之神"铜构件的题材中脱胎出来，点出了越文化的特色。两侧延伸一条左龙右虎的宽纹，是采自出土玉璧中的图纹，作为中原汉文化的代表。门外还雕凿一对相向的猛虎，作起跃状，它是根据墓中出土的一件错金文虎节而来，为战国年间典型的荆楚文物。

亲爱的读者，当您有机会来岭南的历史文化名城广州，您一定不要忘记到象岗的西汉越王墓博物馆参观游览，当您在宽敞明亮的大厅中，仔细欣赏两千多年前的"文帝行玺"金印等珍贵文物时，当您在聚精会神地观看发掘的纪录电影、录像时，您一定会记得我们在开头介绍南越国世系时说过，这座陵墓的主人只是第二代南越王，还有南越的开国之君，统治岭南达六十七年之久的第一代王赵佗，他的更为隐秘的陵墓中肯定会有更多更精彩的无价之宝尚待发现。但赵佗墓在哪？有说佗墓在广州城东北鸡笼岗，有说在马鞍山，又有说在天井岗，也有的说在白云山。这是广州的一个千古之谜。亲爱的读者，第二代南越王陵墓的发现，为寻找第一代王的墓提供了线索，我们每一个人都有可能成为赵佗墓的最先发现人。只要我们大家都来关心，都来做好文物保护的宣传工作，佗墓发现之日，一定会和他孙子的墓那样得到完好的保护，为中国古代文明、为世界人类文化增添异彩。

原载《广州文博》1991 年第 3 期，署名麦英豪、黄淼章。

两件珍罕的吉州窑枕

　　香港知名文物鉴藏家杨永德先生近日将从海外购得的两件珍罕的吉州窑枕，亲自携回广州再次捐赠给西汉南越王墓博物馆。其中一件釉下彩束腰形诗文枕，长 29.3、宽 14、中腰 11.7、高 12 厘米。泥质黄白色胎，较坚致。枕的六面绘纹。两端绘花卉，一端有通气孔，位于花芯处，另一端的四角有垫烧痕，这个枕在烧制前枕面被水淋过，有 3 个面留有几条水痕。枕的四面：一、三面为诗文；四面的两侧绘野菊，当中为瑞狮戏彩球；二面绘海涛纹与花卉。一面的诗文为："散水调·倾杯：鹜落霜州，（雁）横烟渚，分明画出秋色。暮雨乍歇，小楫夜泊，宿苇村山驿。何人月下临风处，起一声羌笛。离愁万绪，闻岸草，切切蛩吟如织。为忆芳容别后，水遥山远，何计凭鳞翼！想绣阁深沉，争知憔悴损，天涯行客。楚峡云归，高阳人散，寂寞狂纵迹。望京国，空目断，远峰凝碧。"共 109 字，分书 13 行。第三面的文为："商调·阳台路：楚天晚，坠冷风败叶，疏红零乱，冒征尘匹马区区，愁见水遥山远。追念（少）年时，正恁凤帏倚香偎暖。嬉游惯。又岂知，前欢云雨分散。此际空劳回首，望帝里，难收泪眼。暮烟衰草，算暗锁路歧无限。今宵又依前寄宿，甚处苇村山馆，残灯畔，夜厌厌，凭何消遣。"共 102 字，分写 13 行。另外，在末行之下，再抄写晋顾恺之《春夏秋冬》五言诗一首："春水满泗泽，夏云多奇峰，秋月扬明晖，冬岭秀孤松。"分写 4 行，因位置不多，故斜行，且字体更小，有个别字模糊难认。以上《倾杯》《阳台路》两首词为北宋词人柳永的作品，同见于柳屯田《乐章集》中。柳永的作品具有浓厚的市民气息，宋人叶梦得说过，"凡有井水饮处即能歌柳词"。宋时的陶瓷工匠用既稠且黏的釉浆在不到 400 平方厘米的枕面上抄录柳永过百字的长篇曲词，每首词仅夺 1 字，书写流畅，除了被水流冲刷过的地方有几行字不大清晰外，其余的虽系蝇头小字，几乎是个个清楚的。可见当日陶工们对柳词的熟识程度。此外，这个枕的两面抄写 3 首诗文，在吉州窑和磁州窑的诗文枕中，实为罕见。

　　另一个吉州窑的绿釉八角形枕，是香港中文大学文物馆林业强副馆长慧眼独具而搜得，并送与杨永德先生的，杨先生以之转赠给南越王墓博物馆。林业强先生认为此枕的珍罕在于有"严家记"戳印，由是文献记载的吉州窑五大窑户得此已可补齐。该枕长 21.5、宽 10、高 7.5 厘米。泥质红黄色胎，坚致。枕面划三片蕉叶纹，侧壁印牡丹纹，转角处饰竹节形柱。透气孔在背壁的正中处。底的周沿有釉斑，当中压印"严家记"的印记。明《格古要论》载："吉州窑，……宋时有五窑。"多年来，江西的文物考古工作者对永和镇窑址的调查发掘，先后发现有"舒家记""陈家号记""谢""郭立"和"元祖郭家大枕记号"即舒、陈、谢、郭四窑户的铭记，这个传世的"严"家枕，正为所未见的第五家窑户。至于这两枕的年代，吉州窑绿釉划花枕属早期产品，江西的北宋中晚期墓出有绿釉瓷器，绿釉的瓷枕也见于南宋初期墓中；吉州窑的釉下彩瓷受磁州窑的影响而有自己的特色。它主产于南宋中晚期以至元初。上述的绿釉"严"家枕应为北宋，而褐彩诗文枕已属南宋的晚期。

前此，杨永德先生写信给广州市人民政府，他表示深信文物是全人类所共有的文化遗产，要把个人的收藏公诸同好，与众共赏，决定将自己多年珍藏的200件陶瓷枕捐赠给西汉南越王墓博物馆。接着，他又斥巨资在香港印制一册有482页的彩色大型藏枕图录，于1993年初连同200件瓷枕一起用专车运到馆内。这批陶瓷枕是他夫妇十多年来从香港、日本、英国等地寻求得来，其数量之多，品类之全，窑口之众，在今之收藏单位亦属罕见。枕的年代由唐迄元，以宋金时期为多。有十之九可以确认窑口，其中以唐宋时期北方主要产瓷区的河北、河南为主。属河南窑口的有宝丰清凉寺的汝窑天青釉枕，新安和登封窑的珍珠地枕，修武窑的三彩枕，还有鲁山、郏县、巩县、禹县、焦作、济源等地的产品。属河北窑口的有磁州窑黑白花枕、诗文枕，定窑的白釉、黑釉枕和剔花擎荷娃娃枕。属山西省窑口的有晋南的三彩枕、长治的虎形枕。而12个唐枕则分属长沙窑、寿州窑、巩县窑和景德镇窑。今次捐赠的两个枕又增添了南方的吉州窑。广州西汉南越王墓特辟专室，建"杨永德伉俪捐赠藏枕专题陈列"，作为该馆长期展出的一项基本陈列。此专室于1993年2月28日与该馆全面建成同日揭幕。广州市人民政府授予杨永德夫妇"国宝无价，报国有心"的横匾，对他们保护文物，热爱祖国的义举表示感谢和褒扬。

原载《广州文博》1993～1995年集刊。

麦英豪文集

（下）

文物出版社

Collection of Mai Yinghao's Works

(II)

 Cultural Relics Press

目 录

上

下

说 牛

　　1997 年为夏历的丁丑年，按生肖排列为牛年。世界上的几个文明古国如埃及、希腊、印度和中国都有用动物纪年的做法 [1]。在中国则把十二种动物与十二地支组合，构成子鼠、丑牛、寅虎、卯兔、辰龙、巳蛇、午马、未羊、申猴、酉鸡、戌犬、亥猪的排列，轮回往复。从考古资料来看，子为鼠，丑为牛等组合早在秦代已出现了，湖北云梦秦墓出土《日书》竹简中已有实例，但不完全 [2]。至于用生肖记录人生年的风习，有人主张"至迟在东汉以前已普遍用于记录人的生年"，恐怕欠准，因为其所持根据主要是东汉王充的《论衡·物势篇》[3]。其实在汉人的论著中只是说明十二种动物与十二地支的配属关系，而无涉及人的生年属相问题。稍后，到 6 世纪就有明确的记述，诸如《周书·宇文护传》："生汝兄弟，大者属鼠，次者属兔，汝身属蛇。"清人赵翼《陔馀丛考》认为："盖北俗初无所谓子丑寅卯之十二辰，但以鼠牛虎兔之类分记岁时，浸寻流传于中国，遂相沿不废耳。"所言极是。

　　古人认为，牛出现在大地上是比人还要早的。公元 6 世纪南朝人宗懔的《荆楚岁时记》说，江南人的岁时风俗，定夏历正月初七为人日，初五为牛日，牛的出现要比人早两天 [4]。作为六畜之一的牛，不但给人以肉食与奶饮，又被驱拉车、耕田，甚至用到打仗上，还被视作致富的对象，大可匡国，小亦足以富家。农民需要它，牧民需要它，手工业者需要它，诗人的吟咏有它，画家笔下的田园景色也少不了它，人们有时还用它作为娱乐刺激。真是上至天文，下及地理，上下几千年，包括士农工商各阶层人士无不与之有关联。可以说，自人类社会出现以后，牛就与人紧密相联息息相关了。

牛的驯化

　　从野牛到家牛　在中国发现最早的牛化石，是在华北早更新世晚期的人类文化遗存——山西芮城西侯度发现与旧石器共存 22 种哺乳动物，其中有古中国野牛和中国长鼻三趾马。又在芮城风陵渡合河村的旧石器时代遗址中，发现有中更新世的典型动物——德氏水牛化石。这两处遗存同属于旧石器时代的初期，距今已有一百数十万年了。但什么时候开始由野牛经过驯化成为六畜的家牛？驯化是一个漫长的历史过程，而且牛的驯化畜养要比猪、狗、羊来得稍晚。确切的考古发现是距今 7000 年的浙江余姚河姆渡新石器遗址，共发现 48 种动物遗骸，其中仅水牛头骨就有 16 个。长江下游苏南太湖地区的圩墩遗址，上海马桥遗址，青浦崧泽遗址等处都有水牛的遗存。说明江浙一带从河姆渡文化直到湖熟文化的居民已有畜养水牛的传统，当然这与南方的水稻种植不无关系。北方新石器时代的水牛，首见于大汶口文化（前 3835～前 2240 年）的遗存，至于距今 5000 年的河北、陕西等地的龙山文化遗址，水牛可以生活在淮河以北相当靠北的地方。总之，从新石器时期文化到殷商之前，我国农业经济中的畜养业已有一定的基础，通常所谓的六畜——马牛羊鸡犬豕，无论在黄河流域或长江流域都已普遍饲养了 [5]。

牛的种类与改良　　分布在世界各地的牛种类较多，生活在中国的则以黄牛、水牛、牦牛为常见。黄河流域考古发现所见的牛的遗骸，以黄牛为主，但亦有水牛的骨骼。根据动物学家的说法，今天的黄牛有长角的、中角的、短角的，还有无角的几种。其中除了无角牛属于杂交改良的品种之外，长角黄牛好种的不多，中角的多是好种，短角的黄牛则是最好的。现在中国北方以短角黄牛最多，属于良种。《尔雅·释畜》："撞牛。"晋郭璞注："今无角牛。"说明无角牛，古已有之。牦牛为中国特产，如今主要分布在青藏高原的高寒地带。它是与普通黄牛不同的一种野牛，经过驯养成为家畜。其状如水牛，体长力多，且耐寒，适应高山少氧的气候环境，能在陡坡上行走自如，可供驮运、耕地、乘骑，故有"高原之舟"的称誉。牦牛尾巴的黑毛长尺许，古时称为旄牛。据张澍辑阚骃《十三州志》记载："旄牛县属蜀郡，旄牛所出，岁贡其尾，以为节旄。"脍炙人口的苏武牧羊故事，说的是苏武奉命出使匈奴，匈奴贵族把他扣起来，劝降未遂，将他迁到贝加尔湖边牧羊。苏武拿着汉节牧羊，睡觉时也把节放在身旁，坚持十九年不屈。真是丁年奉使，皓首而归。到匈奴放他归汉时，节上的旄已经全部脱落，仅剩一条光棍了 [6]。在古代牦牛的尾毛用于旗杆头上作装饰，这种尾毛至今还是我国出口的特产。中国还有一种羚牛也是我国特产的珍贵动物之一，生活于西部 2500 米以上的高山地区，数量稀少，形如黄牛，但体型瘦削，高鼻，体毛较长，角与蹄均类羊，短尾巴。成年羚牛体重可达 500 公斤，常结队群居，以草和树皮为食。

古生物学家发现，中国古书记载的犦牛、犪牛（《尔雅·释畜》），很像亚洲的野水牛。中国长江流域以南各省是水牛的主要分布区。由于水稻高产，水稻的种植区向北扩展，现在河南、山东也养水牛。在珠江三角洲，水牛至今仍是水田犁耕的主要畜力。在广东新石器时代和汉代遗址中都有水牛骸骨出土。特异的是，广州汉墓（包括佛山地区和广西贵县、梧州等地汉墓）所出陶牛，其塑形特点全属黄牛，未见水牛。南越王赵眜墓出土不少牛的遗骨，作为食用与祭牲之用，不少于两个个体，同属黄牛。该墓的出土器物也有用牛作装饰的，如盛酒用的瓿，两耳作牛头形，也是黄牛。还有出土的车饰中有 8 件鎏金牛头形泡钉，铸制精工，两个长长的弯角，不像本地的水牛，但与 1956 年辽宁西丰匈奴墓群出土的青铜透雕牛牌饰的牛头形象很是相似 [7]（图一，2、3）。这使我们联想起发生在西汉初年一件与牛有关的大事：汉初，高祖刘邦死后，吕后掌权，她一反刘邦和睦南越的政策，下令禁止向南越国输出金属的农具和马牛羊母畜。这一来，岭南的开发有被扼杀的危险，当地的农牧业定会受到极大的损害。因而引起赵佗的强烈反应，发兵攻打长沙国以报复，并导致汉越交恶。透过这个事件，可以说明当日开发南越大地急需的马牛羊家畜与农具，还要从中原大量输入。

在选择和培育的役用家畜方面，我国古代劳动人民积累有完整的一套外貌鉴定法。古时善相马的有秦国的伯乐，他识千里马。相牛的有春秋时齐桓公的大夫宁戚，他是位养牛的能手，还著有一本《相牛经》，后来传给百里奚，到汉朝时，河西的薛公得到此书，用以相牛，据说"千头不失"。可惜，后来失传了。到宋时，陆游还有"频过斗鸡舍，闲学相牛经"的诗句。清代佚名的《相牛心镜要览》认为，一头好牛的整体结构方面是"体身紧促，头小腹大，颈长身短，角刀、眼圆、肩高、臂低……"，在局部与整体的比例方面则要求"四宽（鼻、角门、胸堂、髀骨），五紧（口、腰根、骨骼、四蹄、尾巴）"，这是从长期鉴认实践中总结出来认定为体壮力大又有耐力最宜耕作的良牛。

经过长期的饲养和役使，人们对牛的脾性特点有了深层的认识。总的来说，牛的性情是温顺的，但当它发怒或发情时则不容易驱使，甚至会伤人。为了改变公牛的性情，使之便于役使，早在战国时，人们就知道从生理结构上对牲畜进行改造，于是有了阉牛术。古代把割去睾丸的牛称为"犍"或"辖"。《周礼·夏官·校人》："夏祭先牧，颁马攻特。"（古时对公马、公牛都称为"特"，将牲畜的睾丸或卵巢割去叫乘）这里的"攻特"就是阉牛。河南省方城的汉画像石墓有一幅阉牛图，使我们得以了解古代"攻特"时的紧张情景。图上有一牛正在与一个蒙上熊皮的人（象人）相斗。一位阉牛者在牛后，半跪地上，趁牛抬起左后腿全力向前冲去的时机，他左手托住牛的阴囊，右手持刀而割（图一，12）。汉时尚未有麻药，看了这图，总要令人觉得操割者的危险与紧张。经过阉割的动物，由于生殖机能丧失，性情会变得温驯，便于役使、利于肥育和提高肉的质量，并可避免在群牧时牲口的自由交配，有利于畜种改良。阉牛术的发明更推动了养牛业的发展。

农牧业中的牛

商周以来农牧业中的牛 上文提到新石器时期在东南沿海江浙地区的河姆渡遗址和龙山文化遗存中都有家牛的骨骼发现，表明河姆渡文化的居民到龙山文化的居民都养牛，已是六畜俱备了。商代，随着农业生产水平的提高，牧业有了很大的发展。在郑州二里岗和安阳殷墟的商代遗址中，牛、马、猪、羊、狗等家畜常有发现。湖南衡阳出土一件商代青铜牺尊，造型颇像水牛[8]，这是艺术造型对现实生活的反映。甲骨文和金文的"牧"字，勾勒出一个扬鞭的牧人面对群牛的图形（图一，5）。到周朝，畜牧业又向前跨了一大步。《诗经》三百篇中有一首畜牧歌说："谁谓尔无羊？三百维群。谁谓尔无牛？九、十其犉。尔羊来思，其角濈濈。尔牛来思，其耳湿湿。"[9]换成现代语来讲，就是："哪个说你们没羊？有300多头的一群，300多头的一群啊。哪个说你们没有牛？身长7尺的大牛遍野，数也数不清哩。你的羊群来了，它们挤得角儿相互碰撞。你的牛群来了，牛儿扇动双耳把草啃。"诗人的文学之笔巧妙地描画一幕西周时牛羊蕃盛和牧放的场景。尔后，到了春秋战国时期，公私养牛大有发展。《周礼·地官·牛人》："掌养国之公牛，以待国之政令。"这是为公家养的牛。陕西的小型秦墓（一般平民墓）有牛、狗、羊等陶塑的畜俑出土，反映出民间养牛已相当普遍。在周朝各诸侯国中，秦国的畜牧业自是发达的。秦国祖先善养马（当然包括牛），得到周天子的赏识，受封为附庸。在云梦出土的秦简中有600多简是秦的法律文书，其中的《秦律·厩苑》规定了一套养牛的方法，有一定的制度，如饲料的供给，评比奖惩，牛只有编号，有档案登记等等。国家对各地牛只的存栏也有详细的记录，连牛的毛发、肥瘦、岁齿等都记录得很清楚。可见秦国的畜牧业有着优良传统，既有丰富的饲养经验，又有严格的管理措施与制度，并有法律条文把这些固定下来。后来，在西汉桓宽记录昭帝时举行盐铁会议（前81年）的《盐铁论》中还提到："秦之法，窃马者死，窃牛者枷。"反映出秦国对畜牧业的重视。"天苍苍，野茫茫，风吹草低见牛羊"，这首叫《敕勒歌》的民歌唱出了天地苍茫，牛羊遍野的特殊景色。它正是秦汉而后，中国大地牧畜业随着时代的前进而发展的形象概括。

用于载运 当牛的耐力和温顺的性情为人们认识之后，它为人类服务的方面由供食用、祭牲扩展到供人们作为动力来驱使。役使主要有两方面：一是拉车，二是耕田。用牛拉车的传说很早，一说始于轩辕黄帝，《世本》："胲作服牛"（胲，黄帝臣也，能驾牛）；另一说："少昊时，始驾牛"。《管子》记载，殷朝的先王用牛马驾车，有利民众，天下都学他们的制作。商汤的七代祖王亥发明了用牛拉车，大大提高了车的荷载和运距。王亥驾着牛车，用丝帛和牛作为货币，在各部落中作物物交换式的买卖，得到厚利。由于王亥发明牛车，又促进了部落间的物资交流，有利生产的发展，所以子孙在祭祀他的时候，礼节隆重，用牛多达300头。

马拉车要比牛拉车跑得更快些，但自古以来马主要服务于战争的需要，骑兵、战车都要用大量的马来装备。古代天子、国王坐马车，一般的人只能坐牛车。刘邦打败项羽，建立起汉朝政府。他那辆由四匹马拉的坐驾，要选用四匹毛色一致的马在当时也找不全，宰相和将军们只好坐牛车了[10]。这是因为自秦末农民大起义，再经刘、项逐鹿中原，前后长达八年的战乱，社会经济受到极大破坏，民生凋敝。马被用于战争，大部分已死于战场了。这种马匹奇缺的情况到晋代八王之乱后又再重现[11]。这是在一个特定历史条件下而出现的特别情形。其实，有身份的高贵人坐牛车不能全都认为是由于经济凋敝所致，因为晋代还有所谓"名士风度"的时尚，士大夫们要坐牛车也是借以显示它们不离田园的隐士之风的。1981年在广州东郊发现一座西晋太熙元年（290年）的砖墓，出土两件骑马俑，还有两辆青釉的牛车。有一件是双辕牛车，车厢长方形，前端有一个平顶车篷，驾车的御手和牛都可以遮蔽风雨。车厢内主人端坐，双手扶几。厢前厢后都站有侍从。驾车的牛很肥壮，双角前弯，额前系有红缨。还有1件较小的牛车，前后共3人，有的手中拿着物件，显示这是载有主人备用物品的随从车。它形象地描画出墓主人的显赫身份和名士的风尚。

用于农耕　从社会发展史的观点看，人类由渔猎、畜养到有了农耕，已步入了农业社会。有了农业为基础的畜牧业，生活资料的来源得到保证，人们从迁徙无定过渡到定居生活，这是社会发展的一大进步。本来由野生稻到人工栽培稻，即由采集发展到播种，是要经历漫长的一段劳动实践而得来的成果。但这个成果包括许多发明创造的桂冠，在古代往往被统治者戴到自己的头上来了。例如，被称为五谷之神的周族始祖后稷，说他发明了种稷（有说是谷，有说是黍）和麦，他的侄子叔均播种百谷[12]。这个时期人们只是用木和骨蚌做的农具——耒耜，在地上插洞翻土播种，这是很费气力的农活。当牛被作为一种畜力用于农业生产，使人类得以从笨重耗力的耕作劳动中解放出来，这是农业技术史上使用畜力为动力的一次革命。"一牛可代七人之力。"一头壮健的水牛，最大的牵引力可达500多公斤（马为350公斤）。水牛腿短蹄大，适于水田耕作，特别是珠江三角洲的沙田，土软、深，走动极不容易，黄牛踩在这些水田中是不能动弹的。从考古发现和民族学的角度来看。水田牛耕的发展大概有过两个历程：初时利用体重且有四蹄，放到田中，连水带土踏成软泥，便于播插；自从木犁特别是金属的犁铧出现以后，进入铁犁牛耕的阶段并得到推广，使农业生产有飞跃的发展。1989年江西新干一座大型商墓中，出土两件青铜铸制的铧犁，这是商代的金属铧犁发掘品在中国第一次出土！这两件铜铧犁平面呈三角宽体式，长9.7、户肩宽12.7厘米，两侧有薄刃，正面中部拱起形成截面为钝三角的銎部，正中有一穿通过，当套入木犁头之后以作固定的。过去，学者们从甲骨文中的牛、物与畴三个象形文字分析，牛字只是勾勒了牛的正立面，突出了它的双角和两耳。畴字像耕畜犁地拐弯留下的犁纹和两个蹄印（图一，4~6）。物字郭沫若解释为像耕牛拉犁发土的图形。有学者指出殷商时期在中国大地还未出现有牛耕的史实，何来"耕牛拉犁发土"？并认为物字在甲骨文中是以刀屠牛之状，刀边加碎点表示屠牛时牛血迸溅沾刀之意，相当于屠，或即刎字（图一，7）。这是比较合理的解释。商代未见牛耕，但不排除有犁耕，因为犁铧是可以用人牵挽的。何况在商代，奴隶只是会说话的工具而已。今有新干大墓出土的两件铜犁铧实物，不论它是作为"天子藉田"的象征抑或是用人牵挽的犁铧，都不能否定商代确已有犁耕的出现了。

汉武帝时任搜粟都尉的赵过，他创立代田法，又发明了新田器——耦犁和楼车，大力推广牛耕。耦犁是由二牛三人组成的。用二牛挽二犁，两人各扶一犁，另一人在前牵引二牛前进。这是中国农业史上出现牛耕技术的第二次飞跃。据载，用耦犁，每户每年可种田 5 顷。1959 年，在山西平陆枣园村发现一座汉壁画墓，西壁处绘有一幅二牛挽犁的图像（图一，1）[13]。更为形象的是江苏徐州的汉画像石墓，有一幅耕耘石刻图（石高 0.8、宽 1.8 米），分上、下格，下格描绘的是两牛挽一把巨大的铧犁，一人扶犁。一人在后随墒下种，有人送饭到田间。左上角一人在呵牛，右上角一辆双辕牛车载着各种农耕用物。还有一只犬伏在车旁（图一，10）。这两幅牛耕图，一是王莽时的壁画墓，在华北；一是东汉时画像石墓，在华东。二者所反映的同是两牛挽一犁。这比赵过时的二牛三人挽二犁，从时间上计算要晚出 100 年左右。但在犁耕技术上比较，则大大改进[14]。

让我们回过来看看岭南大地这个时期的农业耕作又如何？上文已提到岭南的西汉墓至今尚未有金属的铧犁发现，也未见有可供说明先秦或汉初南越国阶段的岭南大地有用水牛犁田的任何痕迹。我们想在珠江三角洲推广犁牛耕，大概要晚到西汉的中、后期，即公元前 1 世纪左右[15]。佛山东汉墓出土 1 件陶水田模型，有多人在耕作，有"V"形的犁铧，田边还靠着一条用于水道交通运输的小艇[16]。尤为使人欣喜的是，1994 年广州黄埔区姬堂发现一处西晋永嘉年间（307～312 年）梁氏家族墓群，已经发掘 3 座墓，出土有陶水田模型 3 件，还有陶牛栏、羊圈、马厩、猪舍、鸡屋、加工谷物的磨房等等。牛栏圆形，内圈着 4 只大水牛（见封面），3 件陶制水田，塑有各种动态的农夫和耕牛，有如一幅早春开耕大忙的图景：有的在犁田，有的在耙田，有的在修磨农具，有用铁锸（广州附近叫"脚钊"）开挖水沟的，有莳田完毕扛起农具正欲离田的。还有 1 只牛站立田中央，主人把牛绳放到它的头上了，大概已经耕作了大半天，刚卸下犁耙还在喘粗气哩（见封二）。对此，人们自然会联想起宋李纲《病牛》："耕犁个亩实千箱，力尽筋疲难复伤？但愿众生皆得饱，不辞羸病卧残阳"的诗句，真的是"须知盘中餐，粒粒皆辛苦"啊！再者，田埂上有一个大竹箩，上面用一个斗笠严实的覆盖着。这是带到田头的一顿午饭。开耕大忙日，哪里还有时间在家"食晏"（珠江三角洲的农民农忙时在田间吃午饭叫"食晏昼"）。请细看，每块水田的田埂边都装上一个捕鱼的竹笱，田中的鱼是随涨潮水游来的，显示这里正是珠江三角洲近海有潮水到达的连片沙田。这些陶塑水田、牛栏等陪葬用的明器，是要表现墓主人拥有肥牛千头、良田千顷，为一方的豪族。

牛文化

牛图腾　牛在人类文化的发展历程中占有重要位置。在文化上人与牛也是息息相关的，有着方方面面的关系。原始宗教信仰中的牛图腾，在古代东方和西方的古老民族中都有出现。《山海经·西山经》说：诸山的山神中有十个是人脸马身的神，另有七个是人脸牛身的神。这七位牛神各有四只腿，一条胳膊，拿着拐杖走路，名叫"飞兽之神"。祭祀它们要用全猪全羊的少牢之礼，祭品下还得铺垫一层白茅[17]。这是中国古籍中所描述的牛图腾。在西方希腊神话里，有牛头人身的弥诺陶洛斯，也是一种牛图腾。往后在印度，在中国出现的神牛，则是宗教上的进一步发展。古婆罗门教（八、九世纪之后称为印度教）中著名的神牛就是一例，公牛南迪既是婆罗门教主神湿婆的坐骑，也是他的象征。印度的湿婆神殿的对面必有公牛南迪的卧像。因此，牛在印度成为神圣之物。中国古代也有奉祀神牛的，据《史记·秦纪》和《水经注》所载：秦文公二十七年（前739年）砍伐南山的一棵大梓树时，树干中跳出一只大青牛，投入丰水中。被认作神牛，于是在武都郡建祠称"怒特祠"，以奉祀牛神。据《人民日报》（海外版）披露，在内蒙古阴山北麓、百灵庙东北方的乌兰察布草原，名叫夏勒口的地方，在一块岩石上刻凿12个动物形体的岩画，高20、宽33厘米，包括从鼠、牛、虎到狗、猪依次排列成椭圆形，图形清晰，但制作较粗糙。其中的龙形，身粗短，且有长腿，属于早期龙形。这幅十二生肖岩画经专家研审认定，作于战国至汉代，揭示了两、三千年前曾在蒙古高原流行的动物崇拜与原始图腾崇拜[18]。

祭祀用牛　人们对牛从狩猎到畜养，初时主要是解决肉食之需，所谓"古之人，皆食禽兽肉"（《自虎通·号》）。后来发展到用作"牺牲"——祭品，特别是商代，祭祀要用很多牛。甲骨文有"册千牛"（册即告），可见用牛数量之大。商周之际，把祭祀祖先、天地和打仗视为国家的两件头等大事，周天子举行祭典要用太牢（牛），用太牢是最隆重的。甲骨文和金文的牢字就是表示将已经选定用作祭礼的牛赶入栏中圈起来，使它不受损害（图一，8）。"牺牲"这两字原意就是古代祭祀用牛的专用名词。天子祭祀要用纯色的公牛，叫"牺"。《说文·牛部》："牲，牛完全"，指祭天地宗庙用的全牛。因为用于祭祀的牛是经严格选择的。先要经过占卜，得到"吉"兆的牛才能用，而且要用"完全"的牛。受过伤的牛，占卜认为不吉的牛，甚至牛角被老鼠咬过的都不能用[19]。周代何以在祭典中如此严格选牛？因为周的生产力、生产水平比商又前进了一步，牛在农业社会中有重要作用。周时亦有主张不要滥杀耕牛的，《国语·晋语》"宗庙之牺，为畎亩之勤"，意谓应该把杀了用来祭祖的牛用于农田耕作。但是，商周时期的奴隶主把祭祀和打仗看作是国家两件头等大事，所谓"国之大事，在祀与戎。"以后，祭祀大典发展到用全猪、全牛、全羊，称为"三牲"，在广州南越王赵眜墓中也发现有三牲的遗骸。《风俗通》载，汉时，牛崇当上陇西的主簿，马文渊任职太守，羊喜为功曹（在这里主簿大约相当今天的省级秘书长，太守相当于市长，功曹为市级的秘书长之职）。三人同时在同一地方当官，对人戏言"三牲俱备"了。

占卜用牛　牛有预感的本能，当它自我预感将被宰杀的时候就会双目垂泪。人们认为牛有灵性，用牛的肩胛骨占卜，可向神灵问吉凶。近年来在河南的新乡、洛阳和河北唐山等地的新石器时期文化遗存中都发现有牛的卜骨。这种迷信意识到商代达到高峰，商朝的统治者十分迷信，几乎事事问卜。龟是长寿的，牛又有灵性，于是龟甲用于占卜，还把卜辞刻写在占卜后的龟板和牛的肩胛骨上，以作验证。溯自 1899 年（光绪二十五年）在河南安阳殷墟发现有刻字的龟甲和牛骨之后，这几十年间共收集到有刻字的甲骨达 15 万片以上（还不包括无刻字的骨与甲），可以想见商代龟甲与牛骨需求量之大。又《太平御览》引《晋书》的记载："扶余国（汉至晋时在今东北黑龙江建立的政权）若有军事，杀牛祭天，以其蹄占吉凶。蹄解者为凶，合者为吉。"后世用以问神的用竹或木做的杯也许由此演化而来。堪舆术的风水则是依托于地理方面的迷信。《晋书·周光传》说："初，陶侃微时，丁艰（指父母之丧）将葬，家中忽失牛，而不知所在。遇一老父，谓曰：'前岗见一牛，眠山汗中，其地若葬，位极人臣矣。'又指一山云：'此亦其次，当世出二千石。'言讫不见。侃寻牛得之，因葬其处。以（老父）所指别山与访（即周访），访父死，葬焉，果为刺史。"后人把营葬先人的吉地称"牛眠地"，实缘于此。

牛还被用来驱邪治鬼。本出自佛教的牛头、马面为阴曹地府鬼卒，"牛头人手，两脚牛蹄，力壮排山，持钢铁钗"，作了阎王、判官的爪牙。嘉峪关的魏晋墓在墓门上门楼的阙身也雕出鸡首人身和牛首人身像，借以驱恶辟邪 [20]。

牛与歌舞　在古代，牛尾巴、牛耳朵也和人们举行大典或娱乐有关。甲骨文和金文中的舞字，画出一个人两手拿着牛尾的样子（图一，9）。挥旄而舞是古时比较原始的舞蹈形式。尔后，这种形式留传下来，在周朝的六小舞中有"旄舞"。舞者手执旄牛的尾巴起舞。牛耳朵也用于大典。《左传·哀公十七年》："诸侯盟，谁执牛耳？"春秋时，诸侯各国间歃血会盟，割牛耳取血，盛牛耳于珠盘，主盟者执盘，被称为"执牛耳"。齐桓公、晋文公、秦穆公、宋襄公和楚庄王先后为霸主，史称春秋五霸，他们都是"执牛耳者"。后世还把在某方面领头的人习称为"执牛耳"。至于以斗牛取乐，在中国古代属于角抵戏之一。惊险中得到刺激以为乐，肇始于西班牙至今不衰。斗牛运动后来传人墨西哥、秘鲁、哥伦比亚和委内瑞拉。古代的西班牙人熟悉生活在森林中的野牛脾性，他们从长期对野牛的围猎中逐渐形成斗牛运动。

惊天动地的牛故事　人对牛有好感，甚至把它捧了上天，古人很早就把牵牛和织女与天上闪耀的星星作比拟。本来天空上的星辰是客观存在的，在无垠的天体中它们并没有自行组合形成不同的星座。星座本是天文学家就星辰的排列布局，来比拟人神、动物、器物等形象，或虚拟州国、百官排列位置等而想象出来的。我国古代的天文学家将黄道（太阳和月亮所经的天区）的恒星分成 28 个星座，称二十八宿。1977 年在湖北随县发现的曾侯乙墓（春秋晚至战国初年），在出土一件漆衣箱的盖面上，有用朱漆写的二十八宿名称，就有牛、女等星座名 [21]。西周时，牵牛与织女的名称已一齐出现，《诗经·小雅·大东》："维天有汉，监亦有光。皖彼织女，终日七襄，虽则七襄，不成报章。皖彼牵牛，不以服箱。"说的是：在那光耀如带的银河两侧，东边的织女（女宿）在织机上从早忙到晚，为何不见你织出锦来？西边的牵牛星（又叫河鼓），你的身体如此壮健，为何不拉车！有的学者认为《大东》是《小雅》

中具有现实主义精神的优秀作品，是周代东方小国（谭国）臣民怨刺周朝对他们少数族的统治压榨的诗歌，牛耕女织的劳动成果都不见了。牵牛、织女从星名衍化为神话人物，汉代并形成了一个被棒打鸳鸯的爱情故事：织女又称天孙，是天帝的孙女，她灵巧的双手能织出五彩缤纷的云锦，勤劳的牛郎在老牛的指点下，趁仙女们下银河洗澡时，取走了织女的衣裳以示爱慕，牛郎的勤苦得到了织女的钟情，两人终成眷属，并生下了一儿一女。这时，织女要携儿带女，无暇织锦。天帝知道后就大发雷霆，把孙女捉了回去。牛郎是没有能力对天帝抗争的，只得用根扁担和两只竹箩挑着一儿一女跟踪而去。原在地上宽阔的银河也被天帝一起搬到天上。河深水涌，牛郎挑着儿女是无法涉渡的。牛郎与织女只好在无情的银河两边隔岸遥望。这个感人的神话传说，在汉代既有诗歌的传唱，又有美术作品表现。如 1957 年河南洛阳发现的西汉晚期壁画墓，前室顶脊上绘有牵牛、织女星图[22]。织女星与旁边两颗小星组成："＞·"形。著名的山东历城孝堂山郭氏墓石祠中的石刻天象图，织女星座之下，还刻有一女子坐织机上操作，给织女星加上了形象的插图。牵牛星是一等亮星，与织女隔河相对。牵牛又名河鼓三，其附近还有两星，三者形成"一"字形，故又称"扁担星"，像牛郎挑着一儿一女去追赶织女的图像。南阳汉画馆藏有一方"牛宿、女宿画像石"，画面在上方刻有如一扁担形的河鼓三星，其下为叉脚而立的牛郎，右手持鞭高举过头，左手握绳牵牛。这为河鼓星加上插画。图的左下角处，由 4 颗星相联而成的女宿座，其中一位头挽高髻的跪坐妇女，正是织女的形象（图一，11）。在文学作品方面。著名的《古诗十九首》其十："迢迢牵牛星，皎皎河汉女。纤纤擢素手，札札弄机杼。终日不成章，泣涕零如雨。河汉清且浅，相去复几许？盈盈一水间，脉脉不得语！"人们对牛郎与织女的爱情被棒打，给予无限的同情，所以后来在《风俗通》又记织女会牛郎时，乌鹊于天河上为之搭桥，名为"鹊桥"，七月七日世谓牛郎织女会聚日。往后，七夕一直是中国妇女传统的"乞巧"节日。如果七月六日有雨，则称为"洒泪雨"，因为明天牛与女就能相见了，喜极而泣。七日下雨则云"洗车雨"，天公要帮忙把他们会聚的车洗擦干净[23]。还有，宋《岁时广记卷二十六·借聘钱》说："牵牛娶织女，取天帝二万钱下礼，久而不还，被驱在营室。"文中没有说清楚这位天帝是否属于高利贷者，仅就情理而言，孙女婿牛郎就算借而未还，也应看在孙女的份上来点通融吧。以上的民间传说人们都是同情牛郎织女的，而把不近情理的天帝置于被告席上。但亦有要为天帝恢复名誉的，如晋干宝《搜神记·卷一》所载，把孝子董永与牛郎织女故事挂起钩来，说卖身葬父的董永在向一位财主卖身贷钱以葬父之后，在路上遇到一个美貌的女子，要求嫁给董永，两人于是一齐到财主家当奴隶。财主要他们织出 300 匹缣（一种质地薄的丝织品）抵债。织女一个月就织好，得以还债赎身。这时，织女才向牛郎表明身份，说自己是天上的仙女，奉天帝之命下凡，帮助董永偿债的。说完凌空而去。表面上故事宣扬的是"孝感动天"，其实这是御用文人利用董永故事为天帝这位统治阶级中最高人物涂脂抹粉。

至于利用牛作为战争的辅助工具，在西方有公元前228年，迦太基（今突尼斯境）人入侵厄勒贾城的战例。当地居民在牛车上满载饱含树脂的木柴，点燃后，驱群牛奔向敌军，取得大胜。有趣的是，在这个事件发生的50年之前，在东方的中国也出现了一件大体雷同的事。据《史记·乐毅传》和《史记·田单传》载：燕昭王时，乐毅联络赵、楚、韩、魏，总领五国之兵攻齐，连下齐国七十多座城，仅剩莒和即墨两城未下。燕军围即墨，齐将田单固守。他一面派人到燕行反间计，燕惠王果然易帅，派骑劫代乐毅；另方面又在即墨城中搜到牛千余头，在牛角上缚上短剑，在牛尾上扎上灌了油的苇秆，连夜凿开城墙几十个缺口，点火驱牛冲向燕军，5000壮士随后冲杀。火牛阵大败燕军，杀燕将骑劫，一口气收复被占的七十余城。这是发生在公元前627年的中国古代战争史上以小胜多的一个著名战例。还有弦高以十二牛犒秦师的故事，尤为感人。时在公元前627年春天，秦国派兵偷袭郑国，部队开到滑地（今河南偃师东南）。郑国商人弦高正赶着牛群到周城做买卖，路上碰上秦军。弦高感到形势严重，于是带上4张熟牛皮和12头牛，冒充郑国的使者到秦军中劳军；同时派人赶回郑国报告。秦国以为郑国有准备，于是退兵。弦高的机智，特别是他那种"国家兴亡，匹夫有责"的爱国精神，永为后人传颂。

奉献精神

全身是宝　养牛好处很多，除了可利用其劳力作耕田、驾车等役使之外，它全身是宝。牛肉是高蛋白、低脂肪的肉食品（蛋白含量20%），牛奶是营养丰富的饮料，不用多说了。牛皮可制革，又可熬为阿胶，牛胆可治痢疾，牛黄是牛的胆囊结石，可治癫痫，有清热解毒镇静等的疗效，属名贵药材。牛屎可以肥田，牛尿是培育食用菌类的好肥料，牛角、牛骨更是工业和手工业中的好原料，连剩下的边角料烧成骨灰又是最好的肥田粉，真是周身是宝。现在农村1头耕牛和奶牛场1头奶牛，其价不菲，肉食牛1头也卖得个好价钱。

身价不凡　古代的牛价如何？由于汉简发现了多批，还有成书于东汉的《九章算术》（有的算题是比拟当时的物价为计算的）供参考，所值是比较具体而详细的。以《九章算术》所列为例，当时内郡的物价：牛1头最高3750（卷七），次价1818（卷八），最低价1200（卷七）。同时《九章算术》中又有，良田亩300，猪一头最高900，最低300。鸡1只70等算例。试作换算：1头牛=12亩良田=4头肥猪=45只鸡之值。看来汉时的牛，划分身价还是很贵的。大凡社会的需求量大而价又高的东西，人们是乐于生产（制作），商人们更乐于经营的，这是商品规律。民族考古学的资料告诉我们，早在原始社会后期，牛就被视作财富的象征。云南石寨山和李家山发掘的战国至西汉年间的墓群，出土大批铜器，从其中的大量青铜铸像和各种纹样中可以看出，当时滇人大量牧养牛、马、猪、犬等家畜，猎取鹿、虎、山猪等野兽。牛的铸像是最多见的，它在滇人的经济生活中无疑占有重要地位。发现很多牛头铸像，有的成堆悬挂在房子的柱上，这正是阶级社会出现的初期，人们用它来显示拥有财富的标志。春秋时，猗顿问陶朱公致富之术，陶朱公（相传即辅助勾践复国的范蠡）告诉他，如果您想很快发起来，那就去多养母牛和其他牲畜，猗顿于是到西河养了大批牛羊。十年时间，牛羊以万计，富比王公，由是猗顿与陶朱公齐名，成为中国古史上著名的大富商。《史记·货殖列传》提到，汉时有个说法，只要牧养牛蹄角千（1 牛 4 蹄 2 角，相当于 200 头牛）就可富比千户侯。这个比喻反映出牛在当时社会经济中占有的重要地位，说明汉代养牛业确实兴旺发达。

奉献精神　牛吃的是草或稻秆，农耕大忙时才得尝几口地瓜、米糠等精饲料，真是所需极少，而贡献良多。鲁迅先生说过，牛吃的是草，挤出来的是奶。不问报酬，只求奉献的精神是永远都要提倡的。深圳市人民政府大楼前面的广场，有一座大型雕塑，一头奋力向前的铜牛，名曰"开荒牛"。人类社会就是要有很多很多的老黄牛、开荒牛，为了我们的今天，为了我们的子孙后代而艰苦奋斗。

注释：

[1] 在印度为：鼠、牛、狮子、兔、龙、毒蛇、马、羊、弥猴、鸡、犬、猪；希腊和埃及为：牡牛、山羊、狮子、驴、蟹、蛇、犬、鼠（埃及则为猫）、鳄、红鹤、猿、鹰。

[2]《云梦睡虎地秦墓》（发掘报告）发表第 11 号墓出土的一千一百多枚竹简照片与释文，其中顺序号 730～1145 号为《日书》，在 827 简有"子鼠也"，826 简"丑牛也"，825 简"寅虎也"，824 简"卯兔也"等，但 812 简又有"丑鼠也"，则与 826 简出现异称。

[3] 王充：《论衡·物势篇》："寅木心（也），其禽虎也；戌土也，禽犬也"；"午马也，子鼠也，……亥豕也。"与人生年属相无涉。

[4]《荆楚岁时记》："正月一日为鸡，二日为狗，三日为猪，四日为羊，五日为牛，六日为马，七日为人……"又《北史·魏收传》引晋议郎董勋《问礼俗》所记亦与此同。

[5] 参阅《中国新石器时代的家畜》载《折中国考古发现和研究》，195 页。

[6]《汉书·苏武传》："仗节牧羊，卧起操持，节旄尽落。"

[7] 参阅《"匈奴西岔沟文化"古墓群的发现》，《文物》1960 年 8、9 期。

[8]《湖南衡阳市发现青铜牺尊》，《文物》1978 年 7 期。

[9] 全文见《诗经·小雅·无羊》。

[10]《史记·平准书》："汉兴……自天子不能具钧驷（《汉书》作"醇驷"）而将相或乘牛车。"

[11]《稗编》："汉时马少，天子以下不能具纯驷，将相或乘牛车，至晋尚然。王导之短辕犊车，王济之八百黑骏（按：毛色青白相杂之马），皆牛车也。"

[12]《山海经·大荒西经》:"有西周之国,姬姓,食谷。有人耕,名曰叔均。帝俊生后稷,稷降以百谷,稷之弟曰台玺,生均叔。均叔是代其父及播百谷,始作耕。"

[13]《山西平陆枣园村壁画汉墓》,《考古》1959 年 9 期。

[14] 还有建国以来在甘肃武威,江苏睢宁,陕西绥德和米脂,内蒙古和林格尔等所发现王莽至东汉期间的画像石和壁画墓,所描绘的犁耕与牛耕图,亦类同。

[15] 参阅《广州汉墓》上册,483 页;《西汉南越王墓》上册,329 页,关于牛耕方面的论述。

[16]《广东佛山市澜石东汉墓发掘报告》,《考古》1964 年 9 期。

[17]《山海经·西山经》:"其十神者,皆人面而马身,其七神者,皆人面牛身,四足而一臂,操杖以行,是为飞兽之神。其祠之毛用少牢,白菅为席。"

[18] 参见《广州日报》1996.7.7 转载《人民日报·海外版》。

[19]《左传·成公七年》:"春,王正月。鼷鼠食郊牛角,改卜牛,鼷鼠又食其角,乃免牛。"

[20]《嘉峪关壁画墓发掘报告》图版二。

[21]《曾侯乙墓》上册,354 ~ 356 页。

[22]《洛阳西汉壁画墓发掘报告》,《考古学报》1964 年 2 期。

[23]《佩文韵府》卷三十七上"雨"。

原载《广东文物》1997 年第 1 期,署名麦英豪、黎金。

谈 虎

1998 年即农历戊寅年，为虎年。今以《谈虎》为文，以贺虎岁。

从"老"字说起

老虎称老，无论大虎、小虎、雌虎、雄虎以至初生的幼虎都可统称之曰老虎。在动物群体中，生性怯懦的蕞尔小鼠竟与老虎同样享有"老"字的尊号而称老鼠。何以称之为"老"？按东汉许慎的《说文解字》说：七十以上曰老。还有六十以上为老男，五十以上为老女之说。《抱朴子·内篇》引《玉策记》说：鼠寿三百岁。又说：虎及鹿皆千岁。其说虽不可信，但有一点是明确的，认为虎和鼠都是长寿的，因而称"老"。查《中华大字典》老字条又有另一种解释："老。有窟穴牢固之义。如虎则曰老虎，鼠则曰老鼠，此本于《晋书·五行志》。物老为妖，人老成精云云。"说的也是长寿。老虎和几千年的人类社会有着密切关系。远古时候，人们在开辟山林或进行狩猎活动中，经常会接触到虎这种凶猛的动物。人的体格和力气都远不及虎，但人有智慧的脑子，能制造工具使用武器得以降伏老虎。人与虎的关系也和对其他野生动物一样，是有一个从认识它，到驯服它以至支配它的过程。

神灵的"虎"

（一）部族的保护神——虎图腾

人们对虎的总印象是凶猛，不要说原始社会时的人害怕虎，就是现代人在深山密林中遇见它，亦要避之则吉。古人与自然界作斗争，条件艰苦，斗争险恶，所以很自然地对猛兽产生一种敬畏心理，希望凭借某种猛兽的威势给予自己部族保护与安全，于是产生了动物图腾崇拜。以虎作保护神就是以虎为图腾的部族。

1. 文献记载与考古发现

传说黄帝与炎帝大战于阪泉之野，当时有虎部族参加作战（《史记·五帝本纪》）。五帝之一的颛顼的子孙中有一支居于江水，是虎族（《后汉书·礼仪志》引《汉旧仪》）。颛顼，高阳氏，是楚人的祖先。屈原在《离骚》中说自己是帝高阳的苗裔，又说他生于寅年、寅月、寅日（即虎年、虎月、虎日）。说明楚人重视虎，虎年虎月是个大吉日。可见虎与楚人关系密切。河南濮阳新石器时期仰韶文化的墓葬里，墓底有蚌壳砌出的龙和虎形图案（图1），很明显和墓主人的族属标志有关。

江西新干县商代大墓出土大批青铜器，其中不少器物有特别的装饰，器耳上附加一只立虎。还有形体硕大的虎形器物配件，造型十分生动。此墓如此重视虎的形象，研究者认为虎可能是墓主家族的崇拜对象，或与其家族的历史有某种关系。

徐州至安徽一带有一个虎族，在卜辞里称为虎方（方国），原是华夏的一个支族（《左传·僖公十五年》："春，楚人伐徐，徐即诸夏故也。"），在商代已经很强大。由于杂处在东夷之中，故又被称为"夷"。西周时，他们自称为徐。当时徐偃王的势力囊括整个东南方。周穆王也只好承认他成为东方霸主。在传世的青铜器中，徐人所铸器物都有铭文自称为虎（图2）。据郭沫若考证，徐、虎是一音之转，徐夷就是殷商时的虎方（《西周金文辞大系考释》）。在四川，战国晚期的船棺葬墓里出土不少青铜剑，剑身上常见有虎的符号，人们称之为巴蜀式剑。这些虎纹实际就是代表氏族或部落的记号。虎纹无疑与巴人有特别的关系（图3）。据研究，这就是《华阳国志》和《后汉书·巴郡南郡蛮》所说的"廪君"，其中有"廪君死，魂魄世为白虎……"的记载。近年，又在川东、鄂西等地出土有虎纽錞于和带虎纹或蛇纹的剑，都是巴蜀兵器上常见的；在湘西北出土的剑与把式铜短剑也十分类似。看来，都与上述古代之虎族有所联系。

2. 民族学资料

从民族调查材料来看，虎图腾主要存在于彝族和土家族。我国西南少数民族中的彝族，祖先以虎为图腾，今天他们的名字还多数保留用虎字。祭祀虎祖时，悬挂起画有虎头的葫芦，彝族地区人家的大门有挂虎头葫芦辟邪的习俗。据说彝族过去是实行火葬的，葬时有些还以虎皮包裹，以便还原为虎。土家族，最初居于湖北，后来迁徙到湘西，而今还自称"廪家"。如前所述，廪君即虎君，其意就是虎祖的后代。他们祭白虎神，历史上长期保留杀人以血祭虎的习惯。后来，虽以牛代人，但直至40年代仍用血盆上祭。土家族歌舞时，手持的旗子也画虎形。此外调查资料还表明，分布于云南的怒族、白族、傈僳族、纳西族、哈尼族等的居住地区中，一般都存在若干自称为虎的氏族。

（二）四方的神灵

1. 四方的保护神

天空间日月星辰的运行，引起古人对大自然中的星体有无限的神秘感，产生丰富的想象。距今三千多年的商代前后，我国先民就把春天黄昏往东方的群星想象为一条龙的形象；南方的为一只鸟；西方的是一只虎；北方的是一只乌龟和一条蛇。这是古人对星辰的崇拜（对自然的崇拜之一）。就这样，老虎第一次被人当做神灵出现在天上。至于为什么要在春天黄昏发生，大概是因为黄昏是人们在一天劳动之后最闲暇的时刻；而春天则是适宜种植的季节，耕种需要看天时、气候，故此春天黄昏时古人察看星空的机会较多。据研究，这是符合公元前 2000 年前后春天黄昏时的天象的。人们在观察星空的过程中，发觉星星出现的位置以及斗转星移的现象都和农业生产的时令有很大关系。不断地观察，导致了最初的天文、历数科学的出现。天文、历数家们（大概到西周末、春秋之间）就根据星体运行的规律、星辰的分布等将天空划分为四个区（东、南、西、北四方）。每区七个星宿（星座），各代表一方的星象（龙、鸟、虎、龟蛇）。四方的星象共有二十八宿，其中西方七宿（奎、娄、胃、昂、毕、觜、参）即是四象中的虎象（图 4），第六宿的觜宿有星三颗，为虎首（早期叫觜觿）。以后，二十八宿体系形成，对于古人观测日、月、星辰位置的坐标、计算历法和测定岁时季节的变化，用以指导农业生产，有很重要的意义。古代，天文、历数和灾异占候往往混在一起，当作一回事。春秋战国之际，五行学说已经出现。之后，五方配五色之类迷信说法流行，于是龙、虎等 4 种动物又被加上颜色而更加神化了。所谓青龙、白虎、朱雀、玄武（龟蛇合体），就成了人间四方的保护神。

2. 驱邪逐恶的吉星（祥瑞）

在宫廷里，君王处理政事的宫室（路寝，亦称正寝）门上画虎，以示勇猛，避邪恶（《周礼·地官·师氏》）。在民间，虎也被认为是驱邪的神物。东汉《风俗通·祀典》："画虎于门，鬼不敢入。"又说："虎者，阳物，百兽之长也。能执搏挫锐，噬食鬼魅。今人卒得恶遇，烧虎皮饮之。系其爪，亦能辟恶，此其验也。"因此，在汉代人们将四神纹作为器物的纹饰，非常普遍。白虎还被视为能护送人升天的神兽。汉贾谊《惜誓》："飞朱雀使先驱，驾太一之象舆，苍龙蚴虬于左骖兮，白虎骋而为右騑"。严忌《哀时命》："使枭杨先导兮，白虎为之前后。"这些都是为屈原抒发感愤之情，并希望他的灵魂登上仙界。升天是由苍龙和白虎护送的。又如，河南洛阳卜千秋墓壁画绘有青龙白虎图，形象生动（图 5），也是同样的寓意。

人间四方的保护神在行军布阵中又成为军队的保护神。古代军队的旗帜上都画有这 4 位保护神。《礼记·曲礼》记载，军队行军时，左翼部队打着青龙旗；右翼部队打着白虎旗；前头部队打着朱雀旗；后面的部队打着玄武旗。用以表示军阵威武严明、整齐划一和战无不胜的气势。曾有人把它形容为"如鸟之翔，如蛇之毒，龙腾虎奋，无能敌此四物"。在军队行进间，如发现前方有其他部队就要在旌旗之上再树起画着虎皮的旗，告知军士有所防备。

3. 白虎凶神

四神（四灵）在人们心目中是神圣的，视为吉星，但也有把白虎看作煞星的。清代乾隆时一本讲述五行生克、立成宜忌用事的书《协纪辨方书》转引《人元秘枢经》说"白虎者岁中凶神也。常居岁后四辰"（意思是：白虎凶神常在每年最后 4 个月的初一出现）。关于"辰"的现象，《左传》

有记载，鲁昭公七年四月初一发生日全食。晋平公问家臣文伯：谁将承受此次日食的灾祸？答：鲁国和卫国将因日食而遭受凶险。果然，八月，卫襄公死了。十一月鲁国执政的贵族季孙宿又死了。平公对文伯说：日食的事应验了，可以经常这样占验吧？回答：不可以，因为岁时、日、月、星、辰不同，占卜的结果也不一样。平公又问：我听过许多人都谈到"辰"，什么是"辰"呢？答：日月相会是谓辰（用现代的话来说，月亮运行到太阳和地球之间，日月相对。根据当时观测，这种情形每隔 29 天多一些，就会出现一次。历书上定为夏历每月初一日，称之为朔。这个现象出现 12 次。就是一年）。鲁昭公七年四月初一发生日食，恰巧那年卫国死了国君，鲁国也死了当权的贵族，于是人们认为灾祸的发生是和初一"辰"的现象有关。这段记述出于《人元秘枢经》，是比较晚近的书（该书见于郑樵《通志·艺文六·五行三》著录，当为南宋人的著述），白虎由吉星变成了凶星，或许与后来的占卜星相择凶吉等术数活动有关联。

（三）道教与虎

东汉，道教出现以后，白虎为道教所信奉，成了道教的保护神灵。在《抱朴子》一书中讲述早期道教教主太上老君的座驾威严时说。左有青龙，右有白虎，前有朱雀，后有玄武。确是威仪式十足。但作为四神之一的青龙、白虎，在此只作了教主的护卫而已，与往日的地位自不可同日而语。唐宋以后，四神被拟人化了，而且实实在在地以偶象的形式出现在人前。玄武最走运，被推上了大帝的宝座（宋以后改为真武，俗称北帝）。青龙、白虎身穿甲胄，成了威武的神将，但职位不高，只不过是道观的守门神。大概自东汉以来，佛教的传入，我国本土道教的出现对民间信仰影响很大，作为古代神话传说的神灵，青龙、白虎等自然要屈尊降格为道教服务了。

人间的"虎"

（一）释"虎"

虎是大体型的猫科动物，性凶猛，头大有威，属于猛兽类。虎在我国素有百兽之王或山兽之君的称誉。这种大型吼叫动物在古代还有"虎啸而谷风生""风从虎云从龙"的说法，足见它的威势。虎分布于亚洲，据说原产于欧亚大陆北部，从那里向南扩展。现在的分布范围是从俄罗斯远东经中国至印度的部分地区到东南亚，在中国的有东北虎和华南虎。虎有 7 或 8 个公认的亚种，其大小、典型毛色和斑纹特点则根据地区和亚种的不同而异。南方虎比北方虎小，但毛色鲜艳，如孟加拉虎；中国北部和俄罗斯西伯利亚虎的毛色淡，但长而柔软。有黑虎和白虎，已有一只纯白色虎的记录。虎的体重约 160～230 公斤，最大的重 290 公斤，平均寿命 11 年。虽有攻击大象和成年野牛的记录，但通常避开健壮的大型兽类。年老或伤残的虎或带幼虎的母虎也会伤人。在动物园里人为的条件下，虎偶与狮杂交，其后代如父兽是虎，就叫虎狮，父兽是狮，就叫狮虎（详见《简明大英百科全书》）。

（二）畜虎

我国畜养野兽起源很早。史载，商代纣王在沙丘火筑苑台，"多取野兽蜚鸟置其中"。西周穆王在郑圃狩猎，命令掌管山泽的官员搜索森林，一个禁卫军生擒了一只老虎，将它献给穆王。后来木笼将老虎关起来养在东虢。那个地方就是以后著名的戍守重地——虎牢关（今河南荥阳汜水）。周代皇家园囿的范围相当大，畜养着许多飞禽走兽，专供皇帝游乐和射猎。《诗经》："王在灵囿，麀鹿攸伏"。毛传：天子苑囿百里，诸侯四十里。但当时可能还未有放养像老虎那样的猛兽。战国时，国王有专门畜虎的虎圈。秦王召见魏公子无忌（信陵君），无忌不去，使勇士朱亥奉玉璧一双去见秦王。秦王大怒，把朱亥放入虎圈中。朱亥怒目圆睁和虎对视，眦裂出血，老虎竟然不敢动。汉代，在未央宫、建章宫等都有虎圈，皇帝甚至要勇士与虎搏斗以取乐或作为惩罚的手段。昌邑王曾经驾着皇帝的车驾、仪仗驱驰北宫、桂宫弄彘斗虎。名将李广之孙李禹曾被投入虎圈与虎搏斗。至于驯虎，在汉画像石墓出土过百戏图，内容有驯虎和斗虎的，直到清代，皇帝与王公大臣每年秋天举行围场习武，康熙皇帝说过："朕杀者一百九虎，皇太子亦杀过数十，自十四哥以上，无不杀虎者。"不过，这些玩意儿是只有皇帝和贵族才能享受得到的。不像今天，老百姓随时都可在动物园或马戏团欣赏到老虎，而且再也没有以人斗虎如此残忍野蛮的事了。

（三）虎作题材

在百兽中虎以威猛见称，它的名字被人们用来作借喻于各方面。比如：以虎命名早在2000年前的汉代，皇帝就用虎的名字来命名他的宫殿，如白虎观、白虎阁。《水浒传》中描述林冲中计误入白虎堂，被奸人扣以擅闯军机重地的罪名。古代军旅也有用虎命名的。汉代有虎牙将军、虎贲中郎将、虎贲校尉（后者相当于今天的装甲部队司令）。

1. 以虎为饰

上文提到，四川巴蜀出土的铜兵器，云南石寨山出土的滇族兵器，普遍有虎纹装饰。古代军旗绘白虎以示威猛。汉代，建筑上常用四神纹样作装饰，四神纹瓦当尤为多见，其中的虎纹当，十分醒目（图6）。

古人用铜、玉、金银制作的佩饰喜作虎形或饰以虎纹。广州发现有南越王墓出土的一件龙虎合体玉带钩，佩者为南越王，或有伏龙驭虎的寓意。宋代的陶瓷虎枕，作伏虎形，用以驱邪避鬼，今日农村喜欢给小孩戴虎头帽，穿虎头鞋，除了辟邪的用意外，还有祈求他如小虎一样壮健成长。

2. 以虎为器

如虎符。青铜铸，虎形，古代君主遣将调兵的凭证。近年西安郊区出土有战国时期"杜虎符"（图 7），现藏陕西历史博物馆。秦始皇时期的"阳陵虎符"，现藏中国历史博物馆。虎节，节为青铜铸，相当于今天的通行证，由君主颁发，作为通行和调动军队的特别信物。广州南越王墓出土有错金铭文的虎节（图 8）。白虎幡，绘有白虎图象的旗。晋时，督战用白虎幡。南朝时，夜间开城门，门监要手执白虎幡。以后又作为传布朝廷政令的标志。虎子，古代的溺器。有铜、漆、木、陶、瓷制作的，如罗虎形，即今之"夜壶"。广州汉墓、晋、南朝墓都有出土。据《太平御览》引《西京杂记》："李广与兄射猎冥山之北，见伏虎，一矢中之，铸铜象其形为溲器示厌服之。"另一说是，神鸟之山有一兽，名麟主，能降福众兽而驱百邪。此兽便溺，虎便伏地昂首，麟主溺其口中，故溺器名虎子（《芸窗私志》）。这当然是神话，或可说明虎子之起源与迷信厌胜有关。

3. 以虎为喻

以虎为喻的成语特别多。下面择要介绍：

有褒义的：如虎背熊腰、虎头虎脑、虎啸龙吟、虎踞龙盘等。

有贬义的：如虎视眈眈（以强凌弱），为虎作伥（助恶为虐），狐假虎威（借势欺人），拉大旗作虎皮（借势吓人），如狼似虎（势凶），狼吞虎咽，老虎屁股摸不得（批评不得）。

有寓意深邃、发人深省的：如虎不食儿（饿虎不食其子，人不可无骨肉之恩），苛政猛于虎（苛酷的政令比虎还凶），养虎为患（纵容敌人，自留后患），纵虎归山（纵容敌人，留下祸根），放虎自卫（引狼入室），谈虎色变（原意是实践有真知），与虎谋皮（必不可得），势成骑虎（骑虎难下），虎落平阳被犬欺（失势受困），画虎不成反类犬（弄巧反拙），初生之犊不畏虎，不入虎穴，焉得虎子（敢于冒险），卞庄刺虎（事半功倍）等等。

虎与豹、狮同是大型吼叫的猫科动物。虎擅远跳，人们用"龙腾虎跃"来形容它在森林山谷间穿行自如。虎还会游水，但体重不能上树。民间有一个猫虎传技的故事，说虎与猫是甥舅关系，老虎的本领是跟猫学来的，虎想把猫吃掉，猫因传技时留了爬树的一手未传而得以自保。宋代大诗人陆放翁有《嘲畜猫》一诗："甚矣翻盆暴，嗟君睡得成。但思鱼餍足，不顾鼠纵横。欲聘衔蝉快，先怜上树轻，朐山在何许？此族最知名。"又注云："俗言猫为虎舅，教虎百为，惟不教上树。"看来，这个故事在唐宋年间已很流行。这也许反映了唐宋时期手工业十分发达，出现许多身怀绝技的能工巧匠，他们在作坊式的小生产中，就是连有亲戚关系的师徒间传技也要保留一手以自卫，这是可以理解的。因为科学昌明，文化发达，技术专利已普遍施行的今天，不是同样需要注意技术资料的保密吗？！

原载《广东文物》1998 年第 1 期，署名麦英豪、黎金。

广州西汉南越国宫署遗址发现的启示

1995 年发现的南越国宫署遗址，经过 1995 年下半年和 1996 年下半年两次抢救性发掘，已清理出一座大型石池和一口饮用水砖井，还有宫署烧毁后残留的大批砖、瓦、木、石等遗物。这是我国岭南地区秦汉考古的又一次重大发现，这次发掘被评为 1995 年十大考古发现之一 [1]。这个遗址与 1983 年发现的南越王墓、1975 年发现的秦代造船遗址并列入 1996 年 12 月国务院公布的第四批全国重点文物保护单位。南越国宫署遗址的发现，从考古发掘、文物保护和文物的宣传教育方面来看，既有经验教训，又提出了值得探索的一些问题。或者说它给予我们一点有益的启示。

启示之一：眼见未可为实

南越国宫署遗址坐落在广州市区的中心位置，即今日的中山四路忠佑大街城隍庙的西侧。这个地段自宋代以来一直被认定为南越国"赵佗城"的所在。1975 年在城隍庙西南相距不过百米之遥，发现一处规模宏大的秦造船遗址。文物考古部门把城隍庙周边的地段列入广州地下文物埋藏的重点地区，只要有动土施工都会引起注意。1995 年初，获悉位在城隍庙西邻的广州市电信局在大院内要兴建一幢 25 层大楼。本来，最好是在动工前把建筑地盘内的地下文物埋藏情况先摸清楚，但在南方雨水多而地势低湿的城市，在市区内进行地下文物勘察工作，碰到两个难题：一是地下水位高，容易塌方，而且遇水则地下遗迹的各种现象显露不出来，难于判明；二是建筑地盘往往都有高层楼宇贴近，探查选点因要考虑安全而受局限。如果先由工地把周匝的连续墙挖筑完成才着手探查，等于四周已经建起护土墙，还把地下水阻隔断开，对于开探方勘察可称安全方便。但要冒风险，因为挖筑连续墙时，遇有重要遗物遗迹，必遭破坏了。我们是在工地的连续墙完成后选定工地西南角布方，这位置是仅一面靠近楼房，而且距离造船遗址又最近。当挖到地表下 3～4 米，眼见已是成片灰黄色生土，因而判定造船遗址的范围未有延伸到这里，也未见有南越国时期的遗迹遗物。于是就交由工地进行基础施工。建筑地盘共布 67 个直径 1.5 米的管桩孔，每排桩孔间距仅 4 米，每个孔都挖到基岩。有幸，我们当中有人不相信此地无"宝"，他留在工地观察，很快就在工地的中部和西北面许多桩孔中挖出大批晋、南朝的青釉残瓷片，往下又发现南越国时期的板瓦、筒瓦，有一个桩孔挖出4个"万岁"的文字瓦当（封二2）。这时我们如梦初醒：原来眼见探方中的"成片生土"，竟以一概全，而步入了误区。经过多方的宣传，才取得施工单位的同意局部停工。于是在桩管林立的间隙中进行抢救性发掘650平方米，清理出一座呈仰斗状的大型石砌水池，仅揭开400平方米，后又在其周围钻探6.5万平方米。从钻探资料分析，这座石池的总面积约4000平方米，目前所露只是西南一角，其东西和北面被电信局的楼房和大片民居压着。石池壁是用砂岩石板呈冰裂纹斜铺的，坡斜约15度，砌作精工，池底平整，用河卵石和碎石铺填，距地面8米，池中已见一巨型叠石柱子，向西南方倾倒，附近有较多的绳纹带"公"字、"官"字戳印的板瓦、筒瓦和"万岁"瓦当发现。此外，还有八棱石柱、石栏杆、石门楣、铁门枢、铁斧、铁凿、鎏金铜半两钱等。在池壁的斜坡铺石上，还发现有"蕃"（图③）"睆""阅""赀""冶""□□北诸郎"等秦隶刻字。在印花砖上也有"左官奴畜"，瓦件上有"公"、"官"等字戳印文[2]。这处秦汉年间的石构建筑遗迹在我国还属首见，广州市政府决定遗址原地保护，电信局大楼要易地兴建，由于这里可用地的面积有限，该局提出把楼址西移，且要靠近石池遗址的西池壁。我们只想到该局已承受了很大损失，加上发掘中所见，石池西边也是一片生土，这时还没有从当日南越国宫署应当有一个较大的范围，提请该局考虑，而未提异议。当我们在新址处开挖两个勘察探方（约100平方米），又发现我国已知年代最早、砌作精工的一口砖井及大量经大火烧过的砖、瓦、木（焦木）、石等宫署建材，呈由西（儿童公园）向东（电信局）斜倒的情状（图①②）。发掘迹象显示南越国宫署遗迹被深埋在砖井西边即隔邻的儿童公园内。探掘所见与《史记》和《汉书》南越传关于汉武帝元鼎六年（前111年）灭南越，汉兵火烧番禺城的记载正相吻合。于是易址的计划要取消，大楼只得停建（图④）。在这过程中，从文物考古方面来看，我以为有两点是值得思考的：一是点与面的关系。文物勘探先行是必需的，但勘察所得的结果只能是点的情况，如各点未见有埋藏文物，但不等于面也没有。二是如何解决好勘探中的塌方和隔断地下水的难题。解决了，勘探工作就能抢在工地挖筑连续墙工程之前，可免除文物因连续墙开挖而遭受破坏的危险。

启示之二：尽信书不如无书

广州最早的城址坐落何处？汉初，南越王赵佗称帝于岭南，他的宫署建在哪里？这两个都与广州最早建城历史有关的老问题，因南越国宫署遗址的发现而得到正确的答案。广州的名字出现较晚，三国孙吴黄武五年（226年）分交州为交广二州，广州由是得名。历史上广州有过许多称谓，其中以"羊城"的名字最为响亮[3]。还有称"楚庭"的[4]，有叫"南武"

的[5]，也有从《史记》《汉书》南越传有关记述任嚣、赵佗的史事中附会出"越城"[6]"任嚣城"和"赵佗城"[7]。其实，记述这些名称的史志都比较晚，"楚庭（亭）"只到晋代，五羊神话故事的产生不晚于唐。广州城最早的名字应为"番禺城"，这是见于《史记》和《汉书》的[8]，司马迁与赵氏的南越国是同时，属于时人记述当时的事，这是可靠的。至于番禺城址的坐落位置，在《史记》《汉书》中都未有提及。过去，我们看到较早论证这个问题的史志材料有南宋人方信孺的《南海百咏》，其中的任嚣城条注引北宋郑熊《番禺杂志》所说，认为当日只是小城，位在宋代广州三城之一的东城处，"今为盐仓"[9]。今天中山四路有旧仓巷，其地即为宋时盐仓。所以，《南海百咏》引述《番禺杂志》只有几十个字，但它给予人们一个很明确的坐标——盐仓。明代黄佐的《广东通志》，清代阮元的《广东通志》同样说："赵佗入治番山之隅，因周末楚庭之旧，其署在东二百步，宋为盐仓。"也重复了宋人的说法。当今研究广州史地的学者，过去未有考古新发现的资料为证，也只得尽信书了。近年来，我们在宋代东城的东（德政北路地铁一号线农讲所出入口）和西（城隍庙前面）两头都有较大面积的挖土工程，还未见有西汉南越国时期（即西汉早期）的任何遗物和遗迹发现。但由城隍庙以西有最近发现的南越国宫署遗址，到中山五路的新华电影院拆迁后清理地基时有南越的印纹陶片和大量绳纹板瓦、筒瓦等发现。这一地段即为广州宋代的子城，正是广州最早的番禺城和赵佗的南越宫署所在（图⑤）。

启示之三：冒出一个新问题

从古代建筑史来看，木构架自是中国古代建筑的主要特点，毁后往往仅留下柱基和夯土台基，如著名的秦阿房宫，经项羽一把火之后，今天见到的是大片夯土台。西汉长安城内的长乐宫、未央宫等也无例外。西方古代建筑以石构为主，如埃及金字塔旁的祭庙，南部卢克索帝后谷的神庙，以及希腊雅典卫城的巴台农庙（前 447～前 423 年）和德尔斐（Delphi）的阿波罗神庙等，都是公元前 6 世纪至前 2 世纪的大型石构建筑遗存。由于东方和西方建筑的用材与结构形式上的截然不同，形成了两个不同的古建筑体系。今次我们在宫署遗址中清理出的部分石池，池中发现有栏杆、柱、门楣及叠石柱等石构件（本书图版三六、三八），特别是石池的斜坡形池壁，全用石板作冰裂纹精工铺砌，特别引入注目。这在遗址中是首见的。我们知道，在希腊的德尔斐阿波罗神庙遗址中，有一堵建于公元前 548 年的石墙（Polyganal Wall），西方称之为多边形或多角形墙，结砌形式与此相同。这也许不全是一种偶合。因为南越王墓出土 5 支原支象牙，经鉴定属非洲的象齿。还有，盛在一个圆形小漆卮中的一堆乳香，是主产地在红海的乳香。据载北宋熙宁十年（1077 年）这一年，中国从南亚等地进口乳香达 35 万斤，直到今天亦全赖舶来。该墓还出土一个盛有药丸的银盒，盖和身都锤鍱出蒜瓣纹。

这银盒的造型与纹饰都与中国传统器物的风格迥异。同样的，在伊朗哈马丹（Hamadan）出土刻有波斯阿塔薛西斯一世（Arata Xerxes I，前 464～前 425 年）名字的银器。这种蒜瓣纹金银器皿，还可以从 4000 年前的埃及法老图腾卡蒙墓出土物中找到它的原形。至于焊珠工艺，在公元前 4 世纪已出现于两河流域，在巴基斯坦一处古遗址中也有过焊珠的金饰件发现（年代相当于我国的秦汉年间）。近 40 年来的中国考古发现，在广州、长沙和江苏扬州的东汉墓中也有过出土。南越王墓出土有 39 枚金花泡，这批稀有的舶来品，不但数量多，而且比过去仅见于几个东汉墓的要早出 200 年。如此多种多样的舶来品出自南越王墓，联系到石池遗址的铺砌形式和多种石构件的发现，这些来源何自？冒出了一个需要我们思考和研究的新问题。过去，对中国南海海上丝绸之路的发轫，都根据《汉书·地理志》的记载，认为是在汉武帝元鼎六年（前 111 年）灭南越国之后，汉廷遣使南航开始的。今从广州地区 40 年来的考古发现，特别是南越王墓和南越国宫署遗址、秦代造船遗址相继发现的新材料，是否已经给我们显示了海上丝绸之路的开通应早到秦汉时期？这是有待探求的新课题。

启示之四：文物保护，重在宣传

宫署遗址的发现和进行抢救性发掘的过程，也就是宣传文物保护的过程。我们向建设单位的有关人员宣传，向工地施工人员宣传，向社会热心文物保护的人士宣传，还取得宣传媒体如报纸、电视、电台的支持协助，采用多种方式向社会作更广泛的宣传。结果使有关方面的人士对文物发现的意义和重要性有了一个共识，化解了建设一方要承受重大的工程费用的损失，而文物保护一方又要求原地原址保存而产生的尖锐矛盾。广州西汉南越王墓也是在平土方工程中发现的，发现时现场能完整保护，墓室又未受到扰乱破坏，也是得助于事前我们对施工人员进行过深入有效的文物保护的宣传。我们的体会是：进行文物保护宣传的目的，在于让人们对文物有个正确的认识，只有认识了，他才会理解文物保护的必要性；认识越深，则理解越深，对文物保护的支持越得力。这是一个正比的关系。南越王墓发掘后得以原地保护并建博物馆；南越国宫署遗址发现后，建设单位要损失近 4000 万元基础工程费用，而遗址还要原地保存，其中除了认真地做好宣传群众的工作之外，同时又切实有效地向各级领导（决策人）进行宣传，取得他们的理解和支持，这也是一个很重要的因素。

注释：

[1]《中国文物报》，1996 年 2 月 18 日，一版。

[2]《中国文物报》，1996 年 2 月 11 日，一版。

[3] 还有称为"仙城""穗城"的。北宋乐史《太平寰宇记》："周时，南海有五仙人，衣五色衣，骑五色羊，来集楚庭。

各以谷穗一茎六出，留与州人，且祝曰：'愿此阓阛，永无饥荒。'言毕，腾空而去，羊化为石，城因以名，故曰仙城、曰穗城。"

[4] 晋·裴渊：《广州记》："昔高固为楚相，五羊衔谷，萃于楚庭。六国时，广州属楚。"

[5] 清·乾隆，《南海县志》："广州自周赧王初，越人公师隅相度南海地，始筑城，号曰南武。"

[6]《广东通志》番禺县、府城条："广州建城自越筑南武，其后任嚣、赵佗相继增筑，是为越城。"

[7]《广东通志》南海县、府城条："秦以任嚣为南海尉……既乃入治番山隅，因楚亭之旧，俗谓之任嚣城……及赵佗代嚣，益广嚣所筑城，今称之赵佗城。"

[8]《史记·西南夷传》记述汉朝使者唐蒙出使南越国，"南越食蒙蜀枸酱，蒙问所从来，曰'道西北牂柯，牂柯之广数里，出番禺城下。'"毫无疑问，这是南越国对自己都城的称谓。

[9] 宋·方信孺：《南海百咏》任嚣城条注：《番禺杂志》云，在今城东二百步，小城也，始嚣所理，后呼东城，今为盐仓，即旧番禺县也。以今考之，东城即其地；《广州城坊志》旧仓巷条亦引证上文。

原载《广东文物》1998 年第 1 期；又收入《"文物与教育"国际研讨会论文集》，香港特别行政区政府康乐及文化事务署古物古迹办事处编印，2004 年。

文物工作的黄金时期

今年，是中华人民共和国成立 50 周年，在这半个世纪中，广州市文博事业的发展历程，大概可划分成三个截然不同的阶段，第一阶段是中华人民共和国成立之后的 20 年，这是文博开创和奠基的时期。由于广州历史上得风气之先，在文博事业方面也得风气之先。71 年前的 1928 年，中国的现代学术研究——中央研究院历史语言研究所在广州筹备，是年 10 月 22 日成立。研究所里设立考古学组，这是中国现代田野考古学上的第一个学术机构，又是首先在广州出现的 [1]。到了第二年，即 1929 年 2 月 11 日，广州市市立博物院开幕了，它是我国国内几个最早期的博物馆之一。但自 1929～1949 这 20 年中，广州文博事业的发展极其缓慢，考古工作几乎是个空白点，仅在市郊的大刀山和东山发现过几座古墓 [2]。中华人民共和国成立之后，1951 年广州市文物管理委员会成立了，为了紧密配合基本建设工程，抢救地下文物，从 1953 年 1 月开始，文管会在全市各个建设工地进行了紧张的考古调查和发掘工作。旗开得胜，发掘的第一号秦墓，出土一个漆盒，底部有"蕃禺"二字烙印，这是广州考古发掘第一次发现秦始皇统一岭南的历史物证，令人兴奋！到 1959 年，在广州市内已发掘上千座古墓，这个成果被当时中央最高考古学术权威机构——中国社会科学院考古研究所认定：全国有西安等 8 个"考古发掘重要据点"。广州被列入全国 8 个重要据点之一 [3]。这时期，广州市文化系统已有广州博物馆、广东革命历史博物馆、广东民间工艺馆、广州美术馆、毛泽东同志主办农民运动讲习所旧址纪念馆、中华全国总工会旧址纪念馆等 12 个文博单位，在广州文化战线中产生了文博系统。在地上文物保护方面，经过初步调查，列出了包括 130 多个单位的重要文物史迹点的资料，其中重要的文物单位如陈家祠、五层楼、农讲所、三二九起义指挥部旧址等都得到及时的维修、复原和保护。第二阶段是"文革" 10 年。广州文博事业处于停顿、倒退和遭受严重破坏的 10 年，事业的停顿，专业人员的哀伤，文物遭到的破坏，令人触目惊心。请看，在一个破"四旧"和"扫除封资修"的口号下，陈家祠竟给新华印刷厂占用作为印刷厂房，机器整天轰鸣，好端端的一座艺术建筑被弄到百孔千疮，叫人心痛！亚洲最宏伟的石室天主教堂，一把大火将内部所有宗教设施付之一炬。黄花岗七十二烈士墓的自由神石雕像被砸，连烈士的墓包也几乎被爆开。刘少奇主持的"全总"其旧址纪念馆和碑座被砸。广东最大的黄铜铸像——大佛寺的三宝佛被拆得支离破碎，弃置在南岸的五金杂物仓中。六榕寺的3件镇寺之宝，其一是刻有辽代纪年的药师佛铜像被查抄，至今下落不明。有广东碑林称誉的南海神庙，保存有唐至清的一百多件方碑石，一夜间几乎尽毁。标志着唐宋以来中国与阿拉伯人民海上交通往返的怀圣寺光塔，寺内仅存的一方元代碑刻也被砸碎无存。至于抄家出来堆叠如山的古旧书籍、字画、陶瓷等被焚烧，被损坏，其损失是无法估计的。至于这场"文化大革命"，颠倒黑白，其遗害之烈，确实罄竹难书。

1976年粉碎"四人帮"，拨乱反正，随即迎来了第三阶段改革开放的20年。广州文博事业得到蓬勃发展，踏入了黄金时期。广州市的领导把保护广州历史文化名城摆上了议事日程。广州文博工作的科研成果，也如雨后春笋，有个人的专著，有集体全作的成果，有学会的论文集，有单位出版的文博专业图册。既有不少洋洋万言的学术论文，也有短小精干的研究心得。其中获得中央一级的、省级和市级一、二等科研成果奖的论文、专著已有多项，可说是硕果累累。在这期间，不仅对在"文革"10年中遭受破坏的文物保护单位进行抢救维修，复原保护，还新修、新增选了一批文物保护点，其中国家级的文物保护单位由"文革"前的5处，现在增加到16处18个点，总计广州市内现有各级文物保护单位124处。有的保护单位维修规模之大，从工程项目到维修经费都是空前的，例如，陈家祠从被占用收回来之后，对这个全国重点文物保护单位的维修加固、防震、防漏、防火、防雷、防大雨和涨潮时的大小浸淹，由上到下，从里及外都作出通盘考虑和周密的安排，务求使之延年益寿，让这座全国重点文物保护单位更好地为今人服务，还要留给后代子孙。去年，广州市政府又对它作出特别安排，不仅把30多年来未解决的书院的后院和东院的占用单位迁出，还将其外围靠贴的单位也搬走了，腾出一万多平方米改作绿地，使这组集广东民间建筑工艺大成的牡丹花得到葱翠的绿叶扶持。又如，最近完工的中山纪念堂的维修，动用资金5000万元，这相当于新建一座西汉南越王墓博物馆的费用。至于考古方面，广州秦汉考古三大发现，已由国务院公布为全国重点文物保护单位，这三大发现中的南越王墓和南越国宫署遗址，是八九十年代发现的。1975年试掘的秦代造船遗址，当时因条件不具备，试掘后只能回填覆盖，就地保存。1983年发现南越王墓，经过10年努力，墓室原地保护并就地建成西汉南越王墓博物馆，备受中外人士赞誉，推动了广州的文博事业跃上一个新台阶。在此，我们深刻地体会到，由于改革开放，才有经济的飞速发展，又推动了城市建设的大规模展开，为城市考古、重要文物史迹的发现带来了更多的机遇。如果象岗山上没有4幢公寓楼的移山平土建设，就没有南越王墓的发现，庄严雄伟的西汉南越王墓博物馆是在广州改革开放，有了雄厚的经济实力后才得以建成的。博物馆的建成，不仅为广州的旅游增添了一个重要的参观点，它对广州城市文化品位的提高，起着无可替代的重要的作用。随后，南越国宫署御苑遗迹的发现，又把广州的文博工作推上了承前启后的新纪元。遗迹的发现为中国秦汉考古开拓了多项崭新的研究课题；为中国古建筑史、工艺史、园林史、岭南开发史、南越国史等众多的专题研究提供了最新的资料，为文物保护与经济建设出现熊掌与鱼不可兼得的情况下，如何妥慎地处理重要史迹保护问题为全国作出了良好的典范。广州市政府决定保护南越国御园遗迹，划出 4.8 万平方米为宫署核心保护区，这是要承担重大经济损失的。最近，江泽民同志在党的十一届三中全会 20 周年纪念大会上作重要讲话，谈到物质文明与精神文明建设的相互关系时，特别指出："任何时候都不能以牺牲精神文明为代价换取经济一时的发展。"广州市政府坚决保护南越国宫署遗址的做法，正好为江总书记的讲话提供了一个最有力的令人信服的实例说明。我认为，广州市委、市政府的领导非常明白，如此重要的文化史迹的发现，是千载难逢的良机，它对提高中华民族的文化素质、增加爱国主义情感，建设社会主义新的精神文明，都有着非常重要的、不可代替的作用。有人说：文化是明天的经济，经济没有文化的支持是不会持久的。我非常赞同这个观点。广州在改革开放中先行一步，在全国大城市的发展上名列第三，有了雄厚的经济基础，属于上层建筑重要组成部分的文物事业的发展得到了保证。但我们并不认为经济可以概全。因为概全的说法不符合邓小平理论，邓小平同志强调两手抓，两手都要硬。我们都认识到，要把一个城市与其他城市区别开来，不单是看它的经济指标的高低，也不仅是看一幢幢拔地而起的高楼大厦的多或少，重要的还要看这个城市的文化品位，看这个城市历史文化的独特个性。正如林树森市长指出的，南越国宫署这样重要的历史文化遗迹，它的价值不是用金钱可以算得出来的。广州市政府对南越国宫署遗址的保护，马上在社会上得到热烈的反响，有人为此专门写了评论文章，指出"广州市当局对南越国御苑遗迹采取这样坚决、周到的保护行动，表明决策者具有高度的文化素养和爱国热忱"，还认为："南越国遗址受到如此完善的保护，这是它的幸运，也是民族的幸运，更是华夏子民的幸运！"[4] 当然，保护和分期发掘南越国宫署遗址，将是一个漫长的过程。今天我们身处于文博事业蓬勃发展的黄金时期，深感任重道远，前景诱人。只要我们坚持不懈，深入学习邓小平理论，特别是有关两个文明建设等论述，加深理解，在工作中采取多学科的参与和研究，就一定能够将这处重要文化史迹的发掘、保护和利用做得更好。西方有句谚语 "Rome was not built in a day."（罗马不是一天建成的）。我们这一代人做不完，可以留给下一代接着做。我们坚信：被誉为广州历史文化名城精华所在的南越国宫署遗迹，在不久的将来一定会以它内涵丰富，结构奇特，以广州历史奇观的雄姿展现在人们的眼前。

注释：

[1] 参见《中国大百科全书·考古学》，725 页。

[2] 胡肇椿：《广州古物发掘追记》，《广东文物》卷十，1941 年。

[3] 中国科学院考古研究所：《新中国的考古收获》序言，1961 年。

[4] 杨光治：《保真打假，净化历史文化》，《中国文物报》33 期，1998 年 4 月 29 日。

原载《广东文物》1999 年第 1 期。

广州秦汉考古三大发现随感笔录

在神州大地上出现的中国第一皇帝秦始皇，他在完成统一六国大业十年后就辞世了，他死后给我们留下一份丰厚的历史文化遗产——秦始皇兵马俑。在始皇帝统一岭南过程中有一位名将赵佗，秦亡后他据岭南建立南越国，这是岭南历史上的第一个封建政权。赵佗死后也给岭南的广州人留下重要的文化史迹，这就是20世纪70年代在广州老城区发现的秦造船遗址，80年代发现的南越王墓，90年代发现的南越国宫署宫苑遗迹，此三者被誉为广州秦汉考古的三大发现。本人生逢其时，有幸能参与并主持这三项的发掘和发掘报告的编写工作，机会难逢。三者都已有报告面世，下面所录只是补充这期间的一些感受，若视为报告的外篇之一，亦无不可。

南越王陵何处寻

踏入考古之门 心系南越

回溯40多年前，我和黎金女士（至今我们已是43年的伴侣，又是从事考古的同行）一齐报考广州市文物管理委员会，又一齐被录取为该会的干事。当时文管会只设有地上文物和考古两个组，黎女士原是学法律的，我则入教育门，因都对文史有兴趣，被分配入考古组。不久就参加了在北京大学举办的第二届考古工作人员训练班的学习，后来我们就被同行戏称为"黄埔二期生"。我们二人一直在考古这个专业岗位上工作，至今已47个寒暑而乐此不倦。记得初入考古之门时，渴望早日掌握考古专业的本领，对业务学习可谓手不释卷，在阅读地方志中把有关赵佗墓的记述汇集起来。这位中国岭南地区最早的历史名人，他生前死后的事迹，引起了我们极大的兴趣。赵佗是今河北人，为秦统一岭南时的著名将领。秦亡，佗据岭南大地建立南越国，成为南越的开国之君，在位长达67年，寿过百岁。赵佗是开发岭南的第一人，促成了岭南地区社会历史的发展。他创建番禺城，在司马迁的《史记·货殖列传》笔下，列举了汉初全国商贾云集的著名大都会有19个，而在岭南地区的只有一个，就是曾做过南越国都城的番禺。有人说从历史发展的角度来说，赵佗可列为广州的第一任市长。记载有关赵佗一生史事的，在史籍文献中以《史记》和《汉书·南粤传》为最早，最详，但两传都没有提及他身后的葬处。相传赵佗墓中埋藏有很多珍奇异宝，所以他的坟墓千百年来一直成为人们寻找的对象。赵佗墓到底在哪里呢？在目前所见最早的地方史志中，有晋人王范《交广春秋》（已佚）载："越王生有奉制称藩之节，死有秘奥神密之墓，佗之葬也，因山为坟，其陇茔可谓奢大，葬积珍玩。吴时遣使发掘其墓，求索棺枢，凿山破石，费日损力，卒无所获。佗虽奢僭，慎终其身，乃令后人不知其处。"五世纪刘宋时，又有沈怀远的《南越志》所载两条：一说，"佗墓自鸡笼岗以北至此山（越秀山），连岗属岭，吴黄武五年（226年）使交趾治中从事吕瑜，访凿佗墓，自天井岗至此山。工费弥多，卒不可得"；另一说："孙权时闻佗墓多以异宝为殉，乃发卒数千人，寻掘其冢，竟不可得。次掘婴齐墓（按即南越第三主），得玉玺、金印、铜剑之属，而佗墓卒无所知者。且佗死于武帝之初，至孙权时方三百载有奇，已寻掘不可得，至今千余载，益不可考。"晚及北宋，还有郑熊的《番禺杂志》谓"赵佗疑冢在县东北二百步，相传佗死营墓数处，及葬，丧车从四门出，故不知墓之所在"。据说，汉末曹操死后有七十二疑冢，如果属实，也许是从其300年前的赵佗取法而来。凡事物越被认为神秘，则越诱发人的好奇。于是有人借此编造出离奇的故事，甚至愈说愈奇，南越赵佗墓2000年来一直未为人知，这就更不例外了。比如清人仇巨川《羊城古钞》转引《太平广记》的《崔炜传》最为引人注目，说崔炜得仙人相助，进入过赵佗的墓，看过墓室中各种极尽奢华的陈设和珍奇异宝，还有给赵佗殉葬的东瓯王摇和闽越王无诸所献的4位侍女。赵佗被称为皇帝，把齐王田横的女儿田夫人配与崔炜作侍妾，并赠送一颗西亚大食国的夜明珠。崔炜返回羊城家中，从邻居的惊异中才得知他走这一趟"已三年矣"。当然这是传奇小说编造的故事。

根据《史记》《汉书》南越传记载，赵佗在汉高祖即帝位的前一年（前203年）立国，传5主，共93年，其中第四主赵兴与第五主赵建德也在汉武帝灭南越时被俘杀。因此，可以判定南越国的四、五两主不会有陵，而三主赵婴齐的墓据载已为孙权所挖了，所以剩下的就只有二主和一主赵佗的两座陵了。如果要问我们，为何对南越的王陵如此关注，理由很简单：一、南越王是岭南历史上年代最早，身份最高的人物，他们的墓中"葬积珍玩"，应该是可信的，因为从考古发现得知，汉代以前都崇尚厚葬；二、这是失踪了2000年的一个历史之谜，一直来人们都希望能找到答案；三、是在岭南从事文物考古专业工作的使命感要求我们，要认真关心保护好重要的历史文化宝藏，赵氏的王陵万一在工程中被发现，被推土机毁了，或发现后被一些人一哄而上，把遗物弄乱毁坏，造成不可补救的损失。所以做好调查和宣传工作是我们的责任，是保护的前提。广州位处珠江三角洲的北部边缘，其东郊、北郊属丘陵区，岗峦起伏，连绵相接；有些小平原，虽说不上平畴千里，亦可谓阡陌纵横，茫茫大地，南越王陵何处寻？为此，我们做过一些简单的分析和类推，如秦始皇葬于骊山之下，距都城咸阳有一段距离。西汉11座帝陵分布在渭水之滨，亦距汉长安城不太远，下及唐陵、宋陵以及明十三陵都是在当时都城的远郊处。依此类推，南越是以番禺（今广州）为都城的，我们应该从当日都城的远郊处着眼，这样做，正如孔子说的"虽不中，不远耳！"但广州城区有个特点，市区当中被一条由西向东流的珠江河前航道横穿而过，自古以来，人们一直把这段河道称之为"海"。当日番禺城在江岸北面，南北两区因"海"阻隔，交通不便。我们估计：南越王陵的选址不会到隔"海"的南岸地区，应当选在城北远郊地势较高处。估计陵墓的建造有两种可能：一是平地挖坑构筑，然后填土层层打夯，堆成土包，即所谓封土成丘，树木成林；二是有可能在岗峦上营建，仿效汉文帝的依山为陵。本此，我们从五六十年代起就在广州近郊的发掘和远郊的考古调查中，凡见到地面有冒起的孤丘或土堆，都要走近查勘一番，虽然还不能说已青山踏遍，但郊外的田畴、岗地上确实留下了我们的不少脚印。在 1983 年 6 月第二代南越王墓发现之前，我们虽然一直未能查到南越王陵所在的可靠地点，但 30 年来，广州的近郊远郊众多的建设工地在动土兴工中，还未见有王陵的迹象显示，亦可暗自安慰的。

《广州汉墓》话南越

广州地区配合各项建设工程开展大规模的田野发掘是从 1953 年初开始的。我们进场发掘的第一个工地，就是西村士敏土厂在厂区近邻的石头岗兴建工人宿舍，考古队配合平土方工程在石头岗清理发掘了五十多座古墓，年代由秦到唐代。发掘的第一座 M1097（原编号 53 西石 M1）是秦代木椁墓，一棺一椁，发现时因土方工人不知道是古墓，认为是一座地下的木头房子，把椁中的大部分随葬器物取了出来，至为可惜。这墓随葬物丰富，铜器有鼎、釜、鍪、甑、盉、盆、勺、扁壶、提筒、瓿等十七件，玉具铜剑三把、铜匕首两把、战国楚式铜戈两把、半两钱及大玉璧、玉带钩、玉印（无字）和石砚等，还有木梳、漆敦、漆奁、漆玦等器，有一个漆奁盖面的正中处有烙印"蕃禺"二字。蕃禺是秦始皇统一岭南设南海、桂林、象三郡时所置的县，为南海郡的治所，后为南越国都城。这个地名最早还见于汉初的《淮南子·人间训》"一军处番禺之都"和《史记·南越列传》"番禺负山险，阻南海，东西数千里"、"咸会番禺"等记述。这是岭南地区首次在考古发掘中得到秦统一岭南的历史物证，可说是旗开得胜！这墓的主人是谁？根据墓主随葬有剑、匕首、戈三种共七件铜兵器和大玉璧及较多铜器来看，其身份是较高的，当是随同赵佗南下秦军中一位高级将领。令人感到遗憾的是，墓中出土的一颗玉印未刻文字，于是这位对统一岭南建立过功业的将领，因其不愿留名而成了无名的功臣。其后，到了 1982 年 7 月，即在象岗发现第二代南越王墓之前的近 30 年岁月中，我们在市区的西、北、东郊都已先后发现了南越国时期的墓群。既有地位低微的平民墓群，如东郊先烈路的下二望岗已发掘二十座，西郊王圣堂的柳园岗发掘四十七座，北郊的大北路马骝岗发掘九座，这些墓的特点是规模小，随葬器物只有一件或数件陶器，除个别稍大点的墓外，一般都不见有铜器。也有中小官吏的墓群，如先烈路淘金坑，已发掘四十座墓，多为中、小型的木椁墓，仅一座是土坑墓。随葬物最少的一墓仅见六件，多的三十余件，陶、铜、铁、玉、石质类的器物都有，且有"赵望之""臣望之"两面铜印和"郑未""孙憙"等玉质私章出土，陶器中还有"长秋居室""臣丁"等刻文，可以证明这些墓的主人为南越王国的中小官吏。此外，在西郊还发现多座带"腰坑"的越人墓，属于中等规模的木椁墓。其特色是多数在椁底铺一层小石，以利于排泄积水。又在棺具位置之下，挖有一个圆坑，内藏一个大陶瓮，大概是埋葬殉狗的遗骸，因骨殖全朽无痕，无法确定。但其用意是压胜，似无疑义。就是用殉牲来挡煞地下阴间的妖魔鬼怪，以保护主人的。还有一特点是，凡有"腰坑"的墓，随葬品中只有越式的器物，而不见汉式的陶、铜器物。这些"腰坑"墓的主人大概就是当地越人的首领，死后保留了他们的丧葬习俗。还有规模较大的墓群，如三元里的马棚岗，已发掘八座墓，其中编号1134（原号60北马M1）的木椁墓，当中有一座木构的棺房，左右两侧为敞门，前后两端的门各设两扇可向两边移动（门板下嵌有木轮）的板门。棺外的四周用枋、板构成上下两层，设木梯供上下。这两层都是用来放置随葬的漆、木器物的，其中漆扁壶、盒、盘、耳杯等有五十余件，木车、木马、木兽、木俑（82件）和木梳、木篦、木盾、木剑等一大批。可惜墓主人也没有留下名字。东郊先烈路麻鹰岗已发掘十座墓，规模较大，其中编号1175（原号56东麻M8），是一座分前室和后室的大型木椁墓。前室原置漆木车器，已全朽。后室的棺位置两边都堆满器物，仅陶瓮、罐多达四十二件，其余的铜壶、钫（口沿处刻墓主名字"辛"）、卮、勺、盆、提筒、釜、鼎等则分放两头，还有铜车饰三堆，分别放在陶器堆之上。棺已朽，仅存残铁棺钉几枚。在棺位置正中的四件玉璧，纵列成行，中间有两件玉璜。头端一漆奁，内盛有"辛偃""臣偃"玉印各一方，还有玉鞢一、铁削二、刮刀一、铜眉笔杆二支。约当脚旁还有一对鎏金铜女侍俑塑造得典雅娴静，是汉代铜俑中罕见的精品，用以纳入棺中随葬，也许是作为墓主人生前得宠侍女或姬妾的倩影。此墓玉印中的"辛偃"与铜器中的"辛"字刻铭正相吻合。墓主当为南越国的高级官吏。1955～1957年在东郊的玉子岗、蚬壳岗、竹园岗兴建华侨新村，我们配合建筑工地的平土工程先后发掘南越国时期的墓五十七座，以中型墓为多，少数为大型墓。在我们进入工地发掘第二座编号1066（原55东侨M2）的一座中型木椁墓，出土一枚两面铜印，印文"梁奋""臣奋"，已意识到今回又碰上南越的大官了。到发掘第十五座编号1075（原55东侨M15）时，出土一颗"赵安"玛瑙印，我们都暗自高兴，"赵安"与南越王同姓，相信这次可有望找到王陵的埋葬地了，把厚望寄于华侨新村。后来，发掘到第五十七座墓时，回顾在此工地所发掘的几座大墓中，有编号1180（原57东侨M49）的一座木椁墓是有代表性的。该墓坑深4.3米，长7.26米。分前后两室，木椁已腐朽，但有板灰痕。墓中随葬物特多，在后室的分作3堆放置，位于后室后端的陶器、铜器共七十七件（其中一陶瓮有"常御"印文，二陶罐有"居室"印文），在后室前端右侧的有壶、瓿、釜、盉、鋞、提筒等铜器，提筒、鼎、盒、釜等陶器各成对出现；左侧有铜方盘、铜卮、石暖炉，还有表面髹漆的陶三足盒等成堆。前室有铜壶、钫、盒等陶器和铜壶、铜镜及滑石器，一支铁矛出于前后室之间，原来可能竖置于两室之间所设内封门处，有警卫主人的用意。后室正中的棺位置处发现玉璧、玉印、玉佩饰、玉杯、铜镜等。玉印"李嘉"阴刻篆文二字，为墓主的名章。此章的印文布局匀称，疏密合度，刚柔合体，可谓至工至精。联想起南越国的最后一位丞相是越人首领吕嘉，他"相三王"，"宗族官仕为长吏者七十余人，男尽尚王女，女尽嫁王子兄弟宗室，及苍梧秦王有连"（《史记·南越传》）。这位南越相吕嘉与该墓主的名字虽同，但姓不合。且吕嘉在汉平南越时为武帝虏杀，在广州当不会建有大墓。该墓出土如此丰富多彩的各种随葬器物，当然感到高兴，但我们也对在这工地找到南越王陵的期望落空而感到失望。回顾三十年来的考古发掘，已发现了多处南越墓群，还有散落于许多古墓区中的个别南越国时期的墓，共有两百余座，所出土的玉印、铜印、陶器、漆器，所见其上的刻写铭文，都未见有可与《史记》《汉书》南越传中有关的人物的名字对得上号。看来，对南越王陵的寻找、发现和保护，与我们今生无缘，也许是要留给下一代了。

　　到 1960 年时，我们在近郊各工地已发掘秦至明代各时期的古墓七百座，其中两汉（包括西汉初的南越国时期）墓共四百零九座。其年代属于西汉前期即南越国时期的有一百八十二座，分布于市郊二十九个地点。其后的分为西汉中期、西汉晚期、东汉前期和东汉后期共五期。这批墓葬资料，自秦统一岭南以后共 430 余年，当中并无间断，而且不论墓葬的结构类型和出土的各类随葬器物都有鲜明的地方特点，实属难得。我们决心把它整理编写为专刊发表，这是我们的责任。从 1961 年起，我们白天泡在工地搞发掘，晚上躲入工作室里整理资料，灯下笔耕，如是用了一整年时间，编写出 70 万字的《广州汉墓》初稿（油印本），曾分送各有关考古部门和师友征求意见。由于"文化大革命"的原因，书稿工作全停下来了。直到 1973 年，夏鼐先生建议我们尽快把汉墓稿修改出版，于是在原稿的基础上，作了改写。到 1980 年夏鼐先生又提议《广州汉墓》要尽快出版，我们又再次作了一次包括章、节在内的较大改动。定稿的《广州汉墓》全书 50 万字，分上、下两册，1981 年由文物出版社出版发行。在书中第八章第一节讨论的是"南越人与南越国"，当时对重要的南越王陵虽未有发现，仅凭上述已发掘的两百余座墓葬材料，从时空的角度对南越国前后历史发展的承前启后，当日两广地区的岭南大地上，汉越人民与文化的融合，南越政权对推动当地社会政治、经济、文化的发展与进步等问题作了一些初步的探索。

得来实在费功夫

四临象岗 失之交臂

　　1983 年 6 月 9 日上午 10 时，一个建筑工地给广州市文管会打来一个紧急电话报告：解放北路象岗工地在挖掘公寓楼的基坑中发现地下有石构建筑物，怀疑是古墓，请立即派人来查勘。小黄、小陈两位青年考古队员赶到工地。不久，他们从工地来电话：发现一座地下石构建筑，黑洞洞的，未能看清楚。我也随即赶到工地，看到现场开挖了两纵一横的三条楼房基坑，深仅 90 厘米, 坑底都露出大石块, 在一条打横基坑的南边, 还挖穿了一个洞, 用手电筒深入穿洞往下探照, 因中午时分, 直射的阳光很强, 无法看得清楚, 只见到洞口紧挨着一堵红砂岩的石墙, 还约略看到有黑绘的云纹壁画。这时我联想起 1964 年在东山发掘出土有威尼斯和孟加拉银币明太监韦眷墓, 该墓分前后两室, 当中有大石门分隔, 墓的券壁、券墙厚逾 1 米, 全用红砂岩结砌, 规模宏大。我以为今天又碰上一座大型明墓了, 因发现古墓引来了许多好奇的人聚拢围观, 探查不便, 经与工地施工人员商定, 先用木板把穿洞覆盖起来, 并覆上泥土, 由工地保护现场, 入夜后我们再来进行详细勘察。太阳下山了, 工地已是一片沉寂。我们移开了覆盖洞口的木板, 眼睛随着深入洞下面照射的手电光柱移动, 首先看到一个侧卧的大铜鼎, 附近还有几个陶器。我擦了擦眼睛, 认真细看, 真是既惊又喜。惊的是这些都是南越国时期的陶器, 其中还有典型的印纹陶罐。想起上午勘察时还怀疑是明墓哩! 看来, 我被红砂岩石误导了。喜的是这是一座南越大墓, 前所未见。惊喜之余, 又有一点令我感到疑惑难解, 我在广州 30 余年的发掘所见, 南越墓只有土坑墓和木椁墓两种, 眼前冒出的是一座石室墓, 怎样解释? 又想到中原地区的汉代石室墓, 年代属西汉晚期, 到了东汉又流行起来。看来这个疑问有待勘察发掘之后才得冰释了。经过 3 天的地面勘察, 又选定身材高瘦的小黄从穿洞口下去, "冒险"探查, 他确认前面有一道石门已填满泥土, 东西两侧的两个耳室里面堆满随葬器物, 黑洞洞的, 连手电筒照射也显得暗淡无光, 只看到东耳室近门处有一列青铜编钟和石编磬。当初, 我们在上面看到的铜鼎和几件陶器, 原来是从西耳室滚出来的。这墓没有被盗, 从陶器可以判定, 这墓是南越国时期的。又据地面勘察得知, 墓坑呈 "土" 字形, 南北长 10.85 米、东西最宽 12.5 米。墓室建筑面积只有 100 平方米左右。论规模虽不算大, 但比之我们 30 年来在广州发掘的南越墓群中, 连大型的木椁墓也要超出许多倍, 而且还是石室墓, 真是独特得很! 这属王陵的规格无疑, 今次总算给我们找到王陵了。上面已提到过, 在广州的南越王陵有三座, 一主赵佗在位 67 年, 这是南越国政治、经济的鼎盛时期, 赵佗的陵墓当比这座石墓的规模还应大些; 三主婴齐的陵, 晋代以来的文献记载都说已被三国时的孙权派人挖掘了。如属不误, 这座石室墓属南越国第二代王的可能性是最大的。晚上, 我虽累了整天, 但实在太兴奋了, 躺在床上毫无睡意, 一时间浮想联翩, 记得我们自 1953 年开始跑到远离市区的郊外调查南越王陵, 今天发现的这座石室墓所在的象岗, 其实早在五六十年代已有过两次打算登上岗顶调查, 但每当走到岗麓, 一个 "军事" 禁令的牌子就令我们却步了。到 70 年代象岗解禁之后, 沿着岗脚和岗腰之间很快就建起了许多商铺和宿舍楼, 但未闻有什么发现。70 年代后期, 中国大酒店在象岗的北面兴建, 岗的北坡被削去了一大块, 我们先后两次到过大酒店的工地调查, 也未见到有古墓等迹象。到 1981 年, 广东省政府基建办公室要把象岗留下像个 "孤堆" 的顶部削平, 经过 3 年, 已削低 17 米, 平整出一块 5000 平方米的地皮, 计划在此兴建 4 幢公寓楼。当他们动工推土之初, 我们到工地勘察, 见到推出一些红砂岩的长方形石块, 判定是志书所载清初在象岗山所建 "拱极炮台"

的台基石。我们第二次到象岗是查看工地推土中发现了五门铁炮，检对之后确认属拱极炮台的遗物。其时正值盛夏，工地的泥土很干，地面又被推土机的履带反复辗压，尘土飞扬，根本见不到现在石墓顶上的回填夯土痕迹。这时想到了刘玄德三顾草庐，请出诸葛先生告别卧龙的故事，而我们先后四上象岗，却与王陵失之交臂。这是墓主人与我们捉迷藏？其实不然，俗话说，皇天不负苦心人，30年寻寻觅觅找王陵的梦想，今天不是有望成真了吗！

顺利中也含波折

按照《文物保护法》规定，凡有重大考古发现，要立即上报国家文物局。在工地经过3天勘察，对发现古墓的规模、结构、年代等有了基本了解之后，我们3人（广州市文化局饶志忠副局长、广东省博物馆杨式挺）带上勘察资料到了北京汇报，国家文物局主管业务工作的沈竹副局长和谢辰生秘书长接待我们，汇报中我只提出：对墓主人的推断，可能是南越王的某代王。沈竹听了汇报后认为：发现很重要，不亚于马王堆大墓，至于发掘问题，还要与社科院考古所商量一下。谢辰生说：你们不用急，发掘后，墓主人是会出来自报家门的。夏鼐先生（当时他任中国科学院副院长兼考古研究所所长）听到这个重大发现，十分高兴，他认为要由社科院会同文化部把这个重要发现报告国务院，因墓已露出，且有穿洞，必须及时抢救发掘。他指示考古所要出人，要动用所里最好的技术力量，与广州的考古人员联合组队，共同发掘。但考古所去的人只能当副队长，以后编写发掘报告，出版专刊，考古所的排名放在最后。夏先生的风范真令我们肃然起敬。国家文物局赞同夏先生的意见，于是由部、院两家联衔上报国务院请求批准发掘。因要留在北京等候上报的结果，文物局建议我们利用这几天的时间，到承德避暑山庄参观和休息一下，那里正在进行大规模维修保护工程。对此建议和安排，真是却之不恭，受之无愧的。因为游名山大川，逛名胜古迹，对我们搞文物工作的人，则是本专业分内的事。我们乘火车到达山庄已是傍晚时分了，与山庄接待人员约定，明天上午才具体安排我们的参观活动。这天晚上睡得特别香甜。翌日，大家都醒得很早，离早饭还有很长时间，于是相约到外边沿着山庄的围墙走走，看看清晨的承德市景色。我走着走着，远处一座九层砖塔把我吸引住了，我边走边仰首翘望它的优美外形，一下子我像掉到深渊似的，腰肋间突感到一阵剧痛难受。原来我们漫步的人行道上有一个地下电缆的维修砖井，井口的铁盖被翻在一旁，深深的砖井张开大口，让我踩个正着，饶、杨两人也慌了手脚，好不容易才把我拉了上来，在就近一家医院急诊，经X光透视，好家伙，右肋处有3根肋骨断了。这是我掉入井中的时候，被井口的铁圈括断了的。在医院把伤处固定后，我们就马上返北京，回广州。治伤期间坐着还好一点，侧卧、仰卧都痛得难受，有20来天是正襟危坐在椅子上过的。这期间，我也曾有过一个傻想法，自问自答：为什么这样倒霉，罹此伤害？难道就是因为我派人夜闯玄宫，惊扰了墓主人的清梦，要给我点颜色看看？不可能，这是绝对不会的。因为搞考古发掘的人，栉风沐雨，发古墓，掘遗址，就是要让祖先的文物史迹重见天日，发扬光大。这有什么不好？如果墓主人留下尊姓大名，他的声名还会更加显赫，不但让今人知道，还要留之后世。假如他们地下有知，还得感谢我们才对哩。

旗开得胜

发掘日期往后拖延了一段。8 月 25 日正式动工，14 人的发掘组，13 人的技术组（文物保护、电影、录像、摄影等）、7 人的保管组、10 人的行政组各就各位，每位队员开始忙于自身的工作。从发现后的勘察得知，这座石室墓分为前后两部分，后部 4 室，前部 3 室，当中设有两道大石门分隔。发掘方案依此安排分为两个阶段进行。第一阶段发掘前部，得出经验，为第二阶段的发掘打基础。前部由南而北包括墓道、外藏椁、墓门、前室、西耳室和东耳室。在斜坡墓道尽头处，发现一殉人和随葬的镜、带钩等铜器及陶器十余件，往北仅靠石室的墓门发现木构的外藏椁，外藏椁的东边又有一殉人，西边堆满随葬品。器物分放上下两层，下层有十七个大陶瓮，呈曲尺形排列，上层除仪仗铜饰外，还有一个木箱，里面盛两组铜车饰。这是广州汉墓第一次发现殉人。接着在查看十七个大陶瓮时，又"查"出了三个瓮的肩部处打上"长乐宫器"四字的方戳。"旗开得胜"！我和副队长黄展岳看到了戳印的印文之后，不约而同地喊出了一句兴奋的话。如所周知，长乐宫是汉高祖五年登基后，命丞相萧何在咸阳城大火后幸存的长乐宫基础上改建而成的，《史记·高祖本纪》："七年二月，长乐宫成。"这是刘邦立国后修建的第一座宫殿。看来，南越国也有"长乐宫"。墓主人不但拥有宫廷器用作随葬，还在墓门口安置一前一后两个守卫的殉人。这是发掘开始我们接收到的第一号历史信息，可知墓主的身份，确非等闲。

夏鼐的玩笑与叮咛

当第一道石门被吊车移开之后，我们就可进入墓室了。前部的前室与东、西耳室呈一字形横列，只有先把前室清理，两耳室才可以同时进行工作，这样英雄（14 位发掘组人员）才有用武之地。前室还不到 6 平方米，四周的石壁（包括前后二道石板及顶部）绘有红、黑两色的卷云纹图案，这是象征墓主人生前华丽的前堂。室内的西边放置一辆漆木车（模型图），已朽，但各部位散落的铜车饰可辨；东面有一殉人，棺木亦朽，在板灰位置发现一套玉佩饰，还有一枚鱼纽的"景巷令印"铜印。查考汉代的百官中，只有"永巷令"，是个掌握王室家事的内廷官，由太监充任。因景、永同音通假，改为"景巷"，说明南越也行避讳的制度。一套车马器放置在殉者身旁，表明殉者是为主人置备车马，作骖乘或驭手的。西耳室的发掘清理工作十分艰巨，室内的随葬物堆叠至二三层，室中几无立足之地。好不容易才在室内用木枋架起一个框架，上面铺满了厚板和地席，考古人员只能趴在架板上，俯身向下悬空操作。时值盛夏,室内闷热难耐,还有几支照明的炽热强光灯,个个都"桑拿"到大汗淋漓。临时规定半个小时为一个工程班,轮番替换,但几乎没有一个人肯遵守这个规定,都赖着不愿离开。室中的物品实在太丰富了,金、银、铜、铁、玉、石、琉璃、丝织物、药石、象牙等等,真是应有尽有。小陈这里发现一箱子装的都是玉剑饰,小黄那里又清理出大铜镜、玉璧、金带钩等,有两个箱子放的车马饰满满的,还有成箱的墨丸和成箱的大象牙,可惜象牙都已分解成片状开裂。一面作分层清理,还要分层绘图、拍照、录像、拍电影等,队员们趴在木架上操作,累得手脚都麻了,坐起来,伸伸双手,还要继续干,生怕他人抢了他的位置。因为如此丰富多彩的宝藏,实在太吸引人了,太开心了,就是有着二三十年田野发掘经历的队员,像这样的发掘机遇能有几回?再累也值得!

东耳室的清理环境稍好一点,因室顶已塌下一块大盖石,清理前已把石板吊离,所以通风、光线都好得多。室内的随葬器物排列整齐,没有如西耳室那样的多层堆叠情形。沿室内石墙根顺次排列十四件一套的纽钟、五件一套的甬钟、八件一套的句鑃。在铜编钟的脚下,排着两套石编磬,一套八件,一套十件。中后部都有成双成对的铜钫、铜壶、铜瓿、铜提筒(3个大小依次套叠一起)等酒器,还有六博局、瑟柄等琴棋用具。无疑,这是主人的宴乐之室。

每个部分的清理工作完成,就要起取器物,放入工地的临时库房保管起来。出土器物是按其出土的墓道、外藏椁、前室、西耳室和东耳室5个部分依次排列上架,有的原箱不动,有的要加固处理,除锈,小件的排在器物架上,大件的放在下面,林林总总,为数逾千件。依我看,仅这半座墓的收获就远胜于我们过去30年汉墓的挖掘所得,何况三套青铜编乐,成箱玉剑饰,大批铁工具、农具、车马饰等都是岭南汉墓中首次发现的。从8月13日动工,至9月13日西耳室的器物全部起取完毕,经过一个整月的日夜奋战,第一阶段的清理发掘任务完成了。接着进行工作小结和休整:历数成果,总结经验,找出不足,吸取教训。每位队员心中明白,行百里者九十里半,何况完成第一阶段只是开了一个好头,下阶段的任务更繁重,也许更艰巨,已有多个难点摆在眼前:第二道石门因门轴套入的铜圈铜碗锈蚀严重,卡死了,未能打开;后室各部分的情况仍然无底,事前无法做出精确的估计;主棺室位居后部正中,是墓主棺椁的所在,是破解墓主人是谁之谜的寄望所在,是全墓发掘清理工作的关键时刻。休整后,发掘组14人作了调整,分成3个小组,第一小组负责主棺室和后室。第二小组负责东侧室,第三小组负责西侧室的清理工作任务,接着召开了3天的"战地诸葛亮会",分组研究下一阶段的"作战方案"。这时夏鼐先生与文物局沈竹副局长专程从北京来到广州,他们甫下飞机立即到工地,检查了我们已清理过的发掘现场,慰问工作队员。第二天来到临时库房,观察各个部分的出土器物,他们看到如此丰富的宝藏,也感到意料之外。夏先生拿起放大镜对墨丸再三观察,我趁机请教他要确认是墨,如何鉴定?他说:这是墨。要化验不难,它的主要成分是碳,我们考古所实验室就可以做。把它放在高倍数的放大镜下观察,看不到任何细微的粒状,表明它的质地是十分致密的，要分析它难度在于：鉴定它究竟是松烟墨还是动物的油脂烟墨；调合墨粉用的胶浆是植物胶，还是动物胶？由于埋在地下已有 2000 年，又经过积水的泡浸，会起化学变化的。要作微量分析也是不容易确定的。当夏先生看到铜句鑃上每件正面都刻铸有"文帝九年乐府工造"、"第一"至"第八"的编码，大陶瓮还打有"长乐宫器"的戳印文，笑对我说：这是汉文帝命陆贾大夫出使南越时，他从长安带来送给赵佗的礼物吧？我感到惊愕，心里想，夏先生出题目考我了。亦笑而回答：先生请再细看一下，这些瓮是岭南最具特色的印纹陶，与中原地区的汉代灰陶系统截然有别。先生指的汉文帝应是谥号（按：汉高祖十一年即公元前 196 年命陆贾出使南越，封赵佗为南越王。汉文帝元年即公元前 179 年又命陆贾再次到南越，说服赵佗去帝号，佗表示臣服汉廷），自有谥法以来，只有西周的姬昌、姬发称文王、武王，以后的如齐桓公、晋文公，下及西汉的文帝、景帝、武帝等都是谥号。南越的君主不忌讳，吕后主政时，汉越交恶，赵佗自尊号武帝，其后的二主亦称文帝。这套青铜句鑃的原主有两种可能：一是南越国第二代王（自称文帝）所有；二是由南越文帝赐给这墓主人的。如果这座石室墓年代晚至景、武时期，则更不可能由汉景帝、汉武帝拿自己先帝（汉文帝）的遗宝送给南越的。夏先生你认为这样分析可以吗？夏鼐乐了，笑着说："刚才所问，是开玩笑的，哈哈！"

夏鼐先生回北京前，又来到发掘工地。这时第二道石门已打开，而且发现了几块玉衣的薄玉片。他仔细观察墓主棺椁位置露出的各种迹象后，一再叮嘱我们：要勤记录、多绘图、多拍照，注意各种灰痕和每件遗物的出土位置，这是日后进行复原和研究的重要依据。并建议玉衣清理出轮廓后，以整取为宜，这样移到室内修复较为方便。后来，我们依据夏先生的指引，用白荣金先生发明的"竹签插取套装"的办法，成功地把这套完全朽塌了的丝缕玉衣整取后运到北京。白先生为这袭年代要比满城汉墓出土的刘胜金缕玉衣、窦绾金缕玉衣还早一点的丝缕玉衣，设计研究了多种复原设想方案，经过了 3 年的努力终于复原成功。

墓主自报家门

第二道石门由于上下门轴与套合的铜圈铜碗锈蚀严重，只能打开西边的一扇。9 月 20 日当这扇石门板移开后，却把我吓了一跳。因为看到室内当中落下了六七块二三斤重的石头，全压在棺椁的位置处。"那可糟透了，棺椁内珍贵的随葬物全给砸了！"我真有点担心和失望。"别急，还未清理哩，好戏会在后头！"副队长黄展岳要我不必泄气。细察这些石头，全是从两边石墙头伸出来用以承托室顶盖石，减少跨度的枅石，因受重压的剪力作用而断裂掉下来的，我们小心翼翼地把大小石块全移开，经过 3 天紧张而有序的清理工作，室内遗迹遗物的分布情况已基本清楚了：墓主一棺一椁位居正中；东边竖置一架漆木大屏风；西边放置兵器，有剑、矛、戟、戈和弩机等铁、铜兵器，成捆成束的，堆放在西侧的北头；棺椁之间前有"头箱"，放有玉角杯、大玉璧、玉带钩等许多精美玉器；后有"足箱"，箱内有一百三十九件仿玉的陶璧和两件玉璧叠置成四摞，当中放上一个来自西亚的银盒（盒中尚存半盒药丸，可能也是来自西亚的）。室的北头，即棺椁头端，有三个盘呈一字横列，当中的为铜承盘高足杯（疑即为"承露盘"），右（东）边一个鎏金铜釦大漆盘，左（西）边一个深腹的大铜盘。这三盘并列，大概是供墓主人生前用来承接仙露，用以服食药石祈求长生的（西耳室出土紫水晶、硫磺、雄黄、赭石和绿松石的五色药石共重2265克和两套捣药的杵、臼）。这时我的心情早已雨过天晴，由忧转喜了，因为棺椁位置内的随葬器物没有被砸坏，保存完好，看来墙头的枋石断落时，棺椁尚完好，经受得住重击而未至倒塌，墓主人随身随葬物幸得保存，真是谢天谢地啊。9月22日着手清理棺椁内的遗物，先从"足箱"开始，随即转到东侧向西推进，玉衣虽已全塌，但各部分的位置清晰可认。两手套压在一面大玉璧上，在璧面发现三印，一为"泰子"金印，一为"泰子"玉印，另一玉印无文字。接着再往下一点有三块错开叠压的大玉璧之间，发现一枚"赵眜"玉印，一枚"帝印"玉印，还有一枚绿松石印，无文字。看来，往上由胸及头的地方还会有更重要的宝藏，全墓的发掘清理工作到了至关重要的时刻，操作更要过细，不宜过急。我看看手表，下午6时已过，于是劝说大家先收工就餐，晚饭后再挑灯夜战。9时，副队长黄展岳在玉衣右侧5把长铁剑的剑把位置前，轻轻地拨开上面一层厚土，一枚龙钮的金印就露了出来，他用两指小心地捏着龙纽把印翻了过来，"文帝行玺"四个阴刻篆字赫然在目，印文沟槽内的印泥还十分鲜红，好像刚用来钤印过的样子。"啊，文帝行玺，这与史载正好合，可以确认是南越的第二代王，墓主自报家门啦！"他高兴地大声向在室内工作的队员们宣布这一喜讯，由于兴奋，音调比平时讲话升高了好几度。我也开心之极，因为一个南越史中重大古老的疑团终于破解了！这枚金印的意义非凡，简而言之：

第一，它解决了这墓在考古学上的一个重要问题，即有关墓主人的身份和墓的绝对年代。《史记》《汉书》的南越传都说一主赵佗"建元四年（前137年）卒，佗孙胡为南越王"。两传都没有提及赵佗之子，可能早殁了，第二代王究竟是怎样的祖孙关系呢？据两传载，汉文帝元年（前179年）派陆贾第二次出使南越，成功地劝喻赵佗去帝号，臣服于汉廷，赵佗见陆贾说："老夫处越四十九年（应为三十九年之误），于今抱孙焉。"赵佗这次见陆贾到距他去世之时，已相隔43年，而南越二主的在位不少于16年，假定这位小孙是佗的长孙，再假定他是赵佗二见陆贾之年刚诞生的话，到死时已近60岁了（43+16）。如果嗣位时年有10岁，更到了古稀之年了。后来，从裹在"丝缕玉衣"内的墓主遗骸鉴定，推定其为35至45岁之间的一位中年男性。这样一来，墓主人只能为赵佗的次孙。《史记》《汉书》本传又说南越国"传五世，九十三年"，第一代王赵佗于建元四年卒，第二代王在位"十余岁"，第三代王婴齐于汉元鼎四年（前113年）薨，本此，则可推算出第二代王在位不少于16年，约死于汉元狩元年（前122年），由于考虑到陵墓的土石方工程规模巨大，营建破费时日，所以也可能要晚两三年。

第二，这是考古发掘中第一次出土汉代的"皇帝"玺。中国首枚皇帝玺，始于秦始皇，据《史记》《汉书》载："汉元年十月，沛公兵至霸上，秦王子婴素车白马，系颈以组，封皇帝玺苻节，降轵道旁。"刘邦得了这枚皇帝玺，及即位后，御服其玺，并成为汉朝的传国玺。及王莽篡汉，太后被逼交出传国玺，怒摔在地，碰伤了螭纽的一角。大概到三国时，这枚传国玉玺就失传不见了（一说到后唐时）。由于西汉11座帝陵都未有发掘，因而秦汉帝玺至今未见有实物面世，在这枚"文帝行玺"出土之前，要研究秦汉皇帝玺的材料，只有《封泥考略》辑录的一枚"皇帝信玺"封泥（现藏日本东京博物馆）和1968年陕西咸阳发现的一枚"皇后之玺"这两个实例。南越的第一、二代王都僭制称帝，为汉廷所不承认，这枚文帝玺当不会由汉廷所颁，绝无疑问它是属于南越国自铸的"皇帝"金印。

第三，这枚文帝玺具有鲜明的自身特点：在印材上，秦玺用玉，并规定只有皇帝印才能称玺，改变了战国以来的印玺基本上是青铜铸制的做法。及汉，汉制规定皇帝、皇后玺用玉，螭纽；太子、诸侯王的用金，龟纽，而且诸侯王的印也可称玺。在规格上，出土的秦汉官印，方形的一般在2.2×2.8厘米，相当于汉尺的一寸二分，即通称的"方寸印"，而文帝行玺为3×3.1厘米，是目前所知最大的一枚西汉金印。在印形上，印文篆体，有边栏和十字界格，这和秦及西汉早期方形官印相同，但在印饰方面有别。秦始皇的玉玺是螭虎纽，南越王玺却用黄金铸，游龙纽。龙，是古代东方人想象中的一种神灵动物，河南省濮阳发现6000年前仰韶文化遗址用贝壳砌成龙和虎的图形（参见《中国文物报》1988年1月29日）。古人以为这种神灵动物能兴云作雨，《易》曰"云从龙""飞龙在天"，故又比喻为至高无上的君主或皇帝的象征，《广雅·释诂》："龙，君也。"晋国介之推辅佐重耳得回晋国，不肯受赏，逃入山中，赋诗曰："有龙于天，周偏天下……龙反其乡，得其所处……"以龙喻晋文公。秦始皇也自称"祖龙"。这枚金玺，以龙为纽，把皇帝象征与代表最高权力的玺印结合起来，真是南越国的创举。在艺术上，这枚帝玺实不愧为一件精美的艺术精品。"文帝行玺"四字端庄，布局匀称，是先铸后凿的，字划文道如一直沟，在沟槽底有刻凿遗痕如鳞片状。纽为一游龙、躯体盘曲成S形，铸后再刻出鳞片及三趾的爪，昂首伸向一角，幡然有生气。

第四，关于秦汉皇帝玺的枚数问题。有一玺、三玺、六玺说。从《史记》《汉书》的记载来看，秦始皇的皇帝玺仅一枚，刘邦从孺子婴出降时取得，即帝位后用以自佩。三玺说见于《汉书·霍光传》：汉昭帝死，昌邑王刘贺"受皇帝信玺，行玺大行前"。颜师古注引孟康曰："汉初有三玺，天子之玺自佩，行玺、信玺在苻节台。"六玺说，最早提此说的是东汉卫宏，他在《汉旧仪》中说："皇帝六玺，皆白玉螭虎印纽，文曰：皇帝行玺、皇帝之玺、皇帝信玺、天子行玺、天子之玺、天子信玺，凡六玺。"其后的《晋书·舆服志》更肯定地说："乘舆六玺，秦制也……汉尊秦不改。"唐房玄龄编《晋书》时肯定六玺为秦制，实不知他所据何自。皇帝和天子是称异而实同，按"天子之玺自佩"，这样一来既有"天子之玺"，又加"皇帝之玺"，一身佩二玺，如何分别钤用呢？其实，我们在《史记》《汉书》中看到在记述同一件史事，有称皇帝玺的，有称天子玺的，这是通称，并不是实指玺文，所以卫宏的六玺说，可能是从既然有皇帝三玺，应当还有天子三玺而推理出来的。我以为三玺说的论据较为充分，首先，在《汉书·霍光传》有明确的记载；其次，传世有"皇帝信玺"可佐；第三有出土"文帝行玺"实例为凭。那么，南越是否也用三玺？依我看，南越是效仿秦始皇的一玺制的。《汉书·南粤传》：南越三主"婴齐嗣立，即藏其先武帝、文帝玺"，婴齐为了表白真心事汉而无二心，即位后，马上把先祖父的武帝玺、父亲的文帝玺都"收藏"起来了，到二主下葬时，检出属于父亲所有的印玺，包括"文帝行玺"金印、"泰子"金印、"泰子"玉印（按：此二印应是二主从其早殁的父辈中继承下来的，二主是赵佗之次孙，属于皇孙而不是泰子），"帝印"玉印和"赵眜"的玉质私印，连无字的印共九枚一起放在死者玉衣之上，但没有武帝玺发现，正好说明婴齐只是把其父生前有关的用印随葬了。如前所述，武帝和文帝时南越一主和二主的自尊号，他们的印玺并不作为传国玺的，所以，婴齐在操办其父的丧事时，当不会把属于先祖一主的武帝自尊号玺也放入二主身上一起瘗藏的。

第五，南越第二代王是否称帝的问题。由于《史记》《汉书》记载不同，历来引起异议。《史记》只说赵佗僭称武帝，未明确提及第二代王有僭号的事。《汉书》本传则明载："即藏其先武帝、文帝玺。"所以有些史学研究者相信《史记》，而另一些则相信《汉书》，一直来疑而难决，今从出土实物与记载印证，说明班固修《汉书》时，除了有《史记》为蓝本外，还有国家档案资料作增补的。

主棺室的清理工作至 9 月 28 日玉衣整取成功，运入临时库房为止，前后共用了 19 天，在此期间的东侧室、西侧室和后藏室已从 9 月 23 日起先后分头进行清理工作了。东侧室发现"右夫人""左夫人""泰夫人""□夫人"四位从殉的妃妾，各有印玺出土。西侧室发现 7 个从殉的仆役，还有猪、牛、羊三牲遗骸。后藏室为墓主御厨，在不足 4 平方米的一个小间内堆叠大小炊器、容器等一百四十多件，不少容器、炊器中还保存有海产、家禽、家畜等遗骸。

南越王墓发掘后，墓室加固维修，原地保护，并就地建立西汉南越王博物馆，馆址占地一万四千多平方米，古墓区居中，依山而起的两幢楼房高二、三层，综合陈列楼和主体陈列楼分列于东面和北面的两条轴线上。两千年前的石构冥宫与 90 年代雄伟庄严的展览大楼形成了对比鲜明的古今两殿堂。这也可说是广州在考古与文物保护工作进入黄金时期的一块里程碑石。

始皇雄风　岭南再现

不耻下问

25 年前，在广州市老城区中心的中山四路广州市文化局大院的球场处，因挖坑建筑地下通道，在地表下 5 米，发现了秦的造船工场遗址，从钻探和试掘中得知，遗址规模很大，因未能全面揭开，暂用河沙填埋覆盖保护。在发现之初，我们看到的地表下 5 米，是一片灰黑色淤泥上层，其上有像铁路轨道模样的木构遗存，上面是宽厚的木板，下面有枕木垫承。根据我的经验判定这不是古墓，又不像建筑基础，会不会是造船的遗址？因为我曾到过现代化的广州造船厂参观，仅凭脑海中留下的这点印象作出如是猜想。我把有关资料和个人的意见向社科院考古研究所我的老师苏秉琦先生求教，他告诉我：记忆中早年在江南某地曾见到过有类似这样的遗迹，当时也不知道是什么，现在看来不排除属于造船遗址的可能。这个发现很重要，我以为从书本上找答案还不行，还要到船厂参观，尤其是木船厂更好，要不耻下问，向老工人请教，听取他们的解释，因为中国的传统工艺是长时间变化不大的。苏先生"不耻下问"的教导，对我很有启迪，在遗址的试掘之前和试掘以后，我们遵照苏先生的指引，实行走出去，请进来，多方面向人求教。我们先后参观了多家土的木船厂和洋的大船厂，邀请土、洋船厂的老工人、技师、工程师、文史、考古、建筑、造船等方面的老行尊、专家、学者到现场召开过十多次鉴研座谈会，最后还邀请上海交通大学造船系杨槱教授专程到广州，在现场主持论证会。综合多次鉴研会上发言者的意见，就遗址性质的认定基本上有两种意见：一是认定是造船遗址，有个别木船厂的工人还说，在现在的遗址上也可以造船；另一种意见认为是干栏建筑的基础，甚至说是南越王赵佗归汉后的朝汉台或他的离宫别苑。后者虽然只是三几个人所提，但其中有位是考古专家，还有一位是研究中国古建筑的专家。我在参与造船遗址的试掘和鉴研、论证会的过程中，接受教益最深的一点是：治学也好，处理工作问题也好，光有书本知识不行，还需要把理论与实践相结合。记得我们在一次邀请有历史和文物考古专家参加的鉴研会上，中山大学历史系教授周连宽先生发言，他认定发现的遗址是造船遗址无疑。别人问他有何根据，周先生很直率的回答：这很简单，我在岭南大学附中读书，上学时天天都经过珠江南岸的几家木船厂，现在看到的遗址情况正与船厂的类同。当第一次试掘结束后，我们组织全体发掘人员到珠江河的一家小木船厂参观，我们把带去的遗址照片和临时造的船台模型向船厂有关人员介绍之后，有位老工人问我们：遗址上有没有发现木炭和小木片？我们补充说明：造船台上有很多小木片，也有木炭屑，且贴近船台的场地更多，往往见到小木片和炭屑成堆成层。在造船台上还发现有铁锛、锛凿、铁钉、磨刀石及木质垂球。老工人告诉我们：这肯定是造船遗址了，因为古往今来凡以木材为主要原料的行业，如建筑、桥梁、家具、造船，只有造木船的行业才会有遍地小木片和炭屑，别的行业绝对见不到这种情况，因为木船体的前后都呈弯圆，这些船板，是要在现场用火烧烤才能定型的，所以炭屑很多，加上每块船板都要在现场修削拼合，所以随地留下小木片。遗址有造船工具发现，十分难得，因为造船工人的工具如斧、锛、凿、锯等是自管自用的，收工时定必将自用的工具收拾好，这一点正如理发行业的理发工具一样，也是由本人专用的。这是我们行业的老传统，老规矩了。这个小厂共有三个造船台，所见情况正如老工人所说的一样，我们还看到工人正在船台边烧烤木板，又见到一位工人举起的铁工具，与遗址发现的铁锛形状和大小都相似，他像掘地一样在修削一件大船板。我问他：师傅所拿的工具叫什么？答：叫锛，船板厚了，用来锛薄一些。啊！我明白了，名词作动词用，斧是无法将船板修薄的，只有锛才行。后来我了解到上述对造船遗址性质持异议的考古专家和古建专家，他们都未到过船厂哩。看来，我们的理性认识，有时还得有感性的认识以作互补。

始皇雄风

造船遗址经过 1975 年和 1994 年的两次试掘及局部钻探得知，船台区有 3 个呈东西走向平行排列的造船台，南侧大片平地作造船木料的加工场地。3 个船台的结构基本相同，其长度逾百米，每个船台是由两行平行排列的厚大木板组成滑道，下面用枕木垫承。滑板之上，平置木墩，两两相对，但间距不等。其中 1、3 号船台中宽 1.8 米，可以建造 3.6~5.4 米，长约 20 米的平底木船。2 号船台中宽 2.8 米，可以建造 6~8 米宽的船。3 个造船台的滑板与枕木之间全无钉或榫卯固定，换言之，造船台滑道的宽窄，可视造船的大小需要而作调整，十分灵活。同时，位居正中的 2 号船台，是一个标准定位台，它的木墩下面有一个长 6 米、直径 9 厘米的小圆榫，套入滑板面的卯眼中，而 1、3 号船台的木榫是平置的，船建成下水时，木墩很容易卸开，再造船时，只要与 2 号船台的木墩对齐，就可以复位了，这又可说明，当日这个工场是按规格造船的，是成批造船的，至于船台选材更是因材施用的。木墩用格木，滑板用樟木，大枕木用杉木。格木质坚，可承重压，樟木多脂，能耐腐，杉木有弹性宜作垫枕。由 3 个不同部件组成的造船台，选取 3 种材质特性不同的木料，古代中国造船工匠的选材经验是何等的丰富！遗址规模的宏大，结构的科学合理，设计水平的先进，体现出始皇雄风！

这个造船工厂的选址，定位在珠江河汊弯位处，水流不急，淤滩平缓，对木材上水和新船下水咸称方便。由于河滩土质湿软，抗压力差，而船台和下水滑道则要求基础稳定，抗压力大，这种矛盾采用铺设枕木，以加大受压面积，取得造船所需的平稳要求。现在看来，如此先进的基础工程设计在中国的应用要比西方早 2000 年。我们试看铁路的发展被誉为人类文明进化的伟大里程碑之一，世界第一条铁路运行是 1800~1825 年首先在英国出现的，作为铁路重要组成的路轨，是采用碎石道床、轨枕（用以抗大受压面积）和两条平行的钢轨组成，它在工程基础原理上与秦造船台的结构不是并无两样吗？有人说：中国人不蠢。我认为：何止不蠢，精明之极！由于封建时代的士大夫（知识阶层）认为"百工之事，君子不齿"，以至多少能工巧匠难得总结，多少发明创造窒息失传！

闲话南越王御花园

岭南之最 世界之最

1995 年，我们在秦造船遗址东头相距约 40 米的一个建筑地盘，清理发现南越国御花园的一座大型石构蓄水池，从钻探得知，水池面积约 4000 平方米，仅发掘了西南一角，有 400 平方米，水池壁全用石板铺砌呈斜坡形，池底平正，铺碎石，距地表 7 米。在水池南壁的斜坡下，埋设有木质的导水暗槽。在池底上散落有许多砖、瓦、石等南越宫署的构件，估计池中会有一组重要的建筑遗存。因大部分仍被楼宇和民居压着，未能扩大发掘。1997 年又在石水池之西南面发掘出一段曲流石渠，它是直接压在造船遗址的木料加工场地之上的。蓄水的石池与曲流石渠组成南越国宫署的人工水景园林（当中有一段被一幢七层的楼房压着），石渠基本保存完整，结构独特，构思奇巧。它由东而西蜿蜒曲折，长约 150 米，当中有半圆的凹穴，利用水流冲击可产生旋涡；有弯月形石渠，便于龟鳖藏身；有拱桥状的渠陂，起阻水限水作用，会产生粼粼碧波的效果；有"斜口"以便龟鳖爬行；西端还有石板平桥与步石，尽头处还设曲廊相连。这个发现出人意料，令人惊喜！中国现存的古园林，基本属明清时期，广州仍留有南汉的"药洲"遗址，年代虽早到晚唐，但已面目全非。岭南多水乡，这处遗迹可说是岭南水景园林的鼻祖了。世界的园林，年代早的则以巴比伦的空中花园最著，被誉为世界七大奇观之一，可惜早在 2000 年前，它随着巴比伦城的毁灭而消失了，因此，南越的宫苑遗迹也可以说是世界现存最早的园林了。

曲流石渠有文章

秦始皇统一六国后，辟建上林苑，为中国宫苑的先河。随后，自汉武帝在太液池作方丈、蓬莱、瀛洲三岛以来，多少帝王宫苑、私家园林，或作海岛神山，或比拟山川名胜，以寄情寓意，或遥望于未来。南越王营造御苑的曲流石渠有否象征和取义呢？我想，应当是有的。它是模拟黄河而来的，我们曾将曲流石渠的平面图与黄河的流向图连在一起，看出两者极相类似。其中河套与弯月形的龟鳖池十分类似，两者蜿蜒曲折的曲流也颇类同，但流向则相反，黄河之水东流入海，而宫苑的流水却随曲流西去。或曰，这正合乎赵佗归汉称臣之后的心态，把流向反了过来，他背枕黄河，寓意其身在南疆，心系北国。这是一说，尤望由此引出更多的新解。

原载《广东文物》2000 年千年特刊；又见《故宫文物月刊》205 期，台北故宫博物院，2000 年。

两千年前岭南人的衣食住行

——考古发现纵横谈

北宋大文学家苏东坡说过"日啖荔枝三百颗，不妨长作岭南人"。"岭南"这个地理名词，早已见于司马迁的的《史记·货殖列传》[1]。考古发现我们先民在岭南的活动就更早了，1958 年广东发现"马坝人"，经测定距今 12.9 万年，其后还有广西的"柳江人"等。新石器时期，在两广丘陵地和临江或滨海的地方都留下我们先人的足迹。秦汉时期，中国封建社会的发展进入了第一个高峰阶段，衣、食、住、行四件事有了长足发展。汉初提倡"以孝治天下"，"事死如事生"，于是办理丧事要"厚资多藏，器用如生人"。无论是食的、住的、穿着的以及出行时水陆交通用的车、船等也都做出模型，放到墓中随葬，好让死者在阴间过上同样的奢华生活。近 50 年来仅两广地区已发掘汉墓两千余座，全国各地发现的秦汉墓为数更多，有了这样大量来自地下的实物史料，加上文献记载材料，使我们对当时的岭南人（包括中原汉人）在衣、食、住、行方面有个基本的了解。

衣

我国古书上记述了蒙昧时期人们的物质生活状况是"未有火化，食草木之实；鸟兽之肉，饮其血，茹其毛；未有丝麻，衣其羽皮"。（《礼记·礼运》）又认为"始作文字，乃服衣裳"的轩辕皇帝是文字的创始者和衣服的发明人。考古发现告诉我们：蚕丝是中国人最先发明的，早在 6000 年前人们已认识蚕丝，因此，可以断言，衣服的出现当不会晚于这个时期。到汉代，我国的丝织业生产规模走到了历史上的第一个高峰时期。

（一）衣服的主要原料

1. 麻

在古代棉织物出现以前，麻和葛是最主要的衣着原料。浙江河姆渡遗址发现了苘麻为原料纺成的双股麻线，在仰韶文化、龙山文化等遗址的陶器上，也常常见到印有麻布纹。常言的粗衣麻布，就是用麻与葛的茎皮纤维经过加工织成麻布或葛布，这是贫者之服。古代还把读书而不做官的人称为"布衣"[2]。唐代诗人李白给韩荆州的信："白，陇西布衣，流落楚汉。"他表明自己出身平民，即所谓"布衣之家"。

1983 年发现和发掘的南越王墓，随葬器物丰富多样，其中有机质的木器、丝麻织物等都已炭化，几乎腐朽无遗。仅从炭化的残迹鉴定出，麻类织物有麻布，墓主身穿的丝缕玉衣用麻布作衬里。还有麻袋，用来包装随葬物品。

2. 丝

丝的出现很早，由野蚕丝到家蚕丝有个发展过程。河姆渡遗址出土刻在象牙器上的 4 条蚕纹（图一），研究者认为是野生蚕[3]。1958 年浙江吴兴钱山漾良渚文化遗址（三千多年前），出土了不少丝麻织物，其中有残绢片、丝带和丝线，经鉴定为家蚕丝[4]。考古发现所见，商代以后的大墓都有丝织物残留。

根据织法不同，丝织物有许多品种和称谓，如素、缣、纱、绢、罗、锦等。所谓绫、罗、绸、缎，品种繁多。其中的素，是平纹无色的，贵族用作丧服，称"缟素"。缣比素要结实些，是双丝织成，所以古诗有"织缣日一匹（4 丈），织素五丈余"，这是当时个人的日产记录[5]。绢亦平纹，是用生丝织成的。而锦在丝织物中属于高水平的代表作，它能织出彩色的大花纹。马王堆汉墓就有孔雀纹锦发现。

广州南越王墓西耳室中丝织品的数量相当多，品种极为丰富，据鉴定报告称有：

原匹织物。在西耳室的 2.8 平方米范围内，多层叠放，厚达 20～30 厘米，估计不下 100 匹。

包装用织物。随葬的铜器、玉石器、铁器等多数都用丝绢包裹，用绢数量十分惊人，有如现代用纸袋装物一样的糜费。

编织的绶带与组带。用来穿系器物的丝带，如镜绶、玉璧上的组带和佩饰上的组带等。

属于平纹织物的有绢和纱；属纱罗组织的有绉纱、罗；属重经组织的有素色锦、朱黑二色锦、绒圈锦等[6]。

1976 年广西贵县罗泊湾一号墓 7 个殉葬坑和两个隐藏器物的器物坑都未被扰乱，器物保存完好。在器物坑出土一批木质纺织工具，计有：翘刀 3 件、纬刀 10 件、卷经板 8 件、吊杆 35 件、调综棍 2 件、绕线棍 2 件、绕线筒 12 件、滚棒 2 件和锥钉 3 件。今海南省农村的黎族妇女还能用这种简单的木纺织工具织出很漂亮的织物。此外，该墓还出土了 1 件木质"从器志"（记录随葬物品的清单），两面共有墨书文字 372 字。据此得知，原来墓中的随葬的纺织品，有大批成匹的缯、布和用缯、布缝制的衣服以及装载物品的囊袋等。残留的丝麻织物经鉴定：丝织物有平纹的绢和纱；麻织品的原料为苎麻和大麻[7]。

3. 棉

分一年生草棉和多年生木棉两种。棉织品出现较晚，唐代从印度传到中原地区，宋代才见流行。但新疆汉墓出土的棉布，为我国发现年代最早的草棉织物。木棉的纤维短，织成的布古代称"吉贝",海南岛有产。

4. 毛

出土最早的毛织物要数新疆罗布淖尔遗址发现的毛织品和毛毯。在新疆鄯善县一号墓地发掘5座墓,其中男性身着皮大衣,内套毛织衣、毛织裤;女性身穿皮大衣,内套黑色织衣,彩色毛织裙。经测定墓的年代为战国至西汉[8]。

5. 皮

一般以羊皮为主,狐、貂等皮属贵重的高级皮料。"狐裘三十年俭称晏子",这是后人对春秋时齐国名相晏婴一生节俭的称颂。

(二)缝衣的工具

1. 骨针

最著名的要数1933年发现的北京山顶洞人的骨针,用鲩鱼的眼上骨刮削磨制而成,长8.2厘米,直径3.1~3.3毫米,距今约18000年。现藏北京中国历史博物馆(编者注:现中国国家博物馆)[9]。在新石器时期遗址,骨针就屡有发现了。

2. 铜针

目前仅发现一枚,属青铜针,出于山西太原晋国的赵卿墓中,长7厘米,鼻已残[10]。

3. 钢针

以湖北荆门包山二号墓出土的1枚为最早。针鼻扁平,锋残,残长8.12厘米,直径8、孔径6毫米[11]。广州南越王墓出土约500枚,残长5.5~7厘米,分粗、细两种,其中粗针约300枚,细针约200枚,全都锈蚀严重,未见针眼。

(三)汉服例举

1. 冕服

古代帝皇及卿大夫的礼服。大概西周时已有了,因为在周代青铜铭文中常见有"冕""芮"等词。在古代文献方面,由春秋时的《左传》到东汉的《汉官仪》都有关于冕服制度的记述,十分繁复。主要是由服饰及各部位的颜色不同,而区别其身份职位的高低(图二)。

2. 男服

汉人穿长袍(由上衣、下裳组成),叫"深衣",宽松舒适,即所谓宽袍大袖(图三,1、2)。衣襟(裾)由左向右复绕(胡服是向左的,所谓"披发左衽")。陕西秦俑和湖南、湖北的战国、汉墓出土木俑都身穿曲裾深衣,马王堆一号墓出土完整的曲裾丝袍9件、直裾3件。双脚穿裤筒。

岭南两汉墓出土有木俑、铜俑、陶俑和玉雕舞人,可据以看出当时服饰的一般。

西汉、东汉的木椁墓都发现木俑,但多数都腐朽严重,个别墓中保存稍好的,其彩绘或所穿衣物大都湮灭朽坏，从男、女木雕俑的体态来看，都穿深服。

3. 女服

汉代的妇女也穿深衣，下着裙（又叫裳），贴身穿的单衣（衫）是没有衬里的（图四）。马王堆汉墓出土的一件素纱单衣，长160厘米、重48克；另一件长128厘米、重29克。折合今市秤，每件重量还未够1两。

1956年广州动物园麻鹰岗第8号墓出土的一对鎏金铜俑颇具典型。为女像，高24.5厘米，发中分于后，结长髻，身着曲裾深衣，拱手按于腹前，跪坐（图五）。

4. 劳动者服

上穿短袖褐衣，下着短裤。广州南越王墓屏风转角的铜力士俑很具典型。四川出土两个陶俑，均穿短裤筒的衣裤，一持锸，一持畚箕，为东汉的农夫形象（见图三.3、4）。汉时还有一种短裤叫"犊鼻裈（音'昆'）"，类似今天的三角裤，山东南汉画像石有穿这种短裤的农夫形象（见图三.5）。著名的汉文学家司马相如"自着犊鼻裈"与妻子卓文君当垆卖酒的故事引为佳话。

广州汉墓出土的劳动者陶俑分有：侍俑，女性，上身披纱，下着宽裙，腰间束带，头上缠巾，这是侍从主人的奴仆；有一种体态肥胖的托灯俑，有男有女，均赤足，裸体划毛，或仅上身着无袖短襦（单衫）短裤，是给主人做苦役的奴隶，其脸型有深目高鼻的特点，应为胡人（图六）；乐俑，身着交襟长裙，跪坐，或在击节，或在弹奏；舞俑，着长袖上衣，下束如喇叭形花裙，有彩绘，已剥落，玉雕的舞人亦大体如是。上述的俑除托灯俑外，都穿汉服。当时越人的衣着如何，虽然在西汉人的著述中有说岭南人，断发文身，短衣短裤，以便于涉水行船[12]。这无疑只是指主要靠捕鱼为生的滨海之越人。因为岭南大地自秦统一以后，中原南下的秦军就地留守，南越国赵佗又推行尊重越人风习，提倡汉、越通婚，任用越人首领为王国高官等有利于民族和睦的措施，促进了汉、越人民在民族和文化认同方面实现大融合。这一点，从两广发现的汉墓中亦得到反映。因为西汉初期还有少量的越人墓，稍后就完全与西汉文化认同了。在两广的汉代考古中未见有越人的服饰资料发现，也就不足为奇了。

食

饮食文化是人类文明发展历史的一个重要组成。食是维持生命的最基本条件，古语说，民以食为天。从中国北京猿人发明了用火，到山顶洞人的旧石器时代，由茹毛饮血进入了熟食的阶段，这使食物易于消化且有利于养分的吸收，促进人脑和体质的发展。到了以陶器发明为标志的新石器时代，有了陶器炊具，采集到的野生谷物就可以做成饭或粥，捕捞而得的鱼虾蚌螺，更可煮熟而食。农业的出现，由采集到耕作收获，人类在获取食物来源方面，开创了一个新的天地。尔后几千年，无论在粮食作物品种的扩大方面，还是烹饪技术的求精方面都不断地有所发展，有所进步，时至今日有了中餐、西餐两大分野的不同发展。仅就中国的中餐来说，西南一带的古代巴蜀地以川菜领头；两广的岭南地以粤菜、潮菜颇具特色；中原大地的鲁菜饮誉齐鲁故乡；江南鱼米之乡，其中的江苏菜、扬州菜各显风味特色。至于在主食和副食及烹调上的南北地方小吃，更是五花八门，各有神通。

（一）主食

1. 五谷和杂粮

古人把主食的谷物称为"五谷"[13]。到汉代，"五谷"指的是哪五种粮食，东汉时的经济学家郑玄和文学家王逸各有不同的说法，王逸认为"五谷：稻、稷、麦、豆、麻"。[14] 郑玄则说"五谷：麻、黍、稷、麦、豆也"[15]。长沙马王堆一号墓出土的遣策（竹简一五二号）有"五种十囊囊盛一石五斗"的记载，对照出土竹简所记的粮食则有 10 种之多，但马王堆三座汉墓所出土的粮食种类经鉴定，实际只有 5 种[16]。再对照中原大地汉墓的出土情况，汉人所称的五谷，应为：

稻　目前发现约为公元前 7000~前 6000 年的人工栽培稻，在湖南醴县彭头山遗址和湖北宜都枝城北遗址，出土陶器的胎中普遍夹杂稻壳；浙江余姚河姆渡遗址第四文化层，有稻谷、稻壳和茎叶等叠压成 20~50 厘米厚的堆积层，经鉴定属籼稻和粳稻。广东曲江马坝的石峡遗址，发现有随葬稻谷、米粒或农业工具的墓[17]。到汉代，两广的汉墓经常有稻谷发现，西汉南越王墓后藏室的几个陶罐中，装有不少于 200 个体的禾花雀（黄胸鹀），这种候鸟每年立秋之后，成群结队从北方飞到珠江三角洲的稻田区，啄食水稻吐穗扬花之后开始灌浆的稻谷，人们在傍晚之后到田间张网围捕，墓中出土这种候鸟的大批遗骨，有力地说明，早在西汉初年的南越国时期，珠江三角洲已是稻田连片了。

稷　黍的一个变种，子实黏性不及黍者为稷。考古发现已炭化的标本，黍稷同在，不易分清。黍去皮，俗称大黄米。

麦　有大麦、小麦之分。大麦原产中国西北。过去认为小麦是从西亚传入，但 1985~1986 年在甘肃民乐县东灰山新石器时代遗址出土了大麦、小麦、高粱、粟、稷（黍）5 种炭化籽粒。

豆　古称"菽"，即大豆。为供贫穷人家选择的普通食物。古人说："菽水承欢，贫士养亲之乐。"广西梧州的汉墓有发现。河南洛阳汉墓出土陶仓，其外壁有粉白或墨书"大豆万石"等题书，列为主粮之一。

麻　大麻子，有别于胡麻（即芝麻）。古时已列为五谷之一，供贵族享用[18]。广西贵县汉墓有出土，至于用芝麻榨油是汉以后的事。

此外，见诸如洛阳等地的汉墓，出土的陶器，书写有粮食类的铭文，与出土实物考查，还有高粱、薏米、荞麦、青稞、秫、粱、黑豆、赤豆、小豆、胡豆、豌豆等，这些或可视为除五谷之外的杂粮。广州的一座东汉初年墓出土一件陶提筒，器内尚存半筒高粱（亦称蜀黍），器盖内有墨书"藏酒十石令兴寿至三百岁"（图七）。高粱在我国栽培较广，以东北各地为多，其中食用高粱，其子实供食用、酿酒或制饴糖。

2. 主食制作的发展

秦汉时，人们除了把主粮或杂粮蒸煮成干饭或粥（稠的叫饘，稀的曰酏）之外，主食的最大变化发展是发明了汤饼[19]。这是把麦子用石磨或踏碓加工成面粉，用水把面粉和成团，延展成薄片，再切成面条或面片，放入开水煮熟而成，叫汤饼。这在当时成了很时尚的一种面食，连宫廷内也专设了主管为王室制作面食的官员，叫"汤官"[20]。汉墓出土有踏碓、手推或用畜力牵动转磨，南方汉墓也普遍出现杵臼，两者同是可以将粮食加工成白米或粉面的。

（二）佐食（副食）

1. 肉食

汉人的副食有肉食和蔬果两大类。肉食中又分禽、畜、鱼，还包括卵。但广大的劳动者与肉食无缘，"民之所食，大抵豆饭霍（通藿，豆叶也）羹。"能经常享用肉食的只有官吏、富商和地主。春秋时鲁国的子民曹刿与国君论战，有人对曹刿说："这是当官者（肉食者）考虑的问题（意指他多管闲事）。"曹刿认为："肉食者鄙，未能与谋。"（他们都是草包之辈，出不了好主意的）孟子提倡尊重老人："七十者可以食肉矣。"汉朝的皇帝有时也下令地方政府给老人赐肉，以示恩德。

汉人选择肉食的面是很广的，包括地上走的、天上飞的、水中游的。马王堆汉墓发现的肉食品种多达三十多种，已知：

禽类有鸡、野鸡、野鸭、雁、鹧鸪、鹤、天鹅、斑鸠、鹬、鸳鸯、竹鸡、火斑鸡、鹄、喜鹊、麻雀等。其中有饲养的，也有野生的，不排除有的可能还是主人生前饲养以供玩赏，而非食用的禽鸟。

畜类有山羊、绵羊、黄牛、猪、狗、马、兔和梅花鹿。

鱼类有鲤鱼、鳡鱼、刺鳊、银鮰和鳜鱼。

两广汉墓发现的肉食以南越王墓出土的种类为多，有鸡、家猪、山羊、黄牛、黄胸鹀（禾花雀）、竹鼠等。在随葬的木制、陶制禽畜俑中，最常见的有鸡、鹅、鸭、猪、牛、羊、狗，陶屋中附设有禽舍和猪栏、羊圈，说明到汉代，家禽家畜饲养成了肉食的主要来源。

海产鱼类则有龟足、笠藤壶、楔形斧蛤、泥蚶、青蚶、笋光螺、耳状耳螺、河蚬、虾、大黄鱼、鲤鱼、广东鲂和中华花龟、中华鳖（水鱼）等。

2. 蔬果

蔬果在墓中难得保存，但从湖南、湖北和河南洛阳等地汉墓出土的遣策（竹简）、陶容器上的题书和幸存的一些出土种实得知：

蔬菜有萝卜、芹菜、葫芦、菠菜、雍菜、韭、荠菜、藕、芋、笋、黄瓜、菱角、冬葵子等，还有用大豆为原料制作的豆腐[21]。

果类有甜瓜、枣、梨、砂梨、梅、杨梅、柿、柚、橘、橙、枇杷、杏、核桃、栗、荔枝等。

两广地区的汉墓中，已发现的蔬果和调味料有芋、葫芦、黄瓜、冬瓜、姜、花椒、人面子、甜瓜、木瓜、青梅、杨梅、铁冬青、酸枣、橄榄、柑橘、桃、李等。1975年广西合浦堂排一座西汉晚期墓出土一件铜锅，盛有稻谷和荔枝，荔枝的果壳和内核都完好。据载，南越王赵佗曾把岭南佳果的荔枝送给汉高祖。又据《三辅黄图》载，汉“元鼎六年（前111年）破南越，建扶荔宫，以植所得奇草异木，菖蒲百本，山姜十本，……龙眼、荔枝、槟榔、橄榄、千岁子、柑橘皆百余本”。1960年在陕西韩城县芝川镇南门外发现了扶荔宫的遗址，出土了有“夏阳扶荔宫令辟，与天地无极”十二字的方砖，两千年前岭南佳果的龙眼、荔枝在西汉时已移植到长安（今西安），从考古发现中得到了实证[22]。

3. 饮料

酒，是我国古代重要的饮料。中国的酒文化比茶文化的历史还要久远得多。传说中有关酒的发明主要有三说：一为神农时代；二为黄帝时代；三为夏朝的中兴之士少康，即杜康[23]。这三说中以“酒乃杜康所造”最流行。其实酒的起源是经历了自然酒到人工造酒的必然过程，凡含糖分的物质如水果、蜂蜜、乳类等易受自然界中发酵微生物作用而产生酒。当人们发现含糖类的甜的东西经发酵会变成酒的规律，就开始有意识地进行人工造酒——利用谷物酿造。但谷物的淀粉是不能直接发酵的，要经糖化过程，即要加入酒麯。早在新石器时代的仰韶文化、龙山文化已有陶制的酒器，河姆渡遗址有陶鬶、盉、杯等酒具，还发现400平方米的谷物堆积层，显然其实农业已相当发达，已有足够余粮来酿酒了。20世纪60年代在河南偃师二里头的发掘，从考古学上取证了夏文化的遗存。二里头遗址出土了一件窄流高足铜爵，是目前中国发现年代最早的青铜酒器。山东龙山文化的蛋壳黑陶高脚杯，其制作工艺及造型之优美，在今天仍称得上是时款的酒杯哩！

酒的品类，据马王堆一号汉墓有米酒、白酒、温酒、肋酒共4种，满城中山靖王墓有33个陶缸上有朱书“黍酒”“黍上尊酒”“稻酒”“上尊酒”“甘醪”；洛阳汉墓还有“醽醁”的美酒。汉时，酿酒技术有了进一步的发展，《汉书·食货志》有“一酿用粗米二斛（4万毫升），麴一斛（2万毫升），得成酒六斛六斗”的记载。这种加麴量为原料量一半的配方，已接近后世绍兴酒的配麴量。酒的质量分有上尊、中尊、下尊三个品牌（等级），这是因所用谷物品种不同，酿出酒有优劣之别[24]。在此，令我们想起1977年，河北平山县发掘战国时代中山国王墓，除了一批错金银的精美铜器之外，还出土有两壶古酒。一壶盛在一个圆形的青铜卣内，重十多斤，呈翠绿色，清彻透明，类似今天陕西产的竹叶青酒。另一壶盛在一个扁圆形的壶里，有七八斤重，呈墨绿色。这两个铜器的盖都咬合紧密，酒没有挥发，据说发现时还有酒香。后经检验，酒中含乙醇、糖、酸、含氮物等十多种成分，可能是谷物酿造的酒，这是迄今发现世界上最古老的（2300 年以前）陈酿美酒，在当时，大概称为"中山冬酿"的。

酒，可以助兴，又说可以消愁[25]。酒不宜暴饮，孔子主张"惟酒无量不及乱"。商朝人好酒，纣王日夜酗酒，设酒池肉林，终于亡国。周灭商，周公发布《酒诰》令，把商纣酗酒亡国事昭告臣民，周文王实行禁酒与畋猎，就是要吸取这个教训。汉代，无酒不待客，不开筵，表明对酒的重视。如遇上水、旱大灾之年，才有禁酒。其实，汉朝的开国皇帝刘邦是个十足的酒色之徒，在他做亭长时，常赊酒饮，醉卧店中，还欠下一笔烂账。他的谋士郦食其自称"高阳酒徒"，他们的豪饮、狂饮不亚于战国时齐人淳于髡的"一斗亦醉，一石亦醉"的。因为唐以前的酒都是酿酒（黄酒），酒精度数高了，人们就比较强调节饮与礼饮，"觥筹交错，各适其意"。

除酒以外，人们的日常饮料"夏则饮水，冬则饮汤（温水）"。汉代已有饮茶，一种叫"荼"的，原是一种苦茶，西蜀之人用作烹茶，类似今天的"王老吉"凉茶，是带苦味而回甘可消暑解渴的一种清凉饮料。

（三）烹调

1. 烹饪

秦汉时的烹饪方法继承前代而有所发展。马王堆一号汉墓出土的竹简（遣策）312 枚，其中许多的简文记载有食物名称，有的与烹调有关，可说是中国烹饪史上一次最重大的发现。当今岭南地区汉人的现代饮食烹调方法如煎、炒、炆、煲、炖讲求镬气与火候，对汤特别看重，清汤与打芡的肉羹有分，在这批竹简中几乎都可以找到，中国 2000 年前，饮食文化技艺的多样性，令人叹服。据简文归纳起来（套用现代语言）大体有以下 9 种：

水煮　简中称"羹"，即肉汤，分有五式：

第一式，净肉清汤。羹，即大羹，这是大筵席首上的第一道菜式，简文称"酉"（音"于"，即大也）；羹，简文所见，有牛首酉羹、羊酉羹、鹿酉羹、豕（猪）酉羹、豚（乳猪）酉羹、狗酉羹、凫（野鸭）酉羹、雉（山鸡）酉羹，鸡酉羹共 9 种；今天粤菜在筵席或家庭常餐中很讲究的"老火靓汤"也是首上的。

第二式，加芡肉汤。用米或面粉入汤（即今之"打芡"）显得稠厚一些，简文称"白羹"。所见有牛白羹、鹿肉鲍鱼笋白羹、鹿肉芋白羹、小菽（小豆）鹿肋（排骨）白羹、鸡瓠菜白羹、鲫白羹、鲜鱼藕鲍白羹共 7 种。

第三式，葵（冬菜）菜肉汤。简文称"巾羹"。所见有狗巾羹、雁巾羹、鲫肉藕巾羹 3 种。

第四式，茭白（茭笋）肉汤。简文称"逢"（一说是茭白，另一说是芜菁）羹，所见有牛逢羹、羊逢羹、豕逢羹 3 种。

第五式，苦茶肉汤。是加苦煮茶的肉汤，简文称"苦羹"。所见有牛苦羹、狗苦羹 2 种。

文火久煮　今两广人习惯煲肉汤，或文火炖肉，或炆肉。简文称"熬"。熬有三解：一作干煎、干炒解；二作加水和肉汁酱料炆肉解；三作文火久煮解。第一种解释在汉代似乎还不普遍，因为只有浅的锅或平底浅锅出现了，才能干煎、干炒的，简文所见有熬豚、熬兔、熬鹄、熬鹤、熬凫、熬雁、熬雉、熬鹧鸪、熬鸡、熬雀共 11 种，应为第二或第三种做法。

隔水煮　即蒸或炖，简文称"□"。所见有鱼鳅。

白灼　即今之火锅。简文称"濯"。所见有牛濯胃、牛濯脾舌心肺、濯豚、濯鸡共 4 种。

烧烤　简文称"炙"。有用竹或铁签贯串肉块在炭火上烧烤的肉串。所见有牛炙、牛肋（排骨）炙、牛乘炙、犬肋炙、犬肝炙、豕炙、鹿炙、炙鸡共 8 种。

干煎　简文中仅见煎鱼一种。

裹烧　用湿泥把宰后不去毛的家禽、小家禽包裹起来，放入炭火中烧熟。今云南有道名菜称"乞丐鸡"的，就是采用此法炮制，取其原汁原味。简文中有胫勺（炮）一种；洛阳汉墓的陶器也有"炮豚一钟"的朱书题记。

此外，简文还有称昔（腊）的腊肉和生食的□（脍）。脍是把肉切薄生食的食法，从孔子的"脍不厌细"，到今天广东顺德人仍喜食鱼生（鱼片），可见其由来已久。简文所见的除鱼脍外，还有鹿脍、羊脍。腊干的肉，有腊羊、腊兔。此外，还有鱼、肉加工成肉酱的醢，有如今天的 XO 酱，腌制的瓜菜称"菹"（音"组"，酸菜），用以佐膳，类似今天宴会的餐前小吃。

2. 调佐料

中国菜深受世界各地人士的欢迎，名闻遐迩，这与它有悠久的历史传统和注重烹调技艺及调料多样化，取得色、香、味三佳效果有密切关系。过去有句老话，开门七件事：柴米油盐酱醋茶。除了柴米之外，后五事都与调佐有关。《吕氏春秋》有一段关于烹与调的技巧，要求做出的菜色要有好的口感效果的精彩记述，文曰："调和之事，必以甘、酸、苦、辛、咸，先后多少，其齐（剂）甚微，皆有自起。鼎中之变，精妙微纤，口弗能言，志不能喻，若射御之微，阴阳之化，四时之数。故久而不弊，熟而不烂，甘而不浓，酸而不酷，咸而不减，辛而不烈，澹（淡）而不薄，肥而不腺（腻）。"两千年前已有这样的烹调效果，就算是今天的特级厨师，也会认为不容易做到。当时汉人常用的调佐料，从考古发现中所见有"盐、酱、醋、豆豉、姜、花椒、桂皮、韭、葱等。东汉人杨孚《异物志》记载，当时还有甘蔗糖。至于烹调用的油料，用动物油脂是主要的。是否已有豆油、芝麻油，尚未见到文献记载和考古发现的证据。

两广汉墓发现的调味料，除花椒外，其余还有姜、梅、酸枣、橄榄（图八）、乌榄、人面子，这些是带双重性质的种实，既可以作为蔬果，但经腌渍，又可用作调味品料。

3. 南北饮食分野

我国中原的黄土沃野与南方多丘陵和河网地带的地理环境不同，气候的干寒与高温多雨湿润两者的差异也很大，因为在种植的粮食作物上，北方以麦、黍为主，南方以水稻为主，这种分野又必然要影响及人们日常生活中的饮食爱好与习惯。比如北方人以面食、豆食、牛羊肉为主，南方人则以稻米和蔬果、猪、鱼肉为主，在烹调上也有南甜北咸的口味习惯上的区别。有两条记载西汉时人很有趣的话：一是《盐铁论·论菑篇》有谓："盖越人美蠃蚌，而简太宰。"指的是两千年前我国的沿海居民少食牛、羊肉而好食海产。二是《淮南子·精神训》提到："越人得蚺蛇以为上肴，中国得而弃之无用。"稍后晋人张华的《博物志·五方人民》说："东南之人食水产，""食水产者，龟、蚌、蛤、螺以为珍味，不觉其腥臊也。"晚及清时的屈大均，他在《广东新语·兽语》亦说："东南少羊而多鱼，边海之民有不知羊味者，西北多羊而少鱼，其民亦然。"知道今天人们到两广地区肉菜市场上，可以看到肉类摊档上，十之八九出售猪肉和鱼，牛肉不多，羊肉偶尔得见。这种饮食上的喜好不同而形成的习惯，已沿袭两千多年。

4. 两广汉墓中所见炊具与饮食器具

分有铜制（部分铁件）和陶制的，铜制的基本全为实用器，出土时许多尚留下使用痕迹。陶制的有部分属于陪葬用的明器。

炊具，主要有鼎、鍪、釜、甑、锅、烤炉、煎炉等。南越王墓出土的器体大，器类全，数量多。其中36件铜鼎分有汉式的、越式的和楚式的。在越式鼎中又有敛口的、盘唇敛口的、盘唇大口的，它的3个扁足均外撇。越式鼎很少有大件的器形，其中有一对高56、口径53.2厘米，可说是所见最大的越式铜鼎了。它还有两个特点，一是平底，未见有圜底的，二是都不带盖，原来可能是用竹片编联或薄木板做的盖，已朽了（见图九　1）。铜鍪原是巴蜀文化的产物，秦灭蜀后，把这种炊具传到两湖、两广原属楚、越之地，南越王墓出土的16个铜鍪，由小而大5个形成套列，下面用一个铁三脚架承接起来，便于烧柴炭（图十　1）。还发现大小3个烤炉，大的一件长61、宽52.5厘米，炉下四角安装圆轮，可以推动，上面有练索，又可以吊起来。出土时炉旁还放有烧烤用的铁双股叉、三股叉及串肉烧烤用的铁钎两束，约有40支（见图九　2）。还有一个煎炉，颇像一个长方形双层的铜架，下层烧炭火，上层煎肉，类似今日的铁板烧（见图十　2）。同墓出土的一对铜姜礤，是磨生姜压汁调味用的（图十一）。

南越王墓出土的一个越式大铁鼎，高48、腹径47.5厘米，重26.5公斤，出土时铁鼎是反置于地板上的，鼎底部有成堆的鱼骨和贝壳，旁边还有许多木炭。这个大鼎除了有铁制炊具用途的意义外，它还是岭南2000年前一件最大型的铸铁标本，确证南越国已有自己的冶铸手工业（图十二）。

此外，炉灶的普遍出现，也是汉代炊事上的一大进步。在厨中用砖或土坯叠砌成长方形，后面有烟囱的连眼灶，当时南北各地都已出现。两广地区汉墓中常见的陶灶模型，属于早期的，灶面有 2 个或 3 个圆形灶眼，上置釜、锅，稍后的还在左右灶壁附设水缸，有 1 个到 6 个之多。连眼灶可节约柴薪，灶旁附贴水缸，煮饭之后就有热水可用。两千年前的岭南人已经认识到节约能源了，这种灶式是中原等地汉墓所未见的（图十三）。汉代的烹调尚未见有"炒菜"的做法，因为岭南汉墓出土的连眼灶、灶台上只见釜、甑和锅，浅底的镬还未出现。看来，当日的菜式仍未有像今天那样追求"镬气"的。

饮食器 有盛菜肴用的盘，盛饭的碗，取食的箸（有竹的、木的、铜的），饮酒、喝汤的耳杯。汉人是分食制，酒、食都放在案上。案有长方形的大案，四足；圆形小案，三足。案，即今之托盘是也。所谓"举案齐眉"的案，就是这种食案。富有之家的案用漆案或铜案，但汉墓中常见出土的陶案，可能多数明器类。耳杯有漆的、铜的、玻璃的、玉的和陶的，日常用的应以漆、铜、陶的为主，又有称"羽觞"的。长沙马王堆汉墓出土的耳杯，有漆书"君幸酒""君幸食"的铭文表明其用途（图十四）。

下面介绍几种具有岭南特色的饮食用器和酒器。

联罐 广州汉墓出土的联罐有单个的、双联的、三联、四联、五联的（图十五）。两广汉墓中多次发现罐内盛有酸梅的果核，可能是用来贮盛酸、甜、苦、咸、辛五味的罐子，类似今天西餐的五味架。

簋 商周的铜簋，都是贮盛干饭的器具，有一件很著名的铜簋叫"利簋"，是周武王灭纣之后第八天铸造的，它对去年我国夏、商、周断代工程的科学研究，有着特别重要的断代功用。簋这种盛饭器在两广汉墓仍普遍出现，两广的簋有个特点，口部高唇外侈，唇壁镂空，相对的一面都有两个小圆孔，大概是用来插上竹、木筷子，让盖子可以架起来，这样有剩饭、剩菜可以留到下一顿，不致因盖密之后簋内的闷热散不出来，容易变馊、变坏（图十六 .1.2）。今天，广州人仍把筵席上九道菜称"九大簋"的。

酒器 有贮酒的壶、钫、瓿、提筒、瓶和酒樽、温酒樽等，广州南越国时期墓出土的广圈足铜壶和提筒，颈部都附一对复耳，外耳较大，是穿绳提取的，内耳为贯耳，系小绳以固定器口的木盖，这是典型的越式大型贮酒器具（图十七），上文已提到广州东汉墓出土一个陶提筒，内有高粱，盖里有墨书"藏酒十石令兴寿至三百岁"十一字（见图七）。由此得知这类铜、陶提筒是贮酒用的。还有一种仿葫芦形状的匏壶，壶塞的造型十分别致（见图十六 .3.）。还有取酒或汤的勺，似乎现今的汤羹、匙羹也未必有这样优美的造型哩（图十八）！

5. 石刻庖厨图浅说

岭南的汉墓没有发现描绘饮食文化的壁画或石刻画，只能借助中原地区的材料，从共性方面增加了解。下面选录两幅有关炊事方面的东汉墓石刻画像，作一简单的说明，这些形象生动的画图，或可作为以上论述饮食烹调方面的一个小结。其中一幅是出于 1967 年在山东诸城凉台村发现的一座大型砖石合构墓，在墓室过道外残存 6 块石刻画，有一块刻的为庖厨图，石高 1.52、宽 0.76、残厚 0.23 米，画面再现了汉时豪门富户中的奴仆们正在忙于杀牛、劏猪、宰羊、屠狗、切鱼、割肉、脱毛、沥酒、汲水、淘洗、劈柴、烧灶、做面食等紧张场面（图十九）。另一幅是 1960 年 2 月河南省密县打虎亭村发现两座并连的东汉砖石合构墓，左边的一号墓有石刻画像，右边的二号墓是彩绘壁画，画像石中有一幅是东耳室南壁西幅石刻画（画面高 0.95、东西宽 1.20 米），主题是表现酿酒和磨制豆腐的场面。画面分上、中、下三层：上层大概是存酒的酒窖，在一个大几案上排列 6 个酒坛，每个坛都放入竹编的篓中，几案之前放着 4 口大缸，还有酒壶、酒樽；中层表示酿酒的场面，当中的 4 人有捧大盆的、有拿尖底过滤袋的、有蹲的、有站的，左右两侧堆放许多酒樽、酒壶；下层是制豆腐的作坊场景，当中一支大烛台，高灯远照，一个穿宽袖深衣的人，左手挽袖似在指挥个人劳动。有磨豆的、有过滤的、有压浆的，显示了制成豆腐的 3 个程序（图二十）。东汉时中国人发明了用大豆制作豆腐，为人类的饮食文化作出重要贡献。

（四）平常食与宴会

1. 日食两餐

在古代，人们的日食两餐制式很早便形成的。《孟子·滕文公》："贤者与民并耕而食，饔飧而治。"孟子是战国时人，他说的当是先秦时"朝饔、夕飧"的一日两餐。到汉代，也说"人情一日不再食则饥"。（晁错《论贵粟疏》）如果一日只得一餐，确实是饥馑的日子，但遇上荒年，恐怕连一餐也难求。1975 年底在湖北云梦睡虎地发掘 12 座秦墓，第十一号墓出土竹简一千一百多枚，简文大部分属于秦国法律文化，其中的《传食律》和《仓律》简文载明，当时普通的官吏、卒人、仆役、罪徒等也是每日早、晚各一餐，他们的粮食定量：早饭半斗（相当于 1000 毫升），晚饭三分之一斗（不足 700 毫升）[26]。我们曾试用广东产的油黏米换算，半斗米的重量约 800 克。一餐早饭的米量相当 1.6 市斤，晚饭约 1.3 市斤（当时人的平常餐没有肉食，只是菜羹，所以一般饭量都大）。当然，日食两餐是对社会中下层特别是广大劳动者阶层而言，对于养尊处优的贵族、富豪，尤其是封建最高统治者的皇帝、天子，他们每日三餐、四餐，分有：早餐（平旦）、午餐（昼）、下午餐（晡）和晚餐（暮）[27]。孔子说过"不时不食"[28]。宋人邢昺注疏，认为孔子在祭祀期间"不时不食者，谓非朝、夕、日中时也。"换言之，早、午、晚三餐都要按时进食。

2. 宴会

汉人在宴会时以饭、膳、馐、饮来款待客人的，饭是主食，膳是主菜，馐是小菜或风味小吃，饮是饮料，主要是酒水。但菜式内容在石刻画像中是很难表现的。有幸《盐铁论·散不足篇》有一段记述当日地主、商人摆设酒席的菜单，列有 7 款菜式，文为："今民间（地主、商人）酒食，肴旅重叠，燔炙满案。月鳖脍鲤（第一、二道菜是炆炖甲鱼和溜鲤鱼片）、麂卵（第三、四道菜是红烧鹿仔肉和炒蛋）、鹑晏、橙枸（第五道菜是酥炸鹌鹑拼橙汁、枸酱）、鲐（类似黄花筒鱼）、鳢（乌头鱼，今两广人称"生鱼"）、醢（肉酱）、醯（酸醋）（第六、七道菜是五柳鱼和生鱼片拌肉酱）。"当然，当时的餐前小食和餐后水果恐怕是少不了的。

山东、河南、江苏等地发现的东汉年间石刻画像或彩绘壁画墓，常见有反映以墓主人生前宴乐生活为主题的画面，四川汉墓的画像砖也有类似的内容。汉人宴客是分食制的，主与宾都席地而坐，面前放置食案和酒器（见图十四），还有若干仆役端盘送菜。奔走侍候，其旁或设"钟鼓五乐，歌儿数曹"以助酒兴。汉代宴客又是男女分室分席的，江苏徐州出土的一块迎宾客石刻画像（石长 2.08、高 1.02 米）所刻的正是男女主人分席延宾的场面。画面分上下二层，下层为迎客图，主人与一侍从站在双阙之前，恭迎远方的来客，已到达门前的宾客有 4 位，后面还有一辆辎车，一辆大棚车，车上的客人还未来得及下车哩。画面上层的西屋为男席，主人凭几而坐，对面的来宾皆席地而坐，屋外还有络绎到来的客人；东屋为女席，也是宾主对坐，当中有食案和酒器。屋外还有 3 组人物围绕在外边，好不热闹（图二十一）。《后汉书·仲长统传》说："豪人之室，连栋数百，膏田满野，奴婢千群，徒附万计，船车贾贩，周于四方。废居积贮，满于都城。琦赂宝货，巨室不能容，马牛羊豕，山谷不能受。妖童美妾，填乎绮室，倡讴伎乐，列乎深堂。"这正是汉代以官僚豪族与富家大贾为主题的上层社会奢靡生活的概述。

住

一般认为中国的传统民居主要有四大类型，以北京地区为代表的四合院，在闽、粤、赣接壤地区的客家土楼，南方丘陵地适应潮湿多雨的干栏式和西北黄土高原的窑洞。但早在两千年前，岭南人的栖息状态如何？由于两广地区至今还未发现有秦汉时期的村落遗址，已发现的一些汉城址，或因保存不好，或受条件所限未能作较大面积的发掘，对城址的规模、城内的居民、地宅分布等情况仍未详知；已发现为数众多的先秦时期的山岗遗址如贝丘遗址，虽然偶尔也见到一些柱洞遗迹，据而推测可能就是晋人张华《博物志》所说"南越巢居，北朔穴居，避寒暑也"的干栏建筑。幸好，在两广的汉墓中发现了不少建筑明器，主要是陶制的，也有铜的、木的或用滑石雕制的。其中以陶屋最多，还有城堡的模型。借助这些使我们对当日岭南居住建筑的贫者荜门圭窦（按，贫者的墓是不会有陶屋随葬的），富者高墙深院的状况有个较具体的认识。

（一）居室建筑

岭南地区两汉墓出土的建筑模型，属于早期的都是干栏式建筑，随着生产的发展，建筑技术的进步，其后则有曲尺式、三合式、楼阁式等多种式样。

干栏式 结构分上下两层，上为人居，下作圈栏，饲养禽畜。其底层的四周用矮墙围绕，有如"基座"。正面设梯，供登降之用（图二十二）。矮墙一侧或背面的墙根处都开一个"Ω"形如菌状的窦洞，方便禽畜进出（因属明器，"基座"内用以支撑上部建筑的桩柱都省去了）。上部的人居部分，平面有呈长方形的，但多为曲尺形，即正面横长方形作居室，后面的一侧处用作厕所。屋的上盖为两坡的悬山式，正面开门，辟窗户以采光通风。从这种套陶屋的结构形式来看，当是文献记载中"人楼居，梯而上"的干栏式建筑[29]。其实这种干栏建筑在我国古代沿海及长江以南地区早已流行，在考古上的发现，最重要的是河姆渡遗址发现有距今约5000年的干栏实例，发掘出3栋全木构的干栏建筑遗迹，房子长约23、进深约7米。其结构是先把木桩打入泥地，承重部分用方桩，围护部分用板桩或圆桩，在木桩上架地梁（地龙骨），上铺地板，并立柱，设板壁和门窗，上覆以屋顶。桩、柱、板等均用榫卯衔接，榫及卯孔是用石斧、锛、骨凿等砍伐木作工具加工而成，显示了河姆渡文化高超的木作工艺[30]。到西汉时期，干栏建筑在岭南的番禺、布山等重要都邑仍相当普遍，因其具有适合当地的地理、气候等环境条件的需求，加以建筑的竹、木可就地取材，是经济适用的，所以直到今天居处在两广和西南山区的少数名族，仍采用这种建筑模式，或有称为"竹楼"的。

曲尺式 这是继干栏式之后出现的。平面呈曲尺形，由正面横堂后连一室组成，屋后相对的两面用矮墙连起来，成为后院，用作圈栏。这是把干栏式的上层楼居民部分移到地面，去掉下面的"基座"（围栏）部分。曲尺式房屋的出现，表明当时屋内的地面已用砖铺地，解决了地表防潮的问题（近年发现的南越国遗址，出土有各种规格的印花铺地砖可证）。房屋的上盖，有横堂与后室等高的，即三脊四坡的悬山式，亦有后室的屋顶较低，与正脊分开的（图二十三）。

三合式 由前面横堂后连两室组成，呈"凹"字形平面，换言之，这是曲尺式后部的左右两室对称，当中连以矮墙，形成后院。这种房子有个特点，后部的两室多数是两层的，其上一为厕所，一作养羊的圈栏。围栏入口处还设有斜梯，供羊群进出。厕所与羊圈的下层与后院相通，既用为积集人、畜粪便用于肥田，又兼作养猪的圈舍（图二十四）。

楼阁式 出现于东汉时期，为二或三层的楼房结构。中轴明显，布局对称，或前高后低，或中座高耸，而左右和前后都稍低矮一些的（图二十五）。其平面布局和结构上的高低错落，无一雷同。显示出岭南的建筑由平房发展到多层楼宇，当时的建筑技术和建材方面已有很大发展。

（二）防御建筑

广州的东汉墓多次发现陶城堡模型，还有碉楼。

城堡 四周是高墙，四角有角楼，前后有望楼。大门口有守卫的执兵武士，城堡里面都布列两栋房子，屋里有坐在矮榻上或凭几而坐的主人，其前有拱手弓腰的，有匍匐于地的，有跪地朝拜的吏役（图二十六）。

碉楼 平面如一栋曲尺式房子，中间的望楼高二层，前后开窗，一个陶俑依窗而立，一手执盾，作守望戒备的姿态（图二十七）。

这类防御建筑即汉代的"坞壁"[31]，为军事上作守御用。东汉末年，董卓修筑的"眉坞"，高厚7丈，坞内储备可食30年的粮食，称为"万岁坞"，他吹嘘："我夺汉政权的计划成功，加上有了这个坞，就可以称雄天下；就算是失败了，据守这个坞，城坚粮足，可保我这辈子的！"[32]当日南北各地豪强和庄园主，其居所都与军事防卫结合起来。南隄广州的东汉墓，发现了许多座陶城堡，北方的内蒙呼和浩特发现一座东汉壁画墓，在庄园图中绘有一幢坞壁，榜题"壁"字[33]。反映出东汉时南北各地豪强集团割据称雄，一般的庄园主亦拥有私家武装，这是真实的写照。

行

在古代，人们出门远行，陆路坐车，水路乘船，车和船是人们代步的重要交通工具。到商代，我国的车船已具规模。秦汉时期，首次形成了全国交通网络。秦始皇统一六国后，首先颁布了"车同轨"的法令，用10年时间修"驰道"（当时的标准大道）[34]，以秦都咸阳为中心，通达原来六国的重要都邑；又开"直道"[35]，直通塞北，成为军事上的一条快速干线，以御击匈奴的侵扰。又进军岭南，辟新道，打通了五岭的阻隔；凿灵渠，沟通了长江与珠江水系，为向岭南进军解决了水道运输粮食的问题。到了汉代，在秦创立的基础上，陆路开辟了经河西走廊通往西域的丝绸之路；海上首次派遣远洋船队访问南亚诸国，并建立起沟通东方汉帝国与西方罗马帝国的海上航线。水陆两路各显辉煌。

（一）水陆交通的车和船

1. 车

两轮的车子，在商代早期已经出现，这是1996年在河南偃师尸乡沟商城遗址发现两道顺城而行的车辙轨迹（轨迹约1.2米）而得到证明。战国以前的车，都是独辕的，商代晚期河南殷墟车马坑发现18辆车遗迹，一车驾二马，全是双轮、独辕的立乘车（图二十八）。西周的车，在北京琉璃河燕国墓地发现，共5车10马。在此还首次发现了有26根伞骨的车盖。到战国出现有双辕驾一马的车，直到汉代，独辕车方告消失。

秦汉时，陆上的交通车主要有：

辇车 这是皇帝的专用车，车盖内裱上黄缯（绢织物）称"黄屋"，用4匹纯色的马牵引。

轺车 由一马驾引，只设伞盖，而四面是敞露的，为一般人乘坐的车（图二十九.1）。

辒车 有帱盖的车，可载物，又可作卧车，《汉书·张良传》载，刘邦得了重病，"强载辒车，卧而护之"。后来把重要物资成为"辒重"，是引申而来（图二十九.2）。

辌和辇车 都是有帷幕的车，为古代贵族妇女所乘。

轓车 车厢两旁有反出如耳的挡泥板，用来遮挡轮子带上的尘埃、泥土。汉代对车耳很重视，汉镜铭中有"作吏高迁车生耳"之句。换言之，做官的升到高位才有资格坐这种有车耳的轓车（图二十九.3）

牛车和马车 这是以牵引牲畜命名的俗称。又有称驾牛的称大车，驾马的叫车（图二十九.4）。

安车 这是设施较好、驾4马、行进稳实的高档车，所有又称为"安车驷马"。常赐给老臣乘坐（古时安车立乘，又可安坐）。曾经两次奉命出使南越国的陆贾大夫，就享受这种待遇[36]。

2. 船

浅溪可以涉水而过，大河就不容易泗渡了。人类最早的浮渡工具是独木舟，进而到用竹筏、木筏，航行既稳，而载荷亦多。从独木舟到板船的出现是制作水上交通工具的一大进步。今天，我们从四川等地出土的战国水陆攻占纹铜壶上可以说明，当时的战船已是板船，而且每船承载多人。秦始皇二十八年派遣方士徐市率领童男女数千人，入海求长生不老药[37]。当时一次出海数千人，可以想见所乘的每艘船定会是很大的。汉代以楼船最著名。据载，汉武帝准备与南越进行海战，在昆明池上演练楼船之士（水军），船高十余丈[38]。以汉尺换算，10丈等于23.1米，相当今天七八层楼宇的高度。于此可见当时的造船技术与规模之大了。可惜，时至今日，在汉代昆明池遗址中还未找到任何楼船遗迹的踪影。

（二）岭南汉代墓出土的车船

岭南的北面因五岭横亘，山险、林密、水急，交通极为不便，这是西汉初年中原人对岭南地理环境的看法，把岭南看成畏途[39]。当时这里确实是陆路交通很不发达，而水上船运则相当繁忙（所谓"陆事寡而水事众"）。在两广的汉墓中，极少见到随葬车的模型，而舟船模型却常有发现，还发现了秦的造船遗址。

1. 车的发现

南越王墓的前室随葬一辆漆木车的模型，已朽坏，仅见散落的鎏金铜车饰。在西耳室还有数十件铁车饰。另外，在南越国时期的大墓，也有车饰随葬，有少数木椁也见漆木车的模型，因朽坏严重无法复原。陶马车、陶牛车各一，均出于东汉墓中，车厢为卷棚式顶，属于一般交通用的大车（图三十）。

2. 舟船的发现

已发现的船模型不少于20件，在全国的汉墓中，岭南汉墓是发现船模最多的，举3例说明。

东汉陶船 1955年出土于广州东郊东汉晚期墓。全长54厘米，首位狭，中部较宽，平底，船内分前、中、后 3 个舱室，后舱即舵楼，旁有小屋作厕所，船前系锚，船后有舵，船舱内核两舷走道上共有陶俑 6 个，动态各异。这是行驶于内河的交通与运送货物用的渡船（图三十一.2）。

西汉木船 1956 年出土于广州西村一座西汉中期木椁墓，通长 80.4 厘米。船底由整木凿出，平底，船中分设两个舱室，前部有 4 个木俑，端坐于板凳上在划桨，船尾处亦有一木俑，在把舵。为内河的载客渡船（图三十一.1）。

南越刻画战船 1983 年南越王墓东耳室出土的一个铜提筒，器身中部刻划 4 艘战船纹，首尾相连，绕成一圈。4 船的形制大同小异，以两船为一组，其分别主要是船舱的表现形式与船上刻画的人物活动状态有所不同。第一组的船，船身刻出 6 格，表示分有 6 个舱室，其中第二舱室内划画 4 个大铜鼓。第二组的船，船身分别刻出 5 个或 6 个舱室，但无具体物品的图形。4 船均首尾翘起，船的中、后部各立一桅杆，桅上的风帆，因已超出画幅之外而被省去，仅显示风帆之下的一点羽饰，瞭望台位于船的后部，船上有 5 位战士和 1 个俘虏。前头的第一位战士，站在甲板上，头望前，两手执弓拈箭。第二位战士坐于铜鼓之上，一手持槌击鼓，一手抚着一个鼎形器，似属一个专司击鼓鸣金的发号兵。第三位，一手执短剑，一手牵着一个裸体俘虏的长发，作押俘虏的状态。第四位伫立于瞭望台上，一手持大钺，一手倒提一个首级，威武朝前的神态。最后一位战士两脚叉开，双手着力把橹，因全船没有一个桨手，显然这是以船尾摆橹推进的。船头还倒系一个首级。船上的战士头戴羽冠，腰系羽裙。船外前后还有海龟、海鱼、海鸟等。从整个画面来看：4 船朝同一方向向前进：风帆及羽冠均向后扬，显示 4 船正在鼓帆、摆橹朝前疾进；战士均手执兵器，有弓、箭、剑、斧、钺和盾牌；船上载有斩获的敌人的首级，押解着擒获的俘虏和缴获的战利重品——还有一批铜鼓藏于舱内（图三十二）。这些刻画反映一个主题：这支舰队，打了胜仗，大有斩获，得胜归来。对比在广东、广西、云南、贵州和越南所见铜鼓、铜提筒的船纹中（图三十三），以南越王墓铜提筒战船纹所显示船的结构设施最完备，而表现又最为热闹的一组大型的海上航船刻画。

广州汉墓还发现过一件稀罕南越国时期，一件属东汉初年的木质彩画楼船，其中的一件有 4 个彩绘的舱室，设 10 桨 1 橹，橹长 51.2 厘米，可惜两船的木板散乱，朽坏不全，未能复原。两汉楼船，至今仍未能窥其全豹，一憾事也。至于秦船的军事遗迹，在南越国初期就废弃了，填覆了作为宫苑用地[40]。1997 年发掘所见，原来造船台南侧大片的造船木料加工场地，南越宫苑的曲流石渠遗迹就直接压在它的上面，上下的叠压关系清楚可见。

注释：

[1] 宋·苏轼：《食荔枝》："罗浮山下四时春，卢橘杨梅次第新。日啖荔枝三百颗，不妨（一作辞）长作岭南人。"
《史记·货殖列传》："山东事海盐，山西食盐卤，岭南、沙北固往往出盐，大体如此矣。"

[2]《盐铁论·散不足》："古者庶人耋老而后衣丝，其余则麻枲而已，故命曰布衣。"

[3]《浙江河姆渡遗址第二期发掘的主要收获》图七，3，《文物》1980 年 5 期。

[4]《吴兴钱山漾遗址第一、二次发掘报告》，86 页及附录二，《考古学报》1960 年 2 期。

[5]《玉台新咏·古时八首》；《汉书·食货志下》："布帛广二尺二寸为幅，长四丈为匹。"

[6]《西汉南越王墓》上册，附录一六：《象岗南越王墓出土丝织品鉴定报告》，文物出版社，1991 年。

[7]《广西贵县罗泊湾汉墓》，97 页，图版四一，文物出版社，1988 年。

[8]《新中国考古五十年》，485 页。按：新疆出土毛、皮衣物多，当与该地产羊及气候干燥有关。

[9] 参见《中国古代史参考图录》，38 页，上海教育出版社，1989 年。

[10]《太原晋国赵卿墓》，125 页，文物出版社，1996 年。

[11]《荆门市包山楚墓发掘简报》，10 页。按：据该墓出土竹简的简文推定墓主人下葬年代约为前 292 年，为迄今发现年代最早的一枚钢针。

[12]《淮南子·原道训》："九疑之南，陆事寡而水众，于是民人发文身，以像鳞虫；短卷布绔，以便涉游；短袂攘卷，以便刺舟，因之也。"

[13]《论语·微子》："四体不勤，五谷不分，孰为夫子。"《孟子·滕文公上》："树艺五谷。"

[14]《楚辞·大招》："五谷六仞"注。

[15]《周礼·填官·疾医》："五味、五谷、五药养其病"注。

[16]《长沙马王堆一号汉墓》上册，154 页；马王堆三座汉墓所出粮食作物经鉴定的有：大麦、小麦、黍、粟、稻（分粳型、籼型；有黏稻、糯稻；有带芒的、无芒的；长粒的、中粒的、短粒的）。参见《马王堆汉墓研究文集》，251 页，湖南出版社，1994 年。

[17]《新中国的考古发现和研究》，165 页。

[18]《礼记·月令》："仲秋之月……天子居总章太庙……服白玉食麻与犬，其器廉以深。"

[19]《释名》："饼，并也，溲面使合并也。"

[20]《汉书·百官公卿表》有"汤官"，属少府。颜注："汤官，主饼饵。"

[21] 密县打虎亭一号汉墓东耳室南壁的石刻画像，上半为酿酒图；下半是夜间制作豆腐的场面。参阅《密县打虎亭汉墓》图 104、105，文物出版社，1993 年 12 月。

[22]《陕西韩城芝川镇汉扶荔宫遗址的发现》，《考古》1961 年 3 期。

[23]《淮南子·说林训》"清醯之美，始于末耜"，传说神农氏发明末耜的耕作农具，始有种植谷物，酒随之出现；传说黄帝与岐伯讨论用黍、稷、稻、麦、菽的五谷造酒；《世本》：仪狄、杜康造酒。《说文·虫部》："古者，少康作箕帚，秫酒，少康即杜康，本葬长垣（河南省东北部长垣县）。"

[24]《汉书·平当传》："使尚令谭赐君养牛一，上尊酒十石。"如淳注："律，稻米一斗（2000 毫升），得酒一斗为上尊；粟米一斗，得酒一斗为下尊。"

[25] 李白：《将进酒》："五花马，千金裘，呼儿将出换美酒，与尔同销万古愁。"但李白《宣州谢朓楼饯别校书叔云》

中又有"抽刀断水水更流，举杯销愁愁更愁"句。

[26] 参见《云梦睡虎地秦墓》图版七一，246、247 号简《传食律》；126 号简《仓律》，文物出版社，1981 年。

[27]《白虎通·侑食之乐》："王者平居中央，制御四方。平旦食，少阳之始也。昼食，太阳之始也。哺食，少阴之始也。暮食，太阳之始也。"

[28]《论语·乡党》。

[29] 有作"干兰""干阑""干栏"或称"麻阑"的。《魏书·獠传》："依树积木，以居其上，名曰'干兰'，'干阑'大小，随其家口之数。"《北史·獠传》作"干阑"。《旧唐书·西南蛮传·南平獠》："人并楼居，登梯而上，号为'干栏'。"《新唐书·南蛮传下·南平獠》："山有毒草，沙虱，蝮蛇，人楼居，梯而上，名为干栏。"

[30] 参见《河姆渡遗址第一期发掘报告》，《考古学报》1978 年 1 期；《浙江河姆渡遗址第二期发掘的主要收获》，《文物》1980 年 5 期；《新中国的考古发现和研究》，145～148 页，文物出版社，1984 年。

[31] 或称"壁"，如《史记·项羽本纪》："诸侯军救巨鹿，下者十余壁……及楚击秦，诸侯皆从壁上观。""壁"又有称为营壁、保壁、垒壁的，见《东观汉记》的《盖延传》《马成传》《后汉书·张宗传》。

[32]《后汉书·董卓传》。

[33]《和林格尔发现一座重要的东汉壁画墓》，11 页，《文物》1974 年 1 期。

[34]《史记·秦始皇本纪》："二十七年……治驰道。"按当日的修筑标准是：路宽 50 步，约合 70 米，每八里建一亭，中间三丈是皇帝专用的御道，两旁人行道，每三丈植青松一株。

[35] 始皇三十五年（前 212 年）命蒙恬开筑。宽约 60 米，可并行 10 辆大车。二千年前的司马迁亲自在直道走过，他在《史记·蒙恬列传论》说："吾道北边，自直道归，行观蒙恬所为秦筑长城亭障，堑山湮谷，通直道，固轻百姓力矣。"2000 年后的我国史地学者史念海教授，于 1975 年又对直道遗迹进行调查，发表了调查的报告，见《秦始皇直道遗迹的探索》，《文物》1975 年 10 期。

[36]《史记·陆贾传》："陆生常安驷马，从歌舞鼓琴瑟侍者十人。"

[37]《史记·秦始皇本纪》："二十八年……齐人徐市等上书，言海中有三神仙，名曰蓬莱、方丈，瀛洲，先人居之。请得斋戒，与童男女求之。于是遣徐市发童男女数千人，入海求仙人。"

[38]《史记·平准书》："是时越欲与汉用船战逐，乃大修昆明池，列视环之。治楼船，高十余丈，施帜加其上，甚壮。"

[39]《汉书·严助传》："臣闻越非有城郭邑里也，处谿谷之间，篁竹之中，习于水斗，便于用舟，地深昧而多水险……舆轿而俞岭，挖舟而入水……限以高山。人迹所绝，车道不同，天地所以隔内外也。"

[40]《广州秦汉造船工场遗址试掘》载《文物》1997 年 4 期；《广州秦代造船遗址试掘获一批新发现》载《中国文物报》1994 年 11 月 6 日。

原载《广东文物》2001 年第 2 期，署名麦英豪、黎金。

同根同源粤港一家亲

——从香港发现两汉遗物遗迹谈起

　　1997年7月1日，香港回归祖国，洗雪了中华民族百年耻辱，是我中华民族伟大复兴进程中的重大历史事件，香港回归之后，认真执行"一国两制"，政治稳定，经济文化的发展喜人。联合国科教文组织倡导重视文化遗产保护，近年来，香港重视历史文化保护的工作，成绩骄人，今年7月1日，香港回归祖国十周年，我想，我们是从事考古工作的，可从香港地区的考古发现，与祖国大陆，特别是与珠三角地区紧密的历史文化关系，从不同的角度进行分析、比较、研究，从中得出科学的说明，这也是我们文物工作者结合自身的专业，从实际出发，参与对这个重大历史纪念日的最好庆贺。

　　近年来，香港在文物保护与考古调查发掘方面取得重大成果。已发掘的30余处新石器时期遗址，出土有五六千年至三四千年前的遗迹遗物，香港这些史前文化的发现，揭示了"香港文化的母体在大陆"，"是珠江三角洲文化圈的一环"。尤其令人兴奋的是，1997年在马湾岛发现的"东湾人"遗骸，从体质人类学的研究表明"与珠江流域的新石器时代先民是同一种属"。史前考古证明：香港与内地同根同源。到了秦汉时期，岭南地区从史前进入历史考古的阶段。我想，就从香港大屿山和元朗两处遗址中出土的西汉早期陶器和铁工具，还有李郑屋东汉墓这两项重要发现，从历史考古的角度亦足以说明自古"粤港一家亲"。

从一件看似寻常的礼品说起

　　在九龙李郑屋汉墓博物馆，近来增添了一个新的展品（去年香港历史博物馆总馆长丁新豹博士函告）。展品是一个汉式的青铜鼎（翻铸），放在一个酸枝木座的玻璃罩内。铜鼎的盖上刻有"蕃禺少内"，鼎的腹部刻有"蕃少内一斗二升少半"的篆文。铜鼎下面有一块黄白色厚重的古木承垫着，古木垫正面的铭牌，写有"西汉南越王（番禺）铜鼎"9个简体汉字。玻璃罩背板上的"穗港一家　源远流长"8个爨体大字，分为上下两行横排，十分醒目。右侧有"大吉番禺"、左侧有"番禺大治历"的砖文两行，还有一竖行说明："一九五五年香港九龙出土'番禺'砖文拓本"。在青铜鼎与古木垫之下，有一个裹着红丝绒的覆斗形托座，正面有说明牌，在"广州'番禺'汉鼎与九龙'大吉番禺'汉砖"的标题下，有段简要的说明："1983年，广州西汉南越王墓出土9件刻有'蕃禺'铭文的铜鼎；1955年，九龙李郑屋发现东汉墓，砖上印有'大吉番禺'、'番禺大治历'等文字。番禺（古时番蕃相通）是秦始皇时南海郡属县，即今广州。香港九龙为番禺辖境。出土文物证明，二千年前穗港是一家。此鼎为青铜重铸，木垫是广州汉代木椁的铁杉木。"酸枝座正面的铭牌有"庆贺香港回归祖国 广州市人民政府赠 1997年7月1日"的说明，分3行横排。其左右两边为高浮雕的龙纹图样（图一）。

这件连有座罩的礼品，其构图设计繁而不杂，色调热烈，庄重大方，主题突出。虽然，它没有半点珠光宝气，看似寻常，但寓意深远。

这件纪念品是广州市人民政府在香港回归祖国之日送给香港特别行政区政府的礼品，它的出台本人参与过筹划，当中有一段鲜为人知的故事。那是1997年5月间，我们得知香港回归祖国在即，中央已通知各省、直辖市、自治区人民政府，要给香港特别行政区政府赠送一件纪念品。又得知广东省政府送的礼品，是一件大型的信宜玉雕。广州市的市长们认为，广州虽然不属于直辖市，但广州与香港历史上早已形成"省（城）、港、澳"的特殊地缘关系，也应该送一件纪念品，至于送什么礼品，请市文化局出个主意。一位副市长亲自找到文化局陈玉环副局长交办这件事，并提出：这件礼品应是唯我仅有而他人所无的；又能体现省（城）港的历史地缘关系的；在制作上不能太费时日，而且花钱又不太多的。陈玉环与本人一起商议这件差事怎么办？我们想到了广州的传统工艺方面：象牙雕刻已不合时宜，不用考虑了，玉雕方面省政府已决定用了，"烧个特大的'广彩'，如何"？"雕制一幅樟木大围屏如何"？"都不行，这与省港地缘关系搭不上。""再来一个'文帝行玺'（翻铸金印）又如何？""那不好，在广州两千一百年的城庆已用为礼品了，而且与省港的地缘也无关。""俗话讲得好，'又要心抱（媳妇）靓，又想礼是（聘金）平！'市领导提出的这三点不好办啊！"我们两人你一言我一语的商议了好一阵子，还得不出一个应这么办的结论。最后，陈玉环提出："再从文物与考古方面考虑一下。老麦，这方面你熟识，也许会有适合的题材。"当我打开家中的书柜，想找几本考古方面的书翻查一下，不经意的翻到一本《李郑屋汉墓》（屈志仁编写，已脱销，由香港中文大学文物馆古玺专家王人聪先生复制寄赠），从图版中的"大吉番禺"等砖文拓本得到启示，联想起广州也有不少秦汉"蕃禺"的考古发现。我高兴地叫起来："主题有了，这篇礼品文章可做了！"我们商定了礼品主题的设想，并得到市长们的赞同。于是请来了广州市美术公司的美术设计大师何世德总经理，他认为这件礼品纪念的是一件历史大事件，要依循传统的理念和手法来做。结果用了不到一个月的时间，制作完成了在本文上述的这件看似寻常的礼品，及时地送到香港会展中心。

李郑屋汉墓"番禺"溯源

　　李郑屋汉墓是 1955 年在李郑屋村平土工程中发现的,其时是轰动香港的重大考古发现。这座东汉墓平面呈"十"字形,墓内分有甬道、前室、主棺室(带后龛)和左右两旁室。单隅构筑,主室为下方上圆的圆锥形穹顶,其余均为券拱顶。这种砖墓在岭南地区以广州和广西的合浦多见,属于中型墓,而且已发现多座有东汉纪年的墓例。李郑屋汉墓出土陶器 58 件,与广州东汉墓出土的完全相同,仅不见熏炉。此外,还有铜镜等几件残铜器,锈蚀严重。这座墓有 3 点至为难得:首先是,岭南两广地区的东汉砖室墓,几乎是全遭盗扰破坏过,李郑屋汉墓未被盗扰,保存完好(仅发现时甬道口及封门砖墙受损);其次是,墓砖上有多种模印文字,其中尤以"大吉番禺"和"番禺大治历"两种带地域名称的砖文最重要。在岭南地区迄今所发现的东汉砖墓,有"番禺"地域名称的仅见三例,李郑屋汉墓是一例,其余的二例均在广州发现(详下述)。假设李郑屋汉墓的"番禺"砖文,转换为东汉年号的纪年砖文,其意义又如何?当然是"番禺"砖文的意义更为重要。因为仅有纪年的砖文,其作用与意义仅能据以确认该墓的绝对纪年,是不可能说明它与别的地方有着行政地域的地缘关系的。李郑屋汉墓没有发现纪年文字,这不要紧,要判断它的年代完全可根据该墓的结构类型,出土器物的情况参对两广地区已发现多例具有绝对纪年的东汉墓进行排比,可以得出其相对年代,这既不难,也是可信的;第三,李郑屋汉墓的发现,填补了香港地区秦汉时期东汉段的空白。当然,该墓发现之后的后续工作还感到有些美中不足。因为发现后到今天已过去 52 年,只有屈志仁先生在 1970 年依据当日主持清理发掘该墓的香港大学林仰山教授《李郑屋村古墓初步报告》而编写的《李郑屋汉墓》的一本小册子,披露的材料完全是现在还能看到的墓室结构与出土器物的描述,至于十分重要的比如墓内随葬器物的分布情况如何?棺室随葬物的情况如何?左右两旁室有什么遗物发现,是棺室还是器物室都无一点交代,因而这是一座单葬墓还是多室的合葬墓,连这样最基本的问题都无从论定。总之,至今还未见到有该墓详细的正式发掘报告面世,不能不说是件憾事。

　　岭南在秦统一之后开始进入有文献记载的历史发展阶段。番禺这个地域名称,在秦汉的文献中以见于《淮南子·人间训》:"一军处番禺之都"为最早(前 122 年之前),在稍后 30 年成书的《史记》中则有 8 处出现。东汉班固《汉书·地理志》记有:南海郡"县六:番禺(尉佗都,有盐官)、博罗、中宿、龙川、四会、揭阳"。李郑屋汉墓的墓砖有模印的"大吉番禺"和"番禺大治历"砖文,东汉时的九龙属于番禺县辖,据此得以确认。考古发现的"番禺"比文献记载的还要早,据目前已发表的材料统计,多达 12 批次。其中属于秦的有 1953 年初广州西村一号秦墓出土的一个漆盒,盖面有烙印"蕃禺"二字(图二,1),这是年代最早的一例。属于南越国时期的有 4 批：1983 年第二代南越王墓出土的铜器中有 7 鼎、1 壶、1 匜，在器身或器盖上刻"蕃禺"或"蕃"字的共 13 例（图二，4）；1976 年广西贵县罗泊湾一号墓出土的铜鼎，腹部刻"蕃二斗二升"，另一侧刻"布"字（布为秦时桂林郡治，即今贵县）（图二，3）；1995 年发现的南越御苑有石刻的"蕃"字（图二，3），其后发现的南越木简，简文有"蕃池"，"蕃禺人"（图二，2）。属东汉年间的共 3 批：1960 年在广州沙河顶东汉砖墓，墓砖有模印"蕃禺丞"的砖文，1995 年，九龙李郑屋汉墓有"大吉番禺"等砖文；1998 年番禺钟村屏山汉墓群中第 19 号墓有"永元十五年"、"番禺都亭长陈涌"、29 号墓有"番禺男（永）初五年十月"（图三，1）；33 号墓有"番禺巫黄昔"等砖文。其后到宋代的有 3 批：1973 年发现宋代子城西墙，城墙印有"番禺县"戳印文（图三，3）；1996 年发现的仓边路宋代东城遗址，城砖有"番禺修城大条砖"的戳印文；1997 年发现的宋代禺山书院有划写的"番"字砖文；2002 年北京路千年古道的明城砖面有划写的"番"字（图三，4）。上述考古发现的"蕃禺""蕃"（属简称），年代凡属秦到南越国时期的，其蕃字都有草头。古番、蕃、藩通，读"fan"，"男女同姓，其生不蕃。"（《左传·僖公二十三年》）又指九州之外的番国，"九州之外谓之番国"（《周礼·秋窗·大行人》）。本此，在秦末汉初南越国时的蕃禺，可能读为"fan-yu"的。就目前所知，南越灭后考古发现的"番禺"，都不带草头了，广州东汉墓是这样，九龙东汉墓的发现也是这样，这时连读音也可能变为"pan-yu"了。

至于李郑屋汉墓的墓主是谁？这已无可考查了。但从墓的规模及随葬遗物看，当不会是一般的县丞或小吏。前香港考古学会主席区家发先生提出该墓主人可能是汉时的盐官，这不无道理。因其职位仅次于州牧或郡太守，与该墓的情况和地理位置都比较符合（参见区家发《香港考古发现成果及其启示》载《香港史新编》上册 28 页）。

九龙——南越国早期的滨海区

香港九龙已发现两处南越国早期的史迹：1992 年发掘大屿山白芒遗址，出土有陶器和两件铁农工具；1997 年发掘元朗下白泥吴家园沙丘遗址，发现了一座夯筑泥沙土房基，有 51 个柱洞，年代属新石器晚期，这是南中国以至东南亚地区的史前考古的突破性发现，其上文化层出土有南越早期文化遗物。香港地区的历史考古，早在秦汉阶段就有南越国早期的遗迹遗物出土，同样具有突破性发现的意义，这是本文需讨论的重点。根据已发表的材料来看，两处南越早期史迹的文化层单纯，但遗物重要。报告的原文不长，转录如下。据邓聪等执笔的《香港大屿山白芒遗址发掘简报》（载《考古》1997 年 6 期）称：

白芒遗址地层堆积可分 7 层，最深处 1.7 米。分有 3 期文化遗存，其中："第三期文化遗存堆积较稀薄，遗物出土较集中于探方 G12 内，其中如戳印陶瓮与三足罐共存出土，两者关系相当密切。

1. 陶器有瓮、罐、盒等。

瓮　1件。口沿残破。器身拍印方格纹，由肩部至底部共有 6 行方戳纹。每个戳印单位由 4 个三角纹样对尖组合而成。器近肩内壁面有明显手指按压痕迹。残高 30.5、口径 15.5 厘米（图四，1）。

三足罐　1件。直口，口沿部残损。平底，器外表施红陶衣，上腹有众多弦纹盘绕器身，并有带状篦纹。高 10 厘米（图四，4）。

盒　1件。直口，折肩，器表红褐色，烧制精良。口径 9.6、高 5.3 厘米（图四，2）。

2. 铁器有锸、斧

锸　1件。锈蚀严重，保存颇完整。高 10.4、宽 11.4、厚 2.5 厘米（图四，2）。

斧　袋形中空。高 9.5、宽 6.2、厚 2.8 厘米。

《简报》的结语中指出："第三期文化遗存：从出土有方格纹与几何图形戳印的陶罐、弦纹三足罐、钵和圆弧刃的铁锸看，应是广东西汉早期之物。在广州西汉早期墓中可见一斑。"同时，还认为："西汉早期的文化遗存，是本港目前唯一代表西汉早期的历史文物，对于填补战国以后至东汉期间香港地区的历史缺环，有着相当重要的意义。"

其二，香港考古学会：《香港元朗下白泥吴家园沙丘遗址的发掘》（载《考古》1999 年第 6 期）称遗址中地层堆积情况大体相同，均是在耕土层之下见 3 个相互叠压的上、中、下文化层，在中、下文化层之间多有一个间歇层。

"第 L2 层：上文化层。灰赭色沙土，厚 28～32 厘米。此层包含物极少，发掘区中仅 TA、TA11 出有战国至西汉初期的弦纹硬陶盖盒和秦末汉初的方格纹带戳印硬陶瓮。"

"上文化层（L2 层）所出的硬陶盒盖，常见于战国时期'米字印纹硬陶类型'的文化遗存中。方格纹带戳印的硬陶瓮，则是广东秦末汉初断代的标准陶器。此文化层的时代无疑当属战国至秦末汉初。"

上述两遗址出土的陶器等遗物，其时代判定为西汉初年，这是对的，岭南地区自秦始皇三十三年（前 214 年）统一之后，过了仅 11 年，原秦将赵佗据有岭南三郡，建立南越国，传五世，共 93 年。原南下的秦军在统一岭南后留戍，与当地越人"杂处"，共同开发岭南，至汉武帝元鼎六年（前 111 年）灭南越。这期间长达一个世纪之久，在两汉考古编年上属于西汉早期至西汉中期的前段，这在岭南地区而言，则属于南越国时期。这时期的考古学文化面貌，其特点显明：早期的，南越文化与来自中原的汉文化并存；晚期的，汉越民族与文化经过一段时间的"杂处"，而相互融合。出土的陶器是最能说明这一特点的。上述两遗址出土的"西汉初年"陶器，正是南越国早期代表南越文化的遗存。下面从三个方面作简要的说明：第一，近50年以来，在岭南地区开展了大量的考古工作，广东、广西的两汉考古发现，其文化面貌基本相同。就以广州地区而言，这里是当日南越王国的政治、经济、文化中心区，已发现多处南越墓群，近年又发现了南越宫署遗址，因而得以建立起本地区相对准确的广州两汉考古编年。上述九龙两处遗址出土的陶器（还有与伴出的铁器），从胎质、制法、纹饰与器形等方面来看，与广州发现的南越早期同类的器物无异，尤其是白芒遗址出的三足罐（盒）和小盒最具典型。第二，南越早期的陶器是上承本地区先秦时期的印纹陶工艺传统而有所发展。如器类中的瓮、罐、瓿、盒等，纹饰中的米字纹、水波纹、篦纹、密排弦纹等都有所传承和变化，器物的类型多样了，纹饰趋于繁缛，制作精工；出现了一组以瓮、罐、瓿、小盒、三足罐、联罐（有双联、三联、四联、五联的，以五联罐为常见）等为组合的日常生活用器（在南越宫署遗址发掘所见的生活用陶与南越墓群所出随葬陶器，两者相同）。南越灭后，这类越式陶器已趋式微。第三，几何图形戳印纹饰，仅施于陶瓮、陶罐上，而且为先秦时期的印纹陶器所没有，这类南越文化的独特纹饰，始见于南越的早期，年代特征明显。还有，戳印的图形极富变化，成为纹饰的主体。我们从广州发掘的182座南越国时期墓出土的1415件陶瓮、陶罐的纹饰作过粗略的统计，其中施有几何图形戳印纹的瓮、罐有939件，占66%强。戳印的外轮廓有圆、方、菱形、四叶、组合型、复合型、异形等多种多样，可分有124个结构不同的图案纹样，从（图四，7）瓮形示意中可见其一斑。

至于白芒遗址中与南越陶器共出的两件铁工具，一是铁锸，为翻土开沟等用的农具，一为铁斧，是砍伐山林、木工制作的利器。这两件铁工具的发现十分重要。因为铁器不容易保存，而且其时汉越民族"杂处"共同开发岭南，在农、牧业生产中所需的铁工具与母畜，主要仰给于中原。据《汉书·两粤西南夷列传》载：汉高祖死后，"吕后自临用事……出令曰：'毋予蛮夷外粤金铁田器，马牛羊即予，予牡，毋予牝。'"吕后把输往岭南开发用的最急需的物资实施"禁运"，这无异于卡住了赵佗的脖子，逼得赵佗三次派人到汉廷上书请罪，要求解禁而不可得，因而出现赵佗称帝以抗衡的汉越交恶局面。虽然，"禁运"仅延续8年，但之后，南越的"缺铁"状况似无大改。比如，南越宫署遗址的发掘工作至今已延续12年，揭露的面积逾2万平方米，但铁工具极难得见，其中铁斧仅出土1件。又如，在已发掘的南越墓中，铁锸仅见2例，一为墓中出土，一在墓坑的回填土中发现。在九龙的南越早期遗址出土有当日开发岭南最急需的铁农工具，这表明，九龙是南越早期开发的重要滨海地区。由是，引起我们想到，第二代南越王墓出土有来自西亚等地原支的象牙、金饰、银制器具等一批舶来品，九龙面海，与这批舶来品的输入是否与"海上丝路"有因原，恐怕也不能完全地排除。

原载《广东文物》2007年第2期。

考古发现的"广州最早"例举（上）

内容提要：

　　本文主要利用新中国成立60多年来广州考古发现有纪年铭文、年代准确的的实物，结合大量文献材料，论述考古发现的"广州最早"例举出的文物所见证的广州历史。本文作为上编，选取重要考古遗迹和实物，重点论述广州最早的地名——番禺和广州最早的秦纪年兵器，并对相关历史进行深入解说。

　　新中国成立后，广州市从1953年2月开始配合城市各项基本建设工程的动土施工，进行抢救性考古发掘工作，至今已有50多年，发现了大量古遗迹、遗物，这是研究广州两千多年历史最难得的第一手材料，有的已出版专刊、研究论文，较多的还是简讯、简报、发掘报告等田野考古专题。在这里我们从已发表的材料中，选其中有纪年铭文的、年代准确的若干实例，以"考古发现的广州最早"为题，结合广州的历史做些解说。

例一：广州最早的地名——番禺

　　广州古称番禺。秦始皇三十三年（前214年）统一岭南置三郡，番禺既是南海郡治的所在，也是番禺县治的所在，赵佗建立南越国，以番禺为都城。因此，番禺从始皇三十三年起到汉武帝元鼎六年（前111年）灭南越国，有93年成为岭南地区三位一体的政治、经济、文化中心。番禺地名在古文献中的出现，以成书于汉武帝初年的《淮南子》"一军处番禺之都"为最早（或谓番禺即《山海经》中的"贲禺"，始于战国，此说有误，详下）。约晚30年，又见于《史记·南越列传》的"番禺负山险，阻南海，东西数千里"。至于"番禺城"这个广州最早城市名字，首见于《史记·西南夷传》的"牂柯江广数里，出番禺城下"。但考古发现的番禺地名比文献史籍的记载还早得多。就目前已发表的材料来看，不下于10批次之多，按其年代早晚记述如下：

　　（1）1953年2月在西村石头岗清理的1号秦墓（编号53西石M1）出土一个长圆形漆盒，

盖面当中有烙印"蕃禺"二字，这是秦南海郡工官制漆器工场的标记（图一：1）。在考古发现的番禺地名中以此的年代为最早。

（2）1995 年在老城区中心中山四路忠佑大街城隍庙的西侧，发现南越国宫苑的蕃池（石构的蓄水池，钻探得知面积约 4000 平方米），经试掘仅揭出西南面的一角。池呈仰斗状，池壁用砂岩白石板呈冰裂纹铺砌，石板上发现有多处刻凿文字，其中一块石板单刻一个"蕃"字，长 25、宽 19 厘米（图一：2），这是蕃禺的省称。

（3）2004 年底，在南越国宫苑曲流石渠遗址西端尽头处的北侧，清理一口渗井，在井底层发现一百多枚木简，有墨书简文，其中的 091 号简文为"□张成故公主诞舍人廿六年七月属将常使□□□蕃禺人"，还有编号 026 的简文为"□上莫蕃瞿篙蕃池口離吾都鄙"（图二：1）。在这批简中有"廿六年"的共 3 枚，应是南越王建立南越国的第二十六年（前 178 年），为南越的早期木简。"蕃禺人"标明这位常使（即常侍，为国王的近身侍卫官）□□□（字迹漶灭不清，应是常使的名字）的籍贯。番禺人即地道的南越人。"蕃池"的命名，表明当时的番禺地名已惯用省称。

（4）1976 年在广西贵县（今称贵港）罗泊湾一号墓（西瓯君大墓）出土一个铜鼎，盖上刻"析"字，另一侧刻"布"字，腹部处刻"蕃二斗二升"（图二：2）。"析"为春秋时许国的都城，《左传·僖公二十五年》"秦人过析隈"即此，西汉时置析县，即今河南西陕县。"布"即"布山"的省称，为秦桂林郡的治所布山县。《汉书·地理志》："郁林郡，故秦桂林郡，属尉佗。武帝元鼎六年开，更名。""蕃"为"蕃禺"的省称，与上述石刻同例。根据铜鼎上的铭文得知：这个铜鼎原在析地（今河南西陕县），秦平南越由南下秦军带到岭南的蕃禺，由南越王国的蕃禺工官刻上标记，并注明容量（二斗二升）。到吕后执掌朝政时，汉越交恶，赵佗称帝抗衡，并以"财物赂遗闽越、西瓯、骆"。这个刻有"蕃"字标记的铜鼎随同赂遗的财物送给西瓯君，西瓯国的工官又加刻上"布"字的标记，其后随同主人入葬了。"析""蕃""布"三字铭刻，清楚地显示出这段历程。

（5）1983 年在解放北路象岗发现第二代南越王赵眜的陵墓出土 400 余件青铜器，其中有 7 鼎、1 壶、1 匜在器身或身盖上分别刻有"蕃禺"或"蕃"的铭文（图二：3，4），计共 13 处。有的铜鼎在盖上刻有"蕃禺"，而腹部刻"蕃"，这是全称与省称同在一起的实例。

（6）1998 年 5 月在番禺区钟村镇屏山村发掘 15 座东汉砖墓，墓砖上有的刻写文字，如"永元十五年"（103 年）、"永初五年"（111 年）、"番禺男永初五年十月子"（图三：1），"番禺都亭长陈诵"等，属东汉中期。这是广州地区发现有纪年的东汉墓中番禺地名出现最早的实例。

（7）1960 年，在东部沙河顶广东省建筑工程专科学校工地，发现一座东汉单券顶砖室墓，墓砖朝里的一侧有模印"番禺丞"三字，阳文。

（8）1955 年 8 月，香港九龙李郑屋村发现一座穹隆顶加券顶的东汉砖室墓，少数墓砖的侧面有模印"番禺大治历""大吉番禺"的铭文（图三：2）。该墓发掘后原址原地保护，并建成汉墓博物馆。

（9）1955 年在仓边路与越华路交界的银山大厦工地发现宋代城墙遗址，有的城墙砖压印铭文"番禺修城大条砖"，呈长方条形戳印。

（10）民国初年广州拆城墙开马路，发现一些城砖中有志书所记两宋期间广州 9 次修城年款标记，由庆历四年（1044 年）到开庆元年（1259 年）的纪年铭文砖都有发现，还有嘉泰元年（1201 年）、端平三年（1230 年）、淳祐壬寅（1242 年）、宝祐甲寅（1254 年）、景定元年（1260 年）的纪年铭文是志书无载的。这些砖铭有部分常有番禺烧造的印记。广州博物馆藏有这批城砖铭文的拓本及部分实物。

上列在考古中发现的番禺地名达 10 批次之多，这在全国的历史文化名城中是罕见的。正好说明番禺（今广州）自秦汉以来一直是岭南的中心地，是人文兴旺的反映。

下面分从四个方面谈谈番禺地名的历史文化内涵。

首先从发现的地域范围说番禺。南越王国时期的发现，包括今日的两广地区。九龙李郑屋村汉墓的砖铭表明，今天香港的九龙在东汉时是番禺的辖境。

再从汉字书写的由繁到简说番禺。早期的即由秦、南越国期间的"蕃禺"，到东汉时期的"番禺"有明显区分，早期的番字都带草头，东汉的番字都去草头，无一例外。是否蕃的写法在南越灭后就简化为番呢？鉴于从南越灭后到东汉这二百年间至今仍未见有番禺地名新考古发现，所以这个问题要待今后新发现来说明了。但或可初步认为，由"蕃"到"番"的变化在汉字的书写上是由繁到简的所以然。比如，"典"字很早已有"与"的写法了，还有如號—号、電—电、誇—夸、築—筑、雲—云、硃—朱等字的简化早已见于魏晋、南北朝、隋唐期间的碑刻或文献史籍中。至于早期的"蕃禺"省称作"蕃"，在南越国之后的"番禺"则没有用省称了。

第三，从番的读音说番禺。在早期的文献中"蕃"的读音有二：一为（fán）烦，有茂盛兴旺之义。《左传·僖公二十三年》："男女同姓，其生不蕃。"古来已有五服内不婚的礼习；二读（fān）翻，是指外国、外族，为番邦、番薯等。《周礼·秋官·大行人》："九州之外，谓之蕃国。"今天的广州话读为（pān），即番禺（pānyú）。清人屈大均《广东新语》中说到"北人不识番禺，南人不识盩厔"，是指岭北的人不会读番禺的本地音，而岭南的人不认识盩厔二字（今已改为周至县）。汉初的南越国至今已逾两千年，越音早已失传，其时越人对"蕃禺"的读音已难确考了。或问，秦时为什么要取名"蕃禺"？若从蕃禺字义有指少数族之人来看（即岭南的越人），而禺是区域的意思，本此，蕃禺的本义是指岭南蛮夷的越人聚居地。我们认为这样的理解就是回到两千年前本地土著族人听了，也不会认为是对他们有侮辱、歧视的含义的，因为高贵至南越王赵佗上书给汉文帝，他开头第一句就自称"蛮夷大长老夫"。

第四，"贲禺"非"番禺"辨析。这是关乎番禺之名始于何时和广州历史文化名城始于何年的问题。屈大均《广东新语·山语》三山条："番禺者，贲隅也。……《山海经》云：'桂林八树，在番隅东。'隅，禺也。"在《广东新语·宫语》中：（周夷王八年）"南海臣服于楚，作楚庭"，因"地为楚有，故筑庭以朝楚"，因而得出"番禺之名最古"，意即战国或西周的结论，其实屈氏引用的上述两条文献都有问题，以致他得出的结论是错的。先说第一条文献。第一，屈翁山的根据是从北魏郦道元（466 或 472～527 年）《水经注·浪水》："浪水别经番禺，《山海经》谓之贲隅也。"这句话中得来的，而郦道元的话又是从晋人郭璞（273～324 年）给《山海经》作的注中引来的。查考《山海经·海内南经》："桂林八树在贲隅东"原文只有 8 字，郭璞注曰："八树成林，言其大也。贲隅音番禺，今番禺县。"郭璞对桂林八树的桂林到底是地名或植物名，未有考释注明，因不是关键，可不管它。关键是"在贲禺东"，贲禺到底位在何方，仅凭"贲隅音番禺"就得出"今番禺县"的结论未免显得粗疏了。因为先从读音来看，查《汉语大词典》（1986 年版）"贲"字列出 8 个音，其中 1～7 个的读音和字义与番字互不相干，第 8 个读音（pān）和释文只是依照郭璞的注文照录（按，《汉语大词典》【1944 年版】"贲"字下的注音与释文亦同），表明两大词典到编纂时对"贲禺"一词尚未有新解。我们认为同音或近似音的通假不可一刀切。比如同音词中的反攻与返工（fǎngōng）、树木与数目（shùmù）、惊奇与旌旗（jīngqí）、功课与攻克（gōngkè）、食油与石油（shíyóu）等，音同而词义迥异。第二，从屈翁山引述的第二条文献来看，这是不符合岭南地区社会历史发展的真实。楚子熊渠代扬越，自是"南海臣服于楚"的南海，实为今天的东海，所指地望是当时吴越之地，与岭南无关，"楚庭"说更远离史实。先秦时今岭南地区统称"百越之地"，秦始皇三十三年（前 214 年）统一岭南，由此本地区才进入有文字记载的历史发展阶段。证之在今两广境内到目前为止还未发现过一座楚墓，连最常见的楚国货币——金郢爰、铜蚁鼻钱或这两种的冥币（殉葬用的泥质楚币），在两广都无发现，这不是偶然的现象。它表明先秦时与岭南毗邻的湘楚，其政治势力还未达到岭南，怎可能有筑"楚庭"之事，显然是后人的杜撰。第三，蕃的地方称谓，早在商代已见。《世本》"契居蕃"，即今山东滕州市，西汉置蕃县。但秦统一岭南后的"蕃禺"与"蕃县"毫不相干。上述"蕃禺"与"番禺"的文献记载与考古发现更是有力的说明。或曰，早的不合，晚的又如何？据近代学者的研究，《山海经》十八篇中的《海内经》四篇，因文内有余暨、彭泽、朝阳、淮浦等汉高祖时置的县名，显然不是先秦文献，实为两汉初年的作品。因此，郦道元的《水经注·浪水》与《山海经·海内南经》同属西汉初年，正是赵佗的南越王国时期。"秦已破灭，佗击并桂林，象郡，自立为南越武王"（《史记·南越列传》），由此联系到"桂林八树"的桂林属于地区名称似更合理，若把"在贲禺东"认作"番禺"就不合理了，因为两者的地理位置相反了，番禺在今广东，而桂林则在今广西境。或曰有可能是《海内经》的作者因音近似而误写为"贲禺"的。这个假设也不成立。因为这从《淮南子》《史记》《汉书》中的"番禺"地名已多次出现了，东汉以后的文献及考古出土实物都只有"番禺"而无"贲禺"，这是对假设最有力的否定。再回到"贲"的读音问题。上述贲字有 8 个读音，其中读（pān）攀音的在文献中始见于晋，是由郭璞给《山海经》作注之后传下来。今日普通话的（pānyú）攀禺读音，可以上溯到一千八百年前的晋代初年，或可说这是郭璞未曾意识到他的一大发明。

例二：广州最早的秦记年兵器

在解说岭南发现的这些秦记年兵器之前，可先回顾一段先秦的历史，以及秦平岭南这个大环境中的几个相关问题。

春秋时的秦虽已称霸西戎，但还不是一个强国。秦孝公于公元前 361 年即位，下令国中曰："宾客群臣有能出奇计强秦者，吾且尊官，与之分土。"（《史记·秦本纪》，下同）卫国人商鞅入秦，为孝公所用，"变法修刑，内务耕稼，外勤战死之赏罚"。初时，"百姓苦之，居三年百姓便之"。商鞅打破旧规，实行变法，相秦十年，为秦奠下富强基础。计由秦孝公到秦王嬴政登王位之前，经过了六代王共 115 年实行远交近攻的战略，为其后的秦始皇确立了政治上、军事上的坚强实力。当嬴政十三岁接位为秦王时，"王年少，初即位，委国事大臣。"亲政后，十七年灭韩，十九年灭赵，二十二年魏王降，二十三年虏荆王负当，二十五年得燕王喜，二十六年得齐王建。前后只用 10 年灭了东方六国，成为中国历史上第一位封建大一统的始皇帝。当然，按照秦始皇本人的打算："朕为秦始皇，后世以计数，二世、三世到万世，传之无穷。"但秦以残暴治天下，却因残暴而失天下。始皇帝死后仅 3 年，秦亡。然而秦对岭南的统一，或当别论。

据《淮南子·人间训》载，秦始皇在统一六国后，又"利越之犀角、象齿、翡翠、珠玑，乃使尉屠睢发卒五十万为五军"攻越。秦发兵攻越在《史记·主父偃传》和《汉书》的严安、严助两传中都有相关的记述。但与《淮南子》所载的内容有异、有同，可为互补。秦始皇发兵统一岭南，这是岭南古代史上的一件头等大事。对此，学术界较为关注的一是秦发兵攻越的真正目的；二是何年发兵；三是发兵的真实人数。岭南位处中国的最南端，面临南海，是犀角、象齿等海外奇珍的聚散地。当今的史学家都认同秦始皇命屠睢发兵攻越的目的，不仅是利越之犀角、象齿等奇珍，其主要目的是统一岭南。因为秦二十六年灭六国，当其时只是统一了中原地区古称九州之地，接下来还要派遣蒙恬将兵三十万筑长城于塞北以却匈奴，还要出兵南平百越，直到三十三年（前 214 年）才在岭南置三郡，把五岭以南的大地纳入秦帝国的版图。至于何年发兵攻越，因史籍未有明确的记载，以致众说纷纭。

总的来说，多数学者主张发兵之年是在统一六国之后，但也有认为是在先秦时期即平灭六国之前的。其实，正确的答案是秦始皇二十八年，这个答案是综合三个年数中得来的。即"三年不解甲弛弩"（《淮南子》）的三年，"与越杂处十三岁"（《史记·南越列传》）的十三年，还有赵佗在汉文帝元年（前179年）上书中说"老夫处粤三十九年（原文四十九年的四字误）"（《汉书·南粤传》）的三十九年，这三个年数才是得出正确答案的关键。因为赵佗是秦平南越的将领，从"将卒以戍越"之年起到汉文帝元年（前179年），入越已有39年了。由此可以推出赵佗将卒以戍越之年是在始皇三十年（前217年），再加上此前的屠睢与越人苦战前后有3年，正好是始皇二十八年。由是年往后推13年，为秦二世三年，即秦亡之年，恰好与《史记·南越列传》说的"与越杂处十三岁"的年数吻合。第三，发兵攻越的人数问题。《淮南子》只是说秦发兵五十万，为五军，分五路攻越，并未有说明这五十万是何兵种。《史记》和《汉书》所记述的都说屠睢将楼船之士（水军）攻越，但对发兵的人数和分五路入越又未有提及。对攻越的人数问题我们认同有的学者指出五十万这个数字有夸张的成分。因为其时秦军面对的只是仍处于"刀耕火种"阶段的岭南人，发五十万兵攻打这样的对手，无异于杀鸡用牛刀。证之秦王政二十五年（前222年）命王翦将兵六十万人击荆楚，王翦对人说："空秦国甲士而委于我。"这时的强秦发兵六十万人就要集中全国的甲士，可以说明攻越发兵五十万只是个虚数；还有，在攻越的兵力上《史记》《汉书》都略而不提，显然是有所保留的。但为什么秦始皇南平百越的初战失利？主因是屠睢的盲目冒进导致秦军大败。后来命赵佗"将卒以戍越"，经过四年时间平定了岭南。南下的秦军就地留戍，守卫南疆，与当地越人共同开发岭南。

自新中国成立以来，在今两广地区发现的秦统一岭南和汉初南越国的遗址与遗物，其中重要的遗址有1975年在广州老城区中山四路首次试掘的秦造船工场遗址，到2004年经过先后四次局部发掘，得知这是一处规模宏大、保护较好的秦军造船基地，可与《淮南子》秦五军分五路入越中的"一军处番禺之都"，和《史记》《汉书》秦以"楼船之士攻越"的记载相印证。南越国早期（包括秦统一岭南以后的12年）的墓葬，在广州市郊、广西平乐银山岭、贺县、贵县（今称贵港）和广东粤北的乐昌等地都有发现，经过科学的考古发掘已逾千座，其中以广州市郊的南越国墓群和广西平乐银山岭的戍卒墓群为重点。在这些秦、南越墓中出土有戈、矛、剑等铜铁兵器，无疑都是当日南下秦军的遗物。但这些兵器中极少见有铸刻文字，直到今天，我们仅见到两件刻有秦纪年的青铜戈，分出在广州的两座南越墓中。其一是1962年在今越秀区区庄的罗岗4号木椁墓中出土，铜戈的内部刻凿铭文："十四年属邦工□戴丞□□□"二行共12字（图四）。字画的纹道很浅，细如发丝，其中有4个字因磨蚀模糊不清。根据什么判定它是秦的兵器？一是器形。戈盛行于商、周，到汉代已是尾声了。春秋时的铜戈是平援（较短）、短胡、三穿的为多。到战国中后期发展为长援上扬、长胡、四穿的造型了。二是年款。中国古代的纪年到西汉武帝即位时开始在纪年数字之前冠以年号，如建元元年（前190年），在这之前是没有年号的，同时，铭刻中的"属邦"是属邦工官的省称。汉高祖刘邦立国后，因避讳，"属邦"改称"属国"。据此可以判定戈的铸造年代必在西汉之前。第三，监制工官的名号。秦自商鞅变法后，规定在手工业部门的产品中选取若干件，依次刻凿（或铸出）有主持监制的最高职能部门及其下属各职守官员及制作工匠的名字，所谓"物勒工名，以考其诚"（用今天的话来说，就是生产岗位责任制）。秦国主造兵器分有中央和地方两大系统，属中央的为少府工室、属邦工室、诏事等；属地方的仅限于上郡、蜀、陇西等几处地方。这把铜戈铭刻中的"十四年属邦工"无疑是秦王政十四年属邦工官监造的。还有，1957年长沙左家塘清理一座秦代木椁墓，出土一把铜戈，内部刻有"四年，相邦吕不韦，寺工龙，丞□"的铭文。广州出土的这把"十四年属邦"戈与长沙出土的"四年吕不韦戈"的造型相同，可为佐证。

其二是1983年发掘象岗南越王墓东耳室所出铜戈。这把戈是长援、短胡、三穿，内后部较长。内上刻凿有"王四年相邦［张］义……"共20字（图五），因字画浅细草率，有的不易释读。铭刻中的张义，即张仪（仪字在金文中刻凿为"义"）。传世的铜戈有"三年相邦义造"可证。张仪和苏秦是战国时的名相。张仪为惠文王相，铭文的"王四年"，与《岩窟吉金图录》中的惠文王六年"上郡守疾戈"同例。此戈铸制于惠文王后元四年（前231年），是年下距秦统一岭南之年已有108年，距南越王赵眜的死年（前122年）足有200年了。古人看重前朝的古物，公元前117年夏月，有山西临汾的农民挖地发现一个大铜鼎，把它献给汉武帝，武帝刘彻认为是吉祥之兆，把铜鼎迎奉在他避暑的甘泉宫中，还下令把下一年改称"元鼎元年"（元是为首的，第一的意思）。从今天我们对保护古文物的理解来看，刘彻与赵眜都可称为"文物爱好者"。

还有一件秦纪年铜戈，与秦军入越有关，但出土于岭南境外。这把"廿二年临汾守"戈于1974年出土于江西遂川，形制与上述的"十四年属邦戈"同。该戈的内部刻"廿二年临汾守□库傛工歇造"十二字（图六）。铭文中临汾守即秦的河东郡守，廿二年为秦王嬴政的纪年。这把铜戈无疑是当年秦五军攻越中的"一军守南野之界"（南野即今大庾、南康等县域）的遗留，出土地遂川往南过南野境，越过大庾岭梅关，就进入岭南的粤境了。

下面，附带议论一下广西银山岭发掘的一批南越早期戍卒墓的问题。平乐银山岭位于五岭之一的都庞岭之南，湘桂走廊的东侧，是秦攻南越时"一军塞镡城之岭，一军守九嶷之塞"的入越通道。1974年在银山岭共发掘165座墓，其中有123座为南越国早期的墓，出土遗物中有各种青铜器394件（内有剑7、矛41、钺8、戈1件）、铁器202件、玉玦40件、陶器386件。这批墓的出土遗物有其特别之处：一是铜铁器比陶器还要多；二是铜铁器中的兵器及生产工具占主要；三是出铜兵器的墓不见有陶纺轮，而出纺轮的墓不出铜兵器（仅一墓例外）。前者墓主应为男性，后者为女性（占三分之一墓）。是秦统一岭南之后留戍的将士，死后分室合葬，这或与史载赵佗上书秦皇帝求女无夫家者为士卒衣补有关。但这批早期墓的出土遗物，不见有纪年铭文，只有1把铜戈的内部刻"江鱼"二字。又墓地发掘前已受破坏，在工地采集的一件铜矛有刻铭"屖陵"二字。屖陵是楚地，汉初置屖陵县属武陵郡。这把戈应为该墓群的遗物。已发掘的123座南越早期墓是岭南大地迄今仅见的戍卒墓地，可与岭南早期史事相印证。发掘报告分刊于《考古学报》1978年2期和4期。在这里我们要指出的是，第一篇发掘报告是在123座南越早期墓中，抽出其中110座误判为战国墓（认为属战国中、晚期）而先行发表。其断代的主要偏差在于判定这墓群的相对年代没有把握住最能反映年代特征和文化面貌的陶器，而且忽视了这墓群中出土的陶器，与两广境内已发现的大量南越早期墓的陶器完全相同这个最重要的关键。相反，却把个别墓中出土的铜剑、短剑、戈及若干铁斧、锄与湖南的楚墓、河南郑韩故城、汲县山彪镇战国墓出土的类似器形相互比较作为判断年代的依据，完全忽略了晚期墓中保存有较早的器物（尤其是铜器）是常有的事，把主次颠倒了，以致造成一失误，实为可惜。

（下期再续）

原载《广州文博（肆）》，文物出版社，2011年，署名广州市文物博物馆学会"南越史研究小组"[①]。

---

① "南越史研究小组"成员：冯永驱、朱海仁、张强禄、易西兵（广州市文物考古研究所）；全洪、王文健（西汉南越王博物馆）；吴凌云、陈伟汉、李灶新（南越王宫博物馆）；麦英豪、程存洁、曾玲玲、王成兰（广州博物馆）。

考古发现的"广州最早"例举（下）

内容提要：

本文描述广州市考古发现的最早的官营手工业——甘溪灶（砖瓦窑场）、最早的民营手工业——陈次华灶（砖瓦窑场）、最早的东汉纪年砖室墓和最早的象生瓜果，考证其由来，论证其历史研究价值。

例三：广州最早的官营手工业——甘溪灶（砖瓦窑场）

"永元九年甘溪造万岁富昌""甘溪灶九年造"（图一）（按：原文为篆文，其中的岁、灶改为简体字，下同）这两条压印在墓砖上的戳印砖文，同出于1953年本市东郊孖鱼岗（今淘金坑与建设新村之间）一座砖室墓，该墓的前室为下方上圆的圆锥形穹顶，与两个券形顶的主棺室、左棺室相组合的大型砖墓，惜早年被盗并遭严重破坏，仅留下若干陶器。这两条砖文对于广州的地方史研究来说，很有价值。首先，它标明了绝对年代，永元九年即公元97年。这是在广州发现有纪年的属于东汉中期的第二墓例（首例是动物园发现的建初元年墓），为广州汉代考古对墓型和器物的断代分期上提供了重要依据。第二是"甘溪灶"。"甘溪"这个水名在流往广州的水系中，比"珠江"的名字要早出千年。甘溪发源于白云山东麓，又名藓藓水。其上游菖蒲涧向西流往淘金坑、建设新村到越秀山脚，分两支注入珠江。其中一支经小北、仓边路南流，宋时称文溪；另一支经中山纪念堂东侧到吉祥路南端即唐宋时的西湖。史载，三国时交州刺史陆胤主持疏浚甘溪，建塘蓄水，供城中居民饮用（古时，入秋后珠江水苦咸）。甘溪灶砖文的发现说明早在汉代这支溪流就是著名的甘泉了。

第二，这两条砖文，互有省略字。第一条"永元九年甘溪造万岁富昌"略去"灶"字。第二条"甘溪灶九年造"略去"永元"年号，因两者共存于一墓中，可以互补。这座砖窑用"甘溪"冠名，应是一处官营的手工业窑场，而且省去"灶"字，仅标明是"甘溪造"，时人就认可是甘溪灶的产品。按今人的理解，也许这在当时是一种信得过的品牌。

第三，再议一下"竈"与"窯"两字。竈是个古字，由穴、土、黽组合而成，在古代青铜器的金文中如春秋时的秦公簋就有此字（唐宋时简写为灶，是俗字。今天成了简体字）。东汉许慎《说文解字》释灶为"炊灶也"。即生火煮食的设备。《史记·孙子吴起列传》："使齐军入魏地为十万灶，明日五万灶，又明日为三万灶。"（按部队在行军途中就地挖坑筑灶做饭）这是春秋时齐国军师孙膑用"减灶法"迷惑魏军的主将庞涓，让他误以为齐军胆怯，每天逃亡过半，于是"乃弃其步军，与其轻锐倍日并行逐之"，到了入黑时分赶到地形险要的马陵道。正当庞涓借着士兵举起的火把察看剥了皮的树干上写有"庞涓死此树下"六个大字之时，设伏的齐军万弩齐发，魏军大败，庞涓自杀。"马陵之战"是我国古代军事史上的著名战例，"减灶法"中的灶是烧火煮食用的。

窯（窑）字见于战国的印文，后作窑，是俗字。《说文解字》释窑为"烧瓦灶也"。今天，凡烧制砖瓦、陶瓷或锻烧石灰的建筑物均称为窑，或笼统称为窑灶。"甘溪灶"砖文的发现表明，岭南的广州人自汉代以来把烧制砖瓦、陶瓷的窑均称为灶，这个词义直到今天还保留下来未改，如广东陶都的石湾镇，就有一条由明代至今一直用来烧制陶瓷器的窑，名为"南风灶"。南风灶还是一处全国重点文物保护单位。

例四：广州最早的民营手工业——陈次华灶（砖瓦窑场）

1972 年，广州考古人员在市区西部的克山清理一座大型的东汉砖墓，该墓被盗，破坏严重，遗物不多。在墓室结券的斧形砖上打印有"永元十六年三月作东冶桥北陈次华灶"共 16 个字的长条形戳印砖文（图二）。这条戳印砖文与上述例三的两条砖文一样，对研究广州地方史有重要意义。"永元十六年三月作"标示了这座砖墓的绝对年份，即公元 104 年；"陈次华灶"以窑主的名字给砖窑冠名，这是广州发现最早的一处有绝对纪年的民营手工业窑场；"东冶桥北"，指明了陈次华灶这处窑场的所在地点，把年份、地点、窑灶的字号都记述得一清二楚，十分难得。

其中的"东冶桥"是以"东冶"命名的桥，该桥位于今广州市哪个方位，已无从考查了，但桥名东冶，是否有出处？查考秦汉期间的岭南大地，未见有东冶的地名，但闽越地区秦时有东冶县（简称冶县），即今福建省的福州市。及汉，汉高祖五年（前 202 年）汉王朝建立，闽越的无诸以助刘邦灭项羽有功，复立为闽越王（按，秦始皇进军闽越地区，闽越王无诸和东海王摇被废黜为"君长"，以其地置闽中郡）。无诸以东冶（冶县）为都城。凑巧，1995 年，广州老城区中山四路发现南越国宫苑的石构"蕃池"，在石池西南角石砌的池壁上，有若干块石板刻有"蕃""冶""朐"等隶字，为岭南发现年代最早的石刻文字。古蕃禺（即今广州）简称"蕃"，闽越的东冶县简称"冶"，联系到"东冶桥"的命名，是否与此有关联？如是，或可推想，秦平岭南后，随其主帅赵佗就地留成的秦军与当地越人共同开发岭南。这些来自中原各地的秦军，其中会有不少名工巧匠，这从广州近年来在南越国宫署遗址发现的各种石构遗存，以及第二代南越王赵眜的石构墓室来看，其时的南越国都城中必定有一批来自东冶的制石能手（今天，福建的石工名闻海内外）。其后过了三百年到东汉中期，他们的后裔以"东冶"命桥，实有怀念其祖籍的含义。始建于1933年的广州市第一座跨江桥梁——海珠桥，这个名字比东冶桥要晚1829年，所以东冶桥是广州历史上最早有名字的桥。

说到桥，话题就多了。远古时候，人们只能用木、石造桥梁，但得以保存到今天最古老的桥，只能是石桥了。其中法国的加尔德水道桥，建于罗马时代。据蓬内希的《加尔德桥和水道》记为公元前19年，约为中国西汉成帝鸿嘉二年。石桥分三层，保存完整。初只为引水之用，后来把中层作为人行道和马车道（图三）。广州的南越宫苑曲流石渠西端，有一座石板平桥，桥头有步石连接（图四）。当然，这是距今两千年前南越王宫御苑中的小桥流水的园景，与横跨在河涌上作为交通往来的桥梁有别。

淡到桥梁史。总要提到我国著名的四大古桥。赵州桥、卢沟桥、洛阳桥、广济桥同为石桥，并称中国四大名桥，同是全国重点文物保护单位。其中的赵州桥，坐落在河北的赵县城南，又叫安济桥，是隋代石匠李萍一设计建造的。桥身为单拱，弧形，跨径37.37米。桥拱为开敞式，即拱肩的两端各建一个小拱，以减轻大拱券和地脚的载重，减少桥身的水流阻力，造型优美，为世界桥梁史首创。这种拱桥在欧洲到19世纪才出现，比我国晚了七百多年。

卢沟桥位于北京市西南的永定河上，是一座连拱石桥，始建于金大定二十九年（1189年）。全长266.5米，下分孔涵洞，桥墩呈船形。桥身两侧有望柱140根，柱头雕石狮，俗谚有"卢沟桥的石狮子，数来数去数不清"。经核实共495个。1937年7月7日，侵华日军在此制造了卢沟桥事变（七七事变），发动对中国的侵略战争，中国人民伟大的抗日民族自卫战争从此开始。1987年7月7日，纪念卢沟桥事变五十周年之时，坐落在宛平城中心的中国抗日战争纪念馆落成并开放。

洛阳桥在福建的泉州东部洛阳江上，又名万安桥。全用花岗岩石砌筑，是我国现存最早的跨海梁式大桥。北宋泉州太守蔡襄主持建桥工程，从皇祐四年（1053年）动工，工程艰巨。首先沿着桥梁中线抛置大量石块于江底，形成一道矮石堤，种植大量牡蛎使石块胶结牢固，称"牡蛎固基法"，在石堤上造46座桥墩，上架石梁，至嘉祐四年（1060年）落成，历7年之久。初建时长360丈，现桥长371.29米，经历九百余年，先后修复十七次。桥头的蔡襄祠内立有蔡襄撰文、手书的《万安桥记》，文字精练，书法遒劲，刻工精致，世称"三绝"。

广济桥，又称湘子桥，位于广东潮州市之东，横跨韩江。始建于南宋乾道六年（1170年），历时五十七年建成，全长517.95米。建成初期东西两段共十八墩，中间一段约百米，水流湍急，以小舟摆渡，明宣德十年（1435年）重修，增建为二十四墩，其上建起二十四座"望楼"，后毁于火。二十四座桥墩以花岗石块卯榫砌结，大小不一。中段缩短，改用十八艘梭船联成浮桥，可开可合，是我国最早一座活动式石桥。近年因韩江设闸，重修，桥面随水位升高，并复建望楼，成为当地一处重要旅游景点。

还有霸桥和二十四桥，那是汉唐以来最为人文雅士所称道的名桥。霸桥在西安市霸水上，汉时为木桥，到隋改用石建。汉唐时，长安人送客东行，到此折柳赠别，黯然伤怀，故又有销魂桥之称。唐李白《忆秦娥》有"年年柳色，霸陵伤别"的名句。二十四桥在扬州，唐杜牧《寄扬州韩绰判官》有"二十四桥明月夜，玉人何处教吹箫"之句。对这座桥名有两解：一是指旧时扬州府城诸街市的桥。唐时，扬州是最富庶之区，到明代还有"腰缠十万贯，骑鹤上扬州"（明陶宗仪《说郛·商芸小说》）的说法。二是据清人李斗《扬州画舫录》载："二十四桥是名桥，一名红药桥，即吴家砖桥，古有二十四美人吹箫于此，故名。"

以上只是谈古，下面还要论今。据报载，近年多处地方发生塌桥事件，如2007年广东九江大桥，有桥墩被一艘运沙船撞塌，造成严重的伤亡事件，官司一直到2011年底才判结。还有杭州钱塘江三桥、湖南凤凰桥、武夷公馆大桥也发生塌桥事故。这些桥均由某路桥集团承建，人们给它冠上"塌桥公司"的恶名。相比之下，我国最早自建的钱塘江大桥，是联系沪杭与浙赣两铁路的一座铁路、公路两用双层桥，由茅以升主持修建，1937年9月建成，全长1332米。除了抗日战争期间主动断桥11年之外，至今仍安全如初。该桥原设计时速20公里，载荷铁路面轴重50吨，公路面15吨。到目前动车组可以时速120公里，载重40～60吨的汽车穿梭往来。大桥纪念馆的工作人员说，工程班子每次对它做检查评估后都肃然起敬，深感"当年真是把修桥当成百年基业来做"。因而这座桥获得了"坚强桥"的美誉。

还有解放后修建的武汉长江大桥，于2011年6月被一艘万吨油轮撞上大桥的7号桥墩，桥身安然无恙。这座桥建成通车至今50多年，经历了80多次撞击和至少4次的大洪水，而墩无下沉，钢梁无弯曲，被称为"靠得住"大桥。当时设计主工程师唐寰澄说："只要维护得当，大桥至少可用100年，甚至更长。"

例五：广州最早的东汉纪年砖室墓

在广州地区自1953年1月开始田野考古发掘以来，经科学发掘的古墓葬，以两汉时期的墓最多，墓型与随葬器物亦多姿多彩。两汉墓型分有土坑墓、木椁墓、砖室墓和砖木合构墓等，土坑墓的年代从先秦到清代都有，木椁墓发现较多，由秦、南越国延续到东汉末年，砖室墓在广州的出现较晚，到东汉初年始见，砖木合构墓与之同时。1983年在象岗发现的南越国第二代王赵眜的陵墓，竖穴土坑从岗顶下挖深逾20米，墓室用石块构筑，底铺木板，这是岭南地区仅见的特例。

1956年下半年，广州市文物管理委员会的考古人员在东郊沙河镇的麻鹰岗、玉子岗配合广州动物园兴建动土施工开展考古调查发掘，其中的第2号墓是砖室墓，双隅结砌，全长9米，内分甬道、前室和棺室三个部分，封门前连接斜坡墓道。棺室与甬道结砌券顶，前室下方（2.8米×2.8米）上圆，为圆锥形穹顶（图五），高3.26米（内计）。此外，在前室的左侧和棺室的后壁各附一个券形小龛，与墓底齐平。这座砖室墓早期被盗，在圆锥顶稍下有一个盗洞，盗后加石板覆盖。墓内劫余的随葬物不少，陶器中有城堡（坞）、屋、仓、井、灶及壶、瓶、罐和女侍俑等37件，还有铜带钩、金耳珰、玉眼盖、玉鼻塞、珠饰、石黛砚和铁削刀、铁刀以及40枚铜五铢钱。其中最重要的发现是，在棺室后端券顶正中，有一块砖朝下的侧面刻写"建初元年七月十四日甲寅治塼"13个字，隶体（图六）。砖文中的塼字从土，在长沙马王堆汉墓出土的帛书《相马经》有"细者为塼，大者为甄"，表明这是个古字，其后衍变为石旁或瓦旁。

这座砖室墓对广州地方史研究的重要意义在于：第一，它有绝对纪年。建初是东汉年号，建初元年即公元76年[按：建初元年七月十四日甲寅，则七月朔应是辛丑，用方诗铭等编《中国史历日和中西历日对照表》（上海辞书出版社，1987年）核对，完全相符]。东汉从公元25年光武帝刘秀即位起，到公元220年亡，共195年，建初元年属东汉中期的前段。广州的两汉墓中除了象岗南越王赵眜墓之外，麻鹰岗2号墓是第二例。

第二是这墓的前室作下方上圆呈圆锥形穹顶结砌，结构独特（本书图版五五、五六）。在广州发掘的东汉砖室墓属于这种独特结砌的约占四分之三，其中还发现有建初五年（80年）、永元九年（97年）和建宁三年（170年）的三座墓，在墓砖上刻写或模印纪年文字。这种下方上圆呈圆锥形穹顶的砖室墓，目前所见，广州发现最多，广西合浦也多，梧州和贵港（前称贵县）也有发现。这些地点同属汉代岭南与海外通商贸易往还的重要港市，这种独特的结砌手法应与海外文化影响有关。今天，在西欧地区如罗马的"万神殿"（其建造年代相当于我国的东汉）等，其特点也是下方上圆的穹顶。反之，在五岭以北的中原大地，汉代砖室墓前室（或称中室）的结顶，都采用四面合券的手法，四条脊线凸显，如方锥形，与岭南所见截然有别。

第三是墓中出土的陶城堡（图七）。这是一座小城的模型，四周筑高墙围合，前后辟大门，大门上伸出挑梁，承托平座，上建四阿顶门楼，门楼的前后都有瞭望窗，楼内有俑作瞭望姿态。四周高墙的四隅上有方形角楼，四阿顶朝外的两侧面都设有瞭望窗。高墙根开窦洞，以备守门猛犬进出。高墙的壁间刻划横直线纹，显示梁柱和门框。城堡内有两幢房子，一为曲尺形，一为长方形。房内列俑13，有3俑凭几而坐，当是城堡中的尊贵者，其余的有作侍候于门外的，有持械在拱卫的，有击鼓的。房子一侧系一马，昂首作长嘶之状（图八）。在广州的东汉砖室墓中，与此相当的陶城堡已发现多件，这些随葬的模型明器形象地描绘出当时岭南地区豪强地主拥有强大部曲家兵的真实情景。

在两汉后期，特别到黄巾军起义后，起义群众"燔烧官府，劫略聚邑"，而豪强地主组织其宗族、宾客，徒附，成为部曲家兵，修坞筑堡，跨州连郡，以对抗和镇压农民起义军。其中尤以汉灵帝的太师董卓于初平三年（192年）在长安城外构筑的"郿坞"最具代表性。据《后汉书·董卓传》载："乃结垒于长安城东以自居，又筑坞于郿，高厚七丈，号曰'万岁坞'。积谷为三十年储。自云：'事成，雄据天下，不成，守此足以毕老'。"卓败，坞毁，发现"坞中珍藏有金二三万斤，银八九万斤，锦绮缯縠，纵素奇玩，积如丘山"。由是观之，这类陶城堡明器在岭南的东汉墓有较多的发现，正好说明当时僻处岭南的地主豪强，同样拥有其众多的部曲家兵。

例六：广州最早的象生瓜果

2003～2004年，在番禺小谷围岛发掘南汉的康陵。该陵虽然从宋代以后被盗掘和破坏已有多次，但在清理出的遗物中，有许多玻璃器皿的残片。有一件可复原为玻璃瓶，呈湖水绿色，高12.2厘米，经中国社会科学院考古研究所古玻璃研究专家安家瑶研究员的鉴定，认为这种玻璃瓶的造型在国内已发现的伊斯兰玻璃器皿中属于首见（彩版一：图一，本书图版七四）。此外，康陵的发现还有三个首见：一是，康陵的地表保留有比较完整的陵园遗迹，在五代十国的陵墓中是唯一的；二是出土一方史上最早的哀册文碑石，完整，碑文1062字，无损；三是，在劫余的陶瓷残片中发现27件象生瓜果，分别有慈姑、马蹄（荸荠）、香牙蕉、桃、木瓜、菠萝共七种（彩版一：图二，本书图版七五）。众所周知，中国陶瓷史上到了晚清时期才有象生瓜果的产品出现（广东的石湾名窑亦同），康陵发现的七种象生瓜果，无疑是已知中国陶瓷史上同类产品中最早的实例。

据1956年北京科学出版社出版的《广州植物志》（以下简称《志》）介绍：

木瓜，本名番木瓜，木瓜是别名，见于清人吴震方《岭南杂记》。原产热带美洲……不耐寒，遇霜即凋，仅限于热带和亚热带地区栽培，广州近郊极常见。

香牙蕉，即甘蕉，别名香牙蕉。原产印度，在广州近郊极常栽培，品种至多，最普通的为香蕉、大蕉、龙牙蕉、过山香、逻罗蕉等。据清人李调元《南越笔记》称："粤故芭蕉之国，土人多种以为业，其根以蔬，实以饌粮饼饵，丝以布……名布蕉。布蕉多种山间，其土脊多石，则丝坚韧，土肥则多实，而丝脆不堪为布。"谚曰："衣蕉宜瘠，食蕉宜肥。"表明粤人对蕉麻的利用早有相当认识。

菠萝，《志》称是别名，本名凤梨（见清康熙年间修《台湾府志》）。原产热带美洲，现广植于热带地区，我国南部地区极常栽培。

桃，《志》称，原产我国，现广植于全球。我国栽桃区域虽广，但以华北为最多，且品种较他处为佳，华南也栽培，但品质劣。

柿，《志》称，原产我国和日本，现各地广为栽植。其栽培历史悠久，品种至多，各地均有名产。据我国古籍载，有红柿、黄柿、朱柿、埤柿、朱心柿、塔柿、香蕉柿、蒸饼柿等。广州邻近的各县亦盛产柿，品种也多，其中最著名的有鸡心柿、牛心柿、水柿、大红柿、斯文博柿、大八仙柿、八细仙柿、四方柿、晒柿等名称。柿，非人工处理其涩质不堪生食。其法一为石灰水浸法，叫"水柿"或"硬柿"；一为烟熏法，叫"软柿"或"稔柿"。

还有慈姑和马蹄。慈姑原产我国，现已广布于欧洲、北美洲和亚洲地区。我国的中部和南部栽培较多。马蹄是别名，正名荸荠，原产印度，在我国分布于江苏、安徽、浙江、广东等地的低洼地区。《志》称，今广州市区西的坪塘、荔枝湾一带的水生菜田，有藕塘和菜塘之分，菜塘旱季种蕹（通）菜，晚季种西洋菜。藕塘主要栽种慈姑、荸荠（马蹄）、藕、菱角、铰笋，广州人称为"坪塘五秀"。

上述的木瓜、香牙蕉、菠萝、马蹄，其原产地都不是中国。这四种瓜果何时始传入中国，留以待考。但可以肯定的一点是，因其象生品均出土于康陵，得以断言，早在千年前，这些瓜果已盛产于广州了，而"坪塘五秀"亦有逾千年的历史。

原载《广州文博（伍）》，文物出版社，2012 年，署名广州市文物博物馆学会"南越史研究小组"[1]。

---

[1]　见 405 页脚注。

五省区陶瓷枕调查工作小结

笔者按：这是 1992 年 8 月 28 日一个工作小结的稿子，今年（2013）九月初在一本图录中翻检出来，当年是否因忙于他事，稿子搁下来未经处置，今天拿起来重读一遍，虽然已事隔 21 年，但当年与何民本同志一起为此事而奔忙两个月的情境，真的令我回味。我想这个"小结"也是一段难忘的经历，拟送请《广州文博》总编同志审阅，若蒙刊发，能与文博同行交流，则当感谢不已！

一、事情的缘起

1991 年底和今年初，香港文物鉴藏家杨永德先生两次致函广州市文化局，提出要将他夫妇多年收藏的陶瓷枕（年代由唐到元）200 件无偿捐赠给广州西汉南越王墓博物馆，并出资重新编印彩版的藏枕图册 1000 本配合展出之用。市文化局报经广州市人民政府接受捐赠。并决定在该馆辟建"杨永德伉俪捐赠藏枕专题陈列"作永久的展出，以表扬杨氏夫妇"国宝无价，报国有心"的化私为公精神。国家文物局对杨永德先生的义举十分重视，报请国务委员李铁映亲笔致函感谢外，国家文物局领导亲自出面邀请杨永德联系其至亲戚友组团到西北地区作丝绸之路的考察旅行，还指示广州方面务必把接收捐赠、专题展出和表彰工作做细做好。

之前，杨氏藏枕曾先后应邀在日本、台湾、法国和香港等地做专题展览。1984 年 9～11 月在日本东京、热海和大阪三地的美术馆巡展，共 126 件，出版《中国陶枕》的大型图录，有东京大学教授中国陶瓷史专家三上次男的一篇长文，详细论述中国自唐至元代枕的特点与发展情况。彩版 29 页，其余为黑白版，但 126 件枕都没有标明其年代与所属窑口。在日本三地展出后，1985 年初，移到台北历史博物馆展出 3 个月。台北历博沿用日本出版的图录，仅在外面加印一个《中国陶枕展》的封套。1989 年在香港中文大学文物馆以"杨永德伉俪珍藏中国瓷枕"的专题展出，展品增至 130 件，出版的简介说明中，对每件展出的枕都注明年代，但没有标注窑口。1990 年，应法国巴黎兰菲妍美术馆的请求，选出藏枕 30 件参加展览。

我们深感，今次在南越王墓辟建"杨永德伉俪捐赠藏枕专题陈列"的永久性展出，配合展出重新编印的全彩版大型图录，必须把枕的年代、窑口标明，这是资料性和学术性的必须，因而有必要到唐宋以来主要陶瓷枕产地的河南、河北、山西、江西等地的博物馆及窑场遗址做实地调查，收集对比资料作出鉴定，这对提高新版的藏枕图录历史艺术价值定有帮助。杨先生对我们的建议深表赞同。不久，提供我们外出调查用的藏枕彩照，杨先生委托专人送到我们手中。与此同时，我们把外出调查搜集墓葬出土的、窑址中发现的和馆藏的有关陶瓷枕资料作对比研究的计划报告国家文物局，希望得到支持与指导。国家文物局给我们写了给北京、河南、河北、山西、江苏、江西文化局、博物馆、考古所共 17 封介绍信，给我们外出调研带来极大的便利。

二、调查工作万里行

我和何民本同志两人接受广州市文化局的委派外出工作实地调研取证，6 月 26 日启程，第一站是郑州，至 8 月 27 日到江西的南昌是最后的一站，前后共 64 天。两个月来，我们穿州过省，到过 34 个城、县、乡村。其中河南省有郑州、洛阳、巩县、鹤壁等 13 个地点，造访 23 个单位，拍了 105 个古枕照片；河北省有石家庄、定州、磁县等 8 个地点，9 个单位，拍古枕 41 个；山西有太原、侯马、运城、长治、大同等 9 个地点，9 个单位，拍摄古枕 50 个；江苏有南京、扬州的 3 个单位，拍古枕 10 个；最后一站南昌，拍得古枕 14 个。同时还拍了一批上述一些单位提供的古枕残片及印记。总计今次 64 天的调查行程 1 万余公里，其中乘火车有 6258 公里，坐长途汽车跑公路共 40 次（段）。

两个月的古枕调研万里行虽然算不上受苦挨饿的程度，但连续两个月的长途跋涉，起早摸黑，确实是有点劳累的（其间，何民本因感冒而昏睡两天）。我们每到一个地点拜访的单位都是博物馆或文管所，就近找旅馆入住，一般都远离当地的车站。所以，在到达地点刚落脚就要打探下一站的车票情况，凡能自己购买到的，尽量不增加接待单位为我们代购的麻烦。经常清晨起来一碗方便面解决了早餐，马上往车站方向奔。晚上到达目的地已过了用餐时间，也是靠方便面、一把花生米充饥。但偶也碰上好运气，刚出炉的香菇烤鸡一只 14.8 元，还有面包、啤酒共 17.1 元，两个人已酒足饭饱了。加上每到达省会城市或县城，当地文化局或博物馆的领导都出面宴请（我们因来去匆匆，从不回请）。途中比较难受的是跑公路时遇到的洗漱问题。河南、山西、河北的公路全是土路，长途车上没有空调，闷热难受，因路上尘土飞扬也不好开窗换气。其次这三省都干旱缺水，我们入住的"宾馆"上午六、七点钟之前，晚上十点之后浴厕间都无水供应。偶尔住上浴间有热水供应的旅舍，就不失时机"享受"一番——从头到脚、由里及外（包括洗换衣服）大洗个痛快。房内拉上绳子成了晾衣房。正因为我们长年在毗邻港澳的广州生活，舒适惯了，一旦深入到北方内地的县、镇、乡村，生活上必然会有以上的感受。但从今次工作的历程与效果来看，是比较顺利和完满的。因为一有国家文物局出具的介绍函，二是所到的主要地点都有熟人好办事。如到了河南省，有河南省文物研究所三位领导出面接待，并按我们的要求作出安排，既派出专车还指定当地古陶瓷专家赵青云同志等陪同深入到豫南、豫北的一些重要古代陶瓷产区搜集对比资料。又如，河北省唐宋时期三大名窑的邢窑所在地内丘、定窑所在地的定州涧磁村、磁州窑所在地的磁县我们都看到了发掘出土的一批标本，还有发掘者给我们解说。我们抓紧机遇拍了现场和出土的标本。山西考古所的陶正刚、解希恭及侯马考古工作站派车派人陪同我们到晋南调查，有的不容易拍到的照片也提供我们翻拍。

在晋北的雁北地区了解到，只有浑源的北宋窑在"文革"前发现过2件酱釉虎枕，其中完好的一件在"文革"期间丢失了，另一件残缺的由冯先铭带给故宫收藏。在雁北地区的古墓不见有枕随葬的例子。这一信息对核定杨氏藏枕属于山西窑口的生产地段很有价值。在南京、扬州和江西的调查，得到三地的业务领导的支持指导，如南京博物院的宋伯胤，扬州文管会的朱江，江西的陈伯泉等知名学者除了业务上的帮助——提供标本、资料等之外，还给我们预定车票，得以按时完成。但也有不愉快的事情发生过。在河南省有两处地点是我们二人单独去的，出了岔子。一是新安县的文保所，联系上了，等了半天才拿出6个枕来，声明只能看，不准绘画、拍照。二是在宜阳文保所遇上更为离奇的事。本来我们在郑州时到河南省文物局转介绍信，已碰上宜阳所的保管员，向他谈了我们将要到他们单位调查陶瓷枕的事项。我们到达宜阳后，通过县文化局请来了该所的支部书记，向他说明我们调查陶瓷枕资料的事项与要求协助，磨了半天都不答应，最后他提出要求，我们必须到县公安局出具介绍函才能给我们看东西。三是在定州窑博物馆，馆长是从教育系统新来的，他交代保管员，只让我们拍二、三件标本。我们共看到6件，只能拍3件，连尺寸大小也不能量度。四是在扬州市博只能看到展馆中展出的一件枕。后来了解到，凡到该馆看东西是要论级计价的，怪事！

三、主要收获

（一）解决了藏枕的窑口与年代问题

1. 为杨氏藏枕中90%以上取得对比研究实例。今次五省区陶瓷枕调查共联系45个文博单位，拍摄了用于与杨氏藏枕作对比研究的枕220个，其中属墓葬出土的24个，窑址出土的12个，调查窑址采集的残片19份。这些调查资料对印证说明藏枕的窑口与年代有特殊价值。在220个枕资料中，有河南省的23个单位提供105个，河北省9个单位提供41个，山西省9个单位提供50个，江苏省3个单位提供10个，江西省1个单位提供14个。

2. 改正了过去对某类枕所属窑口的固定看法。比如对黄褐釉贴花的方形枕，过去都认定是安徽寿州窑的产品，但寿州窑出土的青釉器，其釉色、胎质与此类枕有很大差别，而耀州窑发掘出土的就有这些釉色的贴花枕，所以应是唐代的耀州窑所产。

又如，上海博物馆藏的虎形枕，有大定年款，过去定为磁州窑产品，山西的陶瓷专家水既生指出，应为山西长治窑的出品，因他曾在长治窑址采集到这类虎枕的爪片等。我们在长治市博物馆也见到4件虎枕，其中的3件从造型、绘纹、釉色与"上博"的和杨氏的藏枕相同（本书图版八七）。磁州窑址发掘出土的虎枕与杨氏藏虎枕差别较大。

3. 新发现一批烧枕的窑口。如用竹刀在枕面刻划花卉、文字的枕，在山西晋南的闻喜、运城、长治等地有出土，证明属山西晋南地区产品；又如，一种八角长方形绘花枕，仅见于山西的运城，他地未见。

4. 有些枕的年代可从今次调查资料中作出新的认定。如"枕赋"的长方枕，过去定元代，据磁州窑的发掘及写款，可定为北宋末年。"相州漳滨逸人制"款，过去定元代，亦可改为宋。

5. 鉴于杨氏200件藏枕中较多出自河南省的窑，而河南窑又相互仿烧，有的较难区分。长期在河南省考古所研究陶瓷的赵青云同志应邀到广州，对这批藏枕全部过目，凡属河南省的产品可逐一把窑口给予划定。整体而言，杨氏藏枕的窑口与年代90%以上得到确认，余下少数的几件存疑待考，已无关大局了。

（二）为以后陶瓷枕的收藏与研究打下基础

1. 建立200件藏枕资料卡。今次调查资料全录入，为以后设立专题陈列或考古专题研究奠立基础。

2. 了解到五省区主要博物馆等单位的藏枕情况（包括北京的历博、中国历博和故宫），为以后资料收集交流提供了根据。

3. 了解到一些地方文博单位的收藏特点，便于今后开展馆际业务交流、信息交流。

（三）意外新发现

1. 唐李肇《唐国史补》："内丘白瓷瓯、端溪紫石砚，天下无贵贱通用之。"内丘是唐五代时期生产白釉瓷器的邢窑所在。近年有学者提出官窑始于五代说。但多年来在内丘邢窑遗址和唐墓出土的白釉瓷中，底有竹刀划写"盈""翰林"等字款的，经考证属官窑的产品。

邢窑的枕未见过，以往亦不见著录。今次调查在长治市发现一个底部划写"盈"字的白瓷枕，实属偶得。

2. 在20世纪50年代，广州建设新村发掘一座唐大中十一年墓，出土的两件白瓷碗，初定为邢窑产品，后来又有人提出是定窑的早期制品。今次我们在内丘和定窑的主要产地涧磁村，亲眼看到了邢与定的早期产品，可以确定从广州唐墓中出土的白瓷碗为邢窑的制品无疑。

3. 唐的内丘白瓷瓯和肇庆的端溪紫石砚在广州的唐墓中（前者在建设新村，后者在广州动物园工地）都有发现，表明《唐国史补》所记不虚。

4. 在河南巩县发现一个临汝窑枕，这是目前已知存世的临汝枕中的第二实例。

补记：记起国家文物局张德勤局长说过，在香港 1997 年回归祖国前夕，我担心香港不少文物收藏家不了解"一国两制"的政策，虽然我在香港公开表示过文物法不适用于香港，但难免会有珍藏外移的事出现，有了徐展堂在香港创办私人博物馆——"徐氏艺术馆"的开幕，接着又有杨永德夫妇捐赠藏枕之义举，这定必会对海外藏家起稳定人心的作用，意义重大。

原载《广州文博（柒）》，文物出版社，2013 年。

名城广州与文物保护

编者按：本文作者为广州市文物管理委员会副主任，广州博物馆名誉馆长、研究馆员。1991 年 9 月 6 日，麦英豪同志应国际古迹遗址理事会美国全委会邀请，赴美国夏威夷参加"亚太地区热带环境文物保护学术讨论会"，本文是麦英豪同志在学术讨论会上的发言提纲。

一

广州，是一座具有两千两百多年建城历史的历史文化名城。根据中国权威史书——《史记》所载，公元前 214 年秦始皇统一岭南地区，广州由此归入秦帝国的版图，当时称"蕃禺"。自秦以来，她一直是岭南地区的政治、经济、文化中心。公元前 203 年，原秦将赵佗割据岭南，建立南越国。蕃禺成为王国都城，历时 93 年。1975 年在市区内发现了秦统一岭南时的造船遗址，还发现有南越国的宫署遗址。1983 年又在当时的蕃禺城郊象岗发现了南越国第二代王的陵墓。这是秦和南越国在广州的历史见证。

广州是华南最大的一个港市。公元前 3 世纪即秦汉时期已开始与南洋通商，公元 7 世纪至 11 世纪的唐宋年间，广州成为世界闻名的大港，海路贸易航线从波斯湾伸展到东非。今天广州黄埔区的南海神庙附近江岸即为当日外国船进入珠江的外港；市内的光塔路周围又是唐宋年间外商聚居的"蕃坊"；今天的十三行街，就是明清时期著名的"十三行"所在地，这里是当时中国对外贸易最大的集中地。

广州又是一座革命的英雄城市，她是中国近代史上的革命策源地。1840 年的鸦片战争，洪秀全的太平天国起义，1898 年康有为、梁启超的变法维新运动，1911 年孙逸仙领导的资产阶级革命和北伐战争等等，中国人民在近现代史上重大的反侵略反封建的斗争，都是最先在广州发难的。

广州城是以秦汉时的"蕃禺"城为中心不断向四周扩展的，今天的广州辖区面积 1345

平方公里（市区 54.4 平方公里），人口 500 万，是华南最大的一座现代城市。虽然，前代遗留下来的文物由于人为和自然的破坏，许多已湮灭了，但在今天的市区和近郊还有许多文物史迹遗留。如近郊的大小山岗多数属于秦汉以来的历代墓葬区；最早的"蕃禺城"其位置就在今天的市区中心地带，还有市内各时期留下来的古寺塔、庙观、教堂、碑刻和近现代的革命斗争史迹等，这些都从一个侧面反映了这座名城二千多年的发展历程。

二

近百年来，许多文物史迹由于遭受人为的和自然的破坏，有的完全毁灭了，有的已面目全非。在 20 世纪上半叶，广州只建立起一座很小的博物馆（1929 年成立），发掘了不超过 10 座古墓，所以在文物保护方面可以说是一片空白。到 1949 年，中华人民共和国成立，国内革命战争基本结束，广州地区和全国一样，国家对文物保护十分重视，进入一个划时代的阶段。近四十年来，广州在执行中央人民政府先后颁布的一系列文物保护的方针政策和有关的规定，做了大量工作，取得初步成果。主要有五个方面：

第一，成立保护文物的专门机构，积极培养人才。1951 年广州文物管理委员会成立，这个委员会的负责人由市长兼任。从此，广州第一次有了担负田野考古发掘和地上文物的调查，维修保固工作专职机构。五十年代初从事文物保护和博物馆工作的还不到 30 人，今天已发展为 600 人的一支专业文物工作队伍，这支队伍包括有 4 种专业的人员组成：（1）从事田野调查发掘的考古工作人员；（2）文物史迹的调查和古代建筑维修保护的专家和技术人员；（3）从事对传世的流散文物收集保护并对历代陶瓷、书画、铜器等古物作鉴定研究的专门家；（4）博物馆的专业人员。

第二，从 1953 年开始，在市内和近郊开展经常性的考古调查和发掘，先后发现了古文化遗址，秦代造船遗址和古瓷窑址等，在配合各项基本建设工程中发掘秦—明代（前 3 ~ 17 世纪）的古墓一千多座，其中汉墓占 60% 以上。汉墓随葬物丰富，其中最有特色的是陶制的各种陶瓷屋和陶制或木制的船的模型，使人们具体地了解到两千年前的广州建筑已具有适合南方温湿多雨这种亚热带气候条件的特点和水上交通工具的进步情形。

第三，经过地上文物普查，摸清分布市区的寺、塔、楼、阁等古建筑和与许多革命大事件有关的革命旧址。对这些幸存的文物史迹，进行历史的和现状的各种调查，建立资料档案，并根据其历史的、科学的或艺术的价值不同分别公布为国家级、省级和市级的文物保护单位，已公布 65 处（内有 12 处为全国重点文物保护单位），其中有 20 处依照历史原貌进行复原或加固维修工程。

第四，在防止珍贵图书文物流出国外和配合海关等部门打击文物走私活动中做了大量工作，取得了一定成效。

第五，在积极征集各种历史文物和有价值的艺术品的同时，利用维修复原的文物史迹和革命旧址，建成多种类型的博物馆共 21 所，分有历史博物馆 5 所，美术博物馆 2 所，革命事件和名人的纪念博物馆 9 所，重要文物史迹的保管所共 5 处。

三

广州位于南岭之南，北回归线横穿中部，位当南亚热带，又处于最显著的东亚季风区，每年夏秋有台风侵袭，多狂风暴雨。年平均温度 21.97℃（年温差 15.3℃），年雨量大都在 1700 毫米以上。这样的一个高温、多雨、潮湿的自然环境，对文物保护是极为不利的，如古书、字画等文物极易受潮而霉烂、虫蛀，中国古代建筑又是以木构架为结构主干的，高温潮湿气候会使木材容易朽坏或被虫蚁蛀通。下面把我们在考古发掘和古代建筑的保护工作各选一例作个介绍。

例一：象岗南越王墓的发掘与保护。

象岗南越王墓是 1983 年 10 月发掘的。这座墓是中国迄今发现年代较早的有彩画的石室墓。它深埋在今市区解放北路象岗这座小石山上，经历了二千一百多年，保存完好，极为难得。该墓出土的随葬器物有铜、铁、金、银、玉、石等三十多种共 1000 件（组），以铜器、铁器、玉器的数量为最多，研究价值也最大，铜器共五百多件，有些是当时广州铸造的，玉器有玉衣、佩饰等，特别珍贵。这墓的出土文物对研究岭南地区特别是广州古代的历史、文化有重大价值。

南越王墓发现后，我们做了两方面的保护工作：

一是对现场的保护。这墓是 1983 年 6 月发现的，这时已进入台风季节，天气酷热，常有暴雨。发现的当天就在墓上搭盖一座防雨的大棚把全墓遮盖住，防止了雨水流灌墓中。考虑到高温多雨的天气会对出土文物带来不利，决定把发掘日期推后；因为这是一项重大的考古发现，经广东省、广州市政府批准，墓地的建筑工程停工，并改变在这里建公寓楼的计划，以利于古墓原地的保存。

二是发掘之后就地建立博物馆，使出土的珍贵文物有一个专责保护和对它进行专门研究、展览的机构。发掘工作结束，根据出土文物的不同性质采取多种不同的保护措施，如青铜器的去锈，铁器的加固，已炭化的丝织物加固等等。另方面对建造墓室的石材进行了鉴定和加固修复工作。使这座岭南最早的石构建筑和出土的文物公开展出，方便人们参观研究。

例二：陈氏书院的维修保护与利用相结合。

陈氏书院坐落在广州市中山七路。始建于清光绪十六（1890 年），光绪二十年（1894 年）

建成，是中国南方规模最大、建筑装饰最丰富多彩的一组宗祠建筑。主体建筑东西横宽80，南北纵深80米，由9座厅堂，东西厢房共19座建筑和6个天井组合成。建筑上大量运用石雕、砖雕、木雕、陶塑、灰塑、铸铁、壁画等装饰，被称为集民间建筑艺术装饰的大成。过去，这组建筑较长时期作为学校使用，也做过驻军的营房。由于人为的和自然的破坏，加上长时期失修，建筑物日渐残破。1958年，广州市政府根据中央关于"凡是具有历史、科学、艺术价值的文物都应妥善保护，不使遭受破坏和损失"的指示精神，决定将陈氏书院收回，并交由文物部门管理。在这之后，进行过两次大规模的维修保固工程，1988年公布为全国重点文物保护单位。

我们在"保护原状""复原旧观"的总原则指导下，认真做了三个方面的工作：

一是深入细致的做好调查研究工作。在维修动工之前，对这座建筑的原貌、创建经过、主要参加营造的商号，各种建筑装饰的产地和制作工匠名字及其后代，目前建筑物的残缺状况等都一一摸查清楚，以便制定修缮工程计划的开展。延聘制作各种建筑装饰的民间艺人进行工作。

二是遵循修文物建筑"整旧如旧，以存其真"的基本原则。我们注意了：1. 以旧补旧，复原旧观。我们尽可能搜集与原物规格类同的旧材料，实行以旧补旧，修复后不觉有新造之感。2. 不加不减，宁缺勿滥。从调查中摸清了这组建筑的历史原貌。非原来的一律拆除，不新建或添加任何新的内容。对原有内容不明的宁让其空缺，绝不作无根据的随意填补。3. 分期分批，逐步完成。由于经费、人力、材料等各种条件的限制，这样大规模的保护维修工作，只能分期分批进行。

三是把维修复原、保护管理与文物利用三者紧密结合起来。当一处文物单位经过维修复原之后，就要有常年的管理工作跟上，才能防止再受破坏，同时还要把它利用起来，发挥它的作用，这个文物单位才有生命力，就会受到长久的完善的保护。陈氏书院是在初步完成复原工程之时，利用这组建筑筹建"广东民间工艺馆"，把展览内容与建筑的装饰艺术融合为一体。近几年来，陈氏书院已成为海外旅游者来广州的必到之地。每年接待国内外的旅游参观者四十多万人次之众。

保护好留传在广州的古代文物，这是我们的光荣职责。因为这些文物不仅是中华民族文化遗产的一部分，它也是全世界人类文明遗产的重要组成部分。今天，我们的文物保护工作只是取得初步的成果。今后我们还要利用现代的科学技术成果与中国传统的工艺手法相结合，从需要与可能的实际出发，做好5年的、10年的短期规划和长远的规划，把现存地上的和考古发掘出土的各类文物保护好。

原载《广州文博》1991年第4期。

发掘·保护·使用

——广州田野考古例举

　　根据地方史志记载，晋代广州发现古砖有"永嘉世，天下荒，余广州，皆平康"等铭文，无疑这是晋墓的墓砖[1]。但最轰动一时的要算1916年在广州东山龟岗发现南越国时期的一座木椁墓，因为这墓的木椁板上有甫五、甫六……甫廿等数码的刻字[2]，大史学家王国维也为之写过考证[3]；中国现代考古学上有个名词叫几何印纹陶，就是从该墓出土的陶器中有拍印的几何形纹饰而得来。可惜当时还未有现代的科学发掘，墓的结构形制如何，不明，出土文物和资料均已不存。现代的田野考古是20世纪20年代进入中国的，首先出现在中国的北方，30年代广州才有现代的田野考古，当时做过一些零星的清理发掘[4]。到50年代初，广州市各项基本建设工程动土兴工，古遗址、古墓葬相继发现。当时文物保护工作最紧迫的任务是，紧密配合工矿企业、农田水利等各项基本建设工程，进行清理发掘，力求使埋在地下的文物得以保护，减少损失。我就是在这样的情势下，从1953年1月投身于广州市的田野考古工作至今，转眼已过四十年。就我个人的工作实践和理解而言，发掘的目的在于保护，而保护的主旨是力求使出土的文物得以永久保存，并发挥作用。目前中国大陆的考古发掘可分为两类：一类是学术性的，为了解决历史学上或考古学上的某方面问题而进行发掘，比如中国社会科学院考古研究所长时期以来，在河南省西部的洛阳平原一带以及山西省西南部的汾水下游地区开展的调查发掘工作，目的是运用考古方法探索夏代文化，发掘夏代的历史遗存而作努力，这是有明确目标的主动发掘。另一类是配合基本建设工程而进行的发掘，这是抢救性的被动发掘。后者遍及全国各地。我参加的田野发掘工作主要是在广州，四十年来，在广州市区以及近郊远郊清理发掘了大批秦汉至明清时期的古墓葬，其中以南越国时期的墓群和个别的大型墓的发现为主要，尤以象岗南越王墓的发现较为轰动，这次发掘在发掘、保护与使用方面都是做得比较好的一个实例。

　　象岗南越国第二代王赵眜墓是1983年发现和发掘的。七十年代末象岗山麓以下已经全部建有楼房，剩下岗顶部分（海拔49.71米）如一孤堆。到八十年代初，广东省人民政府办公厅基建处把象岗顶部削低17米，平整出一块5000平方米的地皮用来建公寓楼。当挖开墙基时，露出了墓室顶盖的大石板。因为前几年我们曾在象岗的岗麓清理过一座王莽时期的木椁墓，工地施工人员都有了文物保护的认识，工地负责人看了现场后立即下令停工，并及时通知我们，因而避免了破坏扰乱的损失。经过勘查，确认这是南越国时期的墓葬，在岭南地区还属首次发现的一座大型石室墓。这时我们萌发了发掘后要力争在原地保护并建为遗址物馆的想法。发掘时，我们突破了常规，墓顶上夯打的回填土保留不动，不作大揭顶的做法：尽可能保存了墓室构造的完整性。这座大型石室墓深埋于岗顶之下20米深处，墓坑为竖井式，前有斜坡墓道。墓室由七百五十多块砂岩大石砌筑而成，仿前朝后寝的布局。分前后两部分，共7室。出土的随葬器物以两百多件精美的玉器和五百多件青铜器为重要[5]，其中有年代最早的唯一的丝缕玉衣，有5件一套的青铜甬钟，14件一套的纽钟，8件一套刻有"文帝九年"铭的句鑃。这三套青铜编乐为汉墓发掘中所仅见。出土的36个铜鼎有8个留有"蕃禺"的铭记。还有来自西亚的焊珠金饰、银盒，原支的非洲象牙和乳香等，成为广州两千年前海交史实物的一次最重要发现。这墓保存好、出土的遗物丰富、墓主人身份高、年代精确，不仅是岭南地区一座最重要的汉墓，在中国大陆的汉代考古中也占有重要位置，因而更加强了我们争取发掘后在原址筹建博物馆的决心。因为如要在原址建博物馆，大墓周围能征用的只有14000平方米。把这块地拿过来，真是困难重重：首先要征用正在建公寓楼的5000平方米地皮，要取得政府支持，申请另划地块以作补偿；其次是有4间临马路的商店，139户民居和2家小工厂，这些房舍建筑密密麻麻的布落在所余的9000平方米之中；再次是征地资金、拆迁资金、建馆资金从何而来？我们做出了分期完成的规划，得到市政府和城市规划部门的支持，分前期5年，后期5年，前后10年时间才完成古墓保护和筹建博物馆的任务[6]。我们认识到这座石室大墓及其珍贵的随葬物不仅是属于全广州市人民的，同时又是全中国人民的，也是人类共同的遗产。为子孙后代而妥善地保护它是我们的责任，我们必须不走样地把它们的信息传下去。在博物馆筹建之初，就确定了这是一座遗址性质的博物馆，以展示墓中的文物珍品为它的主要任务；而石室墓本身既是一座古墓葬，又可看作是一座距今已有2200多年历史的石构古建筑。因此必须依循《威尼斯宪章》的有关原则，才能建成一座以古墓为主体的独具特色的遗址博物馆。有几点要在此说明：

一是新建的陈列楼与古墓的平、立面布局关系。馆区布局以古墓为中心，外以回廊围绕构成一个保护区，新建的2幢各5000平方米的陈列楼，一在东麓，面临马路，一在古墓北面，都远离墓区，避免使这面岗的形势全失。因为古墓主要是用红色砂岩石构筑的，两幢陈列大楼的外墙和墓区回廊都选用红色砂岩石板作贴面（图一　西汉南越王墓博物馆正门），使古墓与新的建筑物在材质和色调上取得和谐一致（本书图版四）。至于古墓位处的岗顶虽已削低17米，但东北面仍有一小片山坡保存。清初顺治时象岗上建有拱极炮台，工地平土时曾挖出5门古炮，以古炮为主体，在面坡处将炮台复原。我们认为这样的处理符合《宪章》关于"任何地方凡传统的环境还存在就必须保护"的要求的 [7]。

二是古墓已暴露在地面，须要新建一座足以遮蔽风雨日晒的大棚屋作保护。鉴于墓主是南越国第二代王，又僭称文帝，与汉武帝是同年代的人，时代与身份都相同，因而这座大棚屋仿照了汉武帝茂陵的封土做成覆斗状，更具历史时期感。但《宪章》强调"任何一点不可避免的增添部分必须跟原来的建筑外观明显地区别开来，并且要看得出是当代的东西"。棚屋的材料则采用粗大的钢梁为支架，嵌入隔光玻璃构成［图二　墓上覆斗形的保护棚屋（后为主体陈列楼）］，不犯以假乱真，以新夺古的毛病（本书图版六）。

三是构筑墓室的砂岩石风化严重，有的已破碎开裂，墙头上的枋石有 24 块已经断落下来。根据《宪章》关于"补足缺失部分，必须保持整体的和谐一致，但同时又必须使补足的部分跟原来的部分明显地区别。防止补足部分使原有的艺术和历史见证失去真实性"的严格规定，在古墓维修中，石块及裂缝用灌浆加固；围绕古墓四周用钢筋混凝土构筑防水墙，隐蔽在地表之下。断落的枋石全用钢筋混凝土修复，但不作旧，让人一眼就看出这是依样重新补上的。

由于坚持了以上的几点做法，象岗南越王墓在发掘、保护以至建立博物馆发挥其应有的使用效益上都得到了各方面的肯定，是一个比较成功的实例。但从 50 年代以来，我们在发掘与保护上也有过多次失败的教训。1951 年在中山大学附近修筑公路时，在一座低矮的山坡上发现一座永嘉年间的大型晋墓，保存完好，墓砖都印有几何纹饰或纪年吉语的铭文；其后在中山医学院马棚岗清理一座保存比较完整的六朝墓；在执信中学校园内，建教工宿舍平土工程中，发现一座双圆锥形凸顶的东汉砖墓。这些不同时期的古墓，保存较好，建筑形式各有特点，主观愿望在清理后有选择地原地保存，为后代多留下几个标本。由于种种原因，最后都不得保存。所以，一个考古发掘点的保护与否，还要看主观和客观条件的具备情况而定。如果单有主观的愿望，而缺乏客观可行条件，是不容易实现的。

在新中国成立初期，随着国家第一个五年计划的实施，大规模的基本建设工程在全国范围内广泛地开展。中央及时提出了"重点保护、重点发掘，既对基本建设有利，又对文物保护有利"的方针，以解决在工农业生产的基本建设和城市建设中与田野考古发掘及地上文物保护之间出现的矛盾。长期以来，我们是遵循"两重""两利"方针的指引进行文物保护工作的。上述南越王墓的发掘、保护和使用，正是贯彻"重点发掘、重点保护"方针的一个例子。下面再谈一个涉及重点文物保护单位在贯彻"两利"方针中一些具体的做法，就是广州秦代造船遗址的发掘和保护问题。这个遗址目前还属首见，十分重要，现将我们探查已知的详介如下：

1974 年底，在广州中山四路广州市文化局大院内挖掘人防工程，发现了一处造船工场遗址，1975 年进行试掘，在 400 平方米的范围内揭开了两个造船台的一段和一部分造船木料加工场地［图三　1 号船台（1975 年试掘）］。因遗址的四周都是楼房，未能作进一步发掘而覆盖保存[8]。最近，市文化局引进外资，计划在此地段兴建超高层的信德文化广场，造船工场遗址发掘后原地保护，建"秦代造船遗址博物馆"，纳入文化广场的兴建规划中，这里将要建成一个集文物保护、文化娱乐、旅游、商贸为一体的高标准的文化广场，为此，我们选定将要兴建博物馆的馆址边界开挖三条探沟，作第二次试掘。从两次试掘和钻探情况得知，造船工场深埋在现地表下 5 米深处。规模很大，有 3 个呈东北—西南走向的木质造船台，其结构与现代铁路的轨道相类：造船台是建在湿软的河滩淤泥层之上，最下是一根根排列有序的枕木，在枕木上平行铺放两行宽 70、厚 15～17 厘米的大木板作滑板。板长 4～8 米不等，平接。两行滑板上面平置木墩，两两相对。木墩多为方形，亦有圆形的，都是下广上敛，有利于竖立平稳不倒。木墩高约 1 米。据造船厂老工人称，木船是架在木墩上建造，木墩过高不稳，过低不行。1 米高度最便于造船工人躺在两行滑道当中给船底打钉，挣缝和抹缝等操作。1 号船台在南，2 号居中，3 号在北边〔图四　1、2、3 号船台打横揭开情形（1994 年试掘）〕。1、3 号船台的中心间距是 1.8 米，推算可建造载重 20～30 吨的木船。2 号船台中心间距 2.8 米，可建造载重 50～60 吨的木船，有两点值得注意：一是 3 个造船台滑板上所置的每对木墩，其横向排列都成一直线，2 号船台的木墩下面还有一个小圆直榫，插入滑板中，但 1、3 号造船台的木墩都无榫，表明 2 号造船台是个中心定位台，3 个造船台是按规格成批造船的。另一点是现代铁路的钢轨两边都是有大铁钉，钉入枕木中固牢的，而 3 个造船台的滑板与枕木之间全无固定的结构，换言之，每个造船台两行滑板的宽与窄可随需要而调节。因为一个造船台能建造多大的木船，主要依据两行滑板的间距大小而定，船台两行滑板的宽距既可以调节，则意味着每个造船台能建造船只的大小亦可作适度的调节了。

船台东端有一行同样由木墩、滑板、枕木组成的"横阵"结构，横列在 3 个船台的头端，造船台至此已到尽头，由此往西延伸到儿童公园以远，根据钻探资料估计，船台的长度当在百米以上。

造船工场的木料经过鉴定，木墩用材质坚硬的格木，以利承重，滑板用耐腐蚀的樟木，枕木用材质轻而富弹性的杉木。根据船台三个部位不同功能的要求选用不同材质的木料，表明当日在选材上是颇具科学性的。

在 1 号船台发现 4 件造船工具，铁锛 1、铁凿 2、木垂球 1 件。在造船台特别是加工场地，地面有许多砍劈下来的小木片，有的散落成堆，还有烤烧造船木料遗下的炭屑散落遍地。据木船厂的老工人说，遗址上到处有炭屑和小木片，这种特殊现象，只有木船厂才有。另外，在 1、2 号船台间的淤泥中出有大量泥蚶，船台下的淤泥层经取样送请中国科学院南海海洋研究所分析，含有大量浮游类型有孔虫（Planktonic Foraminifera），判断此地层为海相地层。当日正是选择这个水流缓慢、坡度不大的江边浅滩作造船工场的。沧海桑田，今天中山四路这处繁闹的市中心区直线距天字码头的珠江岸边已有 1300 米了。

在整片造船工场遗址之上覆盖着一层厚 70~90 厘米的红黄色亚黏土的山岗土，土层中含有少量西汉初年的陶片和绳纹瓦片。在这覆盖层上发现南越国赵佗的宫署遗迹，有多种规格的印花阶砖、板瓦、筒瓦、云纹和"万岁"二字的瓦当，还揭出一段长 21 米的砖石走道。走道宽 2.5 米，当中铺白石板，两边砌 70 厘米 × 70 厘米的印花大阶砖夹边，铺砌讲究。这层宫署遗迹又为晋代的冶炼层所打破。地层关系表明，西汉吕后时，南越与汉廷交恶，赵佗称帝。修建宫署，把废弃的造船工场也填埋了。

在造船台上出土有秦半两和汉初四铢半两铜钱，还有少量三棱铜箭镞和汉初南越式的陶片，1994 年 10 月又把船台木料送请中国科学院地球化学研究所作 [14]C 年代测定，距今 2360~2150 年（已作树轮校正）。再结合《淮南子》《史记》《汉书》有关秦始皇统一六国后，派遣五十万楼船之士，分五路南平百越的记载，可以断定这处造船工场正是那个年代建造的。

这处造船遗址可供发掘的面积约 7000 平方米。经商定，发掘后，造船台和部分木料加工场地就在原地保存，并建成博物馆加以保护。但在发掘范围内，3 个造船台只能揭开一段，即从东端尽头往西长约 40 米。要扩大面积已无可能。因为再前就进入儿童公园，还可能一直延伸到繁闹的中山四路马路上。至于船台保护区以外的遗迹，通过发掘取足取全资料后，作为文化广场的建设用地。建设要用地，文物要保护，怎样处理好两者的关系？保护秦代造船遗址的做法是，主要的要坚决保护，次要的不坚持原地保存，我们认为这是合乎"两利"的原则的。

广州是国务院公布的第一批 24 个历史文化名城之一，又是秦汉以来岭南最大的都会。现今城区内还保留有不少名胜古迹，如光塔、光孝寺、六榕寺、五仙观、镇海楼、陈氏书院等，又有典型岭南色彩的民居旧宅和颇具特色的商业街区，还有鸦片战争、太平天国、康梁维新、辛亥革命等许多近、现代革命史迹。到目前为止已核定公布的全国重点、省级的、市级的文物保护单位 123 个，尚待核定分批公布的内部控制的文物保护单位 69 个。这 192 个文物保护单位分布在市区各处，成为这座名城重要的历史文化内涵。当然，这些与西安、洛阳、北京等古都是无可比拟的，但广州建城的历史有一个重要的特点，就是从秦汉迄今二千多年来城址都未有他移和更易过，只有日益扩展。若从文物考古的角度来说，今日广州城区下面，无疑是一座广州城建历史的博物馆。除了上述秦代造船遗址、赵佗宫署、象岗南越王墓堪称广州的秦汉三宝之外，还有不少重要史迹深埋于地下：如在造船遗址西北面相距不远的广卫路与广仁路交界处发现有秦汉时期的码头遗址；中山五路北京服装店内入地 5 米，又发现过东汉时期的造船遗迹；越华路与广仁路交汇处的马路下，入地 3 米发现了北宋时广州的子城与西城界墙基，宽 6.6 米 [9]；在北京路与文明路交界的丽都酒店工地，挖基础时揭出了一段唐代码头；最近在德政中路担干巷一个建筑地盘，挖地 4 米，发现南汉的排水涵洞和唐代建筑与码头遗迹；海珠区的海幢寺大雄宝殿前面的月台之下，入地 2 米出土有大批西汉中期烧窑的废品，当日的陶窑址应距此不远。由于赵佗宫署遗迹的发现，可以认定广州秦汉时期的"番禺城"就座落在今中山四路这个路段之内：其西不远的广东迎宾馆内发现有南越墓，在其东即今烈士陵园位置处，也发现了汉墓（包括南越墓）群。这两处墓地的直线距离不足 3 公里，可见当日的城区是不大的。今天，广州大规模的展开城市现代化建设。一号地铁工程线路在老城区的中山路段呈东西走向打横穿过，地铁每个出口站要开挖，沿线的物业开发地块也要开挖，只要在老城区动土，深埋地下层层叠压的遗迹就有被发现的可能，若勘查未及，则有随时被摧毁的危险。文物要保护，城市建设要快上，如何处理好这两者的关系？有限的考古专业人员面对众多的开挖工地，发掘、保护的任务显得特别繁重。我以为要勇于迎接这个严峻形势，争得各方的支持，以化解困难。其中最主要的是宣传好文物保护法，尤其对建设部门、施工现场工人的宣传，以增强文物保护意识。另一方面，做好协调，要切实执行中央提出的"保护为主，抢救第一"和"两重""两利"的方针。凡古皆保是办不到的，但必须保护的坚决保护，可以易地保存的，绝不轻易毁掉。因为文物是不可再生的，毁了重建充其量是件仿制的假古董。90 年代将是广州地区考古发与文物保护进入又一个新高潮之年，我期待将有许多新发现和妥善的保护工程的完成，以进入 21 世纪，为保护人类文化遗产作出努力。

注释：

[1]《番禺县志》卷 28，金石一。自五十年代以来类似这样铭文的晋墓已有多次发现，参见《广州西郊晋墓清理报导》,《文物》1955 年 3 期。

[2] 马小进：《西汉黄肠木考》,《广东文物》卷十，上海书店影印本，1990 年，1004 页。

[3] 王国维：《南越黄肠木刻字跋》,《观堂集林》，北京：中华书局，1959 年，929 页。

[4] 其标志是 1931 年"黄花考古学院"在广州成立，并出版《考古学杂志》创刊号。本期有胡肇椿：《广州市西郊大刀山晋墓发掘报告》。胡肇椿：《广州古墓发掘追记》,《广东文物》卷十，1941 年。

[5]《南越王墓玉器》，香港：两木出版社，1991 年。

[6]《西汉南越王墓》，文物出版社，1991 年。

[7] 转引自《中国大百科全书·文物博物馆》卷，"威尼斯宪章"条，579 页，下同。

[8]《广州秦汉造船遗址试掘》,《文物》1977 年 4 期。

[9] 黎金：《越华路宋代城基遗址考略》,《羊城文物博物研究》，广东人民出版社，1993 年，49 页。

原载《东南亚考古论文集》，香港大学美术博物馆出版，香港，1995 年。

促进与依存

——从广州地区文物与旅游关系谈起

文物与旅游

文物资源是旅游业务发展的重要依托。自然风光和各个历史时期、各种类型的文物史迹与收藏丰富的各类博物馆，都是旅游的重要资源。文物具有社会教育的功能，博物馆被称为学生的第二课堂，成年人的终身学校；文物还有历史借鉴的作用，今是从古来的，鉴古知今；文物还有对科学研究提供许多课题，给人以启迪，世界历史上有多少历史之谜，令许多科学工作者今天仍作孜孜不倦的进行研究，希望取得破译。我国西汉时的大史官，司马迁就是一位喜欢旅游，热爱文物的史学大师，他穷近二十年的努力，写出中国第一部通史——一百三十篇的《史记》，这部世界名著，也得益于文物与旅游。他在《孔子世家》的赞语中说过："适鲁，观孔子庙堂车服礼器，诸生以时习礼其家，余低回留之不能去云。"当年司马迁到了山东曲阜，参观孔子故居，想不到这个文物史迹发出的历史信息，竟有如此巨大的感染力，令司马迁"低回留之"而舍不得离去。这是发生在两千年前的事，但它颇能说明文物在旅游中具有不可替代的重要作用。试看今日经济、文化发达的国家和地区，旅游成为当地人们生活中的高消费享受，兴起国内旅游、出国旅游。人们从旅游中得到开阔视野、增长知识，陶冶性情，愉快身心的四大好处，旅游度假可以得到最佳的休闲效果。因为旅游业者为旅游者提供了看、玩、吃、买的四方面需求，而看者是第一位的。简而言之，要给予旅游者值得一看，不可不看的大好自然风光或文物景点。比如，北京八达岭的长城，确实值得一看，加上一句"不到长城非好汉"，这样一来，到了北京而未去长城的人，心里也许会感到欠了点什么似的。玩，要玩得写意，一叶轻舟在杭州的西湖夜月中荡漾，或于福建的武夷山下乘坐竹筏，快意醉人。吃，具有地方特色的风味餐，令人齿颊留香，或可大快朵颐，这是今天各地大力提供的饮食文化。买，在香港购物，价钱平，质量好，名牌聚汇，是世界出名的购物天堂。但这种"天堂"的形成，是有天时、地利、人和的特定条件的，旅游者不会苛求所到的旅游点都是购物天堂，但总希望所到之地，有当地的土特产，有具当地文化特色的、有浓厚的当地民族风情的物品、纪念品可供选购，这也是旅游文化与文物中不宜疏略的一点。所以，文物与旅游的关系应是一种相互依存、相互促进的良好关系。文物得到妥善保护，合理利用，则是旅游业最好的、长久的重要资源，只要相互协调、处理得当、利益均沾，定必促进双方的良好发展；文物保护得到社会效益和经济效益，而旅游经营亦获厚利，完全可以形成一种良性的循环。这是偏重于经济效益方面来谈。另一方面，旅游业的兴旺发达，对于促进地区与地区之间，国与国之间的经济、文化交流，相互沟通，增加友谊，有利于加强团结，推动当地的经济发展，带来社会的进步等方面都有着重要的作用。

广州文物与旅游关系的现状与前瞻

经过改革开放二十年，中国已成为世界上旅游业发展最快的国家之一。广州，是中国南方最大的城市，有两千两百多年的建城历史。虽然她没有如桂林山水之秀、黄山之美、华山之奇、三峡之险、黄果树瀑布之壮观等世界闻名的自然奇景，但她是二千年前司马迁的《史记》所列举当时全国十九个著名都会中岭南的唯一大都会，从近年来广州的考古发现表明，她又是秦汉时中国唯一的对外贸易港市。到了现代，广州是国务院公布的第一批 24 个全国历史文化名城之一，旅游业的发展也比较快。目前，在她辖区内的各级文物保护单位（包括市属的番禺、增城、花都、从化 4 个县级市）有 156 处（含 158 个保护单位），其中属全国重点文物保护单位 16 处（18 个单位），省级的 29 处，市级的 111 处。此外，还有市属的 30 多个博物馆、纪念馆、文物保管所，这些都是广州地区重要的文物旅游资源。

多年来，广州的文物部门与旅游部门相互之间的关系怎样？依我看来，至今还是一种好比买方与卖方的关系。简言之，旅游部门组团到文物景点参观，文物部门只收取门票负责接待。于是就出现了旅游业者考虑既能省钱又可快捷的途径，只选择内容相对丰富而交通又称方便的参观点，作为他的定点单位，常来常往。于是造成了少数几个景点应接不暇，而一些重要史迹点或因稍为僻远，或交通不太方便而极少有人问津，这样的结果，对旅游者来说也是一个损失。能否找出一个既利于旅游者，又有利于文物与旅游部门三方称便的结合点？我们正在考虑怎样合理使用文物资源来写好这篇文章。首先，如何确定我们的出发点与立足点：我们认为：一要从有利于旅游者了解广州、认识广州作为出发点；二要从合理使用文物资源以促进广州旅游事业的发展为立足点。在如何发挥众多文物史迹的功用，组织好旅游线路的问题上，我们以为可以根据广州城市两千年来发展的四个特点，即历史文化悠久、对外交通贸易发达，近百年来革命的英雄城市和华侨之乡这四方面来考虑安排。

在组织参观"历史文化悠久的广州"这一线路，史迹堪称丰富，既有广州博物馆、西汉南越王墓、南越国宫署遗址等全面展示广州城建历史和两千年前城区内的重要遗迹，还有五羊传说的载体五仙观（明代建筑），以及晚清的陈氏书院等。另一方面，还有宗教文化的系列史迹，如光孝寺、六榕寺、海幢寺、大佛寺，被誉为今日广州的四大丛林；还有印度僧人达摩于公元 526 年到达广州，在西来初地登岸，今天这里还有后来重建的华林寺；还有相传唐初来华传教的伊斯兰教一贤的葬地，清真先贤古墓；还有位于今一德路的亚洲最大天主教堂——石室圣心堂等。海上交通贸易史迹除了西汉南越王墓出土最早的四组海舶刻画之外，还有隋唐以来珠江口岸海事活动频繁的南海神庙，又有唐宋期间阿拉伯商船来华视作航灯的怀圣寺光塔，还有明清时期的十三行遗址等多处海交史遗迹，旅游者可从中查考两千多年来这座河港兼海港的城市，她在海交史方面所留下的轨迹，那就不难理解今天黄埔港的发展和广州交易会每年都在举行，其实有着深厚的历史渊源。晚近百年，广州被誉为革命的摇篮，谱写了中国近代史的第一篇，经过 1840 年的鸦片战争、以后的太平天国、康梁维新，以孙中山为首的辛亥革命，到大革命时期的国共合作等革命事件都发难于广州，众多的革命旧址成了研究中国近现代史，和进行爱国主义和革命传统教育的重要课堂。珠江三角洲的台山、新会、开平、恩平、鹤山称为侨乡五邑，广州是侨乡的省城，又是辐射海内外，研究华侨历史的中枢。上述四方面的文物史迹，上下两千多年，涵盖古今中外，只要旅游与文物部门通力合作，精心组织，合理安排，当可以编制出有利于三方的一日游、二日游、三日游或专业参观、专项考察等灵活多样的文化旅游线路，并为旅游者提供准确而又丰富的各种历史素材。在这里至关重要的一点还是协调好旅游与文物相互依存与促进的关系，真正做到利益均沾。当双方的积极性因素都发挥出来，一种良性循环的运行机制就会出现了。

珍惜资源，爱护资源

过去我们经常把中国幅员广大，人口众多，文物极为丰富等自我陶醉的言词挂在嘴边，这会误导人们产生盲目乐观的情绪，对文物保护是有害无益的，试问，在中国九百六十万平方公里的土地上，每 100 平方公里的土地上，能拥有几多文物史迹？何况，文物史迹的绝对数是只会减少而不可能增多的，因为，在五千年漫长的历史长河中，多少人文史迹由于自然的、人为的破坏而遭到毁灭。能保留到今天的，实在是凤毛麟角啊！从持续发展的观点来看，任何一个史迹点都是珍贵的，都应受到珍视和保护，但我们不能脱离现实，超脱当前实际的社会经济发展去考虑问题。我们必须清醒的认识到，在一个相当长的历史阶段中，文物保护与经济建设的矛盾依然存在，文物的社会效益与经济效益之间的矛盾依然存在，文物保护的要求与市场经济体制之间不协调的矛盾依然存在，这些矛盾的存在对文物的安全甚至能否保存都构成威胁。只要我们认识到这一点，就会对国务院提出"保护为主，抢救第一"的文物工作方针理解了。

由于文物是不可再生的，毁了一件，在存在的总数中就要减去一件，重建、再造的已不是原来的文物，只能是件仿制品，已失去了它所具有的历史、科学、艺术价值。当前，除了战争的爆发，或出现重大的自然灾害会给文物造成毁灭之外，对各种人为的破坏也不容忽视。我们既然认定文物是旅游的重要资源，文物部门和旅游部门就有责任共同携手做好珍惜资源、保护资源的工作，制止对文物各种人为的破坏，纠正和防止每一个对文物保护极为有害的错误做法。

第一，完全不考虑文物地区周边环境风貌的保护，把旅游宾馆、行车路线、停车场等都建在文物区内，而且要求愈靠近愈好，这是一种至为愚蠢的做法。杭州西湖边建起的高层大楼就是一例；洛阳的龙门石窟，单凭长官意志，把旅游酒店硬要建在文物区内，因为在申报世界历史文化遗产时，不允许有此破坏景区的酒店存在，只得拆除；福建的武夷山，景好茶靓，1982 年一座九曲大酒店建在景区的核心地带，最近在提出申报"世界自然与文化遗产名录"中，这座占地 6000 平方米、造价过千万元的三星级酒店，也只能宣告"拆"！既浪费人力物力，又对文物带来损害，类此的事件，何止这三宗！

第二，在历史文化名城的城市建设中，有的采用开发的方式进行旧城区的改造。开发商必然从自身的利益考虑，对有价值的、有保存风貌特色的历史地段、古老街区，成片拆除。建筑是凝固的历史，这一来历史文化名城已是名存实亡，如此下去，多少大中小的城镇，这里的街区、屋宇都会变成千人一面孔。试想：中国民族特色何在？中国文化特色何在？

第三，是好心办坏事的破坏。有的地方、有的决策者，在对文物的维修保护中，不按照"整旧如旧"的原则，随意拆改、增添，把文物修坏了，或者贴金加彩，焕然一新。这样，还有多少文物的风貌保存？这无异于剥了文物的皮，拆了文物的骨。广州增城的凤凰塔，原是一座明代砖塔，维修时又凭当地一位长官的意志，在塔身砖墙内外，大拆大改，维修后变成了本世纪八十年的一座新塔。

第四，最近，据《中国文物报》披露，有些地方运用所谓市场经济规律对文物进行商业运作，美其名曰"新思路、大手笔、高起点"，这是名为保护，实为破坏。因为一旦用市场经济来指导，交给商人去运作，这个做法一开不得了，势必把国务院定的"保护为主"变成了商家的"赢利第一"。众所周知，历史文物和自然遗产是全民族的，国家所有的，乃至全人类的，不仅为今天的当代人所享用，更要保护好留给子孙后代，这是一份宝贵的财富。我们主张对文物的本体及其外延进行尽可能的合理利用，但坚决反对恶性开发，竭泽而渔，甚至不惜以牺牲文物为代价的所谓充分利用，这只能是有百害而无一利的。今天，我们还要大声呼吁：珍视文物资源，保护文物资源，人人有责。

原载《广州文博》第一期，2000 年。

保护广州历史文化遗产　弘扬岭南传统文化

今年的中共广州市委工作会议强调：2000年要全面实施《广州城市建设管理"三年一中变"规划》，特别指出要"重视历史文化遗产的保护，弘扬岭南传统文化"。年初，林树森市长提出了"大都市以文化论输赢"的鲜明论点。历史在发展，时代在前进，作为华南大都市的广州，如何宣传广州，让人们多了解她的过去和今天，更有信心地瞻望她的未来，其中很重要的一点就是要认真重视对广州历史文化遗产的保护，要千方百计保存她的历史文化特色，让她在全国99座国家级历史文化名城中闪耀出岭南文化的光芒。

广州市建委的领导为此决定，要抓学习，并先在自己的系统内进行一系列的报告会，以有助于认识广州，宣传广州，建设好广州。我认为这是响应市委、市政府号召的实际而积极的行动。建委领导要求我就有关广州历史文化古迹方面作一次专题讲演。对我来说，这是义不容辞的责任。虽然我从1952年起就踏入广州市文物、文博专业工作的行列，至今已有48年了，但对广州过去的认识和了解还是极其有限，知之不多。今天的讲演如有错误，请在座诸位指正。

一、先从"广州的秦汉三宝"说起

广州，有准确文字记载的历史是从秦始皇统一岭南之时开始的。秦始皇26年统一了六国，其后派50万兵统一岭南，至33年（前214年）统一了岭南大地，设置南海、桂林、象三郡，南海郡的郡治（首府）就在番禺，即今广州。秦亡，原秦将赵佗据有岭南三郡，建立南越国，以番禺作为都城。汉代大史学家司马迁在《史记·货殖列传》中列举了汉兴70年后，全国出现著名都会有19个，其中"番禺亦一都会也"。当日的番禺是岭南唯一的都会，既是五岭以南广大地区经济流通的中心，又是南海"海上丝绸之路"与南亚诸国海上交通往还的重要港市。但是，《史记》《汉书》中南越传的记载，着重记述的是当日汉廷中央与南越的政治事件，有关南越的经济、文化等，则极少涉及。近30年来，在广州的城市考古中对这段历史的揭示，有了重要的突破。主要有三件大事：1975年发现秦造船遗址，1983年发现南越王墓，1995、

1997 年发现南越国宫署御花园遗迹。这 3 个遗址已由国务院公布为全国重点文物保护单位，这是广州历史文化名城的精华。下面分别作一简略的介绍。

（一）造船遗址

位于中山四路原市文化局大院内，因挖人防工程发现。遗址距地表深 5 米，1975 年试掘 400 平方米，揭开了第 1 号船台一段，长 28 米，第 2 号船台亦露出一小段，由枕木、滑板和木墩组成，颇像今天的铁路轨道。1994 年打横开挖了一条探沟，3 个造船台都露出一小段，得以确认：第 1、3 号船台中宽 1.8 米。2 号船台较大，中宽 2.8 米，是个定位台。在第 1 号船台的南边有一大片的造船木料加工场地，地表散落大量小木片和炭屑，还有烧烤造船木板以定型的"弯木地牛"结构。经钻探得知，船台的长度过百米。从发掘得知，南越王赵佗在扩建王宫的御花园时，把秦的造船台填埋了，作为庭园用地，所以出现了御花园与秦造船台上下压叠在一起的情况。今天，对这两个重要遗址的保护有"熊掌与鱼不可兼得"的两难问题。

（二）南越王墓

在解放北路象岗，1983 年因省政府在此平土建机关宿舍而发现，同年 10 月发掘后，就地保护，建立博物馆。南越王墓是岭南地区发现规模最大、出土文物最丰富多样、墓主人身份规格最高的一座彩绘石室大墓。墓室深埋在象岗山下 20 米深处，用七百五十多块砂岩大石构筑，分前后两部分，有两道石门隔开，前部 3 室，象征墓主人生前的朝堂、宴乐室和珍宝用器的库房；后部 4 室，主室埋有墓主人的棺椁，位居正中；左（东）侧室为 4 位夫人的藏所，右（西）侧室，埋葬 7 个奴婢及三牲祭品，正后面有个小室，是御厨库房。墓中发现 15 个殉葬人，出土器物多达一千多件（组），其中以玉器和青铜器最精彩，主人身上随葬 9 枚印章，穿"丝缕玉衣"，佩铁剑 10 柄。出土金印 3 枚，其中一枚"文帝行玺"金印，是中国考古发掘首次发现的"皇帝"印玺。

西汉南越王墓博物馆去年被评为 20 世纪世界建筑之精品。

（三）南越国宫署御苑遗址

1995 年在老城区中心的城隍庙西边长话分局建筑工地，发现了南越国御花园的一座大型蓄水池。我们在桩孔管柱林立的工地中进行抢救性发掘 400 平方米，仅揭开水池的西南一角，石池壁呈斜坡形，用石板铺砌，呈冰裂纹密缝砌作，十分巧究。池底平正，距今地表约 8 米，用碎石和河卵石平铺，向南的池壁下，埋有木质的输水暗槽。石池中散落大量建筑构件，有八棱石柱、石栏杆、石门楣、铁门枢轴、"万岁"瓦当、铺地印花大砖、绳纹的板瓦、筒瓦等，还发现一段木船桨。池中西北一角露出一根大型叠石柱，一块块的大石板向西南方向倾倒。据此推断，原来池内可以荡舟，池中还有一组大型建筑。经钻探，这座石构蓄水池的面积约 4000 平方米，现在大部分仍被 3 栋楼房和民居压着，有待今后的分期发掘。

1997 年又在与此相邻的市文化局大院发掘 4000 平方米（这里原计划建一幢高 51 层的信德文化广场），在地表以下 3 米至 5 米重叠有唐、宋、晋、南朝、东汉、南越国、秦共 7 个时期的遗迹遗物；还清理出 83 口水井，年代由民国至南越国时期的都有，分有土井、砖井、瓦井、木井、篾圈井和陶圈井等不同类型，可说是广州 2000 年历史的一个断面。

这次发掘最重要的发现是清理出南越王御花园的人工园林水景——全石构的长 150 米的曲流石渠。石渠是连接大型蓄水池的，由西向东，迂回曲折，渠底密铺黑色的河卵石。当中有 2 个拱形的渠陂，用以阻水限水，使水流通过，形成潾潾碧波的水景；还有两个供渠中放养的龟鳖爬行进出专用的"斜口"。石渠东头有弯月形石池，池底发现几百个体的龟鳖残骸，西头有石板平桥和步石，外连曲廊。在清理渠底时发现有不少果核和树叶，由此得知，当日园中绿草如茵，芳林成片，小桥流水，龟鳖爬行，按理还有锦鳞游泳，好一派南国水景园林风光！石渠的出水口，设有闸口和石箅，连接导水的木质暗槽，水流排入珠江。这不仅是岭南园林之最，还可说是世界园林之最。

下面对"广州秦汉三大发现"的意义和价值谈几点个人的看法，供大家参考。

1. 任何一位研究中国秦汉史的学者，或外国的汉学专家，在研究岭南地区的开发史，研究广州城市历史的发展，他们都必然要联系上岭南古代史上发生的两件重大历史事件：一是秦始皇统一岭南，二是赵佗在岭南建立南越国。这两件大事在《史记》《汉书》中都有明确的记载。而今又在广州老城区的地下发现了与这两件大事直接关联的三个重要史迹，而且保存得很好。综览今天世界的历史文化名城（大陆已有 99 座），能够保留有建城开始的历史遗迹，今天又得到很好保护的，实在是不多见。这史迹对我们今天生活、工作在广州的人来说，无疑是值得引为骄傲，感到自豪的。

2. 秦代造船遗址是目前已知发现年代最早、规模最大、保存得最好的两千年前造船工业遗存，有着重要的科学研究价值。这个造船工场选址在珠江河汊的弯位处，水流不急，淤滩平缓，对造船木料的上水和新船下水都称方便。由于河滩土质湿软，抗压力差，而船台和下水滑道要求平稳，抗压力大，这个矛盾采用铺设枕木，上铺滑板，分散重力，以扩大受压面积，使矛盾得到完满的解决。现在看来，如此先进的基础工程设计，在中国的应用，要比西方铁路铺枕、轨的做法早出两千年。铁路的出现被誉为人类文明进化的伟大里程碑之一，世界上第一条铁路运行是 1800~1825 年首先在欧洲的英国出现，作为铁路重要组成部分的路轨，是在路基上用碎石作道床，轨枕（用以扩大受压面积）和两条平行的钢轨组成，这样的基础工程，在原理上与两千年前的秦造船台结构是一样的。有人说：中国人不蠢！我认为：

精明之极！由于封建时代士大夫（知识阶层）认为"百工之事，君子不齿"，所以千百年来，多少能工巧匠的经验难得总结，多少发明创造埋没失传！

3. 广州秦汉三大史迹都是在建设工程中发现的。所以，首先要感谢建设单位。三大史迹深埋地下两千年，一朝重见天日，无论在经济史、文化史、城建史、海交史等方面的研究上，都是一件大喜事。当然，从建设单位的角度来说，要承受很大损失，但这个损失是有数可计的。重要的历史遗迹被毁了，就不仅是当地老百姓的损失，也可能是全国人民的，甚至是世界人民的损失，而这个损失是无法计算的。当市政府对南越国宫署御苑遗迹决定保护之后，有人写文章指出："南越国御苑遗址受到如此完善的保护，这是它的幸运，也是民族文化的幸运，更是华夏子民的幸运。"

4. 南越王国存在 93 年，在岭南的早期开发史上，这是很重要的一个阶段，正是岭南由"蛮荒"进入大开发，汉越人民和汉越文化大融合的重要时期，今天珠江三角洲成为我国华南地区的经济龙头，广州成为河港兼海港的南方大都市，确是早在南越国时期已奠下基础的。

5. 南越王墓出土的大量文物珍品，还发现一批我国最早的海路舶来品。南越王宫被武帝派来的汉兵攻城时，"纵火烧城"，全城尽毁于一场大火，王宫遗址一直深埋地下，成为历史之谜。今天有幸有部分已被发现出来，从它的大量石构件，它的建筑的气势与规模，可以充分说明早在两千年前，广州这个地区已达到了如此高度的经济、文化发展水平，可以说这时出现了岭南开发史上的第一次大飞跃。从某种意义上讲，南越国宫署的发现比南越王墓尤为重要，因为它的所有砖、瓦、木、石等都是当时当地的产品，这是本地区两千年前政治、经济、文化发展状况的真实反映，是历史的物证，它令人不疑，使人信服。

6. 中国古代建筑以木架构为主，西方古代建筑以石构为主，一木一石形成了古代东方与西方建筑上的两大体系。东方园林以园必隔、水必曲为主导，把大自然的山水浓缩于庭院之间（中国的北派、南派皆然）；西方园林主张一览无遗，中轴两边作几何图形对称排开，法国的凡尔赛宫背后号称世界第一大花园，是最典型的实例，它与中国的颐和园、苏州园林形成截然不同的分野。南越国宫署遗址的石构建筑，如大型蓄水池、曲渠、石桥、步石，石池中发现散落的石柱、石栏杆、石门楣、叠石柱等，在中国秦汉时期的遗址中是独一无二的，有人比喻它是"广州的长安"，又称它为"广州的罗马"，我以为称作"广州的早期罗马"似更恰切。

历史上，岭南地区很长时期内被视为蛮荒之地，直到近现代，仍说"岭南金石贫"。自 20 世纪 70 年代以来，今天已发现有秦代木刻文字，还有南越国时期的砖、瓦、木、石、金、银、铜、玉等器物上的刻铭，极大地填补了这方面的空白。特别是三大遗迹的发现，给予学术界以极大的震动。由此，人们对岭南大地，特别是作为其中心都会的广州，两千年来的成就特点、作用、地位等要作出新的思考，岭南古代史要谱写出新的篇章。

二、广州城建两千多年发展的四大特点

（一）历史文化悠久

大约 4000 年前的新石器时代晚期，我们的先民已在广州这块土地上，从事农业和捕捞等渔猎生产活动，在市区四周的远郊都先后发现有这时期的遗迹和遗物。自秦平南越，番禺作为南海郡治，南越国又以番禺为都城，从此，两千多年来一直成为岭南的中心。南越国宫苑石池的石板上发现"蕃"字等石刻文字，秦墓出土漆器上的"蕃禺"烙印，南越王墓出土铜器中有"蕃禺"或"蕃"字的刻铭，这都是广州建城两千两百多年最具权威性的物证。西汉武帝元鼎六年（前 111 年）灭南越国，番禺仍为南海郡治。三国吴黄武五年（226 年）改交州为交、广二州，广州由此得名，距今已有 1774 年了。广州最古的城应是秦时南海郡治和南越国时的番禺都城，但这时期的城墙至今未见。1998 年，在中山五路原艳芳摄影店附近发现了一段东汉的夯土城墙，呈南北走向。经局部发掘，发现东汉土城墙的外表为晋代的砖包城墙，再外又有南朝的砖包城墙，三个时期的城址套叠在一起。在登峰路与越华路交界处发现了唐、宋时的砖城遗迹，广州拆城时发现有多种印着"广州修城砖"和宋代年号的城墙砖。明代，广州城向北扩展到越秀山上，镇海楼是明洪武十三年在拓展北城墙时，建在城墙上的一座砖、石、木组合的五层楼。当时又凿象岗开大北门。明城南到今一德路、泰康路、万福路，东至越秀路，今仍有大东门的路名，西到人民路，今仍有西门口的路名。明城有 8 座城门楼，而今仅存原位于解放戏院附近的"归德"门的石额一块，已保存在广州博物馆的碑廊内。清代又在明城南面扩筑东西两边的鸡翼城，至珠江河畔。民国七年（1918 年）开始拆城墙，辟建马路，如今广州的明清城墙还有长一千余米，保存在越秀公园内。以北京路为中心的老城区，两千年来一直向周围扩展，至今未有变动，延续发展时间之长，在世界著名都会中也是不多见的。广州近郊的大小山岗，是秦汉以来的古墓葬区，在解放北路迎宾馆和红花岗都发现了南越国早期墓，东西直线相距只有 2 公里左右。宋代人记述赵佗城周回十里，只是个小城，似较可信。从西村水泥厂到北面的建设新村，东面的黄花岗到动物园都分布有南越国时期的墓群。海珠区的大小山岗则以西汉晚期和东汉墓为多。北到新市，南到番禺的市桥都有东汉墓发现。广州汉代古墓分布密集，有土坑墓、木椁墓和砖室墓，木椁墓很多是作上下两层结构的，出土的器物具有浓厚的地方特色。

地面的文物建筑，由于容易受到人为的和自然的损害与破坏，一般都不容易长久保存。光孝寺原是三国吴时一位学者虞翻讲学的地方，其后人布施作寺院，称制止寺，直到南宋时才称"报恩光孝寺"。加上海幢寺、六榕寺、大佛寺，是广州现存的四大丛林。还有五羊传说载体的五仙观和悬挂有一口重逾万斤、广东现存最大铜钟的岭南第一楼，都是广州著名的明代建筑。清代建筑现存的还有不少。大马站、小马站的书院，虽然在见缝插针改建过程时被改造了很大一部分，幸存的庐江书院（何家祠）与南汉的药洲遗迹相邻，这书院规模大，规制井然，已列为市级文物保护单位。至于西关大屋，还有若干保存下来，至晚清的陈氏书院，被称为"集广东民间建筑的大成"，自从一小变工程把她东边的大片地方辟为陈家祠广场之后，这朵红艳的牡丹有了绿叶扶持。

（二）对外交通贸易发达

广州面向南海，自秦汉以来，一直是岭南通往南海的海路通商往还的重要港市，《汉书·地理志》载，汉武帝平南越国之后，派出一支官方的船队，远航南亚诸国，到达斯里兰卡。但考古发现的材料还要早些，西汉南越王墓出土有非洲的原支象牙，主产地在红海的乳香，西亚的焊珠金饰件和银盒等舶来品，南越宫苑遗迹中的石构建材和石作工艺等与西方古代的石头建筑工艺有着颇相类同之处。今天看来。这考古发现绝非偶然，因为民间的海上交通实际存在当比史书记载的还早，这是研究南海"海上丝绸之路"的一个新课题。还有，省财政厅西邻的省保险公司大楼基建时，地下 5 米发现了秦汉年间的码头遗址，其后，在北京路与文明路交叉路口的丽都酒店位置和德政中路会同里的一个小区建筑工地，先后发现了唐代码头遗迹。与海交有关的地面遗迹也相当丰富：如印度僧人达摩于公元 526 年到达广州，他的登岸处，至今仍称"西来初地"，今天还留有后来重建的华林寺；相传在唐朝初年到中国传教的伊斯兰教一贤的葬地——清真先贤古墓；隋唐以来珠江口岸海事活动繁忙的南海神庙；唐宋时期阿拉伯商船进入广州内河时视作灯塔的怀圣寺光塔；还有明清时期外贸中心的十三行等等。出土于地下的，保存在地上的有关海交方面的许多遗迹遗物，反映出广州在南海"海上丝绸之路"上有着深厚的历史渊源。

（三）近百年来革命的英雄城市

广州又是一座革命的英雄城市，是近代革命的策源地，具有光荣的革命传统，近百年来的革命斗争，留下许多革命史迹。1840 年英国对中国发动了可耻的鸦片战争。1841 年 5 月 29 日，侵略军窜到三元里一带抢掠奸淫，激起了三元里附近 103 乡民众"义愤同赴"，在村头的三元古庙誓师，在牛栏岗围歼敌军两百多人，这是中国人民自发的大规模武装反侵略斗争取得的第一次胜利。三元古庙旧址列入我国第一批近代史第一号全国重点文物保护单位。花县官禄布村是太平天国领袖洪秀全的出生地和他早年革命活动的地方。中山四路长兴里的邱氏书室，则是康有为开设"万木草堂"讲学，以宣传变法维新的旧址。以孙中山为首的辛亥革命，在广州留有许多史迹，其中以黄花岗七十二烈士墓最著名，还有越华路的"三·二九"起义指挥部旧址，是解放后发现，经过仔细查证并列为保护单位的。大革命时期的国共合作，国民党一大旧址、黄埔军校旧址、首次提出统一战线的中共三大旧址、农讲所和全总旧址等，同是大革命时期国共合作阶段最重要的革命史迹。这许多革命史迹都已列为爱国主义教育基地。

（四）华侨之乡

明清以来，广东人就不断移居海外，广东是我国华侨人数最多的省份之一，他们主要分布于欧、美及东南亚地区。珠江三角洲的台山、新会、开平、恩平、鹤山称为侨乡五邑，广州是侨乡的省城，辐射海内外，市内就有许多与华侨有关的文物史迹。我省已建有华侨博物馆，成为研究华侨史的中枢。上述四方面的文物史迹，上下两千年，涵盖古今中外。这是一笔无价的财宝，是历史文化名城的真实体现。

三、历史文物的作用

下面从四个方面作些说明。

（一）是历史研究重要的实物资料

历史研究有文字资料和实物资料，地下的出土文物和地上的文物史迹，是历史研究最重要的实物资料。我国现代史学权威范文澜先生说过，出土文物有证史、正史和补史的功用。史载武王伐纣，是中国古代战争史上的一件重大事件。纣王的军队，阵前倒戈，商纣灭亡了。陕西出土一件西周铜器叫"利簋"，刻铸有"武王克商，唯甲子朝"等铭文，这是灭纣之后第8天铸的一件青铜器，它证实了古史中确有武王克商这件大事。史书记载东汉才发明笔和纸，现在考古发现有战国毛笔、西汉纸。唐代，广州都督宋璟教民造砖瓦，但在南越国遗址出土有全国最大的方砖和琉璃瓦，这可以纠正历史记载之误。上述广州秦汉三大发现的重要遗迹遗物，极大地补充、丰富了可供研究和说明两千年前秦统一岭南和南越国政治、经济、文化诸方面情况的实物，这是最真实、最可靠的材料。北京的中国猿人、广东的马坝人和近几十年来广东、广西发现的大量新石器时期文化遗址，创建了有文字记载以前岭南地区的早期历史发展的新篇章；过去常说中国有五千年文明史，现在湖南、河南、浙江和东北等地发现的7000～10000年遗址，补写了中国文明史的新篇章。

（二）有借鉴启迪和科学研究的作用

历史上发生的许多事件可供后人借鉴，从中得到教益和启迪。比如，政治上，秦始皇统一六国，反对分封，实行大统一，影响了中国以后两千年的政治历史发展。在经济上，西汉时有过著名的盐铁会议，汉武帝要增强国库收入，实施盐、铁专卖，在经济命脉上实行垄断，为雄才大略的汉武帝取得坚实可靠的经济基础。战国时提倡百家争鸣，文化艺术出现了一时鼎盛的局面。古代军事上的战例不少，比如项羽率大军破秦，在兵渡黄河时，实行"破釜沉舟"，这是置之死地而后生取得成功的一个生动实例。又如东晋时发生的淝水之战（安徽）。当时秦强晋弱，苻坚（前秦）的87万大军兵临淝水直逼晋境，东晋的谢安只有8万兵迎战。苻坚说"投鞭可以断流"。结果被晋军杀得大败而逃，"风声鹤唳、草木皆兵"，这是骄兵必败的教训。唐朝有位被称为开明君主的唐太宗，他说过"以铜为鉴，可整衣冠；以古为鉴，可知兴替；以人为鉴，可明得失。朕尝保三鉴以防己过"，这是一段借鉴的名言。

历史文物的启迪作用和科学研究价值也十分重要。在艺术上，古代的绘画、雕塑等艺术珍品，如达芬奇的《蒙娜丽莎》油画，世界名雕的《维纳斯像》，西安的秦俑，唐太宗昭陵的六匹骏马石刻等，这些不朽杰作的启迪作用是无穷的。有人说《维纳斯像》，从任何角度看都是美的，广州的五羊雕像左右前后的构图都十分美，羊雕的成功恐非偶然。在科技上的启示作用也很明显，比如长沙马王堆汉墓山土漆器中的藕片问题与当地历史上的地震史有关。葛洲坝遗址，出现了江心洲成陆年代早晚之争，后来由于发现了战国墓，在筑坝上节省了大笔投资。南越王墓出土200以上个体的禾花雀，与物候有关，它能说明2000年前的广州郊外已是水稻连片。

（三）有无可替代的教育作用

文物是进行爱国主义教育和革命传统教育的最好教材。每个国家、每个民族都有自己独特的文化传统。文物是民族文化的象征，它对于一个国家及其各族人民产生强大的凝聚力和激励作用。虎门鸦片战争博物馆展出一块"节马图"碑，这是纪念第一次鸦片战争虎门守将陈连升及其黄骠马的悲壮事迹的刻石。有一年暑假，香港某大学一批学生打着"大陆考察团"的旗子，回国内参观旅游，他们参观博物馆，围聚在节马图石碑前听讲解员说："陈连升，湖北人，在道光十八年（1838年）任广东省增城营参将，因抗击英军入侵立功受提升。关天培命他驻守虎门沙角炮台。1841年1月7日，英军进犯沙角炮台，陈连升和他的儿子陈举鹏与守军600人一面坚守拒敌，浴血奋战，一面请救兵和弹药，但琦善不许。弹尽，连升中弹阵亡，其子投海殉国，守台官兵全部牺牲。连升的战马被英军载到香港，"饲之不食，近则蹄击，跨则堕摇""刀砍不从"，常在沙滩朝北悲鸣，"忍饥骨立"，绝食而死。石碑右半刻一战马，左边刻"节马行"的诗和跋。当这班青年听了这段壮烈的战斗事迹后，领队立即招呼全体团员汇集馆前广场，他说："同学们，我们的脑袋在想什么？看来，我们的感情连马都不如。"他们立即把旗子换成"回祖国参观学习团"。一块石刻把一班在香港饱受英国殖民思想教育的青年人警醒了，他们受到教育，他们醒悟了。文物有无可替代的认同作用于此可见。

（四）是旅游的重要资源

人文景观和旅游景观同属旅游的重要资源，文物景点是人文景观的重要组成部分，世界上的著名古迹与名胜地，如意大利古罗马的遗迹，威尼斯水城，希腊雅典的卫城与阿波罗神殿，埃及的金字塔、帝王谷。美国的历史虽短，但有大峡谷公园和黄石公园的壮观景色；中国北京的故宫和明长城，陕西的秦俑和帝王陵等等，吸引着多少游人流连忘返。广州，在中国大地的自然景观来说，她没有如桂林山水之秀，黄山之美，华山之险，黄果树瀑布之壮观等闻名世界的自然景点。但她的文物史迹却相当丰富，辖区内有 156 处文物保护单位，其中属全国重点文物保护单位 16 处（共 18 个文物点），省级 27 处，市级的 111 处，还有市属博物馆、纪念馆、文保所 30 多个，这些都是开展旅游的重要资源。

四、保护遗产，珍惜资源

新中国成立以后，1953 年中央人民政府政务院发布《关于基本建设工程中保护历史革命文物的指示》，1982 年 11 月 19 日颁布了《中华人民共和国文物保护法》，这是新中国成立之后与宪法同时诞生的第一部文物法典。结合广州实际制定的《广州市文物保护管理规定》，1994 年 9 月 15 日省人大常务委员会第 10 次会议审核批准施行，这是我省第一个文物保护的地方法规。多年来，全国文物战线认真贯彻执行党中央国务院为文物工作制定的"保护为主，抢救第一"八字方针和"有效保护，合理利用，加强管理"的十二字原则。关于文物保护和建设工程关系，在《文物法》中有明确规定："第十八条，在进行大型基本建设项目的时候，建设单位要事先会同省、自治区、直辖市文化行政部门在工程范围内有可能埋藏文物的地方进行文物的调查或勘探工作……""第二十条，凡因进行基本建设和生产建设需要文物勘探、考古发掘的，所需费用和劳动力由建设单位列入投资计划和劳动计划，或者报上级部门解决。"因为无论地上的文物遗迹还是深埋地下的文物，都是历史存在的，建设单位要使用这个地方，对文物的勘查、发掘和迁移保护等费用，由建设用地单位负担，这是全世界各国的通例。有计划、有目的地主动发掘的经费，则报上级部门解决。世界银行贷款资助的工程项目，必须列有文物保护项目所需资金，才会取得批准。这规定，在中国也无例外。

过去我们经常把中国幅员广大、人口众多等自我陶醉的言词挂在嘴边，这会误导人们产生盲目乐观的情绪，对文物保护是有害无益的。试问，在中国 960 万平方公里的土地上，每 100 平方公里的土地上，能拥有几多文物史迹？何况，文物史迹的绝对数是只会减少而不可能增多的，因为在五千年漫长的历史长河中，多少人文史迹由于自然的、人为的破坏而遭到毁灭，能保留到今天的，实在是凤毛麟角啊！从持续发展的观点来看，任何一个史迹点都是珍贵的，都应受到珍视和保护。但我们不能脱离现实，超脱当前实际的社会经济发展去考虑问题。我们必须清醒地认识到，在一个相当长的历史阶段中，文物保护与经济建设的矛盾依然存在，文物的社会效益与经济效益之间的矛盾依然存在，文物保护的要求与市场经济体制之间不协调的矛盾依然存在，这些矛盾的存在对文物的安全甚至能否保存都构成威胁。只要我们认识到这一点，就会对国务院提出"保护为主，抢救第一"的文物工作方针理解了。

由于文物是不可再生的，毁了一件，在存在的总数中就要减去一件，重建、再造的已不是原来的文物，只能是件仿制品，已失去了它所具有的历史、科学、艺术价值。当前，除了战争的爆发，或出现重大的自然灾害会给文物造成毁灭之外，对各种人为的破坏也不容忽视。我们既然认定文物是旅游的重要资源，文物部门、城规、城建部门和旅游部门都有责任共同携手做好保护遗产、珍惜资源的工作，制止对文物各种人为的破坏，纠正和防止每一个对文物保护极为有害的错误做法。

第一，完全不考虑文物地区周边环境风貌的保护，把旅游宾馆、行车路线、停车场等都建在文物区内，而且要求愈靠近愈好，这是一种至为愚蠢的做法。杭州西湖边建起的高层大楼就是一例；洛阳的龙门石窟，单凭长官意志，把旅游酒店硬要建在文物区内，因为在申报世界历史文化遗产时，不允许有此破坏景区的酒店存在，只得拆除；福建的武夷山，景好茶靓，1982年一座九曲大酒店建在景区的核心地带，最近在提出申报"世界自然与文化遗产名录"中，这座占地6000平方米、造价过千万元的三星级酒店，也只能宣告"拆"！既浪费人力物力，又对文物带来损害，类此的事件，何止这三宗！

第二，在历史文化名城的城市建设中，有的采用开发的方式进行旧城区的改造。开发商必然从自身的利益考虑，对有价值的、有保存风貌特色的历史地段、古老街区要成片拆除。建筑是凝固的历史，这一来历史文化名城已是名存实亡，如此下去，多少大中小的城镇，这里的街区、屋宇都会变成千人一面孔。试想：中国民族特色何在？中国文化特色何在？！

第三，是好心办坏事的破坏。有的地方、有的决策者，在对文物的维修保护中，不按照"整旧如旧"的原则，随意拆改、增添，把文物修坏了，或者贴金加彩，焕然一新。这样，还有多少文物的风貌保存？这无异于剥了文物的皮，拆了文物的骨。广州增城的风凰塔，原是一座明代砖塔，维修时仅凭当地一位长官的意志，在塔身砖墙内外，大拆大改，维修后变成了本世纪80年代的一座新塔。

第四，最近，据《中国文物报》披露，有些地方运用所谓市场经济规律对文物进行商业运作，美其名曰"新思路、大手笔、高起点"，这是名为保护，实为破坏。因为这个做法一开不得了，一旦用市场经济来指导，交给商人去运作，势必把国务院定的"保护为主"变成了商家的"赢利第一"。众所周知，历史文物和自然遗产是全民族的，国家所有的，乃至全人类的，不仅为今天的当代人所享用，更要保护好留给子孙后代，这是一份宝贵的财富。我们主张对文物的本体及其外延进行尽可能的合理利用，但坚决反对恶性开发，竭泽而渔，甚至不惜以牺牲文物为代价的所谓充分利用，这只能是有百害而无一利的。今天，我们还要大声呼吁：珍视文物资源，保护文物资源，人人有责。

2000 年 4 月 1 日

（在广州市建委系统报告会上的讲演词）

原载《广州文博论丛（第一辑）》，2000 年。

文物保护又一里程碑

新修订的《中华人民共和国文物保护法》（以下简称"新法"）于 2002 年 10 月 28 日第九届全国人大常委会第三十次会议通过，由国家主席江泽民签署主席令公布实施，这是全国文博工作者盼望多年的一件大喜事。如果说，1982 年 11 月公布的我国第一个《中华人民共和国文物保护法》（以下简称"原法"），是新中国成立以来文物保护工作进入法制建设奠立的一块基石，那末，新法公布施行，则是文物保护又一里程碑。自原法公布施行后，经过改革开放 20 年的实践，全国政治、经济、文化等各个方面都发生了重大的变革，文物保护亦要与时俱进，新法正是适应这个新形势的需求而产生的。新法的公布正当我党十六大召开前夕，十六大提出全面建设小康社会的宏伟目标，随着经济的发展，提出要大力发展社会主义文化，建设社会主义精神文明的要求，新法的公布正合时宜。李鹏委员长在修订的文物法审议通过后发表讲话指出，文物是国家和民族的历史见证，是中华民族优秀历史文化遗产。保护文物，对建设社会主义精神文明和物质文明具有重要意义。因此，修订后的文物法的颁布施行，对进一步推动全国文物保护在已有的基础上更上一层楼，在全面建设小康社会中更好发挥作用。

新法是原法的继承和发展，是在原法的基础上的完善，它由 7 章 33 条增为 8 章 80 条，条文几为原法的 2.5 倍，因而它规定得更加明确，更加严密，更具操控性。如第一章总则，由 6 条增至 12 条，涵盖了受保护的文物范围，保护的方针、原则，所有权，文物行政机构及其相关机构的权责等等，都作了明确的规定及相应的责任。新法就原法第七章的奖励与惩罚中，有关奖励的条文共 7 款，增为 8 款，并上调列入总则的第十二条。增加的一款是"在考古工作中作出重大贡献的"，这是新法对我们长期奔忙于各种建设工地进行抢救保护地下文物的田野考古工作者辛劳工作的肯定，作出了特别的关注。同时，把奖励与惩罚分开，奖励部分提升到总则上来，这培育和提高了全民的爱护祖国历史文化遗产的观念与责任感，使"保护文物，人人有责"有更深厚的群众基础。新法还把可移动文物与不可移动文物分开单列成章，其中不可移动文物（即原法的"文物保护单位"）由 9 条增至 14 条，而对现阶段社会发展中出现的新情况、新问题，提出了有针对性的新规定。比如，各地有不少尚未列入县以上的文物单位的不可移动文物（即我们多年实行的内控文物单位），在新法中规定"由县级人民政府文物行政部门予以登记并公布"。这样，许多具有保护价值的不可移动文物，虽未列为保护单位，同样包括在受保护之列。又如新法中明确规定"国家文物保护单位，不得作为企业资产经营"，喧闹一时的将文物单位作为旅游景点捆绑上市的错误做法，得到及时制止，免遭破坏，堵住了文物这个特殊文化资财的国有财产的流失。再如，新法中更明确规定"全国文物保护单位不得拆除"，国保单位的安全有了法律的保障，更显彰它的不可侵犯性。

第三章考古发掘由原法中的6条增至9条，其中有几点新的规定对我们搞田野考古的同志来说真是额手称庆啊！比如原法中第十八条：在进行大型基本建设项目的时候，建设单位要事先会同文化行政部门在工程范围内有可能埋藏文物的地方进行文物的调查或者勘探工作。新法在第二十九条作了更明确的规定：进行大型基本建设工程，建设单位应当事先报请文物行政部门组织从事考古发掘的单位在工程范围内有可能埋藏文物的地方进行考古调查、勘探。新法将"会同"修订为"报请"，"会同"表示甲、乙两方单位是对等的，是协商问题，不含有法律约束力的。现在提升为一方属申报单位，接纳申报的另一方为主管单位，表明它对申报单位的申报有法律约束力，建设单位如在建设动工之前不报请文物行政部门审议认可就是违法了。再者，由于新法中有"报请"二字的规定，还牵涉到规划与国土部门在批出建设用地许可证之前，必须有文物行政部门对该地动工的认可，否则也是不合法的。还有，新法第三十一条规定：对配合基建进行的考古调查、勘探、发掘，所需费用由建设单位列入建设工程预算。对原法该条的最后一句"或者报上级计划部门解决"这11个字删除，避免了因考古发掘由谁负担经费问题引起诸多的扯皮。处在建设事业大发展的今天，时间就是金钱，田野考古的抢救发掘是刻不容缓的事。为此，新法中规定，文物行政部门接到发现文物的报告后，如无特殊情况，应在24小时内赶赴现场，7日内提出处理意见。又规定国务院文物行政部门接报后15日内提出处理意见。新法这样的规定，时限清楚，权责分清，不容拖沓。

至于第四章的馆藏文物，由原法中2条增至14条，对文物的定级特别是对一级文物的管理更制度化，有了更严格的要求，其中有关建档、保护责任、馆际间的借用、调拨、有价补偿以至法人代表因调动工作岗位必须办理清点移交手续等，都有章可循，有法可依。第五章的民间收藏即我们常称的"社会流散文物"，其概纳的面更广了，由3条增至20条，对收藏者的转让等也放宽了，有利于藏宝于民。该章对文物商店与文物拍卖公司的经营范围、方式、相互的关系等都有清楚的界定与划分。原法中第七章的奖励与处罚，在新法中除了奖励部分调升到总则之外，处罚的部分则正名为"法律责任"，这就是提示人们要把被动的接受处罚转变为自觉的奉公守法的积极行为，更显出法律的尊严。这一章由原法的3条增至16条，给予县以上文物行政部门以充分的执法权，这是新法修订中与时俱进的最好体现。今后，文物行政部门既有管理权，又有执法权。解除了过去在行使管理权中深受制肘之困。同时，新法中对执法者的违法行为同样列有追究责任的规定。

以上是本人学习新修订后文物法的一点初步认识，当然因水平所限，对有的条文还未能理解其真切和含义。比如关于维修文物单位，新法有规定"不改变文物原状的原则"，本人以为，一个历史久远的文物单位，经过历代多次的重修、重建，直到进行维修动工之前，都存在着它的"文物原状"，维修中应以初建或经过修建，或目前存在的现状作为其"文物原状"？似较难掌握；又如，发掘单位要向文物行政部门报告考古发掘的结果。这个"结果"的要求颇有弹性，因为，将发掘经过及主要收获写出一个简明扼要的汇报，也可说是"结果"，写一篇简报或完整全面的调查报告或发掘报告，同样也是"结果"。对于发掘单位来说，简与繁，一般要求与学术要求，在付出的人力、物力、时间上就大不一样了。抢救性发掘比喻为消防救火队，考古单位的发掘资料严重积压问题，是普遍性的，长时期存在，而又未求得解决妙方的一个老大难问题了。所以这个"结果"的要求如何，有待明晰。

原载《广州文博（第三期）》，2003 年。

广州秦汉考古三大发现侧记

——文物保护与城市规划建设例举

编者按： 麦英豪同志这篇文章是应广州市规划部门准备出版的《广州规划五十年》之约而写的，经征得作者同意在本刊发表。广州文物保护工作的五十年，取得很大成果，其中不乏成功的经验，亦有深刻的教训。文章抓住秦汉考古三大发现这个典型用作例举，详细记述每个重要史迹的发现、发掘和保护的历程，见人、叙事又见物，从中读者可得知既有顺利的，亦有一波三折的，还有由于领导的重视与支持，许多难点问题得以迎刃而解。这些成果得来不易，相信读者通读全文之后都会觉得其中至关重要的一点是，作为文物工作者一定要有"责任在身，当仁不让"的责任感和执着的专业工作精神。一个城市文物保护的成或败，一定关乎该城市建设规划的得与失的。

广州市规划局徐晓梅副总工程师约我写一篇有关城市规划建设与广州文物保护关系方面的文稿，收入戴逢同志主编的《广州规划五十年》的巨著中，她特别交代我一句，要求实话实说，至于文体与字数悉随尊便。我想，这篇稿约是要承诺的，哪怕是不自量力也罢。因为广州市文物管理委员会自1952年9月正式开展办公之日起，本人就是这个单位的一员，在过去的半个世纪中，虽然本人主要从事田野考古方面的工作，但也有参与一些地上文物的保护，可以算是广州文物战线的一员老兵了。总的来说，一个地方文物保护工作的得失，也是该地方规划建设得失的一个重要方面。弹指五十年，回首往事，写点什么呢？我想，在广州的五十年文物保护工作中有秦汉考古三大发现，是最具代表性的，只有择此重点，选这典型，通过较为详尽的说明交代每个重要遗迹是怎样发现的，是如何开展发掘的，又是怎样在文物与规划部门的通力合作下得以妥慎保护的，好让读者从这些典型的例举中或可窥见建国以来广州文物保护方面的全豹。

一、引言

文物是历史的载体，每一座城市的文物都是它的历史发展见证。

广州是国务院公布的第一批 24 座全国历史文化名城之一。她的建城历史是从秦始皇统一岭南，设南海等三郡，以番禺（今广州）为南海郡治之年算起，至今已有两千两百多年。文献记载与考古发掘所见，都可说明二千年来广州城区日渐扩大，而城区的中心无改。今天的老城区马路纵横，里巷密布，但仍保留着明清时期城厢的坊里布局。

1961 年国务院公布第一批全国重点文物保护单位 180 处（在广州市区内的有三元里平英团旧址等 5 处），中央首先将重要的不可移动文物列为单体保护。1962 年广东省人民政府公布了我省第一批省级文物保护单位，接着 1963 年广州市人民政府公布了广州市第一批市级文物保护单位。自此之后直到 2003 年，在广州市辖区内已公布保护的各级文物保护单位共 219处。其中属全国重点文物保护单位 19 处（21 个单位），省级的保护单位 41 处，市级的保护单位 159 处。在广州市委、市政府的重视支持下，这 219 处文物单位由文物行政部门与规划部门紧密协作，划定了它的保护范围与建设控制地带，并分期分批地上报省政府批准，使这些文物单位在城市的经济建设和现代化的进程中，处于有效的保护。

文物要保护，这是无疑的，但城市也要向现代化发展，要进行经济建设，保护的要求与建设的需要两者往往是会产生矛盾的，怎样解决？当然，文物保护并非凡古皆保，这是古今中外都无例外的。所以，文物部门长期以来都认真贯彻执行"重点保护、重点发掘"，"既有利于文物保护，又有利于经济建设"的"两重""两利"方针。每当一方要保、一方要建的矛盾凸现时，双方就必须要以长远的、全局的利害得失去衡量了。1960 年陈毅副总理在主持国务院 105 次全体会议，审议第一批全国重点文物保护单位时强调指出，在文物保护问题上"宁可保守、不要粗暴"的至理名言，因为错保了一处文物单位很容易纠正，但破坏了文物，其损失是永远无法弥补的。他对文物修缮问题还提出"一定要保护它的古趣、野趣，绝对不允许对文物本身进行社会主义改造"的重要原则。当然，保与建的矛盾解决，最终只能是要求其中的一方作出让步，承受或大或小的损失。比如，湖北大冶铜绿山铜矿，生产中发现春秋至汉代的采铜矿遗迹，广州南越王墓、南越国宫署遗址和秦造船遗址的三大遗址也是在建设工程中发现，保与建的矛盾十分尖锐。但最终取得原地原址保护，是经过认真权衡其轻重与利害得失关系的结果。当然，这是好的典型。而重要文物史迹遭受建设性的破坏及无知的破坏，例子也有不少，就在广州地铁一号线动工之日，中山七路的市级文物保护单位黄家祠和德政北路的内保单位八路军广州办事处一下子就被拆迁部门夷为平地，损失无可补回，教训实在深刻。

文物保护问题与城市规划建设最直接关联的，主要是保存在现地面上的各种有价值的历史建筑、文化史迹（不可移动文物），还有考古发掘中发现深埋地下的重要遗址、古墓葬等的保护问题。一般而言，存在于地上的不可移动文物都是看得见的、摸得着的实体，在规划建设中，这是已知数，当它碰到与建设有矛盾时，一般而言是可以避让的。但深埋在地下的文物遗迹就不同了，这是未知数。特别是在老城区的中心地段，只要动土兴工，都会碰上历代层层叠压的遗迹、遗物（图一）。这种情况事前很难准确预见，就算是借助机械的钻探，或考古常用的洛阳铲探查，或者运用现代化科技（如雷达、红外线探测、物理探测等手段）也解决不了问题。因为埋在地下的古代遗迹遗物主要是各历史时期的建筑构件，如砖、瓦、木、石等器的实体和生产、生活垃圾等，只用钻头、探铲以至电磁波都是很难准确回答地下的历史年代与文化内涵的。如果改用考古方法，即局部的开探沟、探方，也只能了解到局部的情况，唯有大面积的考古发掘，才能得见全貌。市规划局从 1983 年象岗南越王墓的发现后得到启示，于是要求文物部门在城区内（特别是老城区内）的地图上标示出可能有文物埋藏的地点，还有老城区之外的四郊已发现有古墓（或有可能是古墓区）的地点，也要详细标出。这样一来，就化被动为主动了。因为如果要在这些地方动土施工，必须先做考古探查，摸清地下情况，以确保地下重要遗迹及时得到保护。在确认已无重要的历史遗迹，然后才建设施工。因此要求建设单位凡要在老城区动土施工的，首先得考虑会有风险，即该地下可能埋有重要的历史文化遗址，而且有可能要原址原地保护的。例如，广州发现的秦汉三大遗址都是在建设工程中发现的，市政府及时作出三大遗址均要原址原地保护的决定。如果从商业开发的角度评估，秦汉三大遗址所在的地段真是寸金寸土的黄金地带。当其时，建设的一方不但建设项目告吹了，经济上也蒙受损失。但这个损失是有数可计的，而秦汉三大遗址是无价之宝，要绝对保护是无可商量的。因为广州的历史发展到了秦汉时期才进入有文字记载的发展阶段，根据《史记》《汉书》记载，当时岭南的番禺（今广州）发生过三件重大的历史事件：一是秦始皇派遣五军统一岭南，二是汉初赵佗据有岭南建立南越国，三是汉武帝灭南越国，岭南大地回归汉帝国的版图。在 20 世纪 70 年代发现的秦造船遗址，80 年代发现的南越国第二代王的陵墓，90 年代发现的南越国御苑和宫殿遗址，恰恰就是岭南早期发生的三件重大历史事件所遗留下来的最重要遗迹。今天的考古发现与文献记载二千年前的史事完全吻合，这样重要的历史文化遗迹，是金钱可以买得来的吗？所以，三大遗址是无价之宝，要绝对保护，是无可商量的理由在此。

　　笔者有幸，曾主持和参与了这三大遗址的发掘与保护工作，深感它位处祖国南陲，具备了天时、地利与人和的有利条件，每次发现都得到市委、市政府的支持，又有文物主管和规划部门坚持不懈的贯彻执行"保护为主、抢救第一"的方针，及时地较完满地解决了三大遗址在保护与建设问题上的矛盾，因而得到国家文物局的充分肯定，认为是改革开放以来文物保护的典范，受到各方赞许。1996 年 11 月，这三大遗址被国务院列入第四批全国重点文物保护单位公布保护。诚然，一次重大文物的发现并得到妥善的保护，必然涉及到许多方面的人和事，所以本文的介绍不可能是全面的、完整的，只是根据本人的所做、所见、所闻，从这个侧面做个记录，让读者知道它们的保护历程，其中有顺利的时候，亦有一波三折甚至激烈的争拗。由此可见，经常性的宣传文物保护，提高人们的文物保护意识是多么的重要！

二、南越王墓的发现、发掘与建馆

1983 年在大北象岗发现的第二代南越王墓，是华南地区规模最大，随葬物最丰富，墓主人的身份地位最高的一座彩画石室墓，被称为 20 世纪 80 年代中国五大考古发现之一。该墓保存完好，未遭盗扰，墓主在《史记》有传，至为难得，出土物以汉文化为主，兼有南越、瓯骆、楚、齐鲁、吴越、巴蜀、匈奴等多种文化内涵共存，还有非洲象牙、西亚的焊珠金饰、波斯的银盒、主产于红海的乳香等海外舶来品。这对研究秦汉时期岭南与中原政治、经济文化关系以及海外交通具有重大价值，发掘后，市规划部门将象岗山上所余的 1.4 万平方米地皮划为"西汉南越王（墓）博物馆"建馆用地，1993 年全面建成开放。

象岗古今　在广州老城区北面的越秀山，是白云山向西南延伸入城区的余脉。越秀山由 7 个石英砂岩的山岗组成，主峰越井岗海拔 68 米，象岗紧靠主峰的西侧，是越秀山西边最小的一个山岗，海拔 49.71 米，因其南北纵长，形似巨象，故名。越秀山的名字又有番山、越王山和观音山的别称。明代羊城八景有"越秀松涛"，说明越秀山的名字在明代已经通称了。明初，因山上建有"观音阁"，所以"观音山"的俗称流传至今。象岗的西边是广州古代两大湖泊之一的芝兰湖，这个湖是广州坡山半岛以西的古海湾，在唐代还是珠江河上一处天然的避风塘。到明代，芝兰湖淤塞了，现在象岗西边的兰湖里是其遗址。象岗是什么时候成了一个孤立的小山岗与越秀山分开呢？据《南海县志》载，明洪武十三年（1380 年）合宋代的三城为一，开辟城北山麓，拓北城八百丈，"凿象岗以为北门"（《广州城坊志》卷三），这时的象岗山就被"切割"开来了，因凿山而扩宽了的大北直街（今解放北路），在明、清以来一直是出入城北的主要通衢。

象岗历史上自晋以来曾有固岗、席帽山、中和山、象山等多种称谓，故老相传，固岗上有"朝汉台"，是南越王赵佗归汉以后"筑台以朝天子"的礼坛。唐时的广州刺史李岨在这岗上建有"余慕亭"（"慕"者，慕赵佗心向汉也）。南汉时，在岗上建郊坛。到明代，岗上古木参天，成了广州府城北面"伐木丁丁"的采樵处，"象岗樵歌"成为当时的羊城八景。及清，顺治十年（1653 年）于象岗山顶筑"拱极炮台"，是为巩卫广州城北的四炮台之一。20 世纪 50、60、70 年代，象岗一直是"军事禁区"，70 年代之后解禁。仅数年间，在岗麓建起一幢幢的公寓楼房，象岗的东面沿解放北路，商店鳞次栉比。1981 年动工兴建的中国大酒店，把象岗北麓削平，至此象岗仅剩下岗顶的最高"峰"，成了一孤堆了。

梦想果成真　20 世纪 80 年代初，象岗山上又成了一处热闹的工地。白天，重型的推土机在岗顶推土，轰隆隆的机器响声不绝，入夜，一辆辆的大卡车装满日间"推"出来的岗土，穿梭往来，直到夜深十二时之前才得安静下来，如是者前后有三年，把象岗"高峰"的孤堆削去 17 米多，推出了一块约有 5000 平方米的地皮，广东省政府办公厅基建处计划在此建几幢公寓楼房。正当北面的第一幢大楼开挖墙基，三条墙基都挖深到 0.9 米，就碰到了这座大墓的顶盖石板。那天是 1983 年 6 月 9 日，我上班不久就接到工地负责人邓钦友打来的电话说，开墙基挖到许多石头，怀疑是座古墓，工人想撬开石板，我制止了，请即派人来看看。因为这天上午我要参加文化局召开的一个会，先由小冼、小陈，后来加上小黄三人前去了解情况，不久，接到小黄的告急电话："老麦，发现有大石板的范围很大，很平整，从其中一条石缝可以看到下面有石头建筑，弄不明白，围观的人多，你赶快来。"当我推着自行车沿象岗上山的沙石路到达工地时，第一眼是遍地沙土，正在开挖的两竖一横排列的三条墙坑下面都露出大石板。小黄正趴在石板缝边向下观察。"看到什么吗？"我问，"有一堵石墙，下面好像是个铜鼎，老麦，你来看。"小黄把位置让给了我。我看到一堵红砂岩石砌筑的直墙，墙面好似还有红黑色的斑纹。因时近中午，下面漆黑一团，借助强烈的直射阳光，在石墙壁面的一点反射光线下，可以看到有一个侧卧着的铜鼎。"难道又发现一座明代石室墓？"我感到惊讶。小黄也觉得惊奇。因为 1964 年我们在东山铁路工人文化宫辟建球场工程中，发现过一座明弘治八年（1495 年）广东市舶太监（海关总管）韦眷的墓。该墓是仿王室规制建造的地宫，用红砂岩石建造，棺室设两扇大石门封闭。现在眼下所见，是一座古墓无疑，那个铜鼎可能是件仿古的祭器。想到可能又要麻烦规划局了，要么，这幢大楼易地建设，或者采用大跨梁结构，让古墓留在地下保存？这时，邓钦友科长拿来一个手电筒。我们拿了手电筒伸到石板宽缝之下，但无济于事（因头伸不进去，视线不能转弯）。围观的人越来越多，勘察要暂停，将石板缝覆盖了，然后叮嘱邓科长，工地要保护现场，我们晚上再来。待到天色已黑，还是我们 4 人，骑上自行车直奔象岗工地。邓科长和几位工程师也许是出于好奇，早已在等着我们。我们把上午在宽缝口上面覆盖的临时封护板揭去之后，又从宽缝的另一端用竹签沿石板边沿清理，很快就捅出一条有 2 米多长的尖长形窄缝，其东头一段宽约 30 厘米。当一支装有 5 节电池的手电筒伸到缝下，专注的两眼随着手电筒光的移动，铜鼎看得清楚了，令我吃惊的是还有鼎、小盒、瓿等几件南越国时期的陶器。我一时控制不了，大声喊起来："啊，这是南越墓！"小冼个子矮些，他接过我的手电，一手撑着石板的边沿，一手拿着手电筒，趴在地上，看得比我仔细多了。"糟了，前面有大量泥沙卸入，堆成坡状。后面一道大石门，两个门环已失去 1 个，旁边还有一条尖长的三角形石条，斜跌在石墙边。看来，这墓又被盗过了！"听到小冼这话，大家顿感一惊。当小陈、小黄观察后，小黄指出：我看下面并未被泥土填满，而且看到前面两边各有一个门洞，可以让我下去探个究竟。我想，既见到南越陶器，年代已清楚了，但是否被盗对下一步的清理与发掘都是个关键，能及时搞清楚是最好的。下去，安全吗？我有点犹疑起来。邓科长他们好似看出了我的担心，告诉我们：工地在开挖墙坑之前，要平整地盘。十几吨重的推土机在这上面来来去去的辗压，未见有下陷的地方。我想，今晚我们4人要数小黄体形最瘦长，可让他先进入古墓"探险"。很快，小黄已找来一根长竹竿，就想沿着竹竿往下滑。"慢着，下面的残好情况未明，要千万注意安全第一。为了保护墓内迹象，你下去后，尽可能进退都踩同一脚印。听到声响或闻到有异样气味，马上身靠墙壁往回撤。"我小声地叮嘱他。一根长竹竿插入墓室，小黄身挎手电筒，在小冼、小陈的帮扶下，沿着竹竿一下就滑下去，转眼不见他的身影。过了好一阵，未见声响。"情况怎样，回话！"没有回响，"情况怎样，快回话！"我急了。过了好一阵子，"没有被盗，有宝，太多了，太好了！"听到小黄因激动而有点震颤的回话声。我们围在石缝口的几个人都"嘘"了一声，由紧张回到平静。我嘱咐小黄认准位置，带上一两件器物用作鉴研。小黄沿竹竿爬上来了。他带着激动、兴奋的心情对我们说：墓室两边的石墙有彩画，墓顶大石板的彩画很精彩，但当中已断开，有很大的错位，好像要塌下来似的，很吓人。前面一道石门，门缝打开个大口了，泥土从开口卸入。门后两边各有一个耳室。不知怎么搞，手电筒在下面不怎么亮，东耳室只看到墙脚下有一列排开的铜编钟，还有石编磬。里面塌落的大石挡住了，看不清楚。西边的耳室在门口处有许多小铜鼎、陶罐、陶鼎等，排列整齐，往里便看不清楚了。小黄指着板缝口说：下面一道紧闭的石门，门上有一个铺首被塌下的石块打落了。"可以肯定，这墓保存完整，未被盗过。"我们听得着了迷，小黄最后这句铿锵有力的话把我们惊醒似的。"探险"得来的信息表明，古墓的重要性凸显了。于是与邓科长等商定，挖墙坑的工作要暂停，全面勘查清楚后，要立即上报。

那天晚上，我可能是太兴奋了，老是睡不着，想了很多很多。想到自己踏入市文管会之门至今已30年，在广州从事田野考古，做梦都想能碰上南越国赵佗的墓（或其子孙的也好），能参与发掘是最大的幸事。但五六十年代我们在华侨新村，后来又在淘金坑的白云宾馆等工地发掘了多处南越国时期的墓群，有大官的、有中小官吏的，亦有地位低微的平民墓，但始终未碰上南越王的陵墓，早在五十年代六十年代我们做调查时也想登上象岗作个调查，但一个"军事禁区"的大牌给挡住了，中国大酒店在象岗北坡平土方时，我们去过几次，未有什么发现，现在这座石室墓根据已见到的陶器可以确认是南越国时期的一座大墓，前所未见。南越王国93年，有5主，第四五主在位总共才3年，兄弟阋墙，被杀死的，不会有陵。一主赵佗、二主赵胡、三主赵婴齐的陵墓都在广州，这三座墓在哪？就目前所见最早的地方史志中有晋人王范《交广春秋》（已佚），说赵佗死有秘奥神密之墓，葬积珍玩。五世纪刘宋时沈怀远的《南越志》说，三国吴时曾访凿佗墓，卒不可得，但掘到南越三主婴齐的墓，得玉玺、金印、铜剑之属。晚及北宋郑熊的《番禺杂志》说，相传佗死营墓数处，及葬，丧车从四门出，故不知墓之所在。传说，曹操死后有七十二疑冢，如属实，则赵佗还是曹操的祖师爷哩。今次，在象岗勘查的这座石室墓，通过发掘之后定能确认是南越的某一代王，广州文管会考古队的同仁们，我们的梦想果然成真了。

　　赴京汇报　　领导发话　经过 3 天的地面勘查，墓坑周边已清楚了，古墓的平面像个"土"字形，南北长约 11 米，东西横宽 12 米左右，墓道在南面，尚存长 10 米左右（图二），填满大石头，用意在于防盗。后（北）面的墓室分前后两部分，各设一道石门关闭。这是岭南地区首次发现西汉前期的大型彩绘石室墓。发现与勘查情况迅速上报广东省文管会，同时电告国家文物局，真没想到第二天就接到国家文物局的复电：来电过简，请即派专人来京汇报。6 月 14 日晚，市文化局副局长饶志忠和我到了北京。出发前，我抓紧时间与三位考古队员商定，要求他们在墓坑以外进行拉网式的钻探，只要可以打下"洛阳铲"的地方都要探查，要摸清在古墓外是否还有其他陪葬墓。15 日上午，我们到了国家文物局，沈竹副局长和谢辰生秘书长等同志接见了我们，当他们听完有关大墓发现与勘查情况的汇报后，又仔细的观看了我们从墓中取出的一件玉璧、一个陶罐、一个铜编钟之后，沈竹副局长指示：这是我国汉代考古又一重大发现，不亚于马王堆，要组织好人力，要按规定办好报批手续，进行科学的发掘，国家文物局还要派人到现场详细的了解，以便协调各方，做好准备。接着谢辰生补充说："关键在于夏鼐，只要老夏同意发掘，就好办了。经费问题国家文物局可以拨助。广州的同志认为墓主是南越国某代王，我看，这不急，墓主会自报家门的。老麦，只要你当发掘队长，我们就会批准，并由你来组阁（即挑选发掘人员），但你要负法律责任的。"我接着问："要负什么法律责任？""一要保证在发掘期间的人员安全，二要保证文物的安全，三要保证在发掘后尽快写出报告交付出版。"老谢扳着手指很干脆的告诉我。"那当然，我们平时的发掘也有这些要求，我愿承担责任。"我也干脆地向国家文物局领导作出承诺。

　　下午，我们匆匆地赶到中国社会科学院考古研究所，这时才知道夏先生出席全国四届人大会议，不在所里，只有拜托副所长王仲殊、王廷芳（原郭沫若秘书）和研究员徐苹芳同志，请他们晚上向夏先生转告广州发现南越国石室大墓的情况。第二天，王廷芳副所长给我们详细地转达了夏先生的意见，他说，夏先生认为：这是中国汉代考古又一重大发现，不下于马王堆和满城汉墓（按，发现第一套完整的金缕玉衣的中山王刘胜墓）。考虑到墓室已暴露出来，要及时清理发掘，做好保护。他接着说，夏先生还强调指出："我们要从中国考古事业上来考虑这个问题，一定要把这座汉墓的事情办好，不要把它看成是个额外负担，要看作是考古所义不容辞的责任。如果人力上一时有困难，有的工作要停就停，要抽的人就抽，一定要把这墓的发掘做好。请通知广州的同志赶快写个材料，通过省报上来，由文化部和社会科学院会衔报国务院，待批准后进行正式发掘。考古所要选派人与地方的同志联合组成发掘队，但队长要由地方的同志担任，所里的同志也可参加。发掘的出土物考古所一件不要。为了保证质量，早日把发掘报告出版，所里要派人参加编写，出版时考古所的名字要排在后头……"我们既高兴，又为夏先生这番话所感动。他看得深，考虑周详，尊重地方的同志，发挥地方的积极性。对细微的事如出版考古专著的排名先后也想到了，充分体现了作为中国考古学界最高学术机构的领导人所具有的眼光、胸怀与谦逊的态度。我们还意识到，这是社科院考古所的队伍第一次跨越五岭到广州来，这对今后我们广州的考古事业必有良好的影响与推动。

当谢辰生同志知道夏先生的意见后，高兴的对我说："老麦，这回好了，由文化部与中国社科院联名上报国务院审批，这是列入国家计划的发掘，升级了。"我们马不停蹄地赶到四届人大广东代表团驻地（万寿路中央组织部招待所），向广州市委书记许士杰、代市长叶选平详细汇报象岗工地发现南越大墓后，向国家文物局和社科院考古所汇报以及局领导和夏先生的意见。两位市领导听后，商谈了一阵，叶代市长发话："通知工地停工，请中央派专家来指导。先封锁消息，注意保密，做好现场的安全保卫工作。象岗以后不要再建什么了，这处墓地如要保护，请规划局另划地给省的单位迁建。"许书记又嘱咐我们："回去请把我们的意见告知（朱）森林同志（副书记）。"我们返回广州后立即向朱森林同志汇报了赴京的工作情况。第二天，他在象岗召开现场会，贯彻许、叶两位领导的指示，并决定成立象岗汉墓发掘领导 5 人小组，由欧初同志担任组长，并研究部署了发掘前的各项准备工作和相关事宜。

难忘的 40 个日日夜夜　几天来小黄、小陈 3 人在古墓周围进行钻探的结果，未有新的发现。古墓什么时候动工发掘？考虑到时当盛夏，天气酷热，对某些出土物会有不利，加上这个时候又是多台风的季节，动工日期定在入秋之后为宜。但各项准备工作抓紧进行，经过了近 40 天的张罗，已是万事俱备，只待东风了。7 月 1 日，国家文物局谢辰生、文物处长黄景略等 4 位同志到了广州，他们带来了国务院同意发掘的批文，还有考古发掘证照。在国家文物局的指导和帮助下，成立了"广州象岗汉墓发掘队"，由麦英豪任队长（市文管会），黄展岳（社科院考古所）和杨式挺（广东省博物馆）任副队长，下面分设发掘组、技术组（拍电影、录像、拍照片、文物修复保护等），保管组、行政保卫组共 43 人。发掘工作分为前后两段进行，8 月 25 日正式动工。至 9 月 13 日整 20 天，完成古墓的前半部分包括墓道、前室和东耳室、西耳室的清理工作。经过 3 天的小结和休整，第二阶段由 9 月 17 日至 10 月 6 日，清理主棺室、东侧室、西侧室和后藏室，最后以墓主人的"丝缕玉衣"抬出墓室，田野清理工作宣告完成，在这 40 个日日夜夜中，考古人员的工作是紧张的，心情是兴奋的。虽然亦时有困惑，但更多的是惊喜，下面记录发掘中的若干镜头：

1. 旗开得胜

8 月 25 日早上八点之前，考古人员已齐集工地了。一座搭建不久的油毡大棚把墓地覆盖住，只有墓道伸出大棚之外，其旁停着一辆昨日才进场的大吊车，吊臂高悬在墓道上方，垂下的钢索捆缚着一块重达 2 吨的大石头。发掘领导小组的成员到齐了，许士杰、叶选平等领导也来了（图三），大家都站在墓道两边，看来都是想要亲眼目睹广州考古史上这个有纪念意义的开挖镜头。八时半，队长一声口令："发掘正式开始！"，接着是一声哨子长鸣，被捆住的大石头徐徐升起，霎时响起了一阵热烈的掌声。今早的开掘仪式有个最大的特点，现场没有摆上桌椅，没有悬挂横额，没有标语彩旗，更没有报社和电视台的记者，也没有围观的群众，因为市领导早已决定，为确保安全，要封锁消息，以保障发掘现场不受干扰，传媒根本不知道这里发生了什么。就算是附近群众听到传闻到来，也会被在外围荷枪实弹的警卫人员挡回去。

墓道填塞了许多石头，在吊机的协助下，很快就全部被清去了。在墓道斜坡的尽头和墓门外发现两个殉人，大概是为墓主人守墓的卫士。还有许多铜器和陶器，呈上下两层叠压排列在墓门的西侧。队员小陈发现陶瓮的肩部有一个方形的戳印，"有文字！"小陈用竹签把土拨开，"长乐宫器"4个篆文的戳印清楚显现，接着在另一个陶瓮上也有同样的戳印。西汉王朝的第一座宫殿就叫"长乐宫"，当宫殿落成之日，汉高祖大宴功臣。而今发现"长乐宫器"陶文，我们得到了第一个历史信息：墓主人的身份很高。有的队员说是开门红，又有的说这是"旗开得胜"！

2. 悬空发掘

墓道清理完毕，在吊机的隆隆声响下，墓门上的前额石，前室的顶盖石，墓门的两扇石门板都逐一吊离，移放在墓道的外侧处。小冼负责前室的清理工作，他说："险象排除，一天都光，做得安心了。"前室清理结果：西边有一辆漆木车模型，已朽，车中原铜构件散落各处。东边有一位殉人，除了发现一串佩饰，一面铜镜之外，最特别的是在殉人的胸腹位置发现一枚"景巷令印"四个篆文的鱼纽铜印。从印文知道，这位殉人是个"中人"（太监），他既是墓主人的管家，又当御者（车夫）。

前室清理结束，给清理东、西耳室提供了一个活动空间。话虽如此，要进入西耳室清理实在困难，因为里面堆满随葬品，密密麻麻的，几乎无立足之地。我在为进入室内清理要想出"善"策而感十分棘手之时，考古所的白荣金同志提出一个"悬空发掘"的方案。原来他早胸有成竹，他是在前室中间叠放几个木屑麻包作墩子，上面放上一把长竹梯，像个跷跷板，由两位大个子加上国家文物局来参加发掘的李季坐到竹梯后头，竹梯长的一头伸进室内，白荣金沿着竹梯慢慢地"爬"进去，他在室内的南北两边的石墙下各清理出3个"落脚"点。外边的人员传递来砖块，在每个点上叠起砖块形成短柱，在上面横架一根厚木枋，这样就组成3个"∩"形的底架，再在架上放上木板，铺上草席，一个高出地表半米左右的工作平台搭建成功了。考古人员俯身或全身趴在平台上，头朝下，进行清理工作（图四）。室内一点自然光也没有，全靠4支白炽灯照明。9月上旬的白天气温三十六七度，再加上射灯的高温，负责这个室清理工作的白荣金、李季和陈伟汉三人汗流浃背，俯身干十来分钟就喘不上气来。李季后来回忆这段历程时，满怀复杂的感情说："谁要是觉得考古这个工作很浪漫，就该在这里呆上几天，准确的说是掘几天或趴几天，因为工作面远低于蹲跪面，干一会儿就感到大脑充血，恨不得一头栽下去……"真实地讲出了这一段工作的艰辛。本来已有在室内发掘要轮班换人的规定，但谁也不肯"让"出自己的工作位置。因为在他们拨弄的小竹签下发现的"宝"真是目不暇接。当白荣金首先将在最上层的炭化丝织物一堆一堆的放入大铁箱移走之后，小陈的竹签拨去几块漆皮，就露出了一堆精巧无比的玉剑饰，共47件，接着又清理出两个箭囊，里面插满箭杆，一把几无锈蚀的青铜短剑，还有皮甲胄、铁甲胄各一件（当时在场的黄展岳副队长还疑为是清理出墓主人的"武库"）。接下来，李季又发现了几块玉璧，几块玻璃璧和几面大铜镜（其中一面是漆绘武士斗剑图画的大圆镜），还有玉印、绿松石印（可惜没有刻字），特别是考古首次发现的圆雕玉舞人，舞者口微张，身躯呈S形，婀娜多姿，似正在边唱边甩袖起舞（图五）。史载，汉高祖最喜欢跳长袖舞，这不就是当日的历史场景吗？后来又陆续地发现了两箱铁工具（内装有斧、凿、锉刀、锯、刨刀、榔头、镰刀等几十件），还有鱼钩和大批陶网坠，一个木箱内装有重达几斤的墨丸和磨墨的砚与研石，另一个箱内装着5支原支的大象牙（后来经鉴定是非洲象牙），但木箱已朽坏了（按：用石膏固定，整取运回，后来怕会呈片状松散，至今仍未敢打开）。令我们惊愕的是，发现几枚"帝印""眛"等字的封泥，掉落在一些器物的旁边，还有两套捣药用的铜杵臼和十余斤的五色药石（包括雄黄、紫水晶、硫磺、赭石、绿松石）。封泥的"帝印"是谁？南越一主赵佗称武帝，二主赵胡称文帝，三主赵婴齐也可能称明帝。我们原来推测这墓主人可能是南越的某代王，有苗头了。这些五色药不就是秦始皇、汉武帝以来到晋代的士大夫都想从服食中得长生的"长生不老"药吗？在这样的特殊环境下进行清理工作虽苦，但每小时，每刻钟都会在你的竹签下发现异宝奇珍，作为考古专业的一员，谁肯离开位置去休息一下，因为这样的幸遇，一生能有几回！

东耳室的清理工作几乎是与西耳室同步进行。这里有3套铜编钟，2套石编磬排列整齐。还有六博棋盘和水晶、玉做的棋子，琴瑟乐器，壶、钫、提筒等一批大型铜酒器，套叠在一起。令人感到困惑的是，室内出土两把铜戈，其中一把刻有"张仪"的名字。苏秦、张仪同是战国时秦国的名相。张仪任秦惠王相时，下距南越国有110年左右。难道墓主人用了这件古董陪葬？在8件为一套的铜编钟（句鑃）上铸刻有"文帝九年乐府工造""第一"至"第八"的编号。南越称"文帝"的是第二赵胡。如是，这套句鑃是墓主的自用器了。如果是"文帝"的赏赐物，则墓主为第三代王婴齐，是极有可能的，疑团有待下回分解。

3. 群儒束手　石匠启门

墓的前半部分清理工作结束后，接着转到关键的后半部分了。两扇紧闭的石门把考古人员挡在外头，真的是不得其门而入。我试着双手一推，纹丝不动，再喊来两个人合力推，仍是岿然不动，又试用小工具在两门的上轴处探查，原来石轴外套着铜圈，与门楣石板一起锈蚀卡死了。考古组召开了小组、大组、全体人员"诸葛亮会"，大家都来出谋献计。有提议用吊机把墓室顶的盖石板逐一吊离移开，清理结束后，再复原；有提出从侧边或后墙处开挖一个竖井，然后从外面拆开墓室部分石墙，只要打开一个出入口就行；亦有提出试一下在两扇石门之下挖一条可容一人弓身入内的隧道，清理完了再想办法开门……第一计要揭开墓室盖石，不可取，因为东西两耳室已见到盖石都有纵裂和错位，起吊盖石太危险了，对墓内的文物安全毫无保障。第二计要从旁开凿墓室石墙，现在连墓内的结构还未弄清，不可轻举妄动。第三计倒有一点启发，因为我们发现两扇石门下的石门槛是由两段并接成的，西边的一段试撬一下就起来了。顺着这个位置挖出一条仅可容身爬入的"地道"，李季抢先第一个爬入去，接着小黄、小陈也爬入去，他们侦察一番，出来向大家报告：可惨了！正中的主室，有五六块大石头是从顶上掉下来的，墓主人的随葬物大概十有八九被砸了。东西两侧室的底是平平的，只见有小量铜、陶器物。主室后面由两石柱组成后藏室的门口，里面堆满器物。专责录像的韩悦听了他们这么一讲，可急了。他拿起摄像机从"隧道"的坑口往里送，两手在坑底撑了几下就进入墓室了。老韩出来，轮到摄影师姜言忠入内。韩、姜二位就这样把在清理发掘之前的后部墓内实况摄录下来，真是原汁原味的第一手资料。大家围坐着聚精会神看完老韩抢拍的录像，如何启门，还未得良策。这时，我从石室墓联想到石头加工，又想到福建泉州的石作工艺出名，而广东五华县的石工也是一流的啊。广州园林局有支石工队，他们多是五华人，何不请他们派位师傅来看看，或者有办法呢？很快把石工队的陈队长请到现场。我向他讲明要求：目的只有一个，打开石门。但不能有破坏性机械操作，要保护石门完好。更不可用酸性等有腐蚀性药物去剔除门轴上铜圈的锈层，否则石门上会留后患。只见这位队长不答话，先在石门上下探摸一番，再从"地道"坑爬入室内。过了一阵子，他出来说："明天我带人来，按你们的要求打开门。"我真不敢相信地问："老陈，有何妙计？""无可奉告，明天自见分晓。"他微笑着给我一个摸不着头脑的回答。第二天上午，陈队长带了二位助手来了，还有一套起重的铁葫芦和几根长木。二位助手先用长木搭了一个起重架，系上铁葫芦。老陈一人先爬入室内，用小铁锄在石门下刨了一阵子，见到石门板动了一下，"把钢丝绳和麻袋传入来，进来一人，扶稳门板！"老陈在里面指挥他的助手。他又继续在石门下刨土，石门板顺着门框徐徐下沉了。两人利索的垫上麻包，缠上钢丝绳。在门外的助手不停地拉动滑轮，石门板向前倾斜，徐徐上升。石门开启了！围观的考古队员向三位石工师傅报以一阵热烈的掌声。陈队长后来对我说，你们检查石门时，遗漏了一个重要的关键，这扇石门板套着铜圈的上轴原已断了，有一道裂纹，你们未察。下轴在门钻石上还加上一个铜碗垫承，因锈蚀把下轴与门钻石连结在一起了。我只要把门钻石下面挖空，因门的上轴原已断裂与门楣石分离，门板必然下沉。但东边的那扇门板，它的上轴因锈蚀与门楣石板连结着，下轴的铜碗垫也锈死了，是动不得的。这就是我昨天"无可奉告"的秘奥。我们恍然大悟，真是实践出真知。

4. 自报家门有玉衣

主室的大门洞开了，在室内铺上几块厚扳，考古人员踩在板上操作，先把墙头上掉下来的五六块大石（东西两边墙头伸出的挑檐石板）移去，见到墓主的棺椁（灰痕）在正中，四周都有随葬物。东边石墙下有一座漆木大屏风，已朽坏，就地散落了。西边墙脚下放着成捆成束的铜、铁兵器。北头有 3 个大盆呈一字横列，在两扇石门之后的一段距离处，地上散落着许多象牙残件。

李季的工作位置在棺椁足部，这里有一大堆陶璧，他用小竹签清理拨出一块很薄的玉片，捡起一看，发现四角处都有一个小孔。"老麦，是玉衣片吗？""不错，你可再往前清理"，我指了一下棺椁的板灰痕给他回答。果然，沿着板灰的内侧，许多玉衣片显露出来了。"玉衣！"听到李季的喊声，"真是玉衣！"大家转过身来看。1968 年河北满城刘胜夫妇墓出土金缕玉衣，后来刘胜夫人窦绾的玉衣出国展览，周游世界，到了欧洲、美洲、日本……轰动世界。今日在象岗发现玉衣，可说是岭南地区有了第一套玉衣，也令人瞩目。

沿着棺椁板灰的边沿清理，玉衣的头套、上身衣、两袖筒、两手套、两裤筒、两鞋的玉片也先后凸现了，但已朽塌贴地。覆盖在玉衣上面还有多块大玉璧、玉佩饰件都很完整，周围散落许多蓝色的小玻璃珠和玻璃贝，小金泡等，还有佩剑 10 把分放在玉衣两侧。这时，想起了我们进入主棺室时，被首先移开的五六件大石，没有把这些珍宝砸碎，大概当石头掉落之时，棺椁还是完好的。真的谢天谢地啊！接着，又在玉衣的腹部位置，发现一颗玉印，阴文"赵眜"二字，还有两颗无字。往上一点又发现一颗"泰子"金印，一颗"泰子"玉印，还有一颗无字的白板印。古代"泰"与"太"是相通的，这两枚"泰子"印的主人是谁？是"赵眜"？还是赵佗之子？为什么在《史记》、《汉书》的南越传中不见有载，一连串的问号在我们队员的脑子中打转。下午到了将要收工时，副队长黄展岳在清理玉衣头套之下的一些残漆皮时，不经意的把一块黑漆皮挑起，一颗金光灿然的龙纽方印斜靠在一块大玉璧之上。突然一只手伸到金印上面，想把印翻转过来，"别动！"在旁工作的我像下命令一样冲口而出，"还未录像，拍照，还要绘图呢，不宜翻动。"那位心急的队员立即将手缩回去，"我太兴奋了，忘了田野考古规程，差点犯错。"他不好意思地自我解围。黄展岳很同意我的意见，看看手表，已过 6 时，两人商定立即收工，待晚饭后回来看这枚金印是否可解墓主是谁之迷。

大伙对今晚的饭菜不感兴趣，大概是心想着金印吧。我回到工地晚了一点，老韩、老姜拍照、录像早已完成，黄展岳看到我回来了，伸出两个手指小心翼翼地捏住金印的龙纽，霎时，碘钨灯亮了，录像机、照相机对准了老黄手捏的金印，他好像屏住呼吸似的慢慢翻转过来，"文帝行玺"四个篆字清晰的展现在人们眼前。大家"啊！"的一声，"文帝是第二代王，墓主自报家门啦！"接着一阵欢呼和鼓掌，隐藏象岗心腹深处两千年的南越王墓，今天露出了真容。我们干到午夜 12 点就收工了，现场交给了韩、姜二人，他们轮换着录像，拍彩色电影片，幻灯片，黑白片……一直忙到东方发白。

5. 夫人仆役陪侍左右

主棺室的左（东）边有一个侧室，埋葬4位夫人，都有玺印随葬，身份明确。最先发现的一颗龟纽鎏金铜印，印文"□夫人印"四字，被一块从墙头掉下来的挑檐石把最关键的一个字砸损了大半，接下来相继发现"左夫人印""泰夫人印"，都是龟纽鎏金铜印。黄淼章负责这个侧室的清理工作，一颗"右夫人玺"的龟纽金印和一颗"赵蓝"象牙印，一颗绿松石印，一颗穿带玉印都在他的小竹下逐一被拨弄出来了。"右夫人玺"是金印，又称玺，说明在4位夫人中，她的身份最高，她的牙章"赵蓝"，与墓主玉印"赵眜"表明是同姓。秦汉时在匈奴族中有左、右贤王，左、右夫人等称谓，这位贵为"右夫人"的赵蓝可能是越女而从夫姓的。4位夫人虽然挤处一室，她们的随葬物除了印玺之外，还有铜镜、珠玉佩饰及其他的铜器、陶器等，亦相当的丰富。

踏进主棺室右（西）边的侧室，第一眼见到的是5副殉人的朽骨打斜排列在室的南头，令人触目惊心。殉者没有棺木，是直接放在地板上的，而且尸体都是头足错开放置。侧室的北头有猪、牛祭牲的遗骨成堆，其中还混入了两个殉人的部分遗骸，由是得知，这个侧室共埋葬7个殉人。殉者各有一面铜镜和小量的陶器等随葬，还发现了"厨丞之印"等封泥，奇怪的是，有两件十分珍罕的器物，一面六山纹铜镜和一个铜框镶玉的卮（酒杯）也在殉者身旁发现（图六）。遗骨经鉴定，殉者都是青年的女性，大概她们都是墓主生前的御厨、侍从仆役。这4位夫人，7个仆役是要随着墓主人到阴间而殉葬的。这墓的墓道有殉人2，前室有殉人1，东耳室有殉人1（青年的乐师），东侧室殉4夫人，西侧室有7位仆役，南越王一个人死了，竟要15人从殉，在汉代是违反制度的，但他山高皇帝远，管不着。

6. 御厨珍馐

眼下发掘进程就剩下主室后面的一个只有3.6平方米的小室了。这里堆放着炊煮和储放食品的大批铜器、陶器，在炊具旁边还有不少木炭，看来为墓主人操办后事者连燃料也给储备了。当器物上面的板灰和沙土被轻轻的清扫以后，大铜鼎、大烤炉、釜、甑、鍪、大铁鼎和陶瓮、陶罐等器物叠压成堆（图七）。看来，室内原来是有木架分层摆放这批器物的，朽塌以后，成了东倒西歪的样子。这小室是南越王的御厨之室，许多炊器构造独特，器体大，数量也多，为前所未见，真令人开心啊！在炊器、容器中还清理出不少海味山珍的朽骨残骸，经鉴定有黄牛、山羊、家猪、水鱼、花龟、黄鱼、鲤鱼、广东鲂、虾、河蚬、青蚶、龟足等20多种，尤以贝类为多。其中3个陶罐内发现许多禾花雀（黄胸鹀）的残骨，不少于200个体，但全部不见头足，与今天人们的食法无异。这一发现令人联想到"食在广州"的广府人视禾花雀为席上珍馐已有两千年的历史了。其次，禾花雀是候鸟，每年秋后从北方飞来，啄食水稻吐穗扬花后刚灌浆的稻谷。墓中有如此大量的发现，表明当时是围网捕捉的。这一事实说明早在两千年前珠江三角洲一带已是稻田连片了。

早知规划为象岗公园多好 南越王墓出土文物统称一千多件（组），比如成箱的陶网坠，实数是620个，但是以1件（箱计），如果全部都以每个可数的小单位来计，则有过万件之多。这批数量大，品类多，有些是岭南仅有，全国罕见的出土文物，发掘结束后，全放在中山纪念堂后面的陈列室内。地下一层作洗刷整理加固文物之用，二楼依墓的8个部分参照墓内入藏的办法，分别采用层格放存。我们足有150多天在这里边清洗、边整理、并随时接待慕名到来参观的各方来宾，省的、市的党政部门主要负责同志几乎都来了。任仲夷同志来看了两次，他还介绍中央的一些领导、学者专家到来参观，许士杰、叶选平、朱森林等领导与规划局、财政局、教育局等部门的领导先后来参观。初期，每天的接待不停，来者都被这批两千年前的文物珍品所震撼，都主张墓室原样、原地保护，就地筹建博物馆以更好地保护和展示这些珍宝。当时由我接待的规划局施红平等同志，在纪念堂观赏了部分出土珍品后，又到象岗实地考察发掘现场和象岗工地及周围的民居、店铺状况。记得施红平颇有感触地说："这里早知规划为象岗公园多好！而今建博物馆只得10000平方米左右的用地了，真可惜！"是的，当时象岗北面的象头、象肩部分早已削平，用来兴建中国大酒店，东面岗脚沿着解放北路还有南国酒家、中国唱片公司和市冶金局属下一家公司的楼宇等临街店铺，西边由岗脚一条沙石的斜坡车道直达省政府基建处的建筑工地，车道两边已建有省政府的公寓楼宇。眼下能划为建南越王墓博物馆的用地，只有发现古墓位置这片5000平方米地皮及其北面的一块可征用拆迁的民房了。我对施红平同志的惋惜心情很理解。假如这古墓提早10年发现，那时整个象岗还未有大的建筑和一幢幢的公寓楼房，要征用、拆迁等都不存在多大困难。以南越王墓原址和博物馆为中心，并以之作为主题公园规划，是多么理想的一座遗址公园。试看，美国纽约大都会博物馆占有5条街的宽广馆址，芝加哥自然历史博物馆和法国罗浮宫博物馆等藏品一流的世界博物馆，馆舍弘大建筑一流，而且其周边都有与之相协调的宽敞环境。因为南越王墓幸得未被盗，完好保存，其石室的原建筑及出土珍宝，是广州历史文化名城的重中之重，应该把这座博物馆建好，这是我们这代人的历史责任。

世界精品规划未来 1983年12月9日象岗南越王墓博物馆的筹建小组成立了，这时距古墓的田野发掘工作结束只有61天，反映出省、市领导，规划与文物保护部门对这座古墓发现的重视。当时欧初同志是市人大主任兼文管会主任，他在1984年2月和5月亲自主持召开了两次会议，研究建馆的设计招标和预算方案。经过筛选后有三个设计方案，一是北京市设计研究院设计室李慧娴工程师提出的，一是广州市设计院莫伯治总工程师提出的，另一是广州文博单位几位美术工作者提出的馆舍的总体平面规划和效果图。最后，趁有1986年9月广州市旅游规划研讨会在东方宾馆召开之机，把三个设计规划图加上沙盘模型送请与会的人士投票评选，结果莫伯治同志的方案得票最高，得到博物馆筹建领导小组确认入选（图八）。规划局对墓址现场及其四周情况的多次实地勘查，最后把建馆用地扩大到14000多平方米。由于在这块馆舍用地中有140家住户和大小共六个商铺等单位，要征用拆迁颇费时日，建馆工作采取了先易后难的做法，分两期共10年完成。

古墓位于象岗山的中心位置，它是岭南地区目前发现有绝对纪年的，在全国也是年代最早的一座有绘画的石室大墓，有重要的历史价值和建筑研究价值。由于深埋地下两千年，构筑墓的主要是红砂岩石头，因受重压和风化，许多石板已断开和崩裂，现状显得岌岌可危；其次，古墓发现后已停工的建筑地盘（上部已被削低17米）其标高仍比山岗东面的解放北路马路面高出15米，地块不大，古墓居中，新建的博物馆大楼与掩埋地下的石室墓两者的关系怎样处理得宜？对此，莫伯治认为，应该依循1964年世界建筑师大会在意大利威尼斯通过的，保护历史文物建筑的《威尼斯宪章》有关原则进行处理，是可以解决好的。他建议，石墓是最重要的一件大文物，是博物馆的核心，首先要做好加固维修及防水处理。博物馆的施工设计图纸由华南理工学院建筑设计研究院承担。在莫伯治先生总体主持和指导下，由莫伯治、何镜堂、李绮霞、马威、胡作坚等组成的设计组，担负具体的设计任务。在莫伯治一贯倡导的尊重历史、尊重环境的设计思想原则指导下，以古墓为中心，分为古墓区与展览馆的东轴线与北轴线组成曲尺形的平面布局，结合山岗地形，依山构筑，拾级而上。位于东轴线的综合陈列楼和北轴线的主体陈列楼与中心的古墓区三组不同体形的组群，其平面与空间形成前后呼应、上下沟通，步步升高，相互扣合连接为一整体，突出了这座古墓遗址博物馆一气呵成的整体氛围。

象岗山顶已被削低17米，岗形仅东北坡仍有小片保留，且留有一颗古榕。清初顺治年间在岗顶建有"拱极炮台"，为广州城北4座城防炮台之一。设计师依循《宪章》关于"任何地方凡传统的环境还存在就必须保护"的原则，在这小片岗坡上依地势复原炮台，紧靠在主体楼前的东南一角，为该楼的山岗形势记录上不可缺少的一笔。

综合陈列楼在象岗东麓，面临车水马龙的解放北路，为总面积4396平方米的三层陈列楼，是博物馆的入口大门，正面左右两堵红砂岩石砌成有如巨阙，耸立在二层的重台叠阶的基座之上。阙门间留出一线通道，作为出入口的大门，让观众由此进入，感到有如进入墓室的幽暗气氛，但踏入大门之后，豁然开朗，迎面是一条44级石阶的磴道，正对古墓，寓意古代帝王陵墓中的神道，加上大门外蹲立一对横向相对的圆雕石虎，象征神道两旁排列的石人石马（翁仲），使博物馆的正面雄浑而厚重。

古墓遗址区在南北轴的交点上，经过维修保固和防水的处理后，在墓室上空覆盖一座呈覆斗形的防雨防晒的保护大棚。采用大型钢架结构和反光玻璃材料，在外形和材料上都与古墓有明显区分。这是遵循《宪章》不以假乱真，不以今损古的保护文物建筑的原则的。1990年6月27日江泽民总书记参观南越王墓博物馆时，对这样的处理手法表示赞赏。遗址之外的四周，以宽2.05米，全长176米的一匝连廊围绕，既是空间界限，亦给古墓划出绝对保护范围，又是这座遗址博物馆独具特色的一个"中庭"。在连廊与墓室遗址之间，披以绿茵，露出些许的岗体原岩，营造出幽美自然的观感效果。

主体陈列楼为 4262 平方米，骤看若一层，实为二层的陈列楼。首层平面当中是二十余级的台阶直达二层的平台。两侧覆盖绿草的斜坡，有如掩藏在山岗主体之中。二层的当中虚出成庭院，其北是博物馆的终端，由一座高耸的阙式牌坊与东西两翼相连，构成一个三面封闭，向南敞开的三合院式平面。门阙式牌坊呈圭形，寓意墓主人王者执圭的高贵身份。当人们站在古遗址区北面连廊向北仰望，主楼正面陛阶层层递升，连结两翼合拢于当中的圭形门阙，有直冲霄汉之感（本书图版五）。若站在二层的平台南望，遗址区、连廊与综合楼的高低层次分明，历历在目，有综观全局，高屋建瓴之势。

莫伯治先生设计博物馆的体型、装饰与用材方面也独具匠心。全馆的三组建筑外墙，采用与墓室类同的红砂岩贴面，既与古墓博物馆的含义协调，又因古墓中的红砂岩石头主要采自距广州 20 海里的番禺莲花山古采石场而更显地方特色。古墓上的覆斗保护大棚则鉴于汉武帝茂陵的封土呈覆斗形，墓主人与汉武帝是同时代的人，采用这样的几何形设计是给予它一个历史时代的符号。全馆 3 个光棚分别为覆斗形，金字塔形和券拱形的古典形式，避免了雷同，但统一安装蓝色的反光玻璃，则是南越王墓出土一批我国首见的年代最早的，蓝色的平板玻璃而着意作出的显示。馆正门左右两堵石阙，是请潘鹤教授精心设计的巨幅浮雕，下部是矫健有力的龙纹与虎纹，取材于墓中出土的玉璧纹样，为汉文化的象征。阙门两侧站立高达 8 米的男女越人，头顶日月星辰，赤足踏蛇，双手操蛇，象征两位门神，驱除邪恶，为主人守护大门之意。这是取材于出土屏风中的越人操蛇铜托座而来，为当地越文化的象征。基座下的一对圆雕石虎，来自出土的错金铭文虎节，作为楚文化的象征。汉、越、楚三种文化内涵的画面凸显展馆的面前，观众信步到此，马上就会感受到一种强烈的岭南古文明的历史信息扑面而来。岭南是古百越民族聚居地，"越人善作舟"是他们习于水上活动的一句名言。在博物馆北轴的主体陈列楼东西两翼的石墙上，各刻有战士头藏羽冠的巨幅战船纹浮雕，这是选自出土的一个铜提筒上刻有 4 艘战船纹的图象而来的，加上广州位处东、西、北三江汇流入海的要冲，船纹浮雕更赋有地理上的特色。

这座新型的古墓遗址博物馆自 1993 年全面建成以来，先后获得 6 次殊荣：

1. 国家优秀设计一等奖

2. 建设部优秀设计一等奖

3. 国家教委优秀设计一等奖

4. 中国建筑学会建筑创作优秀奖

5. 国际建协（UIA）第 20 届世界建筑师大会当代中国建筑艺术创作成就奖

6. 国际建协下属组织列为"20 世纪世界建筑精品"

这座遗址博物馆的建筑设计获得上述众多殊荣，既为我省争光，又为广州提高其历史文化品位奠立已为国际认同的坚厚基石。

世上的事物往往是难得十全十美的，这座遗址博物馆在建馆时由于多种条件的局限，设计者只能因地制宜，克服不利因素。古墓发现至今已经20年过去了，随着经济建设的发展，今天是有可能把过去未能做到的事情办好。比如博物馆正门的两侧，一直是被早已建成的高楼左右夹迫，加上车水马龙的解放北路横亘在馆的门前，因而馆前的环境与气氛显得特别紧迫与困窘。在今后城区的建设规划中完全可以把两侧的大楼拆除，再现原象岗东麓的绿草斜坡山体，将门前马路改为下沉式的车流通道，其上既是行人的通道，又可作为博物馆前面宽阔的广场。这样一来，这座遗址博物馆就可称得上是"尽美矣，又尽善也"。

三、秦始皇在广州留下的一个重要遗迹

东方一帝的秦王政统一了东方的韩、魏、楚、赵、燕、齐等六国，于公元前221年登上皇帝宝座，号称始皇帝。其时秦帝国北有匈奴，南有百越未解决，于是派大将蒙恬率30万兵筑长城北却匈奴，又发50万军（楼船之士，即水军）南平百越，以巩固其万世的帝业。秦长城，今犹在，南平百越的战争前后长达5年，于始皇三十三年（前214年）结束，岭南大地归入秦的版图。秦统一岭南留下的遗址，过去只见有当时使"监禄（无以）转饷，又以卒凿渠而通粮道"的灵渠（在今广西兴安县境内）。这处直到今天还在起作用的水利工程遗迹，1961年列入第一批全国重点文物保护单位。有幸，1975年广州发掘一处秦的造船工场遗址，保存较好，这是秦统一岭南战争留下的又一重要遗迹，公布为1996年的第四批"国保"单位。这个造船遗址，从发现之日经过三次发掘又原地回填封存保护，其迂回曲折的历程，发人深思。

意外的发现　1974年冬月，中山四路316号广州市文化局大院因修建地下人防工程，在球场上开挖了两条大沟，当挖到距地面约5米时给一段平放的宽厚木板挡住了。加上地下出水很旺，挖不下去了。其时设在越秀山广州美术馆内办公的广州市文管处接到文化局挖出大木的消息，立即派出考古人员黎金同志赶到现场调查，见到的是仅露出长约2米，板宽70厘米，厚15厘米的一段大木板，板下全是灰黑色的淤泥，大木板下还垫着枕木，板面上平置一个平短木墩。这是什么？已挖开的大沟两壁因防坍塌全用木板、木枋、木桩等支护着，想要多了解一点遗迹现象，实在困难。第二天已是1975年元旦，休假日围观的人少了，方便工作，加上增添了罗志昌、冼乐两位技工到来协助勘查，又发现了另一段厚木板，这两段厚木板呈平行的并列，中距约2米，两板下面横铺枕木承垫，真的象今天铁路的路轨，但它是木的而不是钢轨。这个新发现的信息1月4日已送达国家文物局（其时还称"图博口"），笔

者也接到勘查资料（当时笔者借调北京参加"图博口"的文物工作，并接到通知，王冶秋局长派我到美国主持《中华人民共和国出土文物展览》的工作，春节过后就要启程赴美。但原单位催我速返广州参加勘查和发掘工作）。当我翻阅完勘查资料后，脑子里浮现出可能与造船有关的想法。考虑到在返回广州之前，要先向在京的考古学界前辈请教。于是我到了苏秉琦先生（北京大学考古专业创办人）的家拜访，他对我说："记忆中早年在江南某地曾见到过有类似这样的遗迹，当时也不知道是什么，现在看来不排除属于造船遗址的可能。这个发现很重要，我认为光从书本上找答案还不行，还要到船厂参观，尤其是木船厂更好，要不耻下问，向老工人请教，听取他们的解释，因为中国的传统工艺是长时间变化不大的。"接着又到中国社会科学院考古研究所向夏鼐所长求教，他认为："是造船遗址的可能性大。"还特别提点我："覆盖着木构遗迹的这一层要特别做细，看最晚的遗物是什么，这可以判定船场废弃的年代。"最后，请问到顾铁符先生（国家文物局老专家），他提醒我"要注意找到下水的斜坡滑道"。经请示王冶秋局长，同意我先回广州。于是带着三位考古前辈的意见于1月9日回到广州投入扩大勘查的工作了。我们经过几天的努力，取得两点新发现：一是在最先发现的那块大木板的西边，相隔约3米，又有同样的一行大木板露出（后来编为2号船台），板下也排列着承垫的枕木，而且散布大量砍凿下来的小木片；二是在直接压着大木板的土层中，发现了广州西汉早期墓常见的陶片和绳纹残瓦等，这些都是南越国早期的遗物，表明木构遗迹的年代可能早到秦朝，预示着将会是一次重要的考古发现。

人防工程的挖土停工了，有两件事我们要急着做的，首先应尽快把勘查材料包括可见遗迹的测绘、拍照、出土遗物的整理，写一份发现勘查报告和试掘方案上报；第二是，邀请有关造船的、建筑的、史地专家学者、考古工作者来现场开座谈会，研究遗址的性质问题。工作分头进行，1月15日，请来了广州造船厂、文冲船厂和新中国造船厂的老工人、技术员，中山大学地理系徐俊鸣教授、华南工学院龙庆忠教授、华南师院曾昭璇教授、中山大学历史系梁钊韬教授和张荣芳、李松生两位先生，还有省博物馆考古队朱非素副队长等20多人，会上一致认为遗址的发现十分重要，很新鲜，前所未见。三家船厂的老工人、技术员发言很热烈，多数人认为与现在小船厂的土坞相类似，同时指出大木板上放置的短木墩是造船时承托船底用的，便于工人躺在下面工作。两个排可以同时造船或修船。亦有少数人持不同意见，认为太大了，不可能是坞，古代没有这么大的坞闸。徐俊鸣教授从史地学角度说明："造船的场地必定靠水，今天文化局大院距天字码头有一千多米，但古代这里靠近珠江边，从古地形、地貌与文献记载来看，是古代造船遗址都可成立。"龙庆忠教授认为是"跗"（用大木纵横相叠多层，这是古代建筑用来加固松软基础的做法，在《隋书·宇文恺传》有载）。中大梁钊韬教授提议进行试掘，并建议由中大历史系考古专业的师生与市文管会考古人员联合组队进行发掘。会后，我们与中大历史系的几位师生到了增埗附近一家"木船修建九社"参观，这里有由 4 行钢轨组成的两个船台，钢轨下面垫枕木，遍地都有在修整船板削凿下来的小木片。3 只木船正架在两个船台上修建，木船底距钢轨面约 0.7 米（居中的一只较大，跨在两台当中建造的，即 2 个船台各用其中的一行钢轨，两船台拼作 3 个船台用）。半天的参观实践给我们极大的启示。

在禺山上造船？　2 月 8 日下午，市委书记焦林义和梁湘等几位市的领导来到市文化局。焦书记说，看到你们报来的《广州市文化局内发现秦汉造船（？）遗址情况报告》，现在来看看现场才好决定。他们听完有关发现情况等汇报后，到现场看了发现的遗迹和遗物。焦书记很肯定地说："这是船台。"还指着两行大木板对梁湘说："我在'广船'蹲点，这不就是船台的轨道吗？"梁湘副书记转过身来问我："这里以前不是叫禺山吗？比马路高出很多，怎会在这里造船？""是的，这里古称禺山，又叫'高坡'，比马路高出约 3 米。由宋到清的禺山书院设在这里，南宋学者梁伯揆曾在书院讲学，明代的海瑞也在这里念过书。1952 年市文化局成立后一直就在这里办公。现在清楚了，古称的禺山应是文德路中山图书馆的北馆和青年文化宫这一带，到五代南汉时扩展唐城，把禺山凿平。今天，从文化局这里挖开的两条土沟看得清楚，这块高地由地表以下 5 米，全是历代建筑的砖、瓦、木、石等堆积而形成，发现的木构遗迹之下，又是湿软的河滩淤泥，根本就不是什么山。中大地理系徐俊鸣教授也来看过，他指出：'这里古时是珠江边，有一条河涌。'谁也不会想到今天在老城区的中山四路竟埋有古代的造船遗址。"我跟在梁书记的后面作了以上的回答。第二天，接到焦书记批示，同意上报国家文物局请求批准试掘，他把《广州市文化局内发现秦汉（？）遗址情况报告》当中的"（？）"给删去了，看来，焦书记认为这是造船的遗址。

试掘露真容　国家文物局批准了我们的试掘请示报告，还特拨了试掘补助经费。成立了广州市试掘古代造船工业遗址领导小组，在孙乐宜（广州市革委会副主任）组长的主持下，着手试掘的准备工作。首先是举办"田野考古学习班"，从市内各博物馆和六县二区中抽调了一批文博青年干部和中山大学历史系考古专业的学员一起参加学习；其次，在发现地点上搭建一座净跨长 36 米，宽 18 米，当中无柱位的竹木油毡大棚（按照当时的材料和技术条件，属超跨度的特大竹棚），把 400 平方米试掘范围全遮护着。今次的发掘与以往我们在建筑工地的抢救性发掘不同之处有三：一是工地今次发掘盖起油毡大棚，不受雨淋日晒的妨碍；二是不雇民工，全部自己动手；三是要求做精做细不赶工时。直到 1976 年 3 月，试掘工作才基本结束，重要的发现有：①清理出两座木质造船台的一部分，其中 1 号船台已揭开长 29 米的一段，东端有"横阵"结构，说明 1 号船台已找到尽头，而 2 号船台仅揭开一小段；②从 1 号船台"横阵"结构向西延伸至 40 米、65 米、88 米处钻探（65 米的钻点已延伸到儿童公园内），均发现船台木板，88 米处探出的木板比"横阵"的水平低下约有 0.75 米，可能这里已到下水的滑道了（图九）。又从横向钻探得知，遗址共有 3 个造船台。③在靠贴 1 号船台的南边，仅揭开了一小片的造船木料加工场地，遍地是小木片和炭屑，还清理出一处烧烤船板的"弯木地牛"遗迹。④在1号船台位置处出土有铁凿、铁锛、铁挣凿、木垂球、磨石等造船工具。⑤在1、2号船台之间的淤泥中，挖出许多原个的"泥蚶"，表明当日这里是有咸潮到达，是近珠江边的河涌淤滩地。⑥覆盖于1号船台上有厚0.2～0.55米的生活垃圾层，说明造船工场已废弃了，其上压着一层较纯净的山岗土层，上面有一段南越国宫署的砖石走道，残长20米，出土"万岁"瓦当和大量火烧遗迹。再上还有东汉的遗址，晋代冶铁遗迹，南朝唐宋等各朝代的文化层。这里无疑是广州两千年历史的一个断面。

三种不同认识 遗址自1974年底发现以后，实行走出去，请进来的办法。通过对比参观学习，召开现场鉴研会，以确认遗址的性质，这项工作前后有4个年头。走出去，主要是参与发掘的人员，多次到洋船厂和广州、西江、北江、东江的大小土船厂，是带着问题向老工人、技术员请教学习的。与此同时，又先后邀请了有关建筑、造船、地质、历史、地理、海交、海洋生物、考古、文博等不同专业的老工人、技术员（造船业的）、工程师、学者、专家，请他们来到遗址现场考查，然后座谈、论证，这样的鉴研会先后召开过13次。对这个遗址的性质，归纳起来分有水渠说，建筑基础说与造船遗址说三种意见。

主张水渠说的是中山大学戴裔煊教授在一次现场座谈会上提出的，他认为这个木构遗址就是《水经注·浪水条》所指"水坈陵"，是早年广州因秋咸（按，秋季少雨，咸水倒灌入珠江）而筑渠导流引白云山的甘溪水入广州城以解决居民饮用水的，这是当时的水渠遗迹。但我们觉得遗址显示的年代和木结构的实际情况都与戴先生所指"水坈陵"格格不入，其后，亦未见有认同是说的。"水渠"说不成立。主张建筑基础说的，最先是华南理工学院建筑系龙庆忠教授提出的。在遗址发现之初的座谈会上龙教授就认为是"跗"。其后，在另一次专门邀请建筑界专业人士的鉴研座谈会上（1976年3月12日，与会的有郑祖良、莫伯治、丁健达、龙庆忠等），龙教授进一步说明文化局所在地是禹山，发现的遗迹是南越王赵佗的朝汉台或离宫的遗址，但他未有详细的列举相关的论据。同年3月27日第二次邀请建筑专业人士参加的现场鉴研会，与会的有市设计院余清江工程师等，都认为这是造船遗址，华工邓其生先生提出，龙庆忠教授认为这里是建筑基础的意见不能排除。

我们研究分析龙庆忠教授提出"跗""朝汉台""离宫别苑"的建筑基础说，其所持论据是什么？查阅《隋书·宇文忻传》附其弟宇文恺传所载，南朝宋的明堂火毁后"犹见焚烧残柱，毁破之余，入地一丈，俨然如旧，柱下以樟木为跗，长丈余，阔四尺许，两两相并，凡安数重。"与遗址所见造船台的木构情况完全不一样，所以，一直来都未明他的所指。过去14个年头之后，才看到有他署名的《广州南越王台遗址研究》一文就清楚了（发表于《羊城今古》1990年6期）。至于该文的论点，我们不加评述，只是对于关乎考古遗迹的事实方面，则要说清楚的。其最关键处有三：一是根据《古今图书集成·考工典》第一百一十六卷台部："建安中，吴步骘为交州刺史……观尉佗旧治处，负山带海，博敞渺目……佗因岗作台，北面朝汉，圆基千步，直峭百丈，顶上三亩，复道回环，朔望升拜，名曰朝台。"依据这段描述，就肯定地认为："根据文献及遗址出土所在，说明正是南武城、佗城、佗宫、南越王朝台所在地"；二是把船台滑板上承托船底的矮木墩认定是"柱"，又将滑板当成"跗"来看；三是套乱了地层关系，这是产生误解的最要害之处，因为该文把本来是建造在灰黑色河滩淤泥层之上的滑板与枕木（船台），误认为是"木墩与滑板是建在红土上，可说是当时番山的平坦处"。其实，这层红黄色山岗土是造船工场已停用一段时间之后，在扩建南越宫署的御花园时，从他处取来山岗土将已废弃停用的秦船台回填覆盖以为用地的。因为压在这层回填土之上的一段南越国砖石走道正是在 1 号船台南侧的木料加工场地之上的位置。文章作者把上下层位不同，时间早晚不同，性质完全不同的两种遗迹混同在一起，不同层位的遗迹关系完全被颠倒了，而且还认定这里是"番禺岗"，是在"番禺山"上造船了，故有此误。我们认为龙先生关于这遗址是赵佗朝汉台或离宫的建筑基础"跗"以及文化局大院内是"番禺山"等所列的论据，对照造船遗址的考古遗迹与地层实际都无可相通之处，是完全对不上号的。但对龙教授所提的"跗"（建筑基础）这个定性意见，在本文之前，无论是在报刊上或公开的场合，我们从来不主动提出过异议，这是出于对他个人意见的尊重，因为龙先生是我们市文管会的委员。

造船遗址说　为多数人的共识。但亦分有认为是船坞的、船排的和船台的不同理解。1975 年 12 月 7 日，上海交通大学《中国造船史话》编写组的杨宗英（交大造船系支部书记）和李生新老师从中国历史博物馆和上海博物馆中得知广州发现秦汉造船遗址的信息专程来到广州考查。他们听取了发掘情况介绍后，在遗址现场对木构遗迹做了详细的观察和记录，然后与我们座谈，他们指出：从结构、布局与出土的遗物各方面来看，可以肯定是造船的遗址，而且从其规模之大，亦可想见当日是急于用船的，要造大批的船的。又说船排是现代工业用语，船坞必有闸门，文献记载三国时已有船坞，但不可能有这样大的坞。在两行大厚木板上放上木墩，这是造船台。卸去木墩，又可作下水的滑道，两者结合，很科学。他们还建议我们邀请两位"杨"教授前来考察鉴定，一杨在大连海运学院，一杨（槱）在上海交大。好在杨槱教授也参加了我们的船史编写组。你们来个邀请函，怎么忙我们都要请杨教授来一趟，这个遗址实在太重要了。接下来，又有厦门大学东南亚研究所的韩振华教授（海交史专家）与该所部分研究人员于 1976 年 2 月 11 日到来考查。韩教授说："我未来之前已听说这个遗址有建筑基础与造船遗址的不同看法，今日到现场看了就明白了。就从现在所见到的这部分情况来说，作为造船遗址是可以定论的，因为建筑布局是纵向的，分前、中、后座，而造船是横向的，两者完全不同"。我们的邀请函寄到上海交大，杨槱教授（时任中国科学院技术科学部委员，中国造船学会副理事长，上海交通大学教务长兼造船系系主任）接受我们的邀请，于 3 月 7 日与李生新老师专程到广州来了。他们先考察了发掘现场，又到广州近郊几家小木船厂和西江肇庆的黄岗船厂等三家较大的木船厂考查，并约同船厂的领导、技术员、老工人共10人，一起返回广州。他们一同到考古现场考察，看了出土的实物才开会座谈论证。归纳他们的发言，认为：从遗迹的结构、布局、伴出的铁工具等对照今天广州的、肇庆的大小木船厂，情况基本类同，这里已发现"横阵"，还发现"弯木地牛"，还有"斩包下水"留下的细沙层等等，都很能说明是造船的。会上，杨樋教授还根据1号船台中宽1.8米的尺度，推算出当时建造的木船是宽3.6～5.4米，长约20米，载重25～30吨的平底木船。他还指出，秦平南越时开凿的"灵渠"，其中凿通石山的一段渠槽宽5米左右，可以说，秦时在南越的木船也是宽约5米左右。至于船的长度加长一点是可以的。第二天，杨教授还给广州文博的业务人员作《中国造船史》的学术报告，他郑重地对笔者说："造船遗址的结论可以下了。"

一场似学术，实非学术之争 在造船遗址发现25年之后的2000年，出现了一次"建筑基础说"与"造船说"的大辩论。该年的4月有杨鸿勋先生等几人，先在《中国文物报》上连续发表4篇文章（见该报4月26日、5月3日、8月16日、8月30日刊载），其后，12月8日，还在广州召开"广州秦汉造船遗址真伪学术研讨会"，一口咬定造船遗址实为南越国干栏宫殿建筑的基础，令人更觉惊奇的是，在杨先生的文章中还多次出现"船台说可以休矣"的断语。到底是什么回事？醉翁之意在于要推翻"船台说"？不妨把他们所持的论据与造船遗址三次发掘后发表的资料，对照分析一下，就很清楚，这完全是借题的刻意炒作。指出下面几点就足以说明了。首先，秦造船遗址是一处大遗址（由长逾百米的3个船台的船台区和一大片木料加工场地组成），他们标榜的是用建筑考古学来复原出"南越国干栏宫殿"。如果是真的，那倒是一项重大的发明，可惜剥去外衣，真相就大白了。简而言之，原来他们仅把3个造船台东头的一段（按他们的主观需要只是31.28米长度）"切"了出来，用这段的船台结构改绘出一幅面宽十四间，进深五间的南越国干栏宫殿平面图。对此，只要提问一句，仅切开3个船台东头的一段用作南越宫殿复原，那么，还有3个船台后面剩下的又是相连着的更长的一段怎办？其南侧大片的造船木料加工场地都与船台（或曰干栏宫殿）无关？就不必复原？对于这么大范围的一处考古遗迹只"切"取其中的一小块进行"建筑考古学"的研究，并得出一个如此惊人的结论，但遗址中还有更大范围的遗迹、遗物却可以不闻不问，任君抛开了事吗？这也可算是"建筑考古学"的科学研究？恐怕只能算是"瞎子摸象"式的玩把戏罢了。再者，杨鸿勋先生还把船台遗址的滑板与木墩说成是因为"一场大火把干栏宫殿烧不完剩下的建筑基础"，此话真的有点白日说梦话了，因为遗址自发掘后到1979年在原地回填保护，这期间长达5年，有考古发掘人员，参与十多次鉴研会的各方面专业人士，还有众多的参观者，他们竟然没有看出遗址曾被一场大火烧过？木构的造船台上为何不留一点经大火烧过的遗痕？不顾事实，随意的虚构，竟至于此！还有，他们同样的是把遗址上下层位不同的遗迹与遗物的叠压关系上下乱套，早晚不分。如果不是对考古学的无知，就是有意的对考古学戏说了。更有甚者，他们还要进一步披露坚持"船台说"的所谓背景："当时是'文革'后期，文化局还驻有工宣队，是黄埔造船厂的工人，文物出土后，他们说是造船遗址，考古人员不懂造船技术，反对工宣队意见就意味着反党，后来坚持船台说的就是依据工宣队的看法。"这完全是捏造的谎言。因为"文革"时进驻文化局的工宣队早在1971年就全部撤出了，造船遗址是1974年底发现，1975年试掘的。难道进驻文化局的工宣队早已预知三四年之后，这里有个大遗址发现，他们在撤出之前就抢先"拍板"定性为造船遗址的？杨先生等人用这样无中生有的谎言来对待一处"国保"单位的性质问题的讨论，实在太出格了。

真是"买空卖空"　经过近4年时间，在遗址发掘现场召开专业的或有多学科人士参加的座谈论证会，由杨槱教授主持的第13次鉴研会确认了造船遗址的性质。遗址的发现，在中国考古史上，特别是中国古代造船与航海等方面有重大的科学研究价值。1977年1月，国家文物局王冶秋局长与古建专家罗哲文访问澳大利亚期间，首次披露了中国发现了两千年前造船遗址的消息，2月27日新华社播发了这一重大发现的新闻报道，并向我驻外使馆文化处发送有关的图片与新闻稿，同年7月，在《文物》月刊第4期首次发表有2万多字图文并茂的《广州秦汉造船遗址试掘》的发掘报告，把基本材料公布于世。根据试掘与钻探资料得知，造船工场是由船台区与造船木料加工场地两部分组成，船台的东部一段位于市文化局大院内，向西延伸，大部分是在儿童公园内。因试掘区的周围都有楼房，其中文化局有一栋四层的办公室就直接压在第2、3号船台（东段）之上，而3座船台的大部分在儿童公园的范围内。虽然参加鉴研会的各专业人士都主张扩大发掘，将遗址全面揭开，但有两个难题摆在我们面前不好解决。一是要发掘就得先把文化局与儿童公园内的许多楼房拆平，这在经费与安置上都很难办到。二是扩大发掘，势必将儿童公园拦腰截断，这无异于要儿童公园关门。1979年，遗址发现已有5年了，如此大型的木结构不宜长期暴露，一时又无可能扩大发掘，经征询各方面意见，并报经国家文物局批准后，在同年9月实施了先用河沙覆盖一层，再加泥土原地回填保存。

1993年初，在改革开放大发展浪潮推动下的广州市文化局要发展，要改变一穷二落后的局面。阎宪奇局长对我说，穷则思变，变出了一个"买空卖空"的发展宏图。即利用文化局大院这块地皮（这地段历史上一直以来就是广州老城区商业、文化、行政的中心区，真是黄金地段），用以引进外资在此兴建多幢高层大楼，与外资按比例分成。简言之，把文化局大院的地皮上部空间的使用权"卖"给外资，而外资出钱在此建大楼，买得上层的"空"间使用权，文化局换取大楼下面若干层以为发展小影剧场、小文化馆、小图书馆等文化事业之用。这个构思很快就得到香港信德公司的合作，在这里兴建48层的信德文化广场的意向出笼了。由于大院内早已发现有造船遗址，故此才有"这里将要建成一个集文物保护、商贸、旅游、文化娱乐为一体的高标准的文化广场"的响亮提法。造船遗址要不要保护，怎样保护？

当时主管文博工作的陈玉环副局长为此承受的压力最大，而笔者也多次被文化局领导"请"去商谈，实际上是压我同意他们提出的两个选择的方案：一是在大楼旁边圈出400平方米地方，把那些船台"大木头"搬出来，盖个房子作陈列展出；二是试掘范围内露出的遗址不动，包入大楼之内，作为大楼的地下造船遗址陈列室。对此，我一直想不通，因为我知道遗址的年代早，规模大，结构独特，保存得比想象的要好，是全国唯一的，在全国、全世界往哪里去找？为什么一定要在这里开刀？照此办理，遗址岂不是被判以腰斩之刑。我抵触情绪很大，每次谈话，我哪能提反对意见，但也不愿点头赞成，只是一而再地重复说明遗址的地下情况及其重要价值所在。其时，正好有个"全国考古工作汇报会"即将在珠海市召开，国家文物局的张柏副局长与文物局考古专家组多人要到珠海开会，路经广州暂停。市文化局抓紧机会，邀请他们开会，听取对兴建信德文化广场和秦造船遗址保护的两个保护方案的汇报，给予审议。专家们先看用地现场，又到红旗剧场、文德北路走了一圈，然后开会。我按照领导的意见和要求，向与会的同志扼要介绍了遗址试掘情况，结合钻探得知遗址分布范围之后，就提请原谅而退席离开了。后来得知专家提问：造船遗址属什么级别的文物保护单位？回答：未定级。对此，大家愕然。又问：是否已划出保护范围？回答：未有划定（按：之前，在试掘领导小组上报市委、市政府的报告中已建议造船遗址申报列为国家级文物保护单位。又，国家文物局在1974年9月22日批复同意广州造船遗址试掘后原地回填保护的批文中本已明确指出："要划出保护范围，在保护范围内不得进行其他永久性建筑工程"，但文件一直锁存于档，未有办理）。最后，张柏副局长提出：造船遗址先按准国家级文物保护单位的定位来考虑。但如何保护利用要先有市的、省的专家论证意见，再报国家文物局，我们会邀请在北京的专家论证研究。

文化要发展，船台要保护　要为即将召开的省、市专家论证会作准备，文化局的文化发展公司在1993年3月19日召开了一次情况介绍会，与会者有信德文化广场投资方的代理人及工程师，还有广州市设计院4位结构工程师，中山大学张荣芳教授，省文管办副主任杨森等，本人被邀请出席向与会者介绍遗址的情况。我想，要讲的话，应该在今天讲了。我的介绍从三个方面作了说明：一、根据试掘和钻探资料得知造船遗址的结构、布局与大致分布范围；二、经过多年的论证确定了遗址的性质，这个大遗址在今天的中国和世界所处的地位；三、遗址中的大型木构遗迹的保护难度，而且现在要建大楼会有"竹篮打水一场空"的风险，投资方对这点要有估计，因为遗址在大面积揭开之后，如果中央认为太重要了，要原地原址保护，就会有"赔了夫人又折兵"的可能。接着还举述了河南偃师的热电厂建设，因发现商城遗址而停建；为了确保龙门石窟的安全，在附近修建的铁路要改线；湖北铜绿山铜矿发现古矿井而要部分停产；广州象岗南越王墓发现后，省政府在此兴建的几栋公寓楼都要停建等事例来说明这种后果的出现，完全是有可能的（当时投资方与文化局领导对此是怎样考虑的，我就不清楚了）。最后，在省文管会秘书长邹佩阳同志主持的省、市专家论证会上，与会的省、市专家几乎一致同意第二方案，即把48层的大楼建在船台南边，造船台要保护，在其上建12层，下面的几层用作博物馆。但规划局的总工程师莫伯治提出：船台上不要再建那么多层的大楼了，要减少楼层，建成独立的一座真正的博物馆，这样反而提高了这座大楼的文化档次。减低几层，损失一亿，算不了什么，毁坏了一个重要的古遗址是无可补偿的。设计院5位与会的工程师一致赞同莫总的意见。

国家文物局应广东省文管会的要求，在北京召开专家论证会，审议在秦造船遗址处建设信德文化广场和遗址保护的方案。会前，谢辰生（原国家文物局秘书长、顾问）约笔者谈话，谢老指出：在当前大开发、大建设的新形势下，造船遗址的问题要以"两重""两利"方针原则为指导，只要遗址的主体、核心保护好，可以考虑放弃一些次要方面，保护船台前头的一段，建成造船遗址博物馆，总比长埋地下，不知何时得见天日为好。我对谢老的开导意见表示认同。论证会在5月17、18日举行，专家组由黄景略（原国家文物局主管全国考古工作的副局长）任组长，成员有罗哲文、谢辰生、徐苹芳等包括考古、历史、文物保护、古建筑、岩土、电力、建筑设计方面的多专业、多学科的专家16人组成（笔者也被列为成员），还有国家文物局张柏副局长、一处、二处的3位处长，省文管会邹佩阳、杨森，市文化局局长阎宪奇和苏桂芬等参加。专家们对保护与建设的方案，从不同专业方面提出许多有助于修改、完善方案的意见和建议。最后，取得了造船遗址要保护，文化广场要兴建的共识。即在"两重""两利"方针的指导下，同意在靠近1号船台南侧兴建信德文化广场的主楼，遗址的船台区则要在保护的基础上建设造船遗址博物馆，纳入文化广场的建设计划中。

熊掌与鱼难得两全　造船遗址的建设方案，参照了西安秦兵马俑博物馆先建馆，后进行室内发掘的做法进行设计。我们依据划定的遗址博物馆平面图，抢在建筑动工之前，先在其周边的东、西、北三边开挖3条探沟（南边因1975年试掘已挖过了），这样做一可得出3个造船台分布的准确位置，二可在建馆开挖墙基之前把基础位置的土层剖面及包含的遗物清理出来，避免损失。这是造船遗址第二次局部性的发掘。结果，西探沟打横揭出1、2、3号船台一段（图一〇），表明1975年试掘后认定，遗址的船台区有3个造船台的结论完全正确。同时再次发现，覆盖在船台上的一层山岗土，其上也有南越国印花砖等构件，这是南越国的文化层，据此判定下面的造船遗址应是秦代的，西汉初年已停用了（按：1996年11月公布第四批"国保"时正名为"秦造船遗址"）。第二次发掘结束，市委、市政府、省文化厅、市人大、省、市社科院、新闻单位等有关部门的领导、研究人员200多人到现场参观考查，广州、香港、澳门的报纸、电台、电视台都先后刊发长篇报道。

峰回路转　1995年下半年，位于秦造船遗址东北面即城隍庙西邻的市长话局建筑工地，发现南越国时期的石构遗址——一座大型的蓄水池，是全国首见的重大发现，市政府决定遗址原地保护，计划兴建的一栋 25 层的大楼停工。这一事例引起了信德文化广场投资一方的高度注意，改变策略，主动提出在即将动工的 48 层主楼与副楼的地盘内先进行考古发掘（即 1 号船台南侧的木料加工场地位置），要摸清地下情况，于是就有了造船遗址的第三次发掘。果然，在这里发掘出南越国宫署遗址的御花园遗迹，这是岭南最古老的园林遗迹，属全国、世界首见。市政府决定全面保护，还对南越国宫署遗址作出分期分批发掘的规划，并得到国家文物局批准。这一来，48 层的主楼与造船遗址博物馆都停建了，秦造船遗址被破坏，受"腰斩"的担心，可以划上休止符了。但是，既然要保护和展示南越国御花园遗迹，就不可能再向下发掘秦造船遗址，这是熊掌与鱼不可兼得的。造船遗址经三次局部性发掘，证明御花园遗迹是在上面，下面被直接压着的造船遗址今后只有长埋地下了。或说，可否选择恰当位置作局部的揭开。这至少是现在不可能，最大的难题是目前在文物保护的科技上，对这样大型的出土木质构件（1 号船台的滑板有的长 8 米余，宽 70 厘米，厚 15～17 厘米）无法作出脱水、防腐、防开裂变形的技术保证。考古上有句惊人的话："发掘就是破坏"，从某种意义上来看，是有道理的。就以秦造船遗址来说，在它上面原来是有厚达 5 米的土层重压着，下面的地表水又很旺盛，造船台的木质结构等于常年泡在水中，又隔氧，所以经历两千多年能基本保存下来。如今遗址上已揭到御花园遗迹这一层，压在船台上的土层大大减薄了，仅存 1 米厚不到，加上地下的地表水又被"切断"了，木质结构已处于半干湿状态，是容易氧化和滋生霉菌与虫蚁的，这样的条件是极不利于保护木材的，这是一个摆在人们面前的难题。或曰，前一个担心可以放下了，新的一个担心（能否长久保存在地下）又出来，诚然。

四、南越国御花园的发现与保护

南越国宫署遗址宫苑遗迹（御花园）可说是岭南园林之祖，它比过去认为岭南最早的园林遗迹——五代南汉国的药洲遗址（位于广州市教育路）要早出一千年，也可说是全世界考古发现园林遗迹中年代最早，保存最为完整的古典园圃实例。这处遗址由 1995 年发掘至 1998 年决定原地原址保存并作出展示开放参观，历时达 4 年。遗址在发现的当年被评为全国十大考古发现之一，到 1997 年进行大面积发掘，揭开了一段长 150 米石构的人工水景——曲流石渠遗迹，再次被评为当年的十大考古发现。

桩井中挖出 4 个"万岁"瓦当 1995 年春夏之交，广州市长话局大院内的建筑工地，挖土机与运土汽车日夜奔忙，在这个 1800 平方米的地盘内，将要兴建一幢 25 层的综合楼。工地周边已构筑好连续墙，再把地面挖低 3～4 米之后，又用人工掏挖纵横排列的 68 个桩井，每口井径 1.8 米，井心间距 4 米，每个桩井要掏到基岩。考古人员早已紧盯住这个工地了，因为这里距离秦造船遗址的船台东头不到 50 米，应是一个考古的重点地段。在工地开挖桩井之前考古人员已进场了，他们选定最靠近造船台的地盘西南一角开 5 米×5 米的一个探方，当把上面的一层乱土清去之后，往下挖掘，很快就到生土了，据此估计造船遗址未有延伸到这里，于是撤离工地。但何民本同志（造船遗址发掘办公室文物摄影师）不这样认为，他每天都到工地一两次，看民工从桩井下挖土。有一天，他把我拉到工地，指着工地桩井林立的东边，有成片的灰黑色土层，挖出许多晋、南朝的青瓷残片，晶莹亮丽，一个结论：有文化层。当我们绕着地盘走一圈之后，就明白了原先考古人员在这里开探方，为何无功而退，原来那部分的文化层已在机械取土时被挖光了。工地西边的桩井已挖到基岩了，但东边的正在动工，尤其是东北角灰黑色的土层中含有汉、晋时期的陶瓷片很多，往下还发现南越国时期的板瓦、筒瓦、"万岁"瓦当。我们两人在这片桩井林中游转时，见到一个民工从桩井下把土提上来，倒入斗车，一个有文字的瓦当映入我的眼帘，我赶紧跨前一步，伸手到斗车里把瓦当捡出来，"万岁"二字清楚可认，接着第二筐土提上来，又有一个"万岁"瓦当。不到半个钟头，从这些桩井中竟挖出 4 个"万岁"瓦当！这个现象令我们震惊，太重要了，下面肯定有南越国的重要遗迹。于是马上去找工地施工管理人员牛同志，商量暂停挖土，由市文管会派来考古人员进场发掘。可是，这位同志任凭你怎么说也不答应，一味强调这是电信重点工程，是献礼项目，工期紧迫，不能停工等等许多理由，拒绝我们的请求。眼看着民工们不停地在挖土，桩井下面也不时有陶瓷片、瓦件等掏出。抢救文物，十万火急，怎么办？我想，非要借助外援不可，而且还得借助重量级的社会名人到来才能解决问题。于是立即赶回办公室挂电话给规划局的老总莫伯治和中山大学副校长张荣芳教授，把发现情况向他们汇报，他们答应中午一定到现场考查。《羊城晚报》资深记者赵君谋也闻风而来。午后，他们来到工地，我们把长话局的黄局长也请来了。大家看了挖土现场后，在工地办公室的桌面堆放了老何连日来从民工挖土中收集的青瓷、陶器、铁器及南越的各种瓦件等器物。莫伯治和张荣芳看后，感到震撼，认为遗物丰富，遗址重要，一定要抢救发掘，要保护。记者赵君谋也表示，马上赶回报社发稿，明天见报。工地施工人员嘟囔着说我们借传媒来压他们。这时，我们考虑针尖对麦芒不是办法，要先退让一步，不要工地马上全面停工，我们才能争取得立即发掘的可能。于是与黄局长商量，说明我们不是要工地全面停工，桩井内的挖土工程继续进行，只是桩井之间的挖土暂停，由考古人员进场清理。这样各让一步，僵局总算打开了。

急电省市　依法保护　发掘点选在工地的西北角处。开 4 个 8 米×8 米的探方，发现了一片砌作很特殊的石构水池遗迹（称为"宫池"），池壁是全用表面光平但周边不规则的石板砌成斜坡状，每块石板均呈冰裂纹接缝，砌作精工，水池底是平的，铺碎石和河卵石。又向南边扩展开 6 米×8 米的探方 2 个，清理出同样的一段坡状池壁，西、南两坡面形成 90 度夹角，西边的池壁已露出长 19 米，南边露出长 20 米（后来从钻探得知，这座石砌的宫池面积约有 4000 平方米，现已清理出来的只是宫池的西南一角）。在池壁的石板上还发现有刻写的文字，最先是在南面池壁上发现一个斗大的"蕃"字，接着又发现"阅""晥""费"等字，西边的池壁上发现有"□□北诸郎"5字，均篆体。我非常高兴，因为这个"蕃"字，它是秦时蕃禺县的简称（如今天广州简称"穗"），在象岗南越王墓出土的铜器中就有9件刻"蕃禺"或"蕃"字的。这个遗址的年代及其属性已清楚无误了。这些石刻文字又是岭南甚至全国发现年代最早的西汉石刻铭文，较之西汉最早的石刻文字是霍去病墓前石雕像的石刻文字，它还要早60年左右。真是一字值千金哩！池底处出土有八棱石柱、石栏杆，还有门楣石板、印花大砖、云纹和"万岁"瓦当、筒瓦、板瓦等不少建筑构件，还有铸铁的门轴枢，铜箭头和珍稀的鎏金"半两"铜钱（宫廷中的赏赐品，非流通货币）。最令人惊奇的是在西北角发现一根叠石柱（图一一），由一块块的方形石板叠成，已向西南倾斜（因其北面贴近一幢五层的楼房，未能全部清理出来），这使我们联想起希腊的阿波罗神殿等许多叠石柱的遗构，其间是否有所关联，值得研究。

8月25日市规划局何邦臣、施红平、莫伯治，华工的邓其生教授，省文管会邹佩阳主任，省考古所朱非素副所长等60多人先后来到考古现场考察，并参加座谈，一致认为是不亚于南越王墓的又一重大发现，要大发掘，把遗迹保护好。由于这段时间我们在施工场地内展开考古发掘，妨碍了施工，加上考古现场又有来自各方的人士参观，还有"羊城""南方""广州"等大报多次作出专题报道，必然会引起工地某人的不满，特别是管理施工的牛同志，他向我们出示了长话局属保密单位的证明，又说我们把长话局登报了，是泄密，说我们要借传媒压他们等等，甚至还有难听的话。我们预感要继续进行考古清理工作将会更加困难了。

全国文物工作会议于9月8日在西安召开，事前我已接到国家文物局的通知，以特邀代表和会议专家组成员的身份出席。今次会议的主题是"大遗址保护问题"。7日上午，全体代表先到西安郊外参观秦阿房宫和汉长安城两个大遗址，下午，国务委员、主管文博线的李铁映同志召开专家组座谈会，征求与会专家对他明天在大会所作主题报告的意见。会议专家组15人，基本上是文物局的专家组成员。会前，专家们在北京已经参加了广州市文化局向国家文物局汇报遗址发现情况的会议，各人手头上还有这方面的简报资料带来。开会前，宿白教授轻声地对我说："老麦，你争取第一个发言，不必客气，把广州最新发现和困难问题提出来。"跟着在我左边的徐苹芳同志也对我说："广州发现的南越国遗迹太重要了，今次会议就是解决大遗址的保护问题，你要抢先发言。"我领会两位专家的意思，感激他们的支持。当国务院政策研究室主任就铁映同志明天在大会作的专题报告文本的起草经过作了说明之后，接着是国家文物局张德勤局长汇报今次会议的筹备过程，然后，进入座谈会议程。我遵嘱抢先发言，开宗明义提出今次会议的中心议题是大遗址的保护，最近在广州老城区中山四路的长话局工地内就发现了一处大遗址，已初步认定是南越国宫署的石构遗迹，全国首见。讲到这里我把带备的有关遗址的发掘照片、发掘简讯等资料送到铁映同志的桌前，请他审阅。接着继续说，我们要扩大发掘，提出保护，但工地的建设一方则要加快施工，拒绝我们的要求。今天上午参观阿房宫、汉长城遗址回来，我已接到广州两次打来长途电话，得知昨天下午矛盾激化了，工地的施工人员强令民工加快挖土，还责问民工："是我出钱雇你们的，不要管他们，照样开工！"我们考古所的萧所长急了，躺在民工的挖土处，要求民工停止挖土，他说："要挖，先在我身上下锄。"我们另一位原广东革命历史博物馆的馆长黎显衡同志，他几乎被施工人员推倒在地。一方面要保护，一方面强行挖土，双方人员几乎打起来了。"德勤，你赶快去个文，如何？"铁映同志对张德勤局长说。"有啥用，人家不属于文博系统，谁听你的！"张德勤随即回答。铁映同志扫视了一片沉寂的会场，专家们个个正襟危坐，相对无言。他于是抬手指了一下坐在他对面的秘书说，"看来不先解决这个问题，今天的会开不下去了。请你记录。"接着他一字一字地口述，他的秘书和国家文物局李季处长一起作记录（当然，我也跟着做记录）：

> 森林同志、子流同志：
>
> 　　据正在西安开会的文物专家反映，最近在广州中山四路电信局工地发现一处重要的南越国时期宫署遗址，他们认为价值很大，必须依法保护。我已请国家文物局近日组织专家组前往现场考察，协助广州市政府妥善处理好这个问题。请你们关注这件事。
>
> 　　　　　　　　　　　　　　　　　　　　　　　　　　李铁映
> 　　　　　　　　　　　　　　　　　　　　　　　　　　1995.9.7

当铁映同志看完记录稿，再亲笔加上："必须依法保护""请你们关注此事"的两句，签名并写上日期后，说了一声："发"！在旁的文化部办公厅主任接过铁映同志递来的信稿，随即离开了会议室。

第二天上午，当我听完铁映同志的主题报告后，接到广州市文化局的电话，要我必须在下午回到广州，明天要参加市政府召开的会议，解决南越国遗址保护与长话局的基建问题。我想，明天的会，双方争拗会更加激烈，一场"舌剑唇枪的群儒大战"的好戏就要上演了，要我出场，应有思想准备。会议是由姚蓉宾副市长主持的，她首先说明：今天和刘锦湘同志受黎市长的委托，请大家到来一起商议解决长话局工地发现南越国宫署重要遗址的保护问题，她还扼要的谈到昨天国务委员李铁映同志写给朱省长、黎市长的信，要妥善处理好遗址的保护。参加会议的除了主管邮电的刘锦湘副市长，还有长话局、文化局的领导和有关人员。刘副市长接着说："我和姚副市长都到过工地，看了发现的重要遗址。黎子流市长在市文化局给省文化厅、市政府的《关于南越国宫署遗址保护问题的紧急请示》的报告上有批示：'同意报告所提。请治国、纪萱、蓉宾同志召集有关部门现场鉴定，并开会决定采取措施，确保重大文物的保护及大楼基建工程计划的紧急修改。处理好两者的关系，要注意保护应放在第一位。'我完全赞同黎市长的意见。依我看，广州的高楼大厦不缺，缺的就是这样重要的历史文化遗址，必须保护。现在工地先要全面停工，待国家文物局的专家组到来考察后，听取他们的意见，再由市政府研究决定一个'两利'的处理方案，上报国家文物局审定。文化局、长话局你们两局的意见如何？"对此，长话局与会的同志不提异议，而文化局的同志表示赞同，会议就这样顺当地结束了，没有半句争吵，完全出乎我的所料。9月12日上午，在戴治国副市长陪同下国家文物局专家组到了长话局工地开始现场考察。专家组由张柏副局长率领，成员有谢辰生（原国家文物局顾问，文物法专家）、俞伟超（中国历史博物馆馆长，秦汉史专家）、王丹华（中国文物保护研究所所长，文保专家）和孟宪民（国家文物局考古处处长）共5人。"前几天听过你们的汇报，也看了简讯材料。觉得遗址重要，今天看了现场，认识大不一样，开了眼界。""这样大型的，结构独特的石构遗存，从未见过，太重要了！""西汉初年的石头构筑，全国仅有。""遗址保存得出奇地好，建材遗物如此丰富多样，太好了。"几位专家在桩井林立、地面高低不平的工地上下奔忙，对每个迹象进行仔细的考察（图一二），他们边看边发出以上的感叹和赞赏之词。当他们进入工地办公室，看到桌上排列着发掘出土品，一批砖、瓦、木、石、铜、铁等各式各样的实物。他们中有的拍照，有的拿起来仔细地摩挲，有的还做文字记录。下午，戴、姚两位副市长与专家们在东方宾馆开座谈会，听取意见。长话局的正副局长和基建办主任3人，文化局的正、副局长和有关人员，还有市规划局何邦臣局长等参加座谈会。专家们分别从历史的、建筑的、考古的、文物保护的各方面分析今次发现的南越宫署遗址的价值及其重要意义。谢辰生、俞伟超带着忧虑的心情指出：遗址内涵丰富，构筑独特，在中国大地上前所未见，十分重要。但看完现场和出土的器物之后，心情很不轻松，这样重要的遗址，很担心日后会被弄到支离破碎（按，指以后难保不会出现这边被挖一块，那边又被割一块的危险）。又说这个遗址的重要还在于全国已公布的近百座历史文化名城中，这是惟一见到的一处西汉初年的石构遗存，两千年前的石构遗存在世界范围的大城市中，只有希腊和罗马拥有，如今在中国的广州也发现了，它的重要性就不用说了。俞伟超原是北大考古系的教授，秦汉史权威，最后他还一再强调："这个遗址是两千多年前秦汉帝国时期，我国统一的、多民族的国家形成在岭南地区的真实体现，又是秦汉帝国版图在今天中国南疆的历史见证，有着重要的现实意义。"会上，张柏同志提出三点：（1）要扩大考古探查，把石构水池的范围弄清楚；（2）制定一个局部的和整体的保护方案；（3）首先在广州召开省市的专家论证会，将专家论证意见和保护方案由市报省再报国家文物局。张柏同志特别提到，李铁映同志在全国文物工作会议的闭幕会上表扬了广州，铁映同志说，广州的市长认为，广州不缺高楼大厦，缺的是历史文化遗迹。你们一定要把南越国宫署遗址保护好，给全国树立一个榜样。今次现场考察后，我们回到北京，将尽快地把考察情况向铁映同志汇报。戴、姚两位副市长表示，遵照张柏同志的三点意见办，保护遗址第一，基建工程暂停。散会了，我跟在长话局黄局长的后面步出会场，黄局长突然转过身来，紧握着我的手："老麦，我们对文物不认识，前一段讲了许多对你不礼貌的话，请原谅！"恳切的双眼望着我。我吃一惊，但马上就反应过来："黄局长，那里的话。我们各自站的岗位不同、专业不同，假如我换上你的位置，恐怕我会讲得更加难听，以后还要请你多多支持。"我诚挚的向他回答，大家相顾而笑。过了一段时间，听说黄局长高升了，到省电信局工作，以后我们就没有再见面了。

越王井涌出"长寿水" 工地的桩井挖土工程停工了，扩大发掘的工作分两线进行：一是在已露出宫池一角的西、南和东边再开 8 个不规则的探方，但未见重要遗迹；二是在长话局的外围钻探，共用 27 个工作日，打钻孔 163 个，总进尺 1309.40 米，从钻探资料分析，可以初步确定石构宫池的面积有 4000 平方米。结合文献记载，还可初步认定宫池之水来自源出白云山的甘溪。9 月 23 日，黎子流市长来到考古工地，他仔细察看了石砌的池壁和散落在池底的许多砖、石建筑构件，又站到倒塌的叠石柱旁，问工地的基建办人员："压在上面的这幢五层大楼是什么时候建的？"答："五十年代时建的。""还好，那个年代建楼都是打木桩的。"（按，指的是压在大楼下面的遗迹估计未致全遭破坏）黎市长听了工地的基础工程已停工和扩大发掘开展钻探工作的情况汇报后，提出三点指示：（1）要尽快探查清楚遗址的范围；（2）要研究确定保护方案，把保护重要文物放在第一位；（3）处理好文物保护和基建的关系，求得一个两全其美的办法，探查后确定属重要遗迹，大楼要易地兴建。

9 月 23 日李兰芳副省长受朱森林省长委托到长话局工地视察遗址发现后的情况，她指出：（1）工地目前暂时全面停工的处理是对的，遗址被确认特别重要后，就不能在此搞建设项目；（2）建设与保护两全其美是不可能的，最后，总是文物保护方面受损。要作长远考虑的准备，这里不要建，周边的工地也不要建了；（3）文物工作者要如实正确地、不受任何方面影响地作出科学的结论。接下来，市政府与规划局研究决定，长话局的综合楼易地兴建。南越国遗迹除散落池底的砖、石等建筑构件起取保存外，叠石柱及池壁均不动，在其上覆盖 1 米厚的河沙，再回填土，作原地原址保存。其后，长话局的领导仍坚持其新建的综合楼要与院子内的设备楼和宿舍楼（九层，位于发现的宫池遗迹南边）靠近，又提出在其西边征地拆迁儒良书院和一部分民居，在此建一幢 38 层的综合楼。因这地段距宫池遗迹约 30 米，我们担心又会碰上重要的遗迹，果然不出所料。1996 年下半年，考古人员进入工地开展发掘，在距儿童公园西围墙 4 米处开了两个探方，发现许多南越的砖、瓦、瓦当等建材，其中有 95 厘米 × 95 厘米见方的特大型铺地砖。接着在北面的探方，除了更大量的南越国宫殿的板瓦、筒瓦、"万岁"瓦当、大型铺地砖等呈由西向东倾倒状态外，还有更为重要的发现：清理出一口结砌精工的砖井，尚存深 8.8 米，井内全被砖、瓦、木、石等塞满，其中的木板、木枋、榫头等已烧成炭状，多数的瓦件都有烟熏痕。在井底处还清出一个汲水铁罐和烧成炭状的木辘轳。显然这是南越国灭亡后，清理烧毁的宫殿废墟时填塞的。砖井的底部平铺石板，凿有 5 个泉眼，石板之下还有一层滤水的细沙（本书图版五○）。考古人员清理到井底，想拍一张要显出 5 个泉眼的照片，但每次从绳梯往上爬到地面，涌出的地下水就已把泉眼淹没了。这一张见到 4 个泉眼的照片，是经过几次失败后才拍得的（图一三）。这时，规划局的负责同志来到现场，看了遗址的情况后，认为心中有数了。1997 年 1 月 6 日在规划局召开城市艺术委员会，审议长话局申请在南越国宫署遗址区内兴建大楼的问题。戴逢同志作会议总结时指出，不要在这里建大楼，如有需要，设备房可以在附近找地方扩建，但办公楼和住房都应迁出，在天河区或珠江新城可以找到合适的地方的。今天大家对此取得共识，我们就把这个意见报市政府。

　　儒良书院地块的发掘已告一段落（因砖井之北，地下埋有通讯电缆，不能再扩大发掘了）。在砖井中的井水经过三次抽干后，我们从井中取了两瓶水样，分别送到广东省测试中心和防疫站化验水质，结果符合现代饮用水的卫生标准，但混浊了一点。考古队有位技工一直在此参加发掘，当他听到这个检验结果后，笑着对我们说："我早知道是好水，在下井取水样时我喝了几口，真是又清凉又甘甜的矿泉水啊！"他这么一说，却使我联想到南越王赵佗起码活到 102 岁，他的长寿或与长期饮用这口砖井的"长寿水"有关。但无论怎么说，这个砖井比越秀山脚的"越王井"来说，这才是货真价实的越王井哩。前来参观过这次发掘的人不少。国家文物局文物保护司晋鸿逵副司长与故宫古建专家傅连兴老先生也闻讯赶来考查，当他们看到这样大量的南越国建材出土，认为是前所未有，感到震惊，"这是世界第一大砖""这是全国发现年代最早、砌工最精的砖井""如此讲究的食水砖井，附近必有南越国的宫殿遗迹，西安的长安汉城就有实例。"他们两位的观感之言，启发了我们：这确是一口南越王宫内的食用水砖井，就从发掘所见，井旁堆叠着如此大量的砖、瓦、石头等宫殿建材，足可说明是附属于宫殿的饮用水井了；另一方面，砖井的发现已向我们表明附近必有宫殿建设遗存。现在就应该考虑要赶快把文化局、长话局、儿童公园这一圈大约 4 万多平方米的范围，视为南越国的宫殿区，作为一个保护区把它控制起来，今后，就不要在这里规划建什么大楼了。于是我写了一份《关于南越国宫署遗址的新发现和保护问题》的建议书，根据 1988 年新大新公司兴建时地下室发现一大片南越国建筑遗迹，到最近接连几次的新发现等情况，提出应该及早把这个范围加以控制保护的建议，分别寄呈省市领导朱森林、林树森等负责同志。没过多久，林市长在一次会议上见到文化局陈玉环副局长，对她说："我同意麦英豪对保护南越国宫署遗址所提的意见，请转告他。我们这一代做不了的，留给后代，不要在我们手上毁了重要的文化史迹"。其后，经过省市专家论证，提出暂把砖井遗迹回填，原地保护，综合楼易地兴建的意见报市政府。1997 年 3 月 10 日南越砖井先用河沙后加土回填覆盖了。

但原址原地保护问题并没有因此而划上句号，因为长话局的领导还一再提出要求在这个地方兴建大楼。先是，1996 年底他们要求在新发现的宫池遗迹之南与该局的 9 层宿舍楼之间，在这段狭长的空地建一幢 10 层楼，作办公与宿舍用。规划局戴逢局长对此很重视，在 1997 年 1 月 6 日的城市艺术委员会上否决了这项申请。长话局的王局长对此一直是持异议的，她认为，文化局大院拆平后，就可以在船台遗址旁建 48 层大楼，而长话局就不能在自己院子内建楼，不公平。要么大家都建，要么大家都不准建。于是 1997 年初长话局又向市政府提出报告，要求在拆迁儒良书院的地块建一幢 38 层综合大楼。市政府常务副市长陈开枝为此于 1997 年 5 月 6 日专门召开了协调会，与会的除了戴治国、姚蓉宾两位副市长和赵正强副秘书长外，还有市建委、国土局、规划局、长话局、文化局的有关人员参加。会上，意见反差最大的当然是要求建大楼和文物保护的双方了。你说建设需要，我提保护重要，真的是针锋相对，舌剑唇枪。戴逢局长发言了，他指出文物保护与建设需要两者出现矛盾，要以"保护为主"来考虑问题。他说："当长话局提出要征用儒良书院建大楼时，我已一再提醒，不要在这里建什么大楼了，挖下去就会有重要的文物发现，但你们不听，现在造成了损失，这本来是可以避免的。你们有困难，长话局的办公室、设备房、宿舍都需要房子，我很理解。今年 1 月在艺委会讨论你们的建楼申请时，我就提出过，可以在天河区另选合适的地方解决，为什么非要挤在这里不可哩！现在，我再提出可以在天河区，由你们选择认为满意的地方，或者珠江新城都可以。以后那里的发展空间大。至于经济上的损失，还可请求市政府在政策上给予优惠。总之，在面积上不会少给你们一分一寸，在经济上也不要你们受损失。我认为不要再在（儒良书院）这里打建楼的主意了。因为如果真的建起大楼，以后在其周围有重要的文物史迹发现，这种损失是无可挽回的，假如没有什么重大遗迹发现，日后再建楼也不迟，不会有什么损失的。"会上，长话局的同志不提异议，看来，他们被戴逢同志的一席话说服了。最后，陈开枝同志在会议总结中提出四点意见：（1）发现的南越国遗迹要根据文物法的规定尽最大的努力把它保护好；（2）在探明的遗址范围内，从现在起就要把这个范围内的单位控制起来，要有全面的、长远的考虑；（3）文物保护与建设需要出现矛盾，文物保护放在首位，电信局要调整布局，9 层的宿舍楼的搬迁，事业发展的用地在天河区划地解决，可以按历史用地交纳地价，以补偿因停建拆建的 3000 万元损失；（4）遗址的保护方案要在今年内确定下来，上报审批。这四点也是市政府的意见和决定。请你们遵照办理（按，第四点有关保护方案问题，因 1997 年市文化局大院的发掘又有重大发现，保护方案就结合一起考虑了）。

历史文化名城的精华所在　在上文的"真是'买空卖空'"一节中已提及：当文化局大院拆平后，就在 1 号船台南侧的造船木料加工场地上兴建 48 层信德文化广场大楼，还在大楼北侧（即 3 个造船台的东头一段处）建造船遗址博物馆，眼下投资方看到隔邻的长话局工地发现南越国宫署的宫池遗迹而大楼停建的事实，马上转变策略，主动向文物部门提出，要求在信德文化广场的 6000 平方米的建筑地盘内先行开展考古发掘，待确认此地可以建大楼了，才进行基础工程。我们认为这样做双方都可避免损失，当然赞成。但只给予考古发掘 6 个月的工期，只要简单算一下，在此面积内平均掘深 4 米，就有 2 万立方米的土要挖去，等于每天要发掘 100 立方米的土，这还算是考古发掘？逼得我们只有作出局部的牺牲，地表以下 2 米（大约到宋代地层）采取机械平土，这样每天掘土量可以减半，虽如此，仍是一项突击性的抢救发掘工程。因早在 1975 年试掘秦造船遗址时，已知道这里地下的地表水很旺，而且入地 5 米深，全是两千多年来的"番禺人"在此活动留下的堆积层。发掘动工之前，要先在发掘区的周边构筑周长 360 米的喷粉支护桩，桩墙宽 2.5 米，入地 6～10 米，这样一来可以切断威胁发掘的地表水，二来可沿着桩边垂直发掘不用放坡防塌。但难题又来了，支护桩如何定位放线？因为钻机打桩的钻头是不长眼睛的，钻管下去如碰上重要遗址，岂不毁了，将何以堪！实在不行，惟有抱着靠碰运气的心理，又尽量把打桩的线位往外靠（发掘结束后，检验南北两线的支护桩刚好落在最重要的遗迹——曲流石渠的边沿处，真是"上帝保佑"！）。正式发掘从 1997 年 7 月 15 日动工，到 1998 年 1 月底结束，实际发掘面积 3600 平方米。自地表以下平均 4.5 米才到南越国的文化层，秦造船遗址压在下面，其上有汉、晋、南朝、唐宋各历史时期的文化层。各层的遗物极其丰富。今次发掘最重要的发现是南越国宫署遗址的御苑遗迹，是一处石构的人工水景园林遗址，已露出长 150 米的曲流石渠，石渠由东向西蜿蜒曲折，东头有一段转向北，与 1995 年发掘的石构宫池南面池壁下的木质导水暗槽相接，由是得知曲流石渠之水来自宫池。真是"问渠那得清如许，为有源头活水来。"（宋，朱熹诗句）西端尽头处设有去水闸口，外接木质暗槽，渠水由此排出，泻入珠江。

宫苑把大自然中溪涧的潺潺流水与人工园囿相融合，在这 150 米长的曲流之中，人工水景层出叠见：东起有由激流而冲出的漩涡，有放养龟鳖的鼋池，有涌现粼粼碧波的渠陂与掩映隐现的黑色卵石，有锦鳞曲折洄游于渠底放置呈"之"字布局的大卵石之间（本书图版四二），又有特设的沙池给龟鳖休憩孵卵，还有漫步闲庭的石板平桥和步石。想当年，苑中小桥流水，绿草芳林，情趣油然。景色设计之精妙，足以说明以中国为代表的东方园林的特色早在两千年前已显示出相当成熟了（图一四）。就在南越国御花园初露真容之时，规划局的莫伯治、施红平、潘安等总工与领导，规划勘测设计院李萍萍院长等率先在 12 月 16 日、17 日这两天到现场考查后，他们觉得对这里的保护已心中有数了，都认为这大片范围是应该保护起来的。12 月 18 日国家文物局张文彬局长亲临现场考察指导，他对陪同来的戴治国副市长说：汉初，分封了不少诸侯王国，洛阳是十二朝的古都，但都没有发现这样好的皇家园林遗址，以后如果在儿童公园内发掘出南越国宫殿遗址，有条件申报世界历史文化遗产。林树森市长得知张文彬局长对遗址的高度评价时，对文化局陈玉环同志说："你们要实事求是，认真发掘，听国家文物局的指示，多请北京的专家来指导。"接着又是好戏连台，1998 年 1

月 9 日，由国家文物局张柏副局长率领的专家组专程到广州对新发现的南越国宫苑遗迹进行研究论证。专家组由 13 位多学科的专家组成（工作人员除外），他们中有考古专家北京大学的宿白、李伯谦两位教授，中国社科院考古研究所研究员徐苹芳和所长刘庆柱，故宫博物院前院长张忠培，国家文物局考古专家组组长黄景略，有古建专家工程院士傅熹年和罗哲文、傅连兴，有规划专家郑孝燮、李准，有文保专家王丹华、辛占山。国家文物局组织这样庞大的、高规格的专家组到来，说明局领导对这个遗址的高度重视。专家组在广州考察论证活动足两天，第一天考察发掘现场，我在陪同时听到故宫的傅连兴说了一句："对这样的一个遗址，再高的评价也不为过。"宿白教授特别叮嘱我们："在南越国遗址内保留的晋、南朝、宋等晚期的遗迹，这是广州二千年历史的见证。以后展示只要分别作出说明就行了，千万不要拆除。"第二天"国家文物局专家组南越国宫署遗址广州论证会"在市政府礼堂举行，会上专家们发言热烈，认为遗址的发现意义重大，无论在历史科学研究，广州建城史研究，中国园林史，中国建筑史，建材史等方面都提出了许多新课题，一致认定"是我国目前发现年代最早的宫苑实例"，"是广州历史文化名城的精华所在"。专家们建议要切实做好对遗址的保护，同意划出 4.8 万平方米为文物保护区，还要在此基础上继续完备发掘工作。

赎回地盘　划出保护区　国家文物局专家组对宫苑遗址的定性和评价之高，出乎我之所料。他们认定这处遗址"是我国目前发现年代最早的宫苑实例"，就是把遗址放到全国范围来衡量。中国园林有几千年历史，先秦时天子、诸侯都是利用大自然作园囿的，《诗经》有："王在灵囿，麀鹿攸伏，麀鹿濯濯，白鸟翯翯，王在灵沼，於牣鱼跃"这是歌咏周文王园囿中奔鹿、飞鸟、游鱼的自得景象之句。到秦灭六国后，秦始皇在都城咸阳营造六国的宫室，又建上林苑以供游乐，把园囿纳入宫廷区，这是宫苑之始。秦的宫苑——上林苑早已无存，广州发现的南越宫苑遗迹，无疑是全国仅有了。广州是 1982 年国务院公布的全国第一批历史文化名城，与会的专家认定南越的宫苑遗址是"广州历史文化名城的精华所在"，真的是要言不烦。广州自秦统一岭南，设郡县，以番禺（今广州）为南海郡治之年算起，至今已有两千两百多年，它一直是岭南地区的政治、经济、文化中心，汉兴七十年，全国涌现出商业繁荣的 19 座城市，而岭南地区亦有"番禺一都会也"（《史记·货殖列传》），我以为专家们这句评语中的广州，既是狭义的广州，同时又是广义的广州。这次论证会对广州的文物保护工作带来了积极的推动，环环相扣。先是广州市政府根据专家论证意见和省、市各有关方面提出对遗址保护的建议，决定赎回原计划兴建信德文化广场的地盘，为此出资 1.9 亿元，接着市文管会在 2 月 11 日召开全体委员（38 名）会议，审议《南越国宫署遗址保护方案》并提出在遗址周围划出 4.8 万平方米为文物保护区的建议，形成会议纪要上报市政府。2 月 20 日林树森市长再次到宫苑遗址视察，对遗址保护工作提出三点指示：（1）由市文化局与规划局具体商定划出 4.8 万平方米文物保护区方案上报市政府审定公布，当前要先将这个范围控制起来；（2）现在面临雨季，已揭露出来的遗址要采取紧急有效的防雨保护措施，所需经费由市政府专项批拨；（3）可先在儿童公园内进行选点试掘，如发现有宫殿遗址，就把儿童公园迁走，另外选址新建，考古方面要做出规划，由小而大进行发掘。这三点指示很快得到落实：市财政局拨出专款155万元，在遗址上搭建起一座近5000平方米的钢架锌铁皮的遮护大棚；市规划设计院完成4.8万平方米文物保护区的1∶200绘测图，区内所有用房的现况全部调查掌握了；7月28日广州市政府发布《关于保护南越国宫署遗址的通告》，初步划出4.8万平方米为文物保护区（图一五）。对一个历史文化遗址发布地方行政法规加以切实的保护，在广州历史上尚属首次。

诸事俱备　尚欠"庙堂"　幸好，原国家文物局张德勤局长到了广州，我们在宫苑遗址接待他，他对遗址保存情况之好，感到惊奇，侃侃而谈他的即兴感想：我到过国内多处保存的大遗址，这个遗址保存得好，比西安的半坡遗址还要好，可观性强。西汉时，许多诸侯王的国都应该都有宫苑的，但早已不存了，南越国宫苑难得保存下来。这个遗址除了在古典园林等方面很重要之外，我看还有更重要的政治一面，南越国存在一个世纪，有五代王，他们都是在这里活动的，第一代王赵佗在位67年，第二代王赵眜在位16年，前几年在象岗山发现了他的陵墓。这五代王都是生于斯、死于斯，一生的活动于斯，可见这个地方正是两千年前岭南的政治中心，是南越国都城的重地，是王宫的核心，很重要……我接着他的话题说："今天南越国宫署的宫苑遗迹所以较好的保护下来，局长您和李铁映同志是第一功臣！"当然，他对我这句话是不表认同的。接着我们又向他陈述了一个想法，我们觉得这里应该有一座"庙"——成立专门的管理机构，可以负责今后的保护等事宜，最好还是建一座遗址博物馆。"很好，我赞成，既然已有'南越王墓博物馆'，这里就叫'南越王宫遗址博物馆'，如何？"，他想了想，又说："遗址二字可以不要"。张局长赞成我们建馆的设想，还把馆名也给拟定了，我们当然赞成。我们想建的"庙"终于想来了，5月28日广州市政府编制委员会同意成立"南越王宫博物馆（筹建处）"的批文发下来了，暂定编制20名。今后，有关南越国宫署遗址的考古发掘、科学研究、文物保护、宣传展示等工作，终于有一个专责机构负责落实了。

20世纪后半叶的广州文物保护工作，其进程大致可分成三个阶段。第一阶段自人民共和国成立到"文革"之前，这十余年是稳步发展时期。1951年广州市文物管理委员会成立，朱光市长担任主任委员，到1952年9月，文管会办公室正式办公，就着手对市内文物建筑的调查登记工作，经过10年的努力，为1963年3月公布广州市第一批159处市级文物保护单位提供了充实的资料依据；同时还展开古旧书刊、革命文献的征集工作，成果显著。地下文物保护主要是市区近郊的考古调查发掘，其中以多处汉墓群的发掘为重要，广州第一部考古专著，又被认为是全国第二部地区性断代考古专著的《广州汉墓》，就是在此基础上编写出版的。第二阶段是大动乱的"文革"十年，业务停顿，文物保护无法过问。在对文物的认识上，人们受极左的所谓"破四旧"的毒害尤深，许多有价值的文物与古建筑在"除四旧"中被毁。就算未被拆平的建筑物，其中的最有岭南建筑工艺特色的砖雕、石刻、木雕、瓦脊、灰塑等几乎无一幸免。第三阶段在粉碎"四人帮"，拨乱反正之后，以1978年底中共十一届三中全会为标志进入改革开放的年代，这一阶段既是国家百废俱兴、经济蓬勃发展时期，又是广州文物大发展之年。首先是文物法制的加强，1982年11月全国人大常委会公布了我国第一部《中华人民共和国文物保护法》，其后，1994年11月广州市人大常委会公布实施《广州市文物保护管理规定》。由是，文物保护工作有了国家大法的保障，有了管理规定可操作实施，从而逐步进入法制保护的正轨。国务院自1982年以来先后公布了四批全国重点文物保护单位，在广州的有14处共16个单位。此期间公布的四批省级文物保护单位，在广州的有31处。广州市政府公布的五批市级文物保护单位有87处。文物行政和规划部门对广州辖区内的各级文物保护单位，根据《文物法》的规定和"五纳入"的要求，紧密协同，相互配合，划定其保护范围，还对建设控制地带进行了合理的调整，将之纳入城市建设发展规划之中。1982年广州被列入国务院公布的第一批国家级历史文化名城，1998年广州市人大常委会公告《广州历史文化名城保护条例》，于是，由单个的文物单体的保护，扩大到名城的连片保护，这是文物保护工作上一大进步。此期间的地下文物保护，则以南越王墓和南越国宫署两大遗址的发现最为重要，三次被评为全国重大考古发现，其中《西汉南越王墓》的考古专著，荣获夏鼐考古学研究成果一等奖。此外，重要的考古发现还有南沙开发区距今三四千年前的"南沙人"的墓葬与遗址，有广州首次发现的海幢寺的汉代窑场，有番禺市桥沙头汉墓群（已发现20多座，其后在此建成"番禺博物馆"）和钟村汉墓群，有配合地铁一号线工程在中山五路发现东汉、晋、南朝三个时期套在一起的"三叠"城墙，有黄埔姬堂发现的3座晋永嘉年间砖墓，出土2件水田模型，首次让人看到1600年前珠江三角洲水田耕作的具体画面。还有德政中路发现的唐代建筑、码头和南汉的水关遗址，有吉祥路发现广州城地下排水系统的"宋六脉渠"和仓边路、越华路交界处发现的宋城墙与城门楼基址等等。以上列举的重要发现，绝大部分都是在规划部门在批地建设中，实行建设工地先进行考古发掘的做法而取得的成效。

　　回顾改革开放以来的二十多年，广州文物事业进入了一个较快发展的阶段，取得可喜的成果，受到全国同行瞩目。这得助于有经济基础，又有领导的重视加上群众的爱护和支持，三者缺一不可。广州位处改革开放建设中国特色社会主义的前沿，经过多年的发展，经济基础坚实了。俗话说：钱不是万能的，但没有钱则万万不能。市政府保护南越国御苑遗迹拿出了2.2亿元（赎回地盘与抵偿长话局大楼建设二次停工的损失），又搬迁儿童公园，以利于南越国宫署遗址扩大发掘，这一项目要投入3亿元，这地点处在繁闹的商业地段，还划出4.8

万平方米为文物保护区，经济上的减损可谓不少。一个城市为了保护一处文物史迹，如果没有坚实的经济基础，是不可能有这样的大手笔。领导对文物工作的理解和重视，加上文物工作的同志们执著的专业精神与卓有成效的工作成果，坚定领导的信心，这又是一个很重要的因素。当广州市政府《关于保护南越国宫署遗址的通告》发出后，群众认为政府的决策正确、处理得当，为此有人写文章认为："南越国御苑遗址受到如此妥善的保护，这是它的幸运，也是民族文化的幸运，更是华夏子孙的幸运！"这反映出群众爱护文物，文物保护意识的提高，广州的文物保护有了较好的群众基础。

历史车轮已经驶入 21 世纪，文物保护工作同样是机遇与挑战并存。文物与规划部门要进一步加强协作，抓住大好的发展机遇，在城市建设规划中要坚持可持续发展观，把好文物保护这个关，这是关乎子孙后代的工作，要做深做广。要广泛的宣传新修订的《文物法》，使之家喻户晓，深入人心。在总结前阶段工作的得失、经验教训中，还要善于借鉴学习他人之长，为我所用。要不断的探索传统与现代科技相结合的新途经，积极改进和完善保护方式，提高保护手段，我相信，广州的文物工作定能跃上新台阶。

原载《广东文物》2004 年第 2 期；又收入《广州城市规划发展回顾（1949～2005）》上卷，广州城市规划发展回顾编纂委员会印制，2005 年。

保护名城　突出个性与特色

——广州历史文化名城保护之我见

由单体保护到连片保护的进步

我国幅员广大，又是世界四大文明古国之一，境内保存许多有重要价值的文物史迹，这是中国人民和世界人民共同享有的珍贵文化遗产。国家为了使这些文物史迹得到切实保护，尽可能减少以至避免人为的和自然的破坏，对于保存在地面的或考古发掘属于不可移动的重要历史文化遗存，根据其所具历史、科学、艺术的价值，分级分批公布为文物保护单位，予以保护。1961年，国务院公布第一批全国重点文物保护单位180处，在广州市的"三元里平英团旧址"（即三元古庙）列入第一批第1号全国重点文物保护单位；1982年，国务院公布第二批全国重点文物保护单位62处，其中林则徐销烟池与虎门炮台旧址列入第二批国保单位的第1号。同年，国务院又批准公布首批有北京、南京、广州等24个城市为历史文化名城。随后，公布第二批、第三批，目前已公布的国家级历史文化名城共99座。今天，人类历史已进入21世纪，保护传统文化已成为全世界的共识。从保护一个个分散的文物单位到保护历史文化名城，较集中地反映历史文化的老城区、文物古迹、名人故居、古建筑、风景名胜、古树名木等作出连片的保护，这是一个很大的进步。

广州历史文化名城的特色与个性

经国务院批准公布的99座国家级历史文化名城，其中有的是我国古代政治、经济、文化的中心，或者是近代革命运动和发生重大历史事件的重要城市，这是它们的共性特点。由于每座名城的历史地理环境、居民的民情风习不尽相同，在历史发展的长河中，又形成了各自的特色与个性。比如，广州的特色与个性就不同于北京、南京、西安、洛阳等城市。广州除了具有名城的共性特点外，它的个性特点主要反映在以下三个方面：

一是两千年海上丝绸之路的岭南都会。秦汉时广州称为"蕃禺"。在古籍中番禺的地名最早出现于《淮南子》，其后的《史记》和《汉书》中，番禺的地名多见，即今之广州。"蕃禺"

地名在广州的考古发掘中也多次发现，1953年初在广州西村石头岗第1号秦墓出土一个漆盒，盖面有"蕃禺"二字烙印；1983年象岗南越王墓出土的铜器中，有9件刻有"蕃禺"或一"蕃"字铭文。司马迁在《史记·货殖列传》中列举汉初全国有19个著名的都会，番禺是岭南一都会。到东汉，班固在《汉书·地理志》中更明确指出了番禺靠海的地理优势，又说番禺是各种特产奇珍的集散地，还特别提到中原来番禺作买卖的商人很多都发了财。在广州的秦汉考古发掘中，确实发现了不少与海外通商往还的遗迹与遗物。比如，在广州横枝岗西汉墓出土3个古罗马的蓝色磨砂玻璃碗；广州的两汉墓常见有来自西亚的水晶、玛瑙、玻璃、蚀花肉红石髓珠等装饰品随葬；还有燃熏香料的熏炉和作外国人形象的陶俑，这些在内地的汉墓是罕见的。南越王墓发现具有西亚造型特色的银盒、焊珠金花泡、还有主产地在红海沿岸的乳香和非洲的原支大象牙，这批海外奇珍特别引人注目。近年又发现南越国宫署遗址，已清理出一部分大型的石构建筑，其中有八棱石栏杆、石柱和呈密缝冰裂纹铺砌的石池地板等，这里的石作工艺都带有西亚古代石构建筑手法的特点。至于水上交通的航船方面，以广州的考古发现最为丰富。汉墓出土的各种船模多达20件以上，其中有彩画楼船，有在内河航行的交通船和货船，还有运载秧苗、肥料的农耕小艇。如此众多船模发现，正好说明汉代广州地区的交通特点是"陆事寡而水事众"，同时又是境内河网纵横的地理环境所需。此处还有两个重要的发现：南越王墓出土一个铜提筒，器身刻划4条战船纹，大同小异，首尾相连，船的前、中、后3处分立桅帆（桅顶的帆篷略去），船后架一把巨橹，船上有6个执兵武士和1个裸体的俘虏，甲板下面刻示出6个舱室。在船体的前后上下还刻划有海鸟、海龟、海鱼等图纹，这是我国汉代考古发现的船图中规模最大、设施最完善的海船；其次是1975年在广州中山四路原市文化局大院内发现的深埋在地表之下5米的秦代造船遗址，已知有3个长逾百米平行排列的造船台。遗址规模大，保存较好，据推算可以建造体宽6～8米的平底木船。从以上战船纹刻画启示，加上造船工场又有较多的铜箭镞发现，结合有关秦始皇统一岭南的文献史料推断，这个造船工场极有可能是秦向岭南进军时"一军处番禺之都"的秦军（楼船之士）在此建造船只，以应军事的急需。上述的文献记载与考古发现足以说明广州在秦汉时既是南方的大港市，又是我国南海海上丝绸之路的发祥地。这些新发现比之《汉书·地理志》记载汉武帝平南越后，派遣使者远航南亚诸国的海事活动，在时间上要早出近百年。

　　到了两晋南朝时期，中外使者、僧人从海路往返广州的已日趋频繁，城区内至今还留有他们的足迹。现在的光孝寺前身为王园寺，这是东晋时罽宾国（今克什米尔）僧人昙摩耶舍到广州传教兴建的；据载印度僧人达摩在南朝梁普通七年（526年）从海路来到广州，今下九路的"西来初地"是他最初抵岸的纪念地。位于黄埔区的南海神庙，其对开是宽广的海面，为隋、唐时广州外港，外来商船要先停泊于此。航运中的"海事"一词，首次出现在该庙的唐代韩愈所撰碑文中。怀圣寺和光塔是唐宋时伊斯兰教在广州的宗教遗迹。光塔又是阿拉伯商船进入广州内港（当时称内海，今珠江前航道）的航标。北宋时，云集广州的阿拉伯商人数以万计，他们聚居于城西，宋朝政府为了保护这些外侨而扩筑西城，将他们聚居"番坊"圈入城内。明朝初年，今十八甫南建有"怀远驿"，这是接待和安置外商的"招待所"。著名的十三行更是明清时期垄断全国海路贸易的地方，当时夷馆、商行林立，在第二次鸦片战争时毁于一场大火，今日这里还有怡和大街、宝顺大街等街道名称，就是因为当日十三行的怡和行与天宝行旧址在此而得名。新中国成立以后从1957年创办，每年春秋两届的全国对外贸易盛会——中国出口商品交易会直到今天仍定址在广州举行，这在我国位处沿海地区的历史文化名城中，广州独具优越的地理条件，在海交史方面，它更有深切的历史渊源。

二是近百年来革命的英雄城市。广州是近代革命策源地，有"革命摇篮"的称誉。广州人民具有光荣的革命传统，近百年来，受外来侵略之害最深。1840年英国发动侵略中国的鸦片战争。清政府腐败无能，英军占领了广州城。1841年，广州郊区的三元里村民联络附近103乡民众，在村口的三元古庙前誓师抗敌，他们诱敌深入，围歼英军于牛栏岗，并把侵略者赶出广州城。三元里人民的抗英斗争，揭开了近代史上中国人民反帝反封建斗争的序幕。三元古庙这个革命旧址还被列入首批一百多个国家级爱国主义教育基地，位居首席。尔后的太平天国革命，孕育于广州，在花都的官禄埗村还有洪秀全故居、书房阁和太平天国重臣洪仁玕和冯云山的故居遗址等史迹可寻；以康有为、梁启超为首发动的变法维新运动，在今中山四路长兴里的邱氏书院开设"万木草堂"，从事讲学、著述，宣传变法维新思想。今书院仍在，成了康梁维新运动在广州留下的唯一史迹。民主革命先行者孙中山领导的辛亥革命，在广州留有众多史迹。越华路小东营5号，是辛亥革命前夕，革命党人在广州举行三次武装起义中著名的"三·二九"广州起义指挥部的旧址。这次起义失败后，牺牲的烈士忠骨丛葬于黄花岗，1912年广东军政府在墓地始建黄花岗七十二烈士墓园。海珠区纺织路东沙街有两幢原是广东士敏土厂的楼房，1917～1923年孙中山护法南下，与封建军阀进行斗争，在广州重组军政府，借用了这两幢楼房，建立大元帅府。孙中山在广州三次建立革命政权，为国民革命军的北伐作了重要准备。大元帅府旧址经国务院公布列为全国重点文物保护单位，省、市政府已拨出专款进行维修保护，并辟建为纪念馆。大革命时期，国共两党重要领导人在广州的活动，留下了许多革命史迹。1923年6月中共"三大"在广州召开，1924年1月国民党"一大"在广州召开，这两个大会都确定了建立革命统一战线，促成了第一次国共合作，掀起了声势浩大的北伐战争。中共的"三大"旧址、国民党的"一大"旧址、黄埔军校旧址、中华全国总工会旧址、广州农讲所旧址、中共广东区委旧址、省港罢工委员会旧址等都是这个时期国共合作的历史见证。

遗址是历史的现场，遗迹遗物具有时空结合的特性。在广州，从鸦片战争、太平天国、戊戌政变、辛亥革命、东征、南征、北伐战争、广州起义和抗日战争直到1949年10月14

日广州解放，中国人民百年图强的艰难岁月，留下的许多革命旧址、遗址，后来者可从这历史现场中真切地了解这段斗争的历程，感受革命先烈、革命前辈可歌可泣的革命斗争事迹，从中受到教育，得到启迪。由是，他们当会珍惜今天，要为建设强大的社会主义祖国而努力向前。

三是秦汉以来的岭南山水名城。名城广州的历史悠久，地理位置优越。广州建城历史的绝对纪年是依据史载秦始皇统一岭南之年为始年的。据《淮南子》《史记》《汉书》的有关记述，秦平南越的战事进行多年，直到秦始皇三十三年（前214年）才统一岭南，岭南大地由此正式归入秦帝国的版图。秦分岭南为桂林、象、南海三郡。据近人考证，南海郡有番禺、博罗（一说傅罗）、龙川、四会四县（一说还有揭阳共五县）。番禺位居首县，为南海郡治。郡城的始建也是广州城建的肇始。秦的国祚很短，只有15年。秦亡，原秦将赵佗据有岭南地，建南越国，以番禺为都城。南越立国93年。元鼎六年（前111年）为武帝所灭。依此上推，赵佗建立南越国，号称南越王之年当在汉高祖登基称汉皇帝之前一年（前203年）。本此，则番禺在秦时既是县城，又作郡治，南越立国后还升格为王国之都城，成为三位一体（县城、郡城、都城）的岭南都会，时间长达百年。在尔后的两千年中，广州作为岭南政治、经济、文化中心的地位无改。以赵佗王宫区为中心的老城区，随着时代的前进，城区不断扩大，但老城中心也一直无改，这是广州名城的又一个历史特点。

自古以来人群聚居都选在近水向阳处，重要的城邑大都选址在水陆交通称便的地方。从今天来看，2215年前的南海郡治番禺，城址定点在今广州的老城区，其远近的地理优势都十分明显。近的优势是城址选在依山傍水处，当日城南有浩瀚的西江水东流入海，水运称便；北面背靠越秀、白云二山，有利于调节城区的气候。这种真实的山水名城优势，直到今天还在不断地延展。其远的优势是，番禺（今广州）位处珠江三角洲北部边缘，扼据东、西、北三江汇流入海的要冲。由于它地处珠江水系的中心，形成了一个优良的河港兼海港，具备了内河水运和远洋海交的水上交通枢纽的条件。古番禺距珠江出海口80海里，两千年来未有出现淤港或航道改道的现象。且腹地深广，拥有的腹地可分有三层：第一层是它位处珠三角。靠海的前沿，土地肥沃，河汊纵横，为岭南经济最富庶之区；第二层是三江水系连接着广大地区。作为珠江干流的西江，从番禺港上溯，这是联系广西水上交通的主动脉。又据《史记·西南夷传》载，汉使唐蒙出使南越，品尝到蜀地（四川）特产枸酱，他从蜀地商人打听到其来路，商人从蜀地把枸酱贩运到夜郎（今贵州），夜郎临牂柯江（西江的上游），可行船直达番禺。若沿北江上溯可通往粤北各地，沿东江可与粤东地区连接；第三层是远达东、西、北三江的上游，在古代的交通条件下，云、贵、川、湘、赣等内地物产、资源，均可沿三江航道咸汇番禺。当然，这种水运交通的优势，到了两千年后的今天，已让位于国道和高速公路了。

珍惜资源　爱护资源

一座历史文化名城是前人给我们留下的一份丰厚的历史文化遗产，它从历史走到今天，还要走向未来。我们从祖先接过这份财富，怎样利用它、管理它和保护它？这是要从持续发展的观点正确对待的。因为这份财富既是我们今天所有的，但又并不属于我们。因为我们接过来的这份财富，除了当代可以利用外，还要为我们的子孙后代把它认真的保护好。我们应该明确：保护好这份珍贵的文化遗产是对历史的未来肩负起我们这一代人的重任。

一个城市、一个地区，大至一个国家所拥有的地上文物和埋在地下的文物、史迹，随着时日推移，必然要受到自然的和人为的破坏或至毁灭，所以其存在的绝对数无论有多大，都只会日渐减少而不可能增多。被损毁了多少，就会从保存的总数中减去多少。文物是不可再生的，再造的只能算作仿制品。如果仅从这一点来看，似乎任何一个文物史迹都是珍贵的，都应受到珍视和保护。但是凡古皆保实际上是不可能的，古今中外都行不通。我们观察问题、考虑问题不能脱离我们的现实，不可能超越我们当前社会实际发展的程度。我们要认识到我们今天还是处于社会主义发展的初级阶段，距离我们要达到的高级阶段的目标还是相当遥远的未来。当前我国城市化和城市现代化建设正高速向前发展，所以文物保护与经济建设的矛盾依然存在，文物的社会效益与经济效益之间的矛盾依然存在，文物保护的要求与市场经济体制之间不协调的矛盾依然存在。认识这一点很重要，一来思想上不会安枕无忧，经常保持居安思危的警觉，二来有助于增强人们对保护文物当仁不让的历史责任感。

下面再就广州历史文化名城要保护什么和如何保护，谈一点个人的意见，供参考。

关于广州历史文化名城保护的具体内容，在 1982 年国务院批准公布第一批 24 个国家级历史文化名城的指示中，对名城保护的具体内容已作了扼要的提示，广州市又有经省人大批准的名城保护条例可作依循，这是最基本的，似乎问题已得到解决了。但时代在前进，事物也在不断的变化之中，加上人们的认识各有不同，实践多年，反反复复，保护问题依然存在，这是由于人们在认识与实践上还未有真正形成一个名城保护的整体观，对局部保护与整体关系的重视还很不够。最近我们从报道中得到喜讯：广州城市的未来发展是，老城区基本不动，要发展新城；并提出北却、南进、东扩、西调的城市整体发展部署。果如是，则可摆脱了老是在老城区内打主意所带来的困扰，名城的整体保护或可从根本上求得解决。但老城区基本不动不等于不动，要动就会出现矛盾。因为一方要保，一方要拆，如何解决，依我看，最好的、最有效的解决办法是，不但要求广州市的领导和城市规划的决策者要明确，全市的人民也要知道哪些是保护的重点，哪些该保，哪些可拆，这样，麻烦的问题就减少很多了。至于关系到广州名城三个个性与特色的都应列为重点的保护对象，而保护广州老城的历史格局也不容忽视。虽然，历史上，广州一直是南方重镇，岭南都会。但在今广州城区内，由秦汉至宋元的城区格局，地面上已无多少遗迹可寻找。最近的两年才在中山四路原广州市文化局大院内发现了保存较好的南越王宫的御苑遗迹，在儿童公园的试掘中，又揭出南越国一座宫殿的部分基址。在地铁一号线施工之中，还发现在中山五路原新华电影院的下面压着成层的南越王宫的板瓦、筒瓦、"万岁"瓦当等建筑构件，由此确知当日南越国的宫殿区位于今中山四、五路相交处，它的东边仅及城隍庙的忠佑大街，北到省财政厅前，南达中山四路的南边线，这个范围约有15万平方米。但当时的南越宫殿区是否筑有宫城？当日的番禺县城位置何在？直到今天，不但宫城的城址未见，连三位一体的番禺城基址也未有发现。只有一点是明确的：《史记》《汉书》都记载，汉武帝灭南越，汉兵"纵火烧城"。我们在发掘南越御苑和宫殿遗址中，清理出不少烧焦的木柱、木板和经大火烧过的瓦件等，有一堆铜"半两"钱，经大火烧熔，已黏结成块。史籍记载与考古发现完全吻合。在南越王宫毁于一场大火之后，番禺城到何时复兴？自汉以下，三国、两晋至南朝，这段时间长达七百年，文献中很少有关于番禺或广州城坐落及城内的具体记述，配合经济建设的城市考古也未有新的发现可以帮助说明。到隋唐以后，涉及城区情况的文献记载渐多。明代的城垣是在宋三城的基础上大加扩展的。今天，在广州老城区的纵横大道和巷里中，基本上还可以梳理出明清时期封建的封闭式的城厢格局。如大北门、小北门、大东门、西门、正南门等八大城门的位置都有路名可寻。惠爱东、中、西约，即今天老城区的中山三、四、五、六路段。今天的解放路就是原来南北贯通的四牌楼街。明清时的布政司，正是今日省财政厅的位置，这是城内的政治中心，其正对的双门底往南直到正南门，则是广州最老的城区中轴线，这就是今天的北京路。民国初年拆城墙开马路，商铺与民居栉比鳞次，由封闭式到现代开放式的转变清楚可见。但今天老城区北京路这条最老的轴线，它的传统特色将要披上一件翻领的大西装，真令人费解。据2000年9月30日《广州日报》的报道，北京路商业街要改建成临街上下两层的行人通道和上下两层商铺，可解决现在地下与二楼租金悬殊问题；还要拆改建造多个戴上秦汉、唐宋等历史朝代名字帽子的广场等等。依我看，这是仿效香港太古城的做法。对老城区进行这样的大拆大改，适合老城区北京商业街的历史传统与现状吗？广州这个已有六百多年历史的明清城区格局，至今仍基本保存，值得珍视。

至于广州的名城风貌问题，在山水名城这个大框架下，今老城区内到处都显现出岭南文化的特色。如连片的西关大屋；可避雨淋日晒之苦又令行人有安全感的商业骑楼街；中西结合的民居大宅和东山区的连片西式小洋楼等；在建筑结构方面采用通透向阳，建材喜用青砖、麻石与红砂石，以及陡坡碌灰筒瓦的屋顶等，都是适合广州潮湿多雨的自然环境需求。至于街道的名字，更多的是纪录老城过去的城门、衙署、名人第宅，或者是纪念与老城有关的人和事，处处都带有浓厚的历史人文气息。

　　最后一点是名城如何保护的问题。广州市辖区内已公布的各级文物保护单位有 156 处，其中属于全国重点文物保护单位 16 处（含 18 个单位），省级的保护单位 27 处，市级的保护单位 111 处。这是广州历史文化名城的核心，是名城的精华。有关文物保护单位的保护，在文物保护大法中已有了详细明确的规定。党中央、国务院为文物保护制定的"保护为主，抢救第一；有效保护，合理利用，加强管理"的方针和原则，我看也同样适合于对历史名城的保护。当然，在名城保护中还应切实地贯彻"两重两利"的方针，实行"抓大放小"的办法，对重要的要认真保护好，一般的可作灵活处理。比如最近康王路的扩建，路的一头有文物保护单位"锦纶会馆"，这里保存有 19 方清雍正以来至民国孙中山时期的历史碑刻，是我市明清时期最兴旺发达的丝织行业的会所，是研究近代中国资本主义萌芽的重要史迹，又与海上丝绸之路有直接关联，应作重点保护，决不可一拆了之。又如，沙面的整体保护，有着多方面的积极的意义和作用，最近，国家文物局批准了由市文化局与市规划局联合制订的沙面保护方案，今后，沙面的保护有了具体的法规可依，在保护执法上更应从严。我深深感到认真地回顾 50 年来我们在广州历史名城保护的历程及其经验教训，对今年的保护工作是很有益处的，是会有启发和帮助的。50 年的保护历程大体来说可分为三个时期。第一期是建国之初的五六十年代。百废待举，在三年经济恢复之后，转入以建设生产城市为目标。这期间，新的厂房、工人宿舍区、扩展道路等都在市区的近郊进行，老城区内基本没有大拆大改，保与建可以说是相安无事。第二期到了六七十年代，随着城市人口日增，解决居住问题成了城区内各行各业都关注的大问题。在资金短缺或很不充实的情况下，要求取得矛盾的缓和，于是仿效某城市"见缝插针"的经验，兴起了在房屋内加建阁楼，在房顶之上再加层等做法，这样一来，无论民居、办公场地就更加挤上加挤，各幢房舍之间几乎到了密不透风的程度。有些已被用作民居的祠堂、书院等，或放改建，或遭拆毁。如广州的两条主要的书院街——大马站、小马站的书院、书室已是面目全非了。至于广州的骑搂商铺，原是从南欧地中海城市的过街楼中进化而来，落户广州之后，成了外来文化与地方传统相结合的产物，也可说是从海上丝绸之路得来的硕果，它很适合广州的地理、气候特点。所以到了 20 世纪二三十年代，广州马路的临街商铺，十里洋场，尽是连绵不断的"骑楼"，形成广州城区的一大特色。到了 60 年代初，这种既实用又具特色的骑楼建筑竟被视为落伍而遭摒弃。在商业利益的驱使下，改造一条街，改造一座城，仅着眼于短暂的眼前利益，毁灭了长远的利益，这种教训在广州也是发生过的。例如上、下九路，还保存得相当完整的商业骑楼长街，就是在眼前利益的驱使下，给开发商拦腰插入一刀，建起荔湾广场的高楼大厦。这一刀可惨啊！因为以后的上、下九这条商业长街的伤口就很难愈合了，西关大屋连片的风貌特色也被破坏了，有识之士到此都会感到遗憾。90 年代，广州决定兴建地铁，这是解决城区交通的一件大好事，由于线路要经过传统商业区和老城区，地铁出入口都要拆迁一部分民居店铺，仅此的拆迁数量还是有限的，对老城区的保护伤害还不很大，但又要从颇具商业价值的旺地中给地产开发商出让地皮，以筹措巨额资金，于是，传统商业区西关和老城区中有特色的民居、骑楼店铺以至老字号已有不少被拆了，在当时是名之曰开发和旧城改造需要的。更严重的是，地铁一动工，市级文物保护单位黄家祠，抗日战争期间的"八路军驻广州办事处"旧址所在的连片楼房，没几天就被夷为平地，还提出要拆掉农民讲习所旧址的大门，"万木草堂"旧址亦贴了征拆通告，真是来势汹汹。今天，回过头来看，这段期间，对广州历史文化名城造成的伤害，所付出的沉重代价，广州的市民有目共睹。第三个时期是 20 世纪 90 年代的后期，市政当局认真吸收了前段的经验教训，在城市建设方针上明确了要建设大文化的广州，提出了"大都市以文化论输赢"的科学见解。因为五千年中华文明积累的博大精深的文化精神，在许多方面直接地集中地体现在众多的文物古迹之中。江泽民同志提出"三个代表"的思想，为我们做好新世纪文物工作指明了前进方向，"代表中国先进文化前进方向"也是 21 世纪我们文物保护事业发展的方向。2000 年 1 月，中共广州市委工作会议上还进一步提出广州城建要"规划先行""要重视历史文化遗产的保护，弘扬岭南传统文化"，在总体上主张保护老城建设新城，以"云山珠水，重要历史文化遗产为广州两大优势"的城建发展目标。过去是"见缝插针"，今天要以人为本，"见缝插绿"。我们深感：在广州两千年的城建历史上，今天已开始了步入健康的、走持续发展之路的城建新里程。人们期待的一座既有保护得好的具有两千年岭南传统文化的老城区，又有现代化新市区这样一座大文化的广州在不久的未来定会展现在人们的眼前。

原载《广州文博论丛（第二辑）》，2005 年。

南海神庙与广州海交史

广州市位于珠江口出海进入南中国海的要冲，具有河港兼海港的地理优势，有着 2000 多年的海上通商贸易与文化往来的历史，是中国南海海上丝绸之路的发祥地。南海神庙又是有上千年历史的、有丰厚文化内涵的海交史迹。

一、广州海交两千年与南海神庙

广州是我国海上丝绸之路的发祥地，历史文献的记载与文物史迹的见证，都充分地说明这个问题。首先，从历史文献记载来看，成书年代早于司马迁《史记》约 30 年的《淮南子》，在其《人间训》篇中说到秦始皇在统一六国后，贪图岭南越人的犀角、象齿、翡翠、珠玑而使尉屠睢率领五十万军入岭南。当然，秦始皇进军岭南的目的意图当不会这样简单，重要一点是文中指出了岭南有象齿、犀角、珠宝等来自海外的珍宝。其次，《汉书·地理志》记载，汉武帝元鼎六年（前 111 年）灭南越国之后，派遣一支官方船队，远航南亚诸国，这是我国"海上丝绸之路"中属于汉代人写汉代事的文献记录。当时汉帝国的船队已到达印度半岛南部，最后到达锡兰岛（今斯里兰卡）。与此同时，古罗马帝国商人的航船也由红海进入印度洋，沿阿拉伯湾航行到印度半岛南部，于是汉帝国和古罗马帝国的船队各自到达同一个远航点，中国与东南亚和欧洲发生了贸易关系。这是广州二千年海交史的创始时期。史志记载，公元 3 世纪的西晋时期，有东罗马帝国使者（大秦国）从水路经广州到洛阳送火浣布。今印度境内的天竺国僧人耆域到广州，这是第一位从海上航行到广州的僧人。其后，东晋有罽宾国（今克什米尔）僧人昙摩耶舍到王园寺（今光孝寺）传教。南朝梁武帝时，达摩从天竺到广州，建西来庵（今华林寺处）传教。若要问：从汉武帝船队远航南亚和晋代以来的达摩等名僧从海路来华进行传播宗教文化的活动，其中有哪些船曾在南海神庙（古称黄木之湾）的外港停靠？那是无可稽考的事了。

唐宋时期，我国的海交史进入高峰阶段。有关这个时期的海交史材料相当丰富，除了中国的还有外国的文献史料。多年来，中国学者对我国海交史方面的研究论文与专著也是很多的。要说明问题，我想也不必作过多的引述了，数字是比较好说明问题的。下面我们就用一些具体数字与事例来说明广州海交史到了高峰阶段的情形。唐朝时的贾耽主持外事活动，还当过宰相，一生著述丰富。在《唐书·地理志》引述他在《皇华四达记》中的《广州通海夷道》，详细地记述了从广州出发，通西亚和东非。经过有 30 余个国家和地区的航程。这条长 14000 公里的"海上丝绸之路"是当时世界上最长的远洋航线。唐宋时期，广船闻名中外，加上使用罗盘，航海技术与经验大大提高，航海的安全程度得到较大的保障，外国商人很多搭乘中国的商船来华贸易。据记载，唐朝政府管理外贸的官员——市舶使首次派到广州，到开元时期（713～741 年），一年之中流动于广州的客商 80 万人次。咸通十一年（870 年）在广州的蕃客商人有 13 万多。唐政府特在今光塔路一带划出地块给外商居留，史称"蕃坊"。宋朝立国之初，全国第一个管理外贸事宜的"提举市舶司"也首先在广州设立，当时全国对外贸易的主要口岸有明州、杭州和广州。史料记载，有宋一代东南亚和南亚地区与广州通商贸易的有 50 多个国家，进口的商品达 330 多种。北宋熙宁间（1068～1077 年）的十年中，进口乳香 354449 斤，其中由广州入口的是 348673 斤，占 98％。于此，可见当日广州在全国港口中的地位。宋室南渡后，随着政治中心的转移，广州港衰落了。南宋至元期间，全国第一港的地位由广州转移到泉州。

明清时期，广州的海交史进入第三阶段。这是中国海贸史上一个特殊阶段。从当日的世界范围看，西方的欧洲，正是从黑暗的中世纪向近代社会转变的一个重要历史时期。换言之，正是西方的资本主义产生、崛起的历史时期，它蓬勃的经济实力向世界各地扩展。在中国，其时由于海贸上的国策失误，由唐宋时期的海贸优势，转变成弱势，不敌西方的船坚炮利，已呈衰败的局面了。究其原因，一来是明清政府都在立国之初实施闭关禁海的政策。这对海贸发展是最致命的打击。二来明清政府背离了唐宋以来平等互利的海贸做法，在对外交往上实行"朝贡政策"，所谓"加惠远人，抚育四夷"，以宗主国自居。同时，又着实的贪婪海外的奇珍异宝。所以明清两朝政府都给予广州港以特殊的地位。

明政府因倭寇骚扰，在嘉靖元年到隆庆元年（1522～1567 年）的 45 年实施海禁。全国的宁波、泉州和广州三大贸易港，仅开放广州港。广州于是成为全国唯一的对外贸易港。这就极大地刺激了以广州为中心的珠江三角洲地区的手工业发展，当时广州的丝纺织业、佛山的陶冶业异常兴旺发达，广州濠畔街外商云集，一时间"饮食之盛，歌舞之多"胜过南京秦淮河。

清初，为了防范郑成功的反清复明活动，强行迁海政策。由顺治十八年实施到康熙二十三年（1661～1683 年）统一台湾才解禁。在这 22 年期间，全国只开放广州港，主要的还是朝贡活动。在康熙朝解禁之后，政府又指定半官半商的十三行作为中介性质与外商交易。十三行成了暴发的富户，屈大均亲眼见到了十三行一夜暴富的情形，他在《广州竹枝词》中写下了"五丝八丝广缎好，银钱堆满十三行"的咏叹。南海神庙中保存有唐至清代的碑刻，这对唐宋阶段、明清阶段的广州海交史，从某个侧面作出了真实的反映。

其次，广州有见证两千年海交史的出土文物和地上文物史迹。在广州近五十年的考古发掘中，以西汉南越王墓的发现最为重要。该墓出土一批海外舶来品，有原支的非洲象牙5支，还有主产地在红海的乳香和西亚的焊珠金饰以及盛有药丸的银盒。这个银盒是放在墓主的棺椁内，它的蒜瓣纹造型和口沿处的鎏金工艺与中国古代器物的造型及鎏金工艺完全不同，但与之类同的则见于埃及的图腾卡门墓出土的金银器和伊朗古苏彻城（今舒什持尔）出土的刻有波斯薛西斯王名字（前5世纪）的银盒，同是蒜瓣纹的。我们知道焊珠金饰最早见于两河流域，而制成圆粒状的药丸也出自西亚。到了汉武帝灭南越后的西汉中期，广州横枝岗一座墓中出土3件深蓝色的古罗马玻璃碗。在西汉中期和东汉墓中（当中约330年）经常见到作外国人形象的陶俑，有男有女，头顶托一个灯盘，这是随西方船队被贩卖到中国来作为贵族家奴的胡人。广州东汉墓中发现的西亚珠宝和焊珠金饰就显得更加亮丽了。广州还未见有波斯的银币发现，但1960年在英德，1973年在曲江的南朝墓中（5世纪）出土有波斯银币，这些外国银币当与广州海贸有关联。

在广州，现存与海交有关的不可移动文物，即地上文物建筑与史迹，如光孝寺，其前身王园寺是东晋时罽宾国（今克什米尔）僧人昙摩耶舍从海路来华，在此传教的纪念地。华林寺前身的西来庵、西来初地是禅宗之祖达摩从海路到广州登岸与传教的纪念地。标志着中国海交史高峰阶段的南海神庙与光塔，在珠江北岸屹立千年，这两处文物建筑，在年代上正处在广州两千多年海交史中间的承上接下的位置，是广州最重要的两处海上丝绸之路的史迹。至于名闻中外的十三行，这个自清康熙朝重开海贸以来就垄断广州以至全国对外贸易的机构，在道光二十三年（1843年）十一月，全毁于一场大火。今天，人们只能在该处的几个马路名字中联想其当日的辉煌。

二、南海神庙在今天的定位

南海神庙在广州现存的许多千年史迹中，有着独特的、深厚的文化内涵（本书图版七八）。要言之，主要有四：一是海上神祠，二是重要的历史建筑，三是誉称为广东的碑林，四是广州海交史上的重要遗迹。先从海上神祠说起。祭祀海神，保佑水上航行的平安，设祠常祭。既有官办的，更多的是民间的。比如福建湄洲始于宋代的妈祖庙，其后的天后庙、天妃庙等，遍布我国沿海地区，随着中国人移居海外，民间的海神庙也分布世界各地。南海神庙是第一个官立的神祠。由隋开皇十四年（594年）始建，历代有修建，至今已有1400多年，已成为其本体依旧，名字无改的一方名胜。二，它又是一处重要的历史建筑。在唐韩愈的南海神庙碑中有："又广庙宫而大之，治其庭坛，改作东西两序斋庖之房，百用俱备"，这是唐代对神庙的一次大规模扩建的记录。唐时，还给南海神以配偶，在庙中增设后妃的祀殿。虽然，现在神庙的建筑是清代的，但它的布局仍保存着其前时期的"仪门两塾，庑廊绕院，前堂后寝"的遗制。三，南海神庙又有广东碑林之称。据清光绪《波罗外纪》所记，庙中有唐碑1、宋碑11、元碑10、明碑26、清碑21，加上浴日亭的苏轼、陈白沙等历代名人诗歌石刻16种，庙中有唐代以来的共七八十块石碑（"文化大革命""扫四旧"时，被砸宋碑9、元碑9、明碑19、清碑17块）。碑文中除了记载祀神盛典之外，也有反映海交的内容。四，海神庙又是广州两处最重要的海交史迹之一，古代珠江航道的外港标志是南海神庙，内港标志是怀圣寺光塔。南海神庙在海交史上有三项第一：首先是年代最早。它有准确的文献记载，南海神庙始建于隋开皇十四年（594年），而怀圣寺相传始建于唐贞观元年（627年），就以相传当事实来说，南海神庙也比光塔早出三十多年。其次是在广州现存的所有文物建筑中，以庙内立于唐元和十五年（820年）的韩愈南海神庙碑为最早，它比光孝寺大殿前的刻造于唐宝历二年（826年）的石经幢也早出6年。至于五仙观和南汉的药洲遗址现存的石碑也不少，但年代最早的石碑只是北宋年间。第三是"海事"一词最早出现于韩愈碑中（本书图版七八）。碑文有"常选用重人，既贵而富。且不习海事，又当祀时海常多大风，将往皆忧戚既进，观顾怖悸，故常以疾为解，而委事于其副，其来已久。"今天的海事局、海事大学、海事法庭等已是通用的专有名词了。这个泛指与航海事务有关的知识的专词，今已收入《汉语大词典》（卷五，23页）。由是观之，南海神庙在如何做好保护与利用的问题上，其定位实应侧重其海交史迹方面。在逐步迈向亚洲经济一体化和世界经济一体化发展的今天，南海神庙以其具有独特的海交史迹的历史文化内涵，就日见其重要了。

三、南海神庙的保护与利用

2003年10月8日，市委书记林树森同志在广州市文化工作会议上的讲话中指出："广州历史文化最有特色，最具竞争力的优势资源是'四地'，即：我国古代海上丝绸之路的发祥地，岭南文化的中心地，中国近代革命史的策源地和我国当代改革开放的前沿阵地。这四地集中反映了广州两千多年的历史文化，囊括了许多的历史事件和历史人物，形成了深厚的文化积累，是广州文化建设的一笔财富""我们要充分挖掘和弘扬广州的历史文化资源。凸现广州历史文化名城的特色"。张广宁市长在会议的讲话中同样强调，"保护历史文化和繁荣文化艺术，是广州文化建设的两大任务"。南海神庙位居"四地"之首，是一处重要的历史文化遗迹。对它如何保护和合理利用，在开展建设广东文化大省的今天，无疑是一个适时的、很重要的课题。当前，仅从有利于文物保护方面来看，有三点是可以考虑的：第一，认真注意保护好它的历史环境。隋唐以来的扶胥之镇、黄木之湾，随着一千多年地理的与人文的变化发展，当时的历史环境今天已不可再现了。但今天的南海神庙与庙头村，南海神庙与南岗镇之间的环境关系，不应以今天现代化的建设而被阻隔或切断。庙右侧的和庙前左前侧小溪流要注意保护与清理，如能扩宽为可以通航游船的河道，与隔江相望的长洲岛黄埔军校连结成一条旅游观光的水陆交通路线，实不失为"合理利用"方面的一条可行构想。第二，要逐步充实庙内的文化内容，今庙内的庭院大，庙侧空地广，这是优势，但目前只有疏落的碑刻，"番鬼望波罗"的塑像和复原的南海神石雕像等，总的是内容较单调，相对贫乏。可否将近年海交史学者在中国沿海调查收集的大量有关水神庙的材料，在庙内空敞的廊庑和仪门等处，作出生动活泼的展示。第三，在庙西侧留出的广阔空地处兴建一座"广州海事博物馆"（以韩愈碑的"海事"为馆名）以大量的文物和史迹文献等资料，展示两千年的广州海交史历程，直到广州未来的南沙大港。这样一来，有神庙、浴日亭和博物馆三个单元组成，是我省一个具有可观性和可游性的，无可替代的文化与旅游的亮点，能在广州市建设文化大省中做出贡献。

原载《广州文博论丛（第二辑）》，2005 年。

从矛盾中找结合点

——广州文物保护与城建关系 50 年的回顾

内容提要： 一座名城是前人留给我们的一份丰厚历史文化遗产。经济要发展，城市要建设的今天，文物保护与建设需要往往会出现矛盾。一方要保，一方要拆，如何处理？历史的车轮已进入 21 世纪，重视保护文化遗产已成为人们的共识。回顾过去的五十年，广州在探索中前进。体会是：从实际出发，抓大放小；做好宣传，化解矛盾；重视保护、利用与研究工作，取得各方面的重视与支持。

1951 年 12 月，广州市文物管理委员会成立，翌年 9 月文管会办公室正式开始办公，这是广州历史上首次设立文物保护管理的专职机构。本人也是在这个时候踏入文物考古之门。我们是从事城市的文物保护工作的，首先就要学习这个城市过去的历史，要认识它的特点，了解它由于历史、地理等原因而形成的独特个性，这有助于我们清楚知道，对它该保什么，如何保护。

一、历史名城广州的特性

（一）两千年来的岭南的政治、经济、文化中心

古来的人群聚居地都选在近水向阳处，历史上的重要城邑，大都是选址在水陆交通称便的地方。今天的广州是在秦统一岭南设郡之后开始建城的，南海郡治选址于番禺（今广州），郡城就在今老城区中心的越秀区。郡城的地理形势十分优越：近的是依山傍水，北靠越秀、白云二山，这对调节城区的气候极为有利；远的是番禺城紧临广东境内的珠江（上流是西江）与北江和东江的三江汇流入海的要冲，水运交通方便。城区位处珠江水系的三角洲北缘，具备内河航运与远洋水运枢纽的地理条件。

广州的建城历史是从秦始皇统一岭南之年为始年的。《史记》《汉书》《淮南子》都有秦平南越的纪述。公元前 214 年岭南大地正式归入秦帝国版图。据近人的考证，南海郡辖 4 县，即番禺、博罗（一说傅罗）、龙川、四会（一说还有揭阳共 5 县）。番禺位居首县，为南海郡

的治所，这是今日广州最早的城。秦的国祚只有 15 年，秦亡，原秦将赵佗据有岭南大地，于公元前 203 年建立南越国，以郡治的番禺为都城。由是，番禺成了县城、郡城和都城的三位一体了。这段时间长达百年。其后，到了五代十国时期的南汉国，仍以广州为都城，改称兴王府。回溯广州自秦设郡置县迄今已有两千两百多年，它作为岭南政治、经济、文化中心的地位一直无改。

南越国都城的王宫区经过 2000 年的试掘，发现南越的宫殿（1 号）遗址。之前，还发现南越宫署的御苑遗迹，保存较好。考古发掘表明这里就是当日南越王国番禺都城的核心区，是当日岭南的政治文化中心所在。由于大面积考古发掘，揭露出两千多年的文化层堆积，厚达 4～5 米，其最下层是秦代的，发现有规模宏大的造船工场遗址，废弃了之后，在其上又建了南越宫苑。汉武帝平南越，汉兵"纵火烧城"，存在近百年的番禺城顿成废墟。地表的文化层属民国年间，在这层中连日军侵占广州时在此修筑的"神社"基址和遗物都有发现。这 4～5 米厚的文化层堆积，包含各朝代的遗迹、遗物，如同一部按时间积累的编年史书。它告诉人们：今日广州的老城区中心就是赵佗南越国的王宫区，随着历史的发展，城区不断扩大，但两千年来城区的中心位置无改，这是广州名城历史发展中的一个重要特点。

虽然广州在历史上一直是南方重镇，岭南都会，但由秦到宋元期间的城区格局，在今天的地面上已无多少遗迹可寻，而且可靠的历史文献亦无征引。直到明清时期的地方志才有城图。今天广州老城区马路纵横，里巷密布，基本上还保留着明清时的城厢格局。其中明城的八个城门，如大北门、小北门、大东门、西门、正南门等的城门楼位置，今天仍有路名可寻。当日的惠爱东、中、西约，就是今天老城内的中山三、四、五、六路各路段的所在。今日的解放北路（以前叫中华路）正是原来城内南北贯通的四牌楼街。布政司署是城区内的政治中心，就是今日的省财厅所在。这里向南正对的双门底，往南直到正南门，又是广州最老的城区中轴线，即今天的北京路。民国初年，拆城墙开马路，商铺民居栉比鳞次。由明清时的封闭式到现代的开放式的转变，城区内外仍是有迹可寻。从名城保护的角度来看，明清的城区格局亦属可珍。

（二）海上丝绸之路的岭南都会

广州位处珠江三角洲北部边缘，距珠江出海口只有 80 海里，这条河道两千年来未有淤港或改变航道的情况出现，具备内河船运与远洋水运枢纽的地理条件。腹地深广，土地肥沃，河汊纵横，是岭南的富庶之区。城区位处三江汇流处。三江水系连通着上游的广大地区，尤以珠江及其上游的西江为主要。史载，汉武帝时派唐蒙出使南越，他是走水路的。他从蜀地（四川）商人中打探到走水路可由蜀到夜郎（今贵州），经牂柯江入西江，顺流而下可直达南越的番禺都城（今广州）。在古代，岭南周边的云、贵、川、湘、赣、闽等地的物产、资源，也可从三江上游沿着水道咸汇番禺。

《史记·货殖列传》中列举汉兴七十年之后，全国涌现一批商贸城市，其中岭南的番禺"亦一都会也"。到东汉时的《汉书·地理志》更明确地指出番禺有靠海的地理优势，是各种特产奇珍的集散地，中原到来作买卖的商人都发了财。这一点可从广州多年来的秦汉考古发掘中取得实证。已发现番禺与海外通商往还的遗迹遗物，比如有：南越王墓出土一个铜提筒，器身刻划 4 条战船纹，大同小异，首尾相连，船的前、中、后有桅（顶部的帆略去），船尾设大槽，船上 6 个执兵（或提着首级）武士和 1 个裸体反剪双手的俘虏。其中一武士在中桅的建鼓下，端坐在铜鼓上，似在击鼓发号。船头倒挂着 1 个首级，甲板下刻划出 6 个舱室，其中一船舱内装满铜鼓。船体的前后上下刻划有海鸟、海鱼、海龟等图纹。这在岭南秦汉考古发现的船图中，属规模最大、设施完善的海船。至于已经过 3 次部分发掘的秦造船遗址，得知有 3 个平行排列的木构造船台，长逾百米，规模大，保存较好。据推算可做体宽 6 ~ 8 米的平底木船。在广州发掘的两汉墓中，出土有木或陶质的象牙、犀角模型。有 3 个古罗马时期的蓝色磨砂玻璃碗，有海外输来贵族人家饰物的水晶、玛瑙、蚀花肉红石髓珠等串珠，还有熏香的熏炉，作外国人形象的托灯陶俑等，这些都是内地汉墓中所罕见的。特别是西汉南越王墓出土一个具有西亚造型特点的银盒，还有焊珠金泡饰，主产地在红海的乳香和非洲的原支大象牙等舶来品。近年发掘的南越国宫署遗址，清理出一部分石构建筑遗存，除了御苑的曲流石渠全为石构外，还有八棱石柱（大小规格有三种），八棱石栏杆，呈冰裂纹密缝铺砌的大型蓄水宫池。这里发现的石作工艺带有西方古代石构建筑手法的若干特点。广州汉墓出土船模较多，有彩画的楼船，有航行于内河的人货混载船，有交通船，有农田耕作运输用小艇。这些正是广州地区河网纵横、"陆事寡而水事众"的一幅写照。

到了两晋南朝时期，中外使者、僧人从海路往返广州的日见频繁，如著名的达摩僧人就是从海路来华传教的，现在广州的光孝寺、西来初地华林寺都是有关这方面的寺院和纪念地。始建于隋的南海神庙，位处当时的广州外港，外来商船进入珠江口首先要停泊于此，时到今日所用的"海事"一词，首见于该庙唐代韩愈所撰的碑文中。怀圣寺光塔是唐宋时伊斯兰教在广州的最早遗迹，而光塔又是阿拉伯商船进入广州内港（时称"内海"，即今珠江的前航道）的一个航标。唐宋年间，阿拉伯商人云集广州，政府为保护这些外侨，将他们聚居的"蕃坊"圈入广州的西城之中。明初，广州的西关已是繁闹的商业区，政府于此建"怀远驿"，是接待和安置外商的招待所。著名的"十三行"，更是明清时期垄断全国海路贸易的地方，当日夷馆商行林立，在第二次鸦片战争时毁于一场大火。今日这里还有怡和大街、宝顺大街等街道名称，就是因为当日十三行的怡和行与天宝行等旧址在此而得名。中华人民共和国成立后，于 1957 年创始的每年春秋两届的全国对外贸易盛会——中国出口商品交易会，直到今天仍定址在广州举行。

（三）近百年来的革命英雄城市

广州是我国近代革命的策源地，有革命摇篮的称誉。广州人民在近百年来受外来侵略之害最深。1840年英国侵略中国的鸦片战争爆发，清政府腐败无能，英军攻陷广州城，到处奸淫抢掠。广州三元里人民联络附近103乡民众，在三元古庙前誓师，围歼侵略者于牛栏岗，其后把侵略者赶出广州城，揭开了近代史上人民群众反帝斗争的序幕。尔后的太平天国革命，孕育于广州，在花都的官禄埗村，有洪秀全故居和书房阁，还有天朝重臣洪仁玕和冯云山的故居遗址等史迹可寻。今中山四路长兴里的邱氏书院，是康有为当日在此设"万木草堂"从事讲学、著述、宣传变法维新思想的地方，也是康、梁维新运动在广州留下的唯一史迹。孙中山领导的辛亥革命，在广州留下的史迹众多，其中最著名的有"三二九"起义指挥部旧址，黄花岗七十二烈士墓园，孙中山护法南下，在广州重组军政府建立的大元帅府旧址等。第一次国共合作时期的中共"三大"旧址，国民党"一大"旧址，黄埔军校，中华全总旧址，广州农讲所旧址，中共广东区委旧址，省港大罢工委旧址等都是大革命时期的重要历史见证。

二、跨三步退一步的50年历程

50年来，广州文物与规划部门通力合作，在配合城市建设和经济建设的各项工程，对地上的不可移动文物和地下的考古发现文物的保护，做了大量工作，取得重大成果。目前，在市辖区内已公布的文物保护单位共219处。其中全国重点文物保护单位有19处（21个单位），省级的41处，市级的159处。这是广州名城的瑰宝，又是文化旅游的重要资源。

在地上、地下文物保护与城建关系的50年历程中，可以说是跨出了三步，倒退一大步。在中华人民共和国成立初期的五十年代，百废待举，到20世纪五六十年代之交的城市建设，是以建设生产城市为目标的，举凡较大规模的生产基地，交通道路的扩建，新建工人宿舍区等，基本上是在近郊的地方选址，在旧城尤其是老城区内无大拆大改的项目安排。这期间我们的文物保护工作，主要是配合近郊的基本建设工程进行古墓葬的调查、发掘。已清理发掘两汉以来的古墓逾千座。这阶段由于建设点多，铺的面大，而考古与文物保护的专业人员显得十分短缺，应付不过来，久埋地下的文物难免受损失。但当时保护文物与建设的双方不存在有大的利害冲突，矛盾并不突出，可说是跨出了平稳发展的第一步。第二，"文化大革命"的十年，文物遭受的大破坏遍及神州大陆，历史罕有。加上广州城市人口日增，解决居住问题成了城区内的各行各业都要关注的大问题，于是仿效某城市"见缝插针"的经验，兴起了在房屋内加建阁楼，在楼顶上加层等做法。这样一来，那些被用作民居的祠堂、书院、会馆或被改建或遭拆毁。如大马站、小马站是广州两条书院群街，被改建、加层弄到面目全非了。

至于广州的骑楼商铺，也许是从澳门早期的过街楼引进过来，落户广州之后，成了外来文化与地方传统结合的产物，很适合广州的地理、气候条件。在 20 世纪二三十年代，广州马路的临街商铺，十里洋场，尽是绵连不断的"骑楼"，形成广州城区的一大特色。但这种极具特色的骑楼建筑被视为糟粕而摒弃。城内商业区西关的上、下九路，本来保存得相当完整的商业骑楼长街，给拦腰插上一刀（拆去商业长街的一大片，建起几十层的商住大厦）。这一刀可惨啊！因为自此之后，上、下九路商业骑楼街被切开了，把广州城最富特色的西关大屋的连片风貌也破坏了。九十年代，广州兴建地铁，以解决地面交通的拥挤，本来是一件大好事，因线路通过传统商业区和老城区，地铁每个出入口站都要拆迁一部分民居与店铺，仅此数量还是有限的，对老城的伤害不会很大。但出现了文物保护和城市考古的要求与地铁施工的矛盾异常突出：一是因地铁要筹措建设资金，许多有特色的地段被连片拆迁，给开发商让出地皮，名之曰加速开发，推进旧城改造。地铁工程刚启动，就毁了市级文物保护单位的黄家祠，连抗日战争期间的"八路军驻广州办事处"所在的成片楼房，不几天就被夷为平地，全国重点文物保护单位农讲所旧址，其西侧的一片林木，一夜之间全数砍光，还要求斩去旧址门前的大木棉树，要拆迁旧址的大门（棂星门石牌坊）。第二，由于地铁的站台大面积开挖，全部用机械施工，地下文物的考古发掘实在应付不过来。我们这些文物专业的人员面对如此严峻的局面，只有向社会关心文物保护的人士呼吁，向传媒求助，才保住了农讲所旧址的大门，考古发掘也得以进入工地。这一步无疑是"文革"余毒未除所害。在踏入 21 世纪的前夕，广州市政当局认真吸取了前段城建工作的一些经验教训，在城市建设方面，明确指出要建设大文化的广州，要保护历史文化名城。老城区基本不动，要发展新城。并要以"云山珠水"重要历史文化遗产的优势为城建发展目标，提出"大都市以文化论输赢"的科学见解。我们深感由过去的"见缝插针"到今天的"见缝插绿"，广州历史名城的文物保护终于踏上健康的、可持续发展的新里程。

三、探索中前进

一个城市、一个地区，大至一个国家所拥有的地上文物和埋在地下的文物、史迹，随着时日推移，必然受到自然的和人为的破坏，所以其存在的绝对数无论有多大，都只会日渐减少而不可能增多。损毁多少，就会从保存的总数中减去多少。文物是不可再生的，再造的只能算作仿制品。若仅从这一点来看，似乎任何一个文物史迹点都是珍贵的，都应受到珍视和保护。但是凡古皆保实际上是不可能的，是古今中外都行不通的。我们观察问题、考虑问题不能脱离现实，不可能超脱我们当前实际的社会经济发展程度。我们要清醒地认识到，今天我们还是处于社会主义建设发展的初级阶段，距离我们要达到的、真正富有的高级阶段还是相当遥远的未来，所以文物保护与经济建设的矛盾依然存在，文物的社会效益与经济效益之间的矛盾依然存在，文物保护的要求与市场经济体制之间不协调的矛盾依然存在。我们认识了这一点很重要，一来思想上不会安枕无忧，会保持居安思危的警觉；二来有助于增强人们对文物保护当仁不让的责任感。

我们多年来从事文物保护工作的实践中，有几点体会：

一、要从实际出发，视需要与可能，抓大放小，确保重点文物得到保护。

20世纪50年代，我们在市郊配合建设工程抢救发掘古墓葬的阶段，曾有意识地把在结构形制上具有特点的、规模较大而又保存较好的各时期的砖室墓，选定若干座就地保存，以之作为标本留给子孙后代，这个做法并征得所在点的建设单位的同意。虽然，这些都有保存下来的需要，但由于文物工作长期以来都是资金短缺，缺乏必要的技术力量，在一些建筑地盘发现了较重要的文物遗迹（如结构独特的唐代木构遗存、南汉城墙的砖筑排水涵洞），由于不具备保护的条件，只有需要而没有可能，结果还是放弃了。又如，在配合市区内住房的开发建设中，先后在几个工地发现了宋代的城墙基址，是否需要保护？这个问题曾一度困扰着我们。当然，能保护下来是最好的，这些遗迹对广州市来说不是多了而是太少了。但我们考虑了保护的条件：遗迹所在点正是开发商在建高层楼宇的主体位置，避无可避，又是动辄几千万逾亿元投资的工程，已经有很大一部分资金投入到基础工程中去，我们要保也赔不起，此其一；遗址在地表下二三米才露出来，城基距地表有五六米深，很难把它提升上来，防水处理的技术条件更不容易解决，此其二；保护了，就得利用，这样才好体现史迹的存在价值，但从几个点发现的宋城基来看，都不具有可利用的条件，此其三。同时，鉴于广州宋代三城在地方史志中也可查找到有关的记载，而广东的肇庆市如今还有一段宋城墙保留下来。基于此，我们在发掘中取足取全资料之后，决定弃而不保。但1997年，我们在地铁主要出入口附近的一个外资建筑地盘，发现了一段有三个朝代套合一起的城墙遗址，已露出一段的城墙面距离地表约2米，当中的是东汉土城，两边加宽之后用青灰色的砖包面，有明显收分，且有转角如马面的，结砌工精，这是晋代的。再外又加宽，用灰红或红黄色砖包面，是南朝的。汉城在广州是首次发现，而晋和南朝的砖包城也是首见。这里是三个朝代的城墙套合一起，更是第一次见到。如此重要的遗迹，在广州城建史上有重大的研究价值。虽然这段城墙遗址正处于要建大楼的塔楼位置，还要下挖负三层，城墙遗迹是无法在原地保存的。但我们坚持这是重点遗迹，一定要保护。在广州市建委主持下，经过规划、文物部门与开发商代表一起协商，提出一个遗迹在大楼大厅内原位保存并作展示的方案，我们接受了。

又如，2000年在老城区的西湖路与惠福路之间的一个商住楼工地，发现了南越国时期大型的木构排水闸口遗迹，南面被一段东汉城墙呈东西向打横截断，并且覆压着排水闸遗址。这样重要的遗迹，年代早，木质结构特殊，经过多次协商，找到了一个"两利"的结合点：发现的遗迹原地保护；商住楼修改设计方案，把遗迹所在点作为大楼的中庭。市政府决定从政策上给投资方作出补偿，即把商住楼的性质改为商业楼宇；原定的所有回迁户改为永迁户。遗址原地保护复原后要在商业楼中永久保存和展出。保护方案上报了国家文物局，待批准实施。又如 1983 年，在闹市的解放路象岗工地发现南越王的石室大墓。省政府基建处用了 3 年时间才把象岗的顶部削低 17 米，平整出一块 5000 平方米的地皮，计划在此兴建 4 幢公寓楼，当第一幢楼宇的基础开挖时就发现古墓。发掘结束后，确知这座石室墓有三个至为难得：一、保护完整；二、历史上未遭盗掘，发现后亦未受扰乱；三、墓主人是南越国的第二代王，在《史记》有传，年代精确，而且随葬遗物丰富多彩，有重要的历史、科学、艺术研究价值。无论在广州、广东，以至全国都是一次重大的考古发现。仅就墓室建筑来说，也是全国发现汉代石室墓中年代最早的一例。这墓位处市内的闹区，必须原址原位保护，并就地建立博物馆。我们提出建议后，得到省、市领导的采纳，并由规划部门把这里 14000 多平方米地块全划作建馆用地，又另划地解决在建公寓楼的迁建之需。南越王墓保护的成功，我们是借鉴了北京大葆台汉墓原地保护并建博物馆，长沙马王堆汉墓和湖北曾侯乙墓易地保存建馆的不同做法，从对比中得到启示的结果。至于在中山四路的南越国宫署遗址，自 1995 年发现宫苑部分遗迹以来，已清理出御苑中曲流石渠的大部分遗迹，其后在儿童公园试掘还发现了南越国的大型宫殿基址，市政府已划定 4.8 万平方米的保护区，决定儿童公园迁移。国家文物局已批准儿童公园内的南越国宫殿遗迹作全面的发掘（分期进行）。这处遗址所在是广州最繁闹的商业区，除地皮十分昂贵外，还要补偿外商在此已投放资金，要搬迁儿童公园的费用，还有遗址发掘、保护与建设的资金，为数巨大，但这个损失是有数可计的，而这三处秦汉大遗址是无价之宝，要绝对保护是无可置疑的。因为广州的历史发展到了秦汉时期才进入有文字记载的发展阶段，根据《史记》《汉书》记载，当时岭南的番禺（今广州）发生过三件重大的历史事件，一是秦始皇派遣五军统一岭南，二是汉初赵佗据有岭南建立南越国，三是汉武帝灭南越国，岭南大地回归汉帝国的版图。在 20 世纪 70 年代发现的秦造船遗址，80 年代发现的南越国第二代王的陵墓，90 年代发现的南越国御苑和宫殿遗址，恰恰就是岭南早期发生的三件重大历史事件所遗留下来的最重要遗迹。今天的考古发现与文献记载两千年前的史事完全吻合，这样重要的历史文化遗迹，不是金钱可以买得来的。所以，三大遗址是无价之宝，要绝对保护，是无可商量的。

二、要依靠传媒，宣传领导，宣传群众，化解矛盾。

当今的传媒界对文物考古的宣传报道是积极支持的，文物部门对传媒的工作也尽可能地给予方便与协助。1995 年，我们在广州市长话局工地发现南越国宫署部分御苑遗迹，完全是依靠传媒的宣传帮助，得以打开僵局。有了这一步，才取得后来的大面积保护的成果。当初，我们在工地看到已挖出南越国时期的大型建筑构件，于是向工地提出局部停工，由我们进场发掘的要求。工地却以工程特殊、工期急等理由，一再拒绝。当《羊城晚报》一而再地发消息，写专访等宣传报道之后，终于取得工地的让步，同意我们进场抢救发掘。工地原来计划要在此兴建一幢28层大楼，民居的拆迁和基础处理等工程费用已逾三千多万元。当时我们还没有提出遗址原地保护的要求，因为这时所露的面积有限，还不知道这是一个保存得较好的御苑遗迹。后来得到国家文物局领导和李铁映同志的大力支持，广州市政府的领导也明确表示：广州的高楼大厦不缺，缺的就是这样重要的历史文化遗迹，一定要保护好。随后在市长办公会议上作出遗址原地保护，大楼易地迁建的决定。

我们深感要宣传得好，要宣传取得成效，首要的是要求自己先吃透吃准遗迹的价值在今时当地的重要意义和它可以起的作用。在宣传群众的同时，更要重视宣传领导，因为这是作出保护决策的关键所在。1998年初，南越国御苑遗迹清理出来之后，我们十分重视做好接待各级领导来到发掘现场参观视察的宣传介绍，使领导完全明白了这处遗迹的规模之大，在我国和世界建筑史、园林史等方面占有重要的位置；在广州已发现的古代文物史迹中，南越国宫署遗址的重要性是无可替代的。这次发掘后，市政府及时发布对遗址的保护通告，在遗址周围划出4.8万平方米作为文物保护区。宫苑所在的地块，原是外商投资计划兴建信德文化广场48层大楼的用地。如果要保护遗址，就得赔偿外商在此已投资前期工程的损失。仅这一项已是为数不菲的一笔资金啊。由于改革开放20年，广州的经济发展了，市的领导明确表示：在经济建设的快速发展和城市现代化建设中，更要注意对重要历史文化遗产的保护。赔偿外资的损失是有数可计的，如此重要的古文化遗址让其受损或不予保护，这个损失是无可估量的。结果给外商补偿了前期投资折合人民币1.9亿元。

三、要与规划部门充分合作，把文物保护真正纳入建设规划之中。

文物保护问题与城市规划建设最直接关联的，主要是保存在现地面上的各种有价值的历史建筑、文化史迹（不可移动文物），还有考古发掘中发现深埋地下的重要遗址、古墓葬等的保护问题。一般而言，存在于地上的不可移动文物都是看得见的、摸得着的实体，在规划建设中，这是已知数。当它碰到与建设有矛盾时，一般而言是可以避让的。但深埋在地下的文物遗迹就不同了，这是未知数。特别是在老城区的中心地段，只要动土兴工，都会碰上历代层层叠压的遗迹、遗物。这种情况事前很难准确预见，就算是借助机械的钻探，或考古常用的洛阳铲探查，或者运用现代化科技（如雷达、红外线探测、物理探测等手段）也解决不了问题。因为埋在地下的古代遗迹遗物主要是各历史时期的建筑构件，如砖、瓦、木石等器的实体和生产、生活垃圾等，利用钻头、探铲以至电磁波都是很难准确回答地下的历史年代与文化内涵的。如果改用考古方法，即局部开探沟、探方，也只能了解到局部的情况，惟有大面积的考古发掘，才能得见全貌。市规划局从1983年象岗南越王墓的发现后得到启示，于是要求文物部门在城区内（特别是老城区内）的地图上标示出可能有文物埋藏的地点，还有老城区之外的四郊已发现有古墓（或有可能是古墓区）的地点，也要详细标出。这样一来，就化被动为主动了。因为如果要在这些地方动土施工，必须先做考古探查，摸清地下情况，以确保地下重要遗迹及时得到保护。在确认已无重要的历史遗迹，然后才建设施工。因此要告知建设投资单位，凡要在老城区动土施工的，首先得考虑会有风险，即该地下可能埋有重要的历史文化遗址，而且有可能要原地原址保护，是会蒙受经济损失的。

四、要重视对遗址的保护、利用和研究工作。

简而言之，当一处重要的历史遗迹在上级部门作出要给予保护的决定之后，如何保护？这个实质性的问题马上就跟上了，一定要提到议事日程上来。保护、利用和研究三者要结合一起考虑，三者是相互促进的。一个遗址有了利用才容易显出它的价值和生命力。由于人们对事物的认识不可能一次完成，它是要随着科学技术的发展而不断地得到深化。因此遗址的研究工作不能止步不前，要在前阶段工作和认识的基础上提出新课题，这样才有可能使我们对遗址认识不断深入，不断更新，以促进保护和利用工作向前发展。由于保护工作是一项复杂的工程，它要求有多学科的参与，对不同性质的遗址要有不同的对策和技术措施。目的只有一个，让遗址延年益寿，要它留给千秋万代，发挥其永恒价值的作用，造福子孙。

回顾改革开放以来二十多年，广州文物事业进入了一个较快的发展阶段，取得可喜的成果，受到全同行瞩目。这得助于有经济基础，又有领导的重视加上群众的爱护和支持，三者缺一不可。广州位处改革开放建设中国特色社会主义的前沿，经过多年的发展，经济基础坚实了。俗话说：钱不是万能的，但没有钱万万不能。市政府保护南越国御苑遗迹拿出了 2.2 亿元（赎回地盘与抵偿长话局大楼建设二次停工的损失），又搬迁儿童公园，以利于南越国宫署遗址扩大发掘，这一项目要投入 3 亿元。因这地点处在繁闹的商业地段，还划出 4.8 万平方米为文物保护区，经济上的损失可谓不少。一个城市为了保护一处文物史迹，如果没有坚实的经济基础，是不可能有这样的大手笔。领导对文物工作的理解和重视，加上文物工作的同志们，执着的专业精神与卓有成效的工作成果，坚定领导的信心，这又是一个很重要的因素。当广州市政府《关于保护南越国宫署遗址的通告》发出后，群众认为政府的决策正确、处理得当，为此有人写文章认为："南越国御苑遗址受到如此妥善的保护，这是它的幸运，也是民族文化的幸运，更是华夏子孙的幸运！"这反映出群众爱护文物，文物保护意识的提高，广州的文物保护有了较好的群众基础。

历史车轮已经驶入 21 世纪，文物保护工作同样是机遇与挑战并存。文物与规划部门要进一步加强协作，抓住大好的发展机遇，在城市建设规划中要坚持可持续发展观，把好文物保护这个关。要广泛的宣传新修订的《文物法》，使之家喻户晓，深入人心。要认真总结前阶段工作的经验教训，借鉴学习他人之长，要不断探索传统与现代科技相结合的新途径，积极改进和完善保护方式，提高保护手段，使我们的文物工作跃上一个新台阶。

原载《中国文物科学研究》，2006 年第 1 期。

文物保护的范例

在丙戌年岁末的一个会上，见到广东省文物局苏桂芬局长，她告诉我一个好消息：东莞南城区的蚝岗贝丘遗址，在原址保护兴建的博物馆即将开幕之前要编印出版一本纪念图册，希望你写篇文章。因为你老麦参与了该遗址发掘后的论证会和建馆的研讨会等活动，了解"内情"，非写不可。当我听到该馆建成即将开幕这句话，顿感兴奋和快慰。蚝岗贝丘遗址发掘后当地的领导决定原址保护，在原地兴建遗址博物馆加以展示，这是我省的文物保护与利用工作中又一个典型的范例。我想，保护文物人人有责，宣传文物保护的范例很有必要，这篇文章我应该写，我要写。何况在建馆之前我还参与过一些相关的活动，今天把它"笔录"下来，到日后要写"馆史"之时，或许有点参考之用。

那是在 2003 年 6 月 17 日，我应邀到东莞南城区参加蚝岗遗址考古论证会。上午，与会人员来到考古发掘现场实地考察，并听取了南城区的负责人和省考古所发掘人员的介绍，了解到这里在早年是连片的蚝壳地，其后人们经年累月的在此取蚝壳烧灰，今天仅剩下这一小块了，现存的贝丘遗址高出其周围有 2～3 米，为一个高起的台地，断面上见到叠压着大量的蚝壳堆积，厚的地方有 2～3 米，台地的周边民居紧贴，都是四、五层的楼房。经钻探，遗址现存约有 600 平方米的面积。这里在早年的文物普查时已发现，确认是一个贝丘遗址。今次的发掘揭露 400 平方米，在 4 个探方中发现有房子的柱洞，有活动面，有红烧土，还有墓葬的遗迹。又从展示的出土遗物中看到，有打制的石器工具，有砺石，有夹砂粗绳纹陶，有彩陶片，但不见有印纹硬陶，初步推断遗址年代不晚于 5000 年前。我们边看边听介绍，感到兴奋，认为遗址难得，特别是发现彩陶，尤其重要。南城区的领导表示很想把这个遗址作为遗址公园加以保护起来。今天邀请大家到来，主要是听取专家们的意见，然后再作决定。由是我联想起过去省考古所发表的一些材料，就东莞方面来说，1960 年冬在万福庵贝丘遗址有彩陶发现，其后还有佛山的河宕贝丘遗址，虽然年代晚些，但有较多的墓葬发现，仅成年男女的骨架有 19 个之多，但后来都没法保存。蚝岗遗址位处新城区的中心，内涵丰富，如果墓葬中有人骨架保存，就更为理想了。在下午的论证会上，就我本人的认识谈了一些意见和建议，归纳起来主要有三点：首先，蚝岗遗址在珠三角地区已发现的同类贝丘遗址中有其独特的地位，虽然保存下来的面积不大，从发掘所见，文化内涵是丰富的，可以说是"好物沉归底了"，加上其年代较早，为省内不多见，这样重要的文化遗存，只要有条件最好是原址原地保护，保存它的历史真实性和遗迹的完整，这是东莞市的历史文化基石。如果在此建成遗址博物馆，人们来到东莞，首先应看看这里五千年前的"珠三角第一村"，目前在我省还是唯一的啊！其次，今次的发掘已揭开遗址仅存面积的 2/3，建议余下的 1/3，最好保留不动，这是真金不换的一小块啊，还要编制整体的保护规划。目前最要紧的是，对已揭露出来的这部份遗迹尽快采取保护措施，以免日晒雨淋，造成不必要的自然破坏。第三，建成遗址公园也好，建成遗址博物馆也好，对其内涵的展示，可考虑小中见大，小中见全。要小而精，要有自己的特色，将来的博物馆在规划设计上，在陈列展示上都要出精品。

在这次论证会之后的第八天，即 7 月 5 日，报上披露省考古人员在清理探方的隔梁中，发现了一具保存完整的人骨架。这真是一个大喜讯，"珠三角第一村"终于找到了它的居民。这不仅令我高兴，相信南城区的领导和省考古所的同志们比我更为高兴。我随即将蚝岗遗址发现的情况向岭南建筑大师莫伯治先生作了详细的介绍，他也十分高兴，并半开玩笑地说，"这是我老家的'山顶洞人'，我要莫京（他的儿子）陪我到现场看看，这是东莞的重大考古发现"。7 月 24 日动身，除了省文物局苏桂芬、杨少祥，还有故宫博物院常务副院长李季（出差来广州），我本人与莫京等陪着莫老总驱车直到蚝岗遗址的考古现场。时近中午，烈日当空，90 高龄的莫老总踩着高低不平的泥土斜坡路，健步登上台地，这时他好象孔子入太庙似的"每事问"，最后还仔细的观察出土的石器、陶器和彩陶片之后，才进到工棚稍事休息。他认为这个遗址对研究东莞的远古历史有重要意义，并赞同要原址保护。这时，南城区的负责同志向他提请设计这座博物馆的要求，莫老总欣然承诺："我来设计！"在场的都不约而同的叫"好！"对这位工程院士表示赞许和诚挚的感谢。由此我省新建的博物馆中又多一件老总的作品（按：广州西汉南越王博物馆由莫伯治主持设计，入选 20 世纪世界建筑精品）。可是，谁也不会料到，就在他老人家考察蚝岗遗址仅过了两个月又七天，即 9 月 30 日，他竟不辞而别，骑仙鹤西去了。认识莫老总的人都深表怀念。莫伯治是岭南建筑设计大师，他在全国建筑设计工程师中，是获得奖项最多的一位资深工程院士。北京故宫博物馆副院长晋宏逵（主持故宫建筑维修工程，古建专家）谈到对岭南建筑的研究时说："莫伯治先生对岭南建筑作出了开拓性的贡献，他一生的建筑设计成就，有如广州石室的双尖塔，高耸云霄。他设计的作品有两项入选世界建筑精品录，了不起，令人钦佩！"莫伯治是东莞人，他为保护和展示蚝岗遗址而设计的这座博物馆，竟成了他最后为家乡留下的一件佳作。

上面提到打掉探方的隔梁时，发现有保存完整的古人遗骸，其后续还有两件事情也很重要，一是对骨架进行加固和鉴定，二是骨架的头颅保存好，可作头像复原。8 月 14 日，我和陈伟汉一行来到蚝岗遗址发掘现场，看看清理出来的人架保存情况，从已清理出的表面正面来看骨架保全较好，头骨完整，具备了根据头骨作出面貌复原的条件。于是，向南城区领导提议，由陈伟汉同志负责对骨架进行整取，并与省考古所同志一起到中山大学约请人类学系人体解剖学教授冯家骏和张文光先生（广东药学院人体解剖教研室副教授）两位对出土的遗骸进行防腐加固和鉴定研究。其后，两位教授提出了书面的"鉴定简报"，认定：该骨骼应属男性，年龄在 40～50 岁间，身高约 166 厘米左右。看来，时光流逝五千年，今日的广东男性其身材还是这个高度。接着，陈伟汉同志又约请中国社会科学院考古研究所的左崇新同志到东莞一趟，他收集了出土人架的相关数据等资料，过后还亲自送回来一座五千年前的"东莞（蚝岗）人"复原头像——"珠三角第一村"的男性居民。左崇新同志是古人类头骨面貌复原的老专家，举世闻名的浙江河姆渡遗址（六七千年前）其男性居民、山东大汶口遗址（五六千年前）其女性居民以及近年来在珠三角发现的番禺南沙鹿颈村遗址（三千五百年前）其男性居民，香港马湾遗址（四千年前）的男性居民和今次发现的蚝岗遗址其居民等都是他在体质人类学研究上的科研成果。珠三角的三位史前时居民都是男性，年龄在 40～50 岁之间，当时他们都未有入户口和领取身份证，据 ^{14}C 测定，到今天："东莞人"是老大，五千岁，香港的"马湾人"是老二，四千岁，广州的"南沙人"较年轻，只有三千五百岁左右，也许会有人提出疑问："东莞人""马湾人"和"南沙人"的复原头像，相貌如此相似，好像是三胞胎的兄弟，是否由于同属一人的手笔？非也。珠三角的土质属酸性土，古人的遗骸难得保存（在含有大量贝壳的地层例外）。有幸，近年来，在佛山河宕、马湾、番禺南沙、东莞蚝岗等地点的贝丘遗址，在史前的墓葬中都发现有保存较好的人架，十分难得。虽然目前发现的材料还不够多，但已为研究珠三角古百越族人的体质特征提供了前所未有的可贵资料。上述三地的古人遗骸经过专家们的研究，指出：他们同属南亚蒙古人种，具有短宽的面、低矮的眶、低阔的鼻型等共同的特征，他们共同地显示出比黄河流域古代居民更富有类似热带种族的一些性质。如果改用一句话概括：他们同根同源。

东莞这片热土，与香港和广州毗邻，有其得天独厚的地缘优势。自从改革开放以来，特别是近十年来，经济文化飞速发展。东莞是我省的经济之乡，它的经济规模与发展速度，除省会之外，在全省的大中城市中位居前列；东莞是我省文化教育之乡，历来重视教育，随着经济的腾飞，近年的文化建设事业日新月异；东莞又是名士之乡，远的众多的历史名人不用说了，到今代就出了名闻中外的金文家容庚，岭南建筑的旗帜，集学者、艺术家、工程师、建筑师于一身的莫伯治；东莞在我省也是文物众多之乡，时至今日经千百年历史沧桑，现仍保留于地面的文物史迹为数不少，而且不乏瑰宝，其中小至一块明代的"却金亭"石碑，大的如"南社"整条古村落，同被国务院公布为全国重点文物保护单位。东莞所缺少的就是如蚝岗贝丘遗址这类最具历史文物价值的地下遗存。东莞市的领导和南城区的负责同志，他们都是抓经济建设的能手，同时又是敢挑保护文物重任的领头人。抓住发展机遇，东莞的经济一日千里；蚝岗遗址的发现，也是机遇，他们善于"借脑"（召开论证会等听取各方意见），当确认这是东莞最古老的历史，这是一页五千年前的无字史书，它记录了东莞从一个普通的渔村起步，到今天已建成具有现代文明的新城市，这些遗迹遗物是东莞的文脉，是无可替代的历史文化遗产，他们果断作出原址保护、建馆展示的决定，并一抓到底。这就是保护文化遗产的典范，范例可供他人借鉴和学习，要宣传，要加以推广。

文物具有历史、科学和艺术的价值，如秦始皇陵的兵马俑坑，三大价值俱备。但重要的考古遗迹，一般来说其历史价值是最主要的，至于科学与艺术价值未必都显明或不具备，蚝岗遗址也是这样，这里的遗迹遗物，其艺术性与可观性都不很强，必然会对一般的观众减弱其吸引力，这也是全国发现的许多重要考古遗迹的共性。遗产保护和博物馆建设都是公益性事业，不可能要求它会产生多大的经济效益。在这座博物馆建成开幕之日，就进入到对遗址的有效保护、合理利用、加强管理的一个新阶段，我们应怎样把握好保护、利用、管理这6个字的要求，百尺竿头，更进一步？我想，很有必要认真学习和领会著名文物保护专家谢辰生同志的一段话："最重要的是切忌把文化遗产当成摇钱树、保护文化遗产是造福子孙后代的大工程，管理好、利用好，我们可能很快就会收益，但有了社会效益并不意味着就会马上产生经济效益。没有这样的思想准备，就很容易产生急躁情绪，甚至于做出错误决定。所以对此一定要慎之又慎，切不可急功近利。"（在"殷墟保护利用管理与构建和谐社会研讨会"上的发言，《中国文物报》2007年2月9日）谢老言简意切，寓意深远。

原载《广东文物》，2007年第1期。

迈出可喜的一步

——感知广州城市考古十年

广州市文物考古研究所成立十周年了。常言道，十年树木，百年树人。树种上十年，枝繁叶茂，可以绿盖成荫了。从今年初开始，几个月来，广州市考古所的同志齐心协力做了几件有助于推动广州市文物保护工作的事情，作为建所十周年的纪念。一是与广州博物馆合作，承办《广州文物保护十年》一个大型的文物保护宣传展览；二是配合这个展览编印《铢积寸累——广州考古十年出土文物选萃》和《羊城考古发现与研究》两本考古文集，展览与文集从不同角度宣传介绍广州十年考古的成果和广州的历史文化，普及保护文物知识；再次是邀请国内考古界前辈和兄弟省市的考古同行与专家学者来到广州，举行"城市考古与文物保护"学术研讨会，借以加强工作经验的交流，推进考古学术的发展，有利于文物保护与经济建设的共赢，都是有积极意义的事情。

广州市文物考古研究所的二十多位同仁，从建所之日起，上下同心，风雨兼程，在文物保护的大道上，不停步地走了十年。毫不夸张地说，他们几乎是没有一个月、没有一个星期、甚至没有一天是没有考古发掘工地在进行工作的。他们已走过的3650天，几乎是天天都有文物保护的工作可做、要做。但做得如何？从昨日揭幕的《广州文物保护十年》展览中，可概况为一句话：文物保护十年取得十大成果。我们是从20世纪50年代在广州开始从事文物保护工作的老兵，为他们取得的众多成果而高兴，击掌祝贺，为他们在文物保护的大道上迈开了一大步而感到欣慰。借此学术研讨会的机会，谈点个人的感知。

一、十年耕耘，成果可要珍惜

改革开放，广东先行。祖国南大门的广州是改革开放的窗口。20世纪的90年代中期，广州经济建设的区域转移，市区内的房地产开发，旧城区改造、地铁工程与内环路等大型建设项目相继动工，老城区内到处动土施工，因而文物保护任务十分繁重。1995年中山四路市电话局兴建28层大楼的工地，在开挖基础工程中，发现了西汉初年南越国的一座大型石构水池，以此为起点，以后，陆续发现多处南越国的重要遗迹。发掘与保护任务很重，形势紧迫。广州市文物考古研究所成立后，担负起市辖区内地上、地下文物保护的主要职能，其后，南越王宫博物馆筹建处成立，宫署遗址的发掘与保护任务就交由筹建处分担了。这十年，广州文物保护工作的量与质都有了很大的提高。

先让我们简单地回顾一下广州文物工作的历程。广州的文物保护工作开展较早，1951年11月广州市文管会成立，广州市长是该会的主任委员。1952年9月文管会办公室正式对外办公。首先对市内的地上历史建筑和革命史迹开展调查登记。到1953年1月，又配合郊区的各项基本建设工程进行考古发掘工作，直到今天已是53年了。回溯这半个世纪的文物保护工作历程，大概可划分为三个阶段：第一阶段，由1952年至1965年这十余年可说是起步阶段，当时有业务人员5人，其中1人负责地上文物工作，4人搞田野考古发掘，主要是在近郊的工地清理古墓葬。"文革"期间，业务停顿，"文革"后，文管会改为文管处，设考古组，1976年第一次有一位中山大学考古专业的毕业生分配到来。这一段可说是恢复和过渡时期。第二阶段，1982年恢复广州市文物管理委员会的建制，考古组扩展为考古队，直到20世纪90年代初的十余年间，这是文物机构与业务工作逐步恢复与健全的时期。这个阶段最重要的考古发现有1983年南越王墓的发掘、保护与建立遗址博物馆。第三阶段，由1996年市考古所成立至今的十年，为广州市文物工作的黄金时期，进入稳步发展的阶段。这期间的田野考古有3次获评全国十大考古发现（其中两次是南越国宫署遗址的发现，最近一次是2004年的五代南汉二陵）。当然，这些获评是历史留给我们的丰厚遗产。因为广州自秦汉以来，一直是岭南的中心，岭南的重要史迹咸汇于此，所以并不是由于广州的考古工作者有特别高明之处而取得的。这十年，在地上文物保护方面，重要的有2001年国家文物局在广州召开"全国文物保护工作现场会"，推介了广州在城市建设与文物保护工作中化解矛盾的几种做法。这次现场会特别强调要从认识上理解文物保护与城市建设的关系并不是对立的，城市的文物保护是保存城市的文脉而不是绊脚石。昨日（11月12日）开幕的"广州文物保护十年"展览，主题思想是文物保护与基本建设共赢，运用展览这种形象的手段向广大群众汇报和宣传文物保护工作，以争取各方对文物工作的理解与支持，很有必要。

下面，我就这十大成果选几个实例做点说明：

2003年初，当中共广东省委、广州市委在建设文化大省的规划中，决定要在番禺的小谷围岛兴建广州大学城，2月底，大学城建设指挥部就召开会议，要求广州的文物部门在3月底之前完成岛内6个行政村（11条自然村）的文物调查，4月上旬，完成全岛的地下文物点的调查，并提交调查报告，把要保护的文物纳入建设规划之中。可是，在广州过去进行的3次文物普查中，小谷围岛基本上是漏网的，对这里的情况不明，底子不清，广州市文化局是文物行政部门，市考古所是业务机构，他们都深感机不可失、时不我待。但调查的时间只有1个月，任务实在紧迫。大家都认识到，一定要化被动为主动！考古所马上调集人马，组织一个负责地上的，一个进行地下勘探的两个调查工作小组，3月4日进村，连续工作23天，在11条自然村及其周围进行梳篦式的调查，发现明清以来的历史建筑48处，已露头的地下文物点15处。接着，用7天时间，把调查所得资料整理并编印成《广州大学城（小谷围岛）第一次文物调查报告》，《报告》中明确提出已调查登记入册的历史建筑、历史街区划分为A、B、C三类，A类相当市级文物保护单位，B类属于内控文物保护单位，这两类都要纳入保护规划做好保护。考古所提前10天把《报告》送到建设指挥部和规划局、国土局等相关部门与省、市的有关领导同志。由于争取了时间，保证了质量，使大学城建设中的文物得到了及时的、有效的保护。与此同时，考古所还派出一个考古小组常驻大学城工地，在11个月的时间内共清理发掘130多座（处）古墓葬与遗址，及时编印《广州大学城（小谷围岛）考古发掘成果汇编》，对其中4处重点保护的文物单位，如南汉二陵等，根据"两重"、"两利"的原则，提出原址、原地保护的意见和要求，并纳入大学城的建设规划中。

南越国宫署遗址的系列发现，又是一个重要的成果。自1995年以来，发掘、保护工作不停顿，至今已10年了，已清理出御苑的曲流石渠、一号宫殿、二号宫殿（本书图版四三～四六），今年在一个砖井中出土南越王宫的纪事木简一百多枚，有二枚的简文"廿六年七月……"，这是南越一主赵佗的早期纪年。简文中还有宫、苑、泰子、公主、陛下、舍人、左北郎、居室、景巷令等称谓与"蕃禺""南海""横山"等地名，可与南越史迹和文献相印证，对确认南越国遗址的历史真实性和遗迹的完整性，这批木简具有无可替代的重要价值。还有南越国的大型木构水闸遗址和北京路发现的自唐至民国年间共有11层路面的千年古道与城门楼基，发现后，原址原地保护，并作开放式的展示，深受群众欢迎，在普及文物保护的宣传教育方面收到较好效果。

地上文物保护的任务艰巨，成果显著。其中有从化太平镇钱岗村一座陆姓的广裕祠，其维修保护工程获得联合国教科文组织亚太地区颁发一等奖。这座祠堂原已危烂不堪，将要倒塌了，普查中发现它的前、中、后座的正檩上分别刻有阳文的明清至民国的纪年，有一块碑刻中还有两个明代纪年，一座祠堂有6个明确的修建纪年，在广东现存的文物建筑中是罕有的，是非常珍贵的实例。由广州市文化局与从化市共同出资110万元，进行全面的维修保护，由此带动了从化市对古村落与历史文物建筑的重视和保护。

坐落在广州老城西关商业区的锦纶会馆，始建于清雍正九年，是一座三路三进的传统木构架宗祠式建筑。它具有三方面重要的价值：一是广州唯一保存的丝织行业会馆，二是见证了广州清代丝织业由鼎盛到式微的历程，三是会馆内保存碑刻19方（21石），是研究我国资本主义萌芽的重要资料。进入21世纪，市政建设在这里要新开辟一条南北向的大马路——康王路，以解决西关商业区的交通堵塞。这座会馆正位于规划路线之中，要如何保护？提出了拆迁易地重建，或从左右两侧绕行，或在其底下穿行等多种方案，经过反复研究，市政府决定采取整体移位保护的做法,经过3年的努力,整体移位与修残补缺的工程完成了。实践证明,整体移位保护有三重意义:一、确保了无损于这组文物建筑的历史原貌;二、化解了文物保护与城市建设之间的矛盾;三、开创了我国传统木构建筑整体平移保护的先例。广州有个国保单位位于六二三路对面,即沙面近代建筑群,这个人工岛曾是全国唯一的租界,是鸦片战争以来广州人民反帝斗争的历史见证,又是西方建筑文化传入我国的一个窗口。岛上保存下来的近代建筑65处,较好的有40余处,要如何保护和利用?由市考古所与广州大学的建筑与城市规划学院合作,对保存较好的40余座建筑做了全面的测绘和记录,又得到国家文物局专家组的协助,制订了《沙面近代建筑群保护规划》,《规划》中详列了开展岛内及周边环境整治与利用的要求,并首获国家文物局批准实施。这10年的地上文物保护,还有纪念建筑与革命旧址的维修、宗教建筑的维修保护等许多文物保护工程在进行。当新修订的《文物法》公布实施之后,广州开展了第四次文物普查,目前正在进行历史文物普查成果的汇编,分区立卷,全套共13卷本,全部资料要输入规划局、国土局等部门的电子地图中,可按图索骥,有利于城市建设与文物保护的长远需要。以上的十大文物保护成果,有的是由文物行政部门与考古所为主导,全力承担的;亦有以文物的使用单位为主,考古所积极参与并支持配合而完成的。

总之,文物保护的工作有许多事情需要我们去做,有了各方的要求和积极性,有政府的支持,有资金到位,就完全有可能去做好的。既然需要做,又有可能做,作为文物专业机构的考古所,责无旁贷,一定要将保护工作做好。

上述的成果得来不易,可要懂得珍惜啊!怎样珍惜?要巩固、要培育、要扩展这些成果,乘胜前进。第一,通过对一些典型成果的解剖,从中取得经验;其次要经常自查,增强自信心,巩固集体的战斗力;第三,还要不断地加深对成果的理解和认识,借以提高我们的专业水平。文物工作要掌握政策、要走群众路线,还是用大学城小谷围岛的文物调查为例,记得我们调查小组的同志进村时,是不怎么受欢迎的,但当我们讲明来意,我们是来保护文物、进行调查的。不但村干部,连许多老百姓都自动地给我们带路,提供线索,有人给我们送水,有的农民要求我们到他家一起吃顿便饭等等。这种变化说明了什么呢?群众深爱自己的乡土文物!在26天内提前完成调查任务,对11条自然村及其周围环境中的祠堂、庙宇、老民居、小街、水道、水塘、山坡等等都一一作出记录、拍照、录像,及时印出调查报告书。用最快的时间把这些文物信息与保护要求送到建设指挥部和有关决策的领导同志手中,这样一来就把非常被动的形势转化为对文物保护的有利局面。这正是在我们一些具体工作中贯彻执行"保护为主,抢救第一"方针的体现。当然,大学城建设中的文物保护并非十全十美,最后还发生一件佛山筑路工程队摧毁一座古墓的恶性事件,但在这个事件中,我们也应该找查自身工作确实存在的不足,吸取教益。比如,我们主动地与建设单位联系工作,做得如何,双方是否有足够的沟通，俾得互相理解与支持。

十年文物保护得来的成果，是通过考古所群体的努力而得来的。考古所的领导班子设有党支部书记，一位正所长负责全面工作，一位副所长管地上文物，一位副所长管地下文物，他们四人是考古所群体的战斗核心。常言道，只要有人群的地方都会有矛盾，他们四人不可能没有矛盾，但这是次要的方面，主要方面则是他们能带领全所同仁，以文物事业为重，团结协作，经过 10 年的努力，在文物工作的大道上迈出可喜的一步。试想一下，假如他们都心怀鬼胎，一盘散沙，一切以"钱"字挂帅，绝对不可能取得这样一个又一个的成果。所以我建议市考古所的领导核心还要组织全所同仁，经常分析所里的"人和"关系，要抑恶扬善，这正是今天我们要建设和谐社会所提倡的。

我还认为考古所的机构设置是硬件不硬，有待加强。其中对工作影响较大的有两方面，一是目前广州文博单位中还没有专业的文物保护科技人才，建议市考古所需尽快筹组文物保护科技研究室，这十分必要；其次是长期缺乏一个整理工作的场地，据我所见，他们现在采取打游击战的办法——打了就走。他们每到一处发掘工地，就尽可能找点地方，一边挖掘，一边把出土物做粗略的整理与修复，工地的工作结束，这些资料连同出土实物一起束之高阁。这次建所十年编印的《羊城考古发现与研究》文集，为什么连一篇够份量的发掘报告也没有呢？因为书中的执笔者们大都是天天要跑工地，或当"消防队长"，没有可做研究工作的时间。负责全面工作的所长还有没完没了的各种会议要出席，因为是法人代表啊。分工抓专业的副所长又何尝轻松，他们告诉我，这本文集中的报告和简报的执笔者都是在星期六、星期天和平日晚上挤时间写出来的。对大面积发掘的遗址和古墓群的资料，目前仍没有场地可以摊开做整理工作，这也是实际困难。至于那本文物图录——《铢积寸累——广州考古十年出土文物选萃》，开始所里的同志说："我们想献宝，但没有多少件可称得上是宝啊。"当然，在南方的广州考古，不可能有彩陶和黑陶，更不可奢望有精美的商周青铜器，也不会有荆楚的战国漆器。广州的出土文物虽然精品无多，或是敝帚，但亦可自珍的。我以为，这是一本广州出土文物的编年谱，它的陶器是以印纹陶和高温青釉陶为特征的南方印纹硬陶系统，它与众不同，具有浓烈的岭南古文化的鲜明特色。

第三是对成果的认识要有个不断深化的过程。我们在发掘南汉二陵过程中，最初调查时见到露头，认为是唐墓，其后又认作天坛，最后才清理出带角阙的陵园，对有些认识是要逐步完善的。还记得在发掘南汉德陵时，当墓封门砖墙之前清理出一段墓道，发现沿砖墙外整齐排列着一、二百件瓷器和陶器，觉得惊奇，这种现象在广州的考古发掘中仅见于 1983 年发现于象岗的西汉南越王墓，在墓门前的外藏椁堆叠许多随葬物。联系起广州以往发现的西汉晚期及东汉的木椁墓和砖室墓中，在棺位前头往往排列有案、耳杯、酒壶和碗、盒等饮食器具，这是"棺前设奠"的祭仪。德陵墓门前的陶瓷器排列，也是"墓前设奠"所留。又如南越木构水闸发现后，是经过一段时间和多方面的论证，才逐步认识它的历史与科技价值及确定它的性质的。人们的认识水平随着科技的发展、历史的前进而不断地提高。总之，今天的考古发掘也好，地上文物保护也好，与20世纪五六十年代时期的情况不同了，光是与建设方谈判收取考古发掘经费这件事，要办得好，做到双方理解、满意，是大有学问的。其次，对工地雇请民工的使用、管理问题也不简单。总之，今天与过去不同，各地情况不尽相同，只要我们能做到随时总结经验，不断地改进工作的方式、方法，以积极的珍惜态度对待我们的成绩，必然能够取得更新的成果。

二、抢救挖掘也要有课题目标

广州市文物考古研究所当然是以城市考古和文物保护为主要任务。结合城市建设工程进行考古发掘，必然是被动的抢救性发掘，不可能有主动的课题发掘。但抢救性发掘也可以根据城市的历史发展，列出重点关注和研究的课题，工作就有明确的目标。如今天的广州市是在秦始皇三十三年（前214年）统一岭南，设置郡县之后建城的，它是当时南海郡的郡治，是番禺县的县治，又是南越国都城所在的三位一体，如此重要的一个岭南都会，缺乏文献记载，考古发现必然是最重要的实物史料。唐宋阶段，广州城市有较大的发展，又是丝绸之路上的南方大港市，考古发现完全可与唐宋时期广州城的文献史料相互印证。所以，在广州的城市考古的抢救性发掘中，秦汉段和唐宋段应列为重点关注和研究的目标与课题。至于明清时期，已不是我们考古的重点，加上这时期的地方史志材料相对丰富了，经研究，今天广州市老城区基本上保持了明清时期广州城的格局。

最后，有个希望，广州市文物考古研究所在今后的工作中，把抢救性发掘、保护与研究工作逐步做到同步。因为从20世纪50年代以来有许多考古发掘的资料未有整理和编写报告，后来的积压一年加一年的，可以说，旧债未清，新债又来。这种被动的局面，现在需要逐步地加以改变了，只要加强硬件的建设，通过努力，被动局面是完全可以改变的。因为地下埋藏的文物是不会增加的，对一个城市来说，抢救性的发掘任务又是会逐步减轻的，这就越来越有利于我们获得时间去整理资料，编写报告，加强研究，提高水平。我们要记住搞田野考古的一句老话：你主持发掘一个项目，或一座古墓，田野工作结束了，任务只算完成了一半，等到你的发掘或研究报告完成编印出来，才算真正的完成任务。希望在今后的工作中，我们都以此共勉！

原载《城市考古与文物保护研讨会论文集》，广东人民出版社，2008年。

广州历史文化遗产的区域特色

内容提要：广州历史和与其相关的文化遗存，以秦统一岭南设置郡县为分水岭，划分为史前时期（又称先秦时期）和历史时期两大阶段。本文即以此为契入点，以时代顺序为纵线，考古发现、历史文献为实证，综合论述了广州自古迄今的历史发展脉络和鲜明的地区特色。翔实论述了广州作为岭南政治、经济、文化中心地，及其所具备的延续性、兼容性、创新性、革命性这一历史文化属性。另就广州"非物质文化遗产"进行了论述，强调其在增进民族凝聚力、促进和谐社会中的作用。

广州，是国务院公布的我国第一批历史文化名城，地处中国南陲，地理位置优越，又是我国南方最大的中心城市。自秦汉以来经历了两千多年的历史发展，融合成为岭南文化中心地，中国南海海上丝绸之路的发祥地，近现代革命的策源地和当代改革开放的前沿地。直到今日，在广州市辖境内保存于地上的和考古发现深藏于地下的各个历史时期的历史文化遗产以及非物质文化遗产，岭南区域性的特色均十分鲜明。

一

广州，古称番禺，秦始皇三十三年（前214年）统一岭南置三郡，番禺是南海郡的首县，县域广袤。1955年香港九龙深水埗李郑屋村发现东汉古墓，出土多种"番禺"砖文，由此得知东汉时九龙仍属番禺的辖境。今天的广州市域范围为东经122°57′~114°03′，北纬22°26′~23°56′之间，辖十区（越秀区、海珠区、荔湾区、天河区、白云区、黄埔区、番禺区、花都区、南沙区、萝岗区）、二县级市（增城市和从化市），总面积7437.40平方公里，占全省陆地面积4.2%。其中十区面积3843.43平方公里，二个县级市面积3590.97平方公里，占全市总面积48.3%。全市地形自北而南形成北部山地，中部丘陵，南部平原三个地貌单元。东北部和北部地势最高，最高处为从化市东部的南昆山主峰天堂顶，海拔1210米；南部和西部最低，最低点为珠江岸边的市区，海拔仅5米。这里冬无严寒，夏无酷暑，雨量充沛，四季常青。更因其辖区位处大陆与海洋交接的珠江水系三角洲北缘，扼据西江、北江和东江的三江汇流入海要冲，具有河港与海港、水路与陆路、海运与空运的交通之便。由古番禺到今广州，历经两千多年的持续发展而中心不易，拥有得天独厚的自然地理条件，无疑是一个重要的因素。

二

广州的古代史和与其相关的历史文化遗迹，以秦统一岭南置郡之年作为断代分期的分水岭，划分为史前时期（又称先秦时期）和历史时期两大阶段。广州境内已发现史前时期的遗址分有山岗台地遗址和贝丘遗址。较重要的贝丘遗址有增城的金兰寺遗址，经探掘发现了"三叠层"（代表早、中、晚三个不同时期的文化层相叠一起），底层出夹砂粗陶，全手制，打制石器大部分半磨光，年代属新石器中晚期；中层的夹砂粗陶已出现轮制，石器已出现有段石锛和有肩石斧，且以磨光为主，年代约当中原的商周时期；上层出米字纹、水波纹、篦纹为主的印纹硬陶，属战国年间。南沙区的鹿颈村遗址，文化层堆积较厚，遗物丰富，年代在新石器晚期到商时期，遗址中的1号墓有保存较好的人架及随葬的4件陶器，经鉴定死者为40～45岁，男性，属亚美人种。这是广州境内首次发现的史前居民，称之为"南沙人"。此外，白云区新市葵涌龟岗也发现贝丘遗址。至于山岗台地遗址，主要有从化吕田狮象山遗址，出土的陶器与石器具有珠三角与粤北山地的过渡地带特点。天河区龙洞村的飞鹅岭遗址和青山岗、菱塘岗等遗址，还有在太和镇到钟落潭镇这一地段的低矮山岗上发现不少属于印纹硬陶的文化遗存；特别是萝岗区暹岗的苏元山遗址，散布岗表上的印纹陶片俯拾皆是，发现5件青铜器，有戈、短剑、小刀各1件和角形饰1对，其中的一把短剑铸有人面纹饰，与之类同又具有此特征的短剑，目前已见于香港大屿山、广西木罗村、越南清化的东山遗址，属于先秦岭南越人（南越、瓯越、雒越）特有的青铜兵器。以上先秦古遗址遗物的发现，足以说明早在三四千年前的先民已在广州这片热土上从事渔猎、采集、农耕等生产劳动，世代繁衍。他们留下的史迹遗物，成为今天人们研究环珠江口区域文化的重要内容。

先秦时期岭南地区的社会发展落后于中原，秦对岭南的统一为中原的汉文化和先进的生产技术与知识的进入打开了大门。秦至南越国阶段有103年，这是岭南历史上的首次大开发时期，先有秦的南下五军就地留戍与越人杂处，加上南越赵氏政权推行尊重越人风习、倡导汉越通婚、任用越人首领为王国高官等有利于民族团结的措施，为岭南地区赢得了上百年社会安定的政治环境，加速了生产的发展，推动了社会的进步，近五十年来广州地区的考古发现有力地证明了这一点。比如政治上，1975年发现的秦造船遗址，是秦统一岭南除了灵渠之外的又一处重要遗迹。近年发现的南越宫署遗址与南越文王墓，是见证岭南历史上第一个封建地方政权的历史载体。经济上，农业生产已由先秦时刀耕火种的原始耕作方式跃入铁制农具的农耕历程，还有南越文王墓出土的两百多个体的禾花雀（黄胸鹀）遗骸，说明当时珠江三角洲地区已是稻田连片。重要手工业的铸铜、冶铁已引入中原的先进技术，这从南越遗址和南越臣民墓群中出土的越式铜铁器具中可得到说明；至于南越宫署遗址出土的印花大砖，还有建筑石材以及施釉的筒瓦、板瓦、瓦当等，则反映出当时南越制陶与建材手工业已赶上或超过其他地区。文化上，岭南文化的孕育产生就是植根于岭南自秦统一以后的特殊历史背景和优越的地理条件，因而它是开放的，具有多元与兼容的特征。

先秦时期岭南大地的印纹陶文化，早期是以编织纹为主体的，继而出现仿青铜器的夔纹陶，再而是米字纹陶。到了南越国阶段，在遗址和墓葬中出土最多的瓮和罐，其纹饰是在方格纹地上拍印几何图形戳印。这种纹样不见于先秦而盛行于南越延续到东汉末年，它的出现表明当时的陶工在先秦时期岭南印纹陶的工艺基础上汲取了中原自战国以来铜镜上主纹与地纹的结合，以玺印图纹（文）为主纹的模式而加以发展，这是岭南文化的兼容性在制陶工艺上的反映。南越王赵眜墓出土的一千多件（组）随葬物，其中汉文化占有主导地位，次为本地区南越文化的陶器、铜器。此外，还有匈奴文化的兽纹铜牌饰、羊头纹杏形金叶，骆越文化的铜提筒，楚文化的铜鼎、六山纹铜镜、错金铭文铜虎节，巴蜀文化的铜鍪和秦文化的蒜头壶，海外文化的西亚银盒、焊珠金饰等。这样多种文化因素遗物共存一室的文化包容现象在我国秦汉墓葬考古中仅见于南越国。特别是墓中出土21对匈奴文化的鎏金铜牌饰，有10对是兽纹的，与宁夏匈奴墓地出土的相同；但还有11对仅留牌饰边框的穗状纹样，牌饰当中的兽纹主体被换上蓝色平板玻璃（属我国出土年代最早的平板玻璃），这可说是外来文化改造为我所用的一例典型文物。三国时广州属吴，黄武五年（226年）分交州为交、广二州，广州的州治在番禺，广州由此得名。三国、两晋期间中原地区战争繁仍，中原士族大量南迁，这从广州发现的晋墓有"永嘉世天下荒余广州平且康""永嘉世九州空余吴土盛且丰"等砖文中得到印证，广州地名见于出土文物的亦以此为最早。其时中原士人南下，对岭南文化的发展影响深远。

明清以降广州与海外交往日频，文化的碰撞与兼容日显，建筑、绘画、音乐甚至手工艺、语言中都融入了外来文化的元素，因而岭南文化更显得开放与新鲜。广州又是五大宗教文化的汇集地，市内有著名的佛教光孝寺和六榕寺，道教的三元宫和纯阳观，伊斯兰教的怀圣寺光塔，天主教的圣心石室大教堂和基督教的东山堂与光孝堂。在珠江三角洲地区城镇农村中现存的乡土传统建筑，以庙宇和祠堂为主要，有一庙供一神，亦有一庙供多神的，如黄埔区文冲玉虚宫的佛道共处。祠堂建筑则以镬耳封火山墙的形式为多，亦有硬山式、悬山式和歇山式的。有的在构筑上、装饰上引入了外来文化元素。广州的宗祠其规模大、保存完好的有番禺沙湾的何氏宗祠（留耕堂），始建于元至元十二年（1275年），后毁，现存为清康熙时重建，前后五进，左右三路，还保存不少前期的石构件。花都区三华村的资政大夫祠建筑群，4座祖祠并列一起，即资政大夫祠、南山书院、亨云徐公祠和国碧公祠，建筑面积5448.3平方米，同是建于清同治年间。位于今广州中山七路的陈氏书院为广东陈姓合族祠，始建于清光绪十四年（1888年），建筑为三路三进、九堂六院，面积6400平方米，以建筑装饰繁缛华美著称，其连廊采用欧式的铁铸廊柱。白云区沙贝村的宋名贤陈大夫祠，其头门屋顶的琉璃牡丹花脊上塑有罗马字的时钟，还有"道光丁未"（道光二十七年，即1847年）"英华店造"的落款，这是省内现存年代最早的、又有外来文化元素的石湾陶塑瓦脊。

广州是两千年前南越国国都的番禺城所在，又是一千年前的五代南汉国都城兴王府所在，是当时岭南的政治、经济和文化中心。岭南地区保存下来的古墓葬，当数南越国三代王的赵佗、赵眜（胡）、赵婴齐的陵墓和五代南汉国的德陵、康陵和昭陵，这先后两国共6座陵墓的级别为最高，除了赵佗墓外，其余的五陵均已发现，分布在今市区内。此外，广州又是秦汉以来的郡治、州治、府治、省治的所在，必然是郡、州、府、省的行政中枢及经济、文化的中心。1997年开始进行大规模发掘的南越国宫署遗址，在厚5米多的文化堆积层中，由下而上包含：秦、南越国、汉、晋、南朝、隋、唐、五代南汉、宋、元、明、清以至民国年间共13个历史时期，被称为广州建城两千多年的历史断面。两千多年来广州一直是岭南文化中心地，乃历史的必然。

<h2 style="text-align:center">三</h2>

自秦打通了岭南的通道之后，南海郡治的番禺既是中原汉人与岭南越人的经贸中心，又是通向南中国海与南亚诸国交通往还的海上丝绸之路的发祥地。文献记载和考古发现表明，广州对南海的海上贸易往来实不晚于南越国时期，至唐宋尤盛。汉初从番禺（今广州）经徐闻、合浦、日南沿北部湾海岸行使，终抵东南亚、印度，由西而来的番舶转运与西亚、非洲的贸易往来，唐代已至西亚、非洲，明清时远达欧美。

1974年底，在广州中山四路原广州市文化局大院内发现秦代造船工场遗址。经过1975年、1994年、1997年、2004年的4次局部性发掘得知，这个造船工场是在秦始皇派遣尉屠睢率秦军与越人交战惨败，"乃使尉佗（赵佗）将卒以戍越"（《史记·主父偃传》《汉书·严安传》）期间建造的。这个遗址由船台区和造船木料加工场地两部分组成。船台区建造在一条河汊淤土层的尽头处，有3个平行排列的造船台，每个船台都是由枕木、滑板和矮木墩构成，长逾百米。木料加工场地紧靠船台区之南，已发现有烧烤造船木料的"弯木地牛"和两处堆放木料的场地。据计算，第1、第3号船台，可造载重500~600斛（合25~30吨）的木板船。2号船台是个定位台，供当时按规格成批造船用。在船台区还出有铁锛、铁凿、铁挣凿（把竹丝挣入船板以塞缝的专用工具）、各种铁钉以及木垂球和砺石。这是目前已知世界上考古发现年代最早、规模最大，而保存又较完好的两千多年前的造船遗迹。广州地区两汉墓出土的木质和陶质船模不下 20 例，分有农耕小艇、内河交通船、货船、客货混合船和楼船等，可以窥见秦汉船舶的一斑。其中的陶质客货混合船，结构设施比较齐备。船内分设前、中、后三舱，船尾为望楼，后舱右侧附有厕所。船首系锚，船尾设舵（欧洲的船到 12 世纪以后即我国南宋年间才见有舵），两舷设撑篙的走道。这种船型类似于 20 世纪前半叶在珠江航道上航行的花尾渡大木船。秦汉楼船是很有名的，《史记·平准书》记载，汉武帝准备征讨南越国时，大修昆明池，"治楼船，高十余丈，旗帜加其上，壮甚。"由于秦汉楼船未见有实物保存下来，难见其雄姿。有幸，在广州的西汉前期南越墓、西汉中期（相当于汉武帝年间）墓和东汉初年的墓中都出土有彩画的木质楼船，可惜其底部木质朽坏，未能整合复原。根据上部保存的船板组合得知，船上分设 2 ~ 4 个舱室，建重楼。南越墓出土的楼船有九桨一橹，东汉初年墓出土的楼船有十桨一橹，橹长 51.5 厘米。此外，在南越文王墓出土的一个铜提筒上，腹部刻铸 4 艘海战楼船的图纹，以两船为一组，首尾相接，船体大同小异。每船有五六个舱室，上铺甲板，立三帆（各帆的上部略去），首尾各一，主帆在当中。瞭望楼靠后，船尾处有弓形的巨橹。在船体的上下前后还刻划有海鸟、海鱼和海龟。这是秦汉年间由 4 艘楼船组成的一支舰队，舰船的结构设施已相当完备，可与上述秦造船遗址参合研究。

南越文王墓出土有西亚银盒（内盛药丸）、焊珠金饰、原支的非洲象牙以及主产地在红海的乳香等一批海外奇珍，这是我国考古发现最早的一批舶来品，是广州南海海上丝绸之路发祥地的最好说明。《史记·货殖列传》载，汉兴七十年全国出现了十余个商业繁盛的都会，番禺（今广州）是岭南地区唯一的都会，是海外奇珍的集散地。《汉书·地理志》更明确指出：番禺"处近海，多犀象、玳瑁、珠玑、银、铜、果布之凑"，岭北来这里做买卖的都能发财。汉灭南越后，汉政府派出一支官方船队，自日南障塞、徐闻、合浦离开海岸线后远航到南亚诸国，终点到达已程不国（今斯里兰卡）。这是见诸《汉书·地理志》记载为我国海交史上年代早、地点明确的一条南海海上交通航线。当时这支船队除了向海外宣扬汉威之外，船上还带备黄金、丝织物（杂缯），以换取所到地点的明珠、璧琉璃、奇石异物。广州两汉墓（包括广西合浦汉墓）中就有大量各种质料的串珠装饰品出土，文献记载与考古发现可为互证。铜熏炉和陶熏炉在广州汉墓中又是最常见的一种居室生活器具。由于南方地势卑湿，春夏多蚊虫，熏香既能辟除恶味，还有防湿和驱蚊虫的功用，所以熏香已成了岭南显贵中的一种生活风尚。由于燃熏所需的香木主产地在东南亚诸国，这种风尚又与当日的海路贸易兴旺有关。

广州的佛教寺庙以光孝寺为最早。东晋时有罽宾国（今克什米尔）名僧昙摩耶舍从海道来广州，建王园寺（光孝寺前身）。南朝梁普通七年（526 年）天竺（今印度）僧人达摩泛海到广州，在今下九路登岸，后人一直把这里称为"西来初地"。唐代，广州是世界知名的东方大港。

唐代的远海航线，已由印度半岛延伸至波斯湾，与至东非的航线连接起来，形成长 1.4 万公里的海上丝绸之路，这是当时世界上最长的远洋航线。据史载，唐开元年间（713～714 年）在广州流动的客商一年之中有 80 万人次，唐朝政府首次派出管理外贸的市舶使到广州加强管理。咸通十一年（870 年）寓居广州的外商有 13 万多人，为了保护外侨，地方政府在城西特辟"蕃坊"为侨商的居住区。怀圣寺与光塔是当时伊斯兰教传入中国最先在广州兴建的清真寺。

在今黄埔区的南海神庙，始建于隋开皇十四年（594 年），为我国四海神祠中唯一保存至今的官祀神庙。我国的"海事"一词始见于庙内唐韩愈撰的《南海广利王庙碑》中。广州古代的珠江航道，内港以怀圣寺的光塔为标志，南海神庙则是外港的标志性史迹。近年在庙侧的考古发掘，有一批南越国早期的生活用陶器被发现，还发现有宋代大型建筑基址和明代、清代的两处码头，史迹的年代上下延续两千年。

唐末五代，刘氏据岭南建立南汉国，以广州为都城，称兴王府。近年有关南汉国海交史的重要考古发现有二：一是在广州番禺小谷围岛北亭村南汉康陵的发掘，出土一批典型的伊斯兰玻璃器，又在南越国宫署遗址的南汉国遗迹层中出土一批波斯蓝釉的陶罐残片，这些都是通过海路商贸输进来的；二是 1997 年在印度尼西亚打捞一艘印坦（Intan）沉船，发现 97 锭南汉国的银锭（库银），重 5000 两，还有 145 枚南汉国铸的"乾亨重宝"铅钱。这些金属货币是南汉时越洋购买东南亚商品的证明。

北宋开宝四年（971 年）灭南汉国后首先在广州设立的市舶司，是我国第一个管理海外贸易的机构。宋代的手工业生产兴旺发达，尤其是陶瓷业的发展更为明显。据考古调查发现，宋代的窑址遍布大江南北，海路贸易更以陶瓷为大宗，因而又有"海上陶瓷之路"之称。在此期间兴起的广州西村窑，还有番禺的沙边窑，其产品主要供外销。西村窑的产品在西沙群岛、印尼、菲律宾等地都有出土，而且在南亚地区至今还见有不少的公私收藏。

在广州明、清两朝的"朝贡贸易"和民间贸易的文物史迹中反映出广州的独特地位。1964 年在广州东山发掘明弘治八年（1495 年）太监韦眷墓，出土两枚榜葛剌（今孟加拉）银币和一枚意大利威尼斯"格罗索"银币，后者铸造于 1457～1462 年（这次发现后得悉，格罗索银币当今存世的仅两枚，其一藏于威尼斯市博物馆）。出土的这枚"格罗索"银币是韦眷于明成化二十三年（1487 年）从阿拉伯商人手中掠得的，令人惊愕的是，该币铸后 25 年就流布到广州，从这个侧面反映出 14、15 世纪时广州与欧洲之间海上交往的频繁。清代的粤海关和十三行是朝廷特许广州一口通商时期两处重要的海交史迹。在广州的一口通商时间，十三行发展最盛，其后到道光二十三年（1843 年）全毁于一场大火。今天，只有街巷中留下当时的几个商号名字，让人回想昔日的辉煌。粤海关设立于清康熙二十四年（1685 年），初时，关址在五仙门内。曾为粤海关挂号台的海珠区黄埔村，古码头、古街道特点浓郁，数十座清代祠堂和民居保存完好。现存的粤海关大楼奠基于 1914 年，1916 年落成，为广州现存的欧洲古典主义建筑的典型。

"海上丝绸之路"推动了古代东西双方的经贸发展、文化交流，增进了相互的了解和友谊。以广州为中心的岭南人，在与外国的经济、文化交往中得风气之先，形成了具有各种特色的岭南文化，两千多年来一直为人类社会的和谐发展，为世界文明的发展作出贡献。

四

广州，是中国革命的策源地。近百年来由于帝国列强对我国的入侵，反帝反封建的斗争迭起。鸦片战争、太平天国起义运动、康梁变法维新运动和资产阶级民主革命都发轫于广州，留下许多重要的史迹和纪念建筑。1939 年 3 月 10 日（道光十九年正月二十五日）林则徐奉旨到达广州查禁鸦片，禁烟局设在今惠福路的大佛寺内。1840 年英国发动鸦片战争，侵略军进攻虎门要塞、乌涌，占领城北四方炮台，四出奸淫掳掠。三元里农民联合附近 103 乡民众，还有锦纶会馆的一千多丝织业工人奋起抗英，当年抗英的誓师旧址三元古庙，围歼侵略军的牛栏岗战场、四方炮台、虎门要塞的上下横档与乌涌等炮台旧址，义勇祠、昇平社学等众多社学旧址，以及节马图碑和天河区东圃保存的抗英飞柬等遗迹遗物，是中国人民维护民族尊严、英勇抗击帝国主义侵略的历史见证。

以洪秀全领导的太平天国起义运动，是我国近代史上全国规模的农民革命战争，矛头直指清皇朝的封建统治，起义持续 14 年，虽告失败，但动摇了清政府的根基。今天，在花都区的官禄埗村还有洪秀全故居、书房阁（均已毁，在原址上复建）、冯云山故居遗址、洪仁玕故居遗址以及"拜上帝会"的三堆石遗迹等保存。位于越秀区中山四路长兴里的万木草堂，是维新运动领导人康有为在广州授徒讲学的地方，《新学伪经考》《孔子改制考》等变法理论基础的著述亦在此完成。

为了推翻清皇朝的封建统治，孙中山在广州策动了多次武装起义。辛亥革命后，又在广州成立护法军政府，领导全国人民与北洋军阀进行斗争。庚戌新军起义烈士墓、辛亥"三二九"起义指挥部旧址、黄花岗七十二烈士墓和大元帅府旧址等，是这一时期的主要史迹。

第一次国共合作期间，广州成了中国大革命的中心，留下不少文物旧址。1921 年中国共产党成立，翌年，中国共产党广东区执行委员会在广州成立，1924 年会址迁往今越秀区的文明路，旧址尚存。1923 年，中共第三次全国代表大会在广州召开，通过了"国共合作"的决议，奠定了党的统一战线政策。会址在抗日战争期间遭炸毁，但当时会议领导人的住所"春园"犹在。1924 年 1 月，孙中山主持召开中国国民党第一次全国代表大会，有国共两党的主要领导人参加，标志着国共两党第一次合作，掀起了反帝反封建的大革命浪潮。国民党"一大"旧址、北伐誓师会场旧址、中华全国总工会旧址、省港大罢工委员会旧址、广州农民运动讲习所旧址（包括广州附近区、县的众多农会旧址）、第一次全国劳动大会旧址和黄埔区长洲岛上的黄埔军校旧址等都是这个时期的重要史迹。广州公社旧址和广州起义烈士陵园，是记录第二次国内革命战争时期的重要史迹。1937年抗日战争爆发后，国共实行第二次合作，共同抗击日本侵略者。在天河区沙河顶的十九路军淞沪抗日阵亡将士陵园、濂泉路的新一军印缅阵亡将士之墓，在越秀区黄华路的血泪洒黄华碑，在从化良口的陆军第六十二军一五七师抗日阵亡将士纪念碑（1939年12月第一次粤北战役）、陆军第六十三军阵亡将士公墓（1940年5月第二次粤北战役），在番禺区南村的植地庄抗日战役纪念碑、植地庄抗日战斗烈士墓，还有在沙湾的广州市抗日游击第二支队司令部旧址等，是广州人民英勇抗日的重要史迹和纪念建筑。解放战争期间的史迹，主要有在越秀区的中共广州市委（特派员）旧址和中国人民解放军进城式检阅台旧址等。在这些革命史迹中，洪秀全故居、书房阁、黄埔军校的校本部和中共"三大"会址是经过考古发掘，找出了原址的基础而据以复原，或覆盖保护的。

五

近年来，古村落、历史街区及非物质文化遗产受到社会各界的重视，各级政府有关部门亦组织人力进行普查及研究。而今，在广州各区（市）仍保存有一批古村落或历史街区。古村落中有广府民居系的村落，也有客家民居系村落，大多数规划统一、布局有序，民居、祠堂、书舍、庙宇、门楼、牌坊、桥梁、井泉与池塘、树木相映成趣，与乡村自然风貌融为一体，有着丰富的历史、艺术价值。历史街区的保存，亦有丰富的历史价值，除了可窥昔日的繁华与街区建筑特色外，其文化内涵也十分丰富。如广州老城区的骑楼街，既有其建筑特色，也可领悟其因地制宜、宜居宜商的城建内涵。

"非物质文化遗产"与人们的日常生活密切相关，其中的民间工艺与艺术、民间风俗、老字号等内容，皆是岭南文化的组成部分，并各自显现其特色。在民间工艺方面，广州的"三雕一彩一绣"（牙雕、玉雕、木雕、彩瓷、广绣）历史悠久且具创新、兼容等特性，历史上曾因吸收外来文化而发展，享誉国内外，其在各区（市）中则有其不同的展现。一些区（市）亦自有地方特色的民间工艺，如增城的榄雕、花都的珐琅彩、从化的竹编、番禺的灯芯花等，也曾饮誉遐迩。在民间艺术方面，普遍存在于各区（市）的舞狮、粤剧、粤曲，以及番禺的飘色、增城的麻车火狗、南沙黄阁的麒麟舞等等，皆可见岭南文化的丰富多姿，并有屹立于中华文化之林的特色。而广州各区（市）与中原大地大同小异的民间风俗、民间信仰及习俗等，正可说明非物质文化遗产天生有增强民族凝聚力的作用，它是和谐社会发展必不可少的元素。

原载《广州文博（贰）》，文物出版社，2008年，署名麦英豪、龚伯洪。

广州"四地"的考古发现与文物史迹

　　岭表古番禺即今之广州。自秦始皇三十三年（前214年）统一岭南，番禺成为南海郡治，成为岭南的中心城市至今已有2223年。在这两千多年的发展历程中，形成了岭南文化中心地、南海海上丝绸之路发祥地、近现代民主革命策源地和改革开放前沿地，在广州市内地上遗存的和地下考古发现的文化史迹，"四地"的特色十分明显。

一

　　秦统一岭南后，广州进入有文字记载的历史发展阶段，秦的国祚很短，岭南归入秦版图只有8年。秦亡，赵佗据有岭南三郡建立南越国，对岭南、对广州的历史发展有特别的意义：第一，南越国是岭南历史上首次出现统领整个岭南地区的地方政权。汉高祖十一年（前196年）赵佗接受汉廷的册封为南越王，南越正式成为汉王朝的藩属国。其后吕后掌政，对南越实行"别异蛮夷"，引起汉越交恶。1983年发现的南越王赵眜陵墓出土有"文帝行玺"金印（图一），这是南越王以称"帝"相抗衡的物证。到文帝即位，在赐赵佗书中提到"服岭以南王自治之"，这是汉廷对南越提出划岭而治的主张，而南越王在岭南称帝，但"其使天子，称王朝命如诸侯"，以维护汉越的和好。第二，南越立国于公元前203年，定都番禺（今广州），由此长达一个世纪的时间，番禺成了岭南地区的政治中枢，又是经济中心和文化中心。关于这一点，司马迁在《史记·货殖列传》已认定番禺是"岭南一都会"。1975年我们在广州老城区中山四路发现秦统一岭南时的造船遗址，自1995年以来又相继发现南越王宫的御苑和一号、二号宫殿遗址、还有王宫的宫城墙基址，赵佗城（即番禺城）的南城墙与水关等多处重要的南越王宫与南越都城的重要遗存，这是岭南中心地最具历史真实性的证据。第三，南越国期间是岭南进入第一次大开发的历史阶段，在汉越近百年的关系中有十之八九是和好的，为岭南赢得了近一个世纪的政治安定、农业和各种手工业大发展的局面。加上赵佗在王国中推行尊重越人风习，倡导汉越通婚，任用越人首领为王国的高官等有利于民族和睦和文化融合的政令，岭南越人得以最早进入以汉民族为主体的、汉文化为核心的中华民族大家庭。在考古发现中，始见于南越国时期的大量陶瓷、陶罐，都是以戳印陶文为特征的几何印纹陶，这是汉越文化融合在制陶工艺上的反映（图二）。又如南越王赵眜墓的出土文物中，主体是汉文化，还有南越的、楚的、秦的、巴蜀的、匈奴的以及来自海外的多种文化元素的器物共存于一墓中，为全国罕见，或可说明岭南文化的多元性、兼容性早在南越国时期已孕育和发展，到明清之后，随着海外交往日繁，岭南文化的开放性就日见彰显了。

二

广州是南海海上丝绸之路发祥地，至今保留于地上的和地下的史迹文物众多，而且年代早，遗迹亦相对集中。两千年前（秦汉时期）的地上史迹虽已荡然无存，但深埋地下考古发现的材料却丰富多样，一千年以来（唐宋以后）的史迹则以地上保存的为多，地下考古发现却不多见。几年之前我们曾写过《南海神庙与广州海交史》和《岭南地区的考古发现与南海丝绸之路》的两篇文章（刊登于本刊 2004 年第 1 期和 2005 年第 1 期），文章开宗明义阐明广州自古以来就是"中国（指岭北地区）往商贾者多取富焉"的商业都市，又是我国南海海路贸易往还的始发港。近五十年来广州考古发现的海交文物至为丰富多样，其中既有广州两汉墓出土的彩画楼船、交通船、货船、客货混合船和农耕的小艇等，还有南越王墓出土的铜提筒刻划有 4 艘战船纹，这是结构和设施最为完备的二千年前海船图。还有两汉墓中经常发现的各种珠宝玉石，玻璃制品以及象牙、犀角（木或陶质随葬明器），燃香料的熏炉和外国人形象的托灯胡俑等等，特别是南越王墓出土有原支的非洲象牙、乳香，西亚的焊珠金饰和银盒等一批舶来品，可以断定古番禺的海上丝绸之路不晚于南越国时期。过去，在六朝以后的遗址和墓葬中绝少见有海交史的遗物，近年又有重要的新发现。2003 年在番禺小谷围岛南汉康陵出土了阿拉伯国家生产的伊斯兰早期玻璃瓶（图三）。南越国宫署遗址在五代南汉国文化层也出土有这类玻璃和波斯孔雀蓝釉的陶瓷。1997 年在印尼打捞一艘印坦（Intan）沉船，船中有 5000 两之多的南汉银锭和 145 枚南汉"乾亨重宝"铅钱，这是南汉皇帝用库银越洋购买舶来品的实证。此外，1964 年发掘的一座明弘治八年太监韦眷墓，出土 1 枚意大利威尼斯铸造的"格罗索"银币，经研究这枚银币铸造后不到 40 年就已传入广州，可见 14～15 世纪之时广州与欧洲海上贸易的频繁。文献记载和考古发现都足以说明，广州这个南方大港自汉初南越国、历唐宋元明清直到现在上下两千年历久不衰，这在国内是唯一的，在世界也是罕见的。

三

广州，是我国近现代革命的策源地。18 世纪以来，以英国为首的西方殖民主义国家对中国实行侵略政策，大量输入鸦片，毒害中国人民。嘉庆五年（1800年）输入五千箱，在不到40年后的道光十八年（1838年）增到四万多箱，中国的有识之士已深感有亡国亡种之危。但禁烟无能的清政府，被英军乘虚入侵，在广州泥城登陆，轰开了广州的大门。广州城北三元里等103乡民众自发起来抗击侵略者，迫使英军退出广州城。当其时林则徐在广州、虎门的销烟地、泥城、三元里的三元古庙、四方炮台、石井乡的义勇祠和昇平社学等旧址、遗址，都是鸦片战争时期中国人民维护民族尊严，英勇抗击外国侵略者的重要史证。太平天国农民起义领导人在广州的早期遗址，有洪秀全、冯云山、洪仁玕的故居遗址和"拜上帝会"遗迹。中山四路长兴里的"万木草堂"旧址，是近代资产阶级维新运动领袖康有为在广州宣传变法改良主义思想最早的讲学场所。黄花岗七十二烈士墓、"三二九"起义指挥部旧址、大元帅府旧址等，都是孙中山及其同盟会为了推翻清皇朝的专政统治，在广州多次发动武装起义和护法斗争中留下的最重要的文物史迹。1921年中国共产党成立，中国的民主革命进入了新的历史时期。中共"三大"旧址、国民党"一大"旧址、黄埔军校旧址、中华全国总工会旧址、广州农民运动讲习所旧址、省港大罢工旧址等，同是第一次国内革命战争、第一次国共合作时期的历史见证。广州公社旧址和广州起义烈士陵园则是第二次国内革命战争的重要史迹。十九路军淞沪抗日阵亡将士陵园、新一军阵亡将士之墓、从化良口的陆军第六十三军阵亡将士公墓、番禺南村的植地庄抗日纪念碑和抗日战斗烈士墓、广州市抗日游击第二支队司令部旧址等，同是广州人民英勇抗日的重要史迹和纪念建筑。上述的系列文物史迹是近百年来广州民主革命历程的重要遗产，有着重要的历史价值、纪念意义和教育意义。

四

广州是广东省的省会城市，是改革开放的前沿地。现在更应关注保护20世纪遗产，特别是改革开放中有重要纪念意义和价值的遗产，这是国家大法的要求。《中华人民共和国文物法》第二条明确规定："与重大历史事件、革命运动或者著名人物有关的以及具有纪念意义、教育意义或者史料价值的近现代重要史迹、实物、代表性建筑"受国家保护，国家文物局于2008年4月发出《关于加强20世纪遗产保护工作的通知》，要求各文物行政主管部门"将20世纪遗产普查作为第三次全国文物普查的一项重要内容""争取各地方人民政府将20世纪遗产保护纳入当地经济和社会发展规划以及城乡建设总体规划"。广州面对海洋，对外交往早，在我国五千多年的农业文明转入近百年来的工业文明时期，许多方面都得风气之先，因而在20世纪遗产中有不少独具特色。比如交通运输方面，1920年11月，广州市正式有公共汽车在惠福路营运，到今天的广州地铁一号线首段在1997年6月28日开通，成为我国第四个开通地铁的城市。又如水上航行过去只靠人力或风力推进，1914年广州协同和机器厂生产出第一台船用柴油机,标志着珠江河上有了广州自产的螺旋桨推进的交通运输船只。再如在农业文明时期的粮食加工,最初用石磨盘、磨棒,后来用木杵和石臼,到汉代出现了践碓,一直沿用两千年。清宣统三年(1911年)广州协同和辗米厂开业,这是广州第一家由践碓进入机器辗米的粮食加工厂,具有划时代的意义。广州下九路的莲香楼,在清宣统二年(1910年)开业,是我国茶楼饼饵行业中的百年老字号,又是我国最早实行股份制的商号(图四)和具有"食在广州"饮食文化特色的20世纪重要遗产。至于被誉为"南国明珠"的西湖路灯光夜市,开始于1984年5月,是全国最早开办以经营服装为主的个体户夜市,它在当时对个体户、小营民营企业的发展推动,对繁荣市场,起了积极的作用。又如1996年全国首家报业集团——广州日报报业集团在广州挂牌,这是中国报业发展迈向新世纪的一个重要飞跃,是中国报业改革带方向性的大事。还有,1983年2月6日开业的白天鹅宾馆,是中国改革开放的第一家涉外宾馆,对引进外资,带动经济发展,有着样板的作用。广东又是华侨之乡,港澳同胞、海外华人、华裔,他们捐资捐物支持祖国的教育、卫生、交通建设等事业发展。如番禺市桥的何贤医院、英东体育场、洛溪大桥,甚至胡文虎先生的后人将虎标万金油在广州的总部——永安堂大楼无偿捐献给广州市人民政府辟建为广州儿童图书馆等等,都是他们热爱祖国、怀念家乡的真实体现。保护20世纪遗产是文化遗产保护理念发展的必然要求。这些遗产是我国由五千年农业文明中转到近百年工业文明阶段的历史载体,它对城市发展的纪录会更详密和丰富多样,使城市的特色更鲜明,使社会教育更容易贴近群众。认真保护20世纪遗产,具有重大的现实意义和深远的历史意义。

原载《广东文物》,2009年第1期。

夏鼐先生与广州文物二三事

1985年6月19日，世界知名的考古学者夏鼐教授，在接待日本考古代表团的学校交流活动中，突发脑溢血溘然去世，这是中国科学界的巨大不幸，是中国文物考古事业的重大损失。

一

夏先生逝世的噩耗我们是20日才获悉的。这天下午，中国社会科学院历史研究所中国古代服饰研究室主任王㐨同志和我正在谈论工作问题，王㐨同志已到广州多天了，他是来帮助整理研究南王墓出土大量已炭化的丝织品工作的，快到下班的时候，市文管会考古队长黄淼章同志拿着一封急电从市文化局赶来，电报是服饰研究室一位同志拍给王㐨的："十九日夏鼐逝世速返。"这一突然而来的凶信把我们吓呆了。"这是真的吗？"王㐨同志喃喃自语，"不可能，绝对不可能！我离开北京前，还见过先生，他身体气色都很好。我知道他要陪同一个日本考古代表团到偃师参观商城遗址，现在该回到北京了。"如果消息不确，谁敢开这么大的玩笑，拍来这份急电？是真的话，难道先生是在旅途中突然去世的？我们满肚子疑问，急切想知道个真相。王㐨同志赶往电话局打了个长途回研究室查问，得到的回音：夏先生因脑溢血，经多方抢救无效，于19日去世了。先生逝世的凶信看来是真的了。但我对电报也好，对王㐨同志查询得来的回音也好，一时还未敢相信，也不愿意相信，这到底是出于我对先生一贯的敬仰心情，还是因我的过于固执脾性所然。第二天大清早，我到广州火车站接湖南省博物馆高志喜等同志的车，我们见面的第一句话就是探问有关夏先生的消息。高志喜说："夏先生逝世的消息是确凿的，20日的《湖南日报》已有报道。我们因赶着到香港筹备马王堆汉墓文物展览，昨天先给考古所发去一个唁电。"夏鼐先生果真离开我们而去了，我们一时相对无言，心里难过。

夏先生为奠立新中国的现代考古事业，工作到生命的最后一刻。生命不息，战斗不止，您用自己的实践为我们树立了一个光辉的榜样。人生七十古来稀，先生终年七十六年，仅从年寿上来说，是无憾了，但在党的事业，特别是正处在黄金时代的中国考古学多么需要有先生的引导。先生匆匆而去，中国知识界痛失良友，我们这些战斗在文物考古工作岗位上的后辈，更深深的感到痛失良师。

《光明日报》以《夏鼐的足迹》为总题目连续发表了十篇关于先生事迹的专题报道。我每读一篇感到接受一次教育，先生的先进事迹足以教育后人，激励来者。高山仰止，景行行止，先生对党对人民事业鞠躬尽瘁，永远是我们学习的好榜样。

二

我不是诗人，不会写悼念先生的诗篇，又不是文学家，涩于言词，表达不出自己的内心情感。但每想到自己无论在工作上或学习上都得到先生的指导和帮助，广州市的文物考古工作得赖先生的大力支持。我想，这些从先生的德业来说，实在不算得甚么。古人说，见微知著，我们还是应该把这些往事写下来，以表怀念。先生真是终生辛勤，致力考古事业；一世淳朴，培育文博人才。

我是1953年参加第二届全国考古工作人员训练学习时开始认识夏先生的，时光易逝，屈指已三十多年了。五十年代初期国家基本建设工程在全国各地开展，配合动土兴工保护地下文物成了一项最紧迫的任务，但何来那么多考古人员？1952～1955年由中央文化部文化事业管理局、中国科学院考古研究所和北京大学历史系三单位联合举办了四届考古工作人员培训班，以应急需。夏鼐同志除了分担训练班的筹组、领导等任务外，还负责讲授田野考古课程。第一届广东省没有人参加学习，因为招生时，省文物保管委员会曾派去一名六十多岁的工作人员，当时的中南区文化部认为年龄过大退了回来，二至四届省、市都派人参加学习。第二届省、市合派了市博物馆梁振雄、市文管会黎金和我，还有省文保会的区家发共四人。我们的学习课程是要高度浓缩的。当时北大历史系考古专业要念五年，训练班按考古专业的主要课程安排，浓缩为五个月，到第二届更浓缩为三个月，真是超级浓缩课啊。记得我们课堂学习理论阶段，郭沫若、郑振铎、翦伯赞、梁思成、裴文中、贾兰坡、陈万里、苏秉琦、阎文儒、宿白、安志敏等前辈都亲自授课，夏先生的田野考古课是搬到河南郑州、洛阳的发掘实习工地讲授的。来自广东的四个学员，听普通话的能力数我最差，夏先生是浙江温州人，他讲话的乡音很重，语调时高时低，真难听懂。北方的九月已届秋凉，先生讲课认真，看着他已讲得满头大汗，但坐在下面听讲的我越听不懂就越心急，笔记无法作，更急得满头大汗。我耳朵里听得最清楚的是"马刀""马刀"这个词儿，但"马刀"是个啥，不明白。等到油印的讲义发下来了，才恍然大悟，我认为听得最清楚的"马刀"，原来是夏先生讲的"墓道"。记得好多年以后和先生谈起我当时的窘况，先生反而很认真地说，我的乡音难改，很对不起啊。听不懂的也许不光你老麦一人。

训练班学习结束，回到广州后，我们马上又参加发掘龙生岗 43 号东汉木椁墓。这墓出土一件楼船模型，木船板都有彩画。因墓早被盗过，船板散乱朽坏不全。汉代楼船是很有名的，在考古上还属首次发现。这件彩画楼船能否复原？我们全无经验，又无参考材料，一时束手无策。后来想到可以求救于先生，我抱着试试看的心情，向先生写了一封长信，汇报了木船的出土状况及复原上遇到的困难。不久，先生的复信寄来了，他给我们详细介绍了考古所在长沙发掘的 203 号墓出土的一件木船的资料和照片，还详列了有关汉代舟船各部分名称的文献资料。先生办事的认真态度，扶掖后辈的真情实意，使人感动。记得有一回考古所黄展岳同志告诉我：凡属学术上的问题请教到夏先生，他是有求必应，有问必答的。我到编辑部工作，先生教导我们，凡来信中有问题要答复的，最好尽快回信，如果问题一时不能解决，也要先回个信，说明一下情况，好让对方明白，免得人家焦急。这也是个礼貌问题。夏先生平日写信答复别人的提问就占用了他不少时间。他还习惯在来信中批注上答复的要点及日期。我们的编辑工作做得还算可以，这与学习先生办事认真的态度很有关系。

《广州汉墓》这本专刊从编写到出版都得到夏先生的关心和具体帮助。五十年代我们在配合广州郊区基本建设工程中发掘了几百座古墓，有几处是很有代表性的南越王国时期的墓群，曾引起过研究秦汉史学者注意的《华侨新村汉墓》发掘报告，即其中之一。1961 年，我们计划先把 1960 年以前发掘的四百余座两汉墓材料进行整理发表，我把这个打算函告夏先生和黄展岳同志，他们很快就写了回信，对我们的计划表示赞成和支持。先生还鼓励我们一定要把这个报告写好。还建议可作专刊安排到科学出版社出版。

在整理这批汉墓资料的过程中，我们碰到了出土珠子不好鉴认的难题。虽曾跑过文物店、珠宝商行以至地质局等单位部门，向不少老行尊请教，都未能解决。后来得到先生的答应帮助我们鉴认。黎金同志把标本送到北京，夏先生边鉴认边解说珠子质料的特点，除写上中文名字外，还逐项加注外文学名。有个别学名先生怕自己记不准，翻出他那本批注得密密麻麻的英文词典一一核对。当他看到一种药蚀花的肉红石髓珠子时，笑着说，这种珠子可能来自海外，与海交史有关，我要写文章研究它。我们提出可以向他提供材料。他摆摆手说，不忙，我不能抢先，等你们的材料发表以后，我才写文章。这虽然是一点小事，亦反映出先生对他人劳动成果的尊重。

1963 年底，我们把《广州汉墓》油印稿寄请先生审阅，他指定请由陈公柔先生审稿。1966 年春，我们接到公柔先生的来信，所提意见绝大部分属技术性问题，容易修正，只有一条意见，即不同意我们叫"木椁墓"这个词，更不同意以之作为一种墓型分类。对这一条我们是有保留的。而且照此修改亦牵动甚大。来信催促我们赶快把修改稿寄回，以便早日发给科学出版社安排付印。当时，我去了搞四清运动，一时是回不来的，事情就这样搁下了。怎知未过半年，"文化大革命"开始了，这个油印的稿子也成了为死人服务的"黑书"而受到批判。一晃十年过去。1975 年夏先生与黄展岳同志商谈恢复专刊出版的事情，并提出《广州汉墓》可以先上。碰巧这时我们正集中力量试掘广州市内发现的秦汉造船工场遗址，修改稿子的工作只得再次暂搁了。一直拖到 1977 年秋，在夏先生的支持下，黄展岳同志在所长办公室隔邻腾出一间房子给我们作为改稿的工作室，他考虑到只有这样才能使我和何民本同志得到一个可以日夜工作的环境并不受干扰。这是多么的不容易啊。因为考古所的办公用房是够紧张的，很感谢夏先生给我们的特殊照顾。关于书名，我们一开始是用《广州汉墓》的，后来有人提议改为《广州秦汉墓》。我们请教了夏先生，他认为还是照旧为好。因为西汉前期在概念上已把秦王朝最后这一段时间也包括在内了。1978 年初，我被派赴香港工作几个月，只剩下何民本同志一人在处理插图及图版的编排。有一天，夏先生特意拿来一本英文的外国发掘报告给民本同志作参考，当他知道民本同志不懂英语，就详细地向何介绍了该书编排的特点，并提出：如果图版多了，书的成本就贵，只要图象清晰，照片可以缩小一点，宁可排得密些，也要尽量多发表一些插图和照片，这些对读者很有用。《广州汉墓》的插图和图版作密集式编排，就是根据夏先生这个意见来处理的。但当我们看到样书后，才发现不妥。因为我们只考虑压缩图版，不要增加篇幅，影响出书成本，没有多收入应该发表的照片和插图，仅着意于技术性的密集编排，结果把大约三分之一的发掘现场和器物照片以及一些插图压缩删减了。这显然是因为我没有全面理解夏先生意思的结果。

三

1983 年 6 月 8 日，广州解放北路的象岗山上发现了一座汉代大型石室墓（即南越文王墓）。6 月 15 日我们奉命赶到北京，上午先到文物局汇报发现及勘查情况，下午再到考古所，王仲殊、安志敏、王廷芳、徐苹芳、乌恩等几位所里的领导同志正等着我们。汇报以后，王仲殊同志对我们说：夏鼐同志参加全国人大会议去了，今晚我们要找到他。请你们明天上午 10 时再到所里来一趟，听听夏先生的意见。16 日我们按时再到考古所，王廷芳、乌恩、徐苹芳三人接待了我们。王廷芳首先向我们转达了夏先生的意见，他说：昨天你们走后，我们开了个短会研究过，晚上找到夏先生，我们向他汇报了这个重大发现，先生听了很高兴，他指出"这是一个重大的发现，不下于马王堆和满汉城墓，我们要从中国考古事业上来考虑这个问题，一定要把这座汉墓的发掘事情办好。考古所要尽量运用我们现有的技术水平，尽我们的最大力量投入这项工作中去。考古所要参加发掘工作，而不是去作客，要跟广州的同志一道把这件事情办好，不要把它看成是个额外负担，要看作是考古所义不容辞的责任。如果人力上一时有困难，有的工作要停就停，要抽的人就抽，一定要把这墓的发掘做好。请通知广州的同志，赶快写个材料通过省报上来，由文物局、考古所会衔上报国务院，待批准后进行正式发掘。考古所要选派人与地方的同志联合组成发掘队，但队长要由地方同志担任，所的同志也可参加。发掘的出土物考古所一件不要。为了保证质量，早日把发掘报告出版，所要派人参加编写，出版时考古所的名字要排在后头。"听了廷芳同志传达夏先生的谈话。我们感到十分高兴。因为先生的决定是解放后三十多年来考古所队伍第一次越过五岭。五十年代初只到了长沙，以后的重点放在黄河流域。这次把队伍拉到广州来，也是岭南考古史上的一桩大事；同时，我们还觉得先生对问题看得多深，考虑得多全面周到，连最细微的事甚至发掘报告出版时署名的排列先后也想到了，体现了他作为中国考古学界最高学术研究机构的领导者所具有的眼光、胸怀和谦逊的态度。他对地方工作的关心、支持，广东省、广州市的党政领导都深感表谢。

　　1983 年 9 月中旬，南越王墓发掘工作进入关键时刻——打开主后室大门，着手清理墓主棺椁遗物的阶段。文物局沈竹副局长和夏鼐先生，还有王廷芳同志一同到了广州，他们深入发掘现场检查、指导工作。夏先生在工地蹲了两天，详细询问了前一段的发掘和发现情况，他看到墓主的棺椁已朽，一再叮嘱我们要注意板灰痕迹和棺椁饰物的出土位置和方向，这对以后推测复原棺椁的式样、大小尺寸等都是重要的依据。在内棺位置处已露出玉衣，已见到有散乱现象，他及时提醒我们，可考虑采取分层揭取或整取的办法，要勤记录，多绘图，尽量取足取齐玉衣形制、穿结方式等资料。已出土的实物夏先生都认真地逐一查看，有时打开小本作些记录。他看了出土的大批墨丸后又提到化验问题，他指出墨的主要成份是碳，容易鉴定，要弄清楚它是松烟或油烟的墨，化验的难度就大了；还有，要制成墨丸得加入胶质东西，当时是采用植物的还是动物胶，经过了两千年之久，看来已起化学变化，胶质可能不存在了。在内棺足箱处出土一件盛药丸的银盒，这个银盒的造型及纹饰都很别致，与中国古代器物的传统式样迥异。我们直觉的认为这是"进口货"，是目前所知我国海交史上最早的一件海外舶来品。夏先生对此持十分慎重态度，经过前后两次的仔细观察，他才说这有可能是来自西亚地区的银制品。他还承诺为我们查找可与之对比的外国材料。遗憾的是，病魔一下子夺去了先生的生命，我们的要求与期望落空了。

　　象岗南越王墓是用红砂岩石砌筑的。在广州黄埔港斜对面的莲花山港一带散布着由红砂岩组成的大小山岗，这里有一处古代采石场。南越王墓的石料是否采自这里，然后从水路运来？此地属番禺县辖，县文化局领导陪同夏先生到莲花山实地考查，我和黄展岳也跟随同往。这处采石场遗址引起了先生的很大兴趣，一个紧靠一个的开采面，一层接连一层的斧凿痕，组成了人力与自然巧合的一个悬崖峭壁，千沟万壑的奇特景观。先生要求我们要调查清楚这个石场的规模与开采年代，还有石料运出的码头位置所在等问题，写个调查报告在《考古》上发表，这是很有意思的（后来我们摸查过一下，遗址内并未发现任何题记和碑刻，连片言只字的文献材料也找不到。故老相传始自明代，何时停采，未能究明，先生交托的任务，至今未能完成）。

　　莲花山是近年来广州着意开发的一个风景游览区，而石场的景观是游览区一个重点参观项目。县文化局领导请求夏先生给遗址命名题书，先生很谦让，说自己不是书法家，又不是什么名流。当我们建议从考古角度命题，先生答应了，亲笔写了"莲花山古采石场遗址"的题书，因为没有随身带备图章，回北京后还记着把钤了章的宣纸函寄给我们，这是先生在广州留下的唯一墨宝。可以告慰于先生的是，先生的遗墨已经放大成直径数尺的大字，精刻在采石场遗址区当眼的峭壁上，永留景仰。字如其人，先生的学风，先生的高洁品德，先生对党对人民事业的献身精神，后之来者，得睹先生遗墨，如见其人，风范长存。

　　原载《广州文博》1985 年第 4 期；后收入《夏鼐先生纪念文集——纪念夏鼐先生诞辰一百周年》，科学出版社，2009 年。

鞠躬尽瘁　死而后已

——缅怀冶秋同志（1905~1987）

新中国文博事业的主要开拓者和奠基人王冶秋同志因多年卧病，医治无效，于 1987 年 10 月 5 日在北京与世长辞了，终年 78 岁，这是我国文博事业的重大损失。

我是 1953 年参加全国第二届考古工作人员训练班时才听到王冶秋同志的名字的，屈指算来已经事隔三十多年了。"文革"前我读到作家出版社出版王老的一本散文集《大地新游》，我读了多遍，不忍释手，被王老对革命旧址那种特别爱护的感情所感染，他从旅途中所见而触发起的新旧对比，表露出一种对两个社会、两个世界的爱憎之情跃然纸上，使我受到教育，读完集子还使我知道，解放前王老长期在白区从事地下工作，为党的事业出生入死，他是我党一位优秀的地下工作者。王老不但是一位作家，集子所收入的多篇文章反映了他对文博事业具有的广博知识，他确是一位文博专家，是一位受人尊敬的长者。但我对王老有较多的了解，在他直接领导下工作，受到他亲切的关怀教育还是 1974 年以后的事。这时我借调到文物局工作一年多，与文物局的同志，与故宫博物院、中国历史博物馆、北京市文管会的同行有较多的接触及交谈，使我对王老的过去斗争历史以及他对工作、对同志的态度等有更多的认识，特别是谢辰生同志多次给我谈话，我的认识和了解加深了，由此我对王老与谢辰生同志为新中国文博事业呕心沥血作出的巨大贡献，产生了一种由衷的敬意。

王老是 1925 年参加中国共产党的一位久经考验的革命老前辈，他在北平读中学时就追求进步，而且结识了鲁迅先生。在他的早期革命活动中曾两次被捕坐牢。对此，王老在 1961 年 10 月 4 日写有一段对往事的回忆："一九三〇年冬，与范（文澜）老同时出狱，在步出当时'北平警备司令部'大门时，范老忽然想到眼镜尚被没收于看守所中，欲再入门索取，余急拉之速走。一九三三年，余由'宪兵第三团'出狱时，因在狱中得到消息云，不久将捕范老，乃急往送信，促其早逃。深夜出后门不远，见胡同中小贩车旁有着西装者在，心知有异，不料第二日范老即被捕。"王老的机警以及他与范老之间的革命情谊之深，今日读来，尤令人深受感动。

1934 年以后，王老辗转于冀、晋、鲁、鄂一带，以教书作掩护，在知识界中积极传布进步思想。近年发表的鲁迅给王冶秋的几封信，反映出这期间王老已成了鲁迅晚年一位亲密的挚友。这使我联想起一条听来的"消息"：有一回我和历博一位同志到埠外大街参观鲁迅博物馆，参观西三条 21 号鲁迅故居，来到故居北屋"老虎尾巴"，一件件当年鲁迅的遗物都是原样原件的保存着，讲解员特别指着鲁迅床下的一个网篮说，因为当时鲁迅处于反动势力的迫害之中，万一什么时候要逃走，只要把铺盖一卷，提取网篮就可以上路了。这一段简洁的讲解词，立时把人们带回到鲁迅当年所处的紧张的气氛环境当中。文物的历史真实感产生的感染力多么巨大！回来的路上，该同志对我说，1947 年，冶秋同志在北平搞地下工作，考虑着怎样把这处旧居保护起来，他利用自己公开的少将参议身份，要北平的地方法院把鲁迅的旧居查封了，两张封条交叉一贴，谁也进不去了，这是最好的保护。这使我恍然大悟，故居能完整的保存到解放，未受任何干扰，实在有赖王老的机智多谋。

1940 年至 1946 年期间王老先后在重庆和南京从事地下工作，在周恩来、董必武同志的领导下，出色地完成了党交付的重任，得到周恩来同志的称许。有一次，我听王老作报告，他勖勉大家对待革命工作要有认真的态度和对人民高度负责的精神，他用自己经办的一件事情作例子说明：解放初期，总理的秘书打来一个电话说，总理想请冶秋同志找人给他刻一颗玉印作私章。接到这个任务，他考虑再三，请来了一位治印名家，就在他的办公室刻凿，他一步也不敢离开现场，等到玉印刻成，钤了一张认为可以了，连同印本马上送到总理的办公室去。王老补充解释说，总理把任务交给我，我要对党对人民负责，总理的私章和钤本多么重要，刻制过程绝对不容许我疏忽大意，我不能离开一步，万一让人偷盖了，后果不堪设想！王老用自己的切身事例教育干部，对我们启发教育很大。我三次接受国家文物局的委派，出国负责出土文物展览的随展工作，在国外期间经常想起这个例子，用以惕励自己万万麻痹疏漏不得。

新中国诞生前夕，王老在河北解放区筹备对北平解放后的文物接管工作。后来，听他讲过：那时我们准备了两手，争取和平解放这是上策；同时也作好攻城的准备。中央指示，北平是文化古都，攻城时要避免损毁古迹文物。为此，我们派人到清华大学找到梁思成教授，请他把北平城内的重要文物古迹一一标示在地图上，交给炮兵部队，不让炮弹落到这头上。后来，谈判成功，北平和平解放了，北京城得以保住了。王老说，傅作义将军是立了大功的。北平解放，中华人民共和国成立，王老从一位作家转到文物考古和博物馆方面来，担负着主管全国文物博物事业的重责，直到生命的最后一息。

现今在我国各地文物、博物单位中居一线、二线的一批五六十岁的文博工作者都清楚知道，王老对新中国文博事业的发展作出了开拓性的重大贡献。从五十年代初起，由中央政务院颁布的《禁止珍贵文物图书出口暂行办法》《古文化、古遗址及古墓葬之调查发掘暂行办法》等一系列保护文物的政策法令和具体规定；1960 年公布的第一批 180 处全国重点文物保护单位；《文物》月刊的创刊发行；天安门前革命博物馆和历史博物馆两大馆的建立；云岗、龙门石窟，五台山佛光寺等重点单位的维修保护；井岗山、延安等革命旧址的复原保护；新疆和东北的边疆考古工作的开展；甚至福建泉州开元寺、河北避暑山庄等一些被占用的单位交涉收回等等，王老均为之奔走操劳，付出心血，这些得以一一完善解决，实为新中国文物事业的发展奠下基础。

王老十分重视文博人材的培养。新中国成立后，经过三年的经济恢复转入第一个五年计划的经济建设时期，全国各地都有动土兴工，地下文物不断被发现出来。对这些无比珍贵的地下文物既要及时地抢救保护，更重要的是要有一套科学的方法进行发掘，使之成为真正的科学研究资料，而不仅仅限于保存几件古物，这就急需大批田野考古的专业人才。当时全国的综合大学还没有一间开设专门的考古课程（北大历史系考古专业 1953 年才开设）。王老积极倡议和联系，由文化部、中国科学院、北京大学联合于 1952～1955 年连续举办了四届"考古工作人员训练班"，从理论到实践经过短期的、"浓缩"的集中训练，培养出三百多名学员，分布全国，成为各地考古工作的骨干力量。

王老很重视宣传，他经常说，做好文物保护工作不单要对群众进行宣传，还要对领导作宣传，使上下左右都了解文物保护的意义，我们才会得到各方的支持。他身体力行，抓住各种机会进行宣传，在各种会议上，到各地检查、视察工作，甚至出国归来在广州暂停一天，也要找当地文博干部了解情况，向地方主管工作的领导谈文博工作，宣传保护、利用文物的重要意义。"十年动乱"期间，文博事业同样遭受浩劫，各地不少文物被砸受损，博物馆关闭，大批专业人员改行调离岗位。王老排除阻力，为了尽快扭转这种局面，在周总理的支持、批准下，在故宫举办大规模的出土文物展览，引起了国内外的震动。由于要办这个展览，需从备地调抽文物干部和文物展品，这就促使各地文物工作较快的恢复和专业干部的归队。特别是 1973 年到法国举办"中华人民共和国出土文物展览"以后，中国文物展览一时风靡世界，被称为"中国文物外交"。正如王老在一次报告中所说的："中国文物出国展览不仅使各国人民看到了中国悠久的历史文化艺术的新中国考古发掘的新成果，而且也使各国人民看到了中国人民真正的生活，它不仅含有艺术意义，而且含有政治意义。"是的，从 1973 年 5 月首次赴法展出至 1985 年为止，先后在亚、大、欧、美四大洲的二十四个国家（地区）举办了八十四批（次）出土文物展览，观众达四千五百万人次，这是历时最长，规模最大的宣传，在政治上产生了巨大的作用和深远的影响。

王老对广东、广州的文博工作十分关怀和支持。他多次过问和关心广州农讲所旧址的复原陈列，虎门鸦片战争遗址的保护和修复，海陆丰红宫红墙的保护，西沙的考古发掘，甚至对广州博物馆的地方史陈列也细心审阅，给予肯定。1971 年我们正在苦于文博的"斗批改"如何搞，批过了，斗过了，怎样改？换句话说，大家对恢复业务工作，开展业务工作心中无底。当时广州市的领导派了我们四人到北京请示，抵京后立即到黄化门王老家拜访，听他老伴高履芳大姐说，王老上班未回。周总理点名要他出来工作，现在国务院图博口当副组长，他蹬着自行车上下班，到基层单位去，整天忙，但身体也好多了。晚上，王老亲自到招待所来看望我们，并就故宫的开放，出土文展引起的热烈反响，文物出口鉴定的把关，考古人员的培养等问题，两个多小时侃侃而谈。他一再指出，文物出口鉴定仍按以前制定的乾隆六十年为界这个标准执行，不要放宽；文物出口要细水长流，高汇少出。现在看来有的东西是粗了，多了，但如果放到全国各博物馆去就不够了。他还特别提到建国以来的十七年文博工作是红线而不是黑线，他说，建国以来文博的大事都是总理关心过问的，大事都经总理批准同意的，您能说是黑线？从政治上给我们及时的指迷、启迪，在当时确实令人振奋。当晚王老还写了纸条，让我们到故宫参观出土文展，还建议我们到长城等几个地方看看，约定改日再谈。9月18日王老再次到招待所来看望我们，一一回答了我们提出的问题。他建议广州博物馆要搞广州地方史陈列，陈家祠收回之后还是搞广东民间工艺馆，至于"三二九"旧址和广东区党委旧址等都要做好复原保护。他指出，升平社学不应否定，不能说是地主豪绅的组织。当时他们反对外族入侵，起码是开明士绅嘛。他赞成和支持我们在广州博物馆举办馆藏陶瓷展览，因为这个题材各方人士都能接受，喜欢看，容易通过，有利于业务工作早日开展。广州文博工作较快地恢复并取得发展，正是遵循王老这一指示而开始的。

1974年10月，四届人大召开前夕，王老抓住这个时机，在中国历史博物馆筹办一个大型的文物汇展，向来自全国各地的人民代表、各级领导汇报和宣传文物工作。记得王老对广东送展的秦戈和虎门的"炮台火药缸"很感兴趣。广东省博的同志带来一件文物，是开展革命文物普查中征集到的，说是广州起义时叶剑英同志写给宋华兴指示他撤退的亲笔信，未知确否？我曾听高履芳大姐说过，王老和叶帅是好朋友，经常往来。于是写了个说明连同原件送给王老，请他转给叶帅鉴定。王老对此十分重视，第二天就把原件退还了。原来当天晚上他就去找叶帅核对，叶帅说这不是他的字，肯定是传错了。

还记得有一次王老出国归来，经香港到广州，要人通知我到宾馆见他，因为他要了解广州考古工作的恢复情况。见到我第一句就问："你准备拿多少唐代的文物到北京参加出土展览？"这一句就把我难倒了。我说广州发现的唐宋墓都是小型墓，规模小，遗物简，至今还未发现过当时与阿拉伯通商往来的任何有关文物出土，还未发现唐宋时期的阿拉伯人墓葬，这是广州考古工作上的一个大缺环。王老听后深感奇异，并说，据阿拉伯人的记载（按指《中国印度见闻录》），黄巢攻陷广州城，仅城中商人来自阿拉伯的教徒有十二万人被杀害，就算是对农民起义的污蔑、夸大了，十分之一也有一万二千人。广州当时肯定有不少阿拉伯人在此居留，他们的墓在哪？为什么当时的遗物一件未见？他又询问广东潮州窑和广州西村窑的保护情况，当他得知潮州笔架山窑被严重破坏，西村窑早已夷平改建体育场的情况之后，十分焦急地说，要注意做好保护，不能再让它受破坏了。我在日本了解到，他们对我国的唐宋瓷片也视为珍宝。我们如果有计划的把一些釉色好的瓷片收集起来，用个锦盒或一块好木板把它镶嵌起来作为标本，可以出口为国家多赚外汇的。见微知著，王老心中时刻想着祖国的文物保护事业！

王老卧病多年，病魔对他的身心摧残实在太大了。在得到高履芳和谢辰生同志的同意下，我曾三次到寓所看望他，但每次见面他都要哭，我心里十分难过。高大姐说，他生活不能自理，每天卧床或坐轮椅，手不能写，口不能说，见到熟人，有话说不出，急得哭起来。以后我再不敢去看望他老人家了，我怎能忍心让他增加痛苦和折磨哩。

我们和中国广大的文博工作者一样，怀着万分悲切的心情悼念冶秋同志。痛感我们失去了一位令人尊敬的长者，失去了一位好领导。冶秋同志虽然离开我们了，但他一心扑在文博事业上，他对共产主义事业忠诚奉献的崇高精神，将永远激励我们，在党的十三大改革开放的路线指引下，团结奋斗，做好文物工作，为精神文明建设作出贡献。

回忆往事，拉杂地写出来，以表示对他的怀念。最后，让我借用他老人家悼念郑振铎同志逝世三周年的两句话，敬奉王老：

一束香花权供养，蒸蒸事业慰君眠。

一九八七年十一月五日于广州

原载《广州文博》，1987 年第 3 期；又收入《回忆王冶秋》，文物出版社，1995 年。

报国有心

——香港杨永德夫妇向国家捐赠珍藏明瓷小记

香港实业家、著名文物鉴藏家杨永德先生暨夫人张瑞贞女士把所藏的两件十分珍罕的明代瓷器捐献给国家，由中国国家文物鉴定委员会副主任刘巨成和陶瓷鉴定专家、该会常务委员耿宝昌专程赴港，代表国家文物局接受杨氏夫妇的捐赠。今年五月十八日假座世界贸易中心举行捐接仪式，新华社香港分社副社长张俊生出席，并设宴招待杨氏夫妇及与会嘉宾。

杨氏珍藏的两件瓷器，一为带"天顺"年款的青花炉，另一是带"永历"年款的褐釉炉，堪称国宝。其中的"天顺"款青花炉已收入耿宝昌的《明清瓷器鉴定》（上册），记述详审。这段文字不长，特转录如下：

> 筒炉——1981 年香港《求知雅集》图录中，有一件署"天顺年"款识的青花回文三足筒炉，器为筒形带三乳足，口径 16 厘米。从图面上看，胎体并不十分厚重；外口沿处绘青花单线连续回纹，紧靠炉底部有二条重色的青花边线越足而过；炉身以三行回文环绕；炉底面施釉上凸，写有青花"天顺年"三字楷书款（与此基本相同的另一件，署"天顺七年大同马氏造"款，现藏山西省博物馆）。这件器物造型比例合适，胎体厚薄适中，修胎规整，既稳重又秀美，加之炉身上用中锋所写回文，更有圆润潇洒和温文尔雅的风度。款识字体具有宣德以来的浑厚风格，也有成化时期的矜持面貌，尤其是"天"字，逼肖成化"天"字罐的书法。虽然，这件器物仅用文字作为装饰，但是笔法上却透露出天顺瓷器绘画风格的信息。这对于我们研究和归纳天顺时期瓷器的时代特征，无疑地是一个重大的标志；同时也为探讨"空白期"瓷器提供了线索。

上文耿氏提到的"空白期"，是指明代正统、景泰、天顺三朝，带正式官窑款的真器极少发现，常见的多是嘉靖、万历或晚明的伪托款识，所以人们对这一时期我国瓷器的面貌一直不甚清楚，被称为陶瓷史上的"空白期"。现在有了杨氏捐赠署"天顺年"款又如此精美的标准器，正如耿氏说的"我们可以缘此而上探正统、景泰瓷器的继承和演变规律，下窥成化初期瓷器的新貌"。

带永历款的褐釉炉造型规整，筒身，矮广圈足，口沿外饰三线凸弦纹带一匝，通体酱褐色釉（类似广东石湾窑通称的"金釉"），釉色晶莹耀目，圈足近触地处微露胎，外底正中青花写"永历年制"款二行四字，外绕青花双线弦纹一圈。按"永历"为南明时期的年号。清军攻入北京后，明亡。朱明的皇族后裔先后在南方建立政权，有福王弘光政权、唐王隆武政权、鲁王政权、唐王肇武政权、桂王永历政权、韩王定武政权，史称"南明"。清初顺治三年（1646年），唐王隆武帝在汀州被俘，死于福州，受封桂王的朱由榔在广东肇庆监国，十一月，受瞿式耜等拥戴，即帝位。翌年流转于梧州、桂林、武冈等地，后驻桂林，改元"永历"。其后走南宁，转贵州，入云南，永历十三年（清顺治十六年）清军攻入昆明，桂王败走缅甸。后三年，桂王父子为吴三桂所杀。南明永历共十五年，这件瓷炉仅书"永历年制"款，未有写明为某年，或因永历帝转徙不常，故笼统的记以"永历年"，或为南明稍后的明代遗民所制，用以纪续明祚的。据耿宝昌研究认为：传世的南明瓷器真是凤毛麟角，过去又很少有人研究介绍。现知北京故宫博物院藏有一件署"福藩制造"款的青花筒形三足炉，为福王朱由崧未立"弘光"年号前的藩府所制；另外，大英博物馆藏有一件署"弘光元年旷府佳品"款的青花碗，杨氏捐赠的这件"永历"款炉，在国内仍属孤品。

去年十月，笔者与广东民间工艺馆何民本馆长、广州市文化局文物处副处长苏桂芬女士等一行五人应香港中文大学文物馆之邀，赴港参加该馆的"香港中文大学杨瑞生古陶瓷热释光实验室"对外服务和《宋代陶瓷艺术》展览的开幕式活动，杨永德先生到馆主持剪彩。我们承杨先生之邀到杨府参观他们夫妇珍藏的宋元黑釉瓷和唐宋瓷枕等一批珍品，先生特意拿出今次捐赠的两件明瓷向我们介绍，这是他夫妇于1978年从英国伦敦苏富比拍卖行购回的，他们认定这是中国陶瓷史上罕见的，决定买回来。后来才了解到北京故宫还未藏有这两个年款的实物，他提出：既然国家最大的博物院都没有这个标本，我个人不必收藏，应该捐献给国家，好让更多的人来研究。但是，我对国家文物局和故宫没有更多认识的人，我想献出来也不知怎么办才好，真个是有点报国无门啊。我们听罢杨先生一席话，一方面感到惊愕，另方面又深为杨先生夫妇热爱祖国，保护祖国文物的精神所感动，我们当即向杨先生表示：先生报国有心，我们回到广州马上代为联系，政府和人民定必感谢先生的。当时国家文物局副局长沈竹和流散文物处处长刘巨成接到我们的报告，即致函杨先生夫妇，赞扬他们的爱国精神，决定派专人到香港接受捐赠，支持他们的义举。与此同时，笔者也应杨先生之邀赴港参加这次捐赠活动，并受杨夫人张瑞贞女士之托，把她以前在香港一家画廊购得的近代岭南画人冯缃碧的山水四连屏巨作转赠给六榕寺。画作高1.80、横宽约3.60米。经广州市文物鉴定委员会委员、广州市美术馆副馆长谢文勇鉴定，认为："该连屏为国画研究会杰出山水画家冯缃碧具有代表性作品。从气势看可能作于抗战前六榕寺内人月堂的'国画研究会'活动盛期，右下角有六榕寺当时主持铁禅和尚题识,可知该画为和尚所有,后和尚题赠询初先生。此画为全张宣纸四连景,气势繁密,繁而不乱,墨色尽染,染而厚重,苍润丰茂,浓浑淋漓,有清初金陵派名画家龚贤气势,而别有意趣。"

近悉,天顺款青花炉和永历款褐釉炉将转给故宫博物院展出;抗战前作于六榕寺,几十年之后又回归六榕寺的冯缃碧山水巨作已委托广州美术馆代为装裱,将放入六榕寺新辟设的"六榕史志展览室"中公开展出,让各方人士有机会参观鉴赏。

原载《广州文博》,1988 年第 2 期。

我的良师益友

——怀念市文管会委员梁钊韬教授

1987 年 12 月 4 日上午，中山大学人类学系办公室打来电话通知：梁钊韬教授于今晨 3 时在河南医院病逝。这个突然而来的噩耗令我茫然若失。前一段时间，见到中大历史系的好友张荣芳教授，他告诉我：梁先生病了，我刚去看过他，全身发黄，听说胆已切除，看来病得不轻。听到这个坏信息，心里着急，同时回想起不久前在梁家听梁夫人说过，梁先生经常"开夜车"，有时熬通宵，这样下去，真担心他有朝一日会病倒的。看来果真让他的夫人言中了。我赶忙到医院看他。他见我到来，很高兴，也很想讲话，但声音显得微弱乏力，没讲上几句就喘气了。确实病得很重。我怕他激动，影响康复，赶快告辞了。其后得知他转到河南医院（广州医学院第二附属医院）留医，而且病情日见好转。能转危为安，多么令人高兴！于是和老伴黎金一起约同广州市文管会苏乾同志和他的学生陈伟汉、黄淼章、吕烈丹一行 6 人到河南医院探望。梁先生正坐在病榻上和家人聊天，见我们一群人到来，起身相迎。他面色好了，上次见到的蜡黄色已退多了，说话的声音也响多了。他告诉我们，转到河南医院后，心情舒畅，病也好转得快，多谢医生的悉心治疗和同志们的关心，不日我就可出院了。接着把话题一下子又转向工作上，关心地询问广州市近来文物博物的工作情况，有什么新的考古发现，还逐一细问我们各人的身体情况，然后深有感触地说：身体健康是革命的本钱，现在我有切身体会，我今次得了这场大病，不仅自己的工作耽误了，还连累了学校的党委、领导和我的许多师友，要他们挂心，增加了他们的麻烦。希望大家以我为鉴，注意休息，保重身体。我们看到梁先生的确好了，听到他的朗朗笑声，大家都很开心。后来，又得知梁先生康复出院，还搬了家（听说学校给他调整了一座较大的房子，以照顾他休息和工作）。真想不到梁先生就这样匆匆地离开了我们，使我痛失一位良师益友。他的去世，不仅是中山大学、我国的民族学、考古学界的损失，也是广州文博事业的重大损失！

我得认识梁先生屈指一数已有 36 个年头了。广州市文物管理委员会成立于 1951 年，至 1952 年下半年才招考工作人员，我和黎金同志一道考入该会成为第一批干事，是年 9 月正式开始办公。在一次全体委员会议上，有幸见到梁钊韬先生，他给我的第一个印象是，他是一个风度翩翩的学者，又是一位年纪最轻的委员。后来还了解到，1951 年在客村路段发现了一座永嘉七年的大型晋墓，梁先生担任该墓发掘队的副队长，由是得知他不但是个民族学者，同时又是一位考古学者。虽然我未能立雪"梁门"，直接在课堂上聆听他的授课，但他不啻是我终身难忘的一位良师益友。从多年的接触交往中，我深深感到先生为人热忱，激励后进，对有志于民族学、考古学工作的青年，更是循循善诱，扶掖备至。记得 1954 年底我们在西村清理了一座晋永嘉年间的小砖墓，保存完好，砖侧都印有文字或花纹。我和黎金同志及时把资料整理寄送到中央文物局主办的《文物参考资料》(简称《文参》)，在 1955 年第 3 期刊出。当时文管会给委员每月赠送一本《文参》，梁先生在一次委员会议上看到这篇《广州西郊晋墓清理报道》。会后，他特邀我们二人到外边午饭，鼓励我们说："你们两人搞田野工作仅两年时间，就写出这样好的报告，我非常满意，希望二位倍加努力，前途无限"，他又问我："英豪，你读过《天下郡国利病书》吗？"梁先生为什么这样发问？后来，我才领悟这是梁先生看了我们发表的"报道"之后，指引我们今后应学习史地学者顾炎武先生那样要作综合研究，亦即是说，要把考古发现和历史的、经济和政治的、山川地理的各方面联系起来考察，避免纯资料性的报道。1956 年我随商承祚和梁先生到北京参加第一次"中国考古工作会议"。参加会议的文章《广州龙生岗 43 号墓》是在商、梁二位委员的指导下整理编写成的。会后归来，梁先生特意带我到武汉停留，在中南民族学院认识了容观夐先生。记得在归途中梁先生还给我说过，容先生曾是他的学生，后出国留学，学有所成，回国执教。并说："英豪，今后你也可以争取这样的机会。"1975 年夏，国家文物局王冶秋局长指派我到美国担任《中华人民共和国出土文物展览》的随展工作组长，行前我到梁先生家，把这事向他报告并作辞行，他执着我的手高兴地说："老麦，这是党对你的信任，祝贺你有机会到美国去，希望好好工作，善于学习，胜利归来。"是年底我回到广州，梁先生要我到中大向历史系的同学汇报在美工作、学习情况，我一口答应下来。因为我想：梁先生长期对我工作上学习上的支持、鼓励，没有机会向他汇报，借此也可算是一次回报吧。1981 年我和黎金同志二人执笔的《广州汉墓》(发掘专刊)出版后，我们送了一套呈献给梁先生，请他审阅。出乎意料的是，梁先生接过书后，表情严肃地对我们说："这是你们二人学术上的一个成果，你们比我强。但学无止境，这仅是你们万里长征走出的第一步啊！要谦虚谨慎，今后的路还长。"我们觉得梁先生给我们的评价是过高的，他以长者身份对后学提出的期望是严肃认真的。他对我们的教诲当永志不忘。

梁先生博学多识，他专心致志在民族学上，对考古也十分注重，尤其重视对他直接教授的学生进行田野调查发掘实习。他经常说，学生在课堂上学到的理论一定要和调查发掘的田野实践相结合才有用。我们教出来的学生，毕业后分到地方，一定要使他们能胜任工作，成为有用之材；我们也要对得起各地考古部门给我们教学上的支持帮助。早在五十年代初，他就带领学生和我们一道参加广州东郊飞鹅岭遗址的调查试掘，后来又安排学生参加华侨新村汉墓群（南越国时期）的发掘实习。可以说，在广州每遇有重要的考古发现，他都带领学生到现场参观或参加发掘。1973年初，在广州建设大马路北面的淘金坑兴建白云宾馆，经钻探发现该地点又是一个汉墓群，我们配合平土工程进行了抢掘，连续工作一个多月，农历的春节那天也没有休息。梁先生正是在这天带领学生到工地参加发掘实习，他对我们说："我这样安排就是想让同学们从工作中领会到'工作是第一位的'真正意义。"他的学生现任广州市文管会办公室副主任的黄淼章同志曾对我讲过，他在中大考古专业读书时，正值"四人帮"大搞批林批孔，梁先生与系总支的领导巧妙地配合，把考古专业的同学拉到校外搞田野调查发掘，远到广西合浦发掘汉墓。黄说：梁先生为人和善，我们和他很合得来。还经常逗他，要他请"饮茶"，正因为他没有架子，能够和大家工作在一起，生活在一起，同学们都喜欢他，敬重他。

梁先生长年执教高等院校，见闻识广。我们还记得，当马坝人的头盖骨从韶关转到广州时，是梁先生第一个确认的，他肯定这是广东第一次发现古人类的化石，意义重大，功不可没。但以后我们从未听到过梁先生对此有半点儿的居功自夸。著名考古人类学家郑德坤教授从英国剑桥大学退休回香港担任中文大学副校长，郑老先生率队回大陆考察，从北京回到广州，梁先生在南园酒家设宴为郑先生洗尘，还请来了容庚先生及已在系里执教的他的几位弟子。我也荣幸应邀作陪。他向容老、郑校长祝酒时特别提到今天的盛会难逢。我们师友四代同堂，极之难得。是的，我与梁先生接触多年，还未见过他像今天这样的高兴。我想我们毋须去考究他们之间是否有直接的四代门生关系，但从他们间的年龄、经历、各人的学术成就，那确实是"四代同堂"的啊！

梁先生热爱社会主义，拥护中国共产党，一心扑在教育事业上，为新中国培养造就四化建设的人才作出了积极的贡献。"十年动乱"期间，我从友人中获知先生被诬指为"现行反革命分子"，虽然身心备受摧残，但他爱党、爱国、热爱自己的教育事业之心无时或泯。有一天我在宿舍突然见到他来探访，一见面，他就伸手到口袋里掏出一个小本子给我看，并说："老麦，我从干校出来啦，我有工会证啦，学校又发还我的教工证。多谢组织上帮我把问题查清楚了。现在我正考虑怎样把考古专业办成人类学系的问题。我要北上找夏鼐、王冶秋和高教部门的领导谈这个问题。今天我是特意来征求你的意见的。"言谈中我听不到他对前一时期蒙受不白之冤有半句不满的言词，只是流露出爱女病逝，由于当时身在"牛栏"，未能尽到自己悉心给她医治而感到难过。有人说："中国的知识分子是最可爱的"，从梁先生的身上可领略到这句话的深刻意义。

梁先生从广州文管会成立就一直担任委员的职务。他执教中山大学历史系从开办考古专门化开始，进而办考古专业，继而创办新中国成立以来高等院校中第一个人类学系，并通过他的积极联系，为中山大学取得海外资助，建成一座现代化的中心大礼堂——梁銶琚堂，这些都是人所共见的。至于先生对民族学、考古学等方面的贡献，自有与先生在中山大学人类学系、历史系的友好作专文介绍。时至今日，先生逝世已四个年头了。古人说见微知著，我以上的一鳞半爪的回忆，只能是表达我对先生难以忘却的怀念。高山仰止，先生的忠厚长者风度，先生对工作的忘我精神，永远是我们学习的榜样。

原载《广州文博》，1991 年第 2 期；收入《梁钊韬与人类学》，中山大学出版社，1991 年。

想起莫老总

　　莫伯治同志辞世的噩耗是广州市文化局副局长陈玉环同志第一时间告我的，我十分惊愕，感到太突然了。前不久，我们还随他父子（莫京同志）一起到了东莞蚝岗发现五千年前"东莞人"的古遗址，他91高龄还爬上岗顶考察，大家都钦羡他会保养，还赞赏他的身体过得硬哩，谁会料到他要走就走。走得轻松，了无牵挂；走得自在，如佛升天。在建筑工程学界的朋友们都以"莫伯"尊称他，我们广州市文博单位的同寅们则习惯叫他"莫老总"，这大概是因为是他主持设计了"西汉南越王墓博物馆"这座建筑丰碑，我们虽然隔行而拉近了关系。

　　莫老总逝世是9月30日。这天清晨天黑如墨，6时许下起了倾盆大雨，我冒雨去了医院才转去广州大学城小谷围岛的考古工地工作。将到11时，正在做考古现场录像的麦穗丰同志走了过来，把手机贴到我的耳边，急促的声响："老麦，我是陈玉环，刚得到消息，莫老总今早去世。你赶快回来，我等你一同去白天鹅。"得此消息，我于是"三下五落二"的把手头工作结束了，与陈玉环同志一起赶到白天鹅四楼（莫伯治建筑师事务所）。见到他的大儿子莫旭同志，他告诉我们："昨晚大约9时，我到父亲房间把电视机关了，原来父亲还在看播出的电视剧。他自己还洗了衣服才睡。清晨，他在睡梦中安祥地去了……"。我们痛感岭南失去了最具影响的一位建筑大师，就我本人而言，则痛失一位最令我敬佩的良师益友。因为，每当我遇到棘手的专业工作时就想起莫老总，考虑到做学问功夫时又想起莫老总，碰到做人处世之事时，更加会想起莫老总。

一

　　我和莫老总相交有40多年，我们最初相识是在20世纪50年代，初识是在考古工地。到1961年，第一次和他一起工作出差，是遵照陶铸同志批示开展调查、征集、保护套色玻璃的工作。记得那次外出是由市政府的一位秘书长（或副秘书长）带队，我和莫老总多人相随，到了佛山、中山、顺德的大良、杏坛，还去了蔡廷锴将军的故居等地方，最后回到广州，再就由莫老总带着我们看了惠如、三如、陶陶居、莲香楼、妙奇香等老字号的茶楼酒家，然后到西关、河南穿街走巷，探访一些大宅豪家。其实这些地方他早已走访过，了如指掌。这次调查工作，最重要的发现是在大良的清晖园，有一套8件写"羊城八景"的套黄有色玻璃，莫老总告诉我，套红、套蓝的玻璃最常见，套绿的不多，套黄的是珍稀品。我们问到物主，只要求20张购自行车的票证则可交换，可是当时政府却拿不出20张自行车票以换这8件套黄的"羊城八景"，可见经过"大跃进"转入经济困难时期，那阵子工业品分配的奇缺！前几年我有机会再到清晖园，问起这套玻璃，人家说20斤黄金也不换了。

莫老总真不愧为岭南派建筑的顶级大师，从他大量的获奖作品中充分反映出，大师的建筑设计融汇了岭南建筑的特色和岭南园林的精妙所在。从平面布局的合理性与外形的美观得体，特别是室内的空间间隔和装饰，处处显现出南国情调。他对套色玻璃的运用可谓得心应手，还有花罩、横披、企阳、屏门等的装配，在北园酒家、泮溪酒家贵宾楼、南园酒家，甚至最现代化的白天鹅宾馆都十分突出。这些绝大部分是大师平日设计之余，在穿街过巷的调查中掌握了线索，在他人视如敝屣或作贱价出售中得来。他曾指着白天鹅宾馆大厅三楼的玉堂春暖厅对面的一列屏门对我说："这是我用每只2元钱买回来的啊！"有一次，他专门约我到北园酒家饮早茶，原来他是要我看看酒家大门口那对漆黑色的两扇铁力木大门，他告诉我，这是他在设计和参与北园的园林式酒家建设时，从江虾的"太史第"旧宅中买得的（江虾是广州人对江孔殷的俗称。号霞公，又称江霞。清光绪进士。江氏曾参加过"公车上书"请愿，民国后颇得孙中山、廖仲恺的好评。1938年日军侵占广州，他再次移居香港，拒绝回粤出任伪广东维持会长）。这是广州现存唯一的两只铁力木大门，珍贵啊！又有一回是他在设计南越王墓博物馆的外墙要选用红砂岩石作外墙贴面时，讲到一个选料的原则，他说选材不一定价钱贵的高档材料就是好。要合适，有特点的更好。我搞矿泉宾馆时就用了最低档的材料做出高档的效果，例子是用蠔壳来做可以开合拉动的"明瓦天窗"，又在室外的庭院用上小竹杆扎成天花板，十分别致，对中外人士都很吸引。他做事处处用心，莫老总真是化"腐朽"为神奇。

二

1983年象岗南越王墓发现后，莫老总不止一次到考古现场看过石构的古墓原址和出土的文物珍品，我向他提过要争取在原地建设一座博物馆，以保护这座岭南最早的石构建筑——南越古墓和展示这大批如此珍罕的出土文物。大师也一再表示要为建馆出力。为此，他足足用了10年的心血，这座建筑的丰碑终告完成。

我记得，我随市文化局钟子硕局长应邀参加广州市委书记许士杰在一次常委扩大会议上讨论建馆问题，得到全体与会者赞成并通过。其后，莫老总就提出了他对这座博物馆的初步设想方案，当时北京设计院的李婉娴工程师也提出了一个设计方案，钟子硕局长要求广州文博的美工人员也提出一个方案。三个方案如何选定？那时并没有像今天实施的招投标和把方案公开展示让市民投票的做法。刚好有一次旅游会议在广州东方宾馆召开，于是把三个方案都做了模型，送到会场请与会代表投票选定。结果莫老总的方案得票最高而被选用。到了是年的 12 月 7 日"象岗南越王墓博物馆筹建处"成立，1984 年 3 月 8 日市规划局划定博物馆建设用地的红线范围共 12189 平方米（后来在此周围有增加，最后是 14647 平方米），由此建馆工作进入有序开展的阶段。10 年建馆分为二期，首期 5 年的工程是维修保护古墓原址，在临解放北路的象岗东麓建一座综合陈列楼，南越王墓出土的部分文物珍品在此陈列，于 1987 年 11 月 30 日预展之后，公开接待中外观众。第二期的后 5 年，在古墓之北建主体陈列楼，上下两层共 5 个大展室，全用来陈列出土的文物珍品，于 1993 年 2 月 8 日举行博物馆全面落成典礼。

在这建馆的 10 年中，莫老总和我成了莫逆之交、忘年之交。大师比我足足大 16 岁，可是我和该馆的首任馆长司徒裕同志很少考虑尊卑有别，也不知天高地厚，我们在建馆的一些问题上常与莫老总拗撬（争拗），有时还声大大的，但莫老总从来不计较这些，他虚怀若谷，只要认为我们说得有理，他必定吸纳，但他认为我们只是"横嘛嘛"的，就坚持不让，事例不少，可以举出几个。比如，馆的综合陈列楼是临马路的，其正面的左右两堵红砂岩大石墙，宽 35、高 12 米，由 1300 多块红色砂岩石板砌成，有如埃及神庙的一座门阙，仅当中留出一线通道作为出入口大门，观众由此进入博物馆，感到有如步入古墓的幽暗气氛，这是十分雄伟而又有深层寓意的，但这两堵大石墙用什么装饰为好？最初提出的设计方案是，两边的石墙均各凿出多行排列整齐的凹窝如佛龛状，当中有出土文物珍品的浮雕（这个方案可能是莫老总的研究生马威和胡伟坚提出的，但应得到莫老总的认可）。对此，我第一个提出否定意见，理由是这是汉初南越王的古墓，不是唐代敦煌的千佛洞，司徒裕当然也给我帮腔助势了，莫老总觉得所言极是，他也提出否定，但怎么办哩？当时钟子硕局长在场，也提出由他去找广州美院雕塑系潘鹤教授，请他帮忙搞个设计，如何？莫老总与潘鹤是老朋友，当然赞成。可是第二天钟局长对我们说，潘教授提出他的任务很多，忙不过来，怎么说也不肯承担。钟局长讲完，莫老总接着说："这是事实。老麦，今晚我和你去再跟老潘商量，要带备资料。"晚上，我随他到了潘鹤在广州美院的宿舍，甫坐下，莫老总开口就说："老潘，我设计南越王墓的博物馆是要建纪念碑的，你看如何？"停了一下，"哦！我明白了，我赞成，有什么要我帮手的，有什么资料？"潘鹤反问。这时我已意识到潘鹤教授已经表示承担任务了，于是赶紧把带来的有关照片逐一解说：这座古墓出土文物十分丰富，有南越文化、楚文化、齐鲁文化、巴蜀文化、匈奴文化，还有来自海外的文化等多种文化内涵的器物共存。潘鹤一边听我介绍一边看出土器物的照片，他把有关汉文化、越文化和楚文化的几张器物照片拣出来，说这几张照片留给我可以了。两位大师再聊了一阵之后，我们告辞。在回路上，我问莫老总："你把设计南越王墓博物馆作为你搞建筑设计的纪念碑，白天鹅得到设计一等奖，不是已有了纪念碑吗？"他给我解释，这是商业性的，我要搞文化的，文化的生命长青。我深感莫老总对自己专业看得多深、多广，要求多高，对他有一种由衷的敬佩。过了几天，潘鹤把他的设计图送来了，大家都表示赞赏，即现在馆前的雕刻图像。两堵大石墙的下部为高浮雕的矫健有力的龙纹与虎纹，取材于墓中出土的大玉璧纹饰，为汉文化的象征。入口的两边站立高达 8 米的左男、右女两位威武的越人，头顶日月、赤足踏蛇，双手操蛇，有如守护大门的一对门神，任何魑魅魍魉都被拒诸门外，取材于出土漆木大屏风的越人操蛇的铜托座，为当地越文化的代表。基座之下是一对圆雕石虎，相对而立，是来自出土的错金铭文铜虎节，为楚文化的象征。汉、越、楚三种文化内涵的刻雕展现在馆的正门之前，观众信步到此，自会感受到一种强烈的南越远古文明的历史信息扑面而来。后来，莫老总还告诉我，他要求两只石虎横置相对而立，这是象征古墓前两两相对的石人石马，进入馆的大门，迎面的一条 44 级石阶的磴道，与石虎同一直线，都正对着古墓，寓意为古代帝王陵墓前的神道。我想，这样一来，就把展馆的布局、雕刻装饰与古墓主体的文化内涵融合为一体了，它给人的感染力就在于此。因为，它让你置身其中，不会觉得有哪一样是多余的，显出其手法运用的高明。

又如，古墓北面的主体陈列楼，建筑总面积 4262 平方米，骤看若一层实为二层。因为首层的平面当中有二十余级台阶直达二层，两侧隐现在绿草的斜坡上，有如掩埋于山体之中，隐寓珍宝藏于山岗的腹心深处。二层当中虚出成庭院，北面是馆的终端，当中有高耸的阙式牌坊与左右两翼相连，形成三面封闭，向南开敞的三合院式。但初时的方案，是在阙门上立一座博山式圆雕，有山林、猴子、虎、豹、野猪等，取材于出土乐器上的铜瑟钠造型。对此，我们表示异议，因为它太高了，任你雕刻得如何精致和生动，观众是看不到的，这与门前的一对石虎所处的位置完全有别。莫老总接受我们的意见，改为圭形门阙，这样一改反而具有深层的寓意，象征古时王者执圭以礼天，显示出墓主人的高贵身份，在一般人看来还有直冲霄汉的气势。在二层左右两翼的石墙，其面积比正门的两堵石墙还大，二层的庭院如不加雕饰，与正门面墙的热烈气氛相比，显得缺了点什么，我建议把出土的一个越式铜提筒身上刻划的 4 条战船纹样雕刻到这里，莫老总对此十分赞成，我问他："用四船纹，还是一船纹？""一船纹。"他答我。"船头向南（前）还是朝北（后）？"我又问，"扬帆出海，当然朝南！"他给我很干脆的回答。后来，得到广东民间工艺博物馆的雕塑家万兆全同志的协助，由他主持的两船纹减地浮雕刻凿得十分成功，反映了"越人善作舟"和广州是南海海上丝绸之路发祥地的历史因由。

至于展馆入门正对的 44 级磴道，因为有观众曾经滑倒，司徒裕馆长和我都一再提过，要求在石级上加装防滑的金属线，但莫老总对此持否定意见，他认为这样就与一般的酒楼、宾馆无异，把高档的文化场地降格了。还有，主体陈列楼前的二十多级石台阶，也没有扶手。对此，我们曾提出在石阶当中设金属的栏栅用作扶手。莫老总认为这无异于把宽广的场地当中切开，小气了，不妥。这里是欣赏高雅、古典文化艺术的地方，不是体育场，不能跑步，应该信步。我们明白了，加防滑条和栏栅扶手似乎是小事一桩，但正如俗话说的"一粒老鼠屎，会搞坏一锅汤"，正是因他的坚持，才不至于因小而失大。

三

西汉南越王墓博物馆全面建成开幕是广东文博事业上的盛典，南越王墓出土的全部珍品，还有香港杨永德伉俪捐赠的200件由唐代到明代的陶瓷枕珍品一起展出，除了省、市领导和国内博物馆同行的代表到场外，国家文物局张德勤局长专程到来祝贺，还带来了国务委员李铁映给杨永德伉俪捐赠藏枕专题展的亲笔贺信，香港来的贵宾坐满了两个火车卡，真是盛况空前。杨永德先生在参观了整座展馆之后，满怀高兴的对我说："这样雄伟壮丽的博物馆，了不起，我要重奖这位设计大师。我的藏枕能在这里展出，让大家都来欣赏，太放心了。""杨先生，你讲要重奖设计大师，我可以向他转告吗？"我问。"当然可以，即刻转告。"杨先生命令式的给我回答。"莫老总，刚才杨永德先生对你设计的这座博物馆万分赞赏，他说要给你重奖。"我马上找到大师作了传话。"不要什么重奖了，你对杨先生讲，买几张旅游票给我们到埃及看看，就很感谢了。"大师不快不慢地回话。"我可以把你的话转告杨先生吗？莫老总。"我问。"你去对他讲就是了。"我将莫老总的话原原本本地转告杨永德先生，他说，这好办，你们要去哪些地方，去多少人，详细地写给我，在香港找家旅行社帮你们"搞掂"（办妥）。由莫伯治、李季（国家文物局处长）、苏桂芬（广州市文化局处长）和我共4人组成的赴意大利、希腊、埃及三国的自费文物考察团，于1993年8月9日启行，杨永德先生和他的秘书到红磡车站接车，把我们一行安排入住香港酒店。杨先生把预备好到意、希、埃三国考察行程往返的机票4份和4万美元的旅途用费亲手交给我们，并叮嘱我们旅途要注意安全，不要安排太紧，这4万美元是给你们每人1万元，其中有1000美元是送给你们购买资料、纪念品之用，其余作差旅用。我被杨先生周到的安排、慷慨的赠予弄傻了眼，厚厚的4份机票和4扎美钞（分有100元、50元、20元、10元和1元的），这么多现钞，怎好随身带。为了照顾老总，只给他带上1000美元，其余由我们3人分担了。真苦了我，要连夜在内裤上缝上两个口袋以分装这些现钞。香港直飞意大利罗马，飞行12个小时整，8月12日早晨4时35分降落机场。这次三国的考察之行，因有国家文物局李季处长事前已通过文化部与驻三国的大使馆文化处联系，做好安排，接送等完全按照行程计划的安排行事，9月9日返回香港。我们见到杨永德先生，向他报告了今次行程一个月：睇得过瘾，热得够皮（呛），各人平安，大家对你十分感谢！出发时你交给我们4万美元作旅差生活费用的开支，还有余款20167美元璧还。"怎么搞的，你们在外面不用食饭？还剩这么多？！"杨先生感到很惊奇似的。"是这样的，我们一早起来往外跑，天黑了才住店，睇嘢第一，食住其次，走到哪里有什么食什么，没有照顾好莫老总，在希腊，他提出想食云吞面，哪里找？到埃及又要食鱼生粥就更难了！"我赶紧回答，引得杨先生、莫老总我们大家都哈哈大笑。

回程在罗马机场候机返香港，在候机室坐等了近10个小时，这段时间我静静地回想了今次三国考察的一个月行程的经历，确实大开眼界，我想，要看西方的油画，应到法国，看教堂要到意大利，看西方的石头建筑要到罗马、希腊，看几千年前的大庙和金字塔（墓）非要到埃及不可，我总算如愿以偿了。又回想起以前莫老总曾多次向我提过，搞考古的也要到希腊、埃及看看，就会大开眼界。原来之前他已两次到过希腊、埃及了，今次所以接受杨先生的"重奖"，完全是为我们着想的。我明白了，他是老马识途，我们有幸得到一位建筑大师作超级导游。正是他，每到一地，他必先找旅行社，目的是要查地图，帮我们每人搜集要参观的点的资料介绍。我们出行是自己租车，雇请当地司机，根据自己的需要来安排参观点的，不受时间限制，纯粹是一次文物专业的参观考察。每到一个重要的文物点，莫老总都给我们扼要地介绍，指出它的精华所在，我们到了佛罗伦萨，重点参观这里有名的大教堂，他带我们看一座平面呈八角形三层的洗礼堂，内外全用彩色大理石嵌砌，十分夺目。他说，对石头色彩的成功运用，是这组建筑的最大特色。在希腊，我们参观完奥林匹克运动场遗址就赶往Assea，翻过三座大山，弯多路窄，汽车好不容易才开到一座正在维修中的太阳神庙，这是世界文化遗产的一个保护点，一排排的叠石巨柱，很壮观，莫老总给我们介绍，这座神庙与雅典卫城是同一位设计人，这座石构大殿的特点是开侧门，而且殿内出半柱，显得雄伟而又别致。他三言两语就让我们认识到它的精髓所在，是之谓要言不烦。还有，我们在距雅典145公里的德尔斐（Deplhes）参观最重要的古希腊阿波罗神殿时，莫老总叫我拍下两组照片，后来发觉十分有用。一组是神殿残留的6根叠石残柱，另一组是神殿下的一堵护土石墙（说明牌上写Polygonal wall 建于公元前548年）。他告诉我，砌这种墙很费事，每砌一块石都要打凿好咬合的接缝。后来，1995年我们在广州长话局发现南越国宫署遗址御花园的大型蓄水池（宫池），水池壁全用石板呈冰裂纹密缝砌成，砌作精巧，池中又发现有叠石柱。我们这里发现的虽然比德尔斐的要晚许多，但亦可对比，因为这在中国属于首见。

自从南越王墓发现之后，这些年与莫老总的接触相处多了，他是我国著名的建筑设计大师，在全国建筑学界中，他得奖的作品数占居首位，我只是田野考古工作的一员，对建筑我是门外汉，而他对考古却十分钟情，还时时处处支持我们这些小字辈的工作，当我们工作上出现困难，碰到最棘手的问题时，他就向我伸出援助之手。1995年，我们在长话局的建筑工地发现南越国的建筑遗址，工地一口桩井，挖出4个"万岁"瓦当，我们要求暂停挖土，让我们来进行抢救性考古发掘，但费尽口舌，仍无结果。抢救文物，刻不容缓，他及时地来到现场，力主停工，给我们撑腰。后来经过发掘，当年就被评为全国十大考古发现之一。到1997年又扩大发掘，发现了举世无双的南越国的御花园遗址，而长话局工地所发现的正是这个御花园最精华的部分。又如，1975年在文化局大院试掘发现的秦始皇统一岭南时在广州建造的一处规模弘大的造船工场遗址，后来回填作原地保护，20年后，要在这片土地上实行"买空卖空"的引进外资，计划兴建48层的信德文化广场，又在造船台之上建12层大楼，下面用来做博物馆，上面作商住。莫老总对此提出异议。他说，船台上不要再建那么多层的大楼了，要减少楼层，建成一座独立的真正的博物馆，……减低几层，损失一亿，算不了什么，毁坏了一个重要遗址，是无可补偿的。他的发言得到与会的市设计院5位结构工程师的赞同（按，因1997～1998年在此发掘，发现南越国御花园遗址，就一切停建了）。

莫老总走了，他已回归大自然，虽然我曾因失去一位良师益友而悲痛，但我很快就回复过来，我觉得莫老总是"僧"，是一位得道的"高僧"。因为人总是要死的，人死的最高境界是什么？无疾而终。

在大师辞世11天后，我在报上读到一篇以"莫大师去矣 白天鹅长存"为大标题的怀念文章，其开头的导言有一段，正是我要说的话："这位在中国建筑界被尊称为'莫伯'的岭南建筑泰斗，就是中国建筑学会授奖中获奖项最多的建筑师莫伯治，逝世于他亲身设计的白天鹅宾馆内，享年91岁。这位建筑大师用近一个世纪的人生，给广州筑下了无数当代岭南建筑的代表作和里程碑，对岭南建筑的理论探索，融汇运用的智慧和灵气更使其终成中国建筑界一座让人仰望的高峰。"这段中肯的评语正好是我要表示对大师的深切怀念与哀思的。

2004年4月于天河北寓所

原载《广东文物》，2004年第1期。

怀念蔡德铨同志

蔡德铨同志是广州文物战线上的一位老同志，他离开我们一周年了。在广州文物保护工作岗位上的同志们，特别是广州文博的多位老同志，对蔡德铨同志的逝世深感悲痛，我们每想起番禺的老蔡，都有一种怀念之情。

我得知老蔡辞世的消息很迟，在一次与司徒彤老兄通电话谈了关于一篇稿的处理意见之后，接着告我："蔡德铨同志走了，我获知老蔡病危的消息时在欧洲，只得托人关照。他退休已15年。晚年很孤苦。因为退休后，妻子和三女婿相继病故，连小孙也因故去世。这样接二连三的打击令他悲痛不已，定会对他的病情引起恶化。老蔡在番禺工作四十多年，对番禺的文化工作，文物保护工作做出贡献。他的去世……"电话上我听到司徒兄哽咽得说不出话来了。于是，我立即把这噩耗向广州市文化局副局长陈玉环同志和苏乾、黎显衡两位老同志及时报告，大家感到惊愕和痛惜。陈玉环同志约定我们几个人一起到市桥的司徒彤同志家中拜访，请他代为转达我们对老蔡亲属的慰问，同时看看有什么事我们可以帮忙做的。司徒兄给我们谈了老蔡生前的工作、家庭生活，特别提到他写了不少文章，宣传普及有关番禺的文物知识。现在想把他的文稿收集起来，已经和番禺文化局联系好，印一本《蔡德铨文集》，把他为番禺所做的文物工作和经验都留下来。陈玉环同志深表赞同，并提出老蔡是广州文博学会的成员，他也有多篇文章在《广州文博》发表，番禺文化局出版他的文集是对老蔡最好的怀念。我们也请求司徒同志选定老蔡的一篇文章和他给文集写的序言，一起在2004年的《广州文博》上发表，好让广州全体文博同人有机会向老蔡同志学习。其后得知，番禺区文化局局长也为《文集》写了序言。

我与蔡德铨同志从同行又成为好朋友足有二十余年。记得是在1982年广州市和市属各县一起开展文物普查工作，我到番禺市桥做有关文物普查的宣传，以"什么是文物，文物有什么用，我们怎样保护文物"为题发言，讲了一个小时。会后，番禺文化局司徒彤局长拉着老蔡给我们介绍说，老蔡已调来番禺文物普查办任副主任。番禺的历史悠久，又是岭南文化艺术之乡。过去我们未有深入接触过文物工作，现在开展普查，要从头学起，任务艰巨，责任重大啊！

　　老蔡青年时是一位歌唱演员，在 1960 年由中央下放番禺，支援基层开展群众文化工作，一干就是 20 年。组织上调他抓文物普查工作，从专业的角度来说，由群众文化转到文物，这完全是转行了，而且搞文物专业性很强的，要从新学习，不容易适应。过去把文物工作认为是"文、穷、老"人才合适的工作。老蔡在转行之后的 20 年，一直是默默无闻地在做文物工作，确实为番禺，为广州的文物保护做出贡献。广州市文博学会是 1985 年成立的，当时假座番禺举行成立大会暨广州文博第四届学术讨论会。老蔡是我们的会员，他出席这次会议，以后每届年会和学术讨论会都有出席。老蔡是个老实人，为人质朴敦厚，这不用我多说了。就从他扎根番禺，从事文物工作二十多年，有许多受人赞赏，值得我们学习的地方。

　　第一，他身体力行，做到干一行、爱一行、专一行。老蔡调任抓文物普查工作，可以说是个准外行。因为文物普查和文物保护是既艰苦又专业性强的任务。老蔡一直都坚持以边干边学，干中有学，学用于干的原则进行实践，使干与学相辅相成。他这位从未接受过文物专业培训的文化干部，能在不太长的时间里交出一份令人惊喜的答卷——《番禺县文物志》（由司徒彤任主编、蔡德铨为副主编，1989 年出版，它比《广州市文物志》要早出了一年）番禺文物志的大小条目有 168 条项，其中由老蔡执笔的达 65 条（内有 7 条署名是他与他人合署执笔的），全书 20 万字，由他撰写的几占半数。他执笔的条目包括有：古遗址、古墓葬、出土文物、存世文物、祠堂、寺庙、社学、炮台、塔亭、桥梁、井泉、碑刻、雕像、古籍、族谱、特种工艺以至革命旧址和人物等内容。事实表明，他通过边干边学，从中掌握以至熟习的专业知识面，既广又快速，实在令人吃惊（原来他在 1987 年已拿到退休证了，但仍一直在文物工作岗位上"超期服役"了十多年）。至于番禺的地下文物保护，老蔡也做了不少贡献。他很早就给我们提供了在钟村普查时，听到老人反映发现过有年代的汉代墓砖的线索，他认为钟村会有汉墓群。后来，1998 年在钟村、屏山村发掘东汉墓 15 座，出土有"番禺都亭长陈诵""永和十五年"等刻划文字的墓砖一大批，十分重要。他又和番禺文管办和博物馆的同志调查发现了沙边窑址，经过局部发掘，确认是与广州西村窑同时的北宋年间广州地区两处规模大，专烧外销瓷品的民间窑场。又在市桥镇的龟岗调查发现了东汉墓群，发掘之后，墓址原地保护，并建成"番禺博物馆"。又在南沙鹿颈村早已垦为农耕水田的田基处发现不少石器和印纹陶片，其后在 2000 年的发掘中，一座相当于中原商时期的墓，人骨架和随葬物均保存完好。经专家研究后，复原了"南沙人"的头像，可说是广州地区最早的滨海居民，与香港发现并经复原的"马湾人"的年代与文化内涵相当。在维修沙湾镇的何氏大宗祠、番禺境内的虎门炮台等重要文物保护单位的工作中，老蔡与番禺的文物干部一起尽心尽力的去做，成果出色，得到国家文物局、省文化厅、广州市文化局领导的肯定和表扬。

　　第二，从他从事二十多年的文物工作中，可以看出他有着一股可贵的实事求是的科学精神。如番禺沙湾就有索称番禺四大宗祠之一的"何氏大宗祠"，它是四祠中年代早、规模大的一座宗祠建筑。由于年久失修，已岌岌可危。在司徒彤局长亲力亲为的主持下，进行抢救维修，作为他得力助手的老蔡参与维修的全程。但关于该祠的始建年代就有北宋、南宋、元、明等多种说法，是要弄清楚的。老蔡在维修工作的开始就着眼搜集资料，最后他写成《沙湾留耕堂始建于何年》的论文。经过他多方面的分析考证，排除了"误中传误"的疑义与异说，最后，他从历史文献、族谱和宗祠内所存的遗构中得出了："始建于元惠宗至元乙亥年（1335年）""建成后'未几，元季毁于兵燹'，到明代洪武又重建""留耕堂几次被毁又几次重建，到目前来看，他的主体建筑风格是清代初期，其中保留了少量明代遗物如匾额（按，即保存有明陈白沙手书"留耕堂"原匾）和部分柱础与石刻（按，如中座前院的月台）"等令人信服的结论。又如，2001年7月在南沙大角山炮台附近发现一座埋有百个以上骨灰坛的丛葬大墓，这是否与第一次鸦片战争大角山炮台的激战有关？他和番禺文管办、博物馆的同志担负起在附近调查的任务，他们逐村、逐镇地访问老人，召开座谈会（其时，我们还不知道老蔡早已身患癌症的情况），虽然奔忙月余，因未发现与这座丛葬大墓有关的线索，他们的初步意见认为这与鸦片战争无关。后来。经过扩大调查和各方求证，得到许多可靠的确证材料之后，广州市文化局于2002年6月20～21日在南沙召开"大角山丛葬冢专家论证会"，老蔡本着实事求是的科学态度与番禺的文物工作同志一致同意"这是鸦片战争时期的抗英烈士墓"的结论。

　　第三，他不图名，不为利，对人对事爱憎分明。老蔡外出工作随身必有三件宝——相机、皮尺、笔记簿。在他跋山涉水做文物调查时，当他要参与文物维修工程需要做好事前调查时，在他监理工程质量与进展时，他都按照文物档案的要求，随时拍照、随时丈量、随手记录，尽可能把资料取足、取全。国家文物局多次拨专款维修虎门要塞的上、下横档和大角山的炮台遗址，老蔡与文管办的苏卓尧等同志都是事先做好现场调查工作，对要维修的重点和要求心中有数，他们成了监理维修工程的主力。我们也曾多次到维修现场了解工程的进展情况，老蔡他们都是如数家珍般提供详细的解说介绍，并提出他们对维修工作的意见。后来，经由国家文物局黄景略副局长率领验收小组全面检验炮台遗址的维修工程后，对他们的工作表示肯定，对工程的质量表示满意。我曾向老蔡提出，请他在这个工作基础上，写一篇有关虎门炮台的文章给《广州文博》发表，但稿费是很低的。老蔡随即答允了，并说，我不图名，不求利，把我们调查与工作中所得的写出来也是我们工作的任务。没有稿费也要写，写出来能够刊登就是对我们最好奖励了。后来由他执笔的《番禺境内的虎门炮台》一文（刊于《广州文博》1987年3期）就是他们多年调查、研究的一篇很好的"工作报告"。后来列入《番禺县文物志》的虎门炮台遗址各条，都由老蔡执笔，包涵的面更广，内容更详尽了，已具有国家规定的文保单位档案资料的要求。老蔡打从参加文物普查工作开始，就踏足虎门炮台遗址了，他在20年调查、维修、研究的实际工作中，不断得到启发激励，在他心目中有对贪霸无耻的英国侵略者的恨，对腐败无能的满清皇帝的愤，对为国捐躯的关天培等大批烈士的敬爱之情。他写了一篇《虎门之战》的论文（刊于《广州文博》1989年2期，后来又收入由广州市文化局、广州文博学会编印出版的《羊城文物博物馆研究——广州文博工作四十年》，广东人民出版社，1993年），他的恨、愤、爱的情感的喷发在他论文的最后一段：

"关天培，邓廷桢、林则徐苦心经营多年，一度被称为'金锁铜关'的虎门防线，却被反复无常、战和不定的道光皇帝，瞒上欺下，曲膝媚外、启户迎狼的弛禁派琦善，腐败无能、贪生怕死、临阵脱逃的官员们给断送在他们手中。不畏强暴、临危不惧、英勇杀敌的爱国官兵，为保卫祖国的神圣领土，在'虎门之战'中，抛头颅，洒热血，谱写了可歌可泣的壮丽诗篇。一场中国人民反对帝国主义侵略的正义战争，相反的是发动侵略的英帝国主义得到胜利，但是它同时也被推上了历史的审判台。腐败的大清帝国妄自尊大，迷信落后，闭关自守，证明是要挨打的。虎门的失守，中国的大门被帝国主义的军舰大炮打开了，旧中国从此走上了半封建、半殖民地的苦难岁月。"连珠炮般的诉说，表明了他的爱憎多么鲜明，文如其人！

蔡德铨同志在番禺工作了四十多年，其中后半段转到文物工作的岗位上，退而不休长达15年。他为番禺开拓基层群众文化活动，为番禺的文物保护都做出贡献。虽然他已离开我们一年了，但番禺的同志在怀念他，广州文博系统的老同志也会想起他，特别是他对工作求实的科学精神，不图名、不求利的高尚风格和爱憎分明的情感与人品最是令人敬佩，永远值得我们学习。

原载《广州文博》，2004年第4期。

斯人已去　风范长存

——想往事，感怀杨奎章同志

2009 年 7 月 8 日下午 16 时许，我在广州殡仪馆参加中山大学商志馥教授的告别仪式上，见到市文化局陈玉环女士匆匆赶到，她告诉我："今早接到杨局长家属电话，杨老在医院抢救。我赶到医院，他已走了，看到他的遗容很安详，心里也不致太难过。"当时我心里的第一反应："解脱啦（没有说出口）！"因为我很自然地对比岭南建筑大师莫伯治同志，他 90 岁高龄了，参加完一个庆祝晚宴，返回白天鹅宾馆自己的房间，沐浴后还把内衣洗净晾起，在床上看电视。待到第二天早上，人们发现老人家仍安祥地躺在床上，但溘然与世长辞了，无疾而终。我说：莫伯治真是得道高僧。由于杨奎章局长患老年痴呆症已多年，给他生活上带来莫大的折磨，其困苦在他人是无法直接感受到的。还想起广州文博的老书记陈亮同志和老馆长黄流沙同志，也是同样的遭遇。他们到老年却罹此病害，真的是很不幸。我想，广州文博单位的同事们，我们更要珍惜自己的健康，庆幸今天的康乐生活。

7 月 15 日上午参加杨奎章同志告别仪式后，几天来我脑子里一直联想起一些人和事。回想我自己 1952 年 9 月踏入广州文管会办公室之门，开始从事田野考古为主要专业的文物工作，至今已过去五十多个春秋。在业务上与市文化局许多领导有过接触，由 1953 年文化局在中山四路 316 号原广州市文化总馆的大院成立，首任局长孟波，其后丁波，之后又有华嘉、梁若尘、陈仲达、杨奎章、陈一民、齐国骥、卢苇、钟子硕、曾石龙等多位局领导，其中杨奎章和钟子硕两局长是与我接触最多的。1983 年西汉南越王墓发现后，经过十年艰巨的建馆历程，于 1993 年 2 月 28 日全面完成对外开放。这期间，钟局长对出现的每个难题，在关键时刻，上联下连，多方组合而得以顺利地、及时地得到解决。他的宿舍与象岗山建馆工地邻近，当建馆施工进入紧张阶段，他每天晚饭后都要到工地跑一趟，了解进展情况，碰到难题，即场研究，及时拍板，绝不拖延。西汉南越王墓博物馆建成开放，受到中外人士赞赏，国家文物局领导给予高度评价，誉为我国文物保护与利用的典范。2008 年在全国评选一级博物馆，该馆是广东省 3 家入选馆之一。象岗南越王墓发现、发掘和建馆工作，我是参与者之一，很清楚这个硕果的结成，钟子硕局长为之浇水、施肥，倾注了几多心血！但在我与他多年的接触中，从未听到他为此有过半句自我夸耀之辞，令人敬佩，我们是不会忘记的。

　　杨奎章同志到文化局接任副局长之职，1959年开始主管我们文博工作，直到1983年卸任局长之职后，受聘为文化局顾问，仍在局办公多年。二十多年来，他一直关注广州文博事业的发展和文博专业干部的成长。我从事文物考古工作几十年，总的来说工作上是比较得心应手的，能够做出一些工作成果，当与文化局领导的支持，其中有杨奎章局长一直来对我的关心是分不开的。常言道，见微知著，列举几个事例那是最好说明问题的。1963年中央文化部在西安召开全国文物工作座谈会。因为1961年公布了第一批180处全国重点文物保护单位，已过了两年，这次会议是第一次交流各地文物保护经验和落实"四有"工作的做法，邀请北京、上海、陕西、河南、广东等15个省市的文博单位代表与会。广州报送会议的材料是《陈家祠修缮复原及其所起作用》，以广州文管会和广东民间工艺馆两单位署名，由陈以沛执笔（广州材料列入大会发言）。有一天，杨局长把我叫到他的办公室谈了中央将在西安召开文物工作座谈会的事，要我作为广州代表出席。我很愕然，随即婉拒。我说，文件执笔人去开会才是合适人选，这样才能表达精准，不要由我与会。他直截了当地说："要你到西安参加会议，是经过局党委研究决定的，要听从安排。老麦，我们应力求见多识广，要读万卷书，行万里路啊！"虽然我去西安参加了这次座谈会，但心里总有"叨人之光"的不安。而对"读万卷书，行万里路"这八个字则深印脑海。其后，1975年春国家文物局委派我到美国担负"中华人民共和国出土文物展览"在三个城市的巡展工作，这是中美未正式建交之前我国首次对美的文物外交活动。对我来说，在这之前，我从未跨出国门一步，连毗邻的香港也未去过，国内最远距离只到过北京。所以无论个人的见识、学识、经历、经验都是不足以胜任的。当时我竟敢闯，有敢挑重担的勇气，亦得助于这八个字在我脑子里扎下根。

　　1985年3月11日，广州市文化局在番禺县召开"广州市文博学会成立大会暨文博第四届学术讨论会"，我被选为首届会长。当晚，杨局长动员我到文化局任职，说是组织部门已决定了，即将下达任命。我听了，未感到愕然，因为当时正吹起一阵"要选拔有专业才能的知识分子到领导岗位任职"的风潮。我坦然地说："杨局长，首先我不是这块料。我是搞考古的，在广州这些年做了不少发掘，至今仅出版第一部大部头的《广州汉墓》（考古专著），还有大量发掘资料未整理，我希望能做到自己经手的发掘资料，能够逐一整理编写成报告或专书出版，作出交代。这是老祖宗留给我们的遗产，我立心要做到：一对得起祖宗；二对得起与我共事的几位青年；三要对得起子孙后代。我想，自己经手发掘的材料，有责任把它按要求整理公开发表，否则等于毁了，我不想做历史的罪人。"杨局长听了我的陈述，表示赞同我的想法和支持我的工作，并向组织部门转达我的意见。时间过去9年，到1993年，广东省政府对我41年来从事考古文物工作做出的成果给予通令嘉奖，市文化局在假日酒店举行隆重的表彰会，杨奎章同志亲自到会祝贺，他拉着我的手说："老麦，记得多年前广州文博学会成立之夜，你对我讲'三个对得起'，我完全支持你立足专业，不到局里任职的意见。看来，我们的想法是完全对的，否则，不一定能有今天的成果了。我希望你百尺竿头更上一层楼，但要注意身体健康。"老局长诲人不倦对下属干部激励有加。杨局长对人谦和，律己严谨，为广州的文化、文博事业倾注心血几十年。其德堪称典范，其行更是我们的表率。

今天可告慰局长的是：在 2010 年广州举办亚运会之时，作为广州历史文化名城的又一座城标性建筑——南越王宫博物馆建成开幕，通过各时期的遗迹与实物向中外人士展示这座千年羊城，南国商都的悠久历史。相信杨局长定当含笑九泉的。

原载《广州文博（叁）》，文物出版社，2010 年。

杨永德伉俪捐赠藏枕往事：报国有心

以下所记是 20 多年前的往事，但至今记忆犹新，如仍在目前。西汉南越王墓博物馆荣誉馆长、中山大学客座教授、广州市荣誉市民杨永德先生是香港知名的文物鉴藏家、实业家，他热爱祖国，关心支持祖国的文物建设事业。

他与夫人杨张瑞贞女士志趣相投，酷爱陶艺，对中国古代陶瓷枕尤为钟爱，收藏之精，享誉遐迩。在广州西汉南越王墓博物馆成立之初，杨氏伉俪将其多年来在海外搜求得来的中国古枕 200 件无偿捐赠给该馆，又捐资支持建馆工程，他们的义举受到当时的国务委员李铁映专函嘉许和国家文物局、广州市人民政府的褒扬。杨氏家族还投资河北、河南、广东的农业，支持祖国现代农业的发展，报国之心令人敬佩。

一、从一本《中国瓷枕》谈起

1987 年 10 月 12 日，香港中文大学文物馆主办的宋代陶瓷艺术展举行开幕仪式，当晚，香港文物鉴藏家协会"求知雅集"设宴款待从广州专程到香港参加展览开幕活动的全体成员（杨永德先生是"求知雅集"的创会会长，又是香港另一个文物鉴藏家协会"敏求精舍"的会员）。席间，杨先生给在座的广州客人各赠一本精装的《杨永德收藏中国陶枕》。此图录收录 1984 年由日本东京的根津美术馆、热海的 MOA 美术馆和大阪的市立东洋陶瓷美术馆巡回展出的杨氏珍藏古枕 126 件，是第一本系统介绍中国古枕的大型图录，颇具学术性、资料性和观赏性。当时谁也没有想到，4 年之后，杨永德夫妇要将他们多年来在海外搜求的 200 件珍贵古枕送给广州市人民政府。原来，他们在参加宋代陶瓷艺术展开幕时已考虑要把"暂得于己、快然自足"的个人珍藏公诸大众。他们"独乐乐不若与众"的高尚情操，令人称颂。

二、好事成双

1988 年 2 月 8 日，广州西汉南越王墓博物馆首期工程的综合陈列楼建成，展出南越王墓出土的部分珍品。杨永德先生与许多求知雅集的会员应邀参加开馆典礼。来宾对出土的各类文物所反映的两千多年前岭南大地物质文化的丰富多彩表示惊讶，尤其对所出玉器颇感兴趣。杨先生以求知雅集会长名义向广州市文化局的领导提出希望组织一个"南越王墓玉器专题展"到香港中文大学文物馆展出。对此，广州市文化局表示支持。其后，杨先生要求我主持玉器展的筹展事宜，并提出要编印一本精美的玉器图录，展览和出版费用由他全资赞助。这是大好事，但操作起来颇有难度。经过一番努力，"南越王墓玉器选萃展"于 1991 年 12 月 5 日在香港中文大学文物馆开幕，港督卫奕信爵士夫人亲临剪彩；一本编排独特、印制精美的《南越王墓玉器》图录也同时和观众见面（该书后来被评为 1991 年度香港出版物一等奖）。是晚，在求知雅集举行盛大宴会，庆祝展览开幕和玉器图录出版的成功。随后，杨先生夫妇约我到咖啡室闲聊，给我讲了他们收集保存流失海外的中国文物的一些情况。杨永德伉俪志趣相投，特别钟情中国的陶瓷。大约在 10 年前，把视线转向宋瓷枕，觉得它既是实用器，又是艺术品，其造型、釉色、装饰手法变化多样，饱含朴实的民间韵味，有些枕上题写的诗词或格言还具有道德教化的寓意。这些年他们从香港、日本、欧美各地搜求所得已达 130 件，曾应日本美术馆之邀赴东京展出；1985 年冬，到台北历史博物馆展览两个月；1989 年在香港中文大学文物馆展出 130 件；1990 年又精选 30 件到法国巴黎的兰菲妍美术馆陈列展出。在这期间他们听取了上述展出单位的意见，着力汰劣存精，力求补缺，收藏精品古枕的数量达 200 件有余。他们认为文物是全人类共有的文化遗产，收藏文物不应秘不示人，而应公诸同好。近年来一直在考虑把这些藏枕捐赠出来，想到如能由南越王墓博物馆接收最合适。他们只有一个心愿：在馆中辟设一个展览室，将它们陈列出来，给大众共赏，千万不要把它们锁在仓库里睡大觉。他俩的最后一句"麦先生将何以教我？"让我的思绪波澜起伏：钦佩、感动、惊喜。我起坐而答："杨先生，这是好事成双啊！感谢二位对我馆的信任，我当尽力而为，促成义举。"杨先生采纳了我的建议，写信给广州市文化局钟子硕局长，表达捐赠藏枕的意愿。为此，文化局建议接受杨氏伉俪捐赠藏枕并在西汉南越王墓博物馆辟建专题陈列室的专题报告很快就得到广州市市长黎子流、市人大主任欧初、市政协主席黄伟宁等领导的批复，他们对杨先生的义举深表感谢。

国家文物局对杨永德夫妇捐赠藏枕一事十分重视，要求广州市文化局办好藏枕专题陈列室。杨先生不仅立即与我们研究藏枕的交接安排，更细致地提出两项要求：一是展室要有专门设计的陈列柜，灯光柔和、藏而不露，柜前要加一块小平板，可让观众写点笔记；二是要重新编印一本收录这 200 件藏枕的图录，定名为《枕》，全彩版精装。同时建议我们到河南、河北、山西、江西等古窑址众多的地区作实地调查，收集对比资料作出鉴定，让读者能够更清晰地认识藏枕的历史价值和艺术价值。

窑口调查历时 2 个月，行程万里，得到 5 省 30 个地方有关文物单位的支持配合，拍摄了可供对比参考的唐至元明的瓷枕 249 件和一批窑址出土的瓷枕残片。这次调查所得已选收在新编《枕》的图录作附录：《瓷枕对比参考图片资料》，共 78 例。

三、国宝无价

杨氏藏枕 200 件有余，数量多，品类全，窑口众。产地以河南省的为主，有巩县、新安城关、修武、当阳峪、鹤壁集等 14 个地点；出自河北者以定窑和磁州窑为多；出自山西的属晋南和长治两地窑口的共有 41 件；出自江西的有景德镇窑和吉州窑枕。此外，还有涉及安徽、湖南、辽宁等地的个别窑口。

枕的年代由唐及元，其中以宋、金时期的居多。唐代的有巩县窑的三彩、绞胎和绿釉等枕。宋代的则以定窑的白釉刻划花、剔花、印花和珍珠地等纹饰的枕为上乘；河南新安城关镇窑的枕，造型多样，釉色丰富，特别是绿釉、褐釉、三彩釉的印纹枕犹具特色；山西长治窑的褐彩虎纹枕造型与彩绘都有特色。至于晋南的三彩枕，另有一种清新简朴的韵味。

这批枕不乏珍品、精品，其中的天青釉如意形枕，经鉴认定为汝官窑的瓷枕，十分难得。金代定窑的擎荷娃娃枕造型别致（本书图版八八），据杨先生介绍，这件枕是从英国伦敦苏富比拍卖行高价购得。还有一件长方形的磁州窑诗文枕，枕面当中以褐彩釉写《枕赋》一篇，全文洋洋洒洒共 259 字，末署"漳滨逸人制"，在诗文枕中尚属首见，可视作宋代词赋的遗篇（本书图版八九）。杨氏捐赠的这批藏枕先后经耿宝昌、赵青云和国家文物局文物鉴定委员会陶瓷组专家们的鉴定，属一级品的有 19 件，二级的有 40 件，可见其珍品之多。

四、报国有心

1983 年 10 月 6 日，西汉南越王墓的室外发掘工作结束，根据广州市人民政府的决定，古墓原址保护，并就地筹建博物馆。在墓室进行维修加固工程时，碰到一个棘手问题，即砌筑墓室的红砂岩石块石质疏松，多已断裂，需要进行表面喷涂加固，但在加固涂料的配方中，有两种原料市面上已脱销，过去一直是独家生产这种原料的工厂已停产，维修工程面临夭折的可能。杨永德先生得知我们的困境后，他在香港各化工商号也寻找无着。这时，他怀疑我们所需原料的中文名字不确，再索取了原料的英文名字，但仍未能找到。我对他说：香港也脱销，这就死心了。"不，还有一线希望，我已发出 5 份电报给美国、日本的朋友，请他们代为寻找。"他这样答复我。过了半个月，两种原料分别从美国、日本买到了。因原料属易燃和有毒的液体，为了确保安全，他雇了专车，深夜将原料运到正在维修施工的现场。后来，杨先生又斥巨资支持主体陈列楼的第二期建馆工程，并对南越王墓博物馆开馆以后收支不平衡给予3年的补贴，又发动求知雅集会员捐赠专款对馆内临展陈列室的设施进行更新。难怪广州文博系统中有人说：杨永德先生如此支持南越王墓博物馆，因为他对该馆情有独钟。我觉得，是这样，也不完全是这样。

杨永德耿耿报国，从1988年至今，先后被授予广州市荣誉市民、高州荣誉市民、鹤山荣誉市民的称号，1997年受聘为中山大学客座教授。2012年，在国家文物局指导、中国文物保护基金会主办的活动中，他又被评为"薪火相传——中国文化遗产保护年度杰出人物"。他爱国报国的赤子之心，赢得人民的尊敬。

（本文作者为广州市文物管理委员会副主任，广州博物馆名誉馆长）

原载《收藏》，2013年第11期。

赴美随展琐忆（一）

　　1975 年和 1980 年，我先后接受国家文物局的委派，两次到美国参加随展工作组任组长，第一次是 1975 年在美国三个城市作巡回展出"中华人民共和国出土文物展览"（以下简称"出土展"），1980～1981 年在五个城市作巡回展出"伟大的中国青铜时代"（以下简称"青铜展"），后者是新中国成立以来首次在国外举办的属于空前规模的青铜器展览，两个展览都很受美国人民的欢迎。我两次到美国参加随展工作的时间，加起来有一年又七个月之久。在这段时间里，我的主要工作是随着展览在几个大城市的展出馆监督展览协议的执行，开展人民之间的友好活动。同时，也接受展出所在馆的安排，到过其他城市的一些博物馆进行专业参观访问。由于两次在美工作我都没有随身带备照相机，又失于作详细的记录，今天回想起来，总觉得是一个疏虞和损失。但异国风情，又加上有些印象特别深刻的人和事，趁脑海中仍未完全淡忘，拉杂的把它记下来，也许还会有点参考之用。

一、中国文物展在海外为什么如此大受欢迎？

　　中国是世界四大文明古国之一，有五千年历久不衰的文明史，为世所独有。新中国成立后，东起渤海之滨，西到新疆，北至黑龙江，南及海南岛的中国大陆上，配合经济建设工程动土兴工的考古调查与发掘空前兴旺，到处都有地下文物发现。到了"文化大革命"的十年，虽然有计划的大规模的发掘停止了，但农田水利及其他工程中亦有不少重要的发现。比如著名的长沙马王堆一号汉墓的帛画、帛书和漆器；山东临沂银雀山汉墓出土的孙子兵法竹简；陕西临潼秦始皇陵的兵马俑坑等就是在这段时间先后发现的。来自全国各地的考古新发现文物展览，最先在故宫的武英殿举办，在这基础上筹组了两套文物展品到国外展出，这是中央交给国家文物局的任务。即所称继"乒乓外交"之后的"文物外交"。第一套先到日本，以汉唐时期文物为重点。最突出的展品有越王勾践剑，马王堆一号汉墓出土的漆器和那件素纱襌衣，整件身长 128 厘米，袖长 190 厘米，但总重量还不到一市两（仅 49 克）。另一套，从 1973 年 4 月先到法国展出，然后英国、奥地利、瑞典、加拿大，最后到美国（初时没有到美国展出的安排，基辛格访华时向周总理提出，后得到总理的批准）。这套"出土展"在 6 个国家巡回展出，观众共 372 万多人，仅美国就有 180 万人参观了这个展览，反应热烈，影响深远。中国出土文物展览为什么在西方受到如此热烈的欢迎，有的观众认为，因为这是"用出土文物谱写的一部中国通史"。确实这套展品数量多，品类齐全：有旧石器时代的蓝田猿人（六十万年）的头骨化石，北京猿人（四、五十万年）的头骨、下颚骨化石和打制石器，烧骨、烧土等。新石器时期有黄河流域的西安半坡和甘肃的仰韶文化彩陶、骨器、石器工具，山东龙山文化的黑陶，长江流域青莲岗文化的彩陶等代表性器物。奴隶社会有郑州早商遗址出土的青铜器和安阳出土的铜器，刻字甲骨。还有湖南、安徽、山西等地出土的商代铜器，器形硕大，铸造精工。西周春秋时期以辽宁喀左出土的西周偃侯盂和安徽寿县蔡侯墓出土的 9 件一组的铜编钟为著名。封建社会有河北战国燕下都遗址出土纹饰极繁复的铜铺首，蝉纹筒瓦，兽纹半瓦当，河北兴隆出土的斧、镰铁铸范，以及湖北江陵楚墓出土的精美玉龙佩，错金铁带钩。秦代文物以陕西临潼出土的刻有秦始皇统一度量衡诏书的陶量，兽猎纹大砖，女坐俑最为精彩。河北满城中山靖王刘胜夫妇墓出土文物十分丰富，这里展出精品 29 件，有全套的窦绾金缕玉衣，针灸用的金针、银针和错金银的大型器皿。云南石寨山出土的滇族青铜器，甘肃出土的汉代木猴、独角兽（獬豸）以及名闻中外的马踏飞燕和成批铜车马。新疆出土的一组汉唐文物有汉代丝织品和毛织品。唐代饺子、面卷、波斯银币，借钱契据等十分引人注目。北朝佛教石雕，特别是唐三彩中的蓝彩仕女俑，黑彩马等属于十分罕见的珍品。西安何家村唐代王府遗址中出土的 216 件金银器，在这里展出的有 22 件珍品，如八棱人物金杯、錾莲瓣金碗、金花银器皿和装有丹砂、琥珀、石钟乳等药物的银盒、银盘、银罐。瓷器的发明是中国人民对人类文化的一大贡献，展品中选有各时期的瓷器精品，江浙出土的晋代青釉瓷，还有越窑青瓷，定县宋塔基中发现的定窑白瓷，龙泉窑的龙瓶，景德镇的影青温酒壶，耀州窑贴花三足炉，磁州窑绘画钓鱼枕等一批由五代至宋的南北各地名窑制品；北京元大都出土的影青观音和青花盖罐，青花觚，更是元瓷中难得的珍品。许多外国友人参观后总说"文物实在太精彩了"。有位美国观众参观后一定要见到中国工作组的成员，他说："展品中虽然许多都是几千年前的，但我看得懂，不像我们的现代艺术那样，我不知道它有什么意思。……你要知道我们美国的历史很短，你们对乾隆时期的东西不算什么，在我们这里，二百年的东西就是不得了的了，感谢你们把这样精彩的东方文化介绍给我们。"

二、初出国门

当接到国家文物局派我到美国参加随展工作组并任组长的通知后，思想上感到很突然，心情也有点紧张。真的，在此之前我对"出国"这个念头在脑子里连一闪念也未尝有过。真是一则以喜，一则以惧。喜的是，这是一个极为难得的机会，全国搞考古的，从事文博工作的有那么多人，我只不过是基层单位中的一个普通干部，何德何能，膺此重任？现在能有机会出"洋"见世面，开"洋"眼界，这是连做梦也没想到的。惧的是，我长期在广州生活、工作，从未踏出过国门一步，香港、澳门虽然近在咫尺，这些地方我也何尝涉足？在国内，北面最远点是到过北京，现在一下子要飞到大洋彼岸去，而且又是西方世界最发达的，过去我们称之为头号帝国主义的国家，我能适应吗？我这个土包子能肩此重任吗？干不好，或出个什么乱子，将会给国家带来多大的损失，不堪设想。对个人来说，又将有何面目以对全国文博"父老"？私心杂念不少，特别是想到会出问题这一层，免不了有点胆怯。那天我整夜没有合眼。孙子"知己知彼，百战不殆"这句名言对我有所启迪（其时，文物局所在的"红楼"，正集中了国内一批古文字学专家在整理山东银雀山汉墓出土的孙子兵法的竹简，也引起了我对这部竹简兵书的关注）。我在矛盾的思想中理出最关键的一点：这个"出土文物展览"全部是中国文物，是在中国的土地上发现的，又是新中国成立以后，特别是近年来的考古新发现占了主要。我是一个中国人，是长期在自己的国家里从事考古工作，情况都比较熟悉。我去的地方是美国，他们的学者专家们对新中国的文物考古资料垂涎欲滴，因为他们只能从我们出版的考古三大杂志（《文物》《考古》《考古学报》）发表的材料中得到一些了解，据此从事研究。如果说，对中国考古材料的掌握，我总比对方要直接和方便，对新发现文物的感性认识正是对方所欠缺的，这是我最大的有利条件。加上这次展览不属国家之间的文化交流，而是以民间形式出面的，我只是以一位考古学者出场，而不是中国的什么官员身份，就专业谈专业，又何惧之有！想到这一层，信心有了，勇气也就来了。去！只准成功，不准失败，我是下了这个决心而踏上征途的。

后来我了解到，根据 1974 年 10 月 28 日中国外交部何英副部长和美利坚合众国驻北京联络处主任布什先生签定的展览议定书确定，"出土展"从 1974 年 12 月 8 日起到 1975 年 5 月底在美国首都华盛顿和中部的堪萨斯两城市巡回展出，所以当展览在加拿大多伦多闭幕后，展品于 11 月 25 日空运到华盛顿，12 月 27 日在华盛顿国立美术馆正式展出。本来在此之前，我要赶到美国履行随展组长的职务，因为正当这个时候，遇上广州市文化局院子内挖土工程中发现了规模巨大的秦汉时期造船工场遗址，要我返回广州参加勘查和商讨试掘的方案，时间就这样拖延了。3 月初，我才回到北京，文物局外事处郭处长告诉我："到美国有三条航线可走：一是先到日本，再从日本转去；二是到香港，由香港直飞美国，但这两路都要花国家的外汇购票，非万不得已才这样走的；三是搭中法通航的班机，从北京直飞巴黎，然后转乘法—美的航班，由巴黎飞纽约。这条线可用人民币购票，连转机也可用人民币折算，这样可节省国家许多外汇，我已给你订好 3 月 11 日飞巴黎的机票。" 3 月 10 日上午王冶秋局长在各省市文博界代表赴京参观出土文物汇报展览的座谈会上作了《当前文博工作的形势和任务》的报告。散会后，我抓紧机会向王老扼要地汇报了广州发现秦汉造船遗址的情况，并告诉他，明天我就要启程到美国参加随展工作了，初出国门，一点经验也没有，担心有负文物局的重托和厚望。王老听后笑哈哈地说："你怕什么？你从事文博工作那么长时间了，是这方面的行家了，我相信你一定能把工作做好。你是来自广州的，虽然是初出国门，但已见过不少洋人，也和他们打过交道。你要记住陈毅同志的一句话：外事无小事。遇到有困难有问题，要多请示我驻美联络处就行了。那里的韩叙副主任是我的老朋友，到华盛顿后，见到他，请代我转达问候之意。你一定要把 385 件文物展品保护好，展览后完好无损地回到北京，就是很好地完成任务。祝你工作顺利。"出发前夕，听了王老的鼓励和要求，心里踏实了许多，更增强了我的信心，他给我指明了确保文物安全是我这次出国的重任。这天晚上，黄展岳同志又特地来给我提前送行（其实他主要是带来夏鼐先生的意见）。黄说："夏先生出差去了，行前他要我给你带句话：相信你一定会很好地完成赴美随展的任务。你和黎金同志两人编写的《广州汉墓》稿'文革'前就已送到考古所了，现在考古的三大杂志已全复刊，考古专刊亦要恢复出版，《广州汉墓》是南方第一本汉代考古的专刊，夏先生已和科学出版社联系过，要快点上马，请你从美国回来后，就着手这个专刊的事。"夏先生对晚辈的关心，令我十分铭感。同时，我还领会到夏先生这番话是从考古专业的角度激励我到美国后要大胆工作，要求我很好地完成任务。11 日晚，在我启程赴首都机场时，文物处处长陈滋德同志，沈竹同志等都来送行，沈竹同志在大门口拉着我的手，语重心长地一再叮嘱："老麦，你是新中国文博界中首次到美国的啰，任重道远。请记住谦虚谨慎，遇事不要急，听清了对方的话，有时可以冷静地想想才答也不迟。讲话宜少，说话要慢。祝你完成任务胜利归来！"我知道沈竹同志曾是出土文物展在瑞典展出时的随展组长，今晚他的话虽不多，但言简意赅，情真意切，我觉得这是他的随展经验结晶，是他到关键时刻送给我的一份"厚礼"。在美工作半年，我一直把他的话奉为圭臬。

外交部派往我驻美联络处工作的刘秘书也一起到华盛顿去，有了他同行，我壮胆多了。飞机准时在 10 时 30 分起飞。这是中航的一架波音 707 客机，我的位置刚好在中部，我环顾一下，机上座无虚席，但乘客中除了有 3 位"洋人"外，其余全是中国人。几乎是由中国人包机？！后来与坐在我右侧的一位机械工程师攀谈，才了解到，今天和他一起到英国去的是一个 4 人专家小组。他们是到伦敦去的，去验收向英国购买的柴油机车头，要赶着运去由我国援建的坦赞铁路。因为我国的四方车辆厂承担不了这个生产，所以要向外国购买。机上有几十人是到几内亚的，他们是去搞援建水利工程的。自开辟中法航线后，到欧洲，特别是到非洲去的我国援外人员都要从这条通道出去，这样可节省大笔外汇。我明白了，自己很穷，又要帮助他人，这也叫做有困难想办法去履行国际主义。

坐在航空椅上，初时也觉得满舒服的，但时间长了，也觉难受。不知什么时候睡着了。醒来，飞机已停在巴基斯坦南部最大城市卡拉奇的国际机场上，原来已飞行到七、八个小时了。透过舷窗看到机场上一片灯火通明，再远点就一片漆黑，什么也看不见了。打开随身带备的一本世界地图册查看，北京—卡拉奇—巴黎，从地图上看，三者相互间距约等。这是中法航线的中间站，停留一小时，大概是加油的吧，因没有乘客上落，舱门是紧闭的，很快又升空了。

三、在巴黎机场的一次失误

上午还未到 10 点半钟，飞机已平稳地降落在巴黎的戴高乐机场，由于时差的原因，今天在北京已是 3 月 13 日，但巴黎还是 3 月 12 日。算一下，从北京飞巴黎，远隔万里，总共才用 17 小时（包括卡拉奇中间站停留的 1 小时）就到达了。有人说自从开辟了国际的洲际航班之后，地球也缩小了，今次我有了亲身的体验。听说，戴高乐机场在巴黎还算不上是最大的机场，自动输送电梯把我们送到机场大厅，这时我有点乡巴佬到省城的感觉——眼花缭乱，机场大厅内自动梯上下左右，有斜上的，外加有机玻璃罩封护，有平直输送的，纵横交错不停地在运转，我细心一数，好家伙，上下共五层之多。大厅正中摆设一个玻璃大圆球，直径约 1 米左右，清澈透明。圆球中心藏着一瓶巴黎香水。早就听说在法国生长的可以提炼作香水的花是世界最多的，仅用鼻子的嗅觉可以鉴别出几百种不同香水的专家也出在法国，所以法国香水世界一流。这个玻璃球广告确实引人注目。我正在琢磨这个大圆球表里都看不出有接合的缝口，那瓶香水是怎样包入到球心的呢？正想细察个究竟，突然听到普通话的广播："北京国家文物局的麦英豪，请到大厅出口处，大使馆有人来接你。"原来北京早有电报给我驻法使馆，今天一位三秘开车来把我们接到巴黎近郊一幢刚竣工的招待所。三秘同志告诉我："联络处来过电话，你在巴黎不停留了，请尽快到华盛顿去。明天乘法航直飞纽约的飞机，机票我已办妥了。国内的同志到一次法国不容易，我想在午饭后陪大家到巴黎市区看几个点吧，只有一个下午了，要抓紧时间。"我很感谢这位使馆的同志，他为我们作了周到的安排。天天忙于送往迎来，为国内来的同志服务，这也是他的业务。下午 2 时半，同机到来的都一起安排到市内参观，招待所派一部大客车把我们先送到著名的凯旋门，三秘同志随车当我们的导游。这座历史建筑物在书本和电影上早已见过了，广州沙河的十九路军坟场的大门与之类似，看来不仅形式上而且在意义上也有慕效之意。站在门前广场给我的第一个异国情趣是，亲眼看到鸽子与游人同憩息。我想，假如在敝国的广州早就给抓光了作席上的红烧、油炸或淮杞清炖了。坐在车上老远就看到埃菲尔铁塔，这座全部用钢铁构筑，高 320 米，总重 560 吨的庞然大物，当你在它的脚下翘首仰望，塔尖直插云霄，气势磅礴。我又想到敝市光孝寺内的两座南汉时期铁塔，未免小巫见大巫了，但在历史年代上，我们的要比它古老得多。卢浮宫现在是一座美术博物馆，世界上多少绘画大师盼望能到这里看看欧洲历史上的古画名作。铁塔设有电梯可登塔顶眺望全城，美术馆更是一座法国的故宫，两者的参观门票收费不菲。三秘同志征求我们的意见：一来时间无多，二来实在贵了，是否不进去？我们都表示：要花外汇的不看了，找不用花钱的看看吧。于是转到巴黎公社起义时占领过的市政府大厦，巴黎圣母院、巴黎大剧院的门外看看，最后来到巴黎公社墙，在坟园内我们找到了国际歌的作者、诗人鲍狄埃长眠地，他的墓上用白玉石雕成一乐谱，其上刻有他的名字及生卒年份（Eugène-Pottier，1816～1888），下面刻有创作《国际歌》的时间（1871.6）。两个半小时的参观游览活动到此结束，我总的感觉是，今天坐在车上看到的巴黎市区，没有摩天大厦，也不见"石屎森林"，马路两边多数是几层高的楼房，檐、柱、门窗等处都有精细雕饰，十分繁缛华丽，使人有一种到了一个艺术城市的感受。三秘同志告诉我，这部分是旧城区，保留着较多的历史建筑和遗迹，高楼大厦都建到新市区去了，那里全是现代派的建筑，装饰也完全不同，可惜时间太紧，绕个圈也来不及了。回到招待所，我对同来的外交部老刘说："今天吃饭不花钱，住房不收费，旅游坐车招待，大跃进时代我们盼望而未尝得到过的共产主义生活，今天享受到了。"相互哈哈大笑。

　　巴黎时间13日早上8时整，饭堂准时开出早餐。肉粥、花卷、油条、果子、豆浆、酱菜……任君选择，我们同行的7人（有5人也在今天同乘法航到纽约，他们是到我国驻联合国代表团工作的）匆匆吃了早餐就上车赶路了。车行50分钟到达戴高乐机场，三秘同志已先我们来到为我们作好上机的安排，他等急了，因为飞机10时半起飞。我们先办护照查验等手续，最后到行李托运处办理行李托运手续。在北京上机时，有一纸箱共50本《汉唐壁画》，是刚印好先装订小部分让我带到美国作为高级礼品书用的，没有托运，是随身带上飞机放在机尾的后部。现在这箱礼品书也在身旁，同行的都说箱子既重又大，在坐舱内无地可放，不如托运算了，反正我们一行7人，是不会超重的。外交部的老刘要征求我的意见，我觉得言之有理，未经什么考虑就表示同意了。怎知每个人的行李要分别放进输送带上自动过磅，这箱礼品书超重30公斤，原来行事托运是凭机票按个人计算的。这时我后悔了，想把箱子取回已不可能了，因为过磅后的行李早已飞快地传送到行李仓装车上飞机了。当然超重部分要补交托运费，可是，我现在是个十足的无产阶级，身上除了出发前借领的一张5元面额美钞作为备用和保命钱（听说，在国外遇到贼人向你抢劫，如果身无分文是很危险的），再无其他了，怎办？幸好，三秘同志随身带备有银行支票，由他代垫了（只听老刘说补交了好大一笔法郎，具体数目没有告诉我，说是由使馆向国内结账）。直到这时我才知道，在国外乘飞机，旅客随身携带的行李虽然是有限重的，但各航空公司竞争激烈，只要乘客自己拿得动的，一般都不过磅。到登机时才出现这样的一次"失误"，是很不值得的，主要是由于我没有这方面的经验与常识，给公家带来损失，心里总是不安。因为我记起文物局外事处的同志给我讲过一件类似的"故事"：有位随展工作组的成员初次出国，在航机的中间站停留时他到机场休息，因口渴到小卖部要了一瓶汽水，把身上仅有的 5 元美钞递给一位服务小姐。汽水喝完了，他一直站着等那位小姐把钱找回，快到登机时间仍无动静，他不懂话，急得脸也红了。同行的一位翻译找来了，告诉他，这里是不设零找的，5 美元一瓶汽水，那位小姐还认为你够大方哩！那位随展同志向来做事认真，随展归来，还专门为此事写了一个检讨送给外事处。我想，我今次的失误比他还惨，我连一瓶汽水也没到肚哩！

四、飞渡大西洋

登上飞机找到自己的坐位后，我习惯性地又前瞻后顾一番，今次与北京上机时情况刚好相反，乘客中绝大多数是红须绿眼或深目高鼻银丝金发的洋人，中国人却寥寥无几。原定是 10 时 30 分起飞，机上广播说，因临时要更换一个机械零件，启航推迟，结果延误了将近两小时。起飞后很快就爬到了 3 万英尺高空。从舷窗看到，飞机下面一片白色云海像棉絮一般一望无际，煞是奇观。飞机上面一片苍穹，人们常说的蔚蓝色的天空，蔚蓝色的大海，可惜机下浮云太厚，根本看不到大西洋，所谓天水一色的大自然图景要想在高空中看看，今天无缘领略了。中国古代有天圆地方说，所以古人常用苍穹或穹苍来形容天空。看来，苍是青色（包括蓝和绿），苍天，青天意思一样；穹有圆拱形的意思，这比今人常说的蔚蓝色天空似乎尤为贴切些。每当晴空万里的时候，仰首望天，在一望无际的青蓝色中不是确有一种"穹"的感觉吗？飞机在云层上航行，比之在地面上坐小卧车尤觉平稳。从巴黎起飞后，足足飞行 9 个小时整到了纽约，降落到纽约肯尼迪国际机场，听机上广播，这时是纽约时间下午 4 点正。我国驻联合国代表团已派人在出口处等候多时了（因起飞误点）。到了代表团驻地，派来安排我们生活的同志见面就说："同志们，到家了，欢迎！请大家放好行李后就到饭厅用餐。""到家了"这三个字听起来心里热呼呼的，倍感亲切，忘却了机车劳顿。在餐厅吃了一碗广东式汤面，然后参观代表团驻地的大楼。这是一幢旧式的八层楼宇，听说原是一座旅馆，我国加入联合国后才买下来的。因地点不在闹市区，价钱还顶相宜的，但当成交之后，这里是中华人民共和国驻联合国代表团驻地的消息很快传开了，整条马路的地价、楼价立即上升。大楼内除办公用地，还有许多房间作接待国内来人的招待所用。天台上还有一个游泳池。虽然陈设简朴，陈旧点儿，如果当时在国内那是顶不错的建筑物了。代表团大门口的正上方国徽高悬，门侧墙上嵌有一块"中华人民共和国驻联合国代表团"中英文对照的金黄色铜牌，闪闪发光。我在这块牌徽之前驻足良久，请不要小看这块铜牌，它是斗争了整整 22 年换取得来的成果啊！回想新中国成立以后，为恢复我国在联合国的合法权益，与以美国为首的反对势力进行了不断的斗争，直到 1971 年 10 月的联合国大会上才取得完全的胜利。

晚上，该入睡的时候了，但两眼睁睁的毫无倦意，直到天明，推窗一望，外边飞飘着小雪花呢。同来的几位同志也在餐厅相见，都说昨夜睡不好，原来这是时差的关系。时差是今天科学的词汇，如果换上中国的古话，就叫晨昏颠倒了。除外交部的刘秘书外，我们6人都是第一次到纽约。代表团派了一部小面包车送我们游览纽约市容，在美国金融中心的华尔街步行了一段，然后登上高385米共102层的帝国大厦，眺望纽约全城，最后到联合国总部参观，由代表团驻联合国安理会政治司副司长张曙同志带领。这座前后建了六年，像个火柴盒式的超高层建筑，共39层，立面用大片玻璃幕墙，是第二次世界大战后兴起的"板式"建筑的一个著名实例。安理会的会场、图书室、记者室等多处都有黑人警察在值岗。我们因为有张司长带领参观，畅通无阻，而且不用买票。留给我最深印象的是三个国家送给联合国的几件礼品：一是在大会场旁边的大使休息厅（一般参观者是不能进入的），陈设着中国赠送的两件礼品，一幅超大型的万里长城壁毯，银灰色的长城蜿蜒在大片苍翠的崇山峻岭之中，画图雄壮极了。另一件是成昆铁路的大型牙雕，反映成都至昆明间地形的险峻和穿山越谷的艰巨工程，牙雕本身确实精雕细刻，连小小的一个筑路工人也五官清楚，动作逼真。可惜承垫的木座架虽有油漆，但多数接缝处裂开了口子，显得粗糙，大概也是限时限刻赶工完成的后果吧。中国的礼品送来后，给予整天被马拉松式会议所困扰的大使们解了困。听说大使们都喜欢到休息室看看这两件中国礼品，认为看过了，很快就会消除疲劳云。二是在大厅的一个入口处有一块来自月球的岩石标本，是美国送的，大小和一个乒乓球差不多，呈灰褐色。这件标本用一个直径1米多的半球形有机玻璃罩盖着，由一盏强射灯照射，外表许多微细小孔，肉眼可见。其旁放有一块详细的英文说明。苏联送的世界第一个人造地球卫星也在这里。大厅的另一入口处有一座中国式的青铜巨钟，高与人齐。钟声代表和平，说明牌上写着，这是用全日本的小学生每人捐赠一枚铜币铸成的，表示日本的小主人渴望和平。据说，因此纽约的市长每年的元旦到来，都要亲来撞几下钟，祈祷世界和平。我一边看一边联想：日本是发动二次世界大战的罪魁之一，又是一个战败国。他们国民的脑袋瓜真好使，善于出题目作文章，在这里他们不正是利用了联合国这个最佳阵地进行宣传，以改变他们战后的被动局面和不良形象吗？日本国战后的复兴和成功，是绞尽脑汁的，绝非垂手得来。

五、高速公路纪谈

有机会来到美国东海岸最大城市，全美金融和贸易中心的纽约，我的"土佬出省城"感受比之在巴黎戴高乐机杨时尤为强烈，可惜实际逗留时间只有一天，心里想，有机会还得再来。3月15日离开纽约奔赴我们此行的目的地——美国首府华盛顿。黄华大使是驻联合国代表团的正代表，他到联合国总部工作已几个年头了，一直未有机会去华盛顿，今天趁着要送中国随展工作组长赴任，特和我们同行。10时半从代表团的车房开出四部小车，很快就转上高速公路。来前，已听人说过美国的高速公路世界第一,百闻不如一见。今天，我坐在司机的右侧，这个位置看景色视野广，方便多了。司机同志又是一位健谈的人，一路上说个不停，无异于给我上了一堂美国高速公路常识的专题课，大广见闻。确实高速公路的柏油路面宽广平直，一路所见多数是往复各 6 车道同向行驶（偶尔也有 3 ~ 4 车道的），中间用一条铺草皮的隔离带分开。在同向行驶中，靠左边的两条是快车道，靠右边的慢车道，如有事要临时停靠或抛锚了，就一定要停靠在这条道上。因为在快车道上小车、卡车、货柜车等一辆接一辆，几乎没有隔断，驾车人都用差不多的车速行驶，要想"爬头"，实在不容易，既要瞻前，看准有无可容自己超前的路段，还得在后镜中顾后，看清有无尾随的车紧跟，否则很容易撞车出事。公路旁边不远就竖有限速 75 英里（每小时）的明显标志，1 英里折合 1.6 公里，等于限速 120 公里，我看看仪表，我们的车偶也超过这个限度，但坐在车内并不觉得有飞速的感觉。司机告诉我，在美国建造 1 英里高速公路，造价大约要 100 万美元，因为路基都是很厚的钢筋水泥，由于路面平滑，跑快了反而觉得平稳，而且省油。公路两旁绝少有树，更看不到架起的电线、电缆，一句话，尽量减少视线上的障碍物。原来，全美的高速公路都可以降落战斗机和直升机，战时都可作临时机场使用。我问司机，在纽约市区内经常看到警察的摩托车和警车，为什么到了高速公路上反而不见？他说高速公路车速高，车的流量大，警察只有乘直升飞机在上空巡逻。在路上出事了、抛锚了，公路旁相隔不远就设有电话柱，投入硬币，即可通知最近距离的警察局或救援站到来。还有一个特点是，凡将到达立交桥，转弯或靠近城镇的地方就有横跨公路的高架路牌，墨绿色漆油的底，白色的箭头，路向和距离里程，标示得十分清楚。晚上行车，因路牌的漆油中有磷光反射，只要车灯的光线照射到，老远就看得清清楚楚。但在美国驾车，思想一定要集中，对路标要盯得紧，否则，错过路口或转错方向，往往要跑一、二十英里的冤枉路才转得回来。美国公路交通发达，只要手中有一张详细的路线图（这种图有时在机场、旅馆的旅游资料专柜中放备，任君选取），就可以跑遍全国，所以美国人都把高速公路叫作 Freeway。译为中文 Free 有自由或免税的意思，全称直译就成了自由路或免税路了。说来也一点不错，在高速公路上驾车比之在市区内确实要自由得多。美国是个"万税"之国，但高速公路是属联邦政府所有，驾车人不用交养路费等苛捐杂税（过高架桥有时也要投下买路钱）。旅途上有了这样一位好的同伴、老师，虽然从纽约到华盛顿全程足足跑了 6 个小时（包括中途打尖用去大半个小时）一点也不觉得困倦，下午 4 时半，我们的汽车驶入"中华人民共和国驻美利坚合众国联络处"的地下车库，真正"到家了"。

六、我们要记住人家的好处

晚上，黄镇大使（黄镇同志为我驻美联络处主任，因他曾任驻法国大使，依西方惯例，大使衔是终身的，所以在美国人们都称他黄大使）为黄华大使设宴洗尘，今晚吃的是蟹宴。这些蟹来自上海，它是经香港转口运到纽约的。在纽约唐人街，货多价贱，比华盛顿便宜多了，今天随我们的车从纽约带来了几笼子。晚宴上除主人黄镇大使夫妇和主宾黄华大使外，还有联络处文化参赞谢启美，燕京酒楼的老板龙绳文先生（原云南省主席龙云的五公子）和我也应邀作陪。席间，黄镇同志的一些话，我至今还记得牢牢的。黄镇向龙绳文介绍我时说："绳文，我来介绍一下，这是随展工作组的麦团长，他今天下午与黄华大使一起到来。今后，麦团长要到燕京酒楼用餐，希望得到你的方便。"龙先生笑着回答："黄大使，你介绍来的客人，我什么时候有过不欢迎的？燕京楼的生意愈来愈好，我永远记住大使经常帮我作宣传的大恩大德。"黄镇接着又说："绳文啊，你这样说就对我见外了，我什么时候对你见外？我一直把你当成我的子侄那样看待。"席间，主客畅谈无间。饭后，黄镇同志把我和黄华同志引进他的会客室喝茶，并给我们作了一段有关龙绳文的详细介绍。原来，自从中美关系解冻之后，双方在对方的首府设立联络处，当时的情况是相当严峻的。华盛顿还有国民党的大使馆，大使为国民党的老外交官蒋廷黻。黄镇同志说："当时我的包机降落到华盛顿的国际机场，除了采访的记者外，唯一的欢迎队伍就是龙绳文。在华盛顿的中国人也不少，但谁敢到机场来。直到今天到联络处来的华侨也要冒险的。因为在我联络处附近有国民党的楼宇，凡对着我们的窗户，都整天开着，架有摄像机，随时可以对来人进行偷拍。我们到达的那天，龙老板特意让燕京楼停业一天，他把酒楼的伙计带到机场，大家手里拿着临时用红纸自制的五星红旗，摇旗呐喊来欢迎我们。真令人感动啊！当时我们还未物色到合用的馆舍，临时租住在五月花酒店。龙老板出于对我们的安全考虑，一天三顿茶饭都由燕京楼代办，还天天亲自送来，直到我们搬到这里以后才停止。我们是共产党人，人家骂我们六亲不认，其实我们最有人情味，我们的最终目的是要消灭人剥削人嘛。我们要记住人家的好处。在华盛顿，许多大使要宴客，要开招待会，问到我那家饭店的中国菜做得最好，我一定推荐燕京楼。后来，连尼克松、基辛格都成了他的常客。"听了黄镇同志这段谈话，深受教育。我及时向他说明我的身份："黄主任，我来时国家文物局给我的职衔是随展工作组组长，而不是团长，这是须要向您说明的。"他马上打断我的话，说："你就是团长，以后不要再向他人解释了。我就是要你的官做得大些。"后来，黄镇同志两次在联络处设宴招待旧金山一位美国富商，又在旧金山主办"出土展"的"展览工作委员会"主席麦格宁先生和亚洲艺术博物院达祥西院长，都是用"麦团长宴客"的名义。至此，我明白了，这是工作的需要。

七、华盛顿印象

美国是每周五天工作制，每逢星期六、日两天休假日正是"出土展"的大忙日，来参观的人特别的多。我抵达华盛顿的第二天恰逢星期日，早上中国陶瓷鉴定专家耿宝昌同志（耿是随展组成员，比我先来）陪我到展出馆与该馆的有关负责人会面。来到华盛顿国立美术馆门前，这座巍峨壮丽的庞然大物，吸引了我，好像有点似曾相识，廊柱式的大门，圆包形穹窿顶的大厅，广州起义烈士陵园内的广东革命历史博物馆（清末年间建的广东咨议局旧址），就是这种形式的建筑，不过这座美术馆的规模和高度要大出好多好多倍。这时门外已有一条长长的人龙，大约有二、三百人之多。排在长龙前头的人还打着小旗子，原来是纽约、华盛顿等地华侨团体组织来的参观团，他们乘自己租用的大客车 7 点半就已到达，一来容易找到停车的泊位，二来要抢先轮到第一批入场（后来我了解到"出土展"自开幕以来，吸引许多华人观众，他们大都利用休息日自己驾车举家到华盛顿来参观展览，因为人多车多，上午 10 点以后，停车场就很难找到泊位。在美国除了住宅区等指定的地点外，一般都不准在马路边停车，否则被抄牌罚款，带来诸多麻烦）。老耿告诉我，他们已事先来约定，开馆后第一批进场，要求中国工作组给他们作讲解介绍，因为他们不满足于馆方提供租用的导游耳机（一部放录机上可插两个耳塞听筒，供一至二人听用）的讲解。我们 9 时到馆，工作组 5 人都来到馆长会议室，馆方人员都已到齐，在这里举行一个欢迎中国工作组长的简短茶会。与美方人员见面，特别要和馆长礼貌式地说上几句客套话，他们也叽哩咕唠地说几句欢迎的话，15 分钟就结束了。随后我了解到这家华盛顿特区最大的博物馆，它的上面有个董事会，为馆的最高领导机构。梅隆财团的大财主保罗·梅隆出任董事会主席，现任馆长卡特·布朗又是梅隆的乘龙快婿。看来，在这个号称最发达最"民主"的国度里出任高职的少不了一个财字，一个势字，还有裙带关系哩。

大概是出于安全考虑吧，展室内采用明橱暗室的形式，文物展品都放在全封闭的大小各个橱窗中，橱内有射灯照射展品，特别大型的器件才在展室顶上加上走轨式可以移动的射灯补充，室中全铺红色的地毯，贴咖啡色墙纸，喷涂黑色的室顶，所以在展场入口处要特设一条长约 20 米的由光逐渐到暗的适应路段，否则由光至暗处，人的瞳孔一下子放大不过来，观众就会互相碰撞。今天第一批入场的团体观众都是华人，他们分为听英语的一组，普通话的一组，听粤语的一组。不懂普通话的人多，由我用广州话作讲解介绍。我们一直忙到下午二时半，才接待完毕。第一次在馆内的自助餐厅吃午饭，一切倒也新鲜，首先是价钱问题，一条长约 10 厘米的白开水煮熟的玉米（北方叫棒子），标价 1 美元，但大块的炸鸡腿还有少许油炸的薯条才 1.5 美元，我想，在这个国度里，虽然物质是十分丰富的，但更加要带眼识货，看价取食，否则东西方生活习惯不同，是会自报上当的。其次，每张餐桌上有一个盘子，都放有牛奶瓶、糖罐和各种果酱、黄油、盐，还有胡椒末。初时，我不敢擅取，因为其上找不出标价，吃了才跟你算账是要吃亏的。后来看到老耿他们毫不客气地享用，我才问个明白，这是免费的，给你饮咖啡、吃面包和食品调味用。在我们自家的国度里，就算是大酒楼，大餐厅的餐桌上也只放上一小碟酱油和一小碟辣酱芥末。讲清楚，其中只有酱油是免费的，因为中国的食品，向以色、香、味自诩，要食客自己加盐加醋再撒胡椒面，那是厨师的失职，不晓得这是否也属于东西文化的差异哩。

这个馆连地下室共4层，第一层和二楼是展览用。今次中国的"出土展"在第一层，陈列总面积有28966平方英尺，用了该层的过半。还有观众入口大门及走廊共3735平方英尺，圆形大厅作为观众排队等候入场的地方加上出口处共12524平方英尺，据称是该馆成立以来单项展中占用面积最大的一次。全馆两个入口处各设有衣帽间，有两个问讯中心台，二个吸烟室，给观众公用的厕所共8个，还有3个规模颇大的书报出售间，地下室除了观众餐厅占去很大一部分外，其余是库房和杂物间。老耿告诉我：堂堂一间国立美术馆也趁这次中国的"出土展"之机捞上一把，光是地毯就多买了几千尺，用不了，把一个杂物间都塞满了；同时，还借口每天要接送中国随展组需要，新买了一部福特牌小卧车。看来，美国佬同样也把我们视为"（东）洋人"，他们更会借机发"洋财"的。华盛顿在1800年才正式成为美国的首都，全称是"华盛顿哥伦比亚特区"，听说初建城时仅有14000余人，25.9平方公里土地。经过了将近190年，发展到今天已扩大为178平方公里，但人口仍然控制在70万左右（对比我们广州市区241平方公里，人口有349万之众）。举世闻名的国会大厦就坐落在市区中心的宪法大街和独立大街之间的东头，背（东）面有全世界藏书最多、最大的国会图书馆（藏书8千多万册）。前（西）面正对的是林肯纪念堂和华盛顿纪念碑，其间为一条林荫大道，除国务院下属的许多部设在这里外，还有国立美术馆、宇航馆、现代艺术馆、自然博物馆、弗利尔艺术馆等都分布在这里，市区内还有肯尼迪中心，杰佛逊纪念堂等著名建筑。白宫则位于华盛纪念碑的正北面，与宪法大街成垂直相对。有人说，国会大厦前面的林荫大道，既是美国的政治中心，又是一个文化中心。此话一点不假，因为仅市内的图书馆（共250个）、博物馆、纪念馆及高等院校等文化单位就有三百多个。

由于国会是美国最高权力机关，听说，市区内任何楼宇的高度都不得超过国会，我们有意识地舍专车不坐，在大街上溜达步行。这里不但没有像纽约这样的摩天大厦，连十层以上的大楼也未见到；市区没有广告牌，更没有随处张贴的标语街招；不见有竖起烟囱的工厂，更不闻有噪音扰人的车间。林荫大道上的草坪修剪得像一张绿色地毯一般平整，市区的公共建筑以至私人住宅前面很少没有草坪或花园的，华盛顿确实是一座既宁静而又整洁美丽的城市。这里还有一个特点是，在街上徒步行走的人很少，小孩子和中、小学生独个儿在街上走的更未见过（上学和放学都有校车接送）。因为地铁刚在动工修建，而上下班的人几乎都是自己驾车的，所以周一至周五每天上午9时半至10时，下午5时至6时，在这个时间内马路上的塞车情况十分严重，往往一辆接一辆地互相堵着，动弹不得。我有两次舍车步行回住地，结果比坐车的还要快哩！

我到达华盛顿时，距离展览闭幕只有两周了，因此，只能利用午饭后，抽出一点时间（美国的公私单位都是午餐时间只有一小时，没有午休、午睡的例）到上述一些博物馆和纪念建筑参观，这是名副其实的走马观花，所以印象很不深。只记得在自然博物馆里展出的北美印第安人的考古发掘材料，美国博物馆界很喜欢采用"文物穿衣"手法，把物与人及环境布置成原大沙盘，力图把已过去的历史重现在观众的面前。展出的是距今500年前印第安人原始社会阶段的生产生活情景。我觉得这是很完整很生动的民族志材料。在国会档案馆里，偌大的大厅，仅左右两边各有一个有机玻璃柜子，一个陈列《独立宣言》，一个陈列《人权宣言》，听说，每天闭馆后，一按电钮，陈列柜子就自动下降至地下五层，密闭保存。还有点印象的是参观位于我们展出馆对面的弗利尔美术博物馆（Freer Gallery of Art），该馆以收藏中国青铜器为全美之冠而出名。主持业务的副馆长叫劳顿，说得一口流利的普通话，他有一位美籍华人梁献璋小姐作助手，专门从事商周青铜器和玉器的研究。梁女士带我们到库房，她拿出馆藏的商代青铜器、玉器，还有官窑瓷器，宋、明绘画等。该馆所藏商周青铜器在我国留美归国的陈梦家先生（中国科学院考古研究所任研究员）所编《美帝国主义劫掠我国殷周铜器集录》中有详细纪录。令我深感惊奇的是，我赴美之前，知道国内的河北省藁城商代遗址中出土一件铁刃的铜钺震动了中国的考古学界，对铁刃的出现还引起了一阵人工铁还是自然铁的争论。劳顿副馆长特地把该馆所藏商代铁刃铜戈，铜钺各1件拿给我看。我们发掘出土的只有1件，他们却藏有2件。在这里看到旧社会中国文物外流的严重，令人心痛！梁献璋女士是在澳门出生和长大的，后来到哈佛读书，她的父母仍在澳门居住，她指着这二件珍宝用粤语对我说："自从1973年《考古》上发表《河北藁城台西村的商代遗址》一文披露了中国在一处商代遗址中发掘出土1件铁刃铜钺，我们这两件传世品才找到了考古发掘上的根据，这是多么重要啊。你们天天在野外搞发掘，掌握到第一手材料，我真羡慕你们。我们只能等你们发表了，才能看到这些新材料。你们大概不会知道，中国的三大考古杂志每期到我手上，都通读两三遍，这是我们的拜簿（Bible圣经）！"听了梁女士一席话，我心中感到有点惭愧，因为，我的专业用功比之这位女士差远了，每期的三大杂志到手后有哪一回是全本通读过一遍？不要说两三遍了。

八、哪个国家的元首光临?

根据中美双方对展览协议的日程安排，在华盛顿展出110天，到3月30日展览就要闭幕了。在展览结束前一周，下一站接展的堪萨斯城的纳尔逊美术馆（Nelsen Gallery）派来文物保管员麦肯纳先生到华盛顿，参与撤除展览后的文物展品三方一起检验，由他负责把这385件中国文物珍品运到堪城。来时，纳尔逊的馆长西克曼先生（Laurenee Sickman）托他带来了口信："请麦先生放心，这批中国的国宝安全运输问题我已作了最好的安排。随展组的5位先生也请乘坐接运展品的专机到堪城。"展览在华盛顿闭幕后，用了一周时间完成装箱工作。4月8日清晨，两部集装箱大卡车载着中国文物展品从美术馆的地下库房开出，在武装的护送下直驶杜勒斯国际机场。我们都挂着一个机场临时发的特别通行证进入货运的停机坪，已有两架漆着泛美环球航空公司标记的波音707飞机在等候，几个武装的公园警察在警戒。外表全用铁皮包裹着的80个文物展品箱子从卡车卸下，马上又装进这两架飞机中。这批箱子总重只有9038公斤。但箱的体积大，在机舱内分列两行，只能平放，不能互相叠压。这样，机舱内就没有多少空余。我跨进机舱看到已有两名联邦空中警察一前一后地坐着，他们是为护送展品而专门派来的，飞抵堪城机场，当地时间已是下午3点了。看到满头白发的西克曼馆长拿着饼干饮料欢迎我们，可能是条件反射，顿时觉得饥肠辘辘，这时才想起刚才坐的是货运飞机，没有午餐供应。

天空飘着微雨，但气温比华盛顿暖和多了。我们一边进"午餐"——啃饼干，一边和负责安全的上尉警察官弗莱彻先生（Captain Fletcher）交谈，原来市警察局为了今次中国文物展览的安全保卫而专门派他进驻馆内的。今天文物展品从机场到博物馆的行车路线是他安排的。我和随展组耿宝昌先生坐的小车，跟随在装运展品的两部集装箱卡车后面，前头由警车开道，西克曼馆长排在我们后面，弗莱彻警官亲自驾一警车押后，在我们这列车队的两侧还有4辆坐着警察的摩托车穿梭地往返飞驰，我们的头顶上还有一架直升飞机在盘旋，这支戒备森严的车队从高速公路转入市区后，每经过一个十字路口，都亮起红灯，切断其他车辆的通行，好让我们呼啸而过，真个是"招摇过市"。路旁行人也驻足而观。展览开幕后，有一天我在展场遇上一位来自香港的李医生，他带领全家前来参观，对我说："你们来到堪城的那天，我刚好在路上碰上了，那列车队真够威风的，我还以为是哪个国家的元首光临堪城，后来才知道是中国展览到来了。虽然，你不是总统，但你们都是新中国派来的文化大使，感谢你们把这样好的展览送到堪城来！"

九、全体起立

纳尔逊博物馆以收藏中国文物数量多，品类丰富而闻名。从馆长到一般工作人员对中国文物展览都有一种特别亲切感，他们觉得能把展览争取到自己的博物馆展出感到荣幸。经过10天夜以继日的紧张工作，4月19日举行预展了。展场入口处垂悬6条郭沫若手书的红底黄字巨幅会标，正中是一幅中国大地图，两旁衬有《万里长城》、《故宫建筑组群》、《赵州桥》、《天坛祈年殿》的大型彩照，整个大厅呈现出一派浓烈的中国气氛。今天预展前来参观的都是特邀观众，白天有记者、各界人士4000人，晚上5000人，原定到晚上10时结束，因观众要求强烈，延至凌晨一点半才闭馆。这天晚上我应邀参加了馆方为庆祝展览开幕而举行的盛大酒会，中国驻华盛顿联络处韩叙副主任也专程前来参加。来宾约有300人，分桌而坐，开始由美国国务院文化事务助理国务卿代表基辛格致词，并为毛泽东主席健康干杯。接着是密苏里州州长，堪萨斯市市长祝酒和韩叙副主任致词。最后是馆长西克曼先生讲话，当他走到讲台时，宴会大厅内全体来宾霍然起立，面向馆长热烈鼓掌欢呼。这实在令我疑惑不解，馆长先生因何比刚才讲话的几位要员还得到来宾的特别敬重？西克曼讲话中一再感谢中国政府给堪城人民看到如此重要的中国文物。他说这385件展品是新中国成立以后从大量的考古发现的珍品中精选出来的，由五、六十万年前的蓝田猿人到元朝的瓷器，历史朝代不断，文物品类齐全，这对研究中国和东方的古代文明有重大意义，因为是出土文物，科学价值特别高。和我同桌的美国人文基金会的孙小姐似乎看出了我心中的疑问，特地告诉我："在纳尔逊博物馆筹备建立之前，还是青少年的西克曼先生就被派到中国读书，一面搜集中国历史文物，后来成了这个博物馆藏品的基础，因藏有中国文物之多之精而闻名全美。他是1930～1934年哈佛燕京学社的研究生，从青年、中年到老年为博物馆事业而贡献了自己的一生，至今还是独身，他是美国博物馆界的一位元老，又是福特总统的好朋友。他能把中国展览争取到堪城来，刚才大家为他起立鼓掌，正是对他表示感谢。"是的，仅就西克曼先生的敬业精神而论，也应受到人们的尊敬。

原载《广州文博》，1989 年第 3 期。

赴美随展琐忆（二）

一、在斯诺的故乡

　　堪萨斯城是中国人民的伟大朋友、美国著名作家和记者斯诺先生的故乡。堪城人民对中国文物展览的到来反映热烈。市内主要街道的电杆上都挂有中国展览的广告，大小店铺内也挂上马踏飞燕的招贴画，不少商店还把属于中国形式的商品（不少属日本货），甚至蒸笼、铁锅、算盘等摆在临街橱窗最显眼的地方，一些大公司、大商店还特设中国商品专柜。市内的文化艺术单位尤为活跃，有的举办讲演会，有的举办中国图书展，还有以"四架照相机在中国"为题反映中国新旧对比的照片展览。中国文物在堪城展出 50 天，全市 70 万人口的三分之一以上参观过中国展览。堪城大学校长戴克斯（Dexter）认为：中华人民共和国出土文物展览在堪城展出，无疑是中西部迄今最伟大的一次国际文化交流活动。多次访问过中国的斯诺生前好友戴蒙德医生夫妇和斯诺的姐姐麦基夫人（Mis. Vrfldred Snow Mackey）特意带领我们参观了几个与斯诺生活有关的地方：一是堪城的夏洛特大街 3925 号的一幢普通住宅（No. 3925 Charlotte St.），1905 年斯诺在此出生；二是 6 ~ 13 岁读小学的诺曼学校（Norman School）；三是就读四年的韦斯特托高级中学（Westort High School）；四是 1927 ~ 1922 年在密苏里大学攻读新闻专业的新闻学系。现在该系的图书馆辟有斯诺生平展览室，几个书橱内陈列有各种文本的斯诺著作。麦基夫人对我们说："斯诺离开新闻系之后就没有回来过了。今次在这里举办中国展览，对堪城来说是一件大事，它有助于促进美中两国人民的友谊，这正是我弟弟生前为之而奋斗的事业！"

　　堪萨斯位居美国的中部，是重要的农牧业区，主要种植玉米、小麦，饲养菜牛，如今的堪萨斯城正跨在堪萨斯州和密苏里州两州交界处，州界在城市当中穿过，在密苏里州西部边界的称为"堪萨斯，密苏里"，在堪萨斯州东部边界的称为"堪萨斯，堪萨斯"。各有自己的市政府，但机场、火车站、电话局等则两市通用。不知堪城人是出于自谦还是自嘲，他们都把堪萨斯城说成是牛城。虽然，堪城附近有许多农场和畜牧场，但城市内是不容易得见一头牛的。我们下榻的旅馆也自名 Plaza Inn，这是西班牙语，意为"广场客栈"。其实它是一间名副其实的中上水准的大旅馆（美国的大旅馆一般叫 Hotel，设有停车场的则叫 Motel），旅馆内设有大小餐厅、咖啡厅，中间还设花圃和游泳池等。这间旅馆位处博物馆和市中心区之间，各步行约 15 分钟的距离，对我们比较方便。晚饭后我们有时也步行到市内蹓跶，总是觉得这里的市容和整个城市气氛都与华盛顿、纽约大不一样。它给我印象深的有两点：一是虽然是座城市，但比较宁静，气候干旱得多，大小草坪则远不及首府的讲究，而商店比华盛顿多。可是白天或华灯初上时，行人道上也绝无纽约那样比肩接踵般的喧闹。在堪城铜铸的塑像和喷池到处可见。在中心广场中，有一座大型喷池，池中耸立骏马骑士等大型雕铸，因氧化呈翠绿色，几条喷射的水柱斜向雕塑中心，十分壮丽；就是丁字路口或行人道的拐角处也往往立有人物或艺术造型的铜铸件作为城市的点饰，这些构成了堪城的一大特色。二是堪城人言谈爽直，敦厚而好客。在我们下塌的旅馆中有一位负责客人入宿的登记员，是个 30 出头的男子汉，他很快就和我们混熟了。他说，大学毕业后，再专攻德国近代史取得硕士学位。研究生毕业后找不到工作，后来好不容易才谋到这个职位，已干了一年多了。他张开两手，表示对生活的现实无可奈何。又如堪城纳尔逊博物馆临时雇用当我们联络员的费文博先生，他的中文文字和口语表达都很不错，也三十多岁了，正在堪萨斯大学历史系攻读中国明史的研究生学位。他的硕士论文题目是《论明英宗的土木之变》。他对我们说，在接待随展工作组的差事完成后，赶快把论文写完，因为拿到学位之后，还要再找间合适的大学，转读商科。他说：在美国只有攻读工商管理才容易找到工作。我问他，为什么研究题目选得这样僻？原来，他读中学时被联邦政府选中，作外交人员培养，派到台湾学中文，又到过香港，前后共 5 年。当不上外交人员就返堪城，因为是当地人，在堪城上学可申请免费，每年还可向州政府借钱读书，这几年总计已借了过万元，以后转读商科，还要向政府借钱。他说："总之，在我还是学生，未找到工作有固定工资收入之前，我欠州政府的钱可以挂账，以后再还。"我想，本来学以致用，学用结合是对一个人的时光及精力最珍惜、最合理的安排，但人类社会是复杂的，尤其在所谓职业自由竞争的资本主义社会里，对许多人来说，不可能有真正的学用一致。

堪城人的热情好客，我们从展览的接待工作中也体会出来。自从展览开幕以后，许多社会人士尤其是博物馆的工作人员都向我们提出一个请求——邀请中国工作组到他（她）们家中作客。我们鉴于重任在肩，每天都要有我们的人员驻守展出场地，以监督和确保文物安全，所以没有可能家家登门，户户作客去接受这些盛情的邀请。我们在堪城的两个来月中，我们只到了一位馆长、一位警员、一位老木工、一位电工、两位医生和斯诺姐姐麦基夫人等人的家，或串门或拜访，或参加他（她）们的家宴。他们的职业不同，经历不同，社会地位不同，从他们中多少也可了解到堪萨斯各阶层人士的一些生活情形。戴蒙德教授已年近花甲，是斯诺生前好友。他是一位著名的内科医生，现任堪萨斯大学医学院院长。近年他多次率领美国医学代表访问中国，对中国用中草药治病备感兴趣。我国访美的医学代表团凡到堪城访问的，戴医生都出面接待。他的夫人也年过半百，仍在一间书店工作。夫妇俩住在一家公寓里，这是一幢高层公寓楼，有专门看门值班人员。因为事前我们已和戴医生约好前来拜访，所以当我们到达门口时，门卫已在等候。门口正对就是电梯，梯门是黄铜拉闸，擦得闪闪发亮，梯内有人值班，拉铁闸按电钮接送主客人员，这是她的专责。目睹此情景使我联想起广州的爱群酒店，以前的电梯也是铜闸并设专人司职的，后来嫌它古老，认为落后，都改用全自动电梯了。今天，在美国这个国度里，要用人工操作的才算矜贵，全自动的反而认为"大众化"了，比如一件手工刺绣的女服比之机绣的价钱高出几十倍。有时古老反变为时尚、高档，电梯的"复古"就是一个例子。戴医生夫妇住三楼整层的一半，室内全铺地毯，客厅陈设是古色古香的，墙壁挂有多幅油画，案头柜架上放有各种艺术品。书房很大，周壁全是书橱。主人告诉我们，儿女大学毕业后各有工作，美国没有中国那样深厚的历史文化传统，家庭观念不一样，儿女到20岁以后就要离家自立，过独立生活，不依仗父母。到圣诞节时，我们的儿女才回来一趟，所以在美国绝少有中国的几代同堂那样的大家庭。这时，我也谈谈自己的看法。我说：中国的家庭受长期的封建旧礼教影响很深，城市还好一点，农村尤甚。中国几代同堂的传统习惯虽有它好的一面，如果尊老爱幼，家庭和睦的话，确实给人带来一种家庭温馨。但社会发展到今天，对这种大家庭不能全盘肯定，因为几代人相处一起，哪会没有矛盾产生？特别是随着生产的提高，经济的发展，大家庭必受冲击，好像细胞一样，肯定是要分裂的。我倒十分赞赏美国年青人那种一旦羽翼成，就引翅高飞，到社会上去闯，不依赖家庭，不祈求父荫，过自己独立的经济生活。这种观念已成为一种社会风气，它会给青年人带来一种追求，一种向上的心态，这是很好的。至于家庭中老人膝下少了儿女的生活孤单问题，社会老龄化问题，怎样处理得好，西方未能解决，中国亦未有良方，它不是戴蒙德医生的医学和我们的考古学所能够回答的，你说对吗？戴医生听了我这番"高论"，哈哈大笑，因为他有多次访华经历，对中国社会和家庭有一定的了解，对我的一番"高论"表示赞同。戴蒙德夫人送我们每人一套礼品。包括一本戴蒙德教授访问中国归来写的考察中国中草医药的书，一本斯诺的《西行漫记》，一本戴夫人父亲的自传和带框的一幅描绘美国中部田野风光的水彩画。我们从戴寓出来，觉得这里虽然不是单家独户的别墅，但在这公寓中住的恐怕都是高级的人员，如非中产阶级以上的人哪敢前来问津！后来，到李肇基医生家作客，又给我们对这方面增添了许多见闻和常识。李肇基先生是一位牙科医生，在市内有自己的医务所，他是香港大学毕业后到美国再读医科，毕业后先在医院工作了一段，后来就自己开业了。他驾车到旅馆接我们，车行约半小时才到达他的住家，可见这里距市区颇远。李医生告诉我们这里是一处高级住宅区，环境幽静，治安也好。他有意驾车在这区内多转了几圈，让我们窥个全貌。此地是一片高低起伏的坡地，一座一座宽广而又比较低矮的别墅式木屋随坡势布落，坡的低处是纵向的水泥马路。路旁不见有高大林木，所以没有林荫大道，马路两旁尽是草坪。每幢住宅左右两侧留出的距离比前后之间要宽阔得多，形成与马路垂直的通道，作为小汽车路，通达各家各户。这些别墅外表形式及装饰各有不同，但门前都有草坪或花园，屋后附有一个大小不等的花园则是一致的，因而整个住宅区的房舍布落有序，整齐中有变化，每户的阳光照射，空气流通，驾车出入方便，都互不干扰。看来，这片房舍在建造之前是有一个整体规划的。李医生的住宅相当宽广，室外占地也大。房子面临马路，前面除了约20米的草坪与马路隔离之外，屋前还有一个狭长的小花园。从正门入屋，有一段过道才到客厅。这个客厅约有60平方米，美式沙发，壁间挂的也是现代派油画，整个是"美式装备"。主人的太太也姓李，是一起从香港到美国读书的。他们已有一男一女，女的7岁，已读小学，男的未满3岁。李太太告诉我们：她每天早上自己驾车送女儿上学，晚上由丈夫接回来，因为要在家带孩子，干家务，目前是无法外出找工作的，还得当若干年家庭主妇。说起来她好像不胜委屈似的。按照美国人的习惯，初次请到家中吃饭的客人，第一个节目是由主人领着来客参观自己的居室，以示对客人毫无保留的友善之意。她示意李医生领我们看看他们的居室内外，因为还要等几位作陪的客人到齐才入席。这家主人的居室真够阔气，除进门时看到的"美式装备"大厅外，还有一个全中式的较小一点客厅，它又是餐厅，摆设的餐桌、坐椅、镜框、橱架全是从香港买来的酸枝家具。还有一个大书房和三套卧室，一套主人夫妇用，一套他们的儿女用，一套是客房，每套卧室本身都附有卫生间。其他的还有厨房、储物间、杂物间等。房子后面用木栏栅围起一个大圈子，一侧是车房，停着两部小车，中间是一个小游泳池，其余空地都种花草。今天主人请来了3对华裔夫妇作陪，他们有在医院工作的医生，有建筑工程师，有银行的高级职员。我们边吃边谈，欢聚无间。从今晚的交谈中了解到，堪城现有中国血统的人家不过百户，住得也很分散，所以这里没有唐人街。这里的华人从事科技研究的和在高等学府教书的比较多，也有经商做买卖的，在堪城就有好几家中国餐馆。较大的有两家，都是中国人经营，其中一家由香港迁来，亦有美国人开的中国餐馆，但不中不西，倒适合一些洋人的口味。李医生的房子是5年前用30万美元买的，今天可值40万元。在美国只要有工作的人都可以向银行申请分期付款买房，在每月的个人收入中扣除，最长的年限为20年，当然分期越短则利率越低，分期越长，要付的利息越高。他们说，在美国没有哪个傻瓜会一次拿出几千万现金去买房的。还有，买汽车或购置大件的贵重的物品都可用分期付款的办法支付。当我们向来客中的一位工程师请教，他侃侃而谈地告诉我们：为什么在美国喜欢用木板来盖住房，原因也简单，美国有二亿多人口，但国土辽阔，与中国面积差不多，平均每平方公里只有25人左右，属于地广人稀的国家之一。近年来，中产阶级以上的人都不愿在城市中居住，要搬到市郊外。由于全国各地的公路交通十分发达，平均三个人就拥有二部小车。他们家家户户拥有小车相当于中国城市中各家各户拥有自行车一样的普遍（美国是小汽车王国，而中国是自行车王国），所以较好的住宅区都在郊外。用木板盖房冬暖夏凉，室内的间隔装修和隔音防潮等都比用砖瓦盖房来得省工方便，建造快，成本低。郊外的地皮不像市内商业区那么昂贵，房子可以占有较大面积，建得宽敞而不用高层。建房用的木板都是经过防腐、防白蚁蛀食的处理，不但四周墙壁，室内间隔及地板可用木板，连房顶也用木板代瓦。一般来说，一幢新建的住房，住上十年左右不用大修。因为建筑设计有规定，凡进入室内的电线都要用金属套管保护，厨房也早已不用柴炭煮食，偶尔有烧烤也在后花园中举行，所以一般住宅区是很少有火灾发生的，就算不幸被火烧了或龙卷风刮倒了，由于房子、人身等都是买了燕梳（保险）的，不致血本无归。近年来西方的人谈到生活享受，有句很流行的话，说"人生在世能拥有美国的住房、中国的厨师、日本的太太，无憾耳！"一般而言，全世界的住房确实以美国的最宽敞舒适；菜式花样多而又最讲究口味的则是中国厨师的本领；日本妇女对丈夫体贴温顺。住得好、食得好、生活得好，三者都得到，人生还有什么需求哩？工程师的太太接着她丈夫的话题作了补充，她说：不见得，现在的日本太太不那末体贴温顺了，也有很凶的。因为日本经济发展飞快，很多妇女都工作了，经济上不倚赖丈夫，家庭中的地位已起变化。听了这番"高谈阔论"，由于我们缺乏这方面的常识，无从插话，总觉得是顶新鲜的。几位陪客谈兴尤浓，话题又转向李医生夹攻逗趣，说李医生最近花7万元买了一部西德最新的奔驰小车，是堪城华人当中的"新兴资产阶级"，要"打倒批臭"。这么一逼，李医生把"底"也露了，他对我们"表白"："不瞒诸位，车是卖旧换新的。在美国牙科医生的收入仅次于外科医生，属于高收入阶层。当然，自己开诊所总比在医院拿一份固定的薪水要好得多。我一家4口人，生活开支较大，相对来说纳税就没有那么重。但仅凭医生的收入毕竟有限，充其量只能达到生活上充裕些。这几年我在投资地产和股票方面比较顺当。中国过去有"士农工商"的排列，把商放到末位。其实，不从商又怎能赚钱？"我们多谢了主人的盛情招待，返抵旅馆已是晚上十一时了。我的脑子里浮现出戴蒙德医生和李医生两家情景的对比，论职位、经历、年龄，戴蒙德医生都要高，他是一位知名学者，但李医生家确实阔绰得多。中国古代重农轻商，孔子拒绝会见的阳货曾大呼"为富不仁，为仁不富"。我想孔子如果生活在今天，他要周游列国，恐怕还得要依靠从商的学生子贡出资襄助，否则就寸步难行。

　　一天中午，西克曼馆长在堪城一家颇具规模的中国餐馆宴请随展工作组，又请到他家中品茗。就我们所见，他在博物馆的办公室只有一个大房间，周围堆满书，在入门正对的拐角处放一套沙发，用来接待客人。他的住宅却又大又典雅，一幢欧洲古典式的二层别墅坐落在大片草坪和树林之间。屋里布置有客厅、其他生活间及工人卧室等均在楼下，楼上是他独个儿活动的天地。二楼有三多：书多、古董多、中国的古旧家具多。我们早有了解，馆长一生勤奋，著作等身，在纳尔逊博物馆的小卖部和书店的橱架上有他（或与他人合作）几十本著作。馆中展出许多中国的明式家具是他青年时在中国留学期间搜罗而来；他家中的藏品以中国文物为多，其次是印度的，日本的。馆长给我们介绍自己的收藏，并说他身后这些东西都交给博物馆。今天，他显得很高兴，他说中国有句古话："'有朋自远方来，不亦乐乎'，我要给中国客人送个纪念品，希望大家喜欢。"原来他要我们每人自己挑选一块放在几桌上的有颜色的小石子。回到旅舍休息，回想刚才西克曼家中所见，联想到一个问题：我们在国内搞文博工作有一条不成文的规定约束自己，即本人不买文物，不收藏文物，这一条确实给自己带来好处，避免了瓜田李下之嫌。在西方资本主义国家似乎不避这个讳，西克曼先生就是一例。但他想到要把自己所藏最后还之于公众，这一点是很好的。

后来，我们又探访了馆里的一位老木工和一位电工。老木工卡那汗（A.Calahan）家住近郊，是一座木屋，相当宽敞，屋后还有一个花棚上盖的大露台。家中的陈设远超过我们广州市的中上人家。老木工在馆工作十多年，家中仅夫妇老两口，膝下无儿女，月收入700余元。房子是自置的，所以生活还算可以。电工是个未到30岁的青年，在市区租住一个单元，因地点不怎么好，月租100元，据说是最便宜的。他太太在家带一个孩子，每月靠月薪400元，交房租后，三个人生活就很困难了，所以他每周的星期六、日这两天都要找临时工以补助家计。这位电工虽然收入微薄，但亦有自己的小汽车上下班。确实，在美国工作生活中，私人拥有汽车等于中国城市的人有自行车一样的普遍。

斯诺的姐夫麦基及其姐两位老人就住在博物馆的斜对面不远处，麦基原是军官，退役后和老伴过着闲居生活，儿女也不在身旁。两次请我们到他们家探访，两位老人还经常带亲友到展览会参观。并送我们每人一本斯诺的《我在旧中国的十三年》留作纪念。

要确保展览安全，搞好与驻馆的警察及展场看管人员的关系是个很重要的环节。我们注意从细微处做起。如随展组人员每天到展场巡视时，都有礼貌地和他（她）们打招呼，或攀谈几句，他们深感兴趣的是我们赠送的中国工艺小礼品，每个人都学讲一句中文"谢谢"。随展工作组举行招待会，我们把请帖亲送到他们手中，他们认为中国朋友最看得起自己。我们把工作重点放在担负展览会安全警卫工作的上尉警官弗莱彻先生方面，从多次接触中发现，他对安全保卫工作真是尽职尽责。他和我们谈到：保卫中国展览的安全责任重大，开放日他要天天在场，每天工作十二小时，闭馆后才由助手接班。由于开幕没几天，就接到一个匿名电话，说展场内有定时炸弹，害得他紧张了两个钟头，实在是一场虚惊。他还说：你们每天都来巡视，这是对我工作最好的监督，在这儿我不敢有半点疏忽。我的助手和值勤人员都说你们好，你们给他们最好的礼遇。我要请你们到我家作客，还要请你们坐我的巡逻飞机，从天上看看堪萨斯城（自文物展品运抵堪城那天开始，堪城警察局的巡逻直升飞机每个小时都飞临博物馆上空一次，以监视周围动态）。一天，中尉亲自驾机请随展组人员坐他的飞机在堪城上空转一个大圈，每次2人。我考虑离北京前夕冶秋同志交付要我安全地把385件文物展品运回北京的责任，还是小心为宜，于是推说因心脏不适应低空飞行，不便参加这次空中观光旅游了，由我的四位同事代我领情。后来我们全组都到中尉家作客，他也是亲自驾车来接的。他家离城够远的，在路上车行一个多小时，到了一处山窝地方，四周是长有茂密林木的矮山，目前这里只有中尉一家，房子比李医生的还大，建在两个山坡之间的一片开阔地，但前后没有修剪整齐的草坪和泳池。今天，他专门请了岳母来为我们烧几个中国菜，我觉得虽然煮得不中不西，但味道还可以，特别是"够镬气"，这在美国人家庭中吃饭是鲜有的。饭后主人领我们参观他的牧场。原来，屋后有两个用木栏栅圈起来的很大的畜圈，一个养两条奶牛，另一个养了几匹高头大马。中尉告诉我们，因这里离城远，养两条奶牛供应全家需要有余，马是养来骑的，作为一种锻炼和玩乐消遣。为什么入门处挂有家庭牧场的牌子呢，因为这样可以不用交纳房地产税。看来，这是美国人逃税的一种窍门，"道高一尺，魔高一丈"，中外古今皆然。这位警官在此买下 60 英亩的土地。他有一子一女。一家 4 口人有 4 部汽车，他和太太各有 1 部小车上下班用，太太还要接送儿女上学，一部中吉普是用来假日入城采购食品、杂物的，大货车用作载运大件物品。儿女也各有一部自行车以锻炼身体。我想，这位中尉警官在中国来说，职位相当于公安局中的一位科长而已，虽然夫妇两人都有工作，但家中所拥有的物质条件，似乎仅凭薪金收入是达不到这个水准的，因为西方习惯，不能随便查问他人的经济生活，这就不好寻根问底了。

二、杨振宁博士也得"走后门"

在堪城的展出结束后，文物展品空运到旧金山，这是在美国展出的最后一站，展出地点选定在风景如画的金门公园内的亚洲艺术博物院。旧金山是美国西部地区的著名港市，气候温和，自然景色壮丽。每届夏秋时节，美国各州和欧洲、日本等地到此旅游度假的游客众多。旧金山又是中美两国人民最早交往的地区。自 6 月 8 日展览开幕以来，观众一天比一天多，在门外等候进场的长龙也一天比一天排的长，每逢星期一下午二时半停止发票，往往有一、二千人轮不到入场只得改日再来。8 月 19 日下午 4 时许，我在办公室正和几位观众交谈，他们是台湾来美留学的研究生，突然接到杨振宁教授的电话要求我帮助他进馆参观。这些研究生听到杨博士到来也很雀跃，于是一同来到展馆门外，看到在金门公园内等候入场的观众绕了几个圈，少说也过千人。杨振宁先生和夫人（杜聿明的女儿）及一子一女正站在入口处焦急地等着。听杨教授说：他全家刚从夏威夷度假回来，明天要到斯坦福大学主持一个世界高能物理的学术会议，今天下午有空，特带孩子来参观补课。因为在华盛顿、堪城展出都错过了机会。可是来到这里一看，人那么多，会轮不到我们的，以后就没有机会了。我想让孩子们好好看看来自中国的文物，认识一些中国历史，机会难得。今天，可否给我一次特殊的照顾，让我走走后门？我想，于情于理这扇"后门"也得向杨教授打开。于是我向守门员讲述了情由，得到他们的允准。

三、"大门口已放上定时炸弹"

8 月 12 日，美中人民友好协会旧金山分会组织了二百多会员来参观展览，事前已约定由随展组作详细的讲解介绍，参观后又一起在金门公园举行野餐会，大家坐在草地上围成一圈圈的，我们 5 人分插入每个大圈子中，一边吃一边回答他们参观后提出的各种问题。今天，我们从上午 9 时到晚上 9 时忙了一整天，回到下榻的旅馆都想休息了。亚洲艺术博物院达祥西院长（D'argence）打来电话要求我立即返回博物院，有要事待商。我和翻译二人很快赶到金门公园，门前停着一辆警车，警察已把公园包围了。发生了什么事？我们出示证件后径奔博物院大门，看到展馆大门外有六、七个警察匍伏在地紧盯着大门，左侧的达祥西院长正伏在地上与负责展览安全的上尉警官克里斯顿森先生（Captain Kristenen）谈话，看见我到来，马上把我拉到远离大门的地方说："10 时半警察上尉突然接到一个电话说大门口已放上定时炸弹，要把博物院炸平。我从家中赶来，警察已把博物院包围起来，现正等警察局派防爆专家来把炸弹排除。"我的心情也顿时紧张起来。已有 3 位电视台的记者闻风赶来抢拍现场新闻报道。门口虽有射灯，但距离远，隐约看到一个圆鼓鼓的包放在大门下。这时万籁俱寂，好像炸弹计时器发出"的搭、的搭"的声响也听见了。时间一秒一分地过去，多焦急啊！约摸过去 20 分钟光景，一辆警车驶来，跳下来三个人，敏捷地爬到大门口观察一下现场，又马上回到车房准备"防爆工具"——一条柔软的白色长索。命令在场人员贴地卧倒。我仍微仰起头看到有两人在旁监视，一人霍然跃起拿着结了套环的软绳子向炸弹抛去，一次未套中，二次差点儿，第三次套住了！只见他慢慢把绳索一拉，随着"当啷，当啷"的几声响，那个圆包滚下门前的台阶，静观了好几秒钟不见爆炸，其中一人迅速走近把它捡起，拆开来一看，原来是一个旧的油漆罐，里面塞了旧报纸和杂志。大家嘘了一声。"真是一个恶作剧！害得大家紧张万分。"达祥西院长怎么也不同意我和他一起立即进馆检查，他说："您是护送国宝来的，我有责任像保护中国国宝那样对您的安全负责，里面的情况不明，我不能让您冒险。我和警官先到里面，您再去，求求您啦！"院长先生对中国文物和我的安全这样高度负责的态度，实在令人感动，我又怎好再强人之难哩！

第二天上午，展览委员会主席麦格宁先生（Cyril Magnin）在他的办公室约我会面，他告诉我：昨晚得知发生炸弹虚惊事件后，两点半钟我到过金门公园，后来与警察局联系，已查明来捣乱的是个有精神病的人，已交由医院看护起来。为了确保中国文物的安全，我已决定从今日起展场内警卫人员由 25 人增加到 70 人，每天由 2 位警官在展场值班，白天有骑警在馆外保卫，晚上增派警车、警犬巡逻，以保证展览的安全。

事情就是如此的凑巧，"定时炸弹"事件之后还不到一个星期，旧金山市发生了警察罢工事件。刚好那天上午我们有事要先跑一趟唐人街然后才到博物院，往常在路上行走不时有骑着摩托车的警察在马路巡逻，或拉起刺耳鸣号的警车呼啸而过，这些今天连影子也看不到，心中感到诧异。回到金门公园，看到骑着高头大马穿着黑色警服的公园警察正在巡逻，在展馆内值班的警察一个也不少，这时还以为刚才的"诧异"是自己的神经过敏。达祥西院长到办公室来了，他把今天警察开始罢工的消息及由来告诉我们，原来旧金山警察的年薪一万二千元，早在两个月前已提出要求提高到一万六千元，市政府认为所提增幅太大，无此预算，谈判没有成功，全市警察今天开始举行罢工。院长要我们不用对安全担心，因为已派来为展览值勤的警察，他（她）们在此期间的加薪问题，统由麦格宁先生负责。我们趁机与院长闲扯，了解一下美国某些阶层人士的工薪情况（入乡随俗也是个礼貌问题，到美国后我们与美国人包括华人的交处中，注意遵守不问年龄，不打听对方收入的习惯，除了个别工人主动告诉他们的月收入情况而外，其他的真是一无所知），由此得知在旧金山扫马路的清洁工人年薪一万四千元，清理下水道的工人工资要高一些，水电工和检修电话、地下电缆的工人工薪更高，至于公共汽车司机每小时 8 元，而大学教授的年薪不高，但他们的社会地位高。比如在加州大学，斯坦福大学的教师年薪由一万二千至一万八千元左右，与一个扫地的清洁工差别不大，大抵上愈脏愈重的工活工薪都高，这些工种多是黑人或其他移民干，白人不大愿干。在美国收入最高的第一要数律师，第二属名记者，排第三位的是为数不少的医生了。医生中又以外科医生居首，其次为牙科，内科，至于中国的唐医，只有在唐人街可以立足，在美国公私立医院中都未取得席位。

四、"我打败你们啦！"

8 月 22 日，展览开幕后已经整八周了，展出 56 天，观众人数已超过 70 万。23 日早上，博物院的公共关系主任庞克女士（Mis. Banker）到随展工作组办公室来，喜洋洋地对我说："麦先生，昨天观众已突破 70 万，我已打电话到巴黎、伦敦告诉我的同行说'我打败了你们啦！'我感到为之骄傲。不过，这个展览结束后我得考虑退休了，因为我不能忍受又要回复到以前那种冷冷清清的场面。"是的，这个展览最先到法国，接着到英国、奥地利、瑞典、加拿大、然后到美国就结束了。在巴黎展出 116 天，观众 37 万人，在伦敦和华盛顿各展 116 天，各有观众 70 万人，即每天平均 6000 人，在旧金山展出 62 天，观众 835891 人。平均每天 12000 余人，最多的一天达 25877 人。在旧金山观众如此踊跃，当与他们的宣传组织工作做得十分出色也有很大关系。自从 4 月 15 日中美双方换文同意这个展览增加旧金山这一个展出点的消息公布之后，旧金山的报纸、电台、电视台作了大量宣传，引起各界人士热烈反响。在市政府主持下成立了以市长为名誉主席、麦格宁先生为主席的展览工作委员会，还有华裔赞助委员会等众多机构，为博物院落实各项筹展工作。在开幕之前，博物院早已和西海岸的十三个州、九个城市包括夏威夷、檀香山等地各界人士联系，组织参观团，预定参观日期。院方还决定，除每天开放时间延长到 13 小时外，有一千多个集体单位安排在上午 9～10 时入场，把高峰错开；每周的星期日、星期一晚上 6～10 时安排给大学、社会团体包场等，以便安排专业参观或举行招待会等友好活动的需要。还在方便观众，减少排队时间等方面增加许多服务项目，甚得观众赞许。

　　不知道是因为在观众数字上压倒主办过的其他博物馆取得了冠军（据说这是美国各博物馆有史以来举办过的国内外各种专题展览中观众最多的一次）而兴高采烈的原因，或是麦格宁先生的授意，院长达祥西先生的秘书上午来通知：今天，院长要陪中国工作组五位先生到海湾一家高级中国餐馆午饭，然后游红木公园，请不要作其他安排。到此地后，我们已闻说这座公园，参观这里的植物园后，又知道红木的珍贵，今天有院长陪同参观，更为难得。我们坐院长的美国车驶到海湾边一座临海小山，这是一处旅游观光的地方，饭店位于山顶停车场旁边，靠海一边建有一座几层高的观光瞭望塔。一个打竖的中文大招牌"福禄寿"三字高悬在饭店大门旁边，使我吃惊的是整个门面好像是刚砌完砖墙，还未贴面装修，一点现代装饰材料都不用，全部砌红砖墙，墙面灰缝的多余灰浆全保留着而不刮去，好像这个门面还未完工的样子。进入饭店里面，大厅中都用一人多高的大块有机玻璃做成夹墙，分隔出一个个小宴会厅，夹墙厚约 10 厘米，在两面有机玻璃当中塞满破旧的木箱板。这种情景使我们感到不好理解但也能理解。这家饭店用价值高昂的材料来衬护弃不可惜的废旧箱板，借以托出一种强烈的对比效果。说得好听，称赞它是出奇制胜，是化腐朽为神奇，是反璞归真似乎都无不可；反之亦可以指斥为无聊之极，哗众取宠等等。总而言之，大概这就是在竞争激烈的资本主义社会里，要新奇，要刺激，要经常给人以新鲜感的良苦用心吧。当然，这顿饭是高级的，收费也是高级的（按西方的习惯，高级餐馆的侍应生结账时要用银盘把账单送到主人面前，但账单必然是覆盖着放的，数目多少不让客人看到。客人当然不要看，更不应问）。饭后，驱车朝旧金山市区西北方向驶去，到了海湾入太平洋的出口处，这里形成一个收窄的瓶颈一样。世界著名的悬吊索铁桥——金门桥横卧其中。这座钢铁长虹 1937 年建成，主跨长达 1280 米，其跨度称雄世界第一长达 20 余年。钢索之大，两手合抱不过来，直径近 1 米。悬挂在两座高 227 米的钢塔上，把大桥吊起，确实壮观。因通过的车速有限制，不准缓慢爬行，可惜不能仔细观赏它的宏大桥体和复杂的结构，眨眼工夫就走过金门桥了。汽车穿过一个山岗和峡谷地带，进入红木公园。在美国参观旅游有个好处就是所有开放供游人参观的点，都有印刷精美的说明书或图像等介绍性资料，任君自取或出售。红木（redwood）是俗称，学名叫红杉，为新生代第三纪的古种植物，有的高达一百多米。树干直径可达 10 米，树龄一般都在一、二千年，甚至三千年。这种巨树是世界罕见的，它属杉科常绿针叶材乔木，四季枝叶常青，巍峨挺立。所谓公园其实是一片长着茂密红杉林的山地。入园不远，在一个山坡平台上（考古学上惯称为第一台地），当中立有一大块红杉的横切面，直径有好几米，两边切面的年轮历历可数，说明牌上说这里有一千六百多圈年轮。这是货真价实的长命树啊！中国古代习惯用龟比喻长寿，所谓千岁之龟，传说彭祖八百岁，是作为人活的长寿象征，看来，这都远比不上红杉的高龄（当然，一者为动物，一者为植物，本质与生态全不同，若作比喻，应可互通）。还有另一个更令人惊愕的镜头是有一大红杉，基部横跨在路中，树头直径有十多米，树的当中已腐朽形成穿洞，干脆开凿成一个长方形的门洞，宽近 4 米，小汽车在中间可从容穿行。我们坐在车上沿着山边小溪旁的柏油公路上山，左拐右弯到了半山溪流就断了，越往上则越险要，路也越来越窄了，上下行驶的车相会，仅可通过。好不容易驶到山顶上的停车坪，纵目远眺，远近群山高低起伏，尽着绿装，比较近一点的可以认出是一大片红杉林。达祥西馆长告诉我们，这里原是一位大资本家买下的林地，因为这是大自然留给我们的古稀植物标本，特立遗嘱在他死后，把这片林地送给国家，建为红木公园，供人观赏。我们记得，前美国总统尼克松访华时，送给中国一些红杉树苗，象征两国人民的友谊，这些红杉正在杭州植物园中苗壮成长。游罢归来，我们都觉得好像兴犹未尽似的，因为今日口福实不浅，但眼福更大开。对我们来说，口福是其次的，眼福属第一位。（待续）

原载《广州文博》，1989 年第 4 期。

麦英豪会长在广州文博学会第二届代表大会上的讲话

同志们：

广州市文博学会第二届代表大会暨第七次学术讨论会今天在从化温泉开幕了，这是一个环境幽雅的好地方。请让我代表今天到会的代表同志向从化县文化局表示衷心感谢。由于得到他们的支持帮助，使得这次会议能如期地在此召开。下面我仅谈两方面问题，算作是个开场白吧。

一

文博学会1985年3月在番禺市桥召开成立大会，至今已逾4年了。按《学会章程》第六条规定，今次的年会应在去年举行，后因各单位论文的准备未及，又参考国内不少学会早已改为二年举行一次年会的新情况，经常务理事会研究决定，第七次学术讨论会延期一年，所以换届的代表大会也相应地后延一年了。这是首先要说明的一点。

今次会议是一次学会换届的代表大会。所以与会人数稍多些，内容也多些。由于各单位工作很多，会期只能是3天，会议的侧重点放在换届工作上，当然，学术交流研讨也要兼顾，已印了一个会议日程安排表，请代表们审议。有关换届工作的内容，主要是：1.邓炳权同志代表常务理事会作第一届常务理事会工作报告，这仅是个初稿，请代表们认真地审议、讨论，提批评、提建议，在大家共同努力下把它修改好，争取在《广州文博》刊出；2.陈登贵同志代表常务理事会作修改会章报告；3.黎显衡同志代表常务理事会提出第二届广州文博学会理事候选人名单，并作说明。这个候选名单是第一届常务理事会经过两次讨论，除考虑业务、行政需要外，还要兼顾老、中、青结合，女同志要有一定名额。广州文博各单位有不少老同志已退休，他们在这条战线上做出了好成绩。新的一届理事会需要发挥这些老同志的积极热情，借助他们的学识和宝贵的工作经验，所以提议增设若干名誉理事，以便选聘他们当中的一部分同志担任。这些都要交由代表们审议，然后选举产生新的理事会。总之，我们这次代表大会的任务是：总结过去，开拓未来，为广州文博事业的繁荣发展而共同努力。

今次年会的论文、文章比以前的各届年会都要多。当然，数量多不等于质量高，但量中求质，有一定的数量起码可以说明一点，即在广州文博 600 子弟兵中，动脑子，摇笔杆的人多起来了，这是一个很好的现象。我觉得，齐齐起步走，总比老是三几个人走不知要好出千万倍！所有已写出的论文，文章都打印出来，分送到代表手上，这就是一个交流。在这三天会期里肯定不够时间讨论的，但今后还可以有多种的方式进行研讨，假如大家对此都感兴趣的话。至于今次年会的文章是否印成论文集，这一来要看质量如何，二来要由新选出来的常务理事会研究，更重要的一点，还得看看我们明年的经费能力许可与否了。

二

回顾文博学会成立 4 年来工作的得失，我想提出一点个人浅见，供大家讨论参考，更望批评。怎个回顾法？我想，还是用我们的老领导，文化界的老行尊在广州文博学会成立大会上讲话中对我们提出的要求和希望作为依准吧。原广州市委宣传部长黄菘华同志提出："文物工作也要加快步伐搞上去，不要以老牛拉破车的速度，而应该经济、文物比翼齐飞。可以外引内联，应该互助、互利、互惠，不要老是考虑到部门利益，大家都要有全局观念。"原广州市人大常委会主任欧初同志指出："广州是历史文化名城和开放城市，要有自己特点的文物和古建筑给人家看"，他激励我们"要热爱我们的工作，要有献身精神，要钻进去"，他还给我们出了三道题：1. 广州城是什么时候建的？ 2. 赵佗城位置在哪？ 3. 字画的鉴定怎样才能搞得更好、更准、更科学？我们的老局长，广州文化局顾问杨奎章同志尤其盼望广州文博的同志"要为我国社会主义文博事业奋斗终生"，"要树立老老实实，实事求是，理论联系实际的好学风"，"要努力读书，开阔视野"。上述这些包括了政治（含世界观）、经济和科学文化等方面的深刻内容。文博学会成立以后挂靠市文化局，在局领导的直接关心下，在市社科联的指导下，在文博 600 子弟兵的支持爱护下，四年来学会开展了自己的工作，在协助市文化局、文博各单位从具体的业务到各项科研项目方面都做出了一些成效。换言之，在古代史线方面，越秀山——象岗文化史迹游览线的基本形成，把分散的点连成线，以反映广州历史文化的悠久；革命历史线方面，几个纪念馆的展出和不断充实，比较具体地反映出近百年来广州这个革命英雄城市的形象；工艺美术线方面，近年来，特别重视对地方的美术工艺的收集、整理、展览、研究，做出较大成绩。广州文博就是由这三线组成一个独立的体系，构成了自己的地方特点。最近两三年广州文博事业的发展更进入了一段黄金时期，现在广州的文博单位数目和职工数都远远超过"文革"前了，广东民间工艺馆和广州博物馆先后实行经费自理，这是解放后广州文博事业中破天荒的事情，开始出现了菘华同志提出的"经济、文物比翼齐飞"的好开头。几十名文博中专班学生的毕业，在专业技术职称的评定中有 21 人获得高级职称，有 63 人获得中级职称。近几年中文博单位出版的专书、文章的发表都比以前多，还有几项科研成果获奖，这些都比较实际地说明，这几年广州文博战线在业务和科学文化方面都有长足进步。欧初同志出的三道题，也已初步作出回答。肯钻研的人多了，已经钻进去的也大有人在了。仅就这一点来说，我认为广州文博的同志没有辜负崧华、欧初、奎章等几位前辈的厚望，我们的 600 子弟兵在为广州市精神文明建设事业中做出了自己的一点贡献。文博学会最后一次常委会还研究了对积极支持、扶助、推动文博学会工作的同志，对为《广州文博》积极投稿的同志（四年来已发表四篇以上的）进行表彰。当然，在《广州文博》发表过 1～3 篇文章的同志，他们中有的文章质量很高，可以比喻为一篇顶几篇，但总要有个数限为根据，相信大家对这一点是会理解的。还有很重要的一点使得大家稍感宽慰的是，常务理事会以党的十三届四中全会精神对照，作自我检查，在《广州文博》中，在我们出版的专著中，未发现有背离一个中心，两个基本点的问题，顶住了资产阶级自由化倾向的诱惑。在局党委的领导下，我们的业务、科研坚持社会主义道路，坚持理论联系实际的老实作风。当然，整个来说，我们各文博单位的现代管理水平还较低，比如藏品基础、保管条件、展出内容、陈列手段、宣传声势与效果、科研出版的质量和数量等等方面都远比国内大城市中的兄弟博物馆为落后，尤其在对待图书资料工作的重要性的认识，对全国的以至世界的文博重大动态，重要科技信息所知甚微，这不能不影响我们的科研，我们的业务开展，我们整个理论水平的提高。这些有待于我们文博全体同志共同努力，克弱图强，更快地前进！

承蒙文博同志的厚爱，在第一届常务理事会上选我为会长，我深感自己德薄能浅，特别是出点子、想办法方面显得更差劲，只是由于有常务理事会各同志的鼎力相助，有三位秘书长同志的任劳任怨良好美德，他们踏实工作，把学会整个事务工作、编纂、出版工作等都担起来了。讲句公道话，上述取得的成效是有文博全体同志的支持，是在常务理事会各理事、副会长、秘书长们的辛劳下，是在文化局领导关心，从政治上领导、业务上扶持、经济上资助而得来的，我个人的作用微乎其微。如果说，我可以取得大家的原谅和理解，就算我勉强地完成了这四年的会长使命，今天向常务理事会各同志，向上届选举我的代表同志们交个差。去年，得到文化局党委的关心，同意我的请求不再担任单位工作的实职。我多次向文博学会常务理事会提出不再担任下届会长的职务，得到各理事的认许，得到钟子硕局长的同意和刘斯奋副局长的支持，我要感谢大家使我得以专心致志于清理过去未完成的手尾工作。我想申请当一名名誉理事，如果代表们不见弃，请投我一票，太啰嗦了，谢谢大家。

原载《广州文博》，1990 年第 1 期。

麦英豪同志给文化局党委的一封信

卢子辉书记：

　　您好。昨日列席局党委扩大会议，听了钟子硕局长传达广州市委副书记张汉青同志率广州代表团赴上海考察学习当地文化建设工作的情况，并得知广州市委、市政府的负责同志对广州的文博工作如此重视，提出很高的要求，听后令人兴奋。我觉得：自改革开放以来广州市文化局以快步赶上广州市的经济建设发展的新形势，广州文化工作的各方面都做出了显著成绩。比如群众文化（市图书馆的新建和所起作用）、文艺创作（一些轰动全国的创作剧目上演）、影剧场的改造成功，特别是在钟局长领导和具体筹划下完成了越秀山——象岗文物史迹旅游参观线，适应了广州旅游事业的发展，促进了文博事业的建设。其中春睡画院、陈树人纪念馆、明代城墙保护、广州美术馆碑廊与南越王墓博物馆第一期建成等等，这一系列成果得到省、市领导的嘉许和来穗的中央负责同志的肯定，成绩得来不易，这是建国卅年来广州文博工作出现的一个最新局面。

　　如何巩固成绩，更好地前进？下面仅就个人所想到的提出一点意见供党委参考研究。

一、文博专业也存在五花八门的问题

　　鉴于当前人力、财力所限，不能离开实际作超可能的设想，只能狠抓重点，照顾一般。就当前来说宜先抓好两个重点，带动其他。

　　一个重点是革命线的黄埔军校和东征烈士墓。黄埔史迹与海峡两岸关系密切，抓好这个点对当前统战工作大有帮助。

　　另一重点是古代史线的南越王墓博物馆二期工程和馆舍建成后进行南越王墓出土文物复原陈列、南越国史陈列两个专题展出。广州是国际有名的一座历史文化名城，上述两个南越国的专题陈列比较能够引人注目，可与名城的历史相匹配。

二、要用力气抓人员素质的提高

要创建一流的博物馆，必需有一流的人才（包括专业研究和现代化的管理人员）。一流藏品、一流馆舍、一流的陈列设计、一流的制作施工，还要有一流的人员进行研究和日常的管理才能办出一个高水平的博物馆，广州文博工作情况、人员素质情况与广州的历史地位和经济发展的要求有较大的距离。总的来说，广州文博人员不少（600子弟兵），但专业知识水准和现代管理水平是不高的，看不到或不承认这一点，就不可能有进步。看到了，又如何改变这种状况，使人员素质逐步提高，有三点想法：

1. 各馆要认真建立一套切实可行的规章制度，实行科学管理。

各专业如陈列、保管、宣教、研究等都应根据自身专业实际订立工作规章，办事有章可循；馆长和行政部门也应有办事的规章制度。拟订章程容易，坚持执行就难，甚至形式一番。如各馆都有冬夏工作服，上岗坚持穿工作服的馆有几个？影响馆容馆貌的事，馆长到一般工作人员都习以为常视而不见，或泰然处之的现象是存在的。这是一种惰性在作怪。如果要求不高，自律不严，是不可能创出一流水平的，人的素质更不可能得到提高。

2. 有目标、有计划地组织一些专业参观交流，这是从业务实践、工作中提高素质的一条途径。

文博专业五花八门，自办培训班吃力，不易办好。他山之石可以攻玉。有目标有计划地选派人员外出或在本省内作对口的参观交流，从对比中找到差距，从参观中学到业务知识，所谓读万卷书行万里路，这是自我提高的一法。

3. 提倡竞争，要实行论功行赏，重奖有罚，激励上进。

有竞争就有生命。各馆之间，馆内各部门之间都应以贡献大小，人员当中以工作认真，成绩显著或马马虎虎的甚至潦草塞责，实行每年一次重奖（个别的）有罚（个别的），论功行赏。少吃大锅饭，使竞争意识不断加强，激励人们奋发上进。例如征集到重要的文物展品；在宣教、财务、行政管理上做出优异成绩的；对专业研究有重大成果的；所提合理化建议对改进馆的工作起了重大作用的，年终时都应实行奖评，有奖有罚。文博八个大单位中每年评选出一个红旗单位（流动红旗），若干个先进的部门或个人，由文化局给予重奖。只重实际，不重惯例和形式，该年如果评不出一个先进的馆，则绝不应凑数，以保持评奖的质量。

三、一项具体建议

两个重点中的革命线重点，有得力的同志具体负责去抓，大可放心，只要给予财政方面必要的支持，则不会有多大问题了。

南越国的两项陈列，是件艰巨工作。二期工作用地的拆迁，关系主体陈列楼土建工作并按期交付使用，这是整个重点中的关键。没有馆舍，何来陈列？钟局长亲自抓，经常检查督促工作进度，所以主体陈列楼的按期完成似有较大保证。

余下的一个，赶快制订陈列提纲的问题。陈列提纲是核心，无异于一个剧本。根据文物展品进行内容设计，这是一个颇费推敲的课题。

为此建议：

1. 制订提纲（复原陈列和南越国史陈列）工作现在就要上马，不能再后延了。

2. 宜集中文博优势打歼灭战。

可先成立一个三人小组，负责陈列提纲的拟定和日后的陈列上架布展等任务。这个小组可从广州博物馆和广东民间工艺馆各借调一名主力与南越王墓博物馆陈列部负责人组成。

第一步借调人员宜少，要精。由三人小组打开局面，以后视工作实际再由他们提出借调的名单，各单位借调人员可得一次难得的业务实践。

①七月以前有计划地参观解剖二、三个有代表性的博物馆，作为借鉴。

②九月以前提出陈列提纲的一、二、三稿供讨论。

③年底完成陈列大纲的初稿，可以提高给负责陈列形式设计者使用（作为设计依据）。

④明年上半年要摸查汇集文物展品和有关资料。

3. 南越王墓出土文物复原陈列和南越国史的历史专题陈列，两者的陈列形式设计和施工制作可考虑请上海博物馆陈列设计部费钦生同志总承包，以确保展出质量。

今次有关南越国和南越文物的两个陈列已宣传几年，为海内外所关注，一定要搞好，要体现广州的水平。它的内容、规模、陈列形式手法，展览场地有民族化、现代化都是广州文博史上空前的，就人员培养来说，无异是一场实践练兵，仅靠"南越"现有人力，难于完成，亟需由局出面组织会战。几个有关的文博单位出人出物，通力合作，把这个代表广州水平的项目拿下来，为名城添一分光彩。

上述的建议，仅供参考。当否，请酌。

    致
敬礼！

麦英豪一九九一年五月十日

原载《广州文博》，1991 年第 3 期。

见证·启迪·借鉴（代序）

一

　　1996 年夏，广州市属文物单位联合在西汉南越王墓博物馆举办"羊城文物珍藏"展览，作为向广州建城 2210 年的庆贺；这次展览汇集了各单位几十年积聚的藏品中的精华，奉献给广州市 600 多万人民和广大的文物爱好者，共同鉴赏。

　　广州城的始建年代，既有信史可证，又有近年考古新发现可据。史载，秦始皇二十六年（前 221 年）统一六国，建立起中国历史上第一个中央集权的封建大帝国，推行郡县制，随后又发兵北却匈奴，南平百越，于三十三年（前 214 年）统一今两广的岭南大地，于此设置桂林、象、南海 3 郡，南海郡的郡治在番禺（今广州市），这是见诸《史记》和《汉书》的纪述。有郡治当有城邑，所以前 214 年实为广州城建的始年。秦的国祚甚短，只有 15 年，秦始皇死后，农民起义风起云涌。原秦将南海尉赵佗乘中原战乱之机，据有岭南三郡，建立南越国，以番禺为都城。《史记》、《汉书》称之为番禺城，这也是广州城最早的名字了。

　　近年，广州考古工作对番禺城的问题又有突破性的新发现。1983 年在象岗发现南越国第二代王赵眜的陵墓，墓主身上随葬 9 枚印玺，其中 1 枚为龙纽"文帝行玺"金印，这枚金印对广州城建历史来说有其特别重要含义。因为自秦始皇的玉玺为刘邦所得，成为传国玺，以后历代帝王的印玺成了封建王朝中最高权力的象征。在西汉初年，南越王国定都广州，长达 93 年，这枚"文帝行玺"金印正是这段历史的物证。1995 年下半年在今广州市区中心的中山四路忠佑大街城隍庙西边，发掘出南越国宫署的部分遗迹，在遗址的一块大石板上凿刻有一个斗大的秦隶"蕃"字（番禺的简称），真是"一字千金"。这个"蕃"字既是岭南迄今发现年代最早的石刻文字；更为重要的是，宫署是南越王国最高层统治者的居处地，为当日番禺城的核心区。《史记》、《汉书》的南越传均载，汉武帝元鼎六年（前 111 年）平南越，火烧番禺城。考古发现南越国宫署走道有毁于大火的遗迹，正与文献记载相符。番禺城的坐落位置得到确认了。一枚"文帝行玺"金印，一块"蕃"字石刻，成为广州建城 2210 年最具权威性的历史物证，可说是广州这座二千年历史文化名城的两件重宝。

二

现代田野考古学和博物馆学在广州的出现都比较早。1931 年，一个民间考古学团体——黄花考古学院在广州成立，它编辑出版的《考古学杂志》（创刊号）也同时面世，这期间还发掘过几座汉晋古墓，开创了广州地区有现代田野考古的历史。到 20 世纪 50 年代，在配合市区和郊区的各项经济建设工程的施工，开展了较大规模的田野考古调查和发掘工作。当中华人民共和国成立后的第一个十年，广州与西安、洛阳、南京、长沙等地成了当时全国的"考古发掘的重要据点"（《新中国考古的收获·序言》，文物出版社，1961 年）。回溯四十年来，广州地区的田野考古调查与发掘工作（除"文化大革命"期间曾一度停顿外）持续不断，先后发现多处古文化遗址和自秦汉至明代的大批古墓葬，其中两汉墓逾千座，汉墓的出土文物亦最为丰富。还发现了唐代建筑遗址、南汉城的排水涵洞遗迹、宋代城基遗址，还有北宋年间专烧外销瓷品的西村窑等。至于被誉为广州秦汉考古三宝的秦代造船遗址、南越国宫署遗址和象岗南越王墓，同属 70 年代以后的考古新发现。

广州博物馆的前身——广州博物院成立于 1929 年。20 世纪 50 年代初，广州市人民政府着手建立文物保护的专门机构，随后又分别筹建包括广东革命历史方面的、广州城市历史的、工艺美术方面的专业博物馆和一批纪念馆和文物保管所（设在文物保护单位内）。为了收集、保护流散于社会上的文物，为博物馆提供有入藏价值的文物，于 1960 年成立广州市文物店。自此，这些文物单位负起广州市的抢救性考古发掘、文物建筑的维修保护、各种历史文化艺术珍品的收集、保存、研究、宣传展览的重任。

文物是人类社会历史发展的见证，它具有教育、可借鉴、为科学研究提供实物资料的重要作用。博物馆由于拥有多（入藏品愈多愈好）、精（珍稀品以及具有特别重要的历史科学艺术价值的文物）、全（包含各门类的、自成系列的）的收藏，让参观者从中获得各种历史信息，所以被视为学校的第二课堂，成人的终身学校。事实上，一个博物馆拥有藏品的多少，质量的高低是直接关系到这个博物馆的社会声誉和实际的业务开展的。比如，中国的故宫博物院、英国的大英博物馆、法国的卢浮宫博物馆、美国纽约的大都会博物馆等都因其收藏的多、精、全而享誉世界。广州的博物馆在国内来说，其藏品的数量与质量虽然都无可与几个大城市的博物馆相比拟，但作为地方性质的博物馆，它收藏有丰富的地方文物、文献，因而显出它的特色。广州的几个博物馆其藏品来源不尽相同：例如广州博物馆是以本地区考古发掘的出土文物为其主要收藏，同时又注重城市历史发展和民俗文化实物的征集。广州美术馆的藏品则以广东地区书画家的名作为重点而又面向全国，建馆初期有赖前广州市长朱光的关怀支持，从各方面为其搜罗、征购书画而奠定了藏品基础，其后又得杨铨先生、李凡夫先生等的大批捐赠，还有著名学者容庚教授所藏的近千幅字画，通过价赠的方式，全部交由美术馆选藏。经过近三十年的致力搜罗，该馆藏画盈仓，已跻身入全国美术博物馆藏画的前列。又如广东民间工艺博物馆，它以广东古代至近现代的各种优秀民间工艺珍品为其入藏重点，但面向全国各地。该馆拥有逾千件明清以来的石湾艺术陶瓷，成为国内外博物馆中收藏该窑制品最丰厚的单位，深受陶瓷爱好者的赞许，又因得到香港杨铨先生把毕生所藏陶瓷、铜器、竹木雕刻品等五千多件无偿捐赠，使该馆的藏品倍增，跃居广州各博物馆拥有藏品数的首席。至于象岗西汉南越王墓出土逾千件（组）的文物，成了西汉南越王墓博物馆的重要典藏。这座遗址博物馆建成未到十年已是遐迩闻名，主要是该墓出土文物中有不少是全国首见的精品和珍稀品；加上又有香港杨永德伉俪把多年来搜集得来的二百余件唐宋至元代的陶瓷枕慷慨捐赠，遂令该馆的入藏别开生面，倍添异彩。广州文物店建店以来，向故宫博物院、广东省博物馆、广州美术馆、广州博物馆、广东民间工艺博物馆、中山大学、广州美术学院等文物研究单位提供数以千计的文物珍品。展品 150 号元代青花船形水注和 155 号清雍正青花赏瓶两件珍稀品，就是该店从民间收购得来，前者已交给广州博物馆入藏。而今该店已跃上全国仅次于北京、上海而具有一定影响的文物专营店。

三

　　博物馆藏品必然是文物或自然的标本，但不是所有的文物或自然标本都可成为博物馆的入藏。文物藏品必须具有历史的、艺术的、科学的价值，这是入藏的基本条件。判定年代，辨明真伪，则是确认文物藏品价值的前提。一般来说，对传世的文物，首要的是鉴定年代和判明真伪，这是决定它所具有历史、科学、艺术价值的前提。本展览特意选出两件战国式铜镜的赝品，其仿制之精，几可乱真；同时又指出它的破绽所在，以供鉴研。至于考古发掘品，需要断代而不存在真伪问题。广州各博物馆的藏品，从 60 年代开始，经过国家文物鉴定委员会的专家和我省市的文物鉴研专家先后多次进行鉴定，确认其年代与级别，是次展出的藏品侧重在古代史和工艺美术方面的，尚未包含革命历史方面的收藏。展品系由广州博物馆等 6 个单位选送，共 262 件（组），概纳为铜铁器、玉石印玺、陶瓷器、其他工艺以及书画，书画因要避免长时间的照射受损，分批轮换展出。名之曰珍藏，会否有点儿“敝帚自珍”哩？愚以为这要看从什么角度，用什么标准来衡量了。因为事物是相对的，是比较而言的，既曰珍藏，自有其可珍处。例如，展出的商周青铜器中，展品 1 号的剌鼎，器内壁有铭文 51 字，已确认为西周穆王（约前 1001年）时，可视为西周铜器断代的标准器。展品 8 号与 9 号同为秦戈，其状虽然一般，但历史价值重要。前者出自广州东郊区庄一座秦墓中，戈的内部刻有（秦始皇）“十四年属邦”等铭文；后者出自象岗西汉南越王墓，戈内处刻有（秦惠王后元）“王四年相邦张义”等铭文。张义即张仪，与苏秦同为战国时著名的纵横家。这是岭南地区考古发现唯一有秦代纪年的两件青铜兵器。联系到1976年江西遂川出土的一把戈，内上刻有（秦始皇）"廿二年临汾守暉"的铭文，可以认为这是《淮南子·人间训》所载的，秦始皇派遣统一岭南的五路大军中，"一军守南野之界"（遂川在秦时属南野境）和"一军处番禺之都"的遗物，弥足珍贵。考古发现的青铜器，首推象岗南越王墓，该墓随葬铜器四百余件（套），数量大，品类多，有不少属珍稀品。其中3套青铜编钟，3件铜烤炉（展品12号），多件越式铜提筒和铜熏炉（展品13号），最具地方特色。其中8件一套的铜句鑃（展品18号），所刻铭文说明系由南越国乐府的工师监制，可见当日广州地区的铸铜手工业已较具规模。9件刻有"蕃禺"或"蕃"字铭文的汉式与越式铜鼎（展品11号），是最能说明"蕃"即为"蕃禺"简称的物证。铜镜既是实用器，又是工艺美术制品。南越王墓出土的39面铜镜，有带托镜（展品30号）、漆画镜、秦式镜、楚式镜等珍品，其中一面六山纹镜（展品26号）是考古发掘中第一次得见的出土品，极为珍罕。至于五山纹镜，在岭南至今未有出土，湖南长沙偶见战国墓中。展品27号的一面五山纹镜为广东民间工艺博物馆所藏，亦属难得。至于三国吴的纪年镜、晋的纪年镜、唐代金银平脱镜和唐贞观七年（633年）铁镜等都填补了广州藏镜的空缺。根据文献记载，过去一直认为东晋咸康年间邓岳任广州刺史，大开鼓铸，广州始有冶铁业。南越王墓出土一件重26.5公斤越式大铁鼎（展品38号）和南越国宫署遗址出土的一件铁门枢轴，虽然已是锈层斑斑，状貌不扬，但却是作为南越国都城的广州早在二千年前，已有冶铁手工业存在的"铁证"，因而有着重要的历史价值。还要特别提到的是，1994年黄埔区姬堂晋墓群的重要发现。已发掘3座砖室墓，保存完好，第2号墓有"永嘉元年"的纪年砖文，所出的陶瓷器物类同，可能是同一家族墓地。出土一批青釉器，多施有褐色点彩，还有多子槅、耳杯盘、虎子等（126、127、131号），与江淮及中原地区晋墓所见相同，具有鲜明的时代特点。还有滑石谒牌（相当今之名片）和类似墓志作用的铭牌（72号）与"关内侯印"石印（明器）、银质龟纽"牙门将印章"官印（71号）至为难得。它既可说明墓主梁盖的身份，对于研究当日番禺（今广州）与增城县的史地关系和梁氏族望都很有价值。还有陶马厩、牛栏、猪羊圈、鸡屋以及贮粮的囷和井、灶（116～122号）等模型明器，是广州晋墓中所罕见的。墓主随身陪葬的2把环首铁刀一长一短，短的一把身长60厘米，前段的11厘米作为两刃有中脊的剑身，把劈杀与刺杀的功能合而为一，成为独特的刀剑合璧，在中国古代的铁兵器中尚属首见。更为精彩的是，第2、3号两座墓出土了3块陶制水田模型，水田上塑有农夫在犁田的，在耙田的，在修治农具的，在开挖排水沟的，还有已莳秧完毕扛起农具正欲离开的各种人物与耕畜的形象。家鸡带到田头放养，田埂上放有一个覆盖严实的大竹萝，表示连午饭亦已带备田间。每块水田的田埂边处都安装1个捕鱼的竹笱，鱼儿是跟潮水到来的，显示这些水田属于珠江三角洲近海有潮水到达的连片沙田。真是好一派早春开耕的农忙情景。当然，这些随葬物是用来显耀墓主人的富有，为一方的豪家大族；同时，也是西晋后期长达 16 年的八王之乱，北方战争频仍，经济凋敝，中土人士大批南迁，而南方地区相对稳定繁荣的一种反映。在广州的晋墓常见"永嘉世，天下荒，余广州，皆平康"等砖文。广西梧州的晋墓也有"永嘉中，天下灾，但江南，皆平康"等砖文发现，这些吉语砖文连同上述姬堂晋墓出土的陶制水田、粮囷和各种禽畜的圈舍，十分形象地展示出誉为岭南粮仓和鱼米之乡的珠江三角洲地区当日如何丰盛康平的一幅历史图像。

陶瓷器是广州各博物馆藏品中的大项。广东民间工艺博物馆入藏的古瓷，除了唐宋时期南方浙江越窑和龙泉窑的青瓷，江西景德镇的青白瓷，北方耀州窑和河南临汝窑的青瓷，河北邢窑、定窑的白瓷，磁州窑的黑白瓷和钧窑的变釉等六大窑系的产品外，还有宋元以后的釉下彩青花、釉里红、青花加彩、斗彩、五彩、珐琅彩、粉彩和广州的织金彩等名瓷产品，都拥有一定数量或珍稀品。广州博物馆所藏则以广州汉陶最具特色。这批汉陶都是建国以来广州地区考古发掘的出土品。其胎质、火候、制作、施釉以及器形纹饰等方面都有浓烈的地方色彩，是上承先秦时期本地区的印纹陶工艺传统而来。纹饰方面则以几何图形戳印为特点的拍印纹和精细的刻划纹为主要；器形中以各种瓮、罐、联罐、联盒、熏炉、匏壶以及屋、仓、囷、井、灶的成套模型明器最有地方特点。就目前所见，广州汉陶除了遍布两广地区外，在邻近的福建、江西和湖南的衡阳、长沙等地都可以看到它的影响。广东民间工艺博物馆所藏明清以来广东石湾窑的艺术陶瓷，不仅数量大，而且精品多。明代的吴南石堂、昇明、杨昇、可松、祖唐居等名家之作尽有；清代的有"仿钧蓝釉而胜于钧"，擅仿历代名窑的制品；还有备受称誉的动物、人物作品，其塑形大胆夸张，粗放简练，刻划传神，散发出浓烈的民间生活气息。

玉器则以南越王墓所出两百余件（套）为重要。这批玉器不仅数量大，品类多，雕镂也极为精美，被誉为汉玉之大观。其中有 71 块玉璧、11 套组玉佩饰、58 件玉剑具和 5 件玉容器皿至为精彩。由于墓葬保存完整，未受盗扰破坏，因而对研究各种玉器的使用功能方面有了可靠的依据。墓主身穿的"丝缕玉衣"，有 2291 片玉片组成，这是汉代考古发现完整的玉衣中年代最早的，又是仅见的一袭。

广东石雕以潮州地区的作品为精，展品 188 号的花岗石镂雕加彩雀替，在坚而脆的石质上雕镂出玲珑剔透的形体，真的有百炼钢化为绕指柔的神奇。位居中国四大名砚之首的端砚，以石质优良，雕工奇巧闻名于世。今次选展的 6 方端砚，分属唐、宋、元、明、清五个朝代的制品，从中已多少可看出年代早晚在砚型与雕工上的不同。其中展品 192 号是 1956 年 12 月从广州动物园麻鹰岗一座初唐的残墓中出土的（该墓打破 56 东麻 M2 东汉建初元年砖室墓的墓道）。唐李肇的《国史补》说："内丘白瓷瓯（即唐代邢州内丘县的白瓷碗），端州紫石砚，天下无贵贱通用。"这件唐代端砚和展品 137 号邢窑白瓷碗（共 2 件，同为 1954 年广州建设新村唐大中十一年墓出土）是广州已发现众多的唐墓中仅见的孤品。这就表明所谓"天下无贵贱通用"，或许只是文人的夸张之词，事实上，端砚与邢瓷在唐代同属珍贵的物品。

金银器属于贵重金属制品，无论是考古发现或传世的馆藏都颇为珍罕。目前中国境内已出土4枚西汉年间的金印，其中的3枚出自象岗山南越王墓。一为"文帝行玺"、一为"泰子"、一为"右夫人玺"，这3枚金印除了可与《史记》、《汉书》的南越（粤）传相印证外，就从印玺学的角度来说，也增添了最新的资料。同墓出土的一个蒜瓣纹银盒，还有焊珠金饰件，展品68号串珠饰品中的十二面焊珠金球和西汉的蓝色玻璃碗等，同是来自西亚等地的舶来品，是经由"海上丝绸之路"输来。广州的牙雕、广钟、广彩在清代颇有盛名，亦与海路对外通商贸易有关。

清代的金漆木雕神亭（展品193号），是一件较能代表广东潮州木雕风格与技艺水平之作。明朝时期的竹雕则以江苏为著。本展览展出的明代朱缨祖孙三代和清代吴之璠、封锡禄、周颢、潘西凤四大名家的作品（展品202~206号），亦为全国所藏明清竹雕品中较为珍贵的。

书画藏品中选展35件。其中北宋文同《墨竹图》和元代李衎《纡竹图》，二者均为清代广东著名书画鉴藏家吴荣光旧藏。《墨竹图》入藏后1980年曾在北京故宫博物院首次展览。容庚价赠的明代戴进《山高水长卷》，为戴画罕见的巨构。清初著名画僧弘仁《黄山始信峰图》，为其黄山图景系列中最精美的作品。广东名画家作品，明林良的《秋树聚禽图》美术界公认为林画传世精真新代表作。清初张穆《七十龙媒图卷》，画各种性情体态的马数十匹，形神兼具，该卷为香港杨铨捐赠。清中晚期苏六朋《东山报捷图》、苏仁山《五羊仙图》，所画人物意气风发，各具特色。书法作品，清初陈献章茅笔行草书和彭睿壒的竹木派草书都极见功力。本展览展出的全国各地书画作品各有其代表意义，而明清广东书画家作品，则显示有拓新创意精神。

四

文物所具有的历史、科学、艺术价值，是文物本身所固有的，它从不同的领域和侧面如实地反映事物的本来面貌。但人们对它们所具价值的认识不可能一次完成，只能随着社会历史的发展，科技的进步而不断深化。我们深知，上述的一些介绍和评议，也许是很肤浅的，甚至有不当之论，冀望得到读者的批评指正。再者，广州的博物馆虽然出现较早，但先天不足，后天欠调，在藏品方面与多、精、全的要求距离很远，在馆舍与设备上更显得落后和管理欠善等等。这些除了要求我们文物、博物馆工作者必须努力再努力外，更有望于社会各界热心人士的鼎力支持，俾广州的文物保护与博物馆事业得到扎实的、较快的发展。

1996年12月冬至日定稿于羊城寓所

原载《羊城文物珍藏选》，广州市文化局编印，1997年；又载《广东文物》，1997年第2期。

地下"文帝"殿 世上越王宫

——记南越王墓与南越国宫署的发掘

广州象岗南越王墓是 1983 年发现的，至今已过去十五年了。该墓是岭南地区规模最大，出土文物最丰富，墓主人身份最高的一座西汉石室大墓。发掘后在原地建立"西汉南越王墓博物馆"，以保护墓址及其出土文物。今次应台北历史博物馆邀请，选其出土珍品在宝岛展出，实一盛事。该墓发掘后已有正式发掘报告及两种大型专题的资料性图册出版。值此文物展览之机，本文再就发掘经过方面作一些补充。南越国宫署遗址自 1975 年以来，共有四次重要发现（图一），亦在此披露，可为了解南越王生前死后奢华生活的相互印证并为南越史研究提供新资料。

一、南越王墓的发掘

夏鼐的叮嘱 南越王墓坐落于今广州市区北面的越秀山象岗。这里原是越秀山群岗中靠西边一个海拔 49.71 米，属风化石英砂岩的土石小岗，明初扩展广州城垣，"凿象岗以为北门"，由是象岗从越秀山被"割切"出来，成了一座孤立小岗。八十年代初，一个建筑地盘在象岗施工，先把岗顶削去十七米，平出一块五千平方米的地皮以建公寓楼。在开挖楼房的基础时，揭露出墓室顶盖的大石板，考古人员接报后到现场勘查，认定这是南越国时期的一座大型石室墓，在岭南地区是前所未见的。

国家文物局接报后即电复广州市文化局，请派专人到北京详细汇报。6 月 13 日市文化局饶志忠副局长与笔者到了国家文物局汇报，根据广州发掘的如华侨新村等多处南越国时期的墓群作比较，这座石室墓的墓主不会是南越开国之君的赵佗，因为墓的规模还小了点，应为南越国某代王的陵冢，现已暴露，亟需清理保护。国家文物局沈竹副局长指出：这个发现很重要，不亚于长沙马王堆一号墓，墓主身份很高。文物局顾问谢辰生对我们说：不用急，以后墓主人会自报家门的（后来 9 月 22 日晚上 9 时，中国考古史上第一颗"皇帝"金印"文帝行玺"出土，谢顾问的话得到验证）。下午到社科院考古研究所汇报，夏鼐所长参加全国人大会议去了，由王仲殊副所长接待我们。第二天上午，我们再到考古所听取夏先生意见，王副所长说：昨晚找到了夏先生，他听到广州的这个重大发现十分高兴，夏先生说："这是一个重大的发现，不下于马王堆和满城汉墓。既已暴露出来，是要清理的，我们要从中国考古事业上来考虑这个问题，一定要把这座汉墓的发掘事情办好，考古所要尽量运用我们既有的技术水平，尽我们最大力量投入这项工作中去。考古所要参与发掘工作，而不是去作客，要跟广州的同志一道把事情办好，不要把它看成是个额外负担，要看作是考古所义不容辞的责任。如果人力上一时有困难，有的工作要停就停，要抽的人就抽，一定要把这墓的发掘做好。请通知广州的同志，赶快写个材料通过省报上来，由文物局考古所联衔上报国务院（笔者按：后来由文化部、中国社会科学院会衔上报），待批准后进行正式发掘。考古所要派人与地方组成发掘队，但队长要由地方的同志担任，考古所的同志也可参与。发掘的出土文物，考古所一件不要，为了保证质量，早日把发掘报告出版。所里要派人参与编写，出版时考古所的名字要排在后头。"

听了王副所长一字一句的转达，我们感到十分高兴，因为先生的决定是近三十多年来考古所队伍第一次跨过五岭。五十年代初，他们只到了长沙，以后重点放在黄河流域。这次把队伍拉到广州来，也是岭南考古史上的一桩大事；同时，我们感到受教育，夏先生对问题看得多深，考虑得多周全，连最细微的事，甚至发掘报告出版时署名的排列先后也想到了，体现出他作为中国考古学界最高学术研究机构的领导者所具有的眼光、胸怀和谦逊的态度，令人敬佩。上报请求进行抢救性发掘的报告，经国务院李鹏和田纪云两位副总理批准了。

7月1日，国家文物局顾问谢辰生和黄景略、李季连同黄展岳先生（发掘队副队长）四人专程到广州，带来了国务院的批文，发掘证照及正副队长的任命书。根据国家文物局领导的意见，由笔者任队长并提名组成的"广州象岗汉墓发掘队"成立了。发掘队包括发掘组、摄影组、保管组、后勤组共44人，分头开展发掘前的各项准备工作。8月25日，发掘正式动工，至9月13日的二十个白天黑夜，工作进展顺利，墓室的前部包括墓道、前室、东耳室和西耳室的清理工作完成。特别是东、西两耳室堆满随葬器物，有的器物还被丝织品裹着，目不暇接。考古队员怀着兴奋的心情进行第一阶段工作小结和休整。9月17日，发掘的第二阶段开始，这是打开主棺室大门，着手清理墓主棺室的关键时刻。

就在这个时候，夏鼐先生和沈竹副局长到了广州，他们随即来到发掘现场（图二）。主棺室的两扇石门打开了，看到墓主人的棺椁已全朽，夏先生一再叮嘱我们，要特别留意板灰痕迹和棺椁装饰物等的出土位置与方向，这对以后整理编写报告时推断复原棺椁的式样及大小尺寸等都是重要的依据。这时，一块扁长方形，四角钻有小孔的玉片发现了，它给我们传达了一个重要的信息——墓主身穿"玉衣"！随着较多的玉衣薄片在发掘人员的小竹签下剔拨出来，已见到有散乱现象，夏先生又及时提醒我们，要考虑分层揭取或整取办法，要勤记录，要多绘图拍照，尽可能取足取齐玉片形制、穿结方式等资料，为复原作根据。当夏先生看到墓门外的外藏椁所出大陶瓮有"长乐宫器"四字戳印，笑对笔者："这是从长安来的啊！""请夏先生细审，这是印纹硬陶哩"，我答。夏先生随即说："此戏言耳。"

朱墨绘画堂宛若人间世 南越王的石室大墓深藏在象岗山顶以下二十米深处，石室底部的建筑平面有一百平方米，论规模不算很大，但营造工程则是十分艰巨和庞大的。因为墓坑是从岗顶往下挖深逾二十米，连同斜坡的墓道，仅开挖竖穴的土石方就有近三千立方米。建造石室的大小石块共七百五十多块，其中最大的一块是前室镇盖石，长 1.5、宽 2.2、厚零 0.24 米，约合 1.32 立方，重约 2.6 吨，这些石料要远从二十海里外的番禺莲花山采石场开采，经由珠江前航道转入象岗西边的芝兰湖，在当时还未有起重设备的条件下，全靠人力将大石搬到竖穴底以垒筑墓室。石室建造完成，还从别地运来二千多立方的黄土与粗砂，把石室以外竖穴的空间分层夯实回填，使陵墓不留痕迹。可以想见这座墓穴建成所耗用的人力和物力之巨。

石室墓是依照生人前朝后寝的居处布局分为前后两部分，室内各种随葬器物亦依此而安置。石室的大门至斜坡墓道之间埋了二个殉人，是负守卫把门之责的。前部有三室，正中的前室，顶部及四面的周壁都绘朱、墨两色的云气纹，以象征主人生前处事的画堂（按：汉代的未央宫有画堂，汉宫中多饰有绘画的堂室）。

前室的西半放置一辆车的模型，东半有一殉人，随身陪葬有"景巷令印"铜印一枚，得知殉人是个宦官，作为墓主的御者或为骖乘（居右边的陪乘）。西耳室随葬物品特别多，叠压二、三层，真是礼、乐、射、御、书、数之物无一不备，其中有一盒墨丸，约四千余颗，这是我国发现汉墨中数量最多的一次。这个百物杂陈之室，象征墓主御用物品的库藏。东耳室是宴乐室。除了三套铜编钟、二套石编磬、青铜酒器和三把作仪仗用的铜戈（其中一有"张仪"的刻铭）之外，其旁有一殉者，似为乐伎。最令人惊奇的是，在这个堆满宴乐器具的室中，在南边的石墙之下，整齐地排列着六件铁农具，有锄一、镢二、锸三。它使人想到古代的帝王每年孟春之月都要举行规耕籍田之礼。这六件农具同放在宴乐室中，大概是寓意南越王在宴乐之余未忘亲耕籍田，劝民稼穑的。

后部四室是象征墓主的起居间。居中的主棺室为墓主人的长眠地。其左（东）是妃妾的藏所，有"右夫人"、"泰夫人"、"左夫人"和"□夫人"四位夫人从殉。右边为女婢、仆役之室，发现七位殉人，因其地位低下都无棺具，遗骸斜列在此室南部的地板上，北部还堆放有牛、羊、猪三牲。位于主棺室后面的后藏室，其面积不足四平方米，由两根贴墙石柱与主棺室分隔开，室中堆叠着一百多件铜、铁、陶质的炊具和储容器，有的炊具还是较大型的。从器内残存的一些遗骸、残迹得知，器内储存有天上飞的黄胸鹀（禾花雀），水中游的鱼和各种贝类的海产，家养的猪、牛、鸡等禽畜。说明下葬时室内已为墓主人储备了大量美酒佳肴。很明显此室是象征主人的御厨库藏。从禾花雀不少于二百个体在此出土，使我们首次看到了两千多年前孕育岭南饮食文化的胚芽。

主棺室处于石室的中央，是停放墓主棺椁的地方。这室显得过挤，因为中间放了庞大的彩画棺椁，左（东）边又竖置一彩画大围屏，右（西）边还有剑、矛、戈、戟、弩机、箭镞等铜铁兵器成捆成束。棺椁头前三个大盆一字儿横列，正中的一个最特别，是承盘高足玉杯，左边是鎏金铜和大漆盆，右边是口径四十四厘米的平沿深腹大铜盆。联系到西耳室和随葬品中有一箱长生不老药石（称"五石散"或"五色药石"，包括紫水晶、硫磺、雄黄、赭石、绿松石），重达2.265公斤，还有二套捣药的杵臼同出，因而推测这三个大盆，当是作为祈求仙露，服食长生的特殊用器（后来，汉武帝修建建章宫，有承露盘）。棺椁之间的"头箱"内有玉角杯、镶玉卮、镶玉杯、玉盒、玉带钩和成盒的珍珠等，"足箱"内当中一个放有药丸的银盒，是来自西亚的，外绕放着一百三十九块印花陶璧，二块玉璧。看来这些都是墓主人心爱之物而随棺入葬。

墓主是裸体穿裹"丝缕玉衣"的。除玉衣外，还有各种玉饰件多层叠压：在玉衣的上衣里面，由胸腹至阴部及两肋之间，分三行贴体盖上十二块玉璧；头套内两边各插一块小玉璧贴耳；面罩上用二块透雕玉璧遮盖双眼；还有三件精美的透雕玉饰分置头顶之前及双肩位置处；双手握玉觿；两鞋之下有双连玉璧；玉衣的下面，在棺的内底放有五块大玉璧作铺垫；玉衣的上面，由腹至下肢间压上一套用十块玉璧连缀而成的组玉璧；自胸部以下，覆盖一套由三十二件包括多种质料组成的组玉佩饰；放在最上面的是三个漆盆，有"文帝行玺"和"泰子"金印及"赵眜"、"帝印"等金、玉、绿松石的印玺共九枚（每盆内装三印）。上述墓主玉殓葬的用玉情况得到分层解剖式的了解，除了发掘及室内修复整理时的过细功夫之外，更有赖于早期完好的棺椁保护。因为当我们打开主棺室石门之时，首先看到的是墓顶石板断裂掉下来的六七块大石，全压在棺椁位置上，显然这是早期棺椁未朽时掉落的，这大批珍贵的玉器才得免于尽成齑粉。

二、南越国宫署遗址四次发掘

有关西汉初年南越国的宫室情况，文献无证。《史记》《汉书》的南越传中只记吕后对越与汉廷交恶，越佗称帝，"乘黄屋左纛，称制，与中国侔"的寥寥几字。有幸，在南越王墓发现的前八年，即1975年试掘秦代造船遗址时，发现了一段南越国宫署的砖石走道。其后，又在南越王墓出土的陶器中发现三个大陶瓮和一个陶鼎，打印有"长乐宫器"四字的方形戳印。这是从考古发现首次得知南越国宫署的名字，后来又有三次重要的发现，分别简述如下：

第一次发现 主要遗迹有砖石走道。位于市区中心的中山四路原市文化局大院内的秦代造船遗址处。1975年试掘400平方米，距地表下五米揭开了第一号和第二号两座木质的造船台，在一号船台南边有整片的造船木料加工场地。试掘得知，整个造船遗址之上，覆盖了一层厚0.7～0.9米的山岗土，为红黄色的亚黏土，是南越国初期把这个废弃的造船场回填，作为建造宫署的用地。这段砖石走道正压在木料加工场地填埋土层之上。走道残长二十余米，呈东北—西南延伸。宽2.25米，当中平铺两行砂岩石板，两侧各用70厘米见方的印花大砖头边。走道下面铺垫一层厚三厘米纯净的朱红色土，砌作讲究。走道上有大量残瓦、木炭或成片的炭屑、红烧土，表明走道有上盖，毁于大火。瓦件中有些印有"公"、"宫"、"庐"等字，和"万岁"瓦当。

第二次发现　主要遗迹有石砌大池。1995 年在中山四路忠佑大街一个建筑地盘，在地表下五米发现一座石砌的大型水池，呈仰斗形，已揭出南北一边和东西一边各长 20 米的一段，每段同为 15 度的斜坡，斜边长 11 米，上铺砂岩石板，作密缝冰裂纹铺砌，两段当中交角，砌作精工。池底平正，距地表八米，铺垫一层碎石头河卵石，下为生土，在南段的斜坡池壁之下，埋有一条扁方形的排水木质暗槽。另外在池中发现大型的叠石方柱，垒叠的方形大石板向西南倾倒；另外，在池壁上散落许多建筑构件（图三），有大批板瓦、筒瓦、八棱石柱、门楣条石、八棱形栏杆石柱和铁枢轴，还有铁斧、铁齿、鎏金半两铜钱等，据此推测，池中原来有大型的建筑物存在。在砖瓦陶文中已发现有"万岁"瓦当（图四）、"公"、"官"及"左官帑畜"戳印文，在池壁的铺石板上还发现有"蕃"、"治"、"阅"、"皖"和"□□北诸部"等篆体刻字，这是岭南迄今发现年代最早的石刻文字。其中"蕃"字位于南坡的东头（图五）。"蕃"应该为"蕃禺"的简称，在南越王墓出土的铜器中，有九件刻有"蕃"或"蕃禺"的实例可证。据钻探资料得知，这座石池已揭露仅四百平方米，往北往东延伸，总平面约四千平方米，都被楼房及民居压着。这座大型石砌水池遗址位于上述砖石走道的东北面，相距约四十米。

第三次发现　主要遗迹是一口结砌精工的砖井。广州市文物考古研究所于 1996 年在上述发现大型石构水池的西面相距 30 米，开挖两个探方（约一百平方米）作探查，发现了一口南越国宫署的砖井和大批砖瓦木石等建筑构件。砖井外径 1.11 米，井深残存 9 米，每层用十一块扇形薄砖错缝叠砌。井底铺石板，钻有五个圆形透水孔（图六），其下垫有厚约 10 厘米的一层细砂，用作滤水层。井坑圆形，直径 3.33 米，井坑与砖井外的空余全用纯净的山岗土夯实，以隔断井壁外的污水渗入。反映出这口水井设计周全，对饮用水卫生要求的讲究。水井内全为宫署的建材填塞，有大量板瓦、筒瓦、印花残砖、焦木残石等，瓦件多有火烧痕迹，出土的一个汲水用木辘轳，几成炭状。井的西边及南侧有大量残瓦、砖、石，其中最大的方砖为 95 厘米见方。这些砖瓦残件呈由西向东倾倒情状。这种现象显示，砖井的西边（即今儿童公园内）有大型的宫署建筑遗存。

第四次发现　主要遗迹有石构鳖室和石曲渠等（图七）。1997 年 7 至 12 月，在砖石走道遗址的南侧进行发掘，揭露面积约 4000 平方米，清理出南越国宫署遗址中御苑遗迹的一部分。一座呈弯月形的石构鳖室，南北宽 7.9 米，当中用两列大石板拼接成高 1.9 米的隔墙，把石室分为三间，左、右两次间当中都立一根八棱石柱，石柱顶还有凸榫，表明其上有石构与之套接，因上部已全毁，结构不详（本书图版四一）。室底铺石板，沉积有几百个体的鱼鳖残骸，叠压成层（图八）。室的北面入口和南面的出口均呈斜坡形，是与石砌的曲渠相接的。

石渠已清理出长近 150 米，渠底比鳖室底高出约 1.5 米。北面与第二次发现的大型石砌水池相通连（当中被一幢楼房隔断）。引池水注入石渠，南流入鳖室，再西出，蜿蜒曲折贯穿今次发掘的整个场地。渠壁是用砂岩石垒砌，上口宽 1.34 至 1.4 米，底宽约 1.3 米，深 0.7 至 1.17 米。底铺石板，呈密缝冰裂纹，底板上密排河卵石。

石渠的中段有二个"渠陂"（图九），呈拱桥形，横卧在渠底，用以限水和阻水。当石渠的流水通过渠陂，冲刷渠底铺垫的河底石，会出现粼粼碧波的人工水景。还有三个"斜口"，可能是方便鳖室和石渠中的龟鳖爬行进出而特设的。石渠的西头有石板平桥，桥头的北面尚留有步石，一行九块，呈弯曲形排列（图十）。石渠尽头有出水闸口，设木质闸板（已朽）和石页渠用以阻水和滤水，出水口外接木质的暗槽，往西向儿童公园延伸。

至于石池与曲渠的水其源何来？据《太平寰宇记》广州条"菖蒲涧一名甘溪"。从广州史地考查，甘溪水在古代从白云山蒲涧到广州城的一段，流经今日的白云宾馆淘金坑，这里曾发现东汉永元九年碑墓，墓砖印有"甘溪灶九年造"等铭文。此地至今仍称"甘溪"，为为广州最古的一条水名。宋《南海百咏》："甘溪在东北五里北山（即今越秀山）山脚下。"发现的石池位于越秀山的南面，当日甘溪水南流，引注于方池，导入曲渠，向西出今儿童公园，汇于古西湖而出珠江。

三、小结

象岗南越王墓因其保存完好，未受盗扰破坏，墓的年代准确，墓主人的身世史事清楚，因而有着极为重要的历史科学研究价值。南越王宫苑是南越国宫署的一个重要组成部分，第二次发掘的大型石构水池和第四次发掘所见的鳖室与曲渠，是一个整体，属于南越国宫署御苑中的主景，这处大型石构水景遗迹，距今已有二千多年，而且保存得较为完整，十分难得。南越国宫署是赵佗时着手经营，为南越国五主处理王国政事及生活起居的所在，经历了南越国祚九十三年，至汉武帝元鼎六年（前 111 年）灭亡，汉兵破番禺，"纵火烧城"，南越宫署和御苑同毁于这场大火。过去，我们对象岗冒出一座南越王石室大墓，因其出现还比中原等地汉代的石室墓流行年代为早，感到惊奇，不好理解，自从有了南越宫署遗址先后四次的发掘，使我们得知南越国的石构营造工程年代既早，规模也大，工艺是比较成熟的。当日宫署的豪华程度，可以借助南越王墓随葬的大量珍贵遗物求得理解；而南越王石室大墓的出现，仅从现在见到的宫署的部分遗迹遗物作比较，实在又不会感到惊奇。

原载《历史文物》月刊，台北历史博物馆馆刊，1998 年 5 月；又见《西汉南越王墓文物特展图录》，巴东编辑，沈氏艺术印刷股份有限公司印制，台湾，1998 年。

岭南文化之光

——南越王墓与南越王墓博物馆

1983年，广州市象岗山发掘的西汉南越王墓，是中国在岭南地区发现规模最大、出土文物最丰富的一座汉墓。墓中出土文物一千多件（号），还发现有十五个殉葬人。出土的器物包括铜、铁、金、银、陶、玉、石、玛瑙、水晶、玻璃、漆、木、竹、丝麻织物以及珍珠、象牙、药石等质料。其中青铜器、玉器的数量多，品类丰富。有青铜编乐三套（共廿七件）、各式铜鼎三十六件、铜镜三十二面；玉器二百四十多件，有"丝缕玉衣"一件、组玉佩饰十一套、玉具剑饰五十八件；还有金、铜、玉、石等玺印廿三枚，其中金印三枚，尤以"文帝行玺"金印和玉质的"赵眜"名章为重要。它确证了这墓的主人赵眜（胡）就是《史记》和《汉书》南越传所载南越国的第二代王。

南越国是西汉初年岭南地区第一次出现的地方政权。《史记》《汉书》两传所记南越国的史事偏重于政治方面，有关经济、文化艺术等则很少涉及。象岗大墓出土如此丰富的文物对于研究秦汉时期我国多民族的历史文化，特别是岭南地区当时的物质文明和精神文明的发展程度有很重要价值。发掘后，广州市人民政府决定墓室原地保护，并在象岗辟建西汉南越王墓博物馆，展出文物珍宝，以便中外人士鉴赏、研究。

一、墓主与南越国

（一）南越王朝春秋

南越国政权是怎样产生的？南越国在岭南地区的古代史上占有着怎样重要的位置？墓主赵眜在南越国的史事如何？这些问题都与象岗大墓有直接关联，要回答它得让我们先回顾一段南越国的历史。据《史记》《汉书》记载，南越国传五世（五主），共九十三年。其世系是：

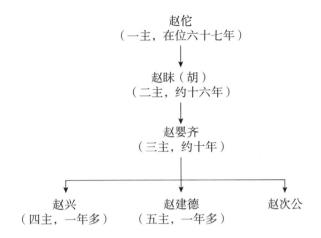

　　秦始皇于公元前 221 年统一六国，其后，于前 219 年发兵五十万统一岭南，大军分五路入越，遭到越人的伏击，秦军大败，主帅屠睢也被杀了。秦皇派史禄凿通灵渠，解决了粮草运输，又任命任嚣、赵佗统军增援。统一岭南的战争打了五年，到前 214 年结束。秦划岭南地为南海、桂林、象郡，委任嚣为南海郡尉（军政长官）、赵佗为龙川县令。秦皇死后，爆发了农民大起义，全国纷攘，最后形成了楚（项羽为首）、汉（刘邦为首）两大阵营的对垒。这期间，据守岭南的任嚣，在病重临危的时刻，把南海郡尉的大权交给追随他多年的赵佗。楚、汉相争，最后以西楚霸王"乌江自刎"而结束。这时接掌了郡尉大权的赵佗，在刘邦当上大汉皇帝后，也趁机出兵兼并桂林、象郡，据有岭南全境，建立南越国，自号南越武王，以番禺为都城。汉高祖眼巴巴看着赵佗的割据自立，因鞭长莫及，只得派陆贾到番禺，诏封赵佗为南越王，以求得南疆的安定，有利于汉朝的休养生息。到吕后执政，对南越改施以"别异蛮夷，隔绝器物（禁止金、铁田器和母畜输入南越）"的孤立和禁运政策。这一来，确实卡了赵佗的脖子。赵佗被迫三次派大臣到长安"谢罪"，但仍得不到吕后的解禁。导致汉越交恶，兵戎相见。赵佗运用远交近攻的策略，一面攻打长沙国，重兵守边界；一面向周边的闽越、西瓯、骆越馈赠财物，以示结好。南越的根基巩固，国力强大了。在这基础上他实行自我升级，"乘黄屋左纛"，尊号南越武帝，与汉朝皇帝平起平坐。吕后去世，文帝刘恒即位，这时中原大地还需与民休息，陆贾受命为汉越修好，再度出使南越，赵佗愿意向汉廷进贡称臣，但他在国中仍一直保留帝号。南越国第一代王赵佗是位人瑞，在位六十七年，寿过百岁。佗的儿子史书无载，可能早殁了。史载"至建元四年卒，佗孙胡（眜）为南越王"。其时为前 137 年，汉兴亦七十年整了。赵眜（胡）继位为南越国第二代王。他即位的第三年，就发生了闽越王出兵犯境的入侵事件。赵眜（胡）没有乃祖的雄风，不敢出兵拒敌，赶紧向汉朝上书求援。其时，汉武帝已即位六年了，凭借前朝的经济积累和景帝消灭了吴楚七国的反叛所形成的全国统一，政治和经济都进入鼎盛时期，对南越国这个地方政权是迟早要消灭的，今来求援，正是时机。于是派两将军讨闽越，兵未至境，闽越王郢被其弟所杀，请降。汉武

帝藉机派庄助劝谕赵眜（胡）入长安朝贡谢恩。赵眜（胡）惧怕有去无回，慌称正在"日夜整装入见天子"，打发汉使庄助先回。又派儿子婴齐到长安，当汉武帝的宿卫，实为人质。他称病不朝，在国中仍僭号"文帝"，过了十余年，果真病重，婴齐才回到南越。赵眜（胡）是哪年死的，史无确载，推算他在位的时间不会超过十六年，即死于前122年，汉朝给他谥号"文王"。婴齐继位为南越国第三代王，他为了向汉武帝表示归汉的决心，首先废除帝号，把乃祖乃父的帝印藏起来，又上书汉廷请求策立他在长安入宿卫时所娶邯郸女樛氏所生的儿子兴为太子，樛氏为后。再另派一子次公为汉武帝宿卫，后来次公是否老死长安，史书无载。婴齐是个暴君，竟以杀人取乐，在位约十年就死了，汉朝赐他谥号"明王"。太子赵兴继位为第四代王。其时，南越国内以王太后樛氏（倚仗汉廷作后盾）为一方与三代为南越丞相的实力派吕嘉（其弟拥有兵权）为另一方，围绕着要入朝内属（归附汉廷）与反内属以保持南越割据独立，双方的矛盾日益尖锐。汉武帝派韩千秋及王太后弟樛乐率兵二千人入越支持太后，激发了吕嘉的公开反叛，杀王赵兴、太后与汉使者，把韩千秋等二千人全部消灭。建德是婴齐原配越妻子所生，被拥立为王，是为南越国第五代王。这是汉元鼎五年（前112年）三月发生的事。汉武帝轻视吕嘉的实力而吃了亏，但找到了讨灭南越国的口实。于同年秋，下令以伏波将军路博德和楼船将军杨仆为主力发兵十万，分五路指向南越都城番禺。第二年（前113年）冬天，两路主力夹攻番禺城，吕嘉、建德被俘杀，南越遂亡。

（二）象岗与南越诸王墓

南越王赵眜墓深藏在象岗山顶之下的腹心深处。今天的象岗位处广州市区北面的繁闹地段，原是今越秀公园即越秀山群岗中最西边的一个小山岗，海拔49.71米，与东边的越秀山主峰海拔70米的越井岗只隔一段山梁。自晋以来相传岗上有"朝汉台"，为赵佗归汉"筑台以朝天子"的礼坛。象岗的西边临水，为古海湾，称兰湖，到唐代还是个避风塘。明初，拓（广州）北城八百丈，"凿象岗以为北门"，由是象岗从越秀山被"切"了开来，成了一孤立的小岗。因凿山而拓宽了的大北路（今解放北路）自明清至今一直是出入城北的主要通衢。七十年代初，象岗除了山顶外，周围楼宇密布。八十年代初，广东省政府基建部门用了三年时间将岗顶削去17米，用这块地建楼房，刚挖基础就发现了这座大墓。站在这里向东南方遥望，相隔只有1.6千米就是1975年发现的秦代造船遗址和南越国宫署走道遗迹，以及1997年发现的南越王宫苑遗址的所在。既有南越宫署遗迹，表明当时的番禺城就在这里。而象岗葬地实为附郭之野。南越的诸王墓埋葬隐密，不为人知。晋人王范《交广春秋》说："越王有奉制称蕃之节，死有秘奥神秘之墓……吴时遣使发掘其墓，求索棺椁，凿山破石，费时损力，卒无所获。"五世纪时沈怀远《广州记》又说："孙权时，闻佗墓以异宝为殉，乃发卒数千人寻掘其冢，竟不可得。次掘婴齐墓，得玉玺、金印、铜剑之属，而佗墓卒无所知者。"沈怀远的记

载是否属实有待验证。说来也巧，就在象岗大墓发现之前一个月，我们在象岗西北面相距 2.5
千米一个叫凤岗的山上发掘一座广州所见最大的木椁墓，墓坑长 13 米、宽 6 米，木椁仅朽，
余最底一层大枋木，该墓早被盗掘过，在棺位置的一个盗洞下留有劫余的玉蝉（口含）、玉
舞人、剑饰、环、璜、璧等精美玉器多件，论玉质和雕工，与象岗南越王墓所出的有过之而
无不及。所以，西村凤岗大墓极有可能正是被孙权所掘的婴齐墓。南越的四主和五主在位时
间合起来才有三年，又是被杀的，不会建陵墓。二主的墓今在象岗发现了，凤岗的大型木椁
墓可能是属于三主的。果如是，南越五主中剩下的只有一主赵佗的墓未知所踪。现在来看，
象岗西面临水，与凤岗之间又无高地，照地理形势与汉人墓葬排列习惯可以推定，赵佗墓埋
在越秀山群岗之中的可能性最大，至于隐藏在哪座山岗之下，尚待今后的发现予以证实。

二、玄宫秘藏

（一）规制井然的石室大墓

1983 年 6 月 9 日，广州市文物管理委员会考古队接到象岗工地打来的电话：发现古墓，
请立即派人来调查处理。原来是山顶建筑工地的工人在开挖楼房地基，开挖了入地 0.9 米的
三条基础坑，露出十多块排列整齐的大石板。从石缝中可以窥到下面是空空的，像一座地下
石室。考古队人员经过三天的勘察，对这座墓的规模大小、墓室的结构形制已大致清楚了，
可以判定这是南越国时期某一代国王的大墓；从规模来看，还不是南越一主赵佗的墓。因为
在位六十七年之久的赵佗，他的墓似乎还应大些。发现情况的紧急报告送到国家文物局，局
领导认为：这是不亚于马王堆一号墓的又一重大发现。墓主是谁则不用急，以后墓主人会起
来"自报家门"的。随即得到国务院的批准，于同年 8 月 25 日动工发掘，至 10 月 6 日结束。
参加这次发掘工作的四十多人，经历四十三个日日夜夜，他们为中国汉代考古的重大发现付
出了辛劳。

象岗的岗体属深度风化的变质石英砂岩。墓坑是从岗顶向下开凿的，深 20 米，为竖穴与
掏洞相结合。平面呈"凸"字形。底部南北纵长 10.85 米，前面向东西两边掏洞，横宽 21.5 米。
其前有一段长 4 米多的平长竖坑，再前连接斜坡墓道。墓室是由竖穴底部用七百五十多块大
石板砌筑而成，仿照生人前为朝堂后为寝宫的居处布局，分为前后两部分，共七室，建筑面
积 100 平方米，整体如"士"字形，规制井然。前部的三室，前室居中，东西两边耳室是掏
洞再用石板砌筑的。后部的四室，正中为安放墓主棺椁的主棺室，两边的东西侧室为姬妾与
奴仆的藏所。另外，又在主棺室后部加砌两根方柱，组成一个门洞，分隔出一个小间成为后
藏室。七个室的底部全铺地板，尚见朽木或板灰痕。室内高约 2.3 米。前室和主棺室门口有
过道通连，但过道口处设有木板门关闭，木门板已朽，只见铜门环。全墓顶部用大石板覆盖，

共二十八块，每块一般长2.5米、宽1.5米、厚0.24米，重近2000千克。前室的顶盖石板最大，整石长2.5米、宽2.2米、厚0.24米，重近3000千克。全墓所用石材不少于300立方米。经鉴定，砌筑墓室的石料，大部分是红色砂岩，来自距广州20海里珠江出口处的番禺莲花山一个古采石场，只有前室的顶盖石和两重石门及门框的石料为次花岗斑岩和次流纹斑岩，采自广州北部的飞鹅岭。这座大墓建成于二千年前，虽然平面的面积不算大，但建造工程是相当大的。下面试开列几笔账：

第一，开凿墓坑：要挖成一个深20米以上的大竖坑，需要开凿的土石方不少于3500立方米，而且要全部运走。

第二，石料开采：建造墓室用的石板750多块，约合300立方米的石材。如用1.5立方米石料可加工成1立方米石材的话，至少要开采出450立方米的石料。

第三，石材的运输：开采出的石料就地加工成300立方米石材后，由20海里之外经水道运来，再传送到深20米的墓坑下备用。

第四，筑墓与回填：在100平方米的竖坑底部将几百到一、二千千克重的七五十多块大石垒筑成一座墓室，完成后还要从别地把3000立方米的黄土与粗砂运来，以回填竖穴，自墓顶夯填至岗顶为止，地面不留痕迹。

如此大的工程，是完全依靠人力进行，当时只有简单工具，运送上也许用上滑轮。试问建造这座大墓需耗费多少人力？要用多少时间才能完成？上列的还只是建造工程中的大数，遑论其他了。

（二）琳琅满目、异宝奇珍

古人迷信人们的生活中存在阴阳二界，生前的一套生活死后同样带到阴间去。孔子提倡孝悌，汉代独尊儒术，厚葬成风，即所谓"事死如事生"。穷人死了，只要有可能都用上几个陶罐随葬。富有人家讲究派场，甚至把送死变成了为生人的体面服务。贵为帝王的统治者就更加苛求。皇帝登基之日，已为营造自己百年之后到阴间的居室而兴工。南越王赵眜的这座地宫，就是为了他死后在阴间的生活而建造的，并在墓中置备一切。且让我们沿着考古发掘人员的足迹，对墓内各室的埋藏情况与奇珍异宝先作一番巡礼。重要的文物实在太多了，下面我们可先拿几件细细地鉴赏。

1. 奇特的外藏椁与墓道

发掘是从墓道开始的。这座墓南向，偏西三度。当墓道的中心线定出之后，考古人员举锄挖土，将墓道来个纵剖，即当中切开。西半边剖开之后，从断面上清楚地看到，墓道内是用大石与土分层回填的，填石显然是防盗的一种措施。斜坡墓道全露出了，近下端处发现第一个殉人，棺木尸骨已朽腐，但随身陪葬的一对鎏金铜牌饰和一面小铜镜留在棺位置内，还有几件小陶器放在前头。墓门口原有一个奇特的木构建筑，是用大木砌筑成，考古人员叫它"外藏椁"，大木朽后，尚见板灰痕。其实，这个长4米、宽2米的外藏椁把墓门全堵住了。椁内的东边有一个放棺木的位置，还见到一些朱红色漆棺的残片，这应是第二个殉人，遗骨已朽，有一对陪葬的鎏金铜牌饰。在墓门外埋入的这两个殉人，他们可能是墓主的卫士或"门亭长"。外藏椁西边被十七个大陶瓮塞满，瓮上面还搁有一个长方形木箱，内装车马器和仪仗饰件。考古人员用竹签细心地清去陶瓮上的泥土，在一个大瓮的肩部发现一个长方形戳印，只有2厘米×2.5厘米大小，"长乐宫器"四个篆字赫然在目。啊，发掘旗开得胜！我们已收到这座大墓发来的第一个历史信息：长乐宫是汉高祖打败项羽坐上皇帝宝座后，命令丞相萧何在长安建起的第一座宫殿。这些瓮是当时从长安的长乐宫送来的吗？否！因为这些陶瓮都是典型的南越式印纹硬陶，是在此地制作的。这个戳印陶文的发现起码让我们知道两点：一是墓主人拥有宫廷器物随葬，表明他的身份很高；二是南越国也建有"长乐宫"。

2. 置备车马的前室

墓门口的两扇大石门，因上端的门轴都断裂了，门板向里斜倒，所以很容易就把石门移开了。前室象征墓主人生前的"朝堂"，室内四壁和顶上都绘有红黑两色的卷云纹，室顶的图纹更鲜艳夺目，显得富丽堂皇。这个室的面积不到6平方米，西边置一辆漆木车模型，朽塌后鎏金的铜车饰散落满地。东边发现第三个殉人，棺板灰痕上还找到一些他的残骨，已成碎渣状。有一套组玉佩饰随葬，由璧、环、璜七件玉饰和一个鎏金铜环组成。还有一面龙纹铜镜和一枚鱼纽的铜印，印文为"景巷令印"四字篆文。经学者考证，"景巷令"即汉朝中央宫廷内的"永巷令"，由宦官担任，永巷即俗称的"冷宫"。犯了罪的姬妾宫女要被打入冷宫。可见这位殉人既是管理南越国后宫"景巷"的宦者，因他身旁置车，也许还要兼任为墓主驾车的御者。

3. 宴享礼乐的东耳室

由前室左边通过一段短狭的过道就进入东耳室了。室内的礼乐器具摆置得密密麻麻，令人有点眼花缭乱。先沿着北墙根看看，十四个青铜纽钟，大小依次排开，接着是五个较大的甬钟。纽钟前还有两套石编磬，一套八件，稍大的一套十件，贴地平放排列。在纽钟与甬钟之间留有的一点空余，三把青铜戈堆放在这里，其中的一把去锈清理后发现，戈上刻有"王四年丞相张义"等铭文。经考证这是战国著名纵横家张仪在秦惠文王后元四年（前321年）时监铸的兵器。在后墙根下还有一套青铜句鑃，六件套叠在一起，另有二件放在两头。这套句鑃每件身上都刻有"文帝九年乐府工造"两行篆文。经考证，这位"文帝"就是《汉书》上记载的南越国的第二代王。这是他继任赵佗王位后第九年（前129年）铸制的一套大型越式青铜编乐，距今已有2125年了。室的中后部堆置大型的青铜酒器，有：大钫一对、小钫一对、壶一对、大小瓿各一对、大提筒三件（套叠一起）。还有漆木胎镶嵌象牙和金银饰片的博局、墨玉和水晶做的六博棋子、鎏金的瑟、琴等乐器部件，这些都因一块室顶大石板断裂掉下来，而被砸毁或抛向四边。室中部靠南边发现第四个殉人，残存的头盖骨、肢骨等已漂移了。经鉴定为二十至三十五岁的男性青年，可能是一位乐伎，有四件玉佩和铜镜随葬。另外，在南墙根下依次排列六件铁器，分有锸二、锸三、锄一，这是适用于旱地和水田耕作的农具。有问题了，这个室是陈置礼乐宴饮器具之室，为何塞入这几件铁农具？也许这是刻意的安排，而不是放错了的。古代天子有籍田、劝民稼穑的做法。墓主人要放入几件铁农具，以示弦歌宴舞之时，仍不忘躬耕劝农的意思吧。

4. 百物杂陈的西耳室

这室与东耳室的形状大小相同，为墓主御用器物的库藏之所。室中堆置的器物有的相互叠压至二、三重，大多数原来用丝绢逐件包裹，放入竹笥或漆、木的盒、箱中，然后分层排列于木架上，大大小小多达几千件，连短狭的过道入口处也放满了铜器和陶器，几无可立足之地。举凡主人生前所用、所穿、所玩、所好的各式各类物品都往里放，真是百物杂陈。其中生活日用的铜容器和炊煮饮食器具有：壶、提筒、绢、盆、匜、勺、鼎、鎏、烤炉、姜礤等；武器装备有：铜剑、弓、箭镞、铁甲、皮甲等；乐器有：铜铎、琴瑟的部件与陶响器（沙镲）；渔农耕作器有：铁钓鱼钩、陶网坠、铁镰刀；医药器物有：五色药石、中草药物、药饼和捣药的杵、臼；两箱木作铁工具共七十八件，包括锤、凿、锉、削、刮刀、刨刀、弯刀、刻刀、锥和铜锯三把，其中锉九件，分有方锉、扁锉和半圆锉三种。可以说，这是考古发掘中第一次出土品种最多、数量最大的成套木作工具。此外，还有不少贵重珍玩如：玉璧、玻璃璧、玻璃铜牌饰、玉石印章、玉舞人、金带钩、金托座杯、金扣象牙刻画卮、银卮、银锭、原支大象牙、大铜镜（六面，其中有漆画大镜，错金镶嵌带托镜）和玉具剑饰（四十三件，同装在一个漆盒中）。甚至调兵遣将作为凭证用的错金铭文虎节也放在这里。此外，还有成箱的墨丸（四千三百多丸）和一套石砚同出。盛于一个大竹笥中的车马饰件十三大类，共1350件。丝织物尤多，有整匹的丝绢，惜已炭化成灰，在显微镜下还可分出有绢、纱、罗、锦、绮品种。九枚封泥，有的是附贴在器物之上的，其中"帝印"二字的和"眜"字的各二枚。"帝印"封泥的发现已可断定墓主当为南越国君，室内有的器物还是他生前亲自缄封存好了才放入的。

5. 墓主寝息的主棺室

第二道石门后面就是停放墓主棺椁的主棺室。此室面积不到9平方米，当中除了停置墓主的一棺一椁外，周围已无多少空余，所以室中的器物大多数靠墙而放。贴靠东边石墙，竖置一副长3米的漆木大屏风，因过高过大，下葬时把屏顶上的所有鎏金饰件如朱雀、铺首等全摘下来堆放在一旁。沿西边的石墙下放有大批武器，计有铁剑四、铁矛七、铁戟二、铜戈一、铜弩机十五和大批铅弹丸与铜箭镞，在室后的通道两石柱旁也各放一支铁矛，真是拱卫森严。北面即外椁前头一字儿横列三个大盆，当中的是个铜承盘高足玉杯，结构奇特，西边的是漆盆，东边为铜盆。

墓主的漆木棺椁腐朽了，只留下一些板灰和棺椁的残漆皮。椁盖上面的四角处，原来都放上一个大玉璧，椁的两侧钉嵌四个大铜铺首尾，两头也各钉一个。这些都已随着椁板朽塌而倒在地上。发掘工作最困难的可算是清理殓埋墓主遗骸的内棺了。当考古人员小心地把覆盖在上面的棺木板灰、泥土等一点点地剔去之后，奇迹出现了：整个棺位置内几乎都见有玉衣的薄片，上面还压有许多玉器等饰物，有玉璧、透雕玉佩饰，有金珠、玻璃珠、金印、玉印，还有金光闪亮的薄金饰片，位置高低错落，有的已散乱。情况如此复杂，怎么办？如果"见一件取走一件"，这是不科学的发掘做法，因为这样势必把器物之间的关系破坏了，它的组合无法复原，它的功能弄不清楚了。考古人员有的蹲着，有的趴下作测绘、拍照、录像、记录，力求把每一层位的每件器物的出土状况都让它"保存"下来，为以后整理研究提供依据。经过九天的日夜"苦战"加巧干，墓主棺椁的清理工作完成了。后来再经历了一段时日的整理、研究、复原工作，对墓主人"玉殓葬"的全貌总算弄个明白：

墓主遗骸入殓时身穿一套"丝缕玉衣"，这套玉衣由头套面罩、上身衣、双袖筒、双裤筒、双手套、双鞋组合而成。古人以为玉可以保持尸体不腐，因而当墓主人玉衣的上衣裹合之前，又在尸体的上身分三行铺上十二块小玉璧，胸腹部一行，两肋间各一行，每行有四块玉璧贴体。头部的两耳间也各夹上一块玉璧，才套上头套和面罩。玉衣之下即棺底处铺垫五块大玉璧，玉衣之上在胸腹位置处压上一串"组玉璧"，系由大小十块玉璧用丝带串结成。腹上盖有一件珠襦（用玻璃珠和金银饰泡等穿缀而成的短衣）。有一串垂悬长60厘米，由透雕玉饰、金珠、玻璃珠等三十二件饰件组成的组玉佩饰平放在"组玉璧"上。最上面一层器物是墓主随身陪葬的九枚印玺，分别装入三个漆盒中。"文帝行玺"和"泰子"两枚金印、"赵眜"与"帝印"二枚玉印同出在这里。这两枚玉印与西耳室的"眜"字和"帝印"二字封泥正好对上了，"赵眜"玉印应为墓主的名章。但《史记》《汉书》本传只有"赵胡"而不见有"赵眜"的名字，有学者认为，这是一人二名，胡是汉语名，眜是越语的名字，如战国时的吴公子光又叫阖庐，即是。当一颗金光闪耀的龙纽"文帝行玺"金印在考古人员的竹签下显露真容时，大家都高兴万分。在场的人都会想起《汉书·南粤传》："婴齐嗣位，即臧其先武帝、文帝玺"这句话。原来婴齐把乃父的金印藏在这里！自从象岗大墓发现之日（6月9日）就提出了这墓的主人是谁？大家都在寻求问题的答案。经过一百零六天直到9月20日晚上九时，终于由墓主人身上的这枚金印"自报家门"，总算得到完满的解答。怎不叫人兴奋！

古礼，亲人死后要用一块黑色织物覆盖头上，叫"幎目"。墓主玉衣的面罩上也覆盖着"幎目"，它是用丝绢缀有八块椎花的杏形金薄片做的，幎目下的左、右两眼位置，各盖上一块透雕龙纹玉璧。头罩的前方并列玉饰三件：头顶的一件为青玉铺首衔璧，左肩一件为透雕凤纹形佩，右肩的一件为虎头金钩玉龙。双手各握玉觽，两鞋踩着双连玉璧。还有十把铁剑（有五把玉具剑）分置玉衣腰间的两侧，每边各五把。剑上放有四对鎏金的铜牌饰和嵌平板蓝色玻璃的铜牌饰。至此，我们得以明白，墓主人的玉殓葬，除了身穿玉衣之外，其里外上下，前后左右，都铺垫、塞入了许多玉器饰件，仅上身部分，上下层叠铺垫的有六、七层之多。

外椁的"头箱"和"足箱"还放有许多器物随葬。"足箱"内叠成四摞的仿玉陶璧共一三九块，还用二块玉璧垫在下面，以示玉璧之多，当中放入一个西亚风格蒜瓣纹的银盒，盒内尚存药丸半盒。这些"灵丹妙药"，到底是墓主生前所服的"进补品"，或是他治病的"神丸"？经化验，惜已全部炭化，成份不明。"头箱"内的珍贵器物真多：左边一个大漆奁装着占卜用的龟板，右边一个漆奁满盛珍珠，七块大玉璧叠放在上面，漆奁被压垮了，珍珠散落满地，能收集起来的有 4117 克之多。漆奁后面有一批精彩玉器，计有青玉角杯、铜框镶玉盖杯、青白玉盖杯各一件、青白玉带钩三件，还有嵌宝石的银带钩和铜带钩。综观主棺室随葬的玉器，真是琳琅满目，饰物之多，品类之丰富，雕工之美，件件皆精彩，叫人叹为观止。

6. 御膳珍馐的后藏室

位于主棺室后面，墓中七室以本室最小，面积只有 3.6 平方米，但大型的炊器都放在这里。室中堆放炊煮和储存食物的铜、陶器具一百三十多件，无异一个"御厨"的库藏。其中炊煮器共三十六件，有的形体很大，如一对越式大铜鼎、一个越式大铁鼎（腹径 47.5 厘米）、两个大型铜烤炉就是。其余的有鍪十一件，釜甑一套，鍪和釜甑配有大小成系列的铁三足架。近门道口还有许多木炭，是作为煮食燃料而储入的。陶器则以瓮、罐为主，有四十五件。这些炊、容器具原来都放有食品，有三十多件出土时尚见禽畜、海产的朽骨、残骸。经鉴定有黄牛、家猪、家鸡、山羊、禾花雀（黄胸鹀）、水鱼、花龟、黄鱼、鲤鱼、广东鲂、虾、河蚬、青蚶、龟足等近廿种，以贝壳类多，且个体较全，其他如猪、牛、羊等，只是躯体的一部分。放入三个陶罐内的禾花雀不少于二百个体，全部已切去头、足。禾花雀属候鸟，每年秋末冬初从北方飞来，广东人视为美食，二千年后的今天也是去头脚而食的。有十三枚"泰官"封泥与炊、容器同出，泰官是"掌御伙食"的总管，此室的炊、容器具和食物应是经由这位总管缄封存入的。

7. 姬妾藏所的东侧室

东、西两侧室平行于主棺室的左右两边，面积各有十一平方米多点，室虽大而埋葬则相当拥挤。东侧室内埋入墓主的四位夫人，北部南部各二，左右并列。在她们的棺位置中分别出有"右夫人玺"的龟纽金印和"左夫人印"、"泰夫人印"、"□夫人印"三枚鎏金龟纽铜印，故殉者的身份明确。汉代，诸侯王的元配称王后，姬妾称夫人，此四位殉人都为墓主的姬妾。

古人尚右，出土的右夫人印用金质，而且称玺，其他三位夫人则用铜质鎏金，称印，可见南越国亦以右为尊，四夫人中当以右夫人为大。右夫人的棺位在室内北部的左（西）边，尚有残棺板和棺漆残片。骨殖全朽无痕，棺位置内除出有金印玺外，还有"赵蓝"二字象牙印、无字的绿松石和玉质印各一枚、组玉佩饰二串。其中的一串由九件透雕玉饰、十粒金珠、一粒"蜻蜓眼"玻璃珠组成，为墓中殉人所有珮饰中最华美的。另一串由七件玉饰组成，只是叠置在一旁。

"赵蓝"牙印为右夫人的私印，名蓝，与夫同姓。古来实行同姓不婚（虽然亦有个别同姓通婚的例），而赵佗在南越倡导汉越通婚，所以右夫人可能是越女从夫姓。左夫人的棺位置在室内南部左边，与右夫人正对。在棺板灰上还有脊椎骨、肋骨、脚跖骨及数枚牙齿等残骨保存，经鉴定为二十至三十五岁的青壮年。骨殖旁边除了有鎏金的"左夫人印"铜印外，还有铜镜、带钩、铜牌饰和一串由七件玉饰组成的组玉佩。"□夫人印"铜印出右夫人棺位右边，第一字已残泐。"泰夫人印"铜印出左夫人棺位的右边。这两棺位置的随葬物和室内的大部分随葬物都因积水浮移，位置较为凌乱，已无法分清其所属了。比如室内出土铜器九十件，其中铜镜共十四面，只有压在左夫人骨殖上的一面所属明确，出土的玉佩饰只有在右夫人和左夫人棺位所出的三串组之外，可以串配成组玉佩的还有四组，究竟哪组属□夫人或泰（太或大）夫人，实难判明。

8. 七仆为殉的西侧室

经过主棺室西边的过道踏入西侧室，眼前一片阴森可怕的景象倒叫人吃了一惊。室中到处有遗骸！南部五具殉人的遗骨历历可数，中部和北部有成堆的动物骨头，难道这是一个殉人的丛葬之室？考古人员首先清理南部的殉人遗骸，当覆盖在表面的一层薄土剔去之后，室内地板的木痕清晰可见，五个殉人都无棺具，遗体是直接放在地板上，斜行排列。骨架腐朽严重，多已成灰状。这些殉人有两个很特殊的现象：一是，头向是相间错列的，如南部第一具殉人头朝东北，脚向西南，第二具殉人倚靠其旁，但头朝西南，而脚向东北；二是，殉人的头部都覆盖一面铜镜，镜下都有几枚死者牙齿的珐琅质得以保存。这一来，实有助于对死者年龄的鉴认。其后，在清理室的中、北部的骨头时，置于中部和北部的两面铜镜，都附着殉人的牙齿。这两殉人的遗骸已全朽，后来因积水漂移与骨头相混了。由此证明西侧室共埋七人，中、北部成堆的骨头，经鉴定属猪和牛的部分躯体，且部分有火烤痕，当为祭奠主人的祭牲。

经过体质人类学家鉴定，七个殉人中有六位为二十至三十五岁的青壮年，可能都是女性，各人仅有小玉饰、带钩、镜等几件器物随葬。室内南部排列在中间的殉人是一位四十岁的女性，她拥有铜镜、熏炉、玉环、玉璜、无字小玉印和一个珍罕的铜框玉卮共八件器物陪葬，她或为这些从殉奴仆之首。本室出土物共一百二十五件（铜器四十七，陶器三十五件），在墓内各室中属于遗物简少，没有多少件精美的器物，但在埋入死者遗骸的"密度"，则为全墓之冠！汉代，杀殉是被禁止的。南越国统治者一方面慕效汉朝的政治制度，但另一方面又惧怕"要用汉法"。南越王赵眜一人入葬，却要从殉四姬妾和十一个侍从仆役。虽然殉者是毒死或自杀的，且都有器物随葬，其身份不同于以前的奴隶，但她（他）们毕竟是要为墓主之死而死的。这一点正好说明奴隶制的残余在岭南还严重存在。

这座南越大墓的随葬器物是丰富多彩的，不但数量多、品类广，其文化内涵亦相当复杂，包括有汉、越、楚、秦、齐、巴蜀、骆越、匈奴与海外文化等多种，一墓中有如此多样文化因素的遗物共存，在中国大陆已发现的汉墓中亦属罕见。这是一个很特殊的现象，它当是秦统一岭南之后，五十万大军留戍与当地的土著人民"杂处"，岭南社会出现了汉、越等民族与文化的共存融汇这样一个特定的时空因素而出现的，实非偶然。

下面选取代表汉、越文化的几件出土物详加说明。

1. "文帝行玺"和"泰子"金印

南越王墓出土的二十三枚印玺特别引人注目。这批印玺，就其质地可分为金、玉、绿松石、铜、水晶、玛瑙和象牙等不同材料。印纽有游龙、螭虎、龟、鱼、覆斗等不同款式。墓主贴身陪葬九枚印玺，放入三个小漆盒中，每盒装三枚，分放在胸腹之间。第一盒有龙纽"文帝行玺"金印一枚，另外两枚是无字玉印；第二盒有龟纽"泰子"金印和覆斗纽"泰子"玉印各一枚，另一枚为无字玉印；第三盒有螭虎纽"帝印"玉印和覆斗纽"赵眜"玉印各一枚，另一枚为无字绿松石印。这九枚印玺给我们研究汉初南越国史及古代印玺制度提供了重要的实物资料。

"文帝行玺"由黄金铸成，重148.5克，经电子探针测定，其含金量为98%。金印的印台和印纽一起铸成后再经过精巧凿刻加工而成。印台长3.1厘米、宽3厘米、高0.6厘米，以龙为纽，连纽总为1.8厘米。印面成方形，有田字界格，小篆阴文"文帝行玺"四个字，书体端正，刚健有力，文道笔直。字划的沟槽侧壁光整垂直，槽底很深，布有一道道的横条，这是加工凿刻印文时遗留的利凿痕迹。印纽为一游龙，铸出，弯曲成"S"形盘踞在印台上。龙首高昂伸向印台一角，方吻、大鼻梁、圆突的两眼及一对大耳朵，神气活现，龙尾向内卷曲与龙首成对角。四足作疾走腾飞之势，每足有三个利爪，蟠然有生气。龙腰高高隆起，下面凿空成一个穿孔，可穿系印绶。龙体布满凿出的龙鳞纹样，其他部位也是经过治印艺师的精心加工修饰。这枚隐藏在地下达两千多年虽为僭制的皇帝金玺，仍焕发出灿烂夺目的光彩。

"泰子"金印印台长2.6厘米、宽2.4厘米、高0.5厘米，连纽总高1.5厘米，重74.7克，经电子探针测定，其含金量为98%。方形，龟纽。印文阴刻小篆"泰子"二字，字体工整，四周有边栏，正中有一条竖界。此印与"文帝行玺"一样，也是先铸成后再经过凿刻加工的。

字划文道较深，沟道两壁光平且直，沟槽底呈现波浪起伏的刻凿线痕。印纽灵龟的四足稳健地立在印台的四角上，趾爪清晰可见，龟首高仰外伸，尾细小下垂。龟背隆起，下部掏空，上面刻出小点点相连成线条，编绘出规整的龟背纹。此龟纽造型比之其他出土的（包括传世的）同时代的金印、铜印的龟纽显得扁平了一些。

"文帝行玺"金印为我们辨明墓主身份提供了确凿的物证。根据《汉书》记载：南越国的二世死后，其子（三世）婴齐"即藏其先武帝、文帝玺"。婴齐继位，慑于汉中央的国威，首先废除帝号，并把乃祖、乃父自铸自用的帝玺藏起来。这枚金印就是他在操办其父赵眜的丧事时藏入墓中的。赵佗长寿，年龄超过百岁，其子未及继位而殁。墓主赵眜只是赵佗的孙子，因为根据玉衣内发现的墓主遗骸鉴定，判断死亡时年龄约四十至四十五岁，赵眜在位十六年，继位时只有二十多岁，与其祖父年龄相差近八十而得到确证的。眜与佗是祖孙关系，不是太子，显然这枚"泰子"金印与同出的"泰子"玉印同是其父的遗物。死后，婴齐将其随同"文帝行玺"金印一起入葬的。

中国封建王朝，皇帝是国家最高权力的代表，皇帝玺印则是最高权力的象征，谁拥有皇帝的玺印就可掌国家的权力，成为最高的统治者。中国皇帝的印称玺是从秦始皇开始。秦始皇的玉玺作为传国玺，他希望能传之万世，但到三世子婴就捧着传国玺向刘邦请降。刘邦得玺，把它佩在身上，亦作为传国玺，据《汉书》记载，到王莽时还存在的，以后则下落不明了。南越国的一、二世赵佗、赵眜仿效秦汉天子至尊制度，僭号自尊称帝且自铸帝玺。今从"文帝行玺"金印的发现得知，南越赵氏政权没有完全仿效秦汉的传国玺制度，而自称"武帝"、"文帝"。东汉人卫宏《汉旧仪》记载，皇帝用玺有：皇帝行玺、皇帝之玺、皇帝信玺和天子行玺、天子之玺、天子信玺六玺；而《汉书·霍光传》的孟康注则说"汉初有三玺"。无论"六玺"或"三玺"，总之皇帝的印玺从未发现过，就算是专为随葬而用的明器也好，因西汉十一座帝陵至今未发掘，故尚没有实物出现。现在有了这枚"文帝行玺"金印，不仅可印证《汉书》等有关皇帝印玺的记载是可信的，同时，汉承秦制，南越国亦慕效汉廷制度，这枚金印对皇帝印玺的形材规格等的研究有重要的参证作用。

汉朝的制度规定，皇帝、皇后的玺用玉，螭虎纽。太子及诸侯王用金印，龟纽。据《汉旧仪》说："秦以来，天子独以印称玺，又独以玉，群臣莫敢用也。"皇帝的印玺"皆白玉螭虎纽"。这些官印的大小规格一般是2.2至2.8厘米的方形印，相当于汉尺的一寸至一寸二分，通称为方寸印。"泰子"金印跟上述官印规定相对照，我们发现它的形制、材质、纽式、规格完全符合标准。至于"文帝行玺"金印则有异同。它不用白玉而以金铸制；不是螭虎纽，而独创龙纽；不用"皇帝行玺"而径称"文帝行玺"；规格3.1厘米×3厘米，超越了秦汉寸印的常规。这些差异或是南越赵氏政权着意所为，特别是独创龙纽，更有高傲的表现。龙是古代东方人想象中的神兽，秦始皇自称"祖龙"，自此，龙被视为至高无上的皇帝象征，即所谓"真龙天子"、龙体、龙颜之称，这枚金印以龙为纽，把皇帝象征和代表最高权力的帝玺相结合，说明南越王独霸岭南，立国称帝的自信、自负的傲慢态度。

"文帝行玺"和"泰子"金印是中国目前发现年代最早的金印。虽然，从正统的史观来说，这二枚金印都不是汉廷中央颁发的官印，而是自铸的且是僭制的，但从南越国来说则是官印。汉制，官印不得用于随葬，要用明器代替，但"文帝行玺"在国中虽属官印，因其自称"文帝"，下一代王则另有帝号，故不属传国玺而可入葬。还有，赵佗的"武帝"玺，婴齐把它藏到哪里？至今不得而知。从目前发表的考古资料得知，西汉金印出土的仅有四枚，南越王墓除"文帝行玺"、"泰子"外，还有"右夫人玺"金印，独占三枚，另一枚为1956年云南出土的"滇王之印"。滇王金印是汉代武帝平定南越，统一西南夷后于元封二年（前109年）赐给滇王的。"文帝行玺"金印应当是南越第二主于建元四年（前137年）继位时所铸，在时间上要比滇王金印早廿八年。至于"泰子"金印，它是赵眜为其先父掌管的遗物，年代就更早远一些。"文帝行玺"金印的印面沟槽内和四壁都有红褐色的印泥残留，印台四壁不少地方出现碰撞、划损的痕迹，特别是龙纽的捉握部位显得十分光滑，说明这枚金印是墓主生前使用的实用品。

2. 独一无二的"丝缕玉衣"

玉，在中国的传统文化中被视为具有仁、义、礼、智、信五德体现的一种实物体，所以古人多用玉制作礼器和饰物。"君子无故，玉不去身"。从奴隶主到封建统治者，他们生前佩玉，死后还以玉随葬。这种礼习，文献有证，考古发掘亦屡有发现。

西汉南越国第二代王赵眜的"玉殓葬"，至为典型。墓中出土玉器二百四十余件，包括作为葬玉用的"丝缕玉衣"，装饰玉用的十一组组玉佩饰和玉具剑中的首、格、璏、珌剑饰共五十八件，作器具之玉用的铜框镶玉卮、铜框镶玉盖杯、玉角形杯、玉盒、铜承盘高足玉杯和印章、六博子等多种实用器物，还有礼仪用玉的璧等。墓中出大小玉璧七十一件，除作礼仪之用外，还用来垫尸（葬玉），更多的是与组玉佩饰相组合（装饰玉）。由于墓葬保存完好，未受人为的扰动，每件玉器都有准确的出土位置，因而对研究它的组合关系，了解其使用功能，恢复它的历史原貌等方面，都能够找到依据，减少疑难，提高它的科学研究价值，这一点，从墓主所穿的"丝缕玉衣"得以成功的复原，是一个很好的说明。

（1）从玉面罩到玉衣

"玉衣"是汉代皇帝和高级贵族的葬服，其雏形可追溯到西周时期。1990年，河南三门峡市虢国墓地发掘出一套完整的玉面罩，由印堂、眉、目、鼻、嘴、下颔、腮及髭须等十四片大小不同、形态各异的玉件组成，每件玉片均有一至二个明孔或暗孔，以缝缀在织物上，再覆盖在死者面部[1]，古书称之为"幎目"。春秋战国的墓葬也有类同的发现。到西汉初年，山东的"刘疵墓"发现过一件不完全的"金缕玉衣"，它只有头罩、双手套和双鞋[2]。而河北的刘胜、窦缟墓所出的则是完整的二套金缕玉衣[3]。据不完全统计，目前在中国出土的汉代玉衣已有四十多例（见表1），分有金缕、银缕和铜缕三种。玉衣，汉代文献中称为"玉匣"或"玉柙（椟）"，为封建统治中最高层人物专用的殓服。用金缕或银缕或铜缕把玉片联缀成的玉衣就成为不同等级的主人能享用的依据，一般是由朝廷"主作陵内器物"的少府东园匠制作。据《后汉书·礼仪志下》记载，皇帝死后，用"金缕玉衣"；诸侯王、第一代列侯、贵人、公主用银缕玉衣；大贵人、长公主用铜缕玉衣。而受到皇帝恩宠的大臣、外戚往往也会赐以玉衣作葬服，以示恩荣。南越国王是汉朝中央正式承认的异姓诸侯王，按等级，赵眜的玉衣应是银缕或金缕玉衣，但汉与越的政治关系一直都是表里、名实不一的关系，所以赵眜既不会请求，而汉廷也未必赐予，只有南越国自行制作了。但为什么不用金缕而用丝缕？看来也不一定要求得一个"强解"的。赵眜大约死于元狩元年（前122年），比中山王刘胜早死十年，所以这套"丝缕玉衣"是目前已发现汉代完整的玉衣中较早的，在形制上又是比较原始的。由于玉衣用丝缕，既不见于文献记载，考古发现中也无发现过，可以说在目前它是独一无二的孤本了。

（2）玉片丝缕尽贴地

这件丝缕玉衣出土时已坍塌贴地，压至扁平，其下只有很薄的一层棺木板灰。其他如穿缀和粘贴玉衣的丝线、丝带及麻布的衬里多已朽没了，大多数玉衣片也散乱了，仅整体轮廓仍隐约可辨。加上玉衣上面、两侧各有五把铁剑再覆盖一件用玻璃珠穿成的珠襦、十块"组玉璧"、一套组玉佩饰分层盖在上面，最上一层还有三个漆盒分装着的九枚金、玉印玺。玉衣的面罩上也盖上透雕的玉璧，再覆上一层缀有金饰片的"幎目"。这些层层附加在玉衣上的饰物，给玉衣的清理增加了很大困难。

（3）费尽心机整取回

鉴于玉衣片已有散乱，不可能在现场作逐件起取。遵照夏鼐先生的提议，要保证玉衣出土现状的完整，以便将来复原工作的进行，考古人员决定使用"竹签插取套装法"的整取方案。简单说来就是，先将玉衣四周清扫干净；在玉衣片上贴附整张的绵纸，浇上薄层石膏，待固定后，用又长又薄的竹签沿着玉衣两侧，紧贴地面作对向式依次插入；在密排的竹签下面打入薄木板，将一根根容易散开的竹签托住，木板下再加插有强度的金属薄板，以加强承受力。然后套入预制的木箱框架，这时倒像一具未加盖板的棺木，在里面再浇上一层石膏，把空隙填实，再以木屑填满，才钉上盖板。这一面的工序算完成了，然后在金属薄板下加插几条托底的木枋条。这时，贴地的玉衣已全脱离地面，固定在木箱之内了。用铁丝把两边伸出的木枋条与上面的盖板缚紧。整个木箱就可翻转过来，成了底朝天。这时还要检查贴地的玉衣片是否已整取干净。底朝天之后，原先分次插入玉衣下的条枋、金属薄板、薄木板、竹签等可以逐层卸去，露出玉衣的背面，稍作平整，铺上绵纸和薄膜，加封板盖。这样，整取完成。至此，就可以平稳地运回室内，以备下一步的清理复原。

表 1　　　　　　　　　　　　　　　出土汉代玉衣一览表

次序	出土地点	出土时间	保存情况	年代	墓主	资料出处
1	江苏徐州市狮子山汉墓	1994.12~1995.2	金缕玉衣 1 套	西汉前期	楚王刘戊	《中国文物报》1995.11.26
2	江苏徐州北洞山汉墓	1986.9~11	金缕玉衣片 50 余片	西汉前期	楚王	《文物》1988.2
3	江苏徐州后楼山西汉墓	1991.1	玉面罩 33 片	西汉前期	？	《文物》1993.4
4	陕西咸阳杨家湾四号汉墓	1970.11~1976.11	玉衣片 200 余片	西汉文景时期	周勃或周亚夫	《文物》1977.10
5	陕西咸阳杨家湾五号汉墓	1970.11~1976.11	银缕玉衣片 202 片	西汉文景时期	周勃或周亚夫	《文物》1977.10
6	山东临沂洪家店汉墓	1978.5	金缕玉头罩、手套、鞋	西汉前期	刘疵	《考古》1980.6
7	广东广州象岗汉墓	1983	丝缕玉衣 1 套	西汉武帝时期	第二代南越王	《西汉南越王墓发掘报告》
8	河北满城一号汉墓	1968.6~8	金缕玉衣 1 套	西汉元鼎四年	中山靖王刘胜	《满城汉墓发掘报告》
9	河北满城二号汉墓	1968.8~9	金缕玉衣 1 套	西汉元狩至太初年间	中山靖王后窦绾	《满城汉墓发掘报告》
10	河南永城芒砀山汉墓	1993	残存玉衣片	西汉中早期	梁国王陵	《中国文物报》1994.4.17
11	四川绵阳双包山二号汉墓	1992 年底	残存玉衣片	西汉中前期	？	《中国文物报》1993.7.25《中国文物报》1995.12.3
12	湖南长沙杨家山一号汉墓	1958	残存玉衣片	西汉中期	？	《考古》1959.12
13	山东五莲张家仲崮汉墓	1982	金缕玉衣片 150 片	西汉中晚期	东昌侯刘祖	《文物》1987.9
14	江苏徐州石桥一号汉墓	1955	残存玉衣片 2 片	西汉中晚期	楚王	《文物》1984.11
15	江苏高邮天山神居山二号汉墓	1980~1982	残存银缕玉衣片	西汉中晚期	广陵厉王夫人	《文物》1994.5
16	河北邯郸朗村汉墓	1946.9	残存铜缕玉衣片	西汉始元六年	象氏侯刘安意	《文物考古资料》1958.11《考古》1972.2

次序	出土地点	出土时间	保存情况	年代	墓主	资料出处
17	河北隆尧固城汉墓	1987.9	镶金玉衣片230余片	西汉晚期	象氏侯刘千秋或刘汉强	《文物》1992.4
18	河北定县40号汉墓	1973.5~12	金缕玉衣一套	西汉五凤三年	中山怀王刘修	《文物》1981.8
19	河北邢台南郊汉墓	1978	金缕玉衣片200余片	西汉甘露三年	南曲炀侯刘迁	《考古》1980.5
20	山东曲阜九龙山三号汉墓	1970	残存银缕玉衣片	西汉甘露三年	鲁孝王刘庆忌	《文物》1972.5
21	北京大葆台一号汉墓	1974.6~8	残存玉衣片	西汉后期	燕王或广阳王	《文物》1977.6
22	江苏扬州"姜莫书"汉墓	1977.10	铜缕玉衣片600片	西汉晚期	刘氏家族	《文物》1980.12
23	河南永城僖山汉墓	1986	金缕玉衣片1000片	西汉晚期	梁王	《文物报》1986.10.31
24	云南晋宁石寨山古墓	1956~1957	玉衣片66片	西汉	滇王	《云南晋宁石寨山古墓群发掘报告》
25	河北石家庄汉墓	1980.4~5	铜缕玉衣片76片	东汉初期	？	《考古》1984.9
26	江苏睢宁刘楼汉墓	1975.12	丝缕、铜缕玉衣片140余片	东汉前期	下邳王	《文物资料丛刊》4
27	河北定县北庄汉墓	1959	鎏金铜缕玉衣2套	东汉永元二年	中山简王刘焉	《考古学报》1964.2
28	河北蠡县汉墓	1980.6	铜缕玉衣222片	东汉中期	蠡吾侯家族	《文物》1983.6
29	河南淮阳汉墓	1988.8~11	银缕玉衣片1800余片	东汉中晚期	陈顷王家族	《中国文物报》1988.12.16
30	山东东平王陵山汉墓	1958	铜缕玉衣片1647片	东汉中晚期	东平王家族	《考古》1966.4
31	河南洛阳东关汉墓	1971.1	玉衣片42片	东汉晚期	？	《文物》1973.2
32	河南洛阳汉墓	1988.2	铜缕玉衣片	东汉晚期	？	《中国文物报》1988.3.11
33	安徽亳县董园村一号汉墓	1974~1977	银缕铜缕玉衣各1套	东汉延熹七年	费亭侯曹腾夫妇	《文物》1978.8

续表

次序	出土地点	出土时间	保存情况	年代	墓主	资料出处
34	河北定县43号汉墓	1969.11~12	银缕铜缕玉衣各1套	东汉熹平三年	中山穆王刘扬夫妇	《文物》1973.11
35	河北望都二号汉墓	1955.4~9	铜缕玉衣各452片	东汉光和五年		《望都二号汉墓》
36	河北无极甄氏墓	1957.7	残存玉衣片	东汉晚期	?	《文物》1959.1
37	河南孟津送庄汉墓	1964.8	铜缕玉衣片50余片	东汉晚期	?	《文物资料丛刊》4
38	安徽亳县董园村二号汉墓	1974~1977	铜缕玉衣片数百片	东汉末年	曹腾家族	《文物》1978.8
39	江苏睢宁九女墩汉墓	1954	铜缕玉衣片300余片	东汉末年	?	《考古通讯》1955.2/1958.
40	山东邹县汉墓	1989.11	残存铜缕玉衣片14片	东汉	?	《中国文物报》1990.3.29
41	山东济宁汉墓	1991.1	残存铜缕玉衣片15片	东汉	?	《中国文物报》1991.5.12《考古》1994.2
42	江苏徐州土山汉墓	1970.7~8	银缕玉衣1套	东汉	彭城王家族	《文物》1972.3

（4）三年心血得复原

这件玉衣是由中国社会科学院考古研究所白荣金先生，费了三年时间得以复原成功的。复原工作就是一项极其烦琐细致的研究工作。当木箱打开，为了整取而附加的绵纸、石膏、薄膜、木屑等都一一清除之后，面对散乱的玉衣片，先要观察再三，对每一块玉片都是容不得轻举妄动的。要移动任何一片，都要先考虑它与局部的关系，以致整体的关系。稳妥的办法是，先用透明纸盖上，按原大原样绘图，逐片编号，逐片用卡纸制作模型，依不同部位分层绘图、拍照，分层揭取。每张纸卡模型都标明编号、方向、坐标，以之代替原件，便于反覆摆弄，设想出最为合理的复原方案。经过近一千个工作日的精心清理，反覆组合验证，丝缕玉衣得以修整复原成功。这件玉衣由2291件玉片组成，全长1.73米，分有头套、上身衣、两袖筒、两手套、两裤筒和两鞋共十个组合体。整衣的片形及其大小是依人体各部位的不同形状而设计的，以长方形、方形为主，还有一些呈梯形、三角形和五边形的。头套、手套和鞋所用的玉片加工细致，厚薄均匀，两面光滑润泽，边角都有穿孔，以丝线穿缀，里面再用丝绢衬贴加固。躯干部位所用的玉片，多利用废旧玉器和边角料切成，故厚薄不一，无孔，粘贴在麻布的衬里上，表面用窄的朱丝带作对角粘贴，组成菱形网格状的地纹，四边再以宽带粘贴成纵横方格，各部位边缘处都以丝织物缝合包边，宛若一套工巧料奇的高级服装，十分引人注目。

古人对玉迷信，以为可以防腐，用玉衣作殓服，则尸体得以不朽。这套整取回来的玉衣揭开之后，赵眜的遗骸已全朽了，只剩下一小片颅顶骨和下颚骨的一部分。看来，赵眜冀求的"永垂不朽"，结果朽了，而他穿的玉衣倒完整地保存下来，成为研究中国古代丧葬制度的一件重要实物。在西汉南越王墓博物馆的专设陈列室中，它被放在一张特制的玻璃床上，并高高地托起来，便于参观者通过下面的镜面直接看到玉衣下用来垫尸的五块大玉璧，对古代的"玉殓葬"有更具体的了解。

3. 羽饰纹彩的漆木屏风

屏风是居室内部作为挡风和遮蔽的陈设用具，古称"扆"，后又有屏扆、屏帐、屏障、屏幛等名称。《释名》中有"屏风，言可以屏障风也"的解释，说明使用屏风，可以达到阻挡风吹的目的，这是屏风开始出现时的简单功能。随着人们生活内容的不断丰富，对屏风的认识日益加深，从而更充分地发挥了它的使用功能。如《史记·孟尝君传》："孟尝君待客坐语，而屏风后尝有侍史，主记君所与客语。"的记载，反映了屏风还有分隔空间的作用，使人们同在一处地方进行活动时不会互相干扰，各行其事。随着房屋设计的完善，建筑结构的周全，门窗的合理安置和使用，人们已不是依靠"以屏障风"，而是着重于用它来分隔居室里的空间，以满足日常生活工作时对场地的需求。由于屏风轻巧实用，使用方便灵活，并且在制作上精益求精，集实用与装饰为一体，一直为人们所喜爱，古今沿用，长盛不衰。

屏风的出现年代，根据现有的资料得知，在战国中期已开始使用。不过，在考古发掘中能够见到早期屏风的实物却极为稀少。从已发表的材料来看，较早的屏风仅见于湖北江陵地区的两座战国中期的墓葬。墓中出土有漆木屏风，制作也精致，有透雕、施彩绘，但其宽度仅有 50 厘米左右，高十多厘米，实是为墓主陪葬而特制的明器。湖南马王堆一号汉墓也发现漆木屏风，因形体小，且制作粗糙，明显也是明器。河北满城刘胜墓中出土有屏风的铜构件，可惜已无法复原，不能看到它的原貌。因此，南越王墓出土的这座羽饰纹彩漆木屏风应当是中国目前考古发掘中首次发现的实用屏风。它不仅规模大，而且结构复杂奇巧，装饰异常华丽。经过整理组合复原，将会重新展现出它的风采。

这座屏风结构复杂奇巧，零、部件繁多，给复原工作带来不少困难。考古工作者从困难中发现有利条件，寻找复原的科学依据。南越王墓隐藏在地下 20 米深处，没有被偷盗过；墓室发现时又得到严密的保护，这样，这座屏风与其他随葬物一样，丝毫未受扰乱。发掘时，虽然屏风的木料框架已腐朽，整体塌倒落地，但它的全部铜构件依然坐落在原来的位置上，经过实地测量，可以确定屏风的规格尺寸。从铜构件左右分布现状及其造型结构的特点，也可推知它们原来在屏风上相对的位置。出土时，对每件铜构件都作详细的记录，以免位置产生混乱，为复原工作提供依据。同时，铜构件经过除锈处理后，发现上面刻有顺序编码，或刻左、右的字样，或分大对大、小对小的衔接口。这样，为屏风的结构组合，为辨认铜构件的准确位置提供了证据。另外，在发掘时收集了一批屏风的残存标本，这些标本为屏风的框架结构、壁板组织、髹漆彩绘、泡钉镶嵌、雉羽安插等，给复原提供了可贵的实物依据。

功夫不负有心人，依照铜构件的出土位置、造型结构特点，结合器物上数字记号的排列顺序，参考实物标本等，经过多次的分析对比，使羽饰纹彩屏风恢复出它原来的面貌。

屏风高 1.8 米，正面横宽 3 米，平分三间，每间各 1 米，左右两间是固定的屏壁，正中是屏门。屏门有两扇，可以向后启闭。屏壁左右两侧各有由折叠铜构件连接的翼障，翼障宽 1 米，可作九十度角转动，折合起来翼障紧贴屏壁，展开则与屏壁组成"冂"形的围屏。这种由三面构成厅堂式的围屏造型，正中又有屏门，这样奇特的结构，可说是极为罕见。屏风髹黑漆，在板面的黑漆上用红白两色描绘卷云纹，边框髹朱漆，并镶饰鎏金铜泡钉。

整座屏风由六件器体大、铸艺精致、造型怪异的鎏金铜托座嵌纳支撑着，巍然稳固。屏门两侧底部有一对蛇纹托座。屏壁与翼障连接转角处底部有一对人操蛇的托座。翼障的前端底部有一对蟠龙托座。蛇纹托座是由三条蛇组成的支托，正面一条，背面二条，三蛇相互绞缠，蛇首回旋在中部，蛇身上缚系着向外飘扬的云纹带饰，蛇弯垂着地成三支点，以支承屏风的平稳。人操蛇托座以力士俑为主体，双脚跪地，面朝屏风转角的前方，两眼瞪圆，眼珠外突，鼻短而高，体矮胖，圆膀宽肩突胸，短袖短裤，形象地表现了力士承托屏风重量的神态。俑口衔一条双头蛇，四个犬齿把蛇咬紧。两手各操一蛇，两腿各夹一蛇，各蛇相互绞缠，向左右延伸，外接下垂的透雕云纹，形成多处着地支点。蟠龙托座承垫在翼障前端，使它不致下坠和晃动。蟠龙昂首曲体盘尾，四足踩在一个双蛇组成的支座上，蛇头向后，蛇身分别向两边外旋，各自卷缠一只青蛙，青蛙张口暴目，双肢前伸力图挣脱绝境。龙的四肢微屈下蹲作起步走的动态，双耳后掠，额顶有一支插管，瞪目张口吐舌，一只青蛙蹲在龙口里，蛙体半露俯视，神态安详，欣幸得到龙的保护，逃脱了恶蛇的追袭，与支座上被蛇缠身的两蛙绝然不同。

屏风顶部有一组异常壮丽的顶饰。在两侧转角的位置上，各仁立一只鎏金铜朱雀，雀首向前，作振翅欲飞的姿势，身上刻满鳞片状的细羽，双翅刻出长条形的羽毛。尾巴上翘有一条槽口，里面安插雉尾七、八根，雉羽成扇形向屏风后面飘垂，五彩缤纷。还有三件鎏金的铜兽首高踞在两翼障和屏门顶上的中间，兽首双面，正中为兽面，双目圆突，鼻高而宽，张口露齿，上髭分两边向外卷翘。头顶有双角、两眉和两廓线。朱雀的头顶、兽首的额上和卷云纹顶端都有管状小插座，以羽插饰物。

《盐铁论·散不足篇》中："一杯卷用百人之力，一屏风就万人之功"，说明屏风的珍贵。

这座规模大、结构奇巧、装饰华丽的羽饰纹彩漆木屏风应是南越王赵眜生前使用的实物。

4. 四战船纹的青铜提筒

墓中出土铜提筒大小共九件，陶提筒二件。置于东耳室的三件铜提筒，叠套在一起，当中还塞入一个铜钫。这个战船纹提筒就是套叠在中间的一个。呈圆筒形，子口缺盖，应为木盖。腹上部微向外凸，复耳，底平内收如圈足，筒身饰有四组纹带，近口沿的一组、近底的二组，同为几何图形的纹样，最引人注目的是腹部当中的一组阴刻四条战船纹。因已锈蚀，有部分的纹样已漶灭不清。四船纹分为两组，每组二船，两组之间有一段隔离。四船的形体大致相同，首尾翘起，立旌旗或小幔（风帆）。船头上一只鹁鸠（今称斑鸠）企立，下面垂悬一个首级（被斩杀的人头）。船上刻出甲板线纹，当中划分成五或六格，显示船内分隔有多个舱室。船上无桨篙，推进工具只有一把弓形的大橹，设在船后。船下的前后刻划有海鱼、海鸟和海龟，海龟都爬在大橹的叶片上，显示出这是一条航行在大海中的海船。船上前中部立樯桅，中悬楹鼓，鼓前有盾牌，后有如鼎形器，应为金钟，即击鼓前进，鸣金后退的指挥台。船上中后部有座栅台（瞭望台）。船上有五个跣足、羽冠的武士，和一个裸体的俘虏，共六个人物，动作表现略有不同。右起，第一船：船头一武士站立，头戴羽冠，腰围羽裙，面向前，左手持弓，右手拿箭。其后一武士，戴高羽冠，裸体，腰后挂短剑，用铜鼓作坐椅，身微前倾，左手按着金钟，右手握槌正在击鼓。身后一武士，羽冠羽裙，左手紧扯着俘虏的长发，右手执短剑。俘虏全裸，两手反剪，踞坐在甲板上。栅台上站一武士，头戴皮弁，左手执钺，右手倒提一具首级，注目向前。栅台下面有个像盉形的器具。船后一武士，腰后系短剑，双手掌橹，一脚前撑橹弓，一脚后蹬甲板，正在着力摇橹行进中。第二船：船头的武士左手执一把大钺，右手倒提一具首级；站在栅台上的武士，头戴皮弁，一手执弓，一手拿箭；其余的武士与第一船的相同。第三船：站在船头的武士亦羽冠羽裙，手执弓箭，栅台上的武士亦手拿弓箭，头戴皮弁，但皮弁上加插三根如箭矢状的羽饰，船后掌橹的武士头上亦插有一根同样的羽饰。此船的船身线纹锈蚀不清。第四船：船头武士的形象与执兵情形都与第一、三船的相同，在楹鼓后面的武士亦作击鼓状。最值得注意的是船体第二格的舱室，共刻出四面铜鼓，把舱室堆满了。至此，我们怎样去理解这四条船纹所表现的主题呢？它们是在竞渡？是在举行某种祭祀仪式？抑或是作战的战船呢？这四船纹同是用平视法画出物体的一个侧面，它是象征性的，是高度概括了的。所刻划的船体体型、设备和人物的内容大同小异，可归纳为以下几点：第一，这不是独木舟，不是龙舟，而是一条大型的木板船，有甲板，有多个船舱，其中一条船的两个舱内装有铜鼓等器物；第二，推进工具为一橹三帆，首尾各立一小幔，主帆设在前中部，即设金钟与鼓的位置处；第三，风帆仅勾画出桅樯与帆下的一些羽饰，其上的帆高出船体许多，都略而不表；四船朝同一方向（向右），羽饰、羽冠都迎风后扬，作为指挥进退的武士都在奋力击鼓，表示这些船正是鼓帆、摇橹向前疾进中；

第四，船上五个执兵武士的武器有弓箭、短剑、斧钺和盾牌，虽然个个都耀武扬威，但四船上的弓箭手无一例外的都未作张弓搭箭、引而待发的紧张表现；第五，船上载有斩获的首级和武装押解的俘虏，还有铜鼓等物，施号员把铜鼓作了坐椅使用。以上五点综合来看，可以认为这幅船纹图是描绘一作战的船队，打了胜仗，大有斩获（载着首虏，还缴获敌方大批重器——铜鼓等），正在打起得胜鼓凯旋而归的一个欢跃的场面。可以断定：船纹所示绝非竞渡，因竞渡应由多人来划桨而不应设槽的；更不是祭祀场面。因为船上无任何祭祀活动的舞人和道具，特别是把铜鼓作坐椅用，与祭祀更是风马牛不相及了。

秦汉时期，中国岭南和西南地区少数族人的铜鼓和铜提筒都刻有船纹，或繁或简。有学者曾作过不完全的统计，在中国现存的一千四百多面铜鼓中，有写实船纹的只有二十七面。而铜提筒，在云南呈贡出三个，有一个刻船纹。越南发现二十多个，以陶盛和越溪所出二个的船纹较复杂。两广所出二十多个，仅南越王墓出的这件有刻划船纹。至于提筒的用途，南越王墓与两广所出的大概全为酒器，这从广州东汉墓出土陶提筒的盖内墨书"藏酒十石令兴寿至三百岁"的铭文可证。呈贡出的为贮贝器。越南所出的筒内多见盛有骨灰，当是作为火葬的葬具用。

三、展现南越古文明的新殿堂

象岗大墓既是属于广州市人民的，同时又是全国人民和全世界人民共同的历史文化遗产，我们要为子孙后代而妥善地保护它，不走样地把它的历史信息传下去。发掘结束，广州市人民政府就决定在原地建博物馆，并将古墓周围的14000平方米土地划为建设博物馆的用地。在这里建博物馆先要解决好两个问题：一是在划出的用地范围内有一百四十户居民住宅和六个临马路的商店等单位要全部迁出，这不是一年半载可以解决的事。因而建馆工作采取先易后难分两期完成的步骤进行。二是规划问题，这座古墓是岭南地区目前已发现历史最早且有绝对纪年的一座地下石构建筑，有重要价值，必须早维修保护；新建的陈列展览楼与遗址（即石室大墓）的关系怎样处理得宜？相互间在平、立面的布局上可否构成一体？对此，广州著名建筑设计大师莫伯治先生提出，必须依循1964年在意大利威尼斯通过的保护历史文物建筑的《威尼斯宪章》中有关的原则进行处理，并由他负责博物馆的总体设计。博物馆由古墓保护区和展馆区两部分组成，首期工程于1986年12月27日奠基，包括古墓加固维修，在上面新建一个460平方米的防护大棚，外绕一匝长240米、宽2.50米的回廊，成为古墓的绝对保护区；同时在古墓东边即象岗东麓面临解放北路，建一座总面积4396平方米的三层综合陈列楼，1998年竣工。一座展示南越古文明的新殿堂宣告建成，出土的各类文物珍品在此全面展出。

　　博物馆的布局以古墓为中心，结合山岗地形，依山建筑，拾级而上，东麓的综合陈列楼，古墓区与北面的主体陈列楼三个不同体型的平面与空间连结起来，形成一个前呼后应、上下沟通、步步高升的群体。象岗已削低 17 米，岗顶尽去，但东北面仍有一小片高坡保留。清顺治时在岗顶筑有城防炮台，在工地平土时曾挖出古炮五门，我们依岗坡把炮台复原；新建的二栋展览楼，一在东麓，面临马路，作为馆的正门，既有气势，又便交通，主楼则在北面。两者都与古墓区有一段距离，避免了山岗的形势尽失。这样的布局处理是符合《宪章》关于"任何地方凡传统的环境还存在就必须保护"的原则。墓主与汉武帝是同年代的人，在古墓上面新建的防护大棚就是仿照汉武帝茂陵的封土形状，作成一个用大型钢梁作支架，嵌以隔光玻璃为遮盖的覆斗形大棚，赋以一个历史时代的符号，不以假乱真，不以今损古。这是符合《宪章》所强调"任何一点不可避免的增添部分必须跟原来的建筑外观明显地区别开来，并且要看得出是当代的东西。"防护棚无论外观和内观，古与今的区别十分明显。再者，构筑古墓的砂质岩石风化严重，墓中的石板多已断裂，有的已掉落，根据《宪章》关于"补足缺失部分，必须保持整体的和谐一致，但同时又必须使补足部分跟原来的部分明显地区别，防止补足部分使原有的艺术和历史见证失去真实性"的严格规定，我们在古墓的加固维修中坚持整旧如旧，不作任何的画蛇添足。

　　展馆的体型、装修以至用材方面是独具匠心的。鉴于构筑陵墓的石材主要是红色砂岩，所以展馆的三个组成部分的外墙全用红砂岩石作衬面。博物馆正面左右两边由一千三百多块红砂岩石板砌成的高 12.4 米的石壁，施刻巨幅浮雕，门前并列一对横向的圆雕石虎，同是选自墓中出土的屏风、玉璧与错金虎节纹样与造型而来。这些艺术形象，让每位参观者来到博物馆门前就已触摸到了南越古文明的实体。这座遗址博物馆的总体规划设计，布局合理，构思独特，其形体既与历史文化内涵沟通，又充分显现出现代岭南建筑的特色与气派。

注释：

[1]《中国文物报》1991 年 6 月。

[2]《山东临沂西汉刘疵墓》,《考古》1980 年 6 期。

[3]《满城汉墓发掘报告》,文物出版社，1980 年。

　　原载《历史文物》（月刊）第八卷第七期，台湾历史博物馆馆刊，1998 年 7 月，署名麦英豪、林齐华、王文建[①]。

---

① 　本文作者麦英豪为西汉南越王墓博物馆顾问，林齐华为副馆长，王文建为陈列保管部副主任。

麦英豪庆祝中国社会科学院考古研究所
建所五十周年笔谈

　　今年 8 月 1 日是中国社会科学院考古研究所成立五十周年，谨向她表示衷心祝贺。考古所从她的诞生到成长壮大的五十年，正是中国文物考古事业步入黄金时期的五十年。在这半个世纪的历程中，她在为培养考古专业人才，运用现代科技手段，开展各项检测、实验、复原保护文物；在开拓学术课题的探索研究，如有关我国史前阶段的发掘与研究、夏代问题的探索、商周以来的重要发现与研究等方面都有了重大成果和创造发明，时至今日，她成了新中国的考古学界学术研究的中心，在建立新中国考古学体系中居于显著的地位，为举世所认同。

　　广州市的文物考古事业取得今天的成果亦有赖于考古所给予的帮助与支持。我从 1952 年步入文物考古工作的行列。1953 年参加了第二届全国考古工作人员训练班的学习，得到了夏鼐、苏秉琦等考古所领导和学者的关心培养，从此真正与考古拉上关系，48 年来一直在祖国南陲的广州从事文物考古工作，至今乐而不倦。犹记得，当第二届考古训练班学习结束回到广州，就碰上了市区东郊一建设工地发现了东汉初年的大型木椁墓，出土一件木质彩画楼船，我们面对一堆散乱残朽的木船零件，感到束手无策，于是写信向夏鼐先生求救，得到了夏先生的详尽指点与关心。那时我们真的是初生之犊，居然把这墓的资料写成《广州龙生岗 43 号东汉木椁墓》一篇发掘报告，参加在北京召开的第一次全国考古工作会议，后来还收入了由考古所主办的《考古学报》（1957 年第 1 期）发表，这对我们的鞭策鼓励至大。其后，1955 年～1956 年我们在广州华侨新村工地发掘一批南越国时期的墓葬，得到苏秉琦先生的指导，编写成《广州华侨新村西汉墓》在《考古学报》（1958 年第 2 期）刊登，这是有关南越国考古发现与研究的成果首次在学刊上发表，引起各方的关注。经历了"文化大革命"十年浩劫之后，广州的田野考古在配合建设工程进行抢救发掘中迅速开展，1973 年在一个建筑工地发掘一批古墓，其中有 22 座是南越国的中、小官吏墓葬，因其中有第一次发现可为南越国考古资料作为断代分期依据的戳印陶文资料，在田野工作结束之后，抓紧了资料的整理，用了一个月时间，完成《广州淘金坑西汉墓》发掘报告的编写，得到《考古学报》副主编黄展岳同志的称许与支持，及时地在《考古学报》1974年第1期发表了这个新的发现。最令我难忘的是《广州汉墓》专刊的出版，它是全赖考古所的支持和夏鼐与黄展岳同志帮助的结果。早在1961年，我和黎金女士把在广州发掘的一百多座两汉墓葬资料整理后编写成《广州汉墓》，这本70万字的油印初稿寄给夏鼐先生请求赐教，他立即转请陈公柔先生审阅，并决定出版，后来因事拖延了。接下来是"文化大革命"的十年停顿，在周总理亲自批准《考古学报》、《考古》、《文物》三大刊物复刊后，夏先生又提出《广州汉墓》的出版安排。为了让我们能专心一意地尽快把书稿修改定稿，硬是在考古所已十分困难的办公用房中腾出一个房间给我们临时在所里工作和住宿，并指定黄展岳同志协助我们，由他负责该书稿的审定，《广州汉墓》专刊得以较快、较早面世，我认为是考古所对地方的专业人员给予无私帮助与关怀的最好说明。1983年6月，一个偶然的机会，南越王墓在象岗建筑工地被发现了，我们随即到北京向国家文物局和考古所有关领导和专家学者汇报，他们都认为这是岭南地区秦汉考古的重大发现，并赞同夏先生的意见，报请国务院批准发掘。夏先生决定由考古所选派富有经验的考古和技术人员与广州方面组成发掘队，担负起南越王墓的发掘任务；并就发掘过程及以后编写发掘报告等都提出了具体的指导与要求，还两次亲临发掘现场指导。这是考古所自成立以来，她的队伍第一次跨越五岭，直接参与岭南地区的考古发掘，这对广州的文物工作促进极大，影响深远。南越王墓发掘后，广州市政府决定墓室原地保护，并在象岗建立西汉南越王墓博物馆。随后，南越王墓公布为全国重点文物保护单位；南越王墓博物馆又被评选为20世纪世界建筑精品；同时，《西汉南越王墓》发掘专刊在1999年还被评为首届国家社科基金项目优秀成果奖（专著类）二等奖。最近，社科院考古所与广州市文物考古研究所再度联合组队进行南越国宫署遗址的发掘，我祝愿这束合作的鲜花定会在岭南大地的广州绽开得更灿烂、更芬芳。

节选自《庆祝中国社会科学院考古研究所建所五十周年笔谈》。

原载《考古》，2000年第7期。

天道酬勤（代序）

——祝《区家发考古论稿》出版

区家发和我，还有我的老伴黎金女士，曾于1953年夏一同到北京大学，参加全国第二届考古工作人员训练班的学习，这次学习使我们成了同窗，又是我们踏入文物考古工作门槛的开始。参加这仅有几个月时间的速成班，至今印象最深的还是在洛阳邙山进行田野考古实习时，我们几个广东仔，每逢周末都约好一起步行半个小时入洛阳城，穿过城中心的十字大街，走进一家叫“真不同”的饭店打祃（牙）祭，每次人均1元就饭饱菜足了。学习结束回到广州，区兄任职广东省文化局文物工作队队长，他忙于在全省范围开展文物普查工作，整年东奔西跑。我和黎金女士同在广州文管会工作，也是天天忙于配合市内郊区各地的基建工程进行考古调查和古墓葬的发掘。区兄的单位属省，我们的单位属市，虽然同在广州市内，可是一个“忙”字使我们见面的机会极少，“真不同”这首歌已成绝唱了。就我所知，区兄是在上海指挥十九路军抗击日本侵略军进犯的蔡廷锴将军的外甥，是华南师范学院历史系的毕业生，他搞考古，属于文史科班出身，比之我们这些半路出家的人就优胜多了。虽如此，我们也不自馁，因为不断的有考古新发现的激励，使我们也意志坚定、努力工作。后来得知，在1957年的政治运动中，区兄受到不公正的待遇，还下放劳动，其后他“督卒”（偷渡）到了香港，我们之间就音讯全无了。1978年4～6月期间，轰动香港的一个考古文物展览——“中华人民共和国出土文物展览”在九龙星光行大厦展出，我受国家文物局的委派到香港负责随展工作。4月27日区兄特意来访，我们在展场相遇，太突然了，一时间不知从何说起，因为阻隔已有二十多年啊！当时我得知他的近况尚佳，又听他说将要重新投入香港的考古工作的意向。果然，以后在国内的一些考古刊物上看到了他发表的论文，这是令我最感欣慰的。改革开放以后，我虽然有过多次到香港参加会议或学术活动，区兄几乎都有出场，但因我每次到香港都是限时限刻的，来去匆匆，难得长谈。最近，他的考古论文集要出版了，他一下子抱来厚厚的一大本他的论文复印件，要我给他写个序言。这真的可难为我了，虽然粗略算来，我们也从事文物考古工作50载，但我的工作面很窄，立足广州，在年限上又比较集中在秦汉一段，对于岭南广东的史前考古，可说是似懂非懂的一个门外汉。既然区兄说到"我们一是同窗，二是（考古）同行，三是（近50年）老友，非君莫属"，那就唯有硬着头皮姑妄言之了。

区家发兄是个勤奋好学之人，他在田野调查发掘中，不畏寒暑；对问题研究，孜孜不倦；对考古著述，笔耕不止。而今摆在我面前的这本论文集稿本，正是他的辛勤换取得来的丰收果实。他自选了23篇文章，洋洋洒洒30余万字，这是他从近50年来发表有关考古方面的论文、田野发掘简报和报告中抽选出来的精品。其中论文12篇，或可归纳为：有属于驳议性的（第一至第四篇），这是他的立言篇；有属于综述性的，是他的立论篇；还有专题研究篇（第九至十二篇）。至于考古调查、发掘简报、报告方面共有11篇，分属古窑址、古墓葬和古遗址三大类。

区兄的考古成就说他的贡献也好，说他的亮点也好，我以为主要在三方面：第一是，充分运用近年来本地区发现的考古材料写成《香港考古成果及其启示》一文，这无疑是为香港地区的先秦史首次谱写出新页。这篇结构谨严、论点鲜明的总论性论文，成了近年史学新著《香港史新编》一书的第一章，显示了它的学术级量。可以说，这是区家发对以往的发现与研究的一篇总结，是他长期坚持田野考古，对考古的热爱和执着追求精神所产生的丰硕成果。第二是，独立思考，勇于辩难，提出了有关岭南广东先秦时期的社会历史发展的新见解。这方面的成就可以他的《广东先秦社会初探》为代表，这篇论文发表在《东南文化》时，编者特加了按语："文章取材丰富，论说有力，是研究广东先秦文化不可多得的佳作"。我以为这个评价并不过誉。俗话说一锹不成井，铁杵磨成针。这正是区兄长时期泡在田野考古第一线，勤于实践，在实践中取得第一手资料的必然；是他善于观察，勤于思考，勇于探索；他提出的学术观点，则是来自他掌握的大量原始资料的升华，是有坚实的基础的。我认为区兄勇于辩难，是因为他不肯人云亦云，敢排众议。比如他提出的"石峡文化不是广东地区自身发展的传统文化"、"石峡文化是外来文化"等论点，面对着与他学术观点相左的人辩难，勇于对权威挑战，这是令人十分敬佩的。第三是，在田野考古工作中有新的发现和创见。简言之，1997～1998年由他领队在香港新界元朗下白泥吴家园沙丘遗址的发掘，清理出两座相毗连的夯筑泥沙土房基，其中的F1，根据其夯土台基和柱洞，可知是一座面阔6间，进深2间，有前廊的悬山顶大房子，这是南中国以及东南亚史前沙丘遗址考古中的首次发现，有了这个实例，得以改变过去一直认为"南方原始住宅形式是干栏式建筑"的凝固观念。其次，是对南丫岛深湾调查报告所列述15～25座土葬墓的一边，出土大量有火烧痕的颅骨碎片定为"火葬墓"提出释疑，他从民族学等多方面考察研究，认定应是一处人牲祭祀坑，这是他具有创见性的独到见解；又如对陶饼状的日、月形器的认识取得突破，这是研究原始先民阴阳观念的形成和原始宗教研究的重要物证。再次是考古地层学上的"间歇层"的被确认，它对沙丘遗址的考古发掘有指导性的重要意义。他说过，在香港再投身考古工作，对他有着"起死回生"作用的是在石壁东湾遗址的发掘，原来这个地点早在 1937、1938 年已作过发掘，到 1986 年更被宣称为"已无考古发掘价值，放弃保护工作"的一处被废弃的古遗址，由于他研究了这里的"间歇层"，揭开了这个"间歇层"，往下发掘，取得重大收获，由是他的考古学识和田野实践经验深为人们所认知。以后，区兄受聘为香港古物咨询委员会委员、香港中文大学中国考古艺术研究中心副研究员，又被选任香港考古学会的主席。香港人祈望他为香港的文物考古事业不断的作贡献。

天道酬勤。唐朝的韩愈说过："业精于勤，荒于嬉；行成于思，毁于随。"区兄在这几十年中无论是顺境还是逆境，无论是干考古还是干其他，始终保持其勤奋的本色，身体力行了韩文公的至理名言。今仅从考古方面来说，大凡由他主持的或经手的考古发掘资料，都能尽快的整理出版报告或简报发表。比如本集中他的一些专题研究或某方面的专题论述，同时也有关于该专题的简报或报告一起发表，这是极有助于读者的检验与研究的。就我所见，这在个人结集出版的论文集中实不多见。又如，1994 年因配合新机场建设，他主持了龙鼓洲的发掘，在这样的一个小孤岛上，竟有文化层深厚，遗物丰富的遗址发现，他又及时提出："勿以为遗址所处的自然环境不佳而加以忽视……香港海湾的沙堤，其海拔高度超过 5 米以上的，应该值得我们注意，可能有想不到的收获。"虽然，这是语不惊人的几句话，但对于田野考古调查发掘来说，则是区兄通过实践而得出带有规律性的总结，很有指导意义。

诚然，在广东也好，在香港也好，考古方面虽经过近半个世纪的努力，对本地区先秦史的研究，已积累了丰富的资料，但仍存在缺环，还有许多未知的方面。研究探索的道路是无穷的，学术方面的不同意见只有本着实事求是，通过相互切磋和讨论，勇于辩难，必有助于我们接近真理、认识真理。我想，《区家发考古论稿》的出版面世，定会为学术界所欢迎。

麦英豪

广州博物馆名誉馆长、研究员

2002 年夏于羊城寓所

原载《粤港考古与发现》，区家发著，三联书店（香港）有限公司出版，2003 年。

记广州明墓外国银币的发现、鉴定与研究

古代广州的海路对外通商较早，故有"海上丝绸之路"的称誉。《汉书·地理志》记述汉武帝灭南越之后，汉朝的大批船队穿过浩瀚的南海，远航南亚诸国，"市明珠、璧琉璃、奇石异物，赍黄金杂缯而往。"考古的发现比这还要早些。如1983年发现的第二代南越王墓，出土有西亚的银盒和药丸、焊珠金饰，原支非洲象牙，主产地在红海的乳香，这些都是海外的舶来品。1995~1997年发现南越国宫署的御花园石水池、曲流石渠和各种石质建筑构件，最令人惊异的是它与中国秦汉时期夯土台基木构架的传统建筑做法迥异，而与古代西方石构建筑传统似有所关联。其后，直到唐宋时期，广州一直是我国南方一个对外通商交往的重要口岸。可是，在广州的考古发掘中上至秦汉，下迄宋元，至今还未见有外国的金属铸币发现，这是一个未解之谜。因为据夏鼐先生的统计，与之同时的陆上丝绸之路的新疆、甘肃、陕西、河南洛阳至河北，南及广东的英德、曲江等12个地点，统计出土波斯（伊朗）萨珊王朝（226~651年）的银币逾千枚之多，还有拜占庭金币、东罗马金币发现。其次，广州是唐宋时阿拉伯人聚居最多的港市，但至今未见有一块唐宋时期的阿拉伯文墓牌出土，这一点又与毗邻的泉州港发现三百多方的阿拉伯文碑的情况大异，这又是一个未解之谜。直到1964年底，广州东山铁路工人文化宫辟建球场工程中发现一座明墓，幸存有十五世纪的威尼斯银币1枚、孟加拉银币2枚，这3枚银币的发现成了广州近半个世纪多考古发掘中出土外国银币的首开纪录。这3枚银币出土后，经历15年才由夏鼐先生揭开它的庐山真面目。下面就这些银币的发现、鉴定与研究经过，作个扼要的介绍。

一、结构独特，苦心防盗

这座明墓的地面坟头被破坏严重，还有一块黑色页岩的墓碑，已倒下，碑文上款："大明弘治八年十一月初五日吉"，中行"钦命总镇两广内官监太监韦公之墓"（楷书双钩刻）。坟头之后连接竖井式墓道。后面是甬道，前室和棺室3部分，如"凸"字形。甬道的前端及两侧砖砌直墙，无顶。墓室的左、右、后三面用红砂岩砌筑的石券墙，厚1米，拱三重（前室

五重）。棺室门口设两扇厚重的大石门，还有顶门的"自来石"。室内当中有"须弥座"的石棺床。前室除了用条石封门外，室内空间用大条石分成 4 列叠砌，每列 6 根，共 24 根将前室填塞满，其用意很明显，堵死棺室的门口以防盗。墓室的外面再包一层三隅砖券，砖券的外表加抹一层石灰，厚约 1 厘米。墓室与土坑之间留有约 0.5 米的空余，全用黄土掺大量铁沙夯打，铁沙与土锈结后坚如岩石。墓顶上用石灰、黄土、红黄土和细沙层层夯实，共 17 层，直到地面。墓室的坑底也经过加固处理，用石灰、沙、砾石、黏土分 9 层夯打，厚达 1 米（图一）。简言之，墓穴中停放死者棺材的棺室，其前、后、左、右、上、下从里到外，分别用大石块、烧砖结砌，外加铁砂掺土、石灰、沙、砾石、黏土等层层夯打坚实，用作防水、防盗的保护。

"总镇两广内官监太监韦公"的碑文，是着意隐去墓主名字的。查《番禺县志·金石四》载成化二十三年（1487 年）立的《救谕护持永泰寺碑》，有"总镇两广内官太监韦眷"一语，可知这墓的主人就是太监韦眷了。有关他的身世和劣绩，散见于《明史·梁芳传》等同时人的传及《番禺县志·金石》著录的永泰寺碑文中。韦眷是与宪宗宠妃勾结的宦官梁芳的党羽，大概在成化十一、二年到弘治元年（1475～1488 年）间的 14 年中任广东市舶司的监督，生平贪赃枉法，坏事做得太多，"粤人无不切齿于眷"。他是害怕身后会被人毁坟戮尸的，所以除了生前将墓室建造得特别坚牢外，还要大兴土木在其墓之前建"永泰"佛寺，置田 190 亩作为寺产，广招僧徒，殿中还立有保护佛寺的御碑，起到了为他护坟的作用。其防护之心，是作了多层考虑的。

二、破坏严重，幸有劫余

墓主人生前已为自己身后到地府建好了归所，从该墓的规模与平面布局来看，他是仿王室的规制建造地宫的。在广东所见明代位居六部要员的如增城湛若水墓、霍韬墓等与之相比，就显得大为逊色了。虽然，在防盗方面韦眷是作了多层设防，但在墓外还加建寺庙、广招僧徒守护等做法，无异于"此地无银三百两"，结果还是招盗，被破坏的严重程度令人吃惊：五重石券拱的前室被拆开了一个大缺口；用来封堵棺室门口的 6 层条石，其最上一层被撬开，条石被推到棺室门口的两扇石板门旁边，由此看来，入葬时这重石门是未有关合的，因为用来顶门的"自来石"就斜搁在门侧处；棺床原是由两块大石板平铺而成的，已全被掀起，靠墙斜倚着，连棺床基座的条石也大部分被撬起堆到后面去；棺床下的墓底铺石以及四周加砌的一层厚砖也多处被撬起。看来，盗墓者是要探查墓室下面是否还有藏宝的"密室"哩。大量泥土从盗洞卸入墓内，在清理积土中发现有残棺板和松香。劫余之物有圆形素面的薄金板 1 块（直径 3.3～3.4 厘米，重 14 克），外国银币 3 枚（图二），红珊瑚残枝一段，"祥符通宝"、

"天圣元宝"、"元符通宝"的宋代铜钱共 3 枚，还有 1 枚南汉的"乾亨重宝"铅钱。

　　结构如此坚牢的石室墓是谁能盗得？又是何时盗的？我们查阅《番禺县续志·金石》所载《重修东山寺碑记》（永泰寺到清代改称东山寺）中发现了一条线索：顺治三年清军已入广州，到顺治五年清将李成栋反，杀佟养甲，归附南明永历帝。碑文称顺治七年（1650 年）二月，尚可喜、耿继茂围攻广州城，长达十月之久才破城。当时担任攻打广州城东门的是尚的部下左翼总镇兵官班志富，这时，永泰寺僧全跑光了，寺成了班的驻地长达十个月，寺后就是韦眷墓了，所以盗墓之人和盗墓之时可能就是班志富，在他攻东城门难下的驻寺期间。

三、夏鼐鉴定，言简意赅

　　该墓清理工作结束后，墓室要原地覆埋保护，辟建的球场作了一点移位。在整理出土遗物时，这 3 块已氧化呈灰黑色的银币却把我们难倒了，只能肯定这不是中国的。到底是哪个国家的，是哪个年代的？我们对它一无所知，一时又找不到外国古代金属铸币的有关图册可作查对。当时任中国科学院考古研究所所长的夏鼐先生，是新中国考古学的奠基人，他是研究中国古代科技史和中外交通史的著名学者，是权威专家，我们很快把发掘简报连同 3 枚银币的照片、拓本寄给他，请他审阅和帮助作出鉴定。不久，有消息返回，夏先生已在该所藏的外国货币图册都查对过了，未有类同的，还需要时日再作多方的查找。直到 1977 年初，终于查考出来了，一枚是威尼斯的，另两枚是孟加拉的，他还给我们把银币的国别与年代补写入发掘简报中发表[1]。第二年 9 月，夏先生参加在意大利召开的第 26 届欧洲汉学会议之后，访问威尼斯市，他从威尼斯大学兰乔蒂教授口中得知，该市博物馆藏有与在广州明墓出土的同样的一枚银币及可供考查的资料。下面谨录夏鼐先生鉴定的原文[2]："经过查考后，知道其中一枚是威尼斯银币，为 1457～1462 年威尼斯总督帕斯夸尔·马利皮埃罗（Pasquale Malipiero）所铸的；另二枚为满剌加国（今孟加拉）培巴克沙（Ruknaldin Barbak，1459～1474A.D.）于 1459 年所铸。

　　这枚威尼斯银币直径 1.3～1.9 厘米，重 1.4 克，为威尼斯共和国所铸的叫做'格罗索'或'格罗塞托'的银币，法定重量为 1.402 克。正面为威尼斯的保护神（圣徒）圣马可像和总督 P. 乌利皮埃罗像。圣马可把一面军旗交给总督。两像的周围，有拉丁文的铭文如下：PA.MARIPETRO 和 S.N.VENETI（=Sanctus Macos Veneti），前者是总督的姓名，后者是'威尼斯圣马可'。旗下两像头部之间是直排的 DVX 一字（即'领袖'的意思）。两像的两外侧有铸造者姓名的缩写 Z.P. 二字母。背面为救世主耶稣像，周围有铭文如下：TIBI.LAUS.ET.GLORIA. 译成汉文是'赞颂和荣誉属于您'（本书图版七七）。

　　威尼斯市博物馆所藏的一枚，它的图像和铭文，除了铸造者姓名的缩写是 A.T，不是

Z.P，其余都完全相同。它的重量较我们的一枚稍轻。二者都是马利皮埃罗为总督时所铸的'格罗索'银币（图三）。

这墓的主人韦眷是当时驻在广州的提举市舶太监。《明史·天方（即默伽）传》说：'成化二十三年（1487年）天方国中回回阿立（即阿力）携宝物巨万，至满剌加，附行人左辅舟，将入京进贡，抵广东，为市舶中官韦眷侵克，阿力怨，赴京自诉。……时眷畏罪，先已夤缘于内。帝乃责阿力为间谍，假贡行奸，令广东守臣逐还。阿力乃号泣而去。'这3枚外国银币以及同出的红珊瑚，便是他侵克外商所得，甚至有可能便是他侵克回回阿力的赃物的一部分，因为阿力由阿拉伯来华时，中途曾在满剌加停留过，而阿拉伯是威尼斯商人到东方来经商的中继站之一。"

夏鼐先生还指出："这枚威尼斯银币的发现的意义有二：一是可证13～14世纪时威尼斯在欧洲与东方的贸易中所占的重要位置。在1498年发现绕道非洲好望角通往印度的新航道以前，欧洲与东方的贸易几乎都为意大利人（尤其是威尼斯商人）所垄断。哈斯勒克在《东方货币》一文中说：'在1204年（按1204年第四次十字军东征曾一度覆灭东罗马帝国，建立拉丁帝国）以后，威尼斯在东方的卓绝地位给予它的货币的流通以一个巨大的推动。'15世纪到东方的朝圣者们明白地说：威尼斯货币在他们所经过的路途上，沿途到处流通，并且能维持它的币值无损。其中尤其是'塞魁'（Sequin，按为当时意大利金币）一直到威尼斯共和国灭亡时始终能维持它的法币的地位，在东方贸易的道路上流行远达印度。威尼斯货币在当时既然这样流行，就无怪于这枚银币在铸造后不到四十年便传到广州而被埋入墓中做随葬品；二是，广州当时在海外贸易中所占的重要地位和管理对外贸易的市舶司的腐败。据《明史·职官志》，明代自永乐元年（1403年，按一作三年）复设福建、浙江、广东三市舶司后，不久便命太监提督之。嘉靖元年（1522年）革除福建、浙江二市舶司，惟存广东市舶司。据《明史·食货志》，宁波（浙江）通日本，泉州（福建）通琉球，广州（广东）通占城、暹罗、西洋诸国。三处中以广州最为兴旺，有关西洋诸国的贸易几乎集中于广州，所以独保留不废。广州提举市舶司是个肥缺，明代后来都是派有权势的太监来担任的，而这些太监中大部分是以强横贪污出名的。

要知道，P. 马利皮埃罗为总督时期铸造的格罗索银币是罕见的，广州出土的这枚银币的重量与它的法定重量相当，更可视为一个极难得的珍品。因其铸造地在威尼斯，而今威尼斯市博物馆亦仅得此1枚入藏而视为可珍，广州发现的这枚因有铸工名字简写字母P.Z.，据考证他是在1461年12月间在职的，也就是它的铸造年份了，以后经历503年于东方的广州出土，又归由广州博物馆入藏，这就更为珍贵了。在西方的一枚与在东方的一枚共同记录着14～15世纪中国与意大利（通欧洲的海上航线）经济、文化等方面密切交往的历史连绵不断，于今更盛。"

这 3 枚银币出土至今快 40 年了，1985 年尊敬的夏鼐先生辞世，至今已 18 年，回想夏先生对广州考古工作的关心与支持，对我等后辈的关爱备至，就从他受托鉴定这 3 枚银币一事的记挂长达 15 年，见微知著。先生风范，先生的专业精神，永留后人景仰。我们今日写这篇记事记人的文章，既应《广东钱币》主编之邀，祝贺钱币学会成立二十周年的庆典，又是要表示我们对夏先生的纪念之意。

注释：

[1]《广州东山明太监韦眷墓清理简报》，《考古》1977 年 4 期。

[2] 1979 年夏鼐先生将出土 3 枚银币的鉴定与扬州发现二块意大利人的拉丁文墓碑的考释汇为《扬州拉丁文墓碑和广州威尼斯银币》一文发表于《考古》1979 年 6 期。

原载《广州文博（第三期）》，2003 年。

岭表崇楼

——《镇海楼史文图志》序

镇海楼，坐落在越秀山主峰的东侧，俗称五层楼。到今天，五层楼的俗称已远远盖过镇海楼，何故？此无他，因为人们是喜欢以直观的、一眼就看清楚而又通俗形象的名字给了她。这好比广州的陈氏书院，人们只叫她"陈家祠"，于是连广州地铁一号线到此处的站名也得从俗了。五层楼的别称不会晚于乾隆时，起码已有二三百年了。这是人们赋予她的一个既形象又容易识别的叫名，得体贴切。

广州古称番禺，老城区背倚白云、越秀二山，南临东流入海的珠江，人们常用"珠水云山"来概括她水光山色的自然特点。越秀山是白云山向西南方向延伸于城区之内的余脉，是由多个石英砂岩的小山岗组成，南北长 1100 米，宽 1000 米，主峰高 68 米，今为中山纪念碑所在。镇海楼就耸立在主峰东侧的蟠龙岗上，体型雄伟，巍峨壮观。楼因山而取形，山以有楼而得胜。五层楼高 28 米，站在她的顶层纵览广州形胜，眼底下如蛛网的里巷纵横，"瓦屋鳞鳞烟火稠"。远望有如银带一样的珠江，东连黄木（古称黄木之湾，是东江汇入珠江的河口区）、西瞰鹅潭。其东南有昌华之苑（五代南汉国的御苑，今为广州大学城所在）与琵琶之洲（琶洲，今广州会展中心）。西北的小北江有汉武帝灭南越时汉军火烧越船粟的石门遗址。珠江上流的郁水是汉使陆贾两次入越经由的水道。镇海楼因有高踞山巅的地形优势，人们形容她"欲穷千里，只离尺五之天；更上一层，直渺大千世界。"这是文艺的夸张之笔，但颇有点登天揽月的气势。

镇海楼是人文之楼，越秀山是人文之山。越秀山古称越王山，是因二千年前南越王在此留下遗迹而得名的。晋代顾微的《广州记》说"固岗（今象岗山），高数十丈，说者云尉佗登此望汉。"到了唐代，韩愈想像当日赵佗在越秀山歌舞游乐的情景而吟咏出"乐奏武王台"的诗句。这时广州刺史李翛还在岗上筑了一座"余慕亭"，以示仰慕赵佗一心归汉。越秀山前至今还有一口越王井，相传是赵佗开凿的。这无论是附会也好，传说也好，有时竟会有巧合的事情发生。越秀山主峰西侧一座小山叫象岗，1983 年在这里发现了南越国第二代王赵眜（胡）的陵墓，一座有彩画的石室大墓深藏山腹 20 米，未被盗扰，保存完好，出土的文物珍品一千多件（组）。其科学研究价值之高令人震撼。有人比喻为打开了二千年前岭南历史文化的一个宝库。这话可真了，因为南越王墓的发现，给予研究二千年前的岭南、广东、广州历史以最真实可靠的实物史料，更是写入越秀山史志中最重要的一笔。此外，就在五层楼前曾发现有东汉砖墓、晋砖墓，往东的镇海路旁也有南朝的、唐的砖墓发现。1954 年在楼背面的山坳处，发现了唐天祐三年（906 年）清海军节度掌书记王涣的砖室墓，出土志石 1 方，志文 1704 字，为广州发现唐墓志中最大和文字最多的一石。据志文研究，解决了晚唐史两个有关记载错误的问题。有人问：建国以来五十多年在广州的考古发掘，近郊远郊的山头几乎给你们挖遍了，比起三国时孙权派几千士卒到广州寻挖赵佗墓还要挖得彻底，看来广州今后恐怕不会有古可考了。我认为，亦不尽然。因为越秀山自 1921 年孙中山下令辟为公园之后，至今已扩大到 92.8 公顷，还有先烈路的黄花岗七十二烈士墓园，面积 13.2 万平方米。这两处同属秦汉以来的古墓群区，都不会因经济建设而被推平的，埋藏地下的文物会得到长久保存；加上广州老城区叠压着两千年历朝的遗迹遗物，以后人们会对此愈加珍惜保护。

　　镇海楼自洪武十三年（1380 年）建成，至今已有六百余年，经历明、清两代，屡有修葺。到 1929 年，辟为广州博物馆，成了着重陈列广州城市发展历史之楼。博物馆是以文物来说明、印证历史的。在五层楼上陈列的大量文物，向人们展示：有 4000 年前广州先民在东郊飞鹅岭群居聚落的文化遗存；两千两百多年前秦始皇派兵统一岭南时"一军处番禺之都"的士卒，他们在珠江河汊上建造规模宏大的造船工场；南越国赵佗的宫殿和御苑是我国最早的石材建筑遗构；下及东汉的土城和晋、南朝的砖包城墙；唐城和宋代三城；由明清扩展城垣直到民国七年（1918 年）拆城墙、开马路迈向现代城市中两千年城建历史的大纲。她还向人们展示广州是海上丝绸之路的发祥地：陈列有南越王墓出土的西亚银盒与焊珠金饰，以及非洲原支象牙和红海的乳香等二千年前的舶来品；还有西汉墓发现的罗马玻璃碗，两汉墓中出土的各种海外珠宝，以及多种陶的、木的船模；晋墓中发现有"皆宜贾市"砖文；天竺（印度）名僧达摩远渡重洋到广州登岸的"西来初地"；在南海神庙有唐韩愈撰文的碑，"海事"一词在此碑首见；唐代的怀圣寺光塔原是屹立于珠江北岸，她既是伊斯兰教传入中国的最早圣地，又是海上交通往返的重要遗迹；北宋的广州西村窑产品遍销东南亚各地；还有明墓出土的孟加剌和威尼斯银币，见证了十五世纪广州与欧洲的贸易往来；清康熙帝开放海禁后粤海关就设立在广州。楼上的陈列还向人们说明，在中国近代史上广州是一座革命的英雄城市：这里有由 1841 年鸦片战争广州三元里人民抗英斗争的"平英团"旧址三元里古庙模型，到 1949 年 10 月 14 日广州解放的解放军进城式的历史图照（检阅台设在市政府合署前的月台）。近一百多年来在广州发生的众多重大事件所留下的遗址与遗物都有在这里展出，给人们参观回想。了解广州的过去，展望她更美好的未来。

　　镇海楼是一座历史名楼，屈大均对她有"其玮丽雄特，虽黄鹤、岳阳莫能过之"的评价，这是有点过誉的。黄鹤楼因先有崔颢的题诗，连李白也感到"眼前有景道不得"的困惑，"昔人已乘黄鹤去，此地空余黄鹤楼"的诗作至今仍为世人传颂。岳阳楼有范仲淹写的一篇"记"，作者"先天下之忧而忧，后天下之乐而乐"的高远志向与情怀，脍炙人口，照亮灵魂，是一篇常读常新的千古名作。两楼皆因有此诗文而享誉，成为全国的名楼。而镇海楼亦不愧为岭表崇楼，数百年来为其题咏的甚多。广州博物馆李穗梅副馆长与多位同仁，经过多年的努力搜集，辑录为《镇海楼史文图志》，书中篇什累累，佳句连连。现仍高悬在楼顶层的对联：

> 万千劫危楼尚存，问谁摘斗摩宵，目空今古；
> 五百年故侯安在，使我倚栏看剑，泪洒英雄！

语气豪迈，读来令人感慨万千。真的是"欲穷千里目，更上一层楼"。到而今，在向着实现中华民族伟大复兴而奋发努力的重要时刻，倒该是：登崇楼，尽数风流人物，还看今朝。

原载《镇海楼史文图志》，花城出版社，2004年。

"南天金石贫"？

——《南越玺印与陶文》(代序)

一

中国的金石学兴起于宋而盛于清，是中国考古学的前身。初时，它的主要研究对象是古代铜器和石刻。成书于元祐七年（1092 年）的吕大临《考古图》，著录了商周铜器 148 件，秦汉器 210 件，古玉器 13 件，可说是我国最早刊印的一部文物图录。到宣和年间（1119～1125 年）有《宣和博古图》和《金石录》面世，前者收录宋内府所藏古铜器 839 件（内有镜鉴 113、杂器 40），汇集了宋代所出青铜器之大成；后者为赵明诚与李清照夫妇倾其一生之力收集、摹拓、传写商周以来铜器铭文及汉唐石刻拓本两千余件，上起三代，下及隋唐五代，是一部北宋之前传世的钟鼎碑版等金石文字的集录与研究专著。及清，许多文人学者趋避康、雍、乾三帝的文字狱，致力于经史考据与金石的研究，金石学得到进一步的发展，甲骨文、封泥、瓦当、明器、简牍、碑刻等均有专门著述问世。冯云鹏的《金石索》12 卷，是一本综合性的古器物大全。其中《金索》6 卷，分有钟鼎、戈戟、量度、杂器、泉刀、玺印、镜鉴等 7 类；《石索》6 卷，分碑碣、瓦砖 2 类。它收录的范围大大拓展了，已不限于钟鼎、碑石，连玺印、砖瓦、钱币都收录，无疑是一个突破，而且年代下限到宋元时期。其后，更有王国维（编者按：此为罗振玉之误）的《三代吉金文存》、容庚的《金文编》、郭沫若的《两周金文辞大系》等巨著，更突显金文研究的日见专精。

岭南地区的历史发展比之中原要晚，秦始皇二十六年统一六国，三十三年（前 214 年）统一岭南，岭南地区始置郡县，自此进入有文字记载的历史阶段。有人谓岭南"汉无金文可记"，事实上总览在民国以前刊印的金石著述中，商周的金文在岭南确是个空白，而容庚的《秦汉金文录》中也难找到属于岭南地区的内容。果真如清人龚自珍说的"我生不恨与欧异，但恨金石贫天南"？

二

1954 年，《全国基本建设工程中出土文物展览》在北京的故宫午门展出。人民共和国成立 6 年来全国各地基建工程中出土有 13.1 万件文物,从中选出包括各历史时期有代表性的精品 3760 件(内有金石方面的新发现),这次展览属于首次的、大规模的考古成果汇报,引起震动。毛泽东主席两次登临午门参观展出。史学前辈范文澜从考古发现对历史研究的作用发表专文,他认为:"地下发掘对历史研究至少有三种特殊贡献:第一是创史,例如周口店发掘,使中国历史上推到四五十万年前;第二是补史,例如殷墟发掘,大大丰富了商史,以王国维为代表的商史研究,其成就远胜《史记·殷本纪》;第三是证史,古史有虞夏尚黑、商尚白的记载,白陶证明商尚白是可信的。"(参见《保护历史文物的意义》载于《文物参考资料》1954 年 4 期)范文澜所指的创史、补史、证史三大作用在岭南地区的史前考古尤为明显。就以广东来说,1958 年曲江马坝发现距今 12.9 万年的人头骨化石,其后又在粤西的封开发现 14.5 万年前的两枚人牙,两者同属于旧石器时代智人阶段的化石遗存,这些考古发现把本地区历史推前了 10 多万年。由距今 1 万年到 3000 年左右的新石器时期到往后相当中原的春秋战国年间,属于这个阶段的各种文化遗存,遍及全省各地,有段石锛、双肩斧以及普遍存在的印纹陶器等显具地方特色。

岭南在秦统一后进入了历史考古的阶段。秦的国祚很短,只有 15 年。秦亡,原秦将赵佗乘楚汉逐鹿中原,据有岭南三郡,于公元前 203 年建立南越国,建都番禺(今广州),历时 93 年,传五世,于元鼎六年(前 111 年)为汉武帝所灭。在岭南的早期历史发展中,南越国是一个重要历史阶段。政治上,赵佗的南越国是岭南地区建立的第一个地方政权,它宣告岭南由此跨入"封建化"的历史进程。经济上,南下秦军带来了中原地区先进的农业、手工业等生产工具与生产知识,改变当地"刀耕火种"的原始生产方式,当汉兴 70 年之后,番禺也成了岭南一个商业兴旺的"都会"。在民族关系上,南越因赵佗在王国内推行尊重越人风习,倡导汉越人民通婚,任用越人首领为王国重臣等"和集百越"的做法,有利于民族融合,加快岭南的越人与南下汉人的同化进程。至于文化艺术上,中原地区的音乐、舞蹈、绘画、雕刻工艺等,随着秦军的留戍,与越人"杂处",汉越文化也趋于融汇,往后逐步发展形成了在汉文化圈中具有鲜明地方特色的岭南文化。从考古发现所见,先秦时期的岭南越人,还未有本民族的文字出现,秦统一后,岭南境内全面使用汉字,由是岭南大地也有金石可记了。

广州是南越国的都城,两千年来一直是岭南的政治、经济、文化中心。近五十年来考古发现的南越玺印与陶文,基本上集中在广州地区,而且主要的又集中出于南越王墓和南越国宫署(目前已发现宫殿和御苑)遗址,其他的南越臣民墓只有很少的发现。分有:

玺印。以第二代南越王赵眜墓中出土的 23 枚最为重要(图一)。其中属官印的有龙纽"文帝行玺"金印、螭虎纽"帝印"玉印、龟纽"泰子"金印、覆斗纽"泰子"玉印、龟纽"右夫人玺"金印、龟纽"左夫人印"、"泰夫人印"、"□夫人印"的 3 枚鎏金铜印和鱼纽"景巷令印"铜印共 9 枚。私印有覆斗纽"赵眜"玉印、覆斗纽"赵蓝"象牙印共 2 枚(图二)。

其余的 12 枚均无文字。汉承秦制，赵氏南越国也传承秦汉的制度。但南越王的皇帝玺以谥为号，称"文帝行玺"，显然这就不是传国之玺了，然而它确是实用物而非专为随葬而仿制的明器。加上其余的 8 枚官印也是实用印，而不是明器（考古发现中有长沙马王堆 2 号墓出土一枚"利仓"私印，是实用印，同出的还有"轪侯之印"和"长沙丞相"的 2 枚鎏金的龟钮铜印，则是临时刻制用于陪葬的明器，可为参对）。玺印是一种凭证的信物，官吏免职或辞官，其官印是要收回或上缴与交接的。南越王墓出土的 9 枚官印都是实用印，都用于随葬，这可说是在南越王室中用印制度上的特殊。此外，在广西也发现有两枚南越国时期的官印，一在贵县罗泊湾二号墓出土的"夫人"玉印 1 枚（还有"家啬夫印"封泥同出），另一是在贺县金钟 1 号墓，出龟钮"左夫人印"的玉印 1 枚。这两墓都是大型的分室木椁墓，墓的主人当属南越王国内的侯王级人物。至于南越的臣民墓很少有玺印随葬。如广西平乐银山岭发现一批南越早期的戍卒墓，在已发掘的 123 座墓中，都未见 1 枚玺印。又如在广州近郊的瑶台柳园岗的发掘，有 43 座南越早期的臣民墓，只有第 11 号墓出土的一件陶瓿上打印有"臣辛"二字的戳印。而在广州东北郊的华侨新村工地，发掘的有 40 座包括南越早晚期的臣民墓，出有玺印的仅 4 座墓，其中出土"梁奋"、"臣奋"和"得之"、"臣之"的是两座中型木椁墓，出有覆斗钮"赵安"玛瑙印和出有"李嘉"玉印的同为大型的木椁墓，后者更是一座前、后分室的大型木椁墓。就是这些南越墓群连属于陪葬明器的官印也未见到。这个现象或可说明南越的百官建制是遵行秦汉时的授印制度的。

封泥。封泥在南越境内的考古发掘中十分罕见。出土于南越王墓的有 9 种共 39 块，其中有"帝印"的 2 块和"眜"字圆印的 2 块，同出于该墓的西耳室，该室是置备为墓主人到阴间使用的"百物杂陈"的库藏，因而可以说明墓主人在他生前早把自己日后归宿的玄宫营建好了，所以库藏中有些物品是由墓主人亲自检封的。此外，还有 3 块封泥，一为"中府啬夫"，出自南越宫署御苑。另 2 块一为"王行印"三字，出自广西贺县 4 号墓的一个陶罐内。另一块"家啬夫印"，出自贵县罗泊湾 2 号墓（与"夫人"玉印同出）。玺印、封泥与陶文关联密切。秦汉玺印多为阴文，捺在湿泥上的印文成了玺印的复印件，叫封泥，呈阳文。打印在未干的陶器坯上的印文也呈阳文，也是复印件，叫陶文或戳印陶文。前者干后收缩甚微，故与原印文差别不大。后者当器坯烧成之后，其收缩率最大的可到百分之十，所以戳印陶文要比原印文略有缩小，但字体与布局更显精致。

陶文。以南越国宫署遗址的发现为多，其余分见于南越王墓和南越国时期墓出土的陶器上。其施制分有戳印、刻划和拍打 3 种，以戳印的为常见。刻划的陶文极少见，只有"常御第十三"、"常御第廿"、"吴"、"臣宁"（反文）等几例。戳印的陶文在南越国宫署遗址出土的大量瓦件中发现不少，大多施于筒瓦和板瓦上，位置无固定。在少数印花大砖上也有发现。从其打印在砖瓦件中的"左官"、"右官"、"左官□□"、"右官□□"以及"居室"等陶文来看，是用以标明所属工官和陶工的名字（单字的多为陶工名字）。这类陶文就是《吕氏春秋·孟冬纪》所说的："物勒工名，以考其诚，工有不当，以行其罪，以穷其情。"是一种便于统治者考课稽核的印记。同时，这类陶文大量出于宫署遗址，也反映了南越国仿效汉廷设置工官，以主管工务，且分有左、右工室。陶文的"左官"、"右官"当是"左工官"、"右工官"的简称。迄今所见的南越陶文绝大多数为方形，有单字的、两字的、四字的，均为阳文，多数四周没有边栏，仅个别有边栏，字与字之间也无界格。字体为小篆，字形方正，结构严谨，笔势刚劲，布局匀称。这些陶文无论从历史学、考古学的研究，还是玺印艺术方面的研究，其价值也不亚于南越玺印。当日使用这批玺印的南越工匠，看来也非一般的隶役，他们的名字不见于经传，到底他们是些什么人？《史记·秦本纪》："三十三年，发诸逋亡人赘婿、贾人略取陆梁地，为桂林、象郡、南海，以适遣戍。"看来这批被秦始皇征发遣戍到岭南来的亡人、赘婿、贾人，再有南下秦军中的能工巧匠，他们是南越工官中的主力军，当中就有不少属于知识层面之人，这批陶文，正是他们在自己制成的产品上亲手戳下标记，以为管理者"物勒工名，以考其诚"之用。

戳印陶文打在陶器上的为数不多，有吉语的，有官署器用编号的，有标示该器的容量的，如"常御"、"第六"、"常御三斗"等，其中"长乐宫器"、"长秋居室"和"苍梧"的3个陶文至为重要。前两者表明南越宫室的命名亦仿效汉廷，后者出于南越宫署遗址，这件陶文特大，为2.9×3.0厘米，与"文帝行玺"金印的大小相当。《史记·南越列传》载，与南越王同姓的秦王赵光，受封于苍梧。这件打印"苍梧"特大陶文的瓮、罐陶片，或许它是赵光给南越王进贡珍馐特产所用容器的遗留哩。

另一种是瓦文，以模印的"万岁"两字的瓦当为常见，其中的"万岁"两字有20种以上的不同结体，吉语与装饰并存。还有的瓦文是使用刻有单个或两个阴文字体的陶拍，拍打在瓦件的陶坯上，然后又用刻有圆点文的陶拍再拍打一遍，或者先拍打圆点纹，再拍打文字，因而出现有的文字清晰，有的被圆点文迭压而显得字划模糊不清。这类瓦文实际上也起了装饰图纹的效果。上世纪二三十年代在广州东山龟岗曾发现南越瓦窑，出土有"万岁"瓦当及戳印在瓦件上的陶文，不过未有引起人们的珍视，因而未见于著录。

陶文与刻划记号。先秦时期岭南地区的陶器虽然还未有发现越人的文字，但越人的制陶工艺实在高超，陶器的胎质坚致，火候高，器形别致，特别是陶器纹饰上的"南方印纹陶"成了中国考古学上的一个专有名词。初时的印纹是以编织纹为主的，其后有仿商周青铜器的夔纹和云雷纹，釉陶也出现了，已进入印纹陶工艺的第一个高峰时期。之后，在纹饰上反而转趋简约，米字形印纹和方格印纹成了主流。到了南越期间的印纹陶，是在继承先秦阶段印纹陶传统的基础上又有了新的发展。

近50年来发现的这批南越陶文，成了岭南历史上出现的第一批陶文。从两广地区50年的考古发现，大批南越国时期墓出土的陶器，其中器体大、数量多的储容器，如瓮、罐等，其纹饰是以"几何图形印纹"最为普遍、又最具地方特色。以广州发现的为例，上世纪五、六十年代我们在广州郊区发掘了一批南越臣民的墓群，有182座墓经过科学的整理，出版了《广州汉墓》的考古专著。在这批南越墓中有179座有陶器随葬，近半数是陶瓮、陶罐，共1415件，其中拍印有"几何图形印纹"的共939件，占陶瓮、罐的66%以上。这种精巧细致的印纹是用刻有各种几何图形小戳印为主体，其周围以方格纹作地纹的陶拍，在瓮、罐泥坯未干时，于器坯上逐段拍打出来的，器身布满小戳印纹，戳印的外框，以方框和圆框的最多，还有菱形的、四叶形的、组合纹的等多种图形。框内的几何图案尤其富于变化，经分析统计，共有124个不同结构的图案纹样。先秦时期的南方印纹陶，有以整个器体为单位组成的几何图形，亦有把器体分成若干区段组成的图纹纹带。而南越时期的印纹陶则以每个戳印作为一个主纹的构图单位，有地纹与主纹相配衬，这是南越印纹陶的最显著特点。这种几何图形戳印纹是在西汉初年岭南的南越大地上异军突起的涌现，而且占有主导地位。究其由来，应是当日的陶工在南方印纹传统工艺的基础上汲取了战国以来的玺印图纹（文）的基础加以发展的。可以认为这是汉、越文化在陶艺上融汇发展的一个实例。

上述179座有陶器随葬的南越墓，出土各种生活用陶3490件，其中184件有刻划记号，这些记号计有63种不同的结体。多数刻于瓮、罐类的器肩位置上（器件的着眼处），纹道深，边缘起棱。有的记号仅见于1件器物，有的如"×"号分见于12座墓所出的陶器上。陶器的这种刻划记号，是从新石器时期一直沿袭下来的，我国仰韶、大汶口、龙山、商代到东南沿海和岭南的印纹陶中都有不少发现，很明显这是陶工们长期习用的代表一定意义的符号。虽然它所代表的意思我们无法弄清楚，推测极有可能是代表所产陶器的数量，有的或为陶工自己的记号。当然，在岭南先秦时期陶器上的记号，不存在"物勒工名"的用意。在南越宫署遗址出土砖、瓦件上只有陶文，不见有这类刻划记号发现，因为这些砖瓦件全是在"工官"制陶作坊中督造，而墓中出土的生活用陶，除了"工官"的陶坊也有生产之外（如打有"长乐宫器"、"常御"等，常与尚通，即尚方与御府的合称。为主理赵氏王室起居膳食事宜的官署），更多的产品可能为民间的陶坊所烧。

三

综上所述，这些考古发现的南越玺印与陶文，有其鲜明的特点：

第一，这是岭南地区考古发现年代最早的，数量最多的，其内涵又较丰富的，又是可反映汉文化与当地越文化相互吸收融汇的一批特殊的具有最简洁文字内容的实物史料；

第二，南越国灭后，岭南的考古编年进入西汉中期，这期间的墓不见有官印出土，连作明器的官印也未见，封泥与陶文基本上绝迹了。但几何图形戳印纹的特色，一直延续到东汉末年之后才告消失；

第三，这批南越玺印与陶文是在南越割据称帝的特殊历史时刻，在当日的政治中心即王国都城这个特殊的地理位置，又是在王陵、宫署这样特殊条件下得以较集中的保存，直到二千年后才出土的；

第四，《史记·南越列传》是太史公司马迁写的，太史公与南越的开国之君赵佗是同时代人，他笔下的《南越列传》可说是当代人记述当代的事，当然是最可贵和可信的信史了。是研究南越国史最重要的文献。但该传全文只有 2408 字，记述南越五主共 93 年中与汉廷之间的政治大事以及王国后期国内权力斗争的情况。百余年后又有《汉书·南粤传》，这是东汉人班固所修。班氏以《史记》为蓝本并参阅国家档案资料给予补充，在字数上有 3002 字，比史记本传多出 594 字。虽如此，在史、汉两传中有关当日南越的社会经济、文化与民情风尚等等绝少涉及。因而，这些玺印、陶文，对研究南越国史、南越的陶业工艺史、南越国时期汉、越民族与文化上的融合等方面都有着如范文澜先生所说的补史与正史的重要作用；

第五，中国玺印兴起于战国，秦汉是高峰。其铸造工艺与篆刻艺术都达到了极高的水平，后世篆刻家以上追秦汉为目标，汉印成了临摹与学习的典范。这批年代明确、出土地点清楚，内容丰富多样的南越玺印与陶文，无疑为中国篆刻学提供了一批重要的实物史料，填补了岭南地区秦汉阶段的空白。

回顾自 1953 年 1 月我们在广州西村发掘石头岗 1 号秦墓以来，新的金石材料时有发现。如该墓出土漆器有"蕃禺"二字的烙印，同墓所出的 1 件铜鼎，盖与鼎口沿分别刻有小篆"四斤九两名辛"、"容二斗少半升十六斤七两"等铭文，这是岭南首次发现金石文字。后来南越王墓出土的青铜句鑃，刻有"文帝九年乐府工造"、"第一"至"第八"的编号。在 1974 年发现，1975 年试掘的秦统一岭南时建造的造船工场遗址，在第一号船台下一根大枕木上面，刻有"东口八"三字。广西贵县罗泊湾一号墓殉人的棺木中刻有"胡偃"和墨书"苏偃"文字。广州东郊罗岗秦墓出土刻有（秦王政）"十四年属邦"等铭文的铜戈和南越王墓中出土的"王四年相邦张义（仪）"戈等，这是迄今两广发现年代最早的有铭秦戈和秦汉年间的木刻文字。1995 年在南越宫署御苑遗址的宫池铺石板上发现多处石刻文字，其中一个斗大的"蕃"字至为重要，它成了南越都城的坐标，标志了遗址的年代，又是岭南乃至我国发现时间最早的一批西汉石刻铭文。直到本世纪初，我们已从金、银、铜、玉、石、陶、木、竹等不同质地的秦汉出土文物中，发现有铸、刻、墨书、漆书等铭文，因而，或可以说：岭南金石也不贫吧。

原载《考古发现的南越玺印与陶文》，澳门特别行政区民政总署文化康体部制作出版，2005 年。

开启我们的专业之门

——参加第二届考古工作人员训练班学习感言

编者按： 1949年新中国成立后，百废待举。国家有计划地开展大规模经济建设，全国各地都动土兴工，抢救保护地下文物的情势逼人，急需解决考古力量薄弱，专业人员缺乏的问题。由当时的文化部社会文化事业管理局，中国科学院考古研究所和北京大学于1952~1954年的4年间联合举办"考古工作人员训练班"，抽调全国各大区，各省市文管会博物馆干部参加学习，4期共有346名学员接受了系统文物考古训练。我省由1953年起共抽调干部10人，分别参加第二至第四期的培训学习。后来，我国考古学界称之为"考古黄埔四期"。今年是考古训练班50周年。有部分学员代表参加10月26日国家文物局组织的纪念座谈会，有50多位学员赴河南洛阳参加由河南省文物局、洛阳市文物局承办的"训练班50周年联谊会"。我省参加第二期训练班学习的麦英豪、黎金同志因事未及出席座谈纪念活动，现征得本人同意，将他们准备在座谈会上的发言稿在本刊发表，或有助于我省的文物界同仁对国家文物局单霁翔局长的《考古"黄埔"，见证辉煌》（在考古工作人员训练班50周年纪念座谈会上的讲话，全文刊登在《中国文物报》2005年11月2日头版）的更好理解，学习训练班学员们的敬业精神。

1952年秋，我和黎金同志一起进入广州市文管会参加文物工作。初时，只是跟着老同志外出做些文物调查工作。到1953年1月开始参加田野发掘，边干边学。同年7月，我们又被选送到北京大学参加全国第二届考古工作人员训练班学习。虽然至今已过了半个世纪，但每当想起学习班的学习和生活，不能忘怀。我们前半段在北大文史楼的课堂学习，后半段转到河南洛阳邙山和郑州二里岗的田野实习，老师和辅导员（黄展岳等北大同学）口讲手教地给我们传授考古学史、考古学基础和田野发掘的基本要领。学习班虽然时间只有3个月，但为我们后来的文物专业工作打好了基础。

踏进北大文史楼之前，我们已做过几个月田野发掘，有了一点实践，但毕竟还是初入行啊！在训练班给我们授课的裴文中、贾兰坡、夏鼐、苏秉琦、安志敏、梁思成、宿白、郭宝钧、阎文儒、佟柱臣、尹焕章等老师，都是中国文物考古学界中权威的专家学者，他们学术上的严谨求实学风，老老实实、一丝不苟的工作作风，在专业上的不断追求和广博的学识一直是指引我们工作的推力和学习的榜样。

田野实习结束后，第二届的89位学员返回到原地各自的工作岗位。我们回到广州的第二天，就赶往东郊龙生岗工地参加一座东汉初年的两层大型木椁墓的发掘。这墓首次发现绘画的木楼船，惜已散乱，部分构件又朽坏，我们写信给夏鼐先生求教，很快收到他的复函，他详细地给我们指导，并附来他在长沙发掘的203号汉墓所出的木船模资料。后来，我们把这墓的资料整理编写成《广州龙生岗43号东汉木椁墓》发掘报告，参加1956年2月在北京召开的第一次全国考古工作会议（会后，收入《考古学报》1957年1期）。这是我们学习结束回原单位工作后，向悉心指导我们的老师和领导交上第一份工作答卷。

随着国家热火朝天的经济建设，地处祖国南陲的广州也动土兴工，重要的地下埋藏不断有所发现。有幸，广州许多重要的考古发现我们都参加了。比如上世纪50年代，在广州西郊发掘一处北宋年间专烧外销瓷的窑址，其后编写为《广州西村窑》专刊（在香港中文大学出版），可以为南洋各地存世的、出土的许多西村窑产品取得窑口确认。上世纪的50~60年代在广州近郊发掘了许多两汉墓，很具典型，《广州汉墓》考古专刊就是据此而编写的，它为岭南的汉墓确立了断代标尺。到了70年代发现秦造船工场遗址，直到90年代，这个遗址先后经过三次发掘，得知其主要部分被叠压在南越国宫署遗址之下。这是继秦统一岭南留下的灵渠遗迹之外，多了一处秦统一岭南留下的重要遗迹。80年代发掘南越国第二代王赵眜的陵墓，90年代发掘南越国宫署遗址，经过分阶段分区的发掘，至今已发现宫殿、御苑和具有城市防洪、排汲水功能的大型木构水闸遗址，这些考古发现构成了较完整的多样性的南越国遗址。跨入21世纪后的去年，又发现了五代十国时期的两座南汉国帝陵——德陵与康陵。这些重要的发现，我们都及时整理资料，出版专刊，提供科学研究。

回顾这50年的工作历程，参加了大大小小的许多发掘与保护工作，有什么体会或经验可谈呢？我想，就田野考古来说，主要有8个字"抓大放小，化解矛盾"。简而言之，我们要切实贯彻"重点发掘，重点保护"的方针，遇上重大的发现，是要咬住不放的，力求取得有效保护的结果。当然，经济建设与文物保护的矛盾是始终存在的，我们不可能凡古皆保，但要保什么？哪些该保，而且要死保。对一些可保可不保的，在取足取齐必要的资料后，就可给建设单位施工了。至于哪些要保，哪些可保可不保，这个标准和界限怎样界定为宜，还有个如何掌握的问题。我们认为要因时因地而异，不要一刀切，地上文物的保护也一样。例如，一直来都是经济较发达的沿海地区与内陆的地区，情况就截然不同。经济发展较快的地区，历史人文景观的东西必然会改变得快，受改变或破坏的程度也要严重。比如一组完整的明代建筑，在山西是随处可见的，但在广州，能有一座能够完整的保留下来，已属难能可贵了。今天，广州要制定历史文化名城保护规划，地上不可移动文物是可见的，可以预先纳入规划，但埋在地下的文物遗迹基本上是属于未知数，所以考古发掘中的文物保护，产生的矛盾更多。特别是在一些重要工程项目或大型的建设工地中发现重要史迹后，我方肯定要保，甲方坚持要建，矛盾十分突出，这样的情况近年在广州就碰上多次。如南越王墓位处广东省政府兴建 5 幢干部宿舍楼的工地，已经平土方三年，把一座山岗削低 17 米，正在开挖地基时才发现的。其时，国内的大城市都面临着要加快解决干部宿舍的问题，要安居乐业啊！如果这座陵墓要原地保护，宿舍楼就要停建，这会直接牵涉多少人的切身利益！我们积极地向各级领导说明发现的重要，有无可替代的重要价值，同时又宣传我们贯彻"两重"方针中"抓大放小"的做法，取得省、市的党政领导的理解与支持，通过各方的努力，矛盾终于化解。南越王墓发掘后，原址、原位保护，并就地建成遗址博物馆，成为广州市文物保护与合理利用的一个范例。又如，秦造船台遗址发现至今已 30 年，先后经过 3 次发掘，遗址深埋地下 5 米，3 个木质造船台保存较好，但主要部分被南越国御苑遗址覆压着，不能揭开。两个遗址上下相叠，同处于广州的老城区中心。这里是广州市黄金地段，又是广州市文化局、市长途电话局、广州儿童公园 3 个单位的所在，要保护就更困难了。后来，经过多方努力，文化局和儿童公园都搬走了，宫署遗址得以进行分期分区的发掘。目前，已发现有南越国的 1、2 号宫殿和御苑遗迹。最近，又在一口南越井中出土一批木简，属废弃的王宫档案，其中有"二十六年七月"的纪年，属于赵佗的早年，十分重要。市政府已在宫署遗址四周划出 4.8 万平方米为保护区，纳入建设规划。南越国番禺都城水关的木构水闸遗址是在 2000 年发现的，位于地产开发的光明广场（大厦）一个大型工地的正中处，就从历史和科学的价值来看，这无疑是国内甚至是世界上考古发现年代最早的古代水利工程遗迹，其结构工程做法与现代水闸建设要求基本相同，这样的一处重要遗址是要坚决保护的。由于得到政府的支持，给优惠政策，把原定要回迁的商住楼改为完全的商用楼。于是，投资单位修改设计，将水闸遗址所在位置改作大厦的中庭，遗址原地保护与展示，纳入建设计划，矛盾化解了，取得双赢效果。在这些矛盾的化解过程中，我们都会想起王冶秋局长在多次讲话中提到的，文物保护既要宣传群众，又要宣传领导。我们觉得，宣传领导尤为重要，因为领导在群众中是决策的一员。

就我本人来说，我时刻记住前辈对我们的教导和期望，特别是王冶秋局长、夏鼐先生对我的培养和信任。自 1975 年以来，本人 4 次接受国家文物局的派遣，到境外主持文物展览工作。1975 年初，"中华人民共和国出土文物展"在美国华盛顿等 3 个城市巡展，这是继"乒乓"外交之后，通过文物展览开展人民外交，让美国人民、华侨、华裔都亲眼目睹中国文物保护工作的成就，认识中国的悠久历史，这次巡展观众达 182 万人次，影响大，效果好。夏鼐先生对广州的考古工作十分关心，《广州汉墓》的出版是他一直关注和支持的。南越王墓发掘过程中，他两次亲临现场指导。我们考古发现的第一套"丝缕玉衣"得以修复成功，就是夏先生到发掘现场视察时提示我们做好整取，在回到室内再研究清理而取得的。

我和老伴黎金同志一直是在广州从事文物工作，是做了一些工作，有些成效。这首先要感谢领导和师友们的支持与帮助，我们深感领导对我们的专业岗位 50 年不变，这点关系至大。青春不可能长驻，老是自然规律，今年（2005 年）我已 77 岁，步入人生的晚年，我想，借用叶剑英元帅"老夫喜作黄昏颂，满目青山夕照明"的诗句以自勉。目前，领导还未同意我的退休请求，我觉得只要身体条件许可，还应在文物工作岗位上坚持工作未休，学习不止。

原载《广东文物》，2005 年第 2 期，署名麦英豪、黎金。

广州市文物普查汇编总概述

广州，是国务院公布的我国第一批历史文化名城，地处中国南陲，地理位置优越，自秦汉以来经历了两千多年的历史发展，融合成为岭南文化中心地，中国南海海上丝绸之路的发祥地，近现代革命的策源地和当代改革开放的前沿地。直到而今，广州境内保存于地上的和考古发现深藏于地下的各个历史时期的历史文化遗迹以及非物质文化遗产，岭南区域性的特色均十分鲜明。

一

广州，古称番禺，秦始皇三十三年（前214年）统一岭南置三郡，番禺是南海郡的首县，县域广袤。1955年香港九龙深水埗李郑屋村发现东汉古墓，出土多种"番禺"砖文，由此得知东汉时九龙仍属番禺的辖境。今天的广州市域范围为东经122°57′~114°03′，北纬22°26′~23°56′之间，辖十区（越秀区、海珠区、荔湾区、天河区、白云区、黄埔区、番禺区、花都区、南沙区、萝岗区）、二县级市（增城市和从化市），总面积7437.40平方千米，占全省陆地面积4.2%。其中十区的面积3843.43平方公里；二县级市面积3590.97平方千米，占全市总面积48.3%。全市地形自北而南形成北部山地、中部丘陵、南部平原3个地貌单元。东北部和北部地势最高，最高处为从化市东部的南昆山主峰天堂顶，海拔1210米；南部和西部最低，最低点为珠江岸边的市区，海拔仅5米。这里冬无严寒，夏无酷暑，雨量充沛，四季常青。更因其辖区位处大陆与海洋交接的珠江水系三角洲北缘，扼据西江、北江和东江的三江汇流入海要冲，具有河港与海港、水路与陆路、海运与空运的交通之便。由古番禺到今广州，历经两千多年的持续发展而中心不易，拥有得天独厚的自然地理条件，无疑是一个重要的因素。

二

广州的古代史和与其相关的历史文化遗迹，以秦统一岭南置郡之年作为断代分期的分水岭，划分为史前时期（又称先秦时期）和历史时期两大阶段。广州境内已发现的史前时期的分有山岗台地遗址和贝丘遗址。较重要的贝丘遗址有增城的金兰寺贝丘遗址，经探掘发现了"三叠层"（代表早、中、晚三个不同时期的文化层相叠一起），底层出夹砂粗陶，全手制，打制石器大部分半磨光，年代属新石器中晚期；中层的夹砂粗陶已出现轮制，石器已出现有段石锛和有肩石斧，且以磨光为主，年代约当中原的商周时期；上层出米字纹、水波纹、篦纹为主的印纹硬陶，属战国年间。南沙区的鹿颈村遗址，文化层堆积较厚，遗物丰富，年代在新石器晚期到商时期，遗址中的 1 号墓有保存较好的人架及随葬 4 件陶器，经鉴定死者为 40～45 岁，男性，属亚美人种。这是广州境内首次发现的史前居民，称之为"南沙人"。此外，白云区新市葵涌龟岗也发现贝丘遗址。至于山岗台地遗址，主要有从化吕田狮象岩遗址，出土的陶器与石器具有珠三角与粤北山地的过渡地带特点。天河区龙洞村的飞鹅岭新石器时代遗址和青山岗、菱塘岗等遗址，还有在太和镇到钟落潭镇这一地段的低矮山冈上发现不少属于印纹硬陶的文化遗存；特别是萝岗区暹岗的苏元山遗址，散布岗表上的印纹陶片俯拾皆是，发现 5 件青铜器，有戈、短剑、小刀各 1 件和角形饰 1 对，其中的一把短剑铸有人面纹饰，与之类同又具有此特征的短剑，目前已见于香港大屿山、广西木罗村、越南清化的东山遗址，属于先秦时期岭南越人（南越、瓯越、雒越）特有的青铜兵器。以上先秦时期古遗址遗物的发现，足以说明早在三、四千年前的先民已在广州这片热土上从事渔猎、采集、农耕等生产劳动，世代繁衍。他们留下的史迹遗物，成为今天人们研究环珠江口区域文化的重要内容。

先秦时期岭南地区的社会发展落后于中原，秦对岭南的统一为中原的汉文化和先进的生产技术与知识的进入打开了大门。秦至南越国阶段有 103 年，这是岭南历史上的首次大开发时期，先有秦的南下五军就地留戍与越人杂处，加上南越赵氏政权推行尊重越人风习、倡导汉越通婚、任用越人首领为王国高官等有利于民族团结的措施，为岭南地区赢得了上百年社会安定的政治环境，加速了生产的发展，推动了社会的进步，近五十年来广州地区的考古发现有力地证明了这一点。比如：政治上，1975 年在老城区中山四路发现的造船遗址，是秦统一岭南期间除灵渠之外的又一处重要史迹。近年发现的南越国宫署遗址与南越文王墓，是见证岭南历史上第一个封建地方政权的历史载体。经济上，农业生产已由先秦时刀耕火种的原始耕作方式跃入铁农具与牛耕的历程，还有南越文王墓出土的两百多个体的禾花雀（黄胸鹀）遗骸，说明当时珠江三角洲地区已是稻田连片；重要手工业的铸铜、冶铁已引入中原的先进技术，这从南越遗址和南越臣民墓群中出土的越式铜铁器具中可得到说明；至于南越国宫署遗址出土的印花大砖，还有建筑石材以及施釉的筒瓦、板瓦、瓦当等，则反映出当时南越制陶与建材手工业已赶上或超过其他地区。文化上，岭南文化的孕育产生就是植根于岭南自秦统一以后的特殊历史背景和优越的地理条件，因而它是开放的，具有多元与兼容的特征。

先秦时期岭南大地的印纹陶文化，早期是以编织纹为主体的，继而出现仿青铜器的夔纹陶，再而是米字纹陶。到了南越国阶段，在遗址和墓葬中出土最多的瓮和罐，其纹饰是在方格纹地上拍印几何图形戳印。这种纹样不见于先秦而盛行于南越延续到东汉末年，它的突现表明当日的陶工在先秦时期岭南印纹陶的工艺基础上汲取了中原自战国以来铜镜上的主纹与地纹相配合，以玺印图纹（文）为主纹的模式而加以发展，这是岭南文化的兼容性在制陶工艺上的反映。南越王赵眜墓出土的一千多件（组）随葬物，其中汉文化占有主导地位，次为本地区南越文化的陶器、铜器。此外，还有匈奴文化的兽纹铜牌饰、羊头纹杏形金叶，骆越文化的铜提筒，楚文化的铜鼎、六山纹铜镜、错金铭文铜虎节，巴蜀文化的铜鍪和秦文化的蒜头壶，海外文化的西亚银盒、焊珠金饰等。这样多种文化因素遗物共存一室的文化包容现象在我国秦汉墓葬考古中仅见于南越国。特别是墓中出土 21 对匈奴文化的鎏金铜牌饰，有10 对是兽纹的，与宁夏匈奴墓地出土的相同；但还有 11 对仅保留牌饰边框的穗状纹样，牌饰当中的兽纹主体被换上蓝色平板玻璃（属我国出土年代最早的平板玻璃），这可说是外来文化被改造为我所用的一例典型文物。三国时广州属吴，黄武五年（226 年）分交州为交、广二州，广州的州治在番禺，广州由此得名。三国、两晋期间中原地区战争繁仍，中原士族大量南迁，这从广州发现的晋墓有"永嘉世天下荒余广州平且康""永嘉世九州空余吴土盛且丰"等砖文中得到印证，广州地名见于出土文物的亦以此为最早。其时中原士人南下，对岭南文化的发展影响深远。

明清以降广州与海外交往日频，文化的碰撞与兼容日显，建筑、绘画、音乐甚至手工艺、语言中都融入了外来文化的元素，因而岭南文化更显得开放与新鲜。广州又是五大宗教文化的汇集地，市内有著名的佛教光孝寺和六榕寺，道教的三元宫和纯阳观，伊斯兰教的怀圣寺光塔，天主教的圣心石室大教堂和基督教的东山堂与光孝堂。在珠江三角洲地区城镇农村中现存的乡土传统建筑，以庙宇和祠堂为主要，有一庙供一神，亦有一庙供多神的，如黄埔区文冲玉虚宫的佛道共处。祠堂建筑则以镬耳封火山墙的形式为多，亦有硬山式、悬山式和歇山式的。有的在构筑上、装饰上引入了外来文化元素。广州的宗祠其规模大、保存完好的有番禺沙湾的何氏大宗祠（留耕堂），始建于元至元十二年（1275 年），后毁，现存为清康熙时重建，前后五进，左右三路，还保存不少前期的石构件。花都区三华村的资政大夫祠建筑群，4 座建筑并列一起，即资政大夫祠、南山书院、亨之徐公祠及衬祠，建筑面积 5448.3 平方米，同是建于清同治年间。位于今广州中山七路的陈家祠堂（陈氏书院）为广东陈姓合族祠，始建于光绪十四年（1888 年），建筑为三路三进、九堂六院，面积 6400 平方米，以建筑装饰繁缛华美著称，其连廊采用欧式的铁铸廊柱。白云区沙贝村的宋名贤陈大夫宗祠，其头门屋顶的琉璃牡丹花脊上塑有罗马字的时钟，还有"道光丁未"（道光二十七年，即 1847 年）"英华店造"的落款，这是省内现存年代最早的、又有外来文化元素的石湾陶塑瓦脊。

广州是两千年前南越国国都的番禺城所在，又是一千年前的五代南汉国都城兴王府所在，是当时岭南的政治、经济和文化中心。岭南地区保存下来的古墓葬，当数南越国三代王的赵佗、赵眜（胡）、赵婴齐的陵墓和五代南汉国的德陵、康陵和昭陵这 6 座陵墓的级别为最高，除了赵佗墓外，其余的五陵均已发现，分布在今市区内。此外，广州又是秦汉以来的郡治、州治、府治、省治的所在，必然是郡、州、府、省的行政中枢及经济、文化的中心。1997 年开始进行大规模发掘的南越国宫署遗址，在厚 5 米多的文化堆积层中，由下而上包含秦、南越国、汉、晋、南朝、隋、唐、五代南汉、宋、元、明、清以至民国年间共 13 个历史时期，被称为广州建城两千多年的历史断面。两千多年来广州一直是岭南文化中心地，乃历史的必然。

三

自秦打通了岭南的通道之后，南海郡治的番禺既是中原汉人与岭南越人的经贸中心，又是通向南中国海与南亚诸国交通往还的海上丝绸之路的发祥地。文献记载和考古发现表明，广州对南海的海上贸易往来实不晚于南越国时期，至唐宋尤盛。汉初从番禺（今广州）经徐闻、合浦、日南沿北部湾海岸行使，终抵东南亚、印度，由西而来的番舶转运与西亚、非洲的贸易往来，唐代已至西亚、非洲，明清时远达欧美。

1974 年底，在广州中山四路原广州市文化局大院内发现秦造船遗址。经过 1975 年、1994 年、1997 年、2004 年的 4 次局部性发掘得知，这个造船工场是在秦始皇派遣尉屠睢率秦军与越人交战惨败，"乃使尉佗（赵佗）将卒以戍越"（《史记·主父偃传》、《汉书·严安传》）期间建造的。这个遗址由船台区和造船木料加工场地两部分组成。船台区建造在一条河汊淤土层的尽头处，有 3 个平行排列的造船台，每个船台由枕木、滑板和矮木墩构成，长逾百米。木料加工场地紧靠船台区之南，已发现有烧烤造船木料的"弯木地牛"和两处堆放木料的场地。据计算，第 1、第 3 号船台，可造载重 500～600 斛（合 25～30 吨）的木板船。第 2 号船台是个定位台，供当时按规格成批造船用。在船台区还出有铁锛、铁凿、铁挣凿（把竹丝挣入船板以塞缝的专用工具）、各种铁钉以及木垂球和砺石。这是目前已知世界上考古发现年代最早、规模最大，而保存又较完好的两千多年前的造船遗迹。广州地区两汉墓出土的木质和陶质船模不下 20 例，分有农耕小艇、内河交通船、货船、客货混合船和楼船等，可以窥见秦汉船舶的一斑。其中的陶质客货混合船，结构设施比较齐备。船内分设前、中、后三舱，船尾为望楼，后舱右侧附有厕所。船首系锚，船尾设舵（欧洲的船到 12 世纪以后即我国南宋年间才见有舵），两舷设撑篙的走道。这种船型类似于 20 世纪前半叶在珠江航道上航行的花尾渡大木船。秦汉楼船是很有名的，《史记·平准书》记载，汉武帝准备征讨南越国时，大修昆明池，"治楼船，高十余丈，旗帜加其上，壮甚。"由于秦汉楼船未见有实物保存下来，难见其雄姿。有幸，在广州西汉前期的南越墓、西汉中期（相当于汉武帝年间）墓和东汉初年的墓中都出土有彩画的木质楼船，可惜其底部木质朽坏，未能整体复原。根据上部保存的船板组合得知，船上分设 2 ~ 4 个舱室，建重楼。南越王墓出土的楼船有九桨一橹，东汉初年墓出的楼船有十桨一橹，橹长 51.5 厘米。此外，在南越文王墓出土的一个铜提筒上，腹部刻铸 4 艘海战楼船的图纹，以两船为一组，首尾相接，船体大同小异。每船有五六个舱室，上铺甲板，立三帆（各帆的上部略去），首尾各一，主帆在当中。瞭望楼靠后，船尾处有弓形的巨橹。在船体的上下前后还刻划有海鸟、海鱼和海龟。这是秦汉年间由 4 艘楼船组成的一支舰队，舰船的结构设施已相当完备，可与上述秦造船遗址参合研究。

南越文王墓出土有西亚银盒（内盛药丸）、焊珠金饰、原支的非洲象牙以及主产地在红海的乳香等一批海外奇珍，这是我国考古发现最早的一批舶来品，是广州南海海上丝绸之路发祥地的最好说明。《史记·货殖列传》载，汉兴七十年全国出现了十余个商业繁盛的都会，番禺（今广州）是岭南地区唯一的都会，是海外奇珍的集散地。《汉书·地理志》更明确指出：番禺"处近海，多犀象、玳瑁、珠玑、银、铜、果布之凑"，岭北来这里做买卖的都能发财。汉灭南越后，汉政府派出一支官方船队，自日南障塞、徐闻、合浦离开海岸线后远航到南亚诸国，终点到达已程不国（今斯里兰卡）。这是见诸《汉书·地理志》记载为我国海交史上年代早、地点明确的一条南海海上交通航线。当时这支船队除了向海外宣扬汉威之外，船上还带备黄金、丝织物（杂缯），以换取所到地点的明珠、璧琉璃、奇石异物。广州两汉墓（包括广西合浦汉墓）中就有大量各种质料的串珠装饰品出土，文献记载与考古发现可为互证。铜熏炉和陶熏炉在广州汉墓中又是最常见的一种室居生活器具。由于南方地势卑湿，春夏多蚊虫，熏香既能辟除恶味，还有防湿和驱蚊虫的功用，所以熏香已成了岭南显贵中的一种生活风尚。由于燃熏所需的香木主产地在东南亚诸国，这种风尚又与当日的海路贸易兴旺有关。

广州的佛教寺庙以光孝寺为最早。东晋时有罽宾国（今克什米尔）名僧昙摩耶舍从海道来广州，建王园寺（光孝寺前身）。南朝梁普通七年（526 年）天竺（今印度）僧人达摩泛海到广州，在今下九路登岸，后人一直把这里称为"西来初地"。唐代，广州是世界知名的东方大港。唐代的远海航线，已由印度半岛延伸至波斯湾，与至东非的航线连接起来，形成长 1.4 万里的海上丝绸之路，这是当时世界上最长的远洋航线。据史载，唐开元年间（713 ~ 714 年）在广州流动的客商一年之中有 80 万人次，唐朝政府首次派出管理外贸的市舶使到广州加强管理。咸通十一年（870 年）寓居广州的外商有 13 万多人，为了保护外侨，地方政府在城西特辟"蕃坊"，为侨商的居住区。怀圣寺与光塔是当时伊斯兰教传入中国最先在广州兴建的清真寺。

在今黄埔区的南海神庙，始建于隋开皇十四年（594 年），为我国四海神祠中唯一保存至今的官祀神庙。我国的"海事"一词始见于庙内唐韩愈撰的《南海广利王庙碑》中。广州古代的珠江航道，内港以怀圣寺的光塔为标志，南海神庙则是外港的标志性史迹。近年在庙侧的考古发掘，有一批南越国早期的生活用陶器被发现，还发现有宋代大型建筑基址和明代、清代的两处码头，史迹的年代上下延续两千年（本书图版七九、八〇）。

唐末五代，刘氏据岭南建立南汉国，以广州为都城，称兴王府。近年有关南汉国海交史的重要考古发现有二：一是在广州番禺小谷围岛北亭村南汉康陵的发掘，出土一批典型的伊斯兰玻璃器，又在南越国宫署遗址的南汉国遗迹层中出土一批波斯蓝釉的陶罐残片，这些都是通过海路商贸输进来的；二是 1997 年在印度尼西亚打捞出一艘印坦（Intan）沉船，发现 97 锭南汉国的银锭，重 5000 两，还有 145 枚南汉国铸的"乾亨重宝"铅钱。这些金属货币是南汉时越洋购买东南亚商品的证明。

北宋开宝四年（971 年）灭南汉国后首先在广州设立的市舶司，是我国第一个管理海外贸易的机构。宋代的手工业生产兴旺发达，尤其是陶瓷业的发展更为明显。据考古调查发现，宋代的窑址遍布大江南北，海路贸易更以陶瓷为大宗，因而又有"海上陶瓷之路"之说。在此期间兴起的广州西村窑，还有番禺的沙边窑，其产品主要供外销。西村窑的产品在西沙群岛、印尼、菲律宾等地都有出土，而且在南亚地区至今还见有不少的公私收藏。

在广州明、清两朝的"朝贡贸易"和民间贸易的文物史迹中反映出广州的独特地位。1964 年在广州东山发掘出明弘治八年（1495 年）太监韦眷墓，出土两枚榜葛剌（今孟加拉）银币和一枚意大利威尼斯"格罗索"银币，后者铸造于 1457～1462 年（这次发现后得悉，格罗索银币当今存世的仅两枚，其一藏于威尼斯市博物馆）。出土的这枚"格罗索"银币是韦眷于明成化二十三年（1487 年）从阿拉伯商人手中掠得的。令人惊愕的是，该币铸后 25 年就流布到广州，从这个侧面反映出 14、15 世纪时广州与欧洲之间海上交往的频繁。清代的粤海关和十三行是朝廷特许广州一口通商时期两处重要的海交史迹。在广州的一口通商时间，十三行发展最盛，其后到道光二十三年（1843 年）全毁于一场大火。今天，只有街巷中留下当时的几个商号名字，让人回想昔日的辉煌。粤海关设立于清康熙二十四年（1685 年），初时，关址在五仙门内。曾为粤海关挂号台的海珠区黄埔村，古码头、古街道特点浓郁，数十座清代祠堂和民居保存完好。现存的粤海关大楼奠基于 1914 年，1916 年落成，为广州现存的欧洲古典主义建筑的典型。

"海上丝绸之路"推动了古代东西双方的经贸发展、文化交流，增进了相互的了解和友谊。以广州为中心的岭南人，在与外国的经济、文化交往中得风气之先，形成了具有各种特色的岭南文化，两千多年来一直为人类社会的和谐发展，为世界文明的发展作出贡献。

四

广州，是中国革命的策源地。近百年来由于帝国列强对我国的入侵，反帝反封建的斗争迭起。鸦片战争、太平天国起义、康梁变法和资产阶级民主革命都发轫于广州，留下许多重要的史迹和纪念建筑。1939 年 3 月 10 日（道光十九年正月二十五日）林则徐奉旨到达广州查禁鸦片，禁烟局设在今惠福路的大佛寺内。1840 年英国发动鸦片战争，侵略军进攻虎门要塞、乌涌，占领城北四方炮台，四出奸淫掳掠。三元里农民联合附近 103 乡民众，还有锦纶会馆的一千多丝织业工人和打石工人奋起抗英，当年抗英的誓师旧址三元古庙，围歼侵略军的牛栏岗战场、四方炮台、虎门要塞的上下横档与乌涌等炮台旧址，义勇祠、升平社学等众多社学旧址，以及节马图碑和天河区东圃保存的抗英飞束等遗迹遗物，是中国人民维护民族尊严、英勇抗击帝国主义侵略的历史见证。

以洪秀全领导的太平天国起义运动，是我国近代史上全国规模的农民革命战争，矛头直指清皇朝的封建统治，起义持续 14 年，虽告失败，但动摇了清政府的根基。今天，在花都区的官禄村还有洪秀全故居、书房阁（均已毁，在原址上复建）、冯云山故居遗址、洪仁玕故居遗址以及"拜上帝会"的三堆石遗址等保存。位于越秀区中山四路长兴里的万木草堂，是维新运动领导人康有为在广州授徒讲学的地方，《新学伪经考》、《孔子改制考》等变法理论基础的著述亦在此完成。

为了推翻清皇朝的封建统治，孙中山在广州策动了多次武装起义。辛亥革命后，又在广州成立护法军政府，领导全国人民与北洋军阀进行斗争。庚戌新军烈士墓、"三二九"起义指挥部旧址、黄花岗七十二烈士墓和孙中山大元帅府旧址等，是这一时期现存的主要史迹。

第一次国共合作期间，广州成了中国大革命的中心，留下不少文物旧址。1921 年中国共产党成立，翌年，中国共产党广东区执行委员会在广州成立，1924 年会址迁往今越秀区的文明路，旧址尚存。1923 年，中共第三次全国代表大会在广州召开，通过了"国共合作"的决议，奠定了党的统一战线政策。会址在抗日战争期间遭炸毁，但当时会议领导人的住所"春园"犹在。1924 年 1 月，孙中山主持召开中国国民党第一次全国代表大会，有国共两党的主要领导人参加，标志着国共两党第一次合作，掀起了反帝反封建的大革命浪潮。国民党"一大"旧址、北伐誓师大会遗址——东较场、中华全国总工会旧址、省港罢工委员会旧址、广州农民运动讲习所旧址（包括广州附近区、县的众多农会旧址）、中国第一次全国劳动大会旧址和黄埔区长洲岛上的黄埔军校旧址等都是这个时期的重要史迹。广州公社旧址和广州起义烈士陵园，是记录第二次国内革命战争时期的重要史迹。1937 年抗日战争爆发后，国共实行第二次合作，共同抗击日本侵略者。在天河区沙河顶的十九路军淞沪抗日阵亡将士坟园、濂泉路的新一军印缅阵亡将士公墓，在越秀区黄华路的血泪洒黄华碑，在从化良口的陆军第六十二军一五七师抗战阵亡将士纪念碑（1939 年 12 月第一次粤北战役）、陆军六十三军抗日阵亡将士公墓（1940 年 5 月第二次粤北战役），在番禺区南村的植地庄抗日战斗烈士纪念碑、植地庄抗日战斗烈士墓，还有在沙湾的广游二支队司令部旧址等，是广州人民英勇抗日的重要史迹和纪念建筑。解放战争期间的史迹，主要有在越秀区的中共广州市委（特派员）旧址和解放军进城式检阅台旧址等。在这些革命史迹中，洪秀全故居、书房阁、黄埔军校的校本部和中共第三次全国代表大会会址是经过考古发掘，找出了原址的基础而据以复原，或覆盖保护的。

上述有关广州的岭南文化史迹、海交史迹和近现代革命策源地史迹等相关的文物，其具体内容已在各区（市）卷中有翔实的记载，这里从略或只述其大概。

五

近年来，古村落、历史街区及非物质文化遗产受到社会各界的重视，各级政府有关部门亦组织人力进行普查及研究，故本汇编各区（市）卷亦设有专编收入初步调查的有关资料。

广州各区（市）仍保存有一批古村落或历史街区。古村落中有广府民居系村落，也有客家民居系村落，大多数规划统一、布局有序，民居、祠堂、书舍、庙宇、门楼、牌坊、桥梁、井泉与池塘、树木相映成趣，与乡村自然风貌融为一体，有着丰富的历史、艺术价值。历史街区的保存，亦有丰富的历史价值，除了可窥昔日的繁华与街区建筑特色外，其文化内涵也十分丰富。如广州老城区的骑楼街，既有其建筑特色，也可领悟其因地制宜、宜居宜商的城建内涵。

"非物质文化遗产"篇收入的民间工艺与艺术、民间风俗、老字号等内容，皆是岭南文化的组成部分，并各自显现其特色。在民间工艺方面，广州的"三雕一彩一绣"（牙雕、玉雕、木雕、彩瓷、广绣）历史悠久且具创新、兼容等特性，历史上曾因吸收外来文化而发展，享誉国内外，其在各区中则有其不同的展现。一些区（市）亦自有地方特色的民间工艺，如增城的榄雕、花都的珐琅彩、从化的竹编、番禺的灯芯花等，也曾饮誉遐迩。在民间艺术方面，普遍存在于各区（市）的舞狮、粤剧粤曲，以及番禺的飘色、增城的麻车火狗、南沙黄阁的麒麟舞等等，皆可见岭南文化的丰富多彩，并有屹立于中华文化之林的特色。而广州各区（市）与中原大地大同小异的民间风俗、民间信仰及习俗等，正可说明非物质文化遗产天生有增强民族凝聚力的作用，它是和谐社会发展不可少的元素。

原载《广州市文物普查汇编（总 14 卷）》，陈建华主编，广州出版社，2008 年。

记录广州历史文化遗产的全书

　　《广州市文物普查汇编》十四卷本正式出版发行，这是值得载入广州文物保护史册的一件大事，它的出版为广州开展全国第三次文物普查有了坚厚的基础，推动其更好地全面地完成。

　　广州市在 1956 年开始第一次文物普查，当时参加的人员有限，仅把经过查对的不可移动文物登记在册。1982 年开展第二次普查，成立了专门办公室，组成专职的普查队伍，其成果汇编成为《广州市文物志》，这是 1990 年广州市出版的第一本文物志，该志收录范围限于市内老八区。其后，又过了 10 年，随着城市经济建设的大发展，开展第三次普查，出版有《广州文物志》。这是广州的第二本文物志，书名中去掉一个"市"字，表示其地域范围老八区加 4 个县级市（与今天广州十区二市的辖境相同）。第四次普查开始于 2003 年 6 月，分别成立市的和各区（市）的普查领导机构和普查队伍，直到 2006 年 3 月才结束。这次普查时间长、参与人员多、投入资金大。这套《汇编》既是第四次文物普查成果之一，又可以说是广州自 1956 年第一次文物普查以来的 50 年，有市的和区的领导关心支持，各相关部门的协助，经过几代文物工作者共同努力，还有各方热心人士的参与及帮助而取得的。这是收纳了广州先后四次普查成果的结晶。

　　这套《汇编》有四大特色：

　　第一是体例独特。过去已出版的文物志其内容与体例一般都包含不可移动文物，可移动文物（以博物馆藏品为主）和文物与博物馆事业三大块。广州第四次文物普查的普查对象很明确，就是将文化遗产全部列入普查内容，侧重在不可移动文物，包括古村镇、历史街区，非物质文化遗产也列入普查内容。这个范围也是《汇编》的收录内容，因而其体例、内容与前者截然不同，是当今文物保护理念的新发展。

　　第二是区（市）的遗产各有特色。广州从二千年前南越国都城不过一平方公里的赵佗城，发展到今天辖十区二县级市，总面积 7437.40 平方公里，加上各区市所在的地理位置、自然环境与历史环境不同，各自发展的早晚与侧重点有差别，因而形成了各区市的历史遗产各具特色。越秀区是岭南二千年前的中心地、南越国都城所在地，区内有国保单位 12 处共 15 个单位，省保单位有 15 处之多，遗产丰厚。番禺区在秦时已建县，区内的小谷围岛原是一千年前南汉国皇帝的郊外园囿和狩猎场，又是帝陵区。文献记载，南沙区的开发较晚，但区内的鹿颈村遗址发现有三、四千年前的"南沙人"，这是广州最早的居民。还有中外闻名的虎门炮台遗址。荔湾区的商贸遗产丰厚。海珠区的 20 世纪工业与物流遗产方面很有特点。花都区历史上的花县建制较晚，但革命旧址与历史名人墓葬闻名。天河区的飞鹅岭新石器遗址是广州最早发现的史前遗迹。萝岗区、白云区、增城市、从化市也有重要的史前遗址发现。近年在从化发现的广裕祠和五岳庙后殿，各有清晰的明代的年款题刻，是岭南地区重要的建筑遗存。三元里平英团旧址是 1961 年国务院公布的第一批国保单位和第一号近代重要史迹，就在白云区内，还有 7 处社学旧址也很重要。萝岗区出土有春秋战国年间越人青铜兵器，还发现早期的越人石椁墓，还有南汉国的帝陵。黄埔区除了南海神庙和黄埔军校旧址等重要史迹之外，长洲岛上的长洲街，在广州市的历史街区中位置重要。白云山卷独立成卷，收入近二、三十年来许多重要的文化景观建设，由是广州这座名山第一次拥有自己的遗产专志。增城市早在东汉时已建县，近年发现有南越木椁墓，突破了过去的南越墓限于老城区的近郊范围。增城的历史碑刻保存较多，这种被称为石头史书的石碑，在《汇编·增城市卷》中收录拓本达 66 份之多，为各区（市）之冠。

第三是图文并茂，版式创新。《汇编》所录入的文物条目，每条中的文字记述、照片、测绘图、碑刻拓本都汇合在一起编排，起到了文、照、图等相互关联、方便阅读的效果。在版式设计上采用不少特写镜头，显示文物本体的历史性、科学性、艺术性的价值，增添其可读性、鉴研性和资料性的效应，这些方面在已出版的文物志中是独树一帜的创新之举。

第四是记述详实，检索方便。《汇编》中的条目，基本上是先由区（市）的文物普查员与编写人员结合，按照统一的体例和编写要素的要求，对每个录入的文物单位作出详实记述，再由相关专业的文物专家、学者审稿和统稿，最后还有广州出版社的编审、校对专职人员把好最后一关。《汇编》收录文物条目 4334 个，设两重检索，各区（市）卷设有本卷的索引，在《总览卷》中设立分类总索引，查阅称便。

《汇编》是记录广州历史文化遗产的全书，是一套大而全的广州地区的文物志。这话怎讲？我们不妨用几个数字对比来说明。上面提到广州开展过四次文物普查，其中 2000 年 2 月出版的第二套《广州文物志》包括的区域范围与《汇编》的相同。该志可称之为少而精，全志 502 页，而十四卷本的《汇编》共 6078 页，篇幅增加 12 倍。《广州文物志》收录的不可移动文物共 300 条，其中传统建筑的祠堂只有 21 条，而《汇编》的总条目有 4334 条，其中，祠堂有 1259 条，增加 60 倍（比如，广东有"广东陈、天下李"的说法，收录于《汇编》的陈姓祠堂 35 条，李姓祠堂有 21 条，麦姓祠堂也有 7 条），其大而全于中可见。当然，所谓"全"是相对而言的，并不是把广州所有历史遗产都已收录无遗了，就以广州地区现存的宗祠来说，是远不只所收录的 1259 条之数，有的宗祠不含条件而未入志。这种情况在其他类别的不可移动文物中同样存在。

　　《汇编》得以成功的编纂出版，有赖广州市、区的各级领导的关心与支持，有几代文物工作者与各方热心人士对普查与编纂工作的参与、帮助。今后，怎样使之持续发展，我想要借用主编陈建华同志的一段话，他认为："这套《汇编》记载着我们工作的成绩，也记载着我们工作的失误，更记载着我们对延续文脉、彰显文明、传承文化的态度和责任。""我们还要进一步把广州文化遗产的保护工作逐渐落到实处，任重而道远。但我们有理由相信，在各方面的共同努力下，广州定会成为一个历史文明与现代化成就和谐发展的中国南方大都市。"

原载《广东文物》，2009 年 1 期，署名应浩。

守护羊城遗产开了个好头

　　在广州博物馆惜今阁展厅展出的《守护遗产　爱我羊城——何世德捐赠钢笔水彩画特展》于 2012 年 7 月 10 日开幕。这个特展有三个特点：一是题材方面；二是作品的独特艺术；三是作者热爱乡土、热爱祖国的深厚情怀。何世德捐赠的作品共 159 件，用一句话来概括：落足功夫，展示羊城。内容分两大部分，第一部分遍布于广州市辖区内的文物史迹，第二部分是描绘新中国成立以来羊城的新容新貌。

　　广州，是国务院公布的第一批历史文化名城。赵佗建立南越国，以番禺（今广州）为都城一直延续到今天的广州市，已有 2215 年的城建历史，其发展的历程简称为"四地"。展出的画图中有南越国宫署遗址的王宫与王城遗址，象岗山的第二代南越文王墓，纪念羊城与穗城得名的五仙观，有"百粤祠冠"之誉的陈氏书院以及海珠广场的广州解放纪念像等，涵盖了全国重点文物保护单位和省级、市级的文物保护单位。建筑是当时当地政治、经济、文化的综合反映，被称为凝固的历史。上述的史迹与文物建筑在时间上由两千年前延续至今，真实地体现了广州作为岭南文化中心地各个历史阶段的发展历程。

　　特展中的画幅有秦代造船遗址，这是我国考古发现年代早、规模大、保存好的造船遗存。还有怀圣寺光塔，见证了伊斯兰教从海路到广州传入内地。还有海珠区的黄埔古港、古村落和沙面连片的欧陆风采建筑群以及粤海关大楼等的画图，最足以反映广州是我国南海之上丝绸之路的发祥地。到了近代，广州是我国民主革命的策源地。特展中的三元里平英团遗址、洪秀全故居、"三二九"起义与黄花岗七十二烈士墓、孙中山大元帅府旧址、黄埔军校旧址和广州公社旧址等画幅，就是各个革命事件的历史见证。特展中还有我国首家涉外宾馆的白天鹅宾馆、邓小平同志题书的花园酒店、已举办逾百届的广交会而今迁址到琶洲的会展中心等等画图。尤其是位于从化太平镇钱岗村的广裕祠，其脊梁上刻有明、清、民国年间共五个重建重修的年款，被认定为岭南古建筑教学的重要标本，它是由当地政府与民间合力共同出资维修保护的，2003 年获得联合国教科文组织亚太地区文化遗产保护杰出项目第一名，这个奖项的获得在我国尚属首次。这些都是广州市作为改革开放前沿地的例证。更值得一提的是，最为人民称道的广州由明至今 632 年羊城建设中的三大城标建筑：雄踞于越秀山的镇海楼，始建于明洪武十三年（1380年），是明清两代的广州城标；到民国时期要数中山纪念堂了；改革开放后当以新建的广州塔（俗称"小蛮腰"）称著。这三大城标画图在今次展出中尽收眼底。

特展的第二部分是描绘羊城新貌。其中有人们日常闲庭信步的古园园林图景多达十二幅，有描写风光名胜如荔枝湾、莲花山、从化温泉等画图不下八幅之多；至于广州的三大火车站、两处汽车客运站和黄埔港等水陆交通建设成就，以及岭南画派纪念馆、星海音乐厅、广州艺术博物院、新图书馆等文化设施的馆容馆貌，都一一见诸画图中。可以认为，在此浏览参观一遍，享受一次免费的广州全城游。

独特的艺术手法是特展的第二个特点。上述的羊城史迹与风光的画作，有别于中国传统画，也不同于油画、版画，而是独特的钢笔画。这个画种是二十世纪初与水彩画一道进入中国的舶来品，它特别适合于写实风景与静态的建筑物。据目前的了解，在我市能运用这种画法，又如此集中地、大量地描写广州文化遗产与羊城风貌的作品尚属首见。

第三个特点是反映画作者的高尚情怀。作者何世德是广东顺德人，是广东省、广州市美术家协会的会员，国家一级美术师，享受国务院特殊津贴。曾任广州市美术公司经理和艺术指导，为美化广州做出贡献。1992年退休后，得到老画家廖冰兄的启发，专攻钢笔画，他抚今追昔紧跟时代步伐，以饱满的热情，用钢笔水彩画描绘羊城的以往和今天。他认准了别人还未认识到的大好题材——展示乡土历史文化基石的文物史迹而大显身手。今年，他已届八十高龄，每天仍坚持绘画三小时，他先后六次在国内外重大体育赛事的会徽与吉祥物等设计竞赛中夺冠受奖。这是归根本人的一身勤奋、矢志不渝；是基于他热爱乡土、热爱祖国的深厚情怀；是实至名归的天然结果。

文化遗产就在我们身边。保护羊城文化遗产是全市人民的共同责任。我们要更好地研究、宣传祖辈留给我们的丰富多彩的历史文化遗迹，让更多的市民了解它，熟知它的历史、科学、艺术三大价值，从而增强对文化遗产的保护意识，共同守护遗产，爱我羊城。

原载《广州文博（陆）》，文物出版社，2012年。

得失寸心知

——田野考古历程的一些回忆与思考

一、这不正是秦南海尉任嚣的墓？

——西村石头岗秦墓发现始末

新中国成立后，1949 年 10 月 14 日广州解放。解放初期，广州失业者众，百废待举。为了解决劳动者的生活困迫，广州市人民政府实行"以工代赈"，劳动者在参加如修筑公路、开山劈石等市政建设工程中（其时因缺乏机械和运输车辆，基本上是靠人力操作）取得报酬。西村的士敏土厂属于为数不多的大型企业，要扩大生产，兴建工人宿舍，把附近的一个土岗——石头岗夷平用作建筑地盘。平土工程于 1952 年底动工，翌年 1 月已挖到岗腰位置，发现了一座木椁墓。由于工地的"工赈队"员中无人知晓这是古墓，棺、椁被拆毁，随葬的器物被取出堆放地上。幸而工地办公室人员把发现情况及时报告市政府。朱光副市长（其时兼任成立不久的广州市文物管理委员会主任委员）亲到工地查看，认定是古物，指示工地负责人告知市文管会办公室派人处理。我和黎金同志到达工地时，见到不少人在现场围观，被拆毁的木椁板和棺木板横七竖八地堆叠在一起，其旁放着几十件器物。我们向发现这座古墓的"工赈队"挖土工人了解情况，他们说：不知道是古墓，当初挖土时露出个像个大木箱模样，以为是地下的防空洞，上面有大木板盖着，撬起盖板，里面满满的水，拆开侧边的大木板，水全放了，中间有副棺材，未见有人骨，周围有许多器物；我们把棺材和器物移开，拿来一根大杉木敲打底板，有隆隆的响声，以为下面还有一层，于是把整个大木箱拆了，底板下面只见到平铺的两条长木（按：即椁下垫承的枕木）。我们不可能在现场逐一清点，随即雇车把器物运到广州博物馆，棺椁大木运回文管会办公室另地放存（这批棺椁木板与其后发掘中收集的椁木板，都用来制作木架承放考古发掘出土器物）。到 1960 年编写《广州汉墓》时，我们依照广州博物馆的藏品账册核对这批出土器物，计有：瓮 1、罐 5、三足罐 1、三足盒 2，共 9 件陶器；铜器有扁壶 1、提筒 1、鼎 2、釜甑 1（套）、盉 1、盆 3、勺 1、铙 1、镜 2、玉具剑 3、短剑（匕首）2、戈 2、削 3 和大半两钱 1 枚，还有残铁器 2 件；玉器有璧 1、带钩 1、印（无字）1 和石砚 1（套）；漆器有敦 1、盒 1、环 1、玦 1 和木板等木器残片、绢残片。按专刊编写的要求，对这批遗物进行记录、测绘和拍摄工作。这座墓随葬铜器之多，在广州已发现的南越国早期墓中无出其右，其中两面楚式铜镜和大半两钱都具年代特征，一件椭圆形的漆盒（或称套盒或奁，仅存盖），在盖面的漆绘纹当中有烙印"蕃禺"二字，据此可以断定墓的年代上限不会早于秦始皇统一岭南置三郡之前，即秦始皇三十三年（前214年）或稍后。史载，蕃禺是秦置南海郡的首县，又是郡治所在。烙印应是蕃禺制漆工场的印记，这是岭南地区蕃禺这个地名在考古发现中的首见。再从出土的陶器来看，瓮饰绳纹（图一），罐饰方格纹或素面，还未有南越的瓮、罐中最常见的戳印图纹出现，而三足罐（图二）、三足盒的造型与纹饰近似先秦时期的印纹陶器，与广州南越国早期墓的陶器相比，是最早的一例，可定为南越早期的前段，即公元前214～前204年这个时间段。当时考虑到该墓发现的时间、地点及过程都很清楚，而且又是经我们手处理的，墓的年代早，遗物丰富且有代表性，把它列入《广州汉墓》正册，让全部出土的遗物都有一个田野考古的"户口"，以区别于在工地中采集到的一般品。今天回过头来看，当时这样的处理是恰当的。

石头岗1号墓的发现与后来把它编入正册，解决了它的"入户"问题，但户主（墓主人）是谁，还是一个悬案。我们从收集得来的棺椁木板确认，这是一座一棺一椁的木椁墓。据出土遗物的年代特征，确认为南越国早期的前段，即公元前214～前204年当中的某年。有了这个时间段，墓主是谁，就可从《史记》、《汉书》的南越（粤）传所载的人物中查考。据史传载，秦末汉初的南海郡最高的统治者有两人，一是任嚣，另一是赵佗。赵佗于汉武帝建元四年（前137年）卒，已是西汉中期的前段，所以该墓的主人是赵佗的可能性完全可排除。是任嚣吗？应是。据史传载：任嚣"病且死，召龙川令赵佗语曰：'闻陈胜等作乱，秦为无道，天下苦之，项羽、刘季、陈胜、吴广等州郡各共兴军聚众，虎争天下，中国扰乱，未知所安，豪杰叛秦相立。南海辟远，吾恐盗兵侵地至此，吾欲兴兵绝新道，自备，待诸侯变，会病甚。且番禺负山险，阻南海，东西数千里，颇有中国人相辅，此亦一州之主也，可以立国。郡中长吏无足与言者，故召公告之。'"赵佗接任了南海郡尉，"嚣死，佗即移檄告横浦、阳山、湟溪关曰：'盗兵且至，急绝道聚兵自守！'秦已破灭，佗即击并桂林、象郡，自立为南越武王。"可见任嚣病死之年当在赵佗建立南越国之前。这是可以确定的第一点。其次是该墓随葬铜器之多（共24件，约为陶器的三倍），特别是兵器之多（戈2、玉具剑3、短剑2的长兵器与短兵器共7件），其中有一戈的脊部及内末均有镂空图案（图三），已属礼仪的器用了，在岭南地区迄今已发现的南越早期墓葬中是仅见的。这表明该墓的主人当是一位叱咤风云的武官。秦时任嚣为首任南海尉（武官），执掌郡守之职，死于任内，从时间、地点、职位等来看为该墓主人都相符合。第三点，赵佗得到任嚣的赏识，接任南海尉事，任嚣的丧事无疑是由赵佗操办的。须知，当其时岭南大地，自从秦统一设郡县到赵佗兼并桂林、象郡建立南越国，只有十三年，正是岭南首次进入大开发的起步阶段，这期间物质条件的贫乏是可以想见的。这墓随葬物数量多，其中最贵重的铜器应是来自岭北地区，该墓只有一棺一椁，但已属于厚葬了。鉴于随葬的玉印无法确定是墓主的名章，遗物中又未有绝对的纪念器物，除了"蕃禺"烙印之外，还有一件铜鼎的盖上刻有"四斤九两名辛"，口沿处刻"容二斗少半斗　十六斤七两"铭文，其中的"名辛"是管理者的自署，而非墓主的名字。由于缺乏实证，在不可能有绝对确证的前提下，相对来说上述的三点理由与文献相互印证，据以认定墓主是任嚣，或可说是有理有据的。

市文管会办公室在清理 1 号墓工作的基础上及时成立考古组，配合市区各项基本建设工程，开展调查发掘工作。当时主力人员是黄美琛与李敬镒（他们是从广州博物馆保管部临时借调来的，因二人在 1952 年秋冬参加了由中南行政委员会文化部文物科顾铁符科长率领的考古人员在长沙进行考古发掘的实习）。我和黎金同志从 1952 年 9 月到文管会工作，到此时已成为考古组的成员。我们在这个工地清理发掘由秦到明代的古墓 47 座，拉开了广州田野考古的序幕。

二、一方唐端砚，得失两重天!

（一）事前

1983 年，适逢香港中文大学成立二十周年，广州博物馆与中文大学文物馆联合举办"穗港汉墓出土文物"展览，为庆典献礼。这是文物馆首次与内地举办出土文物的专题展览（之前的两年，该馆曾合办"广东明清书法展"和"广东明清绘画展"）。之后，在 1984 年展出"广东先秦文物"，1985 年展出"广东出土晋唐文物"，1989 年展出"广东出土五代至清文物"（均与广东省博物馆联合举办）。由 1983 ~ 1989 的七年间连续举办四个广东出土的文物展览，在香港回归祖国（1997 年）之前，让香港同胞在自己的居住地，不用远行就有机会直接鉴赏、了解研究来自乡邦的从先秦的三四千年前直到近代的文物，认识文化根源是很有必要和很有意义的事。

1983 年 11 月 17 日我随代表团赴港参加"穗港汉墓出土文物"展览的开幕式（陈伟汉、黄淼章二人护送文物展品已先行到了文物馆），20 日又在该校的校外部讲演厅作《汉代番禺的食住行》专题讲演。利荣森先生出席。自此以后，文物馆凡举办专题的文物展览（包括私人收藏），大都刊印精美的图录，馆长高美庆及其后接任的林业强馆长都给我寄赠图录。事出有因，原来在我赴港参加展览开幕式及专题讲演后，中文大学马临校长签署聘书，聘任本人为文物馆荣誉顾问。说来惭愧，至今已近三十年了。我这个既无顾，又不问的顾问，每当收到该馆邮来的新出版图录都深深感谢，又深感不安，自己没有对文物馆做出多少帮助。

（二）吃惊

1991年7月间，收到香港邮来的一本《紫石凝英——历代端砚艺术》的展览图录。随即翻开浏览一遍，得知这是香港中文大学文物馆与广东省博物馆联合举办的一个另辟专题的端砚特展。展出端砚121件，年代从唐及清，多为传世精品，其中有6件出自唐至元的古墓中。我在细看第1号唐砚的图照时，顿然有点似曾相识的感觉。随即查阅展品说明，令我吃了一惊。因文字不长，照录如下：

> 箕形砚
> 唐代（公元618～907年）
> 长18.9、宽12.6、厚3.3厘米
> 1965年12月广东省广州市广州动物园工地出土
> 广州市文物管理委员会藏品
> 唐代端石。石质较细腻，呈紫蓝色，表面隐约泛出青苔斑痕。该砚砚面前窄后宽，呈风字状。砚首弧形，上有平沿。
> 砚首向内微倾，与倾斜的砚台相接成砚池。砚池深1.5厘米，其底部凸出着地，并与砚底后部的二个梯形方足成三足鼎立之状。此砚造型古朴，雕琢精细，线条简练流畅，是一难得的唐代端砚精品。

读了这段说明才得知，位列第1号的这方唐箕形端砚（图四），原来就是二十六年前在广州动物园工地唐墓出土的。由于我一时的失误，让他没有取得广州"户口"，想起来真是懊悔不已。

（三）懊悔

1952年，在西村自来水厂的东面发现一处北宋年间专烧外销瓷的民间窑坊，窑址以一个名叫皇帝岗的土丘为主要，即后来广受关注的广州西村窑。到1956年，要在这里修筑一个荔湾工人体育场，皇帝岗的宋窑遗址也在体育场的用地范围，按计划在年底前动工。是年秋，为配合体育场的建设工程，市文管会办公室的工作人员几乎是倾巢出动（办公室编制8人，只留下出纳兼绘图的1人看家），对皇帝岗窑址堆积进行清理发掘。是年底，适逢广州动物园动工兴建，园址选在市区东面靠近沙河镇。此地是以麻鹰岗为主的连片岗丘地，东面与沙河镇只有一条铁路线相隔，而西北面沿着先烈路到黄花岗七十二烈士墓园、华侨新村这一带早已发现多处西汉墓群（主要是南越国期间的墓），要及时派人到动物园区内进行勘查发掘。

当时文管办主要的考古人员只有本人和黎金同志，要应付两处工地的告急，十分吃力。当其时，这种情况在全国不少城市中同样存在，"考古队"成了"消防队"，因此有到处去"救火"（抢救发掘）的戏称。经过商定，本人与技工罗志昌留守在西村负责窑址的清理，抽调黎金和技工冼乐两人到动物园工地开展工作。12月初，他们在麻鹰岗发掘第2号墓（编号：56东麻M002号）。这是一座中型规模的砖墓，在棺室券顶后端正中间的一块墓砖朝里的侧面处，刻写有"建初元年七月十四日甲寅治砖"十一个字。这是一座有绝对纪年的东汉墓，十分重要。在清理墓门前的斜坡墓道中，发现墓道的侧壁被一座唐代砖墓打破。这座唐墓又被一座近代墓打断了，仅残留墓室后面的一小段。在这里清理出一方石砚，为该墓随葬品的幸存（该墓用红黄色素面厚砖结砌，在广州地区应属初唐，而晚唐墓都用浅灰色的薄砖砌筑）。凑巧，这时我从西村皇帝岗工地来到这里了解工作的进展情况。记得我看到这里的发掘场景后，曾对黎金同志说过，这座东汉纪年墓的发现很重要，至于墓道侧壁处的唐墓已所剩无多，可不编墓号了（不列入正式发掘），把石砚收起来算了。

光阴如流水，屈指一数已经过去逾半个世纪了。当我再翻开这本《紫石凝英》图录，看到第1号唐端砚的图照及说明时，想起我当日在发掘现场提出把它"收起来算了"的那件石砚，深感内疚。因为其后，市考古所发掘的多座唐墓亦有端砚出土，绿端也有发现，但无论从造型的古朴，雕工的精细等方面，都不及动物园出土的这方唐砚，无出其右者。因为我一时的疏误，不给这座残唐墓编列发掘墓号，致令这方堪称一级品的唐端砚没有"出生纸"（即田野发掘的墓号和器物号）而做成美中欠足的缺憾。早知如此，悔不当初。

以上的追述，目的是通过反思，把这件事情的前因后果详细记下来，一心想为这方唐砚说明其真实身世。

三、《广州西村窑》的来龙去脉

（一）窑址的发现与发掘

西村窑遗址位于西村自来水厂的东面。1952年广州市文史研究馆馆员陈仲璧先生（解放前曾任广东省银行行长）提着许多破瓷片到市文管会办公室报告，在西村水厂对面发现古代瓷窑遗址。时由文管会主任秘书黄文宽带领我们到该处调查，在一个叫皇帝岗的堆积中采集了若干标本。消息传出后，受到故宫博物院的重视。该院陈万里先生（印尼归国华侨，古陶瓷研究专家）与冯先铭、李辉炳来到现场考察，在堆积中捡拾到凤头壶。陈先生指出，隋唐时凤头壶很流行，故宫藏有典型的青瓷凤头壶，这处窑堆的年代到唐。其后，冯先铭、李辉炳还有耿宝昌先生还多次到堆积现场勘查并收集标本（目前收藏西村窑标本最多的是市文物考古研究所，其次，当数故宫博物院）。遗址发现后，作了实地测绘，并报告中南行政委员会文化部批准，就地保存。

1956 年下半年，在西村水厂对面动工修建荔湾工人体育场，范围包括皇帝岗堆积及尚存的三处窑场遗迹在内。1956 年 9 月至 1957 年 3 月，我们配合体育场地的施工对皇帝岗堆积进行清理发掘，在皇帝岗堆积东南面发现一段龙窑的残基，首先集中力量对其进行清理发掘。这是一座斜坡式的龙窑，残长 36.8 米，窑床大部分构筑在废瓷品、窑具等堆积之上，窑头深入地表以下，窝坎、窑门、火膛都基本保存，经解剖，看出这座龙窑是西村窑场最后的一口窑灶，构筑在废品堆积之上，坏了再修，明显看出起码已经修筑三次，最后与窑场同时废弃的。

皇帝岗的堆积是由废瓷品、窑具堆积成一个高近 7 米的土丘模样，大约到元代上面已覆盖了约 1 米厚的泥土，如一个硬壳，到近现代这"硬壳"已被挖开了六、七个大缺口，可以看到里面的堆积是松散的，只要在下面稍加挖动，上面的废品就往下倾卸，根本不可能采取分层揭取的做法，而且施工动土很快。经与施工方商定，由他们雇工开挖，并挑倒入体育场地之内开掘出的一列列的深沟中。这样一来不用再找地方填埋总计有 6069 立方米的废瓷品，二来在一列列深沟上填覆一层沙土，再盖上草皮，极有利于体育场地遇上大雨天的积水排泄。还有更深一层的好处是，如此大量的西村窑废瓷深埋在体育场地面下，有利于保存，以后如有需要还可以作二次发掘。我们一边发掘窑灶遗址，一边雇请民工，配合工地开挖皇帝岗的堆积，捡拾不同釉色、不同器形的废瓷和各种窑具等标本。最后装满有几十个大木箱。

（二）资料整理及发布

清理发掘工作结束后，即抽选出三百余件废瓷标本，由黄文宽先生撰写《广州西村古窑址》初稿（本人参加修订）。这个小册子由文物出版社 1958 年出版。这是广州西村窑考古成果的首次对外发布，又是"西村窑"的名字首次排列于中国古外销陶瓷的名录中。过去，有不少公私收藏和出土的西村窑产品，曾被误定为其他窑口的制品，由此可以得到更正。其后，有关这个古窑址的工作暂告一段落。过了 20 年，《广州西村窑》专刊才在香港出版。为什么？这是因为本人在这段时间工作重点有较大的变动。简言之：

1959～1960 年，我们着手清点整理自 1953 年以来发掘的近七百座古墓葬资料，其中有 409 座两汉墓的资料，按照考古专刊的要求编写《广州汉墓》初稿。

1965 年本人离开专业岗位，在广州市第一人民医院参加"四清"运动的工作。

1966～1976 年，"文革"动乱十年，正常的业务工作基本停顿。

1974 年借调到国家文物局工作。先是参加京郊大葆台汉墓的发掘（首次发现"黄肠题凑"的木椁大墓），随后又返回广州商议发现秦造船遗址的发掘事项。

1975 年春，受国家文物局委派到美国华盛顿、堪萨斯、旧金山三地参加"中华人民共和国出土文物展览”的随展组工作，共半年多。

1978 年受国家文物局委派与曾土金一起在香港主持“中华人民共和国出土文物展览”逾两个月。

1980 年 10 月～1981 年到美国参加“伟大的中国青铜时代”展览的巡展工作。在芝加哥接手马承源（上海博物馆馆长）的工作，到洛杉矶、德州的沃斯堡及费城三地，巡展长达一年又一个多月。

1983 年主持象岗南越王墓的发掘，主持编写发掘报告，参与原地建设遗址博物馆工作（分二期，每期五年），长达 10 年。

（三）《广州西村窑》专刊问世

香港毛文奇医生和叶义医生同是文物鉴藏家和研究中国古代外销陶瓷的专家，与香港中文大学文物馆林业强副馆长是挚友。他们先后到广州博物馆参观展出的西村窑出土器物，毛医生还托人带回两卷彩色胶卷的正片给我们制作西村窑的幻灯片。林业强先生对西村窑的发现尤为关注，加上之前我们和他合作在文物馆举办“穗港汉墓出土文物展览”的关系，他提出希望再度合作在文物馆展出西村窑的发掘品。其实，我在 1980 年出国参加随展工作之前，已把《广州西村窑》的发掘报告初稿拟定了（其中结语部分交由黄淼章拟稿）。因为在“文革”后期，市文管会受命接管六榕寺，其时在寺门的南侧盖起一座三层的文物仓库，从西村窑采集来的器物都堆放在这里，于是有了可以开箱整理的地方。整理后选定用于编写报告和研究展览之用的标本有一千三百多件。

1986 年 10 月初，林业强护送“广州美术馆藏明清画选展”的展品到广州，事前他已和我们约定在陈家祠商谈举办宋瓷展览的事宜。他提议由陈家祠选出宋瓷藏品与广州市文管会发掘的西村窑品合办一个“宋代陶瓷艺术展”，分别出版广州西村窑与陈家祠藏宋瓷两本图录。我们深表赞同。但林对陈家祠初选的宋、辽、金的展品认为缺少精品，未予认可。经过调整，但又过了头。因为参展清单上报国家文物局，经审批删去一级品 2 件，二级品 5 件。林副馆长对今次宋瓷展十分看重，他带上该馆的专职文物摄影师叶立中先生到陈家祠拍摄了选定的全部参展品，其中仅西村窑的就有彩版和黑白版的标本 464 件。他后来还想出一个好主意，把几百件西村窑标本堆在一起，拍一张“全家福”的彩照用于封面（图五），让读者还未细阅书的内容，就对西村窑釉色的丰富、产品种类多样已有个一览无遗的印象。这在书刊的封面设计上可说是个绝招！西村窑的产品在 1974 年西沙群岛水下考古中已有发现。林业强先生在本专刊中增加“附录”一栏，从香港、印尼、菲律宾、马来西亚以至日本、伦敦、温哥华、纽约等海外各地的公私收藏中辑录有西村窑的各种产品 149 例，为当日西村窑的产品主要是供外销，作了重要的脚注。

1978年10月12日"宋代陶瓷艺术展"在香港中文大学文物馆揭幕,《广州西村窑》的专刊也在当天与读者见面。这本专刊是依照田野考古报告的规范编写而又有所突破,主要在第二章的出土窑品方面。基于西村窑品釉色丰富,器形多样(34种),而且釉色及纹饰与器形之间又有一定配属关系,因此在器物的分类描述上,以釉色与纹饰作统领,把43种器形的型与式归纳为青釉素身、青釉刻划花等共八类,并制定"西村窑器物型式分类表"置于文前,这样读者一看就明。《广州西村窑》出版后,文物馆收到读者来信,给予肯定。如马来西亚陶瓷学会理事关家幹医生1978年11月4日来信:

> The new catalogue is very detailed and comprehensive and I am sure it is going to be the standard reference work in the future for Guangdong wares. These recent works have generated a great deal of interest and awareness among collectors…

中文可译为:这本图录的内容非常详尽和全面,我肯定它将成为研究广东地区文物研究的一本奠基性的参考书。这些最新的研究成果已经引起了收藏界的广泛关注和兴趣。

又如1987年11月13日印尼马立克博物馆馆长及印尼陶瓷学会名誉会长艾地西文夫人(Mrs. S.Adhyatman)来信:

> Thank you for your letter and the superb catalogues which are indeed very important and interestig…

中文可译为:感谢您的来信! 这本杰出的图录真的非常重要,也非常有趣!
再如1987年11月14日伦敦东方陶瓷学会理事马纪恩夫人(Mrs. J.Martin)来信:

> …It was such a pleasure to get the copy of the catalogue of Xicun,which is such an important and monumental work…

中文可译为:手捧西村窑图录,我非常高兴,这是一本极为重要和具有纪念性意义的著作!

(四)年代修正

最初发表的《广州西村古窑址》的小册子,对西村窑的年代判定为"创始于晚唐,盛行于五代和北宋"。这个断代无疑是因袭陈万里先生的观点而有所发展,即把年代的下限延长至北宋(上文已指出,陈万里先生在遗址现场考察中见有凤头壶,断定它的年代到唐。其后,他在《中国青瓷史略》一书中断定:"它的烧制年代,可以判断为晚唐五代。")。那么,西村窑到底是唐窑、唐五代窑、唐宋窑还是宋窑? 的确需要给出一个明确的答案。专刊把窑址年代专列一章,作出周密的考订。一是在发现的窑场堆积物下面发现古墓葬。我们在清理窑场废瓷堆积的同时，还发掘了西汉至唐代的古墓 52 座，其中在皇帝岗的堆积之下，就发掘有西汉至晚唐的古墓 14 座。因此可以断定，皇帝岗窑的年代绝不可能早到唐、五代。二是在出土的废瓷等遗物中未见有南宋瓷的器物。三是把西村窑的年代修正为北宋窑。这个修正与故宫博物院冯先铭先生的最后研究认定："从全部出土标本看，都具宋代风格，没有发现比宋代早的器物。因此，西村窑是一处北宋时期窑址。"（参见冯先铭《三十年来我国陶瓷考古的收藏》，《故宫博物院刊》1980 年 1 期）的结论也相一致。

（五）后话

由中国科学院考古研究所编著，1984 年出版的《新中国的考古发现和研究》是评介解放后三十年全国考古发现和研究工作的综合性巨著（正文 661 页，彩版 24，黑白版 216），为国内外认同的考古学权威著述。该书按时代分章，在隋唐至明代的末章中，有一节是"建国以来发现的窑址简介"，把"广东广州西村窑"的评价，列于"隋唐五代瓷窑"这一阶段，评介说是"创烧于晚唐，盛于五代至北宋"。显然这只是引述了《广州西村古窑址》的年代说，而未有吸纳 1980 年冯先铭先生发表的研究成果，因而在断代问题上仍是对错了号，定错了位的，未能更正，实在可惜。其后，我还得知原来社科院考古所没有在香港出版的《广州西村窑》一书。大概是 1991 年我赴港参加"南越王墓玉器选萃"展览的开幕式期间，在文物馆的售书处购得一本，随即寄赠该所。

1973 年 5 月 8 日，"中华人民共和国出土文物展览"在巴黎开幕，展品 385 件，这是中国出土文物首次在国外展出。同年 6 月 8 日第二套"中华人民共和国出土文物展览"在日本东京国立博物馆开幕，国家文物局王冶秋团长和宿白教授等参加开幕仪式，7 月 4 日他们回到广州，入住广东迎宾馆。王局长当晚接见我们，谈到日本学者对中国文物的重视，连一块宋瓷片也十分珍爱；又问到西村窑的保存状况。当他得知因该处修建体育场，早已平为运动场地的情况后，说了一句："太可惜了！"

还有，香港知名文物收藏家徐展堂先生在九龙筹办一家私人博物馆"徐氏艺术馆"，1991 年 1 月 20 日开幕。我们应邀参加揭幕典礼，于 1 月 18 日到达展馆，见到徐先生和夫人亲自在展橱内布展，身边就有几件西村窑的展品。我一时触景生情，对徐先生说："一个人有钱不一定有珍品可买，但碰上珍品又未必有足够的钱去买。您能搜集如此大量的、各式各样的文物珍品汇展于一堂，真有福气！广州西村窑我们经手发掘，全是废瓷堆积，很难找到一件完整品，更不用说是珍品了。凤头壶是陈万里先生很看重的，残缺的凤头壶的凤头出土不少，但连一件完整的也没有。现在您身边的几件都是西村窑精品，令人羡慕啊！今后可否送一件给广州博物馆展出？"徐先生笑而不语。过了几个月，突然有人来找我，说是受徐展堂先生所托，带上一件凤头瓷壶（图六）送给麦先生，了却心愿。我深表感谢和惊喜！嘱托馆内陈列部的同事，徐先生捐赠的瓷壶放入西村窑专柜中一同展出，说明要写上"香港徐展堂先生捐赠"，以彰盛意。

四、《广州汉墓》的前因后果

新中国成立后的前三十年，出版两本汉墓发掘报告（专刊），受到考古学界的重视。第一本《洛阳烧沟汉墓》（科学出版社，1959 年）。这是解放后经过三年国民经济恢复期之后，到1953 年全国各大城市开展了基本建设工程。许多地方都在破土施工。是年，由中华人民共和国文化部牵头组织的洛阳区考古发掘队（包括文化部、科学院考古研究所、河南省文化局、洛阳专区文管会共 23 人组成），在洛阳市三个校舍的建校区（以"烧沟"为主）发掘 225 座汉墓。同年 7 月开始整理资料，用了一年两个月完成书稿的编写，1957 年全稿审定交付出版。这本专刊出版之后"各地发掘的汉墓分期与断代，多以《烧沟汉墓》的分期为标尺"（专家评语）。后一本是《广州汉墓》（文物出版社，1981 年），学界认为"广州汉墓分布集中，年代序列完整"，"岭南汉墓的分期多以广州汉墓为参照"。《广州汉墓》收录的 409 座汉墓材料由 1953 年至 1960年为限，但出版拖延了二十多年，为何如此滞后？回想起来，真是好事多磨，一波三折。要言之：

第一，工作场地的局限。文管会的牌子与文化局的牌子是并列挂在一起的，但文管会的办公室只有 20 多平方米，几张办公桌再加上靠墙放置的图书柜、资料柜，已经没有多少空余之地。到 1953 年初开展田野考古发掘，考古组的人员几乎天天都泡在各个工地，办公室虽小，仍不觉太挤。办公室的南墙与对面邻舍之间原有一块约三十多平方米的空地，我们就利用这地方盖起一座简陋的仓库，里面排列高三层的木架（全用发掘汉墓收集来的樟木板自制）。初期，发掘出土器物，都按墓号排放在架上（在整理工作开始后，就装箱运出借地方存放，空出的木架用来存放整理后的各种陶器标本）。我们把办公室靠近仓库的双扇门窗也拆了，改为与仓库连通的门道（上加盖顶），在旁边加砌一个水池，用来洗刷出土器物。每次由工地运回来的出土物都在水池旁进行清理、洗刷、晒干、编号后上架（破碎的或修复或包起来）。碰上认为比较重要的发现就及时整理，利用晚上时间写出简讯或简报送《文物参考资料》或《考古》上发表。从 1953～1960 年的七、八年间所发掘出土的文物，都装箱分别寄存于五仙观大殿、农讲所宿舍的东西两廊，还借用了陈家祠后座一个厢房以及广州博物馆的库房（多属供陈列备用的出土精品）。场地的缺乏，设施的简陋，仓库的分散，对工作的开展带来的困难可以想见！1959 年底开始系统整理工作，在一处一处寄存点开箱，按墓号逐一整理，凡要用做分型分类及绘图拍照的标本都抽出来放入标本仓存放。用不上的再入箱原地封存。从一个寄存点到另一个寄存点的开箱整理，光是搬箱、开箱、再入箱、再选、运标本等的来回折腾，既拖慢了进度，对工作的质量也带来影响。

第二是人力缺乏。到 1962 年 8 月文管会才增加一个负责地上文物工作的专职人员，在此之前，文管会办公室的全体人马（8 人）担负起地上文物保护和地下文物发掘的工作，没有严格的分工。我和黎金同志除了田野工作外，有关地上文物工作的事，都要跑腿。

第三，三易其稿二十年。1953 年下半年，本人和黎金同志参加第二届考古工作人员培训班的学习。结业归来立刻投入到东郊龙生岗（黄花岗七十二烈士墓的南面）第 43 号墓的发掘，这是一座东汉初年大型的分级木椁墓，出土彩画木船，惜残缺不全未能复原。我们是初出茅庐，对考古学来说仅略知皮毛，但又是初生之犊不畏虎。该墓发掘后就着手资料整理，写成《广州市龙生岗 43 号东汉木椁墓》发掘报告。后来用作参加由中国科学院和文化部联合组织的，于 1956 年 2 月在北京召开的第一次全国考古工作会议。这次会议的规格很高，有郭沫若、郑振铎、梁思成等专家学者出席。我们这个报告在分组会上宣读，并在《考古学报》1957 年 1 期发表。其实，早在 1953 年底开始，我们经常把新的考古发现或综合一段时间的发掘成果，写成简讯、简报在《文物参考资料》（后改名《文物》）和《考古通讯》（后改名《考古》）上刊发，作为同行间的业务交流。其中一篇《广州西部晋墓清理报导》（《文物参考资料》1955 年第 3 期），是 1954 年底在西村㘵岗发掘的一座晋"永嘉七年"墓，该墓保存完好，墓砖有"永嘉世天下荒余广州皆平康"、"皆宜贾市"（贾即价）等文字或几何图文。我们把砖文结合广州地方文献做出了初步的研究，成为广州市解放后第一篇有研究结论的田野考古报告在全国性专业期刊上发表。我们的胆子越来越大，居然要动手编写按照学报规格要求的大型发掘报告。这是有条件，有需要，而且是有可能的。从 1955 年初到 1957 年 5 月，我们先后三次在广州华侨新村建设工地共发掘 51 座古墓，其中有 40 座是西汉初年即南越国时期的臣民墓，从墓地、墓葬分布、随葬遗物等诸方面来看，都很有特点。我们首先整理这 40 座墓的资料，写成《广州华侨新村西汉墓》发掘报告，投寄给《考古学报》，于 1958 年 2 期刊出。后来编辑部的同志告诉我，考古所的专家对这篇报告很满意，特向所内的青年业务人员推荐作为学习的范本云云。黎金同志执笔的《广州的两汉墓》（刊于《文物》1961 年 2 期），首次把广州汉墓的断代明确划分为西汉三期、东汉两期，并把每期的墓葬和随葬遗物的特点描述得清清楚楚，在其后见到的许多考古学、历史学的论著中，凡涉及岭南汉代考古发现的都引述这篇文章。

在进入 1958～1959 年"大跃进"时期，当时提出"十五年超英赶美""向科学进军"等口号，在这样的历史大环境中，广州的考古工作怎样"跃进"？怎样"进军"？由于有了 1953 年以来发表的简讯、简报和发掘报告的整理工作和编写工作的实践经历，于是就有了动手整理自 1953 年以来发掘的几百座古墓葬的大胆构想。

（一）初稿出炉

一份《广州发掘报告》的编写计划文件提交市文管会委员会议（1959 年 10 月 23 日）审

议通过，委员提出要加上"古墓葬"三字。市文化局华加局长把这个计划列入文化局向中国共产党成立四十周年献礼项目。但文管会的业务人员只有我们几个人，担负起全市的文物保护相关事项，一个月下来能有几天可以坐下来开箱整理或编写？俗话说"三天打鱼，两天晒网"，但三天之中还是有一天要打鱼的，而我们放在整理出土文物与资料编写的时间可说是"一天打鱼，十天晒网"。文化局也急了，在1962年初要求我们脱产或全脱产，提出到1963年上半年要完成编写工作，文化局出钱、出纸（当时物质缺乏），印出书稿，先内部发行。到了这时我们获准借用农讲所后殿的东厢房作为工作室，买了几套床板加上长木凳，架起长列的平台，用以摊开发掘档案资料进行整理。我们二人除了紧急发掘任务要外出，其余的时间，白天和夜晚都可以在这安静的东厢房工作了（因为我们的宿舍就在农讲所的隔壁）。1963年初，《广州汉墓》初稿，宣告出炉。

《广州汉墓》初稿是仿效《洛阳烧沟汉墓》的体例编写的。因为《烧沟》（简称，以下同）是洛阳市文管会蒋君是同志的成功之作，他是第一届考古工作人员训练班学员，是我们的老大哥。《烧沟》在我们的心目中有如"圣经"，几致顶礼膜拜的地步。同年的4月，北大考古专业苏秉琦教授带领两位越南留学生到广州写毕业论文，一个在省博物馆，写广东的贝丘遗址，一个在广州博物馆，以华侨新村发掘的汉墓为研究主题。我们趁机把手抄的《广州汉墓》稿本送请苏先生审阅，他提示我们，这样大型的综合发掘报告要注意"既有小家庭，还要有大家庭"（意即要有单个列举的墓例，包括出土器物全图，还要有墓群的整体，要注意点与面的相互结合）。我们想，不急于修改，先把这70万字的手抄稿油印装订成册，分送给相关的个人和单位征求意见。仅7月份就先后送到西北大学陈直教授、南京博物院曾昭燏院长、文物局顾铁符等专家学者或回信或直接在油印稿写上意见。社科院考古所夏鼐所长专门委托陈公柔先生（《长沙发掘报告》的主要执笔人之一）审阅，陈先生不同意我们把"木椁墓"作为墓型分类。是年8月本人奉命到山西侯马，支援那里的晋国冶铜遗址的发掘，一去又是半年多。到1964年4月12日，市文化局主持在"百花园"招待所召开《广州汉墓》座谈会，有省、市文博同行和中大、师院的历史系老师共26人出席。回顾自1959年文管会委员会议上审议《广州发掘报告》编写计划，到今次的"百花园"座谈会，这个初稿的出炉前后花耗了四年半的时光。

1964年8月初黎金同志把一些未能判明质地的出土珠饰送请考古所请夏鼐所长鉴认。夏所长提出希望在下半年把《广州汉墓》稿交给编辑部审议，考虑出版安排，这是黄展岳同志给黎金转告的信息。接下来，1965年本人离开专业岗位，参加"四清"工作，在市第一人民医院的"四清"工作团待了一年多。跟着是"文革"开始了，专业工作停顿了八年！位于越秀山五层楼的广州博物馆通史陈列也关闭了六年。1972年春节，在镇海楼举办"馆藏历史陶瓷展览"（汇集了广州博物馆、广东民间工艺博物馆的藏品和广州文管会考古发掘出土品），重新敞开大门迎接国内外观众，宣告了广州文博系统各种专业活动开始步入正常。

（二）二稿新样

专业工作恢复正常后，接到《考古》编辑部黄展岳同志的来函，催促我们尽快修改《广州汉墓》稿。1973年初市文化局批准我们拟定的修改工作方案。3月底我专程到北京，从考古所取回《广州汉墓》稿全部资料；同时借用市文物商店在西湖路仓库旁的一个房子，同样是用长木凳加床板架起工作平台方便铺开全部资料。因为我们的宿舍与这个改稿工作的房子紧靠，不论白天和晚上都可以在这个"斗室"专心地改稿，堪称便捷。

修改的目的在于把初稿完善和提高。怎样改？从何入手？自初稿出炉后，听取各方的意见，但一直还未清楚初稿问题的关键何在。于是，我们比较了《长沙发掘报告》和《洛阳烧沟汉墓》两本专刊，不同的编写体例和各自的长处所在：《长沙》本是以战国、西汉前期、西汉后期和东汉共分四期，采取断代分章编写。这样每一期的墓葬和随葬物的特点都一目了然。由于发掘的点和发掘的数量有限，因而在墓型方面和随葬物方面的发展序列未能显示出来。《烧沟》本是按墓型分类和器物类型各自分开，从早到晚排列，突显各自的发展序列，最后"年代"一章详细分析两者发展的相互关系，从中得出西汉中、西汉晚、王莽、东汉早、东汉中、东汉晚共六期的断代依据。若从发展序列来看，确是很清楚的，言之有据、言之成理，但读者想了解烧沟汉墓六期中某一期的墓型与随葬物，就无法"一目了然"。从两专刊的分析对比中让我们眼前一亮：改变编写体例，吸纳了两专刊之长。即采用《长沙》本的断代分章办法，依照《烧沟》本随葬器物类型的分型分式的做法由早及晚一以贯通。于是把这409座汉墓分为西汉三期、东汉两期共五期断代分章编写，在"年代"一章对这五期墓的绝对年代以及墓型、器物类型的演变发展作出详析。改写的体例和方法确定之后，就是"剪刀加浆糊"的工夫了。《广州汉墓》的二稿新样，在1974年4月47日完成，并寄给《考古》编辑部。跟着，本人又被借调到国家文物局，先是参加在京郊大葆台首次发现的西汉黄肠题凑木椁大墓的发掘，其后又委派到美国参加"中华人民共和国出土文物展览"的随展组工作。1975年10月返回广州又投入"秦代造船遗址"的首次发掘工作。《广州汉墓》的出版又拖后了近四年之久。

（三）三稿锁定

1977年11月，夏鼐所长请黄展岳同志转告广州文管会，派专人到考古所修改《广州汉墓》（二稿），因已排上出版日程。黄展岳同志得知我将赴京，他在夏所长办公室旁腾出一个小房子给我作为改稿和住宿之用。到考古所后，我先把改稿的工作方案送编辑部，请黄展岳、杨泓研究后报告夏所长，同意按照方案的安排进行。我想，今次来考古所改稿，是对《广州汉墓》稿的第三次修改，要按"实录"的十二字精神，即"其文直，其事核，不虚美，不隐恶，故谓之实录"(《汉书·司马迁传》)认真地考虑：例如在文字方面要精练，最忌冗赘；对各种数据插图及图版中的编号、登记表格的内容要仔细地核对；对全稿的安排要有个通盘的考虑，既不过，也不失。在编辑部同志们的协助下，我安下心来从第一章绪言开始，逐字、逐句地琢磨，分章分节地考虑，或文字的修饰，或部分章节的改写。当一个章节的修订完成，立刻复写三份，先寄一份给黎金同志过目，发现欠妥，随时通知修正。其余二份留待全稿修改完成，再分送考古所编辑部和文物出版社。计自 1977 年 11 月 12 日开始动笔，经过 80 多个白天加晚上加班加点的工作，到 1978 年 1 月 30 日完成了全稿文字内容方面的修改，正当转入下一步近二百个图版的重新编排时，1978 年 2 月 5 日接到国家文物局的借调函，着本人与广州文物商店曾土金经理二人到香港参加"中华人民共和国出土文物展览"的展出工作，这个展览在香港回归祖国前夕，让港澳同胞能够就在居住地看到祖国悠久丰厚的历史文化遗产，增强爱乡土、爱祖国的观点，意义重大。我想，国家文物局要我们二人参加香港的展出工作，一来是广东人，到香港工作有"同声同气"之便，二来 1975 年我被派往美国参加巡展，已有这方面的经历。虽然手头上的工作未完，必要时唯有暂时放下了。后来得到广东民间工艺博物馆何民本同志的全力支持（因图版的照片除彩照外，全是他拍摄冲印的），他于 2 月 16 日赶在我赴香港前来到考古所，接手我的编图工作，到 5 月 6 日完成了一百多图版的放印照片和编排的任务。考古所编辑部黄展岳同志把修改审定的《广州汉墓》全稿转送到文物出版社朱重光签收。老朱是《广州汉墓》的责任编辑，他工作细心负责，在我们送来的插图与图版的编号等方面还发现一些错误，及时改正。后来得知，他身患绝症，不幸早逝。他未完的工作交由第二编辑室胡昭静同志接手，到 1980 年底完成交付印刷。我们还要等候两年五个月，直到 1982 年 6 月 3 日第一批四百本《广州汉墓》送到了市文管会办公室。当时考古组的同志们翻开这本迟来的考古专刊，心潮起伏，我们为它等了二十二年。回想起 1959年 2 月 27 日我们把《广州汉墓》的编写计划提交给文管会委员会议上审议通过之后直到今天，考古组的人员为之付出与期待了足有二十二个春秋。对比《烧沟》，由 1953 年开始发掘共 225 座汉墓，经过一年又两个月时间的整理编写完成，交付出版。1959 年 12 月面世，前后只用七年。而《长沙》是 1951 年开始发掘的，到 1952 年 2 月 7 日结束，在三个多月中发掘古墓 162 座，随即整理报告，交由科学出版社于 1957 年 8 月出版发行，相距只有五年又十个月时间，《广州汉墓》的出版真的是"好事多磨"。此外，我们深感市文化局各位领导同志对编写工作的关注，时加过问，多次催促，又拨出专款订购 500 本，事实说明这是市文化局对我们考古成果的肯定，对我们工作的支持与鼓励。

（四）后话

我们在考古所修改《广州汉墓》期间，夏鼐所长多次来到我们的工作室探望，关注我们的工作进度。有一次我向夏所长请教广州这个稿子可否用《广州秦汉墓》为书名，因为之前在这个初稿的征求意见中，有学者提出这批广州西汉早期墓中，有的墓年代应较早（意即属先秦时期）的意见。夏先生说，不必，还是用《广州汉墓》好，因秦的国祚很短，除非有绝对纪年的证据，否则很难判定是秦墓，一般来说，西汉早期已把秦王朝的十余年时间包含在内，对此考古学界都是认同的。又有一天，夏所长拿着一本英国出版的考古书刊给我看，他说这书中的图照都不大，这样可以多排一些。当时我对他这句话的深层意识未有很好的理解。《广州汉墓》第三次修改过程中，我着重考虑的是如何压缩，以求"精练"，不但文字方面要压缩，连图照也删减。在初稿、二稿的出土遗物中每一型式都采用一个以上的图和照片作为例举，到"三稿锁定"时，遗物的每一型式基本上只选用一图或一照片（有图不用照片，有照片的不加图），原稿的图照约有三分之一被删去了。本来，一篇发掘报告或一本考古专刊的基本资料，是由遗迹与遗物两部分构成，后者所占比重尤大。除了文字的描述以外，更需要有图和照片的形象显示。所以不能以一物采用一图照的固定式安排，重要的遗迹与遗物的确需要从多角度考虑，力求达到全面的显示，使读者、研究者从文、图、照得到认识和理解这个实体的原真性，这才是最主要的。在第三次修订时因忽略了这一点而又未能补救，今后我们应记取这个教训。

　　有一天，夏先生来找我，手中拿着一份文稿，说是广西寄来给《考古学报》的发掘报告，让我先看看，并提出意见。于是停下来手头的工作，打开文稿一看，《平乐银山岭战国墓》的题目吸引了我。全文细读一遍，心里有数了，回复夏先生：材料很重要，广州未见，广东境内也无，但年代定为战国中晚期，显然偏早了，不好改，唯有文责自负，建议早点发表。夏先生采纳了我的建议。为什么我说年代偏早了？因为在这批墓中，有的墓底铺小石子，有的挖"腰坑"，这种墓型与在广州发现的南越国早期墓相同，而且出土的陶器更是一致的。报告的"小结"，对年代推断不是以出土陶器作为主要依据，而是一笔带过。相反，把出土的几件青铜兵器（包括若干件铁工具）与湖南的、湖北的楚墓和河南战国晚期墓所出的相比较而得出"战国中晚期"的结论，这样立论显然是错的，因为在晚期墓中出土有早期的器物，并不奇怪。在湖南一座东汉墓中发现有商代的铜器，就是最好的说明。在这批墓中有个现象很值得重视，即"有铜兵器的不出纺轮，相反，有纺轮的墓不出铜兵器"，明显的分出有男墓主和女墓主之别。据此看来，这批墓的主人，应是秦平岭南后，南下的秦军与配偶（或有当地越人）在湘桂走廊成边的战士。这可与当时赵佗上书求归女无夫者三万人，以为士卒衣补（实为配偶），秦皇帝可其万五千人的文献记载相互印证。

　　其后，在同年的《考古学报》4期刊出《平乐银山岭汉墓》的报告，共45座墓的资料。细读一遍，发现其中有13座墓应与之前发表的110座所谓"战国墓"是同一时期的，即同属西汉早期。这一来，之前判定为战国早晚期的墓应是123座墓才对。至于余下的32座墓，从报告中的材料来看，可分有西汉中、西汉晚和东汉的三期，这时已属平乐银山岭墓群的尾声了。

过了若干年，有机会与广西文物工作队一位同志交谈，他告诉我，原先他们工作队的王队长认为麦英豪把广州汉墓年代的上限拉低了，我们不跟他的，我们要提高。我恍然大悟，并理解到《银山岭战国墓》一文的执笔者，在"小结"中对出土陶器的断代含糊其词，真是煞费苦心啊！

（五）饮水不忘掘井人

《广州汉墓》在 1982 年 6 月分发给考古组每人一本，从那时至今足有三十个年头了，每当我翻开这本专刊，就会想起一直帮助我们完成这个报告的工作，有三位与我们共同"掘井"的大功臣。一是黄展岳同志，从我们着手整理工作开始，到一稿、二稿、三稿的全过程，他一直关心、支持我们，给我们出主意、想办法，从学术上与夏所长一起为我们把关。我已数不清到他家中吃饭的次数了，我成了他家的常客了。直到改革开放后，有一次我向他提出："老黄，《广州汉墓》的后记，对你和夏所长为之付出很多的心血，但连一句感谢的话也没有，真是对不起啊！"他马上接过我的话题："没有才好，那时谁敢写，资产阶级名利思想，我们都是从'文革'过来的人！"两人相对一笑。

另一位是何民本同志，《广州汉墓》下册的图版中，除了五张彩照外，所有器物的拍摄、照片的冲洗都是他一手完成，后来又协助我排图编辑，文物出版社编辑室的同志对我说，《广州汉墓》器物照相的立体感，显示该器物的特征十分突出，在已编印出版的考古专刊中是极少见到的。还有一位功臣是文管会办公室担任绘图兼出纳工作的马芳祐同志，他在上世纪五十年代就到文管会工作，考古方面的所有室内绘图，几乎尽出于他手中。初期的器物绘图采用"洒点法"，特别费工耗神，而马先生的美术功底好，他的器物图尤为精致（后来，考古书刊上都不采用洒点法了）。他退休后，我到他家探望过一两次，他去世时，我外出不在广州，未能最后见他一面，送他一程，每次翻开《广州汉墓》，睹物（器物图）思人，想起马先生对我们的帮助，都存感激之心。

原载《广州文博（陆）》，文物出版社，2012 年。

守护羊城文化遗产

——一甲子践行的回顾

广东简称"粤"，位处祖国南陲，面临南海。自秦始皇三十三年（前214年）平定岭南之后，我粤进入了有文献记载的历史发展阶段。在以后二千多年的发展历程中，形成了岭南文化中心地、海上丝绸之路发祥地、近现代革命策源地和改革开放前沿地（简称"四地"）的区域特色。广州是粤省的会城，古称"番禺"，因古时有五仙骑五羊下临这里，留下五羊与谷穗的神话传说，因而又有"羊城"与"穗城"的别称。老城的中心经历二千余年迄今无改，保留在地上的与深埋于地下的"四地"文化遗产丰富多姿。

1949年10月14日，羊城的珠江北岸长堤升起了第一面五星红旗，迎接广州解放。10月24日，广州市人民政府成立，叶剑英为首任市长。1951年2月27日，广州市文物管理委员会成立，朱光副市长兼任市文管会的主任委员。翌年9月，市文管会办公室开始对外办公，市人事局为其招聘工作人员，笔者与黎金同志应聘为办公室的干事，从事广州市的文物保护工作，迄今（2013年）已60年。一甲子回眸，往事如烟，许多人和事都淡忘了，凭借一些文件，资料与零星的日记等，梳理出与本人直接参与的有关广州文保工作的事项，摘记如下。

一、四次普查摸清家底

第一次文物普查。我和黎金同志在进入文管会办公之初，跟随办公室秘书郑广权同志外出调查，主要是了解和登记老城区内保存的庙宇神祠如广府学宫（即今市一工人文化宫所在），"大司成"牌坊（位于北京路青年文化宫大门处，是纪念编纂《广东通志》的黄佐）等文物古迹，制表列册，可说是后来开展文物普查的前奏。1956年11月，市政府发文要求在市辖八区开展文物普查，任务落实到文管会办公室。翌年，提出有一百六十多处要保护的单位，编成《革命遗迹及古迹名胜概况表》上报，并分送相关部门参考。

第二次文物普查。1982年1月9日，广州市政府转发省人民政府《关于开展文物普查工作的通知》，成立广州市文物普查领导小组，制定普查实施方案，在市辖八区内，边调查，边搜集整理资料的基础上，交由相关人员组成的"广州市文物志编辑委员会"，把 1956 年以来两次普查的成果汇编为《广州市文物志》，由岭南美术出版社 1990 年 2 月出版。38 万字，442 页，十六开精装本。这是广州市第一部文物志，收录年限至 1949 年，内容分遗址、墓葬、建筑、石刻、钢铁器及钱币、陶瓷及其他工艺、书画、文献、近现代文物共九篇，还有附录三：市区内各级文物保护单位名单，文物机构一览表，1950 年以来各界人士向广州各博物馆纪念捐赠文物嘉名录。参加撰写的有 74 人，今次普查从启动之日到编纂出版前后历时七年。

第三次文物普查。时隔有十多年，这期间广州市的市政建设在改革开放经济快速发展的形势下，第一条地铁动工，推动了旧城的改造。地铁一号线穿越老城区商业旺地，十多个出入口站台及其邻近的商铺与民居连片被征用，被拆平，陈家祠对面的市级文保单位黄家祠，一夜之间被施工方夷平，广州农讲所两边德政北路站台，有抗日战争时期八路军驻广州办事处旧址所在的一连几幢楼房也被拆平了，地上地下似乎要翻了过来似的，文物史迹面临严重威胁。我们唯有求助于市人大代表、政协委员、社会知名人士通过媒体发出紧急呼吁，终于引起了中共广州市委、市政府领导的重视，压住了这阵强拆风，认真开展普查工作，核定公布市级以上文保单位 219 处，登记保护单位 159 处，在第一本《广州市文物志》的基础上，编纂《广州文物志》，由广州出版社于 2000 年出版，98 万字，530 页，大 16 开精装本。这是广州市第二本文物志，收录范围扩大为市辖八区、四县市，内容略有调整，分为遗址旧址、墓葬、文物建筑、石刻、馆藏文物、文物管理、博物馆纪念馆共七章，兼附录：广州文物博物馆事业纪事（1926 ~ 1998 年）及索引。

第四次文物普查。2003 年 6 ~ 2006 年 3 月。进入 21 世纪之初，时任中共广州市委宣传部长，兼任广州市文物管理委员会常务副主任的陈建华同志，他肯定广州在三次文物普中核定公布了一批文物保护单位，文保工作有了一个较好的基础。但我们不能满足于此，还要迈开大步，因为随着社会的进步、形势的发展，我们的文保理念和工作方法也要有所提升。此为，文化遗产与生态环境同样是一旦被毁就不可再生，"文保"与"环保"同样是当代持续发展同样重要的两个方面。考虑到广州文保工作在《文物法》"保护为主，抢救第一，合理利用，加强管理"十六字方针指引下，如何把文物本体保护与其周边的历史环境及文化传统进行整体性保护，如何在建设现代化大都市的同时，保护历史文化名城的特色与个性，是文化建设者、城市规划者和文化遗产保护者共同的重任（笔者按："文保"与"环保"并重的理念在此提出，正合乎其后 2005 年 10 月国际古迹理事会第 15 届大会在中国西安召开，把"关于历史建筑、古遗址和历史地区环境的保护"作为讨论的主题，大会发表的《西安宣言》，强调对文化遗产及其环境整体保护的理念）。同时，鉴于过去文保工作存在重城市、轻农村，厚远古而薄近现代的倾向，还需强调在当前城乡一体化经济建设大潮中，不要忽视农业遗产、近现代工业遗产、物流遗产的保护。当务之急还需要一次地毯式的文物普查，力求全面地摸清全市不可移动文物与非物质文化遗产的家底，使文保工作步入常态化运行。2003 年 6 月成立市文物普查领导小组，十区二县市相继成立领导小组和普查机构，明确全部文化遗产包括不可移动文物、古村镇、历史街区以及非物质文化遗产并列入普查对象。确定以行政街、镇、村的文化馆、文化站为基点，先办培训班和试点，通过验收之后再全面铺开，经三年的努力，普查工作结束，接着是成果编纂工作，把 1956 年以来的四次普查成果，以十区二县（市）为单位分纂，合为十四卷本的《广州市文物普查汇编》（含白云山一卷、总览一卷），由广州出版社 2008 年出版。《汇编》共 783.06 万字，6078 页，大十六开，全彩色精装。收录文物条目 4334 条，各分卷设索引，总览卷设总索引，查检称便，被誉为"纪录广州历史文化遗产的全书"（笔者按：2007 年 4 月开始的全国第三次文物普查，根据"三普"的要求，除《汇编》已有收录的之外，自纂《汇编·补编卷》）。

二、三段历程步入常态

新中国成立后的广州文保工作，若以 1952 年 9 月市文管会办公室开始办公起计，至今（2013 年）已有 60 年了，回顾这一甲子的历程，可以概括为：由平静到抢险到驶入常态的三个阶段。

第一阶段。由 20 世纪 50 年代初到"文化大革命"开始的十多年间，解放之初，广州和全国一样，百废待举，市人民政府采取了"以工代赈"的措施，在市区的近郊开山劈石，修建马路，或夷平山岗修建工人宿舍等人工挖土工程，以容纳大批失业的劳动大军，从计工取酬中获得基本的生活所需。1953 年 1 月，西村水泥厂在西村石头岗平整土地修建工人宿舍，挖土工程中，发现了一座保存完好的木椁墓。由于挖土方的"工赈队"工人不认识被拆毁了。这时市文管会办公室的地下组只有 3 人，在得知情况后赶到工地现场，把棺木椁板还有陶、铜、铁、漆、玉、石等随葬物收集起来运回办公室，除板椁木板外，随葬物全交广州博物馆入藏（后来在编写《广州汉墓》专刊时，鉴于出土器物重要，比如有烙印"蕃禺"二字的漆器等，编为 53 西石 M001 号，列入正册；其后又与广州地区发现的大批南越国臣民墓的材料对此研究，认定这墓就是秦始皇平南越时首任南海尉任嚣的墓。参见 2012 年《广州文博（陆）》471～474 页）。接着在石头岗发掘了四十多座古墓，开启了广州解放后田野考古的大门。这阶段的田野发掘分布四郊，北郊有三元里的马鹏岗、桂花岗、梓元岗、蛇头岗等，东郊有先烈路沿线两侧的黄花岗附近的华侨新村工地、动物园工地、红花岗工地、下二望岗工地等，南郊只有海珠区的大元岗。到 1960 年的统计，在这 8 年中考古发掘的地点有 81 处，发掘由秦到明代的古墓 697 座（其中两汉墓 409 座，编写为《广州汉墓》，这是岭南地区第一本考古专刊，文物出版社 1981 年出版）。这阶段老城区内没有大拆大建的工程，没有"保"

与"建"的矛盾，可以说文化遗产的保护是平安无事的。

第二阶段，从"文化大革命"开始到改革开放初期。"文革"之初，一声"夺权"号令，各级行政机构瘫痪了，学校停课，工厂停产闹革命，无法无天的"打砸抢"，社会一片混乱。国保单位黄花岗七十二烈士陵园的自由神像被砸毁，换上一个五角星，大佛寺的三座贴金大铜佛被红卫兵拆解成数段堆放在南岸五金废品库的露天场地中。陈家祠被一家印刷厂以印制"红宝书"为由强行占用，厅堂的地砖、庭院的石板被挖被砸，廊房隔扇拆改，搭建阁楼，凿墙开洞，好端端的一座岭南古建筑被弄到面目全非。老城区内几座明代石牌坊被毁了，在"破四旧"的号召下有多少家庭被抄家，文献典籍、古玩旧家具等等的损失无法估计。还有城市的、农村的传统建筑上的瓦脊饰、砖雕、木雕、匾牌等，几乎无一可以逃过被砸、被拆的灾难。国民经济到了崩溃的边沿，但人口却日增，各行各业都要为解决职工的住房问题而大伤脑筋。于是仿效邻省"见缝插针"的经验，在住宅内加建阁楼，在天台上加层，在临街处搭建厨房等等。这样一来，人们活动的场地更少了，房子的里外更挤上加挤。广州大、小马站的书院街，民居内的加层扩建到了密不透风的程度。骑楼商铺本来是很适合岭南地理气候潮湿、高湿、多雨的条件，却被视为糟粕而摒弃。更有甚者，只看重眼前的"开发"利益，让开发商在上下九路传统商业街"腰斩"一段，盖起高层的荔湾广场，把清代以来这条骑楼长廊的商业街区断开，分成两段。这一刀，给广州历史文化名城留下的伤口很难愈合。

第三阶段，从改革开放至今。20世纪90年代，广州的市政建设向现代化迈出一大步。地铁一号线从1978年开始规划，1989年通过评审，翌年立项，1993年正式动工，预算投资人民币60亿元，五年建成，这可是广州城建史上破天荒的大事。资金从何而来？自筹。按设计，一号线全长14.7公里，设16个出入口站台，穿越老城区商业旺地。如果只是16个出入口站台，要拆迁的房子还是有限的，但要用地皮换取建设资金，把站台周边商铺民居的地块出让给开发商，营建高层大楼，拆迁的面积就大了，连片被征用，被拆平。老城中心区的中山四、五路商业胜地，莲香楼、艳芳摄影店、新华电影院等老字号消失了，连清末康梁维新运动旧址的"万木草堂"（邱氏书院）也被贴上拆迁通告。面对如此汹涌而来的拆迁大潮，文保人员唯有向社会发出保护广州文化史迹的紧急呼吁。到九十年代后期，市政当局吸取前阶段的经验教训，明确要建设大文化的广州，提出"大都市以文化论输赢"的科学口号。2000年在中共市委工作会议上进一步明确广州城市建设要"规划先行"，要"重视历史文化名城保护，弘扬岭南传统文化"。总体上是保护老城，建设新城，以"云山珠水，重要历史文化遗产"为广州两大优势的城建发展目标。由是，由过去的"见缝插针"到领悟以人为本要"见缝插绿"，城市的文物保护驶入常态化的历程。

三、抓大放小　善于宣传

广州是 1982 年国务院公布的第一批 24 座国家历史文化名城之一。今天辖区内已有全国重点文物保护单位 29 处（32 个），省级保护单位 39 处，市级保护单位 253 处，登记保护单位 136 处，两县（市）级保护单位 223 处，登记保护 2446 处，还有一批优秀历史建筑、历史名镇与古村落。这是通过四次文物普查及全国"三普"摸清文化遗产家底的成果。我国文物保护的法制建设日臻完善。早在 1961 年国务院公布第一批全国重点文物保护单位 180 处，今年公布第七批，合计共 4295 处，国家历史文化名城已超过 110 座，2008 年又公布《历史文化名城、名镇、名村保护条例》。国家大法的《中华人民共和国文物保护法》已在 2002 年公布施行，其中第四条"保护为主、抢救第一、合理利用、加强管理"是文物贯彻始终的 16 字方针。2005 年 12 月 22 日，国务院发出《国务院关于加强文化遗产保护的通知》（国发〔2005〕42 号），规定以后每年六月第二个星期六为我国的"文化遗产日"。今年（2013 年）2 月 1 日，经广东省人大批准、广州市第十四届人大公布《广州市文物保护规定》，这是按照广州文化遗产的现状与保护工作的实况而制定的地方法规。可以说，广州有中国特色文化名城的保护，有了中央的、省的和市的一系列法规的颁布，各级文化遗产的保护有法可依，保护要求有法可循，文保工作的正常发展得到法律保证。

一个城市随着经济的发展，人口的增加，城区自然要扩展。拆旧建新，变矮层为高层，道路要扩宽，截弯取直等等，这些与文化遗产的保护往往出现矛盾，是不可回避的现实。如何化解矛盾，在"保"与"建"上力争互利双赢。首先，我们深感在强调文化遗产保护的同时，要科学地处理文化遗产的合理利用与加强管理，要把利用与管理落到实处，保护才能持续发展。其次，要"抓大放小"，要有准则，有重点，而不是凡古皆保。只有抓住大（重点），全力保护，保得才有价值，要分清哪些要改，哪些可拆，改得合理，拆得其所，而不是乱拆乱改。广州秦汉考古三大发现（秦造船工场遗址、南越文王墓、南越宫署遗址）是"抓大放小"的范例，是贯彻重点发掘、重点保护，既有利于文物保护，又有利于经济建设的"两重两利"原则，化解"保"与"建"矛盾的重大成果。比如，西汉南越文王墓所在的象岗山，广东省政府办公厅基建处在此平土三年，得来一块 5000 余平方米的地盘，计划在此兴建多幢高层的宿舍楼，以缓解干部住房的困迫。王陵发掘后，被定为当年全国考古五大发现之一，省的、市的领导和专家学者参观后同认为是"打开二千年前岭南地区历史文化的宝库"。王陵原址、原样保护，就地建立博物馆，以保护、研究、展示这座我国最早的绘画石室墓及其出土的一千多件（组）珍贵文物的保护方案，得到省、市领导的支持，国家文物局的赞许。省政府几幢宿舍楼要易址迁建，规划部门给予理想地块置换。

又如，1974年底发现、1975年试掘的秦代造船工场遗址，深埋在市文化局大院球场下4~5米原来的河涌尽头处，遗址经过四次局部发掘和钻探，确知造船工场有三个平行排列的造船台，长逾百米，向西跨越儿童公园、新华书店科技门市部（原商务印书馆五层大楼），延伸到北京路，规模宏大。鉴于船舷台木料容易朽坏，不宜露明展示，采取原址原地复埋的保护处理。

还有南越国宫署遗址，自从1995年发掘确认之后，发掘规模加大，至今已近二十年。1995年在秦造船工场遗址东北近邻的市电信局工地，在挖桩孔中发现"万岁"瓦当，抢救发掘400平方米，发现一座石构的呈仰斗状蓄水池遗址，池的西壁及南壁用砂岩石板呈水裂纹铺砌，石板上有"蕃"、"赀"、"冶""阅"、"皖"等岭南地区最早的文字，南壁底处又埋有向南输水的木暗槽。水池底铺河卵石和碎石。出土有石栏杆、石柱、石门楣等石构件和一个铁门枢轴，还有一个叠石柱，向西南倾倒。后经钻探，得知是一座面积约4000平方米大型蓄水池。发掘所见仅是蓄水池西南的一角。经国家文物局专家组现场确认，这是西汉初年的大型石构遗存，国内首见。决定这遗址原地封存。其间有位分管电信的副市长到发掘现场查核之后决定："广州高楼大厦不缺，缺的就是如此重要的文化遗产，大楼停建。"1996年广州市文化局采用"买空卖空"的方式与香港一家开发商合作，文化局大院内务单位全部迁出，出让地皮给开发商在此兴建48层的信德文化广场大厦及秦造船遗址博物馆，其中大厦6层以上归开发商所有（买空）。动工前进行考古发掘，揭开了南越宫苑一段长150米的曲流石渠（确认其东北面与之前发现蓄水池南壁下输水木暗槽是连接的，因其中一段被一幢八层的宿舍楼压着，未能打通）。国家文物局专家组考察后指出：这是目前考古发掘所见全球最早的一处皇家园林遗址，是"广州历史文化名城的精华所在"。市政府决定信德文化广场停建，给开发商赔偿1.9亿元。接着国家文物局张文彬局长再到考古现场视察，他对陪随的广州市副市长戴治国说："如果毗邻的儿童公园发掘有宫殿遗址，可以申报世界文化遗产。"2000年我们在儿童公园试掘，揭开了南越国宫署1号宫殿的基址。当时，社科院考古所刘庆柱同志也在广州，他对前来考察的林树森市长说："这是两千年前岭南地区的'中南海'啊！太重要了。"一句话让市长明白，这是千年前"岭南文化中心地"的历史见证。市长当场决定儿童公园整体迁出，在此开展考古发掘，另拨3.5亿元给区政府筹建新儿童公园，国家文物局同时批准原儿童公园范围内分期分批的发掘方案。

还有一件棘手的事，光明广场是一个引进外资的大型商住楼盘，它南北两头连接西湖路到惠福路两条东西走向的马路，2000年地盘内原有的商住户拆迁后，我们进场开展考古勘探发掘，在地盘的中部揭出南越国番禺都城的一段南城墙，发现一座保存完整的木构水闸遗址。国家文物局专家组到现场勘察后认定，这是水关遗址。我省的水利专家研究后认为，这座二千年前的水闸，与今天水闸的结构无异，令人惊奇，说明秦汉时期我国的水利工程已领先世界。水闸遗址肯定要原地保护，而光明广场又要建设，怎么办？时任广州市文化局副局长的陈玉环同志，在市领导与开发商之间沟通协调，在保护为主的前提下，建议地盘中部仍可以盖楼，仅木构水闸遗址原址在大厦内进行保护与展示。得到市领导的认可，并决定把光明广场大厦的商住楼改为商业楼，原定的回迁户由市政府另行安置。开发商深感满意，随即修改设计方案，把遗址所在位置改为大厦的中庭景观，让每层都可以从中庭俯视这处重要史迹的原貌。

今年（2013）是南越文王墓发现三十周年，又是广州解放后开展田野考古工作六十周年，我写了两个条幅，一给西汉南越王博物馆，文为："三十功名尘与土，南越王陵最可珍"。意即三十年前王墓葬发现和发掘的多少事俱往矣，只有王陵与珍贵的出土遗物永存。另一条给广州市文物考古研究所，文为"六十年田野考古尽心尽力，一甲子三大发现留与后人"，意指一名文物工作者在地方工作，要清楚当地的历史发展历程，要把握住它的特色与个性，做到心中有数。文保工作离不开宣传，除了经常性的宣传报导之外，还要做好每年六月份的中国文化遗产日与"5·18"国际博物馆日的宣传工作。广泛宣传、展示当地的重要文物史迹及其相关的人和事，以增强民众对身边文化遗产的珍惜和认同。及时报道当地的最新考古发现，或综合推介考古的重要成果，以提高民众的文物保护意识，让文物工作置于群众的视野之下，由群众监督，这是做好文保工作的坚实基础。还有，新中国成立后首任国家文物局王冶秋局长教导我们：做文物工作，既要宣传群众，又要宣传领导，因为领导是决策者。上述广州的秦汉考古三大发现，被国家文物局视为广州文物工作的典范。我们认为这是"抓大放小"的成果，又是把宣传领导的工作做到家的最好体现。同时，政府为了三大发现的保护动用了大笔资金，这是有数可计的，它是广州历史文化名城最亮丽的一张名片，就不是有钱可以买得来的啊！

原载《广州文博（柒）》，文物出版社，2013年。

霜叶红于二月花

——麦英豪先生访谈录

内容提要： 麦英豪先生是广州现代考古发掘与研究工作的主要开拓者，六十多年来参加和指导了广州境内几乎所有重要的考古发掘工作。麦先生一贯主张考古工作者要勤于动手、动脑、动耳、动口，要实事求是，以考古材料说话，同时要加强考古资料整理和研究。同时他积极倡导重要考古遗产实施原址保护和展示，服务于公众，并付诸行动。今年正值麦先生 85 岁华诞，为发扬其奋斗不息的精神，笔者怀着崇敬的心情，专程拜访了麦先生，畅谈 60 多年的工作心得及对未来的展望。

麦英豪 1929 生，广东番禺人，考古学家、研究馆员，广州现代考古发掘与研究工作的主要开拓者。曾任广州市文物管理委员会副主任，现为广州博物馆名誉馆长。是广州市文物考古研究所、西汉南越王博物馆、南越王宫博物馆业务指导。麦先生参加和指导广州境内几乎所有重要的考古发掘工作。他一贯主张考古工作者要勤于动手、动脑、动耳、动口，要实事求是，以考古材料说话，同时要加强考古资料整理和研究。麦先生积极倡导重要考古遗产实施原址保护和展示，服务于公众，并付诸行动。他担任国家历史文化名城保护委员会委员、中国考古学会第一、二、三届理事、第五届名誉理事，参与广东省、广州市各级文物保护单位的论证与保护工作，推动和创建西汉南越王博物馆、南越王宫博物馆和南汉二陵博物馆。被授予广东省劳动模范、广州市优秀专家，获得全国文物博物系统先进工作者、郑振铎王冶秋文物保护奖个人奖、全国五一劳动奖章等称号，享受国务院政府特殊津贴、广东省人民政府通令嘉奖。麦先生的研究成果和学术思想对广州的考古和文化遗产保护事业具有重要的开拓和指导意义，对中国现代考古学界也具有较深远的影响。

2013 年中，南汉二陵博物馆的勘察设计项目完成招标。将考古遗址、博物馆、公众考古活动中心、文物库房、标本室、实验室和考古资料图书室合于一体，在国内处于领先地位。这个创意是麦英豪先生率先提出来的，这是先生将广州考古、文化遗产保护与展示工作推向新的台阶，为文博事业再建新功。其缘起是怎样的？以 85 岁高龄，不断学习，掌握国内外学术动态，新见叠出。这些成绩是如何做到，积累过程是怎样的？带着这些问题，我们于2013年底拜访了麦老师。

全洪、李颖明：我们知道麦先生不是考古科班出身，却能够在实践当中掌握考古学家专业与理论知识，并成为事业有成的考古学家。请麦老师分享一下您的成长经历，是如何踏入考古这门专业的？

麦英豪：我1929年出生于广东番禺石碁，父亲是中医，在我4岁时就去世了。我小时候读书不多，11岁母亲去世后，学业中断。后来在堂叔开设的私塾免费一年诵读四书古文。15岁到广州兆丰园茶楼当一年学徒，之后失业回乡。17岁那年被招入广州南华补习学校当教务员。当时我对地理、历史和国文有着浓厚的兴趣，便利用业余时间阅读了大量书籍，又与堂兄著名书法家麦华三一起练过书法。1949年考上了广州大学教育系，但因经济困难，两年后中止学业。

1952年9月，一个偶然的机会，我和黎金同志一起进入广州市文物管理委员会参加文物工作。初时，只是跟着老同志外出做些文物调查工作，到1953年1月开始参加田野发掘，边干边学。

我们正式进场发掘的第一个工地在西村石头岗，配合士敏土厂兴建工人宿舍，清理发掘了秦到明代的古墓47座。发掘的第一座是秦代木椁墓。工人认为是一座地下的木头房子，把椁中的大部分随葬器物取了出来，至为可惜。这墓随葬物丰富，其中有一个漆奁盖面烙印"蕃禺"二字。蕃禺是秦始皇统一岭南设南海、桂林、象三郡时所置的县，为南海郡的治所，后为南越国都城。这个地名最早见于汉初的《淮南子·人间训》和《史记·南越列传》等史籍。这是岭南地区首次在考古发掘中得到秦统一岭南的历史物证，可说是旗开得胜！

1953年7月，我和黎金、区家发、梁振雄被选送参加全国第二届考古工作人员训练班学习。这一届共有89位学员。1952年文化部社会文化事业管理局、中国科学院考古研究所和北京大学联合举办考古训练班，为地方培养了一批中坚力量，因举办过四期，学员被称为考古"黄埔四期"。

虽然至今已过了半个世纪，但每当想起学习班的学习和生活，仍不能忘怀。我们前半段在北大文史楼的课堂学习，后半段转到河南洛阳邙山和郑州二里岗等地田野实习。老师们和辅导员们口讲手教，其中几位辅导员还是北大学生，如黄展岳、俞伟超等，给我们传授了考古学史、考古学基础知识和田野发掘的基本要领。学习班虽然时间只有3个月，但为我们后来的文物专业工作打下良好的基础。

踏进北大文史楼之前，我们已做过几个月田野发掘，有了一点点实战经验，但毕竟还是初入行啊！在训练班给我们授课的有裴文中、贾兰坡、夏鼐、苏秉琦、安志敏、梁思成、宿白、郭宝钧、阎文儒、佟柱臣、尹焕章等老师，都是中国文物考古学界的权威专家，他们学术上的严谨求实学风，一丝不苟的工作作风，在专业上不断追求和广博的学识一直是指引我们工作的动力和学习的榜样。

在授课老师当中，我们和夏鼐同志的接触较多，印象深刻。在后来的工作中结下了深厚的师生情谊。当时夏先生除了分担训练班的筹组、领导等任务外，还负责讲授田野考古课程，是在河南郑州、洛阳工地讲授的。来自广东的4个学员，听普通话的能力数我最差。夏先生是浙江温州人，他讲话的乡音很重，语调时高时低，真难听懂。北方的九月已届秋凉，先生讲课认真，经常讲得满头大汗。我听到最多的是"马刀"、"马刀"这个词，但"马刀"是个啥，不明白。等到油印的讲义发下来才恍然大悟，我认为听得最清楚的"马刀"，原来夏先生讲的是"墓道"。多年以后和先生谈起我当时的窘况，先生反而很认真地说，我的乡音难改，很对不起啊，听不懂的也许不光你老麦一人。

田野实习结束后，我们回到广州的第二天，就赶往东郊龙生岗工地参加一座东汉初年大型木椁墓的发掘。这墓首次发现绘画的木楼船，可惜已散乱，部分构件又朽坏。我们写信向夏鼐先生求教，很快收到他的复函，详细给我们指导，并附来他在长沙发掘的203汉墓所出的木船模资料。后来，我们把这墓的资料整理编写成《广州龙生岗43号东汉木椁墓》发掘报告，参加1956年2月在北京召开的第一次全国考古工作会议。后来发表于《考古学报》1957年第1期。这是我们学习归来后向悉心指导我们的老师和领导交上第一份工作答卷。

1983年6月初，广州解放北路的象岗山上发现了一座汉代大型石室墓，我们奉命赶到北京，到文物局和社科院考古所汇报发现及勘查情况。夏先生参加全国人大会议去了。王廷芳向我们转达了夏先生的意见，他指出："这是一个重大的发现，不下于马王堆和满汉城墓，我们要从中国考古事业上来考虑这个问题，一定要把这座汉墓的发掘事情办好。考古所要尽量运用我们现有的技术水平，尽我们的最大力量投入这项工作中去。发掘的出土物考古所一件不要。为了保证质量，早日把发掘报告出版，所里要派人参加编写，出版时考古所的名字要排在后头。"我们觉得先生对问题看得多深，考虑得多全面周到，连最细微的事甚至发掘报告出版时署名的排列先后也想到了，体现了他作为中国考古学界最高学术研究机构的领导者所具有的眼光、胸怀和谦逊的态度。

我事业上的另一位导师是王冶秋老局长。我是参加第二届考古工作人员训练班时听到王冶秋的名字，后来才知道训练班是王老积极倡议和联系而办成的。但我对王老有较多的了解，在他直接领导下工作，受到他亲切的关怀教育还是1974年以后的事。

1974年我借调到国家文物局参加"图博口"的文物工作（编者按：1970年5月，周恩来总理指示，国务院办公室成立了图博口领导小组，承担起全国的图书馆、博物馆和文物事业的领导工作。王冶秋任副组长，军宣队同志任组长）。我与贾峨同志参加京郊大葆台汉墓的发掘，在考古工地聆听冶秋局长关于墓葬要在现场保护展示的构想。年底，接到通知说王冶秋局长派我到美国主持"中华人民共和国出土文物展览"的工作。我后来又受国家文物局委派负责 1978 年在香港举办"中华人民共和国出土文物展览"和 1980~1981 在美国巡回展出"伟大的中国青铜时代"随展工作，都是得到王老的信赖，委以重任。

当年广州发现秦造船遗址的事，跟王冶秋局长的关系也很大。1977 年 1 月，冶秋局长与古建专家罗哲文访问澳大利亚期间，首次披露了中国发现了二千年前造船遗址的消息，2 月 27 日新华社播发了这一重大发现，并向我驻外使馆文化处发送有关的图片与新闻稿。在王冶秋局长的关注下，我们首次向世界公布了广州秦造船遗址的发掘研究成果。

就我本人来说，我时刻记住前辈对我们的教导和期望，特别是王冶秋局长、夏鼐先生对我的培养和信任。他们是真正的良师益友，没有他们的提携与帮助就没有我的今天。

全洪、李颖明：麦老师前面讲到您受国家文物局委派到国外负责随展工作，当时在美国执行了什么任务？在那个大多数人都不知出国为何物的年代能去欧美办展览真是令人钦佩和羡慕。文物展览取得什么成果，麦老师能否讲讲这项任务对工作以及个人有怎样的收获？

麦英豪：自 1975 年以来，本人 3 次接受国家文物局的派遣，到境外主持文物展览工作。两次到美国参加随展工作组任组长，第一次是 1975 年春，受国家文物局委派到美国华盛顿、堪萨斯、旧金山三地参加"中华人民共和国出土文物展览"，共半年多；第二次是 1980~1981 年在美国纽约、芝加哥、波士顿、沃斯堡和洛杉矶 5 个城市作巡回展出"伟大的中国青铜时代"，长达一年又一个多月。前者是继乒乓外交之后，通过文物展览开展人民外交，让美国人民、华侨、华裔都亲眼目睹中国文物保护工作的成就，认识中国的悠久历史。后者是新中国成立以来首次在国外举办的属于空前规模的青铜器展览。两个展览都很受美国人民的欢迎。我的主要工作是随着展览在几个大城市的展出馆监督展览协议的执行，开展人民之间的友好活动。同时也接受展出所在馆的安排，到过其他城市的一些博物馆进行专业参观访问。

1971 年夏，王冶秋局长为了推动全国文物保护工作，经周恩来总理批准，在故宫慈宁宫举办了"文化大革命"期间出土文物展览。冶秋局长受"乒乓外交"的启示，向国务院递交了准备出国举办文物展览的报告。从全国各省、市依历史年代调集大批文物，"中华人民共和国出土文物展览"于 1973 年先后在欧洲国家展出，后来到了美国。初时没有到美国展出的安排，1971 年 7 月基辛格秘密从巴基斯坦访问北京，到慈宁宫参观时向周总理提出，得到总理的批准。

当接到国家文物局派我到美国参加随展工作组并任组长的通知时，感到很突然，也有点紧张。在此之前"出国"二字在脑子里连一闪念也未尝有过。真是一则以喜，一则以惧。这是一个极为难得的机会，全国搞考古的、从事文博工作的有那么多人，我只不过是基层单位中的一个普通干部，何德何能，膺此重任？我长期在广州生活、工作，从未走出过国门一步，香港、澳门虽然近在咫尺，也未尝踏足。现在一下子要去西方世界最发达的头号帝国主义国家，我这个土包子能肩此重任吗？干不好将会给国家带来什么样的损失，不堪设想。对个人来说，又将有何面目以对全国文博"父老"？1975年3月我在启程前对王局长说出我的担忧："我初出国门，一点经验也没有，担心有负文物局的重托和厚望。"王老听后笑哈哈地说："你从事文博工作那么长时间了，我相信你一定能把工作做好。你是来自广州的，虽然是初出国门，但已见过不少洋人，也和他们打过交道。你要记住陈毅同志的一句话：外事无小事。遇到有困难有问题，要多请示我驻美联络处就行了。你一定要把385件文物展品保护好，完好无损地回到北京，就是很好的完成任务。"出发前夕，听了王老的鼓励和要求，心里踏实了许多。我在矛盾的思想中理出关键的一点：这个出土文物展览展出的是中国文物，我是一个中国人，是长期在自己的国家里从事考古工作，情况比较熟悉。加上这次展览不属国家之间的文化交流，而是用民间形式出面的，我只是以一位考古学者出场，就专业谈专业。而且王老给我的任务是展览后完好无损地回到北京，我有信心完成这个任务。只准成功，不准失败，我是下了这个决心而踏上征途的。

3月11日晚，在我启程赴首都机场时，文物处长陈滋德和沈竹同志来送行。沈竹叮嘱我："老麦，你是新中国文博界首次到美国的啰，任重道远。请记住谦虚谨慎，遇事不要急，听清了对方的话，有时可以冷静地想想才答也不迟。讲话宜少，说话要慢。祝你完成任务胜利归来！"。沈竹是"出土文物展"在瑞典的随展组长，这是他的随展经验结晶，是他到关键时刻送给我的一份"厚礼"。在美工作半年，我一直把他的话奉为圭臬。

驻联合国代表团的正代表黄华同志特意从纽约送中国随展工作组长到华盛顿赴任。3月15日晚上，中国驻美国联络主任黄镇夫妇为黄华接风洗尘，设宴于前云南省主席龙云五公子龙绳文先生开办的燕京酒楼，我也应邀作陪。席间，黄镇同志的一些话，我至今还记得牢牢的。自从中美关系解冻之后，双方设立联络处。当时的情况是相当严峻的，华盛顿还有国民党的大使馆，大使为老外交官蒋廷黻。黄镇同志说：当时我的包机降落到华盛顿的国际机场，除了采访的记者外，唯一的欢迎队伍就是龙绳文。燕京楼的伙计们手里拿着临时用红纸自制的五星红旗来欢迎我们。我们要记住人家的好处。在华盛顿，许多大使要宴客，要开招待会，我一定推荐燕京楼。后来，连尼克松、基辛格都成了他的常客。听了黄镇同志这段谈话，深受教育。黄镇向龙绳文介绍我时说：这是随展工作组的麦团长。我立即向他说明我的身份："黄主任，我来时国家文物局给我的职衔是随展工作组组长，而不是团长。"他马上打断我的话，说："你就是团长，以后不要再向他人解释了。我就是要你的官做得大些。"后来，黄镇同志两次在联络处设宴招待旧金山一位美国富商，后来宴请《出土文物展》在旧金山的"展览工作委员会"主席麦格宁（Cyril Magnin）先生和亚洲艺术博物院达祥西（D'argence）院长，都是用"麦团长宴客"的名义。至此,我明白了,这是工作的需要。

每逢星期六、日两天休假日正是"出土展"的大忙日,来参观的人特别的多。我抵达华盛顿的第二天恰逢星期日,一大早华盛顿国立美术馆这时门外已有一条长长的人龙,大约有二、三百人。是纽约、华盛顿等地华侨团体组织来的参观团。随展的陶瓷鉴定专家耿宝昌告诉我,他们已事先来约定,开馆后第一批进场,要求中国工作组给他们讲解介绍。今天第一批入场的团体观众都是华人,不懂普通话的人多,由我用广州话作讲解介绍。

华盛顿的下一站是堪萨斯城纳尔逊美术馆,馆长西克曼先生(Laurence Sickman)亲自安排文物展品从机场到博物馆的行车路线。我和耿宝昌坐的小车跟随在装运展品的卡车后面,前头由警车开道,西克曼馆长排在我们后面,一名警官驾警车押后,车队两侧还有4辆警察的摩托车穿梭,头顶还有直升飞机盘旋,这支戒备森严的车队从高速公路转入市区后,每经过一个十字路口,都亮起红灯。有一天我在展场遇上一位来自香港的李医生及其全家,他对我说:"你们来到堪城的那天,我刚好在路上碰上了,那列车队真够威风的,我还以为是哪个国家的元首光临堪城,后来才知道是中国展览到来了。虽然你不是总统,但你们都是新中国派来的文化大使,感谢你们把这样好的展览送到堪城来!"

中国文物在堪城展出50天,全市70万人口的三分之一以上参观过中国展览。堪城大学校长说这是中西部迄今最伟大的一次国际文化交流活动。

这次在美国展出的最后一站是旧金山亚洲艺术博物院。8月12日,美中人民友好协会旧金山分会组织了二百多会员来参观展览,我们忙了一整天。晚上9时,突然,达祥西院长打来电话要求我立即返回博物院。原来警察接到一个电话说大门口已放上定时炸弹,要把博物院炸平。我到达时,警察已把博物院包围起来,正等待防爆专家来把炸弹排除。所谓炸弹原是一个恶作剧。达祥西院长坚持不同意我和他一起进馆检查,他说:"您是护送国宝来的,我有责任像保护中国国宝那样对您的安全负责,里面的情况不明,我不能让您冒险。"院长先生对中国文物和我的安全这样高度负责的态度,实在令人感动。

8月23日早上,博物院的公共关系主任庞克女士(Mis. Banker)到随展工作组办公室来,喜洋洋地对我说:"麦先生,昨天观众已突破70万,我已打电话到巴黎、伦敦告诉我的同行说'我打败了你们啦!'我为之感到骄傲。""出土展"在巴黎展出116天,观众37万人,在伦敦和华盛顿各展116天,各有观众70万人,即每天平均6000人,在旧金山展出62天,观众83万人。在旧金山观众如此踊跃,当与他们的宣传组织工作做得十分出色也有很大关系。市政府主持成立了以市长为名誉主席、麦格宁先生为主席的展览工作委员会,还有华裔赞助委员会等众多机构,为博物院落实各项筹展工作。博物院还决定,除每天开放时间延长到13小时外,还安排团体参观在不同时间入场,错开高峰;每周安排大学、社会团体包场。还在方便观众,减少排队时间等方面增加许多服务项目,甚得观众赞许。

参加随展工作最主要的是增加了我的责任心，接待各色人等丰富了个人的阅历，开阔视野，大局观有所增强。通过在美国巡展，使我深深认识到博物馆对宣传中国文物及弘扬中华文明的重要性。

全洪、李颖明：《广州汉墓》在1983年获广东省社会科学研究成果二等奖，对广州考古学界来说无疑是一部里程碑的著作，请麦先生谈谈当时是如何萌发此书的编著。与其他地方的汉墓发掘相比，广州汉墓是否有其独特之处？

麦英豪：《广州汉墓》是我和夫人黎金共同执笔的，可说是广州第一本田野考古发掘专刊。里面的资料主要是1953～1960年在广州近郊发掘的409座两汉墓葬，这些墓都很具典型性的。这批墓葬资料，涵括自秦统一岭南到东汉末的430余年，当中并无间断，不论墓葬的结构类型和出土的各类随葬器物都有鲜明的地方特点，实属难得。我们决心把它整理编写为专刊发表，这是我们的责任。

从1961年起，我们白天泡在工地搞发掘，晚上躲入工作室里整理资料，灯下笔耕，用了一整年时间，编写出70万字的《广州汉墓》油印本初稿，曾分送各地有关考古部门和师友征求意见。由于"文化大革命"，撰写工作全部停了下来。直到1973年，夏鼐先生建议我们尽快把汉墓稿修改出版，于是在原稿的基础上又作了改写。到1980年夏鼐先生又提出《广州汉墓》要尽快出版，我们又再次作了一次包括章、节在内的较大改动。定稿的《广州汉墓》全书50万字，分上、下两册，1981年由文物出版社出版发行。

《广州汉墓》初稿是仿效《洛阳烧沟汉墓》的体例编写的。因为"烧沟"（简称，以下同）是洛阳市文管会蒋若是同志的成功之作，他是第一届考古工作人员训练班学员，是我们的老大哥。"烧沟"在我们的心目中有如"圣经"，几至顶礼膜拜的地步。这本专刊出版之后，有专家评语说"各地发掘的汉墓分期与断代，多以'烧沟汉墓'的分期为标尺"。自初稿出炉后，听取各方的意见，但一直还未清楚初稿问题的关键何在。1963年4月，苏秉琦教授带领两位越南留学生到广州写毕业论文，我们把《广州汉墓》稿本送请苏先生审阅。他提示我们，这样大型的综合发掘报告要注意"既有小家庭，还要有大家庭"。意思是即要有单个列举的墓例，包括出土器物全图，还要有墓群的整体，要注意点与面的相互结合。

1973年初，接到《考古》编辑部黄展岳同志的来函，催促我们尽快修改《广州汉墓》稿。修改的目的在于把初稿完善和提高。怎样改？从何入手？于是，我们比较了《长沙发掘报告》和《洛阳烧沟汉墓》两本专刊，不同的编写体例和各自的长处所在：《长沙》本是以战国、西汉前期、西汉后期和东汉共分四期，采取断代分章编写。这样每一期的墓葬和随葬物的特点都一目了然。由于发掘的点和发掘的数量有限，因而在墓型方面和随葬物方面的发展序列未能显示出来。"烧沟"本是按墓型分类和器物类型各自分开，从早到晚排列，突显各自的发展序列，最后"年代"一章详细分析两者发展的相互关系，从中得出西汉中、西汉晚、王莽、东汉早、东汉中、东汉晚共六期的断代依据。若从发展序列来看，确是很清楚的，言之有据、言之成理，但读者想了解烧沟汉墓六期中某一期的墓型与随葬物，就无法"一目了然"。从两专刊的分析对比中让我们眼前一亮：改变编写体例，吸纳了两专刊之长。即采用"长沙"本的断代分章办法，依照"烧沟"本随葬器物类型的分型分式的做法由早及晚一以贯通。于是把这409座汉墓分为西汉三期、东汉两期共五期断代分章编写，在"年代"一章对这五期墓的绝对年代以及墓型、器物类型的演变发展作出详析。改写的体例和方法确定之后，就是"剪刀加浆糊"的工夫了。《广州汉墓》的二稿新样，在1974年4月47日完成，并寄给《考古》编辑部。

《广州汉墓》用的是综合叙述与典型举例相结合的方法，与同为汉墓群发掘的"烧沟汉墓"略有不同。在体例上，"烧沟汉墓"主要以墓型和器形作排列，得出墓葬发展阶段的顺序。这是因为洛阳汉墓的形制较完整，分布也集中，随葬物器形的变化基本是结合墓型演化的，因此通过排列墓型基本便可断定年代。广州汉墓的情况却有所区别，在墓型和器物类型方面具有较浓厚的地方特色，而就本地区而言，其演变也是自成序列的。在墓葬的断代方面，广州汉墓的墓型并不能与烧沟汉墓那样作为分期的依据，因为，广州汉墓不少前一期的墓葬沿用的时间较长，完全可能延伸到后一期。比如单室木椁墓，数量最多，流行的时间长，从秦汉之际到西汉晚期都在使用。所以我们不能依照烧沟成果以墓型作为广州汉墓断代分期的主要依据。通过随葬器物的组合变化来断代，例如钱币、铜镜、陶器器形组合、陶文等，大致可勾勒出广州汉代比较系统的、自成序列的考古资料。为了使每期的资料集中和便于读者参阅，我们在编写时以每期自成一章，但墓型与器形则统一列编，前后贯通。这与《长沙发掘报告》的编写体例比较相似。

我想，墓型与器物类型组合的演变相结合推断出当地的序列，经过考古资料的验证，以期别来进行编排比烧沟墓葬以墓型为主纲更易于操作。山西主持发掘平朔汉墓群的同志经俞伟超介绍，拟参考《广州汉墓》编写的方法。1988年夏来广州，我们还共同探讨编写发掘报告的体例。

全洪、李颖明： 秦造船遗址是七十年代广州一处重要的考古发掘遗址，请麦先生介绍一下遗址的发现与论证。这处遗址曾引起过一些争论，为什么断代从原来的秦汉改成秦？麦先生对这场争论的意见又是怎样的呢？

麦英豪： 这个造船遗址，从发现之日起经过三次发掘又原地回填封存保护，其迂回曲折的历程，发人深省。1974年冬月，中山四路316号广州市文化局大院的球场处，正建筑地下通道，当挖到距地表约5米时，露出一段长16米左右的木结构遗迹，在灰黑色淤泥层上，有像铁路轨道模样的木构遗存，上面是宽厚的木板，下面有枕木垫承。根据我的经验判定这不是古墓，又不像建筑基础，这种建造在水边的结构会不会与造船有关？到现场考察的广州近郊木船厂老工人认为与他们船厂的结构非常相似。于是，我们 1975 年向国家文物局申请试掘获批，我和黎金同志还有一批中大历史系考古专业的教师和 75 届工农兵学员等，从当年 8 月至 1976 年 1 月开展试掘工作。1977 年《文物》月刊第 7 期刊发了《广州秦汉造船遗址试掘》，把基本材料公布于世。

遗址底部清理了 330 平方米，南边揭出一部分造船木料加工场地，北边有两个造船台，呈东北—西南走向，平行排列，第 1 号船台露出长约 30 米，2 号船台仅露出一小段。我们沿着船台的走向往西，在当时儿童公园内进行钻探，提出扩大发掘的方案。由于种种原因，未能实现扩大发掘的计划。鉴于已清理出来的船台全为木质构件，且体量过大，当时仍无法施行脱水加固等保护措施，更不宜长时期的暴露和积水浸泡，报经国家文物局批准，作了就地回填封存的暂行处理办法，以待日后条件具备时再行发掘。

1993 年广州市文化局提出利用此地段引进外资，在造船遗址的第 1 号船台南侧兴建 48 层的信德文化广场。当时设想的方案是，造船遗址经发掘后在原地保护，兴建博物馆，一并纳入文化广场高层大厦的计划之中。1994 年 6 月至 8 月试掘，清理出第 1、2 号船台往西延伸的一段之外，第 3 号船台也露出了一段。由是，自第一次试掘以来，推测这个造船工场共有 3 个平行排列的造船台的结论得到了确认。同时再次发现，覆盖在船台上的一层山岗土，其上也有南越国印花砖等构件，这是南越国的文化层，据此判定下面的造船遗址应是秦代，西汉初年已停用。因此在 1996 年 11 月公布的第四批"国保"时正名为"秦造船遗址"。

1995 年下半年，由于造船遗址东北面发现南越国大型石构蓄水池遗迹，信德文化广场投资方主动提出在即将动工的地盘内先进行考古发掘，于是就有了造船遗址的第三次发掘。然而，在这里发掘出南越国宫署遗址的御花园遗迹，市政府决定全面保护。既然要保护和展示南越国御花园遗迹，就不可能再向下发掘秦造船遗址，这是熊掌与鱼不可兼得的。造船遗址经三次局部性发掘，证明御花园遗迹是在上面，下面被直接压着的造船遗址今后只有长埋地下了。

秦造船遗址在我国考古发掘中尚属首次发现，没有与之类同的考古资料可供对比研究。苏秉琦先生在遗址发现之初已即时提示我们：要多走访造木船的老工人，认真听取他们的解释，因为中国传统的手工艺长时间都变化不大，老师傅的意见会更接近实际。夏鼐先生一再叮咛：要小心把覆盖在造船遗迹上的地层清理好，这层的出土物对判断遗址的年代至关重要。遗址自 1974 年底发现以后，我们实行走出去，请进来的办法。通过对比参观学习，召开现场鉴研会，以确认遗址的性质，这项工作前后有 4 个年头。走出去，主要是参与发掘的人员多次到船厂，带着问题向老工人、技术员请教。又先后邀请建筑、造船、地质、历史、地理、海交、海洋生物、考古、文博等不同专业的老工人、技术员、工程师、学者、专家到遗址现场考察、座谈、论证，这样的鉴研会先后召开过 13 次。对这个遗址的性质，归纳起来有水渠说、建筑基础说与造船遗址说三种意见。其中造船遗址说为多数人的共识。

1975 年 12 月 7 日，上海交通大学《中国造船史话》编写组的杨宗英和李生新老师从中国历史博物馆和上海博物馆中得知广州发现秦汉造船遗址的信息，专程来到广州考查。他们听取发掘情况，在遗址现场对木构遗迹做了详细的观察和记录，指出：从结构、布局与出土的遗物各方面来看，可以肯定是造船的遗址，而且从其规模之大，亦可想见当日是急于用船的，要造大批的船的。在两行大厚木板上放上木墩，这是造船台。卸去木墩，又可作下水的滑道，两者结合，很科学。1976 年 2 月 11 日厦门大学东南亚研究所的韩振华教授与该所部分研究人员到来考查。韩教授说："我未来之前已听说这个遗址有建筑基础与造船遗址的不同看法，今日到现场看了就明白了。就从现在所见到的这部分情况来说，作为造船遗址是可以定论的，因为建筑布局是纵向的，分前、中、后座，而造船是横向的，两者完全不同。"后来，中国科学院技术科学部委员、中国造船学会副理事长、上海交通大学教务长兼造船系系主任杨槱教授与李生新老师接受我们的邀请，专程到广州来。他们先考察了发掘现场，又到广州近郊几家小木船厂和西江肇庆的黄岗船厂等三家较大的木船厂考查，并约同船厂的领导、技术员、老工人共 10 人，一起返回广州，看了出土的实物才开会论证。归纳他们的发言，认为：从遗迹的结构、布局、伴出的铁工具等对照今天广州的、肇庆的大小木船厂，情况基本类同，这里已发现"横阵"以及"弯木地牛"，还有"斩包下水"留下细沙层等等，都很能说明是造船的。会上，杨槱教授还根据 1 号船台中宽 1.8 米的尺度，推算出当时建造的木船是宽 3.6～5.4 米，长约 20 米，载重 25～30 吨的平底木船。他还指出，秦平南越时开凿的"灵渠"，其中凿通石山的一段渠槽宽 5 米左右，可以说，秦时在南越的木船也是宽约 5 米左右。至于船的长度加长一点是可以的。第二天，杨教授还给广州文博的业务人员作《中国造船史》的学术报告，他郑重对我说："造船遗址的结论可以下了。"

关于这处秦造船遗址，自发现之日起就有不同意见，大面积发掘南越宫署遗址后，反对的声音更大，有的甚至发出"船台说可以休矣"的论调。归纳争论的焦点有三：一是船台的选址，二是船台与宫殿的关系，三是遗迹结构。有些个人和单位还煞有介事地召开"广州秦代造船工场遗址真伪研讨会"，用"真伪"作为命题的核心。不是我真就是你伪，这无疑给双方不同意见，不同看法的研讨判了死刑，太绝对化了。有些同志对考古地层学不甚了然，把不同层位的遗迹现象作为立论的依据，因此有的论点总是不太能令人信服，至于"推翻"、"真伪"等说辞则更是无稽之谈。他们有的虚构遗迹的现象；又随意肢解遗址的结构；还要搞乱遗址的地层关系；用自己的主观构想来随意解说等等。有的竟说"越来越多的考古发掘材料证明，特别是近年来在那里发掘出土，并确定为南越国宫苑遗址后，仍将该处定性为'造船工场遗址'是完全错误的。"这样说，真把是非颠倒了，恰恰相反，自造船木料加工场地上发现宫苑的曲流石渠遗迹，接着又在儿童公园发掘出南越宫殿的大印花砖、卵石等宫殿基址的散水遗迹后，再一次表明造船工场与宫殿遗迹、宫苑遗址是上下两个早晚不同，性质不同，有的还存在叠压关系的，定性为"造船工场遗址"是完全正确的。所以，我们编辑出版《广州文物考古集第二辑——广州秦造船遗址论稿专辑》，把所有的资料摆出来，把我们的意见讲清楚。从此再也不纠缠这个问题了。

全洪、李颖明：1983 年，举世闻名的南越国第二代文王墓被发现，麦先生当时主持发掘工作；1986 年"西汉南越王墓发掘报告"在全国哲学社会科学"七五"规划会议上被确定为国家哲学社会科学重点研究课题，麦先生为课题主持人之一。请您谈谈当年南越王墓的发现以及后来的研究。

麦英豪：1983 年 6 月 9 日，广东省政府办公厅某基建单位在削平 17 米的象岗岗顶施工，发现了一座大型石构古墓，当时暂停施工。我们立即将情况报告给广东省文物管理委员会，同时电告国家文物局，随之又派专人到北京向国家文物局和中国社会科学院考古研究所详细汇报，由文化部和中国社会科学院联名上报国务院，请求批准发掘。获准后于当年 8 月 25 日正式开始发掘工作，至 10 月 6 日结束。

经勘查得知，这座石室墓分为前后两部分，后部 4 室，前部 3 室，当中设有两道大石门分隔。发掘方案依此安排分为两个阶段进行。第一阶段发掘前部，当第一道石门被吊车移开之后，就可进入墓室。墓的前部由南而北包括墓道、外藏椁、墓门、前室、西耳室和东耳室。

经过整整一个月的日夜奋战，第一阶段的清理发掘任务完成了，清理出十分丰富的物品。这时夏鼐先生与文物局沈竹副局长专程从北京来到广州，他们甫下飞机立即到工地，检查了我们已清理过的发掘现场，慰问工作队员。

夏鼐先生回北京前，第二道石门已打开，主棺室内置一棺一椁，还发现了几块玉衣片。他仔细观察墓主棺椁位置露出的各种迹象后，一再叮嘱我们：要勤记录、多绘图、多拍照，注意各种灰痕和每件遗物的出土位置，这是日后进行复原和研究的重要依据。并建议玉衣清理出轮廓后，以整取为宜，这样移到室内修复较为方便。后来，我们依据夏先生的指引，用白荣金先生发明的"竹签插取套装"的办法，成功地把这套完全朽塌了的丝缕玉衣整取后运到北京。白先生为这袭年代要比满城汉墓出土的金缕玉衣还早一点的丝缕玉衣，设计研究了多种复原设想方案，费了 3 年的努力终于复原成功。

除了玉衣之外，墓主身上共发现了 9 枚印章，其中有"文帝行玺"金印、"帝印"玉印、"泰子"金印、"赵眜"玉印等，这是墓主人自报家门的信物。结合《史记》《汉书》的记载，可确定此墓即为第二代南越王、自称文帝的赵眜。

象岗南越文王墓是岭南地区规模最大、出土随葬品最丰富的一座汉墓，又是中国境内迄今发现年代最早的一座彩绘壁画石室墓。出土文物达一千多件（套），品类繁多，其中以铜、铁、陶、玉四者所占比重最大。南越文王墓殉葬 15 人，有夫人、宦官、仆役等等，展示了岭南这一时期独特的丧葬习俗，而其众多的出土文物也反应了这一时期经济、文化和科学技术等方方面面的情况。

墓葬发掘后，经初步整理，在《考古》上发表了《西汉南越王墓发掘初步报告》，报告了这次发掘的主要收获。大型田野考古发掘《西汉南越王墓》专刊于 1991 年由文物出版社出版发行，荣获中国社会科学院优秀科研成果奖（1994 年）、夏鼐考古学研究成果奖一等奖（1995 年）、首届社会科学基金会二等奖（1999 年），还获得《中国文物报》读者投票选出的二十世纪文博考古最佳图书、二十世纪最佳考古发掘报告。由此可看得出其重要性，也显示了报告较高的水平。

报告的编写由我和黄展岳同志负责，我们与杨式挺、白荣金、全洪等同志在发掘组资料整理的基础上修订完成。《报告》体例有所创新，各墓室结构及其功能分别报导，即墓室的八个部分各为一章，分别报导各部分的清理经过、室内概况和随葬器物。这样的编排，可以使人直观地看到当时下葬时的行为意识，充分显示各墓室的不同功能。除了科学地报导资料外，还对墓葬资料进行了较为深入的研究。详细论证了墓主"赵眜"应即《史记》《汉书》所载的第二代南越王"赵胡"，从而确定了墓葬的年代和墓主的身分。根据该墓以及过去发掘的其他南越国墓葬资料，对南越国进行综合性的研究。把对南越国以及当时岭南地区社会经济情况的研究推向一个新的阶段。《报告》收作附录的各种分析鉴定及专题研究共达 18 份。这些都说明《报告》是在科学发掘的基础上，经过认真细致的整理研究，而取得了丰硕的多学科研究成果。

《西汉南越王墓》发掘报告专刊出版后，张荣芳、黄淼章合著的《南越国史》在 1995 年出版，之后召开了几次国际学术研讨会，推动了南越国史和古代岭南文化的研究。

全洪、李颖明： 南越文王墓位置独特，建设地块是省政府办公厅的，当时邻近的中国大酒店在建。当时是如何说动政府原址建立博物馆的？建成后的博物馆乃设计大师莫伯治先生的杰作，屡获殊荣，请麦先生分享一下该博物馆的创建、保护与设计吧。

麦英豪： 象岗南越王墓出土文物数量大，品类多，有些是岭南仅有，全国罕见的出土文物，发掘结束后，全放在中山纪念堂后面的陈列室内。我们足有一百五十多天在这里边清洗、边整理、并随时接待慕名到来参观的各方来宾，当时省的、市的党政部门主要负责同志几乎都来了。任仲夷同志来看了两次，他还介绍中央的一些领导、学者专家到来参观，许士杰、叶选平、朱森林等领导与规划局、财局、教育局等部门的领导先后来参观。

至于如何说动政府下这么大决心，停止省府办公厅宿舍的项目，在原址建博物馆，有两方面的因素。一是考古工作者的责任感。当确认这是南越国时期的墓葬后，我就萌生建博物馆的念头了。其实，这是受王冶秋局长建议北京大葆台汉墓原址保留的启发。避免像长沙马王堆汉墓和湖北曾侯乙墓那样搬离原址，留下巨大的遗憾。二是各级领导的共识和广大市民的愿望。所有来参观的人都被这批二千年前的文物珍品所震撼，都主张墓室原样、原地保护，就地筹建博物馆以更好地保护和展示这些珍宝。因为南越王墓幸得未被盗，完好保存，其石室的原建筑及出土珍宝，是广州历史文化名城的重中之重，应该把这座博物馆建好，这是我们这代人的历史责任。可以说南越王墓博物馆的建成是得天时、地利、人和，反映了广州人务实创新的精神。

1983年12月9日象岗南越王墓博物馆的筹建小组成立了，这时距古墓的田野发掘工作结束只有61天，反映出省、市领导，规划与文物保护部门对这座古墓发现的重视。最后把建馆用地扩大到一万四千多平方米。由于在这块馆舍用地中有140家住户和大小共六个商铺等单位，征用拆迁分两期共10年完成。1986年博物馆奠基，1987年成立西汉南越王墓博物馆，88年第一期综合陈列楼竣工同时举办展览，1989年南越王赵眜陵墓正式对外开放，1993年第二期主体陈列楼工程完成。

古墓位于象岗山的中心位置，由于深埋地下两千多年，构筑墓的主要是红砂岩石头，因受重压和风化，许多石板已断开和崩裂；其次，古墓发现后已停工的建筑地盘标高仍比山岗东面的解放北路马路面高出15米，地块不大，古墓居中，新建的博物馆大楼与掩埋地下的石室墓两者的关系怎样处理得宜？

对此，设计大师莫伯治认为，应该依循1964年世界建筑师大会在意大利威尼斯通过的《威尼斯宪章》有关原则进行处理。他建议，石室墓是最重要的一件大文物，是博物馆的核心，首先要做好加固维修及防水处理。博物馆的总设计图纸由华南理工学院建筑设计研究院承担。博物馆以古墓为中心，由古墓区与展览馆组成曲尺形的平面布局，结合山岗地形，依山构筑，拾级而上。位于东轴线的综合陈列楼和北轴线的主体陈列楼与中心的古墓区三组不同体形的组群，其平面与空间形成前后呼应，上下沟通，步步升高，相互扣合连结为一整体，突出了这座古墓遗址博物馆一气呵成的整体氛围。

莫伯治设计博物馆的体型、装饰与用材方面也独具匠心。馆内建筑外墙采用与墓室材料类同的红砂岩贴面；古墓上的保护大棚选用与墓主同时代的汉武帝茂陵封土之覆斗形；馆内3个光棚分别为覆斗形，金字塔形和券拱形的古典形式，避免了雷同。又根据南越王墓出土的我国首见的蓝色平板玻璃，特意统一安装蓝色的反光玻璃，以作象征。馆前正门左右的雕塑，如圆雕石虎、主体陈列楼左右两翼石墙上的浮雕均取材自墓中出土文物的素材，设计兼顾汉、越、楚三种文化象征，将南越国文化所蕴含的丰富历史内涵发挥得淋漓尽致。

在设计过程中还有一段小插曲。莫大师与我私交甚笃，又比我年长几岁，我们都叫他莫伯。博物馆正门主体陈列楼立面的浮雕的具体设计是另一位大师潘鹤先生。当时邀请潘鹤来做主体陈列楼立面的设计，老潘还有点犹豫，莫伯就跟他说，"南越王墓博物馆就是我建筑设计成果的纪念碑呀"，一句话拨撩潘大师的创作热情。如今南越王墓博物馆外墙的浮雕与整座博物馆相得益彰，同为经典。

西汉南越王博物馆自 1993 年建成以来，已先后六获殊荣：国家优秀设计金奖、建设部优秀设计一等奖、国家教委优秀设计一等奖、中国建筑学会建筑创作优秀奖、国际建协（ULA）第 20 届世界建筑师大会当代中国建筑艺术创作成就奖、国际建协下属组织列为 "20 世纪世界建筑精品"。南越王墓博物馆的主馆体型设计，遵循现代主义原则，同时也是一栋带有纪念性的建筑，透过它传译两千多年前的历史文化，是尊重历史，尊重环境，在建筑艺术上有独创性的创作。这座遗址博物馆的建筑设计获得上述众多荣誉，既为我省争光，又为广州提高其历史文化品位奠立已为国际认同的坚厚基石。

全洪、李颖明：广州秦汉考古的三大发现均与麦先生颇有渊源，您也曾就南越国考古研究多有著述，请问为什么如此重视南越考古研究？秦汉这段历史对岭南的开发有着怎样的重要意义呢？

麦英豪：南越国是在公元前 203 年，原秦将赵佗据有岭南三郡建立的岭南历史上第一个相对独立的政权，以番禺（今广州）为都城。南越国存在的 93 年，在岭南的早期开发史上是很重要的一段，正是岭南由 "蛮荒" 进入大开发，汉越人民和汉越文化大融合的重要时期，今天珠江三角洲成为我国华南地区的经济龙头，广州成为河港兼海港的南方大都市，确是早在南越国时期已奠下基础的。

记得初入考古之门时，渴望早日掌握考古专业的本领，对业务学习可谓手不释卷，在阅读地方志中把有关赵佗墓的记述汇集起来。这位中国岭南地区最早的历史名人，他生前死后的事迹，引起了我们极大的兴趣。要问为什么对赵佗墓情有独钟，说来也十分简单：一、南越王是岭南历史上年代最早、身份最高的人物，他们的墓中 "葬积珍玩"，应该是可信的，因为从考古发现得知，汉代以前都崇尚厚葬；二、这是失踪了两千年的一个历史之谜，一直来人们都希望能找到答案；三、是在岭南从事文物考古专业工作的使命感要求我们，要认真关心保护好重要的历史文化宝藏，赵氏的王陵万一在工程中被发现，被推土机毁了，或发现后被一些人一哄而上，把遗物弄乱毁坏，造成不可补救的损失。所以做好调查和宣传工作是我们的责任，是保护的前提。

但茫茫大地，南越王陵何处寻？为此，我们做过一些简单的分析和类推，南越是以番禺（今广州）为都城的，我们应该从当日都城的远郊处着眼。但广州城区有个特点，珠江前航道将市区分成南北，自古以来，人们一直把这段河道称之为"海"。当日番禺城在江岸北面，我们估计：南越王陵的选址不会到隔"海"的南岸地区，应当选在城北远郊地势较高处。

我们从上世纪 50、60 年代起就在广州近郊的发掘和远郊的考古调查中，凡见到地面有冒起的孤丘或土堆，都要走进查勘一番，虽然还不能说青山踏遍，但郊外的田畴、岗地上确实留下了不少我们的脚印。那个时候交通不发达，主要靠骑自行车或徒步四周调查。在 1983 年 6 月第二代南越王墓发现之前，我们虽然一直未能查到南越王陵所在的可靠地点，但 30 年来，广州的近郊远郊众多的建设工地在动土兴工中，还未见有王陵的迹象显示，亦可暗自庆幸的，因为还是很有机会的。

从 20 世纪开始，在广州地区不断地有南越国的史迹与遗物出土。1916 年在广州东山的龟岗，建民宅挖土时发现一座南越国时期的大墓，木板刻有编码数字，曾轰动一时，这是汉灭南越国后相隔 2027 年之后首次发现南越的遗迹。王国维还专门为之作跋。这只是一座南越的木椁墓，而非王国维考证的黄肠题凑。当然这些知识也是北京大葆台汉墓发掘之后才得到的。50 年代，南越遗迹就不断有新的发现，先是随着市郊外各项建设工程的动土施工，在西郊和北郊、东郊等多个地点都发现有南越国墓群。

秦造船遗址、南越文王墓、南越国御苑和宫殿遗址这三处秦汉大遗址是无价之宝，其重要性是无可置疑的。因为广州的历史发展到了秦汉时期才进入有文字记载的发展阶段，根据《史记》《汉书》记载，当时岭南的番禺（今广州）发生过三件重大的历史事件，一是秦始皇派遣五军统一岭南，二是汉初赵佗据有岭南建立南越国，三是汉武帝灭南越国，岭南大地回归汉帝国的版图。三大遗址恰恰就是岭南早期发生的三件重大历史事件所遗留下来的最重要遗迹。今天的考古发现与文献记载两千年前的史事完全吻合，这样重要的历史文化遗迹，不是金钱可以买得来的。所以，三大遗址要绝对保护，是无可商量的。这些考古新发现，对研究南越国史、岭南的早期开发史、广州早期城市建设历史等方面都有重大价值。综览今天世界的历史文化名城，能够保留有建城开始的历史遗迹，今天又得到很好保护的，实在是不多见。这些史迹对我们今天生活、工作在广州的人来说，无疑是值得引为骄傲，感到自豪的。因此，我们专门编辑出版了一本大型图书《广州秦汉考古三大发现》，其意义不同于一般考古发掘专刊，又有别于文物图录的通例，是一本具有科学性、资料性和鉴赏性的新颖图册，希望能使更多读者了解和感受遗址的魅力。我在去年撰写一联："六十年田野考古尽心尽力，一甲子三大发现留与后人"，为广州考古 60 年来的成果作一小结。

继上述三大遗址之后，2000 年在老城区西湖路又发现南越国木构水闸遗址。对了解番禺城区的防洪设施及当时城址的布局、结构以及南城墙的位置坐标提供了重要线索。徐苹芳认为，这个结构应是"水关"的地基，它不仅与湖北纪南城的南垣水门遗址非常相近，而且现在的水关还是这种做法。我很赞同他的意见，我们发掘出来的是水闸的结构，四周已被施工破坏，其东西两侧的伸展情况不明。水闸具有防潮、泄洪、引水多重功能，主要用于排城里的水，闸城外的水。通常水闸设在城墙下面，与城上的设施共同构成水关。从清理的情况看，水闸的南侧为东汉的构造，我认为是东汉的城墙。因为其基础用三层木材纵横相叠，是用来加固城墙的地基。根据木材上的榫卯结构，以及刻写的方位和数字，推测这些木材是南越国时期的。原为水闸上层建筑的木构件，水闸废弃后，被拆修下来修筑城墙基础。如果这里是个水关，南越城的最南边就应该在这里了。

水利专家看到这处水闸后十分惊讶，这是目前所知年代最早、结构最完整的木构水闸。在总体布置、松软地基处理、泄流技术、闸室稳定性方面与现代建闸标准和要求基本一致，说明秦汉时期的水闸建造在总体上已达到较高水平。

水闸遗址在商业大厦室内原址原样保护，国内目前还没有这种做法。把文物本体和商业中心结合在一起，让现代商业和文物古迹共存共补，探索出城市考古的一条新路。2006年国务院公布第六批全国重点文物保护单位时，将南越国木构水闸遗址归入第四批国保单位秦代造船遗址、南越国宫署遗址及南越文王墓的合并项目，如今成为广州南越国遗迹申报世界文化遗产的重要组成部分。

全洪、李颖明：当时是在什么情况下成立市级考古所，怎样才能适应形势的要求？广州的城市考古取得令人瞩目的成果，今后应当如何发展？

麦英豪：广州市考古所的前身是广州市文物考古委员会办公室考古队，于1951年底成立，1953年开始配合市区和市郊的基本建设，开展田野考古调查和发掘工作。在旧城廓之外的近郊为连绵的岗埠，发掘了秦汉到明清的墓葬逾千座，中华人民共和国成立后的第一个十年，广州与西安、洛阳、南京、长沙等地成了当时全国的"考古发现的重要据点"。通过对四郊古代墓葬的发掘，尤其是一些墓地的大面积发掘，基本上掌握了广州各历史时期的墓地、墓葬结构、随葬器物组合、丧葬习俗等等概况，对各时代墓葬的断代取得了很大进展，已建立起广州地区历史时期考古学编年系列。南越王墓的发掘，广州方面也是以考古队成员为班底的。

然而随着形势的变化，基本建设与抢救文物的矛盾日益严重，加上学科发展的需求，考古队显然已经不适应形势的要求。1989年全国文物工作会议把"四有"列为重要基础工作之一，文管办另一个机构——古建组也承担不起这项工作。当前的考古事业、考古工作已不再是单纯的配合基建，也不是原来对遗物、遗迹年代判断。特别是中央要求提到要处理好文物保护与大规模经济建设、文物保护与人民群众切身利益、文物管理体制与社会主义市场经济体制的关系的高度。广州市文管办的考古队，这样的建制显然无力完成这么重大的任务。1990年前后不少地方成立考古所。1992年《文物法》颁布实施，各省市纷纷成立文物局。党中央提出深化文化事业机构改革，在这种全国文物保护、方针的指引下，机构改革，市文物管理委员会的行政职能，与文化局的文物处合署办公。业务工作诸如文物调查、发掘、保护、研究和宣传工作划归新成立的考古所负责。在这种背景之下，广州市文物考古研究所1995年5月成立，也真是天公有眼，考古所刚一成立，他们就发现和发掘了南越方形水池遗址，揭开了南越考古的新篇章。随后又发掘曲流石渠遗址以及水闸遗址和南汉二陵等，取得重大成果。广州考古所的工作推动了城市考古等相关学术研究工作，为科学规划城市发展、提升城市文化品位、满足公众精神需求等方面发挥了重要作用。对南越国宫署遗址、南越王墓和南汉二陵等重要遗址开展了考古调查、勘探、测绘和发掘工作，确定这些遗址的范围、布局和内涵，为大遗址保护规划的编制和保护展示工程的实施提供了科学依据。2007年"文化遗产日"期间，南越国宫署遗址参加由国家文物局与中央电视台共同举办的发掘与保护工作的现场报道，引起很大反响。

广州考古所成立近年来取得一定成绩，原因是多方面的，主要有三个方面：一、市委市政府的重视；二、文物部门行政领导和文物考古工作者的努力；三、建设部门法制意识；四、城建部门的有关规定。即使考古所成立仍然不足以应付日益繁重的考古工作。编制25人，田野考古部门包括所长在内只有12人，幸好还有一些技工，但是每年考古项目都在20项以上。所以到2006年才又在广州市文博系统内部调整增加10人。而文物库房、整理场地、实验室等硬件设施也是严重阻碍文物考古事业发展的因素。广州市考古研究所的文物库房是一栋位于城乡结合部的旧式建筑，总面积仅1700平方米的库房里存放着近60年来大量重要的考古出土文物和征集的流散文物，得不到及时修复整理，无法按国家要求的时间完成整理、修复、编册、上报等工作，更重要的是不符合安全要求。被评为"2004年度全国十大考古新发现"的南汉康陵和德陵一直未被列入规划保护项目，长时间没有得到有效保护和利用。为此，2009年广州市政协提交了《关于尽快立项建设考古文物保护基地，提升我市文化软实力的建议》的提案，呼吁尽快采用仓库置换的方式将文物迁移到更安全的场所，及早确定"南汉二陵"的具体保护建设管理单位，尽快立项建设集出土文物保护、整理、修复、展示于一体的考古文物保护基地等。我是通过给市领导写信以及面谈等方式，为此大力鼓与呼。

庆幸的是，广州市委、市政府对此高度关注，召开专门会议研究解决方案。2012年11月，广州市发改委同意南汉二陵博物馆项目立项建设。南汉二陵博物馆主要功能包括南汉历史陈列馆、考古科研标本陈列室、公众模拟考古活动中心、考古资料档案室、文物库房及附属配套设施。南汉二陵博物馆项目建成后将交由市文物考古所管理使用，并同时加挂"公众考古活动中心"牌。将对南汉二陵出土文物、南汉遗存以及60年来广州地区考古发现的文物进行有效保护、整理和展示，从而达到有效保护和合理利用，建立文物遗址保护示范作用，真实地体现"文化遗产人人保护，保护成果人人共享"，成为国内一流的大型遗址保护示范区，并作为广州市公众考古活动、考古研究和文化学术交流，以及广州大学城高校区广大师生的科研、教学、参观考察的重要场所。

考古所成立以来，已经出版了《南越宫苑遗址1995、1997年考古发掘报告》《番禺汉墓》等。广州市文物考古研究所建所十周年的时候，所里要编辑出版十年出土文物精品，我给起了书名《铢积寸累》。干考古这一行，做文物保护，没有吃苦耐劳的精神是不行的，没有勤学苦练，不断积累是不可能获得成绩的。愿年轻人不断地积累，还有广州古城墙、南汉二陵、南越水闸、黄埔姬堂晋墓、南沙鹿颈先秦遗址等发掘报告也应尽快安排编写。

全洪、李颖明：1995年南越国官苑遗迹的发掘，曾上演一场"十长老闹西安"，至今传为考古界的佳话，能请麦先生细述一下当年的情况吗？1997年再发现南越国曲流石渠遗址，2000年以来年年发掘，收获十分丰富，麦先生能跟我们分享一下南越国官署遗址发掘与保护的宝贵经验吗？

麦英豪：1995年夏天，广州市长话局大院内的建筑工地，挖土机与运土汽车日夜奔忙，考古人员早已紧盯住这个工地了，因为这里距离秦造船遗址的船台东头不到50米，应是一个考古的重点地段。当时工地周边已构筑好连续墙，再把地面挖低3～4米之后，又用人工掏挖纵横排列的68个井径1.8米的桩井。我们在工地中部和东北部看到，从桩管下挖上来许多晋、南朝的青瓷残片，往下又挖出南越国时期的板瓦、筒瓦，其中一个桩孔内挖出4件"万岁"瓦当。这个现象令我们震惊，下面肯定有南越国的重要遗迹。经过一再地宣传，终于取得施工单位的同意，大楼基础工程局部停工，由考古队进场作抢救性发掘。

我们在桩管林立的间隙中布置探方，铺上木板作走道，分层清理，在距原地表深4.5～7米清理出一座大型石构蓄水池的一角，出土一批包括砖、瓦、木、石等的建筑构件，还有罕见的鎏金铜半两钱，在水池南壁、西壁的铺砌石板上发现有"蕃"等刻字3处，至为重要。8月30日广州市文化局向国家文物局上报；9月1～4日，我和陈玉环副局长等人赴北京，国家文物局邀请在京专家听取汇报。文物局已致函广东省文化厅，要求遗址必须原址、原状、原地保护好；立即暂时停止施工，扩大试掘范围。要做好下一步发掘和保护方案。

当年的全国文物工作会议于9月8日在西安召开，事前我已接到国家文物局的通知，以特邀代表和会议专家组成员的身份出席。今次会议的主题是"大遗址保护问题"。会议专家组15人，基本上是文物局的专家组成员，已在北京经听取广州市文化局向国家文物局汇报遗址发现的情况。开会前，宿白教授轻声地对我说："老麦，你争取第一个发言，不必客气，把广州最新发现和困难问题提出来。"跟着在我左边的徐苹芳同志也对我说："广州发现的南越国遗迹太重要了，今次会议就是解决大遗址的保护问题，你要抢先发言。"我领会两位专家的意思，感激他们的支持。

当天会上我遵嘱抢先发言，开宗明义提出今次会议的中心议题是大遗址的保护，最近在广州老城区中山四路的长话局工地内就发现了一处大遗址，已初步认定是南越国宫署的石构遗迹。我把发掘现场的照片、发掘简讯等资料送到李铁映同志的桌前，请他审阅。接着继续说，我们要扩大发掘，提出保护，但工地的建设一方则要加快施工，拒绝我们的要求。今天上午我已接到广州两次打来长途电话，得知昨天下午矛盾激化了。一方面要保护，一方面强行挖土，双方人员几乎打起来了。铁映同志即时指示秘书写信给广东省朱森林省长和广州市黎子流市长，提出：务请关注，依法保护。

9月12日上午，在戴治国副市长陪同下国家文物局专家组到了长话局工地开始现场考察。专家组由张柏副局长率领，成员有原国家文物局顾问谢辰生、中国历史博物馆馆长俞伟超、中国文物保护研究所所长王丹华和国家文物局考古处处长孟宪民，共5人。下午，戴治国、姚蓉嫔两位副市长与专家们在东方宾馆开座谈会，听取意见。专家们分别从历史的、建筑的、考古的、文物保护的各方面分析今次发现的南越宫署遗址的价值及其重要意义。张柏同志特别提到，李铁映同志在全国文物工作会议的闭幕会上表扬了广州，铁映同志说，广州的市长认为，广州不缺高楼大厦，缺的是历史文化遗迹。你们一定要把南越国宫署遗址保护好，给全国树立一个榜样。今次现场考察后，我们回到北京，将尽快地把考察情况向铁映同志汇报。

随后，李兰芳副省长受朱森林省长委托，和黎子流市长等多位省市领导先后到发掘现场考察。市政府最后决定，在建的大楼基础工程停工，由文物部门扩大发掘，并在外围进行勘查钻探。

1993年计划在1号船台南侧的造船木料加工场地上兴建48层信德文化广场大楼，在大楼北侧修建造船遗址博物馆。投资方看到隔邻的长话局工地发现南越国宫署的宫池遗迹而大楼停建的事实，马上转变策略，主动向文物部门提出，要求在信德文化广场的6000平方米的建筑地盘内先行开展考古发掘，待确认此地可以建大楼了，才进行基础工程。我们认为这样做双方都可避免损失，当然赞成，只是发掘工期紧迫。

从1997年7月15日动工，到1998年1月底结束，实际发掘面积3600平方米。这次发掘在西汉层清理出一段长150米，保存基本完整的曲流石渠，而且证明了是与1995年发掘的石池南壁下导水木质暗槽正对，两者组成了御苑中的园林水景。而在南越国文化层之下，压着秦造船遗址，其上则有汉、晋、南朝、唐宋各历史时期的文化层。各层的遗物极其丰富。

1998年来自全国各地的众多专家先后到遗址参观，对遗址评价颇高，一致认定"是我国目前发现年代最早的宫苑实例"，"是广州历史文化名城的精华所在"，建议要切实做好对遗址的保护。广州市人民政府立即发布《关于保护南越国宫署遗址的通告》，划定宫署遗址4.8万平方米的核心保护区域，保证了遗址的完整性。对一个历史文化遗址发布地方行政法规加以切实的保护，在广州历史上尚属首次。

自南越国宫署遗址发现以来，已分别于 1999 年和 2006 年先后两次向社会开放。2006 年开放时将考古发掘和资料整理现场展示的公开，可说是开国内考古过程对外开放之先例，不仅丰富了参观内容，也使观众增添了对文物考古的兴趣和了解。

2008 年中共广州市委、市政府正式启动南越王宫博物馆建设工程，2009 年 8 月南越王宫博物馆奠基。2010 年借亚运会之机，作局部试开放，让公众一同见证文物保护的过程，引起公众对大遗址保护的关注。2011 年 7 月，博物馆主体陈列楼建成，再次对外试开放。

我们要宣传得好，要宣传取得成效，首要的是要求自己先吃透吃准遗迹的价值，在今时当地的重要意义和它可以起的作用。在宣传群众的同时，更要重视宣传领导，因为这是作出保护决策的关键所在。这一招我也是向王冶秋局长学的。1998 年初，南越国御苑遗迹清理出来之后，我们十分重视做好接待各级领导来到发掘现场参观视察的宣传介绍，使领导完全明白了这处遗迹的规模之大，在我国和世界建筑史、园林史等方面占有重要的位置；在广州已发现的古代文物史迹中，南越国宫署遗址的重要性是无可替代的。这次发掘后，市政府及时发布对遗址的保护通知，在遗址周围划出 4.8 万平方米作为文物保护区。宫苑所在的地块，原是外商投资计划兴建信德文化广场 48 层大楼的用地。如果要保护遗址，就得赔偿外商在此已投资前期工程的损失。仅这一项已是为数不菲的一笔资金啊。后来儿童公园搬迁、南越王宫博物馆一期工程建设的征地、拆迁以及建设、展陈等，总金额恐怕不少于 10 个亿。

全洪、李颖明：现在的考古已经不是发掘后交回施工就完事，而是要考虑多学科综合研究，还要考虑遗址的保护和保存等一系列问题。建设遗址博物馆乃至国家考古遗址公园。目前正值申报世界文化遗产热，广州的申报情况怎样，现在取得什么进展？

麦英豪：申报世界文化遗产对广州的文物事业，对提升广州文化实力具有战略意义，所以一经提起就得到政府和民众的响应和支持。申遗的目的当然不能着眼于眼前利益，而且是漫长的过程，尤其是在我们这样的文明古国，历史悠长、文物众多的国度。

我的印象里，广州申报世界文化遗产是受国家文物局局长张文彬同志的启示而提出的。1997 年 12 月 18 日，南越宫苑遗址正在发掘，张文彬来现场视察，指出这是秦汉考古的重大发现，他兴奋地说，假如能再发现南越国的宫殿，南越国遗迹就有条件申报世界文化遗产。我们受到张局长的鼓励和启发，马上报告给林树森市长。市长于 1998 年 2 月到遗址视察，明确指示要做好遗址的保护工作。我们根据考古发现的材料，从 1975 年在秦造船遗址之上发现南越砖石走道，到 1995 年发掘石筑蓄水池，1996 年的砖壁水井，1997 年又发掘曲流石渠。这些重要遗迹全在忠佑大街以西。忠佑大街东侧的红旗剧场发掘则没有发现南越遗存，从而推断南越宫殿的主要部分在御苑以西的儿童公园内。林市长表示，如果能在西面确认南越宫殿区，政府就可以考虑广州儿童公园搬迁问题。1998 年 4 月国家文物局副局长张柏在听取我们的汇报后指出：遗址的保护朝着申报世界文化遗产努力，希望遗址全面展示并成为城市考古、有效保护利用、合理利用的典范，增加公众保护文物的意识。这样，广州申报世界文化遗产就被提到议事日程上来了。经过几年的筹备，包括委托有资质的单位编制保护规划、编写申报文本、专家论证等过程。于 2002 年启动南越国遗迹申报世界文化遗产工作，当时广州市是将南越国宫署、南越王墓和南越木构水闸遗址"捆绑"，以"南越国遗迹"的名义申报世界文化遗产，上报国家文物局备案。2006 年被国家文物局列入《中国世界文化遗产预备名单》。

申报工作得到市委、市政府的高度重视，也得到社会各界的广泛关注和大力支持。2002年市委宣传部派郭德焱同志到南越王宫博物馆筹建处挂职，任筹建处主任，领衔申报工作。可是 2006 年公布《中国世界文化遗产预备名单重设目录》在"丝绸之路中国段"海路部分，只有宁波和泉州，没有广州。广州一直以"海上丝绸之路发祥地"作为城市定位，海上丝绸之路申遗竟然没有广州。所以名单公布后，广州社会各界反响强烈，朱小丹书记批示给当时的宣传部长陈建华同志。我们也收到由文化局转来的批文。其实，没有提交申报材料，并不是说广州不重视"海上丝绸之路"的申遗工作，因为当时广州是以"南越国遗迹"申报的，考虑到通常一个城市报一个项目，因此没有提交关于丝绸之路项目的材料。那次，"南越国遗迹"就与"开平碉楼及村落"一起入选《中国世界文化遗产预备名单重设目录》。2007 年 1月起，在市委宣传部的直接领导下，市文化局由陈玉环组织广州市文物考古研究所、广州博物馆、西汉南越王博物馆、南越王宫博物馆筹建处和广东民间工艺馆的专业人员对广州的海上丝绸之路史迹及文献资料进行收集和梳理，编撰出《海上丝绸之路广州文化遗产》。我拟定了"考古发现""地面史迹"和"文献辑要"三个部分的框架，分三卷编写，并同大家一起讨论提纲。这套书已于 2008 年 12 月由文物出版社正式出版。这是目前有关广州海上丝绸之路史迹资料最为详实、全面的汇编。

2007 年广州开始启动海上丝绸之路史迹申报世界文化遗产的工作。2008 年 5 月，市政府致函国家文物局，8 月国家文物局正式复函明确表示对广州海上丝绸之路史迹申报世界文化遗产表示重视和支持，并愿意协助开展相关工作。2011 年，国家文物局下发通知，重设《中国世界文化遗产预备名单》，广州方面积极响应，及时提交材料。2012 年 11 月，以南越国宫署遗址、南越王墓和南越国水闸遗址组成的南越国遗迹和海上丝绸之路史迹同时被国家文物局列入更新的《中国世界文化遗产预备名单》。广州的南越国遗迹和海上丝绸之路史迹同时入选，其中海上丝绸之路史迹是与广西北海，福建漳州、泉州、福州，浙江宁波，江苏扬州、南京，山东蓬莱联合申报。南越国遗迹是自 2006 年被列入《中国世界文化遗产预备名单》后再次入选，体现了世界遗产专家对南越国遗迹价值及其保护工作的肯定。

2013 年 12 月 16 日，陈建华市长主持召开市政府常务会议，会议审议并原则通过了市文化广电新闻出版局编制的《关于广州海上丝绸之路史迹申报世界文化遗产工作方案》。预计到 2015 年，南越王宫署遗址、南越王墓、光孝寺、怀圣寺与光塔、清真先贤古墓、南海神庙及明清古码头遗址等 6 处史迹点申报为世界文化遗产。

目前，广东的世界文化遗产只有开平的碉楼一处。广州是我国第一批历史文化名城，还没有一处世界文化遗产，与广州培育世界文化名城的要求不相符，广州要实现"零的突破"。但是，如果按照现行世界文化遗产申报的规则，一个国家一年只能申报一项，因有数量的限制，南越国遗迹申遗可能要等待相当长一段时间。国际文化线路的项目就可以突破单个文物点的限制，所以我国丝绸之路项目分为陆路的和海上的。陆路包括中国的多处遗址以及中亚五国，而海上的就有中国的 9 个城市。"联合申报"给了我们机会，是完全可以操作的。至于什么时间能申报成功，基于国家策略的考量以及技术问题，我们无法预测，但是我们充满信心。我在南越王墓发现三十年之际，为南越王墓博物馆题写"南越遗迹申遗在望，广州名城保护为先"表达了我们的信心。

全洪、李颖明：我们常常听到麦老师讲起广州的三个重要历史时期，有"三南"即南越、南汉和南明。前面我们已经谈过南越考古了，而南明实际遗迹极少，南汉近年又有德陵和康陵发现，所以想请麦老师给我们讲讲南汉考古的情况。

麦英豪：岭南地区历史上有两段重要时期，一是秦末中原战乱，赵佗建立南越国。赵眜墓是南越王国的标志性史迹；德陵与康陵则是南汉国的标志性史迹。南汉考古实际上很早就开始了。1954 年初，在广州东北郊石马村发现一座南汉砖室墓，由广东省博物馆区家发老兄主持发掘。墓葬遭盗扰破坏，没有确定墓主的材料。简报推断墓主可能是南汉贵族、大臣或宦官。龙眼洞学校郭纪勇老师来信说在一块墓砖上发现刻有南汉纪年，我就到石马村进行调查，捡到一些带字残砖，还发现一尊石象。发掘时墓上有一对石人、石马，因此我感觉到这是南汉陵墓应有的制度。关键是那块残砖刻有"乾和十六年"字样，这是最直接的证据。"乾和"是南汉第三个皇帝刘晟的年号。乾和十六年即公元 958 年，刘晟死于此年。《简报》曾分析说南汉的陵寝，不会这么简陋的问题，若与南唐二陵和四川成都王建墓相比，确有大巫与小巫之别。但石马村墓内计长 11.64 米，三层券拱，结构牢固，又采用石灰岩的大石板封门等情况，这在广东境内至今所发现的南朝到宋代的墓葬中都未曾见过。名相张九龄墓的规模也不及这座墓。我们一度当作康陵的德陵，即番禺北亭村的残砖墓为五层券拱，内长约 12 米，分前室、过道和后室三个部分。其结构规模与石马村墓相类，两墓可互为参证。因此，推断为南汉中宗刘晟昭陵。这个论点提出后没有受到学界质疑。我深感欣慰的是，南汉二陵的发现表明南汉陵墓的规模基本相同，更加确定了当年论断的准确性。

小谷围岛大学城的调查与发掘我都经常到现场。我很高兴地看到广州考古所的同志完全遵照田野考古规程作业，康陵在发掘前就制定发掘方案。在当时赶工期，到处都是隆隆推土机声的情况下能做到这点是相当可贵的。德陵发掘采用解剖式清理，弄清填土堆积后再清理下去。康陵则是布探方，将整个山头纳入探方里头，对陵上的土堆按四角象限法清理。而且在发掘过程当中树立保护意识、精品意识，对重要遗迹采取保守稳妥的方法，为后来遗址在原地保存、保护和展示打下良好的基础。

2003 年 6 月中旬德陵意外地在墓道发现一批陶瓷器，有两百多件罐子，清理出来后邀请省市领导和专家来现场参观（本书图版七六）。8 月 6 日中午，中央党校副校长王伟光在市委组织部长苏志佳、宣传部长陈建华陪同下参观德陵发掘现场，下午张广宁市长、李兰芳副省长等领导先后到来。我一直陪着他们，给他们讲解。那日中午和下午都阳光灿烂，4、5 点钟天色就变了，雨势由小到大。天公开玩笑，似乎官越大雨势就越大。

在发掘过程中还摆了个"乌龙"。我们将康陵的陵坛当作祭天的圜丘了。那天我正在德陵，接到报信说另一处称作"瓦渣岗"的发掘点发现砖砌圆形的结构，与西安发现的圜丘相似，疑是祭坛。我到现场一看，果然是由灰黑色小薄砖结砌成圆形，顶部是逐层收分做成圜状。这是以前从来没见过的，而且砖的确是唐末至五代的。查阅史料，南汉确有祀天南郊的记载，因此我也同意考古所以发现南汉郊坛遗址上报，冯永驱和全洪还到北京向国家文物局和社科院考古所汇报。

在发掘过程中，遇到特别重要迹象，就邀请有关专家到现场考察论证。2003 年 9 月中旬广州市文化局组织发掘人员赴京向国家文物局汇报，张柏副局长、宋新潮副司长、关强副司长、李培松处长等听取了汇报，指出要认识到这次考古发现的重要性，认识保护好、利用好这些遗迹的意义。之后，中国社会科学院考古研究所安家瑶、杨泓、孟凡人、姜波，国家文物局专家组黄景略、徐苹芳、张忠培、傅熹年先生先后到小谷围现场考察指导。11 月，张柏副局长、关强副局长以及中国社会科学院考古研究所副所长白云翔、黄展岳研究员再到工地指导，确立"先进行外围调查，后对主体结构全面发掘"的原则。当康陵确认之后，又及时将陵园的发掘情况向宿白、徐苹芳、傅熹年、黄景略、黄展岳等先生作了汇报和请教。国家文物局领导、专家的支持和帮助，我们获益匪浅，高质量、顺利地完成发掘工作。

2003 年 11 月中旬，当圆丘表面覆盖的砖土大部分揭露后，于圆坛砖圜壁的南、北发现盗洞。露出砖筑墓室的券顶，因此，按照墓葬的方法进行发掘。至 2004 年春节前，完成地宫的清理，出土了哀册文碑，确认此陵墓为南汉康陵（本书图版六九～七一）。

康陵的发现确证了南汉有三陵：一德陵，二康陵，三昭陵。南汉有 4 个皇帝，文献记载的只有康陵和昭陵，殇帝刘玢在位不及 2 年即被杀，有无建陵，文献无征。后主刘鋹降宋，也没有建陵。欧阳修《新五代史》是将南汉开国君王刘隐列入南汉帝系的，这样南汉当有三陵。吴仕臣《十国春秋》说：刘隐"乾亨元年追尊曰襄皇帝，庙号烈宗，陵曰德陵。"《宋史》

载有"德陵使"一职，广州光孝寺铁塔铭文和韶关市乳源县云门寺碑刻也有"德陵使"，由此可断定德陵是确实存在的。刘隐最后封南海王，死时并无称帝。其弟刘岩六年后称帝，再追尊号。康陵、昭陵已经确认，这座墓的规模与康陵、昭陵相当，与昭陵一样特别的是在墓道有器物箱，应是当时陵前设奠的遗留。所以，我们推断这座所谓的"刘皇冢"就是德陵（本书图版七二、七三）。

南汉对广州城市发展是一个很重要的阶段。《新五代史》记载南汉宫殿"凡数百，不可悉纪"，"悉聚南海珍宝，以为玉堂珠殿"。1997年以来，在广州市中山四路一带清理出南汉时期大型建筑群落，推断至少有三座宫殿以上，皇宫区里还有八角形塔基、水井和池苑等遗迹（本书图版六四~六八）。北京路"千年古道"有兴王府南门的双阙遗址及砖铺路面。文德路东边清理一段城墙，砖壁包边结砌规整，散水面卵石敷设讲究，估计是南汉皇城的东墙。德政路清理南汉砖券排水涵洞，排水涵洞通常修筑在城墙之下，为确定广州古城南界提供了一个可靠的坐标。此外，在东北郊麓湖路南方电视台工地发现的建筑基址，有庭院、廊道和房基，大量莲花瓦当，还发现鸱吻和鬼脸瓦等，可能与南汉甘泉苑及其附属建筑或东、北面的寺院有关。在珠江南岸芳村大道清理南汉—北宋建筑遗址和宋代水井。水井出土的青瓷碗底有墨书"大通"二字，是南汉宝光寺和宋代大通寺的"烟雨井"遗址。

近年来，南汉考古资料集中涌现，对我们认识南汉的物质文化大有帮助，上述陵墓和宫殿等遗迹，加上大量的墓葬和水井，南汉考古在五代十国考古中处于领先地位。

全洪、李颖明：广州古代史研究的发展与考古发现密切相关，请麦老师也谈一下广州六十年来城市考古的发展好吗？

麦英豪：现代田野考古在20世纪20年代出现于中国的北方，到30年代就进入广州了。古物的出土比这还要早，其中哄动一时的是1916年东山龟岗发现西汉初年木椁墓，在中国现代考古学上有一个学术名词——几何印纹陶，就是从该墓出土有拍打几何图形印纹的陶器而来的。但当时在广州真正搞田野考古发掘的人很少，广州地区配合建设工程开展大规模的田野发掘是从1953年初开始的，之前有过一些零星的随工清理。60年来已发掘的由秦到明清的古墓数千座，还有南越和南汉的王宫遗址、各时期的城墙基址等众多的遗迹、遗物，使我们对这个岭南古都会在古代的历史发展有了一定的了解。

广州的古代史和与其相关的历史文化遗迹，以秦统一岭南置郡之年作为断代分期的分水岭，划分为史前时期（又称先秦时期）和历史时期两大阶段。史前时期的遗址可分为山岗台地和贝丘。增城的金兰寺贝丘遗址，出土有彩陶。经探掘发现了"三叠层"，年代属新石器中晚期，约当中原的商周时期和战国年间。南沙区的鹿颈村遗址，遗物丰富，年代在新石器晚期到商时期。其中一座土坑墓保存较好的人骨架。这是广州境内首次发现的史前居民，称之为"南沙人"。至于山岗台地遗址，主要有从化吕田狮象遗址，有新石器时代晚期和商时期的文化遗存，位于流溪河上游，地处珠江三角洲与粤北山地的过渡地带，对研究几个区域史前文化的交流具有相当重要的意义。天河区龙洞村的飞鹅岭新石器时代遗址和青山岗、菱塘岗等遗址，还有在太和镇到钟落潭镇这一地段的低矮山岗上发现不少属于印纹硬陶的文化遗存；特别是萝岗区暹岗的苏元山遗址，发现 5 件青铜器，其中一把短剑铸有人面纹饰，属于先秦岭南越人特有的青铜兵器。以上先秦时期古遗址遗物的发现，足以说明早在三、四千年前的先民已在广州这片热土上从事渔猎、采集、农耕等生产劳动，世代繁衍。他们留下的史迹遗物，成为今天人们研究环珠江口区域文化的重要内容。

就目前的考古发现来看，今两广境内还未见有秦汉以前的城邑，甚至较具规模的民居聚落也很少发现，表明先秦时期岭南社会经济发展是缓慢的。到了秦汉时期，岭南正式归入秦帝国和汉帝国的版图，此时社会经济的发展进入一个飞跃阶段。岭南最早的城市——番禺城正是在这期间出现的。广州地区秦汉以后成为岭南的中心，考古发现也以秦汉时期的为多，内容丰富重要，有的发现确具范文澜所说"创史、补史、证史"的功能。其中比较重要的是秦统一岭南战争的遗址与遗物。1962 年，在广州区庄螺岗出土一把铜戈，凿刻有"十四年属邦工□（师）戠丞□□□"等字的铭文，"十四年"当为秦王政的纪年。它在广州发现应是秦平南越时被秦军带来的。秦始皇在哪年发兵经略岭南，史无明载，但从赵佗上文帝书得到确证，是在二十八年开始的。

至于秦和南越国的考古价值和历史意义，已经体现在"三大发现"。广州的考古发掘以两汉墓葬为重点。《广州汉墓》成果为岭南地区汉代考古建立了一杆可靠的年代标尺，并为研究这地区汉代社会历史的发展提供了极为难得的第一手实物材料。从田野考古发现所见，汉代推行所谓以孝治天下，因而厚葬成风。但自汉代以后仅就广州地区来看丧葬风习为之一变。墓葬的规模小了，随葬器物也简而少了。广州的晋、南朝墓都是砖室墓，以中小型的单券拱墓为主。广州在三国时属孙吴的辖地，僻处南陲，远离中原，兵燹之灾较少，在出土的晋墓砖中就有"永嘉世九州荒余吴土盛且康""永嘉世天下荒余广州皆平康"一类吉语，反映了自汉末以来地主豪强逐鹿中原给岭北广大民众带来了长期的战乱之苦，广州包括岭南地区社会相对稳定，经济也得到发展的历史事实。广州汉陶的胎、釉、纹饰、器形所具有的特点，到晋代就突然消失了，为什么会出现这种突变，有待探研。

广州发现的唐墓多是小型砖室墓。晚唐的砖墓常有志砖或志石发现，所见年号有元和、大和、大中，已属晚唐偏后了。1954 年在越秀山发现的天祐三年王涣墓，出土一合志石，志文 1704 字，这是广州迄今仅见的一合大型唐墓志。广州绝少有较大的唐墓发现，看来与古代为官者死后都要归祔原籍有关。广州绝少发现宋元墓葬，这当和宋代以来盛行火葬有关。近年发现一种分地面坟茔和地下墓穴的宋墓。地面砖砌坟圈，或有祭台；底下为长方形砖室。

2003年华侨新村华侨小学发掘一座宋墓，为砖砌墓壁，内置二棺，棺外封石灰，当为夫妇合葬墓。在二棺的四周排列石雕俑像和石狮36个，为广州考古首例出土。

1972年黎金在越华路西段发掘了一段呈南北走向的内外包砖的城墙基。在城基上的砖印有"水军修城砖""广州水军修城砖""番禺县"等文字戳印。城基是北宋子城的西墙，也是当日子城和西城的界墙。这为研究宋以前的广州古城确立了第一个可靠的坐标。那时没有城市考古的概念，只是零星的随工清理。

考古事业也跟其他工作一样与国家发展的历史和进程密切相关。上世纪90年代中期至今，随着城市建设的移动，对旧城区的改造，在市中心大搞房地产，在广州还有一个重大的考古发现的契机是地铁及其上盖物业地块的建筑，使考古工作转到城里。与此同时，远郊、市属区县的考古工作也同样进行得热热闹闹。一系列高速公路、新机场、南沙开发区、科学城、还有大学城，都进行了系统有效的考古调查、勘探和发掘。

1994年德政中路唐代建筑遗址、南汉、宋代水涵的发掘，拉开广州城市考古的序幕。1995年南越国宫署遗址的发现与发掘，标志着广州考古进入第三个黄金阶段——南越国都城的范围、东汉—南朝城墙、唐城墙、宋代城墙、明清城墙，各朝代居址、作坊、水井、道路、河渠、堤坝、水闸、水涵、窑址、城市设施及遗迹的发掘。广州60年的考古发掘取得丰硕成果，对广州各历史时期的城市发展、城市布局积累了大量一手材料，这些文物对于了解广州的过去，认识广州的今天，规划广州的未来发展都是极为珍贵的。但是考古发掘不仅仅是获取资料，更重要的是发掘后的保护，将文化遗产保存好，完好地留给下一代才是最终目标。我们对待发掘后的遗址，根据遗址的科学、历史价值结合所处位置，保存状况，择优在原址保留，在国内的城市考古和遗产保护做出了表率，被张忠培兄称为"中国城市考古的一面旗帜"。我认为过誉了。然而，我的理解是，这是一种表扬和鼓励，更是鞭策。

全洪、李颖明：麦老师任象岗南越王墓考古发掘队队长，1995年、1997年南越国宫署遗址发掘总领队。长期战斗在田野考古第一线，主持和指导了广州地区几乎所有重要考古项目的发掘。21世纪以来，工作已经不限于考古工作，而是站在更高的高度参与和指导广州的文物博物工作，我觉得很重要的一项就是广州市第四次文物普查，先生以80岁高龄，不仅坚持参加各地的田野考察、认定，还校阅784万多字的普查文稿，导致左眼失明。

麦英豪：新中国成立以来，广州市曾于1956年、1982年和1999年分别进行了三次文物普查，在市辖区内公布了219处市级以上的文物保护单位和159处登记保护文物单位。其中南越王墓与南越国宫署遗址的发掘和保护、锦纶会馆整体提升平移的保护工程、从化广裕祠的维修保护获联合国教科文组织亚太地区特别贡献一等奖，备受国内同行的关注与称誉。如果说第一、第二次文物普查将视线较多地集中在历史和文化价值特别重大的遗址遗迹，第三次普查因配合当时极速的广州城市发展建设而具有较强的"抢救"性质,那么 2003 年开始的第四次文物普查则是广州基于对"文化遗产"的全新认识,在更广的领域内和更深的层面上进行的一次有史以来最广泛的"地毯式"普查。从两千多年前南越国都城不过 1 平方千米的赵陀城,到眼下辖区总面积 7437.40 平方千米的大广州,广州地理版图在两千年间扩大 7 千倍,其文物遗产在时间上和空间上都应以新的眼光去评估。

当广州市文化局把这一设想报告政府时,市委、市政府大力支持。2003 年 6 月,广州市决定启动第四次文物普查。市委宣传部拨出专款并组织成立了文物普查工作领导小组,明确普查对象,将文化遗产全部列入普查内容,包括不可移动文物、古村落、历史街区以及非物质文化遗产。广州市文博单位和各区县 2000 多名文化遗产工作者参加了这一文化遗存拯救行动,获得 4300 多条文物线索。

当时陈建华任中共广州市委宣传部部长兼广州市文物管理委员会常务副主任。他直接领导这次文物普查工作,他从认识上与工作实践上对文物保护的理念与要求以及普查方式加以提升和改进。陈建华同志指出:文物资源与自然生态环境资源一样,都是一旦被毁便不可再生的宝贵资源,所以"环保"与"文保"都是当代可持续发展战略里同样注重的两部分。如何将发展的文物观,即从保护单体的载文之物,发展到保护有着文化生态意义的整体性历史环境及文化传统,并使之落实到文化名城的保护工作之中,这已成为我们文化建设者及城市规划者,将文物保护工作融入到经济建设大潮中的重任。

《汇编》全卷共收录的 4334 个文物条目,设两重检索,各区(市)卷设有本卷索引,在"总览卷"中设立分卷总索引,方便检索。文、照、图等的相互关联,起到方便阅读的效果,这就是《汇编》与过去文物志的最大差异。对所有录入的文物条目,对应的文字记述、照片、测绘图和碑刻拓本,都采取直接关联的编排方式,这样图文并茂的版式风格,在已出版的文物志中是独树一帜的创新之举。《汇编》的最终目标是成为广州城建规划各部门不可或缺的重要读本,从此各级政府部门对广州地域内不可移动的文物分布心中有数。即如陈建华所说的,广州市规划局将把《汇编》中所有不可移动文物列入紫线保护范围。目前广州正在按照全国第三次文物普查的要求,对《汇编》中收入的文物进行 GPS 定位和标注。

经过 6 年的努力,作为首部大而全的广州地区文物志,完整记录广州历史文化遗产全书的《广州市文物普查汇编》于 2009 年出版,建华同志任主编,我任副主编,从业务方面协助他编辑好这套厚厚 14 大本丛书。这套丛书确实花费我很大精力,但是说由此导致左眼失明是夸大之辞。市总览一卷,白云山卷一卷,10 个区、2 个县级市各成一卷,由广州市和各区市联合编撰。经手撰写的人水平参差不齐,很多表述不准确,如果光是文字还好办,因为古建筑、近现代史和革命史部分有其他专家负责把关,祠堂和墓葬发现许多碑刻,有不少具有相当史料价值,地方的同志对碑刻体例不明,对旧字认识不到位,释读文字出现很多错误，我就花了很多精力在这方面。请各地同志提供拓本和照片，逐字考订。由于本人年事已高，老眼昏花，腿脚不利，研读碑文确实吃力。有一些字本来有磨损，要根据上下文推敲，查阅辞典才能大体确认是某字。我和黎金都是拿着放大镜来做这些事的。我本来随着年龄的增长，出现眼疾，主要是左眼有黄斑，几近失明，而此我自嘲为"左丘明"。

全洪、李颖明：麦老师耄耋之年犹自耕耘不辍，因此我总是想起"霜叶红于二月花"的诗句。您和黎老师都 80 多岁，几十年相濡以沫，相敬如宾，共同成就了一番事业。麦老师还有什么愿景，有什么对年青人讲的吗？

麦英豪：我从 1952 年进入广州文管会考古组开始从事文物考古工作，至今已经 62 年，有成功的愉悦，也有挫折的苦涩，但我自以为还是勤奋努力的，没有枉度人生。人要想过上安逸的日子也很容易，但是蝼蚁尚且偷生，何况人乎？人活着的意义当然要高于蝼蚁，人活着就要承担起社会责任，如果过着无所事事的日子，没意思。在生活和工作当中不要怕困难，不要怕吃亏，要没事找事做，经常给自己出难题，挑战自我，这样才能不断取得进步。做事情要把握机遇，此外还要懂得有所为有所不为，勇于舍弃。

我曾任广州博物馆馆长，但是博物馆的业务我基本不管，行政上有陈亮，业务有梁国光、苏乾等同志，我和黎金专心于田野工作。通过在美国巡展，使我深深认识到博物馆对宣传中国文物及弘扬中华文明的重要性。回国后由于工作的需要，加上那时基建考古工作量较少，一般的随工清理我就不参加了。南越王墓的发现与发掘给了我一个文物保护的机遇。发掘之后，我们很快编制发布报告的提纲，考古组的同志整理各自参与发掘的资料，初稿被暂时搁置了。我们的主要精力转移到在原址建博物馆的筹划，争取各级领导和各政府部门的支持和帮助。1988 年西汉南越王墓博物馆一期建成开放，1989 年再重新编写报告。有了筹建南越王墓博物馆的经历，后来南越国宫署遗址和水闸遗址等等基本都是按照这个思路进行的。

我和老伴黎金同志一直是在广州从事文物工作，是做了一些工作，有些成效。这首先要感谢领导和师友们的支持与帮助，我们深感领导上对我们的专业岗位 60 年不变，这点关系至大。青春不可能长驻，老是自然规律，我们都步入人生的晚年。我借用叶剑英元帅"老夫喜作黄昏颂，满目青山夕照明"的诗句以自勉。目前，领导还未同意我的退休请求，我觉得只要身体条件许可，还应在文物工作岗位上坚持工作未休，学习不止。

黎金主要是眼力不行，体质较弱，所以 1986 年就从考古所退休了。实际上退而不休，我们一起参加了各种考古工地以及省市的专家论证。从我们从事考古工作之日起，我们就既是同志又是论敌，大到一篇文章，到某些材料、典故，小到一些字眼，我们都会展开讨论。可以说我的每一篇文章都是经过多重编辑、把关的，挑刺的人就是黎金。我们有不少文章是联名撰写的。今年我 85，她 84，我们一起共事、生活了 60 多年，我也为我找到这样的良友为终身伴侣而感到庆幸。

目前，我国的文化、文物事业正蓬勃发展。广州文博迎来了新的一轮基础建设高潮，广州博物馆、广州美术馆的新馆，广州市考古院等项目上马在即，让人看到诱人的前景。今后广州的考古与文物保护工作更加立体化，需要开展多学科的综合研究才能适应形势的要求，我觉得广州文博目前缺乏人才群体优势，各领域缺乏领头人，人才储备不够，这与广州的经济地位不相衬，远未能达到为建设文化强市培育世界文化名城做出更多贡献的目标。延揽人才和留住人才是当务之急。

其次，经考古发掘的遗址保护将是广州文物事业的增长点，任重道远。南越国宫署遗址发掘以前，我主要思考文物保护主要在政策和政府的层面，对文物本体的关注不够的。就我本人而言，由于不是文保专业，知识结构侧重于田野考古，所以，寄望广州文博界同仁，培养自己的力量，根据各自管理机构负责的遗迹开展监测和保护，与兄弟省市、高等院校及其他社会机构合作，共同做好遗址文物本体的保护。南越王宫博物馆是目前全省覆罩露明展示遗迹面积最大的遗址博物馆，文物本体保护的任务极其繁重，你们一定要抓好这方面的工作。管理并不是开门迎客，更重要的是管理好文物本身，传承给下一代，代代相传，才是我们的主要职责。

我曾在写一篇介绍南越国宫署遗址曲流石渠时引用刘禹锡"芳林新叶催陈叶，流水前波让后波"诗句，以描述曲流间的潺潺流水，现在借用赠给从事考古和文物博物馆工作的同志，生生不息，祝愿他们在各自的岗位取得更大进步。

原载《南方文物》2013 年第 3 期；又收入《广州文博（捌）》，文物出版社，2015 年，署名麦英豪、全洪、李颖明。

这是广州历史的首页

——《西汉南越国史研究论集（一）》代序

在这本《西汉南越国史研究论集》（第一辑）付印之前，我想还是有必要把有关的因由向读者作个扼要的交代。那是两年前的事了，记得 2013 年 1 月 31 日（甲午年春节前十日），中共广州市委宣传部甘新部长与市文广新局杨韬书记来我家慰问。因年前我已接到通知，就约请了南越王宫博物馆全洪馆长和广州博物馆程存洁馆长、白琢副馆长、李民涌书记四位到我家，一起接待两位领导同志。寒暄之后，我先提出：留意到市委宣传部发布《广州大典》与广州历史文化专题研究 2013 年度课题指南，对将南越国史研究列为重大课题深感鼓舞，对甘部长的关怀表示感谢。今年是广州考古六十年南越王墓发现三十年，拟举行一个隆重的庆祝活动。有两个主题：一是邀请参与南越王墓发掘的有关人员（本市的、我省的和中国社科院考古研究所的同仁）与会；二是以广州文博单位的业务骨干为主体，举办一个西汉南越国史研究的学术研讨会，这对宣传广州历史文化名城，推动广州文博同仁立足当地，开展地方史专题研究，是一件有意义的活动。现在就着手筹备，年底前举行，希望得到领导的支持与指导，甘部长听了我们的汇报，十分高兴，当场拍板：完全赞同，由市委宣传部拨 100 万元给你们作为专项经费，不用再打报告了，预祝你们成功！真是皆大欢喜。

同年 12 月 5 日，假座西汉南越王博物馆举行"广州考古六十年暨南越王墓发现三十年"的庆祝活动。上午 10 时开幕，特邀嘉宾有谢辰生、耿宝昌、黄景略、张忠培和参加发掘工作的黄展岳、杜玉生、韩悦、白荣金、李季及我省、市参与发掘的同仁。出席活动的领导有欧初、省文化厅苏桂芬及市文广新局的领导等。一本由市长陈建华作序，市考古所编撰的《广州考古六十年》即场送到与会者手上。其后，假座南越王宫博物馆举行南越国史研究的报告会，一本图文并茂的《西汉南越国史研究论集》则由该馆编撰出版。

也许有人会问，南越国史研究的命题有何重要意义？简言之：首先，从广州的历史发展来说（也可包含岭南地区），自秦始皇三十三年（前 214 年）统一岭南之后，本地区才进入有文字记载的历史发展阶段。当其时，统一岭南的秦将赵佗，在汉高祖刘邦建立汉王朝登基称帝之前一年，据有岭南三郡建立南越国，自号南越武王。汉高祖十一年遣陆贾出使南越，封赵佗为南越王，汉文帝元年（前 179 年）又遣陆贾到南越国，在其赐赵佗书中明确提出：

"服岭以南，王自治之"的划岭分治主张。南越国传五世，历93年，为岭南地区赢得了上百年和平安定的政治环境，促进了汉、越人民和睦共处与文化的融合，推动了岭南的首次大开发，使其在政治、经济、文化等领域较快地赶上中原地区的历史进程。无疑，南越国史是揭开岭南文明史的首页，是广州有文字记载历史的第一章。其次，南越国的建立，关联到秦、汉两个王朝和秦始皇、汉高祖、吕后、赵佗等主要历史人物的研究与评述。希望广州文博同仁，今后秉持唯物史观的基本原则，对上述的改朝换代，是非成败等方方面面的问题，进行系统深入的分析研究，取得新的进展，鉴古而知今，这是有积极意义的。

2015 年 5 月 30 日

原载《西汉南越国史研究论集（一）》，译林出版社，2015 年。

后　记

　　我国著名考古学家、广州文物考古事业的领头人麦英豪先生于 2016 年 11 月 26 日因病逝世，广州市文化广电新闻出版局领导指出要学习麦英豪同志坚韧毅力、勤勉拼搏、甘为人梯的高尚情操，继承和发扬麦英豪先生为之毕生奋斗的事业，并要求广州市各文博单位做好纪念麦英豪同志的工作。著名考古学家、麦英豪先生的老朋友黄展岳先生提议收集麦英豪研究员发表的文章汇编《麦英豪文集》，这一提议得到广州市文化广播新闻出版局领导和广州市文物博物馆学会和麦英豪先生家属的支持。

　　本文集共收录麦英豪先生论文 78 篇，其中 19 篇与其他学者合作。合写论文的作者中有麦英豪先生亦亲、亦师、亦友的终身伴侣黎金先生，以及其他同行。由于种种原因还有若干文章合作者在本书编辑时未能取得联系，本《文集》使用共同署名的文章没能及时征得合作者本人或家属的同意，在此表示歉意！恳请相关作者及家属与我们联系，以便奉呈稿酬。

　　《麦英豪文集》由黄展岳先生拟定，并题写书名。广州市人大常委会主任、党组书记陈建华和广州市文化广电新闻出版局党组书记、局长陆志强同志撰写序言。《文集》在编辑过程中得到广州市文物博物馆学会、南越王宫博物馆、西汉南越王博物馆、广州博物馆、广州市文物考古研究院和广东省民间工艺馆等单位及同仁的支持和帮助，使编辑工作得以顺利进行。蔡奕芝、宋平、陈鸿钧、曾玲玲、黄海妍、林冠男、易西兵、李颖明等查找资料、提供信息，胡尧瑶、乔娇、詹小赛、施梵、石蕴慈和黄聪等录入文字，尤其是胡尧瑶录入过半文字，他们都付出辛勤的劳动。

　　2018 年 6 月，我们将《文集》书稿交到文物出版社，社里高度重视，编辑团队即刻着手工作。在这里要特别感谢责任编辑高梦甜和彭家宇。这种后期录入的文稿，有的是手工打字输入，有的用文字扫描识别软件，矫正效果不是很理想，都存在大量错别字或文字错位。二位责任编辑通读多遍，不但检出不少错别字，还纠正了原稿一些错误。肖大桂编审复审，詹小赛参与校对整部书稿。在此谨对所有关心、支持、帮助和参与本书出版工作的同仁致谢！